Comentarios sobre *El Bhagavad-gītā tal como es*

Con cinco millones de libros impresos en más de doce idiomas, El Bhagavad-gītā tal como es, *de Su Divina Gracia A.C. Bhaktivedanta Swami Prabhupāda, es el más vendido y la edición más autoritativa de este clásico de la literatura mundial. A continuación presentamos comentarios sobre* El Bhagavad-gītā tal como es *de algunos destacados escolásticos mundiales.*

"El autor, como sucesor de la línea directa que proviene de Caitanya, y según la costumbre de la India, merece recibir el majestuoso título de Su Divina Gracia. A.C. Bhaktivedanta Swami Prabhupāda posee un dominio completo del idioma sánscrito. El gran interés que tiene para nosotros su versión de *El Bhagavad-gītā* es el de ofrecernos una interpretación autorizada conforme a los principios de la tradición de Caitanya... Este reconocimiento, proveniente de un filósofo cristiano e indólogo, es un gesto de sincera amistad".

Oliver Lacombe
Profesor Honorario de la
Universidad de París, la Sorbona
Ex-director del Instituto de Civilización de la India, Paris, Francia

"Su Divina Gracia A.C. Bhaktivedanta Swami Prabhupāda está haciendo una valiosa labor, y sus libros son contribuciones significativas a la salvación de la humanidad".

Sri Lal Bahadur Shastri
Ex-Primer Ministro de India

"Se puede decir que *El Bhagavad-gītā* es la principal base literaria de la gran civilización religiosa de la India, la cultura viva más antigua del mundo. La presente traducción y su comentario constituyen otra manifestación de la permanente importancia del *Gītā.* Swami Bhaktivedanta trae al Occidente un recordatorio oportuno sobre como nuestra cultura, altamente activista y unilateral, enfrenta una crisis que puede culminar en la autodestrucción, debido a que carece de la profundidad interior de una conciencia metafísica auténtica. Sin esa profundidad, nuestras protestas morales y políticas son tan sólo palabras".

Rev. Tomás Merton,
Teólogo católico y escritor

"Esta edición es para los lectores serios, puesto que está escrita no solamente desde el punto de vista académico, sino que proviene de alguien que lo ha puesto en práctica durante toda su vida. Es este sentimiento devocional el que Śrīla Prabhupāda, ahora de 75 afíos de edad, ha capturado en la discusión de los versos, y que otros comentaristas han fracasado en revelarnos. Es por esta razón que *El Bhagavad-gītā tal como es,* debe considerarse como la obra esencial para el entendimiento de la tradición religiosa de la India".

Profesor David Herron
Departamento de Religión
Universidad de Manhattan, EE.UU.

"En esta hermosa traducción, Śrīla Prabhupāda ha capturado el profundo espíritu devocional del *Gītā* y provisto al texto de un elaborado comentario en la tradición de Śrī Kṛṣṇa Caitanya, uno de los santos más importantes e influyentes de la India Medieval".

Dr. J. Stillson Judah
Profesor Emérito en Historia de las Religiones
y Director de la Biblioteca Unión Teológica de Graduados, Berkeley, EE.UU.

"Los libros de Śrīla Prabhupāda son para ser guardados con cuidado. Nadie cualquiera que sea su fé o creencia filósofica, que lea éstos libros con una mente abierta, puede dejar de ser impelido e impresionado".

Dr. Garry Gelade
Depto. de Psicología
Universidad de Oxford, Inglaterra

"Estos libros iluminarán a nuestra confusa sociedad para examinar el futuro de la humanidad y para prevenir, y evitar, los peligros hacia los cuales se está aproximando inconscientemente. Bhaktivedanta Swami nos está ofreciendo una oportunidad poco común e inestimable, para descubrir, en las antiguas páginas de esta inapreciable obra, el verdadero significado de la vida e instrucción práctica acerca de cómo vivir con plena conciencia de las más elevadas responsabilidades del hombre".

Carlo Cassola
eminente novelista Italiano

"A. C. Bhaktivedanta Swami Prabhupāda ha emprendido la gigantesca tarea de traducir del sánscrito original, la más popular de las obras teológicas, *El Bhagavad-gītā tal como es,* el cual es uno de los tesoros filosóficos de la antigua India. Esta importante edición presentada por el Bhaktivedanta Book Trust, brinda la oportunidad dorada, tanto a académicos como a seglares, para que se sumerjan en el océano de la profunda filosofía de la India".

Profesor Kantimag Kumar
Sánscrito y Filología Indo-Europea
Universidad de Calcutta, India

"*El Bhagavad-gītā* es una de la joyas mas grandes de la literatura y la filosofía universal. Trata sobre los temas esenciales que interesan al hombre, cualquiera sea su credo, su raza, la época en que viva, el lugar que habite, etc. Por ello, cuando explico algún párrafo del *Gītā* a mis alumnos, éstos se sienten atraídos como las mariposas por la luz. El texto de Śrīla Prabhupāda presenta la más auténtica y profunda tradición de la India Védica, enriquecida por la realización espiritual del Swami; condición indispensable para entender y presentar al *Gītā* en su verdadero sentido".

Dra. Dora Bazón
Profesora de Lenguas Clásicas y Modernas
Facultad de Letras
Universidad de San Marcos
Universidad Ricardo Palma, Lima, Peru

"Para el psicólogo, *El Bhagavad-gītā* es de un gran interés, debido a que es el informe registrado más antiguo de una sesión psicoterapéutica, administrada a un 'paciente' que padece de lo que hoy algunos llamarían ansiedad ontológica. La traducción de Swami Bhaktivedanta es la más conveniente para adquirir la comprensión de la doctrina psicológica implicada. La misma proporciona al lector un equilibrio poco común y bienvenido, entre el contenido psicológico literal del documento y su significación filosófica".

Dr. James N. Mosel
Presidente, Depto. de Psicología
Universidad George Washington, EE.UU.

Las obras de Su Divina Gracia A.C. Bhaktivedanta Swami Prabhupāda

El Bhagavad-gītā tal como es
Śrīmad-Bhāgavatam, Cantos 1-10 (12 tomos)
Śrī Caitanya-caritāmṛta (17 tomos)
Las enseñanzas de Śrī Caitanya Mahāprabhu
El néctar de la devoción
El Upadeśāmṛta (El néctar de la instrucción)
Viaje fácil a otros planetas
Meditación y superconciencia
Śrī Īśopaniṣad (Secretos de otros tiempos)
Kṛṣṇa, la fuente de placer (2 tomos)
Las enseñanzas de la reina Kuntī
Las enseñanzas de Kapiladeva, el hijo de Devahūti
Vida y enseñanzas de Śrī Caitanya Mahāprabhu
La ciencia de la autorrealización
Más allá del nacimiento y de la muerte
En el camino a Kṛṣṇa
Rāja-vidyā: El rey del conocimiento
Elevándose a la conciencia de Kṛṣṇa
La vida proviene de la vida
La conciencia de Kṛṣṇa: el regalo inigualable
Las enseñanzas trascendentales de Prahlāda Mahārāja
Preguntas perfectas, respuestas perfectas
Saṁsāra, la rueda del destino

el Bhagavad-gītā tal como es

El Bhagavad-gītā tal como es

EDICIÓN COMPLETA

con el
texto sánscrito
original, la transliteración
latina, los equivalentes en
español, la traducción y
significados esmerados
por

Su Divina Gracia
A.C. Bhaktivedanta Swami
Prabhupāda

Ācārya-Fundador de la
Asociación Internacional para la Conciencia de Krishna

The Bhaktivedanta Book Trust

Título del original: *Bhagavad-gītā As It Is* (Spanish)

Las personas interesadas en los temas de la presente obra están invitados a dirigirse a la Asociación para la Conciencia de Krishna

España:
Nueva Vrajamandala
Finca Santa Clara
19400 BRIHUEGA (Guadalajara)
Tel.: 949 280 436

Centro Cultural
c/ Espíritu Santo 19, bajo izq.
28004 MADRID
Tel.: 915 213 096

Centro Cultural
Pça. Reial 12, entl. 2
08002 BARCELONA
Tel.: 933 025 194

Centro Cultural
Crtra. Álora 3 int.
29140 CHURRIANA (Málaga)
Tel.: 952 621 038

Latinoamérica:
Centro Bhaktivedanta
Andonaegui 2054
1431 BUENOS AIRES
ARGENTINA
Tel.: 01 523 42 32

Templo Hare Krishna
Tiburcio Montiel 45
Colonia San Miguel, Chapultepec
11850 MÉXICO DF
MÉXICO

ISKCON Lima
Av Garcilaso de la Vega 1670-1680
LIMA
PERÚ
Tel.: 433 25 89

www.krishna.com

Edición 2007: 24.500 ejemplares

ISBN 978-84-86883-18-8

A

Śrīla Baladeva Vidyābhūṣāna

quien presentó el hermoso comentario *Govinda-bhāṣya*

acerca de la filosofía Vedānta

ÍNDICE

DESCRIPCIÓN DE LA ESCENA XVII

PREFACIO XXI

INTRODUCCIÓN 1

CAPÍTULO UNO

Observando los ejércitos en el campo de batalla de Kurukṣetra 33

Mientras los ejércitos adversarios se encuentran en el campo de batalla preparados para la guerra, Arjuna, el poderoso guerrero, ve en ambos ejércitos a sus parientes, maestros y amigos íntimos listos para pelear y dar la vida. Dominado por la congoja y la compasión, Arjuna pierde la fuerza, se confunde y abandona su determinación de pelear.

CAPÍTULO DOS

Resumen del contenido del Gītā 73

Arjuna se entrega al Señor Kṛṣṇa en calidad de discípulo, y Kṛṣṇa comienza a impartirle Sus enseñanzas explicándole la diferencia fundamental que hay entre el cuerpo material temporal y el alma espiritual eterna. El Señor explica el proceso de la transmigración, la naturaleza del servicio desinteresado que se le presta al Supremo y las características de una persona autorrealizada.

CAPÍTULO TRES

Karma-yoga 159

En este mundo material, todos tienen que dedicarse a algún tipo de actividad. Pero las acciones pueden, o bien atarlo a uno a este mundo, o bien liberarlo de él. Si se actúa para complacer al Supremo, sin motivaciones egoístas, uno puede liberarse de la ley del karma (acción y reacción) y adquirir conocimiento trascendental acerca del ser y del Supremo.

CAPÍTULO CUATRO

El conocimiento trascendental 209

El conocimiento trascendental —el conocimiento espiritual acerca del alma, de Dios, y de la relación que hay entre ellos— es tanto purificador como liberador. Este conocimiento es el fruto de la acción devocional desinteresada (karma-yoga). El Señor explica la antigua historia del Gītā, el propósito y la importancia de Sus descensos periódicos al mundo material, y la necesidad de acudir a un guru, a un maestro autorrealizado.

CAPÍTULO CINCO

Karma-yoga: Acción con conciencia de Kṛṣṇa 263

El hombre sabio, ejecutando externamente todas las acciones pero renunciando internamente a los frutos de ella, purificado por el fuego del conocimiento trascendental, consigue la paz, el desapego, la tolerancia, la visión espiritual y la dicha.

CAPÍTULO SEIS

Dhyāna-yoga 295

El *aṣṭaṅga-yoga*, un proceso mecánico para meditar, controla la mente y los sentidos y dirige la concentración hacia Paramātma (la Superalma), la forma del Señor que se encuentra en el corazón. Esta práctica culmina en el *samādhi*, el estado en el que se tiene plena conciencia acerca del Supremo.

CAPÍTULO SIETE

El conocimiento del Absoluto 347

El Señor Kṛṣṇa es la Verdad Suprema, la suprema causa y fuerza sustentadora de todo, tanto de lo material como de lo espiritual. Las almas adelantadas se entregan a Él con devoción, mientras que las almas impías dirigen la mente hacia otros objetos de adoración.

CAPÍTULO OCHO

Alcanzando al Supremo 393

Si durante toda la vida se recuerda al Señor Kṛṣṇa con devoción, y especialmente si ello se hace en el momento de la muerte, uno puede llegar a Su morada suprema, que está más allá de este mundo material.

CAPÍTULO NUEVE

El conocimiento más trascendental 425

El Señor Kṛṣṇa es la Divinidad Suprema y el supremo objeto de adoración. El alma está relacionada con Él eternamente a través del trascendental servicio devocional (*bhakti*). Al uno revivir su devoción pura, regresa a Kṛṣṇa y al ámbito espiritual.

CAPÍTULO DIEZ

La opulencia del Absoluto 475

Todos los fenómenos maravillosos que manifiestan su poder, belleza, grandiosidad o sublimidad, ya sea en el mundo material o en el mundo espiritual, no son más que manifestaciones parciales de la opulencia y las energías divinas de Kṛṣṇa. Como la causa suprema de todas las causas y el sustento y la esencia de todo, Kṛṣṇa es el supremo objeto de adoración que deben tener todos los seres.

CAPÍTULO ONCE

La forma universal 521

El Señor Kṛṣṇa le otorga a Arjuna una visión divina, y revela Su espectacular e ilimitada forma como el universo cósmico. Con ello, Él establece Su divinidad de un modo categórico. Kṛṣṇa explica que Su propia y supremamente hermosa forma semejante a la humana, es la forma original de Dios. Esa forma sólo se puede percibir por medio del servicio devocional puro.

CAPÍTULO DOCE

El servicio devocional 577

El *bhakti-yoga*, el servicio devocional puro que se le presta al Señor Kṛṣṇa, es el medio más elevado y conveniente para llegar al plano del amor puro por Kṛṣṇa, que es el máximo fin de la existencia espiritual. En aquellos que siguen este sendero supremo, se desarrollan cualidades divinas.

CAPÍTULO TRECE

La naturaleza, el disfrutador y la conciencia 599

Aquel que entiende la diferencia que hay entre el cuerpo, el alma y la Superalma que está más allá de ambos, llega a liberarse de este mundo material.

CAPÍTULO CATORCE

Las tres modalidades de la naturaleza material 641

Todas las almas encarnadas se encuentran bajo el control de las tres modalidades, o cualidades, de la naturaleza material: la bondad, la pasión y la ignorancia. El Señor explica lo que son esas modalidades, cómo actúan en nosotros, cómo uno las trasciende, y las características de aquel que ha llegado al estado trascendental.

CAPÍTULO QUINCE

El yoga de la Persona Suprema 669

El fin último del conocimiento védico es el de lograr que uno se desapegue del enredo del mundo material y entienda al Señor Kṛṣṇa como la Suprema Personalidad de Dios. Aquel que entiende la suprema identidad de Kṛṣṇa, se entrega a Él y se dedica a Su servicio devocional.

CAPÍTULO DIECISÉIS

La naturaleza divina y la demoníaca 695

Aquellos que poseen cualidades demoníacas y que viven de un modo caprichoso, sin seguir las regulaciones de las Escrituras, reciben nacimientos bajos y aumentan su cautiverio material. Pero aquellos que poseen cualidades divinas y que llevan una vida regulada, acatando la autoridad de las Escrituras, consiguen gradualmente la perfección espiritual.

CAPÍTULO DIECISIETE

Las tres divisiones de la fe 721

Hay tres tipos de fe, los cuales dependen de las tres modalidades de la naturaleza material y surgen de ellas. Los actos que ejecutan aquellos cuya fe se encuentra en los planos de la pasión y de la ignorancia, producen sólo resultados materiales temporales, mientras que los actos que se ejecutan en el plano de la bondad, de conformidad con las disposiciones de las Escrituras, purifican el corazón y llevan a tener una vida pura en el Señor Kṛṣṇa y a sentir devoción por Él.

CAPÍTULO DIECIOCHO

Conclusión:
La perfección de la renunciación 747

Kṛṣṇa explica el significado de la renunciación, y los efectos que las modalidades de la naturaleza material tienen en la actividad y la conciencia humanas. Él explica la comprensión Brahman, las glorias de *El Bhagavad-gītā*, y la conclusión final del *Gītā*: el sendero más elevado de la religión lo constituye el hecho de entregarse al Señor Kṛṣṇa de un modo absoluto, incondicional y amoroso, lo cual lo libera a uno de todos los pecados, lo lleva a uno a la iluminación total, y le permite a uno regresar a la morada espiritual y eterna de Kṛṣṇa.

APÉNDICES 817

El autor 819

Referencias Bibliográficas 821

Glosario 823

Guía del alfabeto y la pronunciación del sánscrito 839

Índice de los versos sánscritos 845

Índice alfabītico 855

DESCRIPCIÓN DE LA ESCENA

Aunque repetidamente publicado y leído por si mismo, el *Bhagavad-gītā* aparece originalmente como un episodio del *Mahābhārata*, la historia épica sánscrita del mundo antiguo. El *Mahābhārata* relata los sucesos que condujeron a la presente era de Kali. Fue al comienzo de esta era, unos cincuenta siglos atrás, cuando Śrī Kṛṣṇa explicó el *Bhagavad-gītā* a Su amigo y devoto, Arjuna.

Su conversación, uno de los diálogos filosóficos y religiosos más sobresalientes que haya conocido el hombre, tuvo lugar inmediatamente antes del comienzo de una guerra, un gran conflicto fratricida entre los cien hijos de Dhṛtarāṣṭra y, en el lado oponente, sus primos, los Pāṇḍavas, los hijos de Pāṇḍu.

Dhṛtarāṣṭra y Pāṇḍu eran dos hermanos pertenecientes a la dinastía Kuru, que descendía del rey Bharata, un antiguo gobernante de la Tierra de cuyo nombre proviene la palabra *Mahābhārata*. Puesto que Dhṛtarāṣṭra, el hermano mayor, nació ciego, el trono, que de otro modo hubiera sido suyo, pasó a su hermano menor, Pāṇḍu.

Cuando murió Pāṇḍu, joven aún, sus cinco hijos, Yudhiṣṭhira, Bhīma, Arjuna, Nakula y Sahadeva, quedaron al cuidado de Dhṛtarāṣṭra, quien por el momento tomó en realidad el puesto de rey. Así pues, los hijos de Dhṛtarāṣṭra y los de Pāṇḍu crecieron en la misma casa real. Unos y otros recibieron entrenamiento en las artes militares con el experto Droṇa, y consejo del venerado "abuelo" del clan, Bhīṣma.

Pero los hijos de Dhṛtarāṣṭra, sobre todo el mayor, Duryodhana, odiaban y envidiaban a los Pāṇḍavas. Y el ciego y malintencionado Dhṛtarāṣṭra quería que heredasen el reino sus propios hijos, y no los de Pāṇḍu.

De modo que Duryodhana, con el consentimiento de Dhṛtarāṣṭra, planeó matar a los jóvenes hijos de Pāṇḍu, y solamente gracias a la cuidadosa protección de su tío Vidura y de su primo Śrī Kṛṣṇa pudieron los Pāṇḍavas escapar a los muchos atentados que realizó contra su vida.

Ahora bien, Śrī Kṛṣṇa no era un hombre corriente, sino el mismo Dios Supremo, que había descendido a la Tierra y estaba representando el papel de príncipe de una dinastía contemporánea. En ese papel Él era también el sobrino de la esposa de Pāṇḍu, de nombre Kuntī, o Pṛthā, la madre de los Pāṇḍavas. De modo que, tanto en el papel de pariente como en el de defensor eterno de la religión, Kṛṣṇa favorecía a los rectos hijos de Pāṇḍu, y los protegía.

Al final, sin embargo, el astuto Duryodhana desafió a los Pāṇḍavas en el juego. En el curso de aquella partida fatídica, Duryodhana y sus hermanos se apoderaron de Draupadī, la casta y consagrada esposa de los Pāṇḍavas, y, de manera insultante, trataron de desnudarla ante toda la asamblea de príncipes y reyes. La divina intervención de Kṛṣṇa la salvó, pero el juego, que estaba manipulado, privó a los Pāṇḍavas de su reino, y les impuso un exilio de trece años.

Al regresar del exilio, los Pāṇḍavas reclamaron con derecho su reino a Duryodhana, el cual se negó rotundamente a entregarlo. Comprometidos por su deber de príncipes a servir en la administración pública, los Pāṇḍavas redujeron su petición a solamente cinco aldeas. Pero Duryodhana respondió con arrogancia que no les concedería terreno suficiente ni para clavar un alfiler.

Hasta entonces, los Pāṇḍavas habían sido tolerantes. Pero ahora la guerra parecía inevitable.

No obstante, mientras los príncipes del mundo se dividían, poniéndose unos al lado de los hijos de Dhṛtarāṣṭra y otros al lado de los Pāṇḍavas, Kṛṣṇa aceptó personalmente el papel de mensajero de los hijos de Pāṇḍu, y fue a la corte de Duryodhana a pedir la paz. Al ser rechazadas Sus súplicas, la guerra fue irremediable.

Los Pāṇḍavas, hombres de la más elevada estatura moral, reconocían a Kṛṣṇa como Suprema Personalidad de Dios, pero no los impíos hijos Dhṛtarāṣṭra. Con todo, Kṛṣṇa Se ofreció a participar en la guerra según el deseo de los contrincantes. Como era Dios, no lucharía personalmente; pero el que lo desease podía disponer del ejército de Kṛṣṇa, mientras que los adversarios tendrían al propio Kṛṣṇa como consejero y ayudante. Duryodhana, el genio político, se hizo con las fuerzas armadas de Kṛṣṇa, mientras que los Pāṇḍavas se sentían igualmente de satisfechos de tener a Kṛṣṇa.

De este modo, Kṛṣṇa fue el auriga de Arjuna, encargándose personalmente de conducir la cuadriga del legendario arquero. Esto nos lleva al punto en el que comienza el *Bhagavad-gītā*, con los dos ejércitos formados, listos para el combate, y Dhṛtarāṣṭra preguntando ansiosamente a su secretario, Sañjaya: "¿Qué hicieron?".

L escena está descrita, a falta solamente de una breve nota referente a esta traducción y comentario.

La línea general que han seguido los traductores al verter al inglés el *Bhagavad-gītā* ha consistido en dejar a un lado a la persona de Kṛṣṇa para dar lugar a sus propios conceptos y filosofías. Se considera la historia del *Mahābhārata* mitología fantástica, y Kṛṣṇa se convierte en un elemento poético para presentar las ideas de algún genio anónimo, o, en el mejor de los casos, en un personaje histórico secundario.

Pero la persona Kṛṣṇa es tanto la finalidad como la substancia del *Bhagavad-gītā*, según se explica en el *Gītā* mismo.

Esta traducción, por lo tanto, y el comentario que la acompaña tienen como propósito dirigir al lector *hacia* Kṛṣṇa, en lugar de alejarle de Él. En este aspecto, el *Bhagavad-gītā tal como es* es único. También es único el que de este modo el *Bhagavad-gītā* se vuelva totalmente consistente y comprensible-. Puesto que Kṛṣṇa es quien explica el *Gītā*, y también es su objetivo final, ésta es indudablemente la única traducción que presenta esta gran Escritura en sus verdaderos términos.

Los Editores

PREFACIO

En un principio, escribí *El Bhagavad-gītā tal como es* en la forma en la que se está presentando ahora; pero, desafortunadamente, cuando este libro se publicó por primera vez, el manuscrito original fue recortado a menos de 400 páginas, sin ilustraciones y sin explicaciones para la mayoría de los versos originales de *El Bhagavad-gītā*. En todos mis otros libros —*El Śrīmad-Bhāgavatam, El Śrī Īśopaniṣad*, etc.—, el sistema que sigo es el de dar el verso original, su transliteración, los equivalentes de cada palabra sánscrita, la traducción del verso y los significados. Esto hace que el libro sea muy auténtico y académico, y que el significado sea evidente por sí solo. Así que yo no quedé muy satisfecho cuando tuve que reducir al mínimo mi manuscrito original. Pero luego, cuando la demanda por *El Bhagavad-gītā tal como es* aumentó considerablemente, muchos estudiosos y devotos me pidieron que presentara el libro en su forma original, y los señores de la compañía Macmillan convinieron en publicar la edición completa. Así pues, el presente esfuerzo tiene por objeto ofrecer el manuscrito original de este gran libro de conocimiento, con la completa explicación *paramparā*, a fin de establecer el movimiento de conciencia de Kṛṣṇa de una manera más firme y progresiva.

Debido a que nuestro movimiento de conciencia de Kṛṣṇa está basado en *El Bhagavad-gītā tal como es*, es genuino, históricamente autorizado, natural y trascendental. El movimiento se está convirtiendo de a poco en el más popular del mundo entero, especialmente entre la juventud. Y también se está volviendo cada vez más interesante para la gente adulta, hasta el punto en que los padres y abuelos de mis discípulos nos están animando al hacerse miembros vitalicios de nuestra gran sociedad, la Sociedad Internacional para la Conciencia de Kṛṣṇa. En Los Ángeles, muchos padres y madres solían venir a verme, para expresarme sus sentimientos de gratitud por el hecho de que yo estuviera dirigiendo el movimiento de conciencia de Kṛṣṇa y llevándolo a todas partes del mundo. Algunos de ellos manifestaban que era una gran fortuna para los americanos el que yo hubiera comenzado el movimiento de conciencia de Kṛṣṇa en América. Pero, en realidad, el padre original de este movimiento es el propio Señor Kṛṣṇa, quien lo inició hace mucho tiempo, y el mismo desciende a la sociedad humana mediante la sucesión discipular. Si existe algún mérito en relación con esto, no es a mí personalmente a quien pertenece, sino a mi maestro espiritual eterno, Su Divina Gracia Oṁ Viṣṇupāda Paramahaṁsa Parivrājakācārya 108 Śrī Śrīmad Bhaktisiddhānta Sarasvatī Gosvāmī Mahārāja Prabhupāda.

Si en lo personal me corresponde algún mérito a este respecto, es únicamente el de haber tratado de presentar *El Bhagavad-gītā* tal como es, sin ninguna adulteración. Antes de que yo presentara *El Bhagavad-gītā tal como es*, casi todas las ediciones de *El Bhagavad-gītā* se habían publicado para satisfacer la ambición personal de alguien. Pero nuestra intención al presentar *El Bhagavad-gītā tal como es* es la de presentar la misión de la Suprema Personalidad de Dios, Kṛṣṇa. Nuestra tarea es la de presentar la voluntad de Kṛṣṇa, y no la de algún especulador mundano, como el político, el filósofo o el científico, pues ellos tienen muy poco conocimiento acerca de Kṛṣṇa, pese a todo su otro conocimiento. Cuando Kṛṣṇa dice *man-manā bhava mad-bhakto mad-yājī māṁ namaskuru*, etc., nosotros, a diferencia de los supuestos eruditos, no decimos que Kṛṣṇa y Su espíritu interno son diferentes. Kṛṣṇa es absoluto, y no hay diferencia alguna entre el nombre de Kṛṣṇa, la forma de Kṛṣṇa, la calidad de Kṛṣṇa, los pasatiempos de Kṛṣṇa, etc. Esa posición absoluta de Kṛṣṇa es difícil que la comprenda cualquier persona que no sea devota de Kṛṣṇa dentro del sistema *paramparā* (de sucesión discipular). Por lo general, cuando los supuestos eruditos, políticos, filósofos y *svāmīs*, sin tener conocimiento perfecto acerca de Kṛṣṇa, le escriben un comentario a *El Bhagavad-gītā*, tratan de desterrar a Kṛṣṇa o de matarlo. Esa clase de comentarios desautorizados acerca de *El Bhagavad-gītā* se conocen con el nombre de *māyāvāda-bhāṣya*, y el Señor Caitanya nos ha hecho una advertencia acerca de esos hombres desautorizados. El Señor Caitanya dice claramente que todo aquel que trate de entender *El Bhagavad-gītā* desde el punto de vista māyāvādī, comete una gran torpeza. El resultado de ello será que, el estudiante de *El Bhagavad-gītā*, desencaminado de ese modo, sin duda qué se habrá de confundir en la senda del aprendizaje espiritual, y no podrá ir de vuelta al hogar, de vuelta a Dios.

Nuestra única intención es la de presentar *El Bhagavad-gītā* tal como es, con miras a guiar al estudiante condicionado hacia el mismo fin por el cual Kṛṣṇa desciende a este planeta una vez en un día de Brahmā, o cada 8.600.000.000 de años. Ese fin se expresa en *El Bhagavad-gītā*, y tenemos que aceptarlo tal como es; de lo contrario, tratar de entender *El Bhagavad-gītā* y a su orador, el Señor Kṛṣṇa, no tiene sentido. El Señor Kṛṣṇa le expuso primero *El Bhagavad-gītā* al dios del Sol unos cientos de millones de años atrás. Tenemos que aceptar este hecho y, en base a la autoridad de Kṛṣṇa, entender así la importancia histórica de *El Bhagavad-gītā*, sin interpretaciones erróneas. Interpretar *El Bhagavad-gītā* sin referirse para nada a la voluntad de Kṛṣṇa, es la mayor de las ofensas. Para no incurrir en esa ofensa, uno tiene que entender que el Señor es la Suprema Personalidad de Dios, tal como Arjuna, el primer discípulo del Señor Kṛṣṇa, lo entendió directamente. Entender así *El Bhagavad-gītā* es verdaderamente autorizado y provechoso para el bienestar de la sociedad humana, en lo que se refiere al cumplimiento de la misión de la vida.

El movimiento de conciencia de Kṛṣṇa es esencial en la sociedad humana, pues ofrece la manera de alcanzar la máxima perfección de la vida. Ello se demuestra a plenitud en *El Bhagavad-gītā*. Desgraciadamente, algunos pendencieros mundanos se han aprovechado de *El Bhagavad-gītā* para dar rienda suelta a sus propensiones demoníacas, y para desencaminar a la gente respecto a la comprensión correcta de los principios sencillos de la vida. Todo el mundo debe conocer de qué manera Dios, o Kṛṣṇa, es grande, y todo el mundo debe conocer la posición real de las entidades vivientes. Todos deben saber que la entidad viviente es eternamente un sirviente, y que a menos que uno sirva a Kṛṣṇa, tiene que servir a la ilusión en diferentes variedades de las tres modalidades de la naturaleza material, teniendo así que errar perpetuamente dentro del ciclo del nacimiento y la muerte; incluso el especulador māyāvādī, supuestamente liberado, tiene que someterse a ese proceso. Este conocimiento constituye una gran ciencia, y todos y cada uno de los seres vivientes tiene que oírlo por su propio bien.

La generalidad de las personas, especialmente en esta era de Kali, están seducidas por la energía externa de Kṛṣṇa, y creen erróneamente que mediante el adelanto de las comodidades materiales todos los hombres serán felices. Dicha gente no sabe que la naturaleza material o externa es muy poderosa, pues todo el mundo está muy bien atado por las estrictas leyes de la naturaleza material. Por fortuna, la entidad viviente es parte integral del Señor, y, en consecuencia, su función natural es la de prestarle al Señor un servicio directo. Debido al hechizo de la ilusión, uno trata de ser feliz mediante el hecho de servir a su propia complacencia de los sentidos de diferentes maneras que nunca lo harán feliz. En vez de uno tratar de satisfacer sus propios sentidos materiales, tiene que satisfacer los sentidos del Señor. Eso constituye la máxima perfección de la vida. El Señor quiere eso y lo exige. Uno tiene que entender este punto fundamental de *El Bhagavad-gītā*. Nuestro movimiento de conciencia de Kṛṣṇa se lo está enseñando al mundo entero, y como no estamos contaminando el tema de *El Bhagavad-gītā* tal como es, cualquiera que esté sinceramente interesado en beneficiarse con el estudio de *El Bhagavad-gītā*, debe buscar la ayuda del movimiento de conciencia de Kṛṣṇa, para poder entender en la práctica *El Bhagavad-gītā* bajo la guía directa del Señor. Esperamos, pues, que la gente obtenga el beneficio más grande de todos a través del estudio de *El Bhagavad-gītā tal como es* de la forma en que lo hemos presentado aquí, y si tan sólo un hombre se vuelve devoto puro del Señor, consideraremos que nuestro esfuerzo ha sido un éxito.

A. C. Bhaktivedanta Swami

12 de mayo de 1971
Sydney, Australia

INTRODUCCIÓN

oṁ ajñāna-timirāndhasya jñānāñjana-śalākayā
cakṣur unmīlitaṁ yena tasmai śrī-gurave namaḥ

śrī-caitanya-mano-'bhīṣṭaṁ sthāpitaṁ yena bhū-tale
svayaṁ rūpaḥ kadā mahyaṁ dadāti sva-padāntikam

Yo nací en la más oscura ignorancia, y mi maestro espiritual me abrió los ojos con la antorcha del conocimiento. A él le ofrezco mis respetuosas reverencias.

¿Cuándo me pondrá al resguardo de sus pies de loto Śrīla Rūpa Gosvāmī Prabhupāda, quien estableció en este mundo material la misión de cumplir el deseo del Señor Caitanya?

vande 'haṁ śrī-guroḥ śrī-yuta-pada-kamalaṁ śrī-gurūn vaiṣṇavāṁś ca
śrī-rūpaṁ sāgrajātaṁ saha-gaṇa-raghunāthānvitaṁ taṁ sa-jīvam
sādvaitaṁ sāvadhūtaṁ parijana-sahitaṁ kṛṣṇa-caitanya-devaṁ
śrī-rādhā-kṛṣṇa-pādān saha-gaṇa-lalitā-śrī-viśākhānvitāṃś ca

Ofrezco mis respetuosas reverencias a los pies de loto de mi maestro espiritual y a los pies de todos los vaiṣṇavas. Ofrezco mis respetuosas reverencias a los pies de loto de Śrīla Rūpa Gosvāmī y de su hermano mayor, Sanātana Gosvāmī, así como también de Raghunātha Dāsa, Raghunātha Bhaṭṭa, Gopāla Bhaṭṭa y Śrīla Jīva Gosvāmī. Les ofrezco mis respetuosas reverencias al Señor Kṛṣṇa Caitanya y al Señor Nityānanada, así como a Advaita Ācārya, Gadādhara, Śrīvāsa y demás asociados. Les ofrezco mis respetuosas reverencias a Śrīmati Rādhārāṇī y a Śrī Kṛṣṇa, así como a Sus asociadas Śrī Lalitā y Viśākhā.

he kṛṣṇa karuṇā-sindho dīna-bandho jagat-pate
gopeśa gopikā-kānta rādha-kānta namo 'stu te

¡Oh, mi querido Kṛṣṇa!, Tú eres el amigo de los afligidos y la fuente de la creación. Tú eres el amo de las *gopīs* y el amante de Rādhārāṇī. A Ti Te ofrezco mis respetuosas reverencias.

tapta-kāñcana-gaurāṅgi rādhe vṛndāvaneśvari
vṛṣabhānu-sute devi praṇamāmi hari-priye

Le ofrezco mis respetos a Rādhārāṇī, cuya tez es como el oro fundido y quien es la reina de Vṛndāvana. Tú eres la hija del rey Vṛṣabhānu, y eres muy querida por el Señor Kṛṣṇa.

vāñchā-kalpa-tarubhyaś ca kṛpā-sindhubhya eva ca
patitānāṁ pāvanebhyo vaiṣṇavebhyo namo namaḥ

Les ofrezco mis respetuosas reverencias a todos los devotos vaiṣṇavas del Señor. Ellos pueden complacer los deseos de todos, tal como árboles de los deseos, y están llenos de compasión por las almas caídas.

śrī-kṛṣṇa-caitanya prabhu-nityānanda
śrī-advaita gadādhara śrīvasādi gaura-bhakta-vṛnda

Les ofrezco mis reverencias a Śrī Kṛṣṇa Caitanya, Prabhu Nityanānda, Śrī Advaita, Gadādhara, Śrīvāsa, y a todos los demás que forman parte de la línea devocional.

hare kṛṣṇa, hare kṛṣṇa, kṛṣṇa kṛṣṇa, hare hare
hare rāma, hare rāma, rāma rāma, hare hare

El Bhagavad-gītā se conoce también con el nombre de *El Gītopaniṣad*. Esta obra es la esencia del conocimiento védico y uno de los *Upaniṣads* más importantes de la literatura védica. Desde luego, existen muchas traducciones de *El Bhagavad-gītā* con comentarios, y uno podría cuestionar la necesidad de otra. Esta presente edición se puede explicar de la siguiente manera. Hace poco, una señora norteamericana me pidió que le recomendara una traducción inglesa de *El Bhagavad-gītā*. En Norteamérica hay, por supuesto, muchas ediciones de *El Bhagavad-gītā* disponibles en inglés, pero de ninguna de las que he visto —no sólo en Norteamérica, sino también en la India— se puede decir con propiedad que sea autoritativa, porque prácticamente en todas y cada una de ellas el comentarista ha expresado sus propias opiniones, sin tocar el espíritu de *El Bhagavad-gītā* tal como es.

El espíritu de *El Bhagavad-gītā* se menciona en el propio *Bhagavad-gītā*. Es como si, por ejemplo, quisiéramos tomar cierta medicina. Tendríamos, entonces, que seguir las indicaciones de la etiqueta. No podemos tomarnos la medicina según nuestros propios caprichos o según las indicaciones de algún amigo. La medicina se debe tomar siguiendo las indicaciones de la etiqueta o las indicaciones de un médico. De modo similar, *El Bhagavad-gītā* debe tomarse o aceptarse tal como el propio orador lo indica. El orador de *El Bhagavad-gītā* es el Señor Śrī

Kṛṣṇa. A Él se lo menciona en cada página de *El Bhagavad-gītā* como la Suprema Personalidad de Dios, Bhagavān. Claro que, la palabra *bhagavān* se refiere a veces a cualquier persona o semidiós que sea poderoso, e, indudablemente, la palabra *bhagavān* designa aquí al Señor Śrī Kṛṣṇa como una gran personalidad, pero al mismo tiempo hemos de saber que el Señor Śrī Kṛṣṇa es la Suprema Personalidad de Dios, como lo confirman todos los grandes *ācāryas* (maestros espirituales), tales como Śaṅkarācārya, Rāmānujācārya, Madhvācārya, Nimbārka Svāmī, Śrī Caitanya Mahāprabhu, y muchas otras autoridades de la India en el conocimiento védico. En *El Bhagavad-gītā*, el mismo Señor establece también que Él es la Suprema Personalidad de Dios, y *El Brahma-saṁhitā* y todos los *Purāṇas* lo aceptan como tal, especialmente *El Śrīmad-Bhāgavatam*, conocido como *El Bhāgavata-Purāṇa* (*kṛṣṇas tu bhagavān svayam*). Por consiguiente, debemos tomar *El Bhagavad-gītā* tal como lo indica la propia Personalidad de Dios. En el Capítulo Cuatro del *Gītā* (4.1–3), el Señor dice:

śrī-bhagavān uvāca
imaṁ vivasvate yogaṁ
proktavān aham avyavyam
vivasvān manave prāha
manur ikṣvākave 'bravīt

evaṁ paramparā-prāptam
imaṁ rājarṣayo viduḥ
sa kāleneha mahatā
yogo naṣṭaḥ parantapa

sa evāyaṁ mayā te 'dya
yogaḥ proktaḥ purātanaḥ
bhakto 'si me sakhā ceti
rahasyaṁ hy etad uttamam

Aquí, el Señor le informa a Arjuna que este sistema de *yoga, El Bhagavad-gītā*, primero le fue expuesto al dios del Sol, éste se lo explicó a Manu, Manu se lo explicó a Ikṣvāku, y de ese modo, por sucesión discipular y de un orador a otro, ese sistema de *yoga* fue descendiendo. Pero, con el transcurso del tiempo, el sistema se perdió. En consecuencia, el Señor tiene que exponerlo de nuevo, esta vez a Arjuna en el campo de batalla de Kurukṣetra.

Él le dice a Arjuna que le está refiriendo este secreto supremo por Arjuna ser Su devoto y amigo. Esto significa que *El Bhagavad-gītā* es un tratado que está dirigido especialmente al devoto del Señor. Hay tres clases de trascendentalistas, a saber, el *jñānī*, el *yogī* y el *bhakta*, o, el impersonalista, el meditador y el devoto. Aquí, el Señor le dice a Arjuna claramente que lo está convirtiendo en el primer receptor de un nuevo *paramparā* (sucesión discipular), porque la antigua sucesión se había roto. Era, pues, el deseo del Señor establecer otro *paramparā* que siguiera la misma línea de pensamiento que descendía del dios del Sol a otros, y era Su deseo también que Arjuna distribuyera de nuevo Sus enseñanzas. Él quería que Arjuna se volviera la autoridad en la manera de entender *El Bhagavad-gītā*. Así pues, vemos que *El Bhagavad-gītā* se le instruyó a Arjuna especialmente por él ser un devoto del Señor, un alumno directo de Kṛṣṇa y un amigo íntimo de Él. Por lo tanto, quien mejor entiende *El Bhagavad-gītā* es una persona que tenga cualidades similares a las de Arjuna. Es decir, dicha persona debe ser un devoto que tenga una relación directa con el Señor. En cuanto uno se vuelve devoto del Señor, tiene también una relación directa con Él. Éste es un tema muy complejo, pero, en pocas palabras, puede decirse que un devoto tiene una relación con la Suprema Personalidad de Dios de una de estas cinco diferentes maneras:

1. Se puede ser devoto en un estado pasivo;
2. Se puede ser devoto en un estado activo;
3. Se puede ser devoto como amigo;
4. Se puede ser devoto como padre o madre;
5. Se puede ser devoto como amante conyugal.

Arjuna tenía con el Señor una relación de amigo. Desde luego, hay un abismo entre esta amistad y aquella que encontramos en el mundo material. La primera es una amistad trascendental que no todos pueden tener. Claro que, todo el mundo tiene una relación específica con el Señor, y esa relación se evoca mediante el perfeccionamiento del servicio devocional. Pero nosotros, en la condición actual de nuestra vida, no sólo hemos olvidado al Señor Supremo, sino que también hemos olvidado la relación eterna que tenemos con Él. Cada uno de los muchos y muchos billones y trillones de seres vivientes que existen, tiene eternamente una relación específica con el Señor. Eso se denomina *svarūpa*. Mediante el proceso del servicio devocional uno puede revivir ese *svarūpa*, y esa etapa se denomina *svarūpa-siddhi* —la perfección de la posición constitucional de uno—. De modo que, Arjuna era un devoto, y estaba en contacto con el Señor Supremo a través de la amistad.

Debe notarse la manera en que Arjuna aceptó este *Bhagavad-gītā*. Ello se indica en el Capítulo Diez (10.12-14):

arjuna uvāca
paraṁ brahma paraṁ dhāma
pavitraṁ paramaṁ bhavān
puruṣaṁ śāśvataṁ divyam
ādi-devam ajaṁ vibhum

āhus tvām ṛṣayaḥ sarve
devarṣir nāradas tathā
asito devalo vyāsaḥ
svayaṁ caiva bravīṣi me

sarvam etad ṛtaṁ manye
yan māṁ vadasi keśava
na hi te bhagavan vyaktiṁ
vidur devā na dānavāḥ

''Arjuna dijo: Tú eres la Suprema Personalidad de Dios, la morada suprema, lo más puro que existe, la Verdad Absoluta. Tú eres la persona original, trascendental y eterna, el innaciente, el más grande de todos. Todos los grandes sabios, tales como Nārada, Asita, Devala y Vyāsa, confirman esta verdad acerca de Ti, y ahora Tú mismo me lo estás expresando. ¡Oh, Kṛṣṇa!, yo acepto totalmente como cierto todo lo que me has dicho. Ni los semidioses ni los demonios, ¡oh, Señor!, pueden entender Tu personalidad''.

Después de oír a la Suprema Personalidad de Dios exponer *El Bhagavad-gītā*, Arjuna aceptó a Kṛṣṇa como *paraṁ brahma*, el Brahman Supremo. Todo ser viviente es Brahman, pero el ser viviente supremo, o la Suprema Personalidad de Dios, es el Brahman Supremo. *Paraṁ dhāma* significa que Él es el reposo o morada de todo, *pavitram* significa que Él es puro, que no lo toca la contaminación material, *puruṣam* significa que Él es el disfrutador supremo, *śāśvatam*, original, *divyam*, trascendental, *ādi-devam*, la Suprema Personalidad de Dios, *ajam*, el innaciente, y *vibhum*, el más grande de todos.

Ahora bien, se pudiera pensar que como Kṛṣṇa era el amigo de Arjuna, este último le estaba diciendo todo eso a modo de adulación; pero Arjuna, tan sólo para eliminar esa clase de dudas de la mente de los lectores de *El Bhagavad-gītā*, respalda esas alabanzas en el siguiente verso, cuando dice que no sólo él acepta a Kṛṣṇa como la Suprema Personalidad de Dios, sino también autoridades tales como Nārada, Asita, Devala y Vyāsadeva. Éstas son grandes personalidades que distribuyen el conocimiento védico tal como lo aceptan todos los *ācāryas*. Por lo tanto, Arjuna le dice a Kṛṣṇa que acepta como completamente perfecto todo lo que Kṛṣṇa dice. *Sarvam etad ṛtaṁ manye*: ''Acepto como cierto todo lo que dices''. Arjuna también dice que la personalidad del Señor es muy difícil de entender, y que ni siquiera los grandes semidioses pueden conocerlo. Esto significa que ni siquiera personalidades superiores a los seres humanos pueden conocer al Señor. Entonces, ¿cómo puede un ser humano entender a Śrī Kṛṣṇa sin convertirse en devoto de Él?

Por consiguiente, *El Bhagavad-gītā* debe recibirse con un espíritu de devoción. Uno no debe creerse igual a Kṛṣṇa, ni creer que Kṛṣṇa es una personalidad ordinaria, o, ni siquiera, que es una personalidad muy destacada. El Señor Śrī Kṛṣṇa es la Suprema Personalidad de Dios. Así que, según los postulados de *El Bhagavad-gītā* o los postulados de Arjuna, que es la persona que está tratando de entender *El Bhagavad-gītā*, aunque sea teóricamente debemos aceptar a Śrī Kṛṣṇa como la Suprema Personalidad de Dios, y con ese espíritu sumiso podremos entender *El Bhagavad-gītā*. A menos que uno lea *El Bhagavad-gītā* con un espíritu sumiso, es muy difícil entenderlo, ya que constituye un gran misterio.

Y, ¿qué es en sí *El Bhagavad-gītā*? *El Bhagavad-gītā* tiene el propósito de liberar a la humanidad de la nesciencia de la existencia material. Todos los hombres se hallan en dificultades de muchísimas maneras, tal como Arjuna también se hallaba en dificultades por el hecho de tener que librar la Batalla de Kurukṣetra. Arjuna se entregó a Śrī Kṛṣṇa, y como consecuencia de ello se expuso este *Bhagavad-gītā*. No sólo Arjuna: cada uno de nosotros está lleno de ansiedades a causa de esta existencia material. Nuestra misma existencia se encuentra en la atmósfera de la no existencia. En realidad, que la no existencia nos amenace no es propio de nuestra naturaleza. Nuestra existencia es eterna. Pero de una forma u otra se nos pone en el seno de lo *asat*. *Asat* se refiere a aquello que no existe.

De entre muchísimos seres humanos que están sufriendo, hay unos cuantos que de hecho indagan acerca de su posición y que se preguntan quiénes son, por qué se los pone en esta situación difícil, etc. A uno no se lo puede considerar que es un ser humano perfecto, a menos que despierte y llegue a esa posición de hacerse preguntas acerca de su sufrimiento, a menos que se dé cuenta de que no quiere sufrir, sino que, por el contrario, quiere buscarles una solución a todos los sufrimientos. Lo humano empieza cuando esta clase de indagación se despierta en la mente de uno. En *El Brahma-sūtra*, esa indagación se denomina *brahma-jijñāsā*. *Athātho brahma-jijñāsā*. Todas las actividades del ser humano deben considerarse un fracaso, a menos que éste indague cuál es la naturaleza del Absoluto. Por lo tanto, aquellos que comienzan a preguntarse por qué están sufriendo o de dónde vienen y a dónde irán después de morir, son estudiantes idóneos de *El Bhagavad-gītā* que pueden entenderlo. El estudiante sincero también debe tener un firme respeto por la Suprema Personalidad de Dios. Arjuna era un estudiante de esa índole.

El Señor Kṛṣṇa desciende específicamente para restablecer el verdadero propósito de la vida, cuando el hombre olvida ese propósito. Incluso entonces, de entre muchísimos seres humanos que despiertan, puede que haya uno que verdaderamente adopte el espíritu de entender su posición, y para él se habla este *Bhagavad-gītā*. En verdad, a todos nos ha tragado el tigre de la nesciencia, pero el Señor es muy misericordioso con las entidades vivientes, en especial con los seres humanos. Con ese fin habló *El Bhagavad-gītā*, convirtiendo en Su alumno a Su amigo Arjuna.

Siendo un asociado del Señor Kṛṣṇa, Arjuna estaba por encima de toda ignorancia, pero a él se lo sumió en la ignorancia en el campo de batalla de Kurukṣetra, tan sólo para que le hiciera preguntas al Señor Kṛṣṇa acerca de los problemas de la vida, de manera que el Señor pudiera explicarlos para beneficio de las generaciones futuras de seres humanos y trazar así el plan de la vida. El hombre podría entonces actuar de conformidad con ello y perfeccionar la misión de la vida humana.

La materia de que trata *El Bhagavad-gītā* entraña la comprensión de cinco verdades básicas. En primer lugar, se explica la ciencia de Dios, y luego, la posición constitucional de las entidades vivientes, las *jīvas*. Existe el *īśvara*, que significa el controlador, y existen las *jīvas*, las entidades vivientes a quienes se controla. Si una entidad viviente dice que a ella no la controlan, sino que es libre, entonces está demente. El ser viviente está controlado en todo aspecto, al menos en su vida condicionada. Así que la materia que se estudia en *El Bhagavad-gītā* trata del *īśvara*, el supremo controlador, y las *jīvas*, las entidades vivientes controladas. También se discuten *prakṛti* (la naturaleza material), el tiempo (la duración de la existencia de todo el universo o de la manifestación de la naturaleza material) y *karma* (la actividad). La manifestación cósmica está llena de diferentes actividades. Todas las entidades vivientes están dedicadas a diferentes actividades. Con *El Bhagavad-gītā* debemos aprender qué es Dios, qué son las entidades vivientes, qué es *prakṛti*, qué es la manifestación cósmica, cómo el tiempo la controla y cuáles son las actividades de las entidades vivientes.

De estos cinco temas básicos, en *El Bhagavad-gītā* se establece que la Divinidad Suprema, o Kṛṣṇa, o Brahman, o el supremo controlador, o Paramātmā —se puede emplear el nombre que se desee—, es el más importante de todos. Los seres vivientes son semejantes al controlador supremo desde el punto de vista cualitativo. Por ejemplo, el Señor tiene el control de los asuntos universales de la naturaleza material, como se explicará en los capítulos finales de *El Bhagavad-gītā*. La naturaleza material no es independiente. Ella actúa bajo la dirección del Señor Supremo. Como dice el Señor Kṛṣṇa: *mayādhyakṣeṇa prākṛtiḥ sūyate sa-carācaram*, ''Esta naturaleza material está actuando bajo mi dirección''. Cuando vemos que en la naturaleza cósmica ocurren cosas maravillosas, hemos de saber que tras esa manifestación cósmica hay un controlador. Nada podría manifestarse sin estar controlado. Es pueril no tener en cuenta al controlador. Por ejemplo, un niño puede que piense que el automóvil es algo muy maravilloso, por ser capaz de desplazarse sin ser tirado por un caballo u otro animal, pero un hombre cuerdo conoce la naturaleza del funcionamiento mecánico del automóvil. Él siempre sabe que tras la maquinaria hay un hombre, un conductor. De modo similar, el Señor Supremo es el conductor bajo cuya dirección todo está funcionando. Ahora bien, como notaremos en los capítulos finales, el Señor ha aceptado que las *jīvas*, o las entidades vivientes, son Sus partes integrales. Una partícula de oro también es oro, una gota de agua del océano también es salada, y, de igual manera, nosotros, las entidades vivientes, siendo parte integral del supremo controlador, *īśvara*, o Bhagavān, el Señor Kṛṣṇa, tenemos todas las cualidades del Señor Supremo en una diminuta cantidad, porque somos *īśvaras* diminutos, *īśvaras* subordinados. Nosotros estamos tratando de controlar la naturaleza, tal como actualmente estamos tratando de controlar el espacio o los planetas, y esa tendencia a controlar existe porque se halla en Kṛṣṇa. Pero aunque tenemos la tendencia a enseñorearnos de la naturaleza material, debemos saber que no somos el controlador supremo. Ello se explica en *El Bhagavad-gītā*.

¿Qué es la naturaleza material? Eso también se explica en el *Gītā*, diciendo que es *prakṛti* inferior, naturaleza inferior. A la entidad viviente se la explica como la *prakṛti* superior. Ya sea superior o inferior, *prakṛti* siempre se halla bajo control. *Prakṛti* es femenina, y el Señor la controla tal como el esposo controla las actividades de la esposa. *Prakṛti* siempre está subordinada, predominada por el Señor, quien es el predominador. Tanto las entidades vivientes como la naturaleza material están predominadas, controladas, por el Señor Supremo. De acuerdo con el *Gītā*, aunque las entidades vivientes son partes integrales del Señor Supremo, se las debe considerar *prakṛti*. Eso se menciona claramente en el Capítulo Siete de *El Bhagavad-gītā*. *Apareyam itas tv anyāṁ prakṛtiṁ viddhi me parāṁ/ jīva-bhūtām*: "Esta naturaleza material es Mi *prakṛti* inferior, pero más allá de ella hay otra *prakṛti*: *jīva-bhūtām*, la entidad viviente".

La propia naturaleza material está constituida por tres cualidades: la modalidad de la bondad, la modalidad de la pasión y la modalidad de la ignorancia. Por encima de estas modalidades se halla el tiempo eterno, y mediante una combinación de esas modalidades de la naturaleza, y bajo el control y la supervisión del tiempo eterno, aparecen las actividades, las cuales se denominan *karma*. Estas actividades se están realizando desde tiempo inmemorial, y nosotros estamos sufriendo o disfrutando de los frutos de nuestras actividades. Por ejemplo, supóngase que yo soy un hombre de negocios que ha trabajado muy duro y con inteligencia, y que ha amasado una gran fortuna. Entonces, soy un disfrutador. Pero, supóngase que luego pierdo todo mi dinero en los negocios. Entonces, me embarga el sufrimiento. De la misma manera, en cada aspecto de la vida disfrutamos de los resultados de nuestro trabajo o sufrimos con los resultados de él. Eso se denomina *karma*.

En *El Bhagavad-gītā* se explican todos esos temas: *īśvara* (el Señor Supremo), *jīva* (la entidad viviente), *prakṛti* (la naturaleza), *kāla* (el tiempo eterno) y *karma* (la actividad). De estos cinco, el Señor, las entidades vivientes, la naturaleza material y el tiempo son eternos. La manifestación de *prakṛti* puede que sea temporal, pero no es falsa. Algunos filósofos dicen que la manifestación de la naturaleza material es falsa, pero, según la filosofía de *El Bhagavad-gītā* o según la filosofía de los vaiṣṇavas, no es así. La manifestación del mundo no se acepta como falsa; se acepta como real, pero temporal. Se dice que se asemeja a una nube que se desplaza por el cielo, o a la llegada de la estación lluviosa que nutre los granos. En cuanto la estación lluviosa se acaba y la nube desaparece, se secan todos los cultivos que la lluvia nutría. De la misma manera, esta manifestación material aparece en un cierto momento, permanece por un tiempo y luego desaparece. Así es el funcionamiento de *prakṛti*. Pero ese ciclo existe eternamente. Por lo tanto, *prakṛti* es eterna; no es falsa. El Señor se refiere a ella como "Mi *prakṛti*". Esta naturaleza material es la energía separada del Señor Supremo, y, de igual manera, las entidades vivientes también son la energía del Señor Supremo, aunque no están separadas, sino, más bien, relacionadas eternamente. Así que, el Señor, la entidad viviente, la naturaleza material y el tiempo están todos interrelacionados y son todos eternos. Sin embargo, el otro factor, *karma*, no es eterno. Los efectos del *karma* puede que sean de hecho muy antiguos. Estamos padeciendo o disfrutando de los resultados de nuestras actividades desde tiempos inmemoriales, pero podemos cambiar los resultados de nuestro *karma*, o actividad, y ese cambio depende del perfeccionamiento de nuestro conocimiento. Estamos dedicados a diversas actividades, e, indudablemente, no sabemos qué clase de actividades deberíamos adoptar para lograr liberarnos de las acciones y reacciones de todas ellas, pero esto también se explica en *El Bhagavad-gītā*.

La posición de *īśvara*, el Señor Supremo, es la de ser la conciencia suprema. Las *jīvas*, o las entidades vivientes, siendo partes integrales del Señor Supremo, también están conscientes. Tanto a la entidad viviente como a la naturaleza material se las explica como *prakṛti*, energía del Señor Supremo, pero una de las dos, la *jīva*, está consciente; la otra *prakṛti* no lo está . He ahí la diferencia. Por consiguiente, la *jīva-prakṛti* se denomina superior, debido a que la *jīva* tiene una conciencia que es similar a la del Señor. Sin embargo, la del Señor es la conciencia suprema, y uno no debe creer que la *jīva*, la entidad viviente, también es supremamente consciente. El ser viviente no puede ser supremamente consciente en ninguna etapa de su perfeccionamiento, y la teoría de que puede serlo es una teoría engañosa. Consciente sí puede ser, pero no perfecta o supremamente consciente.

La diferencia que hay entre la *jīva* y el *īśvara* se explicará en el Capítulo Trece de *El Bhagavad-gītā*. El Señor es *kṣetra-jña*, está consciente, tal como lo está el ser viviente, pero el ser viviente está consciente de su cuerpo en particular, mientras que el Señor está consciente de todos los cuerpos. Como Él vive en el corazón de todo ser viviente, está consciente de los movimientos psíquicos de cada *jīva* en particular. No debemos olvidar esto. También se explica que el Paramātmā, la Suprema Personalidad de Dios, vive en el corazón de todos como *īśvara*, como el controlador, y que le da indicaciones a la entidad viviente para que actúe como lo desee. La entidad viviente se olvida de lo que hay que hacer. Primero decide actuar de una cierta manera, y luego se enreda en las acciones y reacciones de su propio *karma*. Después de abandonar un tipo de cuerpo, entra en otro tipo de cuerpo, tal como uno se pone y se quita la ropa. Mientras el alma transmigra de ese modo, sufre las acciones y reacciones de sus actividades pasadas. Esas actividades pueden cambiarse cuando el ser viviente se halla bajo el control de la modalidad de la bondad, cuando está cuerdo y entiende qué clase de actividades debe adoptar. Si así lo hace, se puede entonces hacer que cambien todas las acciones y reacciones de sus actividades pasadas. En consecuencia, el *karma* no es eterno. Por lo tanto, dijimos que de los cinco factores (*īśvara, jīva, prakṛti*, el tiempo y el *karma*), cuatro son eternos, mientras que el *karma* no lo es.

El supremo *īśvara* consciente es semejante a la entidad viviente en esto: tanto la conciencia del Señor como la de la entidad viviente son trascendentales. La conciencia no la genera la asociación con la materia. Ésa es una idea equivocada. En *El Bhagavad-gītā* no se acepta la teoría de que la conciencia se desarrolla bajo ciertas circunstancias producto de la combinación material. La cobertura de las circunstancias materiales puede hacer que la conciencia se refleje de un modo desvirtuado, de la misma manera en que la luz que se refleja a través de un vidrio teñido puede que parezca ser de un cierto color; pero a la conciencia del Señor no la afecta lo material. El Señor Kṛṣṇa dice: *mayādhyakṣeṇa prakṛtiḥ*. Cuando Él desciende al universo material, Su conciencia no es afectada por lo material. Si ello lo afectara, Él no sería apto para hablar de asuntos trascendentales, tal como lo hace en *El Bhagavad-gītā*. Uno no puede decir nada acerca del mundo trascendental, si no está libre de la conciencia contaminada por lo material. Así que al Señor no lo contamina lo material, pero en los actuales momentos nuestra conciencia *sí se halla* contaminada por lo material. *El Bhagavad-gītā* enseña que tenemos que purificar esa conciencia contaminada por lo material. Al encontrarnos en el estado de conciencia pura, nuestras acciones se acoplarán con la voluntad del *īśvara*, y eso nos hará felices. No ha de creerse que tenemos que cesar todas las actividades, sino que nuestras actividades deben ser purificadas, y, una vez purificadas, se denominan *bhakti*. Las actividades en estado de *bhakti* parecen ser actividades ordinarias, pero no están contaminadas. Una persona ignorante puede que vea que el devoto está obrando o trabajando como un hombre ordinario, pero dicha persona de escaso acopio de conocimiento no sabe que a las actividades del devoto o del Señor no las contamina la conciencia impura o la materia. Ellos son trascendentales a las tres modalidades de la naturaleza. Hemos de saber, sin embargo, que en este momento nuestra conciencia está contaminada.

Cuando estamos contaminados por lo material, se nos llama condicionados. La conciencia falsa se exhibe bajo la impresión de que "yo soy un producto de la naturaleza material". Eso se denomina ego falso. Aquel que está absorto en pensar en concepciones corporales, no puede entender su situación. *El Bhagavad-gītā* se presentó para liberarlo a uno de la concepción corporal de la vida, y Arjuna se puso en esa posición para recibir esa información de labios del Señor. Uno tiene que liberarse de la concepción corporal de la vida; eso constituye la actividad preliminar del trascendentalista. Aquel que quiere ser libre, que quiere liberarse, debe primero que todo aprender que no es este cuerpo material. *Mukti*, o liberación, significa estar libre de la conciencia material. También en *El Śrīmad-Bhāgavatam* se da la definición de liberación. *Muktir hitvānyathā-rūpaṁ svarūpeṇa vyavasthitiḥ*: *mukti* significa liberarse de la conciencia contaminada de este mundo material, y situarse en el estado de conciencia pura. Todas las instrucciones de *El Bhagavad-gītā* tienen la finalidad de despertar esa conciencia pura, y, por consiguiente, encontramos que en la última etapa de las instrucciones del *Gītā*, Kṛṣṇa le pregunta a Arjuna si ya se encuentra en el estado de conciencia purificada. Conciencia purificada significa actuar de conformidad con las instrucciones del Señor. Ésta es toda la esencia de la conciencia purificada. Como somos partes integrales del Señor, la conciencia ya está allí, pero en nuestro caso existe la propensión a ser afectados por las modalidades inferiores. Mas, el Señor, siendo el Supremo, nunca se ve afectado. Ésa es la diferencia entre el Señor Supremo y las pequeñas almas individuales.

¿Qué es esa conciencia? Esa conciencia es "yo soy". Y, ¿qué soy? Cuando la conciencia está contaminada, "yo soy" significa "yo soy el señor de todo lo que veo. Yo soy el disfrutador". El mundo gira porque cada ser vivo cree que es el señor y creador del mundo material. La conciencia material tiene dos divisiones psíquicas. Una de ellas es que "yo soy el creador" y la otra es que "yo soy el disfrutador''. Pero, en realidad, el Señor Supremo es tanto el creador como el disfrutador, y la entidad viviente, siendo parte integral del Señor Supremo, no es ni el creador ni el disfrutador, sino un cooperador. Ella es lo creado y lo disfrutado. Por ejemplo, una parte de una máquina coopera con toda la máquina; una parte del cuerpo coopera con todo el cuerpo. Las manos, las piernas, los ojos, etc., son todos partes del cuerpo, pero no son realmente los disfrutadores. El estómago es el disfrutador. Las piernas transportan, las manos suministran comida, los dientes mastican, y todas las partes del cuerpo se ocupan de satisfacer al estómago, porque éste es el principal factor que nutre el funcionamiento del cuerpo. Por lo tanto, al estómago se le da todo. Uno nutre el árbol regando su raíz, y uno nutre el cuerpo alimentando al estómago, pues para que el cuerpo se mantenga sano, las partes del cuerpo deben cooperar en alimentar al estómago. De igual manera, el Señor Supremo es el disfrutador y el creador, y nosotros, como seres vivientes subordinados que somos, tenemos la función de cooperar para satisfacerlo. Esa cooperación de hecho nos ayudará, tal como la comida que recibe el estómago ayuda a todas las demás partes del cuerpo. Si los dedos de la mano creen que ellos deben tomar la comida en vez de proporcionársela al estómago, se frustrarán. La figura central de la creación y del disfrute es el Señor Supremo, y las entidades vivientes son cooperadoras. Ellas disfrutan mediante la cooperación. La relación es también como la que hay entre el amo y el sirviente. Si el amo está plenamente satisfecho, entonces el sirviente también lo estará. Así mismo, se debe satisfacer al Señor Supremo, aunque la tendencia a volverse el creador y la tendencia a disfrutar el mundo material también se encuentran en las entidades vivientes, porque esas tendencias se hallan en el Señor Supremo, el cual creó el mundo cósmico manifestado.

Encontraremos, pues, en este *Bhagavad-gītā*, que el todo completo comprende al controlador supremo, las entidades vivientes controladas, la manifestación cósmica, el tiempo eterno y *karma*, o las actividades, y todo ello se explica en este texto. Todo ello tomado en conjunto forma el todo completo, y a éste se lo denomina la Suprema Verdad Absoluta. El todo completo y la Verdad Absoluta completa constituyen la Suprema Personalidad de Dios completa, Śrī Kṛṣṇa. Todas las manifestaciones se deben a Sus diferentes energías. Él *es* el todo completo.

En el *Gītā* se explica además que el Brahman impersonal también está subordinado a la Suprema Persona completa (*brahmaṇo hi pratiṣṭhāham*). En *El Brahma-sūtra*, el Brahman se explica de un modo más explícito, diciendo que es como los rayos de la luz del Sol. El Braḥman impersonal constituye los luminosos rayos de la Suprema Personalidad de Dios. El Brahman impersonal es la comprensión incompleta del todo absoluto, tal como lo es también la concepción de Paramātmā. En el Capítulo Quince se verá que la Suprema Personalidad de Dios, Puruṣottama, está más allá tanto del Brahman impersonal como de la parcial comprensión de Paramātmā. La Suprema Personalidad de Dios se dice que es *sac-cid-ānanda-vigraha. El Brahma-saṁhitā* empieza de la siguiente manera: *īśvaraḥ paramaḥ kṛṣṇaḥ sac-cid-ananda-vigrahaḥ/ anādir ādir govindaḥ sarva-kāraṇa-kāraṇam.* ''Govinda, Kṛṣṇa, es la causa de todas las causas. Él es la causa original y la propia forma de la eternidad, el conocimiento y la bienaventuranza''. La comprensión del Brahman impersonal es la comprensión de Su característica *sat* (eternidad). La comprensión Paramātmā es la comprensión del *sat, cit* (conocimiento eterno). Pero la comprensión de la Personalidad de Dios, Kṛṣṇa, es la comprensión de todas las características trascendentales —*sat, cit* y *ānanda* (eternidad, conocimiento y bienaventuranza)—, en *vigraha* (forma) completa.

Cierta gente con poca inteligencia considera que la Verdad Suprema es impersonal. Pero Él es una persona trascendental, y esto lo confirman todas las Escrituras védicas. *Nityo nityānāṁ cetanaś cetanānām* (*Kaṭha Upaniṣad* 2.2.13). Así como nosotros somos seres vivientes individuales y tenemos nuestra individualidad, la Suprema Verdad Absoluta también es, en fin de cuentas, una persona, y la comprensión de la Personalidad de Dios es la comprensión de todas las características trascendentales, en Su forma completa. El todo completo no carece de forma. Si Él fuera informe o si fuera menos que cualquier otra cosa, entonces no podría ser el todo completo. El todo completo debe poseer todo lo que se halle dentro del marco de nuestra experiencia y más allá de ella, pues, de lo contrario, no podría ser completo.

El todo completo, la Personalidad de Dios, tiene inmensas potencias (*parāsya śaktir vividhaiva śrūyate*). En *El Bhagavad-gītā* también se explica cómo Kṛṣṇa actúa con diferentes potencias. Este mundo de fenómenos, o mundo material, en el que se nos ha puesto, también es completo en sí mismo, porque los veinticuatro elementos de los que, según la filosofía sāṅkhya, este universo material es una manifestación temporal, están completamente adaptados para producir recursos completos, que se requieren para el mantenimiento y subsistencia de este universo. No hay nada que sea ajeno; ni tampoco se requiere de nada. Esta manifestación tiene su propio tiempo, fijado por la energía del todo supremo, y cuando su tiempo se complete, estas manifestaciones temporales serán aniquiladas por la disposición completa del completo. Existen facilidades completas para que las pequeñas unidades completas, es decir, las entidades vivientes, lleguen a comprender al completo, y todas las clases de estados incompletos se experimentan a causa del conocimiento incompleto acerca del completo. De manera que, *El Bhagavad-gītā* contiene el conocimiento completo de la sabiduría védica.

Todo el conocimiento védico es infalible, y los hindúes aceptan el conocimiento védico como completo e infalible. Por ejemplo, el estiércol de la vaca es el excremento de un animal, y, según el *smṛti*, o el mandamiento védico, si uno toca el excremento de un animal, tiene que bañarse para purificarse. Pero en las Escrituras védicas se considera que el estiércol de vaca es un agente purificador. Uno pudiera considerar que esto es contradictorio, pero se acepta por ser un mandamiento védico, y, en efecto, uno no comete ningún error al aceptarlo. Posteriormente, la ciencia moderna ha comprobado que el estiércol de vaca contiene toda clase de propiedades antisépticas. Así que el conocimiento védico es completo, debido a que está más allá de toda duda y error, y *El Bhagavad-gītā* es la esencia de todo el conocimiento védico.

El conocimiento védico no es una cuestión de investigación. Nuestra labor de investigación es imperfecta, porque estamos investigando las cosas con sentidos imperfectos. Tenemos que adquirir conocimiento perfecto, que, como se declara en *El Bhagavad-gītā*, desciende mediante el *paramparā* (la sucesión discipular). Tenemos que recibir el conocimiento de labios de la fuente indicada que forme parte de la sucesión discipular que comienza con el maestro espiritual supremo, el propio Señor, y del que se le ha hecho entrega a una sucesión de maestros espirituales. Arjuna, quien fue el alumno del Señor Śrī Kṛṣṇa, acepta todo lo que Él dice, sin contradecirlo. No se permite que uno acepte una porción de *El Bhagavad-gītā* y otra no. De ninguna manera. Debemos aceptar *El Bhagavad-gītā* sin interpretarlo, sin omisiones y sin una participación caprichosa en la materia. Se debe tomar el *Gītā* como la presentación más perfecta del conocimiento védico. El conocimiento védico se recibe proveniente de fuentes trascendentales, y las primeras palabras las habló el propio Señor. Las palabras que habla el Señor se denominan *apauruṣeya*, lo cual significa que son diferentes de las palabras que habla una persona mundana, la cual adolece de cuatro defectos. Una persona mundana (1) es seguro que comete errores, (2) siempre está engañada, (3) tiene la tendencia a engañar a los demás, y (4) se halla limitada por unos sentidos imperfectos. Con estas cuatro imperfecciones, uno no puede proporcionar información perfecta acerca del conocimiento omnipresente.

El conocimiento védico no lo imparte esa clase de entidades vivientes defectuosas. Se le impartió en el corazón a Brahmā, el primer ser viviente que fue creado, y Brahmā a su vez diseminó ese conocimiento entre sus hijos y discípulos, tal como él lo recibió originalmente de labios del Señor. El Señor es *pūrṇam*, omniperfecto, y no hay ninguna posibilidad de que Él llegue a estar supeditado a las leyes de la naturaleza material. En consecuencia, uno debe ser lo suficientemente inteligente como para saber que el Señor es el único propietario de todo lo que hay en el universo, y que Él es el creador original, el creador de Brahmā. En el Capítulo Once, al Señor se lo nombra como *prapitāmaha*, porque a Brahmā se lo nombra como *pitāmaha*, el abuelo, y Él es el creador del abuelo. Así pues, uno no debe creer que es el propietario de nada. Uno debe aceptar únicamente las cosas que el Señor le ha asignado para su manutención.

Hay muchos ejemplos de cómo hemos de utilizar esas cosas que el Señor nos ha asignado. Ello también se explica en *El Bhagavad-gītā*. Al principio, Arjuna decidió que no pelearía en la Batalla de Kurukṣetra. Ésa era su propia decisión. Arjuna le dijo al Señor que, después de matar a sus propios parientes, no iba a poder disfrutar del reino. Esta decisión se basaba en el cuerpo, porque Arjuna creía que él era el cuerpo, y que sus parientes o expansiones corporales eran sus hermanos, sobrinos, cuñados, abuelos, etc. Por consiguiente, él quería satisfacer las exigencias de su cuerpo. El Señor habló *El Bhagavad-gītā* precisamente para cambiar ese punto de vista, y al final Arjuna decide pelear siguiendo las indicaciones del Señor, cuando dice: *kariṣye vacanaṁ tava*, "Actuaré conforme a Tu palabra".

En este mundo, los hombres no fueron creados para reñir como los perros y los gatos. Los hombres deben ser inteligentes, para percatarse de la importancia de la vida humana y negarse a actuar como animales ordinarios. El ser humano debe darse cuenta de cuál es el objetivo de su vida; esa información se da en todas las Escrituras védicas, y la esencia de ella se da en *El Bhagavad-gītā*. La literatura védica está hecha para los seres humanos, no para los animales. Los animales pueden matar a otros animales y no hay posibilidad alguna de que incurran en pecado; pero si un hombre mata a un animal en aras de la satisfacción de su paladar descontrolado, se le culpará de romper las leyes de la naturaleza. En *El Bhagavad-gītā* se explica claramente que hay tres clases de actividades según las diferentes modalidades de la naturaleza: las actividades de la bondad, las de la pasión y las de la ignorancia. De modo similar, también hay tres clases de comestibles: comestibles influidos por la bondad, por la pasión y por la ignorancia. Todo esto se halla claramente descrito, y si utilizamos bien las instrucciones de *El Bhagavad-gītā*, toda nuestra vida se purificará, y al final podremos llegar al destino que se encuentra más allá de este cielo material (*yad gatvā na nivartante tad dhāma paramaṁ mama*).

Ese destino se denomina el cielo *sanātana*, el eterno cielo espiritual. En este mundo material observamos que todo es temporal. Todo aparece, permanece por algún tiempo, produce algunos subproductos, mengua y luego desaparece. Ésa es la ley del mundo material, ya sea que usemos como ejemplo este cuerpo, un pedazo de fruta o cualquier otra cosa. Pero más allá de este mundo temporal, hay otro mundo del cual tenemos información. Ese mundo está hecho de otra naturaleza, la cual es *sanātana*, eterna. A la *jīva* también se la describe como *sanātana*, eterna, y en el Capítulo Once al Señor también se lo describe de esa manera. Nosotros tenemos una relación íntima con el Señor, y como todos somos uno desde el punto de vista cualitativo —el *sanātana-dhama*, o el cielo, la suprema personalidad *sanātana* y las entidades vivientes *sanātana*—, todo el propósito de *El Bhagavad-gītā* es el de revivir nuestra ocupación *sanātana*, o el *sanātana-dharma*, que es la ocupación eterna de la entidad viviente. Nosotros nos hallamos dedicados temporalmente a diferentes actividades, pero todas ellas pueden purificarse, cuando las dejemos y emprendamos las actividades que prescribe el Señor Supremo. Eso se denomina nuestra vida pura.

El Señor Supremo y Su morada trascendental son ambos *sanātana*, tal como lo son también las entidades vivientes, y la asociación conjunta del Señor Supremo y las entidades vivientes en la morada *sanātana* constituye la perfección de la vida humana. El Señor es muy bondadoso con las entidades vivientes, porque éstas son Sus hijas. El Señor Kṛṣṇa declara en *El Bhagavad-gītā*: *sarva-yoniṣu... ahaṁ bīja-pradaḥ pitā*, "Yo soy el padre de todos". Desde luego, existen toda clase de entidades vivientes según sus diversos *karmas*, pero aquí el Señor declara que es el padre de todas ellas. Por consiguiente, el Señor desciende a redimir a todas esas almas caídas y condicionadas, y a hacerles un llamado para que regresen al eterno cielo *sanātana*, de modo que las entidades vivientes *sanātana* puedan recobrar sus eternas posiciones *sanātana*, en asociación eterna con el Señor. Para redimir a las almas condicionadas, el propio Señor viene en diferentes encarnaciones, o envía a Sus sirvientes íntimos como hijos o a Sus asociados o *ācāryas*.

Por lo tanto, el *sanātana-dharma* no se refiere a ningún proceso sectario de religión. Es la función eterna de las entidades vivientes eternas, en relación con el eterno Señor Supremo. Como ya se dijo antes, el *sanātana-dharma* se refiere a la ocupación eterna de la entidad viviente. Śrīpāda Rāmānujācārya ha explicado la palabra *sanātana* como ''aquello que no tiene principio ni fin''. De modo que, cuando hablamos de *sanātana-dharma*, debemos dar por sentado, en base a la autoridad de Śrīpāda Rāmanujācārya, que dicho *sanātana-dharma* no tiene ni principio ni fin.

La palabra *religión* es un poco diferente a la palabra *sanātana-dharma*. *Religión* lleva consigo la idea de fe, y la fe puede cambiar. Uno puede tener fe en un proceso en particular, y puede cambiar de fe y adoptar otra. Pero el *sanātana-dharma* se refiere a aquella actividad que no se puede cambiar. Por ejemplo, al agua no se le puede quitar la liquidez, ni al fuego se le puede quitar el calor. De igual manera, a la eterna entidad viviente no se le puede quitar su función eterna. El *sanātana-dharma* es eternamente parte integral de la entidad viviente. Así pues, cuando hablamos de *sanātana-dharma*, debemos dar por sentado, en base a la autoridad de Śrīpāda Rāmanujācārya, que dicho *sanātana-dharma* no tiene ni principio ni fin. Aquello que no tiene principio ni fin no puede ser sectario, pues ninguna clase de límites puede coartarlo. Aquellos que pertenecen a alguna fe sectaria habrán de considerar equivocadamente que el *sanātana-dharma* también es sectario. Pero si profundizamos en el asunto y lo consideramos a la luz de la ciencia moderna, podremos ver que el *sanātana-dharma* es la ocupación de toda la gente del mundo, y, más aún, de todas las entidades vivientes del universo.

Una fe religiosa no *sanātana* puede que tenga algún comienzo en los anales de la historia humana, pero no existe comienzo de la historia del *sanātana-dharma*, porque este último permanece eternamente con las entidades vivientes. En lo que respecta a la entidad viviente, los *śāstras* autoritativos determinan que para ella no hay nacimiento ni muerte. En el *Gītā* se establece que la entidad viviente nunca nace y nunca muere. La entidad viviente es eterna e indestructible, y continúa viviendo después de la destrucción de este cuerpo material temporal. En relación con el concepto de *sanātana-dharma*, debemos tratar de entender el concepto de religión a partir del significado de la raíz sánscrita de la palabra. *Dharma* se refiere a aquello que existe constantemente con un objeto en particular. Nosotros concluimos que junto con el fuego hay luz y calor; sin luz y calor, la palabra fuego no tiene sentido. De modo similar, debemos descubrir la parte esencial del ser viviente, aquella parte que es su compañera constante. Esa compañera constante es su cualidad eterna, y esa cualidad eterna es su religión eterna.

Cuando Sanātana Gosvāmī le preguntó a Śrī Caitanya Mahāprabhu que cuál era el *svarūpa* de todo ser viviente, el Señor respondió que el *svarūpa*, o la posición constitucional del ser viviente, es la de prestarle servicio a la Suprema Personalidad de Dios. Si analizamos esta declaración del Señor Caitanya, podremos ver con facilidad que todo ser viviente siempre está dedicado a prestarle servicio a otro ser viviente. Un ser viviente sirve a otros seres vivientes de diversas maneras. Al hacerlo, la entidad viviente disfruta de la vida. Los animales inferiores sirven a los seres humanos tal como los sirvientes sirven a su amo. A sirve al amo B, B sirve al amo C, C sirve al amo D, y así sucesivamente. En base a esto, podemos ver que un amigo sirve a otro, la madre sirve al hijo, la esposa sirve al esposo, el esposo sirve a la esposa, etc. Si seguimos investigando con este espíritu, se verá que en la sociedad de los seres vivos no hay ninguna excepción a la actividad de servir. El político le presenta a la gente su manifiesto, para convencerla de la capacidad que él tiene de servir. En consecuencia, los electores le dan al político sus valiosos votos, considerando que él le prestará a la sociedad un valioso servicio. El vendedor sirve al cliente, y el artesano sirve al capitalista. El capitalista sirve a la familia, y la familia sirve al Estado en términos de la capacidad eterna del eterno ser viviente. De esa manera podemos ver que ningún ser viviente está exento de prestarles servicio a otros seres vivientes, y, por lo tanto, podemos concluir con toda seguridad que el servicio es el compañero constante del ser viviente, y que el prestar servicio es la religión eterna del ser viviente.

Sin embargo, el hombre dice pertenecer a un tipo de fe en particular en relación con un tiempo y una circunstancia en particular, y en virtud de ello dice ser hindú, musulmán, cristiano, budista, o adepto de alguna otra secta. Tales designaciones son no *sanātana-dharma*. Puede que un hindú cambie de fe y se vuelva musulmán, o que un musulmán cambie de fe y se vuelva hindú, o que un cristiano cambie de fe, etc. Pero en todas las circunstancias, el cambio de fe religiosa no afecta la ocupación eterna de prestarle servicio a los demás. El hindú, musulmán o cristiano es sirviente de alguien, pese a cualesquiera circunstancias. De manera que, profesar un tipo particular de fe no es profesar el *sanātana-dharma* de uno. Prestar servicio es el *sanātana-dharma*.

De hecho, estamos relacionados con el Señor Supremo a través del servicio. El Señor Supremo es el disfrutador supremo, y nosotros, las entidades vivientes, somos Sus servidores. Nosotros hemos sido creados para el disfrute de Él, y si participamos con la Suprema Personalidad de Dios en ese goce eterno, seremos felices. No podemos llegar a ser felices de ninguna otra manera. No es posible ser feliz independientemente, de la misma manera en que ninguna parte del cuerpo puede ser feliz sin cooperar con el estómago. La entidad viviente no puede ser feliz sin prestarle al Señor Supremo un amoroso servicio trascendental.

En *El Bhagavad-gītā* no se aprueba la adoración de los diferentes semidioses ni el prestarles servicio a ellos. En el Capítulo Siete, verso veinte, se afirma:

kāmais tais tair hṛta-jñānāḥ
prapadyante 'nya-devatāḥ
taṁ taṁ niyamam āsthāya
prakṛtyā niyatāḥ svayā

"Aquellos a quienes los deseos materiales les han robado la inteligencia, se entregan a los semidioses y siguen las reglas y regulaciones específicas de adoración que corresponden a sus propias naturalezas". Aquí se dice claramente que aquellos a quienes los guía la lujuria, adoran a los semidioses y no al Supremo Señor Kṛṣṇa. Cuando hacemos mención del nombre Kṛṣṇa, no nos referimos a ningún nombre sectario. *Kṛṣṇa* significa el placer máximo, y se ha confirmado que el Señor Supremo es la fuente o el depósito de todo placer. Todos anhelamos placer. *Ānanda-mayo 'bhyāsāt* (*El Vedānta-sūtra* 1.1.12). Las entidades vivientes, al igual que el Señor, están colmadas de conciencia y se hallan en busca de la felicidad. El Señor es feliz perpetuamente, y si las entidades vivientes se relacionan con el Señor, cooperan con Él y participan de Su asociación, entonces ellas también se vuelven felices.

El Señor desciende a este mundo mortal para exhibir Sus pasatiempos en Vṛndāvana, los cuales están colmados de felicidad. Cuando el Señor Śrī Kṛṣṇa se encontraba en Vṛndāvana, todas Sus actividades con Sus amigos pastorcillos, con Sus amigas las doncellas, con los demás habitantes de Vṛndāvana y con las vacas, estaban colmadas de felicidad. Toda la población de Vṛndāvana no conocía nada fuera de Kṛṣṇa. Pero el Señor Kṛṣṇa desalentó incluso a Su padre Nanda Mahārāja en lo referente a la adoración del semidiós Indra, porque quería establecer el hecho de que la gente no necesita adorar a ningún semidiós. La gente únicamente tiene que adorar al Señor Supremo, pues su meta final es la de regresar a la morada de Él.

La morada del Señor Kṛṣṇa se describe en *El Bhagavad-gītā*, Capítulo Quince, verso seis:

na tad bhāsayate sūryo
na śaśāṅko na pāvakaḥ
yad gatvā na nivartante
tad dhāma paramaṁ mama

"Esa suprema morada Mía no está iluminada por el Sol ni la Luna, ni por el fuego, ni por la electricidad. Aquellos que llegan a ella, nunca regresan a este mundo material".

Este verso da una descripción de ese cielo eterno. Tenemos, desde luego, una concepción material de lo que es el cielo, y pensamos en él en relación con el Sol, la Luna, las estrellas, etc. Pero en este verso el Señor declara que en el cielo eterno no hay necesidad de Sol, Luna, electricidad o fuego de ninguna clase, porque el cielo espiritual está de por sí iluminado por el *brahmajyoti*, los rayos que emanan del Señor Supremo. Estamos tratando con dificultad de llegar a otros planetas, pero no es difícil entender la morada del Señor Supremo. A esa morada se le refiere como Goloka. En *El Brahma-saṁhitā* (5.37) se la describe de una manera hermosa: *goloka eva nivasaty akhilātma-bhūtaḥ*. El Señor reside eternamente en Goloka, Su morada, y, sin embargo, es accesible desde este mundo, y con ese fin viene a manifestar Su verdadera forma *sac-cid-ānanda-vigraha*. Como Él manifiesta esa forma, no hay necesidad alguna de que imaginemos cómo es Él. Para desalentar esa clase de especulación imaginativa, Él desciende y se muestra tal como es, como Śyāmasundara: Desgraciadamente, los poco inteligentes lo menosprecian, porque Él viene como uno de nosotros y juega con nosotros como un ser humano. Pero debido a ello, no debemos tomar al Señor por uno de nosotros. Mediante Su omnipotencia, Él se presenta ante nosotros en Su verdadera forma y exhibe Sus pasatiempos, que son réplicas de los pasatiempos que hay en Su morada.

En los refulgentes rayos del cielo espiritual flotan una infinidad de planetas. El *brahmajyoti* emana de la morada suprema, Kṛṣṇaloka, y los planetas *ānanda-maya-cinmaya*, que no son materiales, flotan en esos rayos. El Señor dice: *na tad bhāsayate sūryo na śaśāṅko na pāvakaḥ/ yad gatvā na nivartante tad dhāma paramaṁ mama*. Aquel que puede acercarse a ese cielo espiritual, no tiene que descender de nuevo al cielo material. En el cielo material, incluso si nos acercamos al planeta más elevado de todos (Brahmaloka), ni qué hablar de la Luna, encontraremos las mismas condiciones de la vida, es decir, el nacimiento, la muerte, las enfermedades y la vejez. Ningún planeta del universo material está libre de estos cuatro principios de la existencia material.

Las entidades vivientes viajan de un planeta a otro, pero eso no significa que podemos ir a cualquier planeta que queramos sólo mediante un dispositivo mecánico. Si deseamos ir a otros planetas, existe un proceso para hacerlo. También eso se menciona: *yānti deva-vratā devān pitṝn yānti pitṛ-vratāḥ*. Si queremos viajes interplanetarios, no se necesita ningún dispositivo mecánico. El *Gītā* instruye: *yānti deva-vratā devān*. La Luna, el Sol y los planetas superiores se denominan Svargaloka. Hay tres categorías distintas de planetas: los sistemas planetarios superiores, medios e inferiores. La Tierra pertenece al sistema planetario medio. *El Bhagavad-gītā* nos informa cómo viajar a los sistemas planetarios superiores (Devaloka) con una fórmula muy sencilla: *yānti deva-vratā devān*. Uno sólo tiene que adorar al semidiós específico de ese planeta en particular, y de esa forma ir a la Luna, al Sol o a cualquiera de los sistemas planetarios superiores.

Sin embargo, *El Bhagavad-gītā* no nos aconseja ir a ninguno de los planetas de este mundo material, porque incluso si fuéramos a Brahmaloka —el planeta más elevado de todos— por medio de algún dispositivo mecánico y viajando quizás durante cuarenta mil años (¿y quién viviría tanto?), aún encontraríamos los inconvenientes materiales del nacimiento, la muerte, las enfermedades y la vejez. Pero aquel que quiere ir al planeta supremo, Kṛṣṇaloka, o a cualquiera de los demás planetas del cielo espiritual, no se encontrará con esos inconvenientes materiales. Entre todos los planetas del cielo espiritual hay un planeta supremo, llamado Goloka Vṛndāvana, que, en la morada de Śrī Kṛṣṇa, la Personalidad de Dios original, es el planeta original. Toda esta información se da en *El Bhagavad-gītā*, y a través de sus instrucciones se nos explica cómo abandonar el mundo material y comenzar una verdadera vida dichosa en el cielo espiritual.

En el Capítulo Quince de *El Bhagavad-gītā* se da la verdadera descripción del mundo material. En él se dice:

ūrdhva-mūlam adhaḥ-śākham
aśvatthaṁ prāhur avyayam

chandāṁsi yasya parṇāni
yas taṁ veda sa veda-vit

Ahí, al mundo material se lo describe como un árbol cuyas raíces están hacia arriba y cuyas ramas están hacia abajo. Nosotros tenemos experiencia de un árbol cuyas raíces están hacia arriba. Si uno se para en la orilla de un río o de cualquier depósito de agua, puede ver que los árboles que se reflejan en el agua están al revés. Las ramas van hacia abajo y las raíces hacia arriba. De forma similar, este mundo material es un reflejo del mundo espiritual. El mundo material no es más que una sombra de la realidad. En la sombra no hay realidad o sustancia, pero por la sombra llegamos a saber que hay sustancia y realidad. En el desierto no hay agua, pero el espejismo indica que sí existe una cosa tal. En el mundo material no hay agua, no hay felicidad; el agua auténtica de la felicidad verdadera se encuentra en el mundo espiritual.

El Señor aconseja que alcancemos el mundo espiritual de la siguiente manera (Bg. 15.5):

nirmāna-mohā jita-saṅga-doṣā
adhyātma-nityā vinivṛtta-kāmāḥ
dvandvair vimuktāḥ sukha-duḥkha-saṁjñair
gacchanty amūḍhāḥ padam avyayaṁ tat

Ese *padam avyayam*, o reino eterno, puede alcanzarlo aquel que sea *nirmāna-moha*. ¿Qué significa eso? Andamos en busca de designaciones. Unos quieren ser señor, otros quieren ser Dios, otros quieren ser presidente, o un hombre rico, o un rey, o alguna otra cosa. Mientras estemos apegados a esas designaciones, estaremos apegados al cuerpo, porque las designaciones le pertenecen al cuerpo. Pero nosotros no somos estos cuerpos, y percatarnos de esto constituye la primera etapa de la comprensión espiritual. Nosotros estamos asociados con las tres modalidades de la naturaleza material, pero debemos desapegarnos a través del servicio devocional que se le presta al Señor. Si no estamos apegados a prestarle servicio devocional al Señor, no podemos entonces desapegarnos de las modalidades de la naturaleza material. Las designaciones y los apegos se deben a nuestra lujuria y deseo, a querer enseñorearnos de la naturaleza material. Mientras no dejemos esa propensión a enseñorearnos de la naturaleza material, no hay ninguna posibilidad de regresar al reino del Supremo, el *sanātana-dhāma*. Ese reino eterno que nunca se destruye, le resulta accesible a aquel a quien no lo confunden las atracciones de los falsos placeres materiales, a aquel que está dedicado al servicio del Señor Supremo. Todo aquel que se encuentre en esa posición, puede acercarse fácilmente a esa morada suprema.

En otra parte del *Gītā* (8.21) se declara:

avyakto 'kṣara ity uktas
tam āhuḥ paramāṁ gatim
yaṁ prāpya na nivartante
tad dhāma paramaṁ mama

Avyakta significa no manifestado. Ni siquiera el mundo material se manifiesta por entero ante nosotros. Nuestros sentidos son tan imperfectos, que ni siquiera podemos ver todas las estrellas que hay en este universo material. Con la literatura védica podemos adquirir mucha información acerca de todos los planetas, y podemos creerla o no. Todos los planetas importantes se describen en las Escrituras védicas, especialmente en *El Śrīmad-Bhāgavatam*, y al mundo espiritual que se encuentra más allá de este cielo material se lo describe como *avyakta*, no manifestado. Uno debe desear y anhelar ir a ese reino supremo, pues cuando uno lo alcanza, no tiene que regresar a este mundo material.

A continuación, se pudiera hacer la pregunta de qué debe hacer uno para ir a esa morada del Señor Supremo. En el Capítulo Ocho se da información al respecto. Ahí se dice:

anta-kāle ca mām eva
smaran muktvā kalevaram
yaḥ prāyati sa mad-bhāvaṁ
yāti nāsty atra saṁśayaḥ

"Y quienquiera que al final de la vida abandone el cuerpo recordándome únicamente a Mí, de inmediato alcanza Mi naturaleza. De esto no hay ninguna duda" (Bg. 8.5). Aquel que piense en Kṛṣṇa a la hora de la muerte, va a Kṛṣṇa. Uno debe recordar la forma de Kṛṣṇa; si uno abandona el cuerpo pensando en esa forma, es seguro que va al reino espiritual. *Mad-bhāvam* se refiere a la naturaleza suprema del Ser Supremo. El Ser Supremo es *sac-cid-ānanda-vigraha*, es decir, Su forma es eterna y está colmada de conocimiento y bienaventuranza. Nuestro cuerpo actual no es *sac-cid-ānanda*. Es *asat*, no *sat*. No es eterno, sino perecedero. No es *cit*, no está colmado de conocimiento, sino que está colmado de ignorancia. No tenemos conocimiento acerca del reino espiritual; ni siquiera tenemos conocimiento perfecto acerca de este mundo material, en el que hay muchísimas cosas que desconocemos. El cuerpo es, además, *nirānanda*: en vez de estar colmado de bienaventuranza, está colmado de sufrimiento. Todos los sufrimientos que experimentamos en el mundo material tienen su origen en el cuerpo, pero aquel que abandona este cuerpo pensando en el Señor Kṛṣṇa, la Suprema Personalidad de Dios, de inmediato obtiene un cuerpo *sac-cid-ānanda*.

El proceso de abandono de este cuerpo y de obtención de otro cuerpo en el mundo material, también está organizado. El hombre muere después de que se ha decidido qué clase de cuerpo tendrá en la vida siguiente. La decisión la toman autoridades superiores, y no la propia entidad viviente. De acuerdo con nuestras actividades en esta vida, o bien ascendemos, o bien nos hundimos. Esta vida es una preparación para la siguiente. De manera que, si podemos prepararnos en esta vida para ser promovidos al Reino de Dios, entonces, después de dejar este cuerpo material, es seguro que obtendremos un cuerpo espiritual tal como el del Señor.

Como se explicó anteriormente, hay diferentes clases de trascendentalistas: el *brahma-vādī*, el *paramātma-vādī* y el devoto, y, como ya se dijo, en el *brahma-*

jyoti (el cielo espiritual) existen innumerables planetas espirituales. El número de esos planetas es muy, muy superior al de los planetas de este mundo material. Este mundo material se ha calculado que es únicamente una cuarta parte de la creación (*ekāṁśena sthito jagat*). En este segmento material hay millones y billones de universos, con trillones de planetas y soles, estrellas y lunas. Pero esta creación material por entero es únicamente un fragmento de la creación total. La mayor parte de la creación se encuentra en el cielo espiritual. Aquel que desee fundirse en la existencia del Brahman Supremo, es de inmediato trasladado al *brahmajyoti* del Señor Supremo, y alcanza así el cielo espiritual. El devoto, el cual quiere disfrutar de la compañía del Señor, entra en los planetas Vaikuṇṭha, que son innumerables, y el Señor Supremo se asocia allí con él mediante Sus expansiones plenarias, tales como Nārāyaṇa de cuatro manos y con diferentes nombres, tales como Pradyumna, Aniruddha y Govinda. Por consiguiente, al final de la vida los trascendentalistas piensan ya sea en el *brahmajyoti*, en el Paramātmā o en la Suprema Personalidad de Dios, Śrī Kṛṣṇa. En todos los casos ellos entran en el cielo espiritual, pero sólo el devoto, o aquel que está personalmente en contacto con el Señor Supremo, entra en los planetas Vaikuṇṭha o en el planeta Goloka Vṛndāvana. El Señor agrega además que, de ello "no hay ninguna duda". Esto se debe creer firmemente. No debemos rechazar aquello que no se acomode a nuestra imaginación; nuestra actitud debe ser la de Arjuna: "Creo todo lo que me has dicho". Así pues, cuando el Señor dice que a la hora de la muerte todo aquel que piense en Él como Brahman, como Paramātmā o como la Personalidad de Dios, entra sin falta en el cielo espiritual, no hay duda de ello. No hay posibilidad de no creerlo.

El Bhagavad-gītā (8.6) también explica el principio general que hace que sea posible entrar en el reino espiritual simplemente por el hecho de pensar en el Supremo a la hora de la muerte.

yaṁ yaṁ vāpi smaran bhāvaṁ
tyajaty ante kalevaram
taṁ tam evaiti kaunteya
sadā tad-bhāva-bhāvitaḥ

"Cualquier estado de existencia que uno recuerde cuando abandone el cuerpo, ese estado alcanzará sin falta en la siguiente vida". Ahora bien, primero que todo debemos entender que la naturaleza material es la manifestación de una de las energías del Señor Supremo. En *El Viṣṇu Purāṇa* (6.7.61) se describen las energías totales del Señor Supremo:

viṣṇu-śaktiḥ parā proktā
kṣetrajñākhyā tathā-parā
avidyā-karma-saṁjñānyā
tṛtīyā śaktir iṣyate

El Señor Supremo tiene diversas e innumerables energías, las cuales se encuentran más allá de nuestra concepción. Sin embargo, grandes y eruditos sabios o almas liberadas han estudiado esas energías, y las han clasificado en tres partes. Todas las energías son de *viṣṇu-śakti*, es decir, son diferentes potencias del Señor Viṣṇu. La primera energía es *parā*, trascendental. Las entidades vivientes también pertenecen a la energía superior, tal como ya se ha explicado. Las otras energías, o energías materiales, están influidas por la modalidad de la ignorancia. En el momento de la muerte podemos, o bien permanecer en el seno de la energía inferior de este mundo material, o bien trasladarnos al ámbito de la energía del mundo espiritual. Por eso *El Bhagavad-gītā* (8.6) dice:

yaṁ yaṁ vāpi smaran bhāvaṁ
tyajaty ante kalevaram
taṁ tam evaiti kaunteya
sadā tad-bhāva-bhāvitaḥ

"Cualquier estado de existencia que uno recuerde cuando abandone el cuerpo, ese estado alcanzará sin falta en la siguiente vida".

En la vida estamos acostumbrados a pensar ya sea en la energía material o en la espiritual. Ahora bien, ¿cómo podemos trasladar nuestro pensamiento de la energía material a la energía espiritual? Hay muchísima literatura que llena nuestros pensamientos con energía material: periódicos, revistas, novelas, etc. Nuestro pensamiento, que ahora está absorto en esa literatura, debe ser trasladado a la literatura védica. Por consiguiente, los grandes sabios han escrito muchísimos libros védicos, tales como los *Purāṇas*. Los *Purāṇas* no son producto de la imaginación; son anales históricos. En *El Caitanya-caritāmṛta* (*Madhya* 20.122) se encuentra el siguiente verso:

māyā-mugdha jīvera nāhi svataḥ kṛṣṇa-jñāna
jīvera kṛpāya kaila kṛṣṇa veda-purāṇa

Las entidades vivientes olvidadizas, o almas condicionadas, han olvidado su relación con el Señor Supremo, y están absortas en pensamientos acerca de las actividades materiales. Sólo para trasladar al cielo espiritual su capacidad de pensar, Kṛṣṇa-dvaipāyana Vyāsa ha proporcionado un gran número de Escrituras védicas. Primero, Él dividió los *Vedas* en cuatro, luego los explicó en los *Purāṇas*, y, para gente menos capacitada, escribió *El Mahābhārata*. En *El Mahābhārata* se presenta *El Bhagavad-gītā*. Además, toda la literatura védica se resume en *El Vedānta-sūtra*, y, con miras a una guía futura, presentó un comentario natural de *El Vedānta-sūtra*, denominado *El Śrīmad-Bhāgavatam*. Siempre debemos ocupar la mente en la lectura de esas Escrituras védicas. Así como los materialistas ocupan la mente en la lectura de periódicos, revistas y tanta literatura materialista como hay, así mismo debemos encauzar nuestra lectura hacia esas Escrituras que nos dio Vyāsadeva; de esa manera nos resultará posible recordar al Señor Supremo en el momento de la muerte. Ésa es la única manera que sugirió el Señor, y Él garantiza el resultado. "No hay duda de ello".

tasmāt sarveṣu kāleṣu
mām anusmara yudhya ca
mayy arpita-mano-buddhir
mām evaiṣyasy asaṁśayaḥ

"Por lo tanto, Arjuna, siempre debes pensar en Mí en la forma de Kṛṣṇa, y al mismo tiempo desempeñar tu deber prescrito de pelear. Con tus actividades dedicadas a Mí y con la mente y la inteligencia fijas en Mí, llegarás a Mí sin duda alguna" (Bg. 8.7).

Él no le aconseja a Arjuna que simplemente lo recuerde y abandone su ocupación. No, el Señor nunca sugiere nada que sea impráctico. En este mundo material, uno tiene que trabajar para mantener el cuerpo. Conforme al trabajo, la sociedad humana está dividida en cuatro órdenes sociales: *brāhmaṇa, kṣatriya, vaiśya* y *śūdra*. La clase *brāhmaṇa*, o la clase inteligente, trabaja de una manera; la clase *kṣatriya* o administradora trabaja de otra manera; y la clase mercantil y los obreros atienden todos sus deberes específicos. En la sociedad humana, todo el mundo tiene que trabajar para mantener su existencia, ya sea uno obrero, comerciante, administrador o agricultor, o incluso si uno pertenece a la clase más alta y es un hombre de letras, un científico o un teólogo. Por lo tanto, el Señor le dice a Arjuna que no tiene que abandonar su ocupación, pero que, mientras esté dedicado a ella, debe recordar a Kṛṣṇa (*mām anusmara*). Si él no practica el proceso de recordar a Kṛṣṇa mientras está luchando por la existencia, entonces no le será posible recordar a Kṛṣṇa a la hora de la muerte. El Señor Caitanya también aconseja lo mismo. Él dice: *kīrtanīyaḥ sadā hariḥ*, uno siempre debe practicar el canto de los nombres del Señor. Los nombres del Señor y el Señor no son diferentes el uno del otro. Así que, la instrucción que el Señor Kṛṣṇa le dio a Arjuna —"recuérdame"—, y el mandamiento del Señor Caitanya de "canta siempre los nombres del Señor Kṛṣṇa", es la misma instrucción. No hay diferencia entre las dos cosas, porque Kṛṣṇa y el nombre de Kṛṣṇa no son diferentes entre sí. En el plano absoluto no hay diferencia entre la referencia y lo referido. Por consiguiente, tenemos que practicar el proceso de recordar siempre al Señor, las veinticuatro horas del día, mediante el canto de Sus nombres y amoldando las actividades de nuestra vida de forma tal que siempre podamos recordarlo a Él.

¿Cómo es posible hacer eso? Los *ācāryas* dan el siguiente ejemplo. Si una mujer casada está apegada a otro hombre, o si un hombre tiene un apego por una mujer que no es su esposa, entonces dicho apego se debe considerar que es muy fuerte. Aquel que tiene un apego tal, siempre está pensando en el ser amado. La mujer casada que piensa en su amante, siempre piensa en reunirse con él, incluso mientras desempeña sus quehaceres domésticos. A decir verdad, ella realiza sus labores domésticas aún más cuidadosamente, para que su esposo no sospeche de su apego. De forma similar, debemos recordar siempre al amante supremo, Śrī Kṛṣṇa, y al mismo tiempo desempeñar muy bien nuestros deberes materiales. Para ello se requiere de un fuerte sentimiento de amor. Si tenemos un fuerte sentimiento de amor por el Señor Supremo, podremos entonces desempeñar nuestro deber y al mismo tiempo recordarlo a Él. Pero tenemos que cultivar ese sentimiento de amor. Arjuna, por ejemplo, siempre estaba pensando en Kṛṣṇa; él era el compañero constante de Kṛṣṇa y al mismo tiempo era un guerrero. Kṛṣṇa no le aconsejó que abandonara la pelea y se fuera al bosque a meditar. Cuando el Señor Kṛṣṇa le describe a Arjuna el sistema de *yoga*, Arjuna dice que no le es posible practicar ese sistema.

arjuna uvāca
yo 'yaṁ yogas tvayā proktaḥ
sāmyena madhusūdana
etasyāhaṁ na paśyāmi
cañcalatvāt sthitiṁ sthirām

"Arjuna dijo: ¡Oh, Madhusūdana!, el sistema de *yoga* que has resumido me parece impráctico e intolerable, ya que la mente es inquieta e inestable" (Bg. 6.33).

Pero el Señor dice:

yoginām api sarveṣāṁ
mad-gatenāntarātmanā
śraddhāvān bhajate yo māṁ
sa me yuktatamo mataḥ

"De todos los *yogīs*, aquel que tiene una gran fe y que siempre mora en Mí, piensa en Mí y Me presta un amoroso servicio trascendental, es el que está más íntimamente unido a Mí por medio del *yoga*, y es el más elevado de todos. Ésa es Mi opinión" (Bg. 6.47). Así que, aquel que piensa siempre en el Señor Supremo, es el *yogī* más grande de todos, el máximo *jñānī* y el más grande de todos los devotos, al mismo tiempo. El Señor le dice además a Arjuna que, como *kṣatriya* que es, no puede abandonar la pelea, pero que si Arjuna lucha recordando a Kṛṣṇa, podrá entonces recordar a Kṛṣṇa a la hora de la muerte. Mas, uno debe estar completamente entregado al amoroso servicio trascendental del Señor.

Nosotros en realidad no trabajamos con el cuerpo, sino con la mente y la inteligencia. De manera que, si la inteligencia y la mente siempre se dedican a pensar en el Señor Supremo, entonces, naturalmente, los sentidos también se dedicarán al servicio de Él. De modo superficial, al menos, las actividades de los sentidos siguen siendo las mismas, pero la conciencia cambia. *El Bhagavad-gītā* nos enseña a absorber la mente y la inteligencia en el pensamiento acerca del Señor. Esa clase de absorción le permitirá a uno trasladarse al reino del Señor. Si la mente se dedica al servicio de Kṛṣṇa, los sentidos se dedicarán al servicio de Él automáticamente. Ése es el arte, y ése también es el secreto de *El Bhagavad-gītā*: la absorción total en el pensamiento acerca de Śrī Kṛṣṇa.

El hombre moderno ha luchado mucho por llegar a la Luna, pero no se ha esforzado mucho por elevarse en lo espiritual. Si uno tiene ante sí unos cincuenta años de vida, debe ocupar ese corto tiempo en cultivar esta práctica de recordar a la Suprema Personalidad de Dios. Dicha práctica constituye el proceso devocional:

śravaṇaṁ kīrtanaṁ viṣṇoḥ
smaraṇaṁ pāda-sevanam
arcanaṁ vandanaṁ dāsyaṃ
sakhyam ātma-nivedanam
(*El Śrīmad-Bhāgavatam* 7.5.23)

Estos nueve procesos, de los cuales el más sencillo es *śravaṇam*, oír *El Bhagavad-gītā* de labios de la persona iluminada, harán que uno dirija el pensamiento hacia el Ser Supremo. Esto llevará a recordar al Señor Supremo, y permitirá que al uno abandonar el cuerpo obtenga un cuerpo espiritual, que es justamente el idóneo para asociarse con el Señor Supremo.

El Señor dice además:

abhyāsa-yoga-yuktena
cetasā nānya-gāminā
paramaṁ puruṣaṁ divyaṁ
yāti pārthānucintayan

''Aquel que medita en Mí como Suprema Personalidad de Dios, con la mente constantemente dedicada a recordarme a Mí, y que no se aparta del sendero, él, ¡oh, Pārtha [Arjuna]!, es seguro que llega a Mí'' (Bg. 8.8).

Éste no es un proceso muy difícil. No obstante, uno debe aprenderlo con una persona experimentada. *Tad-vijñānārthaṁ sa gurum evābhigacchet*: uno debe acudir a una persona que ya haya logrado la práctica. La mente siempre está volando de un lado a otro, pero uno debe practicar el proceso de concentrarla siempre en la forma del Señor Supremo, Śrī Kṛṣṇa, o en el sonido de Su nombre. La mente es inquieta por naturaleza: siempre anda de aquí para allá; pero ella puede reposar en la vibración sonora de Kṛṣṇa. Uno debe meditar, pues, en *paramaṁ puruṣam*, la Suprema Personalidad de Dios del reino espiritual, el cielo espiritual, y así llegar a Él. Los medios y arbitrios para conseguir la comprensión máxima, el máximo logro, se exponen en *El Bhagavad-gītā*, y las puertas de este conocimiento están abiertas a todo el mundo. No se excluye a nadie. Todas las clases de hombres pueden acercarse al Señor Kṛṣṇa mediante el proceso de pensar en Él, pues a todo el mundo le es posible oír hablar de Él y pensar en Él.

El Señor añade (Bg. 9.32–33):

māṁ hi pārtha vyapāśritya
ye 'pi syuḥ pāpa-yonayaḥ
striyo vaiśyās tathā śūdrās
te 'pi yānti parāṁ gatim

kiṁ punar brāhmaṇāḥ puṇyā
bhaktā rājarṣayas tathā

anityam asukhaṁ lokam
imaṁ prāpya bhajasva mām

Así pues, el Señor dice que incluso un comerciante, una mujer baja o un obrero, o incluso los seres humanos que estén en los niveles de vida más bajos que existen, pueden llegar al Supremo. No se necesita una inteligencia sumamente desarrollada. Lo cierto es que cualquiera que acepte el principio del *bhakti-yoga* y que acepte al Señor Supremo como el *súmmum bonum* de la vida, como el objetivo máximo, la meta última, puede acercarse al Señor en el cielo espiritual. Si uno adopta los principios que se enuncian en *El Bhagavad-gītā*, puede hacer que su vida se vuelva perfecta, y puede encontrarles una solución permanente a todos los problemas de la vida. Ésa es la esencia de todo *El Bhagavad-gītā*.

En conclusión, *El Bhagavad-gītā* es una obra literaria trascendental que uno debe leer muy cuidadosamente. *Gītā-śāstram idaṁ puṇyaṁ yaḥ paṭhet prayataḥ pumān*: si uno sigue las instrucciones de *El Bhagavad-gītā* como es debido, puede liberarse de todos los sufrimientos y ansiedades de la vida. *Bhaya-śokādi-vivarjitaḥ*. En esta vida, uno se librará de todos los temores, y su siguiente vida será espiritual (*El Gītā-māhātmya* 1).

Además, hay una ventaja adicional:

gītādhyāyana-śīlasya
prāṇāyāma-parasya ca
naiva santi hi pāpāni
pūrva-janma-kṛtāni ca

''Si una persona lee *El Bhagavad-gītā* de un modo muy sincero y con toda seriedad, entonces, por la gracia del Señor, las reacciones de sus fechorías pasadas no actuarán sobre ella'' (*El Gītā-māhātmya* 2). En la última porción de *El Bhagavad-gītā* (18.66), el Señor dice en voz muy alta:

sarva-dharmān parityajya
māṁ ekaṁ śaraṇaṁ vraja
ahaṁ tvāṁ sarva-pāpebhyo
mokṣayiṣyāmi mā śucaḥ

''Abandona todas las variedades de religiones y tan sólo entrégate a Mí. Yo te libraré de todas las reacciones pecaminosas. No temas''. Así pues, el Señor asume toda la responsabilidad de aquel que se entrega a Él, y lo protege de todas las reacciones de los pecados.

maline mocanaṁ puṁsāṁ
jala-snānaṁ dine dine
sakṛd gītāmṛta-snānaṁ
saṁsāra-mala-nāśanam

''Uno puede limpiarse diariamente dándose un baño con agua, pero si alguien se da un baño siquiera una vez en la sagrada agua del Ganges de *El Bhagavad-gītā*, para él la suciedad de la vida material se elimina por completo'' (*El Gītā-māhātmya* 3).

gītā su-gītā kartavyā
kim anyaiḥ śāstra-vistaraiḥ
yā svayaṁ padmanābhasya
mukha-padmād viniḥsṛtā

Como *El Bhagavad-gītā* lo habla la Suprema Personalidad de Dios, no es necesario leer ninguna otra Escritura védica. Uno sólo tiene que oír y leer atenta y regularmente *El Bhagavad-gītā*. En la era actual, la gente está tan absorta en actividades mundanas, que no le es posible leer todas las Escrituras védicas. Pero ello no es necesario. Este único libro, *El Bhagavad-gītā*, será suficiente, porque es la esencia de todas las Escrituras védicas, y, en especial, porque lo expone la Suprema Personalidad de Dios (*El Gītā-māhātmya* 4).

Como se dice:

bhāratāmṛta-sarvasvaṁ
viṣṇu-vaktrād viniḥsṛtam
gītā-gaṅgodakaṁ pītvā
punar janma na vidyate

''Aquel que bebe el agua del Ganges, logra la salvación; entonces, ¿qué puede decirse de aquel que bebe el néctar de *El Bhagavad-gītā*? *El Bhagavad-gītā* es el néctar esencial de *El Mahābhārata*, y lo expuso el propio Señor Kṛṣṇa, el Viṣṇu original'' (*El Gītā-māhātmya* 5). *El Bhagavad-gītā* emana de la boca de la Suprema Personalidad de Dios, y el Ganges se dice que emana de los pies de loto del Señor. Desde luego, no hay ninguna diferencia entre la boca y los pies del Señor Supremo, pero al hacer un estudio imparcial, podemos apreciar que *El Bhagavad-gītā* es aún más importante que el agua del Ganges.

sarvopaniṣado gāvo
dogdhā gopāla-nandanaḥ
pārtho vatsaḥ sudhīr bhoktā
dugdhaṁ gītāmṛtaṁ mahat

''Este *Gītopaniṣad*, *El Bhagavad-gītā*, la esencia de todos los *Upaniṣads*, es como una vaca, y el Señor Kṛṣṇa, quien es famoso como pastorcillo de vacas, la está ordeñando. Arjuna es como un ternero, y los eruditos entendidos y devotos puros han de beber la nectárea leche de *El Bhagavad-gītā*'' (*El Gītā-māhātmya* 6).

ekaṁ śāstraṁ devakīputra-gītam
eko devo devakīputra eva
eko mantras tasya nāmāni yāni
karmāpy ekaṁ tasya devasya sevā
(*El Gītā-māhātmya* 7)

En los tiempos actuales, la gente está sumamente ansiosa de tener una sola Escritura, un solo Dios, una sola religión y una sola ocupación. Por consiguiente, *ekaṁ śāstraṁ devakī-putra-gītam*, que sólo haya una Escritura, una Escritura común para el mundo entero: *El Bhagavad-gītā*. *Eko devo devakī-putra eva*, que sólo haya un Dios para el mundo entero: Śrī Kṛṣṇa. *Eko mantras tasya nāmāni*, y un solo himno, un *mantra*, una oración: el canto de Su nombre, Hare Kṛṣṇa, Hare Kṛṣṇa, Kṛṣṇa Kṛṣṇa, Hare Hare/ Hare Rāma, Hare Rāma, Rāma Rāma, Hare Hare. *Karmāpy ekaṁ tasya devasya sevā*, y que sólo haya una ocupación: el prestarle servicio a la Suprema Personalidad de Dios.

LA SUCESIÓN DISCIPULAR

Evaṁ paramparā-prāptam imaṁ rājarṣayo viduḥ (*El Bhagavad-gītā* 4.2). *El Bhagavad-gītā tal como es* se recibe a través de la siguiente sucesión discipular:

1) **Kṛṣṇa**
2) Brahmā
3) Nārada
4) Vyāsa
5) Madhva
6) Padmanābha
7) Nṛhari
8) Mādhava
9) Akṣobhya
10) Jayatīrtha
11) Jñānasindhu
12) Dayānidhi
13) Vidyānidhi
14) Rājendra
15) Jayadharma
16) Puruṣottama
17) Brahmaṇya Tīrtha
18) Vyāsa Tīrtha
19) Lakṣmīpati
20) Mādhavendra Purī
21) Īśvara Purī, (Nityānanda, Advaita)
22) **El Señor Caitanya**
23) Rūpa (Svarūpa, Sanātana)
24) Raghunātha, Jīva
25) Kṛṣṇadāsa
26) Narottama
27) Viśvanātha
28) (Baladeva) Jagannātha
29) Bhaktivinoda
30) Gaurakiśora
31) Bhaktisiddhānta Sarasvatī
32) A. C. Bhaktivedanta Swami Prabhupāda

Capítulo Uno

OBSERVANDO LOS EJÉRCITOS EN EL CAMPO DE BATALLA DE KURUKṢETRA

TEXTO 1

धृतराष्ट्र उवाच
धर्मक्षेत्रे कुरुक्षेत्रे समवेता युयुत्सवः ।
मामकाः पाण्डवाश्चैव किमकुर्वत सञ्जय ॥१॥

dhṛtarāṣṭra uvāca
dharma-kṣetre kuru-kṣetre
samavetā yuyutsavaḥ
māmakāḥ pāṇḍavāś caiva
kim akurvata sañjaya

dhṛtarāṣṭraḥ—el rey Dhṛtarāṣṭra; *uvāca*—dijo; *dharma-kṣetre*—en el lugar de peregrinaje; *kuru-kṣetre*—en el lugar llamado Kurukṣetra; *samavetāḥ*—reunidos; *yuyutsavaḥ*—deseando pelear; *māmakāḥ*—mi bando (mis hijos); *pāṇḍavāḥ*—los hijos de Pāṇḍu; *ca*—y; *eva*—indudablemente; *kim*—qué; *akurvata*—hicieron; *sañjaya*—¡oh, Sañjaya!

TRADUCCIÓN

Dhṛtarāṣṭra dijo: ¡Oh, Sañjaya!, ¿qué hicieron mis hijos y los hijos de Pāṇḍu después de reunirse en el lugar de peregrinaje de Kurukṣetra con deseos de pelear?

SIGNIFICADO

El Bhagavad-gītā es la muy leída ciencia teísta que se resume en *El Gītā-māhātmya* (la glorificación del *Gītā*). Allí se dice que uno debe leer *El Bhagavad-gītā* muy detenidamente, con la ayuda de alguien que sea devoto de Śrī Kṛṣṇa, y tratar de entenderlo sin interpretaciones motivadas por intereses personales. El ejemplo de una clara comprensión se encuentra en el mismo *Bhagavad-gītā*, en la forma en que la enseñanza fue entendida por Arjuna, quien oyó el *Gītā* directamente de labios del Señor. Si alguien es lo suficientemente afortunado como para entender *El Bhagavad-gītā* en esa línea de sucesión discipular, sin una interpretación producto de motivaciones personales, supera entonces todos los estudios de la sabiduría védica y de todas las Escrituras del mundo. Uno encontrará en *El Bhagavad-gītā* todo lo que contienen las demás Escrituras, pero el lector también encontrará cosas que no se han de encontrar en ninguna otra parte. Ésa es la pauta específica del *Gītā*. *El Bhagavad-gītā* es la ciencia teísta perfecta, porque lo habla directamente la Suprema Personalidad de Dios, el Señor Kṛṣṇa.

Los temas que discuten Dhṛtarāṣṭra y Sañjaya, tal como se describen en *El Mahābhārata*, constituyen el principio básico de esta gran filosofía. Se sabe que esta filosofía se desarrolló en el campo de batalla de Kurukṣetra, que es un lugar sagrado de peregrinaje desde los tiempos inmemoriales de la época védica. Con el fin de guiar a la humanidad, el Señor la expuso mientras se hallaba presente personalmente en este planeta.

En la actualidad, el hombre está adelantado en lo que respecta a la ciencia material, pero hasta ahora no ha logrado conseguir la unidad de toda la raza humana que hay en la faz de la Tierra. *El Bhagavad-gītā* va a solucionar ese problema, ya que los hombres inteligentes encontrarán en esta gran obra teísta la unidad de toda la sociedad humana. Mediante el estudio a fondo de *El Bhagavad-gītā* es absolutamente posible que en el mundo entero haya sólo una Escritura, es decir, *El Bhagavad-gītā*, un solo Dios, el Señor Kṛṣṇa, el hijo de Devakī, y que toda la raza humana cante un solo himno: la glorificación del santo nombre del Señor Kṛṣṇa. Ese canto del santo nombre del Señor Kṛṣṇa lo recomendó mucho el propio Señor, y la gente está sintiendo sus efectos en la práctica mediante el canto de Hare Kṛṣṇa, Hare Kṛṣṇa, Kṛṣṇa Kṛṣṇa, Hare Hare/ Hare Rāma, Hare Rāma, Rāma Rāma, Hare Hare. En el mundo occidental ya ha comenzado el canto de ese glorioso santo nombre, introducido por la Sociedad Internacional para la Conciencia de Kṛṣṇa, y el mismo gradualmente se está difundiendo por todas partes del mundo, para que la raza humana pueda tener sólo una religión, un Dios, un himno y una ocupación, en el servicio del Señor. Eso hará aparecer la paz que tan ansiosamente se desea en el mundo.

La palabra *dharma-kṣetra* (un lugar en el que se celebran rituales religiosos) es significativa, porque en el campo de batalla de Kurukṣetra, la Suprema Personalidad de Dios se encontraba presente del lado de Arjuna. Dhṛtarāṣṭra, el padre de los Kurus, dudaba mucho de que sus hijos lograran la victoria final. En medio de la duda, le preguntó a Sañjaya, su secretario: "¿Qué han hecho mis hijos y los hijos de Pāṇḍu?". Él estaba seguro de que tanto sus hijos como los hijos de Pāṇḍu, su hermano menor, estaban reunidos en ese campo de Kurukṣetra, decididos a consumar la guerra. Sin embargo, su pregunta es significativa. Él no quería que hubiera un arreglo entre los primos y hermanos, y quería estar seguro de la suerte que correrían sus hijos en el campo de batalla. Como se había dispuesto que la batalla se librara en Kurukṣetra, que en otra parte de los *Vedas* se designa como un lugar de adoración, incluso para los ciudadanos del cielo, Dhṛtarāṣṭra sintió mucho temor de la influencia que el sagrado lugar podía tener en el desenlace de la batalla. Él sabía muy bien que ello tendría una influencia favorable en Arjuna y los hijos de Pāṇḍu, porque éstos eran todos virtuosos por naturaleza. Sañjaya era un alumno de Vyāsa, y, en consecuencia, por la misericordia de Vyāsa, podía ver el campo de batalla de Kurukṣetra aun mientras se encontraba en el aposento de Dhṛtarāṣṭra. Y, por eso, Dhṛtarāṣṭra le preguntó cuál era la situación en el campo de batalla.

Tanto los Pāṇḍavas como los hijos de Dhṛtarāṣṭra pertenecen a la misma familia, pero aquí queda al descubierto lo que Dhṛtarāṣṭra estaba pensando. Él deliberadamente reconoció como Kurus sólo a sus hijos, y apartó a los hijos de Pāṇḍu del patrimonio de la familia. Con esto, uno puede entender la posición específica de Dhṛtarāṣṭra en relación con sus sobrinos, los hijos de Pāṇḍu. Así como en el arrozal se arrancan las plantas innecesarias, así mismo se esperaba desde el propio comienzo de estos asuntos, que, en el campo religioso de Kurukṣetra, en el que se hallaba presente el padre de la religión, Śrī Kṛṣṇa, se extirparían las malas hierbas, tales como Duryodhana, el hijo de Dhṛtarāṣṭra, y los demás, y que el Señor les daría el poder a las personas enteramente religiosas, encabezadas por Yudhiṣṭhira. Ése es el significado de las palabras *dharma-kṣetre* y *kuru-kṣetre*, aparte de su importancia védica e histórica.

TEXTO 2

सञ्जय उवाच
दृष्ट्वा तु पाण्डवानीकं व्यूढं दुर्योधनस्तदा ।
आचार्यमुपसंगम्य राजा वचनमब्रवीत् ॥२॥

sañjaya uvāca
dṛṣṭvā tu pāṇḍavānīkaṁ
vyūḍhaṁ duryodhanas tadā
ācāryam upasaṅgamya
rājā vacanam abravīt

sañjayaḥ—Sañjaya; *uvāca*—dijo; *dṛṣṭvā*—después de ver; *tu*—pero; *pāṇḍava-anīkam*—los soldados de los Pāṇḍavas; *vyūḍham*—dispuestos en falanges militares; *duryodhanaḥ*—el rey Duryodhana; *tada*—en ese entonces; *ācāryam*—el maestro; *upasaṅgamya*—acercándose; *rājā*—el rey; *vacanam*—palabras; *abravīt*—habló.

TRADUCCIÓN

Sañjaya dijo: ¡Oh, Rey!, después de ver el ejército dispuesto en formación militar por los hijos de Pāṇḍu, el rey Duryodhana fue a donde se encontraba su maestro y se dirigió a él con las siguientes palabras.

SIGNIFICADO

Dhṛtarāṣṭra era ciego de nacimiento. Desgraciadamente, también carecía de visión espiritual. Él sabía muy bien que sus hijos eran igualmente ciegos en materia de religión, y estaba seguro de que nunca podrían llegar a un acuerdo con los Pāṇḍavas, que eran todos piadosos de nacimiento. Aun así, él dudaba de la influencia que podría tener el lugar de peregrinaje, y Sañjaya entendía el motivo de su pregunta acerca de la situación en el campo de batalla. Por consiguiente, Sañjaya quiso alentar al abatido Rey. y para ello le aseguró que sus hijos no iban a llegar a ninguna clase de acuerdo bajo la influencia del lugar sagrado. Sañjaya le informó, pues, al Rey, que su hijo, Duryodhana, después de ver la fuerza militar de los Pāṇḍavas, fue de inmediato a donde se encontraba el comandante en jefe, Dronācārya, para informale de la verdadera situación. Aunque a Duryodhana se lo menciona como el rey, aun así tuvo que acudir al comandante, debido a la gravedad de la situación. Así pues, él era muy apto como político. Pero su aspecto de diplomático no pudo ocultar el temor que sintió al ver la organización militar de los Pāṇḍavas.

TEXTO 3

पश्यैतां पाण्डुपुत्राणामाचार्य महतीं चमूम् ।
व्यूढां द्रुपदपुत्रेण तव शिष्येण धीमता ॥३॥

paśyaitāṁ pāṇḍu-putrāṇām
ācārya mahatīṁ camūm
vyūḍhāṁ drupada-putreṇa
tava śiṣyeṇa dhīmatā

paśya—mirad; *etām*—esta; *pāṇḍu-putrāṇām*—de los hijos de Pāṇḍu; *ācārya*—¡oh, maestro!; *mahatīm*—gran; *camūm*—fuerza militar; *vyūḍhām*—dispuesta; *drupada-putreṇa*—por el hijo de Drupada; *tava*—tu; *śiṣyeṇa*—discípulo; *dhī-matā*—muy inteligente.

TRADUCCIÓN

¡Oh, maestro mío!, he ahí el gran ejército de los hijos de Pāṇḍu, dispuesto de manera tan experta por tu inteligente discípulo el hijo de Drupada.

SIGNIFICADO

Duryodhana, un gran diplomático, quería señalar los defectos de Droṇācārya, el gran *brāhmaṇa* comandante en jefe. Droṇācārya tuvo una cierta querella política con el rey Drupada, quien era el padre de Draupadī, la esposa de Arjuna. Como resultado de ello, Drupada celebró un gran sacrificio, mediante el cual recibió la bendición de tener un hijo capaz de matar a Droṇācārya. Droṇācārya sabía esto perfectamente bien, y, no obstante, como *brāhmaṇa* liberal que era, no vaciló en impartirle todos sus secretos militares a Dhṛṣṭadyumna, el hijo de Drupada, cuando éste le fue confiado para su educación militar. Ahora, en el campo de batalla de Kurukṣetra, Dhṛṣṭadyumna se puso del lado de los Pāṇḍavas, y fue él quien organizó la falange militar de ellos, después de haber aprendido el arte con Droṇācārya. Duryodhana le señaló a Droṇācārya este error, a fin de que estuviera alerta y no transigiera en la pelea. Con esto, él quería indicarle además que no debía mostrarse igual de indulgente en la batalla en contra de los Pāṇḍavas, quienes eran también afectuosos alumnos de Droṇācārya. Arjuna, en especial, era el más afectuoso y brillante de sus alumnos. Duryodhana le advirtió además que semejante indulgencia en la pelea llevaría a la derrota.

TEXTO 4

अत्र शूरा महेष्वासा भीमार्जुनसमा युधि ।
युयुधानो विराटश्च द्रुपदश्च महारथः ॥४॥

atra śūrā maheṣvāsā
bhīmārjuna-samā yudhi
yuyudhāno virāṭaś ca
drupadaś ca mahā-rathaḥ

atra—aquí; *śūrāḥ*—héroes; *mahā-iṣu-āsāḥ*—poderosos arqueros; *bhīma-arjuna*—a Bhīma y Arjuna; *samāḥ*—iguales; *yudhi*—en la pelea; *yuyudhānaḥ*—Yuyudhāna; *virāṭaḥ*—Virāṭa; *ca*—también; *drupadaḥ*—Drupada; *ca*—también; *mahā-rataḥ*—gran guerrero.

TRADUCCIÓN

Aquí en este ejército hay muchos arqueros heroicos de la talla de Bhīma y Arjuna: grandes guerreros tales como Yuyudhāna, Virāṭa y Drupada.

SIGNIFICADO

Aunque Dhṛṣṭadyumna no era un obstáculo muy importante frente al gran poder de Dronācārya en el arte militar, había muchos otros que sí eran causa de temor. Duryodhana los menciona diciendo que son grandes obstáculos en el sendero de la victoria, porque todos y cada uno de ellos era tan formidable como Bhīma y Arjuna. Él conocía la fuerza de Bhīma y Arjuna, y por eso comparó a los demás con ellos.

TEXTO 5

धृष्टकेतुश्चेकितानः काशिराजश्च वीर्यवान् ।
पुरुजित्कुन्तिभोजश्च शैब्यश्च नरपुङ्गवः ॥५॥

dhṛṣṭaketuś cekitānaḥ
kāśirājaś ca vīryavān
purujit kuntibhojaś ca
śaibyaś ca nara-puṅgavaḥ

dhṛṣṭaketuḥ—Dhṛṣṭaketu; *cekitānaḥ*—Cekitāna; *kāśirājaḥ*—Kāśirāja; *ca*—también; *vīrya-vān*—muy poderosos; *purujit*—Purujit; *kuntibhojaḥ*—Kuntibhoja; *ca*—y; *śaibyaḥ*—Śaibya; *ca*—y; *nara-puṅgavaḥ*—héroe en la sociedad humana.

TRADUCCIÓN

También hay grandes, heroicos y poderosos guerreros, tales como Dhṛṣṭaketu, Cekitāna, Kāśirāja, Purujit, Kuntibhoja y Śaibhya.

TEXTO 6

युधामन्युश्च विक्रान्त उत्तमौजाश्च वीर्यवान् ।
सौभद्रो द्रौपदेयाश्च सर्व एव महारथाः ॥६॥

yudhāmanyuś ca vikrānta
uttamaujāś ca vīryavān
saubhadro draupadeyāś ca
sarva eva mahā-rathāḥ

yudhāmanyuḥ—Yudhāmanyu; *ca*—y; *vikrāntaḥ*—poderoso; *uttamaujāḥ*—Uttamaujā; *ca*—y; *vīrya-vān*—muy poderosos; *saubhadraḥ*—el hijo de Subhadra;

draupadeyāḥ—los hijos de Draupadī; *ca*—y; *sarve*—todos; *eva*—ciertamente; *mahā-rathāḥ*—grandes guerreros de cuadriga.

TRADUCCIÓN

Están el magnífico Yudhāmanyu, el muy poderoso Uttamaujā, el hijo de Subhadrā y los hijos de Draupadī. Todos estos guerreros son grandes combatientes de cuadriga.

TEXTO 7

अस्माकं तु विशिष्टा ये तान्निबोध द्विजोत्तम ।
नायका मम सैन्यस्य संज्ञार्थं तान्ब्रवीमि ते ॥७॥

asmākaṁ tu viśiṣṭā ye
tān nibodha dvijottama
nāyakā mama sainyasya
saṁjñārthaṁ tān bravīmi te

asmākam—nuestro; *tu*—pero; *viśiṣṭāḥ*—especialmente poderoso; *ye*—los cuales; *tān*—ellos; *nibodha*—sólo observa, entérate; *dvija-uttama*—el mejor de los *brāhmaṇas*; *nāyakāḥ*—capitanes; *mama*—mi; *sainyasya*—de los soldados; *saṁjñā-artham*—para información; *tān*—ellos; *bravīmi*—estoy hablando; *te*—a ti.

TRADUCCIÓN

Mas, para tu información, ¡oh, el mejor de los brāhmaṇas!, permíteme hablarte de los capitanes que están especialmente capacitados para dirigir mi fuerza militar.

TEXTO 8

भवान्भीष्मश्च कर्णश्च कृपश्च समितिंजयः ।
अश्वत्थामा विकर्णश्च सौमदत्तिस्तथैव च ॥८॥

bhavān bhīṣmaś ca karṇaś ca
kṛpaś ca samitiñ-jayaḥ
aśvatthāmā vikarṇaś ca
saumadattis tathaiva ca

bhavān—tu buena persona; *bhīṣmaḥ*—el abuelo Bhīṣma; *ca*—también; *karṇaḥ*—Karṇa; *ca*—y; *kṛpaḥ*—Kṛpa; *ca*—y; *samitim-jayaḥ*—siempre triunfantes en la batalla; *aśvatthāmā*—Aśvatthāmā; *vikarṇaḥ*—Vikarṇa; *ca*—así como también; *saumadattiḥ*—el hijo de Somadatta; *tathā*—así como también; *eva*—indudablemente; *ca*—también.

TRADUCCIÓN

Hay personalidades tales como tú, Bhīṣma, Karṇa, Kṛpa, Aśvatthāmā, Vikarṇa y el hijo de Somadatta llamado Bhūriśravā, todos los cuales triunfan siempre en la batalla.

SIGNIFICADO

Duryodhana menciona a los héroes excepcionales que participarían en la batalla, los cuales triunfaban siempre. Vikarṇa es el hermano de Duryodhana, Aśvatthāmā es el hijo de Droṇācārya, y Saumadatti, o Bhūriśravā, es el hijo del rey de los Bāhlīkas. Karṇa es el medio hermano de Arjuna, ya que Kuntī lo tuvo antes de su matrimonio con el rey Pāṇḍu. Droṇācārya se casó con la hermana gemela de Kṛpācārya.

TEXTO 9

अन्ये च बहवः शूरा मदर्थे त्यक्तजीविताः ।
नानाशस्त्रप्रहरणाः सर्वे युद्धविशारदाः ॥९॥

anye ca bahavaḥ śūrā
mad-arthe tyakta-jīvitāḥ
nānā-śastra-praharaṇāḥ
sarve yuddha-viśāradāḥ

anye—otros; *ca*—también; *bahavaḥ*—en grandes números; *śūrāḥ*—héroes; *mat-arthe*—por mí; *tyakta-jīvitāḥ*—dispuestos a arriesgar la vida; *nānā*—muchos; *śastra*—armas; *praharaṇāḥ*—equipados con; *sarve*—todos ellos; *yuddha-viśāradāḥ*—con experiencia en la ciencia militar.

TRADUCCIÓN

Hay muchos otros héroes que están dispuestos a dar la vida por mí. Todos ellos están bien equipados con diversas clases de armas, y todos tienen experiencia en la ciencia militar.

SIGNIFICADO

En lo que se refiere a los demás —gente como Jayadratha, Kṛtavarmā y Śalya—, todos están decididos a dar la vida por Duryodhana. En otras palabras, ya se ha concluido que todos ellos morirán en la Batalla de Kurukṣetra, por haberse unido al bando del pecador Duryodhana. Claro que, Duryodhana confiaba en su victoria, a cuenta de la antedicha fuerza conjunta de sus amigos.

TEXTO 10

अपर्याप्तं तदस्माकं बलं भीष्माभिरक्षितम् ।
पर्याप्तं त्विदमेतेषां बलं भीमाभिरक्षितम् ॥ १० ॥

aparyāptaṁ tad asmākaṁ
balaṁ bhīṣmābhirakṣitam
paryāptaṁ tv idam eteṣāṁ
balaṁ bhīmābhirakṣitam

aparyāptam—inconmensurable; *tat*—eso; *asmākam*—nuestra; *balam*—fuerza; *bhīṣma*—por el abuelo Bhīṣma; *abhirakṣitam*—perfectamente protegidos; *paryāptam*—limitada; *tu*—pero; *idam*—todo esto; *eteṣām*—de los Pāṇḍavas; *balam*—fuerza; *bhīma*—por Bhīma; *abhirakṣitam*—cuidadosamente protegida.

TRADUCCIÓN

Nuestro poderío es inconmensurable y estamos perfectamente protegidos por el abuelo Bhīṣma, mientras que la fuerza de los Pāṇḍavas, cuidadosamente protegida por Bhīma, es limitada.

SIGNIFICADO

Aquí, Duryodhana hace una estimación comparativa de las fuerzas. Él cree que el poder de sus fuerzas armadas es inconmensurable, por estar específicamente protegidas por el general más experimentado de todos, el abuelo Bhīṣma. En cambio, las fuerzas de los Pāṇḍavas son limitadas, ya que las protege Bhīma, un general de menor experiencia, que ante Bhīṣma era insignificante. Duryodhana siempre estaba envidioso de Bhīma, porque sabía perfectamente bien que, de morir, sería únicamente a manos de Bhīma. Pero, al mismo tiempo, él confiaba en su victoria, debido a la presencia de Bhīṣma, que era un general muy superior. Su conclusión de que saldría triunfante de la batalla estaba bien fundada.

TEXTO 11

अयनेषु च सर्वेषु यथाभागमवस्थिताः ।
भीष्ममेवाभिरक्षन्तु भवन्तः सर्व एव हि ॥११॥

ayaneṣu ca sarveṣu
yathā-bhāgam avasthitāḥ
bhīṣmam evābhirakṣantu
bhavantaḥ sarva eva hi

ayaneṣu—en los puntos estratégicos; *ca*—también; *sarveṣu*—en todas partes; *yathā-bhāgam*—según están dispuestos en las diferentes posiciones; *avasthitāḥ*—situados; *bhīṣmam*—al abuelo Bhīṣma; *eva*—indudablemente; *abhirakṣantu*—deben dar apoyo; *bhavantaḥ*—todos ustedes; *sarve*—todos, respectivamente; *eva hi*—indudablemente.

TRADUCCIÓN

Todos ustedes, desde sus respectivos puntos estratégicos de entrada a la falange del ejército, deben ahora darle todo su apoyo al abuelo Bhīṣma.

SIGNIFICADO

Después de elogiar el valor de Bhīṣma, Duryodhana consideró que los demás podían pensar que se les había dado poca importancia, por lo que, con su acostumbrada diplomacia, trató de arreglar la situación con las palabras anteriores. Él hizo énfasis en el hecho de que Bhīṣmadeva era sin duda el más grande de todos los héroes, pero era un anciano, por lo cual todo el mundo tenía que pensar especialmente en protegerlo por todos los flancos. Era posible que él se absorbiera en la pelea, y que el enemigo pudiera aprovecharse de que él se concentrara totalmente en un solo lado. Por ende, era importante que los demás héroes no abandonaran sus posiciones estratégicas, permitiendo con ello que el enemigo rompiera la falange. Duryodhana veía claramente que la victoria de los Kurus dependía de la presencia de Bhīṣmadeva. Él confiaba en el pleno apoyo de Bhīṣmadeva y Droṇācārya en la batalla, porque sabía muy bien que ellos no habían pronunciado ni siquiera una sola palabra cuando Draupadī, la esposa de Arjuna, les había implorado justicia, al hallarse desamparada mientras era forzada a desnudarse en presencia de todos los grandes generales de la asamblea. Aunque él sabía que los dos generales sentían algo de afecto por los Pāṇḍavas, esperaba que ahora renunciaran a él por completo, tal como lo habían hecho durante las apuestas.

TEXTO 12

तस्य संजनयन्हर्षं कुरुवृद्धः पितामहः ।
सिंहनादं विनद्योच्चैः शङ्खं दध्मौ प्रतापवान् ॥१२॥

tasya sañjanayan harṣaṁ
kuru-vṛddhaḥ pitāmahaḥ
siṁha-nādaṁ vinadyoccaiḥ
śaṅkhaṁ dadhmau pratāpavān

tasya—su; *sañjanayan*—aumentando; *harṣam*—alegría; *kuru-vṛddhaḥ*—el patriarca de la dinastía Kuru (Bhīṣma); *pitā-mahaḥ*—el abuelo; *siṁha-nādam*—sonido rugiente, como el de un león; *vinadya*—vibrando; *uccaiḥ*—muy estruendosamente; *śaṅkham*—caracola; *dadhmau*—hizo sonar; *pratāpa-vān*—el valiente.

TRADUCCIÓN

Entonces, Bhīṣma, el magno y valiente patriarca de la dinastía Kuru, el abuelo de los guerreros, hizo sonar su caracola muy estruendosamente, produciendo un sonido como el del rugido de un león y causándole placer a Duryodhana.

SIGNIFICADO

El patriarca de la dinastía de los Kurus entendía el deseo íntimo que había en el corazón de su nieto Duryodhana, y, movido por la compasión natural que éste le inspiraba, trató de animarlo haciendo sonar su caracola con mucha fuerza, como correspondía a su posición semejante a la de un león. Indirectamente, mediante el simbolismo de la caracola, le informó a su deprimido nieto Duryodhana, que no tenía ninguna posibilidad de lograr la victoria en la batalla, porque el Supremo Señor Kṛṣṇa se hallaba en el bando opuesto. Mas, aun así, era su deber dirigir la pelea, y no escatimaría esfuerzos en ese sentido.

TEXTO 13

ततः शङ्खाश्च भेर्यश्च पणवानकगोमुखाः ।
सहसैवाभ्यहन्यन्त स शब्दस्तुमुलोऽभवत् ॥१३॥

tataḥ śaṅkhāś ca bheryaś ca
paṇavānaka-gomukhāḥ

sahasaivābhyahanyanta
sa śabdas tumulo 'bhavat

tataḥ—después de eso; *śaṅkhāḥ*—caracolas; *ca*—también; *bheryaḥ*—tambores grandes; *ca*—y; *paṇava-ānaka*—tambores pequeños y timbales; *go-mukhāḥ*—cuernos; *sahasā*—de repente; *eva*—indudablemente; *abhyahanyanta*—fueron sonados simultáneamente; *saḥ*—ese; *śabdaḥ*—sonido conjunto; *tumulaḥ*—tumultuoso; *abhavat*—se volvió.

TRADUCCIÓN

Después de eso, súbitamente sonaron todas las caracolas, los tambores, los clarines, las trompetas y los cuernos, y el sonido conjunto fue tumultuoso.

TEXTO 14

ततः श्वेतैर्हयैर्युक्ते महति स्यन्दने स्थितौ ।
माधवः पाण्डवश्चैव दिव्यौ शङ्खौ प्रदध्मतुः ॥ १४ ॥

tataḥ śvetair hayair yukte
mahati syandane sthitau
mādhavaḥ pāṇḍavaś caiva
divyau śaṅkhau pradadhmatuḥ

tataḥ—después de eso; *śvetaiḥ*—con blancos; *hayaiḥ*—caballos; *yukte*—uncidos; *mahati*—en una gran; *syandane*—cuadriga; *sthitau*—situados; *mādhavaḥ*—Kṛṣṇa (el esposo de la diosa de la fortuna); *pāṇḍavaḥ*—Arjuna (el hijo de Pāṇḍu); *ca*—también; *eva*—ciertamente; *divyau*—trascendental; *śankhau*—caracolas; *pradadhmatuḥ*—sonaron.

TRADUCCIÓN

En el bando opuesto, tanto el Señor Kṛṣṇa como Arjuna, que se encontraban en una gran cuadriga tirada por caballos blancos, hicieron sonar sus caracolas trascendentales.

SIGNIFICADO

En contraste con la caracola que Bhīṣmadeva hizo sonar, las caracolas que Kṛṣṇa y Arjuna tenían en las manos se describen como trascendentales. Que las caracolas trascendentales sonaran, indicaba que no había ninguna esperanza de que el otro bando lograra la victoria, porque Kṛṣṇa estaba del lado de los Pāṇḍavas. *Jayas tu pāṇḍu-putrāṇāṁ yeṣāṁ pakṣe janārdanaḥ*. La victoria está siempre del lado de personas tales como los hijos de Pāṇḍu, porque el Señor Kṛṣṇa está asociado con ellas. Y, dondequiera y cuando quiera que el Señor se halla presente, la diosa de la fortuna también está allí, pues ella nunca permanece sola, sin su esposo. Por consiguiente, a Arjuna le aguardaba la victoria y la fortuna, tal como lo indicaba el sonido trascendental producido por la caracola de Viṣṇu, o el Señor Kṛṣṇa. Además, la cuadriga en la que los dos amigos estaban sentados se la había donado Agni (el dios del fuego) a Arjuna, y ello indicaba que dicha cuadriga podía conquistar todos los flancos, en cualquier parte de los tres mundos a donde fuese llevada.

TEXTO 15

पाञ्चजन्यं हृषीकेशो देवदत्तं धनंजयः ।
पौण्ड्रं दध्मौ महाशङ्खं भीमकर्मा वृकोदरः ॥१५॥

pāñcajanyaṁ hṛṣīkeśo
devadattaṁ dhanañjayaḥ
pauṇḍraṁ dadhmau mahā-śaṅkhaṁ
bhīma-karmā vṛkodaraḥ

pāñcajanyam—la caracola llamada Pāñcajanya; *hṛṣīkeśaḥ*—Hṛṣīkeśa (Kṛṣṇa, el Señor que dirige los sentidos de los devotos); *devadattam*—la caracola llamada Devadatta; *dhanam-jayaḥ*—Dhanañjaya (Arjuna, el conquistador de riquezas); *pauṇḍram*—la caracola llamada Pauṇḍra; *dadhmau*—hizo sonar; *mahā-śaṅkham*—la aterradora caracola; *bhīma-karmā*—aquel que realiza tareas hercúleas; *vṛka-udaraḥ*—el que come vorazmente (Bhīma).

TRADUCCIÓN

El Señor Kṛṣṇa hizo sonar su caracola, llamada Pāñcajanya; Arjuna hizo sonar la suya, la Devadatta; y Bhīma, el que come vorazmente y realiza tareas hercúleas, hizo sonar su aterradora caracola, llamada Pauṇḍra.

SIGNIFICADO

En este verso, al Señor Kṛṣṇa se le designa como Hṛṣīkeśa, porque Él es el propietario de todos los sentidos. Las entidades vivientes son parte integral de Él, y, por ende, los sentidos de las entidades vivientes también son parte integral de los sentidos de Él. Los impersonalistas no pueden explicar el porqué de los sentidos de las entidades vivientes, y, en consecuencia, siempre están ansiosos de describir a todas las entidades vivientes como si estuvieran desprovistas de sentidos o como si fueran impersonales. El Señor, quien está situado en el corazón de todas las entidades vivientes, dirige los sentidos de ellas. Pero Él lo hace en función de la entrega de la entidad viviente, y en el caso de un devoto puro, Él controla los sentidos de éste directamente. Aquí, en el campo de batalla de Kurukṣetra, el

Señor controla directamente los sentidos trascendentales de Arjuna, y de ahí que en particular se le dé el nombre de Hṛṣīkeśa. El Señor tiene diferentes nombres, de acuerdo con Sus diferentes actividades. Por ejemplo, Él recibe el nombre de Madhusūdana, porque mató al demonio de nombre Madhu; Su nombre de Govinda se debe a que Él les proporciona placer a las vacas y a los sentidos; Su nombre de Vāsudeva se debe a que apareció como hijo de Vasudeva; Su nombre de Devakī-nandana se debe a que aceptó a Devakī como madre; Su nombre de Yaśodā-nandana se debe a que le otorgó a Yaśodā Sus pasatiempos infantiles en Vṛndāvana; Su nombre de Pārtha-sārathi se debe a que Él se desempeñó como auriga de Su amigo Arjuna. De modo similar, Su nombre de Hṛṣīkeśa se debe a que dirigió a Arjuna en el campo de batalla de Kurukṣetra.

A Arjuna se lo designa en este verso como Dhanañjaya, porque ayudó a su hermano mayor a obtener riquezas, cuando el Rey las necesitaba para los gastos de diversos sacrificios. De la misma manera, a Bhīma se lo conoce como Vṛkodara, porque podía tanto comer vorazmente como realizar tareas hercúleas, tales como darle muerte al demonio Hiḍimba. Así que, los tipos específicos de caracolas que hicieron sonar las diferentes personalidades del bando de los Pāṇḍavas, comenzando con la del Señor, eran todas muy alentadoras para los soldados combatientes. En el bando contrario no había tales ventajas, ni tampoco se contaba con la presencia del Señor Kṛṣṇa, el director supremo, ni con la presencia de la diosa de la fortuna. Luego estaban predestinados a perder la batalla, y ése era el mensaje que anunciaban los sonidos de las caracolas.

TEXTOS 16–18

अनन्तविजयं राजा कुन्तीपुत्रो युधिष्ठिरः ।
नकुलः सहदेवश्च सुघोषमणिपुष्पकौ ॥१६॥
काश्यश्च परमेष्वासः शिखण्डी च महारथः ।
धृष्टद्युम्नो विराटश्च सात्यकिश्चापराजितः ॥१७॥
द्रुपदो द्रौपदेयाश्च सर्वशः पृथिवीपते ।
सौभद्रश्च महाबाहुः शङ्खान्दध्मुः पृथक्पृथक् ॥१८॥

anantavijayaṁ rājā
kuntī-putro yudhiṣṭhiraḥ
nakulaḥ sahadevaś ca
sughoṣa-maṇipuṣpakau

kāśyaś ca parameṣvāsaḥ
śikhaṇḍī ca mahā-rathaḥ
dhṛṣṭadyumno virāṭaś ca
sātyakiś cāparājitaḥ

drupado draupadeyāś ca
sarvaśaḥ pṛthivī-pate
saubhadraś ca mahā-bāhuḥ
śaṅkhān dadhmuḥ pṛthak pṛthak

ananta-vijayam—la caracola llamada Anantavijaya; *rājā*—el Rey; *kuntī-putraḥ*—el hijo de Kuntī; *yudhiṣṭhiraḥ*—Yudhiṣṭhira; *nakulaḥ*—Nakula; *sahadevaḥ*—Sahadeva; *ca*—y; *sughoṣa-maṇipuṣpakau*—las caracolas llamadas Sughoṣa y Maṇipuṣpaka; *kāṣyaḥ*—el rey de Kāśī (Vārāṇasī); *ca*—y; *parama-iṣu-āsaḥ*—el gran arquero; *śikhaṇḍī*—Śikhaṇḍī; *ca*—también; *mahā-rataḥ*—aquel que puede enfrentarse por sí solo con miles de guerreros; *dhṛṣṭadyumnaḥ*—Dhṛṣṭadyumna (el hijo del rey Drupada); *virāṭaḥ*—Virāṭa (el príncipe que les brindó refugio a los Pāṇḍavas mientras estaban ocultos); *ca*—también; *sātyakiḥ*—Sātyaki (Yuyudhāna, el auriga del Señor Kṛṣṇa); *ca*—y; *aparājitaḥ*—que nunca habían sido vencidos; *drupadaḥ*—Drupada, el rey de Pāñcāla; *draupadeyāḥ*—los hijos de Draupadī; *ca*—también; *sarvaśaḥ*—todos; *pṛthivī-pate*—¡oh, Rey!; *saubhadraḥ*—Abhimanyu, el hijo de Subhadrā; *ca*—también; *mahā-bāhuḥ*—el de los poderosos brazos; *śaṅkhān*—caracolas; *dadhmuḥ*—hicieron sonar; *pṛthak pṛthak*—cada uno por separado.

TRADUCCIÓN

El rey Yudhiṣṭhira, el hijo de Kuntī, hizo sonar su caracola, la Anantavijaya, y Nakula y Sahadeva hicieron sonar la Sughoṣa y la Maṇipuṣpaka. Ese gran arquero, el rey de Kāśī, el gran guerrero Śikhaṇḍī, Dhṛṣṭadyumna, Virāṭa, el inconquistable Sātyaki, Drupada, los hijos de Draupadī, y los demás, ¡oh, Rey!, tales como el hijo de Subhadrā, el de los poderosos brazos, hicieron sonar sus respectivas caracolas.

SIGNIFICADO

Sañjaya le informó al rey Dhṛtarāṣṭra con mucho tacto, que su imprudente política de engañar a los hijos de Pāṇḍu y tratar de poner en el trono del reino a sus propios hijos, no era muy loable. Los signos ya indicaban claramente que toda la dinastía Kuru sería aniquilada en esa gran batalla. Desde el patriarca Bhīṣma hasta los nietos, tales como Abhimanyu y otros— incluyendo a reyes de muchos Estados del mundo—, todos estaban allí presentes, y todos estaban condenados. Toda la catástrofe se debía al rey Dhṛtarāṣṭra, porque él fomentó la política seguida por sus hijos.

TEXTO 19

स घोषो धार्तराष्ट्राणां हृदयानि व्यदारयत् ।
नभश्च पृथिवीं चैव तुमुलोऽभ्यनुनादयन् ॥ १९॥

sa ghoṣo dhārtarāṣṭrāṇāṁ
hṛdayāni vyadārayat
nabhaś ca pṛthivīṁ caiva
tumulo 'bhyanunādayan

saḥ—esa; *ghoṣo*—vibración; *dhārtarāṣṭrāṇām*—de los hijos de Dhṛtarāṣṭra; *hṛdayāni*—corazones; *vyadārayat*—destrozó; *nabhaḥ*—el cielo; *ca*—también; *pṛthivīm*—la superficie de la Tierra; *ca*—también; *eva*—indudablemente; *tumulaḥ*—tumultuoso; *abhyanunādayan*—resonando.

TRADUCCIÓN

El sonido de esas caracolas se volvió tumultuoso. Vibrando tanto en el cielo como en la Tierra, destrozó los corazones de los hijos de Dhṛtarāṣṭra.

SIGNIFICADO

Cuando Bhīṣma y los demás que estaban del lado de Duryodhana hicieron sonar sus respectivas caracolas, no hubo angustia alguna por parte de los Pāṇḍavas. Semejantes sucesos no se mencionan, pero en este verso en particular se señala que los sonidos vibrados por el bando de los Pāṇḍavas destrozaron los corazones de los hijos de Dhṛtarāṣṭra. Esto se debía a los Pāṇḍavas y a su confianza en el Señor Kṛṣṇa. Aquel que se refugia en el Señor Supremo no tiene nada que temer, ni siquiera en medio de la calamidad más grande de todas.

TEXTO 20

अथ व्यवस्थितान्दृष्ट्वा धार्तराष्ट्रान्कपिध्वजः ।
प्रवृत्ते शस्त्रसंपाते धनुरुद्यम्य पाण्डवः ।
हृषीकेशं तदा वाक्यमिदमाह महीपते ॥ २०॥

atha vyavasthitān dṛṣṭvā
dhārtarāṣṭrān kapi-dhvajaḥ

pravṛtte śastra-sampāte
dhanur udyamya pāṇḍavaḥ
hṛṣīkeśaṁ tadā vākyam
idam āha mahī-pate

atha—luego; *vyasthitān*—situado; *dṛṣṭvā*—mirando a; *dhārtarāṣṭrān*—los hijos de Dhṛtarāṣṭra; *kapi-dhvajaḥ*—aquel cuyo estandarte lleva la efigie de Hanumān; *pravṛtte*—mientras se disponía a hacer; *śastra-sampāte*—al lanzar sus flechas; *dhanuḥ*—arco; *udyamya*—levantando; *pāṇḍavaḥ*—el hijo de Pāṇḍu (Arjuna); *hṛṣīkeśam*—al Señor Kṛṣṇa; *tadā*—en ese momento; *vākyam*—palabras; *idam*—estas; *āha*—dijo; *mahī-pate*—¡oh, Rey!

TRADUCCIÓN

En ese momento, Arjuna, el hijo de Pāṇḍu, sentado en la cuadriga que ostentaba el estandarte con la efigie de Hanumān, levantó su arco y se aprestó a disparar sus flechas. ¡Oh, Rey!, después de mirar a los hijos de Dhṛtarāṣṭra dispuestos en formación militar, Arjuna se dirigió al Señor Kṛṣṇa con las siguientes palabras.

SIGNIFICADO

La batalla estaba a punto de comenzar. De la declaración anterior se deduce que los hijos de Dhṛtarāṣṭra estaban más o menos descorazonados, por el inesperado despliegue de fuerza militar que hicieron los Pāṇḍavas, a quienes guiaban las instrucciones directas del Señor Kṛṣṇa en el campo de batalla. El emblema de Hanumān que había en la bandera de Arjuna es otra señal de victoria, porque Hanumān cooperó con el Señor Rāma en la batalla que hubo entre Rāma y Rāvaṇa, y el Señor Rāma logró la victoria. Ahora, tanto Rāma como Hanumān se hallaban presentes en la cuadriga de Arjuna para ayudarlo. El Señor Kṛṣṇa es el propio Rāma, y dondequiera que está el Señor Rāma, están presentes su servidor eterno, Hanumān, y su consorte eterna, Sītā, la diosa de la fortuna. Luego Arjuna no tenía razón para temerle a ningún enemigo en absoluto. Y, por encima de todo, el Señor de los sentidos, el Señor Kṛṣṇa, estaba presente personalmente para guiarlo. Así pues, Arjuna tenía a su disposición todos los mejores consejos en lo referente a la ejecución de la batalla. En esas circunstancias tan auspiciosas, dispuestas por el Señor para Su devoto eterno, se encontraban las señales de una victoria segura.

TEXTOS 21-22

अर्जुन उवाच
सेनयोरुभयोर्मध्ये रथं स्थापय मेऽच्युत ॥२१॥
यावदेतान्निरीक्षेऽहं योद्धुकामानवस्थितान् ।
कैर्मया सह योद्धव्यमस्मिन्रणसमुद्यमे ॥२२॥

arjuna uvāca
senayor ubhayor madhye
rathaṁ sthāpaya me 'cyuta

yāvad etān nirīkṣe 'haṁ
yoddhu-kāmān avasthitān
kair mayā saha yoddhavyam
asmin raṇa-samudyame

arjunaḥ uvāca—Arjuna dijo; *senayoḥ*—de los ejércitos; *ubhayoḥ*—ambos; *madhye*—entre; *ratham*—la cuadriga; *sthāpaya*—por favor, mantén; *me*—mi; *acyuta*—¡oh, Tú, el infalible!; *yāvat*—mientras; *etān*—todos éstos; *nirīkṣe*—pueda ver a; *aham*—yo; *yoddhu-kāmān*—deseando pelear; *avasthitān*—formados en el campo de batalla; *kaiḥ*—con el cual; *mayā*—por mí; *saha*—juntos; *yoddhavyam*—tengo que pelear; *asmin*—en esta; *raṇa*—contienda; *samudyame*—en el intento.

TRADUCCIÓN

Arjuna dijo: ¡Oh, Tú, el infalible!, por favor, pon mi cuadriga entre los dos ejércitos, de modo que pueda ver a aquellos que están aquí presentes con deseos de pelear, y con quienes debo enfrentarme en esta gran contienda armada.

SIGNIFICADO

Aunque el Señor Kṛṣṇa es la Suprema Personalidad de Dios, por Su misericordia sin causa estaba dedicado al servicio de Su amigo. Él nunca falla en lo referente a Su afecto por Sus devotos, y por eso se le da aquí el tratamiento de "infalible". En Su carácter de auriga, Él tenía que llevar a cabo las órdenes de Arjuna, y como no vaciló en hacerlo, se lo llama "infalible". Aunque Kṛṣṇa había aceptado la posición de auriga de Su devoto, Su posición suprema no se vio amenazada. En todas las circunstancias, Él es la Suprema Personalidad de Dios, Hṛṣīkeśa, el Señor de todos los sentidos. La relación que hay entre el Señor y Su servidor es muy dulce y trascendental. El servidor siempre está dispuesto a prestarle servicio al Señor, y, de forma similar, el Señor siempre está buscando una oportunidad de prestarle algún servicio al devoto. Él siente mayor placer cuando Su devoto puro asume la ventajosa posición de darle órdenes, que cuando es Él quien las da. Como Él es el amo, todo el mundo se halla bajo Sus órdenes, y nadie está por encima de Él para darle órdenes. Pero cuando Él observa que un devoto puro le está dando órdenes, obtiene placer trascendental, aunque Él es el amo infalible de todas las circunstancias.

Arjuna, como todo devoto puro del Señor, no tenía ningún deseo de pelear con sus primos y hermanos, pero la obstinación de Duryodhana lo obligó a ir al campo de batalla, porque este último nunca accedió a ninguna negociación pacífica. Por consiguiente, Arjuna estaba muy ansioso de ver cuáles eran las personas más importantes que estaban presentes en el campo de batalla. Aunque en el campo de batalla no había ninguna posibilidad de hacer las paces, quería verlos de nuevo y ver cuán decididos estaban a exigir una guerra no deseada.

TEXTO 23

योत्स्यमानानवेक्षेऽहं य एतेऽत्र समागताः ।
धार्तराष्ट्रस्य दुर्बुद्धेर्युद्धे प्रियचिकीर्षवः ॥२३॥

yotsyamānān avekṣe 'ham
ya ete 'tra samāgatāḥ
dhārtarāṣṭrasya durbuddher
yuddhe priya-cikīrṣavaḥ

yotsyamānān—aquellos que van a pelear; *avekṣe*—déjame ver; *aham*—yo; *ye*—quien; *ete*—esos; *atra*—aquí; *samāgatāḥ*—reunidos; *dhārtarāṣṭrasya*—para el hijo de Dhṛtarāṣṭra; *durbuddheḥ*—malicioso; *yuddhe*—en la pelea; *priya*—bien; *cikīrṣavaḥ*—deseando.

TRADUCCIÓN

Déjame ver a los que han venido aquí a pelear, deseando complacer al malvado hijo de Dhṛtarāṣṭra.

SIGNIFICADO

Era un secreto a voces que Duryodhana quería usurpar el reino de los Pāṇḍavas mediante planes nefastos, en combinación con su padre, Dhṛtarāṣṭra. Por consiguiente, todas las personas que se habían unido al bando de Duryodhana, deben haber sido aves del mismo plumaje. Arjuna quería verlos en el campo de batalla antes de que comenzara la pelea, sólo para saber quiénes eran, pero no tenía intención alguna de proponerles negociaciones de paz. Era también un hecho que quería verlos para hacer una estimación de la fuerza a la que tenía que enfrentarse, aunque se sentía muy seguro de su victoria, porque Kṛṣṇa estaba sentado a su lado.

TEXTO 24

सञ्जय उवाच
एवमुक्तो हृषीकेशो गुडाकेशेन भारत ।
सेनयोरुभयोर्मध्ये स्थापयित्वा रथोत्तमम् ॥२४॥

sañjaya uvāca
evam ukto hṛṣīkeśo
guḍākeśena bhārata
senayor ubhayor madhye
sthāpayitvā rathottamam

sañjayaḥ uvāca—Sañjaya dijo; *evam*—así pues; *uktaḥ*—habiéndosele hablado; *hṛṣīkeśaḥ*—el Señor Kṛṣṇa; *guḍākeśena*—por Arjuna; *bhārata*—¡oh, descendiente de Bharata!; *senayoḥ*—de los ejércitos; *ubhayoḥ*—ambos; *madhye*—en medio; *stāpayitvā*—colocando; *ratha-uttamam*—la mejor cuadriga.

TRADUCCIÓN

Sañjaya dijo: ¡Oh, descendiente de Bharata!, el Señor Kṛṣṇa, después de que Arjuna le dijo eso, condujo la excelente cuadriga hasta que estuvo en medio de los ejércitos de ambos bandos.

SIGNIFICADO

En este verso, a Arjuna se le da el nombre de Guḍākeśa. *Guḍākā* significa "sueño", y a aquel que conquista el sueño se le llama *guḍākeśa*. Sueño también significa ignorancia; de modo que, Arjuna conquistó tanto el sueño como la ignorancia, gracias a su amistad con Kṛṣṇa. Arjuna, como gran devoto de Kṛṣṇa que era, no podía olvidar a Kṛṣṇa ni por un momento, porque ésa es la naturaleza del devoto. Ya sea despierto o dormido, el devoto del Señor nunca puede dejar de pensar en el nombre, la forma, las cualidades y los pasatiempos de Kṛṣṇa. Así pues, el devoto de Kṛṣṇa puede vencer tanto el sueño como la ignorancia, por el simple hecho de pensar en Kṛṣṇa constantemente. Eso se denomina conciencia de Kṛṣṇa o *samādhi*. Kṛṣṇa, en Su carácter de Hṛṣīkeśa, o director de la mente y los sentidos de todas las entidades vivientes, pudo entender lo que llevaba a Arjuna a colocar la cuadriga en medio de los ejércitos. Por lo tanto, así lo hizo, y habló lo siguiente.

TEXTO 25

भीष्मद्रोणप्रमुखतः सर्वेषां च महीक्षिताम् ।
उवाच पार्थ पश्यैतान्समवेतान्कुरूनिति ॥२५॥

bhīṣma-droṇa-pramukhataḥ
sarveṣāṁ ca mahī-kṣitām
ucāca pārtha paśyaitān
samavetān kurūn iti

bhīṣma—el abuelo Bhīṣma; *droṇa*—el maestro Droṇa; *pramukhataḥ*—frente a; *sarveṣām*—todos; *ca*—también; *mahī-kṣitām*—jefes del mundo; *uvāca*—dijo; *pārtha*—¡oh, hijo de Pṛthā!; *paśya*—sólo mira; *etān*—todos ellos; *samavetān*—reunidos; *kurūn*—los miembros de la dinastía Kuru; *iti*—así pues.

TRADUCCIÓN

En presencia de Bhīṣma, Droṇa y todos los demás caudillos del mundo, el Señor dijo: Tan sólo mira, ¡oh, Pārtha!, a todos los Kurus aquí reunidos.

SIGNIFICADO

Como El Señor Kṛṣṇa es la Superalma de todas las entidades vivientes, podía entender lo que estaba pasando por la mente de Arjuna. El uso de la palabra Hṛṣīkeśa en relación con esto, indica que Él lo sabía todo. Y la palabra Pārtha, o "hijo de Kuntī o Pṛthā", también es igualmente significativa en relación con Arjuna. Kṛṣṇa, siendo un amigo de Arjuna, quería informarle a éste que por Arjuna ser el hijo de Pṛthā —la hermana de Su propio padre, Vasudeva—, Él había accedido a ser el auriga de Arjuna. Ahora bien, ¿qué quiso decir Kṛṣṇa cuando le dijo a Arjuna "mira a los Kurus"? ¿Acaso Arjuna quería detenerse allí y no pelear? Kṛṣṇa nunca esperaba que el hijo de Su tía Pṛthā hiciera algo semejante. Así pues, el Señor predijo con una broma amistosa lo que pasaría por la mente de Arjuna.

TEXTO 26

तत्रापश्यत्स्थितान्पार्थः पितॄनथ पितामहान् ।
आचार्यान्मातुलान्भ्रातॄन्पुत्रान्पौत्रान्सखींस्तथा ।
श्वशुरान्सुहृदश्चैव सेनयोरुभयोरपि ॥ २६ ॥

tatrāpaśyat sthitān pārthaḥ
pitṝn atha pitāmahān
ācāryān mātulān bhrātṝn
putrān pautrān sakhīṁs tathā
śvaśurān suhṛdaś caiva
senayor ubhayor api

tatra—allí; *apaśyat*—él pudo ver; *sthitān*—de pie; *pārthaḥ*—Arjuna; *pitṝn*—padres; *atha*—también; *pitāmahān*—abuelos; *ācāryān*—maestros; *mātulān*—tíos maternos; *bhrātṝn*—hermanos; *putrān*—hijos; *pautrān*—nietos; *sakhīn*—amigos; *tathā*—también; *śvaśurān*—suegros; *sudhṛdaḥ*—bienquerientes; *ca*—también; *eva*—indudablemente; *senayoḥ*—de los ejércitos; *ubhayoḥ*—de ambos bandos; *api*—incluso.

TRADUCCIÓN

Ahí, Arjuna pudo ver en el seno de los ejércitos de ambos bandos, a sus padres, abuelos, maestros, tíos maternos, hermanos, hijos, nietos y amigos,y también a sus suegros y bienquerientes.

SIGNIFICADO

En el campo de batalla, Arjuna pudo ver a toda suerte de parientes. Pudo ver a personas tales como Bhūriśravā, que eran contemporáneas de su padre; a abuelos tales como Bhīṣma y Somadatta; a maestros tales como Droṇācārya y Kṛpācārya; a tíos maternos tales como Śalya y Śakuni; a hermanos tales como Duryodhana; a hijos tales como Lakṣmaṇa; a amigos tales como Aśvatthāmā; a bienquerientes tales como Kṛtavarmā, etc. Él también pudo ver los ejércitos, en los que se hallaban muchos de sus amigos.

TEXTO 27

तान्समीक्ष्य स कौन्तेयः सर्वान्बन्धूनवस्थितान् ।
कृपया परयाऽऽविष्टो विषीदन्निदमब्रवीत् ॥२७॥

tān samīkṣya sa kaunteyaḥ
sarvān bandhūn avasthitān
kṛpayā parayāviṣṭo
viṣīdann idam abravīt

tān—todos ellos; *samīkṣya*—después de ver; *saḥ*—él; *kaunteyaḥ*—el hijo de Kuntī; *sarvān*—toda clase de; *bandhūn*—parientes; *avasthitān*—situado;

kṛpayā—por compasión; *parayā*—de un alto grado; *āviṣṭaḥ*—abrumado; *vīṣidan*—mientras se lamentaba; *idam*—así pues; *abravīt*—habló.

TRADUCCIÓN

Cuando el hijo de Kuntī, Arjuna, vio a todas esas diversas clases de parientes y amigos, se llenó de compasión y dijo lo siguiente.

TEXTO 28

अर्जुन उवाच
दृष्ट्वेमं स्वजनं कृष्ण युयुत्सुं समुपस्थितम् ।
सीदन्ति मम गात्राणि मुखं च परिशुष्यति ॥२८॥

arjuna uvāca
dṛṣṭvemaṁ sva-janaṁ kṛṣṇa
yuyutsuṁ samupasthitam
sīdanti mama gātrāṇi
mukhaṁ ca pariśuṣyati

arjunaḥ uvāca—Arjuna dijo; *dṛṣṭvā*—después de ver; *imam*—a todos estos; *sva-janam*—parientes; *kṛṣṇa*—¡oh, Kṛṣṇa!; *yuyutsum*—todos con ánimos de pelear; *samupasthitam*—presentes; *sīdanti*—están temblando; *mama*—mí; *gātrāṇi*—miembros del cuerpo; *mukham*—boca; *ca*—también; *pariśuṣyati*—se está secando.

TRADUCCIÓN

Arjuna dijo: Mi querido Kṛṣṇa, al ver a mis amigos y familiares presentes ante mí con tantos ánimos de pelear, siento que los miembros del cuerpo me tiemblan y que la boca se me está secando.

SIGNIFICADO

Cualquier hombre que tenga una devoción genuina por el Señor, tiene todas las buenas cualidades que se encuentran en las personas santas o en los semidioses; mientras que el no devoto, por muchas cualidades materiales que haya adquirido a través de la educación y la cultura, carece de cualidades divinas. Así pues, Arjuna, al ver a sus familiares y amigos en el campo de batalla, fue agobiado al instante por un sentimiento de compasión hacia aquellos que de ese modo habían decidido pelear entre sí. En lo que se refería a sus soldados, Él se había compadecido de ellos desde el principio, pero luego sintió compasión incluso por los soldados del bando opuesto, al prever su muerte inminente. Y mientras pensaba en eso, los miembros del cuerpo le comenzaron a temblar y la boca se le secó. Él estaba más o menos asombrado de ver el ánimo de pelear que ellos manifestaban. Prácticamente toda la comunidad, todos los parientes consanguíneos de Arjuna, habían ido a pelear con él. Esto llegó a abrumar a un devoto tan benévolo como lo era Arjuna. Aunque aquí no se menciona, no obstante uno puede imaginarse fácilmente que a Arjuna no sólo le temblaban los miembros del cuerpo y se le estaba secando la boca, sino que también estaba llorando de compasión. Esa clase de síntomas que Arjuna exhibía no se debían a una debilidad, sino a su buen corazón, característica propia de un devoto puro del Señor. Por ello se dice:

yasyāsti bhaktir bhagavaty akiñcanā
sarvair guṇais tatra samāsate surāḥ
harāv abhaktasya kuto mahad-guṇā
mano-rathenāsati dhāvato bahiḥ

''Aquel que tiene una devoción inquebrantable por la Personalidad de Dios, posee todas las buenas cualidades de los semidioses. Pero aquel que no es devoto del Señor, tiene sólo cualidades materiales que son de poco valor. Esto se debe a que se halla revoloteando en el plano mental, y a que es seguro que lo atrae la deslumbrante energía material'' (*Bhāg.* 5.18.12).

TEXTO 29

वेपथुश्च शरीरे मे रोमहर्षश्च जायते ।
गाण्डीवं स्रंसते हस्तात्त्वक्चैव परिदह्यते ॥२९॥

vepathuś ca śarīre me
roma-harṣaś ca jāyate
gāṇḍīvaṁ sraṁsate hastāt
tvak caiva paridahyate

vepathuḥ—temblor del cuerpo; *ca*—también; *śarīre*—en el cuerpo; *me*—mi; *roma-harṣaḥ*—erizamiento del vello; *ca*—también; *jāyate*—está ocurriendo; *gāṇḍīvam*—el arco de Arjuna; *sraṁsate*—se está resbalando; *hastāt*—de la mano; *tvak*—piel; *ca*—también; *eva*—indudablemente; *paridahyate*—está ardiendo.

TRADUCCIÓN

Todo el cuerpo me tiembla y tengo el vello erizado. Mi arco Gāṇḍīva se me está resbalando de la mano, y la piel me arde.

SIGNIFICADO

Hay dos clases de temblor del cuerpo y dos clases de erizamiento del vello. Dichos fenómenos ocurren, ya sea a causa de un gran éxtasis espiritual, o a causa de un gran temor bajo condiciones materiales. En el estado de iluminación trascendental no existe temor. Los síntomas que Arjuna presenta en esta ocasión se deben a un temor material, es decir, al temor de perder la vida. Esto se vuelve obvio al analizar otros síntomas; él se puso tan impaciente, que su famoso arco Gāṇḍīva se le estaba resbalando de las manos, y, como por dentro el corazón le ardía, sentía un ardor en la piel. Todo ello se debía a un concepto material de la vida.

TEXTO 30

न च शक्नोम्यवस्थातुं भ्रमतीव च मे मनः ।
निमित्तानि च पश्यामि विपरीतानि केशव ॥३०॥

na ca śaknomy avasthātuṁ
bhramatīva ca me manaḥ
nimittāni ca paśyāmi
viparītāni keśava

na—ni; *ca*—también; *śaknomi*—soy capaz; *avasthātum*—de quedarme; *bhramati*—olvidando; *iva*—como; *ca*—y; *me*—mi; *manaḥ*—mente; *nimittāni*—causa; *ca*—también; *paśyāmi*—veo; *viparītāni*—justo lo opuesto; *keśava*—¡oh, destructor del demonio Keśī (Kṛṣṇa)!

TRADUCCIÓN

Ahora me siento incapaz de permanecer aquí por más tiempo. La razón se me está ofuscando y la mente me da vueltas. Sólo veo cosas que serán causa de infortunio, ¡oh, Kṛṣṇa, destructor del demonio Keśī!

SIGNIFICADO

Debido a su impaciencia, Arjuna era incapaz de quedarse en el campo de batalla, y estaba perdiendo la razón a causa de la debilidad de su mente. El excesivo apego a las cosas materiales pone al hombre en una condición existencial de desconcierto semejante a ésa. *Bhayaṁ dvitīyābhiniveśataḥ syāt* (*Bhāg.* 11.2.37): esa clase de temor y pérdida del equilibrio mental ocurren en personas que se hallan demasiado afectadas por las condiciones materiales. Arjuna preveía sólo dolorosos reveses en el campo de batalla. Él no sería feliz ni siquiera si lograba vencer al enemigo. Las palabras *nimitta-viparītāni* son significativas. Cuando un hombre ve que todas sus esperanzas se frustran, piensa entonces: "¿por qué estoy aquí?". Todo el mundo está interesado en sí mismo y en su propio bienestar. A nadie le interesa el Ser Supremo. Por la voluntad de Kṛṣṇa, Arjuna se está mostrando ignorante de lo que es su verdadero bien personal. El verdadero bien personal de uno radica en Viṣṇu, o Kṛṣṇa. El alma condicionada olvida esto, y por eso padece de los dolores materiales. Arjuna pensaba que su victoria en la batalla sólo sería motivo de lamentación para él.

TEXTO 31

न च श्रेयोऽनुपश्यामि हत्वा स्वजनमाहवे ।
न काङ्क्षे विजयं कृष्ण न च राज्यं सुखानि च ॥३१॥

na ca śreyo 'nupaśyāmi
hatvā sva-janam āhave
na kāṅkṣe vijayaṁ kṛṣṇa
na ca rājyaṁ sukhāni ca

na—ni; *ca*—también; *śreyaḥ*—bien; *anupaśyāmi*—preveo; *hatvā*—por el hecho de matar; *sva-janam*—a los parientes de uno; *āhave*—en la pelea; *na*—no; *kāṅkṣe*—deseo; *vijayam*—victoria; *kṛṣṇa*—¡oh, Kṛṣṇa!; *na*—ni; *ca*—también; *rājyam*—reino; *sukhāni*—felicidad subsecuente; *ca*—también.

TRADUCCIÓN

No veo cómo puede resultar nada bueno del hecho de matar a mis propios parientes en esta batalla, ni puedo desear, mi querido Kṛṣṇa, ninguna victoria, reino ni felicidad subsecuentes.

SIGNIFICADO

Las almas condicionadas, no sabiendo que su bien personal estriba en Viṣṇu (o Kṛṣṇa), se ven atraídas por las relaciones corporales, esperando ser felices en semejantes situaciones. En medio de un concepto de la vida tan ciego como ése, olvidan incluso cuáles son las causas de la felicidad material. Arjuna parece haber olvidado incluso los códigos morales de un *kṣatriya*. Se dice que dos clases de hombres son merecedores de entrar en el globo solar, que es tan poderoso y deslumbrante: el *kṣatriya* que muere directamente en el frente del campo de batalla bajo las órdenes personales de Kṛṣṇa, y la persona que pertenece a la orden de vida de renuncia y que se encuentra totalmente consagrada al cultivo espiritual. Arjuna se mostraba renuente incluso a matar a sus enemigos, ni qué hablar de sus parientes. Él cree que si mata a sus familiares no habrá felicidad en su vida, y, por consiguiente, no está deseoso de pelear, de la misma manera en que una persona que no tiene hambre no se siente inclinada a cocinar. Él ha decidido ahora internarse en el bosque y llevar una vida recluida a causa de la frustración. Mas, como *kṣatriya* que es, necesita un reino para su subsistencia, porque los *kṣatriyas* no pueden dedicarse a ninguna otra ocupación. Pero Arjuna no tiene ningún reino. La única oportunidad que Arjuna tiene de conseguir un reino, radica en pelear con sus primos y hermanos y rescatar el reino que había heredado de su padre, cosa que no le agradaba hacer. Por lo tanto, se consideraba digno de ir al bosque a llevar una vida recluida y frustrada.

TEXTOS 32–35

किं नो राज्येन गोविन्द किं भोगैर्जीवितेन वा ।
येषामर्थे काङ्क्षितं नो राज्यं भोगाः सुखानि च ॥ ३२ ॥
त इमेऽवस्थिता युद्धे प्राणांस्त्यक्त्वा धनानि च ।
आचार्याः पितरः पुत्रास्तथैव च पितामहाः ॥ ३३ ॥
मातुलाः श्वशुराः पौत्राः श्यालाः संबन्धिनस्तथा ।
एतान्न हन्तुमिच्छामि घ्नतोऽपि मधुसूदन ॥ ३४ ॥
अपि त्रैलोक्यराज्यस्य हेतोः किं नु महीकृते ।
निहत्य धार्तराष्ट्रान्नः का प्रीतिः स्याज्जनार्दन ॥ ३५ ॥

kiṁ no rājyena govinda
kiṁ bhogair jīvitena vā
yeṣām arthe kāṅkṣitaṁ no
rājyaṁ bhogāḥ sukhāni ca

ta ime 'vasthitā yuddhe
prāṇāṁs tyaktvā dhanāni ca
ācāryāḥ pitaraḥ putrās
tathaiva ca pitāmahāḥ

mātulāḥ śvaśurāḥ pautrāḥ
śyālāḥ sambandhinas tathā
etān na hantum icchāmi
ghnato 'pi madhusūdana

api trailokya-rājyasya
hetoḥ kiṁ nu mahī-kṛte

nihatya dhārtarāṣṭrān naḥ
kā prītiḥ syāj janārdana

kim—de qué sirve; *naḥ*—a nosotros; *rājyena*—es el reino; *govinda*—¡oh, Kṛṣṇa!; *kim*—qué; *bhogaiḥ*—disfrute; *jīvitena*—viviendo; *vā*—ya sea; *yeṣām*—de quién; *arthe*—por el bien de; *kāṅkṣitam*—es deseado; *naḥ*—por nosotros; *rājyam*—reino; *bhogāḥ*—disfrute material; *sukhāni*—toda clase de felicidad; *ca*—también; *te*—todos ellos; *ime*—estos; *avasthitāḥ*—situados; *yuddhe*—en este campo de batalla; *prāṇān*—vidas; *tyaktvā*—abandonando; *dhanāni*—riquezas; *ca*—también; *ācāryāḥ*—maestros; *pitaraḥ*—padres; *putrāḥ*—hijos; *tathā*—así como también; *eva*—ciertamente; *ca*—también; *pitāmahāḥ*—abuelos; *mātulāḥ*—tíos maternos; *śvaśurāḥ*—suegros; *pautrāḥ*—nietos; *śyālāḥ*—cuñados; *sambandhinaḥ*—parientes; *tatha*—así como también; *etan*—todos éstos; *na*—nunca; *hantum*—matar; *icchāmi*—deseo; *ghnataḥ*—siendo matado; *api*—incluso; *madhu-sūdhana*—¡oh, destructor del demonio Madhu (Kṛṣṇa)!; *api*—incluso; *trai-lokya*—de los tres mundos; *rājyasya*—para el reino; *hetoḥ*—a cambio; *kim nu*—ni qué hablar; *mahī-kṛte*—para ganar la Tierra; *nihatya*—matando; *dhārtarāṣṭrān*—los hijos de Dhṛtarāṣṭra; *naḥ*—nuestro; *kā*—qué; *prītiḥ*—placer; *syāt*—habrá; *janārdana*—¡oh, sustentador de todas las entidades vivientes!

TRADUCCIÓN

¡Oh, Govinda!, ¿de qué nos sirve un reino, la felicidad, o incluso la propia vida, cuando todos aquellos para quienes los deseamos se encuentran ahora formados en este campo de batalla? ¡Oh, Madhusūdana!, cuando maestros, padres, hijos, abuelos, tíos maternos, suegros, nietos, cuñados y demás familiares están dispuestos a perder la vida y sus propiedades y se encuentran ante mí, ¿por qué habría yo de desear matarlos, aun a pesar de que si no lo hago, ellos me maten a mí? ¡Oh, sustentador de todas las entidades vivientes!, no estoy dispuesto a pelear con ellos ni siquiera a cambio de los tres mundos, mucho menos por esta Tierra. ¿Qué placer vamos a obtener de matar a los hijos de Dhṛtarāṣṭra?

SIGNIFICADO

Arjuna se ha dirigido al Señor Kṛṣṇa por el nombre de Govinda, porque Kṛṣṇa es el objeto de toda clase de placeres para las vacas y los sentidos. Con el uso de esta significativa palabra, Arjuna señala que Kṛṣṇa debe darse cuenta de lo que a Arjuna le satisfaría los sentidos. Pero Govinda no tiene la función de satisfacernos los sentidos. Sin embargo, si nosotros tratamos de satisfacer los sentidos de Govinda, entonces los nuestros quedarán satisfechos automáticamente. En el ámbito material, todo el mundo quiere satisfacer sus sentidos y quiere que Dios sea el abastecedor de esa satisfacción. El Señor satisfará los sentidos de las entidades vivientes en tanto y en cuanto éstas lo merezcan, pero no en la medida en que ellas lo anhelen. Mas, cuando uno toma el camino opuesto, es decir, cuando uno trata de satisfacer los sentidos de Govinda sin desear satisfacer los suyos propios, entonces, por la gracia de Govinda, todos los deseos de la entidad viviente quedan satisfechos. El profundo afecto que Arjuna siente por los miembros de la comunidad y por los familiares, se exhibe aquí en parte a causa de su natural compasión por ellos. En consecuencia, él no está dispuesto a pelear. Todo el mundo quiere mostrarles su opulencia a amigos y familiares, pero Arjuna teme que todos sus familiares y amigos mueran en el campo de batalla, y él no pueda compartir su opulencia después del triunfo. Éste es un juicio típico de la vida material. La vida trascendental, sin embargo, es diferente. Como el devoto quiere satisfacer los deseos del Señor, él puede, con el favor del Señor, aceptar toda clase de opulencias para servir al Señor, y si el Señor no lo desea, él no acepta ni un centavo. Arjuna no quería matar a sus parientes, y si había alguna necesidad de que se les matara, quería que Kṛṣṇa los matara personalmente. A estas alturas, él no sabía que Kṛṣṇa ya los había matado antes de ellos ir al campo de batalla, y de que él [Arjuna] sólo había de convertirse en instrumento de Kṛṣṇa. Este hecho se revela en los siguientes capítulos. Arjuna, siendo un devoto natural del Señor, no quería vengarse de sus herejes primos y hermanos, pero era el plan del Señor que se los matara. El devoto del Señor no se venga del malhechor, pero el Señor no tolera ninguna fechoría que los herejes le hagan al devoto. El Señor puede excusar a una persona que le haya faltado a Él, pero no excusa a nadie que les haya hecho daño a Sus devotos. Por consiguiente, el Señor estaba decidido a matar a los herejes, pese a que Arjuna quería perdonarlos.

TEXTO 36

तस्मान्नार्हा वयं हन्तुं धार्तराष्ट्रान्स्वबान्धवान् ।
स्वजनं हि कथं हत्वा सुखिनः स्याम माधव ॥ ३६ ॥
पापमेवाश्रयेदस्मान्हत्वैतानाततायिनः ।

pāpam evāśrayed asmān
hatvaitān ātatāyinaḥ
tasmān nārhā vayaṁ hantuṁ
dhārtarāṣṭrān sa-bāndhavān
svajanaṁ hi kathaṁ hatvā
sukhinaḥ syāma mādhava

pāpam—vicios; *eva*—indudablemente; *āsrayet*—recaerá sobre; *asmān*—nosotros; *hatvā*—por matar; *etān*—todos estos; *ātatāyinaḥ*—agresores; *tasmāt*—por lo tanto; *na*—nunca; *arhāḥ*—merecedor; *vayam*—nosotros; *hantum*—matar; *dhārtarāṣṭrān*—los hijos de Dhṛtarāṣṭra; *sa-bāndhavān*—junto con los amigos;

sva-janam—parientes; *hi*—ciertamente; *katham*—cómo; *hatvā*—por matar; *sukhinaḥ*—feliz; *syāma*—nos volveríamos; *mādhava*—¡oh, Kṛṣṇa, esposo de la diosa de la fortuna!

TRADUCCIÓN

Si matamos a esos agresores, el pecado se apoderará de nosotros. Por lo tanto, no está bien que matemos a los hijos de Dhṛtarāṣṭra y a nuestros amigos. ¡Oh, Kṛṣṇa, esposo de la diosa de la fortuna!, ¿qué ganaríamos y cómo podríamos ser felices si matamos a nuestros propios parientes?

SIGNIFICADO

De acuerdo con los mandatos védicos, hay seis clases de agresores: (1) el que administra veneno, (2) el que le prende fuego a la casa de otro, (3) el que ataca con armas mortales, (4) el que roba las riquezas, (5) el que ocupa la tierra de otro, y (6) el que rapta a la esposa de otro. A esa clase de agresores se les debe matar de inmediato, y no se incurre en ningún pecado al hacerlo. Matar a esos agresores es lo propio en el caso de cualquier hombre ordinario, pero Arjuna no era una persona común y corriente. Él era santo por naturaleza, y, en consecuencia, quería tratar con ellos de una manera santa. Esta clase de santidad, sin embargo, no es para un *kṣatriya*. Aunque un hombre responsable de la administración de un Estado tiene la obligación de ser santo, no debe ser cobarde. Por ejemplo, el Señor Rāma era tan santo, que incluso hoy en día la gente está ansiosa de vivir en el reino del Señor Rāma (*Rāma-rājya*); pero el Señor Rāma nunca dio muestras de cobardía. Rāvaṇa se convirtió en agresor del Señor Rāma al raptarle a Éste Su esposa, Sītā, pero el Señor Rāma le dio a Rāvaṇa suficientes lecciones, sin paralelo en la historia del mundo. En el caso de Arjuna, no obstante, uno debe tener en cuenta el tipo especial de agresores con los que se enfrentaba, es decir, su propio abuelo, su propio maestro, amigos, hijos, nietos, etc. Debido a ello, Arjuna creyó que no debía dar los rigurosos pasos que se requieren en contra de agresores corrientes. Además, a las personas santas se les aconseja perdonar. Estos mandamientos para personas santas son más importantes que cualquier emergencia política. Arjuna consideró que en vez de matar a sus propios parientes por razones políticas, era mejor perdonarlos en base a lo que dictaba la religión y el comportamiento santo. Por consiguiente, él no consideraba que semejante matanza sería provechosa, simplemente en aras de la felicidad física y temporal. Al fin y al cabo, los reinos y los placeres que de ellos se derivan no son permanentes, así que, ¿por qué habría él de arriesgar su vida y la salvación eterna, al matar a sus propios parientes? Que Arjuna se dirigiera a Kṛṣṇa llamándolo "Mādhava", o "el esposo de la diosa de la fortuna", es también significativo en relación con esto. Él quería señalarle a Kṛṣṇa que, como Él era el esposo de la diosa de la fortuna, no debía inducirlo a hacer algo que en fin de cuentas sería causa de infortunio. Sin embargo, Kṛṣṇa jamás le trae mala suerte a nadie, y mucho menos a Sus devotos.

TEXTOS 37-38

यद्यप्येते न पश्यन्ति लोभोपहतचेतसः ।
कुलक्षयकृतं दोषं मित्रद्रोहे च पातकम् ॥३७॥
कथं न ज्ञेयमस्माभिः पापादस्मान्निवर्तितुम् ।
कुलक्षयकृतं दोषं प्रपश्यद्भिर्जनार्दन ॥३८॥

yady apy ete na paśyanti
lobhopahata-cetasaḥ
kula-kṣaya-kṛtaṁ doṣaṁ
mitra-drohe ca pātakam

kathaṁ na jñeyam asmābhiḥ
pāpād asmān nivartitum
kula-kṣaya-kṛtaṁ doṣaṁ
prapaśyadbhir janārdana

yadi—si; *api*—incluso; *ete*—ellos; *na*—no; *paśyanti*—ven; *lobha*—por la codicia; *upahata*—dominados; *cetasaḥ*—sus corazones; *kula-kṣaya*—en matar a la familia; *kṛtam*—hecho; *doṣam*—falta; *mitra-drohe*—en reñir con amigos; *ca*—también; *pātakam*—reacciones pecaminosas; *katham*—por qué; *na*—no debería; *jñeyam*—ser conocido; *asmābhiḥ*—por nosotros; *pāpāt*—de pecados; *asmāt*—estos; *nivartitum*—cesar; *kula-kṣaya*—en la destrucción de una dinastía; *kṛtam*—hecho; *doṣam*—crimen; *prapaśyadbhiḥ*—por aquellos que pueden ver; *janārdana*—¡oh, Kṛṣṇa!

TRADUCCIÓN

¡Oh, Janārdana!, aunque estos hombres, con sus corazones dominados por la codicia, no ven mal alguno en matar a su propia familia ni en reñir con amigos, ¿por qué nosotros, que podemos ver el crimen en el que se incurre al destruir una familia, habríamos de cometer esos pecados?

SIGNIFICADO

Un *kṣatriya* no puede rechazar una batalla o una apuesta cuando lo desafía algún rival. Ante una obligación tal, Arjuna no podía negarse a pelear, porque el bando de Duryodhana lo había retado. A este respecto, Arjuna consideró que el bando contrario quizás no veía los efectos que podía causar semejante desafío. Arjuna, no obstante, podía prever las malas consecuencias, y no podía aceptar el reto. La obligación es de hecho ineludible cuando el efecto es bueno, pero cuando no lo es, no se puede obligar a nadie. Después de considerar todos estos pros y contras, Arjuna decidió no pelear.

TEXTO 39

कुलक्षये प्रणश्यन्ति कुलधर्माः सनातनाः ।
धर्मे नष्टे कुलं कृत्स्नमधर्मोऽभिभवत्युत ॥ ३९ ॥

kula-kṣaye praṇaśyanti
kula-dharmāḥ sanātanāḥ
dharme naṣṭe kulaṁ kṛtsnam
adharmo 'bhibhavaty uta

kula-kṣaye—al destruir a la familia; *praṇaśyanti*—quedan destruidas; *kula-dharmāḥ*—las tradiciones familiares; *sanātanāḥ*—eternas; *dharme*—religión; *naṣṭe*—siendo destruida; *kulam*—familia; *kṛtsnam*—por completo; *adharmaḥ*—irreligión; *abhibhavati*—transforma; *uta*—se dice.

TRADUCCIÓN

Con la destrucción de la dinastía, se destruye la tradición familiar eterna, y, con ello, el resto de la familia se entrega a la irreligión.

SIGNIFICADO

En el sistema de la institución *varṇāśrama* hay muchos principios que las tradiciones religiosas señalan para ayudar a los miembros de la familia a desarrollarse debidamente y a adquirir valores espirituales. Los miembros mayores son responsables de velar por el cumplimiento de dichos procesos purificadores en la familia, procesos que abarcan desde el nacimiento hasta la muerte. Pero al morir esos miembros mayores, puede que las antedichas tradiciones familiares de purificación de la familia se suspendan, y que los miembros restantes de la familia, los miembros menores, adopten hábitos irreligiosos, perdiendo con ello su oportunidad de lograr la salvación espiritual. Por lo tanto, bajo ningún concepto se debe matar a los miembros mayores de la familia.

TEXTO 40

अधर्माभिभवात्कृष्ण प्रदुष्यन्ति कुलस्त्रियः ।
स्त्रीषु दुष्टासु वार्ष्णेय जायते वर्णसङ्करः ॥ ४० ॥

adharmābhibhavāt kṛṣṇa
praduṣyanti kula-striyaḥ
strīṣu duṣṭāsu vārṣṇeya
jāyate varṇa-saṅkaraḥ

adharma—irreligión; *abhibhavāt*—se vuelve predominante; *kṛṣṇa*—¡oh, Kṛṣṇa!; *praduṣyanti*—se contamina; *kula-striyaḥ*—damas de la familia; *strīṣu*—por las mujeres; *duṣṭāsu*—contaminadas así; *vārṣṇeya*—¡oh, descendiente de Vṛṣṇi!; *jāyate*—aparecen; *varṇa-saṅkaraḥ*—hijos no deseados.

TRADUCCIÓN

¡Oh, Kṛṣṇa!, cuando la irreligión prevalece en la familia, las mujeres de ésta se contaminan, y de la degradación de la mujer, ¡oh, descendiente de Vṛṣṇi!, surgen los hijos no deseados.

SIGNIFICADO

Que la sociedad humana esté integrada por una buena población, constituye el principio básico de la paz, la prosperidad y el progreso espiritual en la vida. Los principios religiosos del *varṇāśrama* estaban planeados de manera tal, que en la sociedad prevaleciera la buena población, en aras del progreso espiritual general del Estado y la comunidad. Dicha población depende de la castidad y fidelidad de sus mujeres. Así como los niños son muy propensos a ser desencaminados, así mismo las mujeres son muy propensas a la degradación. Por eso, tanto los niños como las mujeres requieren que los miembros mayores de la familia los protejan. Mientras las mujeres se dediquen a diversas prácticas religiosas, no serán desencaminadas hacia el adulterio. Según Cāṇakya Paṇḍita, las mujeres no son por lo general muy inteligentes, y, por ende, no son dignas de confianza. De modo que, siempre se las debe ocupar en las actividades religiosas de las diferentes tradiciones familiares, y así su castidad y devoción dará a luz a una población buena y digna de participar en el sistema *varṇāśrama*. Con el fracaso de dicho *varṇāśrama-dharma*, naturalmente las mujeres quedan en libertad de actuar y mezclarse con los hombres, a raíz de lo cual se incurre en el adulterio, con el riesgo de que aparezca una población no deseada. Hombres irresponsables también provocan el adulterio en la sociedad, y, por ello, niños indeseables inundan la raza humana, con el riesgo de guerras y pestes.

TEXTO 41

सङ्करो नरकायैव कुलघ्नानां कुलस्य च ।
पतन्ति पितरो ह्येषां लुप्तपिण्डोदकक्रियाः ॥४१॥

saṅkaro narkāyaiva
kula-ghnānāṁ kulasya ca
patanti pitaro hy eṣāṁ
lupta-piṇḍodaka-kriyāḥ

saṅkaraḥ—esos hijos no deseados; *narakāya*—crean una vida infernal; *eva*—indudablemente; *kula-ghnānām*—para aquellos que son destructores de la familia; *kulasya*—para la familia; *ca*—también; *patanti*—caen; *pitaraḥ*—antepasados; *hi*—indudablemente; *eṣām*—de ellos; *lupta*—detenido; *piṇḍa*—de ofrendas de comida; *udaka*—y agua; *kriyāḥ*—ejecuciones.

TRADUCCIÓN

Un aumento de la población no deseada es causa segura de una vida infernal, tanto para la familia como para aquellos que destruyen la tradición familiar. Los antepasados de esas familias corruptas caen, porque las celebraciones para ofrecerles comida y agua son detenidas por completo.

SIGNIFICADO

Según las reglas y regulaciones de las actividades fruitivas, es necesario ofrecerles comida y agua periódicamente a los antepasados de la familia. Esa ofrenda se realiza por medio de la adoración de Viṣṇu, porque comer los remanentes de comida que se le ha ofrecido a Viṣṇu puede librarlo a uno de toda clase de acciones pecaminosas. A veces puede que los antepasados estén sufriendo de diversos tipos de reacciones pecaminosas, y en ocasiones algunos de ellos ni siquiera pueden adquirir un cuerpo material burdo y se los obliga a permanecer en cuerpos sutiles a manera de fantasmas. Así pues, cuando los descendientes les ofrecen remanentes de comida *prasādam* a sus antepasados, estos últimos se liberan de la vida de fantasma o de cualquier otro tipo de vida desdichada. Esa clase de ayuda que se les presta a los antepasados constituye una tradición familiar, y aquellos que no siguen la vida devocional tienen el deber de ejecutar dichos rituales. Aquel que está dedicado a la vida devocional no tiene que realizar esas acciones. Por el simple hecho de ejecutar servicio devocional, uno puede liberar de toda clase de sufrimientos a cientos y miles de antepasados.

En el *Bhāgavatam* (11.5.41) se afirma:

devarṣi-bhūtāpta-nṛṇāṁ pitṝṇāṁ
na kiṅkaro nāyam ṛṇī ca rājan
sarvātmanā yaḥ śaraṇaṁ śaraṇyaṁ
gato mukundaṁ parihṛtya kartam

"Quienquiera que se haya refugiado en los pies de loto de Mukunda, el que otorga la liberación, abandonando toda clase de obligaciones, y que haya tomado el sendero con toda seriedad, no tiene deberes ni obligaciones para con los semidioses, los sabios, las entidades vivientes en general, los familiares, la humanidad, ni los antepasados". Dichas obligaciones se cumplen automáticamente, mediante la ejecución del servicio devocional que se le presta a la Suprema Personalidad de Dios.

TEXTO 42

दोषैरेतैः कुलघ्नानां वर्णसङ्करकारकैः ।
उत्साद्यन्ते जातिधर्माः कुलधर्माश्च शाश्वताः ॥४२॥

doṣair etaiḥ kula-ghnānāṁ
varṇa-saṅkara-kārakaiḥ
utsādyante jāti-dharmāḥ
kula-dharmāś ca śāśvatāḥ

doṣaiḥ—por esas faltas; *etaiḥ*—todos estos; *kula-ghnānām*—del destructor de la familia; *varṇa-saṅkara*—hijos no deseados; *kārakaiḥ*—que son las causas; *utsādyante*—son devastados; *jāti-dharmāḥ*—proyectos de la comunidad; *kula-dharmāḥ*—tradiciones familiares; *ca*—también; *śāśvatāḥ*—eterno.

TRADUCCIÓN

Debido a las maldades de aquellos que destruyen la tradición familiar, causando con ello la aparición de hijos no deseados, toda clase de proyectos de la comunidad y actividades de bienestar para la familia quedan devastados.

SIGNIFICADO

Los proyectos de la comunidad para las cuatro órdenes de la sociedad humana, unidos a las actividades de bienestar familiar, tal como se presentan en la institución del *sanātana-dharma*, o *varṇāśrama-dharma*, tienen por objeto permitirle al ser humano que logre la salvación final. Por consiguiente, el hecho de que líderes irresponsables de la sociedad rompan la tradición del *sanātana-dharma*, provoca el caos en esa sociedad, y, como consecuencia de ello, la gente se olvida de la finalidad de la vida: Viṣṇu. A esos dirigentes se los tilda de ciegos, y las personas que los siguen se dirigen sin duda hacia el caos.

TEXTO 43

उत्सन्नकुलधर्माणां मनुष्याणां जनार्दन ।
नरके नियतं वासो भवतीत्यनुशुश्रुम ॥४३॥

utsanna-kula-dharmāṇāṁ
manuṣyāṇāṁ janārdana
narake niyataṁ vāso
bhavatīty anuśuśruma

utsanna—dañado; *kula-dharmāṇām*—de aquellos que tienen las tradiciones familiares; *manuṣyāṇām*—de esa clase de hombres; *janārdana*—¡oh, Kṛṣṇa!; *narake*—en el infierno; *niyatam*—siempre; *vāsaḥ*—residencia; *bhavati*—se convierte así; *iti*—así pues; *anuśuśruma*—he oído a través de la sucesión discipular.

TRADUCCIÓN

¡Oh, Kṛṣṇa, sustentador de las gentes!, he oído a través de la sucesión discipular, que aquellos que destruyen las tradiciones familiares moran siempre en el infierno.

SIGNIFICADO

Arjuna no basa su argumento en su propia experiencia personal, sino en lo que les ha oído decir a las autoridades. Ésa es la manera de recibir verdadero conocimiento. Uno no puede llegar al verdadero punto de poseer conocimiento real, sin que lo ayude la persona indicada, la cual ya tiene ese conocimiento en su posesión. En la institución *varṇāśrama* hay un sistema mediante el cual antes de morir uno tiene que realizar el proceso de ablución por sus actividades pecaminosas. Aquel que siempre está dedicado a actividades pecaminosas, debe utilizar el proceso de expiación denominado *prāyaścitta*. Si no lo hace, es seguro que será trasladado a los planetas infernales, para tener unas vidas desgraciadas como resultado de las actividades pecaminosas.

TEXTO 44

अहो बत महत्पापं कर्तुं व्यवसिता वयम् ।

यद्राज्यसुखलोभेन हन्तुं स्वजनमुद्यताः ॥४४॥

aho bata mahat-pāpaṁ
kartuṁ vyavasitā vayam
yad rājya-sukha-lobhena
hantuṁ sva-janam udyatāḥ

aho—¡ay de mí!; *bata*—qué extraño es; *mahat*—gran; *pāpam*—pecados; *kartum*—realizar; *vyavasitāḥ*—hemos decidido; *vayam*—nosotros; *yat*—para que; *rājya-sukha-lobhena*—llevados por la codicia de la felicidad imperial; *hantum*—matar; *sva-janam*—parientes; *udyatāḥ*—esforzándonos.

TRADUCCIÓN

¡Ay de mí!, ¡cuán extraño es que nos estemos disponiendo a cometer grandes actos pecaminosos! Llevados por el deseo de disfrutar de felicidad imperial, estamos decididos a matar a nuestros propios parientes.

SIGNIFICADO

Movido por intereses egoístas, puede que uno se sienta inclinado a cometer actos pecaminosos tales como el darle muerte a su propio hermano, padre o madre. Existen muchos de tales casos en la historia del mundo. Pero Arjuna, siendo un santo devoto del Señor, siempre está consciente de los principios morales, y, por ende, se cuida bien de realizar semejantes actividades.

TEXTO 45

यदि मामप्रतीकारमशस्त्रं शस्त्रपाणयः ।
धार्तराष्ट्रा रणे हन्युस्तन्मे क्षेमतरं भवेत् ॥४५॥

yadi mām apratīkāram
aśastraṁ śastra-pāṇayaḥ
dhārtarāṣṭrā raṇe hanyus
tan me kṣemataraṁ bhavet

yadi—incluso si; *mām*—a mí; *apratīkāram*—sin ofrecer resistencia; *aśastram*—sin estar totalmente equipado; *śastra-pāṇayaḥ*—aquellos con armas en mano; *dhārtarāṣṭrāḥ*—los hijos de Dhṛtarāṣṭra; *raṇe*—en el campo de batalla; *hanyuḥ*—puede que maten; *tat*—eso; *me*—mío; *kṣemataram*—mejor; *bhavet*—se vuelva.

TRADUCCIÓN

Para mí sería mejor que los hijos de Dhṛtarāṣṭra, armas en mano, me mataran en el campo de batalla, desarmado y sin ofrecer resistencia.

SIGNIFICADO

De acuerdo con los principios *kṣatriyas* de pelea, es costumbre no atacar a un enemigo desarmado y que no está dispuesto a pelear. Arjuna, sin embargo, decidió que no pelearía, aunque el enemigo lo atacara en una situación como ésa. Él no tomó en cuenta cuán decidido a pelear se hallaba el otro bando. Todos estos síntomas se deben a la benevolencia que en él se manifiesta por ser un gran devoto del Señor.

TEXTO 46

सञ्जय उवाच
एवमुक्त्वार्जुनः सङ्ख्ये रथोपस्थ उपाविशत् ।
विसृज्य सशरं चापं शोकसंविग्नमानसः ॥४६॥

sañjaya uvāca
evam uktvārjunaḥ saṅkhye
rathopastha upāviśat
visṛjya sa-śaraṁ cāpaṁ
śoka-saṁvigna-mānasaḥ

sañjayaḥ uvāca—Sañjaya dijo; *evam*—así pues; *uktvā*—diciendo; *arjunaḥ*—Arjuna; *saṅkhye*—en el campo de batalla; *ratha*—de la cuadriga; *upasthaḥ*—en el asiento; *upāviśat*—se sentó de nuevo; *visṛjya*—haciendo a un lado; *sa-śaram*—junto con las flechas; *cāpam*—el arco; *śoka*—por la lamentación; *saṁvigna*—afligido; *mānasaḥ*—mentalmente.

TRADUCCIÓN

Sañjaya dijo: Arjuna, habiendo hablado así en el campo de batalla, echó a un lado su arco y sus flechas, y, con la mente presa de dolor, se sentó en la cuadriga.

SIGNIFICADO

Mientras Arjuna observaba la situación del enemigo, se hallaba de pie en la cuadriga, pero estaba tan afligido y lleno de lamentación, que se sentó de nuevo, haciendo a un lado su arco y sus flechas. Una persona así de bondadosa y magnánima, y que esté dedicada al servicio devocional del Señor, se encuentra en condiciones de recibir el conocimiento acerca del ser.

Así terminan los significados de Bhaktivedanta correspondientes al Primer Capítulo de El Śrīmad Bhagavad-gītā, *en lo referente al tema "Observando los ejércitos en el campo de batalla de Kurukṣetra".*

Capítulo Dos

RESUMEN DEL CONTENIDO DEL GĪTĀ

TEXTO 1

सञ्जय उवाच
तं तथा कृपयाविष्टमश्रुपूर्णाकुलेक्षणम् ।
विषीदन्तमिदं वाक्यमुवाच मधुसूदनः ॥ १ ॥

sañjaya uvāca
taṁ tathā kṛpayāviṣṭam
aśru-pūrṇākulekṣaṇam
viṣīdantam idaṁ vākyam
uvāca madhusūdanaḥ

sañjayaḥ uvāca—Sañjaya dijo; *tam*—a Arjuna; *tathā*—así pues; *kṛpayā*—por compasión; *āviṣṭam*—agobiado; *aśru-pūrṇa-ākula*—lleno de lágrimas; *īkṣaṇam*—ojos; *viṣīdantam*—lamentándose; *idam*—estas; *vākyam*—palabras; *uvāca*—dijo; *madhu-sūdanaḥ*—el destructor de Madhu.

TRADUCCIÓN

Sañjaya dijo: Al ver a Arjuna lleno de compasión, con el ánimo decaído y los ojos colmados de lágrimas, Madhusūdana, Kṛṣṇa, se dirigió a él con las siguientes palabras.

SIGNIFICADO

La compasión, la lamentación y las lágrimas materiales son todas signos de ignorancia acerca del verdadero ser. La compasión por el alma eterna denota la perfecta comprensión del ser. La palabra "Madhusūdana" es significativa en este verso. El Señor Kṛṣṇa mató al demonio Madhu, y ahora Arjuna quería que Kṛṣṇa matara al demonio de la incomprensión que lo había dominado en el desempeño de su deber. Nadie sabe dónde debe aplicarse la compasión. Compadecerse del traje de un hombre que se está ahogando no tiene sentido. A un hombre que ha caído en el océano de la nesciencia no se le puede salvar simplemente con rescatar su traje externo, el cuerpo material burdo. Aquel que no sabe esto y que se lamenta por el traje externo recibe el nombre de *śūdra*, o alguien que se lamenta innecesariamente. Arjuna era un *kṣatriya*, y semejante conducta no se esperaba de él. El Señor Kṛṣṇa, sin embargo, puede disipar la lamentación del hombre ignorante, y con esa finalidad cantó *El Bhagavad-gītā*. Este capítulo nos instruye en el conocimiento completo acerca del ser, mediante un estudio analítico del cuerpo material y el alma espiritual, según lo explica la autoridad suprema, el Señor Śrī Kṛṣṇa. La plena comprensión de esto se logra cuando uno trabaja sin apego a los resultados fruitivos, y se sitúa en la concepción fija del verdadero ser.

TEXTO 2

श्रीभगवानुवाच
कुतस्त्वा कश्मलमिदं विषमे समुपस्थितम् ।
अनार्यजुष्टमस्वर्ग्यमकीर्तिकरमर्जुन ॥ २ ॥

śrī-bhagavān uvāca
kutas tvā kaśmalam idaṁ
viṣame samupasthitam
anārya-juṣṭam asvargyam
akīrti-karam arjuna

śrī-bhagavān uvāca—la Suprema Personalidad de Dios dijo; *kutaḥ*—de dónde; *tvā*—a ti; *kaśmalam*—suciedad; *idam*—esta lamentación; *viṣame*—en este momento de crisis; *samupasthitam*—llegó; *anārya*—personas que no conocen el valor de la vida; *juṣṭam*—practicado por; *asvargyam*—que no conduce a los planetas superiores; *akīrti*—infamia; *karam*—la causa de; *arjuna*—¡oh, Arjuna!

TRADUCCIÓN

La Suprema Personalidad de Dios dijo: Mi querido Arjuna, ¿cómo te han aparecido estas impurezas? No son propias en absoluto de un hombre que conoce el valor de la vida, y no conducen a los planetas superiores, sino a la infamia.

SIGNIFICADO

Kṛṣṇa y la Suprema Personalidad de Dios son idénticos. Por lo tanto, al Señor Kṛṣṇa se lo designa como "Bhagavān" a todo lo largo del *Gītā*. Bhagavān es lo máximo en Verdad Absoluta. La Verdad Absoluta llega a comprenderse en tres fases de estudio, a saber, Brahman, o el espíritu impersonal que está dentro y fuera de todo; Paramātmā, o el aspecto localizado del Supremo que está en el corazón de todas las entidades vivientes; y Bhagavān, o la Suprema Personalidad de Dios, el Señor Kṛṣṇa. En *El Śrīmad-Bhāgavatam* (1.2.11), esta concepción de la Verdad Absoluta se explica de la siguiente manera:

vadanti tat tattva-vidas
tattvaṁ yaj jñānam advayam
brahmeti paramātmeti
bhagavān iti śabdyate

"El conocedor de la Verdad Absoluta llega a comprender ésta en tres fases de estudio, y todas ellas son idénticas. Dichas fases de la Verdad Absoluta se expresan como Brahman, Paramātmā y Bhagavān".

Estos tres aspectos divinos se pueden explicar mediante el ejemplo del Sol, que también tiene tres diferentes aspectos, es decir, la luz solar, la superficie del Sol y el planeta Sol propiamente dicho. Aquel que estudia únicamente la luz del Sol, es un principiante; aquel que entiende la superficie del Sol, está un poco más adelantado; y aquel que puede entrar en el planeta Sol, es el más elevado de todos. Los estudiantes ordinarios que se satisfacen con simplemente entender la luz del Sol, su difusión por todo el universo y la refulgencia deslumbrante de su naturaleza impersonal, se asemejan a aquellos que pueden comprender únicamente el aspecto Brahman de la Verdad Absoluta. El estudiante que ha avanzado más puede conocer el disco solar, lo cual se asemeja al conocimiento acerca del aspecto Paramātmā de la Verdad Absoluta. Y el estudiante que puede entrar en el corazón del planeta Sol, se asemeja a aquellos que comprenden las características personales de la Suprema Verdad Absoluta. En consecuencia, los *bhaktas*, o los trascendentalistas que han llegado a comprender el aspecto Bhagavān de la Verdad Absoluta, son los trascendentalistas más elevados de todos, si bien todos los estudiantes que están dedicados al estudio de la Verdad Absoluta se ocupan de lo mismo. La luz del Sol, el disco solar y los asuntos internos del planeta Sol no pueden separarse los unos de los otros, y, aun así, los estudiantes de las tres diferentes fases no se hallan en la misma categoría.

Parāśara Muni, la gran autoridad y el padre de Vyāsadeva, explica la palabra sánscrita *bhagavān*: la Suprema Personalidad que posee en pleno riquezas, fuerza, fama, belleza, conocimiento y renunciación, recibe el nombre de Bhagavān. Hay muchas personas que son muy ricas, muy poderosas, muy hermosas, muy famosas, muy eruditas y muy desapegadas, pero ninguna puede afirmar que posee por completo riquezas en pleno, fuerza en pleno, etc. Sólo Kṛṣṇa puede afirmarlo, porque Él es la Suprema Personalidad de Dios. Ninguna entidad viviente, ni siquiera Brahmā, el Señor Śiva o Nārāyaṇa, puede poseer opulencias en una plenitud tal como la de Kṛṣṇa. Por consiguiente, en *El Brahma-saṁhitā* el propio Señor Brahmā concluye que el Señor Kṛṣṇa es la Suprema Personalidad de Dios. Nadie es igual a Él ni está por encima de Él; Él es el Señor primordial, o Bhagavān, conocido como Govinda, y Él es la causa suprema de todas las causas.

īśvaraḥ paramaḥ kṛṣṇaḥ
sac-cid-ānanda-vigrahaḥ
anādir ādir govindaḥ
sarva-kāraṇa-kāraṇam

"Hay muchas personalidades que poseen las cualidades de Bhagavān, pero Kṛṣṇa es la suprema, porque ninguna otra lo supera a Él. Él es la Persona Suprema, y Su cuerpo es eterno y está colmado de conocimiento y bienaventuranza. Él es Govinda, el Señor primordial, y la causa de todas las causas" (*El Brahma-saṁhitā* 5.1).

También en el *Bhāgavatam* hay una lista de muchas encarnaciones de la Suprema Personalidad de Dios, pero a Kṛṣṇa se le describe como la Personalidad de Dios original, de quien se expanden muchísimas encarnaciones y Personalidades de Dios:

ete cāṁśa-kalāḥ puṁsaḥ
kṛṣṇas tu bhagavān svayam
indrāri-vyākulaṁ lokaṁ
mṛḍayanti yuge yuge

"Todas las encarnaciones de la Divinidad que se presentan en estas listas, son, o bien expansiones plenarias, o bien partes de las expansiones plenarias de la Divinidad Suprema; pero Kṛṣṇa es la Suprema Personalidad de Dios propiamente dicha" (*Bhāg.* 1.3.28).

Así que, Kṛṣṇa es la Suprema Personalidad de Dios original, la Verdad Absoluta, la fuente tanto de la Superalma como del Brahman impersonal.

Que Arjuna se lamentara por sus parientes en presencia de la Suprema Personalidad de Dios es ciertamente impropio, y, por lo tanto, Kṛṣṇa expresó Su sorpresa con la palabra *kutaḥ*, "de dónde". Esas impurezas no se esperaban de una persona perteneciente a la clase de los hombres civilizados conocidos como arios. La palabra "ario" se le aplica a personas que conocen el valor de la vida y que tienen una civilización basada en la comprensión espiritual. Las personas a las que las guía la concepción material de la vida, no saben que el objetivo de la misma es llegar a comprender a la Verdad Absoluta, Viṣṇu o Bhagavān, y a ellas las cautivan las características externas del mundo material, y, por consiguiente, no saben lo que es la liberación. Las personas que carecen de conocimiento acerca de la liberación del cautiverio material, reciben el nombre de *anārya*, "no arios". Aunque Arjuna era un *kṣatriya*, al negarse a pelear se estaba apartando de sus deberes prescritos. Este acto de cobardía se describe como característico de los no arios. Semejante incumplimiento del deber no ayuda en el progreso de la vida espiritual, y ni siquiera le brinda a uno la oportunidad de volverse famoso en este mundo. El Señor Kṛṣṇa no aprobó la supuesta compasión de Arjuna por sus parientes.

TEXTO 3

क्लैब्यं मा स्म गमः पार्थ नैतत्त्वय्युपपद्यते ।
क्षुद्रं हृदयदौर्बल्यं त्यक्त्वोत्तिष्ठ परंतप ॥ ३ ॥

klaibyaṁ mā sma gamaḥ pārtha
naitat tvayy upapadyate
kṣudraṁ hṛdaya-daurbalyaṁ
tyaktvottiṣṭha parantapa

klaibyam—impotencia; *mā sma*—no; *gamaḥ*—vayas; *pārtha*—¡oh, hijo de Pṛthā!; *na*—nunca; *etat*—esto; *tvayi*—a ti; *upapadyante*—es digno; *kṣudram*—mezquina; *hṛdaya*—del corazón; *daurbalyam*—debilidad; *tyaktvā*—abandonando; *uttiṣṭha*—levántate; *param-tapa*—¡oh, castigador de los enemigos!

TRADUCCIÓN

¡Oh, hijo de Pṛthā!, no cedas a esta impotencia degradante. No es digna de ti. Abandona esa mezquina flaqueza del corazón y levántate, ¡oh, castigador del enemigo!

SIGNIFICADO

A Arjuna se lo nombró como el hijo de Pṛthā, quien resultaba ser la hermana de Vasudeva, el padre de Kṛṣṇa. De modo que, Arjuna tenía un nexo consanguíneo con Kṛṣṇa. Si el hijo de un *kṣatriya* declina pelear, es *kṣatriya* sólo de nombre, y si el hijo de un *brāhmaṇa* actúa de un modo impío, es *brāhmaṇa* sólo de nombre. Esa clase de *kṣatriyas* y *brāhmaṇas* no son hijos dignos de sus padres. Por consiguiente, Kṛṣṇa no quería que Arjuna se convirtiera en un hijo de *kṣatriya* indigno. Arjuna era el amigo más íntimo de Kṛṣṇa, y Kṛṣṇa lo estaba guiando directamente en la cuadriga. Pero si a pesar de todas esas ventajas Arjuna abandonaba la batalla, cometería un acto infame. En consecuencia, Kṛṣṇa dijo que una actitud tal en Arjuna no correspondía con su personalidad. Arjuna podía argüir que renunciaría a la batalla fundándose en que tenía que observar una actitud magnánima para con sus parientes y el muy respetable Bhīṣma, pero Kṛṣṇa consideró que esa clase de magnanimidad era tan sólo una debilidad del corazón. Esa clase de falsa magnanimidad no la aprobaba ninguna autoridad. Por lo tanto, semejante magnanimidad o mal llamada no violencia debe ser abandonada por personas tales como Arjuna, que se encuentran bajo la guía directa de Kṛṣṇa.

TEXTO 4

अर्जुन उवाच
कथं भीष्ममहं सङ्ख्ये द्रोणं च मधुसूदन ।
इषुभिः प्रतियोत्स्यामि पूजार्हावरिसूदन ॥ ४ ॥

arjuna uvāca
kathaṁ bhīṣmam ahaṁ saṅkhye
droṇaṁ ca madhusūdana
iṣubhiḥ pratiyotsyāmi
pūjārhāv arisūdana

arjunaḥ uvāca—Arjuna dijo; *katham*—cómo; *bhīṣmam*—Bhīṣma; *aham*—yo; *saṅkhye*—en la pelea; *droṇam*—Droṇa; *ca*—también; *madhusūdana*—¡oh, destructor de Madhu!; *iṣubhiḥ*—con flechas; *pratiyotsyāmi*—he de contraatacar; *pūjā-arhau*—aquellos que son dignos de ser adorados; *ari-sūdana*—¡oh, destructor de los enemigos!

TRADUCCIÓN

Arjuna dijo: ¡Oh, destructor de los enemigos!, ¡oh, destructor de Madhu!, ¿cómo voy a contraatacar con flechas en una batalla a hombres tales como Bhīṣma y Droṇa, que son dignos de mi veneración?

SIGNIFICADO

Superiores respetables, tales como el abuelo Bhīṣma y el maestro Droṇācārya, siempre son dignos de veneración. Aun si atacan, no deben ser contraatacados. Que con los superiores no se pelea, ni siquiera verbalmente, es una norma general de etiqueta. Incluso si a veces tienen un comportamiento áspero, no se les debe tratar con aspereza. Entonces, ¿cómo va Arjuna a contraatacarlos? ¿Acaso Kṛṣṇa atacaría a Su propio abuelo, Ugrasena, o a Su maestro, Sāndīpani Muni? Éstos fueron algunos de los argumentos que Arjuna le presentó a Kṛṣṇa.

TEXTO 5

गुरूनहत्वा हि महानुभावान्
श्रेयो भोक्तुं भैक्ष्यमपीह लोके ।
हत्वार्थकामांस्तु गुरूनिहैव
भुञ्जीय भोगान्रुधिरप्रदिग्धान् ॥ ५ ॥

gurūn ahatvā hi mahānubhāvān
śreyo bhoktuṁ bhaikṣyam apīha loke
hatvārtha-kāmāṁs tu gurūn ihaiva
bhuñjīya bhogān rudhira-pradighān

gurūn—los superiores; *ahatvā*—no matar; *hi*—indudablemente; *mahā-anubhāvān*—grandes almas; *śreyaḥ*—es mejor; *bhoktum*—disfrutar de la vida; *bhaikṣyam*—mendigando; *api*—aunque; *iha*—en esta vida; *loke*—en este mundo; *hatvā*—matando; *artha*—beneficio; *kāmān*—deseando eso; *tu*—pero; *gurūn*—superiores; *iha*—en este mundo; *eva*—indudablemente; *bhuñjīya*—uno tiene que disfrutar; *bhogān*—cosas de las que se puede disfrutar; *rudhira*—sangre; *pradigdhān*—manchadas de.

TRADUCCIÓN

Sería mejor vivir en este mundo mendigando, que vivir a costa de la vida de grandes almas que son mis maestros. Aunque ellos busquen un provecho mundano, son mis superiores. Si ellos son matados, todo de lo que disfrutemos estará manchado de sangre.

SIGNIFICADO

Según los códigos de las Escrituras, el maestro que incurre en alguna acción abominable y que ha perdido su sentido de discriminación, es digno de ser abandonado. Bhīṣma y Droṇa se vieron obligados a ponerse del lado de Duryodhana a causa de la asistencia económica de este último, aunque ellos no debieron haber aceptado semejante posición simplemente en base a consideraciones económicas. Debido a esas circunstancias, han perdido su respetabilidad como maestros. Pero Arjuna cree que, no obstante, siguen siendo sus superiores, y, por consiguiente, disfrutar de beneficios materiales después de matarlos, significaría disfrutar de un botín manchado de sangre.

TEXTO 6

न चैतद्विद्मः कतरन्नो गरीयो
यद्वा जयेम यदि वा नो जयेयुः ।
यानेव हत्वा न जिजीविषाम-
स्तेऽवस्थिताः प्रमुखे धार्तराष्ट्राः ॥ ६ ॥

na caitad vidmaḥ katarān no garīyo
yad vā jayema yadi vā no jayeyuḥ
yān eva hatvā na jijīviṣāmas
te 'sthitāḥ pramukhe dhārtarāṣṭrāḥ

na—ni; *ca*—también; *etat*—esto; *vidmaḥ*—sabemos; *katarāt*—lo cual; *naḥ*—para nosotros; *garīyaḥ*—mejor; *yat vā*—si; *jayema*—conquistemos; *yadi*—si; *vā*—o; *naḥ*—nosotros; *jayeyuḥ*—ellos conquisten; *yān*—aquellos que; *eva*—ciertamente; *hatvā*—matando; *na*—nunca; *jijīviṣāmaḥ*—querríamos vivir; *te*—todos ellos; *avasthitāḥ*—estan ubicados; *pramukhe*—en el frente; *dhārtarāṣṭrāḥ*—los hijos de Dhṛtarāṣṭra.

TRADUCCIÓN

Ni sabemos qué es mejor para nosotros: si conquistarlos o ser conquistados por ellos. Si matáramos a los hijos de Dhṛtarāṣṭra no nos importaría seguir viviendo, pero ahora ellos están ante nosotros en este campo de batalla.

SIGNIFICADO

Aunque los *kṣatriyas* tienen el deber de pelear, Arjuna no sabía si debía hacerlo y provocar con ello una violencia innecesaria, o si debía abstenerse y vivir de la mendicidad. Si él no vencía al enemigo, mendigar sería su único medio de subsistencia. Y tampoco había certeza del triunfo, porque cualquiera de los dos bandos podía lograr la victoria. Aun cuando les aguardara la victoria (y su causa estaba justificada), no obstante, si los hijos de Dhṛtarāṣṭra morían en la batalla, sería muy difícil vivir en su ausencia. Ante tales circunstancias, eso sería para ellos otra clase de derrota. Todas estas consideraciones que hace Arjuna prueban de un modo definitivo que él no sólo era un gran devoto del Señor, sino que, además, estaba sumamente iluminado y tenía pleno control de la mente y los sentidos. Su deseo de vivir de la mendicidad, pese a haber nacido en la familia real, es otro signo de desapego. Él era verdaderamente virtuoso, tal como lo indican estas cualidades, unidas a su fe en las palabras de instrucción de Śrī Kṛṣṇa (su maestro espiritual). Se concluye, pues, que Arjuna era muy digno de liberarse. A menos que los sentidos se hallen bajo control, no hay ninguna posibilidad de elevarse al plano del conocimiento, y sin conocimiento y devoción no hay ninguna posibilidad de lograr la liberación. Arjuna era un dechado de todos estos atributos, además de los enormes atributos que poseía en sus relaciones materiales.

TEXTO 7

कार्पण्यदोषोपहतस्वभावः
पृच्छामि त्वां धर्मसंमूढचेताः ।
यच्छ्रेयः स्यान्निश्चितं ब्रूहि तन्मे
शिष्यस्तेऽहं शाधि मां त्वां प्रपन्नम् ॥ ७ ॥

kārpaṇya-doṣopahata-svabhāvaḥ
pṛcchāmi tvāṁ dharma-sammūḍha-cetāḥ
yac chreyaḥ syān niścitaṁ brūhi tan me
śiṣyas te 'haṁ śādhi māṁ tvāṁ prapannam

kārpaṇya—de mezquindad; *doṣa*—por la flaqueza; *upahata*—estando afligido por; *sva-bhāvaḥ*—características; *pṛcchāmi*—estoy pidiendo; *tvām*—a Ti; *dharma*—religión; *sammūḍha*—confundido; *cetāḥ*—en el corazón; *yat*—qué; *ṣreyaḥ*—bien supremo; *syāt*—puede ser; *niścitam*—confidencialmente; *brūhi*—dime; *tat*—eso; *me*—a mí; *śiṣyaḥ*—discípulo; *te*—tuyo; *aham*—soy; *śādhi*—tan sólo instruye; *mām*—a mí; *tvām*—a Ti; *prapannam*—entregado.

TRADUCCIÓN

Ahora estoy confundido en cuanto a mi deber, y he perdido toda compostura a causa de una mezquina flaqueza. En esta condición, Te pido que me digas claramente qué es lo mejor para mí. Ahora soy Tu discípulo y un alma entregada a Ti. Por favor, instrúyeme.

SIGNIFICADO

Debido a las características propias de la naturaleza, todo el sistema de las actividades materiales es una fuente de perplejidad para todo el mundo. A cada paso hay perplejidad, y por ello es menester acudir a un maestro espiritual genuino, que pueda brindarle a uno la guía apropiada para cumplir con el propósito de la vida. Todas las Escrituras védicas nos aconsejan que acudamos a un maestro espiritual genuino para librarnos de las perplejidades de la vida, las cuales ocurren sin que lo deseemos. Dichas perplejidades son como un incendio forestal, que de alguna manera comienza a arder, sin que nadie lo haya encendido. De igual modo, la situación del mundo es tal, que las perplejidades de la vida aparecen automáticamente, aunque no queramos semejante confusión. Nadie quiere un incendio, y, sin embargo, éste se produce y nos quedamos perplejos. Así pues, la sabiduría védica nos aconseja que, para resolver las perplejidades de la vida y entender la ciencia de la solución, uno debe acudir a un maestro espiritual que forme parte de la sucesión discipular. Una persona que tiene un maestro espiritual genuino, se supone que lo sabe todo. En consecuencia, uno no debe permanecer en medio de las perplejidades materiales, sino que debe acudir a un maestro espiritual. Ése es el significado de este verso.

¿Quién es el hombre al que lo aquejan las perplejidades materiales? Es aquel que no comprende los problemas de la vida. En *El Bṛhad-āraṇyaka Upaniṣad* (3.8.10) se describe al hombre perplejo, de la siguiente manera: *yo vā etad akṣaraṁ gārgy aviditvāsmāl lokāt praiti sa kṛpaṇaḥ*, "Aquel que no resuelve los problemas de la vida mientras es un ser humano, y que, por ende, se va de este mundo como los perros y los gatos, sin entender la ciencia de la autorrealización, es un avaro". Esta forma humana de vida es un bien de lo más valioso para la entidad viviente que puede utilizarla en resolver los problemas de la vida. Luego aquel que no utiliza esta oportunidad debidamente, es un avaro. Por otra parte, se encuentra el *brāhmaṇa*, o aquel que es lo suficientemente inteligente como para utilizar este cuerpo en la resolución de todos los problemas de la vida. *Ya etad akṣaraṁ gārgi viditvāsmāl lokāt praiti sa brāhmaṇaḥ.*

Los *kṛpaṇas*, o personas avaras, pierden el tiempo en ser demasiado afectuosos con la familia, la sociedad, el país, etc., bajo la concepción material de la vida. A menudo uno se apega a la vida familiar —es decir, a la esposa, los hijos y demás familiares—, en base a la "enfermedad de la piel". El *kṛpaṇa* cree que puede proteger a sus familiares de la muerte, o, si no, cree que su familia o la sociedad pueden salvarlo de la muerte inminente. Esa clase de apego familiar puede encontrarse incluso en los animales, los cuales también se ocupan de sus críos. Arjuna, siendo inteligente, pudo darse cuenta de que su afecto por los miembros de su familia y su deseo de protegerlos de la muerte eran las causas de sus perplejidades. Aunque él podía entender que su deber de pelear lo estaba aguardando, aun así, a raíz de esa flaqueza mezquina, no podía desempeñar los deberes. Por consiguiente, él le pide al Señor Kṛṣṇa, el maestro espiritual supremo, que le dé una solución definitiva. Él se entrega a Kṛṣṇa en calidad de discípulo. Él quiere terminar las charlas amistosas. Las conversaciones entre el maestro y el discípulo son serias, y ahora Arjuna quiere hablar con mucha seriedad ante el maestro espiritual reconocido. Kṛṣṇa es, entonces, el maestro espiritual original de la ciencia de *El Bhagavad-gītā*, y Arjuna es el primer discípulo en entender el *Gītā*. La manera en que Arjuna entiende *El Bhagavad-gītā* se expone en el propio Gītā. Y, no obstante, unos necios eruditos mundanos explican que uno no tiene que dirigirse a Kṛṣṇa como persona, sino a "lo innaciente que está dentro de Kṛṣṇa". No hay ninguna diferencia entre lo interior y lo exterior de Kṛṣṇa, y aquel que al tratar de entender *El Bhagavad-gītā* no tiene idea de esto, es el necio más grande de todos.

TEXTO 8

न हि प्रपश्यामि ममापनुद्या-
द्यच्छोकमुच्छोषणमिन्द्रियाणाम् ।
अवाप्य भूमावसपत्नमृद्धं
राज्यं सुराणामपि चाधिपत्यम् ॥८॥

na hi prapaśyāmi mamāpanudyād
yac chokam ucchoṣaṇam indriyāṇām
avāpya bhūmāv asapatnam ṛddhaṁ
rājyaṁ surāṇām api cādhipatyam

na—no; *hi*—indudablemente; *prapaśyāmi*—veo; *mama*—mi; *apanudyāt*—pueden apartar; *yat*—aquello que; *śokam*—lamentación; *ucchoṣaṇam*—secando; *indriyāṇām*—de los sentidos; *avāpya*—logrando; *bhūmau*—en la Tierra;

asapatnam—sin rival; *ṛddham*—próspero; *rājyam*—reino; *surāṇām*—de los semidioses; *api*—incluso; *ca*—también; *ādhipatyam*—supremacía.

TRADUCCIÓN

No encuentro ninguna forma de apartar este pesar que me está secando los sentidos. No podré disiparlo ni siquiera si obtengo en la Tierra un reino próspero y sin igual, con una soberanía tal como la de los semidioses en el cielo.

SIGNIFICADO

Aunque Arjuna estaba exponiendo tantos argumentos basados en el conocimiento de los principios religiosos y de los códigos morales, parece ser que era incapaz de resolver su verdadero problema sin la ayuda del maestro espiritual, el Señor Śrī Kṛṣṇa. Él pudo darse cuenta de que su supuesto conocimiento era inútil para deshacerse de sus problemas, los cuales estaban secando toda su existencia; y a él le resultaba imposible resolver esas perplejidades sin la ayuda de un maestro espiritual como el Señor Kṛṣṇa. El conocimiento académico, la erudición, una posición destacada, etc., son todos inútiles para resolver los problemas de la vida; la ayuda sólo la puede brindar un maestro espiritual como Kṛṣṇa. Por lo tanto, se concluye que un maestro espiritual que esté ciento por ciento consciente de Kṛṣṇa, es el maestro espiritual genuino, ya que él puede resolver los problemas de la vida. El Señor Caitanya dijo que aquel que domina la ciencia del cultivo de conciencia de Kṛṣṇa es el verdadero maestro espiritual, sin que importe su posición social.

kibā vipra, kibā nyāsī, śūdra kene naya
yei kṛṣṇa-tattva-vettā, sei 'guru' haya

"No importa que una persona sea un *vipra* [un erudito entendido en la sabiduría védica], o que haya nacido en una familia de clase baja, o que esté en la orden de vida de renuncia. Si dicha persona domina la ciencia de Kṛṣṇa, es el maestro espiritual genuino y perfecto"(*El Caitanya-caritāmṛta, Madhya* 8.128). De modo que, nadie es un maestro espiritual genuino, si no domina la ciencia del cultivo de conciencia de Kṛṣṇa. En las Escrituras védicas también se dice:

ṣaṭ-karma-nipuṇo vipro
mantra-tantra-viśāradaḥ
avaiṣṇavo gurur na syād
vaiṣṇavaḥ śvapaco guruḥ

"Un *brāhmaṇa* erudito, experto en todas las materias del conocimiento védico, no es apto para volverse maestro espiritual si no es un vaiṣṇava, o un experto en la ciencia del cultivo de conciencia de Kṛṣṇa. Pero, una persona nacida en una familia de una casta baja puede convertirse en maestro espiritual, si es vaiṣṇava, es decir, si está consciente de Kṛṣṇa" (*El Padma Purāṇa*).

Los problemas de la existencia material —el nacimiento, la vejez, las enfermedades y la muerte— no se pueden contrarrestar con la acumulación de riquezas y el desarrollo económico. En muchas partes del mundo hay Estados que están repletos de todas las facilidades de la vida, que están colmados de riquezas y desarrollados económicamente, y, sin embargo, los problemas de la existencia material aún continúan. Dichos Estados se encuentran buscando la paz de diferentes maneras, pero ellos podrán conseguir la verdadèra felicidad únicamente si consultan a Kṛṣṇa o *El Bhagavad-gītā* y *El Śrīmad-Bhāgavatam* —que constituyen la ciencia de Kṛṣṇa— a través del representante genuino de Kṛṣṇa, el hombre consciente de Kṛṣṇa.

Si el desarrollo económico y las comodidades materiales pudieran disipar los lamentos causados por las embriagueces familiares, sociales, nacionales o internacionales, entonces Arjuna no habría dicho que ni siquiera un reino sin paralelo en la Tierra o una supremacía como la de los semidioses en los planetas celestiales podría disipar sus lamentos. Por consiguiente, él buscó refugiarse en el proceso de conciencia de Kṛṣṇa, y ése es el sendero indicado para la paz y la armonía. El desarrollo económico o la supremacía en el mundo pueden acabarlos en cualquier momento los cataclismos de la naturaleza material. Incluso el elevarse a una situación planetaria superior, tal como la que los hombres están buscando ahora en el planeta Luna, también puede terminarse de un solo golpe. *El Bhagavad-gītā* lo confirma: *kṣīṇe puṇye martya-lokaṁ viśanti*, ''Cuando los resultados de las actividades piadosas se terminan, uno cae de nuevo, yendo desde la cima de la felicidad hasta la posición más baja de la vida''. Muchos políticos del mundo han caído de ese modo. Esas caídas sólo constituyen más causas de lamentación.

En consecuencia, si queremos eliminar la lamentación para siempre, tenemos entonces que refugiarnos en Kṛṣṇa, tal como Arjuna lo está tratando de hacer. Así que Arjuna le pidió a Kṛṣṇa que resolviera su problema definitivamente, y ésa es la senda de conciencia de Kṛṣṇa.

TEXTO 9

सञ्जय उवाच
एवमुक्त्वा हृषीकेशं गुडाकेशः परंतप ।
न योत्स्य इति गोविन्दमुक्त्वा तूष्णीं बभूव ह ॥९॥

sañjaya uvāca
evam uktvā hṛṣīkeśaṁ
guḍākeśaḥ parantapaḥ
na yotsya iti govindam
uktvā tūṣṇīṁ babhūva ha

sañjayaḥ uvāca—Sañjaya dijo; *evam*—así pues; *uktvā*—hablando; *hṛṣīkeśam*—a Kṛṣṇa, el amo de los sentidos; *guḍākeśaḥ*—Arjuna, el maestro en suprimir la ignorancia; *parantapaḥ*—el castigador de los enemigos; *na yotsye*—no pelearé; *iti*—así pues; *govindam*—a Kṛṣṇa, el que les da placer a los sentidos; *uktvā*—diciendo; *tūṣṇīm*—callado; *babhūva*—se volvió; *ha*—indudablemente.

TRADUCCIÓN

Sañjaya dijo: Habiendo hablado así, Arjuna, el castigador de los enemigos, le dijo a Kṛṣṇa "Govinda, no pelearé", y enmudeció.

SIGNIFICADO

Dhṛtarāṣṭra debió haberse sentido muy contento al enterarse de que Arjuna no iba a pelear, y que, por el contrario, iba a abandonar el campo de batalla para dedicarse a la mendicidad. Pero Sañjaya lo desilusionó una vez más, al decirle que Arjuna estaba en capacidad de matar a sus enemigos (*parantapaḥ*). Aunque Arjuna se hallaba dominado momentáneamente por una falsa aflicción causada por el afecto familiar, no obstante se entregó a Kṛṣṇa, el maestro espiritual supremo, en calidad de discípulo. Esto indica que pronto se liberaría de la falsa lamentación provocada por el afecto familiar, y sería iluminado con el conocimiento perfecto de la autorrealización, o el estado de conciencia de Kṛṣṇa, y entonces, con toda certeza, pelearía. Así pues, el júbilo de Dhṛtarāṣṭra se vería frustrado, pues Kṛṣṇa iluminaría a Arjuna, y éste pelearía hasta el final.

TEXTO 10

तमुवाच हृषीकेशः प्रहसन्निव भारत ।
सेनयोरुभयोर्मध्ये विषीदन्तमिदं वचः ॥१०॥

tam uvāca hṛṣīkeśaḥ
prahasann iva bhārata
senayor ubhayor madhe
viṣīdantam idaṁ vacaḥ

tam—a él; *uvāca*—dijo; *hṛṣīkeśaḥ*—el amo de los sentidos, Kṛṣṇa; *prahasan*—sonriendo; *iva*—así; *bhārata*—¡oh, Dhṛtarāṣṭra, descendiente de Bharata!; *senayoḥ*—de los ejércitos; *ubhayoḥ*—de ambos bandos; *madhye*—entre; *viṣīdantam*—al que se lamentaba; *idam*—las siguientes; *vacaḥ*—palabras.

TRADUCCIÓN

¡Oh, descendiente de Bharata!, en ese momento, Kṛṣṇa, sonriendo en medio de ambos ejércitos, se dirigió al acongojado Arjuna con las siguientes palabras.

SIGNIFICADO

La conversación se estaba llevando a cabo entre dos amigos íntimos, es decir, el Hṛṣīkeśa y el Guḍākeśa. Como amigos, ambos se hallaban en el mismo nivel, pero, voluntariamente, uno de ellos se volvió alumno del otro. Kṛṣṇa estaba sonriendo porque un amigo había decidido volverse discípulo. Siendo el Señor de todos, Él siempre está en la posición superior como amo de todos, y, sin embargo, accede a ser amigo, hijo o amante de un devoto que quiere que Él haga uno de esos papeles. Pero, cuando se lo aceptó como maestro, de inmediato asumió el papel, y le habló al discípulo como maestro, es decir, con gravedad, tal como se requiere. Parece ser que la conversación entre el maestro y el discípulo se llevó a cabo públicamente, en presencia de ambos ejércitos, para que todos se beneficiaran. Así que los diálogos de *El Bhagavad-gītā* no son para ninguna persona, sociedad o comunidad en particular, sino para todos, y tanto amigos como enemigos tienen el mismo derecho de oírlos.

TEXTO 11

श्रीभगवानुवाच
अशोच्यानन्वशोचस्त्वं प्रज्ञावादांश्च भाषसे ।
गतासूनगतासूंश्च नानुशोचन्ति पण्डिताः ॥ ११ ॥

śrī-bhagavān uvāca
aśocyān anvaśocas tvaṁ
prajñā-vādāṁś ca bhāṣase
gatāsūn agatāsūṁs ca
nānuśocanti paṇḍitāḥ

śrī-bhagavān uvāca—la Suprema Personalidad de Dios dijo; *aśocyān*—que no es digno de que uno se lamente; *anvaśocaḥ*—te estás lamentando; *tvam*—tú; *prajñā-vādān*—palabras cultas; *ca*—también; *bhāṣase*—hablando; *gata*—perdido; *asūn*—vida; *agata*—no ha pasado; *asūn*—vida; *ca*—también; *na*—nunca; *anuśocanti*—lamentan; *paṇḍitāḥ*—los eruditos.

TRADUCCIÓN

La Suprema Personalidad de Dios dijo: Mientras hablas con palabras cultas, te lamentas por lo que no es digno de lamentarse. Aquellos que son sabios no se lamentan ni por los vivos ni por los muertos.

SIGNIFICADO

El Señor tomó de inmediato la posición de maestro y reprendió al alumno, llamándolo tonto indirectamente. El Señor le dijo: "Estás hablando como un erudito, pero no sabes que aquel que es erudito, aquel que sabe lo que es el cuerpo y lo que es el alma, no se lamenta por ninguna etapa del cuerpo, ni mientras éste vive, ni cuando está muerto". Como se explica en capítulos posteriores, quedará claro que conocimiento significa conocer la materia, el espíritu y al controlador de ambos. Arjuna argüía que se le debía dar más importancia a los principios religiosos que a la política o a la sociología; pero él no sabía que el conocimiento acerca de la materia, el alma y el Supremo es aún más importante que los formulismos religiosos. Y debido a que él carecía de ese conocimiento, no debió hacerse pasar por un hombre muy erudito. Como de hecho no era muy erudito, se estaba lamentando, pues, de algo por lo cual no valía la pena lamentarse. El cuerpo nace, y está llamado a perecer hoy o mañana; por consiguiente, el cuerpo no es tan importante como el alma. Aquel que sabe esto es verdaderamente erudito, y para él no existe causa de lamentación, sea cual fuere la condición del cuerpo material.

TEXTO 12

नत्वेवाहं जातु नासं न त्वं नेमे जनाधिपाः ।
न चैव नभविष्यामः सर्वे वयमतः परम् ॥१२॥

na tv evāhaṁ jātu nāsaṁ
na tvaṁ neme janādhipāḥ
na caiva na bhaviṣyāmaḥ
sarve vayam ataḥ param

na—nunca; *tu*—pero; *eva*—indudablemente; *aham*—yo; *jātu*—en cualquier momento; *na*—nunca; *āsam*—existió; *na*—no; *tvam*—tú; *na*—no; *ime*—todos estos; *jana-adhipāḥ*—reyes; *na*—nunca; *ca*—también; *eva*—indudablemente; *na*—no; *bhaviṣyāmaḥ*—existiremos; *sarve vayam*—todos nosotros; *ataḥ param*—en el futuro.

TRADUCCIÓN

Nunca hubo un tiempo en el que Yo no existiera, ni tú, ni todos estos reyes; y en el futuro, ninguno de nosotros dejará de existir.

SIGNIFICADO

En los *Vedas* —tanto en *El Kaṭha Upaniṣad* como en *El Svetāśvatara*

Upaniṣad— se dice que la Suprema Personalidad de Dios es el sustentador de innumerables entidades vivientes, en términos de sus diferentes situaciones y conforme al trabajo individual y a la reacción del trabajo. Esa Suprema Personalidad de Dios, mediante Sus porciones plenarias, también se halla viva en el corazón de toda entidad viviente. Sólo las personas santas que pueden ver al mismo Señor Supremo dentro y fuera, pueden de hecho alcanzar la paz eterna y perfecta.

nityo nityānāṁ cetanaś cetanānām
eko bahūnāṁ yo vidadhāti kāmān
tam ātmasthaṁ ye 'nupaśyanti dhīrās
teṣāṁ śāntiḥ śāśvatī netareṣām

(*El Kaṭha Upaniṣad* 2.2.13)

La misma verdad védica que se le dio a Arjuna, se le da a todas las personas del mundo que se hacen pasar por muy eruditas, pero que, en realidad, no tienen más que un escaso acopio de conocimiento. El Señor dice claramente que Él Mismo, Arjuna y todos los reyes que están reunidos en el campo de batalla, son seres individuales eternamente, y que Él es eternamente el sustentador de las entidades vivientes individuales, tanto en su situación condicionada como en su situación liberada. La Suprema Personalidad de Dios es la persona individual suprema, y Arjuna —el eterno asociado del Señor— y todos los reyes allí reunidos, son personas eternas e individuales. No ha de creerse que ellos no existieron como individuos en el pasado, o que ellos no seguirán siendo personas eternas. Su individualidad existió en el pasado, y su individualidad continuará en el futuro, ininterrumpidamente. En consecuencia, no hay nada por lo que nadie deba lamentarse.

El Señor Kṛṣṇa, la autoridad suprema, no respalda aquí la teoría māyāvādī de que el alma individual, que ha estado separada por la cobertura de *māyā*, o la ilusión, después de liberarse se fundirá en el Brahman impersonal y perderá su existencia individual. Ni tampoco se apoya aquí la teoría de que únicamente pensamos en individualidades en el estado condicionado. Aquí Kṛṣṇa dice claramente que en el futuro la individualidad del Señor y de los demás continuará también de un modo perenne, tal como se confirma en los *Upaniṣads*. Esta declaración de Kṛṣṇa es autoritativa, porque Kṛṣṇa no puede estar sujeto a la ilusión. Si la individualidad no es una realidad, entonces Kṛṣṇa no habría hecho tanto énfasis en ella, ni siquiera para el futuro. Puede que el māyāvādī arguya que la individualidad de la que habló Kṛṣṇa no es espiritual sino material. Incluso si se acepta el argumento de que la individualidad es material, entonces ¿cómo puede uno distinguir la individualidad de Kṛṣṇa? Kṛṣṇa afirma la existencia de Su individualidad en el pasado, y también confirma Su individualidad en el futuro. Él ha confirmado Su individualidad de muchas maneras, y se ha declarado que el Brahman impersonal está subordinado a Él. Kṛṣṇa ha sostenido en todo momento el concepto de la individualidad espiritual, pero, si lo tomamos por un alma condicionada ordinaria con conciencia individual, Su *Bhagavad-gītā* no tiene entonces ningún valor como Escritura autoritativa. Un hombre común y corriente que adolece de los cuatro defectos característicos de la debilidad humana, es incapaz de enseñar aquello que vale la pena oír. El *Gītā* está por encima de esa clase de literatura. Ningún libro mundano se puede comparar con *El Bhagavad-gītā*. Cuando uno toma a Kṛṣṇa por un hombre ordinario, el *Gītā* pierde toda su importancia. El māyāvādī arguye que la pluralidad que se menciona en este verso es convencional y que se refiere al cuerpo; pero esa concepción corporal ya se condenó con anterioridad a este verso. ¿Cómo es posible que Kṛṣṇa volviera a plantear una proposición convencional acerca del cuerpo, después de haber condenado la concepción corporal de las entidades vivientes? Por lo tanto, el concepto de la individualidad se sostiene sobre bases espirituales, y de ese modo la confirman grandes *ācāryas* tales como Śrī Rāmānuja y otros. En muchas partes del *Gītā* se expresa claramente que esta individualidad espiritual la entienden los devotos del Señor. Aquellos que envidian a Kṛṣṇa como Suprema Personalidad de Dios, no tienen acceso genuino a esta gran obra literaria. El enfoque que del *Gītā* hace el no devoto, es algo así como el caso de unas abejas que tratan de lamer una botella de miel; uno no puede saborear la miel, a menos que abra la botella. De igual manera, el misticismo de *El Bhagavad-gītā* lo pueden entender únicamente los devotos, y nadie más puede saborearlo, tal como se afirma en el Capítulo Cuatro del libro. Y tampoco pueden tocar el *Gītā* las personas que envidian la existencia misma del Señor. Por consiguiente, la explicación māyāvādī del *Gītā* es una presentación de lo más desorientadora acerca de toda la verdad. El Señor Caitanya nos ha prohibido leer comentarios elaborados por los māyāvādīs, y nos advierte que aquel que acepta esa interpretación que la filosofía māyāvādī presenta, pierde toda la capacidad de entender el verdadero misterio del *Gītā*. Si la individualidad se refiriera al universo empírico, entonces no habría ninguna necesidad de que el Señor nos instruyera. La pluralidad del alma individual y del Señor es un hecho eterno, y, como se dijo antes, los *Vedas* lo confirman.

TEXTO 13

देहिनोऽस्मिन्यथा देहे कौमारं यौवनं जरा ।
तथा देहान्तरप्राप्तिर्धीरस्तत्र न मुह्यति ॥१३॥

dehino 'smin yathā dehe
kaumāraṁ yauvanaṁ jarā
tathā dehāntara-prāptir
dhīras tatra na muhyati

dehinaḥ—del que está dentro de un cuerpo; *asmin*—en este; *yathā*—como; *dehe*—en el cuerpo; *kaumāram*—niñez; *yauvanam*—juventud; *jarā*—vejez;

tathā—de igual modo; *deha-antara*—del cambio de cuerpo; *prāptiḥ*—logro; *dhīraḥ*—el sensato; *tatra*—entonces; *na*—nunca; *muhyati*—es engañado.

TRADUCCIÓN

Así como en este cuerpo el alma encarnada pasa continuamente de la niñez a la juventud y luego a la vejez, de la misma manera el alma pasa a otro cuerpo en el momento de la muerte. A la persona sensata no la confunde ese cambio.

SIGNIFICADO

Como cada entidad viviente es un alma individual, el cuerpo de cada una de ellas está cambiando a cada momento, manifestándose a veces como un niño, a veces como un joven y a veces como un anciano. Sin embargo, se trata de una misma alma espiritual, y ella no sufre ningún cambio. Esa alma individual finalmente cambia de cuerpo al morir y transmigra a otro cuerpo, y, como es seguro que tendrá otro cuerpo en el siguiente nacimiento —o bien material, o bien espiritual—, no había ninguna razón para que Arjuna se lamentara de la muerte, ya fuera de Bhīṣma o de Droṇa, por quienes estaba tan preocupado. Por el contrario, más bien debía regocijarse de que ellos cambiaran sus cuerpos viejos por unos nuevos, renovando así su energía. Esos cambios de cuerpos explican las variedades de disfrute o sufrimiento que se tienen, conforme a la actuación de uno en la vida. En consecuencia, Bhīṣma y Droṇa, siendo almas nobles, tendrían con toda certeza cuerpos espirituales en la siguiente vida, o al menos una vida en cuerpos celestiales para un disfrute superior de la existencia material. De modo que, en cualquiera de los casos, no había por qué lamentarse.

A cualquier hombre que tenga conocimiento perfecto acerca de la constitución del alma individual, la Superalma y la naturaleza —tanto material como espiritual—, se lo conoce como *dhīra*, o un hombre sumamente sensato. A un hombre de esa clase nunca lo confunde el cambio de cuerpos.

La teoría māyāvādī de la existencia de una sola alma espiritual no se puede respaldar, debido a que al alma espiritual no se la puede cortar en pedazos para obtener una porción fragmentaria. Ese fraccionamiento en diferentes almas individuales convertiría al Supremo en algo seccionable o mutable, lo cual contrariaría el principio de que el Alma Suprema es inmutable. Como se confirma en el *Gītā*, las porciones fragmentarias del Supremo existen eternamente (*sanātana*) y se denominan *kṣara*, es decir, tienen la tendencia a caer en la naturaleza material. Estas porciones fragmentarias lo son eternamente, y el alma individual permanece igual incluso después de la liberación, o, en otras palabras, sigue siendo fragmentaria. Pero, una vez que se libera, lleva una vida eterna de bienaventuranza y conocimiento con la Personalidad de Dios. La teoría de la reflexión se le puede aplicar a la Superalma, la cual se encuentra en todos y cada uno de los cuerpos individuales, y a la cual se la conoce como Paramātmā. Éste es diferente de la entidad viviente individual. Cuando el cielo se refleja en el agua, las imágenes reflejadas representan al Sol, así como también a la Luna y las estrellas. Las estrellas son como las entidades vivientes, y el Sol y la Luna son como el Señor Supremo. El alma espiritual, individual y fragmentaria, está representada por Arjuna, y el Alma Suprema es la Personalidad de Dios, Śrī Kṛṣṇa. Ellas no están en el mismo nivel, tal como se hará patente al comienzo del Capítulo Cuatro. Si Arjuna está en el mismo nivel que Kṛṣṇa, y Kṛṣṇa no es superior a Arjuna, entonces su relación de instructor e instruido carece de sentido. Si ambos están engañados por la energía ilusoria (*māyā*), entonces no es necesario que uno sea el instructor, y el otro, el instruido. Semejante instrucción sería inútil, porque nadie puede ser un instructor autoritativo si se halla en las garras de *māyā*. Ante estas circunstancias, se admite que el Señor Kṛṣṇa es el Señor Supremo, superior en posición a la entidad viviente —Arjuna—, quien es un alma olvidada y engañada por *māyā*.

TEXTO 14

मात्रास्पर्शास्तु कौन्तेय शीतोष्णसुखदुःखदाः ।
आगमापायिनोऽनित्यास्तांस्तितिक्षस्व भारत ॥१४॥

mātrā-sparśās tu kaunteya
śītoṣṇa-sukha-duḥkha-dāḥ
āgamāpāyino 'nityās
tāṁs titikṣasva bhārata

mātrā-sparśāḥ—percepción de los sentidos; *tu*—únicamente; *kaunteya*—¡Oh hijo de Kuntī!; *śīta*—invierno; *uṣṇa*—verano; *sukha*—felicidad; *duḥkha*—y dolor; *dāḥ*—causando; *āgama*—apareciendo; *apāyinaḥ*—desapareciendo; *anityāḥ*—no permanente; *tān*—todos ellos; *titikṣasva*—tan sólo trata de tolerar; *bhārata*—¡oh, descendiente de la dinastía Bhārata!

TRADUCCIÓN

¡Oh, hijo de Kuntī!, la aparición temporal de la felicidad y la aflicción, y su desaparición a su debido tiempo, es como la aparición y desaparición de las estaciones del invierno y el verano. Todo ello tiene su origen en la percepción de los sentidos, ¡oh, vástago de Bharata!, y uno debe aprender a tolerarlo sin perturbarse.

SIGNIFICADO

En el desempeño correcto del deber, uno tiene que aprender a tolerar las apariciones y desapariciones temporales de la felicidad y la aflicción. Según las disposiciones védicas, uno tiene que darse un baño temprano por la mañana, incluso durante el mes de *māgha* (enero-febrero). En esa época hace mucho frío, pero, a pesar de ello, el hombre que acata los principios religiosos no vacila en bañarse. De modo similar, la mujer no deja de trabajar en la cocina durante los meses de mayo y junio, la parte más calurosa del verano. Uno tiene que cumplir con su deber, pese a los inconvenientes causados por el clima. Así mismo, pelear constituye el principio religioso de los *kṣatriyas*, y aunque uno tenga que pelear con algún amigo o pariente, no debe apartarse de su deber prescrito. Uno tiene que seguir las reglas y regulaciones prescritas por los principios religiosos, a fin de ascender hasta el plano del conocimiento, ya que únicamente mediante el conocimiento y la devoción puede uno liberarse de las garras de *māyā* (la ilusión).

Los dos nombres que aquí se le dan a Arjuna también son significativos. El nombre de Kaunteya denota sus grandes parientes consanguíneos por el lado materno, y el nombre de Bhārata denota su grandeza por el lado paterno. Se supone que él tiene un gran linaje tanto paterno como materno. Un gran linaje lleva implícita la responsabilidad de cumplir bien con los deberes; por consiguiente, él no puede eludir la pelea.

TEXTO 15

यं हि न व्यथयन्त्येते पुरुषं पुरुषर्षभ ।
समदुःखसुखं धीरं सोऽमृतत्वाय कल्पते ॥१५॥

yaṁ hi na vyathayanty ete
puruṣaṁ puruṣarṣabha
sama-duḥka-sukhaṁ dhīraṁ
so 'mṛtatvāya kalpate

yam—aquel a quien; *hi*—indudablemente; *na*—nunca; *vyathayanti*—afligen; *ete*—todos estos; *puruṣam*—a una persona; *puruṣa-ṛṣabha*—¡oh, tú, el mejor entre los hombres!; *sama*—inalterable; *duḥkha*—en la aflicción; *sukham*—y la felicidad; *dhīram*—paciente; *saḥ*—él; *amṛtatvāya*—para la liberación; *kalpate*—se le considera merecedor.

TRADUCCIÓN

¡Oh, tú, el mejor entre los hombres [Arjuna]!, la persona que no se perturba ante la felicidad y la aflicción, y que permanece estable en medio de ambas, es sin duda merecedora de la liberación.

SIGNIFICADO

Todo aquel que se mantenga firme en su determinación de alcanzar la etapa avanzada de la iluminación espiritual, y que, además, pueda tolerar los embates de la aflicción y la felicidad, es indudablemente una persona merecedora de la liberación. En la institución *varṇāśrama*, la cuarta etapa de la vida, es decir, la orden de renuncia (*sannyāsa*), constituye una situación difícil. Pero aquel que realmente quiere perfeccionar su vida, adopta sin duda la orden de vida de *sannyāsa*, pese a todas las dificultades que se le presenten. Las dificultades surgen, por lo general, del hecho de tener que romper las relaciones familiares, de tener que abandonar la relación con la esposa y los hijos. Pero, si alguien es capaz de tolerar esas dificultades, es seguro que su senda hacia la iluminación espiritual se halla completa. De igual modo, a Arjuna se le aconseja perseverar en el desempeño de los deberes de un *kṣatriya*, incluso si le es difícil pelear con sus familiares u otras personas tan queridas como ellos. El Señor Caitanya adoptó *sannyāsa* a la edad de veinticuatro años, y las personas que dependían de Él —Su joven esposa y Su anciana madre— no tenían a nadie más que velara por ellas. Sin embargo, Él adoptó *sannyāsa* por una causa superior, y se mantuvo firme en el desempeño de los deberes superiores. Ésa es la manera de lograr liberarse del cautiverio material.

TEXTO 16

नासतो विद्यते भावो नाभावो विद्यते सतः ।
उभयोरपि दृष्टोऽन्तस्त्वनयोस्तत्त्वदर्शिभिः ॥१६॥

nāsato vidyate bhāvo
nābhāvo vidyate sataḥ
ubhayor api dṛṣṭo 'ntas
tv anayos tattva-darśibhiḥ

na—nunca; *asataḥ*—de lo no existente; *vidyate*—hay; *bhāvaḥ*—duración; *na*—nunca; *abhāvaḥ*—cualidad cambiante; *vidyate*—hay; *sataḥ*—de lo eterno; *ubhayoḥ*—de los dos; *api*—en verdad; *dṛṣṭaḥ*—observado; *antaḥ*—conclusión; *tu*—en verdad; *anayoḥ*—de ellos; *tattva*—de la verdad; *darśibhiḥ*—por los videntes.

TRADUCCIÓN

Los videntes de la verdad han concluido que, de lo no existente [el cuerpo material] no hay permanencia, y de lo eterno [el alma] no hay cambio. Esto lo han concluido del estudio de la naturaleza de ambos.

SIGNIFICADO

El cuerpo cambiante no perdura. La ciencia médica moderna admite que el cuerpo está cambiando a cada instante por las acciones y reacciones de las diferentes células, y que, en virtud de ello, el cuerpo crece y envejece. Pero el alma espiritual existe permanentemente, manteniéndose igual pese a todos los cambios del cuerpo y la mente. Ésa es la diferencia entre la materia y el espíritu. Por naturaleza, el cuerpo siempre está cambiando y el alma es eterna. Esta conclusión la establecen todas las clases de videntes de la verdad, tanto personalistas como impersonalistas. En *El Viṣṇu Purāṇa* (2.12.38) se declara que Viṣṇu y Sus moradas tienen todos una existencia espiritual autoiluminada (*jyotīṁsi viṣṇur bhavanāni viṣṇuḥ*). Las palabras *existente* y *no existente* se refieren únicamente al espíritu y la materia. Eso lo dicen todos los videntes de la verdad.

Éste es el comienzo de la instrucción que el Señor les da a las entidades vivientes que están confundidas por la influencia de la ignorancia. La remoción de la ignorancia entraña el restablecimiento de la relación eterna que hay entre el adorador y el adorado, y la consiguiente comprensión de la diferencia que hay entre las entidades vivientes —las partes integrales— y la Suprema Personalidad de Dios. Uno puede entender la naturaleza del Supremo por medio del estudio cabal de uno mismo, sabiendo que la diferencia que hay entre uno y el Ser Supremo es como la que hay entre la parte y el todo. En los *Vedānta-sūtras* así como en *El Śrīmad-Bhāgavatam*, al Supremo se le ha aceptado como el origen de todas las emanaciones. Dichas emanaciones se llegan a conocer mediante secuencias naturales inferiores y superiores. Las entidades vivientes pertenecen a la naturaleza superior, tal como se pondrá de manifiesto en el Capítulo Siete. Aunque no hay ninguna diferencia entre la energía y el energético, al energético se lo acepta como el Supremo, y a la energía, o la naturaleza, se la acepta como lo subordinado. De modo que, las entidades vivientes siempre están subordinadas al Señor Supremo, como ocurre en el caso del amo y el sirviente o el instructor y el instruido. Un conocimiento así de claro es imposible entenderlo bajo el embrujo de la ignorancia, y, para alejar esa ignorancia, el Señor enseña *El Bhagavad-gītā*, a fin de iluminar a todas las entidades vivientes de todas las épocas.

TEXTO 17

अविनाशि तु तद्विद्धि येन सर्वमिदं ततम् ।
विनाशमव्ययस्यास्य न कश्चित्कर्तुमर्हति ॥ १७ ॥

avināśi tu tad viddhi
yena sarvam idaṁ tatam
vināśam avyayasyāsya
na kaścit kartum arhati

avināśi—imperecedero; *tu*—pero; *tat*—eso; *viddhi*—sabed; *yena*—por quien; *sarvam*—todo el cuerpo; *idam*—este; *tatam*—imbuido; *vināśam*—destrucción; *avyayasya*—del imperecedero; *asya*—de él; *na kaścit*—nadie; *kartum*—hacer; *arhati*—capaz.

TRADUCCIÓN

Sabed que aquello que se difunde por todo el cuerpo es indestructible. Nadie puede destruir a esa alma imperecedera.

SIGNIFICADO

Este verso explica más claramente la verdadera naturaleza del alma, la cual se halla difundida por todo el cuerpo. Cualquiera puede entender qué es lo que está difundido por todo el cuerpo: la conciencia. Todo el mundo está consciente de los dolores y los placeres del cuerpo, en parte o en su totalidad. Esta difusión de la conciencia está limitada al cuerpo de uno. Los dolores y placeres de un cuerpo le son desconocidos a otro. Por consiguiente, cada cuerpo es la cobertura de un alma individual, y el signo de la presencia del alma se percibe en forma de la conciencia individual. A esa alma se la describe de un tamaño igual a la diezmilésima parte de la punta de un cabello. *El Śvetāśvatara Upaniśad* (5.9) lo confirma:

bālāgra-śata-bhāgasya
śatadhā kalpitasya ca
bhāgo jīvaḥ sa vijñeyaḥ
sa cānantyāya kalpate

''Cuando la punta de un cabello se divide en cien partes y cada una de dichas partes se divide luego en otras cien partes, cada una de éstas constituye la medida del alma espiritual''. De igual manera, en el *Bhāgavatam* se declara lo mismo:

keśāgra-śata-bhāgasya
śatāṁśaḥ sādṛśātmakaḥ
jīvaḥ sūkṣma-svarūpo 'yaṁ
saṅkhyātīto hi cit-kaṇaḥ

''Existen infinidad de partículas de átomos espirituales, cuyo tamaño es el de una diezmilésima parte de la punta de un cabello''.

Por consiguiente, la partícula individual de alma espiritual es un átomo espiritual más pequeño que los átomos materiales, y dichos átomos son innumerables. Esta diminuta chispa espiritual constituye el principio básico del cuerpo material, y la influencia de semejante chispa espiritual se difunde por todo el cuerpo, tal como la influencia del principio activo de alguna medicina se difunde también a todo lo largo del cuerpo. Esta corriente del alma espiritual se siente por todo el cuerpo en forma de la conciencia, y ésa es la prueba de la presencia del alma.

Cualquier profano puede entender que, sin conciencia, el cuerpo material es un cuerpo muerto, y esa conciencia no puede ser revivida en el cuerpo por ningún medio material que a éste se le administre. Luego la conciencia no se debe a ninguna cantidad de combinaciones materiales, sino al alma espiritual. En *El Muṇḍaka Upaniṣad* (3.1.9) se explica adicionalmente la medida del alma espiritual atómica:

eṣo 'ṇurātmā cetasā veditavyo
yasmin prāṇaḥ pañcadhā saṁviveśa
prāṇaiś cittaṁ sarvam otam prajānāṁ
yasmin viśuddhe vibhavaty eṣa ātmā

"El alma es de un tamaño atómico, y se la puede percibir por medio de la inteligencia perfecta. Esa alma atómica flota en las cinco clases de aire (*prāṇa*, *apāna*, *vyāna*, *samāna* y *udāna*), se halla dentro del corazón y extiende su influencia por todo el cuerpo de las entidades vivientes encarnadas. Cuando el alma se purifica de la contaminación de las cinco clases de aire material, su influencia espiritual se manifiesta".

El sistema de *haṭha-yoga* tiene por objeto controlar las cinco clases de aire que rodean al alma pura, por medio de diferentes clases de posturas, no para obtener algún beneficio material, sino para liberar a la diminuta alma del enredo de la atmósfera material.

Es así como en todas las Escrituras védicas se admite la constitución del alma atómica, y ello también lo siente de hecho por la experiencia práctica cualquier hombre cuerdo. Sólo un demente podría creer que esta alma atómica es *viṣṇu-tattva* omnipresente.

La influencia del alma atómica se puede extender a todo lo largo de un cuerpo en particular. Según *El Muṇḍaka Upaniṣad*, esta alma atómica está situada en el corazón de cada entidad viviente, y, como la medida del alma atómica está más allá de la capacidad de apreciación de los científicos materiales, algunos de ellos afirman neciamente que el alma no existe. El alma atómica individual se encuentra, sin duda, allí en el corazón, junto con la Superalma, y por ello todas las energías del movimiento corporal emanan de esta parte del cuerpo. Los glóbulos rojos, que transportan el oxígeno de los pulmones, reciben su energía del alma. Cuando el alma abandona esa posición, cesa la actividad de la sangre de generar fusión. La ciencia médica acepta la importancia de los glóbulos rojos, pero no puede determinar que el alma es la fuente de la energía. La ciencia médica, sin embargo, admite que el corazón es el centro de todas las energías del cuerpo.

Esas partículas atómicas del todo espiritual son como las moléculas de la luz del Sol. En la luz del Sol hay innumerables moléculas radiantes. Así mismo, las partes fragmentarias del Señor Supremo son chispas atómicas de los rayos del Señor Supremo, que reciben el nombre de *prabhā*, o energía superior. Entonces, ya sea que se siga el conocimiento védico o la ciencia moderna, uno no puede negar la existencia del alma espiritual en el cuerpo, y la ciencia del alma la describe en *El Bhagavad-gītā* de modo explícito la propia Personalidad de Dios.

TEXTO 18

अन्तवन्त इमे देहा नित्यस्योक्ताः शरीरिणः ।
अनाशिनोऽप्रमेयस्य तस्माद्युध्यस्व भारत ॥१८॥

antavanta ime dehā
nityasyoktāḥ śarīriṇaḥ
anāśino 'prameyasya
tasmād yudhyasva bhārata

anta-vantaḥ—perecedero; *ime*—todos estos; *dehāḥ*—cuerpos materiales; *nityasya*—de existencia eterna; *uktāḥ*—se dice; *śarīriṇaḥ*—del alma que está dentro del cuerpo; *anāśinaḥ*—nunca será destruida; *aprameyasya*—inconmensurable; *tasmāt*—por consiguiente; *yudhyasva*—pelea; *bhārata*—¡oh, descendiente de Bharata!

TRADUCCIÓN

El cuerpo material de la entidad viviente eterna, indestructible e inconmensurable, tiene un final con toda certeza; por lo tanto, pelea, ¡oh descendiente de Bharata!

SIGNIFICADO

El cuerpo material es perecedero por naturaleza. Puede que perezca inmediatamente, o puede que lo haga al cabo de cien años. Es sólo una cuestión de tiempo. No hay ninguna posibilidad de mantenerlo indefinidamente. Pero el alma espiritual es tan diminuta, que ni siquiera puede ser vista por un enemigo, ni qué hablar de ser matada. Como se mencionó en el verso anterior, es tan pequeña, que nadie puede tener ni idea de cómo medir su tamaño. Así que, desde ambos puntos de vista no hay ninguna causa de lamentación, porque a la entidad viviente tal como es no se la puede matar, ni tampoco es posible salvar el cuerpo material por ningún período de tiempo, ni protegerlo permanentemente. La diminuta partícula del espíritu total adquiere este cuerpo material conforme a su trabajo, y, en consecuencia, se debe hacer uso de la observancia de los principios religiosos. En los *Vedānta-sūtras*, a la entidad viviente se la califica de luz, porque ella es parte integral de la luz suprema. Así como la luz del Sol mantiene al universo entero, así mismo la luz del alma mantiene a este cuerpo material. En cuanto el alma espiritual sale del cuerpo material, el mismo comienza a descomponerse. Por consiguiente, el alma espiritual es lo que mantiene a este cuerpo. El cuerpo en sí carece de importancia. A Arjuna se le aconsejó que peleara y que no sacrificara la causa de la religión por consideraciones materiales relativas al cuerpo.

TEXTO 19

य एनं वेत्ति हन्तारं यश्चैनं मन्यते हतम् ।
उभौ तौ न विजानीतो नायं हन्ति न हन्यते ॥१९॥

ya enaṁ vetti hantāraṁ
yaś cainaṁ manyate hatam
ubhau tau na vijānīto
nāyaṁ hanti na hanyate

yaḥ—quienquiera que; *enam*—éste; *vetti*—sabe; *hantāram*—el que mata; *yaḥ*—quienquiera que; *ca*—también; *enam*—éste; *manyate*—cree; *hatam*—matado; *ubhau*—ambos; *tau*—ellos; *na*—nunca; *vijānītaḥ*—tienen conocimiento; *na*—nunca; *ayam*—éste; *hanti*—mata; *na*—no; *hanyate*—es matado.

TRADUCCIÓN

Tanto el que cree que la entidad viviente es la que mata como el que cree que ésta es matada, carecen de conocimiento, pues el ser ni mata ni es matado.

SIGNIFICADO

Cuando a una entidad viviente encarnada la hieren armas mortales, ha de saberse que la entidad viviente que está dentro del cuerpo no es matada. El alma espiritual es tan pequeña, que es imposible matarla con ningún arma material, tal como se hará obvio con los versos subsiguientes. Y la entidad viviente tampoco es susceptible de ser matada, debido a su constitución espiritual. Lo que se mata, o que se supone que se mata, es únicamente el cuerpo. Esto, sin embargo, no alienta en absoluto a matar el cuerpo. El mandamiento védico dice: *mā hiṁsyāt sarva-bhūtāni*, nunca agredas a ningún cuerpo. Y la comprensión de que a la entidad viviente no se la mata, tampoco fomenta la matanza de animales. Matar el cuerpo de cualquiera sin la autoridad para hacerlo es abominable, y es un hecho punible tanto en la ley del Estado como en la ley del Señor. A Arjuna, no obstante, se le está haciendo matar por el principio religioso, y no caprichosamente.

TEXTO 20

न जायते म्रियते वा कदाचि-
न्नायं भूत्वा भविता वा न भूयः ।

अजो नित्यः शाश्वतोऽयं पुराणो
न हन्यते हन्यमाने शरीरे ॥२०॥

na jāyate mriyate vā kadācin
nāyaṁ bhūtvā bhavitā vā na bhūyaḥ
ajo nityaḥ śāśvato 'yaṁ purāṇo
na hanyate hanyamāne śarīre

na—nunca; *jāyate*—nace; *mriyate*—muere; *vā*—tampoco; *kadācit*—en ningún momento (pasado, presente o futuro); *na*—nunca; *ayam*—esto; *bhūtvā*—habiendo llegado; *bhavitā*—llegará a ser; *vā*—o; *na*—no; *bhūyaḥ*—o volverá a ser; *ajaḥ*—innaciente; *nityaḥ*—eterno; *śāśvataḥ*—permanente; *ayam*—éste; *purāṇaḥ*—el más antiguo; *na*—nunca; *hanyate*—es matado; *hanyamāne*—siendo matado; *śarīre*—el cuerpo.

TRADUCCIÓN

Para el alma no existe el nacimiento ni la muerte en ningún momento. Ella no ha llegado a ser, no llega a ser y no llegará a ser. El alma es innaciente, eterna, permanente y primordial. No se la mata cuando se mata el cuerpo.

SIGNIFICADO

Cualitativamente, la pequeña parte atómica y fragmentaria del Espíritu Supremo es uno con el Supremo. A diferencia del cuerpo, ella no sufre ningún cambio. A veces, al alma se la llama lo fijo, o *kūṭa-stha*. El cuerpo está sujeto a seis clases de transformaciones: nace del vientre del cuerpo de la madre, permanece por algún tiempo, crece, produce algunos efectos, gradualmente se deteriora y, finalmente, desaparece en el olvido. El alma, sin embargo, no pasa por esos cambios. El alma no nace, pero como toma un cuerpo material, el cuerpo nace. El alma no nace allí, y el alma no muere. Todo lo que nace también tiene que morir, y como el alma no nace, por ende no tiene pasado, presente ni futuro. El alma es eterna, perenne y primordial, es decir, en la historia no figura ningún indicio de cuándo comenzó a existir. Por la impresión que el cuerpo nos produce, buscamos la historia del nacimiento del alma y otras cosas similares acerca de ella. El alma no envejece en ningún momento, como ocurre con el cuerpo. El supuesto anciano, por consiguiente, se siente con el mismo espíritu que tenía en su infancia o en su juventud. Los cambios del cuerpo no afectan al alma. El alma no se deteriora como un árbol, ni como nada material. El alma tampoco tiene subproductos: los subproductos del cuerpo, es decir, los hijos, son también almas individuales diferentes, y a causa del cuerpo aparecen como hijos de un hombre en particular. El cuerpo se desarrolla por la presencia del alma, pero el alma ni tiene vástagos ni cambia. En consecuencia, el alma está libre de los seis cambios del cuerpo.

En *El Kaṭha Upaniṣad* (1.2.18) encontramos también un pasaje similar, que dice:

na jāyate mriyate vā vipaścin
nāyaṁ kutaścin na babhūva kaścit
ajo nityaḥ śāśvato 'yaṁ purāṇo
na hanyate hanyamāne śarīre

El significado y la enseñanza de este verso son los mismos que los del verso análogo de *El Bhagavad-gītā*, pero aquí hay una palabra especial, *vipaścit*, que significa "erudito" o "con conocimiento".

El alma está colmada de conocimiento, o colmada siempre de conciencia. Por lo tanto, la conciencia es el signo característico del alma. Incluso si uno no encuentra el alma en el corazón, que es donde está situada, aun así uno puede darse cuenta de la presencia del alma simplemente en virtud de la presencia de la conciencia. A veces no encontramos el Sol en el cielo, a causa de las nubes o por alguna otra razón, pero la luz del Sol siempre está presente, y eso nos convence de que es de día. En cuanto en el cielo hay algo de luz temprano por la mañana, sobrentendemos que el Sol ha salido. Así mismo, como hay algo de conciencia en todos los cuerpos —ya sean del hombre o de los animales—, podemos con ello reconocer la presencia del alma. Esta conciencia del alma es, sin embargo, diferente de la conciencia del Supremo, porque la conciencia suprema es omnisciente —conoce pasado, presente y futuro—. La conciencia del alma individual es propensa a olvidar. Cuando olvida su verdadera naturaleza, obtiene educación e iluminación de las lecciones superiores que imparte Kṛṣṇa. Pero Kṛṣṇa no es como el alma que olvida. Si así fuera, las enseñanzas de Kṛṣṇa en *El Bhagavad-gītā* serían inútiles.

Hay dos clases de almas, a saber, la diminuta alma partícula (*aṇu-ātmā*) y la Superalma (*vibhu-ātmā*). Esto también se confirma en *El Kaṭha Upaniṣad* (1.2.20) de la siguiente manera:

aṇor aṇīyān mahato mahīyān
ātmāsya jantor nihito guhāyām
tam akratuḥ paśyati vīta-śoko
dhātuḥ prasādān mahimānam ātmanaḥ

"Tanto la Superalma [Paramātmā] como el alma atómica [*jīvātmā*] están situadas en el mismo árbol del cuerpo, dentro del mismo corazón del ser viviente, y sólo aquel que se ha liberado de todos los deseos y lamentaciones materiales, puede, por la gracia del Supremo, entender las glorias del alma". Kṛṣṇa también es la fuente de la Superalma, tal como se revelará en los siguientes capítulos, y Arjuna es el alma atómica, olvidadiza de su verdadera naturaleza; por consiguiente, necesita que lo ilumine Kṛṣṇa o su representante genuino (el maestro espiritual).

TEXTO 21

वेदाविनाशिनं नित्यं य एनमजमव्ययम् ।
कथं स पुरुषः पार्थ कं घातयति हन्ति कम्॥ २१ ॥

vedāvināśinaṁ nityaṁ
ya enam ajam avyayam
kathaṁ sa puruṣaḥ pārtha
kaṁ ghātayati hanti kam

veda—sabe; *avināśinam*—indestructible; *nityam*—existiendo siempre; *yaḥ*—aquel que; *enam*—ésta (alma); *ajam*—innaciente; *avyayam*—inmutable; *katham*—cómo; *saḥ*—esa; *puruṣaḥ*—persona; *pārtha*—¡oh, Pārtha (Arjuna)!; *kam*—a quién; *ghātayati*—hace que se hiera; *hanti*—mata; *kam*—a quién.

TRADUCCIÓN

¡Oh, Pārtha!, una persona que sabe que el alma es indestructible, eterna, innaciente e inmutable, ¿cómo puede matar a alguien o hacer que alguien mate?

SIGNIFICADO

Todas las cosas tienen su utilidad, y el hombre que posee pleno conocimiento sabe cómo y dónde aplicar una cosa para que sea bien utilizada. Así mismo, la violencia también tiene su utilidad, y cómo aplicar la violencia queda en manos de la persona que tiene conocimiento. Aunque el juez le asigne la pena capital a una persona condenada por asesinato, no se puede culpar al juez por ordenar un acto de violencia en contra de una persona conforme a los códigos de la justicia. En *El Manu-saṁhitā*, el libro de leyes para la humanidad, se sostiene que un asesino debe ser condenado a muerte, para que en su siguiente vida no tenga que sufrir por el gran pecado que ha cometido. Por lo tanto, cuando un rey castiga a un asesino con la horca, esto es en realidad beneficioso. De igual modo, cuando Kṛṣṇa ordena pelear, debe concluirse que el objetivo de la violencia es aplicar la justicia suprema, y, por eso, Arjuna debe seguir la instrucción, sabiendo bien que esa clase de violencia que se emplea en el acto de pelear por Kṛṣṇa, no es violencia en absoluto, porque, de todos modos, al hombre, o, más bien, al alma, no se la puede matar; de manera que, para la administración de justicia, se permite la supuesta violencia. Una operación quirúrgica no tiene por objeto matar al paciente, sino curarlo. Luego la pelea que había de llevar a cabo Arjuna por instrucción de Kṛṣṇa se hace con pleno conocimiento, así que no hay ninguna posibilidad de una reacción pecaminosa.

TEXTO 22

वासांसि जीर्णानि यथा विहाय
नवानि गृह्णाति नरोऽपराणि ।
तथा शरीराणि विहाय जीर्णा-
न्यन्यानि संयाति नवानि देही ॥२२॥

vāsāṁsi jīrṇāni yathā vihāya
mnavāni gṛhṇāti naro 'parāṇi
tathā śarīrāṇi vihāya jīrṇāny
anyāni saṁyāti navāni dehī

vāsāṁsi—ropa; *jīrṇāni*—vieja y desgastada; *yathā*—así como; *vihāya*—abandonando; *navāni*—ropa nueva; *gṛhṇāti*—acepta; *naraḥ*—un hombre; *aparāṇi*—otros; *tathā*—de la misma manera; *śarīrāṇi*—cuerpos; *vihāya*—abandonando; *jīrṇāni*—viejos e inservibles; *anyāni*—diferentes; *saṁyāti*—en verdad acepta; *navāni*—nuevos; *dehī*—el que está dentro de un cuerpo.

TRADUCCIÓN

Así como una persona se pone ropa nueva y desecha la vieja, así mismo el alma acepta nuevos cuerpos materiales, desechando los viejos e inservibles.

SIGNIFICADO

El cambio de cuerpo que sufre el alma individual atómica es un hecho aceptado. Hasta los científicos modernos —que no creen en la existencia del alma, pero al mismo tiempo no pueden explicar cuál es la fuente de la energía del corazón— tienen que aceptar los cambios continuos del cuerpo, que van ocurriendo de la infancia a la juventud, y de la juventud a la vejez. De la vejez, el cambio pasa a otro cuerpo. Esto ya se ha explicado en un verso anterior (2.13).

El traslado del alma individual atómica a otro cuerpo se vuelve posible por la gracia de la Superalma. La Superalma satisface el deseo del alma atómica, tal como un amigo satisface el deseo de otro. Los *Vedas* —tales como *El Muṇḍaka Upaniṣad*, así como también *El Śvetāśvatara Upaniṣad*— comparan al alma y a la Superalma con dos pájaros amigos posados en el mismo árbol. Uno de los pájaros (el alma individual atómica) se halla comiendo el fruto del árbol, y el otro pájaro (Kṛṣṇa) simplemente observa a Su amigo. De los dos pájaros, aunque ambos son iguales en calidad, uno está cautivado por los frutos del árbol material, mientras que el otro simplemente observa las actividades de Su amigo. Kṛṣṇa es el pájaro testigo, y Arjuna es el pájaro que come. Aunque son amigos, no obstante uno es el amo y el otro es el sirviente. Que el alma atómica olvide esa relación es la causa de su cambio de posición de un árbol a otro, o de un cuerpo a otro. El alma *jīva* está luchando muy afanosamente en el árbol del cuerpo material, pero en cuanto accede a aceptar al otro pájaro en el carácter de maestro espiritual supremo, tal como Arjuna accedió a hacerlo al entregarse a Kṛṣṇa voluntariamente para que lo instruyera, el pájaro subordinado se libra de inmediato de todas las lamentaciones. Tanto *El Muṇḍaka Upaniṣad* (3.1.2) como *El Śvetāśvatara Upaniṣad* (4.7) confirman esto:

samāne vṛkṣe puruṣo nimagno
'nīśayā śocati muhyamānaḥ
juṣṭaṁ tadā paśyaty anyam īśam
asya mahimānam iti vīta-śokaḥ

"Aunque los dos pájaros están en el mismo árbol, el pájaro que come está totalmente agobiado por la ansiedad y el mal humor como disfrutador de los frutos del árbol. Pero si de una forma u otra el pájaro que sufre vuelve la cara hacia su amigo —que es el Señor— y conoce Sus glorias, de inmediato se libera de todas las ansiedades". Ahora, Arjuna ha vuelto la cara hacia su amigo eterno, Kṛṣṇa, y está aprendiendo *El Bhagavad-gītā* con Él. Y así pues, por el hecho de oír a Kṛṣṇa, Arjuna puede entender las glorias supremas del Señor y liberarse de la lamentación.

Aquí, el Señor le aconseja a Arjuna que no se lamente por el cambio de cuerpo de su anciano abuelo y de su maestro. Más bien, debía estar feliz de matar sus cuerpos en una pelea justa, de modo que ellos pudieran limpiarse de inmediato de todas las reacciones provenientes de las diversas actividades corporales. Aquel que da la vida en el altar del sacrificio o en el debido campo de batalla, de inmediato se limpia de las reacciones corporales y es promovido a una condición de vida superior. Así que Arjuna no tenía ningún motivo para lamentarse.

TEXTO 23

नैनं छिन्दन्ति शस्त्राणि नैनं दहति पावकः ।
न चैनं क्लेदयन्त्यापो न शोषयति मारुतः ॥ २३ ॥

nainaṁ chindanti śastrāṇi
nainaṁ dahati pāvakaḥ
na cainaṁ kledayanty āpo
na śoṣayati mārutaḥ

na—nunca; *enam*—esta alma; *chindanti*—puede cortar en pedazos; *śastrāṇi*—las armas; *na*—nunca; *enam*—esta alma; *dahati*—quema; *pāvakaḥ*—fuego; *na*—

nunca; *ca*—también; *enam*—esta alma; *kledayanti*—humedece; *āpaḥ*—agua; *na*—nunca; *śoṣayati*—seca; *mārutaḥ*—viento.

TRADUCCIÓN

Al alma nunca puede cortarla en pedazos ningún arma, ni puede el fuego quemarla, ni el agua humedecerla, ni el viento marchitarla.

SIGNIFICADO

Todas las clases de armas —espadas, armas de fuego, armas de lluvia, armas de tornado, etc.— son incapaces de matar al alma espiritual. Tal parece que en ese entonces había muchas clases de armas hechas de tierra, agua, aire, éter, etc., además de las armas de fuego modernas. Incluso las armas nucleares de la época actual entran en la categoría de armas de fuego, pero antiguamente había muchas otras armas hechas de todos los distintos tipos de elementos materiales. Las armas de fuego se contrarrestaban con armas de agua, desconocidas hoy en día por la ciencia moderna. Los científicos modernos tampoco saben cómo emplear los tornados como armas de guerra. Sin embargo, el alma nunca puede ser cortada en pedazos ni aniquilada por ninguna cantidad de armas, sean cuales fueren los dispositivos científicos que se empleen para ello.

El māyāvādī no puede explicar cómo el alma individual llegó a existir sólo por ignorancia y, en consecuencia, fue cubierta por la energía ilusoria. Ni jamás fue posible cortar a las almas individuales del seno del Alma Suprema original; más bien, las almas individuales son partes eternamente separadas del Alma Suprema. Como las almas son atómicas e individuales eternamente (*sanātana*), tienen la propensión a ser cubiertas por la energía ilusoria, y por eso dejan la compañía del Señor Supremo, tal como las chispas de un fuego que, aunque tienen la misma calidad que el fuego, son propensas a extinguirse cuando se hallan fuera de él. En *El Varāha Purāṇa*, a las entidades vivientes se las describe como partes integrales separadas del Supremo. Además, según *El Bhagavad-gītā*, permanecen así eternamente. Por lo tanto, incluso después de que la entidad viviente se libera de la ilusión, sigue siendo una entidad separada, como lo indican claramente las enseñanzas que el Señor le impartió a Arjuna. Arjuna se liberó mediante el conocimiento que recibió de Kṛṣṇa, pero nunca se volvió uno con Kṛṣṇa.

TEXTO 24

अच्छेद्योऽयमदाह्योऽयमक्लेद्योऽशोष्य एव च ।
नित्यः सर्वगतः स्थाणुरचलोऽयं सनातनः ॥ २४ ॥

acchedyo 'yam adāhyo 'yam
akledyo 'soṣya eva ca

nityaḥ sarva-gataḥ sthāṇur
acalo 'yaṁ sanātanaḥ

acchedyaḥ—irrompible; *ayam*—esta alma; *adāhyaḥ*—no puede ser quemada; *ayam*—esta alma; *akledyaḥ*—insoluble; *aśoṣyaḥ*—no puede ser secada; *eva*—indudablemente; *ca*—y; *nityaḥ*—sempiterna; *sarva-gataḥ*—presente en todas partes; *sthāṇuḥ*—inmutable; *acalaḥ*—inmóvil; *ayam*—esta alma; *sanātanaḥ*—eternamente igual.

TRADUCCIÓN

Esta alma individual es irrompible e insoluble, y no se la puede quemar ni secar. El alma está en todas partes, y es sempiterna, inmutable, inmóvil y eternamente la misma.

SIGNIFICADO

Todas estas cualidades del alma atómica demuestran de modo categórico que el alma individual es eternamente una partícula atómica del todo espiritual, y que eternamente sigue siendo el mismo átomo, sin ningún cambio. La teoría del monismo es muy difícil de aplicar en este caso, porque jamás se espera que el alma individual se vuelva con el todo una sola cosa homogénea. Después de liberarse de la contaminación material, puede que el alma atómica prefiera permanecer como una chispa espiritual de los refulgentes rayos de la Suprema Personalidad de Dios, pero las almas inteligentes entran en los planetas espirituales para asociarse con la Personalidad de Dios.

La palabra *sarva-gataḥ* (omnipresente) es significativa, porque no hay ninguna duda de que las entidades vivientes se encuentran por todas partes de la creación de Dios. Ellas viven en la tierra, en el agua, en el aire, dentro de la tierra, e incluso dentro del fuego. La creencia de que el fuego las aniquila no es admisible, porque aquí se afirma claramente que el fuego no puede quemar al alma. Por consiguiente, no hay duda alguna de que también en el planeta Sol hay entidades vivientes con cuerpos adecuados para vivir allí. Si el globo solar está deshabitado, entonces la palabra *sarva-gataḥ* —viviendo en todas partes— carecería de sentido.

TEXTO 25

अव्यक्तोऽयमचिन्त्योऽयमविकार्योऽयमुच्यते ।
तस्मादेवं विदित्वैनं नानुशोचितुमर्हसि ॥ २५ ॥

avyakto 'yam acintyo 'yam
avikāryo 'yam ucyate
tasmād evaṁ viditvainaṁ
nānuśocitum arhasi

avyaktaḥ—invisible; *ayam*—esta alma; *acintyaḥ*—inconcebible; *ayam*—esta alma; *avikāryaḥ*—inmutable; *ayam*—esta alma; *ucyate*—se dice; *tasmāt*—por lo tanto; *evam*—así; *viditvā*—sabiéndolo bien; *enam*—esta alma; *na*—no; *anuśocitum*—lamentar; *arhasi*—mereces.

TRADUCCIÓN

Se dice que el alma es invisible, inconcebible e inmutable. Sabiendo esto, no debes afligirte por el cuerpo.

SIGNIFICADO

Como se dijo anteriormente, la magnitud del alma es tan pequeña para nuestros cálculos materiales, que no se la puede ver ni siquiera con el microscopio más potente que existe. Por lo tanto, es invisible. En lo que respecta a la existencia del alma, nadie puede establecerla de un modo experimental, más allá de la prueba que da el *śruti*, o la sabiduría védica. Tenemos que aceptar esta verdad, porque no hay ninguna otra fuente que sirva para entender la existencia del alma, si bien dicha existencia es un hecho para la percepción. Hay muchas cosas que se tienen que aceptar exclusivamente en base a una autoridad superior. Nadie puede negar la existencia de su padre, pues ésta la señala la madre, que en este caso es la autoridad. Con excepción de la autoridad de la madre, no existe ninguna otra manera de llegar a conocer la identidad del padre. Así mismo, no hay ninguna otra fuente para llegar a entender el alma, aparte del estudio de los *Vedas*. En otras palabras, el alma es inconcebible a través del conocimiento experimental humano. El alma es conciencia y es consciente; eso también lo declaran los *Vedas*, y tenemos que aceptarlo. A diferencia de los cambios que ocurren en el cuerpo, en el alma no hay ningún cambio. Siendo inmutable eternamente, el alma permanece como un ente atómico en comparación con la infinita Alma Suprema. El Alma Suprema es infinita, y el alma atómica es infinitesimal. En consecuencia, el alma infinitesimal, siendo inmutable, nunca puede volverse igual al alma infinita, es decir, a la Suprema Personalidad de Dios. Este concepto se repite en los *Vedas* de diferentes maneras, tan sólo para confirmar la estabilidad de la concepción del alma. La repetición de algo es necesaria para que uno entienda el asunto perfectamente, sin ningún error.

TEXTO 26

अथ चैनं नित्यजातं नित्यं वा मन्यसे मृतम् ।

तथापि त्वं महाबाहो नैनं शोचितुमर्हसि ॥ २६ ॥

atha cainaṁ nitya-jātaṁ
nityaṁ vā manyase mṛtam
tathāpi tvaṁ mahā-bāho
nainaṁ śocitum arhasi

atha—sin embargo; *ca*—también; *enam*—esta alma; *nitya-jātam*—que siempre nace; *nityam*—siempre; *vā*—o bien; *manyase*—así piensas; *mṛtam*—muerta; *tathā api*—aun así; *tvam*—tú; *mahā-bāho*—¡oh, tú, el de los poderosos brazos!; *na*—nunca; *enam*—acerca del alma; *śocitum*—lamentarse; *arhasi*—merece.

TRADUCCIÓN

Sin embargo, si crees que el alma [o el conjunto de las señales de vida] nace siempre y muere para siempre, aun así no tienes por qué lamentarte, ¡oh, tú, el de los poderosos brazos!

SIGNIFICADO

Siempre existe una clase de filósofos muy semejantes a los budistas, que no creen en la existencia separada del alma más allá del cuerpo. Cuando el Señor Kṛṣṇa habló *El Bhagavad-gītā*, parece ser que esa clase de filósofos ya existía, y se los conocía como los *lokāyatikas* y *vaibhāṣikas*. Estos filósofos sostenían que las señales de vida aparecen cuando las combinaciones materiales alcanzan cierta condición de madurez. El científico material moderno y los filósofos materialistas también son de la misma opinión. Según ellos, el cuerpo es una combinación de elementos físicos, y en determinada etapa las señales de vida se desarrollan por la interacción de los elementos químicos y físicos. La ciencia de la antropología se basa en esta filosofía. En la actualidad, muchas seudorreligiones —que ahora se están poniendo de moda en América— también se adhieren a esta filosofía, así como también a las sectas budistas, nihilistas y no devocionales.

Incluso si Arjuna no creía en la existencia del alma, como se indica en la filosofía *vaibhāṣika*, aun así no había causa alguna de lamentación. Nadie lamenta la pérdida de una cierta masa de sustancias químicas y por ello deja de desempeñar su deber prescrito. Por otra parte, en la ciencia moderna y en la guerra científica se desperdician muchas toneladas de sustancias químicas para vencer al enemigo. De acuerdo con la filosofía *vaibhāṣika*, la supuesta alma, o *ātmā*, desaparece con el deterioro del cuerpo. De modo que, sea cual fuere el caso, ya sea que Arjuna aceptara la conclusión védica de que existe un alma atómica o que no creyera en la existencia del alma, no tenía por qué lamentarse. Según esta teoría, puesto que hay muchísimas entidades vivientes que se generan de la materia a cada momento, y muchísimas de ellas que son aniquiladas a cada momento, no hay por qué afligirse por semejante incidente. Si el alma no iba a volver a nacer, no había motivo de que Arjuna temiera ser afectado por reacciones pecaminosas a causa de matar a su abuelo y a su maestro. Pero, al mismo tiempo, Kṛṣṇa se dirigió a Arjuna sarcásticamente y lo llamó *mahā-bāho*, él de los poderosos brazos, porque al menos Él no aceptaba la teoría de los *vaibhāṣikas*, la cual deja a un lado la sabiduría védica. Arjuna, como *kṣatriya* que era, pertenecía a la cultura védica, y le correspondía seguir los principios de ella.

TEXTO 27

जातस्य हि ध्रुवो मृत्युर्ध्रुवं जन्म मृतस्य च ।
तस्मादपरिहार्येऽर्थे न त्वं शोचितुमर्हसि ॥ २७ ॥

jātasya hi dhruvo mṛtyur
dhruvaṁ janma mṛtasya ca
tasmād aparihārye 'rthe
na tvaṁ śocitum arhasi

jātasya—de aquel que ha nacido; *hi*—indudablemente; *dhruvaḥ*—un hecho; *mṛtyuḥ*—muerte; *dhruvam*—también es un hecho; *janma*—nacimiento; *mṛtasya*—de los muertos; *ca*—también; *tasmāt*—por consiguiente; *aparihārye*—de aquello que es inevitable; *arthe*—en lo que respecta a; *na*—no; *tvam*—tú; *śocitum*—lamentarse; *arhasi*—merece.

TRADUCCIÓN

Aquel que ha nacido, es seguro que va a morir, y, después de morir, es seguro que uno volverá a nacer. Por consiguiente, en el ineludible desempeño de tu deber, no debes lamentarte.

SIGNIFICADO

Uno tiene que nacer de acuerdo con las actividades que ha realizado en la vida. Y, después de terminar un período de actividades, se tiene que morir, para volver a nacer y comenzar el siguiente período. De ese modo gira el ciclo del nacimiento y la muerte, fase tras fase, sin liberación. Este ciclo del nacimiento y la muerte no respalda, sin embargo, el asesinato, la matanza de animales y la guerra innecesaria. Pero, al mismo tiempo, la violencia y la guerra son factores inevitables en la sociedad humana, para mantener la ley y el orden.

La Batalla de Kurukṣetra, que ocurriría por la voluntad del Supremo, era un evento inevitable, y es deber de un *kṣatriya* pelear por la causa justa. ¿Por qué había éste de sentir temor o acongojarse ante la muerte de sus parientes, si estaba cumpliendo con su deber legítimo? Él no merecía tener que romper la ley y, con ello, quedar sometido a las reacciones de los actos pecaminosos, a los que tanto les temía. Por el hecho de eludir el cumplimiento de su deber genuino no sería capaz de impedir la muerte de sus parientes, y se vería degradado por haber seleccionado un modo de actuar equivocado.

TEXTO 28

अव्यक्तादीनि भूतानि व्यक्तमध्यानि भारत ।
अव्यक्तनिधनान्येव तत्र का परिदेवना ॥ २८ ॥

avyaktādīni bhūtāni
vyakta-madhyāni bhārata
avyakta-nidhanāny eva
tatra kā paridevanā

avyakta-ādīni—no manifestado al comienzo; *bhūtāni*—todos los que son creados; *vyakta*—manifestados; *madhyāni*—en el medio; *bhārata*—¡oh, descendiente de Bharata!; *avyakta*—no manifestado; *nidhanāni*—cuando son aniquilados; *eva*—todo es así; *tatra*—por lo tanto; *kā*—qué; *paridevanā*—lamentación.

TRADUCCIÓN

Todos los seres creados son no manifiestos en el comienzo, manifiestos en el ínterin, y de nuevo no manifiestos cuando son aniquilados. Entonces, ¿qué necesidad hay de lamentarse?

SIGNIFICADO

Aceptando que hay dos clases de filósofos —unos que creen en la existencia del alma y otros que no creen en ella—, en ninguno de los dos casos hay motivo de lamentación. A los que no creen en la existencia del alma, los seguidores de la sabiduría védica los llaman ateos. Sin embargo, si por el solo hecho de argumentar aceptamos la teoría atea, aun así no hay motivo de lamentación. Aparte de la existencia separada del alma, los elementos materiales permanecen en un estado no manifiesto antes de la creación. De ese estado sutil de no manifestación surge la manifestación, tal como del éter se genera el aire, del aire se genera el fuego, del fuego se genera el agua, y del agua se manifiesta la tierra. De la tierra se generan muchas variedades de manifestaciones. Tomemos por ejemplo un gran rascacielos que se manifiesta a partir de la tierra. Cuando se derrumba, la manifestación pasa de nuevo al estado no manifiesto, y, en la última etapa, permanece en la forma de átomos. La ley de la conservación de la energía se mantiene, pero, en el transcurso del tiempo, las cosas se manifiestan y dejan de manifestarse; ésa es la diferencia. Entonces, ¿qué razón hay para lamentarse, ya sea en la etapa de manifestación o en la de no manifestación? De una forma u otra, incluso en la etapa no manifestada, las cosas no se pierden. Tanto al principio como al final, todos los elementos permanecen no manifestados, y únicamente se manifiestan en el intermedio, lo cual no crea ninguna diferencia material verdadera.

Y si aceptamos la conclusión védica tal como se expone en *El Bhagavad-gītā*, es decir, que estos cuerpos materiales van a perecer a su debido tiempo (*antavanta ime dehāḥ*), pero que el alma es eterna (*nityasyoktāḥ śarīriṇaḥ*), entonces debemos recordar siempre que el cuerpo es como un traje; así que, ¿por qué lamentarse por el cambio de un traje? El cuerpo material no tiene existencia real en relación con el alma eterna. Es algo así como un sueño. En un sueño puede que uno crea que está volando por el cielo o que es un rey y que está sentado en una cuadriga; pero cuando se despierta, puede ver que ni está en el cielo ni está sentado en la cuadriga. La sabiduría védica fomenta el cultivo de la autorrealización en base a la no existencia del cuerpo material. Por consiguiente, ya sea que uno crea en la existencia del alma o no crea en ella, en cualquiera de los dos casos no hay razón para lamentarse por la pérdida del cuerpo.

TEXTO 29

आश्चर्यवत्पश्यति कश्चिदेन-
माश्चर्यवद्वदति तथैव चान्यः ।
आश्चर्यवच्चैनमन्यः शृणोति
श्रुत्वाऽप्येनं वेद न चैव कश्चित् ॥२९॥

āścaryavat paśyati kaścid enam
āścaryavad vadati tathaiva cānyaḥ
āścaryavac cainam anyaḥ śṛṇoti
śrutvāpy 'py enaṁ veda na caiva kaścit

āścaryavat—como asombroso; *paśyati*—ve; *kaścit*—alguien; *enam*—esta alma; *āścaryavat*—como asombroso; *vadati*—habla de; *tathā*—así pues; *eva*—sin duda; *ca*—también; *ānyaḥ*—otro; *āścarya-vat*—igualmente asombroso; *ca*—también; *enam*—esta alma; *anyaḥ*—otro; *śṛṇoti*—oye hablar de; *śrutvā*—habiendo oído; *api*—incluso; *enam*—esta alma; *veda*—sabe; *na*—nunca; *ca*—y; *eva*—sin duda; *kaścit*—alguien.

TRADUCCIÓN

Algunos consideran que el alma es asombrosa, otros la describen como asombrosa, y otros más oyen hablar de ella como algo asombroso, mientras

que hay otros que, incluso después de oír hablar de ella, no logran comprenderla en absoluto.

SIGNIFICADO

Como *El Gītopaniṣad* está basado en gran parte en los principios de los *Upaniṣads*, no es sorprendente también encontrar este pasaje en *El Kaṭha Upaniṣad* (1.2.7):

śravaṇāyāpi bahubhir yo na labhyaḥ
śṛṇvanto 'pi bahavo yaṁ na vidyuḥ
āścaryo 'sya vaktā kuśalo 'sya labdhā
āścaryo jñātvā kuśalānuśiṣṭaḥ

Es sin duda muy asombroso el hecho de que el alma atómica se halle en el cuerpo de un gigantesco animal, en el cuerpo de un gigantesco árbol baniano y también en los microbios, millones y billones de los cuales ocupan tan sólo un centímetro de espacio. Hombres con un escaso acopio de conocimiento y hombres que no son austeros no pueden entender las maravillas de la chispa espiritual atómica e individual, pese a que lo explica la más grande de todas las autoridades del conocimiento, quien le impartió lecciones incluso a Brahmā, el primer ser vivo del universo. Debido a una concepción material burda de las cosas, la mayoría de los hombres de esta era no pueden imaginarse cómo una partícula tan pequeña puede al mismo tiempo volverse tan grande y tan pequeña. Así pues, los hombres consideran que el alma propiamente dicha es maravillosa, ya sea por constitución o por descripción. Ilusionada por la energía material, la gente está tan inmersa en cuestiones relacionadas con la complacencia de los sentidos, que tiene muy poco tiempo para entender el asunto de la comprensión del ser, si bien es un hecho que, sin esa comprensión del ser, todas las actividades que se realizan en la lucha por la existencia, terminan al final en el fracaso. Tal vez uno no tenga idea de que debe pensar en el alma y, además, buscarles una solución a los sufrimientos materiales.

Algunas personas que están inclinadas a oír hablar del alma puede que asistan a conferencias con buena compañía, pero a veces, debido a la ignorancia, se desvían y aceptan que la Superalma y el alma atómica son una sola, sin diferencia de magnitud. Es muy difícil encontrar a un hombre que comprenda perfectamente la posición de la Superalma, la del alma atómica, sus funciones respectivas, sus relaciones, y todos los demás detalles, grandes y pequeños. Y es aún más difícil encontrar a un hombre que haya extraído el beneficio pleno del conocimiento del alma, y que sea capaz de describir la posición del alma en los diferentes aspectos. Pero si de una forma u otra, uno es capaz de entender la materia que trata del alma, entonces su vida es un éxito.

El proceso más sencillo para entender la cuestión del ser consiste, no obstante, en aceptar las declaraciones de *El Bhagavad-gītā* —que habló la más grande de todas las autoridades, el Señor Kṛṣṇa—, sin dejarse desviar por otras teorías. Pero también se requiere de una gran cantidad de penitencias y sacrificios, ya sea en esta vida o en las anteriores, antes de que se pueda aceptar a Kṛṣṇa como la Suprema Personalidad de Dios. Sin embargo, a Kṛṣṇa se le puede conocer como tal en virtud de la misericordia sin causa del devoto puro, y de ninguna otra manera.

TEXTO 30

देही नित्यमवध्योऽयं देहे सर्वस्य भारत ।
तस्मात्सर्वाणि भूतानि न त्वं शोचितुमर्हसि ॥३०॥

dehī nityam avadhyo 'yam
dehe sarvasya bhārata
tasmāt sarvāṇi bhūtāni
na tvaṁ śocitum arhasi

dehī—el propietario del cuerpo material; *nityam*—eternamente; *avadhyaḥ*—no puede ser matado; *ayam*—esta alma; *dehe*—en el cuerpo; *sarvasya*—de todo el mundo; *bhārata*—¡oh, descendiente de Bharata!; *tasmāt*—por consiguiente; *sarvāṇi*—todas; *bhūtāni*—entidades vivientes (que nacen); *na*—nunca; *tvam*—tú; *śocitum*—lamentarse; *arhasti*—merece.

TRADUCCIÓN

¡Oh, descendiente de Bharata!, aquel que mora en el cuerpo nunca puede ser matado. Por lo tanto, no tienes que afligirte por ningún ser viviente.

SIGNIFICADO

El Señor concluye ahora el capítulo de instrucciones acerca de la inmutable alma espiritual. Al describir a la inmortal alma de diversas maneras, el Señor Kṛṣṇa establece que el alma es inmortal y que el cuerpo es temporal. Por consiguiente, Arjuna, como *kṣatriya* que era, no debía abandonar su deber por el temor de que su abuelo y su maestro —Bhīṣma y Droṇa— fueran a morir en la batalla. En base a la autoridad de Śrī Kṛṣṇa, uno tiene que creer que existe un alma que es diferente del cuerpo material, y no que no hay tal cosa como alma, o que las señales de vida se desarrollan en una determinada etapa de madurez material producto de la interacción de unas sustancias químicas. Que el alma sea inmortal no significa que se fomente la violencia, pero en tiempos de guerra, cuando hay verdadera necesidad de ella, no se la condena. Esa necesidad debe justificarse en función de la sanción del Señor, y no de un modo caprichoso.

TEXTO 31

स्वधर्ममपि चावेक्ष्य न विकम्पितुमर्हसि ।
धर्म्याद्धि युद्धाच्छ्रेयोऽन्यत्क्षत्रियस्य न विद्यते ॥३१॥

sva-dharmam api cāvekṣya
na vikampitum arhasi
dharmyād dhi yuddhāc chreyo 'nyat
kṣatriyasya na vidyate

sva-dharmam—los principios religiosos de cada cual; *api*—también; *ca*—en verdad; *avekṣya*—considerando; *na*—nunca; *vikampitum*—vacilar; *arhasi*—mereces; *darhmyāt*—por los principios religiosos; *hi*—en verdad; *yuddhāt*—que pelear; *śreyaḥ*—mejores ocupaciones; *anyat*—cualquier otro; *kṣatriyasya*—del *kṣatriya*; *na*—no; *vidyate*—existe.

TRADUCCIÓN

Considerando tu deber específico como kṣatriya, debes saber que no hay mejor ocupación para ti que la de pelear en base a los principios religiosos; así que, no tienes por qué titubear.

SIGNIFICADO

De las cuatro órdenes para la administración social, la segunda orden, la cual tiene a su cargo la buena administración, se llama *kṣatriya*. *Kṣat* significa "herir". A aquel que protege de los daños, se le da el nombre de *kṣatriya* (*trāyate* significa "proteger"). Los *kṣatriyas* van al bosque a aprender a matar. El *kṣatriya* solía internarse en el bosque, desafiar a un tigre frente a frente, y pelear con él haciendo uso de su espada. Una vez que se mataba al tigre, se le ofrecía la orden real de la cremación. Aun hoy en día, los reyes *kṣatriyas* del Estado de Jaipur siguen este sistema. A los *kṣatriyas* se les enseña sobre todo a desafiar y matar, porque a veces la violencia religiosa es un factor necesario. Así pues, jamás se espera que los *kṣatriyas* adopten directamente la orden de *sannyāsa*, o de renunciación. La no violencia en la política puede que sea una medida diplomática, pero nunca es un factor o principio propio de ella. En los códigos religiosos se afirma:

āhaveṣu mitho 'nyonyaṁ
jighāṁsanto mahīkṣitaḥ
yuddhamānāḥ paraṁ śaktyā
svargaṁ yānty aparāṅmukhāḥ

yajñeṣu paśavo brahman
hanyante satataṁ dvijaiḥ
saṁskṛtāḥ kila mantraiś ca
te 'pi svargam avāpnuvan

"Un rey o *kṣatriya* es merecedor de ir a los planetas celestiales después de la muerte, por el hecho de pelear en el campo de batalla con otro rey envidioso de él, del mismo modo en que los *brāhmaṇas* también van a los planetas celestiales, por el hecho de sacrificar animales en el fuego de sacrificio''. De modo que, matar en la batalla conforme a los principios religiosos y la matanza de animales en el fuego de sacrificio, no se consideran en absoluto actos de violencia, pues todo el mundo se beneficia en virtud de los principios religiosos involucrados en ello. El animal sacrificado obtiene una vida humana inmediatamente, sin tener que pasar por el proceso evolutivo gradual que lleva de una forma física a otra, y los *kṣatriyas* que mueren en el campo de batalla van a los planetas celestiales al igual que los *brāhmaṇas*, que van a ellos como resultado de ofrecer sacrificios.

Hay dos clases de *sva-dharmas*, o deberes específicos. Mientras uno no esté liberado, tiene que realizar los deberes de su cuerpo en particular conforme a los principios religiosos, a fin de lograr la liberación. Cuando uno se libera, su *sva-dharma*, o deber específico, se vuelve espiritual, y no se halla en el plano del concepto corporal material. En el plano de la concepción corporal de la vida hay deberes específicos para los *brāhmaṇas* y *kṣatriyas* respectivamente, y dichos deberes son ineludibles. El *sva-dharma* lo decreta el Señor, y ello se explicará en el Capítulo Cuatro. En el plano corporal, el *sva-dharma* se denomina *varṇāśrama-dharma*, o el vehículo que lleva al hombre a la comprensión espiritual. La civilización humana comienza a partir de la etapa del *varṇāśrama-dharma*, o los deberes específicos en función de las modalidades específicas de la naturaleza del cuerpo que se ha obtenido. El desempeño del deber específico en cualquier terreno de la actividad y siguiendo las órdenes de las autoridades superiores, sirve para elevarlo a uno a un nivel de vida superior.

TEXTO 32

यदृच्छया चोपपन्नं स्वर्गद्वारमपावृतम् ।
सुखिनः क्षत्रियाः पार्थ लभन्ते युद्धमीदृशम् ॥३२॥

yadṛcchayā copapannaṁ
svarga-dvāram apāvṛtam
sukhinaḥ kṣatriyāḥ pārtha
labhante yuddham īdṛśam

yadṛcchayā—por su propia cuenta; *ca*—también; *upapannam*—llegado a;

svarga—de los planetas celestiales; *dvāram*—puertas; *apāvṛtam*—abiertas de par en par; *sukhinaḥ*—muy feliz; *kṣatriyāḥ*—los miembros de la orden real; *pārtha*—¡oh, hijo de Pṛthā!; *labhante*—logran; *yuddham*—guerra; *īdṛśam*—como ésta.

TRADUCCIÓN

¡Oh Pārtha!, dichosos los kṣatriyas a quienes se les presentan semejantes oportunidades de pelea sin buscarlas, abriéndoles las puertas de los planetas celestiales.

SIGNIFICADO

El Señor Kṛṣṇa, en su carácter de supremo maestro del mundo, condena la actitud de Arjuna, quien dijo: "No encuentro bien alguno en esta pelea. Ella será motivo de una permanencia perpetua en el infierno". Esa clase de afirmaciones que Arjuna hizo, se debían únicamente a la ignorancia. Él quería volverse no violento en el desempeño de su deber específico. Para un *kṣatriya*, estar en el campo de batalla y volverse no violento es filosofía de tontos. En *El Parāśara-smṛti*, o los códigos religiosos que hizo Parāśara, el gran sabio y padre de Vyāsadeva, se declara:

kṣatriyo hi prajā rakṣan
śastra-pāṇiḥ pradaṇḍayan
nirjitya para-sainyādi
kṣitiṁ dharmeṇa pālayet

"El deber del *kṣatriya* consiste en proteger a los ciudadanos de toda clase de dificultades, y por esa razón él tiene que emplear la violencia en casos que lo requieran, para mantener la ley y el orden. Por consiguiente, él tiene que conquistar a los soldados de los reyes enemigos, y de esa manera gobernar el mundo con principios religiosos".

Considerando todos los aspectos, Arjuna no tenía razón para abstenerse de pelear. En el caso de que conquistara a sus enemigos, disfrutaría del reino, y, si moría en la batalla, sería elevado a los planetas celestiales, cuyas puertas se hallaban abiertas para él de par en par. En cualquiera de los casos, pelear le resultaría provechoso.

TEXTO 33

अथ चेत्त्वमिमं धर्म्यं संग्रामं न करिष्यसि ।
ततः स्वधर्मं कीर्तिं च हित्वा पापमवाप्स्यसि ॥३३॥

atha cet tvam imaṁ dharmyaṁ
saṅgrāmaṁ na kariṣyasi

tataḥ svadharmaṁ kīrtiṁ ca
hitvā pāpam avāpsyasi

atha—por consiguiente; *cet*—si; *tvam*—tú; *imam*—éste; *dharmyam*—como un deber religioso; *saṅgrāmam*—peleando; *na*—no; *kariṣyasi*—ejecutas; *tataḥ*—entonces; *sva-dharmam*—tu deber religioso; *kīrtim*—reputación; *ca*—también; *hitvā*—perdiendo; *pāpam*—reacción pecaminosa; *avāpsyasi*—ganarás.

TRADUCCIÓN

Sin embargo, si no cumples con tu deber religioso de pelear, entonces ciertamente que incurrirás en pecado por desatender tus deberes, y, en consecuencia, perderás tu buena reputación como guerrero.

SIGNIFICADO

Arjuna era un guerrero famoso, y esa fama la logró como consecuencia de pelear con muchos semidioses destacados, entre ellos incluso el Señor Śiva. Después de pelear y vencer al Señor Śiva, quien estaba disfrazado de cazador, Arjuna lo complació, y recibió en recompensa un arma denominada *pāśupata-astra*. Todo el mundo sabía que él era un gran guerrero. Hasta Droṇācārya le dio bendiciones y le otorgó el arma especial mediante la cual podía matar incluso a su maestro. De modo que, a Arjuna lo acreditaban muchísimos certificados militares provenientes de muchas autoridades, entre ellos Indra, el rey del cielo, su padre adoptivo. Pero si él abandonaba la batalla, no sólo estaría faltando a su deber específico como *kṣatriya*, sino que además perdería toda su fama y buen nombre, preparando con ello su camino franco al infierno. En otras palabras, iría al infierno no por pelear, sino por retirarse de la batalla.

TEXTO 34

अकीर्तिं चापि भूतानि कथयिष्यन्ति तेऽव्ययाम्।
संभावितस्य चाकीर्तिर्मरणादतिरिच्यते ॥ ३४॥

akīrtiṁ cāpi bhūtāni
kathayiṣyanti te 'vyayām
sambhāvitasya cākīrtir
maraṇād atiricyate

akīrtim—infamia; *ca*—también; *api*—por sobre todo; *bhūtāni*—toda la gente; *kathayiṣyanti*—hablará; *te*—de ti; *avyayām*—para siempre; *sambhāvitasya*—para un hombre respetable; *ca*—también; *akīrtiḥ*—mala fama; *maraṇāt*—que la muerte; *atiricyate*—se vuelve más que.

TRADUCCIÓN

La gente siempre hablará de tu infamia, y para una persona respetable la deshonra es peor que la muerte.

SIGNIFICADO

El Señor Kṛṣṇa, tanto en su carácter de amigo de Arjuna como de filósofo, da Su juicio final en relación con la renuencia de Arjuna a pelear. El Señor dice: "Arjuna, si abandonas el campo de batalla antes de que ésta siquiera comience, la gente te tildará de cobarde. Y si crees que la gente va a hablar mal de ti pero que salvarás la vida con huir del campo de batalla, entonces Mi consejo es que harías mejor en morir en la lid. Para un hombre respetable como tú, la mala fama es peor que la muerte. Así que no debes huir por temor a perder la vida; es mejor que mueras en la batalla. Eso te salvará de la mala fama de haber abusado de Mi amistad, y te salvará también de perder tu prestigio en la sociedad".

Luego el juicio final del Señor era que Arjuna debía morir en la batalla, antes que retirarse de ella.

TEXTO 35

भयाद्रणादुपरतं मंस्यन्ते त्वां महारथाः ।
येषां च त्वं बहुमतो भूत्वा यास्यसि लाघवम् ॥३५॥

bhayād raṇād uparataṁ
maṁsyante tvāṁ mahā-rathāḥ
yeṣāṁ ca tvaṁ bahu-mato
bhūtvā yāsyasi lāghavam

bhayāt—por el temor; *raṇāt*—del campo de batalla; *uparatam*—cesó; *maṁsyante*—considerarán; *tvām*—a ti; *mahā-rathāḥ*—los grandes generales; *yeṣām*—para quienes; *ca*—también; *tvam*—tú; *bahu-mataḥ*—con gran estima; *bhūtvā*—habiendo sido; *yāsyasi*—irás; *lāghavam*—disminuido en valor.

TRADUCCIÓN

Los grandes generales que han tenido tu nombre y fama en alta estima, pensarán que abandonaste el campo de batalla sólo por temor, y, así pues, te considerarán insignificante.

SIGNIFICADO

El Señor Kṛṣṇa continuó dándole su veredicto a Arjuna: "No creas que los grandes generales, tales como Duryodhana, Karṇa y otros contemporáneos, van a pensar que has abandonado el campo de batalla movido por la compasión que te inspiran tu abuelo y tus hermanos. Ellos pensarán que te has ido por temor a perder la vida. Y, en consecuencia, la alta estima que tienen por tu persona se irá al infierno"

TEXTO 36

अवाच्यवादांश्च बहून्वदिष्यन्ति तवाहिताः ।
निन्दन्तस्तव सामर्थ्यं ततो दुःखतरं नु किम् ॥ ३६ ॥

avācya-vādāṁś ca bahūn
vadiṣyanti tavāhitāḥ
nindantas tava sāmarthyaṁ
tato duḥkhataraṁ nu kim

avācya—ásperas; *vādān*—palabras elaboradas; *ca*—también; *bahūn*—muchas; *vadiṣyanti*—dirán; *tava*—tus; *ahitāḥ*—enemigos; *nindantaḥ*—mientras difaman; *tava*—tu; *sāmarthyam*—habilidad; *tathah*—que eso; *duḥkha-taram*—más doloroso; *nu*—por supuesto; *kim*—qué hay.

TRADUCCIÓN

Tus enemigos se referirán a ti con muchas palabras ásperas y desdeñarán tu habilidad. ¿Qué podría ser más doloroso para ti?

SIGNIFICADO

El Señor Kṛṣṇa se asombró al principio por el inesperado gesto de compasión de Arjuna, y describió esa compasión como propia de los no arios. Ahora ya ha demostrado de muchas maneras la validez de Sus declaraciones en contra de la supuesta compasión de Arjuna.

TEXTO 37

हतो वा प्राप्स्यसि स्वर्गं जित्वा वा भोक्ष्यसे महीम् ।
तस्मादुत्तिष्ठ कौन्तेय युद्धाय कृतनिश्चयः ॥ ३७ ॥

hato vā prāpsyasi svargaṁ
jitvā vā bhokṣyase mahīm
tasmād uttiṣṭha kaunteya
yuddhāya kṛta-niścayaḥ

hataḥ—ser matado; *vā*—o bien; *prāpsyasi*—ganas; *svargam*—el reino celestial; *jitvā*—conquistando; *vā*—o; *bhokṣyase*—disfrutas; *mahīm*—el mundo; *tasmāt*—por lo tanto; *uttiṣṭha*—levántate; *kaunteya*—¡oh, hijo de Kuntī!; *yuddhāya*—pelear; *kṛta*—determinado en; *niścayaḥ*—certidumbre.

TRADUCCIÓN

¡Oh, hijo de Kuntī!, o bien eres matado en el campo de batalla y vas a los planetas celestiales, o bien triunfas y disfrutas del reino terrenal. Levántate, pues, con determinación, y pelea.

SIGNIFICADO

Pese a que no había ninguna certeza de que el bando de Arjuna lograría la victoria, aun así él tenía que pelear, ya que, incluso si lo mataban allí, podía ser elevado a los planetas celestiales.

TEXTO 38

सुखदुःखे समे कृत्वा लाभालाभौ जयाजयौ ।
ततो युद्धाय युज्यस्व नैवं पापमवाप्स्यसि ॥३८॥

sukha-duḥkhe same kṛtvā
lābhālābhau jayājayau
tato yuddhāya yujyasva
naivaṁ pāpam avāpsyasi

sukha—felicidad; *duḥkhe*—y aflicción; *same*—con ecuanimidad; *kṛtvā*—haciéndolo; *lābha-alābhau*—tanto la pérdida como la ganancia; *jaya-ajayau*—tanto la derrota como la victoria; *tataḥ*—en lo sucesivo; *yuddhāya*—en pro de la pelea; *yujyasva*—pelea; *na*—nunca; *evam*—de esa manera; *pāpam*—reacción pecaminosa; *avāpsyasi*—obtendrás.

TRADUCCIÓN

Pelea por pelear, sin tomar en cuenta la felicidad ni la aflicción, la pérdida ni la ganancia, la victoria ni la derrota, y, por actuar así, nunca incurrirás en pecado.

SIGNIFICADO

Ahora, el Señor Kṛṣṇa dice directamente que Arjuna debe pelear sólo por pelear, debido a que Él desea la batalla. En las actividades que se realizan en estado de conciencia de Kṛṣṇa, no se toma en cuenta la felicidad ni la aflicción, la pérdida ni la ganancia, la victoria ni la derrota. Que todo se debe realizar por el bien de Kṛṣṇa constituye el estado de conciencia trascendental; así que no hay ninguna reacción de actividades materiales. Aquel que actúa por su propia complacencia de los sentidos, ya sea en la bondad o en la pasión, está sujeto a la reacción, buena o mala. Pero aquel que se ha entregado por completo a las actividades del proceso de conciencia de Kṛṣṇa, ya no tiene obligaciones para con nadie ni es deudor de nadie, como sí lo es aquel que sigue el curso ordinario de las actividades. Se dice:

devarṣi-bhūtāpta-nṛṇāṁ pitṝṇāṁ
na kiṅkaro nāyam ṛṇī ca rājan
sarvātmanā yaḥ śaraṇaṁ śaraṇyaṁ
gato mukundaṁ parihṛtya kartam

"Todo aquel que se ha entregado por completo a Kṛṣṇa, Mukunda, abandonando todos los demás deberes, deja de ser un deudor, y ya no tiene obligaciones para con nadie: ni para con los semidioses, ni para con los sabios, ni para con la generalidad de la gente, ni para con los parientes, ni para con la humanidad, ni para con los antepasados" (*Bhāg.* 11.5.41). Ésa es la clave indirecta que Kṛṣṇa le da a Arjuna en este verso. El asunto se explicará con mayor claridad en los versos siguientes.

TEXTO 39

एषा तेऽभिहिता साङ्ख्ये बुद्धिर्योगे त्विमां शृणु ।
बुद्ध्या युक्तो यया पार्थ कर्मबन्धं प्रहास्यसि ॥ ३९ ॥

eṣā te 'bhihitā sāṅkhye
buddhir yoge tv imāṁ śṛṇu
buddhyā yukto yayā pārtha
karma-bandhaṁ prahāsyasi

eṣā—todo esto; *te*—a ti; *abhihitā*—descritos; *sāṅkhye*—mediante el estudio analítico; *buddhiḥ*—inteligencia; *yoge*—en el trabajo sin resultado fruitivo; *tu*—pero; *imām*—esto; *śṛṇu*—tan sólo oye; *buddhyā*—mediante la inteligencia; *yuktaḥ*—acoplado; *yayā*—mediante el cual; *pārtha*—¡oh, hijo de Pṛthā!; *karma-bandham*—cautiverio de la reacción; *prahāsyasi*—puedes liberarte de.

TRADUCCIÓN

Hasta aquí te he descrito este conocimiento a través del estudio analítico. Ahora escucha la explicación que voy a dar de ello en términos del trabajo que se realiza sin resultados fruitivos. ¡Oh, hijo de Pṛthā!, cuando actúes con esa clase de conocimiento, podrás liberarte del cautiverio de las obras.

SIGNIFICADO

Según *El Nirukti*, o el diccionario védico, *saṅkhyā* significa aquello que describe las cosas en detalle, y *sāṅkhya* se refiere a aquella filosofía que describe la verdadera naturaleza del alma. Y *yoga* implica controlar los sentidos. La proposición de Arjuna de no pelear se basaba en la complacencia de los sentidos. Olvidando su deber primordial, quería dejar de pelear, porque creía que si no mataba a sus parientes, sería más feliz que si disfrutaba del reino después de conquistar a sus primos y hermanos, los hijos de Dhṛtarāṣṭra. En ambos casos, el principio básico era la complacencia de los sentidos. Tanto la felicidad que se obtendría de conquistar a sus parientes, como la felicidad de verlos vivos, tienen ambas por base la complacencia personal de los sentidos, incluso a costa de la sabiduría y el deber. Por consiguiente, Kṛṣṇa quería explicarle a Arjuna que, al matar el cuerpo de su abuelo, no mataría al alma en sí, y le explicó que todas las personas individuales, entre ellas el mismo Señor, son individuos eternos: fueron individuos en el pasado, son individuos en el presente, y continuarán siendo individuos en el futuro, porque todos nosotros somos almas individuales eternamente. Nosotros tan sólo cambiamos nuestros trajes corporales de diferentes maneras, pero de hecho mantenemos nuestra individualidad, incluso después de liberarnos del cautiverio del traje material. El Señor Kṛṣṇa ha expuesto de un modo muy gráfico un estudio analítico del alma y el cuerpo. Y ese conocimiento descriptivo del alma y el cuerpo desde diferentes puntos de vista, se ha descrito aquí con el nombre de *sāṅkhya*, en términos del diccionario *Nirukti*. Este *sāṅkhya* no tiene nada que ver con la filosofía *sāṅkhya* del ateo Kapila. Mucho antes del *sāṅkhya* del impostor Kapila, la filosofía *sāṅkhya* se hallaba expuesta en *El Śrīmad-Bhāgavatam* por el verdadero Señor Kapila, la encarnación del Señor Kṛṣṇa, el cual se la explicó a Su madre, Devahūti. Él explica claramente que el *puruṣa*, o el Señor Supremo, es activo, y que Él crea mediante el hecho de lanzarle una mirada a la *prakṛti*. Esto se acepta en los *Vedas* y en el *Gīta*. La descripción de los *Vedas* indica que el Señor le lanzó una mirada a la *prakṛti*, la naturaleza, y la fecundó con almas atómicas individuales. Todos esos individuos trabajan en el mundo material en aras de la complacencia de los sentidos, y, bajo el hechizo de la energía material, creen que son disfrutadores. Esta mentalidad se arrastra hasta la última etapa de la liberación, cuando la entidad viviente quiere volverse uno con el Señor. Ésa es la última trampa de *māyā*, o de la ilusión de la complacencia de los sentidos, y sólo después de muchísimos nacimientos dedicados a esa clase de actividades de complacencia sensual, una gran alma se entrega a Vāsudeva, el Señor Kṛṣṇa, concluyendo así la búsqueda tras la verdad última.

Al entregarse a Kṛṣṇa, Arjuna ya lo había aceptado como su maestro espiritual: *śiṣyas te 'haṁ śādhi māṁ tvāṁ prapannam*. En consecuencia, Kṛṣṇa le va a hablar ahora acerca del proceso de trabajar en estado de *buddhi-yoga* o *karma-yoga* o, en otras palabras, de la práctica del servicio devocional únicamente para la complacencia de los sentidos del Señor. En el Capítulo Diez, verso diez, este *buddhi-yoga* se explica diciendo que es una comunión directa con el Señor, el cual está situado en forma de Paramātmā en el corazón de cada cual. Pero dicha comunión no se lleva a cabo sin el servicio devocional. Por lo tanto, aquel que le está prestando al Señor un amoroso servicio trascendental o devocional, o, en otras palabras, que se halla en estado de conciencia de Kṛṣṇa, alcanza esa etapa de *buddhi-yoga* en virtud de la gracia especial del Señor. El Señor dice, por ende, que Él sólo les confiere el conocimiento puro de la devoción amorosa, a aquellos que siempre están dedicados al servicio devocional movidos por el amor trascendental. De esa manera, el devoto puede alcanzar al Señor fácilmente en el siempre bienaventurado Reino de Dios.

Así pues, el *buddhi-yoga* que se menciona en este verso es el servicio devocional del Señor, y la palabra *sāṅkhya* que se menciona aquí no tiene nada que ver con el *sāṅkhya-yoga* ateo enunciado por el impostor Kapila. Luego uno no debe incurrir en el error de creer que el *sāṅkhya-yoga* que se menciona aquí tiene alguna relación con el *sāṅkhya* ateo. Ni tampoco tuvo esa filosofía ninguna influencia durante esa época, ni el Señor Kṛṣṇa se hubiera molestado en mencionar semejantes especulaciones filosóficas ateas. La verdadera filosofía *sāṅkhya* la describe el Señor Kapila en *El Śrīmad-Bhāgavatam*, pero ni siquiera ese *sāṅkhya* tiene algo que ver con los temas que estamos discutiendo. Aquí, *sāṅkhya* significa "descripción analítica del cuerpo y el alma". El Señor Kṛṣṇa hizo una descripción analítica del alma, tan sólo para llevar a Arjuna hasta el plano del *buddhi-yoga*, o *bhakti-yoga*. Por lo tanto, el *sāṅkhya* del Señor Kṛṣṇa y el *sāṅkhya* del Señor Kapila, tal como se describe en el *Bhāgavatam*, son una misma y única cosa. Ambos son *bhakti-yoga*. El Señor Kṛṣṇa dijo, pues, que sólo la clase de hombres poco inteligentes hacen una distinción entre el *sāṅkhya-yoga* y el *bhakti-yoga* (*sāṅkhya-yogau pṛthag bālāḥ pravadanti na paṇḍitāḥ*).

Claro que, el *sāṅkhya-yoga* ateo no tiene nada que ver con el *bhakti-yoga*, y, sin embargo, las personas poco inteligentes sostienen que en *El Bhagavad-gītā* se hace referencia a él.

Entonces, uno debe entender que *buddhi-yoga* significa trabajar con conciencia de Kṛṣṇa, en medio de la bienaventuranza y conocimiento plenos del servicio devocional. Aquel que trabaja únicamente en aras de la satisfacción del Señor, por difícil que dicho trabajo sea, trabaja bajo los principios del *buddhi-yoga* y se encuentra inmerso siempre en la dicha trascendental. Mediante esa ocupación trascendental y por la gracia del Señor, uno adquiere automáticamente plena comprensión trascendental, y, de ese modo, su liberación se completa por sí sola, sin que se tengan que hacer esfuerzos ajenos para adquirir conocimiento. Hay una gran diferencia entre el trabajo con conciencia de Kṛṣṇa y el trabajo que se realiza en busca de los resultados fruitivos, especialmente en lo que respecta a la complacencia de los sentidos para lograr resultados en función de la felicidad familiar o material. *Buddhi-yoga* es, entonces, la cualidad trascendental del trabajo que realizamos.

TEXTO 40

नेहाभिक्रमनाशोऽस्ति प्रत्यवायो न विद्यते ।
स्वल्पमप्यस्य धर्मस्य त्रायते महतो भयात् ॥४०॥

nehābhikrama-nāśo 'sti
pratyavāyo na vidyate
svalpam apy asya dharmasya
trāyate mahato bhayāt

no—no hay; *iha*—en este yoga; *abhikrama*—en esforzarse; *nāśaḥ*—pérdida; *asti*—hay; *pratyavāyaḥ*—disminución; *na*—nunca; *vidyate*—hay; *su-alpam*—poco; *api*—aunque; *asya*—de esto; *dharmasya*—ocupación; *trāyate*—libra; *mahataḥ*—de un gran; *bhayāt*—peligro.

TRADUCCIÓN

En este esfuerzo no hay pérdida ni disminución alguna, y un pequeño adelanto en esta senda puede protegerlo a uno del peligro más temible de todos.

SIGNIFICADO

La actividad con conciencia de Kṛṣṇa, o el actuar en provecho de Kṛṣṇa sin esperar complacer los sentidos, constituye la máxima cualidad trascendental del trabajo. Ni siquiera un modesto comienzo de dicha actividad encuentra impedimento alguno, ni puede ese modesto comienzo perderse en ninguna etapa. Cualquier obra que se comienza en el plano material tiene que ser completada, pues, de lo contrario, todo el asunto se vuelve un fracaso. Pero, cualquier obra que se comienza en el proceso de conciencia de Kṛṣṇa tiene un efecto permanente, aunque no se complete. Por lo tanto, el que ejecuta dicho trabajo no pierde nada, ni siquiera si su trabajo dentro del proceso de conciencia de Kṛṣṇa queda incompleto. Un uno por ciento que se haga con conciencia de Kṛṣṇa produce resultados permanentes, de manera tal que el siguiente comienzo es a partir del dos por ciento; mientras que en la actividad material, si no se logra el éxito en un ciento por ciento, no se obtienen beneficios. Ajāmila desempeñó sus deberes con cierto porcentaje de conciencia de Kṛṣṇa, pero, por la gracia del Señor, el resultado que disfrutó al final fue del cien por ciento. En *El Śrīmad-Bhāgavatam* (1.5.17) hay un hermoso verso en relación con esto:

tyaktvā sva-dharmaṁ caraṇāmbujaṁ harer
bhajann apakvo 'tha patet tato yadi
yatra kva vābhadram abhūd amuṣya kiṁ
ko vārtha āpto 'bhajatāṁ sva-dharmataḥ

"Si alguien abandona los deberes propios de su ocupación para trabajar dentro del proceso de conciencia de Kṛṣṇa, y luego cae por no haber completado su trabajo, ¿qué pierde con ello? Y, ¿qué gana uno si realiza sus actividades materiales perfectamente?". O, como dicen los cristianos, "¿De qué le sirve al hombre ganar el mundo entero, si pierde el alma eterna?".

Las actividades materiales y los resultados de ellas se terminan con el cuerpo. Pero el trabajo que se realiza con conciencia de Kṛṣṇa lleva a la persona de nuevo al proceso de conciencia de Kṛṣṇa, aun después de la pérdida del cuerpo. Así pues, al menos es seguro que en la siguiente vida se tendrá la oportunidad de nacer de nuevo como un ser humano, o bien en la familia de un *brāhmaṇa* culto y eminente, o en una rica familia aristocrática que le brinde a uno una mayor oportunidad de elevarse. Ésa es la cualidad única del trabajo que se hace con conciencia de Kṛṣṇa.

TEXTO 41

व्यवसायात्मिका बुद्धिरेकेह कुरुनन्दन ।
बहुशाखा ह्यनन्ताश्च बुद्धयोऽव्यवसायिनाम् ॥४१॥

vyavasāyātmikā buddhir
ekeha kurunandana
bahu-śākhā hy anantāś ca
buddhayo 'vyavasāyinām

vyavasāya-ātmikā—resuelto en lo que respecta al proceso de conciencia de Kṛṣṇa; *buddhiḥ*—inteligencia; *ekā*—sólo una; *iha*—en este mundo; *kuru-nandana*—¡oh, amado hijo de los Kurus!; *bahu-śākhāḥ*—con diversas ramas; *hi*—en verdad; *anantāḥ*—ilimitadas; *ca*—también; *buddhayaḥ*—inteligencia; *avyavasāyinām*—de aquellos que no tienen conciencia de Kṛṣṇa.

TRADUCCIÓN

Aquellos que están en este sendero son muy resueltos, y su objetivo es uno. ¡Oh, amado hijo de los Kurus!, la inteligencia de los irresolutos tiene innumerables ramificaciones.

SIGNIFICADO

Una fe firme en que el proceso de conciencia de Kṛṣṇa lo elevará a uno hasta la máxima perfección de la vida, se denomina inteligencia *vyavasāyātmikā*. El *Caitanya-caritāmṛta* (*Madhya* 22.62) dice:

'śraddhā'-śabde——viśvāsa kahe sudṛḍha niścaya
kṛṣṇe bhakti kaile sarva-karma kṛta haya

Fe significa confianza inquebrantable en algo sublime. Cuando uno se dedica a los deberes del proceso de conciencia de Kṛṣṇa, no tiene que actuar en relación con el mundo material, es decir, con obligaciones para con las tradiciones familiares, la humanidad o la nacionalidad. Las actividades fruitivas son las ocupaciones que se obtienen como reacciones de las pasadas acciones malas o buenas. Cuando uno está despierto dentro del proceso de conciencia de Kṛṣṇa, no tiene que esforzarse ya más por obtener buenos resultados en sus actividades. Cuando uno se halla en el estado de conciencia de Kṛṣṇa, todas sus actividades están en el plano absoluto, pues ya no están sujetas a dualidades tales como lo bueno y lo malo. La perfección máxima del proceso de conciencia de Kṛṣṇa la constituye la renuncia a la concepción material de la vida. Ese estado se alcanza automáticamente, mediante el cultivo progresivo de conciencia de Kṛṣṇa.

La resolución de una persona con conciencia de Kṛṣṇa se basa en el conocimiento. *Vāsudevaḥ sarvam iti sa mahātmā sudurlabhaḥ*. Una persona con conciencia de Kṛṣṇa es el alma buena y difícil de conseguir que sabe perfectamente que Vāsudeva, o Kṛṣṇa, es la raíz de todas las causas manifestadas. Así como al regar la raíz de un árbol, automáticamente uno le proporciona agua a las hojas y ramas del mismo, de igual manera, por actuar con conciencia de Kṛṣṇa, uno puede prestarle a todos el máximo servicio, es decir, al ser, a la familia, a la sociedad, al país, a la humanidad, etc. Si Kṛṣṇa se satisface con las acciones de uno, entonces todo el mundo quedará satisfecho.

Sin embargo, dentro del proceso de conciencia de Kṛṣṇa el servicio se practica mejor bajo la hábil guía de un maestro espiritual que sea un representante genuino de Kṛṣṇa, que conozca la naturaleza del alumno, y que pueda guiar a éste para que actúe con conciencia de Kṛṣṇa. Así pues, para estar bien versado en el proceso de conciencia de Kṛṣṇa, uno tiene que actuar con firmeza y obedecer al representante de Kṛṣṇa, y uno debe aceptar como la misión de su vida la instrucción que le da el maestro espiritual genuino. Śrīla Viśvanātha Cakravartī Ṭhākura, en sus famosas oraciones al maestro espiritual, nos instruye de la siguiente manera:

yasya prasādād bhagavat-prasādo
yasyāprasādān na gatiḥ kuto 'pi
dhyāyan stuvaṁs tasya yaśas tri-sandhyaṁ
vande guroḥ śrī-caraṇāravindam

"Al satisfacer al maestro espiritual, se satisface a la Suprema Personalidad de Dios. Y si no se satisface al maestro espiritual, no hay ninguna posibilidad de ser promovido al plano de conciencia de Kṛṣṇa. Por lo tanto, debo meditar en mi maestro espiritual tres veces al día y orar pidiendo su misericordia, y debo ofrecerle a él mis respetuosas reverencias''.

No obstante, todo el proceso depende del conocimiento perfecto del alma más allá de la concepción del cuerpo —no teóricamente, sino prácticamente, cuando ya no hay oportunidad para la complacencia de los sentidos que se manifiesta en las actividades fruitivas—. A aquel cuya mente no está fija de un modo firme, lo distraen diversos tipos de actos fruitivos.

TEXTOS 42–43

यामिमां पुष्पितां वाचं प्रवदन्त्यविपश्चितः ।
वेदवादरताः पार्थ नान्यदस्तीति वादिनः ॥४२॥
कामात्मानः स्वर्गपरा जन्मकर्मफलप्रदाम् ।
क्रियाविशेषबहुलां भोगैश्वर्यगतिं प्रति ॥४३॥

yām imāṁ puṣpitāṁ vācaṁ
pravadanty avipaścitaḥ
veda-vāda-ratāḥ pārtha
nānyad astīti vādinaḥ

kāmātmānaḥ svarga-parā
janma-karma-phala-pradām
kriyā-viśeṣa-bahulāṁ
bhogaiśvarya-gatiṁ prati

yām imām—todas estas; *puṣpitām*—floridas; *vācam*—palabras; *pravadanti*—dicen; *avipaścitaḥ*—hombres con un escaso acopio de conocimiento; *veda-vāda-ratāḥ*—supuestos seguidores de los *Vedas*; *pārtha*—¡oh, hijo de Pṛthā!; *na*—nunca; *anyat*—ninguna otra cosa; *asti*—hay; *iti*—esto; *vādinaḥ*—los defensores; *kāma-ātmānaḥ*—deseosos de complacer los sentidos; *svarga-parāḥ*—aspirando a alcanzar los planetas celestiales; *janma-karma-phala-pradām*—culminando en la buena cuna y otras reacciones fruitivas; *kriyā-viśeṣa*—ceremonias pomposas; *bahulām*—diversos; *bhoga*—en el disfrute de los sentidos; *aiśvarya*—y opulencia; *gatim*—progreso; *prati*—hacia.

TRADUCCIÓN

Hombres de escaso conocimiento se apegan mucho a las floridas palabras de los Vedas, que recomiendan diversas actividades fruitivas en aras de la elevación a los planetas celestiales, la consiguiente buena cuna, poder, etc. Como ellos están deseosos de disfrutar de los sentidos y de tener una vida opulenta, dicen que eso es todo lo que hay.

SIGNIFICADO

La mayoría de las personas no son muy inteligentes, y, debido a su ignorancia, están sumamente apegadas a las actividades fruitivas que se recomiendan en las porciones *karma-kāṇḍa* de los *Vedas*. Ellas sólo quieren proposiciones de complacencia sensual para disfrutar de la vida en el cielo, en donde el vino y las mujeres son asequibles, y la opulencia material es muy común. En los *Vedas* se recomiendan muchos sacrificios para elevarse a los planetas celestiales, especialmente los sacrificios *jyotiṣṭoma*. En efecto, se afirma que todo aquel que desee elevarse a los planetas celestiales debe ejecutar esos sacrificios, y hombres con escaso acopio de conocimiento creen que ése es todo el propósito de la sabiduría védica. A esas personas inexpertas les resulta muy difícil situarse en el plano de la acción decidida del proceso de conciencia de Kṛṣṇa. Así como los necios están apegados a las flores de los árboles venenosos y no conocen el resultado de semejante atracción, así mismo a hombres carentes de iluminación los atrae dicha opulencia celestial y el disfrute sensual que se deriva de ella.

En la sección *karma-kāṇḍa* de los *Vedas* se dice: *apāma somam amṛtā abhūma* y *akṣayyaṁ ha vai cāturmasya-vajinaḥ sukṛtaṁ bhavati*. En otras palabras, aquellos que llevan a cabo las penitencias de los cuatro meses son merecedores de tomar las bebidas *soma-rasa*, volviéndose inmortales y felices para siempre. Incluso en la Tierra hay quienes están muy ansiosos de ingerir *soma-rasa*, con objeto de volverse fuertes y aptos para disfrutar de los goces de los sentidos. Esa clase de personas no tienen fe alguna en el proceso de liberarse del cautiverio material, y están muy apegadas a las pomposas ceremonias de los sacrificios védicos. Dichas personas son, por lo general, sensuales, y sólo quieren los placeres celestiales de la vida. Se sabe que hay jardines denominados Nandana-kānana, en los que hay buenas oportunidades de asociarse con mujeres hermosas y angelicales, y de tener una profusa cantidad de vino *soma-rasa*. Semejante felicidad corporal es, sin duda, sensual; por consiguiente, existen aquellos que están únicamente apegados a esa felicidad material y temporal, como amos del mundo material.

TEXTO 44

भोगैश्वर्यप्रसक्तानां तयाऽपहृतचेतसाम् ।
व्यवसायात्मिका बुद्धिः समाधौ न विधीयते॥४४॥

bhogaiśvarya-prasaktānāṁ
tayāpahṛta-cetasām
vyavasāyātmikā buddhiḥ
samādhau na vidhīyate

bhoga—al disfrute material; *aiśvarya*—y la opulencia; *prasaktānām*—aquellos que están apegados; *tayā*—mediante esas cosas; *apahṛta-cetasām*—confundidos mentalmente; *vyavasāya-ātmikā*—con una determinación firme; *buddhiḥ*—servicio devocional del Señor; *samādhau*—en la mente controlada; *na*—nunca; *vidhīyate*—ocurre.

TRADUCCIÓN

En la mente de aquellos que están demasiado apegados al goce de los sentidos y a la opulencia material, y que están confundidos por esas cosas, no se presenta la determinación resuelta de prestarle servicio devocional al Señor Supremo.

SIGNIFICADO

Samādhi significa ''mente fija''. El diccionario védico, *El Nirukti*, dice *samyag ādhīyate 'sminn ātma-tattva-yāthātmyam*: ''Se llama *samādhi* al estado que se alcanza cuando la mente se concentra en la comprensión del ser''. El *samādhi* nunca es posible para las personas que están interesadas en el disfrute material de los sentidos, ni para aquellos que están confundidos por esas cosas temporales. Ellos están más o menos condenados por el proceso de la energía material.

TEXTO 45

त्रैगुण्यविषया वेदा निस्त्रैगुण्यो भवार्जुन ।
निर्द्वन्द्वो नित्यसत्त्वस्थो निर्योगक्षेम आत्मवान् ॥४५॥

trai-guṇya-viṣayā vedā
nistrai-guṇyo bhavārjuna
nirdvandvo nitya-sattva-stho
niryoga-kṣema ātmavān

trai-guṇya—relativo a las tres modalidades de la naturaleza material; *viṣayāḥ*—en lo referente a; *vedāḥ*—Escrituras védicas; *nistrai-guṇyaḥ*—trascendental a las tres modalidades de la naturaleza material; *bhava*—sé; *arjuna*—¡oh, Arjuna!; *nirdvandvaḥ*—sin dualidad; *nitya-sattva-sthaḥ*—en un estado puro de existencia espiritual; *niryoga-kṣemaḥ*—libre de ideas de ganancia y protección; *ātma-vān*—establecido en el Ser.

TRADUCCIÓN

Los Vedas tratan principalmente de las tres modalidades de la naturaleza material. ¡Oh, Arjuna!, vuélvete trascendental a todas ellas. Libérate de todas las dualidades y de todas las ansiedades que proceden del anhelo de ganancia y seguridad, y establécete en el Ser.

SIGNIFICADO

Todas las actividades materiales entrañan acciones y reacciones influenciadas por las tres modalidades de la naturaleza material. Dichas actividades tienen por objeto la obtención de resultados fruitivos, que son la causa del cautiverio en el mundo material. Los *Vedas* se ocupan principalmente de las actividades fruitivas, a fin de elevar al público, de modo paulatino, desde el campo de la complacencia de los sentidos hasta una posición en el plano trascendental. A Arjuna, en su carácter de alumno y amigo del Señor Kṛṣṇa, se le aconseja que se eleve a la posición trascendental de la filosofía *Vedānta*, en la que al comienzo hay *brahma-jijñāsā*, o preguntas acerca de la Trascendencia Suprema. Todas las entidades vivientes que se encuentran en el mundo material, están luchando muy arduamente por la existencia. Después de la creación del mundo material, el Señor dio la sabiduría védica para ellas, aconsejando cómo vivir y deshacerse del enredo material. Cuando las actividades para el goce de los sentidos se terminan —en otras palabras, cuando se termina el capítulo *karma-kāṇḍa*—, entonces, en la forma de los *Upaniṣads*, se ofrece la oportunidad de lograr la comprensión espiritual, siendo los *Upaniṣads* parte de diferentes *Vedas*, de la misma manera en que *El Bhagavad-gītā* es una parte del quinto *Veda*, es decir, *El Mahābhārata*. Los *Upaniṣads* marcan el comienzo de la vida trascendental.

Mientras exista el cuerpo material, habrá acciones y reacciones producto de las modalidades materiales. Uno tiene que aprender a ser tolerante frente a dualidades tales como la felicidad y la aflicción, el frío y el calor; y mediante el hecho de tolerar dichas dualidades, uno debe liberarse de las angustias que se derivan de la pérdida y la ganancia. Esa posición trascendental se alcanza en el estado de plena conciencia de Kṛṣṇa, cuando uno depende por completo de la buena voluntad de Kṛṣṇa.

TEXTO 46

यावानर्थ उदपाने सर्वतः संप्लुतोदके ।
तावान्सर्वेषु वेदेषु ब्राह्मणस्य विजानतः ॥४६॥

yāvān artha udapāne
sarvataḥ samplutodake
tāvān sarveṣu vedeṣu
brāhmaṇasya vijānataḥ

yāvān—todo eso; *arthaḥ*—tiene por objeto; *uda-pāne*—en un pozo de agua; *sarvataḥ*—en todos los aspectos; *sampluta-udake*—en un gran depósito de agua; *tāvān*—de modo similar; *sarveṣu*—en todas; *vedeṣu*—Escrituras védicas; *brāhmaṇasya*—del hombre que conoce el Brahman Supremo; *vijānataḥ*—que tiene pleno conocimiento.

TRADUCCIÓN

Todos los propósitos que cumple un pequeño pozo, puede cumplirlos de inmediato un gran depósito de agua. De igual modo, todos los propósitos de los Vedas pueden ser cumplidos por aquel que conoce el propósito que hay detrás de ellos.

SIGNIFICADO

Los rituales y sacrificios que se mencionan en la división *karma-kāṇḍa* de la literatura védica, tienen por objeto fomentar el desarrollo gradual de la autorrealización. Y la finalidad de la autorrealización se expresa claramente en el Capítulo Quince de *El Bhagavad-gītā* (15.15): el propósito del estudio de los *Vedas* es el de conocer al Señor Kṛṣṇa, la causa primordial de todo. Así pues, autorrealización significa comprender a Kṛṣṇa y la relación eterna que uno tiene con Él. La relación que las entidades vivientes tienen con Kṛṣṇa, también se menciona en el Capítulo Quince de *El Bhagavad-gītā* (15.7). Las entidades vivientes son partes integrales de Kṛṣṇa; por lo tanto, que la entidad viviente individual reviva su conciencia de Kṛṣṇa, constituye la máxima etapa de la perfección del conocimiento védico. Eso se confirma en *El Śrīmad-Bhāgavatam* (3.33.7) de la siguiente manera:

aho bata śvapaco 'to garīyān
yaj-jihvāgre vartate nāma tubhyam
tepus tapas te juhuvuḥ sasnur āryā
brahmānūcur nāma gṛṇanti ye te

"¡Oh, mi Señor!, la persona que canta Tu santo nombre, aunque haya nacido en una familia baja, tal como la de un *caṇḍāla* [persona que come perros], se encuentra en el plano máximo de la autorrealización. Una persona tal debe de haber realizado toda clase de penitencias y sacrificios conforme a los rituales védicos, y debe de haber estudiado las Escrituras védicas muchísimas veces, después de bañarse en todos los lugares sagrados de peregrinaje. Se considera que una persona como ésa es el mejor miembro de la familia aria".

Así que, uno debe ser lo suficientemente inteligente como para entender la finalidad de los *Vedas*, sin estar apegado únicamente a los rituales, y no debe desear ser elevado a los reinos celestiales en busca de una complacencia sensual de mejor calidad. No es posible que el hombre común de esta época siga todas las reglas y regulaciones de los rituales védicos, ni tampoco es posible estudiar a fondo *El Vedānta* y los *Upaniṣads*. Ejecutar las órdenes de los *Vedas* requiere de mucho tiempo, energía, conocimiento y recursos. Ello a duras penas es posible en esta era. La mejor finalidad de la cultura védica se cumple, no obstante, mediante el canto del santo nombre del Señor, tal como lo recomienda el Señor Caitanya, el redentor de todas las almas caídas. Cuando Prakāśānanda Sarasvatī, un gran erudito védico, le preguntó al Señor Caitanya que por qué estaba cantando el santo nombre del Señor como un sentimental en vez de estudiar la filosofía Vedānta, el Señor le respondió que Su maestro espiritual había concluido que Él era un gran tonto, y que por ello le había pedido que cantara el santo nombre del Señor Kṛṣṇa. Él lo hizo, y eso lo puso en un estado de éxtasis tal, que parecía haberse vuelto loco. En esta era de Kali, la mayor parte de la población es tonta y no está debidamente educada para entender la filosofía Vedānta; la mejor finalidad de la filosofía Vedānta se cumple al cantar sin ofensas el santo nombre del Señor. Vedānta es la última palabra en sabiduría védica, y el Señor Kṛṣṇa es el autor y el conocedor de la filosofía Vedānta; y el vedantista más elevado de todos es la gran alma que encuentra placer en cantar el santo nombre del Señor. Ése es el fin último de todo el misticismo védico.

TEXTO 47

कर्मण्येवाधिकारस्ते मा फलेषु कदाचन ।
मा कर्मफलहेतुर्भूर्मा ते सङ्गोऽस्त्वकर्मणि ॥४७॥

karmaṇy evādhikāras te
mā phaleṣu kadācana
mā karma-phala-hetur bhūr
mā te saṅgo 'stv karmaṇi

karmaṇi—en los deberes prescritos; *eva*—indudablemente; *adhikāraḥ*—derecho; *te*—de ti; *mā*—nunca; *phaleṣu*—en los frutos; *kadācana*—en ningún momento; *mā*—nunca; *karma-phala*—en el resultado del trabajo; *hetuḥ*—causa; *bhūḥ*—volverse; *mā*—nunca; *te*—de ti; *saṅgaḥ*—apego; *astu*—debería haber; *akarmaṇi*—al no hacer los deberes prescritos.

TRADUCCIÓN

Tú tienes derecho a desempeñar tu deber prescrito, mas no a los frutos de la acción. Nunca consideres que eres la causa de los resultados de tus actividades, y jamás te apegues a no cumplir con tu deber.

SIGNIFICADO

Aquí se consideran tres cosas: los deberes prescritos, el trabajo caprichoso y la inacción. Los deberes prescritos son actividades que se estipulan en función de las modalidades de la naturaleza material que uno ha adquirido; el trabajo caprichoso significa acciones que no están sancionadas por la autoridad; e inacción significa no realizar los deberes que uno tenga prescritos. El Señor le aconseja a Arjuna que no se vuelva inactivo, sino que, más bien, cumpla con su deber prescrito sin estar apegado al resultado de él. Aquel que está apegado al resultado de su trabajo es también la causa de la acción, y, por ende, disfruta o sufre del resultado de dichas acciones.

En lo que se refiere a los deberes prescritos, éstos pueden agruparse en tres subdivisiones, a saber: el trabajo rutinario, el trabajo de emergencia y las actividades deseadas. El trabajo rutinario que se ejecuta como una obligación en función de los mandamientos de las Escrituras y sin desear los resultados, es acción en el plano de la modalidad de la bondad. El trabajo con resultados conduce al cautiverio; por consiguiente, esa clase de trabajo no es propicio. Cada cual tiene su derecho específico en relación con los deberes prescritos, pero debe actuar sin apego al resultado. Esa clase de deberes obligatorios desinteresados lo llevan a uno, indudablemente, al sendero de la liberación.

Por lo tanto, el Señor le aconsejó a Arjuna que peleara como una cuestión de deber, sin apego al resultado. Su no participación en la batalla sería otro aspecto del apego. Semejante apego jamás lo lleva a uno al sendero de la salvación. Cualquier apego, bien sea positivo o negativo, conduce al cautiverio. La inacción es pecaminosa. En consecuencia, pelear como una cuestión de deber era para Arjuna el único camino propicio hacia la salvación.

TEXTO 48

योगस्थः कुरु कर्माणि सङ्गं त्यक्त्वा धनंजय ।
सिद्ध्यसिद्ध्योः समो भूत्वा समत्वं योग उच्यते ॥४८॥

yoga-sthaḥ kuru karmāṇi
saṅgaṁ tyaktvā dhanañjaya
siddhy-asiddhyoḥ samo bhūtvā
samatvaṁ yoga ucyate

yoga-sthaḥ—equilibrado; *kuru*—desempeña; *karmāṇi*—tus deberes; *saṅgam*—apego; *tyaktvā*—abandonando; *dhanañjaya*—¡oh, Arjuna!; *siddhi-asiddhyoḥ*—en el éxito y en el fracaso; *samaḥ*—equilibrado; *bhūtvā*—volviéndose; *samatvam*—ecuanimidad; *yogaḥ*—yoga; *ucyate*—se denomina.

TRADUCCIÓN

Desempeña tu deber de un modo equilibrado, ¡oh, Arjuna!, abandonando todo apego al éxito o al fracaso. Esa clase de ecuanimidad se denomina yoga.

SIGNIFICADO

Kṛṣṇa le dice a Arjuna que debe actuar en el plano del *yoga*, y ¿qué es ese *yoga*? *Yoga* significa concentrar la mente en el Supremo mediante el control de los sentidos, los cuales siempre están perturbando. Y, ¿quién es el Supremo? El Supremo es el Señor. Y como Él mismo le está diciendo a Arjuna que pelee, Arjuna no tiene nada que ver con los resultados de la pelea. La ganancia o la victoria son asunto de Kṛṣṇa; a Arjuna simplemente se le aconseja que actúe según los dictados de Kṛṣṇa. Seguir los dictados de Kṛṣṇa es verdadero *yoga*, y eso se practica en el proceso denominado conciencia de Kṛṣṇa. Unicamente mediante el proceso de conciencia de Kṛṣṇa puede uno renunciar al sentido de propiedad. Uno tiene que convertirse en el sirviente de Kṛṣṇa, o en el sirviente del sirviente de Kṛṣṇa. Ésa es la manera correcta de desempeñar el deber con conciencia de Kṛṣṇa, que es lo único que puede ayudarlo a uno a actuar en el plano del *yoga*.

Arjuna es un *kṣatriya*, y, como tal, forma parte de la institución *varṇāśrama-dharma*. En *El Viṣṇu Purāṇa* se dice que toda la meta del *varṇāśrama-dharma* es satisfacer a Viṣṇu. Nadie debe satisfacerse a sí mismo, como es la regla en el mundo material, sino que uno debe satisfacer a Kṛṣṇa. Así que, a menos que uno satisfaga a Kṛṣṇa, no puede observar debidamente los principios del *varṇāśrama-dharma*. Indirectamente, a Arjuna se le aconsejó que actuara tal como Kṛṣṇa le había indicado.

TEXTO 49

दूरेण ह्यवरं कर्म बुद्धियोगाद्धनंजय ।
बुद्धौ शरणमन्विच्छ कृपणाः फलहेतवः ॥ ४९॥

dūreṇa hy avaraṁ karma
buddhi-yogād dhanañjaya
buddhau śaraṇam anviccha
kṛpaṇāḥ phala-hetavaḥ

dūreṇa—arrojándolo a gran distancia; *hi*—indudablemente; *avaram*—abominable; *karma*—actividad; *buddhi-yogāt*—a fuerza de conciencia de Kṛṣṇa; *dhanañjaya*—¡oh, conquistador de riquezas!; *buddhau*—con semejante conciencia; *śaraṇam*—entrega total; *anviccha*—se esfuerzan por; *kṛpaṇāḥ*—los avaros; *phala-hetavaḥ*—aquellos que desean resultados fruitivos.

TRADUCCIÓN

¡Oh, Dhanañjaya!, mediante el servicio devocional, mantén muy lejos todas las actividades abominables, y en ese estado de conciencia entrégate al Señor. Aquellos que quieren disfrutar de los frutos de su trabajo, son avaros.

SIGNIFICADO

Aquel que de hecho ha llegado a entender su posición constitucional de servidor eterno del Señor, abandona todas las ocupaciones, con excepción del trabajo en estado de conciencia de Kṛṣṇa. Como ya se explicó, *buddhi-yoga* significa el trascendental servicio amoroso que se le presta al Señor. Esa clase de servicio devocional constituye la forma correcta en que debe actuar la entidad viviente. Únicamente los avaros desean gozar del fruto de su propio trabajo, sólo para enredarse más en el cautiverio material. Con la excepción del trabajo en el estado de conciencia de Kṛṣṇa, todas las actividades son abominables, porque atan continuamente al ejecutor al ciclo del nacimiento y la muerte. Por lo tanto, uno jamás debe desear ser la causa del trabajo. Todo debe hacerse con conciencia de Kṛṣṇa, para la satisfacción de Kṛṣṇa. Los avaros no saben cómo utilizar los bienes y riquezas que adquieren por buena fortuna o por ardua labor. Uno debe emplear todas las energías en trabajar con conciencia de Kṛṣṇa, y eso va a hacer que la vida de uno sea un éxito. Al igual que los avaros, las personas desafortunadas no emplean en el servicio del Señor su energía humana.

TEXTO 50

बुद्धियुक्तो जहातीह उभे सुकृतदुष्कृते ।
तस्माद्योगाय युज्यस्व योगः कर्मसु कौशलम् ॥५०॥

buddhi-yukto jahātīha
ubhe sukṛta-duṣkṛte
tasmād yogāya yujyasva
yogaḥ karmasu kauśalam

buddhi-yuktaḥ—aquel que está dedicado al servicio devocional; *jahāti*—puede librarse de; *iha*—en esta vida; *ubhe*—ambos; *sukṛta-duṣkṛte*—los resultados buenos y malos; *tasmāt*—por consiguiente; *yogāya*—por el servicio devocional; *yujyasva*—ocúpate así; *yogaḥ*—conciencia de Kṛṣṇa; *karmasu*—en todas las actividades; *kauśalam*—arte.

TRADUCCIÓN

Incluso en esta vida, el hombre que está dedicado al servicio devocional se libra tanto de las acciones buenas como de las malas. Por consiguiente, esfuérzate por el yoga, que es el arte de todo trabajo.

SIGNIFICADO

Desde tiempo inmemorial, cada entidad viviente ha acumulado las diversas reacciones de su trabajo bueno y de su trabajo malo. Debido a ello, la entidad viviente siempre se mantiene ignorante de su verdadera posición constitucional. La ignorancia se puede disipar con la instrucción de *El Bhagavad-gītā*, que le enseña a uno a entregarse al Señor Śrī Kṛṣṇa en todos los aspectos, y a dejar de ser una víctima de la cadena de acción y reacción, nacimiento tras nacimiento.

Así pues, a Arjuna se le aconseja que actúe con conciencia de Kṛṣṇa, el proceso purificador de la acción resultante.

TEXTO 51

कर्मजं बुद्धियुक्ता हि फलं त्यक्त्वा मनीषिणः ।
जन्मबन्धविनिर्मुक्ताः पदं गच्छन्त्यनामयम् ॥५१॥

karma-jaṁ buddhi-yuktā hi
phalaṁ tyaktvā manīṣiṇaḥ
janma-bandha-vinirmuktāḥ
padaṁ gacchanty anāmayam

karma-jam—debido a las actividades fruitivas; *buddhi-yuktāḥ*—estando dedicados al servicio devocional; *hi*—indudablemente; *phalam*—resultados; *tyaktvā*—abandonando; *manīṣiṇaḥ*—grandes sabios o devotos; *janma-bandha*—del cautiverio del nacimiento y la muerte; *vinirmuktāḥ*—liberados; *padam*—posición; *gacchanti*—ellos alcanzan; *anāmayam*—sin sufrimientos.

TRADUCCIÓN

Por dedicarse de ese modo a prestarle servicio devocional al Señor, grandes sabios o devotos se liberan de los resultados del trabajo en el mundo material. De esa manera, quedan libres del ciclo del nacimiento y la muerte, y alcanzan el estado que se encuentra más allá de todos los sufrimientos [al ir de vuelta a Dios].

SIGNIFICADO

Las entidades vivientes liberadas pertenecen a ese lugar en el que no hay sufrimientos materiales. El *Bhāgavatam* (10.14.58) dice:

samāṣritā ye pada-pallava-plavaṁ
mahat-padaṁ puṇya-yaśo murāreḥ
bhavāmbudhir vatsa-padaṁ paraṁ padaṁ
padaṁ padaṁ yad vipadāṁ na teṣām

"Para aquel que ha aceptado el bote de los pies de loto del Señor —quien es el refugio de la manifestación cósmica, y quien es famoso como Mukunda, o el que otorga *mukti*—, el océano del mundo material es como el agua contenida en la huella de un ternero. Dicha persona tiene por meta *paraṁ padam*, o Vaikuṇṭha, el lugar en el que no hay sufrimientos materiales, y no el lugar en el que la vida tiene peligros a cada paso".

Debido a la ignorancia, uno no sabe que este mundo material es un lugar desolador en el que hay peligros a cada paso. Sólo por ignorancia, personas poco inteligentes tratan de acomodarse a la situación por medio de las actividades fruitivas, creyendo que las acciones resultantes los harán felices. Ellos no saben que ninguna clase de cuerpo material, de ninguna parte del universo, puede proporcionar una vida sin sufrimientos. Los sufrimientos de la vida, es decir, el nacimiento, la muerte, la vejez y las enfermedades, se hallan presentes en todas partes del mundo material. Pero aquel que entiende su verdadera posición constitucional —que es la de ser el servidor eterno del Señor—, y conoce, por ende, la posición de la Personalidad de Dios, se dedica al trascendental servicio amoroso del Señor. En consecuencia, se vuelve apto para entrar en los planetas Vaikuṇṭha, en los que, ni hay una vida material desoladora, ni existe la influencia del tiempo y la muerte. Conocer la posición constitucional de uno significa conocer también la posición sublime del Señor. Aquel que comete el error de creer que la posición de la entidad viviente y la del Señor se hallan en el mismo nivel, ha de saberse que está viviendo a oscuras, y, por lo tanto, es incapaz de dedicarse al servicio devocional del Señor. Él mismo se convierte en señor, y prepara así el camino hacia la repetición del nacimiento y la muerte. Pero aquel que, entendiendo que su posición es la de servir, pasa a ocuparse del servicio del Señor, se vuelve de inmediato merecedor de ir a Vaikuṇṭhaloka. El servicio por la causa del Señor se denomina *karma-yoga* o *buddhi-yoga* o, en palabras más sencillas, servicio devocional del Señor.

TEXTO 52

यदा ते मोहकलिलं बुद्धिर्व्यतितरिष्यति ।
तदा गन्तासि निर्वेदं श्रोतव्यस्य श्रुतस्य च ॥५२॥

yadā te moha-kalilaṁ
buddhir vyatitariṣyati
tadā gantāsi nirvedaṁ
śrotavyasya śrutasya ca

yadā—cuando; *te*—tu; *moha*—de la ilusión; *kalilam*—espeso bosque; *budddhiḥ*—servicio trascendental con inteligencia; *vyatitariṣyati*—supera; *tadā*—en ese momento; *gantā asi*—te irás; *nirvedam*—indiferencia para con; *śrotavyasya*—hacia todo lo que habrá de oírse; *śrutasya*—todo lo que ya se oyó; *ca*—también.

TRADUCCIÓN

Cuando tu inteligencia haya salido del espeso bosque de la ilusión, te volverás indiferente a todo lo que se ha oído y a todo lo que habrá de oírse.

SIGNIFICADO

En las vidas de los grandes devotos del Señor, existen muchos buenos ejemplos de personas que se volvieron indiferentes a los rituales de los *Vedas* por el simple hecho de prestarle servicio devocional al Señor. Cuando una persona verdaderamente entiende a Kṛṣṇa y la relación que tiene con Kṛṣṇa de un modo natural se vuelve totalmente indiferente a los rituales de las actividades fruitivas, aunque se trate de un *brāhmaṇa* experimentado. Śrī Mādhavendra Purī, un gran devoto y *ācārya* de la línea de los devotos dice:

sandhyā-vandana bhadram astu bhavato bhoḥ snāna tubhyaṁ namo
bho devāḥ piraraś ca tarpaṇa-vidhau nāhaṁ kṣamaḥ kṣamyatām
yatra kvāpi niṣadya yādava-kulottamaysa kaṁsa-dviṣaḥ
smāraṁ smāram aghaṁ harāmi tad alaṁ manye kim anyena me

''¡Oh, mis oraciones tres veces al día!, ¡todas las glorias a ustedes! ¡Oh, mi baño ritual!, ¡te ofrezco mis reverencias! ¡Oh, semidioses!, ¡oh, antepasados! Por favor, excúsenme por mi incapacidad para ofrecerles mis respetos. Ahora, dondequiera que me siento, puedo recordar al gran descendiente de la dinastía Yadu [Kṛṣṇa], el enemigo de Kaṁsa, y con ello puedo liberarme de todo cautiverio pecaminoso. Creo que eso es suficiente para mí''.

Los ritos y rituales védicos son imprescindibles para los neófitos. Abarcan toda clase de oraciones tres veces al día, darse un baño temprano por la mañana, ofrecerles respetos a los antepasados, etc. Pero cuando uno se halla plenamente en estado de conciencia de Kṛṣṇa y dedicado al amoroso servicio trascendental de Él, se vuelve indiferente a todos esos principios regulativos, porque ya ha logrado la perfección. Si uno ha llegado al plano del entendimiento en virtud del servicio al Supremo Señor Kṛṣṇa, deja de tener que ejecutar los diferentes tipos de penitencias y sacrificios que se recomiendan en las Escrituras reveladas. Y en cambio, si uno no ha entendido que la finalidad de los *Vedas* es la de llegar a Kṛṣṇa y simplemente se dedica a los rituales, etc., entonces está desperdiciando su tiempo inútilmente en esas ocupaciones. Las personas con conciencia de Kṛṣṇa trascienden el límite del *śabda-brahma*, o el ámbito de los *Vedas* y los *Upaniṣads*.

TEXTO 53

श्रुतिविप्रतिपन्ना ते यदा स्थास्यति निश्चला ।
समाधावचला बुद्धिस्तदा योगमवाप्स्यसि ॥५३॥

śruti-vipratipannā te
yadā sthāsyati niścalā
samādhāv acalā buddhis
tadā yogam avāpsyasi

śruti—de la revelación védica; *vipratipannā*—sin ser influenciado por los resultados fruitivos; *te*—tu; *yadā*—cuando; *sthāsyati*—permanecen; *niścalā*—inmóvil; *samādhau*—con conciencia trascendental o conciencia de Kṛṣṇa; *acalā*—resuelta; *buddhiḥ*—inteligencia; *tadā*—en ese momento; *yogam*—autorrealización; *avāpsyasi*—lograrás.

TRADUCCIÓN

Cuando tu mente ya no se perturbe con el florido lenguaje de los Vedas, y cuando permanezca fija en el trance de la autorrealización, habrás llegado entonces a la conciencia divina.

SIGNIFICADO

Decir que uno se halla en estado de *samādhi* es decir que uno ha llegado al estado de plena conciencia de Kṛṣṇa; en otras palabras, aquel que se halla en el estado de pleno *samādhi*, ha llegado a comprender por entero Brahman, Paramātmā y Bhagavān. La máxima perfección de la autorrealización consiste en entender que uno es eternamente el servidor de Kṛṣṇa y que la única ocupación de uno es la de desempeñar sus deberes con conciencia de Kṛṣṇa. Una persona consciente de Kṛṣṇa, o un devoto tenaz del Señor, no debe dejarse perturbar por el lenguaje florido de los *Vedas*, ni debe dedicarse a las actividades fruitivas para ser promovido al reino celestial. En el proceso de conciencia de Kṛṣṇa, uno se pone en contacto directo con Kṛṣṇa, y, por ende, en ese estado trascendental se pueden entender todas las indicaciones de Kṛṣṇa. Mediante esa clase de actividades, es seguro que uno logrará los resultados y adquirirá conocimiento concluyente. Uno sólo tiene que cumplir las órdenes de Kṛṣṇa o de su representante, el maestro espiritual.

TEXTO 54

अर्जुन उवाच
स्थितप्रज्ञस्य का भाषा समाधिस्थस्य केशव ।
स्थितधीः किं प्रभाषेत किमासीत व्रजेत किं ॥५४॥

arjuna uvāca
sthita-prajñasya kā bhāṣā
samādhi-sthasya keśava
sthita-dhīḥ kim prabhāṣeta
kim āsīta vrajeta kim

arjunaḥ uvāca—Arjuna dijo; *sthita-prajñasya*—de aquel que se halla en un estado de conciencia de Kṛṣṇa firme; *kā*—qué; *bhāṣā*—lenguaje;

samādhi-sthasya—de aquel que está en trance; *keśava*—¡oh, Kṛṣṇa!; *sthita-dhīḥ*—alguien que está fijo en el estado de conciencia de Kṛṣṇa; *kim*—qué; *pra-bhāṣeta*—habla; *kim*—cómo; *āsīta*—se queda quieto; *vrajeta*—camina; *kim*—cómo.

TRADUCCIÓN

Arjuna dijo: ¡Oh, Kṛṣṇa!, ¿cuáles son las señas de aquel cuya conciencia está absorta así en la trascendencia? ¿Cómo habla y qué lenguaje usa? ¿Cómo se sienta y cómo camina?

SIGNIFICADO

Así como todos y cada uno de los hombres tiene sus características propias en función de su situación en particular, así mismo aquel que está consciente de Kṛṣṇa tiene su naturaleza específica, y su manera de hablar, de caminar, de pensar, de sentir, etc. Así como un hombre rico presenta señales mediante las cuales es conocido como tal, así como un hombre enfermo muestra síntomas de ello, y así como un hombre culto tiene cualidades que lo caracterizan, de la misma manera un hombre en el estado trascendental de conciencia de Kṛṣṇa manifiesta cualidades específicas en su comportamiento. Uno puede conocer esas cualidades específicas a través de *El Bhagavad-gītā*. Lo más importante de todo es la manera en que el hombre consciente de Kṛṣṇa habla, pues la palabra es la cualidad más importante del hombre. Se dice que a un tonto no se lo descubre hasta que habla, y ciertamente que a un tonto bien vestido no se lo puede identificar a menos que hable; pero, en cuanto lo hace, de inmediato se pone en evidencia. La característica inmediata de un hombre consciente de Kṛṣṇa es que habla únicamente de Kṛṣṇa y de cosas relacionadas con Él. Otras características siguen automáticamente, como se explica a continuación.

TEXTO 55

श्रीभगवानुवाच
प्रजहाति यदा कामान्सर्वान्पार्थ मनोगतान् ।
आत्मन्येवात्मना तुष्टः स्थितप्रज्ञस्तदोच्यते ॥५५॥

śrī-bhagavān uvāca
prajahāti yadā kāmān
sarvān pārtha mano-gatān
ātmany evātmanā tuṣṭaḥ
sthita-prajñas tadocyate

śrī-bhagavān uvāca—la Suprema Personalidad de Dios dijo; *prajahāti*—abandona; *yadā*—cuando; *kāmān*—deseos de complacer los sentidos; *sarvān*—de todas las variedades; *pārtha*—¡oh, hijo de Pṛthā!; *manaḥ-gatān*—de la invención mental; *ātmani*—en el estado puro del alma; *eva*—indudablemente; *ātmanā*—mediante la mente purificada; *tuṣṭaḥ*—satisfecho; *sthita-prajña*—situado en un estado trascendental; *tadā*—en ese momento; *ucyate*—se dice.

TRADUCCIÓN

La Suprema Personalidad de Dios dijo: ¡Oh, Pārtha!, se dice que un hombre se halla en estado de conciencia trascendental pura, cuando abandona todas las variedades de deseos de complacer los sentidos, deseos que surgen de la invención mental, y cuando su mente, purificada de ese modo, encuentra satisfacción únicamente en el ser.

SIGNIFICADO

El *Bhāgavatam* afirma que cualquier persona que se halle en estado de plena conciencia de Kṛṣṇa, o plenamente dedicada al servicio devocional del Señor, tiene todas las buenas cualidades de los grandes sabios, mientras que una persona que no está en una posición trascendental semejante no tiene ninguna buena cualidad, porque es seguro que se está refugiando en sus propias invenciones mentales. Aquí se dice, pues, con propiedad, que uno tiene que abandonar todas las clases de deseos sensuales manufacturados por la invención mental. Dichos deseos sensuales no se pueden evitar de un modo artificial. Pero si uno está dedicado al proceso de conciencia de Kṛṣṇa, entonces los deseos de los sentidos se apaciguan automáticamente, sin necesidad de esfuerzos adicionales. Por consiguiente, uno tiene que dedicarse al cultivo de conciencia de Kṛṣṇa sin vacilación, pues ese servicio devocional lo ayudará al instante a elevarse al plano de conciencia trascendental. El alma sumamente evolucionada siempre permanece satisfecha en sí misma, por el hecho de reconocerse como el servidor eterno del Señor Supremo. Una persona que esté en una posición tan trascendental como ésa, no tiene deseos sensuales que se deriven del materialismo mezquino, sino que, más bien, siempre permanece feliz en su posición natural de servir eternamente al Señor Supremo.

TEXTO 56

दुःखेष्वनुद्विग्नमनाः सुखेषु विगतस्पृहः ।
वीतरागभयक्रोधः स्थितधीर्मुनिरुच्यते ॥५६॥

duḥkheṣv anudvigna-manāḥ
sukheṣu vigata-spṛhaḥ

vīta-rāga-bhaya-krodhaḥ
sthita-dhīr munir ucyate

duḥkheṣu—en las tres clases de sufrimientos; *anudvigna-manāḥ*—sin agitarse mentalmente; *sukheṣu*—en la felicidad; *vigata-spṛhaḥ*—sin estar interesado; *vīta*—libre de; *rāga*—apego; *bhaya*—temor; *krodhaḥ*—e ira; *sthita-dhīḥ*—cuya mente es estable; *muniḥ*—un sabio; *ucyate*—recibe el nombre.

TRADUCCIÓN

Aquel cuya mente no se perturba ni siquiera en medio de las tres clases de sufrimientos, ni se alboroza en los momentos de felicidad, y que está libre de apego, temor e ira, se dice que es un sabio de mente estable.

SIGNIFICADO

La palabra muni significa ''aquel que se puede agitar la mente de diversas maneras en aras de la especulación mental, sin llegar a una conclusión concreta''. Se dice que cada *muni* tiene un punto de vista diferente, y, a menos que un *muni* difiera de los demás *munis*, no puede ser llamado *muni* en el sentido estricto de la palabra. *Na cāsāv ṛṣir yasya mataṁ na bhinnam* (*El Mahābhārata, Vana-parva* 313.117). Pero un *sthita-dhīr muni*, como lo menciona aquí el Señor, es diferente de un *muni* ordinario. El *sthita-dhīr muni* siempre se halla en estado de conciencia de Kṛṣṇa, pues ha agotado todas sus posibilidades de especulación creativa. Él recibe el nombre de *praśanta-niḥśesa-mano-rathāntara* (*El Stotra-ratna* 43), o aquel que ha superado la etapa de las especulaciones mentales y que ha llegado a la conclusión de que el Señor Śrī Kṛṣṇa, o Vāsudeva, lo es todo, (*vāsudevaḥ sarvam iti sa mahātmā su-durlabaḥ*). A él se lo conoce como un *muni* de mente fija. A una persona tan plenamente consciente de Kṛṣṇa no la perturban en absoluto las embestidas de las tres clases de sufrimientos, pues considera que todos los sufrimientos constituyen la misericordia del Señor, creyéndose únicamente merecedor de más problemas, debido a sus fechorías pasadas. Y él ve que, por la gracia del Señor, sus sufrimientos se reducen al mínimo. De modo similar, cuando él está feliz, le atribuye el mérito de ello al Señor, considerándose indigno de la felicidad. Él se da cuenta de que sólo por la gracia del Señor se encuentra en una condición así de cómoda, y con la posibilidad de prestarle al Señor un mejor servicio. Y, en relación con el servicio del Señor, siempre es osado y activo, y no se deja influenciar por el apego o la aversión. Apego significa aceptar cosas para la complacencia de los sentidos, y desapego es la ausencia de esa clase de apego sensual. Pero aquel que está fijo en el estado de conciencia de Kṛṣṇa, no tiene ni apego ni desapego, porque su vida está dedicada al servicio del Señor. Como consecuencia de ello, él no se enfurece en absoluto cuando sus esfuerzos fracasan. Éxito o fracaso, la persona consciente de Kṛṣṇa siempre es estable en su determinación.

TEXTO 57

यः सर्वत्रानभिस्नेहस्तत्तत्प्राप्य शुभाशुभम् ।
नाभिनन्दति न द्वेष्टि तस्य प्रज्ञा प्रतिष्ठिता ॥५७॥

yaḥ sarvatrānabhisnehas
tat tat prāpya śubhāśubham
nābhinandati na dveṣṭi
tasya prajñā pratiṣṭhitā

yaḥ—aquel que; *sarvatra*—en todas partes; *anabhisnehaḥ*—sin afecto; *tat*—eso; *tat*—eso; *prāpya*—logrando; *śubha*—bien; *aśubham*—mal; *na*—nunca; *abhinandati*—elogia; *na*—nunca; *dveṣṭi*—envidia; *tasya*—su; *prajñā*—conocimiento perfecto; *pratiṣṭhitā*—fijo.

TRADUCCIÓN

En el mundo material, aquel a quien no lo afecta ningún bien o mal que pueda obtener, y que ni lo alaba ni lo desprecia, tiene firmemente en su posesión el conocimiento perfecto.

SIGNIFICADO

En el mundo material siempre hay alteraciones que pueden ser buenas o malas. Aquel a quien no lo agitan esas alteraciones materiales, a quien no lo afectan el bien y el mal, ha de saberse que se halla fijo en el estado de conciencia de Kṛṣṇa. Mientras uno esté en el mundo material, siempre habrá la posibilidad de bien y mal, porque este mundo está lleno de dualidades. Pero el bien y el mal no afectan a aquel que está fijo en el estado de conciencia de Kṛṣṇa, porque a él sólo le interesa Kṛṣṇa, quien es todo lo bueno en sentido absoluto. Esa conciencia centrada en Kṛṣṇa lo sitúa a uno en una posición trascendental perfecta, denominada técnicamente *samādhi*.

TEXTO 58

यदा संहरते चायं कूर्मोऽङ्गानीव सर्वशः ।
इन्द्रियाणीन्द्रियार्थेभ्यस्तस्य प्रज्ञा प्रतिष्ठिता ॥५८॥

yadā saṁharate cāyaṁ
kūrmo 'ṅgānīva sarvaśaḥ
indriyāṇīndriyārthebhyas
tasya prajñā pratiṣṭhitā

yadā—cuando; *saṁharate*—retira; *ca*—también; *ayam*—él; *kūrmaḥ*—tortuga; *aṅgāni*—extremidades; *iva*—como; *sarvaśaḥ*—por completo; *indriyāṇi*—sentidos; *indriya-arthebhyaḥ*—de los objetos de los sentidos; *tasya*—su; *prajñā*—conciencia; *pratiṣṭhitā*—fija.

TRADUCCIÓN

Aquel que es capaz de apartar los sentidos de los objetos de los sentidos, tal como la tortuga guarda las extremidades dentro del caparazón, tiene firmemente en su posesión el conocimiento perfecto.

SIGNIFICADO

La prueba de que alguien es un *yogī*, devoto o alma autorrealizada, es que puede controlar los sentidos a voluntad. Sin embargo, la mayoría de las personas son sirvientas de los sentidos, y, en consecuencia, las gobiernan los dictados de ellos. Ésa es la respuesta a la pregunta de cuál es la posición del *yogī*. Se dice que los sentidos se asemejan a serpientes venenosas. Ellos quieren actuar muy libremente y sin ninguna restricción. El *yogī*, o el devoto, debe ser muy fuerte para controlar a las serpientes, como si fuera un encantador. Él nunca les permite actuar independientemente. En las Escrituras reveladas hay muchos mandamientos: unos que indican lo que hay que hacer, y otros que indican lo que no hay que hacer. A menos que uno sea capaz de seguirlos todos, apartándose del disfrute de los sentidos, no es posible estar fijo firmemente en el estado de conciencia de Kṛṣṇa. El mejor ejemplo, el cual se da aquí, es el de la tortuga. La tortuga puede recoger sus sentidos en cualquier momento, y mostrarlos de nuevo en cualquier otro momento para algún propósito en particular. De la misma manera, los sentidos de las personas conscientes de Kṛṣṇa se usan sólo con algún propósito en particular dentro del servicio del Señor, y si no se los retira. A Arjuna se le está enseñando aquí a usar los sentidos en el servicio del Señor, en vez de usarlos para su propia satisfacción. Mantener siempre los sentidos al servicio del Señor es el ejemplo que se da con la analogía de la tortuga, la cual mantiene los sentidos dentro del caparazón.

TEXTO 59

विषया विनिवर्तन्ते निराहारस्य देहिनः ।
रसवर्जं रसोऽप्यस्य परं दृष्ट्वा निवर्तते ॥५९॥

viṣayā vinivartante
nirāhārasya dehinaḥ
rasa-varjaṁ raso 'py asya
paraṁ dṛṣṭvā nivartate

viṣayāḥ—objetos para el disfrute de los sentidos; *vinivartante*—se practica el apartarse de; *nirāhārasya*—mediante restricciones negativas; *dehinaḥ*—para el que está dentro del cuerpo; *rasa-varjam*—abandonando el gusto; *rasaḥ*—sentido de disfrute; *api*—aunque hay; *asya*—su; *param*—cosas muy superiores; *dṛṣṭvā*—por el hecho de experimentar; *nivartate*—cesa de.

TRADUCCIÓN

Al alma encarnada se la puede alejar del disfrute de los sentidos, aunque el gusto por los objetos de los sentidos aún quede en ella. Pero, al experimentar un gusto superior y dejar por ello semejantes ocupaciones, su conciencia queda fija.

SIGNIFICADO

A menos que uno se sitúe en el plano trascendental, no es posible dejar de complacer los sentidos. El proceso de la restricción del disfrute sensual mediante reglas y regulaciones, es algo así como restringirle cierta clase de alimentos a una persona enferma. Al paciente no le gustan tales restricciones, ni dejan de gustarle los alimentos. De igual manera, la restricción de los sentidos mediante algún proceso espiritual, tal como el *aṣṭāṅga-yoga* —que comprende el *yama, niyama, āsana, prāṇāyāma, pratyāhāra, dhāraṇā, dhyāna, etc.*—, se recomienda para personas poco inteligentes que no conocen nada mejor. Pero aquel que ha probado la belleza del Supremo Señor Kṛṣṇa en el transcurso de su avance en el proceso de conciencia de Kṛṣṇa, pierde el gusto por las cosas materiales muertas. Por consiguiente, las restricciones están hechas para los poco inteligentes y neófitos en la vida espiritual, y esas restricciones son buenas únicamente hasta que uno saborea de hecho el proceso de conciencia de Kṛṣṇa. Cuando uno verdaderamente está consciente de Kṛṣṇa, de forma automática dejan de gustarle las cosas desabridas.

TEXTO 60

यततो ह्यपि कौन्तेय पुरुषस्य विपश्चितः ।
इन्द्रियाणि प्रमाथीनि हरन्ति प्रसभं मनः ॥ ६० ॥

yatato hy api kaunteya
puruṣasya vipaścitaḥ
indriyāṇi pramāthīni
haranti prasabhaṁ manaḥ

yatataḥ—mientras se esfuerza; *hi*—indudablemente; *api*—a pesar de; *kaunteya*—¡oh hijo de Kuntī!; *puruṣasya*—de un hombre; *vipaścitaḥ*—lleno de conocimiento discriminador; *indriyāṇi*—los sentidos; *pramāthīni*—agitando; *haranti*—tiran; *prasabham*—a la fuerza; *manaḥ*—la mente.

TRADUCCIÓN

¡Oh, Arjuna!, los sentidos son tan fuertes e impetuosos, que incluso arrastran a la fuerza la mente del hombre de buen juicio que se esfuerza por controlarlos.

SIGNIFICADO

Hay muchos sabios, filósofos y trascendentalistas eruditos que tratan de conquistar los sentidos, pero, a pesar de sus esfuerzos, hasta los más grandes de ellos se vuelven a veces víctimas del disfrute material de los sentidos, a causa de la agitada mente. Incluso Viśvāmitra, un gran sabio y *yogī* perfecto, fue inducido por Menakā al disfrute sexual, aunque el *yogī* se estaba esforzando por controlar los sentidos con severos tipos de penitencia y mediante la práctica del *yoga*. Y, por supuesto, hay muchísimos casos similares en la historia del mundo. Luego es muy difícil controlar la mente y los sentidos sin estar plenamente consciente de Kṛṣṇa. Si a la mente no se la ocupa en Kṛṣṇa, uno no puede dejar esas ocupaciones materiales. Śrī Yāmunācārya, un gran santo y devoto, da un ejemplo práctico, al decir:

yad avadhi mama cetaḥ kṛṣṇa-padāravinde
nava-nava-rasa-dhāmany udyataṁ rantum āsīt
tad-avadhi bata nārī-saṅgame smaryamāne
bhavati mukha-vikāraḥ suṣṭu niṣṭhīvanaṁ ca

"Desde que mi mente se ha dedicado al servicio de los pies de loto del Señor Kṛṣṇa y he estado disfrutando de un humor trascendental nuevo a cada paso, cuando quiera que pienso en la vida sexual, vuelvo la cara al instante y escupo en el pensamiento".

El estado de conciencia de Kṛṣṇa es una cosa tan hermosa en sentido trascendental, que automáticamente el disfrute material se vuelve desagradable. Es como si un hombre hambriento hubiera satisfecho el hambre con una cantidad suficiente de nutritivos comestibles. Mahārāja Ambarīṣa también venció a un gran *yogī*, Durvāsā Muni, por el simple hecho de que tenía la mente ocupada en el proceso de conciencia de Kṛṣṇa (*sa vai manaḥ kṛṣṇa-padāravindayor vācāṁsi vaikuṇṭha-guṇānuvarṇane*).

TEXTO 61

तानि सर्वाणि संयम्य युक्त आसीत मत्परः ।
वशे हि यस्येन्द्रियाणि तस्य प्रज्ञा प्रतिष्ठिता ॥ ६१ ॥

tāni sarvāṇi saṁyamya
yukta āsīta mat-paraḥ

vaśe hi yasyendriyāṇi
tasya prajñā pratiṣṭhitā

tāni—esos sentidos; *sarvāṇi*—todos; *saṁyamya*—manteniendo bajo control; *yuktaḥ*—dedicado; *āsīta*—debe situarse; *mat-paraḥ*—en relación conmigo; *vaśe*—totalmente subyugados; *hi*—ciertamente; *yasya*—aquel que; *indriyāṇi*—sentidos; *tasya*—su; *prajñā*—conciencia; *pratiṣṭhitā*—fija.

TRADUCCIÓN

Aquel que restringe los sentidos, manteniéndolos totalmente bajo control, y fija su conciencia en Mí, es conocido como un hombre de inteligencia estable.

SIGNIFICADO

En este verso se explica claramente que el estado de conciencia de Kṛṣṇa constituye el más alto concepto de la perfección del *yoga*. Y, a menos que uno esté consciente de Kṛṣṇa, es absolutamente imposible controlar los sentidos. Como se citó anteriormente, el gran sabio Durvāsā Muni riñó con Mahārāja Ambarīṣa, y, por orgullo, se enojó innecesariamente, a raíz de lo cual no pudo contener los sentidos. En cambio, el Rey, aunque no era un *yogī* tan poderoso como el sabio sino un devoto del Señor, toleró silenciosamente todas las injusticias del sabio, y, en virtud de ello, salió triunfante. Como se menciona en *El Śrīmad-Bhāgavatam* (9.4.18–20), el Rey pudo controlar los sentidos gracias a las cualidades siguientes:

sa vai manaḥ kṛṣṇa-padāravindayor
vacāṁsi vaikuṇṭha-guṇānuvarṇane
karau harer mandira-mārjanādiṣu
śrutiṁ cakārācyuta-sat-kathodaye

mukunda-liṅgālaya-darśane dṛśau
tad-bhṛtya-gātra-sparśe 'ṅga-saṅgamam
ghrāṇaṁ ca tat-pāda-saroja-saurabhe
śrīmat-tulasyā rasanāṁ tad-arpite

pādau hareḥ kṣetra-padānusarpaṇe
śiro hṛṣīkeśa-padābhivandane
kāmaṁ ca dāsye na tu kāma-kāmyayā
yathottamaśloka-janāśrayā ratiḥ

"El rey Ambarīṣa fijó la mente en los pies de loto del Señor Kṛṣṇa; ocupó las palabras en describir la morada del Señor; las manos, en limpiar el templo del Señor; los oídos, en oír los pasatiempos del Señor; los ojos, en ver la forma del Señor; el cuerpo, en tocar el cuerpo del devoto; la nariz, en oler la fragancia de las flores ofrecidas a los pies de loto del Señor; la lengua, en saborear las hojas de *tulasī* ofrecidas a Él; las piernas, en desplazarse al lugar sagrado en el que se halla el templo de Él; la cabeza, en ofrecerle reverencias al Señor; y los deseos, en satisfacer los deseos del Señor...y todas estas cualidades hicieron que fuera apto para convertirse en un devoto *mat-para* del Señor''.

La palabra *mat-para* es de lo más significativa en relación con esto. En la vida de Mahārāja Ambarīṣa se describe la manera en que uno puede convertirse en un *mat-para*. Śrīla Baladeva Vidyābhūṣaṇa, un gran erudito y *ācārya* de la línea de los *mat-para*, señala: *mad-bhakti-prabhāvena sarvendriya-vijaya-pūrvikā svātma-dṛṣṭiḥ sulabheti bhāvaḥ*. ''Los sentidos pueden llegarse a controlar por completo, únicamente en virtud del poder del servicio devocional que se le presta a Kṛṣṇa''. También se da el ejemplo del fuego: ''Así como un fuego ardiente quema todo lo que haya en un cuarto, así mismo el Señor Viṣṇu, situado en el corazón del *yogī*, quema toda clase de impurezas''. *El Yoga-sūtra* también prescribe meditar en Viṣṇu, y no la meditación en el vacío. Los supuestos *yogīs* que meditan en algo que no está en el plano de Viṣṇu, simplemente pierden el tiempo en una vana búsqueda de algo fantasmagórico. Tenemos que estar conscientes de Kṛṣṇa —consagrados a la Personalidad de Dios—. Ésa es la finalidad del *yoga*.

TEXTO 62

ध्यायतो विषयान्पुंसः सङ्गस्तेषूपजायते ।
सङ्गात्संजायते कामः कामात्क्रोधोऽभिजायते ॥६२॥

dhyāyato viṣayān puṁsaḥ
saṅgas teṣūpajāyate
saṅgāt sañjāyate kāmaḥ
kāmāt krodho 'bhijāyate

dhyāyataḥ—mientras contempla; *viṣayān*—objetos de los sentidos; *puṁsaḥ*—de una persona; *saṅgaḥ*—apego; *teṣu*—en los objetos de los sentidos; *upajāyate*—desarrolla; *saṅgāt*—del apego; *sañjāyate*—desarrolla; *kāmaḥ*—deseo; *kāmāt*—del deseo; *krodhaḥ*—ira; *abhijāyate*—se manifiesta.

TRADUCCIÓN

Al contemplar los objetos de los sentidos, en la persona se desarrolla el apego a ellos, de ese apego nace la lujuria, y de la lujuria surge la ira.

SIGNIFICADO

Aquel que no está consciente de Kṛṣṇa es propenso a tener deseos materiales mientras contempla los objetos de los sentidos. Los sentidos requieren de ocupaciones reales, y si no están ocupados en el trascendental servicio amoroso del Señor, buscarán sin duda una ocupación en el servicio del materialismo. En el mundo material, todos, incluso el Señor Śiva y el Señor Brahmā, para no hablar de otros semidioses de los planetas celestiales, están sometidos a la influencia de los objetos de los sentidos, y volverse consciente de Kṛṣṇa es el único método para librarse de este enigma que es la existencia material. El Señor Śiva se hallaba profundamente absorto en la meditación, pero cuando Pārvatī lo provocó en aras del placer de los sentidos, él accedió a la propuesta, y como resultado de ello nació Kārtikeya. Cuando Haridāsa Ṭhākura era un joven devoto del Señor, fue tentado de la misma manera por la encarnación de Māyā-devī, pero Haridāsa pasó la prueba fácilmente, gracias a la devoción pura que le profesaba al Señor Kṛṣṇa. Como se ilustró en el verso de Śrī Yāmunācārya que se citó anteriormente, un sincero devoto del Señor evita toda clase de goce material de los sentidos, en virtud del gusto superior que encuentra en el disfrute espiritual que hay en la compañía del Señor. Ése es el secreto del éxito. Por lo tanto, aquel que no se encuentra en el estado de conciencia de Kṛṣṇa, por poderoso que sea en controlar los sentidos mediante la represión artificial, es seguro que finalmente fracasa, pues el más ligero pensamiento en el placer sensual lo agitará y lo llevará a satisfacer sus deseos.

TEXTO 63

क्रोधाद्भवति संमोहः संमोहात्स्मृतिविभ्रमः ।
स्मृतिभ्रंशाद्बुद्धिनाशो बुद्धिनाशात्प्रणश्यति ॥६३॥

krodhād bhavati sammohaḥ
sammohāt smṛti-vibhramaḥ
smṛti-bhraṁśād buddhi-nāśaḥ
buddhi-nāśāt praṇaśyati

krodāt—de la ira; *bhavati*—ocurre; *sammohaḥ*—ilusión perfecta; *sammohāt*—de la ilusión; *smṛti*—de la memoria; *vibhramaḥ*—confusión; *smṛti-bhraṁśāt*—después de la confusión de la memoria; *buddhi-nāśaḥ*—pérdida de la inteligencia; *buddhi-nāśāt*—y de la pérdida de la inteligencia; *praṇaśyati*—uno cae.

TRADUCCIÓN

De la ira surge la ilusión completa, y de la ilusión, la confusión de la memoria. Cuando la memoria se confunde, se pierde la inteligencia, y al perder la inteligencia, uno cae de nuevo al charco material.

SIGNIFICADO

Śrīla Rūpa Gosvāmī nos ha dado la siguiente indicación:

prāpañcikatayā buddhyā
hari-sambandhi-vastunaḥ
mumukṣubhiḥ parityāgo
vairāgyaṁ phalgu kathyate

(*El Bhakti-rasāmṛta-sindhu* 1.2.258)

Mediante el desarrollo de conciencia de Kṛṣṇa, uno llega a saber que todo tiene un uso en el servicio del Señor. Aquellos que carecen de conocimiento acerca del proceso de conciencia de Kṛṣṇa, tratan artificialmente de evitar los objetos materiales, y, como resultado de ello, aunque desean liberarse del cautiverio material, no alcanzan la etapa perfecta de la renunciación. Su supuesta renunciación se denomina *phalgu*, o poco importante. En cambio, una persona con conciencia de Kṛṣṇa sabe cómo usar todo en el servicio del Señor; por consiguiente, no se vuelve víctima de la conciencia material. Por ejemplo, para un impersonalista, el Señor, o el Absoluto, siendo impersonal, no puede comer. Mientras que el impersonalista trata de evitar los buenos comestibles, el devoto sabe que Kṛṣṇa es el disfrutador supremo, y que Él come todo lo que se le ofrece con devoción. Así que el devoto, después de ofrecerle al Señor buenos comestibles, toma los remanentes de ellos, que reciben el nombre de *prasādam*. De esa manera todo se espiritualiza, y no hay el peligro de caer. El devoto come *prasādam* con una mentalidad consciente de Kṛṣṇa, mientras que el no devoto lo rechaza como algo material. El impersonalista, por lo tanto, a causa de su renunciación artificial, no puede disfrutar de la vida, y, por esa razón, una ligera agitación de la mente lo arrastra de nuevo al charco de la existencia material. Se dice que esa alma, aunque ascienda hasta el punto de la liberación, cae de nuevo, por no tener apoyo en el servicio devocional.

TEXTO 64

रागद्वेषवियुक्तैस्तु विषयानिन्द्रियैश्चरन् ।
आत्मवश्यैर्विधेयात्मा प्रसादमधिगच्छति ॥६४॥

rāga-dveṣa-vimuktais tu
viṣayān indriyaiś caran
ātma-vaśyair vidheyātmā
prasādam adhigacchati

rāga—apego; *dveṣa*—y desapego; *vimuktaiḥ*—por aquel que ha quedado libre de; *tu*—pero; *viṣayān*—objetos de los sentidos; *indriyaiḥ*—mediante los sentidos; *caran*—actuando en base a; *ātma-vaśyaiḥ*—bajo el control de uno; *vidheya-ātmā*—aquel que hace uso de la libertad regulada; *prasādam*—la misericordia del Señor; *adhigacchati*—logra.

TRADUCCIÓN

Pero una persona que está libre de todo apego y aversión, y que es capaz de controlar los sentidos por medio de principios que regulan la libertad, puede conseguir toda la misericordia del Señor.

SIGNIFICADO

Ya se ha explicado que uno puede controlar los sentidos externamente mediante algún proceso artificial, pero a menos que los sentidos se dediquen al servicio trascendental del Señor, hay muchas probabilidades de una caída. Aunque la persona en estado de plena conciencia de Kṛṣṇa puede que aparentemente se halle en el plano sensual, por el hecho de estar consciente de Kṛṣṇa no tiene ningún apego a las actividades sensuales. La persona consciente de Kṛṣṇa está interesada únicamente en la satisfacción de Kṛṣṇa, y en nada más. Por consiguiente, es trascendental a todo apego y desapego. Si Kṛṣṇa quiere, el devoto puede hacer cualquier cosa que de ordinario es desagradable, y, si Kṛṣṇa no lo quiere, no haría aquello que normalmente haría para su propia satisfacción. Por lo tanto, actuar o no actuar está bajo su control, porque actúa únicamente bajo la dirección de Kṛṣṇa. Ese estado de conciencia es producto de la misericordia sin causa del Señor, que el devoto puede recibir a pesar de estar apegado al plano sensual.

TEXTO 65

प्रसादे सर्वदुःखानां हानिरस्योपजायते ।
प्रसन्नचेतसो ह्याशु बुद्धिः पर्यवतिष्ठते ॥ ६५ ॥

prasāde sarva-duḥkhānāṁ
hānir asyopajāyate
prasanna-cetaso hy āśu
buddhiḥ paryavatiṣṭhate

prasāde—al obtener la misericordia sin causa del Señor; *sarva*—de todos; *duḥkhānām*—sufrimientos materiales; *hāniḥ*—destrucción; *asya*—su; *upajāyate*—ocurre; *prasanna-cetasaḥ*—de los de mente feliz; *hi*—indudablemente; *āśu*—muy pronto; *buddhiḥ*—inteligencia; *pari*—suficientemente; *avatiṣṭhate*—queda establecida.

TRADUCCIÓN

Para aquel que se encuentra satisfecho de ese modo [en el estado de conciencia de Kṛṣṇa], dejan de existir las tres clases de sufrimientos de la existencia material; con la conciencia así de satisfecha, la inteligencia de uno pronto queda bien establecida.

TEXTO 66

नास्ति बुद्धिरयुक्तस्य न चायुक्तस्य भावना ।
न चाभावयतः शान्तिरशान्तस्य कुतः सुखम् ॥६६॥

nāsti buddhir ayuktasya
na cāyuktasya bhāvanā
na cābhāvayataḥ śāntir
aśāntasya kutaḥ sukham

na asti—no puede haber; *buddhiḥ*—inteligencia trascendental; *ayuktasya*—de aquel que no está relacionado (con el estado de conciencia de Kṛṣṇa); *na*—no; *ca*—y; *ayuktasya*—de aquel que está desprovisto de conciencia de Kṛṣṇa; *bhāvanā*—mente fija (en la felicidad); *na*—no; *ca*—y; *abhāvayataḥ*—de aquel que no está fijo; *śāntiḥ*—paz; *aśāntasya*—del que no tiene paz; *kutaḥ*—dónde hay; *sukham*—felicidad.

TRADUCCIÓN

Aquel que no está relacionado con el Supremo [mediante el estado de conciencia de Kṛṣṇa], no puede tener ni inteligencia trascendental ni una mente estable, sin lo cual no hay posibilidad de encontrar la paz. Y ¿cómo puede haber felicidad alguna sin paz?

SIGNIFICADO

A menos que uno se halle en el estado de conciencia de Kṛṣṇa, no hay ninguna posibilidad de tener paz. Así que en el Capítulo Cinco (5.29) se confirma que, cuando uno entiende que Kṛṣṇa es el único disfrutador de todos los buenos resultados del sacrificio y la penitencia, que Él es el propietario de todas las manifestaciones universales y que Él es el verdadero amigo de todas las entidades vivientes, únicamente entonces puede uno disfrutar de verdadera paz. Por lo tanto, si uno no se halla en estado de conciencia de Kṛṣṇa, no puede haber una meta final para la mente. La perturbación se debe a la falta de una meta última, y cuando uno está seguro de que Kṛṣṇa es el disfrutador, propietario y amigo de todos y de todo, puede uno entonces, con una mente estable, hacer que haya paz. Así pues, aquel que se ocupa sin tener una relación con Kṛṣṇa, sin duda que siempre está acongojado e intranquilo, por mucho que finja disfrutar de paz y adelanto espiritual en la vida. El estado de conciencia de Kṛṣṇa es una condición apacible que se manifiesta por sí misma, y que puede lograrse únicamente en relación con Kṛṣṇa.

TEXTO 67

इन्द्रियाणां हि चरतां यन्मनोऽनुविधीयते ।
तदस्य हरति प्रज्ञां वायुर्नावमिवाम्भसि ॥६७॥

indriyāṇāṁ hi caratāṁ
yan mano 'nuvidhīyate
tad asya harati prajñāṁ
vāyur nāvam ivāmbhasi

indriyāṇām—de los sentidos; *hi*—ciertamente; *caratām*—mientras deambulan; *yat*—esa; *manaḥ*—mente; *anuvidhīyate*—llega a dedicarse constantemente; *tat*—esa; *asya*—su; *harati*—quita; *prajñām*—inteligencia; *vayu*—viento; *nāvam*—un bote; *iva*—como; *ambhasi*—en el agua.

TRADUCCIÓN

Así como un fuerte viento arrastra un bote que se encuentre en el agua, así mismo uno sólo de los errantes sentidos en el que se concentre la mente, puede arrastrar la inteligencia del hombre.

SIGNIFICADO

A menos que todos los sentidos estén dedicados al servicio del Señor, hasta uno de ellos que esté dedicado a la complacencia sensual puede alejar al devoto del sendero del avance trascendental. Como se dice de la vida de Mahārāja Ambarīṣa, todos los sentidos deben estar ocupados en el proceso de conciencia de Kṛṣṇa, pues ésa es la técnica correcta para controlar la mente.

TEXTO 68

तस्माद्यस्य महाबाहो निगृहीतानि सर्वशः ।

इन्द्रियाणीन्द्रियार्थेभ्यस्तस्य प्रज्ञा प्रतिष्ठिता ॥६८॥

tasmād yasya mahā-bāho
nigṛhītāni sarvaśaḥ
indriyāṇīndriyārthebhyas
tasya prajñā pratiṣṭhitā

tasmāt—por lo tanto; *yasya*—de aquel cuyos; *mahā-bāho*—¡oh, tú, el de los poderosos brazos!; *nigṛhītāni*—doblegado así; *sarvaśaḥ*—alrededor; *indriyāṇi*—los sentidos; *indriya-arthebhyaḥ*—por los objetos de los sentidos; *tasya*—su; *prajñā*—inteligencia; *pratiṣṭhitā*—fija.

TRADUCCIÓN

Por lo tanto, ¡oh, tú, el de los poderosos brazos!, todo aquel cuyos sentidos están apartados de sus objetos, tiene sin duda una inteligencia firmemente establecida.

SIGNIFICADO

Uno puede contener las fuerzas de la complacencia de los sentidos, únicamente por medio del proceso de conciencia de Kṛṣṇa, u ocupando todos los sentidos en el trascendental servicio amoroso del Señor. Así como a los enemigos se les somete mediante una fuerza superior, de igual modo se pueden someter los sentidos, mas no mediante algún esfuerzo humano, sino sólo manteniéndolos ocupados en el servicio del Señor. Aquel que ha entendido esto —que únicamente mediante el proceso de conciencia de Kṛṣṇa se encuentra uno verdaderamente establecido en el uso de la inteligencia, y que uno debe practicar ese arte bajo la guía de un maestro espiritual genuino—, recibe el nombre de *sādhaka*, o, en otras palabras, es un candidato idóneo para la liberación.

TEXTO 69

या निशा सर्वभूतानां तस्यां जागर्ति संयमी ।
यस्यां जाग्रति भूतानि सा निशा पश्यतो मुनेः ॥६९॥

yā niśā sarva-bhūtānāṁ
tasyāṁ jāgarti saṁyamī
yasyāṁ jāgrati bhūtāni
sā niśā paśyato muneḥ

yā—aquello que; *niśā*—es noche; *sarva*—todas; *bhūtānām*—de las entidades vivientes; *tasyām*—en eso; *jāgarti*—está despierto; *saṁyamī*—el autocontrolado; *yasyām*—en el cual; *jāgrati*—están despiertos; *bhūtāni*—todos los seres; *sā*—eso es; *niśā*—noche; *paśyataḥ*—para el introspectivo; *muneḥ*—sabio.

TRADUCCIÓN

Lo que es la noche para todos los seres, es el período en que el autocontrolado se despierta; y el período en que todos los seres se despiertan, es la noche para el sabio introspectivo.

SIGNIFICADO

Hay dos clases de hombres inteligentes. Uno es inteligente en relación con las actividades materiales para la complacencia de los sentidos, y el otro es introspectivo y se mantiene alerta en el cultivo de la autorrealización. Las actividades del sabio introspectivo, o del hombre sensato, son la noche para las personas absortas en lo material. Las personas materialistas permanecen dormidas en esa clase de noche, por no saber nada acerca de la autorrealización. El sabio introspectivo permanece alerta en la ''noche'' de los hombres materialistas. El sabio siente un placer trascendental en el adelanto gradual del cultivo espiritual, mientras que el hombre sumido en las actividades materialistas, encontrándose dormido para la autorrealización, sueña con diversos placeres sensuales, sintiéndose a veces feliz y a veces afligido en su condición dormida. El hombre introspectivo siempre se muestra indiferente a la felicidad y congoja materialistas. Él continúa con sus actividades de autorrealización, sin que lo perturben las reacciones materiales.

TEXTO 70

आपूर्यमाणमचलप्रतिष्ठं
समुद्रमापः प्रविशन्ति यद्वत् ।
तद्वत्कामा यं प्रविशन्ति सर्वे
स शान्तिमाप्नोति न कामकामी ॥७०॥

āpūryamāṇam acala-pratiṣṭhaṁ
samudram āpaḥ praviśanti yadvat
tadvat kāmā yaṁ praviśanti sarve
sa śāntim āpnoti na kāma-kāmī

āpūryamāṇam—siempre se está llenando; *acala-pratiṣṭham*—situado firmemente; *samudram*—el océano; *āpaḥ*—aguas; *praviśanti*—entran; *yadvat*—como;

tadvat—así; *kāmāḥ*—deseos; *yam*—al cual; *praviśanti*—entran; *sarve*—todos; *saḥ*—esa persona; *śāntim*—paz; *āpnoti*—logra; *na*—no; *kāma-kāmī*—aquel que desea satisfacer sus deseos.

TRADUCCIÓN

La persona que no se perturba por el incesante fluir de los deseos —que entran en ella como los ríos en el océano, el cual, aunque siempre se está llenando, permanece calmado—, es la única que puede encontrar la paz, y no el hombre que se esfuerza por satisfacer dichos deseos.

SIGNIFICADO

Aunque el vasto océano siempre está lleno de agua, no obstante siempre se sigue llenando con mucha más agua, especialmente durante la estación lluviosa. Pero el océano permanece igual, estable; no se agita, ni rebasa el límite de su borde. Eso también es cierto en el caso de una persona fija en el estado de conciencia de Kṛṣṇa. Mientras se tenga el cuerpo material, éste continuará con sus exigencias de complacer los sentidos. Sin embargo, al devoto no lo perturban tales deseos, gracias a su plenitud. A un hombre consciente de Kṛṣṇa no le hace falta nada, porque el Señor satisface todas sus necesidades materiales. Por consiguiente, él es como el océano: siempre está lleno en sí mismo. Los deseos puede que lleguen a él, tal como las aguas de los ríos que fluyen hacia el océano, pero él es estable en sus actividades, y los deseos de complacer los sentidos no lo perturban ni siquiera ligeramente. Ésa es la prueba que caracteriza a un hombre consciente de Kṛṣṇa: que ha perdido todas las inclinaciones hacia la complacencia material de los sentidos, aunque los deseos estén presentes. Como él permanece satisfecho en el trascendental servicio amoroso del Señor, puede permanecer estable, tal como el océano, y, en consecuencia, puede disfrutar de plena paz. Otros, sin embargo, que quieren complacer los deseos incluso hasta el límite de la liberación, para no hablar del éxito material, nunca encuentran ni siquiera la paz. Los trabajadores fruitivos, los salvacionistas, y también los *yogīs* que se hallan tras los poderes místicos, son todos infelices a causa de los deseos insatisfechos. Pero la persona con conciencia de Kṛṣṇa es feliz en el servicio del Señor, y no tiene ningún deseo que complacer. En efecto, ni siquiera desea liberarse del llamado cautiverio material. Los devotos de Kṛṣṇa no tienen deseo material alguno, y, por lo tanto, disfrutan de una paz perfecta.

TEXTO 71

विहाय कामान्यः सर्वान्पुमांश्चरति निःस्पृहः ।
निर्ममो निरहंकारः स शान्तिमधिगच्छति ॥७१॥

vihāya kāmān yaḥ sarvān
pumāṁś carati niḥspṛhaḥ
nirmamo nirahaṅkāraḥ
sa śāntim adhigacchati

vihāya—renunciando; *kāmān*—los deseos materiales de complacencia de los sentidos; *yaḥ*—el cual; *sarvān*—todos; *pumān*—una persona; *carati*—vive; *niḥspṛhaḥ*—sin deseos; *nirmamaḥ*—sin un sentido de posesión; *nirahaṅkāraḥ*—sin ego falso; *saḥ*—él; *śāntim*—paz perfecta; *adhigacchati*—logra.

TRADUCCIÓN

Sólo puede encontrar la verdadera paz la persona que ha renunciado a todos los deseos de complacer los sentidos, que vive libre de deseos, que ha renunciado a todo sentido de posesión y que está desprovista de ego falso.

SIGNIFICADO

Dejar de tener deseos significa no desear nada para complacer los sentidos. En otras palabras, desear algo para volverse consciente de Kṛṣṇa es, de hecho, no tener deseos. El estado perfecto de conciencia de Kṛṣṇa consiste en entender la verdadera posición de uno como servidor eterno de Kṛṣṇa, sin considerar falsamente que este cuerpo material es uno mismo y sin declararse falsamente propietario de nada en el mundo. Aquel que se halla en esta etapa perfecta sabe que, como Kṛṣṇa es el propietario de todo, todo debe emplearse para satisfacer a Kṛṣṇa. Arjuna, no quería pelear por la satisfacción de sus propios sentidos, pero cuando se volvió plenamente consciente de Kṛṣṇa, peleó porque Kṛṣṇa quería que lo hiciera. En lo que a él respecta, él no tenía ningún deseo de pelear, pero, por Kṛṣṇa, el mismo Arjuna peleó lo mejor que pudo. La verdadera ausencia de deseos la constituye el deseo de satisfacer a Kṛṣṇa, y no un esfuerzo artificial por abolir los deseos. La entidad viviente no puede estar exenta de deseos ni de sentidos, pero sí tiene que cambiar la calidad de los deseos. Una persona que no tiene deseos materiales, sabe sin duda que todo le pertenece a Kṛṣṇa (*īśāvāsyam idaṁ sarvam*), y, en consecuencia, no declara falsamente ser propietaria de nada. Ese conocimiento trascendental se basa en la autorrealización, es decir, en saber perfectamente bien que cada entidad viviente, en su identidad espiritual, es una parte integral y eterna de Kṛṣṇa, y que, por ende, la posición eterna de la entidad viviente nunca se halla en un nivel superior o igual al de Kṛṣṇa. Este concepto de conciencia de Kṛṣṇa es el principio básico de la verdadera paz.

TEXTO 72

एषा ब्राह्मी स्थितिः पार्थ नैनां प्राप्य विमुह्यति ।

स्थित्वास्यामन्तकालेऽपि ब्रह्मनिर्वाणमृच्छति ॥७२॥

eṣā brāhmī sthitiḥ pārtha
naināṁ prāpya vimuhyati
sthitvāsyām anta-kāle 'pi
brahma-nirvāṇam ṛcchati

eṣā—esta; *brāhmī*—espiritual; *sthitiḥ*—situación; *pārtha*—¡oh, hijo de Pṛthā!; *na*—nunca; *enam*—esto; *prāpya*—logrando; *vimuhyati*—uno se confunde; *sthitvā*—estando situado; *asyām*—en esto; *anta-kāle*—al final de la vida; *api*—también; *brahma-nirvāṇam*—el reino espiritual de Dios; *ṛcchati*—uno llega.

TRADUCCIÓN

Ése es el camino de la vida espiritual y divina. Después de llegar a ella, el hombre no se confunde. Si incluso a la hora de la muerte uno se encuentra en ese estado, puede entrar en el Reino de Dios.

SIGNIFICADO

Uno puede llegar al estado de conciencia de Kṛṣṇa, o de vida divina, de inmediato —en un segundo—, o puede que uno no alcance ese estado de vida ni siquiera después de millones de nacimientos. Es cuestión únicamente de comprender y aceptar el hecho. Khaṭvāṅga Mahārāja alcanzó ese estado de vida apenas unos cuantos minutos antes de morir, con sólo entregarse a Kṛṣṇa. *Nirvāṇa* significa terminar con el proceso de la vida materialista. De acuerdo con la filosofía budista, al completarse esta vida material sólo hay un vacío, pero *El Bhagavad-gītā* enseña algo diferente. La verdadera vida comienza después de que se termina esta vida material. Para el muy materialista es suficiente saber que uno tiene que terminar este modo materialista de vida, pero para las personas que están adelantadas espiritualmente hay otra vida después de esta vida materialista. Antes de terminar esta vida, si uno tiene la fortuna de volverse consciente de Kṛṣṇa, de inmediato alcanza la etapa de *brahma-nirvāṇa*. No hay diferencia entre el Reino de Dios y el servicio devocional del Señor. Como ambos se encuentran en el plano absoluto, estar dedicado al amoroso servicio trascendental del Señor es haber llegado al reino espiritual. En el mundo material hay actividades para la complacencia de los sentidos, mientras que en el mundo espiritual hay actividades de conciencia de Kṛṣṇa. Lograr el estado de conciencia de Kṛṣṇa, incluso durante esta vida, constituye el logro inmediato del Brahman, y aquel que se halla en el estado de conciencia de Kṛṣṇa, ciertamente que ya ha entrado en el Reino de Dios.

El Brahman es justo lo opuesto a la materia. Por eso, *brāhmī sthiti* significa "no en el plano de las actividades materiales". En *El Bhagavad-gītā*, el servicio devocional del Señor se acepta como la etapa liberada (*sa guṇān samatītyaitān brahma-bhūyāya kalpate*). Por consiguiente, *brāhmī sthiti* es la liberación del cautiverio material.

Śrīla Bhaktivinoda Ṭhākura ha dicho que este Segundo Capítulo de *El Bhagavad-gītā* resume el contenido del texto completo. Los temas de que trata *El Bhagavad-gītā* son: *karma-yoga, jñāna-yoga* y *bhakti-yoga*. En el Capítulo Dos se han discutido claramente el *karma-yoga* y el *jñāna-yoga*, y también se ha dado un vislumbre del *bhakti-yoga*, todo lo cual se ha presentado como resumen del contenido de todo el texto.

Así terminan los significados de Bhaktivedanta correspondientes al Segundo Capítulo de El Śrīmad Bhagavad-gītā, *en relación con su contenido.*

Capítulo Tres
KARMA-YOGA

TEXTO 1

अर्जुन उवाच
ज्यायसी चेत्कर्मणस्ते मता बुद्धिर्जनार्दन ।
तत्किं कर्मणि घोरे मां नियोजयसि केशव ॥ १ ॥

arjuna uvāca
jyāyasī cet karmaṇas te
matā buddhir janārdana
tat kiṁ karmaṇi ghore māṁ
niyojayasi keśava

arjunaḥ uvāca—Arjuna dijo; *jyāyasī*—mejor; *cet*—si; *karmaṇaḥ*—que la acción fruitiva; *te*—por Ti; *matā*—se considera; *buddhiḥ*—inteligencia; *janārdana*—¡oh, Kṛṣṇa!; *tat*—por lo tanto; *kim*—por qué; *karmaṇi*—en acción; *ghore*—horroroso; *mām*—mí; *niyojayasi*—haciendo que me ocupe; *keśava*—¡oh, Kṛṣṇa!

TRADUCCIÓN

Arjuna dijo: ¡Oh, Janārdana!, ¡oh, Keśava!, si consideras que la inteligencia es mejor que el trabajo fruitivo, ¿por qué quieres hacerme participar en esta horrible guerra?

SIGNIFICADO

En el capítulo anterior, la Suprema Personalidad de Dios, Śrī Kṛṣṇa, ha descrito muy minuciosamente la constitución del alma, con miras a salvar a Su íntimo amigo Arjuna del océano de la aflicción material. Y se ha recomendado el sendero de la comprensión cabal, *buddhi-yoga*, o el cultivo de conciencia de Kṛṣṇa. Algunas veces se cree erróneamente que el proceso de conciencia de Kṛṣṇa es inercia, y a menudo aquel que así lo cree se retira a un lugar solitario, para volverse plenamente consciente de Kṛṣṇa mediante el canto del santo nombre del Señor Kṛṣṇa. Mas, si no se está adiestrado en la filosofía del proceso de conciencia de Kṛṣṇa, no es recomendable ir a cantar el santo nombre de Kṛṣṇa en un lugar apartado, en el que es probable que uno sólo obtenga la adoración fácil de un público inocente. Arjuna también creyó que el proceso de conciencia de Kṛṣṇa, o *buddhi-yoga*, o la inteligencia aplicada al adelanto espiritual del conocimiento, era algo así como el retirarse de la vida activa y dedicarse a la práctica de penitencias y austeridades en un lugar apartado. En otras palabras, usando como excusa el proceso de conciencia de Kṛṣṇa, estaba tratando hábilmente de evitar el tener que pelear. Pero, como era un alumno sincero, le planteó el asunto a su maestro, y le preguntó a Kṛṣṇa cuál era la mejor manera de obrar. En respuesta a eso, en este Tercer Capítulo el Señor Kṛṣṇa explicó minuciosamente el *karma-yoga*, o el trabajo con conciencia de Kṛṣṇa.

TEXTO 2

व्यामिश्रेणेव वाक्येन बुद्धिं मोहयसीव मे ।
तदेकं वद निश्चित्य येन श्रेयोऽहमाप्नुयाम् ॥२॥

vyāmiśreṇeva vākyena
buddhiṁ mohayasīva me
tad ekaṁ vada niścitya
yena śreyo 'ham āpnuyām

vyāmśreṇa—con equívocas; *iva*—ciertamente; *vākyena*—palabras; *buddhim*—inteligencia; *mohayasi*—Tú estás confundiendo; *iva*—ciertamente; *me*—mi; *tat*—por lo tanto; *ekam*—sólo una; *vada*—por favor, di; *niścitya*—determinado; *yena*—mediante lo cual; *śreyaḥ*—verdadero beneficio; *aham*—yo; *āpnuyām*—pueda tener.

TRADUCCIÓN

Mi inteligencia se ha confundido con Tus ambiguas instrucciones, así que, por favor, dime en definitiva qué es lo más provechoso para mí.

SIGNIFICADO

Como un preludio a *El Bhagavad-gītā*, en el capítulo anterior se explicaron muchos senderos diferentes, tales como el *sāṅkhya-yoga*, el *buddhi-yoga*, el control de los sentidos mediante la inteligencia, el trabajo sin deseo fruitivo y la posición del neófito. Todo ello se presentó de un modo no sistemático. Para poder actuar y llegar a comprender todo, sería necesaria una descripción más organizada. Arjuna quería, pues, aclarar estas cosas aparentemente confusas, de modo que cualquier hombre común pudiera aceptarlas sin incurrir en malas interpretaciones. Aunque Kṛṣṇa no tenía intenciones de confundir a Arjuna con juegos de palabras, Arjuna no podía entender el proceso de conciencia de Kṛṣṇa —si se trataba de inercia o de servicio activo—. En otras palabras, con sus preguntas está despejando la senda de conciencia de Kṛṣṇa para todos los estudiantes que quieran comprender realmente el misterio de *El Bhagavad-gītā*.

TEXTO 3

श्रीभगवानुवाच
लोकेऽस्मिन्द्विविधा निष्ठा पुरा प्रोक्ता मयानघ ।
ज्ञानयोगेन साङ्ख्यानां कर्मयोगेन योगिनाम् ॥३॥

śrī-bhagavān uvāca
loke 'smin dvi-vidhā niṣṭhā
purā proktā mayānagha
jñāna-yogena sāṅkyānāṁ
karma-yogena yoginām

śrī-bhagavān uvāca—la Suprema Personalidad de Dios dijo; *loke*—en el mundo; *asmin*—éste; *dvi-vidhā*—dos clases de; *niṣṭhā*—fe; *purā*—anteriormente; *proktā*—se dijo; *mayā*—por Mí; *anagha*—¡oh, tú, el inmaculado!; *jñāna-yogena*—mediante el proceso vinculador del conocimiento; *sāṅkhyānām*—de los filósofos empíricos; *karma-yogena*—mediante el proceso vinculador de la devoción; *yoginām*—de los devotos.

TRADUCCIÓN

La Suprema Personalidad de Dios dijo: ¡Oh, inmaculado Arjuna!, ya he explicado que hay dos clases de hombres que tratan de comprender el ser. Algunos se inclinan a entenderlo mediante la comprensión filosófica empírica, y otros se inclinan a entenderlo mediante el servicio devocional.

SIGNIFICADO

En el Capítulo Dos, verso 39, el Señor explicó dos clases de procedimientos, a saber, el *sāṅkhya-yoga* y el *karma-yoga*, o *buddhi-yoga*. En este verso, el Señor explica lo mismo más claramente. *Sāṅkhya-yoga*, o el estudio analítico de la naturaleza del espíritu y la materia, es para personas que están inclinadas a especular y entender las cosas mediante el conocimiento experimental y la filosofía. La otra clase de hombres trabajan con conciencia de Kṛṣṇa, tal como se explica en el verso 61 del Capítulo Dos. El Señor también ha explicado en el verso 39 que, por el hecho de trabajar según los principios del *buddhi-yoga*, o el cultivo de conciencia de Kṛṣṇa, uno puede liberarse de las ataduras de la acción, y, lo que es más, el proceso no tiene ninguna imperfección. El mismo principio se explica más claramente en el verso 61: que este *buddhi-yoga* consiste en depender por entero del Supremo (o, más específicamente, de Kṛṣṇa), y, de ese modo, todos los sentidos pueden ser puestos bajo control muy fácilmente. Por lo tanto, ambos *yogas* son interdependientes, como la religión y la filosofía. La religión sin filosofía es sentimentalismo o, a veces, fanatismo, mientras que la filosofía sin religión es especulación mental. La meta última es Kṛṣṇa, porque los filósofos que también están buscando sinceramente la Verdad Absoluta, llegan por último al plano de conciencia de Kṛṣṇa. Esto también se afirma en *El Bhagavad-gītā*. Todo el proceso consiste en entender la verdadera posición del ser en relación con el Superser. El proceso indirecto es la especulación filosófica, mediante la cual, gradualmente, uno puede llegar al plano de conciencia de Kṛṣṇa. Y el otro proceso consiste en relacionarse directamente con todo lo perteneciente al plano de conciencia de Kṛṣṇa. De estos dos, el sendero de conciencia de Kṛṣṇa es mejor, porque no depende de la purificación de los sentidos a través de un proceso filosófico. El proceso de conciencia de Kṛṣṇa es de por sí el proceso purificador, y, en virtud del método directo del servicio devocional, el proceso es sencillo y sublime simultáneamente.

TEXTO 4

न कर्मणामनारम्भान्नैष्कर्म्यं पुरुषोऽश्नुते ।
न च संन्यसनादेव सिद्धिं समधिगच्छति ॥ ४ ॥

na karmaṇām anārambhān
naiṣkarmyaṁ puruṣo 'śnute
na ca sannyasanād eva
siddhiṁ samadhigacchati

na—sin; *karmaṇām*—de los deberes prescritos; *anārambhāt*—el incumplimiento; *naiṣkarmyam*—liberarse de la reacción; *puruṣaḥ*—un hombre; *aśnute*—logra; *na*—ni; *ca*—también; *sannyasanāt*— mediante la renunciación; *eva*—simplemente; *siddhim*—éxito; *samadhigacchati*—logra.

TRADUCCIÓN

Uno no puede liberarse de la reacción por el simple hecho de abstenerse

de trabajar, ni puede uno lograr la perfección únicamente por medio de la renunciación.

SIGNIFICADO

Se puede adoptar la orden de vida de renuncia cuando el cumplir con los deberes de la forma prescrita lo ha purificado a uno. Esos deberes únicamente se estipulan para purificar el corazón de los hombres materialistas. Si no hay purificación, no se puede lograr el éxito con la adopción precipitada de la cuarta orden de la vida (*sannyāsa*). Según los filósofos empíricos, simplemente con adoptar *sannyāsa*, o retirarse de las actividades fruitivas, uno se vuelve al instante igual que Nārāyaṇa. Pero el Señor Kṛṣṇa no aprueba este principio. Si no hay purificación del corazón, *sannyāsa* es simplemente una perturbación del orden social. En cambio, si alguien emprende el servicio trascendental del Señor, incluso sin desempeñar sus deberes prescritos, el Señor acepta lo poco que pueda adelantar en la causa (*buddhi-yoga*). *Sv-alpam api asya dharmasya trāyate mahato bhayāt*. Hasta una mínima ejecución de esos principios le permite a uno superar grandes dificultades.

TEXTO 5

न हि कश्चित्क्षणमपि जातु तिष्ठत्यकर्मकृत् ।
कार्यते ह्यवशः कर्म सर्वः प्रकृतिजैर्गुणैः ॥ ५ ॥

na hi kaścit kṣaṇam api
jātu tiṣṭhaty akarma-kṛt
kāryate hy avaśaḥ karma
sarvaḥ prakṛti-jair guṇaiḥ

na—ni; *hi*—indudablemente; *kaścit*—cualquiera; *kṣaṇam*—un momento; *api*—también; *jātu*—en cualquier momento; *tiṣṭhati*—permanece; *akarma-kṛt*—sin hacer algo; *kāryate*—forzado a hacer; *hi*—indudablemente; *avaśaḥ*—irremediablemente; *karma*—trabajo; *sarvaḥ*—todos; *prakṛti-jaiḥ*—nacido de las modalidades de la naturaleza material; *guṇaiḥ*—por las cualidades.

TRADUCCIÓN

Todo el mundo está forzado a actuar irremediablemente conforme a las cualidades que ha adquirido de las modalidades de la naturaleza material. Por lo tanto, nadie puede dejar de hacer algo, ni siquiera por un momento.

SIGNIFICADO

Es propio de la naturaleza del alma el estar activa siempre, y no es sólo una cuestión de la vida en el cuerpo. Sin la presencia del alma espiritual, el cuerpo material no se puede mover. El cuerpo es únicamente un vehículo muerto, que debe ser puesto en funcionamiento por el alma espiritual, la cual siempre está activa y no puede detenerse, ni siquiera por un momento. Debido a ello, el alma espiritual tiene que dedicarse al buen trabajo del proceso de conciencia de Kṛṣṇa, pues, de lo contrario, se va a dedicar a ocupaciones dictadas por la energía ilusoria. En contacto con la energía material, el alma espiritual contrae las modalidades materiales, y, para purificar al alma de esa clase de propensiones, es necesario ocuparse de la ejecución de los deberes prescritos que se estipulan en los *śāstras*. Pero si el alma se dedica a su función natural de conciencia de Kṛṣṇa, todo lo que sea capaz de hacer es bueno para ella. *El Śrīmad-Bhāgavatam* (1.5.17) afirma lo siguiente:

tyaktvā sva-dharmaṁ caraṇāmbujaṁ harer
bhajann apakvo 'tha patet tato yadi
yatra kva vābhadram abhūd amuṣya kiṁ
ko vārtha āpto 'bhajatāṁ sva-dharmataḥ

"Si alguien emprende el proceso de conciencia de Kṛṣṇa, aunque no siga los deberes que se prescriben en los *śāstras* ni ejecute el servicio devocional debidamente, y pese a que caiga del nivel que marca la pauta, ello no le hace perder nada ni le ocasiona ningún mal. Pero si alguien pone en práctica todo lo que los *śāstras* disponen para lograr la purificación, ¿de qué le vale si no está consciente de Kṛṣṇa?". Así que, el proceso purificatorio es necesario para llegar a ese punto de conciencia de Kṛṣṇa. Por consiguiente, *sannyāsa*, o cualquier otro proceso purificatorio, tiene por finalidad ayudar a alcanzar la meta última, que consiste en volverse consciente de Kṛṣṇa, sin lo cual se considera que todo es un fracaso.

TEXTO 6

कर्मेन्द्रियाणि संयम्य य आस्ते मनसा स्मरन् ।
इन्द्रियार्थान्विमूढात्मा मिथ्याचारः स उच्यते ॥६॥

karmendriyāṇi saṁyamya
ya āste manasā smaran
indriyārthān vimūḍhātmā
mithyācāraḥ sa ucyate

karma-indryāṇi—los cinco órganos de los sentidos para el trabajo; *saṁyamya*—controlando; *yaḥ*—cualquiera que; *āste*—permanezca; *manasā*—mediante la mente; *smaran*—pensando en; *indriyā-arthān*—objetos de los sentidos; *vimūḍha*—necio; *ātmā*—alma; *mithyā-ācāraḥ*—farsante; *saḥ*—él; *ucyate*—se le llama.

TRADUCCIÓN

Aquel que restringe los sentidos de la acción pero cuya mente mora en los objetos de los sentidos, sin duda que se engaña a sí mismo, y se lo conoce como un farsante.

SIGNIFICADO

Hay muchos farsantes que rehúsan trabajar de un modo consciente de Kṛṣṇa pero que hacen todo un espectáculo de meditación, mientras que, en realidad, moran mentalmente en el goce de los sentidos. Farsantes de esa índole puede que también hablen acerca de una árida filosofía a fin de embaucar a unos seguidores sofisticados, pero, de acuerdo con este verso, son los engañadores más grandes que existen. Para el goce de los sentidos, uno puede actuar en cualquiera de las posiciones del orden social, pero si uno sigue las reglas y regulaciones de su posición específica, puede ir progresando gradualmente en la purificación de su existencia. Mas, aquel que hace alarde de ser un *yogī*, mientras que de hecho se halla en busca de los objetos de la complacencia de los sentidos, debe ser conocido como el engañador más grande de todos, aunque a veces hable de filosofía. El conocimiento de ese pecador no tiene ningún valor, porque la energía ilusoria del Señor lo despoja de los efectos del mismo. La mente de semejante farsante siempre está impura, y, por lo tanto, su espectáculo de meditación yóguica no tiene ningún valor en absoluto.

TEXTO 7

यस्त्विन्द्रियाणि मनसा नियम्यारभतेऽर्जुन ।
कर्मेन्द्रियैः कर्मयोगमसक्तः स विशिष्यते ॥७॥

yas tv indriyāṇi manasā
niyamyārabhate 'rjuna
karmendriyaiḥ karma-yogam
asaktaḥ sa viśiṣyate

yaḥ—aquel que; *tu*—pero; *indriyāṇi*—los sentidos; *manasā*—por la mente; *niyamya*—regulando; *ārabhate*—comienza; *arjuna*—¡oh, Arjuna!; *karma-indriyaiḥ*—mediante los órganos activos de los sentidos; *karma-yogam*—devoción; *asaktaḥ*—sin apego; *saḥ*—él; *viśiṣyate*—es muchísimo mejor.

TRADUCCIÓN

En cambio, si una persona sincera trata de controlar con la mente los sentidos activos y comienza el karma-yoga [con conciencia de Kṛṣṇa] sin apego, es muy superior.

SIGNIFICADO

En vez de uno volverse un seudotrascendentalista para llevar una vida licenciosa y de disfrute de los sentidos, es muchísimo mejor permanecer dedicado a su propia ocupación y cumplir con el propósito de la vida, que consiste en liberarse del cautiverio material y entrar en el Reino de Dios. La principal *svārtha-gati*, o meta del bien propio, consiste en llegar a Viṣṇu. Toda la institución de *varṇa* y *āśrama* está hecha para ayudarnos a alcanzar esa meta de la vida. Una persona casada también puede alcanzar ese destino, mediante el servicio regulado que se realiza de un modo consciente de Kṛṣṇa. Para lograr la autorrealización, uno puede llevar una vida controlada, tal como se prescribe en los *śāstras*, continuar desempeñando su ocupación sin apego, y de ese modo progresar. Una persona sincera que siga ese método, está muchísimo mejor situada que el farsante que hace alarde de espiritualismo para engañar al público inocente. Un barrendero de la calle que sea sincero es muchísimo mejor que el meditador charlatán que sólo medita para ganarse la vida.

TEXTO 8

नियतं कुरु कर्म त्वं कर्म ज्यायो ह्यकर्मणः ।
शरीरयात्रापि च ते न प्रसिद्ध्येदकर्मणः ॥ ८ ॥

niyataṁ kuru karma tvaṁ
karma jyāyo hi akarmaṇaḥ
śarīra-yātrāpi ca te
na prasiddhyed akarmaṇaḥ

niyatam—prescritos; *kuru*—haz; *karma*—deberes; *tvam*—tú; *karma*—trabajo; *jyāyaḥ*—mejor; *hi*—ciertamente; *akarmaṇaḥ*—que ningún trabajo; *śarīra*—corporal; *yātrā*—manutención; *api*—incluso; *ca*—también; *te*—tu; *na*—nunca; *prasiddhyet*—se efectúa; *akarmaṇaḥ*—sin trabajo.

TRADUCCIÓN

Desempeña tu deber prescrito, pues hacerlo es mejor que no trabajar. Sin trabajar, uno no puede ni siquiera mantener el cuerpo físico.

SIGNIFICADO

Hay muchos seudomeditadores que se hacen pasar por personas de alta alcurnia, y grandes profesionales que afirman falsamente haber sacrificado todo con el propósito de avanzar en la vida espiritual. El Señor Kṛṣṇa no quería que Arjuna se convirtiera en un farsante. Más bien, el Señor deseaba que Arjuna desempeñara sus deberes prescritos, tal como se estipulan para los *kṣatriyas*. Arjuna era un hombre casado y un general del ejército, y, por consiguiente, para él era mejor permanecer en esa posición y ejecutar sus deberes religiosos, tal como se prescriben para el *kṣatriya* casado. Esa clase de actividades limpian gradualmente el corazón del hombre mundano y lo liberan de la contaminación material. La supuesta renunciación con la intención de ganarse la vida, nunca la aprueba el Señor, ni ninguna Escritura religiosa. Al fin y al cabo, uno tiene que mantener el cuerpo y el alma juntos mediante algún trabajo. El trabajo no se debe abandonar caprichosamente, sin la purificación de las propensiones materialistas. Cualquiera que se halle en el mundo material, está poseído sin duda de la impura propensión a enseñorearse de la naturaleza material o, en otras palabras, de la propensión a complacer los sentidos. Esa clase de propensiones contaminadas tienen que purificarse mediante los deberes prescritos, y si no se ha hecho, uno nunca debe tratar de convertirse en un supuesto trascendentalista, renunciando al trabajo y viviendo a costa de los demás.

TEXTO 9

यज्ञार्थात्कर्मणोऽन्यत्र लोकोऽयं कर्मबन्धनः ।
तदर्थं कर्म कौन्तेय मुक्तसङ्गः समाचर ॥९॥

yajñārthāt karmaṇo 'nyatra
loko 'yaṁ karma-bandhanaḥ
tad-arthaṁ karma kaunteya
mukta-saṅgaḥ samācara

yajña-arthāt—hecho únicamente para beneficio de Yajña, o Viṣṇu; *karmaṇaḥ*—trabajo hecho; *anyatra*—de lo contrario; *lokaḥ*—este mundo; *ayam*—éste; *karma-bandhanaḥ*—cautiverio por el trabajo; *tat*—de Él; *artham*—para beneficio de; *karma*—trabajo; *kaunteya*—¡oh, hijo de Kuntī!; *mukta-saṅgaḥ*—liberado de la asociación; *samācara*—hazlo a la perfección.

TRADUCCIÓN

El trabajo que se hace como un sacrificio en honor de Viṣṇu debe realizarse, pues, de lo contrario, el trabajo lo ata a uno a este mundo material. Así que, ¡oh, hijo de Kuntī!, desempeña tus deberes prescritos para la satisfacción de Él, y, de ese modo, siempre permanecerás libre del cautiverio.

SIGNIFICADO

Como uno tiene que trabajar hasta para la simple manutención del cuerpo, los deberes prescritos para una determinada posición social y una determinada calidad se han hecho de modo tal, que ese propósito pueda cumplirse. *Yajña* significa el Señor Viṣṇu, o las ejecuciones de sacrificio. Todas las ejecuciones de sacrificio también están hechas para la satisfacción del Señor Viṣṇu. Los *Vedas* estipulan: *yajño vai viṣṇuḥ*. En otras palabras, ya sea que uno realice los *yajñas* prescritos o sirva directamente al Señor Viṣṇu, cumple con el mismo propósito. El proceso de conciencia de Kṛṣṇa consiste, pues, en la ejecución de *yajña* tal como se prescribe en este verso. La institución *varṇāśrama* también apunta a la satisfacción del Señor Viṣṇu. *Varṇāśramācāravatā puruṣeṇa paraḥ pumān/ viṣṇur ārādhyate* (*El Viṣṇu Purāṇa* 3.8.8).

Luego uno tiene que trabajar para la satisfacción de Viṣṇu. Cualquier otro trabajo que se haga en este mundo material será la causa de cautiverio, ya que tanto el trabajo bueno como el malo tienen sus reacciones, y cualquier reacción ata al ejecutor. Por lo tanto, se tiene que trabajar de un modo consciente de Kṛṣṇa para satisfacer a Kṛṣṇa (o Viṣṇu), y mientras se realizan dichas actividades, uno se encuentra en una etapa liberada. En eso consiste el gran arte de realizar un trabajo, y al comienzo el proceso requiere de una guía muy experta. Uno debe, pues, actuar muy diligentemente bajo la guía experta de un devoto del Señor Kṛṣṇa, o bajo la instrucción directa del propio Señor Kṛṣṇa (bajo cuya instrucción Arjuna tuvo la oportunidad de trabajar). Nada se debe hacer para complacer los sentidos; más bien, todo se debe hacer en aras de la satisfacción de Kṛṣṇa. Esta práctica no sólo lo salvará a uno de la reacción del trabajo, sino que, además, lo elevará gradualmente al amoroso servicio trascendental del Señor, que es lo único que puede elevarlo a uno al Reino de Dios.

TEXTO 10

सहयज्ञाः प्रजाः सृष्ट्वा पुरोवाच प्रजापतिः ।
अनेन प्रसविष्यध्वमेष वोऽस्त्विष्टकामधुक् ॥१०॥

saha-yajñāḥ prajāḥ sṛṣṭvā
purovāca prajāpatiḥ
anena prasaviṣyadhvam
eṣa vo 'stv iṣṭa-kāma-dhuk

saha—junto con; *yajñāḥ*—sacrificios; *prajāḥ*—generaciones; *sṛṣṭvā*—creando; *purā*—antiguamente; *uvāca*—dijo; *prajā-patiḥ*—el Señor de las criaturas; *anena*—con esto; *prasaviṣyadhvam*—sean cada vez más prósperos; *eṣaḥ*—esto; *vaḥ*—ustedes; *astu*—que sea; *iṣṭa*—de todo lo deseable; *kāma-dhuk*—el que otorga.

TRADUCCIÓN

Al comienzo de la creación, el Señor de todas las criaturas produjo genera-

ciones de hombres y semidioses, junto con sacrificios en honor de Viṣṇu, y los bendijo, diciendo: "Sean felices mediante este yajña [sacrificio], porque su ejecución les concederá todo lo que puede desearse para vivir feliz y lograr la liberación".

SIGNIFICADO

La creación material que el Señor de las criaturas (Viṣṇu) ha hecho, es una oportunidad que se les ofrece a las almas condicionadas para regresar al hogar, regresar a Dios. Todas las entidades vivientes que se hallan en la creación material están condicionadas por la naturaleza material, por haber olvidado la relación que tienen con Viṣṇu, o Kṛṣṇa, la Suprema Personalidad de Dios. Los principios védicos tienen por objeto ayudarnos a entender esa relación eterna, tal como se declara en *El Bhagavad-gītā*: *vedaiś ca sarvair aham eva vedyaḥ*. El Señor dice que el propósito de los *Vedas* es entenderlo a Él. En los himnos védicos se dice: *patiṁ viśvasyātmeśvaram*. Por consiguiente, el Señor de las entidades vivientes es la Suprema Personalidad de Dios, Viṣṇu. En *El Śrīmad-Bhāgavatam* (2.4.20), Śrīla Śukadeva Gosvāmi también describe al Señor como *pati* de muchísimas maneras:

śriyaḥ-patir yajña-patiḥ prajā-patir
dhiyāṁ patir loka-patir dharā-patiḥ
patir gatiś cāndhaka-vṛṣṇi-sātvatāṁ
prasīdatāṁ me bhagavān satāṁ patiḥ

El *prajā-pati* es el Señor Viṣṇu, y Él es el Señor de todas las criaturas vivientes, de todos los mundos y de todas las bellezas, y el protector de todos. El Señor creó este mundo material para que las almas condicionadas pudieran aprender a ejecutar *yajñas* (sacrificios) en aras de la satisfacción de Viṣṇu, a fin de que, mientras estén en el mundo material, puedan vivir muy cómodamente y sin ansiedades, y después de que el presente cuerpo material se termine, puedan entrar en el Reino de Dios. Ése es el programa completo para el alma condicionada. Mediante la ejecución de *yajña*, las almas condicionadas gradualmente se vuelven conscientes de Kṛṣṇa, y se vuelven divinas en todos los aspectos. En esta era de Kali, las Escrituras védicas recomiendan el *saṅkīrtana-yajña* (el canto de los nombres de Dios), y ese sistema trascendental lo introdujo el Señor Caitanya para la redención de todos los hombres de esta época. El *saṅkīrtana-yajña* y el proceso de conciencia de Kṛṣṇa van de la mano. Al Señor Kṛṣṇa en Su forma devocional (como el Señor Caitanya), se lo menciona en *El Śrīmad-Bhāgavatam* (11.5.32) de la siguiente manera, con especial alusión al *saṅkīrtana-yajña*:

kṛṣṇa-varṇaṁ tviṣākṛṣṇaṁ
sāṅgopāṅgāstra-pārṣadam
yajñaiḥ saṅkīrtana-prāyair
yajanti hi su-medhasaḥ

"En esta Era de Kali, la gente que está dotada de suficiente inteligencia adorará al Señor mediante la ejecución del *saṅkīrtana-yajña*. El Señor estará acompañado por Sus asociados". Otros *yajñas* que se prescriben en las Escrituras védicas no son fáciles de ejecutar en esta era de Kali, pero el *saṅkīrtana-yajña* es sencillo y sublime para todos los propósitos, tal como se recomienda también en *El Bhagavad-gītā* (9.14).

TEXTO 11

देवान्भावयतानेन ते देवा भावयन्तु वः ।
परस्परं भावयन्तः श्रेयः परमवाप्स्यथ ॥ ११ ॥

devān bhāvayatānena
te devā bhāvayantu vaḥ
parasparaṁ bhāvayantaḥ
śreyaḥ param avāpsyatha

devān—semidioses; *bhāvayatā*—habiendo sido complacidos; *anena*—mediante ese sacrificio; *te*—esos; *devāḥ*—los semidioses; *bhāvayantu*—complacerán; *vaḥ*—a ustedes; *parasparam*—mutuamente; *bhāvayantaḥ*—complaciéndose entre sí; *śreyaḥ*—bendición; *param*—la suprema; *avāpsyatha*—lograrás.

TRADUCCIÓN

Los semidioses, estando complacidos con los sacrificios, también los complacerán a ustedes, y de ese modo, mediante la cooperación entre los hombres y los semidioses, reinará la prosperidad para todos.

SIGNIFICADO

Los semidioses son administradores de los asuntos materiales a quienes se les ha apoderado para ello. El suministro de aire, luz, agua y todas las demás bendiciones necesarias para mantener el cuerpo y el alma de cada entidad viviente, se les confía a los semidioses, que son innumerables asistentes de las diferentes partes del cuerpo de la Suprema Personalidad de Dios. Sus agrados y desagrados dependen de los *yajñas* que realiza el ser humano. Algunos de los *yajñas* tienen por objeto satisfacer a ciertos semidioses específicos, pero, incluso al así hacerlo, el Señor Viṣṇu es adorado en todos los *yajñas* como el beneficiario principal. También se afirma en *El Bhagavad-gītā* que el propio Señor Kṛṣṇa es el beneficiario de todas las clases de *yajñas*: *bhoktāraṁ yajña-tapasām*. Por consiguiente, el propósito principal de todos los *yajñas* es lograr la máxima satisfacción del *yajña-pati*. Cuando estos *yajñas* se realizan a la perfección, naturalmente los semidioses que están a cargo de los diferentes departamentos de abastecimiento se complacen, y no hay ninguna escasez en el suministro de los productos naturales.

La ejecución de *yajñas* tiene muchos beneficios secundarios que, en fin de cuentas, llevan a liberarse del cautiverio material. Mediante la ejecución de *yajñas*, se purifican todas las actividades, tal como se declara en los *Vedas*: *āhāra-śuddhau sattva-śuddhiḥ sattva-śuddhau dhruvā smṛtiḥ smṛti-lambhe sarva-granthīnāṁ vipra-mokṣaḥ*. Como se explicará en el verso siguiente, mediante la ejecución de *yajña* se santifican los comestibles de uno, y al ingerir alimentos santificados, se purifica la propia existencia de uno; con la purificación de la existencia, se santifican tejidos muy finos de la memoria, y cuando la memoria se santifica, se puede pensar en el sendero de la liberación; y todo esto en conjunto conduce al estado de conciencia de Kṛṣṇa, la gran necesidad de la sociedad actual.

TEXTO 12

इष्टान्भोगान्हि वो देवा दास्यन्ते यज्ञभाविताः ।
तैर्दत्तानप्रदायैभ्यो यो भुङ्क्ते स्तेन एव सः ॥ १२ ॥

iṣṭān bhogān hi vo devā
dāsyante yajña-bhāvitāḥ
tair dattān apradāyaibhyo
yo bhuṅkte stena eva saḥ

iṣṭān—deseadas; *bhogān*—cosas que se requieren en la vida; *hi*—indudablemente; *vaḥ*—a ustedes; *devāḥ*—los semidioses; *dāsyante*—conferirán; *yajña-bhāvitāḥ*—estando satisfechos por la ejecución de sacrificios; *taiḥ*—por ellos; *dattān*—cosas dadas; *apradāya*—si no se ofrece; *ebhyaḥ*—a estos semidioses; *yaḥ*—aquel que; *bhuṅkte*—disfruta; *stenaḥ*—ladrón; *eva*—indudablemente; *saḥ*—él.

TRADUCCIÓN

Al ser complacidos mediante la ejecución de yajñas [sacrificios], los semidioses, que están a cargo de satisfacer las diversas necesidades de la vida, les proveerán a ustedes de todo lo que necesiten. Pero aquel que disfruta de esos regalos sin ofrecérselos a su vez a los semidioses, es sin duda un ladrón.

SIGNIFICADO

Los semidioses son agentes proveedores autorizados que actúan en el nombre de la Suprema Personalidad de Dios, Viṣṇu. Por consiguiente, se los debe satisfacer mediante la ejecución de *yajñas* prescritos. En los *Vedas* se prescriben diferentes clases de *yajñas* para diferentes clases de semidioses, pero todos se le ofrecen, en definitiva, a la Suprema Personalidad de Dios. A aquel que no puede entender qué es la Personalidad de Dios, se le recomienda el sacrificio en honor de los semidioses. Conforme a las diferentes cualidades materiales de las personas en cuestión, en los *Vedas* se recomiendan diferentes tipos de *yajñas*. La adoración de diferentes semidioses también se realiza en base a lo mismo, es decir, conforme a las diferentes cualidades. Por ejemplo, a la gente que come carne se le recomienda adorar a la diosa Kali, la horrorosa forma de la naturaleza material, y se recomienda el sacrificio de animales ante la diosa. Pero para aquellos que se hallan bajo la influencia de la modalidad de la bondad, se recomienda la adoración trascendental de Viṣṇu. En fin de cuentas, todos los *yajñas* tienen por objeto la gradual promoción a la posición trascendental. Para los hombres ordinarios son necesarios al menos cinco *yajñas*, conocidos como *pañca-mahā-yajña*.

Uno debe saber, sin embargo, que todas las cosas que la sociedad humana requiere en la vida las suministran los agentes semidioses del Señor. Nadie puede manufacturar nada. Tómense, por ejemplo, todos los comestibles de la sociedad humana. Éstos comprenden los granos, las frutas, los vegetales, la leche, el azúcar, etc., para las personas que se hallan bajo el control de la modalidad de la bondad, y también comestibles para los no vegetarianos, tales como las carnes, ninguno de los cuales puede ser fabricado por el hombre. Luego, además, tómense por ejemplo el calor, la luz, el agua, el aire, etc., que también son cosas que necesitamos en la vida: ninguno de ellos puede fabricarlo la sociedad humana. Sin el Señor Supremo no puede haber una profusión de luz del Sol, luz de la Luna, lluvia, brisa, etc., y sin esto nadie puede vivir. Obviamente, nuestra vida depende de provisiones que proceden del Señor. Incluso para nuestras empresas manufactureras requerimos de muchísimas materias primas, tales como el metal, el azufre, el mercurio, el manganeso y muchísimos otros elementos fundamentales, todos los cuales los suministran los agentes del Señor; esto es con el propósito de que hagamos el debido uso de ellos para mantenernos aptos y sanos en aras de la autorrealización, lo cual conduce a la meta última de la vida, es decir, el liberarse de la lucha material por la existencia. Este objetivo de la vida se logra mediante la ejecución de *yajñas*. Si olvidamos el propósito de la vida humana y simplemente tomamos provisiones que nos dan los agentes del Señor, las usamos para la complacencia de los sentidos y nos quedamos cada vez más enredados en la existencia material —lo cual no constituye la finalidad de la creación—, sin duda que nos convertimos en ladrones y, por consiguiente, somos castigados por las leyes de la naturaleza material. Una sociedad de ladrones nunca puede ser feliz, porque no tiene ningún objetivo en la vida. Los hombres ladrones y muy materialistas no tienen ninguna meta última en la vida: simplemente se dirigen hacia la complacencia de los sentidos. Y ellos tampoco saben cómo realizar *yajñas*. El Señor Caitanya, sin embargo, inauguró el *yajña* más fácil de realizar, es decir, el *saṅkīrtana-yajña*, que puede ser ejecutado por cualquier persona del mundo que acepte los principios del proceso de conciencia de Kṛṣṇa.

TEXTO 13

यज्ञशिष्टाशिनः सन्तो मुच्यन्ते सर्वकिल्बिषैः ।
भुञ्जते ते त्वघं पापा ये पचन्त्यात्मकारणात् ॥ १३ ॥

yajña-śiṣṭāśinaḥ santo
mucyante sarva-kilbiṣaiḥ
bhuñjate te tv agham pāpā
ye pacanty ātma-kāraṇāt

yajña-śiṣṭa—de comida que se toma después de la ejecución de un *yajña*; *aśinaḥ*—los que comen; *santaḥ*—los devotos; *mucyante*—se liberan; *sarva*—toda clase de; *kilbiṣaiḥ*—de los pecados; *bhuñjate*—disfrutan; *te*—ellos; *tu*—pero; *agham*—graves pecados; *pāpāḥ*—pecadores; *ye*—esos; *pacanti*—preparan comida; *ātma-kāraṇāt*—para el disfrute de los sentidos.

TRADUCCIÓN

Los devotos del Señor se liberan de toda clase de pecados, porque ingieren comida que primero se ha ofrecido en sacrificio. Los demás, que preparan comidas sólo para el disfrute personal de los sentidos, en verdad comen únicamente pecados.

SIGNIFICADO

Los devotos del Señor Supremo, o las personas en estado de conciencia de Kṛṣṇa, reciben el nombre de *santas**, y siempre están enamorados del Señor, tal como se describe en *El Brahma-saṁhitā* (5.38): *premāñjana-cchurita-bhakti-vilocanena santaḥ sadaiva hṛdayeṣu vilokayanti*. Como los *santas* tienen siempre un pacto de amor con la Suprema Personalidad de Dios, Govinda (el dador de todos los placeres), o Mukunda (el dador de la liberación), o Kṛṣṇa (la persona supremamente atractiva), no pueden aceptar nada sin ofrecérselo primero a la Persona Suprema. Por consiguiente, dichos devotos siempre celebran *yajñas* en las diferentes formas del servicio devocional, tales como *śravaṇam, kīrtanam, smaraṇam, arcanam*, etc., y esas ejecuciones de *yajñas* siempre los mantienen apartados de toda clase de contaminaciones producto de la asociación pecaminosa en el mundo material. Los demás, que preparan comidas para la complacencia personal o la complacencia de los sentidos, además de ser ladrones, también son consumidores de toda clase de pecados. ¿Cómo puede alguien ser feliz si es tanto ladrón como pecador? No es posible que lo sea. Por lo tanto, para que la gente se

---

**N. del T.:* Palabra sánscrita que es sinónimo de su homónima en español.

vuelva feliz en todos los aspectos, debe enseñársele a realizar el sencillo proceso de *saṅkīrtana-yajña*, con plena conciencia de Kṛṣṇa. De lo contrario, no puede haber paz ni felicidad en el mundo.

TEXTO 14

अन्नाद्भवन्ति भूतानि पर्जन्यादन्नसंभवः ।
यज्ञाद्भवति पर्जन्यो यज्ञः कर्मसमुद्भवः ॥ १४ ॥

annād bhavanti bhūtāni
parjanyād anna-sambhavaḥ
yajñād bhavati parjanyo
yajñaḥ karma-samudbhavaḥ

annāt—de los granos; *bhavanti*—crecen; *bhūtāni*—los cuerpos materiales; *parjanyāt*—de las lluvias; *anna*—de granos alimenticios; *sambhavaḥ*—producción; *yajñāt*—de la ejecución de sacrificio; *bhavati*—se vuelven realidad; *parjanyaḥ*—lluvias; *yajñaḥ*—ejecución de *yajña*; *karma*—deberes prescritos; *samudbhavaḥ*—nacido de.

TRADUCCIÓN

Todos los cuerpos vivos subsisten a base de granos alimenticios, los cuales se producen como resultado de las lluvias. Las lluvias se producen como resultado de la ejecución de yajña [sacrificio], y el yajña nace de los deberes prescritos.

SIGNIFICADO

Śrīla Baladeva Vidyābhūṣaṇa, un gran comentarista de *El Bhagavad-gītā*, escribe lo siguiente: *ya indrādy-aṅgatayāvasthitaṁ yajñaṁ sarveśvaraṁ viṣṇum abhyarcya tac cheśam aśnanti tena tad deha-yantraṁ sampādayanti, te santaḥ sarveśvarasya yajña-puruṣasya bhaktāḥ sarva-kilbiṣair anādi-kāla-vivṛddhair ātmānubhava-pratibandhakair nikhilaiḥ pāpair vimucyante*. El Señor Supremo, a quien se lo conoce como el *yajña-puruṣa*, o el beneficiario personal de todos los sacrificios, es el amo de todos los semidioses, que lo sirven del mismo modo en que los diferentes miembros del cuerpo sirven al cuerpo. Semidioses tales como Indra, Candra y Varuṇa son funcionarios designados para la administración de los asuntos materiales, y los *Vedas* ordenan la ejecución de sacrificios para satisfacer a esos semidioses, de modo que ellos sientan el agrado de suministrar aire, luz y agua en cantidades suficientes para producir granos alimenticios. Cuando se adora al Señor Kṛṣṇa, automáticamente se adora también a los semidioses, que son diferentes miembros del cuerpo del Señor; en consecuencia, no hay ninguna necesidad de adorar a los semidioses separadamente. Por esa razón, los devotos del Señor, quienes se encuentran en el plano de conciencia de Kṛṣṇa, le ofrecen comida a Kṛṣṇa y luego comen, lo cual es un proceso que nutre al cuerpo espiritualmente. Mediante esa acción no sólo se eliminan del cuerpo las pasadas reacciones pecaminosas, sino que, además, el mismo queda inmunizado contra toda contaminación de la naturaleza material. Cuando hay una epidemia, una vacuna antiséptica protege del contagio a la persona. De la misma forma, la comida que se le ofrece al Señor Viṣṇu y que luego ingerimos, nos vuelve suficientemente resistentes a la afección material, y aquel que está acostumbrado a esa práctica es conocido como devoto del Señor. Por consiguiente, una persona con conciencia de Kṛṣṇa, que come únicamente comida ofrecida a Kṛṣṇa, puede contrarrestar todas las reacciones de infecciones materiales pasadas, que son impedimentos para el progreso de la autorrealización. Por otra parte, aquel que no lo hace continúa aumentando el volumen de la acción pecaminosa, y ello prepara el siguiente cuerpo, semejante al de los cerdos y los perros, para sufrir las reacciones resultantes de todos los pecados. El mundo material está lleno de contaminaciones, y aquel que se inmuniza mediante el hecho de aceptar *prasādam* del Señor (comida ofrecida a Viṣṇu), se salva del ataque, mientras que aquel que no lo hace, queda sometido a la contaminación.

Los granos alimenticios y los vegetales son los verdaderos alimentos. El ser humano come diferentes clases de granos alimenticios, vegetales, frutas, etc., y los animales comen los desperdicios de los granos alimenticios y los vegetales, el pasto, las plantas, etc. Los seres humanos que están acostumbrados a comer carne, para comerse a los animales tienen que depender también de la producción de vegetación. Así pues, en definitiva, tenemos que depender de la producción del campo y no de la producción de grandes fábricas. La producción agrícola depende de que del cielo caigan suficientes lluvias, y a dichas lluvias las controlan semidioses tales como Indra, el Sol, la Luna, etc., y todos ellos son sirvientes del Señor. Al Señor se le puede satisfacer mediante sacrificios; luego aquel que no puede celebrarlos, se tendrá que enfrentar con la escasez: ésa es la ley de la naturaleza. Por consiguiente, para salvarnos al menos de la escasez de alimentos, se debe ejecutar *yajña*, específicamente el *saṅkīrtana-yajña* prescrito para esta era.

TEXTO 15

कर्म ब्रह्मोद्भवं विद्धि ब्रह्माक्षरसमुद्भवम् ।
तस्मात्सर्वगतं ब्रह्म नित्यं यज्ञे प्रतिष्ठितम् ॥ १५ ॥

karma brahmodbhavaṁ viddhi
brahmākṣara-samudbhavam
tasmāt sarva-gataṁ brahma
nityaṁ yajñe pratiṣṭhitam

karma—trabajo; *brahma*—de los *Vedas*; *udbhavam*—producidos como resultado de; *viddhi*—has de saber; *brahma*—los *Vedas*; *akṣara*—del Brahman Supremo (la Personalidad de Dios); *samudbhavam*—manifestado directamente; *tasmāt*—por consiguiente; *sarva-gatam*—omnipresente; *brahma*—trascendencia; *nityam*—eternamente; *yajñe*—en sacrificio; *pratiṣṭhitam*—situado.

TRADUCCIÓN

Las actividades reguladas se prescriben en los Vedas, y los Vedas proceden directamente de la Suprema Personalidad de Dios. Por lo tanto, la trascendencia omnipresente se encuentra situada eternamente en los actos de sacrificio.

SIGNIFICADO

El *yajñārtha-karma*, o la necesidad de trabajar sólo para la satisfacción de Kṛṣṇa, se enuncia en este verso de un modo más explícito. Si tenemos que trabajar para la satisfacción del *yajña-puruṣa*, Viṣṇu, tenemos entonces que encontrar las indicaciones acerca del trabajo en el plano del Brahman, es decir, los trascendentales *Vedas*. Los *Vedas* son, pues, códigos de instrucciones de trabajo. Todo lo que se realiza sin la indicación de los *Vedas* se denomina *vikarma*, o trabajo desautorizado o pecaminoso. Por consiguiente, uno debe recibir siempre la indicación de los *Vedas*, para estar a salvo de la reacción del trabajo. Así como en la vida ordinaria uno tiene que trabajar bajo la dirección del Estado, de igual modo uno tiene que trabajar bajo la dirección del Estado supremo del Señor. Esas indicaciones de los *Vedas* se manifiestan directamente con la respiración de la Suprema Personalidad de Dios. Se dice: *asya mahato bhūtasya niśvasitam etad yad ṛg-vedo yajur-vedaḥ sāma-vedo 'tharvāṅgirasaḥ*, "Los cuatro *Vedas*, es decir, *El Ṛg Veda, El Yajur Veda, El Sāma Veda* y *El Atharva Veda*, son todos emanaciones de la respiración de la gran Personalidad de Dios" (*El Bṛhad-āraṇyaka Upaniṣad* 4.5.11). El Señor, siendo omnipotente, puede hablar por medio de la exhalación de aire, ya que, tal como se confirma en *El Brahma-saṁhitā*, el Señor tiene la omnipotencia de realizar a través de cada uno de los sentidos, las acciones de todo el resto de ellos. En otras palabras, el Señor puede hablar mediante Su respiración, y puede fecundar con los ojos. En efecto, se dice que Él le lanzó una mirada a la naturaleza material y así engendró a todas las entidades vivientes. Después de crear o impregnar a las almas condicionadas en el vientre de la naturaleza material, el Señor, a través de la sabiduría védica, dio Sus indicaciones en lo referente a la manera en que esas almas condicionadas pueden regresar al hogar, de vuelta a Dios. Siempre debemos recordar que todas las almas condicionadas que se encuentran en la naturaleza material, están ansiosas de disfrutar de lo material. Pero las instrucciones védicas están hechas de modo tal, que uno pueda satisfacer sus deseos pervertidos, y luego regresar a Dios una vez que ha terminado con su mal llamado disfrute. Se trata de una oportunidad que se les da a las almas condicionadas para que logren la liberación; así pues, las almas condicionadas deben tratar de seguir el proceso de *yajña*, mediante el hecho de volverse conscientes de Kṛṣṇa. Incluso aquellos que no han seguido los mandamientos védicos pueden adoptar los principios del proceso de conciencia de Kṛṣṇa, y eso tomará el lugar de la ejecución de los *yajñas* o *karmas* védicos.

TEXTO 16

एवं प्रवर्तितं चक्रं नानुवर्तयतीह यः ।
अघायुरिन्द्रियारामो मोघं पार्थ स जीवति ॥१६॥

evaṁ pravartitaṁ cakraṁ
nānuvartayatīha yaḥ
aghāyur indiryārāmo
moghaṁ pārtha sa jīvati

evam—así; *pravartitam*—establecido por los *Vedas*; *cakram*—ciclo; *na*—no; *anuvartayati*—adopta; *iha*—en esta vida; *yaḥ*—aquel que; *agha-āyuḥ*—cuya vida está llena de pecados; *indriya-ārāmaḥ*—satisfecho con la complacencia de los sentidos; *mogham*—inútilmente; *pārtha*—¡oh, hijo de Pṛthā (Arjuna)!; *saḥ*—él; *jīvati*—vive.

TRADUCCIÓN

Mi querido Arjuna, aquel que en la vida humana no sigue el ciclo de sacrificios establecido así por los Vedas, lleva ciertamente una vida llena de pecado. Dicha persona vive en vano, porque sólo vive para la satisfacción de los sentidos.

SIGNIFICADO

El Señor condena aquí la filosofía de la concupiscencia, o de trabajar muy duro y disfrutar de la complacencia de los sentidos. Por lo tanto, para aquellos que quieren disfrutar de este mundo material, el mencionado ciclo de ejecución de *yajñas* es absolutamente necesario. Aquel que no sigue esas regulaciones lleva una vida muy arriesgada, condenándose cada vez más. Por ley de la naturaleza. esta forma humana de vida está hecha específicamente para la autorrealización, de cualquiera de las tres maneras —es decir, *karma-yoga, jñāna-yoga* o *bhakti-yoga*—. Los trascendentalistas que están por encima del vicio y la virtud no tienen que seguir rígidamente las celebraciones de los *yajñas* prescritos; pero es menester que aquellos que están dedicados a la complacencia de los sentidos se purifiquen mediante el ciclo de ejecuciones de *yajñas* anteriormente mencionado.

Hay diferentes clases de actividades. Aquellos que no están conscientes de Kṛṣṇa, están sin duda inmersos en el estado de conciencia sensual; por ende, es necesario que ejecuten trabajo piadoso. El sistema de *yajña* está hecho de modo tal, que las personas con conciencia sensual puedan satisfacer sus deseos, sin quedar enredadas en la reacción del trabajo de complacencia sensual. La prosperidad del mundo no depende de nuestros propios esfuerzos, sino del plan de fondo del Señor Supremo, que es llevado a cabo directamente por los semidioses. De manera que, los *yajñas* apuntan directamente a los semidioses en particular que se mencionan en los *Vedas*. Indirectamente, constituyen la práctica de conciencia de Kṛṣṇa, porque cuando uno llega a dominar la celebración de *yajñas*, es seguro que se vuelve consciente de Kṛṣṇa. Pero si mediante la ejecución de *yajñas* uno no se vuelve consciente de Kṛṣṇa, esos principios se consideran únicamente códigos morales. Uno no debe, entonces, limitar su progreso y llevarlo únicamente hasta el punto de los códigos morales, sino que debe trascender éstos, para llegar al estado de conciencia de Kṛṣṇa.

TEXTO 17

यस्त्वात्मरतिरेव स्यादात्मतृप्तश्च मानवः ।
आत्मन्येव च संतुष्टस्तस्य कार्यं न विद्यते ॥१७॥

yas tv ātma-ratir eva syād
ātma-tṛptaś ca mānavaḥ
ātmany eva ca santuṣṭas
tasya kāryaṁ na vidyate

yaḥ—aquel que; *tu*—pero; *ātma-ratiḥ*—complaciéndose en el ser; *eva*—indudablemente; *syāt*—permanece; *ātma-tṛptaḥ*--autoiluminado; *ca*—y; *mānavaḥ*—un hombre; *ātmani*—en sí mismo; *eva*—únicamente; *ca*—y; *santuṣṭaḥ*—totalmente saciado; *tasya*—su; *kāryam*—deber; *na*—no; *vidyate*—existe.

TRADUCCIÓN

Pero para aquel cuyo disfrute proviene del ser, cuya vida humana está dedicada a la comprensión del ser y a quien únicamente lo satisface el ser —saciado plenamente—, para él no hay ningún deber.

SIGNIFICADO

Una persona que está *plenamente* consciente de Kṛṣṇa y a quien la satisfacen plenamente sus actos de conciencia de Kṛṣṇa, deja de tener deberes que ejecutar. Debido a su estado de conciencia de Kṛṣṇa, toda falta interna de piedad se limpia instantáneamente, efecto éste equivalente al de muchísimos miles de ejecuciones de *yajñas*. Mediante esa limpieza de conciencia, uno llega a estar plenamente convencido de su posición eterna en relación con el Supremo. Su deber queda así autoiluminado, por la gracia del Señor, y, en consecuencia, se dejan de tener obligaciones para con los mandamientos védicos. Esa persona consciente de Kṛṣṇa deja de estar interesada en las actividades materiales, y deja de sentir placer en cuestiones materiales tales como el vino, las mujeres y atracciones similares.

TEXTO 18

नैव तस्य कृतेनार्थो नाकृतेनेह कश्चन ।
न चास्य सर्वभूतेषु कश्चिदर्थव्यपाश्रयः ॥१८॥

naiva tasya kṛtenārtho
nākṛteneha kaścana
na cāsya sarva-bhūteṣu
kaścid artha-vyapāśrayaḥ

na—nunca; *eva*—indudablemente; *tasya*—su; *kṛtena*—mediante el cumplimiento del deber; *arthaḥ*—propósito; *na*—no; *akṛtena*—sin cumplir con el deber; *iha*—en este mundo; *kaścana*—cualquier; *na*—nunca; *ca*—y; *asya*—de él; *sarva-bhūteṣu*—todos los seres vivientes; *kaścit*—cualquier; *artha*—propósito; *vyapāśrayaḥ*—refugiándose en.

TRADUCCIÓN

Un hombre autorrealizado no tiene ningún propósito que cumplir con el desempeño de sus deberes prescritos, ni tiene ninguna razón para no realizar dicho trabajo. Ni tampoco tiene él ninguna necesidad de depender de ningún otro ser viviente.

SIGNIFICADO

Un hombre autorrealizado ya no está obligado a desempeñar ningún deber prescrito, con la única excepción de las actividades de conciencia de Kṛṣṇa. Y el proceso de conciencia de Kṛṣṇa no es inactividad, tal como se explicará en los versos siguientes. El hombre consciente de Kṛṣṇa no se refugia en ninguna persona, ni hombre, ni semidiós. Todo lo que hace en el estado de conciencia de Kṛṣṇa es suficiente para cumplir con sus obligaciones.

TEXTO 19

तस्मादसक्तः सततं कार्यं कर्म समाचर ।
असक्तो ह्याचरन्कर्म परमाप्नोति पूरुषः ॥१९॥

tasmād asaktaḥ satataṁ
kāryaṁ karma samācara
asakto hy ācaran karma
param āpnoti pūruṣaḥ

tasmāt—por lo tanto; *asaktaḥ*—sin apego; *satatam*—constantemente; *kāryam*—como deber; *karma*—trabajo; *samācara*—realiza; *asaktaḥ*—desapegado; *hi*—ciertamente; *ācaran*—realizando; *karma*—trabajo; *param*—el Supremo; *āpnoti*—alcanza; *pūruṣaḥ*—un hombre.

TRADUCCIÓN

Por lo tanto, sin estar apegado a los frutos de las actividades, uno debe actuar como una cuestión de deber, pues, por trabajar sin apego, uno llega al Supremo.

SIGNIFICADO

El Supremo es, para los devotos, la Personalidad de Dios, y para el impersonalista, la liberación. Por consiguiente, una persona que actúa para Kṛṣṇa, o con conciencia de Kṛṣṇa, bajo la guía debida y sin apego al resultado del trabajo, es seguro que está progresando hacia la meta suprema de la vida. A Arjuna se le dice que debe pelear en la Batalla de Kurukṣetra por los intereses de Kṛṣṇa, porque Kṛṣṇa quería que peleara. Ser un hombre bueno o no violento constituye un apego personal, pero actuar en nombre del Supremo es actuar sin apego al resultado. Ésa es la acción perfecta del más alto grado, recomendada por la Suprema Personalidad de Dios, Śrī Kṛṣṇa.

Los rituales védicos, tales como los sacrificios prescritos, se realizan para la purificación de las actividades impías que se hacen en el campo de la complacencia de los sentidos. Pero la acción con conciencia de Kṛṣṇa es trascendental a las reacciones del trabajo bueno o malo. La persona consciente de Kṛṣṇa no está apegada a un resultado, sino que actúa únicamente en el nombre de Kṛṣṇa. Ella se dedica a toda clase de actividades, pero está completamente desapegada.

TEXTO 20

कर्मणैव हि संसिद्धिमास्थिता जनकादयः ।
लोकसंग्रहमेवापि संपश्यन्कर्तुमर्हसि ॥ २० ॥

karmaṇaiva hi saṁsiddhim
āsthitā janakādayaḥ
loka-saṅgraham evāpi
sampaśyan kartum arhasi

karmaṇā—mediante el trabajo; *eva*—incluso; *hi*—indudablemente; *saṁsiddhim*—en la perfección; *āsthitāḥ*—situado; *janaka-ādayaḥ*—Janaka y otros reyes; *loka-saṅgraham*—para el bien de la gente en general; *eva*—además; *api*—para; *sampaśyan*—considerando; *kartum*—actuar; *arhasi*—mereces.

TRADUCCIÓN

Reyes tales como Janaka lograron la perfección únicamente mediante la ejecución de los deberes prescritos. Por consiguiente, debes realizar tu trabajo sólo para educar a la gente en general.

SIGNIFICADO

Los reyes tales como Janaka eran todos almas autorrealizadas; en consecuencia, no estaban obligados a ejecutar los deberes que se prescriben en los *Vedas*. Sin embargo, ellos realizaban todas las actividades prescritas, tan sólo para darle el ejemplo a la gente en general. Janaka era el padre de Sītā y el suegro del Señor Śrī Rāma. Como él era un gran devoto del Señor, estaba en una posición trascendental, pero, debido a que era el rey de Mithilā (una subdivisión de la provincia Bihar de la India), tenía que enseñarles a sus súbditos a ejecutar los deberes prescritos. Tanto el señor Kṛṣṇa como Arjuna, el amigo eterno del Señor, no tenían necesidad de pelear en la Batalla de Kurukṣetra, pero lo hicieron para enseñarle a la gente en general que la violencia también es necesaria en una situación en la que los buenos argumentos fallan. Antes de la Batalla de Kurukṣetra, incluso la Suprema Personalidad de Dios hizo todo lo posible por evitar la guerra, pero el otro bando estaba decidido a pelear. De modo que, ante una causa tan justa como ésa, es necesario pelear. Aunque la persona en estado de conciencia de Kṛṣṇa no tenga ningún interés en el mundo, no obstante trabaja, para enseñarle a la gente a vivir y a actuar. Personas experimentadas en el cultivo de conciencia de Kṛṣṇa pueden actuar de modo tal que otras las sigan, y ello se explica en el verso siguiente.

TEXTO 21

यद्यदाचरति श्रेष्ठस्तत्तदेवेतरो जनः ।
स यत्प्रमाणं कुरुते लोकस्तदनुवर्तते ॥ २१ ॥

yad yad ācarati śreṣṭhas
tat tad evetaro janaḥ
sa yat pramāṇaṁ kurute
lokas tad anuvartate

yat yat—cualquier; *ācarati*—él hace; *śreṣṭhaḥ*—un líder respetable; *tat*—eso;

tat—y sólo eso; *eva*—indudablemente; *itaraḥ*—común; *janaḥ*—persona; *saḥ*—él; *yat*—cualquier; *pramāṇam*—ejemplo; *kurute*—que realiza; *lokaḥ*—todo el mundo; *tat*—eso; *anuvartate*—sigue los pasos.

TRADUCCIÓN

Los hombres comunes siguen los pasos de un gran hombre, sea cual fuere la acción que éste ejecute. Y cualesquiera que sean las pautas que él establezca mediante actos ejemplares, el mundo entero las sigue.

SIGNIFICADO

La generalidad de la gente siempre requiere de un líder que pueda enseñarle por medio de su comportamiento en la práctica. Un líder no puede enseñarle a la gente a dejar de fumar, si él mismo fuma. El Señor Caitanya dijo que un maestro debe comportarse correctamente, incluso antes de empezar a enseñar. Aquel que enseña de esa manera recibe el nombre de *ācārya*, o maestro ideal. Por lo tanto, un maestro debe seguir los principios del *śāstra* (la Escritura), para enseñarle al hombre común. El maestro no puede inventar reglas que vayan en contra de los principios de las Escrituras reveladas. Las Escrituras reveladas, tales como *El Manu-saṁhitā* y otras similares, se consideran los libros modelo que debe seguir la sociedad humana. Así pues, la enseñanza del líder debe estar basada en los principios de esos *śāstras* modelo. Aquel que desee perfeccionarse, debe seguir las reglas que sirven de pauta tal como las practican los grandes maestros. *El Śrīmad-Bhāgavatam* también afirma que uno debe seguir los pasos de los grandes devotos, y ésa es la manera de progresar en el sendero de la comprensión espiritual. Al rey o al primer mandatario de un Estado, al padre y al maestro de escuela, se los considera líderes naturales del inocente hombre común. Todos esos líderes naturales tienen una gran responsabilidad para con sus dependientes, por lo cual deben estar bien versados en libros modelo de códigos morales y espirituales.

TEXTO 22

न मे पार्थास्ति कर्तव्यं त्रिषु लोकेषु किंचन ।
नानवाप्तमवाप्तव्यं वर्त एव च कर्मणि ॥ २२ ॥

na me pārthāsti kartavyaṁ
triṣu lokeṣu kiñcana
nānavāptam avāptavyaṁ
varta eva ca karmaṇi

na—ninguno; *pārtha*—¡oh, hijo de Pṛthā!; *asti*—hay; *kartavyam*—deber prescrito; *triṣu*—en los tres; *lokeṣu*—sistemas planetarios; *kiñcana*—algún; *na*—no;

anavāptam—necesitado; *avāptavyam*—algo que ganar; *varte*—estoy dedicado; *eva*—indudablemente; *ca*—también; *karmaṇi*—en el deber prescrito.

TRADUCCIÓN

¡Oh, hijo de Pṛthā!, en todos los tres sistemas planetarios no hay ningún trabajo prescrito para Mí, ni estoy necesitado de nada, ni tengo que obtener nada, y aun así realizo deberes prescritos.

SIGNIFICADO

A la Suprema Personalidad de Dios se lo describe en las Escrituras védicas de la siguiente manera:

tam īśvarāṇāṁ paramaṁ maheśvaraṁ
taṁ devatānāṁ paramaṁ ca daivatam
patiṁ patīnāṁ paramaṁ parastād
vidāma devaṁ bhuvaneśam īḍyam

na tasya kāryaṁ karaṇaṁ ca vidyate
na tat-samaś cābhyadhikaś ca dṛśyate
parāsya śaktir vividhaiva śrūyate
svābhāvikī jñāna-bala-kriyā ca

''El Señor Supremo es el controlador de todos los demás controladores, y es el más grandioso de todos los diversos líderes planetarios. Todo el mundo está bajo Su control. El Señor Supremo es el único que les delega a todas las entidades algún poder en particular; ellas no son supremas por sí mismas. A Él también lo veneran todos los semidioses, y Él es el supremo director de todos los directores. Por consiguiente, Él es trascendental a toda clase de líderes y controladores materiales, y es digno de la veneración de todos. No hay nadie más grande que Él, y Él es la causa suprema de todas las causas.

''Él no posee una forma corporal como la de una entidad viviente ordinaria. No hay diferencia entre Su cuerpo y Su alma. Él es absoluto. Todos Sus sentidos son trascendentales. Cualquiera de Sus sentidos puede realizar la acción de cualquier otro de ellos. Por lo tanto, no hay nadie que sea más grande que Él, ni igual a Él. Él tiene múltiples potencias, y, por ello, sus acciones se llevan a cabo automáticamente, como una secuencia natural'' (*El Śvetāśvatara Upaniṣad* 6.7-8).

Como en la Personalidad de Dios todo se encuentra en la plenitud de la opulencia y todo existe en la plenitud de la verdad, no existe deber alguno que la Suprema Personalidad de Dios tenga que ejecutar. Aquel que tiene que recibir los resultados del trabajo, también tiene algún deber asignado, pero aquel que no tiene nada que lograr en los tres sistemas planetarios, ciertamente que no tiene ningún deber. Y, sin embargo, el Señor Kṛṣṇa se está desempeñando en el campo de batalla de Kurukṣetra como el líder de los *kṣatriyas*, porque los *kṣatriyas* tienen el deber de brindarles protección a los afligidos. Aunque Él está por encima de todas las regulaciones de las Escrituras reveladas, no hace nada que las viole.

TEXTO 23

यदि ह्यहं न वर्तेयं जातु कर्मण्यतन्द्रितः ।
मम वर्त्मानुवर्तन्ते मनुष्याः पार्थ सर्वशः ॥२३॥

yadi hy ahaṁ na varteyaṁ
jātu karmaṇy atandritaḥ
mama vartmānuvartante
manuṣyāḥ pārtha sarvaśaḥ

yadi—si; *hi*—indudablemente; *aham*—Yo; *na*—no; *varteyam*—ocupado así; *jātu*—alguna vez; *karmaṇi*—en el desempeño de deberes prescritos; *atandritaḥ*—con gran cuidado; *mama*—Mí; *vartma*—sendero; *anuvartante*—seguirían; *manuṣyāḥ*—todos los hombres; *pārtha*—¡oh, hijo de Pṛthā!; *sarvaśaḥ*—en todos los aspectos.

TRADUCCIÓN

Pues si yo dejara de desempeñar cuidadosamente los deberes prescritos, ¡oh, Pārtha!, sin duda que todos los hombres seguirían mi sendero.

SIGNIFICADO

A fin de mantener el equilibrio de la tranquilidad social en favor del progreso en la vida espiritual, existen deberes familiares tradicionales para cada hombre civilizado. Aunque esas reglas y regulaciones están hechas para las almas condicionadas y no para el Señor Kṛṣṇa, Él siguió las reglas prescritas, debido a que descendió para establecer los principios de la religión. De no haberlo hecho, los hombres comunes seguirían Sus pasos, porque Él es la autoridad más grande de todas. *El Śrīmad-Bhāgavatam* nos hace saber que, en Su hogar y fuera de él, el Señor Kṛṣṇa realizaba todos los deberes religiosos, tal como se espera de un cabeza de familia.

TEXTO 24

उत्सीदेयुरिमे लोका न कुर्यां कर्म चेदहम् ।
संकरस्य च कर्ता स्यामुपहन्यामिमाः प्रजाः ॥२४॥

utsīdeyur ime lokā
na kuryāṁ karma ced aham
saṅkarasya ca kartā syām
upahanyām imāḥ prajāḥ

utsīdeyuḥ—llevaría a la ruina; *ime*—todos estos; *lokāḥ*—mundos; *na*—no; *kuryām*—Yo ejecuto; *karma*—deberes prescritos; *cet*—si; *aham*—Yo; *saṅkarasya*—de población no deseada; *ca*—y; *kartā*—creador; *syām*—sería; *upahanyām*—destruiría; *imāḥ*—todas estas; *prajāḥ*—entidades vivientes.

TRADUCCIÓN

Si yo no ejecutara deberes prescritos, todos estos mundos se irían a la ruina. Yo sería la causa de la creación de una población no deseada, y con ello destruiría la paz de todos los seres vivientes.

SIGNIFICADO

Varṇa-saṅkara es una población no deseada que perturba la paz de la sociedad en general. Con el fin de impedir ese disturbio social existen reglas y regulaciones prescritas, mediante las cuales la población puede alcanzar la paz automáticamente y organizarse para el progreso espiritual en la vida. Como es natural, cuando el Señor Kṛṣṇa desciende se ocupa de esas reglas y regulaciones, con el fin de mantener el prestigio y poner de manifiesto la necesidad de esas importantes funciones. El Señor es el padre de todas las entidades vivientes, y si éstas se desencaminan, la responsabilidad recae indirectamente sobre Él. En consecuencia, cuando quiera que haya un descuido general de los principios regulativos, el propio Señor desciende y corrige a la sociedad. Sin embargo, hemos de notar con cuidado que, aunque tenemos que seguir los pasos del Señor, aun así debemos recordar que no podemos imitarlo. No es lo mismo seguir que imitar. No podemos imitar al Señor y levantar la colina Govardhana, tal como el Señor lo hizo en Su niñez. Eso es imposible para cualquier ser humano. Tenemos que seguir Sus instrucciones, pero no debemos tratar de imitarlo en ningún momento. *El Śrīmad-Bhāgavatam* (10.33.30–31) afirma:

naitat samācarej jātu
manasāpi hy anīśvaraḥ
vinaśyaty ācaran mauḍhyād
yathā rudro 'bdhi-jan viṣam

īśvarāṇāṁ vacaḥ satyaṁ
tathaivācaritaṁ kvacit
teṣāṁ yat sva-vaco-yuktaṁ
buddhimāṁs tat samācaret

"Uno simplemente debe seguir las instrucciones del Señor y Sus sirvientes apoderados. Todas sus instrucciones son buenas para nosotros, y cualquier persona inteligente las llevará a cabo tal como se indican. No obstante, uno debe cuidarse de imitar las acciones de ellos. Uno no debe tratar de beber el océano de veneno, imitando al Señor Śiva".

Siempre debemos considerar que la posición de los *īśvaras*, o aquellos que de hecho pueden controlar los movimientos del Sol y la Luna, es superior. Si no se tiene un poder tal, no se puede imitar a los *īśvaras*, los cuales son superpoderosos. El Señor Śiva bebió todo un océano de veneno, pero si un hombre común y corriente tratara de beber siquiera una gota de ese veneno, moriría. Hay muchos seudodevotos del Señor Śiva que quieren entregarse a fumar *gañjā* (marihuana) y otras drogas enajenantes similares, olvidando que, al imitar así los actos del Señor Śiva, están pidiéndole a la muerte que se les acerque. De igual manera, hay algunos seudodevotos del Señor Kṛṣṇa que prefieren imitar al Señor en Su *rāsa-līlā*, o danza del amor, olvidando que son incapaces de levantar la colina Govardhana. Luego es mejor que uno no trate de imitar a los poderosos, sino que simplemente siga sus instrucciones; ni tampoco debe uno tratar de ocupar sus posiciones sin tener la aptitud para ello. Hay muchísimas "encarnaciones" de Dios sin el poder del Señor Supremo.

TEXTO 25

सक्ताः कर्मण्यविद्वांसो यथा कुर्वन्ति भारत ।
कुर्याद्विद्वांस्तथाऽसक्तश्चिकीर्षुर्लोकसंग्रहम् ॥ २५ ॥

saktāḥ karmaṇy avidvāṁso
yathā kurvanti bhārata
kuryād vidvāṁs tathāsaktaś
cikīrṣur loka-saṅgraham

saktāḥ—estando apegado; *karmaṇi*—en los deberes prescritos; *avidvāṁsaḥ*—los ignorantes; *yathā*—tanto como; *kurvanti*—ellos hacen; *bhārata*—¡oh, descendiente de Bharata!; *kuryāt*—deben hacer; *vidvān*—los eruditos; *tathā*—así pues; *asaktaḥ*—sin apego; *cikīrṣuḥ*—deseando dirigir; *loka-saṅgraham*—la gente en general.

TRADUCCIÓN

Así como los ignorantes realizan sus deberes con apego a los resultados, así mismo deben actuar los sabios, pero sin apego, a fin de llevar a la gente por el buen camino.

SIGNIFICADO

Una persona que está consciente de Kṛṣṇa y una que no lo está, se diferencian por sus distintos deseos. La persona consciente de Kṛṣṇa no hace nada que no propicie el desarrollo de conciencia de Kṛṣṇa. Incluso puede que actúe exactamente igual que la persona ignorante, la cual está sumamente apegada a las actividades materiales; pero mientras esta última se dedica a esas actividades para satisfacer los sentidos, la otra se dedica a ellas para la satisfacción de Kṛṣṇa. Por consiguiente, es menester que la persona consciente de Kṛṣṇa le enseñe a la gente a actuar y a utilizar los resultados de la acción en beneficio del cultivo de conciencia de Kṛṣṇa.

TEXTO 26

न बुद्धिभेदं जनयेदज्ञानां कर्मसङ्गिनाम् ।
जोषयेत्सर्वकर्माणि विद्वान्युक्तः समाचरन् ॥२६॥

na buddhi-bhedaṁ janayed
ajñānāṁ karma-saṅginām
joṣayet sarva-karmāṇi
vidvān yuktaḥ samācaran

na—no; *buddhi-bhedam*—perturbación de la inteligencia; *janayet*—debe ser causa; *ajñānām*—de los necios; *karma-saṅginām*—que están apegados al trabajo fruitivo; *joṣayet*—él debe acoplar; *sarva*—todo; *karmāṇi*—trabajo; *vidvān*—un sabio; *yuktaḥ*—dedicado; *samācaran*—practicando.

TRADUCCIÓN

Así que, para no perturbarles la mente a hombres ignorantes que están apegados a los resultados fruitivos de los deberes prescritos, el sabio no debe inducirlos a dejar de trabajar. Más bien, trabajando con espíritu de devoción, debe ocuparlos en toda clase de actividades [para el desarrollo gradual de su conciencia de Kṛṣṇa].

SIGNIFICADO

Vedaiś ca sarvair aham eva vedyaḥ. Ése es el fin de todos los rituales védicos. Todos los rituales, todas las celebraciones de sacrificios y todo lo que se presenta en los *Vedas*, incluso todas las indicaciones para la ejecución de actividades materiales, son para comprender a Kṛṣṇa, quien es la meta última de la vida. Pero debido a que las almas condicionadas no conocen nada fuera de la complacencia de los sentidos, estudian los *Vedas* con esa finalidad. Sin embargo, a través de las actividades fruitivas y la complacencia de los sentidos reguladas por los rituales védicos, uno se eleva gradualmente al plano de conciencia de Kṛṣṇa. Por lo tanto, un alma iluminada con conciencia de Kṛṣṇa no debe perturbar a los demás en sus actividades o en su comprensión, sino que debe actuar enseñando cómo los resultados de todo trabajo se pueden dedicar al servicio de Kṛṣṇa. El erudito consciente de Kṛṣṇa puede actuar de un modo tal, que el ignorante que trabaja para complacer los sentidos aprenda con ello a actuar y a comportarse. Aunque no se debe perturbar al ignorante en sus actividades, una persona que se haya desarrollado un poco en el proceso de conciencia de Kṛṣṇa puede ser ocupada directamente en el servicio del Señor, sin tener que esperar por otras fórmulas védicas. Este afortunado hombre no tiene ninguna necesidad de seguir los rituales védicos, porque, mediante el cultivo directo de conciencia de Kṛṣṇa, uno puede obtener todos los resultados que hubiera obtenido de cumplir con sus deberes prescritos.

TEXTO 27

प्रकृतेः क्रियमाणानि गुणैः कर्माणि सर्वशः ।
अहङ्कारविमूढात्मा कर्ताहमिति मन्यते ॥ २७ ॥

prakṛteḥ kriyamāṇāni
guṇaiḥ karmāṇi sarvaśaḥ
ahaṅkāra-vimūḍhātmā
kartāham iti manyate

prakṛteḥ—de la naturaleza material; *kryiyamāṇāni*—siendo hecho; *guṇaiḥ*—por las modalidades; *karmāṇi*—actividades; *sarvaśaḥ*—toda clase de; *ahaṅkāra-vimūḍha*—confundido por el ego falso; *ātmā*—el alma espiritual; *kartā*—autor; *aham*—Yo; *iti*—así pues; *manyate*—cree.

TRADUCCIÓN

El alma espiritual que está confundida por la influencia del ego falso, se cree la autora de actividades que en realidad son ejecutadas por las tres modalidades de la naturaleza material.

SIGNIFICADO

Dos personas, una con conciencia de Kṛṣṇa y la otra con conciencia material, trabajando de modo similar, puede que parezca que trabajan en el mismo plano, pero hay un abismo entre sus respectivas posiciones. La persona con conciencia material está convencida por el ego falso de que es la autora de todo. Ella no sabe que el mecanismo del cuerpo lo produce la naturaleza material, la cual trabaja bajo la supervisión del Señor Supremo. La persona materialista no sabe en absoluto que, en fin de cuentas, se halla bajo el control de Kṛṣṇa. La persona con ego falso se jacta de hacer todo independientemente y se atribuye todo el mérito de ello; ése es el signo de su nesciencia. Ella no sabe que este cuerpo burdo y sutil es creación de la naturaleza material, bajo la orden de la Suprema Personalidad de Dios, y como tal, sus actividades mentales y corporales deben ocuparse en el servicio de Kṛṣṇa, con conciencia de Kṛṣṇa. El hombre ignorante olvida que a la Suprema Personalidad de Dios se lo conoce como Hṛṣīkeśa, o el amo de los sentidos del cuerpo material, pues, debido a su prolongado abuso de los sentidos en la complacencia de los mismos, se encuentra de hecho confundido por el ego falso, que lo hace olvidar la relación eterna que tiene con Kṛṣṇa.

TEXTO 28

तत्त्ववित्तु महाबाहो गुणकर्मविभागयोः ।
गुणा गुणेषु वर्तन्त इति मत्वा न सज्जते ॥२८॥

tattva-vit tu mahā-bāho
guṇa-karma-vibhāgayoḥ
guṇā guṇeṣu vartanta
iti matvā na sajjate

tattva-vit—el conocedor de la Verdad Absoluta; *tu*—pero; *mahā-bāho*—¡oh, tú, el de los poderosos brazos!; *guṇa-karma*—de trabajos que están bajo la influencia material; *vibhāgayoḥ*—diferencias; *guṇāḥ*—sentidos; *guṇeṣu*—en la complacencia de los sentidos; *vartante*—se dedican; *iti*—así pues; *matvā*—pensando; *na*—nunca; *sajjate*—se apega.

TRADUCCIÓN

¡Oh, tú, el de los poderosos brazos!, aquel que posee conocimiento acerca de la Verdad Absoluta no se ocupa de los sentidos ni de la complacencia de éstos, pues conoce bien las diferencias que hay entre el trabajo con devoción y el trabajo por resultados fruitivos.

SIGNIFICADO

El conocedor de la Verdad Absoluta está convencido de la difícil posición en que se encuentra en asociación con la materia. Él sabe que es parte integral de la Suprema Personalidad de Dios, Kṛṣṇa, y que su posición no debe ser la de estar en la creación material. Él conoce su verdadera identidad como parte integral del Supremo, quien es bienaventuranza y conocimiento eternos, y se da cuenta de que de una forma u otra está atrapado en el concepto material de la vida. En el estado puro de su existencia, él tiene la función de acoplar sus actividades con el servicio devocional que se le presta a la Suprema Personalidad de Dios, Kṛṣṇa. Por consiguiente, él se ocupa en las actividades del proceso de conciencia de Kṛṣṇa, y queda desapegado naturalmente de las actividades de los sentidos materiales, que son todas circunstanciales y temporales. Él sabe que esta condición de vida material se halla bajo el control supremo del Señor. En consecuencia, no lo perturba ninguna clase de reacciones materiales, las cuales toma como misericordia del Señor. Según *El Śrīmad-Bhāgavatam*, aquel que conoce la Verdad Absoluta en tres diferentes aspectos, a saber, Brahman, Paramātmā y la Suprema Personalidad de Dios, recibe el nombre de *tattva-vit*, pues él conoce también su propia posición real en relación con el Supremo.

TEXTO 29

प्रकृतेर्गुणसंमूढाः सज्जन्ते गुणकर्मसु ।
तानकृत्स्नविदो मन्दान्कृत्स्नविन्न विचालयेत् ॥२९॥

prakṛter guṇa-sammūḍhāḥ
sajjante guṇa-karmasu
tān akṛtsna-vido mandān
kṛtsna-vin na vicālayet

prakṛteḥ—de la naturaleza material; *guṇa*—por las modalidades; *sammūḍhāḥ*—engañados por la identificación material; *sajjante*—se dedican; *guṇa-karmasu*—a actividades materiales; *tān*—esas; *akṛtsna-vidaḥ*—personas con un escaso acopio de conocimiento; *mandān*—perezosas para entender la autorrealización; *kṛtsna-vit*—aquel que posee verdadero conocimiento; *na*—no; *vicālayet*—debe tratar de agitar.

TRADUCCIÓN

Confundidos por las modalidades de la naturaleza material, los ignorantes se dedican enteramente a las actividades materiales y se apegan. Pero los sabios no deben perturbarlos, aunque esos deberes son inferiores por la falta de conocimiento de que adolecen los ejecutores.

SIGNIFICADO

Las personas que no tienen conocimiento se identifican falsamente con la conciencia material burda, y están llenas de designaciones materiales. Este cuerpo es un don de la naturaleza material, y aquel que está muy apegado a la conciencia corporal recibe el nombre de *manda*, o persona perezosa que no comprende el alma espiritual. Hombres ignorantes creen que el cuerpo es el ser; aceptan como parentesco las relaciones corporales que los unen a otros; la tierra en la que obtienen el cuerpo es objeto de su veneración; y consideran que las formalidades de los rituales religiosos son fines en sí mismos. El trabajo social, el nacionalismo y el altruismo son algunas de las actividades de esas personas con designaciones materiales. Bajo el embrujo de tales designaciones, siempre se encuentran ocupadas en el campo material; para ellas, la iluminación espiritual es un mito, y, por ello, no les interesa. Sin embargo, aquellos que están iluminados en lo referente a la vida espiritual, no deben tratar de agitar a esas personas absortas en la materia. Es mejor proseguir silenciosamente con las actividades espirituales de uno. Esas personas tan confundidas puede que incluso se dediquen a seguir principios morales básicos de la vida, tales como la no violencia, y a obras similares de benevolencia material.

Los hombres ignorantes no pueden apreciar las actividades que se realizan en el estado de conciencia de Kṛṣṇa, y, por consiguiente, el Señor Kṛṣṇa nos aconseja no perturbarlos y, así, no perder un valioso tiempo. Pero los devotos del Señor son más bondadosos que el Señor, porque entienden el deseo del Señor. En consecuencia, ellos aceptan toda clase de riesgos, incluso hasta el punto de acercarse a hombres ignorantes, para tratar de ocuparlos en los actos del cultivo de conciencia de Kṛṣṇa, los cuales son absolutamente necesarios para el ser humano.

TEXTO 30

मयि सर्वाणि कर्माणि संन्यस्याध्यात्मचेतसा ।
निराशीर्निर्ममो भूत्वा युध्यस्व विगतज्वरः ॥ ३० ॥

mayi sarvāṇi karmāṇi
sannyasyādhyātma-cetasā
nirāśīr nirmamo bhūtvā
yudhyasva vigata-jvaraḥ

mayi—a Mí; *sarvāṇi*—toda clase de; *karmāṇi*—actividades; *sannyasya*—abandonando por completo; *adhyātma*—con pleno conocimiento del ser; *cetasā*—mediante la conciencia; *nirāśīḥ*—sin deseo de ganancia; *nirmamaḥ*—sin sentido de posesión; *bhūtvā*—siendo así; *yudhyasva*—pelea; *vigata-jvaraḥ*—sin estar aletargado.

TRADUCCIÓN

Por consiguiente, pelea, ¡oh, Arjuna!, entregándome a Mí todas tus obras, con pleno conocimiento de Mí, sin deseos de ganancia, sin sentido de posesión y libre de letargo.

SIGNIFICADO

Este verso indica claramente el propósito de *El Śrīmad Bhagavad-gītā*. El Señor ordena que uno se vuelva plenamente consciente de Kṛṣṇa para desempeñar los deberes, como si se tratara de una disciplina militar. Puede que un mandato como ése dificulte un poco las cosas; no obstante, hay que cumplir con los deberes y depender de Kṛṣṇa, porque ésa es la posición constitucional de la entidad viviente. La entidad viviente no puede ser feliz en un estado independiente de la cooperación del Señor Supremo, porque la posición constitucional eterna de la entidad viviente es la de subordinarse a los deseos del Señor. En consecuencia, Śrī Kṛṣṇa, como si fuera el comandante militar de Arjuna, le ordenó a este último que peleara. Uno tiene que sacrificar todo por la buena voluntad del Señor Supremo, y, al mismo tiempo, desempeñar los deberes prescritos sin considerarse propietario de nada. Arjuna no tenía que considerar la orden del Señor: sólo tenía que ejecutarla. El Señor Supremo es el Alma de todas las almas. Por lo tanto, aquel que depende única y exclusivamente del Alma Suprema, sin consideraciones personales, o en otras palabras, aquel que está plenamente consciente de Kṛṣṇa, es conocido como *adhyātma-cetasā*. *Nirāśīḥ* significa que uno tiene que actuar conforme a la orden del amo, pero que no debe esperar resultados fruitivos. El cajero puede que cuente millones de pesos para su patrono, pero no exige ni un centavo para sí mismo. De igual manera, uno tiene que llegar a comprender que nada en el mundo le pertenece a ninguna persona individual, sino que todo le pertenece al Señor Supremo. Ése es el verdadero significado de *mayi*, o ''a Mí''. Y cuando uno actúa con esa clase de conciencia de Kṛṣṇa, sin duda que no se considera el propietario de nada. Ese estado de conciencia se denomina *nirmama*, o ''nada es mío''. Y si hubiera alguna renuencia a ejecutar esa severa orden, la cual no toma en cuenta a los supuestos familiares de la relación corporal, dicha renuencia debe desecharse; de ese modo, uno podrá volverse *vigata-jvaraḥ*, es decir, una persona que no tiene una mentalidad febril o que está libre de letargo. Todo el mundo, según sus cualidades y su posición, tiene un determinado tipo de trabajo que realizar, y todos dichos deberes pueden desempeñarse con conciencia de Kṛṣṇa, tal como se describió anteriormente. Eso lo llevará a uno al sendero de la liberación.

TEXTO 31

ये मे मतमिदं नित्यमनुतिष्ठन्ति मानवाः ।
श्रद्धावन्तोऽनसूयन्तो मुच्यन्ते तेऽपि कर्मभिः ॥३१॥

ye me matam idaṁ nityam
anutiṣṭhanti mānavāḥ
śraddhāvanto 'nasūyanto
mucyante te 'pi karmabhiḥ

ye—aquellos que; *me*—Mí; *matam*—mandamientos; *idam*—estos; *nityam*—como una función eterna; *anutiṣṭhanti*—ejecutan regularmente; *mānavāḥ*—humanidad; *śraddhā-vantaḥ*—con fe y devoción; *anasūyantaḥ*—sin envidia; *mucyante*—se liberan; *te*—todos ellos; *api*—incluso; *karmabhiḥ*—del cautiverio de la ley de la acción fruitiva.

TRADUCCIÓN

Aquellas personas que ejecutan sus deberes de acuerdo con mis mandatos y que siguen estas enseñanzas fielmente, sin envidia, se liberan del cautiverio de las acciones fruitivas.

SIGNIFICADO

El mandato de la Suprema Personalidad de Dios, Kṛṣṇa, constituye la esencia de toda la sabiduría védica, y, por lo tanto, es verdadero eternamente y sin excepción. Así como los *Vedas* son eternos, así mismo esta verdad de conciencia de Kṛṣṇa es también eterna. Uno debe tener fe firme en ese mandato, sin envidiar al Señor. Hay muchos filósofos que escriben comentarios acerca de *El Bhagavad-gītā*, pero que no tienen fe en Kṛṣṇa. Ellos nunca se liberarán del cautiverio de la acción fruitiva. Pero un hombre ordinario que tenga fe firme en los mandatos eternos del Señor, aunque sea incapaz de ejecutar esas órdenes, queda liberado del cautiverio de la ley de *karma*. Al comienzo del cultivo de conciencia de Kṛṣṇa puede que uno no ejecute cabalmente los mandatos del Señor, pero por el hecho de uno no estar resentido con ese principio y trabajar sinceramente, sin tomar en cuenta derrota ni pesimismo alguno, es seguro que será promovido a la etapa de conciencia de Kṛṣṇa pura.

TEXTO 32

ये त्वेतदभ्यसूयन्तो नानुतिष्ठन्ति मे मतम् ।
सर्वज्ञानविमूढांस्तान्विद्धि नष्टानचेतसः ॥ ३२ ॥

ye tv etad abhyasūyanto
nānutiṣṭhanti me matam
sarva-jñāna-vimūḍhāṁs tān
viddhi naṣṭān acetasaḥ

ye—aquellos; *tu*—sin embargo; *etat*—esto; *abhyasūyantaḥ*—por envidia; *na*—no; *anutiṣṭhanti*—ejecutan regularmente; *me*—Mí; *matam*—mandato; *sarva-jñāna*—en todas las clases de conocimiento; *vimūḍhān*—completamente engañados; *tān*—están ellos; *viddhi*—sábelo bien; *naṣṭān*—arruinados todos; *acetasaḥ*—sin conciencia de Kṛṣṇa.

TRADUCCIÓN

Pero ha de saberse que aquellos que, por envidia, no hacen caso de estas enseñanzas y no las siguen, están engañados y desprovistos de todo conocimiento, y han arruinado sus esfuerzos por lograr la perfección.

SIGNIFICADO

Aquí se expresa claramente el defecto de no estar consciente de Kṛṣṇa. Así como hay un castigo por desobedecer la orden del supremo mandatario, así mismo hay indudablemente un castigo por desobedecer la orden de la Suprema Personalidad de Dios. Una persona desobediente, por eminente que sea, no sabe nada acerca de su propio ser, ni del Brahman Supremo, ni de Paramātmā, ni de la Personalidad de Dios, debido a que tiene un corazón hueco. Por lo tanto, no hay esperanzas de que ella perfeccione su vida.

TEXTO 33

सदृशं चेष्टते स्वस्याः प्रकृतेर्ज्ञानवानपि ।
प्रकृतिं यान्ति भूतानि निग्रहः किं करिष्यति ॥३३॥

sadṛśaṁ ceṣṭate svasyāḥ
prakṛter jñānavān api
prakṛtiṁ yānti bhūtāni
nigrahaḥ kiṁ kariṣyati

sadṛśam—de acuerdo con ello; *ceṣṭate*—trata; *svasyāḥ*—en su propia; *prakṛteḥ*—modalidades de la naturaleza; *jñānavān*—los entendidos; *api*—aunque; *prakṛtim*—naturaleza; *yānti*—pasa por; *bhūtāni*—todas las entidades vivientes; *nigrahaḥ*—represión; *kim*—qué; *kariṣyati*—puede hacer.

TRADUCCIÓN

Incluso el hombre que posee conocimiento actúa conforme a su propia naturaleza, pues todo el mundo sigue la naturaleza que ha adquirido de las tres modalidades. ¿Qué puede lograrse con la represión?

SIGNIFICADO

A menos que uno esté situado en el plano trascendental de conciencia de Kṛṣṇa, no puede librarse de la influencia de las modalidades de la naturaleza material, tal como lo confirma el Señor en el Capítulo Siete (7.14). Por consiguiente, incluso a la persona que en el plano mundano tiene la mejor educación de todas, le resulta imposible salirse del enredo de *māyā* simplemente mediante el conocimiento teórico, o separando al alma del cuerpo. Hay muchos espiritualistas de nombre que externamente se hacen pasar por gente adelantada en la ciencia, pero interna o privadamente se hallan por completo bajo el control de modalidades específicas de la naturaleza que son incapaces de superar. Puede que uno sea muy erudito en términos académicos, pero debido a su prolongada asociación con la naturaleza material, está cautivo. El proceso de conciencia de

Kṛṣṇa lo ayuda a uno a salirse del enredo, incluso a pesar de que uno esté dedicado a sus deberes prescritos en términos de la existencia material. De manera que, si uno no está plenamente consciente de Kṛṣṇa, no debe abandonar los deberes propios de su ocupación. Nadie debe abandonar repentinamente sus deberes prescritos y volverse artificialmente un supuesto *yogī* o trascendentalista. Es mejor encontrarse en la posición que le corresponde a uno, y tratar de llegar al estado de conciencia de Kṛṣṇa bajo un adiestramiento superior. De ese modo, uno puede librarse de las garras de la *māyā* de Kṛṣṇa.

TEXTO 34

इन्द्रियस्येन्द्रियस्यार्थे रागद्वेषौ व्यवस्थितौ ।
तयोर्न वशमागच्छेत्तौ ह्यस्य परिपन्थिनौ ॥ ३४ ॥

indriyasyendriyasyārthe
rāga-dveṣau vyavasthitau
tayor na vaśam āgacchet
tau hy asya paripanthinau

indriyasya—de los sentidos; *indriyasya arthe*—en los objetos de los sentidos; *rāga*—apego; *dveṣau*—también desapego; *vyavasthitau*—poner bajo regulaciones; *tayoḥ*—de ellos; *na*—nunca; *vaṣam*—control; *āgacchet*—uno debe quedar; *tau*—esos; *hi*—son indudablemente; *asya*—sus; *paripanthinau*—obstáculos.

TRADUCCIÓN

Existen principios para regular el apego y la aversión relacionados con los sentidos y sus objetos. Uno no debe quedar bajo el control de ese apego y esa aversión, pues ambos son obstáculos en el sendero de la autorrealización.

SIGNIFICADO

Aquellos que están conscientes de Kṛṣṇa se muestran reacios naturalmente a ocuparse en la complacencia material de los sentidos. Pero aquellos que no se encuentran en ese estado de conciencia, deben seguir las reglas y regulaciones de las Escrituras reveladas. El disfrute desenfrenado de los sentidos es la causa del enjaulamiento material, pero aquel que sigue las reglas y regulaciones de las Escrituras reveladas, no se enreda con los objetos de los sentidos. Por ejemplo, el disfrute sexual es una necesidad del alma condicionada, y el mismo se permite bajo la licencia de los vínculos matrimoniales. De acuerdo con las disposiciones de las Escrituras, está prohibido tener relaciones sexuales con cualquier otra mujer que no sea la esposa de uno. A todas las demás mujeres, uno las debe ver como a su propia madre. Pero a pesar de dichas disposiciones, el hombre aún se siente inclinado a tener relaciones sexuales con otras mujeres. Esas propensiones deben ser contenidas; de lo contrario, se volverán obstáculos en el sendero de la autorrealización. Mientras exista el cuerpo material, se permite satisfacer las necesidades del mismo, pero bajo reglas y regulaciones. Y, no obstante, no debemos depender del control de esas concesiones. Uno tiene que seguir esas reglas y regulaciones sin estar apegado a ellas, pues la práctica de complacer los sentidos bajo regulaciones también puede llevarlo a uno por mal camino, de la misma manera en que incluso en los mejores caminos siempre hay la posibilidad de un accidente. Aunque los caminos sean mantenidos muy cuidadosamente, nadie puede garantizar que no habrá peligro en ellos, ni siquiera en el más seguro de todos. El espíritu de disfrutar de los sentidos ha estado vigente durante muchísimo tiempo, debido a la asociación con la materia. Por lo tanto, a pesar del goce regulado de los sentidos, hay muchas posibilidades de caer; así pues, también debe evitarse por todos los medios cualquier apego al disfrute regulado de los sentidos. Pero el apego al estado de conciencia de Kṛṣṇa, o a actuar siempre en el amoroso servicio de Kṛṣṇa, lo desapega a uno de toda clase de actividades sensoriales. De modo que, nadie debe tratar de desapegarse del estado de conciencia de Kṛṣṇa en ninguna etapa de la vida. Desapegarse de toda clase de apegos sensuales tiene en fin de cuentas el único propósito de que uno se sitúe en el plano de conciencia de Kṛṣṇa.

TEXTO 35

श्रेयान्स्वधर्मो विगुणः परधर्मात्स्वनुष्ठितात् ।
स्वधर्मे निधनं श्रेयः परधर्मो भयावहः ॥ ३५ ॥

śreyān sva-dharmo viguṇaḥ
para-dharmāt svanuṣṭhitāt
sva-dharme nidhanaṁ śreyaḥ
para-dharmo bhayāvahaḥ

śreyān—muchísimo mejor; *sva-dharmaḥ*—deberes prescritos de uno; *viguṇaḥ*—incluso con faltas; *para-dharmāt*—que deberes señalados para otros; *su-anuṣṭhitāt*—hechos perfectamente; *sva-dharme*—en los deberes prescritos de uno; *nidhanam*—destrucción; *śreyaḥ*—mejor; *para-dharmaḥ*—deberes prescritos para otros; *bhaya-āvahaḥ*—peligroso.

TRADUCCIÓN

Es muchísimo mejor desempeñar los deberes de uno, aunque tengan sus imperfecciones, que desempeñar los deberes de otro a la perfección. Es preferible encontrar la destrucción mientras uno ejecuta su propio deber, que el dedicarse a los deberes ajenos, ya que es peligroso seguir el sendero de otro.

SIGNIFICADO

Por lo tanto, uno debe desempeñar sus deberes prescritos con plena conciencia de Kṛṣṇa, antes que aquellos que se prescriben para otros. Los deberes prescritos en términos materiales son aquellos que se estipulan según la condición psicofísica de uno bajo el hechizo de las modalidades de la naturaleza material. Los deberes espirituales son los que el maestro espiritual ordena para el servicio trascendental de Kṛṣṇa. Mas, ya sea en términos materiales o en términos espirituales, uno debe aferrarse a sus deberes prescritos, incluso hasta la hora de la muerte, antes que imitar los deberes prescritos de otro. Puede que los deberes en el plano espiritual sean diferentes a los deberes en el plano material, pero el principio de seguir la indicación autorizada siempre es bueno para el ejecutor. Cuando uno se halla bajo el hechizo de las modalidades de la naturaleza material, debe seguir las reglas prescritas para su situación específica, y no debe imitar a los demás. Por ejemplo, un *brāhmaṇa*, el cual se halla bajo la influencia de la modalidad de la bondad, es no violento, mientras que al *kṣatriya*, el cual se halla bajo la influencia de la modalidad de la pasión, se le permite ser violento. Así pues, para un *kṣatriya* es mejor morir siguiendo las reglas de la violencia, que imitar a un *brāhmaṇa*, que sigue los principios de la no violencia. Todo el mundo tiene que limpiar su corazón mediante un proceso gradual, y no de un modo abrupto. Sin embargo, cuando uno trasciende las modalidades de la naturaleza material y se sitúa plenamente en el estado de conciencia de Kṛṣṇa, puede realizar cualquier cosa bajo la dirección del maestro espiritual genuino. En esa etapa perfecta de conciencia de Kṛṣṇa, el *kṣatriya* puede actuar como *brāhmaṇa*, o el *brāhmaṇa* como *kṣatriya*. En la etapa trascendental no se aplican las distinciones del mundo material. Por ejemplo, Viśvāmitra era *kṣatriya* en un principio, pero posteriormente actuó como *brāhmaṇa*, mientras que Paraśurāma era *brāhmaṇa*, pero posteriormente actuó como *kṣatriya*. Como ellos se hallaban en una posición trascendental, podían hacerlo; no obstante, mientras uno se encuentre en el plano material, debe ejecutar sus deberes conforme a las modalidades de la naturaleza material. Al mismo tiempo, debe tener una comprensión plena del estado de conciencia de Kṛṣṇa.

TEXTO 36

अर्जुन उवाच
अथ केन प्रयुक्तोऽयं पापं चरति पूरुषः ।
अनिच्छन्नपि वार्ष्णेय बलादिव नियोजितः ॥ ३६ ॥

arjuna uvāca
atha kena prayukto 'yaṁ
pāpaṁ carati pūruṣaḥ

anicchann api vārṣṇeya
balād iva niyojitaḥ

arjunaḥ uvāca—Arjuna dijo; *atha*—entonces; *kena*—por medio de qué; *prayuktaḥ*—movido; *ayam*—un; *pāpam*—pecados; *carati*—hace; *pūruṣaḥ*—un hombre; *anicchan*—sin desear; *api*—aunque; *vārṣṇeya*—¡oh, descendiente de Vṛṣṇi!; *balāt*—a la fuerza; *iva*—como si; *niyojitaḥ*—obligado.

TRADUCCIÓN

Arjuna dijo: ¡Oh, descendiente de Vṛṣṇi!, ¿qué es lo que lo impele a uno a los actos pecaminosos, aun involuntariamente, como si se lo obligara a la fuerza?

SIGNIFICADO

La entidad viviente, como parte integral del Supremo, es originalmente espiritual, pura y está libre de toda contaminación material. En consecuencia, por naturaleza, no está sujeta a los pecados del mundo material. Pero cuando se halla en contacto con la naturaleza material, actúa sin vacilación de muchas maneras pecaminosas, y a veces lo hace incluso en contra de su voluntad. Siendo esto así, la pregunta que Arjuna le hace a Kṛṣṇa acerca de la naturaleza pervertida de las entidades vivientes, viene muy al caso. Aunque a veces la entidad viviente no quiere actuar con pecado, aun así se la obliga a actuar. Sin embargo, las acciones pecaminosas no las incita la Superalma que se halla dentro, sino que se deben a otra causa, tal como el Señor lo explica en el verso siguiente.

TEXTO 37

श्रीभगवानुवाच
काम एष क्रोध एष रजोगुणसमुद्भवः ।
महाशनो महापाप्मा विद्ध्येनमिह वैरिणम् ॥ ३७ ॥

śrī-bhagavān uvāca
kāma eṣa krodha eṣa
rajo-guṇa-samudbhavaḥ
mahāśano mahā-pāpmā
viddhy enam iha variṇam

śrī-bhagavān uvāca—la Personalidad de Dios dijo; *kāmaḥ*—lujuria; *eṣaḥ*—esta; *krodhaḥ*—ira; *eṣaḥ*—todos éstos; *rajaḥ-guṇa*—la modalidad de la pasión; *samudbhavaḥ*—nacida de; *mahā-aśanaḥ*—que todo lo devora; *maha-pāpmā*—

muy pecaminosa; *viddhi*—sabe; *enam*—esto; *iha*—en el mundo material; *vairiṇam*—el peor enemigo.

TRADUCCIÓN

La Suprema Personalidad de Dios dijo: Es únicamente la lujuria, Arjuna, que nace del contacto con la modalidad material de la pasión y luego se transforma en ira, y que es el pecador enemigo de este mundo, enemigo que lo devora todo.

SIGNIFICADO

Cuando una entidad viviente se pone en contacto con la creación material, su eterno amor por Kṛṣṇa se transforma en lujuria, en asociación con la modalidad de la pasión. O, en otras palabras, el sentido de amor por Dios se transforma en lujuria, al igual que la leche, en contacto con el tamarindo, se transforma en yogur. Luego, cuando la lujuria no es satisfecha, se convierte a su vez en ira; la ira se transforma en ilusión, y la ilusión hace que continúe la existencia material. Por lo tanto, la lujuria es el peor enemigo de la entidad viviente, y es únicamente la lujuria la que induce a la entidad viviente pura a permanecer enredada en el mundo material. La ira es la manifestación de la modalidad de la ignorancia. Estas modalidades se manifiestan como ira y demás corolarios. De manera que, si la modalidad de la pasión, en vez de degradarse hasta el plano de la modalidad de la ignorancia, se eleva al plano de la modalidad de la bondad mediante el método prescrito de vivir y actuar, uno puede entonces salvarse de la degradación de la ira, mediante el apego espiritual.

La Suprema Personalidad de Dios se expandió en muchos para beneficio de Su bienaventuranza espiritual siempre en aumento, y las entidades vivientes son partes integrales de esa bienaventuranza espiritual. Ellas tienen, además, una independencia parcial, pero por el mal uso de su independencia, cuando la actitud de servicio se transforma en la propensión al disfrute de los sentidos, quedan bajo el dominio de la lujuria. El Señor hace la creación material para brindarles a las almas condicionadas una facilidad de complacer esas propensiones lujuriosas, y cuando ellas se encuentran totalmente desconcertadas debido a las prolongadas actividades lujuriosas, comienzan a hacerse preguntas acerca de su verdadera posición.

Esa indagación es el comienzo de los *Vedānta-sūtras*, en los que se dice: *athāto brahma-jijñāsā*, uno debe investigar acerca del Supremo. Y al Supremo se lo define en *El Śrīmad-Bhāgavatam* como *janmādy asya yato 'nvayad itarataś ca*, o "El origen de todo es el Brahman Supremo". Así pues, el origen de la lujuria también se halla en el Supremo. Si, por lo tanto, la lujuria se transforma en amor por el Supremo, o se transforma en conciencia de Kṛṣṇa o, en otras palabras, en desear todo para Kṛṣṇa, entonces tanto la lujuria como la ira pueden ser espiritualizadas. Hanumān, el gran servidor del Señor Rāma, exhibió su ira en la acción de prenderle fuego a la ciudad dorada de Rāvaṇa, pero al hacerlo se convirtió en el devoto más sobresaliente del Señor. Aquí también, en *El Bhagavad-gītā*, el Señor induce a Arjuna a utilizar su ira en contra de sus enemigos, para la satisfacción del Señor. De manera que la lujuria y la ira, cuando se emplean en el proceso de conciencia de Kṛṣṇa, se convierten en nuestros amigos, y no en enemigos nuestros.

TEXTO 38

धूमेनाव्रियते वह्निर्यथादर्शो मलेन च ।
यथोल्बेनावृतो गर्भस्तथा तेनेदमावृतम् ॥३८॥

dhūmenāvriyate vahnir
yathādarśo malena ca
yatholbenāvṛto garbhas
tathā tenedam āvṛtam

dhūmena—por el humo; *āvriyate*—es cubierto; *vahniḥ*—fuego; *yathā*—tal como; *ādarśaḥ*—espejo; *malena*—por el polvo; *ca*—también; *yathā*—tal como; *ulbena*—por el vientre; *āvṛtaḥ*—es cubierto; *garbhaḥ*—embrión; *tathā*—así; *tena*—por esa lujuria; *idam*—ésta; *āvṛtam*—es cubierta.

TRADUCCIÓN

Así como al fuego lo cubre el humo, o como a un espejo lo cubre el polvo, o como al embrión lo cubre el vientre, así mismo a la entidad viviente la cubren distintos grados de esa lujuria.

SIGNIFICADO

Hay tres grados de cobertura de la entidad viviente mediante la cual su conciencia pura es oscurecida. Esa cobertura no es más que diferentes manifestaciones de la lujuria, tal como el humo en el fuego, el polvo en el espejo y el vientre alrededor del embrión. Cuando se dice que la lujuria se asemeja al humo, se sobrentiende que el fuego de la chispa viviente puede percibirse un poco. En otras palabras, cuando la entidad viviente exhibe ligeramente su conciencia de Kṛṣṇa, se dice que se asemeja al fuego cubierto por el humo. Aunque donde hay humo tiene que haber fuego, en la primera etapa no hay una manifestación patente del fuego. Esa etapa es como el comienzo del cultivo de conciencia de Kṛṣṇa. El polvo en el espejo se refiere a un proceso de limpieza del espejo de la mente mediante diversos métodos espirituales. El mejor proceso es el de cantar los santos nombres del Señor. El embrión cubierto por el vientre es una analogía que ilustra una posición desamparada, pues en el vientre el niño está tan desamparado, que ni siquiera puede moverse. Esa etapa de la condición viviente se dice que se asemeja a la de los árboles. Los árboles también son entidades vivientes, pero se les ha puesto en semejante condición de vida por una exhibición tan grande de lujuria, que prácticamente están desprovistos de toda conciencia. El espejo cubierto se dice que se asemeja a las aves y las bestias, y el fuego cubierto por el humo se dice que se asemeja al ser humano. En la forma de un ser humano, la entidad viviente puede revivir un poco el estado de conciencia de Kṛṣṇa, y si se desarrolla adicionalmente, el fuego de la vida espiritual puede ser encendido. Mediante la manipulación cuidadosa del humo que hay en el fuego, se puede llegar a avivar este último. De modo que, la forma humana de vida es una oportunidad para que la entidad viviente se escape del enredo de la existencia material. En la forma humana de vida, uno puede conquistar al enemigo, la lujuria, mediante el cultivo de conciencia de Kṛṣṇa bajo una guía capaz.

TEXTO 39

आवृतं ज्ञानमेतेन ज्ञानिनो नित्यवैरिणा ।
कामरूपेण कौन्तेय दुष्पूरेणानलेन च ॥ ३९ ॥

āvṛtaṁ jñānam etena
jñānino nitya-variṇā
kāma-rūpeṇa kaunteya
duṣpūreṇānalena ca

āvṛtam—cubierto; *jñānam*—conciencia pura; *etena*—por este; *jñāninaḥ*—del conocedor; *nitya-variṇā*—por el enemigo eterno; *kāma-rūpeṇa*—en forma de lujuria; *kaunteya*—¡oh, hijo de Kuntī!; *duṣpūreṇa*—nunca se satisfará; *analena*—por el fuego; *ca*—también.

TRADUCCIÓN

Así pues, la conciencia pura de la sabia entidad viviente es cubierta por su enemigo eterno en forma de la lujuria, que nunca se satisface y arde como el fuego.

SIGNIFICADO

En *El Manu-smṛti* se dice que a la lujuria no se la puede satisfacer con ninguna cantidad de disfrute de los sentidos, tal como al fuego nunca se lo extingue mediante un suministro continuo de combustible. En el mundo material, el centro de todas las actividades es la vida sexual, y por ello este mundo material recibe el nombre de *maithunya-āgāra*, o los grilletes de la vida sexual. En la cárcel ordinaria, a los criminales se los mantiene tras unas rejas; de igual manera, a los criminales que desobedecen las leyes del Señor se los encadena por medio de la vida sexual. El adelanto de la civilización material en base a la complacencia de los sentidos, significa aumentar la duración de la existencia material de la entidad viviente. Así pues, esta lujuria es el símbolo de la ignorancia que mantiene a la entidad viviente dentro del mundo material. Mientras uno disfruta de la complacencia de los sentidos, puede que haya algún sentimiento de felicidad, pero, de hecho, ese supuesto sentimiento de felicidad es el mayor enemigo de aquel que disfruta de los sentidos.

TEXTO 40

इन्द्रियाणि मनो बुद्धिरस्याधिष्ठानमुच्यते ।
एतैर्विमोहयत्येष ज्ञानमावृत्य देहिनम् ॥ ४० ॥

indriyāṇi mano buddhir
asyādhiṣṭhānam ucyate
etair vimohayaty eṣa
jñānam āvṛtya dehinam

indriyāṇi—los sentidos; *manaḥ*—la mente; *buddhiḥ*—la inteligencia; *asya*—de esta lujuria; *adhiṣṭhānam*—lugar de asiento; *ucyate*—se denomina; *etaiḥ*—por todos éstos; *vimohayati*—confunde; *eṣaḥ*—esa lujuria; *jñānam*—conocimiento; *āvṛtya*—cubriendo; *dehinam*—del encarnado.

TRADUCCIÓN

Los sentidos, la mente y la inteligencia son los lugares de asiento de esa lujuria, a través de los cuales ella cubre el verdadero conocimiento de la entidad viviente y la confunde.

SIGNIFICADO

El enemigo ha ocupado diferentes posiciones estratégicas en el cuerpo del alma condicionada, y, por consiguiente, el Señor Kṛṣṇa señala esos lugares, para que aquel que quiera conquistar al enemigo pueda saber dónde encontrarlo. La mente es el centro de todas las actividades de los sentidos, y de ahí que cuando oímos hablar de los objetos de los sentidos, por lo regular la mente se vuelve la fuente de todas las ideas de la complacencia sensual; y, como resultado de ello, la mente y los sentidos se convierten en los depósitos de la lujuria. Luego, el departamento de la inteligencia se vuelve la capital de esas propensiones lujuriosas. La inteligencia es el vecino inmediato del alma espiritual. La inteligencia lujuriosa influye en el alma espiritual para que adquiera el ego falso y se identifique con la materia y, por ende, con la mente y los sentidos. El alma espiritual se vuelve adicta a disfrutar de los sentidos materiales, y confunde esto con la verdadera felicidad. Esa falsa identificación del alma espiritual se explica muy bien en *El Śrīmad-Bhāgavatam* (10.84.13):

yasyātma-buddhiḥ kuṇape tri-dhātuke
sva-dhīḥ kalatrādiṣu bhauma ijya-dhīḥ
yat-tīrtha-buddhiḥ salile na karhicij
janeṣv abhijñeṣu sa eva go-kharaḥ

"Un ser humano que identifica su ser con este cuerpo hecho de tres elementos, que considera que los subproductos del cuerpo son sus familiares, que considera venerable la tierra en la que nació, y que va al lugar de peregrinaje simplemente para darse un baño y no para reunirse con los hombres de conocimiento trascendental que allí se encuentran, debe tenerse por un asno o una vaca".

TEXTO 41

तस्मात्त्वमिन्द्रियाण्यादौ नियम्य भरतर्षभ ।
पाप्मानं प्रजहि ह्येनं ज्ञानविज्ञाननाशनम् ॥४१॥

tasmāt tvam indriyāṇy ādau
niyamya bharatarṣabha
pāpmānaṁ prajahi hy enaṁ
jñāna-vijñāna-nāśanam

tasmāt—por lo tanto; *tvam*—tú; *indriyāṇi*—sentidos; *ādau*—al comienzo; *niyamya*—mediante la regulación; *bharata-ṛṣabha*—¡oh, el principal entre los descendientes de Bharata!; *pāpmānam*—el gran símbolo del pecado; *prajahi*—refrena; *hi*—indudablemente; *enam*—este; *jñāna*—del conocimiento; *vijñāna*—y el conocimiento científico acerca del alma pura; *nāśanam*—la destructora.

TRADUCCIÓN

Por lo tanto, ¡oh, Arjuna, el mejor de los Bhāratas!, desde el mismo principio domina este gran símbolo del pecado [la lujuria] mediante la regulación de los sentidos, y mata a esta destructora del conocimiento y la autorrealización.

SIGNIFICADO

El Señor le aconsejó a Arjuna que regulara los sentidos desde el mismo comienzo, de modo que pudiera dominar al enemigo más pecador de todos —la lujuria—, que destruye el anhelo de lograr la autorrealización y el conocimiento específico acerca del ser. *Jñānam* se refiere al conocimiento acerca del ser en contraste con el no ser, o, en otras palabras, el conocimiento de que el alma espiritual no es el cuerpo. *Vijñānam* se refiere al conocimiento específico acerca de la posición constitucional del alma espiritual y su relación con el Alma Suprema. En *El Śrīmad-Bhāgavatam* (2.9.31), eso se explica de la siguiente manera:

jñānam parama-guhyaṁ me
yad-vijñāna-samanvitam
sa-rahasyaṁ tad-aṅgaṁ ca
gṛhāṇa gaditaṁ mayā

"El conocimiento acerca del ser y acerca del Ser Supremo es muy confidencial y misterioso, pero dicho conocimiento e iluminación específica pueden llegar a entenderse, si el propio Señor los explica junto con sus diversos aspectos". *El Bhagavad-gītā* nos da ese conocimiento general y específico acerca del ser. Las entidades vivientes son partes integrales del Señor, y, por ende, simplemente tienen la función de servir al Señor. Ese estado de conciencia se denomina conciencia de Kṛṣṇa. Así pues, desde el mismo comienzo de la vida uno tiene que aprender acerca de ese estado de conciencia de Kṛṣṇa, y de ese modo uno puede volverse plenamente consciente de Kṛṣna y actuar conforme a ello.

La lujuria es únicamente el reflejo pervertido del amor por Dios, el cual es natural para toda entidad viviente. Pero si a uno se le educa en lo referente al cultivo de conciencia de Kṛṣṇa desde el mismo comienzo, ese amor natural por Dios no puede deteriorarse y volverse lujuria. Cuando el amor por Dios se deteriora y se convierte en lujuria, es muy difícil regresar a la condición normal. Sin embargo, el proceso de conciencia de Kṛṣṇa es tan poderoso, que incluso un principiante tardío puede volverse un amante de Dios, por el hecho de seguir los principios regulativos del servicio devocional. De manera que, a partir de cualquier etapa de la vida, o a partir del momento en el que se entiende su urgencia, uno puede comenzar a regular los sentidos con el proceso de conciencia de Kṛṣṇa, el servicio devocional del Señor, y transformar la lujuria en amor por Dios, la etapa más elevada y perfecta de la vida humana.

TEXTO 42

इन्द्रियाणि पराण्याहुरिन्द्रियेभ्यः परं मनः ।
मनसस्तु परा बुद्धिर्यो बुद्धेः परतस्तु सः ॥४२॥

indriyāṇi parāṇy āhur
indriyebhyaḥ paraṁ manaḥ
manasas tu parā buddhir
yo buddheḥ paratas tu saḥ

indriyāṇi—sentidos; *parāṇi*—superior; *āhuḥ*—se dice que son; *indriyebhyaḥ*—más que los sentidos; *param*—superior; *manaḥ*—la mente; *manasaḥ*—más que la mente; *tu*—también; *parā*—superior; *buddhiḥ*—inteligencia; *yaḥ buddheḥ*—más que la inteligencia; *parataḥ*—superior; *tu*—pero; *saḥ*—él.

TRADUCCIÓN

Los sentidos de trabajo son superiores a la materia burda; la mente es más elevada que los sentidos; la inteligencia es aún más elevada que la mente; y ella [el alma] es incluso más elevada que la inteligencia.

SIGNIFICADO

Los sentidos son las diferentes salidas de las actividades de la lujuria. La lujuria está retenida dentro del cuerpo, pero se le da salida a través de los sentidos. Por consiguiente, los sentidos son superiores al cuerpo como un todo. Estas salidas no se emplean cuando existe un estado de conciencia superior, o conciencia de Kṛṣṇa. En el estado de conciencia de Kṛṣṇa, el alma se pone en contacto directo con la Suprema Personalidad de Dios; por lo tanto, la jerarquía de las funciones corporales, tal como se describe aquí, termina finalmente en el Alma Suprema. La acción corporal entraña las funciones de los sentidos, y detener los sentidos significa detener todas las acciones corporales. Pero como la mente es activa, entonces, aunque el cuerpo esté en silencio y en reposo, la mente actuará, tal como lo hace durante el sueño. Mas, por encima de la mente se halla la determinación de la inteligencia, y por encima de la inteligencia se halla el alma propiamente dicha. Así pues, si el alma se consagra directamente al Supremo, de modo natural todos los demás subordinados, es decir, la inteligencia, la mente y los sentidos, quedarán ocupados automáticamente. En *El Kaṭha Upaniṣad* hay un pasaje similar, en el que se dice que los objetos de la complacencia de los sentidos son superiores a los sentidos, y la mente es superior a los objetos de los sentidos. Por lo tanto, si la mente se halla directa y constantemente consagrada al servicio del Señor, no hay ninguna posibilidad de que los sentidos se ocupen de otra manera. Esta actitud mental ya se ha explicado. *Paraṁ dṛṣṭvā nivartate*. Si la mente está dedicada al servicio trascendental del Señor, no hay ninguna posibilidad de que se dedique a las propensiones inferiores. En *El Kaṭha Upaniṣad*, al alma se la ha descrito como *mahān*, lo grande. Por consiguiente, el alma está por encima de todo —es decir, de los objetos de los sentidos, de los sentidos, de la mente y de la inteligencia—. Luego la solución a todo el problema consiste en entender directamente la posición constitucional del alma.

Uno tiene que averiguar con inteligencia cuál es la posición constitucional del alma, y a continuación ocupar siempre la mente en el cultivo de conciencia de Kṛṣṇa. Eso resuelve todo el problema. A un espiritualista neófito se le aconseja generalmente mantenerse apartado de los objetos de los sentidos. Pero, además de eso, uno tiene que fortalecer la mente mediante el uso de la inteligencia. Si mediante la inteligencia uno ocupa la mente en el cultivo de conciencia de Kṛṣṇa, entregándose por completo a la Suprema Personalidad de Dios, entonces, de manera automática, la mente se fortalecerá, y aunque los sentidos son muy fuertes —como serpientes—, no serán más eficaces que una serpiente con los colmillos rotos. Mas, a pesar de que el alma es el amo de la inteligencia y la mente, y también de los sentidos, aun así, a menos que se fortalezca mediante la asociación con Kṛṣṇa en el proceso de conciencia de Kṛṣṇa, habrá muchas posibilidades de caer a causa de la agitada mente.

TEXTO 43

एवं बुद्धेः परं बुद्ध्वा संस्तभ्यात्मानमात्मना ।
जहि शत्रुं महाबाहो कामरूपं दुरासदम् ॥४३॥

evaṁ buddheḥ paraṁ buddhvā
saṁstabhyātmānam ātmanā
jahi śatruṁ mahā-bāho
kāma-rūpaṁ durāsadam

evam—así pues; *buddheḥ*—a la inteligencia; *param*—superior; *buddhvā*—sabiendo; *saṁstabhya*—estabilizando; *ātmānam*—la mente; *ātmanā*—mediante una inteligencia deliberada; *jahi*—conquista; *śatrum*—el enemigo; *mahā-bāho*—¡oh, tú, el de los poderosos brazos!; *kāma-rūpam*—en la forma de la lujuria; *durāsadam*—formidable.

TRADUCCIÓN

En consecuencia, sabiendo que uno es trascendental a los sentidos, la mente y la inteligencia materiales, ¡oh, Arjuna, el de los poderosos brazos!, se debe estabilizar la mente mediante una inteligencia espiritual deliberada [el proceso de conciencia de Kṛṣṇa], y así, mediante la fuerza espiritual, conquistar a ese insaciable enemigo conocido como la lujuria.

SIGNIFICADO

Este Tercer Capítulo de *El Bhagavad-gītā* dirige de un modo concluyente hacia el estado de conciencia de Kṛṣṇa, mediante el hecho de uno conocerse como servidor eterno de la Suprema Personalidad de Dios, sin considerar que el vacío impersonal es el fin último. En la existencia material de la vida, es indudable que a uno lo influencian las propensiones de la lujuria y el deseo de dominar los recursos de la naturaleza material. El deseo de enseñorearse y de complacer los sentidos es el peor enemigo del alma condicionada; pero mediante la fuerza del proceso de conciencia de Kṛṣṇa, uno puede controlar los sentidos materiales, la mente y la inteligencia. Uno no debe abandonar repentinamente el trabajo y los deberes prescritos; pero por medio del desarrollo gradual de conciencia de Kṛṣṇa, uno puede situarse en una posición trascendental —sin que lo influencien la mente y los sentidos materiales—, en virtud de una inteligencia estable, dirigida hacia la identidad pura de uno. Ésa es la esencia de este capítulo. En la etapa inmadura de la existencia material, las especulaciones filosóficas y los intentos artificiales de controlar los sentidos a través de la supuesta práctica de posturas yóguicas, nunca pueden ayudar al hombre a dirigirse hacia la vida espiritual. Él debe ser adiestrado en el proceso de conciencia de Kṛṣṇa por una inteligencia superior.

Así terminan los significados de Bhaktivedanta correspondientes al Tercer Capítulo de El Śrīmad Bhagavad-gītā, *en relación con el* karma-yoga, *o el desempeño del deber prescrito de uno con conciencia de Kṛṣṇa.*

Capítulo Cuatro
EL CONOCIMIENTO TRASCENDENTAL

TEXTO 1

श्रीभगवानुवाच
इमं विवस्वते योगं प्रोक्तवानहमव्ययम् ।
विवस्वान्मनवे प्राह मनुरिक्ष्वाकवेऽब्रवीत् ॥ १ ॥

śrī-bhagavān uvāca
imaṁ vivasvate yogaṁ
proktavān aham avyayam
vivasvān manave prāha
manur ikṣvākave 'bravīt

śrī-bhagavān uvāca—la Suprema Personalidad de Dios dijo; *imaṁ*—este; *vivasvate*—al dios del Sol; *yogam*—la ciencia de la relación de uno con el Supremo; *proktavān*—instruí; *aham*—Yo; *avyayam*—imperecedera; *vivasvān*—Vivasvān (el nombre del dios del Sol); *manave*—al padre de la humanidad (de nombre Vaivasvata); *prāha*—dijo; *manuḥ*—el padre de la humanidad; *ikṣvākave*—al rey Ikṣvāku; *abravīt*—dijo.

TRADUCCIÓN

La Personalidad de Dios, el Señor Śrī Kṛṣṇa, dijo: Yo le enseñé esta imperecedera ciencia del yoga a Vivasvān, el dios del Sol, y Vivasvān se la enseñó a Manu, el padre de la humanidad, y Manu a su vez se la enseñó a Ikṣvāku.

SIGNIFICADO

Aquí encontramos la historia de *El Bhagavad-gītā* a partir de una época remota en que le fue entregado a la orden real de todos los planetas, comenzando con el planeta Sol. Los reyes de todos los planetas tienen la principal función de proteger a los habitantes de los mismos, y, por lo tanto, la orden real debe entender la ciencia de *El Bhagavad-gītā*, a fin de ser capaz de gobernar a los ciudadanos y protegerlos del cautiverio material de la lujuria. La vida humana está hecha para el cultivo del conocimiento espiritual en una relación eterna con la Suprema Personalidad de Dios, y los mandatarios de todos los Estados y de todos los planetas están obligados a impartirles a los ciudadanos ese conocimiento, por medio de la educación, la cultura y la devoción. En otras palabras, todos los jefes de Estado tienen la función de propagar la ciencia del proceso de conciencia de Kṛṣṇa, de modo que la gente pueda sacar provecho de esta gran ciencia y pueda seguir un sendero triunfante, haciendo uso de la oportunidad que brinda la forma de vida humana.

En este milenio, el dios del Sol es conocido como Vivasvān, el rey del Sol, el cual es el origen de todos los planetas del sistema solar. En *El Brahma-saṁhitā* (5.52) se declara:

yac-cakṣur eṣa savitā sakala-grahāṇāṁ
rājā samasta-sura-mūrtir aśeṣa-tejāḥ
yasyājñayā bhramati sambhṛta-kāla-cakro
govindam ādi-puruṣaṁ tam ahaṁ bhajāmi

El Señor Brahmā dijo: ''Permítaseme adorar a la Suprema Personalidad de Dios, Govinda [Kṛṣṇa], quien es la Persona Original, y bajo cuya orden el Sol, que es el rey de todos los planetas, adquiere inmenso poder y calor. El Sol representa el ojo del Señor, y recorre su órbita obedeciendo la orden de Él''.

El Sol es el rey de los planetas, y el dios del Sol (actualmente de nombre Vivasvān) rige el planeta Sol, el cual controla a todos los demás planetas mediante el suministro de calor y luz. El Sol gira bajo la orden de Kṛṣṇa, y en un principio el Señor Kṛṣṇa hizo que Vivasvān fuera Su primer discípulo en entender la ciencia de *El Bhagavad-gītā*. Por consiguiente, el *Gītā* no es un tratado especulativo dirigido al insignificante erudito mundano, sino un libro modelo de conocimiento que desciende desde tiempo inmemorial.

En *El Mahābhārata* (*Śānti-parva* 348.51–52) encontramos la historia del *Gītā* de la siguiente manera:

tretā-yugādau ca tato
vivasvān manave dadau
manuś ca loka-bhṛty-arthaṁ
sutāyekṣvākave dadau
ikṣvākuṇā ca kathito
vyāpya lokān avasthitāḥ

''Al comienzo del milenio conocido como Tretā-yuga, Vivasvān le entregó a Manu esta ciencia de la relación con el Supremo. Manu, siendo el padre de la humanidad, se la dio a su hijo, Mahārāja Ikṣvāku, el rey de este planeta Tierra y antepasado de la dinastía Raghu, en la que apareció el Señor Rāmacandra". De modo que, *El Bhagavad-gītā* existía en la sociedad humana desde la época de Mahārāja Ikṣvāku.

Hasta los actuales momentos, apenas han transcurrido cinco mil años de Kali-yuga, la cual dura 432.000 años. La época anterior a ésa fue la de Dvāpara-yuga (800.000 años), y la anterior a esta última fue la de Tretā-yuga (1.200.000 años). Así pues, hace unos 2.005.000 años, Manu le habló *El Bhagavad-gītā* a su discípulo e hijo Mahārāja Ikṣvāku, el rey de este planeta Tierra. La era del Manu actual se calcula que debe durar unos 305.300.000 años, de los cuales han pasado 120.400.000. Aceptando que antes del nacimiento de Manu el Señor le habló el *Gītā* a Su discípulo Vivasvān, el dios del Sol, un cálculo aproximado indica que el *Gītā* se habló por lo menos hace 120.400.000 años; y en la sociedad humana ha existido por dos millones de años. El Señor lo habló de nuevo hace unos cinco mil años, esta vez a Arjuna. Éste es un cálculo aproximado de los períodos que comprende la historia del *Gītā*, según el propio *Gītā* y según el orador, el Señor Śrī Kṛṣṇa. *El Bhagavad-gītā* le fue hablado al dios del Sol, Vivasvān, porque él también es un *kṣatriya*, y porque es el padre de todos los *kṣatriyas* que son descendientes del dios del Sol, o los *kṣatriyas sūrya-vaṁśa*. Como *El Bhagavad-gītā* es igual que los *Vedas*, ya que lo habló la Suprema Personalidad de Dios, el conocimiento que en él se expone es *apauruṣeya*, sobrehumano. Puesto que las instrucciones védicas se aceptan tal como son, sin interpretación humana, al *Gītā* debe aceptársele, por ende, sin una interpretación mundana. Puede que los pendencieros mundanos especulen acerca del *Gītā* a su manera, pero eso no es *El Bhagavad-gītā* tal como es. Por consiguiente, *El Bhagavad-gītā* hay que aceptarlo tal como es, de manos de la sucesión discipular, y aquí se describe que el Señor se lo habló al dios del Sol, el dios del Sol se lo habló a su hijo Manu, y Manu se lo habló a su hijo Ikṣvāku.

TEXTO 2

एवं परम्पराप्राप्तमिमं राजर्षयो विदुः ।
स कालेनेह महता योगो नष्टः परंतप ॥ २ ॥

evaṁ paramparā-prāptam
imaṁ rājarṣayo viduḥ
sa kāleneha mahatā
yogo naṣṭaḥ parantapa

evam—así pues; *paramparā*—por sucesión discipular; *prāptam*—recibida; *imam*—esta ciencia; *rāja-ṛṣayaḥ*—los reyes santos; *viduḥ*—entendieron; *saḥ*—ese conocimiento; *kālena*—en el transcurso del tiempo; *iha*—en este mundo; *mahatā*—gran; *yogaḥ*—la ciencia de la relación de uno con el Supremo; *naṣṭaḥ*—disperso; *parantapa*—¡oh, Arjuna, subyugador de los enemigos!

TRADUCCIÓN

Esta ciencia suprema se recibió así a través de la cadena de sucesión discipular, y los reyes santos la entendieron de ese modo. Pero en el transcurso del tiempo la sucesión se rompió, y, por ello, la ciencia tal como es parece estar perdida.

SIGNIFICADO

Se afirma claramente que el *Gītā* estaba dirigido en especial a los reyes santos, porque ellos tenían que llevar a cabo el propósito del mismo al gobernar a los ciudadanos. Desde luego, *El Bhagavad-gītā* nunca estuvo dirigido a las personas demoníacas, que disiparían su valor sin beneficiar a nadie, y urdirían todo tipo de interpretaciones según sus caprichos personales. Tan pronto como el propósito original se dispersó a causa de las motivaciones de los comentaristas inescrupulosos, surgió la necesidad de restablecer la sucesión discipular. Hace cinco mil años, el propio Señor detectó que la sucesión discipular se había roto y, en consecuencia, declaró que el propósito del *Gītā* parecía estar perdido. De la misma manera, en la actualidad también hay muchísimas ediciones del *Gītā* (especialmente en inglés), pero prácticamente ninguna de ellas se ha presentado siguiendo a la sucesión discipular autorizada. Hay infinidad de interpretaciones, elaboradas por diferentes eruditos mundanos, pero prácticamente ninguno de ellos acepta a la Suprema Personalidad de Dios, Kṛṣṇa, aunque todos hacen un buen negocio con las palabras de Śrī Kṛṣṇa. Ese espíritu es demoníaco, porque los demonios no creen en Dios, sino que simplemente disfrutan de la propiedad del Supremo. Debido a que hay una gran necesidad de una traducción del *Gītā* tal como se recibe en el sistema *paramparā* (de sucesión discipular), aquí se hace el intento de satisfacer esa gran necesidad. Si *El Bhagavad-gītā* se acepta tal como es, constituye un gran don para la humanidad, pero si se toma como un tratado de especulaciones filosóficas, es simplemente una pérdida de tiempo.

TEXTO 3

स एवायं मया तेऽद्य योगः प्रोक्तः पुरातनः ।
भक्तोऽसि मे सखा चेति रहस्यं ह्येतदुत्तमम् ॥३॥

sa evāyaṁ mayā te 'dya
yogaḥ proktaḥ purātanaḥ
bhakto 'si me sakhā ceti
rahasyaṁ hy etad uttamam

saḥ—la misma; *eva*—ciertamente; *ayam*—esta; *mayā*—por Mí; *te*—a ti; *adya*—hoy; *yogaḥ*—la ciencia del *yoga*; *proktaḥ*—hablada; *purātanaḥ*—muy antigua;

bhaktaḥ—devoto; *asi*—eres; *me*—Mi; *sakhā*—amigo; *ca*—también; *iti*—por lo tanto; *rahasyam*—misterio; *hi*—ciertamente; *etat*—este; *uttamam*—trascendental.

TRADUCCIÓN

Esta antiquísima ciencia de la relación con el Supremo te la expongo hoy a ti, porque tú eres Mi devoto así como también Mi amigo, y puedes por ello entender el misterio trascendental de la misma.

SIGNIFICADO

Existen dos clases de hombres: el devoto y el demonio. El Señor escogió a Arjuna como receptor de esta gran ciencia, porque Arjuna era un devoto del Señor; pero al demonio no le es posible entender esta gran y misteriosa ciencia. Existen muchas ediciones de este gran libro de conocimiento. Algunas de ellas tienen comentarios escritos por los devotos, y otras tienen comentarios escritos por los demonios. El comentario de los devotos es auténtico, mientras que el de los demonios es inútil. Arjuna acepta a Śrī Kṛṣṇa como la Suprema Personalidad de Dios, y cualquier comentario que se le haga al *Gītā* siguiendo los pasos de Arjuna, es verdadero servicio devocional que se le presta a la causa de esta gran ciencia. Los hombres demoníacos, no obstante, no aceptan al Señor Kṛṣṇa tal como es Él. Más bien, inventan algo acerca de Kṛṣṇa y desencaminan a la generalidad de los lectores, apartándolos del sendero de las instrucciones de Kṛṣṇa. Aquí se da una advertencia acerca de esos senderos engañosos. Uno debe tratar de seguir la sucesión discipular que procede de Arjuna y, de ese modo, beneficiarse con esta gran ciencia de *El Śrīmad Bhagavad-gītā*.

TEXTO 4

अर्जुन उवाच

अपरं भवतो जन्म परं जन्म विवस्वतः ।
कथमेतद्विजानीयां त्वमादौ प्रोक्तवानिति ॥४॥

arjuna uvāca
aparaṁ bhavato janma
paraṁ janma vivasvataḥ
katham etad vijānīyāṁ
tvam ādau proktavān iti

arjunaḥ uvāca—Arjuna dijo; *aparam*—menor; *bhavataḥ*—Tú; *janma*—nacimiento; *param*—superior; *janma*—nacimiento; *vivasvataḥ*—del dios del Sol;

katham—cómo; *etat*—esto; *vijānīyām*—he de entender; *tvam*—Tú; *adau*—al principio; *proktavān*—instruida; *iti*—así pues.

TRADUCCIÓN

Arjuna dijo: Vivasvān, el dios del Sol, nació antes que Tú, por lo cual es mayor que Tú. ¿Cómo puedo entender que en el principio Tú le hayas enseñado esta ciencia a él?

SIGNIFICADO

Arjuna es un reconocido devoto del Señor. Así que, ¿cómo no iba a creer en las palabras de Kṛṣṇa? Lo cierto es que Arjuna no está preguntando en beneficio propio, sino por el bien de aquellos que no creen en la Suprema Personalidad de Dios, o los demonios, a quienes no les gusta la idea de que a Kṛṣṇa se le acepte como la Suprema Personalidad de Dios; es sólo para ellos que Arjuna pregunta acerca de este punto, como si él mismo no estuviera consciente de la posición de la Personalidad de Dios, o Kṛṣṇa. Como se hará patente en el Capítulo Diez, Arjuna sabía perfectamente bien que Kṛṣṇa es la Suprema Personalidad de Dios, el manantial de todo y la última palabra en trascendencia. Claro que, Kṛṣṇa también apareció en esta Tierra como hijo de Devakī. A un hombre ordinario le resulta muy difícil entender cómo Kṛṣṇa siguió siendo la misma Suprema Personalidad de Dios, la persona eterna original. Por consiguiente, para aclarar ese punto, Arjuna le hizo la pregunta a Kṛṣṇa, de manera que Él Mismo pudiera hablar con autoridad. Que Kṛṣṇa es la autoridad suprema, lo acepta el mundo entero, no sólo en la actualidad, sino desde tiempo inmemorial, y únicamente los demonios lo rechazan. De todos modos, puesto que Kṛṣṇa es la autoridad aceptada por todos, Arjuna le hizo a Él esa pregunta, para que Kṛṣṇa pudiera describirse a Sí Mismo sin que lo explicaran los demonios, que siempre tratan de deformarlo de una manera en que ellos y sus seguidores puedan entender. Es necesario que todo el mundo, por su propio bien, conozca la ciencia de Kṛṣṇa. Por eso, cuando el propio Kṛṣṇa habla de Sí Mismo, es auspicioso para todos los mundos. Puede que a los demonios les resulten extrañas las explicaciones que el propio Kṛṣṇa da, porque ellos siempre estudian a Kṛṣṇa desde su propio punto de vista; pero aquellos que son devotos les dan una cálida bienvenida a las declaraciones de Kṛṣṇa, cuando éstas las habla el propio Kṛṣṇa. Los devotos siempre adorarán esas autoritativas declaraciones de Kṛṣṇa, porque siempre están ansiosos de saber muchísimo más acerca de Él. Los ateos, quienes consideran a Kṛṣṇa un hombre ordinario, pueden de esa manera llegar a saber que Kṛṣṇa es sobrehumano, que es *sac-cid-ānanda-vigraha*—la forma eterna de la bienaventuranza y el conocimiento—, que es trascendental, y que se halla por encima del dominio de las modalidades de la naturaleza material, y por encima de la influencia del espacio y el tiempo. Un devoto de Kṛṣṇa, tal como Arjuna, está indudablemente por encima de cualquier malentendido en relación con la posición trascendental de Kṛṣṇa. Que Arjuna le hiciera esta pregunta al Señor, es simplemente un intento que el devoto hace de desafiar la actitud atea de personas que toman a Kṛṣṇa por un ser humano ordinario, sujeto a las modalidades de la naturaleza material.

TEXTO 5

श्रीभगवानुवाच
बहूनि मे व्यतीतानि जन्मानि तव चार्जुन ।
तान्यहं वेद सर्वाणि न त्वं वेत्थ परंतप ॥ ५ ॥

śrī-bhagavān uvāca
bahūni me vyatītāni
janmāni tava cārjuna
tāny ahaṁ veda sarvāṇi
na tvaṁ vettha parantapa

śrī-bhagavān uvāca—la Personalidad de Dios dijo; *bahūni*—muchos; *me*—Míos; *vyatītāni*—han pasado; *janmāni*—nacimientos; *tava*—tuyos; *ca*—y también; *arjuna*—¡oh, Arjuna!; *tāni*—esos; *aham*—Yo; *veda*—sé; *sarvāṇi*—todo; *na*—no; *tvam*—tú; *vettha*—sabes; *parantapa*—¡oh, subyugador del enemigo!

TRADUCCIÓN

La Personalidad de Dios dijo: Tanto tú como Yo hemos pasado por muchísimos nacimientos. Yo los puedo recordar todos, pero tú no, ¡oh, subyugador del enemigo!

SIGNIFICADO

En *El Brahma-saṁhitā* (5.33), se encuentra la información de que hay muchísimas encarnaciones del Señor. Allí se dice:

advaitam acyutam anādim ananta-rūpam
ādyaṁ purāṇa-puruṣaṁ nava-yauvanaṁ ca
vedeṣu durlabham adurlabham ātma-bhaktau
govindam ādi-puruṣaṁ tam ahaṁ bhajāmi

"Yo adoro a Govinda [Kṛṣṇa], la Suprema Personalidad de Dios, quien es la persona original, absoluta, infalible y sin comienzo. Aunque Él se expande en una cantidad ilimitada de formas, aun así es la misma persona original, el más antiguo y la persona que siempre se ve como un joven lozano. Esas eternas, bienaventuradas y omniscientes formas del Señor, por lo general no las entienden los mejores eruditos védicos, pero siempre se les manifiestan a los devotos puros".

También se afirma en *El Brahma-saṁhitā* (5.39):

rāmādi-mūrtiṣu kalā-niyamena tiṣṭhan
nānāvatāram akarod bhuvaneṣu kintu
kṛṣṇaḥ svayaṁ samabhavat paramaḥ pumān yo
govindam ādi-puruṣaṁ tam ahaṁ bhajāmi

"Yo adoro a Govinda [Kṛṣṇa], la Suprema Personalidad de Dios, quien siempre se encuentra en diversas encarnaciones, tales como Rāma y Nṛsiṁha, así como también en muchas encarnaciones secundarias, pero quien es la Personalidad de Dios original, conocido como Kṛṣṇa, y quien, además, se encarna personalmente".

También en los *Vedas* se dice que el Señor, aunque es aquel que no tiene igual, se manifiesta en infinidad de formas. Él es como la piedra *vaidūrya*, que cambia de color y, aun así, sigue siendo la misma. Todas esas múltiples formas las entienden los devotos puros, pero no se pueden entender mediante un simple estudio de los *Vedas* (*vedeṣu durlabham adurlabham ātma-bhaktau*). Devotos tales como Arjuna son compañeros constantes del Señor, y cuando quiera que el Señor se encarna, los devotos asociados también se encarnan, para poder servir al Señor de diferentes maneras. Arjuna es uno de esos devotos, y de este verso se deduce que, unos millones de años atrás, cuando el Señor Kṛṣṇa le habló *El Bhagavad-gītā* al dios del Sol, Vivasvān, Arjuna también estaba presente, haciendo otro papel. Pero la diferencia que hay entre el Señor y Arjuna es que el Señor recordaba el incidente, mientras que Arjuna no lo recordaba. Ésa es la diferencia que hay entre la entidad viviente parte integral, y el Señor Supremo. Aunque a Arjuna se le trata aquí como el poderoso héroe que podía subyugar a los enemigos, no obstante es incapaz de recordar lo que había ocurrido en sus diversos nacimientos pasados. De modo que, una entidad viviente, por grande que pueda ser desde el punto de vista material, nunca puede ser igual al Señor Supremo. Cualquiera que sea un compañero constante del Señor, es sin duda una persona liberada, pero no puede ser igual al Señor. En *El Brahma-saṁhitā* se describe al Señor como infalible (*acyuta*), lo cual significa que Él nunca se olvida de Sí, a pesar de estar en contacto con lo material. Luego el Señor y la entidad viviente nunca pueden ser iguales en todos los aspectos, ni siquiera si la entidad viviente está tan liberada como Arjuna. Aunque Arjuna es un devoto del Señor, a veces olvida la naturaleza del Señor, pero, por la gracia divina, un devoto puede entender al instante la condición infalible del Señor, mientras que un no devoto, o un demonio, no puede entender esa naturaleza trascendental. Así pues, estas descripciones del *Gītā* no las pueden entender los cerebros demoníacos. Kṛṣṇa recordaba actos que había realizado millones de años atrás, pero Arjuna no podía recordarlos, pese al hecho de que tanto Kṛṣṇa como Arjuna son de una naturaleza eterna. También podemos destacar aquí que una entidad viviente olvida todo debido a su cambio de cuerpo, pero el Señor recuerda porque no cambia Su cuerpo *sac-cid-ānanda*. Él es *advaita*, que significa que no hay diferencia alguna entre Su cuerpo y Él Mismo. Todo en relación con Él es espíritu, mientras que el alma condicionada es diferente de su cuerpo material. Y como el cuerpo y el ser del Señor son idénticos, Su posición siempre es diferente a la posición de la entidad viviente ordinaria, incluso cuando Él desciende al plano material. Los demonios no pueden acomodarse a esta naturaleza trascendental del Señor, que el propio Señor explica en el verso siguiente.

TEXTO 6

अजोऽपि सन्नव्ययात्मा भूतानामीश्वरोऽपि सन्।
प्रकृतिं स्वामधिष्ठाय संभवाम्यात्ममायया ॥६॥

ajo 'pi sann avyayātmā
bhūtānām īśvaro 'pi san
prakṛtiṁ svām adhiṣṭhāya
sambhavāmy ātma-māyayā

ajaḥ—innaciente; *api*—aunque; *san*—siendo así; *avyaya*—sin deteriorarse; *ātmā*—cuerpo; *bhūtānām*—de todos aquellos que nacen; *īśvaraḥ*—el Señor Supremo; *api*—aunque; *san*—siendo así; *prakṛtim*—en la forma trascendental; *svām*—Mía; *adhiṣṭhāya*—estando situado así; *sambhavāmi*—Me encarno; *ātma-māyayā*—mediante Mi energía interna.

TRADUCCIÓN

Aunque soy innaciente y Mi cuerpo trascendental nunca se deteriora, y aunque soy el Señor de todas las entidades vivientes, aun así aparezco en cada milenio en Mi trascendental forma original.

SIGNIFICADO

El Señor ha hablado acerca de la peculiaridad de Su nacimiento: aunque puede que Él aparezca como una persona ordinaria, recuerda todo lo relacionado con Sus muchísimos "nacimientos" pasados, mientras que un hombre común y corriente no puede recordar lo que ha hecho ni siquiera unas cuantas horas antes. Si se le pregunta a alguien qué hizo exactamente a la misma hora el día anterior, al hombre común le sería muy difícil responder de inmediato. Seguramente que tendría que escarbar en su memoria para recordar qué estaba haciendo exactamente a la misma hora el día anterior. Y, no obstante, a menudo los hombres se atreven a declarar que son Dios, o Kṛṣṇa. Uno no debe dejarse engañar por esas pretensiones sin sentido. Y, además, el Señor explica Su *prakṛti*, o Su forma. *Prakṛti* significa "naturaleza", y también significa *svarūpa*, o "la forma de uno mismo". El Señor dice que Él aparece en Su propio cuerpo. Él no cambia de cuerpo, como sí lo hace la entidad viviente común, que cambia de un cuerpo a otro. Puede que la entidad viviente tenga una clase de cuerpo en el nacimiento actual, pero en el siguiente nacimiento tendrá un cuerpo diferente. En el mundo material, la entidad viviente no tiene un cuerpo fijo, sino que transmigra de un cuerpo a otro. Sin embargo, el Señor no hace eso. Cuando quiera que Él aparece, lo hace en el mismo cuerpo original, por medio de Su potencia interna. En otras palabras, Kṛṣṇa aparece en este mundo material en Su eterna forma original, con dos manos y sosteniendo una flauta. Él aparece precisamente en Su cuerpo eterno, no contaminado por este mundo material. Aunque Él aparece en el mismo cuerpo trascendental y es el Señor del universo, aun así parece que Él nace como una entidad viviente ordinaria. Y aunque Su cuerpo no se deteriora como un cuerpo material, aun así parece que el Señor Kṛṣṇa crece de la infancia a la niñez y de la niñez a la juventud. Pero, lo que es muy sorprendente, nunca envejece más allá de la juventud. En la época de la Batalla de Kurukṣetra, Él tenía muchos nietos en casa, o, en otras palabras, Él ya había envejecido suficientemente según los cálculos materiales. Aun así, se veía tal como un hombre joven de veinte o veinticinco años. Nunca vemos un retrato de Kṛṣṇa en la vejez, porque él nunca envejece como nosotros, si bien es la persona más anciana de toda la creación —del pasado, del presente y del futuro—. Ni Su cuerpo ni Su inteligencia se deterioran o cambian alguna vez. Por consiguiente, queda claro que, a pesar de estar en el mundo material, Él es la misma e innaciente forma eterna de bienaventuranza y conocimiento, inmutable en lo que respecta a Su cuerpo e inteligencia trascendentales. De hecho, Su aparición y desaparición son como la salida del Sol, el movimiento de éste ante nosotros y su subsecuente desaparición de nuestra vista. Cuando el Sol se pierde de vista, creemos que se ha puesto, y cuando el Sol está ante nuestros ojos, pensamos que se halla en el horizonte. En realidad, el Sol siempre está en su posición fija. Pero debido a nuestros sentidos insuficientes y defectuosos, hablamos de que el Sol aparece y desaparece en el cielo. Y como Su aparición y desaparición son completamente distintas de las de cualquier entidad viviente común y corriente, es obvio que Él es conocimiento eterno y bienaventurado, mediante Su potencia interna, y que nunca lo contamina la naturaleza material. Los *Vedas* también confirman que la Suprema Personalidad de Dios es innaciente, y que, sin embargo, parece nacer en múltiples manifestaciones. Las Escrituras védicas complementarias también confirman que, aunque el Señor parece nacer, aun así no cambia de cuerpo. En el *Bhāgavatam*, Él aparece en forma de Nārāyaṇa ante Su madre, con cuatro manos y los adornos de las seis clases de opulencias plenas. Su aparición en Su eterna forma original constituye Su misericordia sin causa, que se les otorga a las entidades vivientes de modo que puedan concentrarse en el Señor Supremo tal como es Él, y no en invenciones mentales o imaginaciones, que es lo que el impersonalista cree equivocadamente que son las formas del Señor. Según el diccionario *Viśva-kośa*, la palabra *māyā*, o *ātma-māyā*, se refiere a la misericordia sin causa del Señor. El Señor está consciente de todas Sus apariciones y desapariciones anteriores, pero una entidad viviente común, en cuanto obtiene otro cuerpo, olvida todo lo referente a su cuerpo pasado. Él es el Señor de todas las entidades vivientes, porque, mientras se encuentra en esta Tierra, realiza actividades maravillosas y sobrehumanas.

Así pues, el Señor siempre es la misma Verdad Absoluta, y no presenta diferenciación alguna entre Su forma y Su ser, o entre Su calidad y Su cuerpo. Ahora pudiera surgir la pregunta de por qué el Señor aparece y desaparece en este mundo. Ello se explica en el verso siguiente.

TEXTO 7

यदा यदा हि धर्मस्य ग्लानिर्भवति भारत ।
अभ्युत्थानमधर्मस्य तदात्मानं सृजाम्यहम् ॥ ७ ॥

yadā yadā hi dharmasya
glānir bhavati bhārata
abhyutthānam adharmasya
tadātmānaṁ sṛjāmy aham

yadā yadā—cuando quiera y dondequiera; *hi*—indudablemente; *dharmasya*—de la religión; *glāniḥ*—discrepancias; *bhavati*—se manifiesta; *bhārata*—¡oh, descendiente de Bharata!; *abhyutthānam*—predominio; *adharmasya*—de la irreligión; *tadā*—en ese entonces; *ātmānam*—ser; *sṛjāmi*—manifiesto; *aham*—Yo.

TRADUCCIÓN

Cuando quiera y dondequiera que haya una declinación en la práctica religiosa, ¡oh, descendiente de Bharata!, y un aumento predominante de la irreligión, en ese entonces Yo mismo desciendo.

SIGNIFICADO

La palabra *sṛjāmi* es significativa aquí. *Sṛjāmi* no se puede emplear en el sentido de creación, porque, de acuerdo con el verso anterior, no existe creación de la forma o cuerpo del Señor, ya que todas las formas existen eternamente. Por lo tanto, *sṛjāmi* significa que el Señor se manifiesta tal como Él es. Aunque el Señor aparece en un momento programado, es decir, al final de la Dvāpara-yuga del vigésimoctavo milenio del séptimo Manu de un día de Brahmā, aun así Él no está obligado a someterse a esas reglas y regulaciones, porque está en completa libertad de actuar a voluntad de muchas maneras. En consecuencia, Él aparece por Su propia voluntad cuando quiera que haya un predominio de la irreligiosidad y una desaparición de la verdadera religión. Los principios de la religión se presentan en los *Vedas*, y cualquier discrepancia en lo referente a la ejecución debida de las reglas de los *Vedas*, lo vuelve a uno irreligioso. En el *Bhāgavatam* se declara que esos principios constituyen las leyes del Señor. Únicamente el Señor puede manufacturar un sistema de religión. Los *Vedas* también se aceptan como palabras que en un principio el propio Señor le comunicó a

Brahmā desde dentro del corazón. De modo que, los principios de *dharma*, o de la religión, son las órdenes directas de la Suprema Personalidad de Dios (*dharmaṁ tu sākṣād-bhagavat-praṇītam*). Estos principios se indican claramente a todo lo largo de *El Bhagavad-gītā*. El propósito de los *Vedas* es el de establecer dichos principios bajo la orden del Señor Supremo, y al final del *Gītā* el Señor ordena directamente que el principio más elevado de la religión es el de entregarse sólo a Él, y nada más. Los principios védicos lo incitan a uno a entregarse a Él por completo; y cuando quiera que las personas demoníacas perturban esos principios, el Señor aparece. Por el *Bhāgavatam* sabemos que el Señor Buda es la encarnación de Kṛṣṇa que apareció cuando el materialismo se hallaba extendido y los materialistas estaban usando como pretexto la autoridad de los *Vedas*. Aunque en los *Vedas* hay ciertas reglas y regulaciones restrictivas en cuanto al sacrificio de animales con ciertos propósitos específicos, la gente de tendencias demoníacas, no obstante, se dio al sacrificio de animales sin hacer referencia a los principios védicos. El Señor Buda apareció para detener esa necedad y establecer los principios védicos de la no violencia. Así pues, todos y cada uno de los *avatāras*, o encarnaciones del Señor, tiene una misión específica, y a todos ellos se los describe en las Escrituras reveladas. A nadie se lo debe aceptar como *avatāra*, a menos que se lo mencione en las Escrituras. No es cierto que el Señor aparece únicamente en la tierra hindú. Él puede manifestarse dondequiera y cuando quiera que desee aparecer. En todas y cada una de las encarnaciones, Él habla tanto de religión como pueda entender la gente en particular que se encuentre bajo esas circunstancias específicas. Pero la misión es la misma: llevar a la gente hacia el estado de conciencia de Dios y de obediencia a los principios de la religión. Algunas veces, Él desciende personalmente, y a veces envía a Su representante fidedigno, en la forma de Su hijo o sirviente, o Él Mismo desciende en alguna forma disfrazada.

Los principios de *El Bhagavad-gītā* se le hablaron a Arjuna, y, además, a otras personas muy elevadas, porque él estaba muy adelantado en comparación con las personas ordinarias de otras partes del mundo. ''Dos más dos son cuatro'' constituye un principio matemático verdadero, tanto en la clase de aritmética para principiantes, como también en el curso adelantado. Aun así, hay matemáticas superiores y matemáticas elementales. Por lo tanto, en todas las encarnaciones del Señor se enseñan los mismos principios, pero éstos parecen ser superiores o inferiores en diferentes circunstancias. Los principios superiores de la religión comienzan con la aceptación de las cuatro órdenes y los cuatro estados de vida social, tal y como se explicará más adelante. Todo el propósito de la misión de las encarnaciones es el de despertar en todas partes el estado de conciencia de Kṛṣṇa. Esa conciencia es manifiesta y no manifiesta, sólo bajo diferentes circunstancias.

TEXTO 8

परित्राणाय साधूनां विनाशाय च दुष्कृताम् ।

धर्मसंस्थापनार्थाय संभवामि युगे युगे ॥ ८ ॥

paritrāṇāya sādhūnāṁ
vināśāya ca duṣkṛtām
dharma-saṁsthāpanārthāya
sambhavāmi yuge yuge

paritrāṇāya—para la redención; *sādhūnām*—de los devotos; *vināśāya*—para la aniquilación; *ca*—y; *duṣkṛtām*—de los infieles; *dharma*—principios de la religión; *saṁsthāpana-arthāya*—para restablecer; *sambhavāmi*—aparezco; *yuge*—milenio; *yuge*—tras milenio.

TRADUCCIÓN

Para redimir a los piadosos y aniquilar a los infieles, así como para restablecer los principios de la religión, Yo mismo aparezco milenio tras milenio.

SIGNIFICADO

De acuerdo con *El Bhagavad-gītā*, un *sādhu* (hombre santo) es un hombre con conciencia de Kṛṣṇa. Puede que una persona parezca ser irreligiosa, pero si posee a plenitud las cualidades del estado de conciencia de Kṛṣṇa, se le debe considerar un *sādhu*. Y *duṣkṛtām* se le aplica a aquellos que no les interesa el estado de conciencia de Kṛṣṇa. Aunque esos infieles, o *duṣkṛtām*, estén adornados con educación mundana, se los describe como necios y lo más bajo de la humanidad, mientras que a una persona que esté dedicada al cultivo de conciencia de Kṛṣṇa en un ciento por ciento se la acepta como *sādhu*, aunque no sea ni erudita ni muy culta. En lo que se refiere a los ateos, no es necesario que, para destruirlos, el Señor Supremo aparezca tal como es Él, como hizo en el caso de los demonios Rāvaṇa y Kaṁsa. El Señor tiene muchos agentes capaces de eliminar demonios. Pero el Señor desciende especialmente para tranquilizar a Sus devotos puros, que siempre están acosados por las personas demoníacas. El demonio hostiga al devoto, aunque este último resulte ser pariente suyo. Si bien Prahlāda Mahārāja era hijo de Hiraṇyakaśipu, no obstante su padre lo persiguió; aunque Devakī, la madre de Kṛṣṇa, era hermana de Kaṁsa, ella y su esposo, Vasudeva, fueron perseguidos, sólo porque Kṛṣṇa les iba a nacer a ellos. De manera que, Kṛṣṇa apareció principalmente para salvar a Devakī antes que para matar a Kaṁsa, pero ambas acciones se realizaron simultáneamente. Por eso se dice aquí que el Señor aparece en diferentes encarnaciones para redimir al devoto y eliminar a los infieles demonios.

En *El Caitanya-caritāmṛta* de Kṛṣṇadāsa Kavirāja, los versos siguientes (*Madhya* 20.263-264) resumen estos principios de la encarnación:

sṛṣṭi-hetu yei mūrti prapañce avatāre
sei īśvara-mūrti 'avatāra' nāma dhare

māyātīta paravyome sabāra avasthāna
viśve 'avatāri' dhare 'avatāra' nāma

"El *avatāra*, o encarnación de Dios, desciende del Reino de Dios con el fin de llevar a cabo la manifestación material. Y esa forma en particular de la Personalidad de Dios que así desciende se denomina encarnación o *avatāra*. Esas encarnaciones están en el mundo espiritual, el Reino de Dios. Cuando ellas descienden a la creación material, adoptan el nombre de *avatāra*".

Hay varias clases de *avatāras* —tales como los *puruṣāvatāras*, los *guṇāvatāras*, los *līlāvatāras*, los *śakty-āveśāvatāras*, los *manvantarāvatāras* y los *yugāvatāras*—, todos los cuales aparecen por todas partes del universo en el momento programado. Pero el Señor Kṛṣṇa es el Señor primordial, el manantial de todos los *avatāras*. El Señor Śrī Kṛṣṇa desciende con el propósito específico de mitigar las angustias de los devotos puros, que están muy ansiosos de verlo en Sus pasatiempos originales de Vṛndāvana. Por consiguiente, el propósito principal del *avatāra* de Kṛṣṇa consiste en satisfacer a Sus devotos puros.

El Señor dice que Él Mismo se encarna en cada milenio. Eso indica que Él también se encarna en la Era de Kali. Como se declara en *El Śrīmad-Bhāgavatam*, la encarnación de la Era de Kali es el Señor Caitanya Mahāprabhu, quien propagó la adoración de Kṛṣṇa mediante el movimiento de *saṅkīrtana* (el canto en congregación de los santos nombres), y difundió el cultivo de conciencia de Kṛṣṇa a todo lo largo de la India. Él predijo que esta cultura del *saṅkīrtana* se difundiría por el mundo entero, de pueblo en pueblo y de aldea en aldea. Al Señor Caitanya, en Su carácter de encarnación de Kṛṣṇa, la Personalidad de Dios, se le describe de un modo secreto, mas no directo, en las secciones confidenciales de las Escrituras reveladas, tales como los *Upaniṣads*, *El Mahābhārata* y el *Bhāgavatam*. A los devotos del Señor Kṛṣṇa los atrae mucho el movimiento de *saṅkīrtana* del Señor Caitanya. Este *avatāra* del Señor no mata a los infieles, sino que los redime mediante Su misericordia sin causa.

TEXTO 9

जन्म कर्म च मे दिव्यमेवं यो वेत्ति तत्त्वतः ।
त्यक्त्वा देहं पुनर्जन्म नैति मामेति सोऽर्जुन ॥९॥

janma karma ca me divyam
evaṁ yo vetti tattvataḥ
tyaktvā dehaṃ punar janma
naiti mām eti so 'rjuna

janma—nacimiento; *karma*—trabajo; *ca*—también; *me*—Míos; *divyam*—trascendentales; *evam*—de esta manera; *yaḥ*—todo aquel que; *vetti*—conozca; *tattvataḥ*—en realidad; *tyaktvā*—dejando a un lado; *deham*—este cuerpo;

punaḥ—de nuevo; *janma*—nacimiento; *na*—jamás; *eti*—alcanza; *mām*—a Mí; *eti*—alcanza; *saḥ*—él; *arjuna*—¡oh, Arjuna!

TRADUCCIÓN

¡Oh, Arjuna!, aquel que conoce la naturaleza trascendental de Mi aparición y actividades, al abandonar este cuerpo no vuelve a nacer de nuevo en este mundo material, sino que alcanza Mi morada eterna.

SIGNIFICADO

El descenso del Señor desde su morada trascendental ya se explicó en el verso seis. Aquel que puede entender la verdad de la aparición de la Personalidad de Dios ya está liberado del cautiverio material, y, por ende, regresa al Reino de Dios inmediatamente después de dejar el presente cuerpo material. Que la entidad viviente se libere del cautiverio material no es fácil en absoluto. Los impersonalistas y los *yogīs* logran la liberación, únicamente después de muchas dificultades y muchísimos nacimientos. Incluso entonces, la liberación que logran —el fundirse en el *brahmajyoti* impersonal del Señor— es únicamente parcial, y existe el riesgo de regresar a este mundo material. Pero el devoto, por el simple hecho de entender la naturaleza trascendental del cuerpo y las actividades del Señor, alcanza la morada del Señor después de terminar con este cuerpo, y no corre el riesgo de regresar a este mundo material. En *El Brahma-saṁhitā* (5.33) se afirma que el Señor tiene muchísimas formas y encarnaciones: *advaitam acyutam anādim ananta-rūpam*. Aunque existen muchas formas trascendentales del Señor, aun así son la misma y única Suprema Personalidad de Dios. Uno tiene que entender este hecho con convicción, aunque a los eruditos mundanos y filósofos empíricos les resulte incomprensible. Como se dice en los *Vedas* (*El Puruṣa-bodhinī Upaniṣad*):

eko devo nitya-līlānurakto
bhakta-vyāpī hṛdy antarātmā

"Con muchísimas formas trascendentales, la única Suprema Personalidad de Dios está eternamente activa, en relaciones con Sus devotos puros". Esta declaración védica la confirma el Señor personalmente en este verso del *Gītā*. Todo aquel que acepte esta verdad —al amparo de la autoridad de los *Vedas* y de la Suprema Personalidad de Dios— y que no pierda el tiempo en especulaciones filosóficas, alcanza la etapa más elevada y perfecta de la liberación. Por el simple hecho de aceptar esta verdad en base a la fe, uno puede lograr la liberación sin ninguna duda. La versión védica *tat tvam asi* se aplica de hecho en este caso. Cualquiera que entienda que el Señor Kṛṣṇa es el Supremo, o que le dice al Señor: "Tú eres el Brahman Supremo, la Personalidad de Dios", es seguro que se libera instantáneamente y, en consecuencia, su participación de la asociación trascendental del Señor queda garantizada. En otras palabras, un devoto del

Señor que sea así de fiel logra la perfección, y eso lo confirma la siguiente aseveración védica:

tam eva viditvāti-mṛtyum eti
nānyaḥ panthā vidyate 'yanāya

"Uno puede lograr la etapa perfecta de liberarse del nacimiento y la muerte, por el simple hecho de conocer al Señor, la Suprema Personalidad de Dios, y no hay otra manera de lograr esa perfección" (*El Śvetāśvatara Upaniṣad* 3.8). Que no haya ningún otro recurso significa que cualquiera que no entienda que el Señor Kṛṣṇa es la Suprema Personalidad de Dios, es seguro que se halla sumido en la modalidad de la ignorancia y, por ende, no logrará la salvación por el simple hecho de —digámoslo así— lamer la botella de miel por fuera, o interpretar *El Bhagavad-gītā* según la erudición mundana. Esos filósofos empíricos puede que asuman papeles muy importantes en el mundo material, pero no se vuelven necesariamente merecedores de la liberación. Semejantes eruditos engreídos tienen que esperar que les llegue la misericordia sin causa del devoto del Señor. Por consiguiente, uno debe cultivar conciencia de Kṛṣṇa con fe y conocimiento, y, de esa manera, lograr la perfección.

TEXTO 10

वीतरागभयक्रोधा मन्मया मामुपाश्रिताः ।
बहवो ज्ञानतपसा पूता मद्भावमागताः ॥१०॥

vīta-rāga-bhaya-krodhā
man-mayā mām upāśritāḥ
bahavo jñāna-tapasā
pūtā mad-bhāvam āgatāḥ

vīta—liberado de; *rāga*—apego; *bhaya*—temor; *krodhāḥ*—e ira; *mat-mayā*—totalmente en Mí; *mām*—en Mí; *upāśritāḥ*—estando totalmente situado; *bahavaḥ*—muchos; *jñāna*—del conocimiento; *tapasā*—mediante la penitencia; *pūtāḥ*—purificándose; *mat-bhāvam*—amor trascendental por Mí; *āgatāḥ*—logran tener.

TRADUCCIÓN

Estando liberadas del apego, el temor y la ira, estando totalmente absortas en Mí y refugiándose en Mí, muchísimas personas se purificaron en el pasado mediante el conocimiento acerca de Mí, y de ese modo todas ellas alcanzaron el estado de amor trascendental por Mí.

SIGNIFICADO

Como se explicó anteriormente, a una persona que está demasiado afectada por lo material, le resulta muy difícil entender la naturaleza personal de la Suprema Verdad Absoluta. Por lo general, la gente que está apegada a la concepción corporal de la vida se encuentra tan absorta en el materialismo, que le resulta prácticamente imposible entender que el Supremo puede ser una persona. Esos materialistas ni siquiera pueden imaginar que existe un cuerpo trascendental que es imperecedero, que está colmado de conocimiento y que es dichoso eternamente. Bajo el concepto materialista, el cuerpo es perecedero, está colmado de ignorancia y es completamente desdichado. Por lo tanto, cuando a la generalidad de la gente se le informa de la forma personal del Señor, mantienen en mente esa misma idea corporal. Para esos hombres materialistas, la forma de la gigantesca manifestación material es lo supremo. En consecuencia, ellos consideran que el Supremo es impersonal. Y, como están demasiado absortos en lo material, los asusta el concepto de retener la personalidad después de liberarse de la materia. Cuando se les informa que la vida espiritual también es individual y personal, sienten temor de volverse personas de nuevo, a raíz de lo cual prefieren, naturalmente, una especie de fusión con el vacío impersonal. Ellos suelen equiparar a las entidades vivientes con las burbujas del océano, las cuales se funden en el océano. Ésa es la máxima perfección de la existencia espiritual que se logra sin personalidad individual. Es una especie de etapa aterradora de la vida, desprovista del conocimiento perfecto de la existencia espiritual. Además, hay muchas personas que no pueden entender en absoluto la existencia espiritual. Agobiadas por muchísimas teorías y contradicciones de diversos tipos de especulación filosófica, se hastían o se disgustan, y concluyen neciamente que no hay ninguna causa suprema y que, en definitiva, todo es un vacío. Esta clase de personas se hallan en una condición enferma de la vida. Algunas personas están demasiado apegadas a lo material y, por consiguiente, no le prestan atención a la vida espiritual; otras quieren fundirse en la suprema causa espiritual; y otras no creen en nada, ya que por desesperación están disgustadas con toda clase de especulaciones espirituales. Esta última clase de hombres se refugian en alguna clase de embriagante, y sus alucinaciones sentimentales se aceptan a veces como visión espiritual. Uno tiene que deshacerse de todas las tres etapas de apego al mundo material: el descuido de la vida espiritual, el temor de una identidad personal espiritual y el concepto de vacío que surge de la frustración en la vida. Para librarse de estas tres etapas del concepto material de la vida, uno tiene que refugiarse por completo en el Señor, guiado por el maestro espiritual genuino, y seguir las disciplinas y principios regulativos de la vida devocional. La última etapa de la vida devocional se denomina *bhava*, o amor trascendental por Dios.

Según *El Bhakti-rasāmṛta-sindhu* (1.4.15–16), la ciencia del servicio devocional:

ādau śraddhā tataḥ sādhu-
saṅgo 'tha bhajana-kriyā

tato 'nartha-nivṛttiḥ syāt
tato niṣṭhā rucis tataḥ

athāsaktis tato bhāvas
tataḥ premābhyudañcati
sādhakānām ayaṁ premṇaḥ
prādurbhāve bhavet kramaḥ

''Al principio, uno debe tener un deseo preliminar de autorrealizarse. Eso lo llevará a uno a la etapa de tratar de asociarse con personas que estén elevadas espiritualmente. En la siguiente etapa, uno es iniciado por un maestro espiritual elevado y, bajo la instrucción de él, el devoto neófito comienza el proceso del servicio devocional. Mediante la ejecución del servicio devocional bajo la guía del maestro espiritual, uno se libera de todo apego material, logra estabilidad en la autorrealización y adquiere un gusto por oír hablar de la Absoluta Personalidad de Dios, Śrī Kṛṣṇa. Ese gusto lo lleva a uno más adelante en el apego por el estado de conciencia de Kṛṣṇa, que madura hasta volverse *bhāva*, o la etapa preliminar del amor trascendental por Dios. El verdadero amor por Dios se denomina *prema*, la etapa más elevada y perfecta de la vida''. En la etapa de *prema* existe una dedicación constante al trascendental servicio amoroso del Señor. De modo que, mediante el lento proceso del servicio devocional, bajo la guía del maestro espiritual genuino, uno puede alcanzar la máxima etapa, liberándose de todo apego material, del temor de la personalidad individual espiritual y de las frustraciones que culminan en el vacío filosófico. Así, finalmente uno puede llegar a la morada del Señor Supremo.

TEXTO 11

ये यथा मां प्रपद्यन्ते तांस्तथैव भजाम्यहम् ।
मम वर्त्मानुवर्तन्ते मनुष्याः पार्थ सर्वशः ॥११॥

ye yathā māṁ prapadyante
tāṁs tathaiva bhajāmy aham
mama vartmānuvartante
manuṣyāḥ pārtha sarvaśaḥ

ye—todos los que; *yathā*—como; *Mām*—a Mí; *prapadyante*—entrega; *tān*—a ellos; *tathā*—así; *eva*—indudablemente; *bhajāmi*—Yo recompenso; *aham*—Yo; *mama*—Mi; *vartma*—sendero; *anuvartante*—siguen; *manuṣyāḥ*—todos los hombres; *pārtha*—¡oh, hijo de Pṛthā!; *sarvaśaḥ*—en todos los aspectos.

TRADUCCIÓN

En la medida en que todos ellos se entregan a Mí, Yo los recompenso.

Todo el mundo sigue Mi sendero en todos los aspectos, ¡oh, hijo de Pṛthā!

SIGNIFICADO

Todo el mundo está buscando a Kṛṣṇa en los diferentes aspectos de Sus manifestaciones. A Kṛṣṇa, la Suprema Personalidad de Dios, se lo llega a conocer parcialmente en Su refulgencia *brahmajyoti* impersonal y como la Superalma omnipresente que mora dentro de todo, incluso dentro de las partículas atómicas. Pero a Kṛṣṇa sólo lo llegan a comprender plenamente Sus devotos puros. En consecuencia, Kṛṣṇa es el objeto de la comprensión de todos, y, por eso, absolutamente todo el mundo es satisfecho de un modo acorde con sus deseos de tenerlo. En el mundo trascendental, Kṛṣṇa también corresponde con Sus devotos puros en la actitud trascendental, tal como el devoto quiere que Él sea. Un devoto puede que quiera a Kṛṣṇa como su amo Supremo; otro, como su amigo personal; otro, como su hijo; y aun otro más, como su amante. Kṛṣṇa recompensa a todos los devotos por igual, conforme a sus diferentes intensidades de amor por Él. En el mundo material se encuentran las mismas correspondencias de sentimientos, y el Señor los intercambia igualmente con los diferentes tipos de adoradores. Tanto aquí como en la morada trascendental, los devotos puros se asocian con el Señor en persona, y tienen la oportunidad de prestarle un servicio personal y, de ese modo, obtener una dicha trascendental con Su amoroso servicio. En lo que respecta a los que son impersonalistas y que quieren suicidarse espiritualmente aniquilando la existencia individual de la entidad viviente, Kṛṣṇa también los ayuda, absorbiéndolos en Su refulgencia. Esos impersonalistas no acceden a aceptar a la eterna y bienaventurada Personalidad de Dios; en consecuencia, no pueden saborear la bienaventuranza del trascendental servicio personal del Señor, habiéndose extinguido su individualidad. Algunos de ellos, que ni siquiera están situados firmemente en la existencia impersonal, regresan a este campo material a exhibir sus deseos latentes de realizar actividades. A ellos no se los admite en los planetas espirituales, sino que se les da de nuevo una oportunidad de actuar en los planetas materiales. A aquellos que son trabajadores fruitivos, el Señor, en Su carácter de *yajñeśvara*, les otorga los resultados que anhelan de sus deberes prescritos; y a aquellos que son *yogīs* en busca de poderes místicos, se les otorgan dichos poderes. En otras palabras, todo el mundo depende únicamente de Su misericordia para lograr el éxito, y todas las clases de procesos espirituales no son más que diferentes grados de éxito en el mismo sendero. Por lo tanto, a menos que uno llegue a la máxima perfección del estado de conciencia de Kṛṣṇa, todos los intentos permanecen imperfectos, tal como se afirma en *El Śrīmad-Bhāgavatam* (2.3.10):

akāmaḥ sarva-kāmo vā
mokṣa-kāma udāra-dhīḥ
tīvreṇa bhakti-yogena
yajeta puruṣaṁ param

"Ya sea que uno no tenga deseos [la condición de los devotos], o que desee toda clase de resultados fruitivos, o que se halle tras la liberación, uno debe tratar con todos sus esfuerzos de adorar a la Suprema Personalidad de Dios, para lograr la perfección completa, que culmina en el estado de conciencia de Kṛṣṇa''.

TEXTO 12

काङ्क्षन्तः कर्मणां सिद्धिं यजन्त इह देवताः ।
क्षिप्रं हि मानुषे लोके सिद्धिर्भवति कर्मजा ॥१२॥

kāṅkṣantaḥ karmaṇāṁ siddhiṁ
yajanta iha devatāḥ
kṣipraṁ hi mānuṣe loke
siddhir bhavati karma-jā

kāṅkṣantaḥ—deseando; *karmaṇām*—de las actividades fruitivas; *siddhim*—perfección; *yajante*—ellos adoran mediante los sacrificios; *iha*—en el mundo material; *devatāḥ*—los semidioses; *kṣipram*—muy rápidamente; *hi*—ciertamente; *mānuṣe*—en la sociedad humana; *loke*—dentro de este mundo; *siddhiḥ*—el éxito; *bhavati*—se logra; *karma-jā*—del trabajo fruitivo.

TRADUCCIÓN

Los hombres de este mundo desean tener éxito en las actividades fruitivas, y para ello adoran a los semidioses. Prontamente, por supuesto, los hombres obtienen resultados del trabajo fruitivo en este mundo.

SIGNIFICADO

Hay un concepto muy erróneo acerca de los dioses o semidioses de este mundo material; y hombres de poca inteligencia, aunque se hacen pasar por grandes eruditos, toman a esos semidioses por varias formas del Señor Supremo. En realidad, los semidioses no son diferentes formas de Dios, sino que son diferentes partes integrales de Dios. Dios es uno, y las partes integrales son muchas. Los *Vedas* dicen: *nityo nityānām*, Dios es uno. *Īśvaraḥ paramaḥ kṛṣṇaḥ*. El Supremo Dios es uno —Kṛṣṇa—, y a los semidioses se les delegan poderes para dirigir este mundo material. Todos esos semidioses son entidades vivientes (*nityānām*) con diferentes grados de poder material. Ellos no pueden ser iguales al Dios Supremo —Nārāyaṇa, Viṣṇu o Kṛṣṇa—. Todo aquel que piense que Dios y los semidioses están en el mismo nivel, recibe el nombre de ateo, o *pāṣaṇḍī*. Ni siquiera los grandes semidioses, tales como Brahmā y Śiva, pueden ser equiparados con el Señor Supremo. De hecho, al Señor lo adoran semidioses tales como Brahmā y Śiva (*śiva-viriñci-nutam*). Con todo, es muy curioso que haya muchos líderes de la sociedad humana a quienes hombres necios adoran bajo la errónea creencia del antropomorfismo o zoomorfismo. *Iha devatāḥ* designa a un semidiós u hombre poderoso de este mundo material. Pero Nārāyaṇa, Viṣṇu o Kṛṣṇa, la Suprema Personalidad de Dios, no pertenece a este mundo. Él está por encima de la creación material o, en otras palabras, es trascendental a ella. Incluso Śrīpāda Śaṅkarācārya, el líder de los impersonalistas, sostiene que Nārāyaṇa, o Kṛṣṇa, se encuentra más allá de esta creación material. Sin embargo, gente necia (*hṛta-jñāna*) adora a los semidioses, porque quiere resultados inmediatos. Ellos obtienen los resultados, pero no saben que los resultados que se obtienen de esa manera son temporales y para personas poco inteligentes. La persona inteligente está consciente de Kṛṣṇa y no necesita adorar a los insignificantes semidioses, en busca de algún beneficio temporal inmediato. Los semidioses de este mundo material, así como también sus adoradores, desaparecerán con la aniquilación de este mundo material. Los dones de los semidioses son materiales y temporales. Tanto los mundos materiales como sus habitantes, entre ellos los semidioses y sus adoradores, son burbujas en el océano cósmico. No obstante, en este mundo, la sociedad humana busca locamente cosas temporales tales como la opulencia material de poseer tierra, familia y enseres disfrutables. Para obtener esas cosas temporales, la gente adora a los semidioses o a hombres poderosos de la sociedad humana. Si un hombre consigue algún puesto en el gobierno por haber adorado a un líder político, considera que ha obtenido una gran bendición. Por eso, todos ellos se arrodillan ante los llamados líderes, o ''peces gordos'', a fin de obtener dones temporales, y, en efecto, los obtienen. Hombres así de necios no están interesados en el cultivo de conciencia de Kṛṣṇa para encontrarles una solución permanente a las dificultades de la existencia material. Todos ellos están en busca de disfrute de los sentidos, y para obtener una pequeña facilidad para ello, se ven atraídos a adorar a entidades vivientes apoderadas, que se conocen como semidioses. Este verso indica que la gente difícilmente se interesa en el proceso de conciencia de Kṛṣṇa. En su mayor parte les interesa el disfrute material, a raíz de lo cual adoran a alguna entidad viviente poderosa.

TEXTO 13

चातुर्वर्ण्यं मया सृष्टं गुणकर्मविभागशः ।
तस्य कर्तारमपि मां विद्ध्यकर्तारमव्ययम् ॥१३॥

cātur-varṇyaṁ mayā sṛṣṭaṁ
guṇa-karma-vibhāgaśaḥ
tasya kartāram api māṁ
viddhy akartāram avyayam

cātuḥ-varṇyam—las cuatro divisiones de la sociedad humana; *mayā*—por Mí; *sṛṣṭam*—creadas; *guṇa*—de la cualidad; *karma*—y el trabajo; *vibhāgaśaḥ*—en términos de la división; *tasya*—de eso; *kartāram*—el padre; *api*—aunque; *mām*—a Mí; *viddhi*—has de saber; *akartāram*—como el que no hace; *avyayam*—inmutable.

TRADUCCIÓN

Según las tres modalidades de la naturaleza material y el trabajo asociado con ellas, Yo creo las cuatro divisiones de la sociedad humana. Y aunque Yo soy el creador de ese sistema, debes saber que no hago nada, pues soy inmutable.

SIGNIFICADO

El Señor es el creador de todo. Todo nace de Él, todo es mantenido por Él, y todo, después de la aniquilación, reposa en Él. Él es, por ende, el creador de las cuatro divisiones del orden social, que comienzan con la clase de los hombres inteligentes, técnicamente llamados *brāhmaṇas* por estar situados en el estado de la modalidad de la bondad. A continuación está la clase administrativa, cuyos miembros se denominan técnicamente *kṣatriyas*, por estar situados en el estado de la modalidad de la pasión. Los comerciantes, denominados los *vaiśyas*, están situados en el estado de la mezcla de las modalidades de la pasión y la ignorancia. Y los *śūdras*, o la clase laboral, están situados en el estado de la modalidad ignorante de la naturaleza material. A pesar de que el Señor Kṛṣṇa creara las cuatro divisiones de la sociedad humana, Él no pertenece a ninguna de esas divisiones, porque no es una de las almas condicionadas, una sección de las cuales constituye la sociedad humana. La sociedad humana es similar a cualquier otra sociedad animal, pero con el fin de elevar a los hombres fuera del nivel animal, el Señor creó las antedichas divisiones, para el desarrollo sistemático de conciencia de Kṛṣṇa. La tendencia de un hombre en particular hacia el trabajo la determinan las modalidades de la naturaleza material que él ha adquirido. Esas características de la vida, conforme a las diferentes modalidades de la naturaleza material, se describen en el Capítulo Dieciocho de este libro. Una persona con conciencia de Kṛṣṇa, sin embargo, se encuentra incluso por encima de los *brāhmaṇas*. Aunque los *brāhmaṇas* por aptitud se supone que saben de Brahman, la Suprema Verdad Absoluta, la mayoría de ellos únicamente se acercan a la manifestación Brahman impersonal del Señor Kṛṣṇa. Pero un hombre que trasciende el limitado conocimiento de un *brāhmaṇa* y logra obtener el conocimiento acerca de la Suprema Personalidad de Dios, el Señor Śrī Kṛṣṇa, se convierte en una persona con conciencia de Kṛṣṇa o, en otras palabras, en un *vaiṣṇava*. El proceso de conciencia de Kṛṣṇa incluye conocimiento acerca de todas las diferentes expansiones plenarias de Kṛṣṇa, es decir, Rāma, Nṛsiṁha, Varāha, etc. Y así como Kṛṣṇa es trascendental a ese sistema de cuatro divisiones de la sociedad humana, una persona con conciencia de Kṛṣṇa también es trascendental a todas las divisiones de dicha sociedad, ya sea que consideremos las divisiones de la comunidad, de la nación o de las especies.

TEXTO 14

न मां कर्माणि लिम्पन्ति न मे कर्मफले स्पृहा ।
इति मां योऽभिजानाति कर्मभिर्न स बध्यते ॥१४॥

na māṁ karmāṇi limpanti
na me karma-phale spṛhā
iti māṁ yo 'bhijānāti
karmabhir na sa badhyate

na—nunca; *mām*—a Mí; *karmāṇi*—toda clase de trabajos; *limpanti*—afectan; *na*—ni; *me*—Mí; *karma-phale*—en la acción fruitiva; *spṛhā*—aspiración; *iti*—así pues; *mām*—a Mí; *yaḥ*—aquel que; *abhijānāti*—sabe; *karmabhiḥ*—mediante la reacción de ese trabajo; *na*—nunca; *saḥ*—él; *badhyate*—se enreda.

TRADUCCIÓN

No hay ningún trabajo que Me afecte, ni ambiciono los frutos de la acción. Aquel que entiende esta verdad acerca de Mí, tampoco se enreda en las reacciones fruitivas del trabajo.

SIGNIFICADO

Así como en el mundo material hay leyes constitucionales que estipulan que el rey nunca hace nada malo, o que el rey no está sujeto a las leyes del Estado, de modo similar, el Señor, aunque es el creador de este mundo material, no es afectado por las actividades del mismo. Él crea y permanece apartado de la creación, mientras que las entidades vivientes se enredan en los resultados fruitivos de las actividades materiales, debido a su propensión a enseñorearse de los recursos materiales. El propietario de un establecimiento no es responsable de las actividades buenas y malas de los trabajadores, sino que los mismos trabajadores son responsables de ellas. Las entidades vivientes están dedicadas a sus respectivas actividades de complacencia de los sentidos, y esas actividades no las ordena el Señor. Para progresar en la complacencia de los sentidos, las entidades vivientes se dedican al trabajo de este mundo, y aspiran a una felicidad celestial después de la muerte. El Señor, siendo completo en Sí Mismo, no siente atracción por la supuesta felicidad celestial. Los semidioses del cielo sólo son Sus dedicados sirvientes. El propietario nunca desea la felicidad de grado inferior que los trabajadores desean. Él está apartado de las acciones y reacciones materiales. Por ejemplo, las lluvias no son responsables de los diferentes tipos de vegetación que aparecen en la tierra, aunque sin esas lluvias no hay posibilidad de que crezca la vegetación. El *smṛti* védico confirma este hecho de la siguiente manera:

nimitta-mātram evāsau
sṛjyānāṁ sarga-karmaṇi

pradhāna-kāraṇī-bhūtā
yato vai sṛjya-śaktayaḥ

"En las creaciones materiales, el Señor es únicamente la causa suprema. La causa inmediata es la naturaleza material, mediante la cual la manifestación cósmica se hace visible". Los seres creados son de muchas variedades —tales como los semidioses, los seres humanos y los animales inferiores—, y todos ellos están sujetos a las reacciones de sus pasadas actividades, buenas o malas. El Señor sólo les da las facilidades adecuadas para esas actividades, y las regulaciones de las modalidades de la naturaleza. Pero Él nunca es responsable de sus actividades pasadas y presentes. En *El Vedānta-sūtra* (2.1.34) se confirma que el Señor nunca se vuelve parcial por ninguna entidad viviente: *vaiṣamya-nairgṛṇye na sāpekṣatvāt*. La entidad viviente es responsable de sus propios actos. El Señor únicamente le brinda facilidades por medio de la naturaleza material, la energía externa. Todo aquel que esté plenamente versado en todas las complejidades de esta ley de *karma*, o de las actividades fruitivas, no queda afectado por los resultados de sus actividades. En otras palabras, la persona que entiende esta naturaleza trascendental del Señor es una persona experimentada en lo referente al proceso de conciencia de Kṛṣṇa, y, en consecuencia, nunca está supeditada a las leyes del *karma*. Aquel que no conoce la naturaleza trascendental del Señor y que cree que las actividades del Señor apuntan a los resultados fruitivos, como en el caso de las actividades de las entidades vivientes ordinarias, se enreda indudablemente en las reacciones fruitivas. Pero aquel que conoce a la Verdad Suprema es un alma liberada y que está fija en el estado de conciencia de Kṛṣṇa.

TEXTO 15

एवं ज्ञात्वा कृतं कर्म पूर्वैरपि मुमुक्षुभिः ।
कुरु कर्मैव तस्मात्त्वं पूर्वैः पूर्वतरं कृतम् ॥१५॥

evaṁ jñātvā kṛtaṁ karma
pūrvair api mumukṣubhiḥ
kuru karmaiva tasmāt tvaṁ
pūrvaiḥ pūrvataraṁ kṛtam

evam—así pues; *jñātvā*—sabiendo bien; *kṛtam*—fue realizado; *karma*—trabajo; *pūrvaiḥ*—por las autoridades pasadas; *api*—en verdad; *mumukṣubhiḥ*—que alcanzaron la liberación; *kuru*—tan sólo realiza; *karma*—deber prescrito; *eva*—indudablemente; *tasmāt*—por consiguiente; *tvam*—tú; *pūrvaiḥ*—por los predecesores; *pūrva-taram*—en la antigüedad; *kṛtam*—tal como los realizaron.

TRADUCCIÓN

En la antigüedad, todas las almas liberadas actuaron con esa comprensión

acerca de Mi naturaleza trascendental. Así pues, debes cumplir con tu deber, siguiendo sus pasos.

SIGNIFICADO

Hay dos clases de hombres. Algunos de ellos tienen el corazón repleto de cosas materiales contaminadas, y otros están libres de lo material. El proceso de conciencia de Kṛṣṇa es igualmente beneficioso para estos dos grupos de personas. Aquellos que están llenos de cosas sucias pueden seguir la línea del proceso de conciencia de Kṛṣṇa, para practicar un proceso de limpieza gradual observando los principios regulativos del servicio devocional. Aquellos que ya se han limpiado de las impurezas pueden continuar actuando en el mismo estado de conciencia de Kṛṣṇa, de manera que otros puedan seguir sus actividades ejemplares y, con ello, beneficiarse. Personas necias o neófitas en el proceso de conciencia de Kṛṣṇa a menudo quieren retirarse de las actividades, sin tener conocimiento del proceso de conciencia de Kṛṣṇa. El Señor no aprobó el deseo que Arjuna tenía de retirarse de las actividades del campo de batalla. Uno sólo tiene que saber cómo actuar. Retirarse de las actividades del proceso de conciencia de Kṛṣṇa y sentarse aparte haciendo alarde de estar consciente de Kṛṣṇa, es menos importante que participar de hecho en el campo de las actividades, por el bien de Kṛṣṇa. A Arjuna se le aconseja aquí actuar con conciencia de Kṛṣṇa, siguiendo los pasos de los discípulos anteriores del Señor, tales como Vivasvān, el dios del Sol, según ya se mencionó aquí. El Señor Supremo conoce todas Sus actividades pasadas, así como las de aquellas personas que actuaron con conciencia de Kṛṣṇa en el pasado. Por lo tanto, Él recomienda los actos del dios del Sol, quien aprendió el arte con el Señor unos millones de años antes. Todos esos alumnos del Señor Kṛṣṇa se mencionan aquí como personas liberadas desde el pasado y dedicadas al desempeño de deberes asignados por Kṛṣṇa.

TEXTO 16

किं कर्म किमकर्मेति कवयोऽप्यत्र मोहिताः ।
तत्ते कर्म प्रवक्ष्यामि यज्ज्ञात्वा मोक्ष्यसेऽशुभात् ॥१६॥

kiṁ karma kim akarmeti
kavayo 'py atra mohitāḥ
tat te karma pravaskṣyāmi
yaj jñatvā mokṣyase 'śubhāt

kim—qué es; *karma*—acción; *kim*—qué es; *akarma*—inacción; *iti*—así pues; *kavayaḥ*—los inteligentes; *api*—también; *atra*—en este asunto; *mohitāḥ*—confundidos; *tat*—eso; *te*—a ti; *karma*—trabajo; *pravakṣyāmi*—he de explicar; *yat*—aquello; *jñātvā*—conociendo; *mokṣyase*—te liberarás; *aśubhāt*—de la mala fortuna.

TRADUCCIÓN

Incluso los inteligentes se confunden al tener que determinar lo que es la acción y lo que es la inacción. Ahora te explicaré lo que es la acción, sabiendo lo cual te liberarás de todo infortunio.

SIGNIFICADO

La acción con conciencia de Kṛṣṇa tiene que ejecutarse siguiendo los ejemplos de devotos genuinos anteriores. Eso se recomienda en el verso 15. En el verso siguiente se explicará por qué esa acción no debe ser independiente.

Para actuar con conciencia de Kṛṣṇa, uno tiene que ser dirigido por personas autorizadas que formen parte de una línea de sucesión discipular, tal como se explicó al comienzo de este capítulo. El sistema de conciencia de Kṛṣṇa se le expuso primero al dios del Sol, el dios del Sol se lo explicó a su hijo Manu, Manu se lo explicó a su hijo Ikṣvāku, y el sistema está vigente en esta Tierra desde esa época tan remota. Por lo tanto, uno tiene que seguir los pasos de las autoridades anteriores que forman parte de la línea de sucesión discipular. De lo contrario, hasta los hombres más inteligentes de todos se confunden en lo referente a las acciones modelo del proceso de conciencia de Kṛṣṇa. Por esta razón, el Señor decidió instruir a Arjuna directamente en el cultivo de conciencia de Kṛṣṇa. Gracias a la instrucción directa que el Señor le dio a Arjuna, cualquiera que siga los pasos de Arjuna es seguro que no se confundirá.

Se dice que uno no puede determinar los caminos de la religión simplemente mediante el conocimiento experimental imperfecto. En realidad, sólo el propio Señor puede estipular los principios de la religión. *Dharmaṁ tu sākṣād-bhagavat-praṇītam* (*El Śrīmad-Bhāgavatam* 6.3.19). Nadie puede manufacturar un principio religioso mediante la especulación imperfecta. Uno debe seguir los pasos de grandes autoridades tales como Brahmā, Śiva, Nārada, Manu, los Kumāras, Kapila, Prahlāda, Bhīṣma, Śukadeva Gosvāmī, Yamarāja, Janaka y Bali Mahārāja. Mediante la especulación mental, uno no puede determinar qué es religión o qué es autorrealización. De manera que, el Señor, por misericordia sin causa para con Sus devotos, le explica a Arjuna directamente lo que es acción y lo que es inacción. Sólo la acción que se realiza con conciencia de Kṛṣṇa puede liberar a una persona del enredo de la existencia material.

TEXTO 17

कर्मणो ह्यपि बोद्धव्यं बोद्धव्यं च विकर्मणः ।
अकर्मणश्च बोद्धव्यं गहना कर्मणो गतिः ॥१७॥

karmaṇo hy api boddhavyaṁ
boddhavyaṁ ca vikarmaṇaḥ

akarmaṇaś ca boddhavyaṁ
gahanā karmaṇo gatiḥ

karmaṇaḥ—del trabajo; *hi*—indudablemente; *api*—también; *boddhavyam*—debe entenderse; *boddhavyam*—para entenderse; *ca*—también; *vikarmaṇaḥ*—del trabajo prohibido; *akarmaṇaḥ*—de la inacción; *ca*—también; *boddhavyam*—debe entenderse; *gahanā*—muy difícil; *karmaṇaḥ*—del trabajo; *gatiḥ*—entrada.

TRADUCCIÓN

Las complejidades de la acción son muy difíciles de entender. Por consiguiente, uno debe saber bien lo que es la acción, lo que es la acción prohibida y lo que es la inacción.

SIGNIFICADO

Si uno es sincero en lo referente a liberarse del cautiverio material, tiene que entender las diferencias que hay entre la acción, la inacción y las acciones desautorizadas. Uno tiene que aplicarse en ese análisis de la acción, la reacción y las acciones pervertidas, porque se trata de un tema muy difícil. Para entender el proceso de conciencia de Kṛṣṇa y la acción conforme a sus modalidades, uno tiene que llegar a saber cuál es su relación con el Supremo; es decir, aquel que ha aprendido perfectamente, sabe que cada entidad viviente es un servidor eterno del Señor y que, en consecuencia, uno tiene que actuar con conciencia de Kṛṣṇa. Todo *El Bhagavad-gītā* está dirigido hacia esa conclusión. Cualesquiera otras conclusiones que vayan en contra de este estado de conciencia y sus acciones acompañantes, son *vikarmas*, o acciones prohibidas. Para entender todo esto, uno tiene que asociarse con autoridades del proceso de conciencia de Kṛṣṇa, y aprender el secreto con ellas; esto es como aprender con el Señor directamente. De lo contrario, hasta la persona más inteligente de todas se habrá de confundir.

TEXTO 18

कर्मण्यकर्म यः पश्येदकर्मणि च कर्म यः ।
स बुद्धिमान्मनुष्येषु स युक्तः कृत्स्नकर्मकृत् ॥१८॥

karmaṇy akarma yaḥ paśyed
akarmaṇi ca karma yaḥ
sa buddhimān manuṣyeṣu
sa yuktaḥ kṛtsna-karma-kṛt

karmaṇi—en acción; *akarma*—inacción; *yaḥ*—aquel que; *paśyet*—observa; *akarmaṇi*—en la inacción; *ca*—también; *karma*—acción fruitiva; *yaḥ*—aquel que;

saḥ—él; *buddhi-mān*—es inteligente; *manuṣyeṣu*—en la sociedad humana; *saḥ*—él; *yuktaḥ*—se halla en la posición trascendental; *kṛtsna-karma-kṛt*—aunque estén dedicados a toda clase de actividades.

TRADUCCIÓN

Aquel que ve la inacción en la acción, y la acción en la inacción, es inteligente entre los hombres y se halla en la posición trascendental, aunque esté dedicado a toda clase de actividades.

SIGNIFICADO

Aquel que actúa con conciencia de Kṛṣṇa se halla libre naturalmente de las ataduras del *karma*. Como todas las actividades las realiza para Kṛṣṇa, él no disfruta ni sufre de ninguno de los efectos del trabajo; él es inteligente en la sociedad humana, aun a pesar de estar dedicado a toda clase de actividades para Kṛṣṇa. *Akarma* significa sin reacción al trabajo. El impersonalista, por temor, cesa las actividades fruitivas, de modo que la acción resultante no sea un obstáculo en el sendero de la autorrealización. Pero el personalista conoce bien su posición de servidor eterno de la Suprema Personalidad de Dios. Por ende, él se dedica a las actividades del proceso de conciencia de Kṛṣṇa. Como todo lo hace para Kṛṣṇa, disfruta únicamente de felicidad trascendental en el desempeño de su servicio. Es sabido que aquellos que están dedicados a este proceso no tienen deseos de obtener complacencia personal de los sentidos. El sentido de la servidumbre eterna en relación con Kṛṣṇa lo vuelve a uno inmune a toda clase de elementos reactivos del trabajo.

TEXTO 19

यस्य सर्वे समारम्भाः कामसंकल्पवर्जिताः ।
ज्ञानाग्निदग्धकर्माणं तमाहुः पण्डितं बुधाः ॥१९॥

yasya sarve samārambhāḥ
kāma-saṅkalpa-varjitāḥ
jñānāgni-dagdha-karmāṇaṁ
tam āhuḥ paṇḍitaṁ budhāḥ

yasya—aquel cuyo; *sarve*—toda clase de; *samārambhāḥ*—intentos; *kāma*—basado en el deseo de complacencia de los sentidos; *saṅkalpa*—determinación; *varijitāḥ*—están desprovistos de; *jñāna*—de conocimiento perfecto; *agni*—por el fuego; *dagdha*—quemado; *karmāṇam*—cuyo trabajo; *tam*—a él; *āhuḥ*—declaran; *paṇḍitam*—eruditos; *budhāḥ*—aquellos que saben.

TRADUCCIÓN

Se entiende que alguien tiene pleno conocimiento, cuando cada uno de sus esfuerzos está desprovisto del deseo de complacer los sentidos. Los sabios dicen que él es un trabajador cuyas reacciones del trabajo han sido quemadas por el fuego del conocimiento perfecto.

SIGNIFICADO

Sólo una persona con pleno conocimiento puede entender las actividades de una persona con conciencia de Kṛṣṇa. Como la persona con conciencia de Kṛṣṇa está desprovista de toda clase de propensiones a la complacencia de los sentidos, debe entenderse que ha quemado todas las reacciones de su trabajo, mediante el conocimiento perfecto de su posición constitucional como servidor eterno de la Suprema Personalidad de Dios. Aquel que ha logrado esta perfección del conocimiento es verdaderamente erudito. El desarrollo de ese conocimiento de servidumbre eterna en relación con el Señor, se asemeja al fuego. Dicho fuego, una vez encendido, puede quemar toda clase de reacciones del trabajo.

TEXTO 20

त्यक्त्वा कर्मफलासङ्गं नित्यतृप्तो निराश्रयः ।
कर्मण्यभिप्रवृत्तोऽपि नैव किंचित्करोति सः ॥२०॥

tyaktvā karma-phalāsaṅgaṁ
nitya-tṛpto nirāśrayaḥ
karmaṇy abhipravṛtto 'pi
naiva kiñcit karoti saḥ

tyaktvā—habiendo abandonado; *karma-phala-āsaṅgam*—apego por resultados fruitivos; *nitya*—siempre; *tṛptaḥ*—estando satisfecho; *nirāśrayaḥ*—sin ningún refugio; *karmaṇi*—en actividad; *abhipravṛttaḥ*—estando plenamente dedicado; *api*—a pesar de; *na*—no; *eva*—ciertamente; *kiñcit*—cualquier cosa; *karoti*—hace; *saḥ*—él.

TRADUCCIÓN

Abandonando todo apego a los resultados de sus actividades, siempre satisfecho e independiente, él no ejecuta ninguna acción fruitiva, aunque está dedicado a toda clase de actividades.

SIGNIFICADO

Esta libertad del cautiverio de las acciones resulta posible únicamente en el estado de conciencia de Kṛṣṇa, cuando uno hace todo para Kṛṣṇa. Una persona consciente de Kṛṣṇa actúa por el amor puro que le profesa a la Suprema Personalidad de Dios, y, en consecuencia, no siente atracción por los resultados de la acción. Dicha persona ni siquiera está apegada a su manutención personal, pues todo se lo deja a Kṛṣṇa, ni tampoco está ella ansiosa de conseguir cosas ni de proteger cosas que ya posee. Ella cumple con su deber lo mejor que puede, y le deja todo lo demás a Kṛṣṇa. Una persona así de desapegada siempre está libre de las reacciones resultantes de lo bueno y lo malo; es como si no estuviera haciendo nada. Ése es el signo del *akarma*, o de las acciones sin reacciones fruitivas. Por lo tanto, cualquier otra acción desprovista de conciencia de Kṛṣṇa ata al trabajador, y ése es el verdadero aspecto del *vikarma*, tal como se explicó aquí anteriormente.

TEXTO 21

निराशीर्यतचित्तात्मा त्यक्तसर्वपरिग्रहः ।
शारीरं केवलं कर्म कुर्वन्नाप्नोति किल्बिषम् ॥ २१ ॥

nirāśīr yata-cittātmā
tyakta-sarva-parigrahaḥ
śārīraṁ kevalaṁ karma
kurvan nāpnoti kilbiṣam

nirāśīḥ—sin desear el resultado; *yata*—controladas; *citta-ātmā*—la mente y la inteligencia; *tyakta*—abandonando; *sarva*—todo; *parigrahaḥ*—sentido de posesión de las pertenencias; *śārīram*—en mantener el cuerpo y el alma juntos; *kevalam*—únicamente; *karma*—trabajo; *kurvan*—haciendo; *na*—nunca; *āpnoti*—adquiere; *kilbiṣam*—reacciones pecaminosas.

TRADUCCIÓN

El hombre que posee una comprensión tal, actúa con la mente y la inteligencia perfectamente controladas, abandona todo sentido de propiedad de sus posesiones y actúa únicamente para satisfacer las necesidades básicas de la vida. Obrando así, no es afectado por reacciones pecaminosas.

SIGNIFICADO

Aquel que está consciente de Kṛṣṇa no espera resultados buenos ni malos de sus actividades. Él tiene la mente y la inteligencia perfectamente controladas. Él sabe que, como es parte integral del Supremo, el papel que desempeña como parte integral del todo no es una actividad que él mismo ejecuta, sino únicamente una actividad que el Supremo ejecuta a través de él. Cuando la mano se mueve, no se mueve por sí sola, sino en virtud del esfuerzo de todo el cuerpo. Una persona consciente de Kṛṣṇa siempre está acoplada con el deseo supremo, pues ella no tiene ningún deseo personal de complacer los sentidos. Ella se mueve exactamente igual que una pieza de una máquina. La pieza de la máquina requiere ser lubricada y limpiada para su mantenimiento; así pues, un hombre consciente de Kṛṣṇa se mantiene mediante su trabajo, tan sólo con el fin de estar apto para actuar en el trascendental servicio amoroso del Señor. Él es, por lo tanto, inmune a todas las reacciones de sus esfuerzos. Al igual que un animal, ni siquiera es dueño de su propio cuerpo. Una persona cruel que posea un animal, a veces mata al animal, y éste ni siquiera protesta. Ni tampoco tiene el animal verdadera independencia. Una persona consciente de Kṛṣṇa, totalmente dedicada a la autorrealización, tiene muy poco tiempo para poseer falsamente algún objeto material. Con el fin de mantener el cuerpo y el alma, ella no requiere de medios ilícitos para acumular dinero, de modo que no la contaminan semejantes pecados materiales. Dicha persona está libre de todas las reacciones a sus acciones.

TEXTO 22

यदृच्छालाभसंतुष्टो द्वन्द्वातीतो विमत्सरः ।
समः सिद्धावसिद्धौ च कृत्वापि न निबध्यते ॥२२॥

yadṛcchā-lābha-santuṣṭo
dvandvātīto vimatsaraḥ
samaḥ siddhāv asiddhau ca
kṛtvāpi na nibadhyate

yadṛcchā—por sí sola; *lābha*—con ganancia; *santuṣṭaḥ*—satisfecho; *dvandva*—dualidad; *atītaḥ*—superado; *vimatsaraḥ*—libre de envidia; *samaḥ*—estable; *siddhau*—en el éxito; *asiddhau*—fracaso; *ca*—también; *kṛtvā*—haciendo; *api*—aunque; *na*—nunca; *nibadhyate*—es afectado.

TRADUCCIÓN

Él se satisface con ganancias que vienen por sí mismas, ha superado la dualidad, está libre de toda envidia y es estable tanto en el éxito como en el fracaso. Por eso, él nunca se enreda aunque ejecute acciones.

SIGNIFICADO

Una persona consciente de Kṛṣṇa no hace mucho esfuerzo ni siquiera para mantener su cuerpo. Ella se satisface con ganancias que se obtienen sin buscarse. Ella no mendiga ni pide prestado, sino que trabaja honestamente, en la medida de sus posibilidades, y se satisface con cualquier cosa que obtiene mediante su propia y honesta labor. Esa persona es, pues, independiente en cuanto concierne a su subsistencia. Ella no permite que el servicio de nadie estorbe su propio servicio en el proceso de conciencia de Kṛṣṇa. Sin embargo, por el bien del servicio del Señor puede participar en cualquier clase de actividades, sin que la perturbe la dualidad del mundo material. La dualidad del mundo material se siente en la forma del calor y el frío o la felicidad y la desdicha. Una persona consciente de Kṛṣṇa está por encima de la dualidad, porque no vacila en actuar de cualquier manera en aras de la satisfacción de Kṛṣṇa. De manera que, ella es estable tanto en el éxito como en el fracaso. Estas señales se vuelven visibles cuando uno se halla en plena posesión del conocimiento trascendental.

TEXTO 23

गतसङ्गस्य मुक्तस्य ज्ञानावस्थितचेतसः ।
यज्ञायाचरतः कर्म समग्रं प्रविलीयते ॥ २३ ॥

gata-saṅgasya muktasya
jñānāvasthita-cetasaḥ
yajñāyācarataḥ karma
samagraṁ pravilīyate

gata-saṅgasya—de aquel que está desapegado de las modalidades de la naturaleza material; *muktasya*—del liberado; *jñānā-avasthita*—situado en la trascendencia; *cetasaḥ*—cuya sabiduría; *yajñāya*—por Yajña (Kṛṣṇa); *ācarataḥ*—actuando; *karma*—trabajo; *samagram*—la totalidad; *pravilīyate*—se funde enteramente.

TRADUCCIÓN

El trabajo de un hombre que está desapegado de las modalidades de la naturaleza material y que tiene plenamente en su posesión el conocimiento trascendental, se funde enteramente en la trascendencia.

SIGNIFICADO

Al uno volverse plenamente consciente de Kṛṣṇa se libera de todas las dualidades y, por ende, se libera de las contaminaciones de las modalidades materiales. Uno puede volverse liberado, porque conoce su posición constitucional en relación con Kṛṣṇa, y, por eso, su mente no puede ser apartada del estado de conciencia de Kṛṣṇa. En consecuencia, todo lo que uno hace, lo hace por Kṛṣṇa, quien es el Viṣṇu primordial. De modo que, técnicamente todos los trabajos de uno son sacrificios, porque el sacrificio tiene por objeto satisfacer a la Persona Suprema, Viṣṇu o Kṛṣṇa. Las reacciones resultantes de toda esa clase de trabajos se funden indudablemente en la trascendencia, y uno no sufre los efectos materiales.

TEXTO 24

ब्रह्मार्पणं ब्रह्म हविर्ब्रह्माग्नौ ब्रह्मणा हुतम् ।
ब्रह्मैव तेन गन्तव्यं ब्रह्म कर्म समाधिना ॥२४॥

brahmārpaṇaṁ brahma havir
brahmāgnau brahmaṇā hutam
brahmaiva tena gantavyaṁ
brahma-karma-samādhinā

brahma—de naturaleza espiritual; *arpaṇam*—contribución; *brahma*—el Supremo; *haviḥ*—mantequilla; *brahma*—espiritual; *agnau*—en el fuego de la consumación; *brahmaṇā*—por el alma espiritual; *hutam*—ofrecido; *brahma*—reino espiritual; *eva*—ciertamente; *tena*—por él; *gantavyam*—a ser alcanzado; *brahma*—espiritual; *karma*—en las actividades; *samādhinā*—mediante la absorción total.

TRADUCCIÓN

Una persona que está plenamente absorta en el estado de conciencia de Kṛṣṇa es seguro que llegará al reino espiritual, en virtud de su total contribución a las actividades espirituales, en las que la consumación es absoluta y lo que se ofrece es de la misma naturaleza espiritual.

SIGNIFICADO

Aquí se describe la manera en que las actividades del proceso de conciencia de Kṛṣṇa pueden conducirlo a uno finalmente a la meta espiritual. En el proceso de conciencia de Kṛṣṇa existen diversas actividades, y todas ellas se describirán en los versos que siguen. Pero por el momento sólo se describe el fundamento del estado de conciencia de Kṛṣṇa. Un alma condicionada, enredada en la contaminación material, es seguro que actuará en la atmósfera material, y, sin embargo, tiene que salirse de ese ambiente. El proceso mediante el cual el alma condicionada puede salirse de la atmósfera material, es el proceso de conciencia de Kṛṣṇa. Por ejemplo, un paciente que padece de trastornos intestinales por ingerir productos lácteos en exceso, es curado mediante otro producto lácteo: el requesón. El alma condicionada y absorta en lo material puede curarse mediante el proceso de conciencia de Kṛṣṇa tal como se presenta aquí en el *Gītā*. Este proceso se conoce por lo general con el nombre de *yajña*, o actividades (sacrificios) que se hacen únicamente para la satisfacción de Viṣṇu, o Kṛṣṇa. Cuanto más las actividades del mundo material se realicen con conciencia de Kṛṣṇa, o únicamente para Viṣṇu, más se espiritualizará la atmósfera mediante la absorción total. La palabra *brahma* (Brahman) significa ''espiritual''. El Señor es espiritual, y los rayos de Su cuerpo trascendental se denominan *brahmajyoti*, Su refulgencia espiritual. Todo lo que existe se encuentra situado en ese *brahmajyoti*, pero cuando al *jyoti* lo cubre la ilusión (*māyā*) o la complacencia de los sentidos, se denomina material. Este velo material puede ser removido de inmediato, mediante el proceso de conciencia de Kṛṣṇa; así pues, la ofrenda en aras del estado de conciencia de Kṛṣṇa, el agente consumidor de dicha ofrenda o contribución, el proceso de consumo, el contribuyente y el resultado son todos, en conjunto, Brahman, o la Verdad Absoluta. La Verdad Absoluta cubierta por *māyā* se denomina materia. La materia que se acopla por la causa de la Verdad Absoluta, recobra su calidad espiritual. El proceso de conciencia de Kṛṣṇa es aquel mediante el cual la conciencia ilusoria se convierte en Brahman, o el Supremo. Cuando la mente está plenamente absorta en el estado de conciencia de Kṛṣṇa, se dice que está en *samādhi*, o en trance. Cualquier cosa que se haga en ese estado de conciencia trascendental se denomina *yajña*, o sacrificio que se le ofrece al Absoluto. En esa condición de conciencia espiritual, el contribuyente, la contribución, el consumo, el ejecutor o líder de la celebración y el resultado o ganancia última, todo se vuelve uno en el Absoluto, el Brahman Supremo. Ése es el método de conciencia de Kṛṣṇa.

TEXTO 25

दैवमेवापरे यज्ञं योगिनः पर्युपासते ।
ब्रह्माग्नावपरे यज्ञं यज्ञेनैवोपजुह्वति ॥२५॥

daivam evāpare yajñaṁ
yoginaḥ paryupāsate
brahmāgnāv apare yajñaṁ
yajñenaivopajuhvati

daivam—en la adoración de los semidioses; *eva*—así; *apare*—algunos otros; *yajñam*—sacrificios; *yoginaḥ*—los místicos; *paryupāsate*—adoran perfectamente; *brahma*—de la Verdad Absoluta; *agnau*—en el fuego; *apare*—otros; *yajñam*—sacrificio; *yajñena*—mediante el sacrificio; *eva*—así pues; *upajuhvati*—ofrecen.

TRADUCCIÓN

Algunos yogīs adoran perfectamente a los semidioses ofreciéndoles diferentes sacrificios, y otros ofrecen sacrificios en el fuego del Brahman Supremo.

SIGNIFICADO

Como se describió anteriormente, una persona dedicada al desempeño de deberes con conciencia de Kṛṣṇa se conoce también como un *yogī* perfecto, o un místico de primera. Pero también hay otros que realizan sacrificios similares en la adoración de los semidioses, y aun otros que le ofrecen sacrificios al Brahman Supremo, o el aspecto impersonal del Señor Supremo. De manera que, hay diferentes clases de sacrificios, en términos de diferentes categorías. Esas diferentes categorías de sacrificios, realizados por diferentes tipos de ejecutores, únicamente demarcan variedades de sacrificios de un modo superficial. Verdadero sacrificio significa satisfacer a Viṣṇu, el Señor Supremo, a quien también se conoce como Yajña. Todas las diferentes variedades de sacrificios se pueden incluir dentro de dos divisiones principales: el sacrificio de posesiones mundanas y el sacrificio en pos del conocimiento trascendental. Aquellos que se encuentran en estado de conciencia de Kṛṣṇa sacrifican todas las posesiones materiales en aras de la satisfacción del Señor Supremo, mientras que otros, que quieren alguna felicidad material temporal, sacrifican sus posesiones materiales para satisfacer a semidioses tales como Indra, el dios del Sol, etc. Y otros, que son impersonalistas, sacrifican su identidad, mediante el acto de fundirse en la existencia del Brahman impersonal. Los semidioses son entidades vivientes poderosas, designadas por el Señor Supremo para el mantenimiento y supervisión de todas las funciones materiales, tales como la calefacción, la irrigación y la iluminación del universo. Aquellos que están interesados en los beneficios materiales adoran a los semidioses mediante diversos sacrificios, conforme a los rituales védicos. Ellos se denominan *bahv-īśvara-vādī*, o creyentes en muchos dioses. Pero otros, que adoran el aspecto impersonal de la Verdad Absoluta y consideran que las formas de los semidioses son temporales, sacrifican su ser individual en el fuego supremo y, de ese modo, terminan sus existencias individuales mediante el acto de fundirse en la existencia del Supremo. Esos impersonalistas sacrifican su tiempo en la especulación filosófica para entender la naturaleza trascendental del Supremo. En otras palabras, los trabajadores fruitivos sacrifican sus posesiones materiales para obtener disfrute material, mientras que el impersonalista sacrifica sus designaciones materiales con miras a fundirse en la existencia del Supremo. Para el impersonalista, el altar del fuego de sacrificio es el Brahman Supremo, y la ofrenda es el ser que el fuego del Brahman consume. Sin embargo, la persona consciente de Kṛṣṇa —como Arjuna, por ejemplo— sacrifica todo para satisfacer a Kṛṣṇa, y, así pues, tanto todas sus posesiones materiales como su propio ser, todo lo sacrifica por Kṛṣṇa. Por eso, dicha persona es el *yogī* de primera, pero no pierde su existencia individual.

TEXTO 26

श्रोत्रादीनीन्द्रियाण्यन्ये संयमाग्निषु जुह्वति ।
शब्दादीन्विषयानन्य इन्द्रियाग्निषु जुह्वति ॥ २६ ॥

śrotrādīnīndriyāṇy anye
saṁyamāgniṣu juhvati

śabdādīn viṣayān anya
indriyāgniṣu juhvati

śrotra-ādīni—como el proceso de oír; *indriyāṇi*—sentidos; *anye*—otros; *saṁyama*—de restricción; *agniṣu*—en los fuegos; *juhvati*—ofrecen; *śabda-ādīn*—vibración sonora, etc.; *viṣayān*—objetos de la complacencia de los sentidos; *anye*—otros; *indriya*—de los órganos de los sentidos; *agniṣu*—en los fuegos; *juhvati*—sacrifican.

TRADUCCIÓN

Unos [los brahmacārīs puros] sacrifican el proceso de oír y los sentidos en el fuego del control de la mente, y otros [los casados regulados] sacrifican los objetos de los sentidos en el fuego de los sentidos.

SIGNIFICADO

Los miembros de las cuatro divisiones de la vida humana, es decir, los *brahmacārīs*, los *gṛhasthas*, los *vānaprasthas* y los *sannyāsīs*, tienen todos la misión de volverse *yogīs* o trascendentalistas perfectos. Como la vida humana no está hecha para que disfrutemos de la complacencia de los sentidos como los animales, las cuatro órdenes de la vida humana están dispuestas de modo tal, que uno pueda volverse perfecto en la vida espiritual. Los *brahmacārīs*, o los estudiantes que se encuentran bajo el cuidado de un maestro espiritual auténtico, controlan la mente absteniéndose de la complacencia de los sentidos. A ellos se les menciona en este verso, indicando que sacrifican el proceso de oír y los sentidos en el fuego de la mente controlada. Un *brahmacārī* oye únicamente palabras relativas al proceso de conciencia de Kṛṣṇa; oír constituye el principio básico de la comprensión y, en consecuencia, el *brahmacārī* puro se dedica por completo a *harer nāmānukīrtanam*: a cantar acerca de las glorias del Señor y a oír hablar de ellas. Él evita las vibraciones de los sonidos materiales y ocupa el sentido de la audición en recibir la vibración sonora trascendental de Hare Kṛṣṇa, Hare Kṛṣṇa. De modo similar, las personas casadas, quienes tienen cierta licencia para complacer los sentidos, realizan esos actos con gran restricción. Tener vida sexual, embriagarse y comer carne son tendencias generales de la sociedad humana, pero un casado regulado no se entrega a una vida sexual sin restricción, ni a otros placeres de los sentidos. Por consiguiente, el matrimonio basado en los principios de la vida religiosa es algo corriente en todas las sociedades humanas civilizadas, porque ése es el camino a seguir para una vida sexual restringida. Esa vida sexual desapegada y restringida también es una clase de *yajña*, porque la persona casada que se restringe, sacrifica en beneficio de la vida trascendental superior su tendencia general hacia la complacencia de los sentidos.

TEXTO 27

सर्वाणीन्द्रियकर्माणि प्राणकर्माणि चापरे ।
आत्मसंयमयोगाग्नौ जुह्वति ज्ञानदीपिते ॥ २७ ॥

sarvāṇīndriya-karmāṇi
prāṇa-karmāṇi cāpare
ātma-saṁyama-yogāgnau
juhvati jñāna-dīpite

sarvāṇi—de todos; *indriya*—los sentidos; *karmāṇi*—funciones; *prāṇa-karmāṇi*—funciones del aire vital; *ca*—también; *apare*—otros; *ātma-saṁyama*—del control de la mente; *yoga*—el proceso de vinculación; *agnau*—en el fuego de; *juhvati*—ofrecen; *jñāna-dīpite*—debido al anhelo de autorrealizarse.

TRADUCCIÓN

Otros, que están interesados en lograr la autorrealización a través del control de la mente y los sentidos, ofrecen a manera de oblaciones las funciones de todos los sentidos y del aire vital, en el fuego de la mente controlada.

SIGNIFICADO

Aquí se menciona el sistema de yoga concebido por Pantañjali. En *El Yoga-sūtra* de Patañjali, al alma se le da los nombres de *pratyag-ātmā* y *parag-ātmā*. Mientras el alma se mantiene apegada al disfrute de los sentidos, recibe el nombre de *parag-ātmā*, pero en cuanto la misma alma se desapega de dicho disfrute, se la llama *pratyag-ātmā*. El alma está supeditada a las funciones de diez clases de aire que actúan dentro del cuerpo, y ello se percibe a través del sistema respiratorio. El sistema de *yoga* Patañjali le enseña a uno a controlar de una forma técnica las funciones del aire del cuerpo, con objeto de que, finalmente, todas las funciones del aire interno favorezcan el proceso de purificar al alma del apego material. Según este sistema de *yoga*, *pratyag-ātmā* es el fin último. A este *pratyag-ātmā* se lo retira de las actividades con la materia. Los sentidos interaccionan con los objetos de los sentidos —tal como el oído, para oír; los ojos, para ver; la nariz, para oler; la lengua, para probar; la mano, para tocar—, y todos están, de ese modo, dedicados a actividades externas al ser. Todo ello se conoce como las funciones del *prāṇa-vāyu*. *El apāna-vāyu* va hacia abajo, el *vyāna-vāyu* actúa para encoger y expandir, el *samāna-vāyu* ajusta el equilibrio, el *udāna-vāyu* va hacia arriba; y cuando uno se ilumina, los ocupa a todos en la búsqueda de la autorrealización.

TEXTO 28

द्रव्ययज्ञास्तपोयज्ञा योगयज्ञास्तथापरे ।
स्वाध्यायज्ञानयज्ञाश्च यतयः संशितव्रताः ॥ २८ ॥

dravya-yajñās tapo-yajñā
yoga-yajñās tathāpare
svādhyāya-jñāna-yajñāś ca
yatayaḥ saṁśita-vratāḥ

dravya-yajñāḥ—sacrificando las posesiones de uno; *tapaḥ-yajñāḥ*—sacrificio mediante austeridades; *yoga-yajñāḥ*—sacrificio mediante el misticismo óctuple; *tathā*—así pues; *apare*—otros; *svādhyāya*—sacrificio mediante el estudio de los *Vedas*; *jñāna-yajñāḥ*—sacrificio mediante el cultivo del conocimiento trascendental; *ca*—también; *yatayaḥ*—personas iluminadas; *saṁśita-vratāḥ*—entregados a estrictos votos.

TRADUCCIÓN

Algunos, habiendo aceptado estrictos votos, llegan a iluminarse mediante el sacrificio de sus posesiones, y otros, mediante la ejecución de severas austeridades, mediante la práctica del yoga del misticismo óctuple o mediante el estudio de los Vedas para avanzar en el cultivo de conocimiento trascendental.

SIGNIFICADO

Estos sacrificios pueden acomodarse en varias divisiones. Hay personas que sacrifican sus posesiones en la forma de diversas clases de caridades. En la India, la comunidad mercantil adinerada o las órdenes principescas abren diversas clases de instituciones caritativas, tales como *dharma-śālā*, *anna-kṣetra*, *atithi-śālā*, *anāthālaya* y *vidyā-pīṭha*. También en otros países hay muchos hospitales, asilos de ancianos y fundaciones caritativas similares, destinadas a distribuir entre los pobres comida, educación y asistencia médica gratuita. Todas esas actividades caritativas se denominan *dravyamaya-yajña*. Hay otros que, en busca de una elevación superior en la vida o para llegar a ser promovidos a planetas superiores del universo, aceptan voluntariamente muchas clases de austeridades, tales como *cāndrāyaṇa* y *cāturmāsya*. Estos procesos entrañan severos votos para conducir la vida bajo ciertas reglas rígidas. Por ejemplo, bajo el voto de *cāturmāsya*, el que lo sigue no se afeita durante cuatro meses del año (de julio a octubre), no come ciertas comidas, no come dos veces al día y no sale de la casa. Ese sacrificio de las comodidades de la vida se denomina *tapomaya-yajña*. Aun hay otros, que se dedican a diferentes clases de *yogas* místicos, tales como el sistema Patañjali (de fundirse en la existencia del Absoluto), o *haṭha-yoga* o *aṣṭāṅga-yoga* (para determinadas perfecciones). Y algunos viajan a todos los lugares santos de peregrinaje. Todas esas prácticas se denominan *yoga-yajña*, sacrificio por un cierto tipo de perfección del mundo material. Hay otros que se dedican al estudio de diferentes Escrituras védicas, específicamente los *Upaniṣads* y los *Vedānta-sūtras*, o la filosofía *sāṅkhya*. Todo ello se denomina *svādhyāya-yajña*, u ocupación en el sacrificio de los estudios. Todos estos *yogīs* están fielmente dedicados a diferentes tipos de sacrificios, y están buscando un nivel de vida superior. Sin embargo, el proceso de conciencia de Kṛṣṇa es diferente a esos otros, porque consiste en el servicio directo que se le presta al Señor Supremo. El estado de conciencia de Kṛṣṇa no se puede alcanzar mediante ninguno de los antedichos tipos de sacrificios, sino únicamente por la misericordia del Señor y Su devoto genuino. Por consiguiente, el proceso de conciencia de Kṛṣṇa es trascendental.

TEXTO 29

अपाने जुह्वति प्राणं प्राणेऽपानं तथापरे ।
प्राणापानगती रुद्ध्वा प्राणायामपरायणाः ।
अपरे नियताहाराः प्राणान्प्राणेषु जुह्वति ॥ २९ ॥

apāne juhvati prāṇaṁ
prāṇe 'pānaṁ tathāpare
prāṇāpana-gatī ruddhvā
prāṇāyāma-parāyaṇāḥ
apare niyatāhārāḥ
prāṇān prāṇeṣu juhvati

apāne—en el aire que actúa hacia abajo; *juhvati*—ofrecen; *prāṇam*—el aire que actúa hacia afuera; *prāṇe*—en el aire que va hacia afuera; *apānam*—el aire que va hacia abajo; *tathā*—así como también; *apare*—otros; *prāṇa*—del aire que va hacia afuera; *apāna*—y el aire que va hacia abajo; *gatī*—el movimiento; *ruddhvā*—impidiendo; *prāṇa-āyāma*—trance inducido al interrumpir la respiración por completo; *parāyaṇāḥ*—inclinado así; *apare*—otros; *niyata*—habiendo controlado; *āhārāḥ*—comiendo; *prāṇān*—el aire que sale; *prāṇeṣu*—en el aire que sale; *juhvati*—sacrifican.

TRADUCCIÓN

Aun otros, que se inclinan por el proceso de restringir la respiración para permanecer en trance, lo practican ofreciendo el movimiento del aire que sale en el aire que entra, y el aire que entra en el que sale, y, de esa manera, al final permanecen en trance, suspendiendo la respiración por completo. Otros, reduciendo el comer, ofrecen en sí mismo el aire que sale, como un sacrificio.

SIGNIFICADO

Este sistema de *yoga* para controlar la respiración se denomina *prāṇāyāma*, y en el sistema de *haṭha-yoga* se practica al principio a través de diferentes maneras de sentarse. Todos estos procesos se recomiendan para controlar los sentidos y para avanzar en el proceso de la comprensión espiritual. Esta práctica entraña controlar los aires internos del cuerpo para invertir las direcciones de su paso. El aire *apāna* desciende y el aire *prāṇa* asciende. El *yogī prāṇāyāma* practica respirar en el sentido opuesto, hasta que las corrientes se neutralizan en el *pūraka*, o equilibrio. El acto de ofrecer el aire exhalado en el inhalado, se denomina *recaka*. Cuando ambas corrientes de aire se detienen por completo, se dice que uno se encuentra en el estado de *kumbhaka-yoga*. Mediante la práctica del *kumbhaka-yoga*, los *yogīs* aumentan la duración de la vida en muchísimos años. Una persona consciente de Kṛṣṇa, sin embargo, como se encuentra siempre en el estado del trascendental servicio amoroso del Señor, se convierte automáticamente en el controlador de los sentidos. Como sus sentidos siempre están dedicados al servicio de Kṛṣṇa, no tiene ninguna posibilidad de verse ocupada de otra manera. Así que, al final de la vida es trasladada naturalmente al plano trascendental del Señor Kṛṣṇa; en consecuencia, ella no hace ningún intento de aumentar su longevidad. Ella es ascendida de inmediato al plano de la liberación, tal como se declara en *El Bhagavad-gītā* (14.26):

māṁ ca yo 'vyabhicāreṇa
bhakti-yogena sevate
sa guṇān samatītyaitān
brahma-bhūyāya kalpate

"Aquel que se dedica a prestarle al Señor un servicio devocional puro, trasciende las modalidades de la naturaleza material y es elevado de inmediato al plano espiritual". Una persona consciente de Kṛṣṇa comienza en la etapa trascendental, y permanece constantemente en ese estado de conciencia. Por lo tanto, no hay caída, y al final entra en la morada del Señor sin demora alguna. La práctica de la limitación al comer se logra automáticamente cuando uno come sólo *prasādam* de Kṛṣṇa, o comida que primero se le ha ofrecido al Señor. Reducir el comer es muy provechoso en lo referente al control de los sentidos. Sin control de los sentidos no hay ninguna posibilidad de salirse del enredo material.

TEXTO 30

सर्वेऽप्येते यज्ञविदो यज्ञक्षपितकल्मषाः ।
यज्ञशिष्टामृतभुजो यान्ति ब्रह्म सनातनम् ॥३०॥

sarve 'py ete yajña-vido
yajña-kṣapita-kalmaṣāḥ

yajña-śiṣṭāmṛta-bhujo
yānti brahma sanātanam

sarve—todos; *api*—aunque aparentemente diferentes; *ete*—estos; *yajña-vidaḥ*—versados en el propósito de la ejecución de sacrificios; *yajña-kṣapita*—habiéndose limpiado del resultado de esas ejecuciones; *kalmaṣāḥ*—de las reacciones pecaminosas; *yajña-śiṣṭa*—del resultado de esas ejecuciones de *yajña*; *amṛta-bhujaḥ*—aquellos que han probado ese néctar; *yānti*—se acercan; *brahma*—la suprema; *sanātanam*—atmósfera eterna.

TRADUCCIÓN

Todos estos ejecutores que conocen el significado del sacrificio se limpian de las reacciones pecaminosas, y, como han probado el néctar de los resultados de los sacrificios, avanzan hacia la eterna atmósfera suprema.

SIGNIFICADO

De la explicación anterior acerca de los diferentes tipos de sacrificios (es decir, el sacrificio de las posesiones, del estudio de los *Vedas* o de las doctrinas filosóficas y de la ejecución del sistema de *yoga*) se descubre que la finalidad común de todos ellos es la de controlar los sentidos. La complacencia de los sentidos es la raíz de la existencia material; por consiguiente, a menos que uno se sitúe en un plano aparte de la complacencia de los sentidos, no habrá ninguna posibilidad de elevarse al plano eterno de pleno conocimiento, plena bienaventuranza y plena vida. Ese plano se encuentra en la atmósfera eterna, o la atmósfera Brahman. Todos los sacrificios anteriormente mencionados lo ayudan a uno a limpiarse de las reacciones pecaminosas de la existencia material. Mediante ese progreso en la vida, además de uno volverse feliz y opulento en esta vida, al final entra en el eterno Reino de Dios, ya sea fundiéndose en el Brahman impersonal o asociándose con la Suprema Personalidad de Dios, Kṛṣṇa.

TEXTO 31

नायं लोकोऽस्त्ययज्ञस्य कुतोऽन्यः कुरुसत्तम ॥ ३१ ॥

nāyaṁ loko 'sty ayajñasya
kuto 'nyaḥ kuru-sattama

na—nunca; *ayam*—este; *lokaḥ*—planeta; *asti*—hay; *ayajñasya*—de aquel que no hace ningún sacrificio; *kutaḥ*—donde hay; *anyaḥ*—el otro; *kuru-sattama*—¡oh, el mejor entre los Kurus!

TRADUCCIÓN

¡Oh, tú, el mejor de la dinastía Kuru!, sin sacrificio, jamás se puede ser feliz en este planeta ni en esta vida, ¿qué puede decirse, entonces, de la siguiente?

SIGNIFICADO

En cualquier forma de existencia material en la que uno se halle, uno es ignorante constantemente de su verdadera situación. En otras palabras, la existencia en el mundo material se debe a las múltiples reacciones de nuestras vidas pecaminosas. La ignorancia es la causa de la vida pecaminosa, y esta última es la causa de que uno se continúe arrastrando en la existencia material. La forma humana de vida es la única salida para escaparse de este enredo. Los *Vedas*, por lo tanto, nos brindan una oportunidad de escaparnos, al señalar los senderos de la religión, la comodidad económica, la complacencia regulada de los sentidos y, finalmente, los medios para salirnos por completo de esta condición desdichada. El sendero de la religión, o de las diferentes clases de sacrificios que se recomendaron anteriormente, resuelve de forma automática todos nuestros problemas económicos. Mediante la ejecución de *yajña*, podemos tener suficiente comida, suficiente leche, etc., aun a pesar de que ocurra un supuesto aumento de población. Cuando el cuerpo está bien aprovisionado, naturalmente la siguiente etapa es la de satisfacer los sentidos. Los *Vedas* prescriben, por lo tanto, el matrimonio sagrado, para regular la complacencia de los sentidos. Con ello, uno se eleva gradualmente al plano en el que se libera del cautiverio material, y la máxima perfección de la vida liberada consiste en asociarse con el Señor Supremo. La perfección se logra mediante la ejecución de *yajñas* (sacrificios), tal como se describió anteriormente. Ahora bien, si una persona no se siente inclinada a realizar *yajñas* acorde con los *Vedas*, ¿cómo puede esperar tener una vida feliz, así fuera en este cuerpo? Y ni qué hablar de otro cuerpo en otro planeta. Hay diferentes grados de comodidades materiales en diferentes planetas del cielo, y en todos los casos hay una inmensa felicidad disponible para personas dedicadas a las diferentes clases de *yajñas*. Pero la clase más alta de felicidad que un hombre puede alcanzar, es la de ser promovido a los planetas espirituales mediante la práctica del proceso de conciencia de Kṛṣṇa. Una vida llena de conciencia de Kṛṣṇa es, por ende, la solución a todos los problemas de la existencia material.

TEXTO 32

एवं बहुविधा यज्ञा वितता ब्रह्मणो मुखे ।
कर्मजान्विद्धि तान्सर्वानेवं ज्ञात्वा विमोक्ष्यसे ॥३२॥

evaṁ bahu-vidhā yajñā
vitatā brahmaṇo mukhe

karma-jān viddhi tān sarvān
evaṁ jñātvā vimokṣyase

evam—así pues; *bahu-vidhāḥ*—diversas clases de; *yajñāḥ*—sacrificios; *vitatāḥ*—se difunden; *brahmaṇaḥ*—de los *Vedas*; *mukhe*—a través de la boca; *karma-jān*—nacido del trabajo; *viddhi*—debes saber; *tān*—ellos; *sarvān*—todos; *evam*—así pues; *jñātvā*—sabiendo; *vimokṣyase*—te liberarás.

TRADUCCIÓN

Los Vedas aprueban todos estos diferentes tipos de sacrificios, y todos ellos nacen de diferentes tipos de trabajo. Conociéndolos de ese modo, tú lograrás liberarte.

SIGNIFICADO

En los *Vedas* se mencionan diferentes tipos de sacrificios, tal como se discutió anteriormente, que se amoldan a los diferentes tipos de trabajadores. Como los hombres se encuentran tan absortos en el concepto corpóreo, esos sacrificios están dispuestos de modo tal, que uno pueda trabajar ya sea con el cuerpo, con la mente o con la inteligencia. Pero todos ellos se recomiendan para que al final uno se libere del cuerpo. El Señor confirma aquí eso con Sus propias palabras.

TEXTO 33

श्रेयान्द्रव्यमयाद्यज्ञाज्ज्ञानयज्ञः परंतप ।
सर्वं कर्माखिलं पार्थ ज्ञाने परिसमाप्यते ॥३३॥

śreyān dravyamayād yajñāj
jñāna-yajñaḥ parantapa
sarvaṁ karmākhilaṁ pārtha
jñāne parisamāpyate

śreyān—más grande; *dravya-mayāt*—de las posesiones materiales; *yajñāt*—que el sacrificio; *jñāna-yajñaḥ*—sacrificio con conocimiento; *parantapa*—¡oh, castigador del enemigo!; *sarvam*—todos; *karma*—actividades; *akhilam*—en su totalidad; *pārtha*—¡oh, hijo de Pṛthā!; *jñāne*—con conocimiento; *parisamāpyate*—terminan en.

TRADUCCIÓN

¡Oh, castigador del enemigo!, el sacrificio que se hace con conocimiento es mejor que el sacrificio de las posesiones materiales. Al fin y al cabo, ¡oh, hijo de Pṛthā!, todos los sacrificios del trabajo culminan en el conocimiento trascendental.

SIGNIFICADO

El propósito de todos los sacrificios es el de llegar al estado de pleno conocimiento, luego liberarse de los sufrimientos materiales, y, finalmente, dedicarse al trascendental servicio amoroso del Señor Supremo (el estado de conciencia de Kṛṣṇa). Sin embargo, existe un misterio en relación con todas estas diferentes actividades de sacrificio, y uno debe conocer ese misterio. Los sacrificios adoptan a veces diferentes formas, según la fe específica del ejecutor. Cuando la fe de uno alcanza la etapa del conocimiento trascendental, al ejecutor de los sacrificios se le debe considerar más adelantado que aquellos que simplemente sacrifican posesiones materiales sin ese conocimiento, pues sin la adquisición de conocimiento, los sacrificios permanecen en el plano material, y no proporcionan ningún beneficio espiritual. El verdadero conocimiento culmina en el estado de conciencia de Kṛṣṇa, la máxima etapa del conocimiento trascendental. Sin la elevación del conocimiento, los sacrificios son simplemente actividades materiales. Cuando, sin embargo, se elevan al nivel del conocimiento trascendental, todas esas actividades entran en el plano espiritual. Dependiendo de las diferencias de los estados de conciencia, las actividades de los sacrificios algunas veces se denominan *karma-kāṇḍa*, o actividades fruitivas, y otras veces, *jñāna-kāṇḍa*, o conocimiento en busca de la verdad. Es mejor cuando el fin es el conocimiento.

TEXTO 34

तद्विद्धि प्रणिपातेन परिप्रश्नेन सेवया ।
उपदेक्ष्यन्ति ते ज्ञानं ज्ञानिनस्तत्त्वदर्शिनः ॥३४॥

tad viddhi praṇipātena
paripraśnena sevayā
upadekṣyanti te jñānaṁ
jñāninas tattva-darśinaḥ

tat—ese conocimiento acerca de los diferentes sacrificios; *viddhi*—trata de entender; *praṇipātena*—acudiendo a un maestro espiritual; *paripraśnena*—mediante preguntas sumisas; *sevayā*—prestando servicio; *upadekṣyanti*—ellos te iniciarán; *te*—a ti; *jñānam*—en el conocimiento; *jñāninaḥ*—los autorrealizados; *tattva*—de la verdad; *darśinaḥ*—videntes.

TRADUCCIÓN

Tan sólo trata de aprender la verdad acudiendo a un maestro espiritual. Hazle preguntas de un modo sumiso y préstale servicio. Las almas autorrealizadas pueden impartirte conocimiento, porque han visto la verdad.

SIGNIFICADO

El sendero de la comprensión espiritual es indudablemente difícil. El Señor nos aconseja, por ello, que acudamos a un maestro espiritual genuino que forme parte de la línea de sucesión discipular proveniente del propio Señor. Nadie puede ser un maestro espiritual genuino, si no sigue este principio de sucesión discipular. El Señor es el maestro espiritual original, y una persona que forme parte de la sucesión discipular, puede comunicarle a su discípulo el mensaje del Señor tal como es. Nadie puede llegar a la iluminación espiritual mediante un proceso que él mismo haya manufacturado, como lo estilan farsantes necios. El *Bhāgavatam* (6.3.19) dice: *dharmaṁ tu sākṣād-bhagavat-praṇītam*, el sendero de la religión lo enuncia el Señor directamente. De manera que, la especulación mental o los argumentos áridos no pueden ayudarlo a uno a encontrar la senda correcta. Ni puede uno progresar en la vida espiritual mediante el estudio independiente de libros de conocimiento. Para recibir el conocimiento, uno tiene que acudir a un maestro espiritual genuino. A un maestro espiritual de esa índole se le debe aceptar con plena entrega, y uno debe servir al maestro espiritual como un sirviente ordinario, sin vanidad. Satisfacer al maestro espiritual autorrealizado es el secreto del avance en la vida espiritual. Las preguntas y la sumisión constituyen la combinación idónea para lograr la comprensión espiritual. A menos que haya sumisión y servicio, las preguntas que se le hagan al maestro espiritual versado no serán eficaces. Uno debe ser capaz de pasar la prueba del maestro espiritual, y cuando el maestro ve el deseo genuino del discípulo, automáticamente lo bendice con genuina comprensión espiritual. En este verso se condenan tanto la adhesión ciega como las preguntas absurdas. No sólo debe uno oír sumisamente al maestro espiritual, sino que también se debe llegar a comprender claramente lo que él dice, con sumisión, servicio y preguntas. Un maestro espiritual genuino es por naturaleza muy bondadoso con el discípulo. Así pues, cuando el estudiante es sumiso y siempre está dispuesto a prestar servicio, la correspondencia del conocimiento y las preguntas se vuelve perfecta.

TEXTO 35

यज्ज्ञात्वा न पुनर्मोहमेवं यास्यसि पाण्डव ।
येन भूतान्यशेषाणि द्रक्ष्यस्यात्मन्यथो मयि ॥३५॥

yaj jñātvā na punar moham
evaṁ yāsyasi pāṇḍava
yena bhūtāny aśeṣāṇi
drakṣyasy ātmany atho mayi

yat—lo cual; *jñātvā*—sabiendo; *na*—nunca; *punaḥ*—de nuevo; *moham*—a la ilusión; *evam*—así; *yāsyasi*—irás; *pāṇḍava*—¡oh, hijo de Pāṇḍu!; *yena*—

mediante el cual; *bhūtāni*—las entidades vivientes; *aśeṣāṇi*—todas; *drakṣyasi*—verás; *ātmani*—en el Alma Suprema; *athau*—o en otras palabras; *mayi*—en Mí.

TRADUCCIÓN

Habiendo obtenido verdadero conocimiento proveniente de un alma autorrealizada, nunca volverás a ser víctima de semejante ilusión, pues, por medio de ese conocimiento, verás que todos los seres vivientes no son más que parte del Supremo, o, en otras palabras, que son Míos.

SIGNIFICADO

El resultado de recibir conocimiento proveniente de un alma autorrealizada, o de alguien que conoce las cosas tal como son, es que se aprende que todos los seres vivientes son partes integrales de la Suprema Personalidad de Dios, el Señor Śrī Kṛṣṇa. El sentido de tener una existencia que esté separada de Kṛṣṇa se denomina *māyā* (*mā*—no, *yā*—es esto). Algunos creen que no tenemos nada que ver con Kṛṣṇa, que Kṛṣṇa es únicamente una gran personalidad histórica, y que el Absoluto es el Brahman impersonal. En realidad, como se declara en *El Bhagavad-gītā*, ese Brahman impersonal es la refulgencia personal de Kṛṣṇa. Kṛṣṇa, como Suprema Personalidad de Dios, es la causa de todo. En *El Brahma-saṁhitā* se afirma claramente que Kṛṣṇa es la Suprema Personalidad de Dios, la causa de todas las causas. Incluso los millones de encarnaciones que hay, son sólo diferentes expansiones de Él. De forma similar, las entidades vivientes también son expansiones de Kṛṣṇa. Los filósofos māyāvādīs creen erróneamente que Kṛṣṇa pierde Su propia existencia separada en Sus muchas expansiones. Este pensamiento es de naturaleza material. En el mundo material tenemos la experiencia de que, cuando una cosa se distribuye en fragmentos, pierde su propia identidad original. Pero los filósofos māyāvādīs no logran entender que "absoluto" significa que uno más uno es igual a uno, y que uno menos uno también es igual a uno. Así es en el mundo absoluto.

Debido a la carencia de suficiente conocimiento en lo referente a la ciencia absoluta, ahora estamos cubiertos de ilusión y, en consecuencia, creemos que estamos separados de Kṛṣṇa. Aunque somos partes separadas de Kṛṣṇa, aun así no somos diferentes de Él. La diferencia corporal de las entidades vivientes es *māyā*, o en otras palabras, no es un hecho real. Todos tenemos la función de satisfacer a Kṛṣṇa. Únicamente en virtud de *māyā*, Arjuna creyó que la relación física y temporal que lo unía a sus familiares, era más importante que su relación espiritual y eterna con Kṛṣṇa. Toda la enseñanza del *Gītā* apunta hacia este fin: que el ser viviente, en su carácter de servidor eterno de Kṛṣṇa, no puede separarse de Kṛṣṇa, y su sentido de ser una entidad aparte de Kṛṣṇa se denomina *māyā*. Las entidades vivientes, como partes integrales del Supremo, tienen un propósito que cumplir. Habiendo olvidado ese propósito desde un tiempo inmemorial, se han situado en diferentes cuerpos, como hombres, animales, semidioses, etc. Esas diferencias físicas surgen del olvido del servicio trascendental del

Señor. Pero cuando uno se dedica al servicio trascendental a través del proceso de conciencia de Kṛṣṇa, de inmediato queda liberado de esa ilusión. Uno puede adquirir ese conocimiento puro únicamente con el maestro espiritual genuino, y de ese modo puede evitar el engaño de que la entidad viviente es igual a Kṛṣṇa. El conocimiento perfecto consiste en saber que el Alma Suprema, Kṛṣṇa, es el refugio supremo de todas las entidades vivientes, y que, por haber abandonado ese refugio, las entidades vivientes son engañadas por la energía material e imaginan que tienen una identidad separada. Así pues, bajo diferentes patrones de identidad material, se olvidan de Kṛṣṇa. No obstante, cuando esas entidades vivientes engañadas se sitúan en el estado de conciencia de Kṛṣṇa, ha de saberse que se hallan en la senda de la liberación, tal como se confirma en el *Bhāgavatam* (2.10.6): *muktir hitvānyathā-rūpaṁ svarūpeṇa vyavasthitiḥ*. Liberación significa situarse en la posición constitucional de eterno servidor de Kṛṣṇa (el estado de conciencia de Kṛṣṇa).

TEXTO 36

अपि चेदसि पापेभ्यः सर्वेभ्यः पापकृत्तमः ।
सर्वं ज्ञानप्लवेनैव वृजिनं संतरिष्यसि ॥ ३६ ॥

api ced asi pāpebhyaḥ
sarvebhyaḥ pāpa-kṛttamaḥ
sarvaṁ jñāna-plavenaiva
vṛjinaṁ santariṣyasi

api—incluso; *cet*—si; *asi*—tu eres; *pāpebhyaḥ*—de los pecadores; *sarvebhyaḥ*—de todos; *pāpa-kṛt-tamaḥ*—el más grande de los pecadores; *sarvam*—todas esas reacciones pecaminosas; *jñāna-plavena*—por medio del bote del conocimiento trascendental; *eva*—ciertamente; *vṛjinam*—el océano de los sufrimientos; *santariṣyasi*—cruzarás por completo.

TRADUCCIÓN

Aun cuando se te considere el más pecador de todos los pecadores, cuando te sitúes en el bote del conocimiento trascendental serás capaz de cruzar el océano de los sufrimientos.

SIGNIFICADO

La debida comprensión acerca de la posición constitucional de uno en relación con Kṛṣṇa es tan perfecta, que de inmediato puede sacarlo a uno de la lucha por la existencia que se lleva a cabo en el océano de la nesciencia. Este mundo material se considera a veces que es como un océano de nesciencia, y a veces, como un bosque en llamas. En el océano, por muy experto nadador que uno sea, la lucha por la existencia es muy severa. Si alguien se presenta y saca del océano al desesperado nadador, se vuelve el salvador más grande de todos. El conocimiento perfecto que se recibe proveniente de la Suprema Personalidad de Dios, constituye el sendero de la liberación. El bote del proceso de conciencia de Kṛṣṇa es muy sencillo, pero al mismo tiempo es el más sublime que existe.

TEXTO 37

यथैधांसि समिद्धोऽग्निर्भस्मसात्कुरुतेऽर्जुन ।
ज्ञानाग्निः सर्वकर्माणि भस्मसात्कुरुते तथा ॥३७॥

yathaidhāṁsi samiddho 'gnir
bhasma-sāt kurute 'rjuna
jñānāgniḥ sarva-karmāṇi
bhasma-sāt kurute tathā

yathā—tal como; *edhāṁsi*—leña; *samiddhaḥ*—ardiente; *agniḥ*—fuego; *bhasma-sāt*—a cenizas; *kurute*—reduce; *arjuna*—¡oh, Arjuna!; *jñāna-agniḥ*—el fuego del conocimiento; *sarva-karmāṇi*—todas las reacciones a las actividades materiales; *bhasma-sāt*—a cenizas; *kurute*—reduce; *tathā*—de manera similar.

TRADUCCIÓN

Así como un fuego ardiente convierte la leña en cenizas, ¡oh, Arjuna!, así mismo el fuego del conocimiento reduce a cenizas todas las reacciones de las actividades materiales.

SIGNIFICADO

El conocimiento perfecto acerca del ser y el Superser y de la relación que hay entre ellos, se dice aquí que se asemeja al fuego. Este fuego no sólo quema todas las reacciones de las actividades impías, sino también todas las reacciones de las actividades piadosas, reduciéndolas a cenizas. Hay muchas etapas de reacción: reacción en formación, reacción en estado de fructificación, reacción ya obtenida y reacción *a priori*. Pero el conocimiento acerca de la posición constitucional de la entidad viviente reduce todo a cenizas. Cuando uno tiene conocimiento completo, todas las reacciones, tanto *a priori* como *a posteriori*, quedan consumidas. En los *Vedas* (*El Bṛhad-āraṇyaka Upaniṣad* 4.4.22) se declara: *ubhe uhaivaiṣa ete taraty amṛtaḥ sādhv-asādhūni*, "Uno supera tanto las acciones piadosas del trabajo como las impías".

TEXTO 38

न हि ज्ञानेन सदृशं पवित्रमिह विद्यते ।

तत्स्वयं योगसंसिद्धः कालेनात्मनि विन्दति ॥३८॥

na hi jñānena sadṛśaṁ
pavitram iha vidyate
tat svayaṁ yoga-saṁsiddhaḥ
kālenātmani vindati

na—nada; *hi*—ciertamente; *jñānena*—con conocimiento; *sadṛśam*—en comparación; *pavitram*—santificado; *iha*—en este mundo; *vidyate*—existe; *tat*—eso; *svayam*—él mismo; *yoga*—con devoción; *saṁsiddhaḥ*—aquel que es maduro; *kālena*—en el transcurso del tiempo; *ātmani*—en sí mismo; *vindati*—disfruta.

TRADUCCIÓN

En este mundo no hay nada tan sublime y puro como el conocimiento trascendental. Dicho conocimiento es el fruto maduro de todo misticismo, y aquel que se ha vuelto experto en la práctica del servicio devocional, disfruta de ese conocimiento internamente, a su debido tiempo.

SIGNIFICADO

Cuando hablamos de conocimiento trascendental, lo hacemos en términos de la comprensión espiritual. Siendo esto así, no hay nada tan sublime y puro como el conocimiento trascendental. La ignorancia es la causa de nuestro cautiverio, y el conocimiento es la causa de nuestra liberación. Este conocimiento es el fruto maduro del servicio devocional, y cuando uno se sitúa en el estado de conocimiento trascendental, no tiene que buscar la paz en ninguna otra parte, pues disfruta de paz interna. En otras palabras, este conocimiento y la paz culminan en el estado de conciencia de Kṛṣṇa. Ésa es la última palabra de *El Bhagavad-gītā*.

TEXTO 39

श्रद्धावाँल्लभते ज्ञानं तत्परः संयतेन्द्रियः ।
ज्ञानं लब्ध्वा परां शान्तिमचिरेणाधिगच्छति ॥३९॥

śraddhāvāl̐ labhate jñānaṁ
tat-paraḥ saṁyatendriyaḥ
jñānaṁ labdhvā parāṁ śāntim
acireṇādhigacchati

śraddhā-vān—un hombre fiel; *labhate*—alcanza; *jñānam*—conocimiento; *tat-paraḥ*—muy apegado a él; *saṁyata*—controlado; *indriyaḥ*—sentido;

jñānam—conocimiento; *labdhvā*—habiendo alcanzado; *parām*—trascendental; *śāntim*—paz; *acireṇa*—muy pronto; *adhigacchati*—logra.

TRADUCCIÓN

Un hombre fiel que se consagra al conocimiento trascendental y que subyuga los sentidos, es merecedor de obtener ese conocimiento, y al adquirirlo, encuentra rápidamente la suprema paz espiritual.

SIGNIFICADO

Ese conocimiento en estado de conciencia de Kṛṣṇa puede adquirirlo una persona fiel que cree firmemente en Kṛṣṇa. Se dice que uno es fiel, cuando uno piensa que simplemente por actuar con conciencia de Kṛṣṇa puede lograr la máxima perfección. Esta fe se adquiere por medio del desempeño del servicio devocional y del canto de Hare Kṛṣṇa, Hare Kṛṣṇa, Kṛṣṇa Kṛṣṇa, Hare Hare/ Hare Rāma, Hare Rāma, Rāma Rāma, Hare Hare, que limpia el corazón de uno de toda suciedad material. Y, por encima de esto, se deben controlar los sentidos. Una persona que es fiel a Kṛṣṇa y que controla los sentidos, puede lograr fácilmente y sin demora la perfección del conocimiento de conciencia de Kṛṣṇa.

TEXTO 40

अज्ञश्चाश्रद्दधानश्च संशयात्मा विनश्यति ।
नायं लोकोऽस्ति न परो न सुखं संशयात्मनः ॥४०॥

ajñaś cāśraddadhānaś ca
saṁśayātmā vinaśyati
nāyaṁ loko 'sti na paro
na sukhaṁ saṁśayātmanaḥ

ajñaḥ—un necio que no tiene ningún conocimiento acerca de las Escrituras modelo; *ca*—y; *aśraddadhānaḥ*—sin fe en las Escrituras reveladas; *ca*—también; *saṁśaya*—de dudas; *ātmā*—una persona; *vinaśyati*—cae; *na*—nunca; *ayam*—en este; *lokaḥ*—mundo; *asti*—hay; *na*—ni; *paraḥ*—en la otra vida; *na*—no; *sukham*—felicidad; *saṁśaya*—dudosa; *ātmanaḥ*—de la persona.

TRADUCCIÓN

Pero las personas ignorantes e infieles que dudan de las Escrituras reveladas, no adquieren conciencia de Dios sino que caen. Para el alma que duda no hay felicidad ni en este mundo ni en el otro.

SIGNIFICADO

De entre muchas Escrituras reveladas modelo y autoritativas, *El Bhagavad-gītā* es la mejor. Personas que prácticamente son como animales, no tienen fe en las Escrituras reveladas modelo, ni conocimiento acerca de ellas. Y algunos, pese a que conocen las Escrituras reveladas o pueden citar pasajes de ellas, en realidad no tienen fe en esas palabras. Y aun pese a que otros puede que tengan fe en Escrituras tales como *El Bhagavad-gītā*, no creen en la Personalidad de Dios, Śrī Kṛṣṇa, o no lo adoran. Esas personas no pueden tener ninguna posición en el proceso de conciencia de Kṛṣṇa. Ellas caen. De entre todas las personas antedichas, aquellas que no tienen fe y que siempre tienen dudas, no progresan en absoluto. Los hombres que no tienen fe en Dios y en Su palabra revelada, no encuentran bien alguno en este mundo ni en el otro. Para ellos, no hay felicidad en absoluto. Por lo tanto, uno debe seguir con fe los principios de las Escrituras reveladas, y, de ese modo, ser elevado al plano del conocimiento. Únicamente ese conocimiento lo ayudará a uno a ser promovido al plano trascendental de la comprensión espiritual. En otras palabras,las personas con dudas no tienen ninguna posición en absoluto en el ámbito de la emancipación espiritual. Luego uno debe seguir los pasos de grandes *ācāryas* de la sucesión discipular, para así lograr el éxito.

TEXTO 41

योगसंन्यस्तकर्माणं ज्ञानसंछिन्नसंशयम् ।
आत्मवन्तं न कर्माणि निबध्नन्ति धनंजय ॥ ४१ ॥

yoga-sannyasta-karmāṇaṁ
jñāna-sañchinna-saṁśayam
ātmavantaṁ na karmāṇi
nibadhnanti dhanañjaya

yoga—mediante el servicio devocional con *karma-yoga*; *sannyasta*—aquel que ha renunciado; *karmāṇam*--los frutos de las acciones; *jñāna*—mediante el conocimiento; *sañchinna*—cortado; *saṁśayam*—dudas; *ātma-vantam*—situado en el ser; *na*—nunca; *karmāṇi*—trabajos; *nibadhnanti*—atan; *dhanañjaya*—¡oh, conquistador de riquezas!

TRADUCCIÓN

Aquel que realiza servicio devocional y renuncia a los frutos de sus acciones, y cuyas dudas han sido destruidas por el conocimiento trascendental, está verdaderamente situado en el ser. Así pues, a él no lo atan las reacciones del trabajo, ¡oh, conquistador de riquezas!

SIGNIFICADO

Aquel que sigue la instrucción de *El Bhagavad-gītā* tal como la imparte el Señor, la propia Personalidad de Dios, se libera de todas las dudas, por la gracia del conocimiento trascendental. Él, como parte integral del Señor y con plena conciencia de Kṛṣṇa, ya se encuentra en posesión del conocimiento acerca del ser. En virtud de ello, está indudablemente por encima del cautiverio de la acción.

TEXTO 42

तस्मादज्ञानसंभूतं हृत्स्थं ज्ञानासिनात्मनः ।
छित्त्वैनं संशयं योगमातिष्ठोत्तिष्ठ भारत ॥४२॥

tasmād ajñāna-sambhūtaṁ
hṛt-sthaṁ jñānāsinātmanaḥ
chittvainaṁ saṁśayaṁ yogam
ātiṣṭhottiṣṭha bhārata

tasmāt—por lo tanto; *ajñāna-sambhūtam*—nacido de la ignorancia; *hṛt-stham*—situado en el corazón; *jñāna*—del conocimiento; *asinā*—con el arma; *ātmanaḥ*—del ser; *chittvā*—cortando; *enam*—esta; *saṁśayam*—duda; *yogam*—en el *yoga*; *ātiṣṭha*—sitúate; *uttiṣṭha*—levántate a pelear; *bhārata*—¡oh, descendiente de Bharata!

TRADUCCIÓN

Por lo tanto, las dudas que te han surgido en el corazón debido a la ignorancia, deben ser cortadas con el arma del conocimiento. Armado con el yoga, ¡oh, Bhārata!, levántate y pelea.

SIGNIFICADO

El sistema de *yoga* que se enseña en este capítulo se denomina *sanātana-yoga*, o las actividades eternas que realiza la entidad viviente. Este *yoga* tiene dos divisiones de sacrificios: una se denomina el sacrificio de las posesiones materiales, y la otra se denomina el conocimiento acerca del ser, que es una actividad espiritual pura. Si el sacrificio de las posesiones materiales no se acopla con la iluminación espiritual, entonces dicho sacrificio se vuelve material. Pero aquel que realiza esos sacrificios con un objetivo espiritual, o en carácter de servicio devocional, hace un sacrificio perfecto. Cuando llegamos a las actividades espirituales, encontramos que éstas también se dividen en dos: la comprensión del ser propio (o la posición constitucional de uno), y la verdad relativa a la Suprema Personalidad de Dios. Aquel que sigue el sendero de *El Bhagavad-gītā* tal como es, puede entender muy fácilmente estas dos importantes divisiones del conocimiento espiritual. Para él no existe ninguna dificultad en obtener conocimiento perfecto acerca del ser como parte integral del Señor. Y esa comprensión es provechosa, pues dicha persona puede entender fácilmente las actividades trascendentales del Señor. Al comienzo de este capítulo, el propio Señor Supremo discutió Sus actividades trascendentales. Aquel que no entiende las instrucciones del *Gītā* es infiel, y se debe considerar que está haciendo mal uso de la independencia fragmentaria que el Señor le ha otorgado. Aquel que, a pesar de dichas instrucciones, no entiende la verdadera naturaleza del Señor como la eterna, bienaventurada y omnisciente Personalidad de Dios, es ciertamente el necio más grande de todos. Mediante la aceptación gradual de los principios del proceso de conciencia de Kṛṣṇa, puede disiparse la ignorancia. El estado de conciencia de Kṛṣṇa se despierta mediante diferentes tipos de sacrificios en honor de los semidioses, mediante el sacrificio en honor del Brahman, mediante el sacrificio a través del celibato, mediante el sacrificio en la vida de casado, en el control de los sentidos, en la práctica del *yoga* místico, en la penitencia, en la renuncia a las posesiones materiales, en el estudio de los *Vedas* y en la participación en la institución social denominada *varṇāśrama-dharma*. Todos éstos se conocen como sacrificios, y todos ellos están basados en la acción regulada. Pero dentro de todas esas actividades, el factor importante es la autorrealización. Aquel que busca *ese* objetivo es el verdadero estudiante de *El Bhagavad-gītā*, pero aquel que duda de la autoridad de Kṛṣṇa, fracasa. Por consiguiente, a uno se le aconseja estudiar *El Bhagavad-gītā*, o cualquier otra Escritura, bajo la guía de un maestro espiritual genuino, con servicio y entrega. Un maestro espiritual genuino forma parte de la sucesión discipular eterna, y no se aparta en absoluto de las instrucciones del Señor Supremo, tal como se le impartieron hace millones de años al dios del Sol, de quien las instrucciones de *El Bhagavad-gītā* han descendido al reino terrenal. Uno debe, pues, seguir el sendero de *El Bhagavad-gītā* tal como se expresa en el propio *Gītā*, y cuidarse de personas egoístas en busca de engrandecimiento personal, que alejan a los demás del sendero verdadero. El Señor es, en definitiva, la Persona Suprema, y Sus actividades son trascendentales. Aquel que entiende esto es una persona liberada, desde el mismo comienzo de su estudio del *Gītā*.

Así terminan los significados de Bhaktivedanta correspondientes al Cuarto Capítulo de El Śrīmad Bhagavad-gītā, *en relación con el conocimiento trascendental.*

Capítulo Cinco

KARMA-YOGA: ACCIÓN CON CONCIENCIA DE KṚṢṆA

TEXTO 1

अर्जुन उवाच
संन्यासं कर्मणां कृष्ण पुनर्योगं च शंससि ।
यच्छ्रेय एतयोरेकं तन्मे ब्रूहि सुनिश्चितम् ॥ १ ॥

arjuna uvāca
sannyāsaṁ karmaṇāṁ kṛṣṇa
punar yogaṁ ca śaṁsasi
yac chreya etayor ekaṁ
tan me brūhi suniścitam

arjunaḥ uvāca—Arjuna dijo; *sannyāsam*—renunciación; *karmaṇam*—de todas las actividades; *kṛṣṇa*—¡oh, Kṛṣṇa!; *punaḥ*—de nuevo; *yogam*—servicio devocional; *ca*—además; *śaṁsasi*—Tú estás elogiando; *yat*—cuál; *śreyaḥ*—es más beneficioso; *etayoḥ*—de estos dos; *ekam*—uno; *tat*—eso; *me*—a mí; *brūhi*—por favor di; *suniścitam*—definitivamente.

TRADUCCIÓN

Arjuna dijo: ¡Oh, Kṛṣṇa!, primero me pides que renuncie al trabajo, y después me recomiendas de nuevo que trabaje con devoción. ¿Tendrías ahora la bondad de decirme definitivamente cuál de esas dos cosas es más beneficiosa?

SIGNIFICADO

En este Quinto Capítulo de *El Bhagavad-gītā*, el Señor dice que el trabajo que se realiza a modo de servicio devocional es mejor que la árida especulación mental. El servicio devocional es más fácil que esta última, ya que, por su naturaleza trascendental, lo libera a uno de las reacciones. En el Segundo Capítulo se explicó el conocimiento preliminar acerca del alma, y el enredo de ésta en el cuerpo material. Ahí también se explicó cómo salir de este enjaulamiento material mediante el *buddhi-yoga*, o el servicio devocional. En el Tercer Capítulo se explicó que una persona que se encuentra en el plano del conocimiento, deja de tener deberes que ejecutar. Y en el Cuarto Capítulo, el Señor le dijo a Arjuna que todas las clases de trabajos que se ejecutan a modo de sacrificio, culminan en el conocimiento. Sin embargo, al final del Cuarto Capítulo, el Señor le aconsejó a Arjuna que despertara y peleara, situado en el plano del conocimiento perfecto. Así pues, al recalcar simultáneamente tanto la importancia del trabajo con devoción como la inacción con conocimiento, Kṛṣṇa ha desconcertado a Arjuna y ha confundido su determinación. Arjuna entiende que la renuncia con conocimiento implica el cese de toda clase de trabajos realizados como actividades de los sentidos. Pero si uno realiza un trabajo en el servicio devocional, entonces, ¿de qué modo ha cesado el trabajo? En otras palabras, él cree que el *sannyāsa*, o la renunciación con conocimiento, debe estar libre por completo de toda clase de actividades, porque a él le parece que el trabajo y la renunciación son incompatibles. Da la impresión de que él no ha entendido que el trabajo con pleno conocimiento no es reactivo, y, en consecuencia, es igual que la inacción. Él pregunta, pues, si debe dejar de trabajar por completo, o si debe trabajar con pleno conocimiento.

TEXTO 2

श्रीभगवानुवाच
संन्यासः कर्मयोगश्च निःश्रेयसकरावुभौ ।
तयोस्तु कर्मसंन्यासात्कर्मयोगो विशिष्यते ॥ २ ॥

śrī-bhagavān uvāca
sannyāsaḥ karma-yogaś ca
niḥśreyasa-karāv ubhau
tayos tu karma-sannyāsāt
karma-yogo viśiṣyate

śrī-bhagavān uvāca—la Personalidad de Dios dijo; *sannyāsaḥ*—la renuncia al trabajo; *karma-yogaḥ*—el trabajo con devoción; *ca*—también; *niḥśreyasa-karau*—conducen al sendero de la liberación; *ubhau*—ambos; *tayoḥ*—de los dos; *tu*—pero; *karma-sannyāsāt*—en comparación con la renuncia al trabajo fruitivo; *karma-yogaḥ*—trabajo con devoción; *viśiṣyate*—es mejor.

TRADUCCIÓN

La Personalidad de Dios respondió: La renuncia al trabajo y el trabajo con devoción son ambos buenos para la liberación. Pero, de los dos, el trabajo que se realiza a modo de servicio devocional es mejor que la renuncia a los trabajos.

SIGNIFICADO

Las actividades fruitivas (en busca de la complacencia de los sentidos) son la causa del cautiverio material. Mientras uno se dedique a actividades encaminadas a mejorar el nivel de comodidad del cuerpo, es seguro que se transmigrará a diferentes tipos de cuerpos, continuando con ello el cautiverio material de un modo perpetuo. *El Śrīmad-Bhāgavatam* (5.5.4–6) confirma eso de la siguiente manera:

nūnaṁ pramattaḥ kurute vikarma
yad-indriya-prītaya āpṛṇoti
na sādhu manye yata ātmano 'yam
asann api kleśa-da āsa dehaḥ

parābhavas tāvad abodha-jāto
yāvan na jijñāsata ātma-tattvam
yāvat kriyās tāvad idaṁ mano vai
karmātmakaṁ yena śarīra-bandhaḥ

evaṁ manaḥ karma-vaśaṁ prayuṅkte
avidyayātmany upadhīyamāne
prītir na yāvan mayi vāsudeve
na mucyate deha-yogena tāvat

"La gente anda loca tras la complacencia de los sentidos, y no sabe que este cuerpo actual, que está lleno de desdichas, es el resultado de las actividades fruitivas que uno realizó en el pasado. Aunque este cuerpo es temporal, siempre le está dando a uno problemas de muchas maneras. Por lo tanto, actuar en aras de la complacencia de los sentidos no es bueno. Mientras uno no indague acerca de su verdadera identidad, se lo considera un fracaso en la vida. Mientras uno no sepa su verdadera identidad, tiene que trabajar por resultados fruitivos en aras de la complacencia de los sentidos, y mientras uno esté absorto en la conciencia de la complacencia de los sentidos, tiene que transmigrar de un cuerpo a otro. Aunque la mente esté absorta en actividades fruitivas e influida por la ignorancia, uno debe cultivar un amor por el servicio devocional que se le presta a Vāsudeva. Sólo entonces puede uno tener la oportunidad de salirse del cautiverio de la existencia material".

De manera que, el *jñāna* (o el conocimiento de que uno no es este cuerpo material sino alma espiritual) no es suficiente para la liberación. Uno tiene que *actuar* en la posición de alma espiritual, pues de lo contrario no hay escapatoria del cautiverio material. Sin embargo, la acción con conciencia de Kṛṣṇa no es acción en el plano fruitivo. Las actividades que se realizan con pleno conocimiento refuerzan el adelanto de uno en el campo del conocimiento verdadero. Sin conciencia de Kṛṣṇa, la mera renuncia a las actividades fruitivas no purifica de hecho el corazón del alma condicionada. Mientras el corazón no se purifique, uno tiene que trabajar en el plano fruitivo. Pero la acción con conciencia de Kṛṣṇa ayuda automáticamente a que uno se escape del resultado de la acción fruitiva, de modo que no se tenga que descender al plano material. Por consiguiente, la acción con conciencia de Kṛṣṇa siempre es superior a la renunciación, la cual siempre acarrea el riesgo de caer. La renunciación sin conciencia de Kṛṣṇa es incompleta, tal como lo confirma Śrīla Rūpa Gosvāmī en su *Bhakti-rasāmṛta-sindhu* (1.2.258):

prāpañcikatayā buddhyā
hari-sambandhi-vastunaḥ
mumukṣubhiḥ parityāgo
vairāgyaṁ phalgu kathyate

"Cuando las personas que están ansiosas de lograr la liberación, renuncian a cosas que están relacionadas con la Suprema Personalidad de Dios considerando que éstas son materiales, se dice que su renuncia es incompleta". La renunciación es completa cuando se hace con el conocimiento de que todo lo que existe le pertenece al Señor, y que nadie debe considerarse propietario de nada. Uno debe entender que, en efecto, nada le pertenece a nadie. ¿Qué posibilidad hay entonces de renunciar? Aquel que sabe que todo es propiedad de Kṛṣṇa, siempre está situado en el plano de la renunciación. Como todo le pertenece a Kṛṣṇa, todo debe emplearse en el servicio de Kṛṣṇa. Esta forma perfecta de acción —acción con conciencia de Kṛṣṇa— es mucho mejor que cualquier cantidad de renunciación artificial que haga un *sannyāsī* de la escuela Māyāvāda.

TEXTO 3

ज्ञेयः स नित्यसंन्यासी यो न द्वेष्टि न काङ्क्षति ।
निर्द्वन्द्वो हि महाबाहो सुखं बन्धात्प्रमुच्यते ॥३॥

jñeyaḥ sa nitya-sannyāsī
yo na dveṣṭi na kāṅkṣati
nirdvandvo hi mahā-bāho
sukhaṁ bandhāt pramucyate

jñeyaḥ—ha de saberse; *saḥ*—él; *nitya*—siempre; *sannyāsī*—renunciante; *yaḥ*—quien; *na*—nunca; *dveṣṭi*—aborrece; *na*—ni; *kāṅkṣati*—desea; *nirdvandvaḥ*—libre de todas las dualidades; *hi*—ciertamente; *mahā-bāho*—¡oh, tú, el de los poderosos brazos!; *sukham*—dichosamente; *bandhāt*—del cautiverio; *pramucyate*—se libera por completo.

TRADUCCIÓN

Aquel que ni odia ni desea los frutos de sus actividades, es conocido como alguien que siempre es renunciado. Esa persona, liberada de toda clase de dualidades, supera fácilmente el cautiverio material y se libera por completo, ¡oh, Arjuna, el de los poderosos brazos!

SIGNIFICADO

Aquel que tiene conciencia de Kṛṣṇa plena siempre es un renunciante, porque ni siente odio por los resultados de sus acciones, ni los desea. Un renunciante de esa índole, dedicado al amoroso servicio trascendental del Señor, está plenamente capacitado en lo que se refiere al conocimiento, porque conoce la posición constitucional que tiene en su relación con Kṛṣṇa. Él sabe perfectamente bien que Kṛṣṇa es el todo y que él es parte integral de Kṛṣṇa. Ese conocimiento es perfecto, porque está correcto cualitativa y cuantitativamente. El concepto de identidad con Kṛṣṇa es incorrecto, debido a que la parte no puede ser igual al todo. El conocimiento por el cual uno es idéntico en calidad pero diferente en cantidad, es conocimiento trascendental correcto que lo lleva a uno a estar lleno en sí mismo, sin tener que ambicionar nada, ni lamentarse por nada. En su mente no hay ninguna dualidad, ya que todo lo que hace lo hace por Kṛṣṇa. Libre así del plano de las dualidades, uno está liberado incluso en este mundo material.

TEXTO 4

साङ्ख्ययोगौ पृथग्बालाः प्रवदन्ति न पण्डिताः ।
एकमप्यास्थितः सम्यगुभयोर्विन्दते फलम् ॥ ४ ॥

sāṅkhya-yogau pṛthag bālāḥ
pravadanti na paṇḍitāḥ
ekam apy āsthitaḥ samyag
ubhayor vindate phalam

sāṅkhya—estudio analítico del mundo material; *yogau*—trabajo que se hace como servicio devocional; *pṛthak*—diferente; *bālāḥ*—los poco inteligentes; *pravadanti*—dicen; *na*—nunca; *paṇḍitāḥ*—los eruditos; *ekam*—en uno; *api*—aunque; *āsthitaḥ*—estando situado; *samyak*—completo; *ubhayoḥ*—de ambos; *vindate*—disfruta; *phalam*—el resultado.

TRADUCCIÓN

Sólo los ignorantes hablan del servicio devocional [karma-yoga] como algo diferente del estudio analítico del mundo material [Sāṅkhya]. Aquellos que verdaderamente son eruditos dicen que aquel que se consagra bien a uno de estos senderos, obtiene los resultados de ambos.

SIGNIFICADO

El objetivo del estudio analítico del mundo material es el de encontrar el alma de la existencia. El alma del mundo material es Viṣṇu, o la Superalma. El servicio devocional que se le presta al Señor implica servicio a la Superalma. Un proceso es el de encontrar la raíz del árbol, y el otro es el de regarla. El verdadero estudiante de la filosofía *sāṅkhya* encuentra la raíz del mundo material, Viṣṇu, y luego, con conocimiento perfecto, se dedica al servicio del Señor. Por lo tanto, en esencia no hay diferencia entre los dos, porque la meta de ambos es Viṣṇu. Aquellos que no conocen el fin último dicen que los propósitos del *sāṅkhya* y del *karma-yoga* no son iguales, pero aquel que es erudito conoce la meta unificadora de estos diferentes procesos.

TEXTO 5

यत्साङ्ख्यैः प्राप्यते स्थानं तद्योगैरपि गम्यते ।
एकं साङ्ख्यं च योगं च यः पश्यति स पश्यति ॥५॥

yat sāṅkyaiḥ prāpyate sthānaṁ
tad yogair api gamyate
ekaṁ sāṅkhyaṁ ca yogaṁ ca
yah paśyati sa paśyati

yat—lo que; *sāṅkhyaiḥ*—por medio de la filosofía Sāṅkhya; *prāpyate*—se alcanza; *sthānam*—lugar; *tat*—eso; *yogaiḥ*—mediante el servicio devocional; *api*—también; *gamyate*—uno puede conseguir; *ekam*—uno; *sāṅkhyam*—estudio analítico; *ca*—y; *yogam*—acción con devoción; *ca*—y; *yaḥ*—aquel que; *paśyati*—ve; *saḥ*—él; *paśyati*—realmente ve.

TRADUCCIÓN

Aquel que sabe que la posición que se alcanza por medio del estudio analítico también se puede conseguir por medio del servicio devocional, y quien, en consecuencia, ve que el estudio analítico y el servicio devocional se hallan en el mismo nivel, ve las cosas tal como son.

SIGNIFICADO

El verdadero propósito de la investigación filosófica es el de encontrar la meta última de la vida. Como la meta última de la vida es la autorrealización, no hay diferencia entre las conclusiones a las que se llega por medio de los dos procesos. Mediante la investigación filosófica del Sāṅkhya, uno llega a la conclusión de que la entidad viviente no es parte integral del mundo material sino del supremo espíritu total. Por consiguiente, el alma espiritual no tiene nada que ver con el mundo material; sus acciones deben de tener alguna relación con el Supremo. Cuando el alma actúa con conciencia de Kṛṣṇa, se halla verdaderamente en su posición constitucional. En el primer proceso, el del Sāṅkhya, uno tiene que llegar a desapegarse de la materia, y en el proceso del *yoga* devocional uno tiene que apegarse al trabajo del proceso de conciencia de Kṛṣṇa. En realidad, ambos procesos son iguales, aunque externamente un proceso parece implicar desapego, y el otro parece implicar apego. El desapego de la materia y el apego a Kṛṣṇa son una misma y única cosa. Aquel que puede ver esto, ve las cosas tal como son.

TEXTO 6

संन्यासस्तु महाबाहो दुःखमाप्तुमयोगतः ।
योगयुक्तो मुनिर्ब्रह्म नचिरेणाधिगच्छति ॥ ६ ॥

sannyāsas tu mahā-bāho
duḥkham āptum ayogataḥ
yoga-yukto munir brahma
na cireṇādhigacchati

sannyāsaḥ—la orden de vida de renuncia; *tu*—pero; *mahā-bāho*—¡oh, tú, el de los poderosos brazos!; *duḥkham*—aflicción; *āptum*—lo aflige a uno con; *ayogataḥ*—sin servicio devocional; *yoga-yuktaḥ*—alguien que se dedica al servicio devocional; *muniḥ*—un pensador; *brahma*—el Supremo; *na cireṇa*—sin demora; *adhigacchati*—llega.

TRADUCCIÓN

La mera renuncia a todas las actividades, sin dedicarse al servicio devocional del Señor, no puede hacer que uno se sienta feliz. Pero una persona sensata que esté dedicada al servicio devocional, puede llegar al Supremo sin demora.

SIGNIFICADO

Hay dos clases de *sannyāsīs*, o personas que están en la orden de vida de renuncia. Los *sannyāsīs māyāvādīs* se dedican al estudio de la filosofía *sāṅkhya*, mientras que los *sannyāsīs vaiṣṇavas* se dedican al estudio de la filosofía del *Bhāgavatam*, la cual proporciona el comentario indicado acerca de los *Vedānta-sūtras*. Los *sannyāsīs māyāvādīs* también estudian los *Vedānta-sūtras*, pero usan su propio comentario, llamado *Śārīraka-bhāṣya*, que fue escrito por Śaṅkarācārya. Los estudiantes de la escuela Bhāgavata están dedicados al servicio devocional del Señor conforme a las regulaciones *pāñcarātrikī*, y, por consiguiente, los *sannyāsīs vaiṣṇavas* tienen múltiples ocupaciones en el trascendental servicio del Señor. Los *sannyāsīs vaiṣṇavas* no tienen nada que ver con las actividades materiales, y, aun así, realizan diversas actividades en el servicio devocional que le prestan al Señor. Pero los *sannyāsīs māyāvādīs*, que están dedicados a los estudios del *sāṅkhya*, del *Vedānta* y de la especulación, no pueden saborear el trascendental servicio del Señor. Como sus estudios se vuelven muy tediosos, a veces se cansan de la especulación Brahman, a raíz de lo cual se refugian en el *Bhāgavatam* sin la debida comprensión. En consecuencia, su estudio de *El Śrīmad-Bhāgavatam* se vuelve problemático. Las áridas especulaciones y las interpretaciones impersonales por medios artificiales son todas inútiles para los *sannyāsīs māyāvādīs*. Los *sannyāsīs vaiṣṇavas*, que están dedicados al servicio devocional, se sienten felices en el desempeño de sus deberes trascendentales, y tienen garantizada al final la entrada al Reino de Dios. Los *sannyāsīs māyāvādīs* a veces caen de la senda de la autorrealización, y pasan de nuevo a realizar actividades materiales de una naturaleza filantrópica y altruista, que no son más que ocupaciones materiales. Se concluye, entonces, que aquellos que están dedicados a las actividades del proceso de conciencia de Kṛṣṇa, están mejor situados que los *sannyāsīs* que simplemente están dedicados a especular acerca de lo que es Brahman y lo que no lo es, aunque éstos también llegan al proceso de conciencia de Kṛṣṇa después de muchos nacimientos.

TEXTO 7

योगयुक्तो विशुद्धात्मा विजितात्मा जितेन्द्रियः ।
सर्वभूतात्मभूतात्मा कुर्वन्नपि न लिप्यते ॥७॥

yoga-yukto viśuddhātmā
vijitātmā jitendriyaḥ
sarva-bhūtātma- bhūtātmā
kurvann api na lipyate

yoga-yuktaḥ—dedicado al servicio devocional; *viśuddha-ātmā*—un alma purificada; *vijita-ātmā*—autocontrolado; *jita-indriyaḥ*—habiendo conquistado los sentidos; *sarva-bhūta-ātma-bhūta-ātmā*—compasivo con todas las entidades vivientes; *kurvan api*—aunque trabaje; *na*—nunca; *lipyate*—se enreda.

TRADUCCIÓN

Aquel que trabaja con devoción, que es un alma pura y que controla la

mente y los sentidos, es querido por todos, y todos son queridos por él. Aunque esa pesona siempre trabaja, jamás se enreda.

SIGNIFICADO

Aquel que se halla en la senda de la liberación mediante el proceso de conciencia de Kṛṣṇa, le es muy querido a todo ser viviente, y todo ser viviente le es querido a él. Eso se debe a su conciencia de Kṛṣṇa. Una persona de esa categoría no puede pensar en ningún ser viviente como algo separado de Kṛṣṇa, del mismo modo en que las hojas y las ramas de un árbol no están separadas del árbol. Ella sabe muy bien que, al verter agua en la raíz del árbol, el agua se distribuye por todas las hojas y ramas, o que, al suministrarle comida al estómago, la energía se distribuye automáticamente por todo el cuerpo. Puesto que aquel que trabaja con conciencia de Kṛṣṇa es sirviente de todos, les es muy querido a todos. Y como todo el mundo está satisfecho con su trabajo, él tiene la conciencia pura. Como él tiene la conciencia pura, tiene la mente totalmente controlada. Y como tiene la mente controlada, también tiene los sentidos controlados. Como él siempre tiene la mente fija en Kṛṣṇa, no hay ninguna posibilidad de que se aparte de Kṛṣṇa. Ni tampoco hay la posibilidad de que él ocupe los sentidos en cosas distintas del servicio del Señor. A él no le gusta oír nada que no trate de Kṛṣṇa, no le gusta comer nada que no se le haya ofrecido a Kṛṣṇa, y no desea ir a ninguna parte si ello no tiene que ver con Kṛṣṇa. De modo que, él tiene los sentidos controlados. El hombre que tiene los sentidos controlados no puede ser ofensivo con nadie. Uno pudiera preguntar "¿por qué, entonces, fue Arjuna ofensivo (en la batalla) con otras personas? ¿No tenía él conciencia de Kṛṣṇa?". Arjuna sólo fue ofensivo externamente, porque (tal como ya se explicó en el Segundo Capítulo) todas las personas que estaban reunidas en el campo de batalla seguirían viviendo individualmente, pues el alma no puede ser matada. Así que, en términos espirituales, nadie fue matado en el campo de batalla de Kurukṣetra. Sólo se cambiaron sus trajes por orden de Kṛṣṇa, que estaba presente personalmente. Por lo tanto, mientras Arjuna peleaba en el campo de batalla de Kurukṣetra, no estaba de hecho peleando en absoluto; tan sólo estaba cumpliendo las órdenes de Kṛṣṇa con plena conciencia de Kṛṣṇa. Una persona como él nunca se enreda en las reacciones del trabajo.

TEXTOS 8–9

नैव किंचित्करोमीति युक्तो मन्येत तत्त्ववित् ।
पश्यञ्शृण्वन्स्पृशञ्जिघ्रन्नश्नन्गच्छन्स्वपन्श्वसन् ॥८॥
प्रलपन्विसृजन्गृह्णन्नुन्मिषन्निमिषन्नपि ।
इन्द्रियाणीन्द्रियार्थेषु वर्तन्त इति धारयन् ॥९॥

naiva kiñcit karomīti
yukto manyeta tattva-vit
paśyañ śṛṇvan spṛśañ jighrann
aśnan gacchan svapan śvasan

pralapan visṛjan gṛhṇann
unmiṣan nimiṣann api
indriyāṇīndriyārtheṣu
vartanta iti dhārayan

na—nunca; *eva*—ciertamente; *kiñcit*—cualquier cosa; *karomi*—hago; *iti*—así pues; *yuktaḥ*—ocupado con conciencia divina; *manyeta*—piensa; *tattva-vit*—aquel que conoce la verdad; *paśyan*—viendo; *śṛṇvan*—oyendo; *spṛśan*—tocando; *jighran*—oliendo; *aśnan*—comiendo; *gacchan*—yendo; *svapan*—soñando; *śvasan*—respirando; *pralapan*—hablando; *visṛjan*—dejando; *gṛhṇan*—tomando; *unmiṣan*—abriendo; *nimiṣan*—cerrando; *api*—a pesar de; *indriyāṇi*—los sentidos; *indriya-artheṣu*—en el goce de los sentidos; *vartante*—dejad que se ocupen así; *iti*—así pues; *dhārayan*—considerando.

TRADUCCIÓN

Una persona con conciencia divina, aunque se dedique a ver, oír, tocar, oler, comer, desplazarse, dormir y respirar, siempre sabe para sí que de hecho no hace nada en absoluto, pues mientras habla, evacua, recibe, y abre o cierra los ojos, siempre sabe que sólo los sentidos materiales están ocupados con sus objetos, y que ella está apartada de ellos.

SIGNIFICADO

Una persona con conciencia de Kṛṣṇa es pura en su existencia, y, por ende, no tiene nada que ver con ningún trabajo que dependa de las cinco causas inmediatas y remotas: el ejecutor, el trabajo, la situación, el esfuerzo y la providencia. Esto se debe a que ella está dedicada al amoroso y trascendental servicio de Kṛṣṇa. Aunque parezca que dicha persona actúa con el cuerpo y los sentidos, siempre está consciente de su verdadera posición, que es la de dedicarse a la actividad espiritual. En el estado de conciencia material, los sentidos se dedican a su propia complacencia; pero en el estado de conciencia de Kṛṣṇa, los sentidos se dedican a la satisfacción de los sentidos de Kṛṣṇa. Por lo tanto, la persona consciente de Kṛṣṇa siempre está libre, aunque parezca estar dedicada a las actividades de los sentidos. Actividades tales como ver y oír son acciones de los sentidos para recibir conocimiento, mientras que desplazarse, hablar, evacuar, etc., son acciones de los sentidos para el trabajo. A la persona consciente de Kṛṣṇa nunca la afectan las acciones de los sentidos. Ella nunca puede ejecutar ningún acto fuera del servicio del Señor, porque sabe que es la servidora eterna del Señor.

TEXTO 10

ब्रह्मण्याधाय कर्माणि सङ्गं त्यक्त्वा करोति यः ।
लिप्यते न स पापेन पद्मपत्रमिवाम्भसा ॥१०॥

brahmaṇy ādhāya karmāṇi
saṅgaṁ tyaktvā karoti yaḥ
lipyate na sa pāpena
padma-patram ivāmbhasā

brahmaṇi—a la Suprema Personalidad de Dios; *ādhāya*—renunciando; *karmāṇi*—todos los trabajos; *saṅgam*—apego; *tyaktvā*—abandonando; *karoti*—ejecuta; *yaḥ*—quien; *lipyate*—es afectado; *na*—nunca; *saḥ*—él; *pāpena*—por el pecado; *padma-patram*—una hoja del loto; *iva*—como; *ambhasā*—por el agua.

TRADUCCIÓN

A aquel que ejecuta su deber sin apego, entregándole los resultados al Señor Supremo, no lo afecta la acción pecaminosa, tal como a la hoja del loto no la toca el agua.

SIGNIFICADO

Aquí *brahmaṇi* significa ''con conciencia de Kṛṣṇa''. El mundo material es la manifestación total de las tres modalidades de la naturaleza material, técnicamente denominada el *pradhāna*. Los himnos védicos *sarvaṁ hy etad brahma* (*El Māṇḍūkya Upaniṣad* 2), *tasmād etad brahma nāma-rūpam annaṁ ca jāyate* (*El Muṇḍaka Upaniṣad* 1.2.10), y en *El Bhagavad-gītā* (14.3), *mama yonir mahad brahma*, indican que todo lo que hay en el mundo material es una manifestación del Brahman; y, aunque los efectos se manifiestan de diferentes maneras, no son diferentes de la causa. En *El Īśopaniṣad* se dice que todo está relacionado con el Brahman Supremo, o Kṛṣṇa, y que por ello todo le pertenece sólo a Él. Aquel que sabe perfectamente bien que todo le pertenece a Kṛṣṇa, que Él es el propietario de todo, y, que, por ende, todo está dedicado al servicio del Señor, naturalmente no tiene nada que ver con los resultados de sus actividades, ya sean éstas virtuosas o pecaminosas. Incluso el cuerpo material de uno, que es un regalo que el Señor ha dado para llevar a cabo un determinado tipo de acción, puede ocuparse en el proceso de conciencia de Kṛṣṇa. Al así hacerlo, se encuentra, entonces, fuera del alcance de la contaminación de las reacciones pecaminosas, tal como la hoja de loto, que, aunque esté en el agua, no se moja. El Señor también dice en el *Gītā* (3.30): *mayi sarvāṇi karmāṇi sannyasya*, ''Cédeme a Mí [Kṛṣṇa] todas tus obras''. La conclusión de esto es que una persona sin conciencia de Kṛṣṇa actúa en base al concepto del cuerpo y los sentidos materiales, pero una persona con conciencia de Kṛṣṇa actúa en base al conocimiento de que el cuerpo es propiedad de Kṛṣṇa, y que, por consiguiente, se debe ocupar en el servicio de Kṛṣṇa.

TEXTO 11

कायेन मनसा बुद्ध्या केवलैरिन्द्रियैरपि ।
योगिनः कर्म कुर्वन्ति सङ्गं त्यक्त्वात्मशुद्धये ॥११॥

kāyena manasā buddhyā
kevalair indriyair api
yoginaḥ karma kurvanti
saṅgaṁ tyaktvātma-śuddhaye

kāyena—con el cuerpo; *manasā*—con la mente; *buddhyā*—con la inteligencia; *kevalaiḥ*—purificados; *indriyaiḥ*—con los sentidos; *api*—incluso; *yoginaḥ*—las personas conscientes de Kṛṣṇa; *karma*—acciones; *kurvanti*—ejecutan; *saṅgam*—apego; *tyaktvā*—abandonando; *ātma*—del ser; *śuddhaye*—con el fin de purificarse.

TRADUCCIÓN

Los yogīs, abandonando el apego, actúan con el cuerpo, la mente, la inteligencia, e incluso con los sentidos, únicamente con el fin de purificarse.

SIGNIFICADO

Cuando uno actúa con conciencia de Kṛṣṇa para la satisfacción de los sentidos de Kṛṣṇa, cualquier acción, ya sea del cuerpo, de la mente, de la inteligencia, o incluso de los sentidos, se purifica de la contaminación material. No hay reacciones materiales que procedan de las actividades de una persona consciente de Kṛṣṇa. Por lo tanto, las actividades purificadas, conocidas por lo general como *sad-ācāra*, se pueden llevar a cabo fácilmente, si se actúa con conciencia de Kṛṣṇa. En su *Bhakti-rasāmṛta-sindhu* (1.2.187), Śrī Rūpa Gosvāmī describe eso de la siguiente manera:

īhā yasya harer dāsye
karmaṇā manasā girā
nikhilāsv apy avasthāsu
jīvan-muktaḥ sa ucyate

"Una persona que actúa con conciencia de Kṛṣṇa (o, en otras palabras, en el servicio de Kṛṣṇa) con el cuerpo, la mente, la inteligencia y las palabras, es una persona liberada incluso en el mundo material, aunque esté dedicada a muchas actividades supuestamente materiales". Esa persona no tiene ego falso, ya que no cree que es este cuerpo material, ni que posee el cuerpo. Ella sabe que no es este cuerpo y que el cuerpo no le pertenece. Ella misma le pertenece a Kṛṣṇa, y su cuerpo también le pertenece a Kṛṣṇa. Cuando ella aplica al servicio de Kṛṣṇa todo lo que produce el cuerpo, la mente, la inteligencia, las palabras, la vida, la riqueza, etc. —todo lo que pueda tener en su posesión—, de inmediato se acopla con Kṛṣṇa. Esa persona es uno con Kṛṣṇa, y está desprovista del ego falso que lo lleva a uno a creer que es el cuerpo, etc. Ésa es la etapa perfecta del proceso de conciencia de Kṛṣṇa.

TEXTO 12

युक्तः कर्मफलं त्यक्त्वा शान्तिमाप्नोति नैष्ठिकीम् ।
अयुक्तः कामकारेण फले सक्तो निबध्यते ॥१२॥

yuktaḥ karma-phalaṁ tyaktvā
śāntim āpnoti naiṣṭhikīm
ayuktaḥ kāma-kāreṇa
phale sakto nibadhyate

yuktaḥ—aquel que está dedicado al servicio devocional; *karma-phalam*—los resultados de todas las actividades; *tyaktvā*—abandonando; *śāntim*—paz perfecta; *āpnoti*—logra; *naiṣṭhikim*—resuelto; *ayuktaḥ*—aquel que no tiene conciencia de Kṛṣṇa; *kāma-kāreṇa*—para disfrutar del resultado del trabajo; *phale*—en el resultado; *saktaḥh*—apegado; *nibadhyate*—se enreda.

TRADUCCIÓN

El alma firmemente consagrada logra una paz inmaculada, porque Me ofrece los resultados de todas las actividades; mientras que una persona que no está unida a lo Divino, que codicia los frutos de su labor, se enreda.

SIGNIFICADO

La diferencia que hay entre una persona con conciencia de Kṛṣṇa y una persona con conciencia corporal, es que la primera está apegada a Kṛṣṇa, mientras que la otra está apegada a los resultados de sus actividades. La persona que está apegada a Kṛṣṇa y que trabaja únicamente para Él es sin duda una persona liberada, y no se angustia por los resultados de su labor. En el *Bhāgavatam* se explica que la causa de la ansiedad que se siente por el resultado de una actividad, la constituye el hecho de que uno está actuando con la concepción de la dualidad, es decir, sin conocimiento de la Verdad Absoluta. Kṛṣṇa es la Suprema Verdad Absoluta, la Personalidad de Dios. En el estado de conciencia de Kṛṣṇa no hay ninguna dualidad. Todo lo que existe es producto de la energía de Kṛṣṇa, y Kṛṣṇa es totalmente bueno. Por lo tanto, las actividades que se realizan con conciencia de Kṛṣṇa se encuentran en el plano absoluto; dichas actividades son trascendentales y no tienen ningún efecto material. Por eso, en el estado de conciencia de Kṛṣṇa uno se llena de paz. Pero aquel que está enredado en la búsqueda de beneficios para la complacencia de los sentidos, no puede tener esa paz. Ése es el secreto del estado de conciencia de Kṛṣṇa; la comprensión de que no existe nada aparte de Kṛṣṇa constituye el plano de la paz y la ausencia de temor.

TEXTO 13

सर्वकर्माणि मनसा संन्यस्यास्ते सुखं वशी ।
नवद्वारे पुरे देही नैव कुर्वन्न कारयन् ॥ १३॥

sarva-karmāṇi manasā
sannyasyāste sukhaṃ vaśī
nava-dvāre pure dehī
naiva kurvan na kārayan

sarva—todas; *karmāṇi*—las actividades; *manasā*—por medio de la mente; *sannyasya*—renunciando; *āste*—permanece; *sukham*—en la felicidad; *vaśī*—aquel que es controlado; *nava-dvāre*—en el lugar donde hay nueve puertas; *pure*—en la ciudad; *dehī*—el alma encarnada; *na*—nunca; *eva*—ciertamente; *kurvan*—haciendo algo; *na*—no; *kārayan*—haciendo que se realice.

TRADUCCIÓN

Cuando el ser viviente encarnado controla su naturaleza y renuncia mentalmente a todas las acciones, reside feliz en la ciudad de las nueve puertas [el cuerpo material], sin trabajar ni hacer que se trabaje.

SIGNIFICADO

El alma encarnada vive en la ciudad de las nueve puertas. Las actividades del cuerpo, o, en sentido figurado, la ciudad del cuerpo, las conducen automáticamente las modalidades específicas de la naturaleza. El alma, aunque se haya supeditado a las condiciones del cuerpo, puede estar fuera del alcance de esas condiciones si así lo desea. Dicha alma, tan sólo por haber olvidado su naturaleza superior, se identifica con el cuerpo material, y por eso sufre. Mediante el proceso de conciencia de Kṛṣṇa ella puede revivir su verdadera posición, y de ese modo salir de su condición encarnada. Así pues, cuando uno emprende el proceso de conciencia de Kṛṣṇa, de inmediato se aparta por completo de todas las actividades corporales. En una vida así de controlada, en la que cambian sus deliberaciones, uno vive feliz en la ciudad de las nueve puertas. Las nueve puertas se describen de la siguiente manera:

nava-dvāre pure dehī
haṁso lelāyate bahiḥ
vaśī sarvasya lokasya
sthāvarasya carasya ca

"La Suprema Personalidad de Dios, quien vive en el cuerpo de la entidad viviente, es el controlador de todas las entidades vivientes de todo el universo. El cuerpo consta de nueve puertas: dos ojos, dos fosas nasales, dos oídos, una boca, el ano y el órgano genital. La entidad viviente, en su etapa condicionada, se identifica con el cuerpo, pero cuando se identifica con el Señor que está dentro de ella, se vuelve tan libre como el Señor, incluso mientras se halla en el cuerpo" (*El Śvetāśvatara Upaniṣad* 3.18).

En consecuencia, una persona consciente de Kṛṣṇa está libre tanto de las actividades externas como de las internas del cuerpo material.

TEXTO 14

न कर्तृत्वं न कर्माणि लोकस्य सृजति प्रभुः ।
न कर्मफलसंयोगं स्वभावस्तु प्रवर्तते ॥१४॥

na kartṛtvaṁ na karmāṇi
lokasya sṛjati prabhuḥ
na karma-phala-saṁyogaṁ
svabhāvas tu pravartate

na—nunca; *kartṛtvam*—propiedad; *na*—ni; *karmāṇi*—actividades; *lokasya*—de la gente; *sṛjati*—crea; *prabhuḥ*—el amo de la ciudad del cuerpo; *na*—ni; *karma-phala*—con los resultados de las actividades; *saṁyogam*—vínculo; *svabhāvaḥ*—las modalidades de la naturaleza material; *tu*—pero; *pravartate*—actúa.

TRADUCCIÓN

El espíritu encarnado, amo de la ciudad de su cuerpo, no crea actividades, ni induce a la gente a actuar, ni crea los frutos de la acción. Todo esto lo efectúan las modalidades de la naturaleza material.

SIGNIFICADO

Tal como se explicará en el Capítulo Siete, la entidad viviente es una de las energías o naturalezas del Señor Supremo, pero es diferente de la materia, que es otra naturaleza del Señor, llamada inferior. De una forma u otra, la naturaleza superior, la entidad viviente, ha estado en contacto con la naturaleza material desde tiempo inmemorial. El cuerpo temporal o la morada material que ella obtiene, es la causa de una variedad de actividades y sus reacciones resultantes. Al vivir en semejante atmósfera condicional, si (por ignorancia) uno se identifica con el cuerpo, uno sufre los resultados de las actividades del cuerpo. Es una ignorancia adquirida desde tiempo inmemorial lo que causa la congoja y el sufrimiento físico. Tan pronto como la entidad viviente se aparta de las actividades del cuerpo, se libera también de las reacciones. Mientras ella se encuentre en la ciudad del cuerpo, parece ser la ama de él, pero de hecho ni es la propietaria del cuerpo, ni la controladora de las acciones y reacciones de dicho cuerpo. Ella simplemente está en medio del océano material, luchando por la existencia. Las olas del océano la están sacudiendo, y ella no tiene control sobre esas olas. La mejor solución para ella es salirse del agua mediante el trascendental proceso de conciencia de Kṛṣṇa. Sólo eso la salvará de todos los trastornos.

TEXTO 15

नादत्ते कस्यचित्पापं न चैव सुकृतं विभुः ।
अज्ञानेनावृतं ज्ञानं तेन मुह्यन्ति जन्तवः ॥१५॥

nādatte kasyacit pāpaṁ
na caiva sukṛtaṁ vibhuḥ
ajñānenāvṛtaṁ jñānaṁ
tena muhyanti jantavaḥ

na—nunca; *ādatte*—acepta; *kasyacit*—de nadie; *pāpam*—pecado; *na*—ni; *ca*—también; *eva*—ciertamente; *su-kṛtam*—actividades piadosas; *vibhuḥ*—el Señor Supremo; *ajñānena*—por ignorancia; *āvṛtam*—cubierto; *jñānam*—conocimiento; *tena*—con eso; *muhyanti*—están confundidas; *jantavaḥ*—las entidades vivientes.

TRADUCCIÓN

Y el Señor Supremo tampoco asume la responsabilidad de las actividades pecaminosas o piadosas de nadie. Sin embargo, los seres encarnados están confundidos a causa de la ignorancia que cubre su verdadero conocimiento.

SIGNIFICADO

La palabra sánscrita *vibhuḥ* se refiere al Señor Supremo, quien está colmado de ilimitado conocimiento, riquezas, fuerza, fama, belleza y renunciación. Él siempre está satisfecho en Sí mismo, sin que lo perturben las actividades pecaminosas o piadosas que se realizan. Él no crea una determinada situación para ninguna entidad viviente, pero la entidad viviente, confundida por la ignorancia, desea ser puesta en ciertas condiciones de vida, y con ello comienza su cadena de acción y reacción. Por su naturaleza superior, la entidad viviente está colmada de conocimiento. No obstante, debido a su limitado poder, es propensa a ser influida por la ignorancia. El Señor es omnipotente, pero la entidad viviente no lo es. El Señor es *vibhu*, u omnisciente, pero la entidad viviente es *aṇu*, o atómica. Como ella es un alma viviente, tiene la capacidad de desear por medio de su libre albedrío. Ese deseo lo cumple únicamente el omnipotente Señor. Y, así pues, cuando la entidad viviente se confunde en sus deseos, el Señor le permite complacerlos, pero Él nunca es responsable por las acciones y reacciones de la situación específica que pueda desearse. Por consiguiente, como el alma encarnada se encuentra en una condición confundida, se identifica con el cuerpo material circunstancial, y queda supeditada al sufrimiento y la felicidad temporal que hay en la vida. El Señor, en la forma de Paramātmā, o la Superalma, es el compañero constante de la entidad viviente, en virtud de lo cual puede darse cuenta de los deseos del alma individual, tal como uno puede oler el aroma de una flor al estar cerca de ella. El deseo es una forma sutil de condicionamiento para la entidad viviente. El Señor le satisface el deseo según ella lo merezca: "el hombre propone y Dios dispone". Por lo tanto, el individuo no es omnipotente en lo que respecta a complacer sus deseos. Sin embargo, el Señor puede cumplir todos los deseos, y como Él es imparcial con todos, no se interfiere en los deseos de las diminutas e independientes entidades vivientes. No obstante, cuando uno desea a Kṛṣṇa, el Señor se ocupa de uno de un modo especial, y lo anima a tener deseos por los que uno pueda llegar a Él y ser feliz eternamente. Los himnos védicos declaran, pues: *eṣa u hy eva sādhu karma kārayati taṁ yam ebhyo lokebhya unninīśate eṣa u evāsādhu karma kārayati yam adho ninīśate*, "El Señor ocupa a la entidad viviente en actividades piadosas, para que ella se pueda elevar. El Señor la ocupa en actividades impías, de modo que ella pueda irse al infierno" (*El Kauṣītakī Upaniṣad* 3.8).

ajño jantur anīṣo 'yam
ātmanaḥ sukha-duḥkhayoḥ
īśvara-prerito gacchet
svargaṁ vāśvabhram eva ca

"La entidad viviente es completamente dependiente en su aflicción y en su felicidad. Por la voluntad del Supremo puede ir al cielo o al infierno, tal como una nube es llevada por el aire".

De modo que, el alma encarnada, debido a su deseo inmemorial de eludir el estado de conciencia de Kṛṣṇa, causa su propia confusión. En consecuencia, aunque por constitución ella es eterna, bienaventurada y sapiente, debido a la pequeñez de su existencia olvida su posición constitucional de servicio al Señor, y queda atrapada así por la nesciencia. Y, bajo el hechizo de la ignorancia, la entidad viviente alega que el Señor es responsable de su existencia condicionada. Los *Vedānta-sūtras* (2.1.34) también confirman eso. *Vaiṣamya-nairghṛṇye na sāpekṣatvāt tathā hi darśayati*: "El Señor ni odia ni quiere a nadie, aunque parezca que lo hiciera".

TEXTO 16

ज्ञानेन तु तदज्ञानं येषां नाशितमात्मनः ।
तेषामादित्यवज्ज्ञानं प्रकाशयति तत्परम् ॥ १६ ॥

jñānena tu tad ajñānaṁ
yeṣāṁ nāśitam ātmanaḥ
teṣām āditya-vaj jñānaṁ
prakāśyati tat param

jñānena—mediante el conocimiento; *tu*—pero; *tat*—eso; *ajñānam*—nesciencia; *yeṣām*—cuya; *nāśitam*—es destruida; *ātmanaḥ*—de la entidad viviente; *teṣām*—de ellos; *āditya-vat*—como el sol naciente; *jñānam*—conocimiento; *prakāśayati*—revela; *tat param*—conciencia de Kṛṣṇa.

TRADUCCIÓN

Sin embargo, cuando uno se ilumina con el conocimiento mediante el cual se destruye la nesciencia, entonces su conocimiento lo revela todo, tal como el Sol ilumina todo durante el día.

SIGNIFICADO

Aquellos que han olvidado a Kṛṣṇa, sin duda que han de estar confundidos, pero aquellos que tienen conciencia de Kṛṣṇa no lo están en absoluto. En *El Bhagavad-gītā* se declara: *sarvaṁ jñāna-plavena, jñānāgniḥ sarva-karmāṇi* y *na hi jñānena sadṛśam*. El conocimiento es algo que siempre se tiene en alta estima. Y, ¿qué conocimiento es ése? El conocimiento perfecto se obtiene cuando uno se entrega a Kṛṣṇa, tal como se dice en el Capítulo Siete, verso 19: *bahūnāṁ janmanām ante jñānavān māṁ prapadyate*. Después de pasar por muchísimos nacimientos, cuando alguien que posee conocimiento perfecto se entrega a Kṛṣṇa, o cuando alguien llega al estado de conciencia de Kṛṣṇa, entonces todo se le revela, tal como el Sol revela todo durante el día. La entidad viviente se confunde de muchísimas maneras. Por ejemplo, cuando sin ningún miramiento cree ser Dios, de hecho cae en la última trampa de la nesciencia. Si la entidad viviente es Dios, entonces ¿cómo puede confundirla la nesciencia? ¿Acaso a Dios lo confunde la nesciencia? Si así fuera, la nesciencia, o Satanás, sería más grande que Dios. El verdadero conocimiento se puede obtener de una persona que posea perfecta conciencia de Kṛṣṇa. Por consiguiente, uno tiene que buscar a ese maestro espiritual genuino, y, bajo sus órdenes, aprender lo que es el proceso de conciencia de Kṛṣṇa, pues dicho proceso disipará sin duda toda la nesciencia, tal como el Sol disipa la oscuridad. Aunque una persona tenga pleno conocimiento de que no es este cuerpo sino que es trascendental al cuerpo, aun así puede que no sea capaz de discriminar entre el alma y la Superalma. Sin embargo, ella puede saber todo bien, si se preocupa por refugiarse en el maestro espiritual consciente de Kṛṣṇa, quien es perfecto y genuino. Uno puede conocer a Dios y la relación que uno tiene con Dios, únicamente cuando se encuentra de hecho con un representante de Dios. Un representante de Dios nunca dice ser Dios, aunque a él se le ofrece todo el respeto que de ordinario se le ofrece a Dios, porque tiene conocimiento de Dios. Uno tiene que saber cuál es la diferencia que hay entre Dios y la entidad viviente. El Señor Śrī Kṛṣṇa declaró, por eso, en el Segundo Capítulo (2.12), que cada ser viviente es un individuo y que el Señor también es un individuo. Todos ellos fueron individuos en el pasado, son individuos en el presente, y seguirán siendo individuos en el futuro, incluso después de la liberación. De noche vemos que todo es uno en la oscuridad; pero de día, cuando el Sol está en el firmamento, vemos todo en su verdadera identidad. En la vida espiritual, la identidad con individualidad es verdadero conocimiento.

TEXTO 17

तद्बुद्धयस्तदात्मानस्तन्निष्ठास्तत्परायणाः ।
गच्छन्त्यपुनरावृत्तिं ज्ञाननिर्धूतकल्मषाः ॥ १७ ॥

tad-buddhayas tad-ātmānas
tan-niṣṭhās tat-parāyaṇāḥ
gacchanty apunar-āvṛttiṁ
jñāna-nirdhūta-kalmaṣāḥ

tad-buddhayaḥ—aquellos cuya inteligencia siempre está fija en el Supremo; *tat-ātmānaḥ*—aquellos cuya mente siempre está fija en el Supremo; *tat-niṣṭhāḥ*—aquellos cuya fe es sólo para el Supremo; *tat-parāyaṇāḥ*—que se han refugiado en Él por completo; *gacchanti*—van; *apunaḥ-avṛttim*—a la liberación; *jñāna*—mediante el conocimiento; *nirdhūta*—limpio; *kalmaṣāḥ*—recelos.

TRADUCCIÓN

Cuando la inteligencia, la mente, la fe y el refugio de uno están todos fijos en el Supremo, uno se limpia por entero de los recelos a través del conocimiento completo, y prosigue así por el sendero de la liberación, sin desviarse.

SIGNIFICADO

La Suprema Verdad Trascendental es el Señor Kṛṣṇa. Todo *El Bhagavad-gītā* se centra alrededor de la declaración de que Kṛṣṇa es la Suprema Personalidad de Dios. Ése es el veredicto de toda la literatura védica. *Para tattva* significa la Realidad Suprema, que los conocedores del Supremo entienden como Brahman, Paramātmā y Bhagavān. Bhagavān, o la Suprema Personalidad de Dios, es la última palabra en lo que se refiere al Absoluto. No hay nada más que eso. El Señor dice: *mattaḥ parataraṁ nānyat kiñcīd asti dhanañjaya*. El Brahman impersonal también es sustentado por Kṛṣṇa: *brahmaṇo hi pratiṣṭhāham*. Por consiguiente, de todas las maneras, Kṛṣṇa es la Realidad Suprema. Aquel cuya mente, inteligencia, fe y refugio siempre están en Kṛṣṇa, o, en otras palabras, aquel que está plenamente consciente de Kṛṣṇa, está indudablemente bien limpio de todos los recelos y tiene conocimiento perfecto de todo cuanto concierne a la trascendencia. Una persona consciente de Kṛṣṇa puede entender a cabalidad que en Kṛṣṇa existe dualidad (la identidad e individualidad simultáneas), y, equipado con ese conocimiento trascendental, uno puede progresar de un modo continuo en el sendero de la liberación.

TEXTO 18

विद्याविनयसंपन्ने ब्राह्मणे गवि हस्तिनि ।
शुनि चैव श्वपाके च पण्डिताः समदर्शिनः ॥१८॥

vidyā-vinaya-sampanne
brāhmaṇe gavi hastini
śuni caiva śva-pāke ca
paṇḍitāḥ sama-darśinaḥ

vidyā—con educación; *vinaya*—y mansedumbre; *sampanne*—plenamente equipado; *brāhmaṇe*—en el *brāhmaṇa*; *gavi*—en la vaca; *hastini*—en el elefante; *śuni*—en el perro; *ca*—y; *eva*—ciertamente; *śva-pāke*—en el comeperros (el paria); *ca*—respectivamente; *paṇḍitāḥ*—aquellos que son sabios; *sama-darśinaḥ*—que ven con la misma visión.

TRADUCCIÓN

Los sabios humildes, en virtud del conocimiento verdadero, ven con la misma visión a un manso y erudito brāhmaṇa, a una vaca, a un elefante, a un perro y a un comeperros [un paria].

SIGNIFICADO

Una persona consciente de Kṛṣṇa no hace ninguna diferencia entre especies o castas. Puede que el *brāhmaṇa* y el paria sean diferentes desde el punto de vista social, o que un perro, una vaca y un elefante sean diferentes desde el punto de vista de las especies, pero esas diferencias de cuerpo son insignificantes desde el punto de vista de un trascendentalista erudito. Esto se debe a la relación que todos ellos tienen con el Supremo, ya que el Señor Supremo, por medio de Su porción plenaria como Paramātmā, se halla presente en el corazón de todo el mundo. Esa clase de conocimiento acerca del Supremo es verdadero conocimiento. En lo que respecta a los cuerpos de diferentes castas o de diferentes especies de vida, el Señor es igualmente bueno con todos, porque Él trata a cada ser viviente como un amigo y aun así se mantiene como Paramātmā, sin importar las circunstancias en que se encuentren las entidades vivientes. Como Paramātmā, el Señor está presente tanto en el paria como en el *brāhmaṇa*, aunque el cuerpo de un *brāhmaṇa* y el de un paria no son iguales. Los cuerpos son productos materiales de diferentes modalidades de la naturaleza material, pero el alma y la Superalma que están dentro del cuerpo son de la misma calidad espiritual. Sin embargo, la semejanza que hay entre las calidades del alma y la Superalma no las vuelve iguales en cantidad, ya que el alma individual sólo está presente en ese cuerpo específico, mientras que el Paramātmā está presente en todos y cada uno de los cuerpos. Una persona consciente de Kṛṣṇa tiene pleno conocimiento de esto, y, por lo tanto, es verdaderamente erudita y tiene una visión equitativa. Las características similares que hay entre el alma y la Superalma son las de que ambas son conscientes, ambas son eternas y ambas son bienaventuradas. Pero lo que las diferencia es que el alma individual es consciente dentro de la limitada jurisdicción del cuerpo, mientras que la Superalma está consciente de todos los cuerpos. La Superalma se halla presente en todos los cuerpos, sin distinción .

TEXTO 19

इहैव तैर्जितः सर्गो येषां साम्ये स्थितं मनः ।
निर्दोषं हि समं ब्रह्म तस्माद्ब्रह्मणि ते स्थिताः ॥१९॥

ihaiva tair jitaḥ sargo
yeṣāṁ sāmye sthitaṁ manaḥ
nirdoṣaṁ hi samaṁ brahma
tasmād brahmaṇi te sthitāḥ

iha—en esta vida; *eva*—ciertamente; *taiḥ*—por ellos; *jitaḥ*—conquistado; *sargaḥ*—nacimiento y muerte; *yeṣām*—cuyo; *sāmye*—con ecuanimidad; *sthitam*—situado; *manaḥ*—mente; *nirdoṣam*—intachable; *hi*—ciertamente; *samam*—con ecuanimidad; *brahma*—como el Supremo; *tasmāt*—por lo tanto; *brahmaṇi*—en el Supremo; *te*—ellos; *sthitāḥ*—están situados.

TRADUCCIÓN

Aquellos que tienen la mente establecida en la igualdad y en la ecuanimidad, ya han conquistado las condiciones del nacimiento y la muerte. Ellos son intachables como el Brahman, y por eso ya están situados en el Brahman.

SIGNIFICADO

La ecuanimidad de la mente, tal como se acaba de mencionar, es el signo característico de la autorrealización. Se debe considerar que aquellos que en verdad han llegado a esa etapa, han conquistado las condiciones materiales, específicamente el nacimiento y la muerte. Mientras uno se identifique con este cuerpo, se lo considera un alma condicionada, pero en cuanto uno se eleva a la etapa de la ecuanimidad a través de la perfecta comprensión del ser, se libera de la vida condicionada. En otras palabras, uno deja de estar sujeto a nacer en el mundo material, y, en vez de ello, puede entrar en el cielo espiritual después de su muerte. El Señor es intachable, porque en Él no hay atracción ni odio. De igual modo, cuando una entidad viviente no siente atracción ni odio, también se vuelve intachable y merecedora de entrar en el cielo espiritual. Se debe considerar que esa clase de personas ya están liberadas, y sus características se describen a continuación.

TEXTO 20

न प्रहृष्येत्प्रियं प्राप्य नोद्विजेत्प्राप्य चाप्रियम् ।
स्थिरबुद्धिरसंमूढो ब्रह्मविद्ब्रह्मणि स्थितः ॥२०॥

na prahṛṣyet priyaṁ prāpya
nodvijet prāpya cāpriyam
sthira-buddhir asammūḍho
brahma-vid brahmaṇi sthitaḥ

na—nunca; *prahṛṣyet*—regocija; *priyam*—lo agradable; *prāpya*—al conseguir; *na*—no; *udvijet*—se agita; *prāpya*—al obtener; *ca*—también; *apriyam*—lo desagradable; *sthira-buddhiḥ*—inteligente en relación con el ser; *asammūdhaḥ*—que no se confunde; *brahma-vit*—aquel que conoce al Supremo perfectamente; *brahmaṇi*—en la trascendencia; *sthitaḥ*—situado.

TRADUCCIÓN

Una persona que ni se regocija al conseguir algo agradable ni se lamenta al obtener algo desagradable, que es inteligente en relación con el ser, que no se confunde y que conoce la ciencia de Dios, ya está situada en la trascendencia.

SIGNIFICADO

Aquí se dan las características de la persona autorrealizada. La primera característica es que no se deja engañar por el falso proceso de identificar el cuerpo con su verdadero ser. Ella sabe perfectamente bien que no es este cuerpo, sino una porción fragmentaria de la Suprema Personalidad de Dios. Así pues, ella no se alegra al conseguir algo, ni se lamenta al perder algo que esté relacionado con este cuerpo. Esa estabilidad de la mente se denomina *sthira-buddhi*, o inteligencia en relación con el ser. Luego esa persona nunca se confunde y comete el error de tomar el cuerpo burdo por el alma, ni considera que el cuerpo es permanente, descuidando por ello la existencia del alma. Este conocimiento la eleva a la posición de conocer la ciencia completa de la Verdad Absoluta, es decir, Brahman, Paramātmā y Bhagavān. Así pues, ella conoce perfectamente bien su posición constitucional, sin tratar falsamente de volverse uno con el Supremo en todos los aspectos. Eso se denomina comprensión Brahman, o autorrealización. Esa clase de conciencia estable se denomina conciencia de Kṛṣṇa.

TEXTO 21

बाह्यस्पर्शेष्वसक्तात्मा विन्दत्यात्मनि यत्सुखम् ।
स ब्रह्मयोगयुक्तात्मा सुखमक्षयमश्नुते ॥ २१ ॥

bāhya-sparśeṣv asaktātmā
vindaty ātmani yat sukham
sa brahma-yoga-yuktātmā
sukham akṣayam aśnute

bāhya-sparśeṣu—en el placer externo de los sentidos; *asakta-ātmā*—aquel que no está apegado; *vindati*—disfruta; *ātmani*—en el ser; *yat*—aquello que; *sukham*—felicidad; *saḥ*—él; *brahma-yoga*—mediante la concentración en el Brahman; *yukta-ātmā*—relacionado con el ser; *sukham*—felicidad; *akṣayam*—ilimitado; *aśnute*—disfruta.

TRADUCCIÓN

Una persona así de liberada no se ve atraída al placer material de los sentidos, sino que, más bien, siempre está en trance, disfrutando del placer interno. De ese modo, la persona autorrealizada disfruta de una felicidad ilimitada, ya que se concentra en el Supremo.

SIGNIFICADO

Śrī Yāmunācārya, un gran devoto consciente de Kṛṣṇa, dijo:

yad-avadhi mama cetaḥ kṛṣṇa-pādāravinde
nava-nava-rasa-dhāmānudyata rantum āsīt
tad-avadhi bata nārī-saṅgame smaryamāne
bhavati mukha-vikāraḥ suṣṭhu niṣṭhīvanaṁ ca

"Desde que me dediqué al trascendental servicio amoroso de Kṛṣṇa, consiguiendo en Él un placer cada vez más nuevo, cuando quiera que pienso en el placer sexual escupo en el pensamiento, y los labios se me fruncen de disgusto". Una persona en estado de *brahma-yoga*, o conciencia de Kṛṣṇa, está tan absorta en el amoroso servicio del Señor, que pierde por completo su gusto por el placer material de los sentidos. El máximo placer que hay en términos de la materia, es el placer sexual. El mundo entero se mueve bajo su hechizo, y el materialista no puede trabajar para nada sin esa motivación. Pero una persona dedicada al cultivo de conciencia de Kṛṣṇa puede trabajar con mayor vigor sin el placer sexual, el cual evita. Ésa es la prueba de la comprensión espiritual. La comprensión espiritual y el placer sexual no van de la mano. A una persona consciente de Kṛṣṇa no la atrae ninguna clase de placer de los sentidos, debido a que es un alma liberada.

TEXTO 22

ये हि संस्पर्शजा भोगा दुःखयोनय एव ते ।
आद्यन्तवन्तः कौन्तेय न तेषु रमते बुधः ॥२२॥

ye hi saṁsparśa-jā bhogā
duḥkha-yonaya eva te
ādy-antavantaḥ kaunteya
na teṣu ramate budhaḥ

ye—aquellos; *hi*—ciertamente; *saṁsparśa-jāḥ*—mediante el contacto con los sentidos materiales; *bhogāḥ*—disfrute; *duḥkha*—aflicción; *yonayaḥ*—fuentes de; *eva*—ciertamente; *te*—son; *ādi*—comienzo; *anta*—fin; *vantaḥ*—sujeto a; *kaunteya*—¡oh, hijo de Kuntī; *na*—nunca; *teṣu*—en esos; *ramate*—se deleita; *budhaḥ*—la persona inteligente.

TRADUCCIÓN

Una persona inteligente no participa de cosas que son fuentes de desdicha y las cuales se deben al contacto con los sentidos materiales. ¡Oh, hijo de Kuntī!, esa clase de placeres tienen un comienzo y un final, y por eso el hombre sabio no se deleita con ellos.

SIGNIFICADO

Los placeres materiales de los sentidos se deben al contacto de los sentidos materiales, todos los cuales son temporales, ya que el propio cuerpo es temporal. Al alma liberada no le interesa nada que sea temporal. Puesto que el alma liberada conoce bien los deleites de los placeres trascendentales, ¿cómo puede acceder a disfrutar del placer falso? En *El Padma Purāṇa* (*Śrī-Rāmacandra-śata-nāma-stotram*, verso 8) se dice:

ramante yogino 'nante
satyānanda-cid-ātmani
iti rāma-padenāsau
paraṁ brahmābhidhīyate

"Los místicos obtienen de la Verdad Absoluta placeres trascendentales ilimitados, y, por consiguiente, a la Suprema Verdad Absoluta, la Personalidad de Dios, también se la conoce como Rāma''.

En *El Śrīmad-Bhāgavatam* (5.5.1) también se dice:

nāyaṁ deho deha-bhājāṁ nṛ-loke
kaṣṭān kāmānarhate viḍ-bhujāṁ ye
tapo divyaṁ putrakā yena sattvaṁ
śuddhyed yasmād brahma-saukhyaṁ tv anantam

''Mis queridos hijos, no hay ninguna razón para trabajar mucho por el placer de los sentidos mientras se está en esta forma de vida humana; esos placeres están al alcance de los coprófagos [los cerdos]. Más bien, en esta vida ustedes deben someterse a penitencias mediante las cuales se les purifique la existencia, y, como resultado de ello, podrán disfrutar de una bienaventuranza trascendental ilimitada''.

Por lo tanto, a aquellos que son verdaderos *yogīs* o trascendentalistas eruditos no los atraen los placeres de los sentidos, que son la causa de la existencia material continua. Cuanto más uno está adicto a los placeres materiales, más lo atrapan los sufrimientos materiales.

TEXTO 23

शक्नोतीहैव यः सोढुं प्राक्शरीरविमोक्षणात् ।
कामक्रोधोद्भवं वेगं स युक्तः स सुखी नरः ॥ २३ ॥

śaknotīhaiva yaḥ soḍhuṁ
prāk śarīra-vimokṣaṇāt
kāma-krodhodbhavaṁ vegaṁ
sa yuktaḥ sa sukhī naraḥ

śaknoti—es capaz; *iha eva*—en el cuerpo actual; *yaḥ*—aquel que; *soḍhum*—de tolerar; *prāk*—antes; *śarīra*—el cuerpo; *vimokṣaṇāt*—abandonando; *kāma*—deseo; *krodha*—e ira; *udbhavam*—que se engendra de; *vegam*—impulsos; *saḥ*—él; *yuktaḥ*—en trance; *saḥ*—él; *sukhī*—feliz; *naraḥ*—ser humano.

TRADUCCIÓN

Si antes de abandonar este cuerpo actual uno es capaz de tolerar los impulsos de los sentidos materiales y contener la fuerza del deseo y la ira, uno se halla bien situado y es feliz en este mundo.

SIGNIFICADO

Si uno quiere progresar de un modo continuo en el sendero de la autorrealización, debe tratar de controlar las fuerzas de los sentidos materiales. Existen las fuerzas del habla, las fuerzas de la ira, las fuerzas de la mente, las fuerzas del estómago, las fuerzas del órgano genital y las fuerzas de la lengua. Aquel que es capaz de controlar las fuerzas de todos esos diferentes sentidos y que es capaz de controlar la mente, recibe el nombre de *gosvāmī* o *svāmī*. Esos *gosvāmīs* llevan una vida estrictamente controlada y renuncian por completo a las fuerzas de los sentidos. Cuando los deseos materiales no se sacian, provocan la ira, y, a raíz de ello, la mente, los ojos y el pecho se agitan. Por consiguiente, uno debe practicar el controlarlos antes de abandonar este cuerpo material. Se considera que aquel que puede hacerlo está autorrealizado y es, pues, feliz en el estado de la autorrealización. El trascendentalista tiene el deber de tratar enérgicamente de controlar el deseo y la ira.

TEXTO 24

योऽन्तःसुखोऽन्तरारामस्तथान्तर्ज्योतिरेव यः ।
स योगी ब्रह्मनिर्वाणं ब्रह्मभूतोऽधिगच्छति ॥ २४ ॥

yo 'ntaḥ-sukho 'ntarārāmas
tathāntar-jyotir eva yaḥ
sa yogī brahma-nirvāṇaṁ
brahma-bhūto 'dhigacchati

yaḥ—aquel que; *antaḥ-sukhaḥ*—feliz desde dentro de sí; *antaḥ-ārāmaḥ*—disfrutando activamente dentro de sí; *tathā*—así como también; *antaḥ-jyotiḥ*—apuntando hacia dentro; *eva*—ciertamente; *yaḥ*—cualquiera; *saḥ*—él; *yogī*—un místico; *brahma-nirvāṇam*—liberación en el Supremo; *brahma-bhūtaḥ*—estando autorrealizado; *adhigacchati*—llega.

TRADUCCIÓN

Aquel cuya felicidad es interna, que es activo y se regocija internamente, y cuya meta es interna, es en verdad el místico perfecto. Él está liberado en el Supremo, y al final llega al Supremo.

SIGNIFICADO

A menos que uno sea capaz de disfrutar de una felicidad interna, ¿cómo puede uno retirarse de las ocupaciones externas, destinadas a brindar una felicidad superficial? La persona liberada disfruta de felicidad mediante la experiencia concreta. Por lo tanto, ella puede sentarse en silencio en cualquier parte y disfrutar internamente de las actividades de la vida. Una persona así de liberada deja de desear la felicidad material externa. Ese estado se denomina *brahma-bhūta*, y llegar a él le asegura a uno el ir de vuelta a Dios, de vuelta al hogar.

TEXTO 25

लभन्ते ब्रह्मनिर्वाणमृषयः क्षीणकल्मषाः ।
छिन्नद्वैधा यतात्मानः सर्वभूतहिते रताः ॥ २५ ॥

labhante brahma-nirvāṇam
ṛṣayaḥ kṣīṇa-kalmaṣāḥ
chinna-dvaidhā yatātmānaḥ
sarva-bhūta-hite ratāḥ

labhante—logran; *brahma-nirvāṇam*—liberación en el Supremo; *ṛṣayaḥ*—aquellos que están activos internamente; *kṣīṇa-kalmaṣāḥ*—que están libres de todos los pecados; *chinna*—habiendo desgarrado; *dvaidhāḥ*—dualidad; *yata-ātmānaḥ*—dedicado a la autorrealización; *sarva-bhūta*—para todas las entidades vivientes; *hite*—en obras de beneficencia; *ratāḥ*—dedicados.

TRADUCCIÓN

Aquellos que se encuentran más allá de las dualidades que surgen de las dudas, que tienen la mente ocupada internamente, que siempre están muy ocupados en trabajar por el bienestar de todos los seres vivientes, y que están libres de toda clase de pecados, logran la liberación en el Supremo.

SIGNIFICADO

Sólo de una persona que está plenamente consciente de Kṛṣṇa puede decirse que está dedicada a obras de beneficio para todas las entidades vivientes. Cuando una persona verdaderamente tiene conocimiento de que Kṛṣṇa es la fuente de todo, entonces, cuando actúa con ese espíritu, actúa por el bien de todos. Los sufrimientos de la humanidad se deben al hecho de haber olvidado que Kṛṣṇa es el disfrutador Supremo, el propietario Supremo y el amigo Supremo. Por consiguiente, actuar para revivir ese estado de conciencia en toda la sociedad humana, constituye la máxima obra de beneficencia. Uno no puede dedicarse a ese trabajo de beneficencia de primera categoría, sin estar liberado en el Supremo. Una persona consciente de Kṛṣṇa no duda de la supremacía de Kṛṣṇa. Ella no duda, porque está completamente libre de toda clase de pecados. Ése es el estado del amor divino.

Una persona que está dedicada únicamente a procurar el bienestar físico de la sociedad humana, en realidad no puede ayudar a nadie. El alivio temporal del cuerpo externo y de la mente no llega a ser satisfactorio. La verdadera causa de las dificultades de uno en la dura lucha por la vida, se puede encontrar en el hecho de haber olvidado la relación que uno tiene con el Señor Supremo. Cuando un hombre está plenamente consciente de su relación con Kṛṣṇa, es en verdad un alma liberada, aunque se encuentre en el tabernáculo material.

TEXTO 26

कामक्रोधविमुक्तानां यतीनां यतचेतसाम् ।
अभितो ब्रह्मनिर्वाणं वर्तते विदितात्मनाम् ॥ २६ ॥

kāma-krodha-vimuktānāṁ
yatīnāṁ yata-cetasām
abhito brahma-nirvāṇaṁ
vartate viditātmanām

kāma—de los deseos; *krodha*—y la ira; *vimuktānām*—de aquellos que están liberados; *yatīnām*—de las personas santas; *yata-cetasām*—que tienen pleno control de la mente; *abhitaḥ*—asegurado en el futuro cercano; *brahma-nirvāṇam*—liberación en el Supremo; *vartate*—está ahí; *vidita-ātmanām*—de aquellos que están autorrealizados.

TRADUCCIÓN

Aquellos que están libres de la ira y de todos los deseos materiales, que están autorrealizados, que son autodisciplinados y que se están esforzando constantemente por la perfección, tienen asegurada la liberación en el Supremo en un futuro muy cercano.

SIGNIFICADO

De las personas santas que están constantemente dedicadas a esforzarse por la salvación, aquella que se encuentra en estado de conciencia de Kṛṣṇa es la mejor de todas. El *Bhāgavatam* (4.22.39) confirma este hecho de la siguiente manera:

yat-pāda-paṅkaja-palāśa-vilāsa-bhaktyā
karmāśayaṁ grathitam udgrathayanti santaḥ
tadvan na rikta-matayo yatayo 'pi ruddha-
srotogaṇās tam araṇaṁ bhaja vāsudevam

''Tan sólo trata de adorar a Vāsudeva, la Suprema Personalidad de Dios, mediante el servicio devocional. Ni siquiera los grandes sabios son capaces de controlar las fuerzas de los sentidos tan eficazmente, como aquellos que participan de la dicha trascendental por el hecho de prestarles servicio a los pies de loto del Señor, arrancando así el deseo profundamente enraizado de realizar actividades fruitivas''.

En el alma condicionada, el deseo de disfrutar de los resultados fruitivos del trabajo está tan profundamente arraigado, que incluso a los grandes sabios les resulta muy difícil controlar dichos deseos, a pesar de grandes esfuerzos. Un devoto del Señor, constantemente dedicado al servicio devocional con conciencia de Kṛṣṇa, perfecto en la autorrealización, muy rápidamente logra la liberación en el Supremo. Debido a su completo conocimiento de la autorrealización, él siempre permanece en trance. He aquí un ejemplo análogo de esto:

darśana-dhyāna-saṁsparśair
matsya-kūrma-vihaṅgamāḥ
svāny apatyāni puṣṇanti
tathāham api padmaja

"Los peces, las tortugas y las aves mantienen a sus críos únicamente por medio de la vista, de la meditación y del tacto. Del mismo modo lo hago Yo, ¡oh, Padmaja!".

El pez cría a su prole simplemente con la mirada. La tortuga cría a su prole simplemente por medio de la meditación. La tortuga pone sus huevos en la tierra, y medita en ellos mientras está en el agua. De la misma manera, aunque el devoto en estado de conciencia de Kṛṣṇa está muy lejos de la morada del Señor, puede elevarse a esa morada mediante el simple hecho de pensar en Él constantemente —mediante la ocupación en el proceso de conciencia de Kṛṣṇa—. Él no siente los tormentos de los sufrimientos materiales. Ese estado de la vida se denomina *brahma-nirvāṇa*, o la ausencia de sufrimientos materiales por el hecho de estar inmerso constantemente en el Supremo.

TEXTOS 27–28

स्पर्शान्कृत्वा बहिर्बाह्यांश्चक्षुश्चैवान्तरे भ्रुवोः ।
प्राणापानौ समौ कृत्वा नासाभ्यन्तरचारिणौ ॥२७॥
यतेन्द्रियमनोबुद्धिर्मुनिर्मोक्षपरायणः ।
विगतेच्छाभयक्रोधो यः सदा मुक्त एव सः ॥२८॥

sparśān kṛtvā bahir bāhyāṁś
cakṣuś caivāntare bhruvoḥ
prāāpānau samau kṛtvā
nāsābhyantara-cāriṇau

yatendriya-mano-buddhir
munir mokṣa-parāyaṇaḥ
vigatecchā-bhaya-krodho
yaḥ sadā mukta eva saḥ

sparśān—objetos de los sentidos, tales como el sonido; *kṛtvā*—manteniendo; *bahiḥ*—externos; *bāhyān*—innecesarios; *cakṣuḥ*—ojos; *ca*—también; *eva*—ciertamente; *antare*—entre; *bhruvoḥ*—las cejas; *prāṇa-apānau*—el aire que se mueve hacia arriba y hacia abajo; *samau*—en suspensión; *kṛtvā*—manteniendo; *nāsā-abhyantara*—dentro de las fosas nasales; *cāriṇau*—soplando; *yata*—controlados; *indriya*—sentidos; *manaḥ*—mente; *buddhiḥ*—inteligencia; *muniḥ*—el trascendentalista; *mokṣa*—para la liberación; *parāyaṇaḥ*—con ese destino;

vigata—habiendo descartado; *icchā*—deseos; *bhaya*—temor; *krodhaḥ*—ira; *yaḥ*—aquel que; *sadā*—siempre; *muktaḥ*—liberado; *eva*—ciertamente; *saḥ*—él está.

TRADUCCIÓN

Evitando todos los objetos externos de los sentidos, manteniendo los ojos y la visión concentrados en el entrecejo, suspendiendo en las fosas nasales la inhalación y la exhalación —controlando así la mente, los sentidos y la inteligencia—, el trascendentalista que busca la liberación se libra del deseo, el temor y la ira. Aquel que siempre se encuentra en ese estado, sin duda que está liberado.

SIGNIFICADO

Cuando uno está dedicado al proceso de conciencia de Kṛṣṇa, puede entender de inmediato la identidad espiritual que tiene, y luego puede entender al Señor Supremo por medio del servicio devocional. Cuando uno está bien situado en el servicio devocional, llega a la posición trascendental, con la capacidad de sentir la presencia del Señor en la esfera de la actividad que uno realiza. Esa posición específica se denomina ''liberación en el Supremo''.

Después de explicar los antedichos principios de la liberación en el Supremo, el Señor instruye a Arjuna en relación con la manera en que uno puede llegar a esa posición mediante la práctica del misticismo o *yoga* conocido como *aṣṭāṅga-yoga*, el cual se puede dividir en ocho pasos, conocidos como *yama, niyama, āsana, prāṇāyāma, pratyāhāra, dhāraṇā, dhyāna* y *samādhi*. En el Capítulo Seis se explica detalladamente el tema del *yoga*, y al final del Capítulo Cinco dicho tema sólo se explica de un modo preliminar. Uno tiene que excluir los objetos de los sentidos, tales como el sonido, la sensación del tacto, la forma, el gusto y el olor, mediante el proceso *pratyāhāra* del *yoga*, y luego mantener la vista dirigida al entrecejo, y concentrarse en la punta de la nariz con los párpados semiabiertos. De nada sirve cerrar los ojos por completo, pues entonces hay muchas probabilidades de quedarse dormido. Ni tampoco se gana nada con abrir los ojos por completo, ya que entonces existe el peligro de ser atraído por los objetos de los sentidos. El movimiento respiratorio se contiene dentro de las fosas nasales, mediante la neutralización de los aires que suben y bajan dentro del cuerpo. Por medio de la práctica de esa clase de *yoga* se es capaz de lograr el control de los sentidos y apartarse de los objetos externos de los sentidos, y de ese modo prepararse para la liberación en el Supremo.

Este proceso de *yoga* lo ayuda a uno a liberarse de todas las clases de temor e ira, y de ese modo sentir la presencia de la Superalma en la situación trascendental. En otras palabras, el proceso de conciencia de Kṛṣṇa es la manera más sencilla de ejecutar los principios del *yoga*. Esto se explicará a fondo en el siguiente capítulo. Sin embargo, como la persona consciente de Kṛṣṇa siempre está dedicada al servicio devocional, no corre el riesgo de que los sentidos se le pierdan en alguna otra ocupación. Esa manera de controlar los sentidos es mejor que el *aṣṭāṅga-yoga*.

TEXTO 29

भोक्तारं यज्ञतपसां सर्वलोकमहेश्वरम् ।
सुहृदं सर्वभूतानां ज्ञात्वा मां शान्तिमृच्छति ॥२९॥

bhoktāraṁ yajña-tapasāṁ
sarva-loka-maheśvaram
suhṛdaṁ sarva-bhūtānāṁ
jñātvā māṁ śāntim ṛcchati

bhoktāram—beneficiario; *yajña*—de los sacrificios; *tapasām*—y penitencias y austeridades; *sarva-loka*—de todos los planetas y los semidioses que están en ellos; *mahā-īśvaram*—el Señor Supremo; *suhṛdam*—el benefactor; *sarva*—de todas; *bhūtānām*—las entidades vivientes; *jñātvā*—conociendo así; *mam*—a Mí (el Señor Kṛṣṇa); *śāntim*—alivio de los tormentos materiales; *ṛcchati*—uno encuentra.

TRADUCCIÓN

Una persona que tiene plena conciencia de Mí, que Me conoce como el beneficiario último de todos los sacrificios y austeridades, como el Señor Supremo de todos los planetas y semidioses, y como el benefactor y bienqueriente de todas las entidades vivientes, se libra de los tormentos de los sufrimientos materiales y encuentra la paz.

SIGNIFICADO

Todas las almas condicionadas que están en las garras de la energía ilusoria, ansían encontrar la paz en el mundo material. Pero ellas no conocen la fórmula de la paz, la cual se explica en esta parte de *El Bhagavad-gītā*. La mejor fórmula para la paz es simplemente ésta: el Señor Kṛṣṇa es el beneficiario de todas las actividades humanas. Los hombres deben ofrecerle todo al servicio trascendental del Señor, porque Él es el propietario de todos los planetas y de sus respectivos semidioses. Nadie es más grande que Él. Él es más grande que los semidioses más grandes de todos, es decir, el Señor Śiva y el Señor Brahmā. En los *Vedas* (*El Śvetāśvatara Upaniṣad* 6.7) se describe al Señor Supremo como *tam īśvarāṇāṁ paramaṁ maheśvaram*. Las entidades vivientes, bajo el hechizo de la ilusión, están tratando de ser amas de todo lo que ven, pero en realidad están dominadas por la energía material del Señor. El Señor es el amo de la naturaleza material, y las almas condicionadas se hallan bajo las estrictas reglas de la naturaleza material. A menos que uno entienda estos hechos claros, no es posible encontrar la paz en el mundo, ni individual ni colectivamente. Éste es el sentir en el estado de conciencia de Kṛṣṇa: el Señor Kṛṣṇa es el predominador supremo, y todas las entidades vivientes, incluso los grandes semidioses, son Sus subordinados. Uno puede encontrar la paz perfecta sólo si se tiene completa conciencia de Kṛṣṇa.

Este Capítulo Quinto es una explicación práctica del proceso de conciencia de Kṛṣṇa, generalmente conocido como *karma-yoga*. Aquí se contesta la pregunta producto de la especulación mental, acerca de cómo el *karma-yoga* puede brindar la liberación. Trabajar con conciencia de Kṛṣṇa es trabajar con pleno conocimiento de que el Señor es el predominador. Ese trabajo no es diferente del conocimiento trascendental. El proceso directo de conciencia de Kṛṣṇa es el *bhakti-yoga*, y el *jñāna-yoga* es un sendero que conduce al *bhakti-yoga*. Conciencia de Kṛṣṇa significa trabajar con pleno conocimiento de la relación que uno tiene con el Absoluto Supremo, y la perfección de ese estado de conciencia es el pleno conocimiento acerca de Kṛṣṇa, o la Suprema Personalidad de Dios. El alma pura, en su carácter de parte integral fragmentaria de Dios, es la sirvienta eterna de Dios. Ella se pone en contacto con *māyā* (la ilusión) debido al deseo de enseñorearse de *māyā*, y ésa es la causa de sus muchos sufrimientos. Mientras ella está en contacto con la materia, tiene que trabajar en función de las necesidades materiales. Sin embargo, el proceso de conciencia de Kṛṣṇa lo lleva a uno a la vida espiritual, incluso mientras uno se encuentra dentro de la jurisdicción de la materia, ya que es un despertar de la existencia espiritual mediante la práctica en el mundo material. Cuanto más uno está adelantado, más está liberado de las garras de la materia. El Señor no es parcial para con nadie. Todo depende de la ejecución práctica de los deberes de uno en el proceso de conciencia de Kṛṣṇa, lo cual lo ayuda a uno a controlar los sentidos en todos los aspectos y a conquistar la influencia del deseo y la ira. Y aquel que se mantiene firme en el estado de conciencia de Kṛṣṇa, controlando las pasiones antedichas, permanece de hecho en la etapa trascendental, o *brahma-nirvāṇa*. El misticismo *yoga* de ocho fases se practica automáticamente en el proceso de conciencia de Kṛṣṇa, porque en éste se cumple el propósito supremo. En la práctica del *yama, niyama, āsana, prāṇāyāma, pratyāhāra, dhāraṇā, dhyāna* y *samādhi* hay un proceso gradual de elevación. Pero ello únicamente sirve de antesala a la perfección del servicio devocional, que es lo único que le puede conferir la paz al ser humano. La perfección del servicio devocional es la máxima perfección de la vida.

Así terminan los significados de Bhaktivedanta del Quinto Capítulo de El Śrīmad Bhagavad-gītā, *en relación con el* karma-yoga, *o la acción con conciencia de Kṛṣṇa.*

Capítulo Seis
DHYĀNA-YOGA

TEXTO 1

श्रीभगवानुवाच
अनाश्रितः कर्मफलं कार्यं कर्म करोति यः ।
स संन्यासी च योगी च न निरग्निर्न चाक्रियः ॥१॥

śrī-bhagavān uvāca
anaśritaḥ karma-phalaṁ
kāryaṁ karma karoti yaḥ
sa sannyāsī ca yogī ca
na niragnir na cākriyaḥ

śrī bhagavān uvāca—el Señor dijo; *anāśritaḥ*—sin refugiarse; *karma-phalam*—del resultado del trabajo; *kāryam*—obligatorio; *karma*—trabajo; *karoti*—ejecuta; *yaḥ*—aquel que; *saḥ*—él; *sannyāsī*—en la orden de renuncia; *ca*—también; *yogī*—místico; *ca*—también; *na*—no; *niḥ*—sin; *agniḥ*—fuego; *na*—ni; *ca*—también; *akriyaḥ*—sin deber.

TRADUCCIÓN

La Suprema Personalidad de Dios dijo: Aquel que no está apegado a los frutos de su trabajo y que trabaja tal como está obligado a hacerlo, se encuentra en la orden de vida de renuncia y es el verdadero místico, y no aquel que no enciende ningún fuego ni ejecuta ningún deber.

SIGNIFICADO

En este capítulo, el Señor explica que el proceso del sistema óctuple de *yoga* es un medio para controlar la mente y los sentidos. Sin embargo, esto es algo que a la generalidad de la gente le resulta muy difícil de ejecutar, especialmente en la era de Kali. Aunque en este capítulo se recomienda el sistema óctuple de *yoga*, el Señor recalca que el proceso de *karma-yoga*, o de actuar con conciencia de Kṛṣṇa, es mejor. En este mundo, todos actúan de manera de mantener a su familia y sus enseres, pero nadie trabaja sin algún interés personal, sin alguna gratificación personal, ya sea concentrada o extendida. La pauta de la perfección la marca el actuar con conciencia de Kṛṣṇa, y no el actuar con miras a disfrutar de los frutos del trabajo. Actuar con conciencia de Kṛṣṇa es el deber de toda entidad viviente, ya que, por constitución, todas ellas son partes integrales del Supremo. Las partes del cuerpo trabajan para la satisfacción de todo el cuerpo. Las extremidades del cuerpo no actúan para su propia satisfacción, sino para la satisfacción del todo completo. De igual modo, la entidad viviente que actúa para satisfacer al todo supremo y no para la satisfacción personal, es el *sannyāsī* perfecto, el *yogī* perfecto.

A veces, los *sannyāsīs* piensan artificialmente que han quedado liberados de todos los deberes materiales, y, en consecuencia, dejan de celebrar *agnihotra yajñas* (sacrificios de fuego); mas, en realidad, ellos tienen un interés personal, porque tienen por meta el volverse uno con el Brahman impersonal. Ese deseo es superior a cualquier deseo material, pero no deja de motivarlo un interés personal. Así mismo, el *yogī* místico que practica el sistema de *yoga* con los ojos entreabiertos y suspendiendo todas las actividades materiales, desea algún tipo de satisfacción para sí mismo. Sin embargo, una persona que actúa con conciencia de Kṛṣṇa trabaja para la satisfacción del todo, sin un interés personal. Una persona consciente de Kṛṣṇa no desea su propia satisfacción. Su medida del éxito la constituye la satisfacción de Kṛṣṇa, y, por ende, ella es el *sannyāsī* perfecto, o el *yogī* perfecto. El Señor Caitanya, el símbolo más elevado y perfecto de la renunciación, ora de la siguiente manera:

na dhanaṁ na janaṁ na sundarīṁ
kavitāṁ vā jagad-īśa kāmaye
mama janmani janmanīśvare
bhavatād bhaktir ahaitukī tvayi

"¡Oh, Señor Todopoderoso!, no tengo ningún deseo de acumular riquezas, ni de disfrutar de bellas mujeres, ni quiero tener seguidor alguno. Lo único que quiero es tener en mi vida la misericordia sin causa de Tu servicio devocional, nacimiento tras nacimiento" (*El Śikṣāṣṭaka* 4).

TEXTO 2

यं संन्यासमिति प्राहुर्योगं तं विद्धि पाण्डव ।
न ह्यसंन्यस्तसंकल्पो योगी भवति कश्चन ॥ २ ॥

yaṁ sannyāsam iti prāhur
yogaṁ taṁ viddhi pāṇḍava
na hy asannyasta-saṅkalpo
yogī bhavati kaścana

yam—lo que; *sannyāsam*—renunciación; *iti*—así pues; *prāhuḥ*—ellos dicen; *yogam*—vinculándose con el Supremo; *tam*—eso; *viddhi*—has de saber; *pāṇḍava*—¡oh, hijo de Pāṇḍu!; *na*—nunca; *hi*—ciertamente; *asannyasta*—sin renunciar; *saṅkalpaḥ*—deseo de satisfacción personal; *yogī*—un místico trascendentalista; *bhavati*—se vuelve; *kaścana*—cualquiera.

TRADUCCIÓN

Lo que se denomina renunciación, debes saber que es lo mismo que el yoga, o el vincularse con el Supremo, ¡oh, hijo de Pāṇḍu!, porque jamás puede alguien convertirse en yogī, a menos que renuncie al deseo de complacer los sentidos.

SIGNIFICADO

Verdadero *sannyāsa-yoga* o *bhakti* significa que uno debe conocer su posición constitucional como entidad viviente, y actuar de conformidad con ello. La entidad viviente no tiene una identidad separada e independiente. Ella es la energía marginal del Supremo. Cuando está atrapada por la energía material, está condicionada, y cuando está consciente de Kṛṣṇa, o consciente de la energía espiritual, se encuentra, entonces, en su estado de vida verdadero y natural. Por lo tanto, cuando uno tiene pleno conocimiento, le pone fin a toda la complacencia material de los sentidos, o renuncia a todas las clases de actividades para complacer los sentidos. Esto lo practican los *yogīs*, los cuales les impiden a los sentidos el apego material. Pero una persona en estado de conciencia de Kṛṣṇa no tiene ninguna oportunidad de ocupar los sentidos en nada que no sea para Kṛṣṇa. De modo que, una persona consciente de Kṛṣṇa es simultáneamente un *sannyāsī* y un *yogī*. El propósito del conocimiento y de la restricción de los sentidos, tal como se prescribe en los procesos de *jñāna* y de *yoga*, se cumple automáticamente en el proceso de conciencia de Kṛṣṇa. Si uno es incapaz de abandonar las actividades propias de su naturaleza egoísta, de nada valen entonces el *jñāna* y el *yoga*. El verdadero objetivo a alcanzar es que la entidad viviente abandone toda la satisfacción egoísta y esté dispuesta a satisfacer al Supremo. Una persona consciente de Kṛṣṇa no desea ninguna clase de disfrute personal. Ella siempre está ocupada en aras del disfrute del Supremo. Aquel que no tiene información acerca del Supremo, tiene que dedicarse entonces a su satisfacción personal, porque nadie puede mantenerse en el plano de la inactividad. Todos los propósitos se cumplen perfectamente con la práctica del proceso de conciencia de Kṛṣṇa.

TEXTO 3

आरुरुक्षोर्मुनेर्योगं कर्म कारणमुच्यते ।
योगारूढस्य तस्यैव शमः कारणमुच्यते ॥ ३ ॥

ārurukṣor muner yogaṁ
karma kāraṇam ucyate
yogārūḍhasya tasyaiva
śamaḥ kāraṇam ucyate

ārurukṣoḥ—que acaba de comenzar en el *yoga*; *muneḥ*—del sabio; *yogam*—el sistema óctuple de *yoga*; *karma*—trabajo; *kāraṇam*—el medio; *ucyate*—se dice que es; *yoga*—el *yoga* óctuple; *ārūḍhasya*—de aquel que ha logrado; *tasya*—su; *eva*—ciertamente; *śamaḥ*—cese de todas las actividades materiales; *kāraṇam*—el medio; *ucyate*—se dice que es.

TRADUCCIÓN

Para aquel que es un neófito en el sistema óctuple del yoga, se dice que el trabajo es el medio; y para aquel que ya se encuentra elevado en el yoga, se dice que el cese de todas las actividades materiales es el medio.

SIGNIFICADO

El proceso mediante el cual uno se vincula con el Supremo, se denomina *yoga*. Dicho proceso se puede decir que es como una escalera para alcanzar la máxima comprensión espiritual. Esa escalera comienza desde la condición material más baja de la entidad viviente, y se eleva hasta la perfecta comprensión del ser en la vida espiritual pura. Según las diferentes elevaciones, las distintas partes de la escalera se conocen por diferentes nombres. Pero en términos generales, la escalera en sí se denomina *yoga*, y se la puede dividir en tres partes, es decir, *jñāna-yoga, dhyāna-yoga* y *bhakti-yoga*. El comienzo de la escalera se denomina la etapa *yogārurukṣu*, y el peldaño más alto se denomina *yogārūḍha*.

En lo que respecta al sistema óctuple del *yoga*, se considera que los intentos que se hacen al principio para lograr la meditación, a través de principios reguladores de la vida y a través de la práctica de diferentes maneras de sentarse (que son más o menos ejercicios físicos), son actividades materiales fruitivas. Todas esas actividades llevan a lograr un equilibrio mental perfecto para controlar los sentidos. Cuando uno se vuelve experto en la práctica de la meditación, suspende todas las actividades mentales perturbadoras.

Sin embargo, una persona consciente de Kṛṣṇa está situada desde el principio en el plano de la meditación, porque siempre piensa en Kṛṣṇa. Y como ella está dedicada constantemente al servicio de Kṛṣṇa, se considera que ha suspendido todas las actividades materiales.

TEXTO 4

यदा हि नेन्द्रियार्थेषु न कर्मस्वनुषज्जते ।
सर्वसंकल्पसंन्यासी योगारूढस्तदोच्यते ॥ ४ ॥

yadā hī nendriyārtheṣu
na karmasv anuṣajjate
sarva-saṅkalpa-sannyāsī
yogārūḍhas tadocyate

yadā—cuando; *hi*—ciertamente; *na*—no; *indriya-artheṣu*—en la complacencia de los sentidos; *na*—nunca; *karmasu*—en las actividades fruitivas; *anuṣajjate*—uno se ocupa necesariamente; *sarva-saṅkalpa*—de todos los deseos materiales; *sannyāsī*—renunciante; *yoga-ārūḍhaḥ*—elevado en el *yoga*; *tadā*—en ese momento; *ucyate*—se dice que es.

TRADUCCIÓN

Se dice que una persona está elevada en el yoga, cuando, habiendo renunciado a todos los deseos materiales, ni actúa para complacer los sentidos, ni se ocupa en actividades fruitivas.

SIGNIFICADO

Cuando una persona está plenamente dedicada al amoroso servicio trascendental del Señor, se siente complacida en sí misma, y por ello deja de estar dedicada a la complacencia de los sentidos y a las actividades fruitivas. De lo contrario, uno tiene que dedicarse a complacer los sentidos, porque no se puede vivir sin una ocupación. Si no se tiene conciencia de Kṛṣṇa, siempre se tendrán que buscar actividades egoístas centradas en uno o extendidas. Pero una persona consciente de Kṛṣṇa puede hacer todo en aras de la satisfacción de Kṛṣṇa, y con ello desapegarse por completo de la complacencia de los sentidos. Aquel que no tiene ese grado de comprensión, tiene que tratar mecánicamente de escapar de los deseos materiales, antes de ser elevado al peldaño más alto de la escalera del *yoga*.

TEXTO 5

उद्धरेदात्मनात्मानं नात्मानमवसादयेत् ।
आत्मैव ह्यात्मनो बन्धुरात्मैव रिपुरात्मनः ॥ ५ ॥

uddhared ātmanātmānaṁ
nātmānam avasādayet

ātmaiva hy ātmano bandhur
ātmaiva ripur ātmanaḥ

uddharet—uno debe liberarse; *ātmanā*—por medio de la mente; *ātmānam*—el alma condicionada; *na*—nunca; *ātmānam*—el alma condicionada; *avasādayet*—llevar a la degradación; *ātmā*—mente; *eva*—ciertamente; *hi*—en verdad; *ātmanaḥ*—del alma condicionada; *bandhuḥ*—amigo; *ātmā*—mente; *eva*—ciertamente; *ripuḥ*—enemigo; *ātmanaḥ*—del alma condicionada.

TRADUCCIÓN

Uno debe liberarse con la ayuda de la mente, y no degradarse. La mente es la amiga del alma condicionada, así como también su enemiga.

SIGNIFICADO

La palabra *ātmā* se refiere al cuerpo, a la mente y al alma, dependiendo de las diferentes circunstancias en que se emplee. En el sistema del *yoga*, la mente y el alma condicionada son especialmente importantes. Como la mente es el punto central de la práctica del *yoga*, la palabra *ātmā* se refiere aquí a la mente. El sistema del *yoga* tiene por objeto controlar la mente y apartarla del apego a los objetos de los sentidos. Aquí se recalca que a la mente se la debe adiestrar de modo tal, que pueda liberar del fango de la nesciencia al alma condicionada. En la existencia material, uno está supeditado a la influencia de la mente y los sentidos. En efecto, el alma pura está enredada en el mundo material, porque la mente está enredada con el ego falso, el cual desea enseñorearse de la naturaleza material. Por lo tanto, a la mente se la debe adiestrar de modo tal, que no se vea atraída por el brillo de la naturaleza material, y de esa manera se pueda salvar al alma condicionada. Uno no debe degradarse por la atracción hacia los objetos de los sentidos. Cuanto más lo atraigan a uno los objetos de los sentidos, más se enreda uno en la existencia material. La mejor manera de desenredarse consiste en ocupar siempre la mente en el proceso de conciencia de Kṛṣṇa. La palabra *hi* se emplea para recalcar este punto, es decir, que uno *tiene* que hacerlo. También se dice:

mana eva manuṣyāṇāṁ
kāraṇaṁ bandha-mokṣayoḥ
bandhāya viṣayāsaṅgo
muktyai nirviṣayaṁ manaḥ

"Para el hombre, la mente es la causa del cautiverio y la mente es la causa de la liberación. La mente que está absorta en los objetos de los sentidos es la causa del cautiverio, y la mente que está desapegada de los objetos de los sentidos es la causa de la liberación" (*El Amṛta-bindhu Upaniṣad* 2). Luego la mente que siempre está dedicada al proceso de conciencia de Kṛṣṇa es la causa de la liberación suprema.

TEXTO 6

बन्धुरात्मात्मनस्तस्य येनात्मैवात्मना जितः ।
अनात्मनस्तु शत्रुत्वे वर्तेतात्मैव शत्रुवत् ॥ ६ ॥

bandhur ātmātmanas tasya
yenātmaivātmanā jitaḥ
anātmanas tu śatrutve
vartetātmaiva śatru-vat

bandhuḥ—amigo; *ātmā*—la mente; *ātmanaḥ*—de la entidad viviente; *tasya*—de él; *yena*—por quien; *ātmā*—la mente; *eva*—ciertamente; *ātmanā*—por la entidad viviente; *jitaḥ*—conquistado; *anātmanaḥ*—de aquel que no ha logrado controlar la mente; *tu*—pero; *śatrutve*—debido a la enemistad; *varteta*—permanece; *ātmā eva*—la propia mente; *śatru-vat*—como un enemigo.

TRADUCCIÓN

Para aquel que ha conquistado la mente, ésta es el mejor de los amigos; pero para aquel que no lo ha hecho, la mente permanecerá como su peor enemigo.

SIGNIFICADO

El propósito de practicar el *yoga* óctuple es el de controlar la mente, a fin de que se vuelva una amiga en el desempeño de la misión humana. A menos que se controle la mente, la práctica del *yoga* (por exhibición) es simplemente una pérdida de tiempo. Aquel que no puede controlar la mente, vive siempre con el peor enemigo, y por ello se malogran su vida y la misión de ésta. La entidad viviente tiene la posición constitucional de tener que ejecutar las órdenes de un superior. Mientras la mente permanezca como un enemigo no conquistado, uno tiene que obedecer los dictados de la lujuria, la ira, la avaricia, la ilusión, etc. Pero cuando se conquista la mente, uno accede de motu proprio a acatar los mandatos de la Personalidad de Dios, quien está situado en forma de Paramātmā en el corazón de todos. La verdadera práctica del *yoga* entraña el encontrarse con el Paramātmā que está en el corazón, y luego seguir Sus órdenes. Para aquel que adopta directamente el proceso de conciencia de Kṛṣṇa, la entrega absoluta a las órdenes del Señor se da automáticamente.

TEXTO 7

जितात्मनः प्रशान्तस्य परमात्मा समाहितः ।
शीतोष्णसुखदुःखेषु तथा मानापमानयोः ॥ ७ ॥

jitātmanaḥ praśāntasya
paramātmā samāhitaḥ
śītoṣṇa-sukha-duḥkheṣu
tathā mānāpamānayoḥ

jita-ātmanaḥ—de aquel que ha conquistado la mente; *praśāntasya*—que ha conseguido la tranquilidad mediante ese control de la mente; *parama-ātmā*—la Superalma; *samāhitaḥ*—totalmente abordado; *śīta*—en el frío; *uṣṇa*—calor; *sukha*—felicidad; *duḥkheṣu*—y aflicción; *tathā*—además; *māna*—en la honra; *apamānayoḥ*—y en la deshonra.

TRADUCCIÓN

Aquel que ha conquistado la mente, ya ha llegado a la Superalma, porque ha conseguido la tranquilidad. Para ese hombre, la felicidad y la aflicción, el calor y el frío, y la honra y la deshonra, son todos lo mismo.

SIGNIFICADO

En realidad, toda entidad viviente tiene la función de acatar los mandatos de la Suprema Personalidad de Dios, quien está sentado en el corazón de todos como Paramātmā. Cuando a la mente la desencamina la energía ilusoria externa, uno se enreda en las actividades materiales. Por lo tanto, en cuanto se controla la mente a través de uno de los sistemas de *yoga*, se debe considerar que ya se ha llegado al destino. Uno tiene que acatar los mandatos de un superior. Cuando la mente de uno está fija en la naturaleza superior, no queda más remedio que seguir los mandatos del Supremo. La mente tiene que admitir alguna orden superior y seguirla. El efecto de controlar la mente es que de un modo automático uno sigue los mandatos del Paramātmā, o la Superalma. Debido a que aquel que se halla en estado de conciencia de Kṛṣṇa alcanza de inmediato esa posición trascendental, el devoto del Señor no es afectado por las dualidades de la existencia material, es decir, la aflicción y la felicidad, el frío y el calor, etc. Ese estado es *samādhi* en la práctica, o absorción en el Supremo.

TEXTO 8

ज्ञानविज्ञानतृप्तात्मा कूटस्थो विजितेन्द्रियः ।
युक्त इत्युच्यते योगी समलोष्ट्राश्मकाञ्चनः ॥ ८ ॥

jñāna-vijñāna-tṛptātmā
kūṭa-stho vijitendriyaḥ
yukta ity ucyate yogī
sama-loṣṭrāśma-kāñcanaḥ

jñāna—mediante el conocimiento adquirido; *vijñāna*—y el conocimiento comprendido; *tṛpta*—satisfecho; *ātmā*—una entidad viviente; *kūṭa-sthaḥ*—situado en lo espiritual; *vijita-indriyaḥ*—con los sentidos controlados; *yuktaḥ*—apto para lograr la comprensión del ser; *iti*—así pues; *ucyate*—se dice; *yogī*—un místico; *sama*—equilibrado; *loṣṭra*—guijarros; *aśma*—piedra; *kāñcanaḥ*—oro.

TRADUCCIÓN

Se dice que una persona está establecida en la comprensión del ser y se le da el nombre de yogī [o místico], cuando ella se encuentra plenamente satisfecha en virtud del conocimiento y la comprensión que ha adquirido. Esa persona está situada en la trascendencia y es autocontrolada. Ella ve todo igual, ya sean guijarros, piedras u oro.

SIGNIFICADO

El conocimiento libresco sin la plena comprensión de la Verdad Suprema, es inútil. Esto se señala de la siguiente manera:

ataḥ śrī-kṛṣṇa-nāmādi
na bhaved grāhyam indriyaiḥ
sevonmukhe hi jihvādau
svayam eva sphuraty adaḥ

''Nadie puede entender la naturaleza trascendental del nombre, la forma, las cualidades y los pasatiempos de Śrī Kṛṣṇa, a través de los sentidos contaminados por lo material. Sólo cuando uno se satura espiritualmente mediante el servicio trascendental que le presta al Señor, se le revelan el nombre, la forma, las cualidades y los pasatiempos trascendentales del Señor'' (*El Bhakti-rasāmṛta-sindhu* 1.2.234).

Este *Bhagavad-gītā* constituye la ciencia del proceso de conciencia de Kṛṣṇa. Nadie puede volverse consciente de Kṛṣṇa mediante la simple erudición mundana. Uno debe ser lo suficientemente afortunado como para poder relacionarse con una persona que tenga la conciencia pura. Una persona consciente de Kṛṣṇa tiene conocimiento revelado, por la gracia de Kṛṣṇa, debido a que está satisfecha con el servicio devocional puro. Mediante el conocimiento revelado, uno se vuelve perfecto. Con el conocimiento trascendental, uno puede permanecer firme en sus convicciones, pero con el mero conocimiento académico, las aparentes contradicciones pueden engañarlo y confundirlo a uno fácilmente. Quien es en verdad autocontrolada es el alma iluminada, porque está entregada a Kṛṣṇa. Ella es trascendental, porque no tiene nada que ver con la erudición mundana. Para ella, la erudición mundana y la especulación mental, que puede que para otros sean como el oro, no tienen más valor que los guijarros o las piedras.

TEXTO 9

सुहृन्मित्रार्युदासीनमध्यस्थद्वेष्यबन्धुषु ।
साधुष्वपि च पापेषु समबुद्धिर्विशिष्यते ॥९॥

suhṛn-mitrāry-udāsīna-
madhyastha-dveṣya-bandhuṣu
sādhuṣv api ca pāpeṣu
sama-buddhir viśiṣyate

su-hṛt—a bienquerientes por naturaleza; *mitra*—benefactor con afecto; *ari*—enemigos; *udāsīna*—neutrales entre los beligerantes; *madhya-stha*—mediadores entre los beligerantes; *dveṣya*—los envidiosos; *bandhuṣu*—y los parientes o bienquerientes; *sādhuṣu*—a los piadosos; *api*—así como también; *ca*—y; *pāpeṣu*—a los pecadores; *sama-buddhiḥ*—teniendo una inteligencia equitativa; *viśiṣyate*—es muy adelantado.

TRADUCCIÓN

Se dice que una persona está aún más adelantada, cuando ve a todo el mundo con igualdad de ánimo, es decir, a los honestos bienquerientes, a los afectuosos benefactores, a las personas neutrales, a los mediadores, a los envidiosos, a los amigos y a los enemigos, y a los piadosos y a los pecadores.

TEXTO 10

योगी युञ्जीत सततमात्मानं रहसि स्थितः ।
एकाकी यतचित्तात्मा निराशीरपरिग्रहः ॥१०॥

yogī yuñjīta satatam
ātmānaṁ rahasi sthitaḥ
ekākī yata-cittātmā
nirāśīr aparigrahaḥ

yogī—un trascendentalista; *yuñjīta*—se debe concentrar en el proceso de conciencia de Kṛṣṇa; *satatam*—constantemente; *ātmānam*—él mismo (con el cuerpo, la mente y el yo); *rahasi*—en un lugar apartado; *sthitaḥ*—situándose así; *ekākī*—a solas; *yata-citta-ātmā*—de mente cuidadosa siempre; *nirāśīḥ*—sin que nada más lo atraiga; *aparigrahaḥ*—libre del sentimiento de posesión.

TRADUCCIÓN

El trascendentalista siempre debe ocupar el cuerpo, la mente y el yo en

relación con el Supremo; él debe vivir a solas en un lugar apartado, y siempre debe controlar la mente con cautela. Él debe estar libre de deseos y de sentimientos de posesión.

SIGNIFICADO

A Kṛṣṇa se lo comprende en diferentes grados como Brahman, Paramātmā y la Suprema Personalidad de Dios. Conciencia de Kṛṣṇa significa, de un modo conciso, estar dedicado siempre al amoroso servicio trascendental del Señor. Pero aquellos que están apegados al Brahman impersonal o a la Superalma localizada, también están conscientes de Kṛṣṇa parcialmente, porque el Brahman impersonal es el rayo espiritual de Kṛṣṇa, y la Superalma es la expansión parcial omnipresente de Kṛṣṇa. Así pues, el impersonalista y el meditador también están conscientes de Kṛṣṇa indirectamente. La persona que está consciente de Kṛṣṇa directamente es el trascendentalista más elevado de todos, porque ese devoto sabe de lo que se trata el Brahman y el Paramātmā. Su conocimiento de la Verdad Absoluta es perfecto, mientras que el impersonalista y el *yogī* meditativo están conscientes de Kṛṣṇa de una manera imperfecta.

Sin embargo, a todos ellos se les instruye aquí que permanezcan dedicados constantemente a sus ocupaciones específicas, de modo que, tarde o temprano, puedan lograr la máxima perfección. Lo primero que tiene que hacer un trascendentalista es mantener la mente dirigida siempre hacia Kṛṣṇa. Uno debe pensar en Kṛṣṇa siempre, y no olvidarlo ni siquiera por un momento. El acto de concentrar la mente en el Supremo se denomina *samādhi*, o trance. Para poder concentrar la mente hay que permanecer siempre en reclusión, y evitar el ser perturbado por objetos externos. Uno debe tener sumo cuidado y aceptar las condiciones favorables y rechazar las condiciones desfavorables que afecten su comprensión. Y, con una determinación absoluta, no se deben anhelar cosas materiales innecesarias que lo enreden a uno con sentimientos de posesión.

Todas estas perfecciones y precauciones se ejecutan a la perfección cuando uno se halla directamente en estado de conciencia de Kṛṣṇa, porque conciencia de Kṛṣṇa directa significa abnegación, en virtud de lo cual hay muy pocas posibilidades de que aparezca el espíritu de posesión material. Śrīla Rūpa Gosvāmī caracteriza el estado de conciencia de Kṛṣṇa de la siguiente manera:

anāsaktasya viṣayān
yathārham upayuñjataḥ
nirbandhaḥ kṛṣṇa-sambandhe
yuktaṁ vairāgyam ucyate

prāpañcikatayā buddhyā
hari-sambandhi-vastunaḥ
mumukṣubhiḥ parityāgo
vairāgyaṁ phalgu kathyate

"Cuando uno no está apegado a nada, pero, al mismo tiempo, acepta todo en relación con Kṛṣṇa, uno se halla debidamente situado por encima del espíritu de posesión. En cambio, aquel que rechaza todo sin conocimiento de la relación que lo rechazado tiene con Kṛṣṇa, no está igual de completo en su renuncia'' (*El Bhakti-rasāmṛta-sindhu* 2.255-256).

Una persona consciente de Kṛṣṇa sabe bien que todo le pertenece a Kṛṣṇa, y, en consecuencia, siempre está libre de los sentimientos de posesión personal. En virtud de eso, ella no anhela nada para su propio beneficio personal. Ella sabe aceptar las cosas que van en favor del cultivo de conciencia de Kṛṣṇa, y rechazar aquellas que son desfavorables para el cultivo de conciencia de Kṛṣṇa. Ella siempre está apartada de las cosas materiales, porque siempre es trascendental, y siempre está sola, pues no tiene nada que ver con las personas que no se encuentran en estado de conciencia de Kṛṣṇa. Por lo tanto, la persona en estado de conciencia de Kṛṣṇa es el *yogī* perfecto.

TEXTOS 11-12

शुचौ देशे प्रतिष्ठाप्य स्थिरमासनमात्मनः ।
नात्युच्छ्रितं नातिनीचं चैलाजिनकुशोत्तरम् ॥११॥
तत्रैकाग्रं मनः कृत्वा यतचित्तेन्द्रियक्रियः ।
उपविश्यासने युञ्ज्याद्योगमात्मविशुद्धये ॥१२॥

śucau deśe pratiṣṭhāpya
sthiram āsanam ātmanaḥ
nāty-ucchritaṁ nāti-nīcaṁ
cailājina-kuśottaram

tatraikāgraṁ manaḥ kṛtvā
yata-cittendriya-kriyaḥ
upaviśyāsane yuñjyād
yogam ātma-viśuddhaye

śucau—santificada; *deśe*—en una tierra; *pratiṣṭhāpya*—colocando; *sthiram*—firme; *āsanam*—asiento; *ātmanaḥ*—su propio; *na*—no; *ati*—demasiado; *ucchritam*—alto; *na*—ni; *ati*—demasiado; *nīcam*—bajo; *caila-ajina*—de tela suave y piel de venado; *kuśa*—y hierba *kuśa*; *uttaram*—cubriendo; *tatra*—luego; *eka-agram*—con atención única; *manaḥ*—mente; *kṛtvā*—haciendo; *yata-citta*—controlando la mente; *indriya*—los sentidos; *kriyaḥ*—y las actividades; *upaviśya*—sentándose; *āsane*—en el asiento; *yuñjyāt*—debe ejecutar; *yogam*—práctica del *yoga*; *ātma*—corazón; *viśuddhaye*—para aclarar.

TRADUCCIÓN

Para practicar yoga, uno debe irse a un lugar apartado, poner hierba kuśa en el suelo, y luego cubrirla con una piel de venado y una tela suave. El asiento no debe ser ni demasiado alto ni demasiado bajo, y debe encontrarse en un lugar sagrado. El yogī debe entonces sentarse en él muy firmemente y practicar yoga, para purificar el corazón mediante el control de la mente, de los sentidos y de las actividades, y fijando la mente en un punto.

SIGNIFICADO

Cuando se habla de "lugar sagrado", ello se refiere a lugares de peregrinaje. En la India, todos los *yogīs* —los trascendentalistas o los devotos— se van de la casa a residir en lugares sagrados tales como Prayāga, Mathurā, Vṛndāvana, Hṛṣīkeśa y Hardwar, para practicar *yoga* a solas en los lugares por donde pasan ríos sagrados tales como el Yamunā y el Ganges. Pero a menudo no es posible hacer eso, especialmente en el caso de los occidentales. Las llamadas sociedades de *yoga* de las grandes ciudades puede que sean un éxito en cuanto a obtener beneficios materiales, pero no son en absoluto adecuadas para la verdadera práctica del *yoga*. Aquel que no es autocontrolado y cuya mente no está libre de perturbaciones, no puede practicar la meditación. Por lo tanto, en *El Bṛhannāradīya Purāṇa* se dice que, en el Kali-yuga (la presente *yuga*, o edad), cuando la generalidad de la gente tiene una vida corta, es lenta para la comprensión espiritual y siempre está perturbada por diversas ansiedades, el mejor medio para lograr la iluminación espiritual lo constituye el canto del santo nombre del Señor.

harer nāma harer nāma
harer nāmaiva kevalam
kalau nāsty eva nāsty eva
nāsty eva gatir anyathā

"En esta era de riña e hipocresía, la única manera de liberarse la constituye el canto del santo nombre del Señor. No hay otra manera. No hay otra manera. No hay otra manera".

TEXTOS 13–14

समं कायशिरोग्रीवं धारयन्नचलं स्थिरः ।
संप्रेक्ष्य नासिकाग्रं स्वं दिशश्चानवलोकयन् ॥१३॥
प्रशान्तात्मा विगतभीर्ब्रह्मचारिव्रते स्थितः ।
मनः संयम्य मच्चित्तो युक्त आसीत मत्परः ॥१४॥

samaṁ kāya-śiro-grīvaṁ
dhārayann acalaṁ sthiraḥ
samprekṣya nāsikāgraṁ svaṁ
diśaś cānavalokayan

praśāntātmā vigata-bhīr
brahmacāri-vrate sthitaḥ
manaḥ saṁyamya mac-citto
yukta āsīta mat-paraḥ

samam—recto; *kāya*—cuerpo; *śiraḥ*—cabeza; *grīvam*—y cuello; *dhārayan*—mantener; *acalam*—inmóvil; *sthiraḥ*—quieto; *samprekṣya*—mirando; *nāsikā*—de la nariz; *agram*—la punta; *svam*—propio; *diśaḥ*—en todos los lados; *ca*—además; *anavalokayan*—sin mirar; *praśānta*—tranquila; *ātmā*—mente; *vigata-bhīḥ*—libre de temor; *brahmacāri-vrate*—con el voto de celibato; *sthitaḥ*—situado; *manaḥ*—mente; *saṁyamya*—sometiendo por completo; *mat*—a Mí (Kṛṣṇa); *cittaḥ*—concentrando la mente; *yuktaḥ*—el verdadero *yogī*; *āsīta*—debe ser; *mat*—a Mí; *paraḥ*—la meta última.

TRADUCCIÓN

Uno debe mantener el cuerpo, el cuello y la cabeza erguidos en línea recta, y mirar fijamente la punta de la nariz. De ese modo, con la mente tranquila y sometida, libre de temor y completamente libre de vida sexual, se debe meditar en Mí en el corazón y convertirme en la meta última de la vida.

SIGNIFICADO

La meta de la vida es conocer a Kṛṣṇa, quien, en forma de Paramātmā, la forma Viṣṇu de cuatro manos, está situado dentro del corazón de cada ser viviente. El proceso de *yoga* se practica con el fin de descubrir y ver esa forma localizada de Viṣṇu, y no con algún otro propósito. El *viṣṇu-mūrti* localizado es la representación plenaria de Kṛṣṇa que mora en el corazón de uno. Aquel que no tiene ningún plan para llegar a comprender ese *viṣṇu-mūrti*, se está dedicando inútilmente a una práctica ficticia de *yoga*, y sin duda que está perdiendo su tiempo. Kṛṣṇa es la meta última de la vida, y el *viṣṇu-mūrti* que se encuentra en el corazón de uno es el objeto de la práctica del *yoga*. Para llegar a comprender a ese *viṣṇu-mūrti* que está en el corazón, hay que observar una total abstinencia de la vida sexual; por consiguiente, hay que abandonar el hogar y vivir a solas en un lugar apartado, permaneciendo sentado tal como se mencionó antes. Uno no puede disfrutar de vida sexual diariamente, en el hogar o en alguna otra parte, y asistir a una supuesta clase de *yoga* y de ese modo convertirse en un *yogī*. Uno tiene que practicar el control de la mente y evitar toda clase de complacencia de los sentidos, de las cuales la vida sexual es la principal. En las reglas de celibato escritas por el gran sabio Yājñavalkya, se dice:

karmaṇā manasā vācā
sarvāvasthāsu sarvadā
sarvatra maithuna-tyāgo
brahmacaryaṁ pracakṣate

"El voto de *brahmacarya* tiene por objeto ayudarlo a uno a abstenerse por completo de la complacencia sexual, en pensamientos, palabras y actos, en todo momento, bajo todas las circunstancias y en todos los lugares". Nadie puede llevar a cabo una práctica de *yoga* idónea a través de la complacencia sexual. El proceso de *brahmacarya* se enseña, pues, desde la infancia, cuando no se tiene conocimiento de la vida sexual. A la edad de cinco años, los niños son enviados al *guru-kula*, o el lugar del maestro espiritual, y el maestro forma a los muchachos en lo referente a la estricta disciplina que se sigue para ser *brahmacārīs*. Sin esa práctica, nadie puede progresar en ningún *yoga*, ya sea *dhyāna*, *jñāna* o *bhakti*. Sin embargo, aquel que sigue los reglamentos de la vida de casado y tiene relación sexual únicamente con su esposa (y eso también bajo ciertas regulaciones), recibe también el nombre de *brahmacārī*. Esa clase de casado restringido, o casado *brahmacārī*, se puede aceptar en la escuela del *bhakti*, pero las escuelas de *jñāna* y *dhyāna* no admiten ni siquiera a los casados *brahmacārīs*. En esas escuelas se exige una abstinencia total sin ninguna transigencia. En la escuela del *bhakti*, al casado *brahmacārī* se le permite una vida sexual controlada, ya que el culto del *bhakti-yoga* es tan poderoso, que uno pierde automáticamente la atracción sexual, por estar ocupado en el servicio superior, el servicio del Señor. En *El Bhagavad-gītā* (2.59) se dice:

viṣayā vinivartante
nirāhārasya dehinaḥ
rasa-varjaṁ raso 'py asya
paraṁ dṛṣṭvā nivartate

Mientras que a los demás se los obliga a abstenerse de la complacencia de los sentidos, un devoto del Señor se abstiene automáticamente, debido a un gusto superior. Con excepción del devoto, nadie tiene ninguna información acerca de ese gusto superior.

Vigata-bhīḥ. Nadie puede estar libre de temor a menos que se halle plenamente en estado de conciencia de Kṛṣṇa. El alma condicionada es temerosa debido a su memoria desvirtuada, o, en otras palabras, por haber olvidado la relación eterna que tiene con Kṛṣṇa. El *Bhāgavatam* (11.2.37) dice: *bhayaṁ dvitīyābhiniveśataḥ syād īśād apetasya viparyayo 'smṛtiḥ*, el estado de conciencia de Kṛṣṇa es el único fundamento para deshacerse del temor. Por consiguiente, la práctica perfecta le resulta posible a una persona que es consciente de Kṛṣṇa. Y, como la meta última de la práctica del *yoga* es la de ver al Señor que está dentro de uno, la persona consciente de Kṛṣṇa es de por sí el mejor de todos los *yogīs*. Los principios del sistema de *yoga* que se mencionan aquí, son diferentes de los que se encuentran en las populares y mal llamadas sociedades de *yoga*.

TEXTO 15

युञ्जन्नेवं सदात्मानं योगी नियतमानसः ।
शान्तिं निर्वाणपरमां मत्संस्थामधिगच्छति ॥ १५ ॥

yuñjann evaṁ sadātmānaṁ
yogī niyata-mānasaḥ
śāntiṁ nirvāṇa-paramāṁ
mat-saṁsthām adhigacchati

yuñjan—practicando; *evam*—como se mencionó antes; *sadā*—constantemente; *ātmānam*—cuerpo, mente y alma; *yogī*—el místico trascendentalista; *niyata-mānasaḥ*—con una mente regulada; *śāntim*—paz; *nirvāṇa-paramām*—cese de la existencia material; *mat-saṁsthām*—el cielo espiritual (el Reino de Dios); *adhigacchati*—llega.

TRADUCCIÓN

Practicando así un control constante del cuerpo, la mente y las actividades, el místico trascendentalista, con la mente regulada, llega al Reino de Dios [o la morada de Kṛṣṇa] mediante el cese de la existencia material.

SIGNIFICADO

La meta última de la práctica del *yoga* se explica ahora claramente. La práctica del *yoga* no es para conseguir ninguna clase de facilidades materiales; dicha práctica es para posibilitar el cese de toda la existencia material. De acuerdo con *El Bhagavad-gītā*, aquel que busca un mejoramiento de la salud o ambiciona la perfección material, no es un *yogī* en absoluto. Y el cese de la existencia material tampoco significa que uno entre en "el vacío", lo cual sólo es un mito. No existe ningún vacío en ninguna parte de la creación del Señor. Más bien, el cese de la existencia material le permite a uno entrar en el cielo espiritual, la morada del Señor. La morada del Señor también se describe claramente en *El Bhagavad-gītā*, diciendo que es ese lugar en el que no hay necesidad de sol, luna ni electricidad. Todos los planetas del reino espiritual son autoiluminados, como el Sol del cielo material. El Reino de Dios está en todas partes, pero el cielo espiritual y los planetas que en él se encuentran se denominan *paraṁ dhāma*, o moradas superiores.

Un *yogī* consumado, quien tiene una comprensión perfecta del Señor Kṛṣṇa, tal como el propio Señor lo afirma aquí claramente (*mat-cittaḥ, mat-paraḥ, mat-sthānam*), puede conseguir la verdadera paz y llegar finalmente a la suprema morada del Señor, Kṛṣṇaloka, conocida como Goloka Vṛndāvana. En *El Brahma-saṁhitā* (5.37) se afirma claramente: *goloka eva nivasaty akhilātma-bhūtaḥ*, que el Señor, aunque reside siempre en Su morada conocida como Goloka, es el Brahman omnipresente, así como también el Paramātmā localizado, en virtud de Sus energías espirituales superiores. Nadie puede llegar al cielo espiritual (Vaikuṇṭha) o entrar en la eterna morada del Señor (Goloka Vṛndāvana), sin la debida comprensión acerca de Kṛṣṇa y Su expansión plenaria Viṣṇu. Por lo tanto, una persona que trabaja con conciencia de Kṛṣṇa es el *yogī* perfecto, porque siempre tiene la mente absorta en las actividades de Kṛṣṇa (*sa vai manaḥ kṛṣṇa-padāravindayoḥ*). En los *Vedas* (*El Śvetāśvatara Upaniṣad* 3.8) también se nos informa: *tam eva viditvāti mṛtyum eti*, "Uno puede superar la senda del nacimiento y la muerte, sólo si llega a entender a la Suprema Personalidad de Dios, Kṛṣṇa". En otras palabras, la perfección del sistema de *yoga* la constituye el llegar a librarse de la existencia material, y no cierto malabarismo mágico o unas proezas gimnásticas con las que se engaña a gente inocente.

TEXTO 16

नात्यश्नतस्तु योगोऽस्ति न चैकान्तमनश्नतः ।
न चातिस्वप्नशीलस्य जाग्रतो नैव चार्जुन ॥१६॥

nāty aśnatas tu yogo 'sti
na caikāntam anaśnataḥ
na cāti-svapna-śīlasya
jāgrato naiva cārjuna

na—nunca; *ati*—demasiado; *aśnataḥ*—de aquel que come; *tu*—pero; *yogaḥ*—vinculándose con el Supremo; *asti*—hay; *na*—ni; *ca*—también; *ekāntam*—excesivamente; *anaśnataḥ*—abstenerse de comer; *na*—ni; *ca*—también; *ati*—demasiado; *svapna-śīlasya*—de aquel que duerme; *jāgrataḥ*—o alguien que se desvela demasiado; *na*—no; *eva*—jamás; *ca*—y; *arjuna*—¡oh, Arjuna!

TRADUCCIÓN

No hay ninguna posibilidad de convertirse en yogī, ¡oh, Arjuna!, si se come demasiado o se come muy poco, ni si se duerme demasiado o no se duerme lo suficiente.

SIGNIFICADO

A los *yogīs* se les recomienda aquí regular la dieta y el sueño. Comer demasiado significa comer más de lo que se requiere para mantener el cuerpo y el alma juntos. No es necesario que los hombres coman animales, porque hay una amplia provisión de granos, verduras, frutas y leche. Según *El Bhagavad-gītā*, se considera que esos alimentos sencillos se encuentran bajo la influencia de la modalidad de la bondad. La carne es para aquellos que están bajo la influencia de la modalidad de la ignorancia. En consecuencia, aquellos que se dan a comer carne, a beber, a fumar y a comer alimentos que no se le han ofrecido primero a Kṛṣṇa, habrán de sufrir reacciones pecaminosas por el hecho de comer únicamente cosas contaminadas. *Bhuñjate te tv aghaṁ pāpā ye pacanty ātma-kāraṇāt*. Todo el que come para placer de los sentidos, o que cocina para sí mismo y no le ofrece su comida a Kṛṣṇa, sólo come pecado. Aquel que come pecados y que come más de lo que se le ha asignado, no puede ejecutar un *yoga* perfecto. Lo mejor es comer únicamente los remanentes de la comida que se le ofrece a Kṛṣṇa. Una persona en estado de conciencia de Kṛṣṇa no come nada que no se le haya ofrecido primero a Kṛṣṇa. De modo que, sólo la persona consciente de Kṛṣṇa puede lograr la perfección en la práctica del *yoga*. Y aquel que artificialmente se abstiene de comer, elaborando su propio proceso de ayuno, tampoco puede practicar *yoga*. La persona consciente de Kṛṣṇa observa ayunos tal como se recomienda en las Escrituras. Ella no ayuna ni come más de lo necesario, y en virtud de ello está en capacidad de ejecutar la práctica del *yoga*. Aquel que come más de lo necesario va a soñar mucho mientras duerme, a raíz de lo cual tendrá que dormir más de lo necesario. No se debe dormir más de seis horas al día. Aquel que duerme más de seis horas de las veinticuatro del día, sin duda que está influido por la modalidad de la ignorancia. Una persona influida por la modalidad de la ignorancia es perezosa y propensa a dormir mucho. Esa clase de personas no pueden hacer *yoga*.

TEXTO 17

युक्ताहारविहारस्य युक्तचेष्टस्य कर्मसु ।
युक्तस्वप्नावबोधस्य योगो भवति दुःखहा ॥१७॥

yuktāhāra-vihārasya
yukta-ceṣṭasya karmasu
yukta-svapnāvabodhasya
yogo bhavati duḥkha-hā

yukta—regulado; *āhāra*—comer; *vihārasya*—recrearse; *yukta*—regulado; *ceṣṭasya*—de aquel que trabaja para sostenerse; *karmasu*—en el desempeño de deberes; *yukta*—regulado; *svapna-avabodhasya*—sueño y vigilia; *yogaḥ*—práctica del *yoga*; *bhavati*—se vuelve; *duḥkha-hā*—disminuyendo los sufrimientos.

TRADUCCIÓN

Aquel que es regulado en sus hábitos de comer, dormir, recrearse y trabajar, puede mitigar todos los sufrimientos materiales mediante la práctica del sistema de yoga.

SIGNIFICADO

La extravagancia en lo que respecta al comer, dormir, defenderse y aparearse

—que son exigencias del cuerpo— puede impedir el adelanto en la práctica del *yoga*. En lo que se refiere al comer, ello únicamente se puede regular cuando uno se acostumbra a tomar y aceptar *prasādam*, comida santificada. Según *El Bhagavad-gītā* (9.26), al Señor Kṛṣṇa se le ofrecen verduras, flores, frutas, granos, leche, etc. De ese modo, una persona con conciencia de Kṛṣṇa se adiestra automáticamente para no aceptar comidas que no son para el consumo humano, o que no se encuentran en la categoría de la bondad. En lo que se refiere al dormir, la persona consciente de Kṛṣṇa siempre está alerta en el desempeño de sus deberes de conciencia de Kṛṣṇa, y, por lo tanto, cualquier tiempo que se emplee innecesariamente en dormir, se considera una gran pérdida. *Avyartha-kālātvam*: una persona consciente de Kṛṣṇa no puede soportar que ni un minuto de su vida pase sin estar dedicada al servicio del Señor. Luego ella duerme lo mínimo posible. Su ideal a este respecto es Śrīla Rūpa Gosvāmī, quien siempre estaba dedicado al servicio de Kṛṣṇa, y quien no podía dormir más de dos horas al día, y, a veces, ni siquiera eso. Ṭhākura Haridāsa ni siquiera aceptaba *prasādam* ni dormía ni por un momento, hasta no terminar su rutina diaria de decir con sus cuentas trescientos mil nombres. En lo que respecta al trabajo, una persona consciente de Kṛṣṇa no hace nada que no esté relacionado con los intereses de Kṛṣṇa, y, así pues, su trabajo siempre está regulado y libre de la contaminación de la complacencia de los sentidos. Como no hay ninguna posibilidad de complacer los sentidos, para una persona consciente de Kṛṣṇa no hay esparcimiento material. Y como ella está regulada en todo su trabajo, en todo lo que habla, en todo lo que duerme, en todo el período en que está despierta y en todas las demás actividades del cuerpo, para ella no hay ningún sufrimiento material.

TEXTO 18

यदा विनियतं चित्तमात्मन्येवावतिष्ठते ।
निस्पृहः सर्वकामेभ्यो युक्त इत्युच्यते तदा ॥१८॥

yadā viniyataṁ cittam
ātmany evāvatiṣṭhate
nispṛhaḥ sarva-kāmebhyo
yukta ity ucyate tadā

yadā—cuando; *viniyatam*—disciplinado particularmente; *cittam*—la mente y sus actividades; *ātmani*—en la trascendencia; *eva*—ciertamente; *avatiṣṭhate*—se sitúa; *nispṛhaḥ*—libre de deseos; *sarva*—para toda clase de; *kāmebhyaḥ*—goce material de los sentidos; *yuktaḥ*—bien situado en el *yoga*; *iti*—así pues; *ucyate*—se dice que está; *tadā*—en ese momento.

TRADUCCIÓN

Cuando el yogī disciplina sus actividades mentales mediante la práctica del yoga y se sitúa en la trascendencia —libre de todos los deseos materiales—, se dice que él está bien establecido en el yoga.

SIGNIFICADO

Las actividades del *yogī* se distinguen de las de una persona ordinaria por su alejamiento característico de toda clase de deseos materiales, de los cuales el deseo sexual es el principal. Un *yogī* perfecto se encuentra tan bien disciplinado en las actividades de la mente, que deja de ser perturbado por toda clase de deseos materiales. Esa etapa perfecta la pueden alcanzar automáticamente las personas en estado de conciencia de Kṛṣṇa, tal como se afirma en *El Śrīmad-Bhāgavatam* (9.4.18-20):

sa vai manaḥ kṛṣṇa-padāravindayor
vacāṁsi vaikuṇṭha-guṇānuvarṇane
karau harer mandira-mārjanādiṣu
śrutiṁ cakārācyuta-sat-kathodaye

mukunda-liṅgālaya-darśane dṛśau
tad-bhṛtya-gātra-sparśe 'ṅga-saṅgamam
ghrāṇaṁ ca tat-pāda-saroja-saurabhe
śrīmat-tulasyā rasanāṁ tad-arpite

pādau hareḥ kṣetra-padānusarpaṇe
śiro hṛṣīkeśa-padābhivandane
kāmaṁ ca dāsye na tu kāma-kāmyayā
yathottama-śloka-janāśrayā ratiḥ

"El rey Ambarīṣa, primero que todo, fijó la mente en los pies de loto del Señor Kṛṣṇa; luego, uno tras otro, ocupó sus palabras en describir las trascendentales cualidades del Señor; las manos, en limpiar el piso del templo del Señor; los oídos, en oír hablar de las actividades del Señor; los ojos, en ver las formas trascendentales del Señor; el cuerpo, en tocar los cuerpos de los devotos; el sentido del olfato, en oler las esencias de las flores de loto ofrecidas al Señor; la lengua, en saborear la hoja de *tulasī* ofrecida a los pies de loto del Señor; las piernas, en ir a los lugares de peregrinaje y al templo del Señor; la cabeza, en ofrecerle reverencias al Señor; y los deseos, en ejecutar la misión del Señor. Todas esas actividades trascendentales son muy propias de un devoto puro".

Puede que los seguidores del sendero impersonalista no puedan expresar subjetivamente esa etapa trascendental, pero la misma se vuelve algo muy fácil y práctico para una persona con conciencia de Kṛṣṇa, tal como se pone de manifiesto en la descripción anterior de las actividades de Mahārāja Ambarīṣa. A menos que la mente esté fija en los pies de loto del Señor mediante el recuerdo constante, esa clase de ocupaciones trascendentales no son prácticas. Por consiguiente, en el servicio devocional del Señor esas actividades prescritas se denominan *arcana*, o el proceso de ocupar todos los sentidos en el servicio del Señor. Los sentidos y la mente requieren de ocupaciones. La simple abnegación no es práctica. De modo que, para la generalidad de la gente, especialmente para aquellos que no están en la orden de vida de renuncia, la ocupación trascendental de los sentidos y la mente tal como se describió antes, es el proceso perfecto para el logro trascendental, que en *El Bhagavad-gītā* recibe el nombre de *yukta*.

TEXTO 19

यथा दीपो निवातस्थो नेङ्गते सोपमा स्मृता ।
योगिनो यतचित्तस्य युञ्जतो योगमात्मनः ॥१९॥

yathā dīpo nivāta-stho
neṅgate sopamā smṛtā
yogino yata-cittasya
yuñjato yogam ātmanaḥ

yathā—así como; *dīpaḥ*—una lámpara; *nivāta-sthaḥ*—en un lugar en el que no hay viento; *na*—no; *iṅgate*—tiembla; *sā*—esta; *upamā*—comparación; *smṛtā*—se considera; *yogīnaḥ*—del *yogī*; *yata-cittasya*—cuya mente está controlada; *yuñjataḥ*—constantemente dedicado; *yogam*—en meditación; *ātmanaḥ*—en la trascendencia.

TRADUCCIÓN

Así como una lámpara no tiembla en un lugar en el que no hay viento, así mismo el trascendentalista, cuya mente está controlada, siempre permanece fijo en su meditación en el ser trascendente.

SIGNIFICADO

Una persona verdaderamente consciente de Kṛṣṇa, siempre absorta en la trascendencia, en un estado constante e imperturbable de meditación en su venerable Señor, es tan estable como una lámpara en un lugar en el que no hay viento.

TEXTO 20-23

यत्रोपरमते चित्तं निरुद्धं योगसेवया ।
यत्र चैवात्मनात्मानं पश्यन्नात्मनि तुष्यति ॥२०॥

सुखमात्यन्तिकं यत्तद्बुद्धिग्राह्यमतीन्द्रियम् ।
वेत्ति यत्र न चैवायं स्थितश्चलति तत्त्वतः ॥२१॥
यं लब्ध्वा चापरं लाभं मन्यते नाधिकं ततः ।
यस्मिन्स्थितो न दुःखेन गुरुणापि विचाल्यते ॥२२॥
तं विद्याद्दुःखसंयोगवियोगं योगसंज्ञितम् ॥२३॥

yatroparamate cittaṁ
niruddhaṁ yoga-sevayā
yatra caivātmanātmānaṁ
paśyann ātmani tuṣyati

sukham ātyantikaṁ yat tad
buddhi-grāhyam atīndriyam
vetti yatra na caivāyaṁ
sthitaś calati tattvataḥ

yaṁ labdhvā cāparaṁ lābhaṁ
manyate nādhikaṁ tataḥ
yasmin sthito na duḥkhena
guruṇāpi vicālyate

taṁ vidyād duḥkha-saṁyoga-
viyogaṁ yoga-saṁjñitam

yatra—en ese estado de cosas en el que; *uparamate*—cesa (porque uno siente felicidad trascendental); *cittam*—actividades mentales; *niruddham*—absteniéndose de la materia; *yoga-sevayā*—mediante la ejecución de *yoga*; *yatra*—en que; *ca*—también; *eva*—ciertamente; *ātmanā*—por medio de la mente pura; *ātmānam*—el yo; *paśyan*—entendiendo la posición de; *ātmani*—en el yo; *tuṣyati*—uno se satisface; *sukham*—felicidad; *ātyantikam*—suprema; *yat*—la cual; *tat*—esa; *buddhi*—mediante la inteligencia; *grāhyam*—aceptable; *atīndriyam*—trascendental; *vetti*—uno sabe; *yatra*—en donde; *na*—nunca; *ca*—también; *eva*—ciertamente; *ayam*—él; *sthitaḥ*—situado; *calati*—se mueve; *tattvataḥ*—de la verdad; *yam*—aquello que; *labdhvā*—mediante el logro; *ca*—también; *aparam*—cualquier otro; *lābham*—beneficio; *manyate*—considera; *na*—nunca; *adhikam*—más; *tataḥ*—que eso; *yasmin*—en el cual; *sthitaḥ*—estando situado; *na*—nunca; *duḥkhena*—por sufrimientos; *guruṇā api*—aunque sea muy difícil; *vicālyate*—se desconcierta; *tam*—eso; *vidyāt*—has de saber; *duḥkha-saṁyoga*—de los sufrimientos del contacto material; *viyogam*—exterminación; *yoga-saṁjñitam* —llamado ''trance en *yoga*''.

TRADUCCIÓN

En la etapa de la perfección denominada trance, o samādhi, la mente de uno se abstiene por completo de las actividades mentales materiales, mediante la práctica del yoga. Esa perfección se caracteriza por la habilidad que tiene uno de ver el yo mediante la mente pura, y de disfrutar y regocijarse en el yo. En ese estado jubiloso, uno se sitúa en medio de una felicidad trascendental ilimitada, que se llega a experimentar a través de los sentidos trascendentales. Establecido así, uno nunca se aparta de la verdad, y al conseguir esto, piensa que no hay nada mejor. Al uno situarse en esa posición nunca se desconcierta, ni siquiera en medio de la mayor de las dificultades. Esto es en verdad estar libre de hecho de todos los sufrimientos que surgen del contacto material.

SIGNIFICADO

Mediante la práctica del *yoga*, uno se desapega gradualmente de los conceptos materiales. Ésa es la característica básica del fundamento del *yoga*. Y después de eso, uno se sitúa en el trance, o *samādhi*, que significa que el *yogī* llega a comprender a la Superalma a través de la mente y la inteligencia trascendentales, sin ninguno de los recelos que proceden de identificar el yo con el Superyo. La práctica del *yoga* está más o menos basada en los principios del sistema de Patañjali. Algunos comentaristas desautorizados tratan de identificar al alma individual con la Superalma, y los monistas creen que eso es la liberación, pero ellos no entienden cuál es la verdadera finalidad del sistema de *yoga* de Patañjali. En el sistema de Patañjali hay la aceptación del placer trascendental, pero los monistas no aceptan ese placer trascendental, por temor a comprometer la teoría de la unidad. El no dualista no acepta la dualidad del conocimiento y el conocedor, pero en este verso se acepta el placer trascendental que se llega a experimentar a través de sentidos trascendentales. Y esto lo corrobora Patañjali Muni, el famoso exponente del sistema de *yoga*. El gran sabio declara en sus *Yoga-sūtras* (3.34): *puruṣārtha-śūnyānāṁ guṇānāṁ pratiprasavaḥ kaivalyaṁ svarūpa-pratiṣṭhā vā citi-śaktir iti*.

Esta *citi-śakti*, o potencia interna, es trascendental. *Puruṣārtha* significa religiosidad material, desarrollo económico, complacencia de los sentidos y, al final, el intento de volverse uno con el Supremo. A esa "unidad con el Supremo" el monista le da el nombre de *kaivalyam*. Pero según Patañjali, esa *kaivalyam* es una potencia interna, o trascendental, mediante la cual la entidad viviente llega a conocer su posición constitucional. En palabras del Señor Caitanya, esa situación se denomina *ceto-darpaṇa-mārjanam*, o la limpieza del impuro espejo de la mente. Esa "limpieza" constituye en verdad la liberación, o *bhava-mahā-dāvāgni-nirvāpaṇam*. La teoría del *nirvāṇa* —que también es preliminar— corresponde con este principio. En el *Bhāgavatam* (2.10.6), esto se denomina *svarūpeṇa vyavasthitiḥ*. *El Bhagavad-gītā* también confirma esa situación en este verso.

Después del *nirvāṇa*, o del cese de lo material, se manifiestan las actividades espirituales, o el servicio devocional que se le presta al Señor, lo cual se conoce como conciencia de Kṛṣṇa. En palabras del *Bhāgavatam*: *svarūpeṇa vyavasthitiḥ*, ésa es la "verdadera vida de la entidad viviente". *Māyā*, o la ilusión, es la condición de la vida espiritual contaminada por la infección material. Liberarse de esa infección material no implica la destrucción de la posición original y eterna de la entidad viviente. Patañjali también acepta esto con sus palabras *kaivalyaṁ svarūpa-pratiṣṭhā vā citi-śaktir iti*. Este *citi-śakti*, o placer trascendental, constituye la verdadera vida. Eso se confirma en *El Vedānta-sūtra* (1.1.12) con las palabras *ānanda-mayo 'bhyāsāt*. Ese placer trascendental natural es la meta última del *yoga*, y se obtiene fácilmente mediante la ejecución del servicio devocional, o *bhakti-yoga*. El *bhakti-yoga* se describirá vívidamente en el Séptimo Capítulo de *El Bhagavad-gītā*.

En el sistema de *yoga*, tal como se describe en este capítulo, hay dos clases de *samādhi*, llamados *samprajñāta-samādhi* y *asamprajñāta-samādhi*. Cuando uno se sitúa en la posición trascendental por medio de diversas investigaciones filosóficas, se dice que ha logrado el *samprajñāta-samādhi*. En el *asamprajñāta-samādhi* deja de haber toda relación con el placer mundano, ya que entonces uno se vuelve trascendental a toda clase de felicidad que procede de los sentidos. En cuanto el *yogī* se sitúa en esa posición trascendental, jamás es movido de ella. A menos que el *yogī* logre alcanzar esa posición, no tiene éxito. La supuesta práctica de *yoga* de hoy en día, que entraña diversos placeres de los sentidos, es contradictoria. Un *yogī* que se entrega a la vida sexual y al consumo de sustancias estimulantes o embriagantes, es un hazmerreír. Incluso aquellos *yogīs* que están atraídos a los *siddhis* (las perfecciones) del proceso de *yoga*, no están en la posición perfecta. Si a los *yogīs* los atraen los subproductos del *yoga*, entonces no pueden alcanzar la etapa de la perfección, tal como se declara en este verso. Por consiguiente, las personas que se entregan a la práctica ostentosa de proezas gimnásticas o de *siddhis*, han de saber que la finalidad del *yoga* se pierde de ese modo.

En esta era, la mejor práctica de *yoga* la constituye el proceso de conciencia de Kṛṣṇa, el cual no es desconcertante. Una persona consciente de Kṛṣṇa se siente tan feliz en su ocupación, que no ambiciona ninguna otra felicidad. Existen muchos impedimentos —especialmente en esta era de hipocresía— para practicar *haṭha-yoga*, *dhyāna-yoga* y *jñāna-yoga*, pero ese problema no existe en la ejecución de *karma-yoga* o *bhakti-yoga*.

Mientras exista el cuerpo material, uno tiene que satisfacer las necesidades del mismo, es decir, comer, dormir, defenderse y aparearse. Pero una persona que se halla en estado de *bhakti-yoga* puro, o en estado de conciencia de Kṛṣṇa, no excita los sentidos mientras satisface las necesidades del cuerpo. Más bien, ella acepta las cosas básicas que se requieren en la vida, haciendo el mejor uso de una mala compra, y disfruta de una felicidad trascendental en el estado de conciencia de Kṛṣṇa. A ella la tienen sin cuidado los sucesos imprevistos —tales como los accidentes, las enfermedades, la escasez, e incluso la muerte de un pariente muy querido—, pero siempre está alerta en lo referente a ejecutar sus deberes de conciencia de Kṛṣṇa, o el *bhakti-yoga*. Los accidentes nunca la apartan de su deber. Como se afirma en *El Bhagavad-gītā* (2.14): *āgamāpāyino 'nityās tāṁs titikṣasva bhārata*. Ella soporta todos esos sucesos imprevistos, porque sabe que ellos van y vienen y no le afectan sus deberes. De ese modo, ella logra la máxima perfección en la práctica del *yoga*.

TEXTO 24

स निश्चयेन योक्तव्यो योगोऽनिर्विण्णचेतसा
संकल्पप्रभवान्कामांस्त्यक्त्वा सर्वानशेषतः।
मनसैवेन्द्रियग्रामं विनियम्य समन्ततः ॥२४॥

sa niścayena yoktavyo
yogo 'nirviṇṇa-cetasā
saṅkalpa-prabhavān kāmāṁs
tyaktvā sarvān aśeṣataḥ
manasaivendriya-grāmaṁ
viniyamya samantataḥ

saḥ—ese; *niścayena*—con firme determinación; *yoktavyaḥ*—debe practicarse; *yogaḥ*—el sistema de *yoga*; *anirviṇṇa-cetasā*—sin desviación; *saṅkalpa*—especulaciones mentales; *prabhavān*—nacido de; *kāmān*—deseos materiales; *tyaktvā*—abandonando; *sarvān*—todo; *aśeṣataḥ*—completamente; *manasā*—por medio de la mente; *eva*—ciertamente; *indriya-grāmam*—el conjunto completo de los sentidos; *viniyamya*—regulando; *samantataḥ*—por todas partes.

TRADUCCIÓN

Uno debe dedicarse a la práctica del yoga con determinación y fe, y no dejarse apartar de la senda. Uno debe abandonar, sin excepción, todos los deseos materiales nacidos de especulaciones mentales, y de ese modo controlar con la mente todos los sentidos, por todas partes.

SIGNIFICADO

El practicante de *yoga* debe ser determinado, y debe proseguir pacientemente con la práctica sin apartarse de ella. Uno debe estar seguro del éxito final y seguir esta senda con gran perseverancia, sin desanimarse si hay alguna demora en el logro del éxito. El éxito es seguro para el practicante estricto. En relación con el *bhakti-yoga*, Rūpa Gosvāmī dice:

utsāhān niścayād dhairyāt
tat-tat-karma-pravartanāt
saṅga-tyāgāt sato vṛtteḥ
ṣaḍbhir bhaktiḥ prasidhyati

''Uno puede tener éxito en la ejecución del proceso de *bhakti-yoga*, si lo realiza con pleno entusiasmo, perseverancia y determinación, siguiendo los deberes prescritos en compañía de los devotos, y dedicándose por entero a actividades propias de la bondad'' (*El Upadeśāmṛta* 3).

En lo que respecta a la determinación, uno debe seguir el ejemplo de la gorriona que perdió sus huevos con las olas del océano. Una vez, una gorriona puso sus huevos en la orilla del océano, y el gran océano se los llevó con sus olas. La gorriona se vio muy afectada y le pidió al océano que le regresara sus huevos. Pero el océano ni siquiera consideró su pedido. Así que, la gorriona decidió secar el océano. Ella comenzó a sacar el agua con su pequeño pico, y todo el mundo se rió de ella por su ridícula determinación. La noticia de su acción se difundió, y finalmente llegó a oídos de Garuḍa, la gigantesca ave transportadora del Señor Viṣṇu. Garuḍa se compadeció de su hermanita ave, por lo cual fue a visitarla. Garuḍa se sintió muy complacido con la determinación de la pequeña gorriona, y prometió ayudarla. Así pues, Garuḍa le pidió de inmediato al océano que le regresara los huevos, ya que si no, él mismo emprendería el trabajo de la gorriona. El océano se asustó con eso y devolvió los huevos. De ese modo, la gorriona pudo ser feliz por la gracia de Garuḍa.

Así mismo, la práctica del *yoga*, especialmente el *bhakti-yoga* con conciencia de Kṛṣṇa, puede que parezca una cuestión muy difícil. Pero si alguien sigue los principios con gran determinación, es seguro que el Señor lo ayudará, pues ''Dios ayuda a aquellos que se ayudan''.

TEXTO 25

शनैः शनैरुपरमेद्बुद्ध्या धृतिगृहीतया ।
आत्मसंस्थं मनः कृत्वा न किंचिदपि चिन्तयेत् ॥ २५ ॥

śanaiḥ śanair uparamed
buddhyā dhṛti-gṛhītayā
ātma-saṁsthaṁ manaḥ kṛtvā
na kiñcid api cintayet

śanaiḥ—gradualmente; *śanaiḥ*—paso a paso; *uparamet*—uno debe contenerse; *buddhyā*—mediante la inteligencia; *dhṛti-gṛhītayā*—llevado por la convicción; *ātma-saṁstham*—situado en la trascendencia; *manaḥ*—mente; *kṛtvā*—haciendo; *na*—nada; *kiñcit*—ninguna otra cosa; *api*—siquiera; *cintayet*—debe pensar en.

TRADUCCIÓN

Gradualmente, paso a paso, uno debe ponerse en trance mediante la inteligencia sostenida por una convicción total, y, de ese modo, la mente debe estar fija sólo en el ser, y no debe pensar en nada más.

SIGNIFICADO

Mediante la debida convicción e inteligencia, uno debe cesar gradualmente las actividades de los sentidos. Eso se denomina *pratyāhāra*. La mente, al ser controlada por la convicción, la meditación y el cese de las actividades de los sentidos, debe ponerse en trance, o *samādhi*. En ese momento deja de haber cualquier peligro de quedar envuelto en el concepto material de la vida. En otras palabras, aunque mientras exista el cuerpo material uno estará relacionado con la materia, no se debe pensar en la complacencia de los sentidos. Uno no debe pensar en ningún placer aparte del placer del Ser Supremo. Ese estado se alcanza fácilmente mediante la práctica directa del proceso de conciencia de Kṛṣṇa.

TEXTO 26

यतो यतो निश्चलति मनश्चञ्चलमस्थिरम् ।
ततस्ततो नियम्यैतदात्मन्येव वशं नयेत् ॥ २६ ॥

yato yato niścalati
manaś cañcalam asthiram
tatas tato niyamyaitad
ātmany eva vaśaṁ nayet

yataḥ yataḥ—dondequiera; *niścalati*—en verdad se agita; *manaḥ*—la mente; *cañcalam*—vacilante; *asthiram*—inestable; *tataḥ tataḥ*—de ahí; *niyamya*—regulando; *etat*—este; *ātmani*—en el yo; *eva*—ciertamente; *vaśam*—control; *nayet*—debe poner bajo.

TRADUCCIÓN

De lo que sea y de dondequiera en que la mente deambule debido a su naturaleza vacilante e inestable, uno debe sin duda apartarla y ponerla de nuevo bajo el control del yo.

SIGNIFICADO

La mente es vacilante e inestable por naturaleza. Pero un *yogī* autorrealizado tiene que controlar la mente; la mente no debe controlarlo a él. Aquel que controla la mente (y, en consecuencia, también los sentidos) recibe el nombre de *gosvāmī*, o *svāmī*, y aquel que es controlado por la mente recibe el nombre de *go-dāsa*, o sirviente de los sentidos. El *gosvāmī* conoce la pauta de la felicidad de los sentidos. En el ámbito de la felicidad trascendental de los sentidos, éstos se hallan dedicados al servicio de Hṛṣīkeśa, o el propietario supremo de los sentidos —Kṛṣṇa—. Servir a Kṛṣṇa con sentidos purificados se denomina conciencia de Kṛṣṇa. Ésa es la manera de controlar los sentidos por completo. Y lo que es más, eso constituye la máxima perfección de la práctica del *yoga*.

TEXTO 27

प्रशान्तमनसं ह्येनं योगिनं सुखमुत्तमम् ।
उपैति शान्तरजसं ब्रह्मभूतमकल्मषम् ॥ २७ ॥

praśānta-manasaṁ hy enaṁ
yoginām̐ sukham uttamam
upaiti śānta-rajasaṁ
brahma-bhūtam akalmaṣam

praśānta—apacible, fijo en los pies de loto de Kṛṣṇa; *manasam*—cuya mente; *hi*—ciertamente; *enam*—este; *yoginam*—*yogī*; *sukham*—felicidad; *uttamam*—lo máximo; *upaiti*—logra; *śānta-rajasam*—su pasión apaciguada; *brahma-bhūtam*—liberarse mediante la identificación con el Absoluto; *akalmaṣam*—libre de toda reacción pecaminosa pasada.

TRADUCCIÓN

El yogī cuya mente está fija en Mí, logra en verdad la máxima perfección de la felicidad trascendental. Él está más allá de la modalidad de la pasión, comprende su identidad cualitativa con el Supremo, y, en consecuencia, está libre de todas las reacciones de las acciones pasadas.

SIGNIFICADO

Brahma-bhūta es el estado en que uno se halla libre de la contaminación material y se halla situado en el servicio trascendental del Señor. *Mad-bhaktiṁ labhate parām* (Bg. 18.54). Uno no puede mantener la calidad del Brahman, el Absoluto, hasta que tenga la mente fija en los pies de loto del Señor. *Sa vai manaḥ kṛṣṇa-padāravindayoḥ*. Estar dedicado siempre al amoroso y trascendental servicio del Señor, o permanecer en estado de conciencia de Kṛṣṇa, es estar verdaderamente liberado de la modalidad de la pasión y de toda contaminación material.

TEXTO 28

युञ्जन्नेवं सदात्मानं योगी विगतकल्मषः ।
सुखेन ब्रह्मसंस्पर्शमत्यन्तं सुखमश्नुते ॥२८॥

yuñjann evaṁ sadātmānaṁ
yogī vigata-kalmaṣaḥ
sukhena brahma-saṁsparśam
atyantaṁ sukham aśnute

yuñjan—dedicándose a la práctica del *yoga*; *evam*—así pues; *sadā*—siempre; *ātmānam*—el yo; *yogī*—aquel que está en contacto con el Ser Supremo; *vigata*—libre de; *kalmaṣaḥ*—toda contaminación material; *sukhena*—en la felicidad trascendental; *brahma-saṁsparśam*—estando en constante contacto con el Supremo; *atyantam*—la máxima; *sukham*—felicidad; *aśnute*—alcanza.

TRADUCCIÓN

De ese modo, el yogī autocontrolado, dedicado constantemente a la práctica del yoga, se libra de toda contaminación material y alcanza la máxima etapa de la felicidad perfecta, en el servicio amoroso y trascendental que le presta al Señor.

SIGNIFICADO

Autorrealización significa que uno conozca su posición constitucional en relación con el Supremo. El alma individual es parte integral del Supremo, y su posición es la de prestarle un servicio trascendental al Señor. Ese contacto trascendental que se tiene con el Supremo se denomina *brahma-saṁsparśa*.

TEXTO 29

सर्वभूतस्थमात्मानं सर्वभूतानि चात्मनि ।
ईक्षते योगयुक्तात्मा सर्वत्र समदर्शनः ॥२९॥

sarva-bhūta-stham ātmānaṁ
sarva-bhūtāni cātmani
īkṣate yoga-yuktātmā
sarvatra sama-darśanaḥ

sarva-bhūta-stham—situado en todos los seres; *ātmānam*—la Superalma; *sarva*—todas; *bhūtāni*—las entidades; *ca*—también; *ātmani*—en el Ser;

īkṣate—ve; *yoga-yukta-ātmā*—aquel que está acoplado con el proceso de conciencia de Kṛṣṇa; *sarvatra*—en todas partes; *sama-darśanaḥ*—viendo igual.

TRADUCCIÓN

Un verdadero yogī Me observa a Mí en todos los seres, y también ve a todo ser en Mí. En verdad, la persona autorrealizada Me ve a Mí, el mismo Señor Supremo, en todas partes.

SIGNIFICADO

Un *yogī* consciente de Kṛṣṇa es el vidente perfecto, porque ve a Kṛṣṇa, el Supremo, situado en el corazón de todos como la Superalma (Paramātmā). *Īśvaraḥ sarva-bhūtānāṁ hṛd-deśe 'rjuna tiṣṭhati*. El Señor, en Su aspecto de Paramātmā, está situado tanto en el corazón del perro como en el del *brāhmaṇa*. El *yogī* perfecto sabe que el Señor es trascendental eternamente, y que Su presencia, ya sea en un perro o en un *brāhmaṇa*, no lo afecta de un modo material. He ahí la neutralidad suprema del Señor. El alma individual también está situada en el corazón individual, pero no está presente en todos los corazones. Ésa es la diferencia que hay entre el alma individual y la Superalma. Aquel que de hecho no se encuentra practicando *yoga*, no puede ver con tanta claridad. Una persona consciente de Kṛṣṇa puede ver a Kṛṣṇa tanto en el corazón del creyente como del no creyente. Eso se confirma en el *smṛti* de la siguiente manera: *ātatatvāc ca mātṛtvāc ca ātmā hi paramo hariḥ*. Como el Señor es la fuente de todos los seres, es como la madre y el sustentador. Así como la madre es neutral en medio de todas las diferentes clases de hijos que tenga, así mismo ocurre en el caso del Padre (o Madre) Supremo. En consecuencia, la Superalma siempre está en todo ser viviente.

Además, desde un punto de vista externo, todo ser viviente está situado en el seno de la energía del Señor. Como se explicará en el Séptimo Capítulo, el Señor tiene fundamentalmente dos energías: la espiritual (o superior) y la material (o inferior). La entidad viviente, si bien es parte de la energía superior, es condicionada por la energía inferior; la entidad viviente siempre se halla en el seno de la energía del Señor. Cada entidad viviente está situada en Él de una manera u otra.

El *yogī* ve a todos con la misma visión, porque ve que todas las entidades vivientes, aunque se encuentran en diferentes situaciones según los resultados del trabajo fruitivo, en todas las circunstancias permanecen como sirvientes de Dios. Mientras la entidad viviente se halla en el seno de la energía material, sirve a los sentidos materiales; y mientras se halla en el seno de la energía espiritual, sirve al Señor Supremo directamente. En cualquiera de los dos casos, la entidad viviente es el sirviente de Dios. Esta visión de igualdad es perfecta en una persona que se encuentra en estado de conciencia de Kṛṣṇa.

TEXTO 30

यो मां पश्यति सर्वत्र सर्वं च मयि पश्यति ।
तस्याहं न प्रणश्यामि स च मे न प्रणश्यति ॥३०॥

yo māṁ paśyati sarvatra
sarvaṁ ca mayi paśyati
tasyāhaṁ na praṇaśyāmi
sa ca me na praṇaśyati

yaḥ—quienquiera; *mām*—a Mí; *paśyati*—ve; *sarvatra*—en todas partes; *sarvam*—todo; *ca*—y; *mayi*—en Mí; *paśyati*—ve; *tasya*—para él; *aham*—Yo; *na*—no; *praṇaśyāmi*—estoy perdido; *saḥ*—él; *ca*—también; *me*—a Mí; *na*—ni; *praṇaśyati*—está perdido.

TRADUCCIÓN

Aquel que Me ve en todas partes y que ve todo en Mí, Yo nunca lo pierdo a él, y él nunca Me pierde a Mí.

SIGNIFICADO

Una persona que posee conciencia de Kṛṣṇa, sin duda que ve al Señor Kṛṣṇa en todas partes, y ve todo en Kṛṣṇa. Puede que dé la impresión de que esa persona ve todas las manifestaciones separadas de la naturaleza material, pero en todos y cada uno de los casos está consciente de Kṛṣṇa, sabiendo que todo es una manifestación de la energía de Kṛṣṇa. Nada puede existir sin Kṛṣṇa, y Kṛṣṇa es el Señor de todo. Ése es el principio básico del proceso de conciencia de Kṛṣṇa. Conciencia de Kṛṣṇa es el desarrollo de amor por Kṛṣṇa, lo cual es una posición trascendental incluso respecto a la liberación material. En esa etapa de conciencia de Kṛṣṇa, más allá de la autorrealización, el devoto se vuelve uno con Kṛṣṇa, en el sentido de que Kṛṣṇa se vuelve todo para el devoto, y el devoto se llena de amor por Kṛṣṇa. Así llega a existir, entonces, una relación íntima entre el Señor y el devoto. En esa etapa, la entidad viviente nunca puede ser aniquilada, ni la Personalidad de Dios deja jamás de estar a la vista del devoto. Fundirse en Kṛṣṇa constituye la aniquilación espiritual. El devoto no corre ese riesgo. En *El Brahma-saṁhitā* (5.38) se afirma:

premāñjana-cchurita-bhakti-vilocanena
santaḥ sadaiva hṛdayeṣu vilokayanti
yaṁ śyāmasundaram acintya-guṇa-svarūpaṁ
govindam ādi-puruṣaṁ tam ahaṁ bhajāmi

"Adoro a Govinda, el Señor primordial, a quien siempre ve el devoto cuyos ojos están ungidos con el ungüento del amor. A Él se lo ve en Su eterna forma de Śyāmasundara, situado en el corazón del devoto".

En esa etapa, el Señor Kṛṣṇa nunca desaparece de ante la vista del devoto, y el devoto jamás pierde de vista al Señor. En el caso de un *yogī* que ve al Señor como el Paramātmā que está en el corazón, se aplica lo mismo. Ese *yogī* se convierte en un devoto puro, y no puede soportar el hecho de vivir ni por un momento sin ver al Señor dentro de sí.

TEXTO 31

सर्वभूतस्थितं यो मां भजत्येकत्वमास्थितः ।
सर्वथा वर्तमानोऽपि स योगी मयि वर्तते ॥ ३१ ॥

sarva-bhūta-sthitaṁ yo māṁ
bhajaty ekatvam āsthitaḥ
sarvathā vartamāno 'pi
sa yogī mayi vartate

sarva-bhūta-sthitam—situado en el corazón de todos; *yaḥ*—aquel que; *mām*—a Mí; *bhajati*—sirve mediante el servicio devocional; *ekatvam*—en la unidad; *āsthitaḥ*—situado; *sarvathā*—en todos los aspectos; *vartamānaḥ*—estando situado; *api*—a pesar de; *saḥ*—él; *yogī*—el trascendentalista; *mayi*—en Mí; *vartate*—permanece.

TRADUCCIÓN

Un yogī como ése, que se dedica al venerable servicio de la Superalma sabiendo que Yo y la Superalma somos uno, permanece siempre en Mí en todas las circunstancias.

SIGNIFICADO

Un *yogī* que practica el proceso de meditar en la Superalma, ve dentro de sí la porción plenaria de Kṛṣṇa como Viṣṇu —con cuatro manos, en las que lleva la caracola, la rueda, la maza y la flor de loto— . El *yogī* debe saber que Viṣṇu no es diferente de Kṛṣṇa. Kṛṣṇa, en esa forma de la Superalma, se encuentra en el corazón de todos. Además, no hay ninguna diferencia entre las innumerables Superalmas que se hallan presentes en los innumerables corazones de las entidades vivientes. Ni tampoco hay diferencia entre una persona consciente de Kṛṣṇa que siempre está dedicada al amoroso servicio trascendental de Kṛṣṇa, y un *yogī* perfecto que se dedica a meditar en la Superalma. El *yogī* con conciencia de Kṛṣṇa, aunque puede que esté dedicado a diversas actividades mientras se encuentra en la existencia material, siempre permanece situado en Kṛṣṇa. Eso se confirma en *El Bhakti-rasāmṛta-sindhu* (1.2.187) de Śrīla Rūpa Gosvāmī: *nikhilāsv apy avasthāsu jīvan-muktaḥ sa ucyate*. El devoto del Señor, que actúa siempre con conciencia de Kṛṣṇa, se libera automáticamente. En *El Nārada-pañcarātra*, ello se confirma de la siguiente manera:

dik-kālādy-anavacchinne
kṛṣṇe ceto vidhāya ca
tan-mayo bhavati kṣipraṁ
jīvo brahmaṇi yojayet

"Si uno concentra la atención en la trascendental forma de Kṛṣṇa, quien es omnipresente y está más allá del tiempo y el espacio, uno se absorbe en pensar en Kṛṣṇa, y llega entonces al estado feliz en el que se tiene la trascendental compañía de Él".

El estado de conciencia de Kṛṣṇa constituye la máxima etapa de trance que hay en la práctica del *yoga*. El propio conocimiento de que Kṛṣṇa está presente como Paramātmā en el corazón de todos, vuelve al *yogī* inmaculado. Los *Vedas* (*El Gopāla-tāpanī Upaniṣad* 1.21) confirman de la siguiente manera esa inconcebible potencia del Señor: *eko 'pi san bahudhā yo 'vabhāti*. "Aunque el Señor es uno, en forma de muchos Él se halla presente en innumerables corazones". De igual modo, en el *smṛti-śāstra* se dice:

eka eva paro viṣṇuḥ
sarva-vyāpī na saṁśayaḥ
aiśvaryād rūpam ekaṁ ca
sūrya-vat bahudheyate

"Viṣṇu es uno, y, aun así, es sin duda omnipresente. Mediante Su inconcebible potencia y a pesar de Su única forma, Él está presente en todas partes, tal como el Sol aparece en muchos lugares al mismo tiempo".

TEXTO 32

आत्मौपम्येन सर्वत्र समं पश्यति योऽर्जुन ।
सुखं वा यदि वा दुःखं स योगी परमो मतः ॥ ३२ ॥

ātmaupamyena sarvatra
samaṁ paśyati yo 'rjuna
sukhaṁ vā yadi vā duḥkhaṁ
sa yogī paramo mataḥ

ātma—con su yo; *aupamyena*—mediante la comparación; *sarvatra*—en todas partes; *samam*—igualmente; *paśyati*—ve; *yaḥ*—aquel que; *arjuna*—¡oh, Arjuna!; *sukham*—felicidad; *vā*—o; *yadi*—si; *vā*—o; *duḥkham*—aflicción; *saḥ*—ese; *yogī*—un trascedentalista; *paramaḥ*—perfecto; *mataḥ*—se considera.

TRADUCCIÓN

¡Oh, Arjuna!, aquel que, mediante la comparación con su propio ser, ve la verdadera igualdad de todos los seres tanto en su felicidad como en su aflicción, es un yogī perfecto.

SIGNIFICADO

Aquel que está consciente de Kṛṣṇa es un *yogī* perfecto; él está consciente de la felicidad y la aflicción de todos, en virtud de su propia experiencia personal. La causa de la aflicción de una entidad viviente la constituye el olvido de la relación que ella tiene con Dios. Y la causa de la felicidad la constituye el hecho de saber que Kṛṣṇa es el disfrutador supremo de todas las actividades del ser humano, el propietario de todas las tierras y de todos los planetas, y el amigo más sincero de todas las entidades vivientes. El *yogī* perfecto sabe que el ser viviente, quien está condicionado por las modalidades de la naturaleza material, está supeditado al triple sufrimiento material, debido al olvido de la relación que tiene con Kṛṣṇa. Como aquel que está consciente de Kṛṣṇa es feliz, trata de distribuir el conocimiento de Kṛṣṇa por todas partes. Puesto que el *yogī* perfecto trata de divulgar la importancia de volverse consciente de Kṛṣṇa, él es el mejor filántropo del mundo y es el servidor más querido por el Señor. *Na ca tasmān manuṣyeṣu kaścin me priya-kṛttamaḥ* (Bg. 18.69). En otras palabras, el devoto del Señor siempre vela por el bienestar de todas las entidades vivientes, y, de ese modo, él es en verdad el amigo de todo el mundo. Él es el mejor *yogī*, porque no desea la perfección del *yoga* para su beneficio personal, sino que se esfuerza también por los demás. Él no envidia a sus semejantes. He aquí un contraste entre el devoto puro del Señor y un *yogī* que sólo está interesado en su elevación personal. El *yogī* que se ha retirado a un lugar apartado con el fin de meditar perfectamente, puede que no sea tan perfecto como un devoto que está tratando lo mejor que puede de hacer que cada hombre se vuelva hacia el cultivo de conciencia de Kṛṣṇa.

TEXTO 33

अर्जुन उवाच ।
योऽयं योगस्त्वया प्रोक्तः साम्येन मधुसूदन ।
एतस्याहं न पश्यामि चञ्चलत्वात्स्थितिं स्थिराम् ॥ ३३ ॥

arjuna uvāca
yo 'yaṁ yogas tvayā proktaḥ
sāmyena madhusūdana
etasyāhaṁ na paśyāmi
cañcalatvāt sthitiṁ sthirām

arjunaḥ uvāca—Arjuna dijo; *yaḥ ayam*—este sistema; *yogaḥ*—misticismo; *tvayā*—por Ti; *proktaḥ*—descrito; *sāmyena*—generalmente; *madhu-sūdana*—¡oh, aniquilador del demonio Madhu!; *etasya*—de esto; *aham*—yo; *na*—no; *paśyāmi*—veo; *cañcalatvāt*—a causa de ser inquieto; *sthitim*—situación; *sthirām*—estable.

TRADUCCIÓN

Arjuna dijo: ¡Oh, Madhusūdana!, el sistema de yoga que has resumido me parece impráctico e intolerable, ya que la mente es inquieta e inestable.

SIGNIFICADO

El sistema de misticismo que el Señor Kṛṣṇa le describió a Arjuna, comenzando con las palabras *śucau deśe* y concluyendo con *yogī paramaḥ*, es aquí rechazado por Arjuna a causa de un sentimiento de incapacidad. En esta era de Kali, no es posible que un hombre ordinario abandone el hogar y se vaya a practicar *yoga* a un lugar recluido en las montañas o en las selvas. La era actual se caracteriza por una lucha encarnizada en aras de una vida de corta duración. La gente no está interesada en la autorrealización ni siquiera por medios prácticos y sencillos, y ni qué hablar de este difícil sistema de *yoga*, que regula el estilo de vida, la manera de sentarse, la elección del lugar y el proceso de desapegar la mente de las ocupaciones materiales. Arjuna, como hombre práctico que era, consideró que era imposible seguir ese sistema de *yoga*, aunque él tenía muchas cosas a su favor. Él pertenecía a la familia real y estaba muy elevado en base a numerosas cualidades; era un gran guerrero, tenía una gran longevidad y, por encima de todo, era el amigo más íntimo del Señor Kṛṣṇa, la Suprema Personalidad de Dios. Hace cinco mil años, Arjuna tenía facilidades mucho mejores que las que tenemos hoy en día, y aun así rehusó aceptar ese sistema de *yoga*. En efecto, no encontramos ninguna mención en la historia de que lo haya practicado en ningún momento. Por consiguiente, se debe considerar que ese sistema es, en general, algo imposible en esta era de Kali. Desde luego que les puede resultar posible a unos cuantos hombres muy escogidos, pero para la generalidad de la gente es una proposición imposible. Si esto era así hace cinco mil años, ¿qué podemos decir, entonces, de los tiempos modernos? Aquellos que están imitando este sistema de *yoga* en supuestas escuelas y sociedades diversas, aunque están satisfechos de sí mismos, sin duda que están perdiendo el tiempo. Ellos ignoran por completo cuál es la meta que se busca.

TEXTO 34

चञ्चलं हि मनः कृष्ण प्रमाथि बलवद्दृढम् ।
तस्याहं निग्रहं मन्ये वायोरिव सुदुष्करम् ॥३४॥

cañcalaṁ hi manaḥ kṛṣṇa
pramāthi balavad dṛḍham
tasyāhaṁ nigrahaṁ manye
vāyor iva su-duṣkaram

cañcalam—vacilante; *hi*—ciertamente; *manaḥ*—mente; *kṛṣṇa*—¡oh, Kṛṣṇa!; *pramāthi*—agitadora; *bala-vat*—fuerte; *dṛḍham*—obstinada; *tasya*—su; *aham*—yo; *nigraham*—sometiendo; *manye*—pienso; *vāyoḥ*—del viento; *iva*—como; *su-duṣkaram*—difícil.

TRADUCCIÓN

Porque la mente es inquieta, turbulenta, obstinada y muy fuerte, ¡oh, Kṛṣṇa!, y someterla, creo yo, es más difícil que controlar el viento.

SIGNIFICADO

La mente es tan fuerte y obstinada, que a veces domina la inteligencia, aunque se supone que la mente debe estar subordinada a la inteligencia. Para un hombre que se encuentra en el mundo práctico y que tiene que luchar contra muchísimos elementos contrarios, es sin duda muy difícil controlar la mente. Puede que de un modo artificial uno establezca un equilibrio mental tanto con el amigo como con el enemigo, pero en fin de cuentas ningún hombre mundano puede hacerlo, ya que eso es más difícil que controlar la furia del viento. En las Escrituras védicas (*El Kaṭha Upaniṣad* 1.3.3–4) se dice:

ātmānaṁ rathinaṁ viddhi
śarīraṁ ratham eva ca
buddhiṁ tu sārathiṁ viddhi
manaḥ pragraham eva ca

indriyāṇi hayān āhur
viṣayāṁs teṣu go-carān
ātmendriya-mano-yuktaṁ
bhoktety āhur manīṣiṇaḥ

"El individuo es el pasajero que va en el coche del cuerpo material, y la inteligencia es el conductor. La mente es el instrumento con el que se conduce, y los sentidos son los caballos. Por lo tanto, el yo es el que disfruta o sufre en compañía de la mente y los sentidos. Así lo entienden los grandes pensadores". Se supone que la inteligencia debe dirigir a la mente, pero la mente es tan fuerte y obstinada, que a menudo domina la inteligencia de uno, tal como una infección muy aguda puede superar la eficacia de la medicina. Ese elemento tan fuerte que es la mente, se supone que se controla mediante la práctica del *yoga*, pero ese método nunca es práctico para una persona del mundo, como lo era Arjuna. Y, ¿qué podemos decir del hombre moderno? El símil que se usa aquí es idóneo: uno no puede capturar una ráfaga de viento. Y aún es más difícil capturar la mente turbulenta. La manera más sencilla de controlar la mente, según lo sugirió el Señor Caitanya, la constituye el canto de "Hare Kṛṣṇa" con toda humildad, el gran *mantra* de la liberación. El método que se prescribe es *sa vai manaḥ kṛṣṇa-padāravindayoḥ*: uno debe ocupar la mente en Kṛṣṇa por completo. Sólo entonces dejarán de haber más ocupaciones que agiten la mente.

TEXTO 35

श्रीभगवानुवाच ।
असंशयं महाबाहो मनो दुर्निग्रहं चलम् ।
अभ्यासेन तु कौन्तेय वैराग्येण च गृह्यते ॥३५॥

śrī-bhagavān uvāca
asaṁśayaṁ mahā-bāho
mano durnigrahaṁ calam
abhyāsena tu kaunteya
vairāgyeṇa ca gṛhyate

śrī-bhagavān uvāca—la Personalidad de Dios dijo; *asaṁśayam*—indudablemente; *mahā-bāho*—¡oh, tú, el de los poderosos brazos!; *manaḥ*—la mente; *durnigraham*—difícil de contener; *calam*—vacilante; *abhyāsena*—mediante la práctica; *tu*—pero; *kaunteya*—¡oh, hijo de Kuntī!; *vairāgyeṇa*—mediante el desapego; *ca*—también; *gṛhyate*—se puede controlar de ese modo.

TRADUCCIÓN

El Señor Śrī Kṛṣṇa dijo: ¡Oh, tú, hijo de Kuntī, el de los poderosos brazos!, contener la inquieta mente es sin duda algo muy difícil de hacer, pero ello es posible mediante la práctica adecuada y el desapego.

SIGNIFICADO

La Personalidad de Dios acepta que es difícil controlar la obstinada mente, tal como lo expresó Arjuna. Pero, al mismo tiempo, sugiere que mediante la práctica y el desapego ello puede lograrse. Y, ¿en qué consiste esa práctica? En la era actual, nadie puede observar las estrictas reglas de irse a un lugar sagrado, enfocar la mente en la Superalma, contener los sentidos y la mente, ser célibe, permanecer solo, etc. Sin embargo, mediante la práctica del proceso de conciencia de Kṛṣṇa, uno se ocupa en nueve tipos de servicios devocionales que se le prestan al Señor. La primera y principal de esas ocupaciones devocionales la constituye el oír hablar de Kṛṣṇa. Ése es un método trascendental muy poderoso para depurar la mente de todos los recelos. Cuanto más se oye hablar de Kṛṣṇa, más se ilumina uno y se desapega de todo lo que a la mente la aparte de Kṛṣṇa. Al desapegar la mente de actividades que no están consagradas al Señor, se vuelve muy fácil aprender *vairāgya*. *Vairāgya* significa desapegarse de la materia y hacer que la mente se dedique al espíritu. El desapego espiritual impersonal es más difícil que apegar la mente a las actividades de Kṛṣṇa. Esto es algo práctico, porque, al oír hablar de Kṛṣṇa, uno se apega automáticamente al Espíritu Supremo. Ese apego se denomina *pareśānubhūti*, satisfacción espiritual. Es exactamente igual que el sentimiento de satisfacción que al hombre hambriento le produce cada bocado de comida que ingiere. Cuanto más uno come mientras está hambriento, más siente satisfacción y fuerza. De igual modo, mediante el desempeño del servicio devocional se siente una satisfacción trascendental, a medida que la mente se va desapegando de los objetivos materiales. Es algo así como curar una enfermedad por medio de un tratamiento experto y una dieta adecuada. Así pues, el oír hablar de las actividades trascendentales del Señor Kṛṣṇa es el tratamiento experto para la mente enajenada, y el consumo de la comida que se le ha ofrecido a Kṛṣṇa es la dieta adecuada para el paciente que sufre. Ese tratamiento constituye el proceso de conciencia de Kṛṣṇa.

TEXTO 36

असंयतात्मना योगो दुष्प्राप इति मे मतिः ।
वश्यात्मना तु यतता शक्योऽवाप्तुमुपायतः ॥३६॥

asaṁyatātmanā yogo
duṣprāpa iti me matiḥ
vaśyātmanā tu yatatā
śakyo 'vāptum upāyataḥ

asaṁyata—desenfrenada; *ātmanā*—mediante la mente; *yogaḥ*—autorrealización; *duṣprāpaḥ*—difícil de obtener; *iti*—así pues; *me*—Mi; *matiḥ*—opinión; *vaśya*—controlada; *ātmanā*—mediante la mente; *tu*—pero; *yatatā*—mientras se esfuerza; *śakyaḥ*—práctico; *avāptum*—para conseguir; *upāyataḥ*—por medios adecuados.

TRADUCCIÓN

Para aquel que tiene la mente desenfrenada, la autorrealización es una labor difícil. Pero aquel que tiene la mente controlada y que se esfuerza por los medios adecuados, tiene asegurado el éxito. Ésa es Mi opinión.

SIGNIFICADO

La Suprema Personalidad de Dios declara que, aquel que no acepta el tratamiento indicado para desapegar la mente de la ocupación material, difícilmente puede lograr el éxito en lo que se refiere a la autorrealización. Tratar de practicar *yoga* mientras se ocupa la mente en el goce material, es como tratar de encender un fuego mientras se vierte agua en él. La práctica de *yoga* sin control de la mente es una pérdida de tiempo. Esa exhibición de práctica de *yoga* puede que sea lucrativa desde el punto de vista material, pero es inútil en lo que respecta a la comprensión espiritual. Por lo tanto, uno debe controlar la mente ocupándola de modo constante en el trascendental servicio amoroso del Señor. A menos que uno esté ocupado en el proceso de conciencia de Kṛṣṇa, no puede controlar la mente de una manera constante. Una persona consciente de Kṛṣṇa obtiene fácilmente el resultado de la práctica del *yoga* sın hacer un esfuerzo separado, pero un practicante de *yoga* no puede lograr el éxito sin volverse consciente de Kṛṣṇa.

TEXTO 37

अर्जुन उवाच ।
अयतिः श्रद्धयोपेतो योगाच्चलितमानसः ।
अप्राप्य योगसंसिद्धिं कां गतिं कृष्ण गच्छति ॥३७॥

arjuna uvāca
ayatiḥ śraddhayopeto
yogāc calita-mānasaḥ
aprāpya yoga-saṁsiddhiṁ
kāṁ gatiṁ kṛṣṇa gacchati

arjunaḥ uvāca—Arjuna dijo; *ayatiḥ*—el trascendentalista que fracasa; *sraddhayā*—con fe; *upetaḥ*—dedicado; *yogāt*—del vínculo místico; *calita*—apartado; *mānasaḥ*—de aquel que tiene esa mentalidad; *aprāpya*—que no logra; *yoga-saṁsiddhim*—la máxima perfección del misticismo; *kām*—qué; *gatim*—destino; *kṛṣṇa*—¡oh, Kṛṣṇa!; *gacchati*—alcanza.

TRADUCCIÓN

Arjuna dijo: ¡Oh, Kṛṣṇa!, ¿cuál es el destino del trascendentalista que fracasa, quien al principio emprende el proceso de la autorrealización con fe, pero que luego desiste debido a una mentalidad mundana, y que por ello no logra la perfección en el misticismo?

SIGNIFICADO

La senda de la autorrealización o del misticismo se describe en *El Bhagavad-gītā*. El principio básico de la autorrealización lo constituye el conocimiento de que la entidad viviente no es este cuerpo material, sino que es diferente de él, y que su felicidad se halla en la vida, bienaventuranza y conocimiento eternos. Esas cosas son trascendentales y se encuentran más allá tanto del cuerpo como de la mente. La autorrealización se busca mediante la senda del conocimiento, mediante la práctica del sistema óctuple o mediante el *bhakti-yoga*. En cada uno de esos procesos se tiene que llegar a comprender la posición constitucional de la entidad viviente, su relación con Dios, y las actividades mediante las cuales ella puede restablecer el vínculo perdido y alcanzar la máxima etapa perfecta del proceso de conciencia de Kṛṣṇa. Si se sigue cualquiera de los tres métodos antedichos, es seguro que tarde o temprano se llegará a la meta suprema. Eso lo indicó el Señor en el Segundo Capítulo: hasta un pequeño esfuerzo que se haga en la senda trascendental, brinda una gran esperanza para la redención. De estos tres métodos, la senda del *bhakti-yoga* es especialmente adecuada para esta era, porque es el método más directo para comprender a Dios. Para estar doblemente seguro, Arjuna le está pidiendo al Señor Kṛṣṇa que confirme Su declaración anterior. Puede que uno acepte sinceramente la senda de la autorrealización, pero el proceso del cultivo del conocimiento y la práctica del sistema de *yoga* óctuple son por lo general cosas muy difíciles para esta época. En consecuencia, a pesar del esfuerzo constante, puede que uno fracase por muchas razones. Primero que todo, puede que uno no esté suficientemente interesado en seguir el proceso. Seguir la senda trascendental es más o menos declararle la guerra a la energía ilusoria. Por lo tanto, siempre que una persona trata de escaparse de las garras de la energía ilusoria, esta última trata de derrotar al practicante por medio de diversas seducciones. El alma condicionada ya está seducida por las modalidades de la energía material, y hay muchas posibilidades de ser seducido de nuevo, incluso mientras se ejecutan disciplinas trascendentales. Eso se denomina *yogāc calita-mānasaḥ*: apartarse de la senda trascendental. Arjuna está interesado en saber cuáles son los resultados de apartarse del sendero de la autorrealización.

TEXTO 38

कच्चिन्नोभयविभ्रष्टश्छिन्नाभ्रमिव नश्यति ।
अप्रतिष्ठो महाबाहो विमूढो ब्रह्मणः पथि ॥३८॥

kaccin nobhaya-vibhraṣṭaś
chinnābhram iva naśyati
apratiṣṭho mahā-bāho
vimūḍho brahmaṇaḥ pathi

kaccit—ya sea; *na*—no; *ubhaya*—ambos; *vibhraṣṭaḥ*—apartado de; *chinna*—desgarrada; *abhram*—nube; *iva*—como; *naśyati*—perece; *apratiṣṭhaḥ*—sin ninguna posición; *mahā-bāho*—¡oh, Kṛṣṇa, el de los poderosos brazos!; *vimūḍhaḥ*—confundido; *brahmaṇaḥ*—de la trascendencia; *pathi*—en la senda.

TRADUCCIÓN

¡Oh, Kṛṣṇa, el de los poderosos brazos!, ¿no es cierto que ese hombre, que se encuentra confundido en el sendero de la trascendencia, se aleja tanto del éxito espiritual como del material, y perece como una nube que se dispersa, sin ninguna posición en ninguna esfera?

SIGNIFICADO

Existen dos maneras de progresar. Aquellos que son materialistas, no tienen ningún interés en la trascendencia; por consiguiente, ellos están más interesados en el adelanto material mediante el desarrollo económico, o en la promoción a los planetas superiores mediante el trabajo adecuado. Cuando uno emprende el sendero de la trascendencia, tiene que suspender todas las actividades materiales y sacrificar todas las formas de supuesta felicidad material. Si el trascendentalista aspirante fracasa, entonces parece ser que pierde de las dos maneras; en otras palabras, ni puede disfrutar de la felicidad material, ni del éxito espiritual. Él no tiene ninguna posición; es como una nube que se dispersa. A veces, una nube del cielo se aparta de una nube pequeña y se une a una grande. Pero, si no puede unirse a una grande, entonces el viento la arrastra, y la nube desaparece en el vasto cielo. El *brahmaṇaḥ pathi* es el sendero que lleva a la comprensión trascendental a través del hecho de saber que uno es espiritual en esencia, parte integral del Señor Supremo, quien se manifiesta como Brahman, Paramātmā y Bhagavān. El Señor Śrī Kṛṣṇa es la manifestación más completa que hay de la Suprema Verdad Absoluta, y, en consecuencia, aquel que está entregado a la Persona Suprema es un trascendentalista triunfante. Llegar a esa meta de la vida a través de la comprensión Brahman y Paramātmā toma muchísimos nacimientos (*bahūnāṁ janmanām ante*). Por consiguiente, el mejor sendero de la comprensión trascendental es el *bhakti-yoga*, o el proceso de conciencia de Kṛṣṇa, el método directo.

TEXTO 39

एतन्मे संशयं कृष्ण छेत्तुमर्हस्यशेषतः ।
त्वदन्यः संशयस्यास्य छेत्ता न ह्युपपद्यते ॥३९॥

etan me saṁśayaṁ kṛṣṇa
chettum arhasy aśeṣataḥ
tvad-anyaḥ saṁśayasyāsya
chettā na hy upapadyate

etat—ésta es; *me*—mi; *saṁśayam*—duda; *kṛṣṇa*—¡oh, Kṛṣṇa!; *chettum*—para disipar; *arhasi*—se te pide; *aśeṣataḥ*—completamente; *tvat*—que Tú; *anyaḥ*—otro; *saṁśayasya*—de la duda; *asya*—esta; *chettā*—removedor; *na*—nunca; *hi*—ciertamente; *upapadyate*—habrá de encontrarse.

TRADUCCIÓN

Ésta es mi duda, ¡oh, Kṛṣṇa!, y te pido que la despejes por completo. Aparte de Ti, no hay nadie que pueda destruir esta duda.

SIGNIFICADO

Kṛṣṇa es el perfecto conocedor del pasado, del presente y del futuro. Al principio de *El Bhagavad-gītā*, el Señor dijo que todas las entidades vivientes existían como individuos en el pasado, existen ahora en el presente, y seguirán conservando su identidad individual en el futuro, incluso después de liberarse del enredo material. De modo que, ya Él ha aclarado el asunto acerca del futuro de la entidad viviente individual. Ahora, Arjuna quiere saber cuál es el futuro del trascendentalista que fracasa. Nadie es igual que Kṛṣṇa ni se encuentra por encima de Él, y sin duda que los supuestos grandes sabios y filósofos que están a la merced de la naturaleza material, no pueden ser iguales a Él. Por lo tanto, el veredicto de Kṛṣṇa es la respuesta final y completa a todas las dudas, porque Él conoce el pasado, el presente y el futuro a la perfección; sin embargo, nadie lo conoce a Él. Sólo Kṛṣṇa y los devotos conscientes de Kṛṣṇa pueden conocer las cosas tal como son.

TEXTO 40

श्रीभगवानुवाच
पार्थ नैवेह नामुत्र विनाशस्तस्य विद्यते ।
न हि कल्याणकृत्कश्चिद्दुर्गतिं तात गच्छति ॥ ४० ॥

śrī-bhagavān uvāca
pārtha naiveha nāmutra
vināśas tasya vidyate
na hi kalyāṇa-kṛt kaścid
durgatiṁ tāta gacchati

śrī bhagavān uvāca—la Suprema Personalidad de Dios dijo; *pārtha*—¡oh, hijo de Pṛthā!; *na eva*—nunca es así; *iha*—en este mundo material; *na*—nunca; *amutra*—en la siguiente vida; *vināśaḥ*—destrucción; *tasya*—su; *vidyate*—existe; *na*—nunca; *hi*—ciertamente; *kalyāṇa-kṛt*—aquel que está dedicado a actividades auspiciosas; *kaścit*—cualquiera; *durgatim*—a la degradación; *tāta*—amigo mío; *gacchati*—va.

TRADUCCIÓN

La Suprema Personalidad de Dios dijo: ¡Oh, hijo de Pṛthā!, un trascen-

dentalista dedicado a actividades auspiciosas no es destruido ni en este mundo ni en el mundo espiritual; amigo Mío, aquel que hace el bien, nunca es vencido por el mal.

SIGNIFICADO

En *El Śrīmad-Bhāgavatam* (1.5.17), Śrī Nārada Muni instruye a Vyāsadeva de la siguiente manera:

tyaktvā sva-dharmaṁ caraṇāmbujaṁ harer
bhajann apakvo 'tha patet tato yadi
yatra kva vābhadram abhūd amuṣya kiṁ
ko vārtha āpto 'bhajatāṁ sva-dharmataḥ

"Si alguien abandona todas las perspectivas materiales y se refugia por entero en la Suprema Personalidad de Dios, no hay ninguna pérdida ni degradación en absoluto. En cambio, puede que un no devoto esté plenamente dedicado a sus ocupaciones obligatorias, y aun así no gane nada". Para las perspectivas materiales existen muchas actividades, tanto según las Escrituras como según la tradición. Se espera que el trascendentalista abandone todas las actividades materiales, en aras del adelanto espiritual en la vida, en aras del cultivo de conciencia de Kṛṣṇa. Se podría aducir que mediante el proceso de conciencia de Kṛṣṇa uno puede lograr la máxima perfección si lo completa, pero que si uno no llega a esa etapa perfecta, entonces pierde tanto material como espiritualmente. En las Escrituras se estipula que uno tiene que padecer la reacción de no ejecutar los deberes prescritos; por lo tanto, aquel que deja de desempeñar debidamente las actividades trascendentales, queda supeditado a esas reacciones. El *Bhāgavatam* le asegura al trascendentalista que fracasa que no tiene que preocuparse. Aunque él tenga que someterse a la reacción de no haber ejecutado perfectamente los deberes prescritos, aun así no pierde nada, porque el auspicioso proceso de conciencia de Kṛṣṇa nunca se olvida; aquel que está dedicado a ese proceso va a continuar haciéndolo, aun a pesar de que tenga un nacimiento bajo en su próxima vida. En cambio, aquel que tan sólo sigue estrictamente los deberes prescritos, si carece de conciencia de Kṛṣṇa no es seguro que logre resultados auspiciosos.

El significado de esto es el siguiente. A la humanidad se la puede dividir en dos secciones: la de los regulados y la de los no regulados. Aquellos que simplemente están dedicados a complacer los sentidos como las bestias, sin conocimiento de su siguiente vida o de la salvación espiritual, pertenecen a la sección no regulada. Y aquellos que siguen los principios de los deberes que se prescriben en las Escrituras, se clasifican entre los de la sección regulada. Los que pertenecen a la sección de los no regulados, tanto los civilizados como los no civilizados, los educados y los no educados, los fuertes y los débiles, están llenos de propensiones animales. Sus actividades jamás son auspiciosas, porque, si bien disfrutan de las propensiones animales de comer, dormir, defenderse y aparearse, permanecen perpetuamente en la existencia material, la cual siempre es desdichada. En cambio, aquellos que están regulados por las disposiciones de las Escrituras, y que, en consecuencia, se elevan gradualmente hasta el estado de conciencia de Kṛṣṇa, sin duda que progresan en la vida.

A aquellos que siguen la senda auspiciosa, se los puede dividir en tres secciones: (1) los seguidores de los reglamentos de las Escrituras que disfrutan de la prosperidad material, (2) los que tratan de lograr la liberación final de la existencia material, y (3) los que son devotos en estado de conciencia de Kṛṣṇa. Aquellos que están siguiendo los reglamentos de las Escrituras en aras de la felicidad material, pueden ser divididos además en dos clases: los que son trabajadores fruitivos y los que no desean ningún fruto para el goce de los sentidos. Las personas que persiguen los resultados fruitivos en aras de la complacencia de los sentidos, pueden ser elevadas a un nivel de vida superior, incluso a los planetas superiores, pero aun así, debido a que no están libres de la existencia material, no están siguiendo el verdadero sendero auspicioso. Las únicas actividades auspiciosas son aquellas que lo llevan a uno a la liberación. Cualquier actividad que no apunte a la autorrealización final o a liberarse del concepto corporal y material de la vida, no es auspiciosa en absoluto. La actividad con conciencia de Kṛṣṇa es la única actividad auspiciosa, y cualquiera que acepte voluntariamente toda clase de incomodidades físicas para progresar en la senda del cultivo de conciencia de Kṛṣṇa, puede ser conocido como un trascendentalista perfecto en estado de severa austeridad. Y como el sistema óctuple de *yoga* está dirigido hacia la comprensión final del estado de conciencia de Kṛṣṇa, esa práctica también es auspiciosa, y todo el que la esté ejecutando lo mejor que puede, no tiene que temer ser degradado.

TEXTO 41

प्राप्य पुण्यकृतां लोकानुषित्वा शाश्वतीः समाः ।
शुचीनां श्रीमतां गेहे योगभ्रष्टोऽभिजायते ॥ ४१ ॥

prāpya puṇya-kṛtāṁ lokān
uṣitvā śāśvatīḥ samāḥ
śucīnāṁ śrīmatāṁ gehe
yoga-bhraṣṭo 'bhijāyate

prāpya—después de lograr; *puṇya-kṛtām*—de aquellos que han realizado actividades piadosas; *lokān*—planetas; *uṣitvā*—después de morar; *śāśvatīḥ*—muchos; *samāḥ*—años; *śucīnām*—de los piadosos; *śrī-matām*—de los prósperos; *gehe*—en la casa; *yoga-bhraṣṭaḥ*—aquel que ha caído de la senda de la autorrealización; *abhijāyate*—nace.

TRADUCCIÓN

Después de muchísimos años de disfrute en los planetas de las entidades

vivientes piadosas, el yogī que fracasa nace en una familia de personas virtuosas o en una familia de la rica aristocracia.

SIGNIFICADO

Los *yogīs* que fracasan se dividen en dos clases: aquellos que caen después de muy poco adelanto y aquellos que caen después de una larga práctica de *yoga*. El *yogī* que cae después de un corto período de práctica, va a los planetas superiores, en los que se permite la entrada de entidades vivientes piadosas. Después de una larga vida allá, él es enviado de nuevo a este planeta, para nacer en la familia de un *brāhmaṇa-vaiṣṇava* virtuoso o de comerciantes aristócratas.

El verdadero propósito de la práctica de *yoga* es el de lograr la máxima perfección del proceso de conciencia de Kṛṣṇa, tal como se explica en el último verso de este capítulo. Pero a aquellos que no perseveran hasta ese punto y que fracasan debido a las tentaciones materiales, se les permite, por la gracia del Señor, utilizar por completo sus propensiones materiales. Y, después de eso, se les dan oportunidades de tener una vida próspera en familias virtuosas o aristocráticas. Aquellos que nacen en esas familias pueden sacar provecho de las facilidades, y tratar de elevarse hasta el estado de plena conciencia de Kṛṣṇa.

TEXTO 42

अथवा योगिनामेव कुले भवति धीमताम् ।
एतद्धि दुर्लभतरं लोके जन्म यदीदृशम् ॥४२॥

atha vā yoginām eva
kule bhavati dhīmatām
etad dhi durlabhataraṁ
loke janma yad īdṛśam

atha vā—o; *yoginām*—de trascendentalistas eruditos; *eva*—ciertamente; *kule*—en la familia; *bhavati*—nace; *dhī-matām*—de aquellos que están dotados de gran sabiduría; *etat*—esto; *hi*—ciertamente; *durlabha-taram*—muy raro; *loke*—en este mundo; *janma*—nacimiento; *yat*—aquello que; *īdṛśam*—como éste.

TRADUCCIÓN

O [si ha fracasado después de una larga práctica de yoga] nace en una familia de trascendentalistas que es seguro que tienen una gran sabiduría. Claro que, semejante nacimiento es raro en este mundo.

SIGNIFICADO

Nacer en una familia de *yogīs* o trascendentalistas —aquellos que tienen gran sabiduría— es algo que se alaba aquí, porque el niño que nace en una familia de esa clase recibe un impulso espiritual desde el mismo comienzo de su vida. Ése es especialmente el caso en las familias *ācārya* o *gosvāmī*. Esas familias son muy eruditas y consagradas debido a la tradición y la formación, y, en consecuencia, sus integrantes se vuelven maestros espirituales. En la India hay muchas de esas familias *ācārya*, pero ahora se han degenerado debido a una educación y a un adiestramiento insuficientes. Por la gracia del Señor, aún hay familias que crían trascendentalistas generación tras generación. Sin duda que constituye una gran suerte nacer en esas familias. Por fortuna, tanto nuestro maestro espiritual, Oṁ Viṣṇupāda Śrī Śrīmad Bhaktisiddhānta Sarasvatī Gosvāmī Mahārāja, así como también nuestra humilde persona, tuvimos la oportunidad de nacer en esas familias por la gracia del Señor, y ambos fuimos adiestrados en el servicio devocional del Señor desde el mismo comienzo de nuestras vidas. Más adelante nos encontramos por orden del sistema trascendental.

TEXTO 43

तत्र तं बुद्धिसंयोगं लभते पौर्वदेहिकम् ।
यतते च ततो भूयः संसिद्धौ कुरुनन्दन ॥४३॥

tatra taṁ buddhi-saṁyogaṁ
labhate paurva-dehikam
yatate ca tato bhūyaḥ
saṁsiddhau kuru-nandana

tatra—en consecuencia; *tam*—eso; *buddhi-saṁyogam*—resurgimiento de la conciencia; *labhate*—recobra; *paurva-dehikam*—del cuerpo anterior; *yatate*—él se esfuerza; *ca*—también; *tataḥ*—después de eso; *bhūyaḥ*—de nuevo; *saṁsiddhau*—para la perfección; *kuru-nandana*—¡oh, hijo de Kuru!

TRADUCCIÓN

¡Oh, hijo de Kuru!, al obtener esa clase de nacimiento, él revive de nuevo la conciencia divina de su vida anterior, y trata de progresar más a fin de lograr el éxito completo.

SIGNIFICADO

El rey Bharata, quien nació la tercera vez en la familia de un buen *brāhmaṇa*, es un ejemplo de un buen nacimiento que se recibe para revivir la conciencia trascendental que se tenía anteriormente. El rey Bharata era el emperador del mundo, y, a partir de su época, a este planeta se lo conoce entre los semidioses con el nombre de Bhārata-varṣa. Antes de eso, se lo conocía como Ilāvṛta-varṣa. A una temprana edad, el emperador se retiró en aras de la perfección espiritual, pero no logró el éxito. En su siguiente vida nació en la familia de un buen *brāhmaṇa*, y fue conocido como Jaḍa Bharata, porque siempre permanecía recluido y no le hablaba a nadie. Y, posteriormente, el rey Rahūgaṇa lo descubrió como el más grande de los trascendentalistas. De su vida se concluye que, los esfuerzos trascendentales, o la práctica del *yoga*, nunca son vanos. Por la gracia del Señor, el trascendentalista recibe repetidas oportunidades de lograr la perfección completa en el cultivo de conciencia de Kṛṣṇa.

TEXTO 44

पूर्वाभ्यासेन तेनैव ह्रियते ह्यवशोऽपि सः ।
जिज्ञासुरपि योगस्य शब्दब्रह्मातिवर्तते ॥४४॥

pūrvābhyāsena tenaiva
hriyate hy avaśo 'pi saḥ
jijñāsur api yogasya
śabda-brahmātivartate

pūrva—anterior; *abhyāsena*—mediante la práctica; *tena*—con eso; *eva*—ciertamente; *hriyate*—es atraído; *hi*—con toda seguridad; *avaśaḥ*—automáticamente; *api*—también; *saḥ*—él; *jijñāsuḥ*—indagador; *api*—incluso; *yogasya*—acerca del *yoga*; *śabda-brahma*—principios rituales de las Escrituras; *ativartate*—trasciende.

TRADUCCIÓN

En virtud de la conciencia divina de su vida anterior, él se siente atraído automáticamente a los principios yóguicos, aun sin buscarlos. Ese trascendentalista indagador siempre está por encima de los principios rituales de las Escrituras.

SIGNIFICADO

Los *yogīs* adelantados no están muy atraídos a los rituales de las Escrituras, pero de un modo automático se sienten atraídos a los principios del *yoga*, los cuales pueden elevarlos al estado de plena conciencia de Kṛṣṇa, la máxima perfección del *yoga*. En *El Śrīmad-Bhāgavatam* (3.33.7), esa indiferencia hacia los rituales védicos por parte de los trascendentalistas adelantados, se explica de la siguiente manera:

aho bata śva-paco 'to garīyān
yaj-jihvāgre vartate nāma tubhyam
tepus tapas te juhuvuḥ sasnur āryā
brahmānūcur nāma gṛṇanti ye te

"¡Oh, mi Señor!, las personas que cantan los santos nombres de Su Señoría están sumamente adelantadas en la vida espiritual, incluso si han nacido en familias de comeperros. Esos cantores han ejecutado sin duda toda clase de austeridades y sacrificios, se han bañado en todos los lugares sagrados y han concluido todos los estudios de las Escrituras".

Un ejemplo famoso de esto lo presentó el Señor Caitanya, quien aceptó a Ṭhākura Haridāsa como uno de Sus discípulos más importantes. Aunque Ṭhākura Haridāsa había nacido en una familia musulmana, el Señor Caitanya lo elevó a la posición de *nāmācārya*, debido a su rígida observancia del principio de cantar diariamente trescientos mil santos nombres del Señor: Hare Kṛṣṇa, Hare Kṛṣṇa, Kṛṣṇa Kṛṣṇa, Hare Hare / Hare Rāma, Hare Rāma, Rāma Rāma, Hare Hare. Y como él cantaba el santo nombre del Señor constantemente, se sobrentiende que en su vida anterior debe de haber pasado por todos los métodos rituales de los *Vedas*, conocidos como *śabda-brahma*. Por consiguiente, a menos que uno se purifique, no puede adoptar el principio del cultivo de conciencia de Kṛṣṇa, ni dedicarse al canto del santo nombre del Señor, Hare Kṛṣṇa.

TEXTO 45

प्रयत्नाद्यतमानस्तु योगी संशुद्धकिल्बिषः ।
अनेकजन्मसंसिद्धस्ततो याति परां गतिम् ॥४५॥

prayatnād yatamānas tu
yogī saṁśuddha-kilbiṣaḥ
aneka-janma-saṁsiddhas
tato yāti parāṁ gatim

prayatnāt—mediante la práctica estricta; *yatamānaḥ*—esforzándose; *tu*—y; *yogī*—esa clase de trascendentalista; *saṁśuddha*—limpio; *kilbiṣaḥ*—cuyos pecados, en su totalidad; *aneka*—después de muchísimos; *janma*—nacimientos; *saṁsiddhaḥ*—habiendo logrado la perfección; *tataḥ*—después de eso; *yāti*—llega; *parām*—al supremo; *gatim*—destino.

TRADUCCIÓN

Y cuando el yogī se esfuerza sinceramente por progresar más y se limpia de todas las contaminaciones, entonces, finalmente, logrando la perfección después de muchísimos nacimientos dedicados a la práctica, llega a la meta suprema.

SIGNIFICADO

Una persona que nace en una familia particularmente virtuosa, aristocrática o sagrada, se da cuenta de la favorable condición en que se halla para llevar a cabo la práctica del *yoga*. Por lo tanto, con determinación, ella comienza su tarea inconclusa, y de ese modo se limpia por completo de todas las contaminaciones materiales. Cuando finalmente se encuentra libre de todas las contaminaciones, logra la perfección suprema, el estado de conciencia de Kṛṣṇa. El estado de conciencia de Kṛṣṇa es la etapa perfecta en que se está libre de todas las contaminaciones. Ello se confirma en *El Bhagavad-gītā* (7.28):

yeṣāṁ tv anta-gataṁ pāpaṁ
janānāṁ puṇya-karmaṇām
te dvandva-moha-nirmuktā
bhajante māṁ dṛḍha-vratāḥ

"Después de muchísimos nacimientos en los que se han realizado actividades piadosas, cuando uno está totalmente libre de todas las contaminaciones y de todas las dualidades ilusorias, uno se dedica al amoroso servicio trascendental del Señor".

TEXTO 46

तपस्विभ्योऽधिको योगी ज्ञानिभ्योऽपि मतोऽधिकः
कर्मिभ्यश्चाधिको योगी तस्माद्योगी भवार्जुन॥४६॥

tapasvibhyo 'dhiko yogī
jñānibhyo 'pi mato 'dhikaḥ
karmibhyaś cādhiko yogī
tasmād yogī bhavārjuna

tapasvibhyaḥ—que los ascetas; *adhikaḥ*—superior; *yogī*—el *yogī*; *jñānibhyaḥ*—que el sabio; *api*—también; *mataḥ*—considerado; *adhikaḥ*—superior; *karmibhyaḥ*—que los trabajadores fruitivos; *ca*—también; *adhikaḥ*—superior; *yogī*—el *yogī*; *tasmāt*—por lo tanto; *yogī*—un trascendentalista; *bhava*—vuélvete; *arjuna*—¡oh, Arjuna!

TRADUCCIÓN

El yogī es superior al asceta, superior al empírico y superior al trabajador fruitivo. Por lo tanto, ¡oh, Arjuna!, en todas las circunstancias, sé un yogī.

SIGNIFICADO

Cuando hablamos de *yoga*, nos referimos al proceso por el cual uno vincula su conciencia con la Suprema Verdad Absoluta. A dicho proceso le dan diferentes nombres los diversos practicantes, en función del método específico que se adopta. Cuando el proceso vinculador se encuentra predominantemente en el seno de las actividades fruitivas, se denomina *karma-yoga*; cuando es predominantemente empírico, se denomina *jñāna-yoga*; y cuando trata predominantemente de una relación devocional con el Señor Supremo, se denomina *bhakti-yoga*. El *bhakti-yoga*, o el proceso de conciencia de Kṛṣṇa, es la máxima perfección de todos los *yogas*, tal como se explicará en el siguiente verso. El Señor ha confirmado aquí la superioridad del *yoga*, pero no ha dicho que sea mejor que el *bhakti-yoga*. El *bhakti-yoga* es conocimiento espiritual en pleno, y, por ende, nada puede superarlo. El ascetismo sin conocimiento acerca del ser es imperfecto. El conocimiento empírico sin entrega al Señor Supremo también es imperfecto. Y el trabajo fruitivo sin conciencia de Kṛṣṇa es una pérdida de tiempo. Así pues, de todas las formas de ejecución de *yoga* que aquí se mencionan, la más elogiada es la del *bhakti-yoga*, y ello se explica aún más claramente en el verso que sigue.

TEXTO 47

योगिनामपि सर्वेषां मद्गतेनान्तरात्मना ।
श्रद्धावान्भजते यो मां स मे युक्ततमो मतः ॥ ४७ ॥

yogīnām api sarveṣām
mad-gatenāntar-ātmanā
śraddhāvān bhajate yo māṁ
sa me yuktatamo mataḥ

yoginām—de los *yogīs*; *api*—también; *sarveṣām*—todos los tipos de; *mat-gatena*—refugiándose en Mí, siempre pensando en Mí; *antaḥ-ātmanā*—dentro de sí; *śraddhā-vān*—con plena fe; *bhajate*—presta un amoroso servicio trascendental; *yaḥ*—aquel que; *mām*—a Mí (el Señor Supremo); *saḥ*—él; *me*—por Mí; *yukta-tamaḥ*—el *yogī* más grande de todos; *mataḥ*—se considera.

TRADUCCIÓN

Y de todos los yogīs, aquel que tiene una gran fe y que siempre se refugia en Mí, piensa en Mí y Me presta un amoroso servicio trascendental, es el que está más íntimamente unido a Mí por medio del yoga, y es el más elevado de todos. Ésa es Mi opinión.

SIGNIFICADO

La palabra *bhajate* es significativa aquí. *Bhajate* tiene su raíz en el verbo *bhaj*, que se usa cuando se requiere de servicio. El vocablo castellano ''adoración'' no se puede emplear en el mismo sentido que *bhaj*. Adoración significa venerar, o respetar y honrar a quien lo merece. Pero el servicio con amor y fe es especialmente para la Suprema Personalidad de Dios. Uno puede dejar de adorar a un hombre respetable o a un semidiós y quizás se lo llame descortés, pero no se puede dejar de servir al Señor Supremo sin ser censurado por completo. Toda entidad viviente es parte integral de la Suprema Personalidad de Dios, y, en consecuencia, tiene la función de servir al Señor Supremo, por su propia constitución. Al no hacerlo, la entidad viviente cae. El *Bhāgavatam* (11.5.3) confirma esto de la siguiente manera:

ya eṣāṁ puruṣaṁ sākṣād
ātma-prabhavam īśvaram
na bhajanty avajānanti
sthānād bhraṣṭāḥ patanty adhaḥ

"Todo aquel que no le preste servicio al Señor primordial y haga caso omiso de su deber para con Él, quien es la fuente de todas las entidades vivientes, sin duda que caerá de su posición constitucional".

En este verso también se usa la palabra *bhajanti*. De modo que, *bhajanti* se le aplica únicamente al Señor Supremo, mientras que la palabra "adoración" se les puede aplicar a los semidioses o a cualquier otra entidad viviente común. La palabra *avajānanti* que se emplea en este verso de *El Śrīmad-Bhāgavatam*, también se encuentra en *El Bhagavad-gītā*. *Avajānanti māṁ mūḍhāḥ*: "Únicamente los necios y sinvergüenzas se burlan de la Suprema Personalidad de Dios, el Señor Kṛṣṇa". Esos necios se encargan de escribirle comentarios a *El Bhagavad-gītā*, sin una actitud de servicio al Señor. Por consiguiente, ellos no pueden distinguir bien entre la palabra *bhajanti* y la palabra "adoración".

El *bhakti-yoga* es la culminación de todas las clases de prácticas de *yoga*. Todos los demás *yogas* no son más que medios para llegar al punto del *bhakti* en el *bhakti-yoga*. *Yoga* significa de hecho *bhakti-yoga*; todos los demás *yogas* son progresiones que tienen por meta el *bhakti-yoga*. Desde el comienzo del *karma-yoga* hasta el final del *bhakti-yoga* es un largo camino que lleva a la autorrealización. El *karma-yoga* sin resultados fruitivos es el comienzo de ese sendero. Cuando el *karma-yoga* aumenta en conocimiento y renunciación, la etapa se denomina *jñāna-yoga*. Cuando el *jñāna-yoga* aumenta en meditación en la Superalma mediante diferentes procesos físicos y la mente se concentra en Él, se denomina *aṣṭāṅga-yoga*. Y cuando uno supera el *aṣṭāṅga-yoga* y llega al plano de la Suprema Personalidad de Dios, Kṛṣṇa, ello se denomina *bhakti-yoga*, el punto culminante. En efecto, el *bhakti-yoga* es la meta última, pero para analizar el *bhakti-yoga* a fondo hay que entender esos otros *yogas*. El *yogī* que es progresivo se encuentra, entonces, en el verdadero sendero de la buena fortuna eterna. Aquel que se aferra a un punto en particular y no progresa más, es conocido por ese nombre en particular: *karma-yogī, jñāna-yogī* o *dhyāna-yogī, rāja-yogī, haṭha-yogī*, etc. Si uno es lo suficientemente afortunado como para llegar al plano del *bhakti-yoga*, se sobrentiende que ha superado todos los demás *yogas*. Por lo tanto, volverse consciente de Kṛṣṇa es la máxima etapa del *yoga*, de la misma manera en que, cuando hablamos de los Himalayas, nos referimos a las montañas más altas del mundo, de las cuales el pico más alto, el monte Everest, se considera que es la culminación.

Por una gran fortuna, uno llega al plano de conciencia de Kṛṣṇa en la senda del *bhakti-yoga*, para así quedar bien situado según lo que indican los *Vedas*. El *yogī* ideal concentra la atención en Kṛṣṇa, a quien se le da el nombre de Śyāmasundara, y quien tiene un color tan hermoso como el de una nube, cuya cara cual loto es tan refulgente como el Sol, cuya ropa está llena de joyas que la hacen brillar, y cuyo cuerpo lleva una guirnalda de flores. Su magnífico resplandor, llamado *brahmajyoti*, ilumina por todas partes. Él se encarna en diferentes formas, tales como Rāma, Nṛsiṁha, Varāha y Kṛṣṇa, la Suprema Personalidad de Dios, y desciende como un ser humano —como hijo de madre Yaśodā—, y es conocido como Kṛṣṇa, Govinda y Vāsudeva. Él es el hijo, esposo, amigo y amo perfecto, y está colmado de todas las opulencias y cualidades trascendentales. Si uno permanece plenamente consciente de esas características del Señor, se dice que es el *yogī* más elevado de todos.

Esta etapa de máxima perfección en el *yoga* se puede alcanzar únicamente por medio del *bhakti-yoga*, tal como se confirma en toda la literatura védica:

yasya deve parā bhaktir
yathā deve tathā gurau
tasyaite kathitā hy arthāḥ
prakāśante mahātmanaḥ

"Sólo a aquellas grandes almas que tienen fe implícita tanto en el Señor como en el maestro espiritual, se les revelan automáticamente todos los significados del conocimiento védico" (*El Śvetāśvatara Upaniṣad* 6.23).

Bhaktir asya bhajanaṁ tad ihāmutropādhi-nairāsyenāmuṣmin manaḥ-kalpanam; etad eva naiṣkarmyam. "*Bhakti* significa servicio devocional que se le presta al Señor, libre del deseo de obtener ganancia material, ya sea en esta vida o en la siguiente. Desprovisto de esa clase de inclinaciones, uno debe absorber la mente en el Supremo por completo. Ése es el propósito del *naiṣkarmya*" (*El Gopāla-tāpanī Upaniṣad* 1.15).

Éstos son algunos de los medios para la ejecución del *bhakti*, o el proceso de conciencia de Kṛṣṇa, la etapa más elevada y perfecta del sistema de *yoga*.

Así terminan los significados de Bhaktivedanta del Sexto Capítulo de El Śrīmad Bhagavad-gītā, *en relación con el* dhyāna-yoga.

Capítulo Siete

EL CONOCIMIENTO DEL ABSOLUTO

TEXTO 1

श्रीभगवानुवाच
मय्यासक्तमनाः पार्थ योगं युञ्जन्मदाश्रयः ।
असंशयं समग्रं मां यथा ज्ञास्यसि तच्छृणु ॥१॥

śrī-bhagavān uvāca
mayy āsakta-manāḥ pārtha
yogaṁ yuñjan mad-āśrayaḥ
asaṁśayaṁ samagraṁ māṁ
yathā jñāsyasi tac chṛṇu

śrī bhagavān uvāca—el Señor Supremo dijo; *mayi*—a Mí; *āsakta-manāḥ*—mente apegada; *pārtha*—¡oh, hijo de Pṛthā!; *yogam*—autorrealización; *yuñjan*—practicando; *mat-āśrayaḥ*—con conciencia de Mí (conciencia de Kṛṣṇa); *asaṁśayam*—sin dudas; *samagram*—completamente; *mām*—Mí; *yathā*—cómo; *jñāsyasi*—puedes saber; *tat*—eso; *śṛṇu*—trata de oír.

TRADUCCIÓN

La Suprema Personalidad de Dios dijo: Ahora oye, ¡oh, hijo de Pṛthā!, cómo mediante la práctica del yoga con plena conciencia de Mí, con la mente apegada a Mí, podrás conocerme por completo, libre de dudas.

SIGNIFICADO

En este Séptimo Capítulo de *El Bhagavad-gītā* se describe íntegramente la naturaleza del proceso de conciencia de Kṛṣṇa. Kṛṣṇa posee a plenitud todas las opulencias, y aquí se describe la manera en que Él las manifiesta. En este capítulo se describen también cuatro clases de personas afortunadas que se apegan a Kṛṣṇa y cuatro clases de personas desafortunadas que nunca se entregan a Él.

En los primeros seis capítulos de *Él Bhagavad-gītā*, se ha descrito a la entidad viviente como alma espiritual no material, capaz de elevarse hasta la autorrealización por medio de diferentes tipos de *yogas*. Al final del Sexto Capítulo se dijo claramente, que concentrar la mente en Kṛṣṇa de modo constante, o, en otras palabras, el proceso de conciencia de Kṛṣṇa, es la forma más elevada de todos los *yogas*. Al uno concentrar la mente en Kṛṣṇa es capaz de conocer la Verdad Absoluta por completo, y ello no se puede lograr de ninguna otra manera. La comprensión del *brahmajyoti* impersonal o del Paramātmā localizado no es conocimiento perfecto acerca de la Verdad Absoluta, porque es un conocimiento parcial. Kṛṣṇa es el conocimiento completo y científico, y a la persona consciente de Kṛṣṇa se le revela todo. Cuando uno tiene plena conciencia de Kṛṣṇa, sabe sin lugar a dudas que Kṛṣṇa es el conocimiento máximo. Los diferentes tipos de *yogas* sólo son puntos intermedios de la senda de conciencia de Kṛṣṇa. Aquel que emprende directamente el proceso de conciencia de Kṛṣṇa, sabe automática y plenamente acerca del *brahmajyoti* y de Paramātmā. Mediante la práctica del *yoga* de conciencia de Kṛṣṇa uno puede conocer todo a plenitud, es decir, la Verdad Absoluta, las entidades vivientes, la naturaleza material, y las manifestaciones de todo ello con sus enseres.

Por lo tanto, uno debe comenzar la práctica del *yoga* tal como se indica en el último verso del Sexto Capítulo. Concentrar la mente en Kṛṣṇa, el Supremo, se logra por medio del servicio devocional prescrito de nueve diferentes formas, de las cuales *śravaṇam* es la primera y principal. El Señor le dice, por ende, a Arjuna: *tac chṛṇu*, "Óyeme". Nadie puede ser una autoridad superior a Kṛṣna, y, en consecuencia, por el hecho de oírlo a Él, uno recibe la mayor oportunidad de convertirse en una persona perfectamente consciente de Kṛṣṇa. Uno tiene, pues, que aprender con Kṛṣṇa directamente o con un devoto puro de Kṛṣṇa, y no con un advenedizo no devoto, envanecido de su educación académica.

En el Capítulo Dos del Primer Canto de *El Śrīmad-Bhāgavatam*, ese proceso mediante el cual se entiende a Kṛṣṇa, la Suprema Personalidad de Dios, la Verdad Absoluta, se describe de la siguiente manera:

śṛṇvatāṁ sva-kathāḥ kṛṣṇaḥ
puṇya-śravaṇa-kīrtanaḥ
hṛdy-antaḥ-stho hy abhadrāṇi
vidhunoti suhṛt satām

naṣṭa-prāyeṣv abhadreṣu
nityaṁ bhāgavata-sevayā
bhagavaty uttama-śloke
bhaktir bhavati naiṣṭhikī

tadā rajas-tamo-bhāvāḥ
kāma-lobhādayaś ca ye
ceta etair anāvidhaṁ
sthitaṁ sattve prasīdati

evaṁ prasanna-manaso
bhagavad-bhakti-yogataḥ
bhagavat-tattva-vijñānaṁ
mukta-saṅgasya jāyate

bhidyate hṛdaya-granthiś
chidyante sarva-saṁśayāḥ
kṣīyante cāsya karmāṇi
dṛṣṭa evātmanīśvare

"Oír lo que las Escrituras védicas dicen de Kṛṣṇa u oírlo a Él directamente a través de *El Bhagavad-gītā*, es en sí actividad virtuosa. Y para aquel que oye hablar de Kṛṣṇa, el Señor Kṛṣṇa, quien mora en el corazón de todos, actúa como un amigo bienqueriente, y purifica al devoto que siempre se dedica a oír hablar de Él. De ese modo, en el devoto se desarrolla en forma natural el conocimiento trascendental que tiene latente. A medida que él va oyendo más lo que el *Bhāgavatam* y los devotos hablan de Kṛṣṇa, se va estableciendo en el servicio devocional del Señor. Mediante el desarrollo del servicio devocional uno se libera de las modalidades de la pasión y la ignorancia, y de esa manera disminuyen la avaricia y las lujurias materiales. Cuando estas impurezas se limpian, el candidato permanece firme en su posición de bondad pura, se anima mediante el servicio devocional y entiende perfectamente la ciencia de Dios. El *bhakti-yoga* corta así el apretado nudo del afecto material, y le permite a uno llegar de inmediato a la etapa de *asaṁśayaṁ samagram*, la etapa en la que se entiende a la Suprema Verdad Absoluta, la Personalidad de Dios" (*Bhāg*. 1.2.17–21).

Por consiguiente, uno puede entender la ciencia de Kṛṣṇa sólo si oye a Kṛṣṇa o a Su devoto consciente de Kṛṣṇa.

TEXTO 2

ज्ञानं तेऽहं सविज्ञानमिदं वक्ष्याम्यशेषतः ।
यज्ज्ञात्वा नेह भूयोऽन्यज्ज्ञातव्यमवशिष्यते ॥२॥

jñānaṁ te 'haṁ sa-vijñānam
idaṁ vakṣyāmy aśeṣataḥ
yaj jñātvā neha bhūyo 'nyaj
jñātavyam avaśiṣyate

jñānam—conocimiento material; *te*—a ti; *aham*—Yo; *sa*—con; *vijñānam*—conocimiento espiritual; *idam*—esto; *vakṣyāmi*—he de explicar; *aśeṣataḥ*—por completo; *yat*—el cual; *jñātvā*—sabiendo; *na*—no; *iha*—en este mundo; *bhūyaḥ*—además; *anyat*—cualquier otra cosa; *jñātavyam*—conocible; *avaśiṣyate*—permanece.

TRADUCCIÓN

Ahora te voy a exponer por completo este conocimiento, que es tanto material como espiritual. Al conocer esto no te quedará nada más por conocer.

SIGNIFICADO

El conocimiento completo comprende el conocimiento del mundo material, del espíritu que está tras de él y de la fuente de ambos. Eso es conocimiento trascendental. Kṛṣṇa quiere explicar el antedicho sistema de conocimiento, porque Arjuna es el devoto y amigo íntimo del Señor. Al comienzo del Cuarto Capítulo el Señor dio esa explicación, y aquí se confirma de nuevo: el conocimiento completo sólo lo puede adquirir el devoto del Señor que se encuentra en la sucesión discipular que procede directamente del Señor. Por lo tanto, uno debe ser lo suficientemente inteligente como para conocer la fuente de todo conocimiento, quien es la causa de todas las causas y el único objeto de meditación en todos los tipos de prácticas de *yoga*. Cuando la causa de todas las causas se vuelve conocida, entonces todo lo conocible se vuelve conocido, y no queda nada desconocido. Los *Vedas* dicen (*El Muṇḍaka Upaniṣad* 1.1.3): *kasmin nu bhagavo vijñāte sarvam idaṁ vijñātaṁ bhavati*.

TEXTO 3

मनुष्याणां सहस्रेषु कश्चिद्यतति सिद्धये ।
यततामपि सिद्धानां कश्चिन्मां वेत्ति तत्त्वतः ॥ ३ ॥

manuṣyāṇāṁ sahasreṣu
kaścid yatati siddhaye
yatatām api siddhānāṁ
kaścin māṁ vetti tattvataḥ

manuśyānāṁ—de los hombres; *sahasreṣu*—de muchos miles; *kaścit*—alguien; *yatati*—se esfuerza; *siddhaye*—por la perfección; *yatatām*—de aquellos que se esfuerzan; *api*—en verdad; *siddhānām*—de aquellos que han logrado la perfección; *kaścit*—alguien; *mām*—a Mí; *vetti*—conoce; *tattvataḥ*—de hecho.

TRADUCCIÓN

De muchos miles de hombres, puede que uno se esfuerze por la perfección, y de aquellos que han logrado la perfección, difícilmente uno Me conoce en verdad.

SIGNIFICADO

Existen varias categorías de hombres, y de muchos miles de ellos, puede que uno esté lo suficientemente interesado en la comprensión trascendental como para tratar de saber qué es el ser, qué es el cuerpo y qué es la Verdad Absoluta. Por lo general, la humanidad simplemente está dedicada a las propensiones animales, es decir, a comer, dormir, defenderse y aparearse, y casi nadie está interesado en el conocimiento trascendental. Los primeros seis capítulos del *Gītā* son para aquellos que están interesados en el conocimiento trascendental, en entender el ser, el Superser y el proceso de comprensión por medio del *jñāna-yoga*, del *dhyāna-yoga* y del proceso de discriminar entre el ser y la materia. Sin embargo, a Kṛṣṇa únicamente lo pueden conocer las personas que están conscientes de Kṛṣṇa. Los demás trascendentalistas puede que lleguen a la comprensión del Brahman impersonal, pues ello es más fácil que entender a Kṛṣṇa. Kṛṣṇa es la Persona Suprema, pero al mismo tiempo está más allá del conocimiento del Brahman y Paramātmā. Los *yogīs* y *jñānīs* se confunden en sus intentos de entender a Kṛṣṇa. Si bien el más grande de los impersonalistas, Śrīpāda Śaṅkarācārya, ha admitido en su comentario al *Gītā* que Kṛṣṇa es la Suprema Personalidad de Dios, sus seguidores no aceptan a Kṛṣṇa como tal, ya que es muy difícil conocer a Kṛṣṇa, aun a pesar de que se posea la comprensión trascendental del Brahman impersonal.

Kṛṣṇa es la Suprema Personalidad de Dios, la causa de todas las causas, el primordial Señor Govinda. *Īśvaraḥ paramaḥ kṛṣṇaḥ sac-cid-ānanda-vigrahaḥ/ anādir ādir govindaḥ sarva-kāraṇa-kāraṇam.* A los no devotos les resulta muy difícil conocerlo. Aunque los no devotos declaran que el sendero del *bhakti*, o del servicio devocional, es muy sencillo, no lo pueden practicar. Si el sendero del *bhakti* es muy sencillo, como lo proclama la clase de hombres no devotos, entonces ¿por qué ellos emprenden el sendero difícil? En realidad, el sendero del *bhakti* no es sencillo. Puede que el supuesto sendero del *bhakti* —que practican ciertas personas desautorizadas y carentes de conocimiento acerca del *bhakti*— sea fácil, pero cuando el *bhakti* se practica de hecho conforme a las reglas y regulaciones, los filósofos y eruditos especuladores abandonan el sendero. Śrīla Rūpa Gosvāmī escribe en su *Bhakti-rasāmṛta-sindhu* (1.2.101):

śruti-smṛti-purāṇādi
pañcarātra-viddhiṁ vinā
aikāntikī harer bhaktir
utpātāyaiva kalpate

"El servicio devocional del Señor que hace caso omiso de las Escrituras védicas autorizadas, tales como los *Upaniṣads*, los *Purāṇas* y *El Nārada-pañcarātra*, es simplemente una perturbación innecesaria en la sociedad''.

No es posible que el impersonalista que posee la comprensión del Brahman o que el *yogī* con la comprensión del Paramātmā entiendan a Kṛṣṇa, la Suprema Personalidad de Dios, como hijo de madre Yaśodā o como auriga de Arjuna. Hasta los grandes semidioses a veces se confunden en relación con Kṛṣṇa: (*muhyanti yat sūrayaḥ*). *Māṁ tu veda na kaścana*: ''Nadie Me conoce tal como soy'' —dice el Señor. Y si uno sí lo conoce, entonces *sa mahātmā su-durlabhaḥ*. ''Un alma así de grande es muy difícil de encontrar''. Por consiguiente, a menos que uno le preste servicio devocional al Señor, no puede conocer a Kṛṣṇa tal como Él es (*tattvataḥ*), aunque uno sea un gran erudito o filósofo. Sólo los devotos puros pueden conocer algo de las inconcebibles cualidades trascendentales que hay en Kṛṣṇa, en la causa de todas las causas, en Su omnipotencia y opulencia, y en Su riqueza, fama, fuerza, belleza, conocimiento y renunciación, porque Kṛṣṇa es muy benévolo con Sus devotos. Él es la última palabra en lo que se refiere a la comprensión del Brahman, y sólo los devotos pueden llegar a comprenderlo tal como Él es. Por eso se dice:

ataḥ śrī-kṛṣṇa-nāmādi
na bhaved grāhyam indriyaiḥ
sevonmukhe hi jihvādau
svayam eva sphuraty adaḥ

''Mediante los torpes sentidos materiales, nadie puede entender a Kṛṣṇa tal como Él es. Pero Él se les revela a los devotos, por estar complacido con ellos en virtud del trascendental servicio amoroso que le prestan a Él'' (*El Bhakti-rasāmṛta-sindhu* 1.2.234).

TEXTO 4

भूमिरापोऽनलो वायुः खं मनो बुद्धिरेव च ।
अहंकार इतीयं मे भिन्ना प्रकृतिरष्टधा ॥ ४ ॥

bhūmir āpo 'nalo vāyuḥ
khaṁ mano buddhir eva ca
ahaṅkāra itīyaṁ me
bhinnā prakṛtir aṣṭadhā

bhūmiḥ—tierra; *āpaḥ*—agua; *analaḥ*—fuego; *vāyuḥ*—aire; *kham*—éter; *manaḥ*—mente; *buddhiḥ*—inteligencia; *eva*—ciertamente; *ca*—y; *ahaṅkāraḥ*—ego falso; *iti*—así pues; *iyam*—todos estos; *me*—Mi; *bhinnā*— separadas; *prakṛtiḥ*—energías; *aṣṭadhā*—óctuple.

TRADUCCIÓN

La tierra, el agua, el fuego, el aire, el éter, la mente, la inteligencia y el ego falso, estos ocho elementos en conjunto constituyen Mis energías materiales separadas.

SIGNIFICADO

La ciencia de Dios analiza la posición constitucional de Dios y Sus diversas energías. La naturaleza material se denomina *prakṛti*, o la energía del Señor en Sus diferentes encarnaciones (expansiones) *puruṣa*, tal como se describe en *El Sātvata-tantra*:

viṣṇos tu trīṇi rūpāṇi
puruṣākhyāny atho viduḥ
ekaṁ tu mahataḥ sraṣṭṛ
dvitīyaṁ tv aṇḍa-saṁsthitam
tṛtīyaṁ sarva-bhūta-sthaṁ
tāni jñātvā vimucyate

"Para llevar a cabo la creación material, la expansión plenaria del Señor Kṛṣṇa adopta la forma de tres Viṣṇus. El primero de ellos, Mahā-Viṣṇu, crea la energía material total, conocida como el *mahat-tattva*. El segundo, Garbhodakaśāyī Viṣṇu, entra en todos los universos para crear diversidades en cada uno de ellos. El tercero, Kṣīrodakaśāyī Viṣṇu, se difunde en todos los universos, en forma de la Superalma omnipresente, y se conoce como Paramātmā. Él está presente incluso dentro de los átomos. Todo aquel que conozca estos tres Viṣṇus, se puede liberar del enredo material".

Este mundo material es una manifestación temporal de una de las energías del Señor. Todas las actividades del mundo material están dirigidas por estas tres expansiones Viṣṇu del Señor Kṛṣṇa. Estos *puruṣas* se denominan encarnaciones. Por lo general, aquel que no conoce la ciencia de Dios (Kṛṣṇa) supone que este mundo material es para el disfrute de las entidades vivientes, y que las entidades vivientes son los *puruṣas* —los causantes, los controladores y los disfrutadores de la energía material—. Según *El Bhagavad-gītā*, esta conclusión atea es falsa. En el verso en discusión, se afirma que Kṛṣṇa es la causa original de la manifestación material. *El Śrīmad-Bhāgavatam* también confirma eso mismo. Los ingredientes de la manifestación material son energías separadas del Señor. Incluso el *brahmajyoti*, que es la meta última de los impersonalistas, es una energía espiritual manifestada en el cielo espiritual. En el *brahmajyoti* no hay diversidades espirituales como en los Vaikuṇṭhalokas, y el impersonalista considera que ese *brahmajyoti* es la meta última y eterna. La manifestación Paramātmā también es un aspecto temporal y omnipresente del Kṣīrodakaśāyī Viṣṇu. La manifestación Paramātmā no es eterna en el mundo espiritual. En consecuencia, la auténtica Verdad Absoluta es la Suprema Personalidad de Dios, Kṛṣṇa. Él es la persona energética completa, y posee diferentes energías separadas e internas.

En la energía material, las principales manifestaciones son ocho, tal como se mencionó antes. De éstas, las primeras cinco manifestaciones, es decir, la tierra, el agua, el fuego, el aire y el cielo, se conocen como las cinco creaciones gigantescas o las creaciones burdas, dentro de las cuales se incluyen los cinco objetos de los sentidos. Estos objetos son las manifestaciones del olor, el sabor, la forma, el tacto y el sonido físicos. La ciencia material abarca estas diez cosas y nada más. Pero las otras tres, es decir, la mente, la inteligencia y el ego falso, son desdeñadas por los materialistas. Los filósofos que se ocupan de las actividades mentales tampoco tienen conocimiento perfecto, porque no conocen la fuente última, Kṛṣṇa. El ego falso —"yo soy" y "es mío", que constituye el principio básico de la existencia material— comprende diez órganos de los sentidos para las actividades materiales. La inteligencia se refiere a la creación material total, denominada el *mahat-tattva*. Por lo tanto, de las ocho energías separadas del Señor se manifiestan los veinticuatro elementos del mundo material, que constituyen el tema de la filosofía *sāṅkhya* atea; originalmente, ellas son productos de las energías de Kṛṣṇa y están separadas de Él, pero los filósofos *sāṅkhya* ateos que poseen muy escaso conocimiento, no saben que Kṛṣṇa es la causa de todas las causas. El tema que se discute en la filosofía *sāṅkhya* trata únicamente de la manifestación de la energía externa de Kṛṣṇa, tal como se describe en *El Bhagavad-gītā*.

TEXTO 5

अपरेयमितस्त्वन्यां प्रकृतिं विद्धि मे पराम् ।
जीवभूतां महाबाहो ययेदं धार्यते जगत् ॥ ५ ॥

apareyam itas tv anyāṁ
prakṛtiṁ viddhi me parām
jīva-bhūtāṁ mahā-bāho
yayedaṁ dhāryate jagat

aparā—inferior; *iyam*—ésta; *itaḥ*—además de ésta; *tu*—pero; *anyām*—otra; *prakṛtim*—energía; *viddhi*—trata de entender; *me*—Mi; *parām*—superior; *jīva-bhūtām*—que consiste en las entidades vivientes; *mahā-bāho*—¡oh, tú, el de los poderosos brazos!; *yayā*—por quienes; *idam*—este; *dhāryate*—es utilizado o explotado; *jagat*—el mundo material.

TRADUCCIÓN

Además de todo ello, ¡oh, Arjuna, el de los poderosos brazos!, hay una energía Mía que es superior, la cual consiste en las entidades vivientes que están explotando los recursos de esa naturaleza material inferior.

SIGNIFICADO

Aquí se menciona claramente que las entidades vivientes pertenecen a la naturaleza (o energía) superior del Señor Supremo. La energía inferior es la materia que se manifiesta en diferentes elementos, es decir, tierra, agua, fuego, aire, éter, mente, inteligencia y ego falso. Ambas formas de la naturaleza material, es decir, la burda (la tierra, etc.) y la sutil (la mente, etc.), son productos de la energía inferior. Las entidades vivientes, que están explotando esas energías inferiores con diferentes propósitos, constituyen la energía superior del Señor Supremo, y se debe a esta energía que el mundo material por entero funcione. La manifestación cósmica no tiene ningún poder de actuar, a menos que la mueva la energía superior, la entidad viviente. A las energías siempre las controla el energético, y, en consecuencia, las entidades vivientes siempre están controladas por el Señor; ellas no tienen una existencia independiente. Ellas nunca son igual de poderosas, como lo creen hombres faltos de inteligencia. La diferencia que hay entre las entidades vivientes y el Señor se describe en *El Śrīmad-Bhāgavatam* (10.87.30) de la siguiente manera:

aparimitā dhruvās tanu-bhṛto yadi sarva-gatās
tarhi na śāsyateti niyamo dhruva netarathā
ajani ca yan-mayaṁ tad avimucya niyantṛ bhavet
samam anujānatāṁ yad amataṁ mata-duṣṭatayā

"¡Oh, Tú, el Eterno Supremo!, si las entidades vivientes encarnadas fuesen eternas y omnipresentes como Tú, entonces no estarían bajo Tu control. Pero si consideramos que las entidades vivientes son diminutas energías de Su Señoría, entonces de inmediato quedan sujetas a Tu control supremo. Por lo tanto, la verdadera liberación entraña el que las entidades vivientes se entreguen a Tu control, y esa entrega las hará felices. Sólo en esa posición constitucional pueden ellas ser controladoras. De modo que, los hombres con conocimiento limitado que defienden la teoría monista de que Dios y las entidades vivientes son iguales en todos los aspectos, de hecho están guiados por una opinión errada y contaminada".

El Supremo Señor Kṛṣṇa es el único controlador, y todas las entidades vivientes son controladas por Él. Esas entidades vivientes son la energía superior de Él, porque la calidad de su existencia es idéntica a la del Supremo, pero ellas nunca son iguales al Señor en lo que respecta a la cantidad de poder. Mientras la energía superior (la entidad viviente) explota la energía inferior burda y sutil (la materia), olvida su verdadera mente e inteligencia espirituales. Ese olvido se debe a la influencia de la materia en la entidad viviente. Pero cuando la entidad viviente se libera de la influencia de la ilusoria energía material, alcanza la etapa denominada *mukti*, o liberación. El ego falso, bajo la influencia de la ilusión material, piensa: "Yo soy materia, y las cosas materiales que adquiera son mías". Él llega a comprender por completo su verdadera posición, cuando se libera de todas las ideas materiales, entre ellas el concepto de volverse uno con Dios en todos los aspectos. Así pues, se puede concluir que el *Gītā* confirma que la entidad viviente es sólo una de las múltiples energías de Kṛṣṇa; y cuando esta energía se libera de la contaminación material, se vuelve plenamente consciente de Kṛṣṇa, o liberada.

TEXTO 6

एतद्योनीनि भूतानि सर्वाणीत्युपधारय ।
अहं कृत्स्नस्य जगतः प्रभवः प्रलयस्तथा ॥ ६ ॥

etad-yonīni bhūtāni
sarvāṇīty upadhāraya
ahaṁ kṛtsnasya jagataḥ
prabhavaḥ pralayas tathā

etat—estas dos naturalezas; *yonīni*—cuya fuente de nacimiento; *bhūtāni*—todo lo creado; *sarvāṇi*—todo; *iti*—así pues; *upadhāraya*—sabed; *aham*—Yo; *kṛtsnasya*—que lo abarca todo; *jagataḥ*—del mundo; *prabhavaḥ*—la fuente de la manifestación; *pralayaḥ*—aniquilación; *tathā*—así como también.

TRADUCCIÓN

Todos los seres creados tienen su origen en estas dos naturalezas. De todo lo que es material y de todo lo que es espiritual en este mundo, sabed con toda certeza que Yo soy tanto el origen como la disolución.

SIGNIFICADO

Todo lo que existe es un producto de la materia y el espíritu. El espíritu es la base de la creación, y la materia es creada por el espíritu. El espíritu no se crea en una determinada etapa del desarrollo material. Más bien, este mundo material se manifiesta únicamente en base a la energía espiritual. Este cuerpo material se desarrolla porque el espíritu está presente dentro de la materia; el niño va pasando de un modo gradual a la adolescencia y luego a la madurez, debido a que esa energía superior, el alma espiritual, está presente. De igual modo, toda la manifestación cósmica del gigantesco universo se desarrolla debido a la presencia de la Superalma, Viṣṇu. Por lo tanto, el espíritu y la materia, que se combinan para manifestar esta gigantesca forma universal, son en un principio dos energías del Señor, y, en consecuencia, el Señor es la causa original de todo. Una parte integral fragmentaria del Señor, es decir, la entidad viviente, puede ser la causa de un gran rascacielos, de una gran fábrica o incluso de una gran ciudad, pero no puede ser la causa de un gran universo. La causa del gran universo es la gran alma, o la Superalma. Y Kṛṣṇa, el Supremo, es la causa tanto de la gran alma como de la pequeña. De modo que, Él es la causa original de todas las causas. Ello se confirma en *El Kaṭha Upaniṣad* (2.2.13). *Nityo nityānāṁ cetanaś cetanānām.*

TEXTO 7

मत्तः परतरं नान्यत्किञ्चिदस्ति धनंजय ।
मयि सर्वमिदं प्रोतं सूत्रे मणिगणा इव ॥ ७ ॥

mattaḥ parataraṁ nānyat
kiñcid asti dhanañjaya
mayi sarvam idaṁ protaṁ
sūtre maṇi-gaṇā iva

mattaḥ—más allá de Mí; *para-taram*—superior; *na*—no; *anyat kiñcit*—cualquier otra cosa; *asti*—hay; *dhanañjaya*—¡oh, conquistador de riquezas!; *mayi*—en Mí; *sarvam*—todo lo que existe; *idam*—lo cual vemos; *protam*—se ensarta; *sūtre*—en un hilo; *maṇi-gaṇāḥ*—perlas; *iva*—como.

TRADUCCIÓN

¡Oh, conquistador de riquezas!, no hay verdad superior a Mí. Todo descansa en Mí, tal como perlas ensartadas en un hilo.

SIGNIFICADO

Hay una controversia común acerca de si la Suprema Verdad Absoluta es personal o impersonal. En lo que respecta a *El Bhagavad-gītā*, la Verdad Absoluta es la Personalidad de Dios Śrī Kṛṣṇa, y ello se confirma a cada paso. En este verso, en particular, se recalca que la Verdad Absoluta es una persona. Que la Personalidad de Dios es la Suprema Verdad Absoluta, también lo afirma *El Brahma-saṁhitā*: *īśvaraḥ paramaḥ kṛṣṇaḥ sac-cid-ānanda-vigrahaḥ*; es decir, la Suprema Verdad Absoluta y Personalidad de Dios es el Señor Kṛṣṇa, quien es el Señor primordial, Govinda, el depósito de todo el placer, y la forma eterna de la bienaventuranza y el conocimiento en pleno. Estas autoridades no dejan lugar a dudas acerca de que la Verdad Absoluta es la Persona Suprema, la causa de todas las causas. Sin embargo, el impersonalista arguye en base a la versión védica que se da en *El Śvetāśvatara Upaniṣad* (3.10): *tato yad uttarataraṁ tad arūpam anāmayam/ ya etad vidur amṛtās te bhavanti athetare duḥkham evāpiyanti.* "En el mundo material se considera que Brahmā, la primera entidad viviente del universo, es el Supremo entre los semidioses, los seres humanos y los animales inferiores. Pero más allá de Brahmā está la Trascendencia, la cual no tiene forma material y está libre de todas las contaminaciones materiales. Todo aquel que lo* pueda conocer a Él también se vuelve trascendental, pero aquellos que no lo conocen padecen las desdichas del mundo material''.

El impersonalista hace más énfasis en la palabra *arūpam*. Pero ese *arūpam* no es impersonal; esa palabra indica la trascendental forma de la eternidad, la bienaventuranza y el conocimiento, tal como se describe en *El Brahma-saṁhitā* antes citado. Otros versos de *El Śvetāśvatara Upaniśad* (3.8–9) confirman eso de la siguiente manera:

vedāham etaṁ puruṣaṁ mahāntam
āditya-varṇaṁ tamasaḥ parastāt
tam eva vidvān ati mṛtyum eti
nānyaḥ panthā vidyate 'yanāya

yasmāt paraṁ nāparam asti kiñcid
yasmān nāṇīyo no jyāyo 'sti kiñcit
vṛkṣa iva stabdho divi tiṣṭhaty ekas
tenedaṁ pūrṇaṁ puruṣeṇa sarvam

''Yo conozco a esa Suprema Personalidad de Dios que es trascendental a todas las concepciones materiales de la oscuridad. Sólo aquel que lo conoce puede trascender las ataduras del nacimiento y la muerte. No existe ninguna otra manera de liberarse, aparte de este conocimiento acerca de esa Persona Suprema.

''No hay ninguna verdad superior a esa Persona Suprema, porque Él es lo máximo que existe. Él es más pequeño que lo más pequeño, y más grande que lo más grande. Él se encuentra como un silencioso árbol e ilumina el cielo trascendental, y así como un árbol extiende sus raíces, Él extiende Sus extensas energías''.

Estos versos nos llevan a concluir que la Suprema Verdad Absoluta es la Suprema Personalidad de Dios, quien es omnipresente por medio de Sus múltiples energías, tanto materiales como espirituales.

TEXTO 8

रसोऽहमप्सु कौन्तेय प्रभास्मि शशिसूर्ययोः ।
प्रणवः सर्ववेदेषु शब्दः खे पौरुषं नृषु ॥८॥

raso 'ham apsu kaunteya
prabhāsmi śaśi-sūryayoḥ
praṇavaḥ sarva-vedeṣu
śabdaḥ khe pauruṣaṁ nṛṣu

**N. del T.:* Como Kṛṣṇa es la Trascendencia, el autor se refiere a ésta con el género masculino.

rasaḥ—sabor; *aham*—Yo; *apsu*—en el agua; *kaunteya*—¡oh, hijo de Kuntī!; *prabhā*—la luz; *asmi*—Yo soy; *śaśi-sūryayoḥ*—del Sol y la Luna; *praṇavaḥ*—las tres letras *a-u-m*; *sarva*—en todos; *vedeṣu*—los *Vedas*; *śabdaḥ*—vibración sonora; *khe*—en el éter; *pauruṣam*—habilidad; *nṛṣu*—en los hombres.

TRADUCCIÓN

¡Oh, hijo de Kuntī!, Yo soy el sabor del agua, la luz del Sol y de la Luna, la sílaba oṁ de los mantras védicos; Yo soy el sonido del éter y la habilidad del hombre.

SIGNIFICADO

Este verso explica la manera en que el Señor es omnipresente mediante Sus diversas energías materiales y espirituales. Al Señor Supremo se lo puede percibir inicialmente por medio de Sus diferentes energías, y así se lo llega a conocer de un modo impersonal. Así como el semidiós del Sol es una persona y a él se lo percibe mediante su energía omnipresente, la luz del Sol, así mismo, aunque el Señor se halla en Su morada eterna, a Él se lo percibe mediante Sus energías difundidas y omnipresentes. El sabor del agua es el principio activo del agua. A nadie le gusta beber el agua de mar, porque el sabor puro del agua está mezclado con el de la sal. El atractivo que tiene el agua depende de la pureza de su sabor, y ese sabor puro es una de las energías del Señor. El impersonalista percibe la presencia del Señor en el agua por medio del sabor de ésta, y el personalista también glorifica al Señor, por haber tenido la bondad de proveer de la sabrosa agua para calmar la sed del hombre. Ésa es la manera de percibir al Supremo. A decir verdad, entre el personalismo y el impersonalismo prácticamente no hay ningún conflicto. Aquel que conoce a Dios sabe que la concepción impersonal y la concepción personal se hallan presentes en todo simultáneamente, y que en ello no hay ninguna contradicción. Por lo tanto, el Señor Caitanya estableció Su sublime doctrina de *acintya-bheda* y *abheda-tattva*, de identidad y diferencia simultáneas.

La luz del Sol y la Luna también emana originalmente del *brahmajyoti*, que es la refulgencia impersonal del Señor. Y *praṇava*, o el trascendental sonido *oṁkāra* que se encuentra al comienzo de cada himno védico, se refiere al Señor Supremo. Como los impersonalistas tienen mucho miedo de dirigirse al Supremo Señor Kṛṣṇa por medio de Sus innumerables nombres, prefieren proferir el trascendental sonido *oṁkāra*. Pero ellos no se dan cuenta de que *oṁkāra* es la representación sonora de Kṛṣṇa. La jurisdicción del proceso de conciencia de Kṛṣṇa se extiende por todas partes, y aquel que conoce dicho proceso está bendecido. Aquellos que no conocen a Kṛṣṇa están sumidos en la ilusión, y, así pues, el conocimiento acerca de Kṛṣṇa es la liberación, y la ignorancia en relación con Él es el cautiverio.

TEXTO 9

पुण्यो गन्धः पृथिव्यां च तेजश्चास्मि विभावसौ ।
जीवनं सर्वभूतेषु तपश्चास्मि तपस्विषु ॥ ९ ॥

puṇyo gandhaḥ pṛthivyāṁ ca
tejaś cāsmi vibhāvasau
jīvanaṁ sarva-bhūteṣu
tapaś cāsmi tapasviṣu

puṇyaḥ—original; *gandhaḥ*—fragancia; *pṛthivyām*—en la tierra; *ca*—también; *tejaḥ*—calor; *ca*—también; *asmi*—Yo soy; *vibhāvasau*—en el fuego; *jīvanam*—vida; *sarva*—en todas; *bhūteṣu*—entidades vivientes; *tapaḥ*—penitencia; *ca*—también; *asmi*—Yo soy; *tapasviṣu*—en aquellos que practican penitencia.

TRADUCCIÓN

Yo soy la fragancia original de la tierra, y Yo soy el calor del fuego. Yo soy la vida de todo lo que vive, y Yo soy las penitencias de todos los ascetas.

SIGNIFICADO

Puṇya significa aquello que no está descompuesto; *puṇya* es lo original. En el mundo material todo tiene un cierto aroma o fragancia, como el aroma y la fragancia de una flor, o de la tierra, del agua, del fuego, del aire, etc. Kṛṣṇa es el aroma no contaminado, el aroma original, que se difunde por todo. De forma similar, todo tiene un sabor original específico, y ese sabor se puede cambiar por medio de la mezcla de sustancias químicas. Así que todo lo original tiene algún olor, alguna fragancia y algún sabor. *Vibhāvasu* significa fuego. Sin fuego no podemos operar las fábricas, no podemos cocinar, etc., y ese fuego es Kṛṣṇa. El calor del fuego es Kṛṣṇa. Según la medicina védica, la indigestión se debe a una baja temperatura en el estómago. De modo que, hasta para la digestión se necesita del fuego. En el cultivo de conciencia de Kṛṣṇa nos damos cuenta de que la tierra, el agua, el fuego, el aire, y todo principio activo, todas las sustancias químicas y todos los elementos materiales, se deben a Kṛṣṇa. La duración de la vida del hombre también se debe a Kṛṣṇa. En consecuencia, por la gracia de Kṛṣṇa, el hombre puede prolongar su vida o acortarla. Así pues, el proceso de conciencia de Kṛṣṇa está activo en todas las esferas.

TEXTO 10

बीजं मां सर्वभूतानां विद्धि पार्थ सनातनम् ।
बुद्धिर्बुद्धिमतामस्मि तेजस्तेजस्विनामहम् ॥ १० ॥

bījaṁ māṁ sarva-bhūtānāṁ
viddhi pārtha sanātanam
buddhir buddhimatām asmi
tejas tejasvinām aham

bījam—la semilla; *mām*—a Mí; *sarva-bhūtānām*—de todas las entidades vivientes; *viddhi*—trata de entender; *pārtha*—¡oh, hijo de Pṛthā!; *sanātanam*—original, eterno; *buddhiḥ*—inteligencia; *buddhi-matām*—de los inteligentes; *asmi*—Yo soy; *tejaḥ*—poder; *tejasvinām*—de los poderosos; *aham*—Yo soy.

TRADUCCIÓN

¡Oh, hijo de Pṛthā!, sabed que Yo soy la semilla original de todo lo que existe, la inteligencia de los inteligentes y el poder de todos los hombres poderosos.

SIGNIFICADO

Bījam significa semilla; Kṛṣṇa es la semilla de todo. Existen diversas entidades vivientes, móviles e inertes. Las aves, las bestias, los hombres y muchas otras criaturas vivientes son entidades vivientes móviles; los árboles y las plantas, sin embargo, son inertes —no se pueden mover, sino sólo estar parados—. Cada entidad se halla dentro del ámbito de 8.400.000 especies de vida; algunas de ellas son móviles y otras son inertes. Sin embargo, en todos los casos, Kṛṣṇa es la semilla de su vida. Como se afirma en la literatura védica, el Brahman, o la Suprema Verdad Aboluta, es aquello de donde todo emana. Kṛṣṇa es Parabrahman, el Espíritu Supremo. El Brahman es impersonal y el Parabrahman es personal. El Brahman impersonal está situado en el aspecto personal —eso se afirma en *El Bhagavad-gītā*—. Por consiguiente, en un principio, Kṛṣṇa es la fuente de todo. Él es la raíz. Así como la raíz de un árbol mantiene a todo el árbol, Kṛṣṇa, que es la raíz original de todas las cosas, mantiene todo en esta manifestación material. Eso también se confirma en la literatura védica (*El Kaṭha Upaniṣad* 2.2.13):

nityo nityānāṁ cetanaś cetanānām
eko bahūnāṁ yo vidadhāti kāmān

Él es el principal eterno entre todos los eternos. Él es la entidad viviente suprema entre todas las entidades vivientes, y sólo Él mantiene todo lo que tiene vida. Uno no puede hacer nada sin inteligencia, y Kṛṣṇa también dice que Él es la raíz de toda inteligencia. A menos que una persona sea inteligente, no puede entender a la Suprema Personalidad de Dios, Kṛṣṇa.

TEXTO 11

बलं बलवतां चाहं कामरागविवर्जितम् ।
धर्माविरुद्धो भूतेषु कामोऽस्मि भरतर्षभ ॥११॥

balaṁ balavatām cāhaṁ
kāma-rāga-vivarjitam
dharmāviruddho bhūteṣu
kāmo 'smi bharatarṣabha

balam—fuerza; *bala-vatām*—de los fuertes; *ca*—y; *aham*—Yo soy; *kāma*—pasión; *rāga*—y apego; *vivarjitam*—desprovisto de; *dharma-aviruddhaḥ*—que no vaya en contra de los principios religiosos; *bhūteṣu*—en todos los seres; *kāmaḥ*—vida sexual; *asmi*—Yo soy; *bharata-ṛṣabha*—¡oh, Señor de los Bhāratas!

TRADUCCIÓN

Yo soy la fuerza de los fuertes, desprovista de pasión y deseo. Yo soy la vida sexual que no va en contra de los principios religiosos, ¡oh, señor de los Bhāratas [Arjuna]!

SIGNIFICADO

La fuerza del hombre fuerte se debe aplicar para proteger al débil, no para la agresión personal. Así mismo, de acuerdo con los principios religiosos (*dharma*), la vida sexual debe ser para tener hijos, y no para alguna otra cosa. Los padres tienen, entonces, la responsabilidad de hacer que sus hijos se vuelvan conscientes de Kṛṣṇa.

TEXTO 12

ये चैव सात्त्विका भावा राजसास्तामसाश्च ये ।
मत्त एवेति तान्विद्धि न त्वहं तेषु ते मयि ॥१२॥

ye caiva sāttvikā bhāvā
rājasās tāmasāś ca ye
matta eveti tān viddhi
na tv ahaṁ teṣu te mayi

ye—todos los cuales; *ca*—y; *eva*—ciertamente; *sāttvikāḥ*—en la bondad; *bhāvāḥ*—estados de existencia; *rājasāḥ*—en la modalidad de la pasión; *tāmasāḥ*—en la modalidad de la ignorancia; *ca*—también; *ye*—todos los cuales;

mattaḥ—de Mí; *eva*—ciertamente; *iti*—así pues; *tān*—ésos; *viddhi*—trata de saber; *na*—no; *tu*—pero; *aham*—Yo; *teṣu*—en ellos; *te*—ellos; *mayi*—en Mí.

TRADUCCIÓN

Sabed que todos los estados de existencia —ya sean de la bondad, de la pasión o de la ignorancia— los manifiesta Mí energía. En un sentido, Yo lo soy todo, pero soy independiente. Yo no me encuentro bajo la jurisdicción de las modalidades de la naturaleza material, ya que, por el contrario, ellas se encuentran dentro de Mí.

SIGNIFICADO

Todas las actividades del mundo material se conducen bajo la influencia de las tres modalidades de la naturaleza material. Aunque esas modalidades materiales de la naturaleza son emanaciones del Señor Supremo, Kṛṣṇa, Él no está sujeto a ellas. Por ejemplo, según las leyes del Estado, a uno se lo puede castigar, pero el rey, el legislador, no está sujeto a esa ley. De igual manera, todas las modalidades de la naturaleza material —la bondad, la pasión y la ignorancia— son emanaciones del Supremo Señor Kṛṣṇa, pero Kṛṣṇa no está sujeto a la naturaleza material. Por consiguiente, Él es *nirguṇa*, lo cual significa que aunque esos *guṇas*, o modalidades, proceden de Él, no lo afectan. Ésa es una de las características especiales de Bhagavān, o la Suprema Personalidad de Dios.

TEXTO 13

त्रिभिर्गुणमयैर्भावैरेभिः सर्वमिदं जगत् ।
मोहितं नाभिजानाति मामेभ्यः परमव्ययम् ॥१३॥

tribhir guṇa-mayair bhāvair
ebhiḥ sarvam idaṁ jagat
mohitaṁ nābhijānāti
mām ebhyaḥ param avyayam

tribhiḥ—tres; *guṇa-mayaiḥ*—integrado por los *guṇas*; *bhāvaiḥ*—por los estados de existencia; *ebhih*—todos estos; *sarvam*—por entero; *idam*—este; *jagat*—universo; *mohitam*—engañado; *na abhijānāti*—no conoce; *mām*—a Mí; *ebhyaḥ*—por encima de éstos; *param*—el Supremo; *avyayam*—inagotable.

TRADUCCIÓN

Engañado por las tres modalidades [bondad, pasión e ignorancia], el mundo entero no Me conoce a Mí, que estoy por encima de las modalidades y que soy inagotable.

SIGNIFICADO

El mundo entero está hechizado por las tres modalidades de la naturaleza material. Aquellos que están confundidos por esas tres modalidades, no pueden entender que, más allá de esta naturaleza material, se encuentra el Señor Supremo, Kṛṣṇa.

Toda entidad viviente que se encuentra bajo la influencia de la naturaleza material, tiene un determinado tipo de cuerpo y un determinado tipo de actividades psíquicas y biológicas correspondientes. Existen cuatro clases de hombres que actúan en el seno de las tres modalidades materiales de la naturaleza. Aquellos que están influidos puramente por la modalidad de la bondad, se denominan *brāhmaṇas*. Aquellos que están influidos puramente por la modalidad de la pasión, se denominan *kṣatriyas*. Aquellos que están influidos tanto por la modalidad de la pasión como por la modalidad de la ignorancia, se denominan *vaiśyas*. Aquellos que están influidos completamente por la ignorancia, se denominan *śūdras*. Y aquellos que son menos que eso son animales, o llevan una vida animal. Sin embargo, esas designaciones no son permanentes. Puede que yo sea un *brāhmaṇa*, un *kṣatriya*, un *vaiśya* o lo que sea, en cualquiera de los casos esta vida es temporal. Pero aunque la vida es temporal y no sabemos lo que vamos a ser en la siguiente vida, debido al hechizo de esta energía ilusoria nos analizamos en función de esta concepción corporal de la vida, y por eso pensamos que somos americanos, indostanos, rusos, o *brāhmaṇas*, hindúes, musulmanes, etc. Y si nos enredamos en las modalidades de la naturaleza material, olvidamos entonces a la Suprema Personalidad de Dios, quien se halla tras todas esas modalidades. El Señor Kṛṣṇa dice, pues, que las entidades vivientes que están engañadas por esas tres modalidades de la naturaleza, no entienden que tras el contorno material se halla la Suprema Personalidad de Dios.

Hay muchas clases de entidades vivientes —seres humanos, semidioses, animales, etc.—, y todas y cada una de ellas se encuentran bajo la influencia de la naturaleza material, y todas ellas han olvidado a la trascendente Personalidad de Dios. Aquellos que se hallan bajo la influencia de las modalidades de la pasión y la ignorancia, e incluso aquellos que se hallan bajo la influencia de la modalidad de la bondad, no pueden ir más allá de la concepción Brahman impersonal de la Verdad Absoluta. Ellos se confunden ante el Señor Supremo en Su aspecto personal, el cual posee plena belleza, opulencia, conocimiento, fuerza, fama y renunciación. Si incluso aquellos que están influidos por la bondad no pueden entender, ¿qué esperanzas les quedan a los que están influidos por la pasión y la ignorancia? El proceso de conciencia de Kṛṣṇa es trascendental a todas esas tres modalidades de la naturaleza material, y aquellos que verdaderamente se encuentran establecidos en el proceso de conciencia de Kṛṣṇa, están de hecho liberados.

TEXTO 14

दैवी ह्येषा गुणमयी मम माया दुरत्यया ।

मामेव ये प्रपद्यन्ते मायामेतां तरन्ति ते ॥१४॥

daivī hy eṣā guṇa-mayī
mama māyā duratyayā
mām eva ye prapadyante
māyām etāṁ taranti te

daivī—trascendental; *hi*—ciertamente; *eṣā*—esta; *guṇa-mayī*—integrada por las tres modalidades de la naturaleza material; *mama*—Mi; *māyā*—energía; *duratyayā*—muy difícil de superar; *mām*—a Mí; *eva*—ciertamente; *ye*—aquellos que; *prapadyante*—se entregan; *māyām etām*—esta energía ilusoria; *taranti*—superar; *te*—ellos.

TRADUCCIÓN

Esta energía divina Mía, integrada por las tres modalidades de la naturaleza material, es difícil de superar. Pero aquellos que se han entregado a Mí, pueden atravesarla fácilmente.

SIGNIFICADO

La Suprema Personalidad de Dios tiene infinidad de energías, y todas ellas son divinas. Aunque las entidades vivientes son parte de Sus energías y, por ende, son divinas, debido al contacto con la energía material, su poder superior original se cubre. Al uno estar cubierto de ese modo por la energía material, no le es posible superar la influencia de ella. Como se dijo anteriormente, puesto que tanto la naturaleza material como la espiritual son emanaciones de la Suprema Personalidad de Dios, son eternas. Las entidades vivientes pertenecen a la naturaleza superior y eterna del Señor, pero debido a que se han contaminado con la naturaleza inferior, la materia, su ilusión también es eterna. Al alma condicionada se la llama, por lo tanto, *nitya-baddha*, o eternamente condicionada. Nadie puede averiguar la historia de cómo se volvió condicionada en una cierta fecha de la historia material. En consecuencia, su liberación de las garras de la naturaleza material es muy difícil, aun a pesar de que la naturaleza material es una energía inferior, ya que, en fin de cuentas, a la energía material la conduce la voluntad suprema, la cual la entidad viviente no puede superar. A la naturaleza material inferior se la define aquí como naturaleza divina, debido a su nexo divino y a que la mueve la voluntad divina. Aunque la naturaleza material es inferior, como la conduce la voluntad divina actúa de un modo muy maravilloso en la construcción y destrucción de la manifestación cósmica. Los *Vedas* confirman eso de la siguiente manera: *māyāṁ tu prakṛtiṁ vidyān māyināṁ tu maheśvaram*. "Aunque *māyā* [la ilusión] es falsa o temporal, el trasfondo de *māyā* es el mago supremo, la Personalidad de Dios, quien es Maheśvara, el controlador supremo" (*El Śvetāśvatara Upaniṣad* 4.10).

Otro significado de *guṇa* es soga; se debe entender que el alma condicionada está fuertemente atada por las sogas de la ilusión. Un hombre que está atado de pies y manos no puede liberarse por sí solo; él debe recibir la ayuda de una persona que no esté atada. Como los atados no pueden ayudar a los atados, la persona que venga al rescate debe estar liberada. Por consiguiente, sólo el Señor Kṛṣṇa o Su representante genuino, el maestro espiritual, pueden soltar al alma condicionada. Sin esa ayuda superior, uno no se puede librar del cautiverio de la naturaleza material. El servicio devocional, o el proceso de conciencia de Kṛṣṇa, puede ayudarlo a uno a lograr esa liberación. Como Kṛṣṇa es el Señor de la energía ilusoria, Él puede ordenarle a esa energía infranqueable que suelte al alma condicionada. Él ordena esa liberación por Su misericordia sin causa para con el alma entregada y por el afecto paternal que siente por la entidad viviente, quien es originalmente un hijo querido del Señor. De manera que, entregarse a los pies de loto del Señor es la única forma de liberarse de las garras de la estricta naturaleza material.

Las palabras *mām eva* también son significativas. *Mām* significa ''a Kṛṣṇa (Viṣṇu)'' únicamente, y no a Brahmā o Śiva. Aunque Brahmā y Śiva son sumamente elevados y se encuentran prácticamente en el nivel de Viṣṇu, esas encarnaciones de *rajo-guṇa* (la pasión) y *tamo-guṇa* (la ignorancia) no pueden liberar al alma condicionada de las garras de *māyā*. En otras palabras, tanto Brahmā como Śiva se encuentran también bajo la influencia de *māyā*. Sólo Viṣṇu es el amo de *māyā*; por lo tanto, sólo Él puede poner en libertad al alma condicionada. Los *Vedas* (*El Śvetāśvatara Upaniśad* 3.8) confirman eso en la frase *tam eva viditvā*, es decir, ''La libertad se logra únicamente al entender a Kṛṣṇa''. Incluso el Señor Siva afirma que la liberación se puede lograr únicamente por la misericordia de Viṣṇu. El Señor Śiva dice: *mukti-pradātā sarveṣāṁ viṣṇur eva na saṁśayaḥ*, ''No hay ninguna duda de que Viṣṇu es el que le otorga la liberación a todo el mundo''.

TEXTO 15

न मां दुष्कृतिनो मूढाः प्रपद्यन्ते नराधमाः ।
माययापहृतज्ञाना आसुरं भावमाश्रिताः ॥ १५ ॥

na māṁ duṣkṛtino mūḍhāḥ
prapadyante narādhamāḥ
māyayāpahṛta-jñānā
āsuraṁ bhāvam āśritāḥ

na—no; *mām*—a Mí; *duṣkṛtinaḥ*—herejes; *mūḍhāḥ*—necios; *prapadyante*—se entregan; *nara-adhamāḥ*—lo más bajo de la humanidad; *māyayā*—por la energía ilusoria; *apahṛta*—robado; *jñānāḥ*—cuyo conocimiento; *āsuram*—demoníaco; *bhāvam*—naturaleza; *āśritāḥ*—aceptando.

TRADUCCIÓN

Esos herejes que son sumamente necios, que son lo más bajo de la humanidad, a quienes la ilusión les ha robado el conocimiento y que participan de la naturaleza atea de los demonios, no se entregan a Mí.

SIGNIFICADO

En *El Bhagavad-gītā* se dice que, por el simple hecho de uno entregarse a los pies de loto de Kṛṣṇa, la Personalidad Suprema, se pueden superar las estrictas leyes de la naturaleza material. En este momento surge una pregunta: ¿Cómo es posible que los educados filósofos, científicos, hombres de negocios, administradores y todos los líderes de los hombres ordinarios, no se entreguen a los pies de loto de Sri Kṛṣṇa, la todopoderosa Personalidad de Dios? *Mukti*, o el liberarse de las leyes de la naturaleza material, es algo que los líderes de la humanidad buscan de diferentes maneras y con grandes planes y perseverancia, durante una gran cantidad de años y nacimientos. Pero si esa liberación se puede lograr por el simple hecho de entregarse a los pies de loto de la Suprema Personalidad de Dios, entonces ¿por qué esos líderes inteligentes y muy trabajadores no adoptan ese sencillo método?

El *Gītā* responde esa pregunta muy francamente. Aquellos líderes de la sociedad que verdaderamente son eruditos, tales como Brahmā, Śiva, Kapila, los Kumāras, Manu, Vyāsa, Devala, Asita, Janaka, Prahlāda, Bali y, posteriormente, Madhvācārya, Rāmānujācārya, Śrī Caitanya y muchos otros —que son fieles filósofos, políticos, educadores, científicos, etc.—, se entregan a los pies de loto de la Persona Suprema, la autoridad todopoderosa. Aquellos que de hecho no son filósofos, científicos, educadores, administradores, etc., sino que se hacen pasar por tales en aras de un beneficio material, no aceptan el plan o el sendero del Señor Supremo. Ellos no tienen ni idea de Dios; ellos simplemente elaboran sus propios planes mundanos, y, en consecuencia, complican los problemas de la existencia material con sus vanos intentos de resolverlos. Como la energía material (la naturaleza) es muy poderosa, puede resistirse a los planes desautorizados de los ateos y confundir el conocimiento de las "comisiones de planeamiento".

Los ateos planificadores se describen aquí con la palabra *duṣkṛtinaḥ* o "herejes". *Kṛtī* significa "aquel que ha realizado una labor meritoria". El planificador ateo también es a veces muy inteligente y meritorio, ya que cualquier plan gigantesco, bueno o malo, requiere de inteligencia para su ejecución. Pero como la inteligencia del ateo se utiliza indebidamente para contrariar el plan del Señor Supremo, el planificador ateo es llamado *duṣkṛtī*, lo cual indica que su inteligencia y sus esfuerzos están mal dirigidos.

En el *Gītā* se menciona claramente que la energía material actúa por completo bajo la dirección del Señor Supremo. Ella no tiene una autoridad independiente. Ella actúa como la sombra, la cual se mueve siguiendo los movimientos del objeto que la produce. Pero, aun así, la energía material es muy poderosa, y el ateo, debido a su temperamento impío, no puede saber cómo funciona dicha energía; y él tampoco puede conocer el plan del Señor Supremo. Bajo la influencia de la ilusión y de las modalidades de la pasión y la ignorancia, todos sus planes se ven frustrados, tal como en el caso de Hiraṇyakaśipu y Rāvaṇa, cuyos planes fueron reducidos a polvo, aunque desde el punto de vista material ambos eran entendidos como científicos, filósofos, administradores y educadores. Estos *duṣkṛtīs*, o herejes, son de cuatro tipos diferentes, como se describe a continuación.

(1) Los *mūḍhas* son aquellos que son sumamente necios, como las muy trabajadoras bestias de carga. Ellos quieren disfrutar por sí solos de los frutos de su labor, y, en consecuencia, no quieren gastarlos en el Supremo. El típico ejemplo de la bestia de carga es el asno. El amo de esta humilde bestia la hace trabajar mucho. El asno no sabe en realidad para quién trabaja tanto día y noche. A él lo satisface el hecho de llenarse el estómago con un poco de heno, dormir un rato con el temor de ser golpeado por su amo, y complacer su apetito sexual a riesgo de ser pateado repetidamente por el sexo opuesto. A veces, el asno recita poesía y habla de filosofía, pero sus rebuznos sólo molestan a los demás. Ésa es la posición del necio trabajador fruitivo, que no sabe para quién debe trabajar. Él no sabe que el *karma* (la acción) es para el *yajña* (el sacrificio).

Aquellos que trabajan mucho día y noche para disipar la carga de deberes que ellos mismos se han creado, muy a menudo dicen que no tienen tiempo para oír hablar de la inmortalidad del ser viviente. Para semejantes *mūḍhas*, las ganancias materiales, que son destructibles, lo son todo en la vida, pese al hecho de que ellos mismos disfrutan únicamente de una muy pequeña fracción del fruto del trabajo. A veces, en aras de la ganancia fruitiva, esos *mūḍhas* pasan días y noches sin dormir, y aunque puede que tengan úlceras o indigestión, se satisfacen con muy poca comida; ellos simplemente están absortos en trabajar duro día y noche por el beneficio de amos ilusorios. Ignorantes de su verdadero amo, los necios trabajadores pierden su valioso tiempo sirviendo a la codicia. Desgraciadamente, ellos nunca se entregan al supremo amo de todos los amos, ni tampoco se toman el tiempo de oír a las fuentes idóneas hablar de Él. Al puerco que come excremento no le interesa comer dulces hechos de azúcar y *ghī*. De igual modo, el trabajador necio continuará oyendo incansablemente las noticias que complacen los sentidos y que tratan del vacilante mundo terrenal, pero tendrá muy poco tiempo para oír hablar de la eterna fuerza viviente que mueve al mundo material.

(2) Otra clase de *duṣkṛtī*, o hereje, recibe el nombre de *narādhama*, o lo más bajo de la humanidad. *Nara* significa ''ser humano'' y *adhama* significa ''el más bajo de todos''. De las 8.400.000 diferentes especies de seres vivos, hay 400.000 especies humanas. Entre éstas, hay numerosas formas inferiores de vida humana que son en su mayor parte incivilizadas. Los seres humanos civilizados son aquellos que tienen principios regulados de vida social, política y religiosa. Aquellos que están desarrollados social y políticamente pero que no tienen principios religiosos, se debe considerar que son *narādhamas*. Y religión sin Dios tampoco es religión, porque el propósito de seguir principios religiosos es el de conocer a la

Verdad Suprema y la relación que el hombre tiene con Él*. En el *Gītā*, la Personalidad de Dios afirma claramente que no hay ninguna autoridad por encima de Él, y que Él es la Verdad Suprema. La forma civilizada de la vida humana es para que el hombre *reviva la perdida conciencia* de la relación eterna que tiene con la Verdad Suprema, la Personalidad de Dios Śrī Kṛṣṇa, quien es todopoderoso. Todo aquel que pierde esta oportunidad es clasificado como *narādhama*. Las Escrituras reveladas nos informan que, cuando la criatura se halla en el vientre de la madre (una situación extremadamente incómoda), le ora a Dios pidiéndole ser liberada, y promete adorarlo sólo a Él en cuanto salga. Orarle a Dios cuando se está en dificultades es un instinto natural de todo ser viviente, porque eternamente está relacionado con Dios. Pero después de ser liberado, el niño olvida las dificultades del nacimiento y olvida también al que lo liberó, ya que se encuentra influido por *māyā*, la energía ilusoria.

Los tutores de los niños tienen el deber de revivir la conciencia divina que éstos llevan latente. Los diez tipos de ceremonias reformatorias, tal como se estipulan en *El Manu-smṛti*, que es la guía de los principios religiosos, son para revivir el estado de conciencia de Dios en el ámbito del sistema *varṇāśrama*. Sin embargo, hoy en día no se sigue estrictamente ningún proceso en ninguna parte del mundo, y, por lo tanto, el 99,9 por ciento de la población es *narādhama*.

Cuando toda la población se vuelve *narādhama*, naturalmente toda su supuesta educación queda nula y sin efecto por obra de la todopoderosa energía de la naturaleza física. De acuerdo con la pauta del *Gītā*, un hombre erudito es aquel que ve con igualdad de ánimo al erudito *brāhmaṇa*, al perro, a la vaca, al elefante y al comeperros. Ésa es la visión de un verdadero devoto. Śrī Nityānanda Prabhu, quien es la encarnación de Dios como maestro divino, liberó a los *narādhamas* típicos, los hermanos Jagāi y Mādhāi, y enseñó cómo el verdadero devoto le confiere su misericordia a los más bajos de los hombres. De modo que, el *narādhama*, a quien la Personalidad de Dios condena, puede revivir de nuevo su conciencia espiritual, únicamente por la misericordia de un devoto.

Śrī Caitanya Mahāprabhu, al propagar el *bhāgavata-dharma*, o las actividades de los devotos, ha recomendado que la gente oiga de manera sumisa el mensaje de la Personalidad de Dios. La esencia de ese mensaje es *El Bhagavad-gītā*. Los más bajos de los seres humanos pueden ser liberados sólo por medio de ese sumiso proceso de oír, pero, desgraciadamente, ellos rehúsan incluso prestar oídos a esos mensajes, y ni qué hablar de entregarse a la voluntad del Señor Supremo. Los *narādhamas*, o los más bajos de los hombres, desdeñarán por completo el deber fundamental del ser humano.

(3) La siguiente clase de *duṣkṛtī* se denomina *māyayāpahṛta-jñānaḥ*, o aquellas personas cuya erudición ha sido anulada por la influencia de la ilusoria energía material. Ellos son en su mayoría sujetos muy instruidos —grandes filósofos, poetas, literatos, científicos, etc.—, pero la energía ilusoria los desencamina, a

**N. del T.*: La Verdad Suprema es Kṛṣṇa.

raíz de lo cual desobedecen al Señor Supremo.

En la actualidad hay un gran número de *māyayāpahṛta-jñānāḥ*, incluso entre los estudiosos de *El Bhagavad-gītā*. En el *Gītā*, en un lenguaje sencillo y claro, se afirma que Śrī Kṛṣṇa es la Suprema Personalidad de Dios. No hay nadie que sea igual o superior a Él. A Él se lo menciona como padre de Brahmā, el padre original de todos los seres humanos. En verdad, se dice que Śrī Kṛṣṇa no sólo es el padre de Brahmā, sino también el padre de todas las especies de vida. Él es la raíz del Brahman impersonal y de Paramātmā; la Superalma que se halla en cada entidad viviente es Su porción plenaria. Él es la fuente de todo, y a todo el mundo se le aconseja entregarse a Sus pies de loto. Pese a todas estas claras afirmaciones, los *māyayāpahṛta-jñānāḥ* se burlan de la personalidad del Señor Supremo y consideran que Él es meramente otro ser humano. Ellos no saben que la bienaventurada forma de la vida humana se diseña a imagen y semejanza del eterno y trascendental aspecto del Señor Supremo.

Todas las desautorizadas interpretaciones que del *Gītā* hace la clase de *māyayāpahṛta-jñānāḥ* fuera de la jurisdicción del sistema *paramparā*, no son más que obstáculos en el sendero de la comprensión espiritual. Los engañados intérpretes no se rinden a los pies de loto de Śrī Kṛṣṇa, ni tampoco les enseñan a los demás a seguir ese principio.

(4) La última clase de *duṣkṛtī* se denomina *āsuraṁ bhāvam āśritāḥ*, o aquellos que tienen principios demoníacos. Esa clase es abiertamente atea. Algunos de ellos arguyen que el Señor Supremo jamás puede descender a este mundo material, pero son incapaces de dar alguna razón tangible de por qué no puede hacerlo. Hay otros que lo subordinan al aspecto impersonal, aunque en el *Gītā* se declara justamente lo opuesto. Por la envidia que le tiene a la Suprema Personalidad de Dios, el ateo presentará numerosas encarnaciones ilícitas creadas en la fábrica de su cerebro. Esas personas, cuyo principio fundamental en la vida es el de criticar a la Personalidad de Dios, no pueden entregarse a los pies de loto de Śrī Kṛṣṇa.

Śrī Yāmunācārya Albandaru, del Sur de la India, dijo: "¡Oh, Señor mío!, las personas que están envueltas en los principios ateos no te pueden conocer, pese a Tus cualidades, aspectos y actividades poco comunes, pese a que Tu personalidad la confirman todas las Escrituras reveladas que se hallan en el plano de la cualidad de la bondad, y pese a que a Ti te reconocen las famosas autoridades que son célebres por la profundidad de su conocimiento acerca de la ciencia trascendental, y que están situadas en el plano de las cualidades divinas".

Por consiguiente, (1) las personas sumamente necias, (2) los más bajos de los hombres, (3) los engañados especuladores y (4) los ateos profesos, tal como se mencionó antes, nunca se entregan a los pies de loto de la Personalidad de Dios, a pesar de todas las recomendaciones de las Escrituras y de las autoridades.

TEXTO 16

चतुर्विधा भजन्ते मां जनाः सुकृतिनोऽर्जुन ।

आर्तो जिज्ञासुरर्थार्थी ज्ञानी च भरतर्षभ ॥ १६ ॥

catur-vidhā bhajante māṁ
janāḥ sukṛtino 'rjuna
ārto jijñāsur arthārthī
jñānī ca bharatarṣabha

catuḥ-vidhāḥ—cuatro clases de; *bhajante*—prestan servicios; *mām*—a Mí; *janāḥ*—personas; *su-kṛtinaḥ*—aquellos que son piadosos; *arjuna*—¡oh, Arjuna!; *ārtaḥ*—el afligido; *jijñāsuḥ*—el indagador; *artha-arthī*—aquel que desea ganancias materiales; *jñānī*—aquel que conoce las cosas tal como son; *ca*—también; *bharata-ṛṣabha*—¡oh, tú, el grande entre los descendientes de Bharata!

TRADUCCIÓN

¡Oh, tú, el mejor de los Bhāratas [Arjuna]!, cuatro clases de hombres piadosos comienzan a prestarme servicio devocional: el afligido, el que desea riquezas, el indagador y aquel que busca conocimiento acerca del Absoluto.

SIGNIFICADO

A diferencia de los herejes, éstos son adeptos de los principios regulativos de las Escrituras, y reciben el nombre de *sukṛtina*, que significa "aquellos que obedecen los reglamentos de las Escrituras y las leyes morales y sociales, y que están más o menos consagrados al Señor Supremo".Entre éstos hay cuatro clases de hombres: los que a veces están afligidos, los que están necesitados de dinero, los que a veces indagan y los que a veces buscan conocimiento acerca de la Verdad Absoluta. Esas personas acuden al Señor Supremo bajo diferentes condiciones, para realizar servicio devocional. Ellos no son devotos puros, porque tienen alguna aspiración que satisfacer a cambio del servicio devocional. El servicio devocional debe ser sin aspiraciones y sin deseos de obtener un beneficio material. *El Bhakti-rasāmṛta-sindhu* (1.1.11) define la devoción pura de la siguiente manera:

anyābhilāṣitā-śūnyaṁ
jñāna-karmādy-anāvṛtam
ānukūlyena kṛṣṇānu-
śīlanaṁ bhaktir uttamā

"Uno debe prestarle al Supremo Señor Kṛṣṇa un amoroso servicio trascendental, de un modo favorable y sin el deseo de obtener una ganancia o un beneficio material a través de las actividades fruitivas o la especulación filosófica. Eso se denomina servicio devocional puro".

Cuando estas cuatro clases de personas acuden al Señor Supremo para realizar servicio devocional, y, mediante la compañía de un devoto puro, se purifican por completo, también se vuelven devotos puros. En lo que respecta a los herejes, para ellos el servicio devocional es algo muy difícil, porque sus vidas son egoístas, irregulares y carecen de metas espirituales. Pero incluso cuando por casualidad algunos de ellos se ponen en contacto con un devoto puro, también se vuelven devotos puros.

Aquellos que siempre están ocupados en actividades fruitivas acuden al Señor por la aflicción material, y en ese momento se relacionan con devotos puros y, en medio de su aflicción, se vuelven devotos del Señor. Aquellos que simplemente están frustrados, a veces también llegan a relacionarse con los devotos puros, y se despierta en ellos el interés de saber de Dios. Así mismo, cuando los áridos filósofos se frustran en cada uno de los campos del conocimiento, a veces quieren aprender acerca de Dios y acuden al Señor Supremo a prestarle servicio devocional, y, de ese modo, trascienden el conocimiento del Brahman impersonal y del Paramātmā localizado, y llegan a la concepción personal de Dios, por la gracia del Señor Supremo o de Su devoto puro. En general, cuando los afligidos, los indagadores, los buscadores de conocimiento y aquellos que están necesitados de dinero se libran de todos los deseos materiales, y cuando todos ellos entienden por completo que la remuneración material no tiene nada que ver con el mejoramiento espiritual, se convierten en devotos puros. Mientras no se llega a una etapa así de pura, los devotos que le prestan al Señor un servicio trascendental están manchados con las actividades fruitivas, la búsqueda de conocimiento mundano, etc. Así que uno tiene que trascender todo eso antes de poder llegar a la etapa del servicio devocional puro.

TEXTO 17

तेषां ज्ञानी नित्ययुक्त एकभक्तिर्विशिष्यते ।
प्रियो हि ज्ञानिनोऽत्यर्थमहं स च मम प्रियः ॥१७॥

teṣāṁ jñānī nitya-yukta
eka-bhaktir viśiṣyate
priyo hi jñānino 'tyartham
ahaṁ sa ca mama priyaḥ

teṣām—de éstos; *jñānī*—aquel que tiene pleno conocimiento; *nitya-yuktaḥ*—siempre dedicado; *eka*—sólo; *bhaktiḥ*—en el servicio devocional; *viśiṣyate*—es especial; *priyaḥ*—muy querido; *hi*—ciertamente; *jñāninaḥ*—a la persona con conocimiento; *atyartham*—sumamente; *aham*—Yo soy; *saḥ*—él; *ca*—también; *mama*—a Mí; *priyaḥ*—querido.

TRADUCCIÓN

De éstos,el mejor es aquel que tiene pleno conocimiento y que siempre está

dedicado al servicio devocional puro, pues Yo le soy muy querido a él y él Me es muy querido a Mí.

SIGNIFICADO

Al librarse de todas las contaminaciones de los deseos materiales, el afligido, el indagador, el necesitado y el buscador de conocimiento supremo pueden convertirse todos en devotos puros. Pero de ellos, aquel que tiene conocimiento acerca de la Verdad Absoluta y que está libre de todos los deseos materiales, se convierte en un verdadero devoto puro del Señor. Y de las cuatro órdenes, el devoto que tiene pleno conocimiento y que al mismo tiempo está dedicado al servicio devocional, es —dice el Señor— el mejor. Mediante la búsqueda de conocimiento, uno llega a percatarse de que su yo es diferente de su cuerpo material, y cuando se adelanta aún más, se llega al conocimiento del Brahman impersonal y del Paramātmā. Cuando uno se purifica por completo, llega a comprender que su posición constitucional es la de ser el sirviente eterno de Dios. De modo que, mediante la relación con los devotos puros, el indagador, el afligido, el que busca mejoramiento material y el hombre con conocimiento, todos se vuelven puros. Pero en la etapa preparatoria, el hombre que tiene pleno conocimiento acerca del Señor Supremo y que al mismo tiempo está ejecutando servicio devocional, le es muy querido al Señor. Aquel que está situado en el plano del conocimiento puro acerca de la trascendencia de la Suprema Personalidad de Dios, está tan protegido en el servicio devocional, que las contaminaciones materiales no pueden tocarlo.

TEXTO 18

उदाराः सर्व एवैते ज्ञानी त्वात्मैव मे मतम् ।
आस्थितः स हि युक्तात्मा मामेवानुत्तमां गतिं ॥१८॥

udārāḥ sarva evaite
jñānī tv ātmaiva me matam
āsthitaḥ sa hi yuktātmā
mām evānuttamāṁ gatim

udārāḥ—magnánimos; *sarve*—todos; *eva*—ciertamente; *ete*—éstos; *jñānī*—aquel que tiene conocimiento; *tu*—pero; *ātmā eva*—tal como Yo; *me*—Mi; *matam*—opinión; *āsthitaḥ*—situado; *saḥ*—él; *hi*—ciertamente; *yukta-ātmā*—dedicado al servicio devocional; *mām*—en Mí; *eva*—ciertamente; *anuttamām*—el supremo; *gatim*—destino.

TRADUCCIÓN

Todos estos devotos son indudablemente almas magnánimas, pero aquel

que está situado en el plano del conocimiento acerca de Mí, Yo considero que es tal como Mi propio ser. Como él está dedicado a Mi trascendental servicio, es seguro que llegará a Mí, lo cual es la meta más elevada y perfecta de todas.

SIGNIFICADO

No ha de creerse que los devotos que tienen un conocimiento menos completo no le son queridos al Señor. El Señor dice que todos son magnánimos, porque a cualquiera que acuda al Señor con cualquier propósito, se lo llama *mahātmā*, o gran alma. El Señor acepta a los devotos que quieren algún beneficio del servicio devocional, porque hay un intercambio de afecto. Por afecto, ellos le piden al Señor algún beneficio material, y cuando lo obtienen se satisfacen tanto, que también progresan en el servicio devocional. Pero el devoto que tiene pleno conocimiento se considera que es muy querido por el Señor, porque su único propósito es el de servir al Señor Supremo con amor y devoción. Esa clase de devoto no puede vivir ni un segundo sin estar en contacto con el Señor Supremo o sin prestarle servicio. De igual manera, el Señor Supremo quiere mucho a Su devoto y no puede estar separado de él.

En *El Śrīmad-Bhāgavatam* (9.4.68), el Señor dice:

sādhavo hṛdayaṁ mahyaṁ
sādhūnāṁ hṛdayaṁ tv aham
mad-anyat te na jānanti
nāhaṁ tebhyo manāg api

"Los devotos siempre están en Mi corazón, y Yo siempre estoy en el corazón de los devotos. El devoto no conoce nada aparte de Mí, y en lo que a Mí respecta, Yo no puedo olvidar al devoto. Existe una relación muy íntima entre los devotos puros y Yo. Los devotos puros que tienen pleno conocimiento nunca dejan de estar en contacto con lo espiritual, y, en consecuencia, son muy queridos por Mí".

TEXTO 19

बहूनां जन्मनामन्ते ज्ञानवान्मां प्रपद्यते ।
वासुदेवः सर्वमिति स महात्मा सुदुर्लभः ॥१९॥

bahūnāṁ janmanām ante
jñānavān māṁ prapadyate
vāsudevaḥ sarvam iti
sa mahātmā su-durlabhaḥ

bahūnām—muchos; *janmanām*—reiterados nacimientos y muertes; *ante*—después de; *jñāna-vān*—aquel que tiene pleno conocimiento; *mām*—a Mí;

prapadyate—se entrega; *vāsudevaḥ*—la Personalidad de Dios, Kṛṣṇa; *sarvam*—todo; *iti*—así pues; *saḥ*—ese; *mahā-ātmā*—gran alma; *su-durlabhaḥ*—muy difícil de ver.

TRADUCCIÓN

Después de muchos nacimientos y muertes, aquel que verdaderamente tiene conocimiento se entrega a Mí, sabiendo que Yo soy la causa de todas las causas y de todo lo que existe. Un alma así de grande es muy difícil de encontrar.

SIGNIFICADO

Mientras la entidad viviente ejecuta servicio devocional o rituales trascendentales después de muchísimos nacimientos, puede que de hecho se sitúe en el plano del conocimiento trascendental puro y llegue a saber que la Suprema Personalidad de Dios es la meta última de la comprensión espiritual. Al comienzo del proceso de la comprensión espiritual, mientras uno está tratando de abandonar su apego al materialismo, hay una cierta inclinación hacia el impersonalismo; pero cuando uno adelanta más, puede entender que en la vida espiritual hay actividades, y que éstas constituyen el servicio devocional. Al uno darse cuenta de esto, se apega a la Suprema Personalidad de Dios y se entrega a Él. En ese momento se puede entender que la misericordia del Señor Śrī Kṛṣṇa lo es todo, que Él es la causa de todas las causas y que esta manifestación material no es independiente de Él. Uno llega a comprender que el mundo material es un reflejo desvirtuado de la variedad espiritual, y que en todo existe una relación con el Supremo Señor Kṛṣṇa. Debido a ello, uno piensa en todo en relación con Vāsudeva, o Śrī Kṛṣṇa. Esa clase de visión universal de Vāsudeva precipita la total entrega de uno al Supremo Señor Śrī Kṛṣṇa como la meta máxima. Almas así de magnas y entregadas son muy difíciles de encontrar.

Este verso se explica muy bien en el Tercer Capítulo (versos 14 y 15) de *El Śvetāśvatara Upaniṣad*:

sahasra-śīrṣā puruṣaḥ
sahasrākṣaḥ sahasra-pāt
sa bhūmiṁ viśvato vṛtvā
tyātiṣṭhad daśāṅgulam

puruṣa evedaṁ sarvaṁ
yad bhūtaṁ yac ca bhavyam
utāmṛtatvasyeśāno
yad annenātirohati

En *El Chāndogya Upaniṣad* (5.1.15) se dice: *na vai vāco na cakṣūṁṣi na śrotrāṇi na manāṁsīty ācakṣate prāṇa iti evācakṣate prāṇo hy evaitāni sarvāṇi bhavanti*, ''En el cuerpo de un ser viviente, ni la facultad de hablar, ni la de ver, ni la de oír, ni la de pensar, es el factor primordial; la vida es lo que constituye el centro de todas las actividades''. De igual modo, el Señor Vāsudeva, o la Personalidad de Dios, el Señor Śrī Kṛṣṇa, es la entidad fundamental de todo. En este cuerpo existen las facultades de hablar, de ver, de oír, de realizar actividades mentales, etc. Pero ellas no son importantes si no están relacionadas con el Señor Supremo. Y como Vāsudeva es omnipresente y todo es Vāsudeva, el devoto se entrega con pleno conocimiento (vide *El Bhagavad-gītā* 7.17 y 11.40).

TEXTO 20

कामैस्तैस्तैर्हृतज्ञानाः प्रपद्यन्तेऽन्यदेवताः ।
तं तं नियममास्थाय प्रकृत्या नियताः स्वया ॥२०॥

kāmais tais tair hṛta-jñānāḥ
prapadyante 'nya-devatāḥ
taṁ taṁ niyamam āsthāya
prakṛtyā niyatāḥ svayā

kāmaiḥ—por los deseos; *taiḥ taiḥ*—diversos; *hṛta*—despojados de; *jñānāḥ*—conocimiento; *prapadyante*—se entregan; *anya*—a otros; *devatāḥ*—semidioses; *tam tam*—correspondientes; *niyamam*—regulaciones; *āsthāya*—siguiendo; *prakṛtyā*—por naturaleza; *niyatāḥ*—controlados; *svayā*—por sus propias.

TRADUCCIÓN

Aquellos a quienes los deseos materiales les han robado la inteligencia, se entregan a los semidioses y siguen las reglas y regulaciones específicas de adoración que corresponden a sus propias naturalezas.

SIGNIFICADO

Aquellos que están libres de todas las contaminaciones materiales, se entregan al Señor Supremo y se dedican a Su servicio devocional. Mientras la contaminación material no se limpie por completo, ellos serán no devotos por naturaleza. Pero incluso aquellos que tienen deseos materiales y que recurren al Señor Supremo, no están muy atraídos por la naturaleza externa; por dirigirse a la meta indicada, ellos se libran pronto de toda la lujuria material. En *El Śrīmad-Bhāgavatam* se recomienda que, si uno es un devoto puro y está libre de todos los deseos materiales, o si uno está lleno de todos ellos, o si uno desea librarse de la contaminación material, en todos los casos uno se debe entregar a Vāsudeva y adorarlo. Como se afirma en el *Bhāgavatam* (2.3.10):

akāmaḥ sarva-kāmo vā
mokṣa-kāma udāra-dhīḥ

tīvreṇa bhakti-yogena
yajeta puruṣaṁ param

La gente poco inteligente que ha perdido su sentido espiritual, se refugia en semidioses para la satisfacción inmediata de los deseos materiales. Por lo general, esa gente no acude a la Suprema Personalidad de Dios, porque está influida por unas modalidades específicas de la naturaleza (la ignorancia y la pasión) y, por consiguiente, adora a diversos semidioses. Ellos se satisfacen con seguir los reglamentos de la adoración. A los adoradores de los semidioses los motivan pequeños deseos, y ellos no saben cómo llegar a la meta suprema; pero el devoto del Señor Supremo no se extravía. Puesto que en la literatura védica hay recomendaciones que exhortan a adorar a diferentes dioses con diferentes propósitos (por ejemplo, al hombre enfermo se le recomienda adorar al Sol), aquellos que no son devotos del Señor creen que, para ciertos propósitos, los semidioses son mejores que el Señor Supremo. Pero el devoto puro sabe que el Supremo Señor Kṛṣṇa es el amo de todos. En *El Caitanya-caritāmṛta* (*Ādi* 5.142) se dice: *ekale īśvara kṛṣṇa, āra saba bhṛtya*, sólo la Suprema Personalidad de Dios, Kṛṣṇa, es amo, y todos los demás son sirvientes. Por lo tanto, un devoto puro nunca acude a semidioses para satisfacer necesidades materiales. Él depende del Señor Supremo. Y el devoto puro se satisface con lo que Él le dé.

TEXTO 21

यो यो यां यां तनुं भक्तः श्रद्धयार्चितुमिच्छति ।
तस्य तस्याचलां श्रद्धां तामेव विदधाम्यहम् ॥२१॥

yo yo yāṁ yāṁ tanuṁ bhaktaḥ
śraddhayārcitum icchati
tasya tasyācalāṁ śraddhāṁ
tām eva vidadhāmy aham

yaḥ yaḥ—quienquiera; *yām yām*—cualquier; *tanum*—forma de un semidiós; *bhaktaḥ*—devoto; *śraddhayā*—con fe; *arcitum*—adorar; *icchati*—deseos; *tasya tasya*—a él; *acalām*—firme; *śraddhām*—fe; *tām*—en eso; *eva*—seguro; *vidadhāmi*— doy; *aham*—Yo.

TRADUCCIÓN

Yo estoy en el corazón de todos en forma de la Superalma. En cuanto alguien desea adorar a algún semidiós, Yo hago que su fe se vuelva firme para que pueda consagrarse a esa deidad en particular.

SIGNIFICADO

Dios le ha dado independencia a todo el mundo; por lo tanto, si una persona desea tener disfrute material y quiere muy sinceramente que los semidioses materiales le den esas facilidades, el Señor Supremo, como la Superalma que está en el corazón de todos, se da cuenta de ello y les da facilidades a esa clase de personas. Como Él es el padre supremo de todas las entidades vivientes, no obstaculiza su independencia, sino que les da todas las facilidades para que ellas puedan cumplir sus deseos materiales. Puede que algunas personas pregunten por qué el todopoderoso Dios les da facilidades a las entidades vivientes para disfrutar de este mundo material, dejándolas caer así en la trampa de la energía ilusoria. La respuesta es que si el Señor Supremo, en Su carácter de Superalma, no diera esas facilidades, entonces la independencia no tendría sentido. Por consiguiente, Él les da a todos plena independencia —lo que uno quiera—, pero en *El Bhagavad-gītā* encontramos Su instrucción final: uno debe abandonar todas las demás ocupaciones y entregarse por entero a Él. Eso hará que el hombre sea feliz.

Tanto la entidad viviente como los semidioses están subordinados a la voluntad de la Suprema Personalidad de Dios; en consecuencia, la entidad viviente no puede adorar al semidiós por su propio deseo, ni puede el semidiós otorgar ninguna bendición sin la voluntad suprema. Como se dice, ni una brizna de paja se mueve sin la voluntad de la Suprema Personalidad de Dios. Por lo general, las personas que están afligidas en el mundo material acuden a los semidioses, tal como se les aconseja en la literatura védica. Una persona que quiera una cosa determinada puede adorar a tal o cual semidiós. Por ejemplo, a una persona enferma se le recomienda adorar al dios del Sol; una persona que quiera educación puede adorar a la diosa del conocimiento, Sarasvatī; y una persona que quiera una hermosa esposa puede adorar a la diosa Umā, la esposa del Señor Śiva. De ese modo, en los *śāstras* (las Escrituras védicas) hay recomendaciones en las que se indican las diferentes maneras de adorar a los diferentes semidioses. Y como una determinada entidad viviente quiere disfrutar de una determinada facilidad material, el Señor la inspira con un fuerte deseo de conseguir esa bendición de manos de ese semidiós específico, y así la entidad viviente logra recibir la bendición. El Señor Supremo también dispone la modalidad específica de la actitud devocional que la entidad viviente tiene con un determinado tipo de semidiós. Los semidioses no pueden infundir esa atracción en las entidades vivientes, pero como Kṛṣṇa es el Señor Supremo o la Superalma que está presente en el corazón de todas las entidades vivientes, Él impele al hombre a adorar a ciertos semidioses. Los semidioses son en realidad diferentes partes del cuerpo universal del Señor Supremo; por consiguiente, ellos no tienen ninguna independencia. En la literatura védica se declara: "La Suprema Personalidad de Dios, en forma de la Superalma, también está presente dentro del corazón del semidiós; por lo tanto, Él dispone las cosas a través del semidiós para cumplir el deseo de la entidad viviente. Pero tanto el semidiós como la entidad viviente dependen de la voluntad suprema. Ellos no son independientes".

TEXTO 22

स तया श्रद्धया युक्तस्तस्याराधनमीहते ।
लभते च ततः कामान्मयैव विहितान्हितान् ॥२२॥

sa tayā śraddhayā yuktas
tasyārādhanam īhate
labhate ca tataḥ kāmān
mayaiva vihitān hi tān

saḥ—él; *tayā*—con eso; *śraddhayā*—inspiración; *yuktaḥ*—dotado; *tasya*—de ese semidiós; *ārādhanam*—para la adoración; *īhate*—aspira; *labhate*—obtiene; *ca*—y; *tataḥ*—de eso; *kāmān*—sus deseos; *mayā*—por Mí; *eva*—sólo; *vihitān*—dispuesto; *hi*—ciertamente; *tān*—esos.

TRADUCCIÓN

Dotado de esa fe, él se esfuerza por adorar a un determinado semidiós, y obtiene lo que desea. Pero, en realidad, esos beneficios únicamente los otorgo Yo.

SIGNIFICADO

Los semidioses no pueden darles bendiciones a los devotos sin el permiso del Señor Supremo. Puede que la entidad viviente olvide que todo es propiedad del Señor Supremo, pero los semidioses no lo olvidan. De manera que, la adoración de los semidioses y el logro de los resultados deseados no se deben a los semidioses, sino a la Suprema Personalidad de Dios, porque Él lo dispone. La entidad viviente poco inteligente no lo sabe, y, en consecuencia, comete la necedad de acudir a los semidioses en busca de algún beneficio. Pero cuando el devoto puro necesita algo, le ora únicamente al Señor Supremo. Sin embargo, pedir beneficios materiales no es un signo de un devoto puro. La entidad viviente que acude a los semidioses, casi siempre lo hace porque está loca por satisfacer su lujuria. Esto ocurre cuando la entidad viviente desea algo indebido y el propio Señor no le complace el deseo. En *El Caitanya-caritāmṛta* se dice que aquel que adora al Señor Supremo y al mismo tiempo desea el disfrute material, es contradictorio en su deseo. El servicio devocional que se le presta al Señor Supremo y la adoración de un semidiós no pueden hallarse en el mismo plano, porque la adoración de un semidios es algo material, y el servicio devocional que se le presta al Señor Supremo es algo completamente espiritual.

Para la entidad viviente que desea regresar a Dios, los deseos materiales son impedimentos a ello. Por consiguiente, al devoto puro del Señor no se le confieren los beneficios materiales que desean las entidades vivientes poco inteligentes, quienes por ello prefieren adorar a los semidioses del mundo material, antes que ocuparse en el servicio devocional del Señor Supremo.

TEXTO 23

अन्तवत्तु फलं तेषां तद्भवत्यल्पमेधसाम् ।
देवान्देवयजो यान्ति मद्भक्ता यान्ति मामपि ॥२३॥

antavat tu phalaṁ teṣāṁ
tad bhavaty alpa-medhasām
devān deva-yajo yānti
mad-bhaktā yānti mām api

anta-vat—perecedero; *tu*—pero; *phalam*—fruto; *teṣām*—su; *tat*—eso; *bhavati*—se vuelve; *alpa-medhasām*—de aquellos de poca inteligencia; *devān*—a los semidioses; *deva-yajaḥ*—los adoradores de los semidioses; *yānti*—van; *mat*—Mis; *bhaktāḥ*—devotos; *yānti*—van; *mām*—a Mí; *api*—también.

TRADUCCIÓN

Los hombres de poca inteligencia adoran a los semidioses, y sus frutos son limitados y temporales. Aquellos que adoran a los semidioses van a los planetas de los semidioses, pero Mis devotos llegan al final a Mi planeta supremo.

SIGNIFICADO

Algunos comentaristas de *El Bhagavad-gītā* dicen que quien adora a un semidiós puede alcanzar al Señor Supremo, pero aquí se afirma claramente que los adoradores de los semidioses van a los diferentes sistemas planetarios en los que se encuentran diversos semidioses, tal como un adorador del Sol llega al Sol o un adorador del semidiós de la Luna llega a la Luna. De igual modo, si alguien quiere adorar a un semidiós como Indra, puede llegar al planeta de ese dios específico. No ha de creerse que todo el mundo, sea cual sea el semidiós al que adore, va a llegar hasta la Suprema Personalidad de Dios. Eso se niega aquí, ya que se afirma claramente que los adoradores de los semidioses van a los diferentes planetas del mundo material, pero el devoto del Señor Supremo va directamente al planeta supremo de la Personalidad de Dios.

Aquí se podría aducir que si los semidioses son diferentes partes del cuerpo del Señor Supremo, entonces al adorarlos a ellos debería lograrse el mismo fin. Sin embargo, los adoradores de los semidioses son poco inteligentes, porque no saben a qué parte del cuerpo se le debe suministrar la comida. Algunos de ellos son tan necios, que alegan que hay muchas partes y muchas maneras de suministrar comida. Esto no es muy sensato. ¿Puede alguien suministrarle comida al cuerpo a través de los oídos o de los ojos? Ellos no saben que estos semidioses son diferentes partes del cuerpo universal del Señor Supremo, y en su ignorancia creen que todos y cada uno de los semidioses es un Dios separado y un competidor del Señor Supremo.

Los semidioses no son los únicos que son partes del Señor Supremo: las entidades vivientes ordinarias también lo son. En *El Śrīmad-Bhāgavatam* se afirma que los *brāhmaṇas* constituyen la cabeza del Señor Supremo, los *kṣatriyas* son Sus brazos, los *vaiśyas* son Su cintura, los *śūdras* son Sus piernas, y todos cumplen diferentes funciones. Sea cual fuere la situación, si uno sabe que tanto los semidioses como uno mismo es todo parte integral del Señor Supremo, su conocimiento es perfecto. Pero si uno no entiende esto, llega a los diferentes planetas en los que residen los semidioses. Ése no es el mismo destino al que llega el devoto.

Los resultados que se consiguen mediante las bendiciones de los semidioses son perecederos, ya que en este mundo material los planetas, los semidioses y los adoradores de éstos son todos perecederos. Luego en este verso se afirma claramente que todos los resultados que se consiguen mediante la adoración de los semidioses son perecederos, y, en consecuencia, esa adoración la ejecuta la entidad viviente poco inteligente. Debido a que el devoto puro —que está dedicado al cultivo de conciencia de Kṛṣṇa mediante el servicio devocional del Señor Supremo— consigue una existencia eterna y bienaventurada que está colmada de conocimiento, sus logros y los del adorador común de los semidioses son diferentes. El Señor Supremo es ilimitado; Su favor es ilimitado; Su misericordia es ilimitada. Por consiguiente, la misericordia del Señor Supremo para con Sus devotos puros es ilimitada.

TEXTO 24

अव्यक्तं व्यक्तिमापन्नं मन्यन्ते मामबुद्धयः ।
परं भावमजानन्तो ममाव्ययमनुत्तमम् ॥२४॥

avyaktaṁ vyaktim āpannaṁ
manyante mām abuddhayaḥ
paraṁ bhāvam ajānanto
mamāvyayam anuttamam

avyaktam—no manifestado; *vyaktim*—personalidad; *āpannam*—lograda; *manyante*—creen; *mām*—a Mí; *abuddhayaḥ*—personas poco inteligentes; *param*—supremo; *bhāvam*—existencia; *ajānantaḥ*—sin saber; *mama*—Mi; *avyayam*—imperecedero; *anuttamam*—lo más fino de todo.

TRADUCCIÓN

Los hombres que carecen de inteligencia y que no Me conocen perfectamente, creen que Yo, la Suprema Personalidad de Dios, Kṛṣṇa, era impersonal antes, y que ahora he adoptado esta personalidad. Debido a su poco conocimiento no conocen Mi naturaleza superior, la cual es imperecedera y suprema.

SIGNIFICADO

A aquellos que son adoradores de los semidioses se los ha descrito como personas poco inteligentes, y aquí se describe a los impersonalistas de la misma manera. El Señor Kṛṣṇa, en Su forma personal, está aquí hablando ante Arjuna, y con todo, por ignorancia, los impersonalistas arguyen que, en fin de cuentas, el Señor Supremo no tiene forma. Yāmunācārya, un gran devoto del Señor que pertenece a la sucesión discipular de Rāmānujācārya, ha escrito dos versos muy idóneos en relación con esto. Él dice:

tvāṁ śrīla-rūpa-caritaiḥ parama-prakṛṣṭaiḥ
sattvena sāttvikatayā prabalaiś ca śāstraiḥ
prakhyāta-daiva-paramārtha-vidāṁ mataiś ca
naivāsura-prakṛtayaḥ prabhavanti boddhum

"Mi querido Señor, devotos tales como Vyāsadeva y Nārada saben que Tú eres la Personalidad de Dios. Mediante el estudio de diferentes Escrituras védicas, uno puede llegar a conocer Tus características, Tu forma y Tus actividades, y de ese modo uno puede entender que Tú eres la Suprema Personalidad de Dios. Pero aquellos que están influidos por las modalidades de la pasión y la ignorancia, los demonios, los no devotos, no Te pueden entender. Ellos son incapaces de entenderte. Por muy expertos que esos no devotos sean en discutir *El Vedānta*, los *Upaniṣads* y otras Escrituras védicas, a ellos no les es posible entender a la Personalidad de Dios" (*El Stotra-ratna* 12).

En *El Brahma-saṁhitā* se afirma que a la Personalidad de Dios no se la puede entender simplemente mediante el estudio de la literatura *vedānta*. Sólo por la gracia del Señor Supremo se puede conocer la Personalidad del Supremo. Por lo tanto, en este verso se afirma de un modo claro que no sólo son poco inteligentes los adoradores de los semidioses, sino también aquellos no devotos que están dedicados a *El Vedānta* y a la especulación basada en la literatura védica, sin ningún matiz de verdadera conciencia de Kṛṣṇa; y a ellos no les es posible entender la naturaleza personal de Dios. A las personas que tienen la impresión de que la Verdad Absoluta es impersonal se las describe como *abuddhayaḥ*, lo cual se refiere a alguien que no conoce el aspecto supremo de la Verdad Absoluta. En *El Śrīmad-Bhāgavatam* se afirma que la comprensión suprema comienza con el

Brahman impersonal, y luego asciende hasta la Superalma localizada, pero que la última palabra en lo referente a la Verdad Absoluta es la Personalidad de Dios. Los impersonalistas modernos son aún menos inteligentes, ya que ni siquiera siguen a su gran predecesor Śaṅkarācārya, quien ha declarado específicamente que Kṛṣṇa es la Suprema Personalidad de Dios. Así pues, como los impersonalistas no conocen la Verdad Suprema, creen que Kṛṣṇa es únicamente el hijo de Devakī y Vasudeva, o un príncipe, o una entidad viviente poderosa. Esto también se condena en *El Bhagavad-gītā* (9.11). *Avajānanti māṁ mūḍhā mānuṣīṁ tanum āsritam*: "Únicamente los necios Me consideran una persona ordinaria".

Lo cierto es que nadie puede entender a Kṛṣṇa sin prestar servicio devocional y sin cultivar conciencia de Kṛṣṇa. El *Bhāgavatam* (10.14.29) lo confirma:

athāpi te deva padāmbuja-dvaya-
prasāda-leśānugṛhīta eva hi
jānāti tattvaṁ bhagavan mahimno
na cānya eko 'pi ciraṁ vicinvan

"Mi querido Señor, si uno es favorecido siquiera por un leve vestigio de la misericordia de Tus pies de loto, puede entender la grandeza de Tu personalidad. Pero aquellos que especulan para llegar a entender a la Suprema Personalidad de Dios son incapaces de conocerte, aunque continúen estudiando los *Vedas* por muchos años". Uno no puede entender a la Suprema Personalidad de Dios, Kṛṣṇa, ni Su forma, Su calidad o Su nombre, simplemente por medio de la especulación mental o de la discusión de la literatura védica. Uno debe entenderlo mediante el servicio devocional. Cuando uno está plenamente dedicado al proceso de conciencia de Kṛṣṇa, comenzando con el canto del *mahā-mantra* —Hare Kṛṣṇa, Hare Kṛṣṇa, Kṛṣṇa Kṛṣṇa, Hare Hare/ Hare Rāma, Hare Rāma, Rāma Rāma, Hare Hare—, sólo entonces puede uno entender a la Suprema Personalidad de Dios. Los no devotos impersonalistas creen que Kṛṣṇa tiene un cuerpo hecho de esta naturaleza material, y que todas Sus actividades, Su forma y todo lo demás son *māyā*. A estos impersonalistas se les da el nombre de māyāvādīs. Ellos no conocen la verdad última.

El vigésimo verso de este capítulo indica claramente: *kāmais tais tair hṛta-jñānāḥ prapadyante 'nya-devatāḥ*, "Aquellos que están cegados por deseos lujuriosos, se entregan a los diferentes semidioses". Se sabe que, además de la Suprema Personalidad de Dios, hay semidioses que tienen sus diferentes planetas, y el Señor también tiene un planeta. Como se declara en el verso veintitrés: *devān deva-yajo yānti mad-bhaktā yānti mām api*, los adoradores de los semidioses van a los diferentes planetas de los semidioses, y aquellos que son devotos del Señor Kṛṣṇa van al planeta Kṛṣṇaloka. Aunque esto está claramente estipulado, los necios impersonalistas sostienen, no obstante, que el Señor no tiene forma y que esas formas son algo impuesto. ¿Acaso al estudiar el *Gītā* da la impresión de que los semidioses y sus moradas son impersonales? Queda claro que ni los semidioses ni Kṛṣṇa, la Suprema Personalidad de Dios, son impersonales. Todos ellos son personas; el Señor Kṛṣṇa es la Suprema Personalidad de Dios y Él tiene Su propio planeta, y los semidioses tienen los suyos.

Por lo tanto, la opinión monista de que la verdad última no tiene forma y que la forma es impuesta, no es cierta. Aquí se afirma claramente que no es impuesta. *El Bhagavad-gītā* nos hace saber claramente que las formas de los semidioses y la forma del Señor Supremo existen al mismo tiempo, y que el Señor Kṛṣṇa es *sac-cid-ānanda*, conocimiento eterno y bienaventurado. Los *Vedas* también confirman que la Suprema Verdad Absoluta es *ānanda-mayo 'bhyāsāt*, o que, por naturaleza, está colmada de un placer bienaventurado, y que es el depósito de ilimitadas cualidades auspiciosas. Y en el *Gītā*, el Señor dice que aunque Él es *aja* (innaciente), aun así Él aparece. Éstos son los hechos que debemos entender con *El Bhagavad-gītā*. No podemos comprender cómo la Suprema Personalidad de Dios puede ser impersonal; en lo que respecta a las declaraciones del *Gītā*, la teoría de la imposición que tiene el monista impersonalista es falsa. Aquí se deja en claro que la Suprema Verdad Absoluta, el Señor Kṛṣṇa, tiene tanto forma como personalidad.

TEXTO 25

नाहं प्रकाशः सर्वस्य योगमायासमावृतः ।
मूढोऽयं नाभिजानाति लोको मामजमव्ययम् ॥२५॥

nāhaṁ prakāśaḥ sarvasya
yoga-māyā-samāvṛtaḥ
mūḍho 'yaṁ nābhijānāti
loko mām ajam avyayam

na—ni; *aham*—Yo; *prakāśaḥ*—manifiesto; *sarvasya*—a todos; *yoga-māyā*—potencia interna; *samāvṛtaḥ*—cubierto; *mūḍhaḥ*—necios; *ayam*—estos; *na*—no; *abhijānāti*—pueden entender; *lokaḥ*—personas; *mām*—a Mí; *ajam*—innaciente; *avyayam*—inagotable.

TRADUCCIÓN

Yo nunca Me les manifiesto a los necios y poco inteligentes. Para ellos estoy cubierto por Mi potencia interna, y, por lo tanto, ellos no saben que soy innaciente e infalible.

SIGNIFICADO

Se podría argüir que como Kṛṣṇa estuvo presente en esta Tierra y pudo ser visto por todos, entonces ¿por qué ahora no se le manifiesta a todo el mundo? Pero, en realidad, Él no se les manifestó a todos. Cuando Kṛṣṇa estaba presente, sólo había unas cuantas personas que se daban cuenta de que Él era la Suprema Personalidad de Dios. En la asamblea de los Kurus, cuando Śiśupāla habló en contra de que Kṛṣṇa fuera elegido presidente de la asamblea, Bhīṣma respaldó a Kṛṣṇa y proclamó que era el Dios Supremo. Así mismo, los Pāṇḍavas y unos cuantos más sabían que Él era el Supremo, pero no todo el mundo. Él no se les reveló a los no devotos y al hombre común. Por consiguiente, en *El Bhagavad-gītā* Kṛṣṇa dice que, con excepción de Sus devotos puros, todos los hombres consideran que Él es como ellos. Él se les manifestó únicamente a Sus devotos como el depósito de todo el placer. Pero para los demás, para los no devotos sin inteligencia, Él estaba cubierto por Su potencia interna.

En las oraciones de Kuntī que se encuentran en *El Śrīmad-Bhāgavatam* (1.8.19), se dice que el Señor está cubierto por la cortina de *yoga-māyā* y que por ello la gente ordinaria no lo puede entender. La presencia de esa cortina *yoga-māyā* también se confirma en *El Īśopaniṣad* (*mantra* 15), en donde el devoto ora lo siguiente:

hiraṇmayena pātreṇa
satyasyāpihitaṁ mukham
tat tvaṁ pūṣann apāvṛṇu
satya-dharmāya dṛṣṭaye

"¡Oh, mi Señor!, Tú eres el sustentador de todo el universo, y el servicio devocional que a Ti se te presta es el máximo principio religioso que existe. Por lo tanto, te ruego que también me mantengas a mí. Tu forma trascendental está cubierta por la *yoga-māyā*. El *brahmajyoti* es la cobertura de la potencia interna. Ten la bondad de apartar esa brillante refulgencia que me impide ver Tu *sac-cid-ānanda-vigraha*, Tu eterna forma de bienaventuranza y conocimiento". La Suprema Personalidad de Dios, en Su trascendental forma de bienaventuranza y conocimiento, está cubierta por la potencia interna del *brahmajyoti*, y los poco inteligentes impersonalistas no pueden ver al Supremo debido a eso.

En *El Śrīmad-Bhāgavatam* (10.14.7) se encuentra, además, la siguiente oración de Brahmā: "¡Oh, Suprema Personalidad de Dios!, ¡oh, Superalma!,¡ oh, amo de todo misterio!, ¿quién puede medir Tu potencia y Tus pasatiempos en este mundo? Tú siempre estás expandiendo Tu potencia interna, y, por ende, nadie puede entenderte. Los científicos y eruditos entendidos pueden examinar la constitución atómica del mundo material, o incluso la de los planetas, pero aun así son incapaces de medir Tu energía y potencia, si bien estás presente ante ellos". La Suprema Personalidad de Dios, el Señor Kṛṣṇa, no sólo es innaciente, sino también *avyaya*, inagotable. Su forma eterna es todo bienaventuranza y conocimiento, y Sus energías son todas inagotables.

TEXTO 26

वेदाहं समतीतानि वर्तमानानि चार्जुन ।
भविष्याणि च भूतानि मां तु वेद न कश्चन ॥ २६ ॥

vedāhaṁ samatītāni
vartamānāni cārjuna
bhaviṣyāṇi ca bhūtāni
māṁ tu veda na kaścana

veda—sé; *aham*—Yo; *samatītāni*—todo el pasado; *vartamānāni*—presente; *ca*—y; *arjuna*—¡oh, Arjuna!; *bhaviṣyāṇi*—futuro; *ca*—además; *bhūtāni*—todas las entidades vivientes; *mām*—a Mí; *tu*—pero; *veda*—conoce; *na*—no; *kaścana*—nadie.

TRADUCCIÓN

¡Oh, Arjuna!, en Mi carácter de Suprema Personalidad de Dios, Yo sé todo lo que ha ocurrido en el pasado, todo lo que está ocurriendo en el presente y todas las cosas que aún están por ocurrir. Además, Yo conozco a todas las entidades vivientes; pero a Mí nadie Me conoce.

SIGNIFICADO

Aquí se presenta claramente la cuestión de la personalidad y la impersonalidad. Si Kṛṣṇa, la forma de la Suprema Personalidad de Dios, fuera *māyā*, material, como lo consideran los impersonalistas, entonces Él, al igual que la entidad viviente, cambiaría Su cuerpo y olvidaría todo lo referente a Su vida pasada. Todo aquel que tiene un cuerpo material no puede recordar su vida pasada, ni tampoco puede predecir su vida futura ni el resultado de su vida actual; por consiguiente, dicha persona no puede saber lo que ocurre en el pasado, en el presente y en el futuro. A menos que uno esté liberado de la contaminación material, no puede conocer el pasado, el presente y el futuro.

A diferencia del ser humano ordinario, el Señor Kṛṣṇa dice claramente que Él sabe muy bien lo que ocurrió en el pasado, lo que está ocurriendo en el presente y lo que ocurrirá en el futuro. En el Cuarto Capítulo hemos visto que el Señor Kṛṣṇa recuerda haber instruido a Vivasvān, el dios del Sol, hacía millones de años atrás. Kṛṣṇa conoce a cada entidad viviente, porque está situado en forma del Alma Suprema en el corazón de todo ser viviente. Pero a pesar de Su presencia como la Superalma en cada entidad viviente y de Su presencia como la Suprema Personalidad de Dios, los poco inteligentes, aun si son capaces de comprender el Brahman impersonal, no pueden entender a Śrī Kṛṣṇa como la Persona Suprema. El trascendental cuerpo de Śrī Kṛṣṇa sin duda que no es perecedero. Él es tal como el Sol, y *māyā* es como una nube. En el mundo material podemos ver que existe el Sol, y que hay diferentes nubes y diferentes estrellas y planetas. Puede que las nubes cubran temporalmente todo eso en el cielo, pero esa cobertura es tal únicamente para nuestra limitada visión. En realidad, el Sol, la Luna y las estrellas no son cubiertos. Así mismo, *māyā* no puede cubrir al Señor Supremo. En virtud de Su potencia interna, Él no se les manifiesta a la clase de hombres poco inteligentes. Como se afirma en el tercer verso de este capítulo, de millones y millones de hombres, algunos tratan de volverse perfectos en esta forma de vida humana, y de miles y miles de esos hombres perfeccionados, difícilmente uno puede entender lo que es el Señor Kṛṣṇa. Incluso si uno se perfecciona mediante la comprensión del Brahman impersonal o del Paramātmā localizado, aun así no puede entender en absoluto a la Suprema Personalidad de Dios, Śrī Kṛṣṇa, sin tener conciencia de Kṛṣṇa.

TEXTO 27

इच्छाद्वेषसमुत्थेन द्वन्द्वमोहेन भारत ।
सर्वभूतानि संमोहं सर्गे यान्ति परंतप ॥२७॥

icchā-dveṣa-samutthena
dvandva-mohena bhārata
sarva-bhūtāni sammohaṁ
sarge yānti parantapa

icchā—deseo; *dveṣa*—y odio; *samutthena*—que surgen del; *dvandva*—de la dualidad; *mohena*—mediante la ilusión; *bhārata*—¡oh, vástago de Bharata!; *sarva*—todas; *bhūtāni*—las entidades vivientes; *sammoham*—en el seno de la ilusión; *sarge*—mientras nacen; *yānti*—van; *parantapa*—¡oh, conquistador de los enemigos!

TRADUCCIÓN

¡Oh, vástago de Bharata!, ¡oh, conquistador del enemigo!, todas las entidades vivientes nacen en el seno de la ilusión, confundidas por las dualidades que surgen del deseo y el odio.

SIGNIFICADO

La verdadera posición constitucional de la entidad viviente es la de estar subordinada al Señor Supremo, quien es conocimiento puro. Cuando uno es engañado y por ello se separa de ese conocimiento puro, queda controlado por la energía ilusoria y no puede entender a la Suprema Personalidad de Dios. La energía ilusoria se manifiesta en la dualidad del deseo y el odio. Debido al deseo y el odio, la persona ignorante quiere volverse uno con el Señor Supremo, y envidia a Kṛṣṇa como Suprema Personalidad de Dios. Los devotos puros, quienes no están engañados ni contaminados por el deseo y el odio, pueden entender que el Señor Śrī Kṛṣṇa aparece por medio de Sus potencias internas, pero aquellos que están engañados por la dualidad y la nesciencia, creen que a la Suprema Personalidad de Dios la crean las energías materiales. Ése es su infortunio. Las personas así de engañadas se caracterizan por morar en las dualidades de honor y deshonor, desdicha y felicidad, hombre y mujer, bueno y malo, placer y dolor, etc., pensando: ''Ésta es mi esposa; ésta es mi casa; soy el amo de esta casa; soy el esposo de esta mujer''. Ésas son las dualidades producto de la ilusión. Aquellos que están así de engañados por las dualidades son completamente necios, a raíz de lo cual no pueden entender a la Suprema Personalidad de Dios.

TEXTO 28

येषां त्वन्तगतं पापं जनानां पुण्यकर्मणाम् ।
ते द्वन्द्वमोहनिर्मुक्ता भजन्ते मां दृढव्रताः ॥ २८ ॥

yeṣāṁ tv anta-gataṁ pāpaṁ
janānāṁ puṇya-karmaṇām
te dvandva-moha-nirmuktā
bhajante māṁ dṛḍha-vratāḥ

yeṣām—cuyo; *tu*—pero; *anta-gatam*—erradicado por completo; *pāpam*—pecado; *janānām*—de las personas; *puṇya*—piadoso; *karmaṇām*—cuyas actividades anteriores; *te*—ellas; *dvandva*—de la dualidad; *moha*—ilusión; *nirmuktāḥ*—libres de; *bhajante*—se dedican al servicio devocional; *mām*—a Mí; *dṛḍha-vratāḥ*—con determinación.

TRADUCCIÓN

Las personas que han actuado piadosamente en esta vida y en vidas anteriores, y cuyas acciones pecaminosas se han erradicado por completo, se libran de la dualidad de la ilusión y se ocupan en Mi servicio con determinación.

SIGNIFICADO

En este verso se menciona a los que son merecedores de ser elevados a la posición trascendental. A aquellos que son pecadores, ateos, necios y engañadores, les es muy difícil trascender la dualidad del deseo y el odio. Sólo aquellos que han pasado la vida practicando los principios regulativos de la religión, que han actuado de un modo piadoso y que han conquistado las reacciones pecaminosas, pueden aceptar el servicio devocional y elevarse gradualmente hasta el conocimiento puro de la Suprema Personalidad de Dios. Luego, de a poco, pueden meditar en trance en la Suprema Personalidad de Dios. En eso consiste el proceso de estar situado en el plano espiritual. Esa elevación es posible en el proceso de conciencia de Kṛṣṇa con la compañía de los devotos puros, ya que con la compañía de grandes devotos uno puede ser liberado de la ilusión.

En *El Śrīmad-Bhāgavatam* (5.5.2) se afirma que si uno verdaderamente quiere liberarse, debe prestarles servicio a los devotos (*mahat-sevāṁ dvāram āhur vimukteḥ*); pero aquel que se asocia con personas materialistas se encuentra en la senda que lleva a la región más oscura de la existencia (*tamo-dvāraṁ yoṣitāṁ saṅgi-saṅgam*). Todos los devotos del Señor recorren esta Tierra tan sólo para rescatar a las almas condicionadas de la ilusión que las envuelve. Los impersonalistas no saben que el haber olvidado su posición constitucional como subordinados del Señor Supremo, constituye la mayor violación de la ley de Dios. A menos que uno sea reintegrado en su propia posición constitucional, no es posible entender a la Personalidad Suprema, ni estar dedicado plenamente y con determinación a Su trascendental servicio amoroso.

TEXTO 29

जरामरणमोक्षाय मामाश्रित्य यतन्ति ये ।
ते ब्रह्म तद्विदुः कृत्स्नमध्यात्मं कर्म चाखिलम् ॥ २९ ॥

jarā-maraṇa-mokṣāya
mām āśritya yatanti ye
te brahma tad viduḥ kṛtsnam
adhyātmaṁ karma cākhilam

jarā—de la vejez; *maraṇa*—y la muerte; *mokṣāya*—con el propósito de liberarse; *mām*—Mí; *āśritya*—refugiándose en; *yatanti*—se esfuerzan; *ye*—todos aquellos que; *te*—esa clase de personas; *brahma*—Brahman; *tat*—en realidad, eso; *viduḥ*—ellos saben; *kṛtsnam*—todo; *adhyātmam*—trascendental; *karma*—actividades; *ca*—también; *akhilam*—enteramente.

TRADUCCIÓN

Las personas inteligentes que se están esforzando por liberarse de la vejez y de la muerte, se refugian en Mí mediante el servicio devocional. Ellas son de hecho Brahman, porque saben absolutamente todo acerca de las actividades trascendentales.

SIGNIFICADO

El nacimiento, la muerte, la vejez y las enfermedades afectan a este cuerpo material, pero no al cuerpo espiritual. Para el cuerpo espiritual no hay nacimiento, muerte, vejez ni enfermedades, así que aquel que consigue un cuerpo espiritual, que se vuelve uno de los asociados de la Suprema Personalidad de Dios y que se dedica al servicio devocional eterno, verdaderamente está liberado. *Ahaṁ brahmāsmi*: "Yo soy espíritu". Se dice que uno debe entender que es Brahman, alma espiritual. Esa concepción Brahman de la vida también se encuentra en el servicio devocional, tal como se describe en este verso. Los devotos puros están situados de un modo trascendental en el plano Brahman, y ellos saben todo lo referente a las actividades trascendentales.

Cuatro clases de devotos impuros que se dedican al servicio trascendental del Señor alcanzan sus respectivas metas, y, por la gracia del Señor Supremo, cuando se vuelven plenamente conscientes de Kṛṣṇa, disfrutan de hecho de la compañía espiritual del Señor Supremo. Pero aquellos que son adoradores de los semidioses jamás alcanzan al Señor Supremo en Su planeta supremo. Ni siquiera las personas poco inteligentes que han comprendido el Brahman, pueden llegar al supremo planeta de Kṛṣṇa conocido como Goloka Vṛndāvana. Únicamente las personas que realizan actividades con conciencia de Kṛṣṇa (*mām āśritya*) tienen el verdadero derecho de ser llamadas Brahman, porque realmente se están esforzando por llegar al planeta de Kṛṣṇa. Esas personas no tienen dudas acerca de Kṛṣṇa, y por eso son de hecho Brahman.

Aquellos que están dedicados a adorar la forma o *arcā* del Señor, o que están dedicados a meditar en el Señor simplemente para liberarse del cautiverio material, también conocen, por la gracia del Señor, los significados de Brahman, *adhibhūta*, etc., tal como lo explica el Señor en el siguiente capítulo.

TEXTO 30

साधिभूताधिदैवं मां साधियज्ञं च ये विदुः ।
प्रयाणकालेऽपि च मां ते विदुर्युक्तचेतसः ॥ ३० ॥

sādhibhūtādhidaivaṁ māṁ
sādhiyajñaṁ ca ye viduḥ
prayāṇa-kāle 'pi ca māṁ
te vidur yukta-cetasaḥ

sa-adhibhūta—y el principio que gobierna la manifestación material; *adhidaivam*—que gobierna a todos los semidioses; *mām*—a Mí; *sa-adhiyajñam*—y que gobierna todos los sacrificios; *ca*—también; *ye*—aquellos que; *viduḥ*—saben; *prayāṇa*—de la muerte; *kāle*—a la hora; *api*—incluso; *ca*—y; *mām*—a Mí; *te*—ellos; *viduḥ*—conocen; *yukta-cetasaḥ*—con la mente dedicada a Mí.

TRADUCCIÓN

Aquellos que tienen plena conciencia de Mí, que saben que Yo, el Señor Supremo, soy el principio que gobierna la manifestación material, que gobierna a los semidioses y que gobierna todos los métodos de sacrificio, pueden entenderme y conocerme a Mí, la Suprema Personalidad de Dios, incluso a la hora de la muerte.

SIGNIFICADO

Las personas que actúan con conciencia de Kṛṣṇa nunca se apartan de la senda en la que entienden por completo a la Suprema Personalidad de Dios. En la compañía trascendental que brinda el proceso de conciencia de Kṛṣṇa, uno puede entender cómo el Señor Supremo es el principio que gobierna la manifestación material e incluso a los semidioses. Poco a poco, mediante esa compañía trascendental, uno se convence de la Suprema Personalidad de Dios, y a la hora de la muerte, una persona así de consciente de Kṛṣṇa nunca puede olvidar a Kṛṣṇa. Naturalmente, ella es promovida así al planeta del Señor Supremo, Goloka Vṛndāvana.

Este Séptimo Capítulo explica en particular cómo uno puede convertirse en una persona plenamente consciente de Kṛṣṇa. El comienzo del proceso de conciencia de Kṛṣṇa lo constituye la compañía de personas que están conscientes de Kṛṣṇa. Esa clase de compañía es espiritual y lo pone a uno directamente en contacto con el Señor Supremo, y, por la gracia de Éste, uno puede entender que Kṛṣṇa es la Suprema Personalidad de Dios. Al mismo tiempo, uno puede entender de verdad la posición constitucional de la entidad viviente, y cómo la entidad viviente olvida a Kṛṣṇa y se enreda en las actividades materiales. Mediante el desarrollo gradual de conciencia de Kṛṣṇa en medio de buenas compañías, la entidad viviente puede entender que, por haber olvidado a Kṛṣṇa, ha quedado condicionada por las leyes de la naturaleza material. Ella puede entender también que esta forma de vida humana es una oportunidad para recobrar su conciencia de Kṛṣṇa, y que debe ser utilizada plenamente para conseguir la misericordia sin causa del Señor Supremo.

En este capítulo se han discutido muchos temas: el hombre afligido, el hombre indagador, el hombre que busca cosas materiales, el conocimiento acerca del Brahman, el conocimiento acerca del Paramātmā, el liberarse del nacimiento, la muerte y las enfermedades, y la adoración del Señor Supremo. Sin embargo, a aquel que está verdaderamente elevado en el proceso de conciencia de Kṛṣṇa, no le importan los otros procesos. Él tan sólo se dedica directamente a actividades del proceso de conciencia de Kṛṣṇa, y con ello alcanza de hecho su posición constitucional de servidor eterno del Señor Kṛṣṇa. Al estar en esa situación, él se complace en oír y glorificar al Señor Supremo por medio del servicio devocional puro. Él está convencido de que, por el hecho de hacer eso, todos sus objetivos se cumplirán. Esta fe resuelta se denomina *dṛḍha-vrata*, y es el comienzo del *bhakti-yoga*, o del servicio amoroso y trascendental. Ése es el veredicto de todas las Escrituras. Este Séptimo Capítulo de *El Bhagavad-gītā* es la esencia de esa convicción.

Así terminan los significados de Bhaktivedanta correspondientes al Séptimo Capítulo de El Śrīmad Bhagavad-gītā, *en relación con el conocimiento del Absoluto* .

Capítulo Ocho
ALCANZANDO AL SUPREMO

TEXTO 1

अर्जुन उवाच
किं तद्ब्रह्म किमध्यात्मं किं कर्म पुरुषोत्तम ।
अधिभूतं च किं प्रोक्तमधिदैवं किमुच्यते ॥१॥

arjuna uvāca
kiṁ tad-brahma kim adhyātmaṁ
kiṁ karma puruṣottama
adhibhūtaṁ ca kiṁ proktam
adhidaivaṁ kim ucyate

arjunaḥ uvāca—Arjuna dijo; *kim*—qué; *tat*—eso; *brahma*—Brahman; *kim*—qué; *adhyātmam*—el ser; *kim*—qué; *karma*—actividades fruitivas; *puruṣa-uttama*—¡oh, Persona Suprema!; *adhibhūtam*—la manifestación material; *ca*—y; *kim*—qué; *proktam*—se denomina; *adhidaivam*—los semidioses; *kim*—qué; *ucyate*—se llama.

TRADUCCIÓN

Arjuna preguntó: ¡Oh, mi Señor!, ¡oh, Persona Suprema!, ¿qué es Brahman? ¿Qué es el ser? ¿Qué son las actividades fruitivas? ¿Qué es esta manifestación material? Y, ¿qué son los semidioses? Por favor explícame eso.

SIGNIFICADO

En este capítulo, el Señor Kṛṣṇa responde diferentes preguntas de Arjuna, comenzando con la pregunta "¿qué es Brahman?". El Señor también explica el *karma*, las actividades fruitivas, el servicio devocional y los principios del *yoga*, y el servicio devocional en su forma pura. *El Śrīmad-Bhāgavatam* explica que a la Suprema Verdad Absoluta se la conoce como Brahman, Paramātmā y Bhagavān. Además, la entidad viviente, el alma individual, también recibe el nombre de Brahman. Arjuna también pregunta acerca del *ātmā*, lo cual se refiere al cuerpo, al alma y a la mente. Según el diccionario védico, *ātmā* se refiere a la mente, al alma, al cuerpo y también a los sentidos.

Arjuna se ha dirigido al Señor Supremo por el nombre de Puruṣottama, la Persona Suprema, lo cual significa que le estaba haciendo estas preguntas no sólo a un amigo, sino a la Persona Suprema, con el entendimiento de que Él era la suprema autoridad capaz de dar respuestas definitivas.

TEXTO 2

अधियज्ञः कथं कोऽत्र देहेऽस्मिन्मधुसूदन ।
प्रयाणकाले च कथं ज्ञेयोऽसि नियतात्मभिः ॥२॥

adhiyajñaḥ kathaṁ ko 'tra
dehe 'smin madhusūdana
prayāṇa-kāle ca kathaṁ
jñeyo 'si niyatātmabhiḥ

adhiyajñaḥ—el Señor del sacrificio; *katham*—cómo; *kaḥ*—quién; *atra*—aquí; *dehe*—en el cuerpo; *asmin*—este; *madhusūdana*—¡oh, Madhusūdana!; *prayāṇa-kāle*—a la hora de la muerte; *ca*—y; *katham*—cómo; *jñeyaḥ asi*—pueden conocerte; *niyata-ātmabhiḥ*—los autocontrolados.

TRADUCCIÓN

¡Oh, Madhusūdana!, ¿quién es el Señor del sacrificio y cómo vive en el cuerpo? Y, ¿cómo pueden conocerte a la hora de la muerte aquellos que están dedicados al servicio devocional?

SIGNIFICADO

''El Señor del sacrificio'' puede referirse a Indra o a Viṣṇu. Viṣṇu es el principal de los semidioses primarios, incluyendo a Brahmā y a Śiva, e Indra es el principal de los semidioses administrativos. Tanto a Indra como a Viṣṇu se los adora mediante la ejecución de *yajñas*. Pero Arjuna pregunta aquí que quién es en verdad el Señor del *yajña* (sacrificio), y cómo reside el Señor en el cuerpo de la entidad viviente.

Arjuna se dirige al Señor por el nombre de Madhusūdana, ya que, en una ocasión, Kṛṣṇa mató a un demonio llamado Madhu. A decir verdad, estas preguntas, que eran de la categoría de las dudas, no debieron haber surgido en la mente de Arjuna, porque Arjuna es un devoto consciente de Kṛṣṇa. Por lo tanto, estas dudas son como demonios. Puesto que Kṛṣṇa es muy experto en matar demonios, aquí Arjuna se dirige a Él como Madhusūdana, para que Kṛṣṇa le mate las demoníacas dudas que se le vienen a la mente.

Ahora bien, la palabra *prayāṇa-kāle* de este verso es muy significativa, porque todo lo que hagamos en la vida se pondrá a prueba en el momento de la muerte. Arjuna está muy ansioso de aprender acerca de aquellos que están dedicados constantemente al proceso de conciencia de Kṛṣṇa. ¿Cómo tienen que comportarse en ese último momento? A la hora de la muerte, todas las funciones del cuerpo se trastornan, y la mente no se encuentra en una buena condición. Perturbado de ese modo por la situación del cuerpo, puede que uno no sea capaz de recordar al Señor Supremo. Mahārāja Kulaśekhara, un gran devoto, ora lo siguiente: ''Mi querido Señor, en este preciso momento estoy muy sano, y es mejor que yo muera de inmediato, de modo que el cisne de mi mente trate de entrar en el tallo de Tus pies de loto''. La razón por la que se usa esta metáfora es porque al cisne, un ave acuática, le gusta meterse entre las flores de loto; su diversión consiste en entrar en la flor de loto. Mahārāja Kulaśekhara le dice al Señor: ''Ahora no tengo la mente perturbada y estoy muy sano. Si muero ya, pensando en Tus pies de loto, estaré seguro entonces de que mi ejecución de Tu servicio devocional se volverá perfecta. Pero si tengo que esperar hasta que me llegue la muerte natural, entonces no sé lo que va a ocurrir, porque en ese momento las funciones del cuerpo se van a trastornar, la garganta se me va a obstruir, y no sé si voy a poder cantar Tu nombre. Mejor déjame morir de inmediato''. Arjuna pregunta cómo puede una persona fijar la mente en los pies de loto de Kṛṣṇa en ese momento.

TEXTO 3

श्रीभगवानुवाच
अक्षरं ब्रह्म परमं स्वभावोऽध्यात्ममुच्यते ।
भूतभावोद्भवकरो विसर्गः कर्मसंज्ञितः ॥ ३॥

śrī-bhagavān uvāca
akṣaraṁ brahma paramaṁ
svabhāvo 'dhyātmam ucyate
bhūta-bhāvodbhava-karo
visargaḥ karma-saṁjñitaḥ

srī-bhagavān uvāca—la Suprema Personalidad de Dios dijo; *akṣaram*—indestructible; *brahma*—Brahman; *paramam*—trascendental; *svabhāvaḥ*—naturaleza eterna; *adhyātmam*—el ser; *ucyate*—se llama; *bhūta-bhāva-udbhava-karaḥ*—que produce los cuerpos materiales de las entidades vivientes; *visargaḥ*—creación; *karma*—actividades fruitivas; *saṁjñitaḥ*—se denomina.

TRADUCCIÓN

La Suprema Personalidad de Dios dijo: La indestructible y trascendental entidad viviente recibe el nombre de Brahman, y su naturaleza eterna se llama adhyatma, el ser. La acción que está relacionada con el desarrollo de estos cuerpos materiales se denomina karma, o actividad fruitiva.

SIGNIFICADO

El Brahman es indestructible, existe eternamente y su constitución no cambia en ningún momento. Pero más allá del Brahman se encuentra el Parabrahman. El Brahman se refiere a la entidad viviente, y el Parabrahman se refiere a la Suprema Personalidad de Dios. La posición constitucional de la entidad viviente es diferente de la posición que ella adopta en el mundo material. En medio de la conciencia material, ella tiene la naturaleza de tratar de ser la ama de la materia, pero en medio de la conciencia espiritual, conciencia de Kṛṣṇa, su posición es la de servir al Supremo. Cuando la entidad viviente tiene conciencia material, tiene que adoptar diversos cuerpos en el mundo material. Eso se denomina *karma*, o la creación variada realizada por la fuerza de la conciencia material.

En la literatura védica, a la entidad viviente se la llama *jīvātmā* y Brahman, pero nunca se la llama Parabrahman. La entidad viviente (*jīvātmā*) adopta diferentes posiciones: a veces se sumerge en la oscura naturaleza material y se identifica con la materia, y a veces se identifica con la naturaleza espiritual superior. Por eso se la llama la energía marginal del Señor Supremo. Según se identifique con la naturaleza material o con la espiritual, recibe un cuerpo material o uno espiritual. En la naturaleza material puede adquirir un cuerpo de entre cualquiera de las 8.400.000 especies de vida, pero en la naturaleza espiritual sólo tiene un cuerpo. En la naturaleza material, a veces se manifiesta como hombre, semidiós, animal, bestia, ave, etc., conforme a su *karma*. A veces, con el fin de ir a planetas celestiales materiales y disfrutar de las facilidades que hay en ellos, realiza sacrificios (*yajña*), pero cuando su mérito se agota, regresa de nuevo a la Tierra en la forma de un hombre. Ese proceso se denomina *karma*.

El Chaṇḍogya Upaniṣad describe el proceso védico de los sacrificios. En el altar del sacrificio, cinco clases de ofrendas se convierten en cinco clases de fuego. A las cinco clases de fuego se las concibe como: los planetas celestiales, las nubes, la tierra, el hombre y la mujer; y las cinco clases de ofrendas del sacrificio son: la fe, el que disfruta en la Luna, la lluvia, los granos y el semen.

En el proceso del sacrificio, la entidad viviente hace sacrificios específicos para ir a planetas celestiales específicos, y, en consecuencia, llega a ellos. Cuando el mérito del sacrificio se agota, la entidad viviente desciende a la Tierra en forma de lluvia, luego adopta la forma de granos, los granos son comidos por el hombre y se transforman en semen, y el semen fecunda a una mujer, con lo cual la entidad viviente consigue una vez más la forma humana, para realizar sacrificios y repetir así el mismo ciclo. De esa manera, la entidad viviente va y viene perpetuamente por la senda material. Sin embargo, la persona consciente de Kṛṣṇa evita esos sacrificios. Ella emprende directamente el proceso de conciencia de Kṛṣṇa, y con ello se prepara para ir de vuelta a Dios.

Los comentaristas impersonalistas de *El Bhagavad-gītā* suponen de un modo irrazonable que, en el mundo material, el Brahman adopta la forma de la *jīva*, y para fundamentar esto se refieren al Capítulo Quince, verso 7, del *Gītā*. Pero en ese verso, el Señor también habla de la entidad viviente como "un fragmento eterno de Mí". El fragmento de Dios, la entidad viviente, puede caer en el mundo material, pero el Señor Supremo (*Acyuta*) nunca cae. Por lo tanto, esa suposición de que el Brahman Supremo adopta la forma de la *jīva*, no es aceptable. Es importante recordar que en la literatura védica se distingue al Brahman (la entidad viviente) del Parabrahman (el Señor Supremo).

TEXTO 4

अधिभूतं क्षरो भावः पुरुषश्चाधिदैवतम् ।
अधियज्ञोऽहमेवात्र देहे देहभृतां वर ॥ ४ ॥

adhibhūtaṁ kṣaro bhāvaḥ
puruṣaś cādhidaivatam
adhiyajño 'ham evātra
dehe deha-bhṛtāṁ vara

adhibhūtam—la manifestación física; *kṣaraḥ*—cambiando constantemente; *bhāvaḥ*—naturaleza; *puruṣaḥ*—la forma universal, que incluye a todos los semidioses, tales como el Sol y la Luna; *ca*—y; *adhidaivatam*—llamada *adhidaivam*; *adhiyajñaḥ*—la Superalma; *aham*—Yo (Kṛṣṇa); *eva*—ciertamente; *atra*—en este; *dehe*—cuerpo; *deha-bhṛtām*—de los encarnados; *vara*—¡oh, el mejor!

TRADUCCIÓN

¡Oh, tú, el mejor de los seres encarnados!, la naturaleza física, que está cambiando constantemente, se denomina adhibhūtam [la manifestación material]. La forma universal del Señor, que incluye a todos los semidioses, como los del Sol y de la Luna, se denomina adhidaivam. Y Yo, el Señor Supremo, representado como la Superalma en el corazón de cada ser encarnado, Me llamo adhiyajña [el Señor del sacrificio].

SIGNIFICADO

La naturaleza física está cambiando constantemente. Los cuerpos materiales pasan por lo general a través de seis etapas: nacen, crecen, permanecen por algún tiempo, producen algunos subproductos, decaen y luego desaparecen. Esa naturaleza física se denomina *adhibhūta*. Ella es creada en determinado momento, y será aniquilada en determinado momento. El concepto de la forma universal del Señor Supremo, la cual incluye a todos los semidioses y sus diferentes planetas, se denomina *adhidaivata*. Y presente en el cuerpo junto con el alma individual se encuentra la Superalma, una representación plenaria del Señor Kṛṣṇa. La Superalma se denomina el Paramātmā o *adhiyajña*, y está situada en el corazón. La palabra *eva* es particularmente importante en el contexto de este verso, porque con esta palabra el Señor recalca que el Paramātmā no es diferente de Él. La Superalma, la Suprema Personalidad de Dios, que se halla sentada al lado del alma individual, es el testigo de las actividades del alma individual y es la fuente de los diversos tipos de conciencia que tiene el alma. La Superalma le da al alma individual la oportunidad de actuar libremente, y presencia sus actividades. Las funciones de todas esas diferentes manifestaciones del Señor Supremo, quedan claras automáticamente para el devoto puro y consciente de Kṛṣṇa que está dedicado a prestarle un servicio trascendental al Señor. La gigantesca forma universal del Señor, denominada *adhidaivata*, la contempla el neófito que no puede acercarse al Señor Supremo en Su manifestación como la Superalma. Al neófito se le aconseja que contemple la forma universal, o el *virāṭ-puruṣa*, cuyas piernas se considera que son los planetas inferiores, cuyos ojos se considera que son el Sol y la Luna, y cuya cabeza se considera que es el sistema planetario superior.

TEXTO 5

अन्तकाले च मामेव स्मरन्मुक्त्वा कलेवरम् ।
यः प्रयाति स मद्भावं याति नास्त्यत्र संशयः ॥५॥

anta-kāle ca mām eva
smaran muktvā kalevaram
yaḥ prayāti sa mad-bhāvaṁ
yāti nāsty atra saṁśayaḥ

anta-kāle—al final de la vida; *ca*—también; *mām*—a Mí; *eva*—ciertamente; *smaran*—recordando; *muktvā*—abandonando; *kalevaram*—el cuerpo; *yaḥ*—aquel que; *prayāti*—va; *saḥ*—él; *mat-bhāvam*—Mi naturaleza; *yāti*—consigue; *na*—no; *asti*—hay; *atra*—aquí; *saṁśayaḥ*—duda.

TRADUCCIÓN

Y quienquiera que al final de la vida abandone el cuerpo recordándome únicamente a Mí, de inmediato alcanza Mi naturaleza. De esto no hay ninguna duda.

SIGNIFICADO

En este verso se recalca la importancia del proceso de conciencia de Kṛṣṇa. Todo aquel que abandone el cuerpo en estado de conciencia de Kṛṣṇa, es trasladado de inmediato a la naturaleza trascendental del Señor Supremo. El Señor Supremo es el más puro de los puros. Por lo tanto, todo aquel que esté consciente de Kṛṣṇa constantemente, también es el más puro de los puros. La palabra *smaran* (''recordando'') es importante. Recordar a Kṛṣṇa no le es posible al alma impura que no ha practicado el proceso de conciencia de Kṛṣṇa mediante el servicio devocional. En consecuencia, uno debe cultivar conciencia de Kṛṣṇa desde el mismo comienzo de la vida. Si uno quiere lograr el éxito al final de su vida, el proceso de recordar a Kṛṣṇa es esencial. De modo que, se debe cantar constante e incesantemente el *mahā-mantra*: Hare Kṛṣṇa, Hare Kṛṣṇa, Kṛṣṇa Kṛṣṇa, Hare Hare/ Hare Rāma, Hare Rāma, Rāma Rāma, Hare Hare. El Señor Caitanya ha aconsejado que uno sea tan tolerante como un árbol (*taror iva sahiṣṇunā*). A una persona que canta Hare Kṛṣṇa se le pueden presentar muchísimos impedimentos. No obstante, tolerando todos esos impedimentos, uno debe continuar cantando Hare Kṛṣṇa, Hare Kṛṣṇa, Kṛṣṇa Kṛṣṇa, Hare Hare/ Hare Rāma, Hare Rāma, Rāma Rāma, Hare Hare, de modo que al final de su vida pueda tener todo el beneficio del proceso de conciencia de Kṛṣṇa.

TEXTO 6

यं यं वापि स्मरन्भावं त्यजत्यन्ते कलेवरम् ।
तं तमेवैति कौन्तेय सदा तद्भावभावितः ॥६॥

yaṁ yaṁ vāpi smaran bhāvaṁ
tyajaty ante kalevaram
taṁ tam evaiti kaunteya
sadā tad-bhāva-bhāvitaḥ

yam yam—todo lo que; *vā*—cualquiera de ellos; *api*—también; *smaran*—recordando; *bhāvam*—naturaleza; *tyajati*—abandona; *ante*—al final; *kalevaram*—este cuerpo; *tam tam*—similar; *eva*—ciertamente; *eti*—obtiene; *kaunteya*—¡oh, hijo de Kuntī!; *sadā*—siempre; *tat*—ese; *bhāva*—estado de existencia; *bhāvitaḥ*—recordando.

TRADUCCIÓN

Cualquier estado de existencia que uno recuerde cuando abandone el cuerpo, ese estado alcanzará sin falta.

SIGNIFICADO

Aquí se explica el proceso mediante el cual uno cambia su naturaleza en el crítico momento de la muerte. La persona que al final de su vida abandona su cuerpo pensando en Kṛṣṇa, alcanza la naturaleza trascendental del Señor Supremo, pero no es cierto que una persona que piense en algo diferente de Kṛṣṇa, alcance el mismo estado trascendental. Éste es un punto que debemos notar muy cuidadosamente. ¿Cómo es posible morir en el estado mental apropiado? Mahārāja Bharata, aunque era una gran personalidad, pensó en un venado al final de su vida, y, por ello, en su siguiente vida fue trasladado al cuerpo de un venado. Aunque como venado él recordaba sus actividades pasadas, tuvo que aceptar ese cuerpo de animal. Indudablemente, los pensamientos que se tienen en el transcurso de la vida se acumulan e influyen en los pensamientos que uno tiene en el momento de la muerte; así que, esta vida crea la siguiente vida de uno. Si en la vida actual uno vive bajo la influencia de la modalidad de la bondad y piensa siempre en Kṛṣṇa, es posible que al final de su vida uno recuerde a Kṛṣṇa. Eso lo ayudará a uno a ser trasladado a la naturaleza trascendental de Kṛṣṇa. Si uno está absorto de un modo trascendental en el servicio de Kṛṣṇa, entonces su siguiente cuerpo será trascendental (espiritual), no material. Por consiguiente, el canto de Hare Kṛṣṇa, Hare Kṛṣṇa, Kṛṣṇa Kṛṣṇa, Hare Hare/ Hare Rāma, Hare Rāma, Rāma Rāma, Hare Hare, es el mejor proceso para que al final de la vida uno cambie con éxito el estado de su existencia.

TEXTO 7

तस्मात्सर्वेषु कालेषु मामनुस्मर युध्य च ।
मय्यर्पितमनोबुद्धिर्मामेवैष्यस्यसंशयः ॥ ७॥

tasmāt sarveṣu kāleṣu
mām anusmara yudhya ca
mayy arpita-mano buddhir
mām evaiṣyasy asaṁśayaḥ

tasmāt—por lo tanto; *sarveṣu*—en todo; *kāleṣu*—momento; *mām*—a Mí; *anusmara*—continúa recordando; *yudhya*—pelea; *ca*—también; *mayi*—a Mí; *arpita*—entregando; *manaḥ*—mente; *buddhiḥ*—intelecto; *mām*—a Mí; *eva*—con certeza; *eṣyasi*—llegarás; *asaṁśayaḥ*—sin ninguna duda.

TRADUCCIÓN

Por lo tanto, Arjuna, siempre debes pensar en Mí en la forma de Kṛṣṇa, y al mismo tiempo desempeñar tu deber prescrito de pelear. Con tus actividades dedicadas a Mí y con la mente y la inteligencia fijas en Mí, llegarás a Mí sin duda alguna.

SIGNIFICADO

Esta instrucción que se le da a Arjuna es muy importante para todos los hombres que están dedicados a las actividades materiales. El Señor no dice que uno deba abandonar sus deberes u ocupaciones prescritas. Uno puede continuar con ellos, y al mismo tiempo pensar en Kṛṣṇa mediante el canto de Hare Kṛṣṇa. Eso lo librará a uno de la contaminación material, y le ocupará la mente y la inteligencia en Kṛṣṇa. Mediante el canto de los nombres de Kṛṣṇa, uno se trasladará al planeta supremo, Kṛṣṇaloka, sin ninguna duda.

TEXTO 8

अभ्यासयोगयुक्तेन चेतसा नान्यगामिना ।
परमं पुरुषं दिव्यं याति पार्थानुचिन्तयन् ॥८॥

abhyāsa-yoga-yuktena
cetasā nānya-gāminā
paramaṁ puruṣaṁ divyaṁ
yāti pārthānucintayan

abhyāsa-yoga—mediante la práctica; *yuktena*—estando dedicado a la meditación; *cetasā*—mediante la mente y la inteligencia; *na anya-gāminā*—sin que se aparten; *paramam*—el Supremo; *puruṣam*—la Personalidad de Dios; *divyam*—trascendental; *yāti*—uno alcanza; *pārtha*—¡oh, hijo de Pṛthā!; *anucintayan*—pensando constantemente en.

TRADUCCIÓN

Aquel que medita en Mí como Suprema Personalidad de Dios, con la mente constantemente dedicada a recordarme a Mí, y que no se aparta del sendero, él, ¡oh, Pārtha!, es seguro que llega a Mí.

SIGNIFICADO

En este verso el Señor Kṛṣṇa hace énfasis en la importancia de recordarlo a Él. Uno revive su recuerdo de Kṛṣṇa mediante el canto del *mahā-mantra*, Hare Kṛṣṇa. Mediante esta práctica de cantar y oír la vibración sonora del Señor Supremo, se ocupan el oído, la lengua y la mente de uno. Esta meditación mística es muy fácil de practicar, y lo ayuda a uno a alcanzar al Señor Supremo. *Puruṣam* significa disfrutador. Aunque las entidades vivientes pertenecen a la energía marginal del Señor Supremo, se hallan en medio de la contaminación material. Ellas se creen disfrutadoras, pero no son el disfrutador supremo. Aquí se afirma claramente que el disfrutador supremo es la Suprema Personalidad de Dios, en Sus diferentes manifestaciones y expansiones plenarias, tales como Nārāyaṇa, Vāsudeva, etc.

Mediante el canto de Hare Kṛṣṇa, el devoto puede pensar constantemente en el objeto de la adoración —el Señor Supremo—, en cualquiera de Sus aspectos —Nārāyaṇa, Kṛṣṇa, Rāma, etc.—. Esta práctica lo purificará y al final de su vida, debido a su canto constante, será trasladado al Reino de Dios. La práctica del *yoga* consiste en meditar en la Superalma que está dentro; de forma similar, mediante el canto de Hare Kṛṣṇa, uno siempre fija la mente en el Señor Supremo. La mente es veleidosa y, en consecuencia, es necesario ocuparla a la fuerza en pensar en Kṛṣṇa. Un ejemplo que se da a menudo es el de la oruga que piensa en volverse una mariposa, y, de ese modo, se transforma en una mariposa en la misma vida. Así mismo, si pensamos constantemente en Kṛṣṇa, es seguro que al final de nuestra vida tendremos la misma constitución física que Kṛṣṇa.

TEXTO 9

कविं पुराणमनुशासितार-
मणोरणीयांसमनुस्मरेद्यः ।
सर्वस्य धातारमचिन्त्यरूप-
मादित्यवर्णं तमसः परस्तात् ॥९॥

kavim̐ purāṇam anuśāsitāram
aṇor aṇīyām̐sam anusmared yaḥ
sarvasya dhātāram acintya-rūpam
āditya-varṇam̐ tasmasaḥ parastāt

kavim—aquel que lo sabe todo; *purāṇam*—el más antiguo; *anuśāsitāram*—el controlador; *aṇoḥ*—que el átomo; *aṇīyām̐sam*—más pequeño; *anusmaret*—siempre piensa en; *yaḥ*—aquel que; *sarvasya*—de todo; *dhātāram*—el sustentador; *acintya*—inconcebible; *rūpam*—cuya forma; *āditya-varṇam*—luminoso como el Sol; *tamasaḥ*—a la oscuridad; *parastāt*—trascendental.

TRADUCCIÓN

Se debe meditar en la Persona Suprema como aquel que lo sabe todo, que es el más antiguo de todos, que es el controlador, que es más pequeño que lo más pequeño, que es el sustentador de todo, que está más allá de toda concepción material, que es inconcebible y que siempre es una persona. Él es luminoso como el Sol, y es trascendental, más allá de esta naturaleza material.

SIGNIFICADO

En este verso se menciona el proceso a seguir para pensar en el Supremo. Lo más importante de todo es que Él no es impersonal o vacío. Uno no puede meditar en algo impersonal o vacío. Eso es muy difícil. Sin embargo, el proceso que se sigue para pensar en Kṛṣṇa es muy fácil, y se expone aquí concretamente. En primer lugar, el Señor es *puruṣa*, una persona: pensamos en la persona Rāma y en la persona Kṛṣṇa. Y ya sea que uno piense en Rāma o en Kṛṣṇa, en este verso de *El Bhagavad-gītā* se dice cómo es Él. El Señor es *kavi*, es decir, conoce el pasado, el presente y el futuro, y, por ende, lo conoce todo. Él es la personalidad más antigua que existe, porque es el origen de todo; todo nace de Él. Él es, además, el supremo controlador del universo, y el sustentador e instructor de la humanidad. Él es más pequeño que lo más pequeño. La entidad viviente es la diezmilésima parte de la punta de un cabello, pero el Señor es tan inconcebiblemente pequeño, que entra en el corazón de esa partícula. Por eso se lo llama ''más pequeño que lo más pequeño''. En Su carácter de Supremo, Él puede entrar en el átomo y en el corazón de lo más pequeño que existe, y controlarlo en forma de la Superalma. Aunque Él es así de pequeño, aun así es omnipresente y lo mantiene todo. Todos estos sistemas planetarios son sustentados por Él. A menudo nos preguntamos cómo estos grandes planetas flotan en el aire. Aquí se dice que el Señor Supremo, por medio de Su energía inconcebible, está sustentando a todos estos grandes planetas y sistemas de galaxias. La palabra *acintya* (''inconcebible'') es muy significativa en relación con esto. La energía de Dios está más allá de nuestra concepción, más allá de la jurisdicción de nuestro pensamiento, y, por consiguiente, se dice que es inconcebible (*acintya*). ¿Quién puede objetar este punto? Él se encuentra difundido por todo este mundo material y, sin embargo, está más allá de él. Nosotros ni siquiera podemos comprender este mundo material, que es insignificante en comparación con el mundo espiritual, así que, ¿cómo vamos a comprender lo que está más allá de él? *Acintya* significa aquello que está más allá de este mundo material, aquello que nuestro argumento, nuestra lógica y nuestra especulación filosófica no pueden tocar, aquello que es inconcebible. Por lo tanto, las personas inteligentes, evitando el argumento y la especulación inútil, deben aceptar lo que se declara en Escrituras tales como los *Vedas*, *El Bhagavad-gītā* y *El Śrīmad-Bhāgavatam*, y deben seguir los principios que en ellas se estipulan. Esto lo llevará a uno a entender.

TEXTO 10

प्रयाणकाले मनसाऽचलेन
भक्त्या युक्तो योगबलेन चैव ।
भ्रुवोर्मध्ये प्राणमावेश्य सम्य-
क्स तं परं पुरुषमुपैति दिव्यम् ॥१०॥

prayāṇa-kāle manasācalena
bhaktyā yukto yoga-balena caiva

bhruvor madhye prāṇam āveśya samyak
sa taṁ paraṁ puruṣam upaiti divyam

prayāṇa-kāle—en el momento de la muerte; *manasā*—por medio de la mente; *acalena*—sin que se aparte; *bhaktyā*—con toda devoción; *yuktaḥ*—dedicado; *yoga-balena*—mediante el poder del *yoga* místico; *ca*—también; *eva*—ciertamente; *bhruvoḥ*—las dos cejas; *madhye*—entre; *prāṇam*—el aire vital; *āveśya*—estableciendo; *samyak*—por completo; *saḥ*—él; *tam*—eso; *param*—trascendental; *puruṣam*—la Personalidad de Dios; *upaiti*—consigue; *divyam*—en el reino espiritual.

TRADUCCIÓN

Aquel que, en el momento de la muerte, fije su aire vital entre las cejas y, por la fuerza del yoga, con una mente recta, se dedique a recordar al Señor Supremo con toda devoción, ciertamente que llegará a la Suprema Personalidad de Dios.

SIGNIFICADO

En este verso se afirma claramente que, a la hora de la muerte, la mente debe estar fija en la devoción por la Suprema Personalidad de Dios. A los expertos en *yoga* se les recomienda que eleven la fuerza vital hasta el entrecejo (hasta el *ājñā-cakra*). Aquí se está sugiriendo la práctica del *ṣaṭ-cakra-yoga*, que implica el meditar en los seis *cakras*. El devoto puro no practica ese *yoga*, pero como él siempre está dedicado al proceso de conciencia de Kṛṣṇa, en el momento de morir puede recordar a la Suprema Personalidad de Dios, por la gracia de Él. Esto se explica en el verso 14.

En este verso es significativo el uso específico de la palabra *yoga-balena*, porque sin la práctica del *yoga* —ya sea el *ṣaṭ-cakra-yoga* o el *bhakti-yoga*—, a la hora de la muerte no se puede llegar a ese estado trascendental de la existencia. Al morir, uno no puede recordar súbitamente al Señor Supremo; se debe haber practicado algún sistema de *yoga*, especialmente el sistema del *bhakti-yoga*. Como en el momento de morir se tiene la mente muy perturbada, durante la vida se debe practicar la trascendencia a través del *yoga*.

TEXTO 11

यदक्षरं वेदविदो वदन्ति
विशन्ति यद्यतयो वीतरागाः ।
यदिच्छन्तो ब्रह्मचर्यं चरन्ति
तत्ते पदं संग्रहेण प्रवक्ष्ये ॥११॥

yad akṣaraṁ veda-vido vadanti
viśanti yad yatayo vīta-rāgāḥ
yad icchanto brahmacaryaṁ caranti
tat te padaṁ saṅgraheṇa pravakṣye

yat—aquello que; *akṣaram*—la sílaba *oṁ*; *veda-vidaḥ*—personas versadas en los *Vedas*; *vadanti*—dicen; *viśanti*—entran; *yat*—en el cual; *yatayaḥ*—grandes sabios; *vīta-rāgāḥ*—en la orden de vida de renuncia; *yat*—aquello que; *icchantaḥ*—deseando; *brahmacaryam*—celibato; *caranti*—practican; *tat*—eso; *te*—a ti; *padam*—situación; *saṅgraheṇa*—en resumen; *pravakṣye*—explicaré.

TRADUCCIÓN

Las personas que están versadas en los Vedas, que profieren el oṁkāra y que son grandes sabios de la orden de renuncia, entran en el Brahman. Al desear esa perfección, uno practica celibato. Ahora te explicaré brevemente ese proceso, mediante el cual se puede lograr la salvación.

SIGNIFICADO

El Señor Śrī Kṛṣṇa le ha recomendado a Arjuna la práctica del *ṣaṭ-cakra-yoga*, en la que uno coloca en el entrecejo el aire de la vida. Dando por sentado que Arjuna quizás no sepa cómo practicar el *ṣaṭ-cakra-yoga*, el Señor explica el proceso en los versos siguientes. El Señor dice que aunque el Brahman no tiene igual, tiene diversas manifestaciones y aspectos. En especial para los impersonalistas, el *akṣara*, o el *oṁkāra* —la sílaba *oṁ*—, es idéntica al Brahman. Kṛṣṇa explica aquí el Brahman impersonal, en el que entran los sabios de la orden renunciante.

En el sistema védico del conocimiento, a los estudiantes se les enseña desde el mismo comienzo a proferir el *oṁ* y aprender lo referente al Supremo Brahman impersonal, mientras viven con el maestro espiritual en completo celibato. De ese modo, ellos llegan a comprender dos de los aspectos del Brahman. Esa práctica es muy esencial para el adelanto del estudiante en la vida espiritual, pero en los actuales momentos, esa clase de vida de *brahmacārī* (de soltero célibe) no es posible en absoluto. La estructura social del mundo ha cambiado tanto, que no hay ninguna posibilidad de practicar celibato desde el comienzo de la vida de estudiante. Por todas partes del mundo hay muchas instituciones para diferentes departamentos del conocimiento, pero no hay ninguna institución reconocida en la que se pueda educar a los estudiantes en los principios de *brahmacārī*. A menos que se practique celibato, el adelanto en la vida espiritual es muy difícil. Por lo tanto, el Señor Caitanya, de conformidad con las disposiciones de las Escrituras para esta era de Kali, ha anunciado que en esta era no es posible llevar a cabo ningún proceso para comprender al Supremo, aparte del canto del santo nombre del Señor Kṛṣṇa: Hare Kṛṣṇa, Hare Kṛṣṇa, Kṛṣṇa Kṛṣṇa, Hare Hare/ Hare Rāma, Hare Rāma, Rāma Rāma, Hare Hare.

TEXTO 12

सर्वद्वाराणि संयम्य मनो हृदि निरुध्य च ।
मूर्ध्न्याधायात्मनः प्राणमास्थितो योगधारणां ॥१२॥

sarva-dvārāṇi saṁyamya
mano hṛdi nirudhya ca
mūrdhny ādhāyātmanaḥ prāṇam
āsthito yoga-dhāraṇām

sarva-dvārāṇi—todas las puertas del cuerpo; *saṁyamya*—controlando; *manaḥ*—la mente; *hṛdi*—en el corazón; *nirudhya*—confinando; *ca*—también; *mūrdhni*—en la cabeza; *ādhāya*—fijación; *ātmanaḥ*—del alma; *prāṇam*—el aire vital; *āsthitaḥ*—situado en; *yoga-dhāraṇām*—la situación yóguica.

TRADUCCIÓN

La situación yóguica es la de estar desapegado de todas las ocupaciones de los sentidos. Cerrando todas las puertas de los sentidos y fijando la mente en el corazón y el aire vital en la parte superior de la cabeza, uno se establece en el yoga.

SIGNIFICADO

Para practicar *yoga* tal como se sugiere aquí, primero hay que cerrarle las puertas a todo el disfrute de los sentidos. Esta práctica se denomina *pratyāhāra*, o el acto de apartar los sentidos de sus objetos. Los órganos de los sentidos para adquirir conocimiento —los ojos, los oídos, la nariz, la lengua y el tacto— deben ser controlados por completo, y a ellos no se les debe permitir dedicarse a la complacencia propia. De ese modo, la mente se enfoca en la Superalma que está en el corazón, y la fuerza vital es elevada a la parte superior de la cabeza. En el Capítulo Sexto se describe ese proceso de forma detallada. Pero, como se mencionó antes, ese método no es práctico en esta era. El mejor proceso es el de conciencia de Kṛṣṇa. Si uno siempre es capaz de fijar la mente en Kṛṣṇa mediante el servicio devocional, le será muy fácil permanecer en un trance trascendental imperturbable, es decir, en *samādhi*.

TEXTO 13

ओमित्येकाक्षरं ब्रह्म व्याहरन्मामनुस्मरन् ।
यः प्रयाति त्यजन्देहं स याति परमां गतिम् ॥१३॥

oṁ ity ekākṣaraṁ brahma
vyāharan mām anusmaran
yaḥ prayāti tyajan dehaṁ
sa yāti paramāṁ gatim

oṁ—la combinación de letras *oṁ* (*oṁkāra*); *iti*—así pues; *eka-akṣaram*—la sílaba única; *brahma*—absoluto; *vyāharan*—profiriendo; *mām*—a Mí (Kṛṣṇa); *anusmaran*—recordando; *yaḥ*—todo el que; *prayāti*—deje; *tyajan*—abandonando; *deham*—este cuerpo; *saḥ*—él; *yāti*—consigue; *paramām*—el supremo; *gatim*—destino.

TRADUCCIÓN

Si después de situarse en esa práctica del yoga y de proferir la sagrada sílaba oṁ, la suprema combinación de letras, uno piensa en la Suprema Personalidad de Dios y abandona su cuerpo, es seguro que llegará a los planetas espirituales.

SIGNIFICADO

Aquí se afirma claramente que *oṁ*, el Brahman y el Señor Kṛṣṇa no son diferentes. El *oṁ* es el sonido impersonal de Kṛṣṇa, pero el sonido Hare Kṛṣṇa contiene al *oṁ*. El canto del *mantra* Hare Kṛṣṇa se recomienda claramente para esta era, por lo cual si uno abandona su cuerpo al final de la vida cantando Hare Kṛṣṇa, Hare Kṛṣṇa, Kṛṣṇa Kṛṣṇa, Hare Hare/ Hare Rāma, Hare Rāma, Rāma Rāma, Hare Hare, llegará sin duda a uno de los planetas espirituales, de conformidad con la modalidad de su práctica. Los devotos de Kṛṣṇa entran en el planeta de Kṛṣṇa, Goloka Vṛndāvana. Para los personalistas también hay infinidad de otros planetas en el cielo espiritual, conocidos como planetas Vaikuṇṭhas, mientras que los impersonalistas permanecen en el *brahmajyoti*.

TEXTO 14

अनन्यचेताः सततं यो मां स्मरति नित्यशः ।
तस्याहं सुलभः पार्थ नित्ययुक्तस्य योगिनः ॥१४॥

ananya-cetāḥ satataṁ
yo māṁ smarati nityaśaḥ
tasyāhaṁ sulabhaḥ pārtha
nitya-yuktasya yoginaḥ

ananya-cetāḥ—sin desviación de la mente; *satatam*—siempre; *yaḥ*—todo el que; *mām*—a Mí (Kṛṣṇa); *smarati*—recuerda; *nityaśaḥ*—regularmente; *tasya*—a él; *aham*—Yo soy; *su-labhaḥ*—fácil de conseguir; *pārtha*—¡oh, hijo de Pṛthā!; *nitya*—regularmente; *yuktasya*—dedicado; *yoginaḥ*—para el devoto.

TRADUCCIÓN

Para aquel que siempre Me recuerda sin desviación, Yo soy fácil de obtener, ¡oh, hijo de Pṛthā!, debido a su constante ocupación en el servicio devocional.

SIGNIFICADO

Este verso describe especialmente el destino final al que llegan los devotos puros que sirven a la Suprema Personalidad de Dios mediante el *bhakti-yoga*. En versos anteriores se han mencionado cuatro clases de devotos: los afligidos, los indagadores, aquellos que buscan ganancia material y los filósofos especuladores. También se han descrito diferentes procesos de liberación: el *karma-yoga*, el *jñāna-yoga* y el *haṭha-yoga*. Los principios de esos sistemas de *yoga* tienen añadido un poco de *bhakti*, pero en este verso se menciona particularmente el *bhakti-yoga* puro, sin ninguna mezcla de *jñāna, karma* o *haṭha*. Como se indica con la palabra *ananya-cetāḥ*, en el *bhakti-yoga* puro el devoto no desea nada aparte de Kṛṣṇa. Un devoto puro no desea ser promovido a los planetas celestiales, ni busca la unidad con el *brahmajyoti* ni la salvación o la liberación del enredo material. El devoto puro no desea nada. En *El Caitanya-caritāmṛta*, al devoto puro se lo llama *niṣkāma*, que significa que él no tiene ningún deseo de procurar su bien personal. La paz perfecta le pertenece sólo a él, y no a aquellos que se esfuerzan por el beneficio personal. Mientras que el *jñāna-yogī*, el *karma-yogī* o el *haṭha-yogī* tienen sus propios intereses egoístas, un devoto perfecto no tiene ningún otro deseo más que el de complacer a la Suprema Personalidad de Dios. Por consiguiente, el Señor dice que a alguien que está consagrado a Él de un modo resuelto, le es fácil conseguirlo a Él.

El devoto puro siempre se dedica a prestarle servicio devocional a Kṛṣṇa en uno de Sus diversos aspectos personales. Kṛṣṇa tiene diversas encarnaciones y expansiones plenarias, tales como Rāma y Nṛsiṁha, y el devoto puede escoger fijar la mente en cualquiera de esas trascendentales formas del Señor Supremo, con un servicio amoroso. Esa clase de devoto no se encuentra con ninguno de los problemas que plagan a los practicantes de otros *yogas*. El *bhakti-yoga* es muy sencillo, puro y fácil de ejecutar. Uno puede comenzar simplemente con el canto de Hare Kṛṣṇa. El Señor es misericordioso con todos, pero como ya lo hemos explicado, Él se inclina de un modo especial por aquellos que siempre lo sirven sin desviación. El Señor ayuda a esos devotos de diversas maneras. Como se afirma en los *Vedas*, (*El Kaṭha Upaniṣad* 1.2.23): *yam evaiṣa vṛṇute tena labhyas/ tasyaiṣa ātmā vivṛṇute tanuṁ svām*, aquel que está plenamente entregado y dedicado al servicio devocional del Señor Supremo, puede entenderlo a Él tal como Él es. Y como se declara en *El Bhagavad-gītā* (10.10): *dadāmi buddhi-*

yogaṁ tam, el Señor le da a ese devoto la inteligencia suficiente como para que al final el devoto pueda llegar a Él en Su reino espiritual.

La característica especial que tiene el devoto puro es la de que siempre está pensando en Kṛṣṇa sin desviación y sin considerar el tiempo o el lugar. No tiene que haber ningún impedimento. Él debe ser capaz de desempeñar su servicio en cualquier parte y en cualquier momento. Algunos dicen que el devoto debe permanecer en lugares sagrados tales como Vṛndāvana, o algún pueblo sagrado en el que el Señor vivió, pero el devoto puro puede vivir en cualquier parte y crear la atmósfera de Vṛndāvana por medio de su servicio devocional. Śrī Advaita le dijo al Señor Caitanya: "Dondequiera que Tú te encuentres, ¡oh, Señor!, *ahí* es Vṛndāvana".

Como se indica con las palabras *satatam* y *nityaśaḥ*, que significan "siempre", "regularmente" o "todos los días", el devoto puro constantemente recuerda a Kṛṣṇa y medita en Él. Éstas son cualidades del devoto puro para quien el Señor es muy fácil de conseguir. El *bhakti-yoga* es el sistema que el *Gītā* recomienda por encima de todos los demás. Por lo general, los *bhakti-yogīs* se ocupan de cinco diferentes maneras: (1) *śānta-bhakta*, se ocupan en el servicio devocional en estado de neutralidad; (2) *dāsya-bhakta*, se ocupan en el servicio devocional como sirvientes; (3) *sākhya-bhakta*, se ocupan como amigos; (4) *vātsalya-bhakta*, se ocupan como padres o madres; y (5) *mādhurya-bhakta*, se ocupan como amantes conyugales del Señor Supremo. De cualquiera de esas maneras, el devoto puro siempre está dedicado de un modo constante al amoroso servicio trascendental del Señor Supremo y no puede olvidar al Señor Supremo, y por eso para él el Señor es fácil de conseguir. El devoto puro no puede olvidar al Señor Supremo ni por un momento, y, de la misma manera, el Señor Supremo no puede olvidar a Su devoto puro ni por un momento. Ésa es la gran bendición del proceso de conciencia de Kṛṣṇa que consiste en el canto del *mahā-mantra*, Hare Kṛṣṇa, Hare Kṛṣṇa, Kṛṣṇa Kṛṣṇa, Hare Hare/ Hare Rāma, Hare Rāma, Rāma Rāma, Hare Hare.

TEXTO 15

मामुपेत्य पुनर्जन्म दुःखालयमशाश्वतम् ।
नाप्नुवन्ति महात्मानः संसिद्धिं परमां गताः ॥१५॥

mām upetya punar janma
duḥkhālayam aśāśvatam
nāpnuvanti mahātmānaḥ
saṁsiddhiṁ paramāṁ gatāḥ

mām—a Mí; *upetya*—llegando; *punaḥ*—de nuevo; *janma*—nacimiento; *duḥkha-ālayam*—lugar de sufrimientos; *aśāśvatam*—temporal; *na*—nunca;

āpnuvanti—logran; *mahā-ātmānaḥ*—las grandes almas; *saṁsiddhim*—perfección; *paramām*—máxima; *gatāḥ*—habiendo logrado.

TRADUCCIÓN

Después de llegar a Mí, las grandes almas, que son yogīs en estado de devoción, jamás regresan a este mundo temporal, el cual está lleno de sufrimientos, ya que han logrado la máxima perfección.

SIGNIFICADO

Como este temporal mundo material está lleno de los sufrimientos del nacimiento, la vejez, las enfermedades y la muerte, aquel que logra la máxima perfección y llega al planeta supremo, Kṛṣṇaloka, Goloka Vṛndāvana, naturalmente no desea regresar. Al planeta supremo se lo describe en la literatura védica como *avyakta*, *akṣara* y *paramā-gati*; en otras palabras, ese planeta se encuentra fuera del alcance de nuestra visión material y es inexplicable, pero es la máxima meta, el destino de los *mahātmās* (las grandes almas). Los *mahātmās* reciben mensajes trascendentales de labios de los devotos iluminados, y de ese modo se desarrolla en ellos gradualmente el servicio devocional con conciencia de Kṛṣṇa; y ellos quedan tan absortos en el servicio trascendental, que dejan de desear elevarse a ninguno de los planetas materiales, y ni siquiera quieren ser trasladados a ningún planeta espiritual. Ellos sólo quieren a Kṛṣṇa y la compañía de Kṛṣṇa, y nada más. Ésa es la máxima perfección de la vida. Este verso menciona específicamente a los devotos personalistas del Señor Supremo, Kṛṣṇa. Estos devotos en estado de conciencia de Kṛṣṇa logran la máxima perfección de la vida. En otras palabras, ellos son las almas supremas.

TEXTO 16

आब्रह्मभुवनाल्लोकाः पुनरावर्तिनोऽर्जुन ।
मामुपेत्य तु कौन्तेय पुनर्जन्म न विद्यते ॥१६॥

ā-brahma-bhuvanāl lokāḥ
punar āvartino 'rjuna
mām upetya tu kaunteya
punar janma na vidyate

ā-brahma—hasta el planeta Brahmaloka; *bhuvanāt*—de los sistemas planetarios; *lokāḥ*—planetas; *punaḥ*—de nuevo; *āvartinaḥ*—de regresar; *arjuna*—¡oh, Arjuna!; *mām*—a Mí; *upetya*—llegando; *tu*—pero; *kaunteya*—¡oh, hijo de Kuntī!; *punaḥ janma*—volver a nacer; *na*—nunca; *vidyate*—ocurre.

TRADUCCIÓN

Desde el planeta más elevado del mundo material hasta el más bajo de ellos, todos son lugares de sufrimiento en los que ocurre el reiterado proceso del nacimiento y la muerte. Pero aquel que llega a Mi morada, ¡oh, hijo de Kuntī!, nunca vuelve a nacer.

SIGNIFICADO

Tarde o temprano, todas las clases de *yogīs* —los *karma-yogīs*, los *jñāna-yogīs*, los *haṭha-yogīs*, etc.— tienen que llegar a la perfección devocional del *bhakti-yoga*, o el proceso de conciencia de Kṛṣṇa, antes de que puedan ir a la trascendental morada de Kṛṣṇa y jamás regresar. Aquellos que llegan a los planetas materiales más elevados de todos, los planetas de los semidioses, quedan de nuevo supeditados al reiterado proceso del nacimiento y la muerte. Así como las personas de la Tierra son elevadas a planetas superiores, la gente de planetas superiores tales como Brahmaloka, Candraloka e Indraloka, cae a la Tierra. La práctica del sacrificio denominado *pañcāgni-vidyā*, que se recomienda en *El Chāndogya Upaniṣad*, lo capacita a uno para llegar a Brahmaloka, pero si en Brahmaloka uno no cultiva su conciencia de Kṛṣṇa, debe entonces regresar a la Tierra. Aquellos que en los planetas superiores progresan en el cultivo de conciencia de Kṛṣṇa, son elevados gradualmente a planetas cada vez más elevados, y en el momento de la devastación universal son trasladados al reino espiritual eterno. En su comentario a *El Bhagavad-gītā*, Śrīdhara Svāmī cita este verso:

brahmaṇā saha te sarve
samprāpte pratisañcare
parasyānte kṛtātmānaḥ
praviśanti paraṁ padam

"Cuando ocurre la devastación de este universo material, Brahmā y sus devotos, quienes están constantemente dedicados al proceso de conciencia de Kṛṣṇa, son trasladados al universo espiritual y a planetas espirituales específicos, conforme a sus deseos".

TEXTO 17

सहस्रयुगपर्यन्तमहर्यद्ब्रह्मणो विदुः ।
रात्रिं युगसहस्रान्तां तेऽहोरात्रविदो जनाः ॥१७॥

sahasra-yuga-paryantam
ahar yad brahmaṇo viduḥ
rātriṁ yuga-sahasrāntāṁ
te 'ho-rātra-vido janāḥ

sahasra—mil; *yuga*—milenios; *paryantam*—constituyen; *ahaḥ*—día; *yat*—aquello que; *brahmaṇaḥ*—de Brahmā; *viduḥ*—ellos saben; *rātrim*—noche; *yuga*—milenios; *sahasra-antām*—de igual modo, terminando después de mil; *te*—ellos; *ahaḥ-rātra*—día y noche; *vidaḥ*—que entiende; *janāḥ*—gente.

TRADUCCIÓN

En función de los cálculos humanos, el conjunto de mil eras constituye la duración de un día de Brahmā. Y ésa es también la duración de su noche.

SIGNIFICADO

La duración del universo material es limitada. Esa duración se manifiesta en ciclos de *kalpas*. Un *kalpa* es un día de Brahmā, y un día de Brahmā consta de mil ciclos de cuatro *yugas*, o eras: Satya, Tretā, Dvāpara y Kali. El ciclo de Satya se caracteriza por la virtud, la sabiduría y la religión, sin que en él prácticamente exista la ignorancia y el vicio, y el *yuga* dura 1.728.000 años. En el Tretā-yuga se introduce el vicio, y este *yuga* dura 1.296.000 años. En el Dvāpara-yuga hay una declinación aún mayor de la virtud y la religión, con el vicio en aumento, y este *yuga* dura 864.000 años. Y, finalmente, en el Kali-yuga (el *yuga* en el que hemos estado viviendo durante los últimos 5.000 años), hay una abundancia de contienda, ignorancia, irreligión y vicio, con la virtud verdadera prácticamente inexistente, y este *yuga* dura 432.000 años. En el Kali-yuga el vicio aumenta hasta tal punto, que al terminar el *yuga* el propio Señor Supremo aparece como el *avatāra* Kalki, destruye a los demonios, salva a Sus devotos y comienza otro Satya-yuga. Luego, el proceso se pone en marcha de nuevo. Estos cuatro *yugas*, al transcurrir mil veces, constituyen un día de Brahmā, y el mismo número constituye una noche. Brahmā vive cien de esos "años", y luego muere. Según los cálculos terrenales, esos "cien años" ascienden a un total de 311.040.000.000.000 de años terrestres. De acuerdo con esos cálculos, la vida de Brahmā parece fantástica e interminable, pero desde el punto de vista de la eternidad es tan fugaz como la luz del relámpago. En el océano Causal hay infinidad de Brahmās que surgen y desaparecen como las burbujas en el Atlántico. Brahmā y su creación son todos parte del universo material y, por consiguiente, están en flujo constante.

En el universo material, ni siquiera Brahmā está libre del proceso del nacimiento, la vejez, las enfermedades y la muerte. Sin embargo, Brahmā está dedicado directamente al servicio del Señor Supremo en la administración de este universo, y, en consecuencia, logra de inmediato la liberación. A los *sannyāsīs* elevados se los promueve al planeta específico de Brahmā, Brahmaloka, que es el planeta más elevado del universo material y el cual sobrevive a todos los planetas celestiales de los estratos superiores del sistema planetario; pero a su debido tiempo, Brahmā y todos los habitantes de Brahmaloka tienen que someterse a la muerte, conforme a la ley de la naturaleza material.

TEXTO 18

अव्यक्ताद्व्यक्तयः सर्वाः प्रभवन्त्यहरागमे ।
रात्र्यागमे प्रलीयन्ते तत्रैवाव्यक्तसंज्ञके ॥१८॥

avyaktād vyaktayaḥ sarvāḥ
prabhavanty ahar-āgame
rātry-āgame pralīyante
tatraivāvyakta-saṁjñake

avyaktāt—de lo no manifiesto; *vyaktayaḥ*—entidades vivientes; *sarvāḥ*—todas; *prabhavanti*—se manifiestan; *ahaḥ-āgame*—al comienzo del día; *rātri-āgame*—a la caída de la noche; *pralīyante*—son aniquiladas; *tatra*—dentro de eso; *eva*—ciertamente; *avyakta*—lo no manifiesto; *saṁjñake*—que se denomina.

TRADUCCIÓN

Al comienzo del día de Brahmā, todas las entidades vivientes se manifiestan del estado no manifiesto, y luego, cuando cae la noche, se funden de nuevo en lo no manifiesto.

TEXTO 19

भूतग्रामः स एवायं भूत्वा भूत्वा प्रलीयते ।
रात्र्यागमेऽवशः पार्थ प्रभवत्यहरागमे ॥१९॥

bhūta-grāmaḥ sa evāyaṁ
bhūtvā bhūtvā pralīyate
rātry-āgame 'vaśaḥ pārtha
prabhavaty ahar-āgame

bhūta-grāmaḥ—el conjunto de todas las entidades vivientes; *saḥ*—éstas; *eva*—ciertamente; *ayam*—esto; *bhūtvā bhūtvā*—naciendo reiteradamente; *pralīyate*—es aniquilado; *rātri*—de la noche; *āgame*—a la llegada; *avaśaḥ*—automáticamente; *pārtha*—¡oh, hijo de Pṛthā!; *prabhavati*—se manifiesta; *ahaḥ*—del día; *āgame*—a la llegada.

TRADUCCIÓN

Una y otra vez, cuando llega el día de Brahmā, todas las entidades vivientes pasan a existir, y con la llegada de la noche de Brahmā son aniquiladas irremediablemente.

SIGNIFICADO

Los poco inteligentes, quienes tratan de permanecer dentro de este mundo material, pueden ser elevados a planetas superiores, y luego tienen que descender de nuevo a este planeta Tierra. Durante el día de Brahmā, ellos pueden exhibir sus actividades en planetas superiores e inferiores de este mundo material, pero cuando llega la noche de Brahmā todos ellos son aniquilados. En el día, ellos reciben diversos cuerpos para las actividades materiales, y de noche dejan de tener cuerpos y más bien permanecen encerrados en el cuerpo de Viṣṇu. Luego, a la llegada del día de Brahmā, ellos se manifiestan de nuevo. *Bhūtvā bhūtvā pralīyate:* durante el día se manifiestan, y de noche vuelven a ser aniquilados. Finalmente, cuando la vida de Brahmā se termina, todos ellos son aniquilados y permanecen en un estado no manifiesto durante millones y millones de años. Y cuando Brahmā vuelve a nacer en otro milenio, ellos se manifiestan de nuevo. De esa manera, el hechizo del mundo material los cautiva. Pero aquellas personas inteligentes que emprenden el proceso de conciencia de Kṛṣṇa, emplean la forma de vida humana plenamente en el servicio devocional del Señor, cantando Hare Kṛṣṇa, Hare Kṛṣṇa, Kṛṣṇa Kṛṣṇa, Hare Hare/ Hare Rāma, Hare Rāma, Rāma Rāma, Hare Hare. De ese modo, ellas se trasladan incluso en esta vida al planeta espiritual de Kṛṣṇa, y ahí se vuelven dichosas eternamente, sin estar supeditadas a esos renacimientos.

TEXTO 20

परस्तस्मात्तु भावोऽन्योऽव्यक्तोऽव्यक्तात्सनातनः ।
यः स सर्वेषु भूतेषु नश्यत्सु न विनश्यति ॥२०॥

paras tasmāt tu bhāvo 'nyo
'vyakto 'vyaktāt sanātanaḥ
yaḥ sa sarveṣu bhūteṣu
naśyatsu na vinaśyati

paraḥ—trascendental; *tasmāt*—a eso; *tu*—pero; *bhāvaḥ*—naturaleza; *anyaḥ*—otra; *avyaktaḥ*—no manifiesta; *avyaktāt*—a lo no manifiesto; *sanātanaḥ*—eterna; *yaḥ saḥ*—aquello que; *sarveṣu*—toda; *bhūteṣu*—manifestación; *naśyatsu*—siendo aniquilada; *na*—nunca; *vinaśyati*—es aniquilada.

TRADUCCIÓN

Mas, existe otra naturaleza no manifiesta, que es eterna y trascendental a esta materia manifestada y no manifestada. Esa naturaleza es suprema y nunca es aniquilada. Cuando todo en este mundo es aniquilado, esa parte permanece tal como es.

SIGNIFICADO

La energía espiritual y superior de Kṛṣṇa es trascendental y eterna. Esa energía está más allá de todos los cambios de la naturaleza material, la cual es manifestada y aniquilada durante los días y las noches de Brahmā. La energía superior de Kṛṣṇa es de una calidad totalmente opuesta a la naturaleza material. La naturaleza superior y la inferior se explican en el Capítulo Siete.

TEXTO 21

अव्यक्तोऽक्षर इत्युक्तस्तमाहुः परमां गतिम् ।
यं प्राप्य न निवर्तन्ते तद्धाम परमं मम ॥२१॥

avyakto 'kṣara ity uktas
tam āhuḥ paramāṁ gatim
yaṁ prāpya na nivartante
tad dhāma paramaṁ mama

avyaktaḥ—no manifiesto; *akṣaraḥ*—infalible; *iti*—así pues; *uktaḥ*—se dice; *tam*—aquello; *āhuḥ*—se conoce; *paramām*—supremo; *gatim*—destino; *yam*—aquello que; *prāpya*—obteniendo; *na*—nunca; *nivartante*—regresa; *tat*—esa; *dhāma*—morada; *paramam*—suprema; *mama*—Mi.

TRADUCCIÓN

Aquello que los vedantistas describen como no manifiesto e infalible, aquello que se conoce como el destino supremo, ese lugar del que, después de llegar a él, nunca se regresa, ésa es Mi morada suprema.

SIGNIFICADO

En *El Brahma-saṁhitā* se describe la morada suprema de la Personalidad de Dios, Kṛṣṇa, como *cintāmaṇi-dhāma*, un lugar en el que se cumplen todos los deseos. La morada suprema del Señor Kṛṣṇa, conocida como Goloka Vṛndāvana, está llena de palacios hechos de piedra de toque. Ahí también hay árboles, llamados "árboles de los deseos", que dan cualquier tipo de comestibles que se les pida, y hay vacas, conocidas como vacas *surabhi*, que suministran leche en cantidades ilimitadas. En esa morada, al Señor lo sirven cientos de miles de diosas de la fortuna (Lakṣmīs), y a Él se lo llama Govinda, el Señor original y la causa de todas las causas. El Señor acostumbra a tocar Su flauta (*veṇuṁ kvaṇantam*). Su forma trascendental es lo más atractivo que existe en todos los mundos: Sus ojos son como pétalos de loto, y el color de Su cuerpo es como el color de las nubes. Él es tan atractivo, que Su belleza supera la de miles de Cupidos. Él lleva una tela azafrán, una guirnalda alrededor del cuello y una pluma de pavo real en el cabello. En *El Bhagavad-gītā*, el Señor Kṛṣṇa sólo da una pequeña indicación acerca de Su morada personal, Goloka Vṛndāvana, que es el planeta supremo del reino espiri ual. En *El Brahma-saṁhitā* se da una descripción vívida de él. La literatura védica (*El Kaṭha Upaniṣad* 1.3.11) declara que no hay nada superior a la morada de la Divinidad Suprema, y que esa morada es el destino último (*puruṣān na paraṁ kiñcit sā kāṣṭhā paramā gatiḥ*). Cuando uno llega a ella, nunca regresa al mundo material. La morada suprema de Kṛṣṇa y el propio Kṛṣṇa no son diferentes entre sí, ya que son de la misma calidad. En esta Tierra, Vṛndāvana, una ciudad que se encuentra a 145 kilómetros del Sureste de Delhi, es una réplica de ese Goloka Vṛndāvana supremo ubicado en el cielo espiritual. Cuando Kṛṣṇa descendió a esta Tierra, se divirtió en esa región específica conocida como Vṛndāvana, que ocupa unos 218 kilómetros cuadrados del distrito de Mathurā, India.

TEXTO 22

पुरुषः स परः पार्थ भक्त्या लभ्यस्त्वनन्यया ।
यस्यान्तःस्थानि भूतानि येन सर्वमिदं ततम् ॥२२॥

puruṣaḥ sa paraḥ pārtha
bhaktyā labhyas tv ananyayā
yasyāntaḥ-sthāni bhūtāni
yena sarvam idaṁ tatam

puruṣaḥ—la Personalidad Suprema; *saḥ*—Él; *paraḥ*—el Supremo, el más grande de todos; *pārtha*—¡oh, hijo de Pṛthā!; *bhaktyā*—por medio del servicio devocional; *labhyaḥ*—que puede conseguirse; *tu*—pero; *ananyayā*—puro, sin desviación; *yasya*—a quien; *antaḥ-sthāni*—dentro; *bhūtāni*—toda esta manifestación material; *yena*—por quien; *sarvam*—todo; *idam*—todo lo que podamos ver; *tatam*—está imbuido.

TRADUCCIÓN

A la Suprema Personalidad de Dios, quien es más grande que todos, se lo consigue mediante la devoción pura. Aunque Él se encuentra en Su morada, es omnipresente, y todo está situado dentro de Él.

SIGNIFICADO

Aquí se afirma claramente que el destino supremo, del cual no hay regreso, es la morada de Kṛṣṇa, la Persona Suprema. *El Brahma-saṁhitā* describe esa morada suprema como *ānanda-cinmaya-rasa*, un lugar en el que todo está colmado de bienaventuranza espiritual. Toda la variedad que ahí se manifiesta es de la calidad de la bienaventuranza espiritual: ahí nada es material. Esa variedad se expande como la expansión espiritual de la propia Divinidad Suprema, pues la manifestación que hay ahí procede totalmente de la energía espiritual, tal como se explica en el Capítulo Siete. En lo que respecta a este mundo material, aunque el Señor siempre está en Su morada suprema, no obstante Él es omnipresente mediante Su energía material. De modo que, mediante Sus energías materiales y espirituales, Él está presente en todas partes —tanto en el universo material como en el espiritual—. *Yasyāntaḥ-sthāni* significa que todo se sustenta dentro de Él, o bien dentro de Su energía espiritual, o dentro de Su energía material. El Señor es omnipresente mediante esas dos energías.

Entrar en la suprema morada de Kṛṣṇa, o los innumerables planetas Vaikuṇṭha, sólo es posible por medio del *bhakti*, el servicio devocional, tal como se indica aquí claramente con la palabra *bhaktyā*. Ningún otro proceso puede ayudarlo a uno a llegar a esa morada suprema. Los *Vedas* (*El Gopāla-tāpanī Upaniṣad* 3.2) también describen la morada suprema y a la Suprema Personalidad de Dios. *Eko vaśī sarva-gaḥ kṛṣṇaḥ*. En esa morada sólo hay una Suprema Personalidad de Dios, cuyo nombre es Kṛṣṇa. Él es la Deidad misericordiosa y suprema, y aunque se encuentra ahí como único, se ha expandido en forma de millones y millones de expansiones plenarias. Los *Vedas* dicen que el Señor es como un árbol, que, aunque está fijo, produce muchas variedades de frutos, flores y hojas que cambian. Las expansiones plenarias del Señor que presiden en los planetas Vaikuṇṭha tienen cuatro brazos, y se las conoce por una variedad de nombres: Puruṣottama, Trivikrama, Keśava, Mādhava, Aniruddha, Hṛṣīkeśa, Saṅkarṣaṇa, Pradyumna, Śrīdhara, Vāsudeva, Dāmodara, Janārdana, Nārāyaṇa, Vāmana, Padmanābha, etc.

El Brahma-saṁhitā (5.37) también confirma que, aunque el Señor siempre está en la morada suprema, Goloka Vṛndāvana, Él es omnipresente, por lo cual todo se lleva a cabo como debe ser (*goloka eva nivasaty akhilātma-bhūtaḥ*). Como se declara en los *Vedas* (*El Śvetāśvatara Upaniṣad* 6.8): *parāsya śaktir vividhaiva śrūyate/ svābhāvikī jñāna-bala-kriyā ca*, las energías del Señor Supremo son tan expansivas, que, aunque Él está sumamente lejos, ellas, sistemáticamente y sin ninguna falla, conducen todo en la manifestación cósmica.

TEXTO 23

यत्र काले त्वनावृत्तिमावृत्तिं चैव योगिनः ।
प्रयाता यान्ति तं कालं वक्ष्यामि भरतर्षभ ॥२३॥

yatra kāle tv anāvṛttim
āvṛttiṁ caiva yoginaḥ
prayātā yānti taṁ kālaṁ
vakṣyāmi bharatarṣabha

yatra—en el cual; *kāle*—momento; *tu*—y; *anāvṛttim*—no regresa; *āvṛttim*—regresa; *ca*—también; *eva*—ciertamente; *yoginaḥ*—diferentes clases de místicos; *prayātāḥ*—habiendo partido; *yānti*—consigue; *tam*—ese; *kālam*—momento; *vakṣyāmi*—describiré; *bharata-ṛṣabha*—¡oh, tú, el mejor de los Bhāratas!

TRADUCCIÓN

¡Oh, tú, el mejor de los Bhāratas!, ahora te voy a explicar los diferentes momentos en los que, cuando el yogī se va de este mundo, regresa a él o no regresa.

SIGNIFICADO

A los devotos puros del Señor Supremo, quienes son almas totalmente entregadas, no les importa cuándo van a abandonar sus cuerpos ni con qué método. Ellos dejan todo en manos de Kṛṣṇa, y de ese modo regresan a Dios fácil y felizmente. Pero aquellos que no son devotos puros, y que dependen más bien de métodos de iluminación espiritual tales como el *karma-yoga*, el *jñāna-yoga* y el *haṭha-yoga*, deben abandonar el cuerpo en un momento adecuado, y así estar seguros de si van o no a regresar al mundo del nacimiento y la muerte.

Si el *yogī* es perfecto, puede elegir el momento y la situación en la que quiere encontrarse al irse de este mundo material. Pero si no es tan perfecto, su éxito depende entonces de que accidentalmente se vaya en un determinado momento que sea adecuado. El Señor explica en el siguiente verso cuáles son los momentos adecuados para irse y no regresar. Según el *ācārya* Baladeva Vidyābhūṣaṇa, la palabra sánscrita *kāla* que se usa aquí, se refiere a la deidad regente del tiempo.

TEXTO 24

अग्निर्ज्योतिरहः शुक्लः षण्मासा उत्तरायणम् ।
तत्र प्रयाता गच्छन्ति ब्रह्म ब्रह्मविदो जनाः ॥ २४ ॥

agnir jyotir ahaḥ śuklaḥ
ṣaṇ-māsā uttarāyaṇam
tatra prayātā gacchanti
brahma brahma-vido janāḥ

agniḥ—fuego; *jyotiḥ*—luz; *ahaḥ*—día; *śuklaḥ*—la quincena blanca; *ṣaṭ-māsāḥ*—los seis meses; *uttara-ayanam*—cuando el Sol pasa al lado Norte; *tatra*—ahí; *prayātāḥ*—aquellos que mueren; *gacchanti*—van; *brahma*—al Absoluto; *brahma-vidaḥ*—que conocen al Absoluto; *janāḥ*—personas.

TRADUCCIÓN

Aquellos que conocen al Brahman Supremo, llegan a ese Supremo yéndose del mundo durante la influencia del dios del fuego, durante la luz, en un momento auspicioso del día, durante la quincena de la Luna creciente o durante los seis meses en que el Sol viaja por el Norte.

SIGNIFICADO

Cuando se mencionan el fuego, la luz, el día y la quincena de la Luna, se sobrentiende que por sobre todos ellos hay diversas deidades regentes que organizan todo para el paso del alma. A la hora de la muerte, la mente lo transporta a uno por la senda que lleva a una nueva vida. Si uno abandona el cuerpo en el momento que se señaló antes, ya sea por accidente o por disposición, le es posible llegar al *brahmajyoti* impersonal. Los místicos que están adelantados en la práctica del *yoga* pueden planear en qué momento y lugar van a dejar el cuerpo. Los demás no tienen ningún control sobre ello; si por accidente se van en un momento auspicioso, entonces no regresarán al ciclo del nacimiento y la muerte, pero si no es así, hay muchas probabilidades de que tengan que regresar. Sin embargo, para el devoto puro en estado de conciencia de Kṛṣṇa no hay el temor de que pueda regresar, ya sea que abandone el cuerpo en un momento auspicioso o inauspicioso, por accidente o por disposición.

TEXTO 25

धूमो रात्रिस्तथा कृष्णः षण्मासा दक्षिणायनम् ।
तत्र चान्द्रमसं ज्योतिर्योगी प्राप्य निवर्तते ॥२५॥

dhūmo rātris tathā kṛṣṇaḥ
ṣaṇ-māsā dakṣiṇāyanam
tatra cāndramasaṁ jyotir
yogī prāpya nivartate

dhūmaḥ—humo; *rātriḥ*—noche; *tathā*—también; *kṛṣṇaḥ*—la quincena de la Luna menguante; *ṣaṭ-māsāḥ*—los seis meses; *dakṣiṇa-ayanam*—cuando el Sol pasa al lado Sur; *tatra*—ahí; *cāndramasam*—el planeta Luna; *jyotiḥ*—la luz; *yogī*—el místico; *prāpya*—llegando; *nivartate*—regresa.

TRADUCCIÓN

El místico que se va de este mundo durante el humo, durante la noche, durante la quincena de la Luna menguante o durante los seis meses en que el Sol pasa al Sur, llega al planeta Luna, pero regresa de nuevo.

SIGNIFICADO

En el Tercer Canto de *El Śrīmad-Bhāgavatam*, Kapila Muni indica que aquellos que en la Tierra son expertos en lo referente a las actividades fruitivas y los métodos de los sacrificios, al morir llegan a la Luna. Esas elevadas almas viven en la Luna durante unos 10.000 años (según el tiempo de los semidioses), y beben *soma-rasa* y así disfrutan de la vida. Tarde o temprano, ellos regresan a la Tierra. Esto significa que en la Luna hay seres vivos de clases superiores, aunque no se los pueda percibir con los sentidos ordinarios.

TEXTO 26

शुक्लकृष्णे गती ह्येते जगतः शाश्वते मते ।
एकया यात्यनावृत्तिमन्यया वर्तते पुनः ॥ २६ ॥

śukla-kṛṣṇe gatī hy ete
jagataḥ śāśvate mate
ekayā yāty anāvṛttim
anyayāvartate punaḥ

śukla—luz; *kṛṣṇe*—y oscuridad; *gatī*—maneras de morir; *hi*—ciertamente; *ete*—estas dos; *jagataḥ*—del mundo material; *śāśvate*—de los *Vedas*; *mate*—en opinión; *ekayā*—con una; *yāti*—va; *anārvṛttim*—para no regresar; *anyayā*—con la otra; *āvartate*—regresa; *punaḥ*—de nuevo.

TRADUCCIÓN

De acuerdo con la opinión védica, hay dos maneras de irse de este mundo: una en la luz y la otra en la oscuridad. Cuando uno se va en la luz, no regresa; pero cuando se va en la oscuridad, sí lo hace.

SIGNIFICADO

La misma descripción de la partida y regreso la cita el *ācārya* Baladeva Vidyābhūṣaṇa, tomándola de *El Chāndogya Upaniṣad* (5.10.3-5). Aquellos que son trabajadores fruitivos y especuladores filosóficos, desde tiempo inmemorial han estado yendo y viniendo constantemente. De hecho, ellos no logran la salvación final, porque no se entregan a Kṛṣṇa.

TEXTO 27

नैते सृती पार्थ जानन्योगी मुह्यति कश्चन ।

तस्मात्सर्वेषु कालेषु योगयुक्तो भवार्जुन ॥२७॥

naite sṛtī pārtha jānan
yogī muhyati kaścana
tasmāt sarveṣu kāleṣu
yoga-yukto bhavārjuna

na—nunca; *ete*—estos dos; *sṛtī*—senderos diferentes; *pārtha*—¡oh, hijo de Pṛthā!; *jānan*—incluso si sabe; *yogī*—el devoto del Señor; *muhyati*—se confunde; *kaścana*—cualquiera; *tasmāt*--por lo tanto; *sarveṣu kāleṣu*—siempre; *yoga-yuktaḥ*—dedicado al proceso de conciencia de Kṛṣṇa; *bhava*—vuélvete; *arjuna*—¡oh, Arjuna!

TRADUCCIÓN

Aunque los devotos conocen esos dos senderos, ¡oh, Arjuna!, nunca se confunden. Por lo tanto, siempre mantente fijo en la devoción.

SIGNIFICADO

Aquí, Kṛṣṇa le aconseja a Arjuna que no se deje perturbar por las diferentes sendas que el alma puede seguir cuando abandona el mundo material. Al devoto del Señor Supremo no lo debe preocupar si se va por disposición o por accidente. El devoto debe estar firmemente establecido en el estado de conciencia de Kṛṣṇa y debe cantar Hare Kṛṣṇa. Él debe saber que el preocuparse por cualquiera de esos dos senderos es problemático. La mejor manera de estar absorto en el estado de conciencia de Kṛṣṇa es la de siempre estar acoplado a Su servicio, y eso hará que la senda de uno al reino espiritual sea segura, cierta y directa. La palabra *yoga-yukta* es especialmente significativa en este verso. Aquel que está firme en el *yoga*, está dedicado constantemente al proceso de conciencia de Kṛṣṇa en todas sus actividades. Śrī Rūpa Gosvāmī aconseja: *anāsaktasya viṣayān yathārham upayuñjataḥ*, uno debe estar desapegado en lo que respecta a los asuntos materiales y hacer todo con conciencia de Kṛṣṇa. Mediante ese sistema, que se denomina *yukta-vairāgya*, se logra la perfección. Así pues, al devoto no lo perturban estas descripciones, porque él sabe que su paso a la morada suprema está garantizado por el servicio devocional.

TEXTO 28

वेदेषु यज्ञेषु तपःसु चैव
दानेषु यत्पुण्यफलं प्रदिष्टम् ।
अत्येति तत्सर्वमिदं विदित्वा
योगी परं स्थानमुपैति चाद्यम् ॥२८॥

vedeṣu yajñeṣu tapaḥsu caiva
dāneṣu yat puṇya-phalaṁ pradiṣṭam
atyeti tat sarvam idaṁ viditvā
yogī paraṁ sthānam upaiti cādyam

vedeṣu—en el estudio de los *Vedas*; *yajñeṣu*—en las ejecuciones de *yajña*, sacrificio; *tapaḥsu*—al someterse a diferentes tipos de austeridades; *ca*—también; *eva*—ciertamente; *dāneṣu*—al dar caridad; *yat*—aquello que; *puṇya-phalam*—el resultado del trabajo piadoso; *pradiṣṭam*—dirigido; *atyeti*—supera; *tat sarvam*—todos ésos; *idam*—esto; *viditvā*—sabiendo; *yogī*—el devoto; *param*—suprema; *sthānam*—morada; *upaiti*—llega; *ca*—también; *ādyam*—original.

TRADUCCIÓN

La persona que acepta el sendero del servicio devocional no está desprovista de los resultados que se obtienen del estudio de los Vedas, de la ejecución de sacrificios austeros, de la caridad o de la ejecución de actividades filosóficas y fruitivas. Por el simple hecho de realizar servicio devocional, ella consigue todo eso, y al final llega a la eterna morada suprema.

SIGNIFICADO

Este verso es el resumen de los Capítulos Siete y Ocho, los cuales tratan específicamente del proceso de conciencia de Kṛṣṇa y del servicio devocional. Uno tiene que estudiar los *Vedas* bajo la guía del maestro espiritual, y someterse a muchas austeridades y penitencias mientras vive bajo el cuidado de él. El *brahmacārī* tiene que vivir en la casa del maestro espiritual tal como un sirviente, y pedir limosna de puerta en puerta y llevársela al maestro espiritual. Él sólo come cuando el maestro se lo ordena, y si un día el maestro olvida llamar al estudiante a comer, éste ayuna. Éstos son algunos de los principios védicos para observar *brahmacarya*.

Después de que el estudiante estudia los *Vedas* bajo la guía del maestro por un período que va de los cinco a los veinte años, se puede convertir en un hombre de un carácter perfecto. El estudio de los *Vedas* no es para el recreo de especuladores de butaca, sino para la formación del carácter de uno. Después de este adiestramiento, al *brahmacārī* se le permite entrar en la vida familiar y casarse. Cuando ya es un cabeza de familia, él tiene que celebrar muchos sacrificios, a fin de poder conseguir mayor iluminación. Además, debe dar caridad según el país, el momento y el lugar, sabiendo discriminar entre la caridad influida por la bondad, la influida por la pasión y la influida por la ignorancia, tal como se describe en *El Bhagavad-gītā*. Luego, después de retirarse de la vida de casado, al aceptar la orden de *vānaprastha*, él se somete a severas penitencias, viviendo en los bosques, vistiéndose con la corteza de los árboles, dejando de afeitarse, etc. Por seguir las órdenes de *brahmacarya*, de vida de casado, de *vānaprastha* y, finalmente, de *sannyāsa*, uno llega a elevarse a la etapa perfecta de la vida. En ese momento, algunas personas son elevadas a los reinos celestiales, y cuando se vuelven aún más adelantadas, se liberan y van al cielo espiritual, ya sea al *brahmajyoti* impersonal, a los planetas Vaikuṇṭhas o a Kṛṣṇaloka. Ésa es la senda que describen las Escrituras védicas.

Sin embargo, la belleza del proceso de conciencia de Kṛṣṇa estriba en que de un solo golpe, por el hecho de dedicarse al servicio devocional, uno puede superar todos los rituales de las diferentes órdenes de la vida.

Las palabras *idaṁ viditvā* indican que uno debe entender las instrucciones que Śrī Kṛṣṇa da en este capítulo y en el Séptimo Capítulo de *El Bhagavad-gītā*. Uno no debe tratar de entender estos capítulos mediante la erudición o la especulación mental, sino oyéndolos en compañía de devotos. Los capítulos que van del seis al doce constituyen la esencia de *El Bhagavad-gītā*. Los primeros seis capítulos y los últimos seis son como coberturas de los seis capítulos intermedios, que están protegidos por el Señor de un modo especial. Si uno es lo suficientemente afortunado como para entender *El Bhagavad-gītā* —especialmente estos seis capítulos intermedios— en compañía de los devotos, entonces su vida se vuelve gloriosa de inmediato, más allá de todas las penitencias, los sacrificios, las caridades, las especulaciones, etc., ya que uno puede conseguir todos los resultados de esas actividades simplemente mediante el proceso de conciencia de Kṛṣṇa.

Aquel que tiene un poquito de fe en *El Bhagavad-gītā* debe aprender *El Bhagavad-gītā* con un devoto, porque al comienzo del Cuarto Capítulo se afirma claramente que *El Bhagavad-gītā* sólo lo pueden entender los devotos; nadie más puede entender perfectamente el propósito de *El Bhagavad-gītā*. De modo que, uno debe aprender *El Bhagavad-gītā* con un devoto de Kṛṣṇa, y no con especuladores mentales. Ése es un signo de fe. Cuando uno busca a un devoto y finalmente consigue la compañía de un devoto, comienza de hecho a estudiar y entender *El Bhagavad-gītā*. En virtud del adelanto que se haga en la compañía del devoto, uno es colocado en el servicio devocional, y ese servicio disipa todos los recelos que uno pueda tener acerca de Kṛṣṇa, o Dios, y acerca de las actividades, la forma, los pasatiempos, el nombre y otros aspectos de Kṛṣṇa. Después de que esos recelos han sido despejados perfectamente, uno queda fijo en su estudio. Uno disfruta entonces del estudio de *El Bhagavad-gītā*, y alcanza el estado en el que siempre se siente consciente de Kṛṣṇa. En la etapa adelantada, uno se enamora de Kṛṣṇa por completo. Esa etapa muy elevada y perfecta de la vida capacita al devoto para ser trasladado a la morada que Kṛṣṇa tiene en el cielo espiritual, Goloka Vṛndāvana, donde el devoto se vuelve feliz para siempre.

Así terminan los significados de Bhaktivedanta del Octavo Capítulo de El Śrīmad Bhagavad-gītā, *en lo referente al tema "Alcanzando al Supremo".*

Capítulo Nueve
EL CONOCIMIENTO MÁS CONFIDENCIAL

TEXTO 1

श्रीभगवानुवाच ।
इदं तु ते गुह्यतमं प्रवक्ष्याम्यनसूयवे ।
ज्ञानं विज्ञानसहितं यज्ज्ञात्वा मोक्ष्यसेऽशुभात् १

śrī-bhagavān uvāca
idaṁ tu te guhyatamaṁ
pravakṣyāmy anasūyave
jñānaṁ vijñāna-sahitaṁ
yaj jñātvā mokṣyase 'śubhāt

śrī-bhagavān uvāca—la Suprema Personalidad de Dios dijo; *idam*—este; *tu*—pero; *te*—a ti; *guhya-tamam*—lo más confidencial; *pravakṣyāmi*—estoy hablando; *anasūyave*—al que no es envidioso; *jñānam*—conocimiento; *vijñāna*—conocimiento revelado; *sahitam*—con; *yat*—el cual; *jñātvā*—sabiendo; *mokṣyase*—te liberarás; *aśubhāt*—de esta desoladora existencia material.

TRADUCCIÓN

La Suprema Personalidad de Dios dijo: Mi querido Arjuna, como tú nunca Me envidias, te he de impartir ese conocimiento y esa comprensión que son de lo más confidenciales, con lo cual te verás liberado de los sufrimientos de la existencia material.

SIGNIFICADO

A medida que el devoto oye hablar del Señor Supremo, se va iluminando.

Este proceso de oír se recomienda en *El Śrīmad-Bhāgavatam*: "Los mensajes de la Suprema Personalidad de Dios están llenos de potencias, y esas potencias se pueden conocer a plenitud si los temas relacionados con la Divinidad Suprema se discuten entre devotos. Esto no se puede lograr por medio de la relación con los especuladores mentales o los eruditos académicos, ya que es un conocimiento revelado".

Los devotos están dedicados constantemente al servicio del Señor Supremo. El Señor se da cuenta de la mentalidad y de la sinceridad de una entidad viviente en particular que esté dedicada al cultivo de conciencia de Kṛṣṇa, y le da la inteligencia para que entienda la ciencia de Kṛṣṇa en compañía de devotos. La discusión acerca de Kṛṣṇa es algo muy potente, y si una persona afortunada tiene esa clase de compañía y trata de asimilar el conocimiento, es seguro entonces que va a progresar hacia la comprensión espiritual. El Señor Kṛṣṇa, a fin de animar a Arjuna a elevarse cada vez más en el potente servicio de Él, describe en este Noveno Capítulo asuntos más confidenciales que cuantos ya ha revelado.

El comienzo en sí de *El Bhagavad-gītā*, el Primer Capítulo, es más o menos una introducción al resto del libro; y en el Segundo y Tercer Capítulo, el conocimiento espiritual que se describe se dice que es confidencial. Los temas que se discuten en los Capítulos Séptimo y Octavo están relacionados específicamente con el servicio devocional, y, debido a que brindan iluminación en lo que respecta al proceso de conciencia de Kṛṣṇa, se dice que son más confidenciales. Pero los asuntos que se describen en el Noveno Capítulo tratan de la devoción pura y sin mezcla, y, por consiguiente, este Capítulo se dice que es el más confidencial de todos. Aquel que está situado en el plano del conocimiento más confidencial acerca de Kṛṣṇa, es trascendental por naturaleza; por ello, esa persona no tiene angustias materiales, aunque se encuentre en el mundo material. En *El Bhakti-rasāmṛta-sindhu* se dice que, aunque aquel que tiene un deseo sincero de prestarle un amoroso servicio al Señor Supremo se encuentre en el estado condicional de la existencia material, se debe considerar que está liberado. De igual modo, en el Décimo Capítulo de *El Bhagavad-gītā* observaremos que cualquiera que se ocupe de esa manera, es una persona liberada.

Ahora bien, este primer verso tiene un significado especial. Las palabras *idaṁ jñānam* ("este conocimiento") se refieren al servicio devocional puro, el cual consta de nueve actividades diferentes: oír, cantar, recordar, servir, adorar, orar, obedecer, mantener una amistad y entregarlo todo. Por medio de la práctica de estos nueve elementos del servicio devocional, uno se eleva al estado de conciencia espiritual, conciencia de Kṛṣṇa. Cuando el corazón de uno se limpia así de la contaminación material, se puede entender esta ciencia de Kṛṣṇa. El simple hecho de entender que la entidad viviente no es material, no es suficiente. Eso puede que sea el comienzo de la comprensión espiritual, pero uno debe reconocer la diferencia que hay entre las actividades del cuerpo y las actividades espirituales de aquel que entiende que no es el cuerpo.

En el Séptimo Capítulo ya hemos discutido la opulenta potencia de la Suprema Personalidad de Dios, Sus diferentes energías, la naturaleza inferior y la superior, y toda esta manifestación material. Ahora, en el Capítulo Nueve, se describirán las glorias del Señor.

La palabra sánscrita *anasūyave* que aparece en este verso, también es muy significativa. Por lo general, los comentaristas, aun si son sumamente eruditos, envidian todos a Kṛṣṇa, la Suprema Personalidad de Dios. Hasta los eruditos más entendidos de todos escriben acerca de *El Bhagavad-gītā* de un modo muy equivocado. Como ellos están envidiosos de Kṛṣṇa, sus comentarios son inútiles. Los comentarios que dan los devotos del Señor son genuinos. Nadie que sea envidioso puede explicar *El Bhagavad-gītā* o proporcionar un conocimiento perfecto acerca de Kṛṣṇa. Aquel que critica el carácter de Kṛṣṇa sin conocer a Kṛṣṇa, es un necio. Luego se debe tener el sumo cuidado de evitar esos comentarios. Para aquel que entiende que Kṛṣṇa es la Suprema Personalidad de Dios, la Personalidad pura y trascendental, estos capítulos le serán de sumo provecho.

TEXTO 2

राजविद्या राजगुह्यं पवित्रमिदमुत्तमम् ।
प्रत्यक्षावगमं धर्म्यं सुसुखं कर्तुमव्ययम् ॥ २ ॥

rāja-vidyā rāja-guhyaṁ
pavitram idam uttamam
pratyakṣāvagamaṁ dharmyaṁ
su-sukhaṁ kartum avyayam

rāja-vidyā—el rey de la educación; *rāja-guhyam*—el rey del conocimiento confidencial; *pavitram*—el más puro; *idam*—este; *uttamam*—trascendental; *pratyakṣa*—mediante la experiencia directa; *avagamam*—entendido; *dharmyam*—el principio de la religión; *su-sukham*—muy feliz; *kartum*—de ejecutar; *avyayam*—eterno.

TRADUCCIÓN

Este conocimiento es el rey de la educación y el más secreto de todos los secretos. Es el conocimiento más puro de todos, y como brinda una percepción directa del ser mediante la iluminación, es la perfección de la religión. Además, es eterno, y se practica con alegría.

SIGNIFICADO

Este capítulo de *El Bhagavad-gītā* se denomina el rey de la educación, porque es la esencia de todas las doctrinas y filosofías que se explicaron antes. Entre los principales filósofos de la India, se encuentran Gautama, Kaṇāda, Kapila, Yājñavalkya, Śāṇḍilya y Vaiśvānara. Y, finalmente, se tiene a Vyāsadeva, el autor de

El Vedānta-sūtra. Así que no hay escasez de conocimiento en el campo de la filosofía o del conocimiento trascendental. Ahora bien, el Señor dice que este Noveno Capítulo es el rey de todo ese conocimiento, la esencia de todo el conocimiento que se puede adquirir del estudio de los *Vedas* y de las diferentes clases de filosofías. Es el conocimiento más confidencial de todos, porque el conocimiento confidencial o trascendental entraña el entender la diferencia que hay entre el alma y el cuerpo. Y el rey de todo el conocimiento confidencial culmina en el servicio devocional.

Por lo común, a la gente no se la educa en lo que se refiere a ese conocimiento confidencial, sino que se la educa en el conocimiento externo. En lo que respecta a la educación ordinaria, la gente está ocupada en muchísimos departamentos: política, sociología, física, química, matemáticas, astronomía, ingeniería, etc. Hay muchos departamentos del conocimiento por todas partes del mundo y muchas universidades inmensas, pero, desafortunadamente, no hay ninguna universidad ni institución educativa en la que se imparta la ciencia del alma espiritual. Sin embargo, el alma es la parte más importante de este cuerpo; sin la presencia del alma, el cuerpo carece de valor. Aun así, la gente le está dando mucho énfasis a las necesidades corporales de la vida, sin preocuparse por el alma, que es vital.

El Bhagavad-gītā, especialmente desde el Segundo Capítulo en adelante, recalca la importancia del alma. En el mismo comienzo, el Señor dice que este cuerpo es perecedero y que el alma no lo es (*antavanta ime dehā nityasyoktāḥ śarīriṇaḥ*). Ésa es una parte confidencial del conocimiento: el simple hecho de saber que el alma espiritual es diferente de este cuerpo, y que su naturaleza es inmutable, indestructible y eterna. No obstante, eso no da ninguna información positiva acerca del alma. A veces la gente tiene la impresión de que el alma es diferente del cuerpo, y que cuando el cuerpo se termina, o cuando uno se libera del cuerpo, el alma permanece en un vacío y se vuelve impersonal. Pero, en realidad, eso no es cierto. ¿Cómo es posible que el alma, que es tan activa dentro de este cuerpo, se vuelva inactiva después de liberarse de él? El alma siempre es activa. Si es eterna, entonces es eternamente activa, y sus actividades en el reino espiritual son la parte más confidencial del conocimiento espiritual. Aquí se indica, por lo tanto, que esas actividades del alma espiritual son el rey de todo el conocimiento, la parte más confidencial de todo el conocimiento.

Este conocimiento es la forma más pura de todas las actividades, tal como se explica en la literatura védica. En *El Padma Purāṇa* se han analizado las actividades pecaminosas del hombre, y se ha señalado que son los resultados de un pecado tras otro. Aquellos que están dedicados a las actividades fruitivas, están enredados en diferentes etapas y formas de reacciones pecaminosas. Por ejemplo, cuando se planta la semilla de un determinado árbol, éste no aparece de inmediato, sino que toma algún tiempo en hacerlo. Primero es un pequeño retoño, luego adopta la forma de un árbol, luego florece y da su fruto, y cuando se completa su desarrollo, las personas que plantaron la semilla del árbol disfrutan de las flores y las frutas. De la misma manera, un hombre ejecuta un acto pecaminoso, y, como una semilla, éste se toma su tiempo en fructificar. Hay diferentes etapas de ello. Puede que la acción pecaminosa ya haya cesado en el individuo, pero los resultados del fruto de esa acción pecaminosa aún están por disfrutarse. Hay pecados que aún están en forma de semilla, y hay otros que ya han fructificado y que nos están dando su fruto, el cual estamos disfrutando en la forma de dolor y congoja.

Como se explicó en el vigésimo octavo verso del Séptimo Capítulo, la persona que ha terminado por completo con las reacciones de todas las actividades pecaminosas y que está plenamente dedicada a las actividades piadosas, estando libre de la dualidad de este mundo material, se ocupa en el servicio devocional que se le presta a la Suprema Personalidad de Dios, Kṛṣṇa. En otras palabras, aquellos que verdaderamente están dedicados al servicio devocional del Señor Supremo, ya están libres de todas las reacciones. Esa declaración se confirma en *El Padma Purāṇa*:

aprārabdha-phalaṁ pāpaṁ
kūṭaṁ bījaṁ phalonmukham
krameṇaiva pralīyeta
viṣṇu-bhakti-ratātmanām

En aquellos que están dedicados al servicio devocional que se le presta a la Suprema Personalidad de Dios, todas las reacciones pecaminosas, bien sea que hayan fructificado, que estén almacenadas o que se encuentren en forma de semilla, gradualmente se desvanecen. Por lo tanto, la potencia purificadora del servicio devocional es muy fuerte, y se denomina *pavitram uttamam*, lo más puro de todo. *Uttama* significa trascendental. *Tamas* significa "este mundo material" o "la oscuridad", y *uttama* significa "aquello que es trascendental a las actividades materiales". Nunca se debe considerar que las actividades devocionales son materiales, aunque a veces dé la impresión de que los devotos se ocupan tal como los hombres ordinarios. Aquel que puede ver y que está familiarizado con el servicio devocional, sabe que las actividades devocionales no son actividades materiales. Todas ellas son espirituales y devocionales, y no están contaminadas por las modalidades de la naturaleza material.

Se dice que la ejecución del servicio devocional es tan perfecta, que uno puede percibir sus resultados directamente. Ese resultado directo se percibe de hecho, y tenemos experiencia práctica de que cualquier persona que canta los santos nombres de Kṛṣṇa (Hare Kṛṣṇa, Hare Kṛṣṇa, Kṛṣṇa Kṛṣṇa, Hare Hare/ Hare Rama, Hare Rāma, Rāma Rāma, Hare Hare), cuando canta sin ofensas siente un placer trascendental, y muy rápidamente se purifica de toda la contaminación material. Esto se ve en la realidad. Además, si uno no sólo se dedica a oír sino también a tratar de divulgar el mensaje de las actividades devocionales, o si se dedica a ayudar en las actividades misioneras del proceso de conciencia de Kṛṣṇa, gradualmente va sintiendo un progreso espiritual. Ese adelanto en la vida espiritual no depende de ninguna clase de educación o aptitud previa. El método en sí es tan puro, que, por el simple hecho de dedicarse a él, uno se vuelve puro.

En *El Vedānta-sūtra* (3.2.26) también se describe eso con las siguientes palabras: *prakāśaś ca karmaṇy abhyāsāt.* "El servicio devocional es tan potente, que, con tan sólo dedicarse a las actividades del servicio devocional, uno se ilumina sin duda alguna". Un ejemplo práctico de esto se tiene en la vida anterior de Nārada, quien en esa vida resultó ser el hijo de una sirvienta. Él no nació en una familia de clase alta, ni recibió ninguna educación. Pero cuando su madre se ocupaba en servir a los grandes devotos, Nārada también se ocupaba, y en ocasiones, en ausencia de su madre, él mismo servía a los grandes devotos. Nārada dice personalmente:

ucchiṣṭa-lepān anumodito dvijaiḥ
sakṛt sma bhuñje tad-apāsta-kilbiṣaḥ
evaṁ pravṛttasya viśuddha-cetasas
tad-dharma evātma-ruciḥ prajāyate

En este verso de *El Śrīmad-Bhāgavatam* (1.5.25), Nārada le describe su vida anterior a su discípulo Vyāsadeva. Él cuenta que, mientras hizo de niño sirviente de esos devotos purificados, durante los cuatro meses de su estadía, él se estuvo asociando íntimamente con ellos. A veces esos sabios dejaban en sus platos remanentes de su comida, y el muchacho, que era quien les lavaba los platos, quería probar esos remanentes. Así que, él les pedía permiso a los grandes devotos, y cuando ellos se lo daban, Nārada se comía los remanentes, en virtud de lo cual se liberó de todas las reacciones pecaminosas. A medida que él iba comiendo, el corazón se le iba volviendo tan puro como el de los sabios. Mediante el proceso de oír y cantar, los grandes devotos disfrutaban del sabor de prestarle al Señor un servicio devocional continuo, y en Nārada se fue desarrollando gradualmente el mismo gusto. Nārada dice, además:

tatrānvahaṁ kṛṣṇa-kathāḥ pragāyatām
anugraheṇāśṛṇavaṁ manoharāḥ
tāḥ śraddhayā me 'nupadaṁ viśṛṇvataḥ
priyaśravasy aṅga mamābhavad ruciḥ

Por el hecho de relacionarse con los sabios, Nārada adquirió un gusto por el proceso de oír y cantar las glorias del Señor, y en él se desarrolló un gran deseo de realizar servicio devocional. De modo que, como se describe en *El Vedānta-sūtra*: *prakāśaś ca karmaṇy abhyāsāt*, si uno simplemente se dedica a los actos del servicio devocional, todo se le revelará automáticamente y podrá entender. Eso se denomina *pratyakṣa*, "lo que se percibe directamente".

La palabra *dharmyam* significa "el sendero de la religión". Nārada era de hecho el hijo de una sirvienta. Él no tuvo la oportunidad de ir al colegio. Él simplemente asistía a su madre, y, afortunadamente, ella les prestaba algún servicio a los devotos. El niño Nārada también tuvo la oportunidad, y, simplemente por medio de la compañía, alcanzó la máxima meta de toda religión. La máxima meta de toda religión la constituye el servicio devocional, tal como se declara en *El Śrīmad-Bhāgavatam* (*sa vai puṁsāṁ paro dharmo yato bhaktir adhokṣaje*). Por lo general, la gente religiosa no sabe que la máxima perfección de la religión la constituye la consecución del servicio devocional. Como ya lo hemos discutido en relación con el último verso del Capítulo Ocho (*vedeṣu yajñeṣu tapaḥsu caiva*), para la autorrealización se requiere generalmente del conocimiento védico. Pero aquí vemos que, aunque Nārada nunca fue a la escuela del maestro espiritual y no fue educado en lo que respecta a los principios védicos, no obstante obtuvo los máximos resultados que se pueden obtener del estudio védico. Este proceso es tan potente, que, incluso sin ejecutar el proceso religioso de un modo regular, uno puede ser ascendido hasta la máxima perfección. ¿Cómo es posible? Eso también se confirma en la literatura védica: *ācāryavān puruṣo veda*. Aquel que se relaciona con grandes *ācāryas*, incluso si no es educado o si nunca ha estudiado los *Vedas*, puede llegar a familiarizarse con todo el conocimiento necesario para lograr la iluminación.

El proceso del servicio devocional es un proceso muy dichoso (*su-sukham*). ¿Por qué? El servicio devocional consiste en *śravaṇaṁ kīrtanaṁ viṣṇoḥ*, por lo cual uno simplemente tiene que oír el canto de las glorias del Señor o asistir a conferencias filosóficas acerca del conocimiento trascendental, dictadas por *ācāryas* autorizados. Con sólo sentarse, uno puede aprender; luego, uno puede comer los remanentes de la comida que se le ofrece a Dios, platos buenos y sabrosos. El servicio devocional es dichoso en cada etapa. Uno puede ejecutar servicio devocional incluso en medio de la mayor pobreza. El Señor dice: *patraṁ puṣpaṁ phalaṁ toyam*, Él está dispuesto a aceptar cualquier clase de ofrenda que le haga el devoto, sea lo que fuere. Incluso una hoja, una flor, un pedazo de fruta o un poco de agua, todo lo cual se consigue en cualquier parte del mundo, puede ofrecerlo *cualquier* persona, sea cual fuere su posición social, y ello será aceptado si se ofrece con amor. Hay muchos ejemplos de ello en la historia. Por el simple hecho de saborear las hojas de *tulasī* ofrecidas a los pies de loto del Señor, grandes sabios, tales como Sanat-kumāra, se volvieron grandes devotos. Por consiguiente, el proceso devocional es muy hermoso, y se puede llevar a cabo con alegría. Dios acepta únicamente el amor con el que las cosas se le ofrecen a Él.

Aquí se dice que este servicio devocional existe eternamente. No es como lo describen los filósofos māyāvādīs. Aunque a veces ellos emprenden un supuesto servicio devocional, creen que mientras no se liberen van a continuar realizándolo, pero al final, cuando se liberen, "se volverán uno con Dios". Esa clase de servicio devocional temporal y contemporizador no se acepta como servicio devocional puro. El verdadero servicio devocional continúa incluso después de la liberación. Cuando el devoto va al planeta espiritual del Reino de Dios, ahí también se dedica a servir al Señor Supremo. Él no trata de volverse uno con el Señor Supremo.

Como se verá en *El Bhagavad-gītā*, el verdadero servicio devocional comienza después de la liberación. Después de que uno se libera, cuando uno se sitúa en la posición Brahman (*brahma-bhūta*), comienza el servicio devocional de uno (*samaḥ sarveṣu bhūteṣu mad-bhaktiṁ labhate parām*). Nadie puede llegar a entender a la Suprema Personalidad de Dios mediante la ejecución de *karma-yoga*, *jñāna-yoga*, *aṣṭāṅga-yoga* o cualquier otro *yoga*, independientemente. Puede que mediante esos métodos yóguicos uno progrese un poco hacia el *bhakti-yoga*, pero si no se llega a la etapa del servicio devocional, no se puede entender lo que es la Personalidad de Dios. En *El Śrīmad-Bhāgavatam* también se confirma que, cuando uno se ha purificado mediante la ejecución del proceso del servicio devocional, especialmente mediante el proceso de oír *El Śrīmad-Bhāgavatam* o *El Bhagavad-gītā* de labios de almas iluminadas, puede entonces entender la ciencia de Kṛṣṇa, o la ciencia de Dios. *Evaṁ prasanna-manaso bhagavad-bhakti-yogataḥ*. Cuando el corazón de uno se limpia de todas las tonterías, puede uno entonces entender lo que es Dios. Así pues, el proceso del servicio devocional, el proceso de conciencia de Kṛṣṇa, es el rey de toda la educación y el rey de todo el conocimiento confidencial. Ese proceso es la forma más pura de la religión, y se puede ejecutar con alegría sin ninguna dificultad. Por lo tanto, uno debe adoptarlo.

TEXTO 3

अश्रद्दधानाः पुरुषा धर्मस्यास्य परंतप ।
अप्राप्य मां निवर्तन्ते मृत्युसंसारवर्त्मनि ॥ ३

aśraddadhānāḥ puruṣā
dharmasyāsya parantapa
aprāpya māṁ nivartante
mṛtyu-saṁsāra-vartmani

aśraddadhānāḥ—aquellos que son infieles; *puruṣāḥ*—esa clase de personas; *dharmasya*—hacia ese proceso religioso; *asya*—este; *parantapa*—¡oh, aniquilador de los enemigos!; *aprāpya*—sin obtener; *mām*—a Mí; *nivartante*—regresan; *mṛtyu*—de muerte; *saṁsāra*—en la existencia material; *vartmani*—en el sendero de.

TRADUCCIÓN

Aquellos que no son fieles en este servicio devocional no pueden alcanzarme, ¡oh, conquistador de los enemigos! Por lo tanto, ellos regresan al sendero del nacimiento y la muerte de este mundo material.

SIGNIFICADO

Los infieles no pueden llevar a cabo este proceso del servicio devocional; ése es el significado de este verso. La fe se crea mediante la relación con devotos. La gente desafortunada no tiene fe en Dios, ni siquiera después de oír a grandes personalidades presentar toda la prueba de la literatura védica. Esas personas son indecisas, y no pueden permanecer fijas en el servicio devocional del Señor. Así pues, la fe es un factor de lo más importante para progresar en el cultivo de conciencia de Kṛṣṇa. En *El Caitanya-caritāmṛta* se dice que fe es la plena convicción en que, por el simple hecho de servir al Señor Supremo, Śrī Kṛṣṇa, se puede lograr la perfección absoluta. Eso se llama verdadera fe. Como se afirma en *El Śrīmad-Bhāgavatam* (4.31.14):

yathā taror mūla-niṣecanena
tṛpyanti tat-skandha-bhujopaśākhāḥ
prāṇopahārāc ca yathendriyāṇāṁ
tathaiva sarvārhaṇam acyutejyā

''Al darle agua a la raíz de un árbol, uno satisface a sus ramas, ramitas y hojas, y al suministrarle comida al estómago, uno satisface a todos los sentidos del cuerpo. De igual modo, al uno dedicarse al trascendental servicio del Señor Supremo, automáticamente satisface a todos los semidioses y a todas las demás entidades vivientes''. Por lo tanto, después de leer *El Bhagavad-gītā* se debe llegar prestamente a la conclusión de *El Bhagavad-gītā*: uno debe abandonar todas las demás ocupaciones y adoptar el servicio del Señor Supremo, Kṛṣṇa, la Personalidad de Dios. Si uno está convencido de esa filosofía de la vida, eso es tener fe.

Ahora bien, el desarrollo de esa fe constituye el proceso de conciencia de Kṛṣṇa. Hay tres categorías de hombres conscientes de Kṛṣṇa. En la tercera categoría se encuentran aquellos que no tienen fe. Ellos, incluso si se hallan dedicados oficialmente al servicio devocional, no pueden alcanzar la etapa más elevada y perfecta. Lo más probable es que después de algún tiempo se resbalen. Puede que ellos se ocupen, pero como no tienen plena fe y convicción, es muy difícil para ellos continuar en el proceso de conciencia de Kṛṣṇa. Hemos tenido la experiencia práctica al llevar a cabo nuestra actividad misionera, de que cierta gente viene y, con algún motivo oculto, se aplica en el proceso de conciencia de Kṛṣṇa, y en cuanto logra estar algo bien económicamente, abandona el proceso y se entrega de nuevo a sus antiguos hábitos. Sólo mediante la fe puede uno adelantar en el proceso de conciencia de Kṛṣṇa. En lo que respecta al desarrollo de fe, aquel que está bien versado en las Escrituras del servicio devocional y que ha alcanzado la etapa de la fe firme, se dice que es una persona consciente de Kṛṣṇa de primera categoría. En la segunda categoría se encuentran aquellos que no están muy adelantados en su comprensión de las Escrituras devocionales, pero que automáticamente tienen una fe firme en que el *kṛṣṇa-bhakti*, o el servicio que se le presta a Kṛṣṇa, es el mejor camino, y en virtud de ello lo han emprendido de buena fe. En consecuencia, ellos son superiores a los de la tercera categoría, que ni tienen un conocimiento perfecto de las Escrituras, ni una buena fe, pero que mediante las compañías y la sencillez tratan de seguir. La persona consciente de Kṛṣṇa de tercera categoría puede caer, pero cuando uno se halla en la segunda categoría no cae, y para la persona consciente de Kṛṣṇa de primera categoría no hay ninguna posibilidad de caer. Aquel que se encuentra en la primera categoría, es seguro que va a progresar y que al final va a conseguir el resultado. En lo que respecta a la persona consciente de Kṛṣṇa de tercera categoría, aunque ella tiene fe y convicción en que el servicio devocional que se le presta a Kṛṣṇa es algo muy bueno, aún no ha adquirido el conocimiento adecuado acerca de Kṛṣṇa a través de Escrituras tales como *El Śrīmad-Bhāgavatam* y *El Bhagavad-gītā*. A veces estas personas conscientes de Kṛṣṇa de tercera categoría tienen cierta tendencia hacia el *karma-yoga* y el *jñāna-yoga*, y a veces se perturban, pero en cuanto la infección del *karma-yoga* o el *jñāna-yoga* es vencida, se vuelven personas conscientes de Kṛṣṇa de primera o de segunda categoría. La fe en Kṛṣṇa también se divide en tres etapas, y se describe en *El Śrīmad-Bhāgavatam*. Los apegos de primera, de segunda y de tercera clase también se explican en *El Śrīmad-Bhāgavatam*, en el Undécimo Canto. Aquellos que no tienen fe ni siquiera después de oír hablar de Kṛṣṇa y de la excelencia del servicio devocional, que piensan que todo ello es tan sólo un elogio, encuentran que el sendero es muy difícil, incluso si supuestamente están dedicados al servicio devocional. Para ellos hay muy pocas esperanzas de lograr la perfección. Así pues, la fe es algo muy importante en el desempeño del servicio devocional.

TEXTO 4

मया ततमिदं सर्वं जगदव्यक्तमूर्तिना ।
मत्स्थानि सर्वभूतानि न चाहं तेष्ववस्थितः ॥ ४

mayā tatam idaṁ sarvaṁ
jagad avyakta-mūrtinā
mat-sthāni sarva-bhūtāni
na cāhaṁ teṣv avasthitaḥ

mayā—por Mí; *tatam*—impregnado; *idam*—este; *sarvam*—todo; *jagat*—manifestación cósmica; *avyakta-mūrtinā*—por medio de la forma no manifestada; *mat-sthāni*—en Mí; *sarva-bhūtāni*—todas las entidades vivientes; *na*—no; *ca*—también; *aham*—Yo; *teṣu*—en ellos; *avasthitaḥ*—situado.

TRADUCCIÓN

Yo, en Mi forma no manifestada, Me encuentro omnipresente en todo este universo. Todos los seres están en Mí, pero Yo no estoy en ellos.

SIGNIFICADO

A la Suprema Personalidad de Dios no se lo puede percibir a través de los sentidos materiales ordinarios. Se dice que:

ataḥ śrī-kṛṣṇa-nāmādi
na bhaved grāhyam indriyaiḥ
sevonmukhe hi jihvādau
svayam eva sphuraty adaḥ
(*El Bhakti-rasāmṛta-sindhu* 1.2.234)

Mediante los sentidos materiales no se pueden entender el nombre, la fama, los pasatiempos, etc., del Señor Śrī Kṛṣṇa. Él se le revela sólo a aquel que está dedicado al servicio devocional puro. En *El Brahma-saṁhitā* (5.38) se dice: *premāñjana-cchurita-bhakti-vilocanena santaḥ sadaiva hṛdayeṣu vilokayanti*, uno siempre puede ver a la Suprema Personalidad de Dios, Govinda, dentro y fuera de sí, si en uno se ha desarrollado la actitud amorosa y trascendental hacia Él. Así pues, Él no está visible a los ojos de la generalidad de la gente. Aquí se dice que aunque Él es omnipresente —aunque está presente en todas partes—, no puede ser concebido por los sentidos materiales. Eso se indica aquí con la palabra *avyakta-mūrtinā*. Pero, en realidad, aunque a Él no podemos verlo, todo descansa en Él. Como ya hemos discutido en el Capítulo Siete, toda la manifestación cósmica material sólo es una combinación de Sus dos diferentes energías: la energía espiritual y superior, y la energía material e inferior. Así como la luz del Sol se difunde por todo el universo, así mismo la energía del Señor se difunde por toda la creación, y todo descansa en esa energía.

Sin embargo, uno no debe concluir que, debido a que Él se difunde por todas partes, ha perdido por ello Su existencia personal. Para refutar semejante argumento, el Señor dice: "Yo estoy en todas partes y todo está en Mí, pero aun así estoy aparte". Por ejemplo, un rey encabeza un gobierno que no es más que la manifestación de la energía del rey; los diferentes departamentos gubernamentales no son más que las energías del rey, y cada departamento descansa en el poder del rey. Aun así, no se puede esperar que el rey esté presente personalmente en cada departamento. Ése es un ejemplo ordinario. De la misma manera, todas las manifestaciones que vemos y todo lo que existe, tanto en este mundo como en el mundo espiritual, descansan en la energía de la Suprema Personalidad de Dios. La creación se lleva a cabo mediante la difusión de Sus diferentes energías, y, como se afirma en *El Bhagavad-gītā*, *viṣṭabhyāham idaṁ kṛtsnam*: Él está presente en todas partes por medio de Su representación personal, la difusión de Sus diferentes energías.

TEXTO 5

न च मत्स्थानि भूतानि पश्य मे योगमैश्वरम् ।
भूतभृन्न च भूतस्थो ममात्मा भूतभावनः ॥५॥

na ca mat-sthāni bhūtāni
paśya me yogam aiśvaram

bhūta-bhṛn na ca bhūta-stho
mamātmā bhūta-bhāvanaḥ

na—nunca; *ca*—también; *mat-sthāni*—situado en Mí; *bhūtāni*—todo lo creado; *paśya*—tan sólo ve; *me*—Mi; *yogam aiśvaram*—poder místico inconcebible; *bhūta-bhṛt*—el sustentador de todas las entidades vivientes; *na*—nunca; *ca*—también; *bhūta-sthaḥ*—en la manifestación cósmica; *mama*—Mi; *ātmā*—Ser; *bhūta-bhāvanaḥ*—la fuente de todo lo manifestado.

TRADUCCIÓN

Y, sin embargo, todo lo creado no descansa en Mí. ¡He ahí mi opulencia mística! Aunque Yo soy el que mantiene a todas las entidades vivientes y aunque estoy en todas partes, Yo no soy parte de esta manifestación cósmica, pues Mi Ser es la fuente en sí de la creación.

SIGNIFICADO

El Señor dice que todo descansa en Él (*mat-sthāni sarva-bhūtāni*). Eso no debe ser mal entendido. El Señor no está involucrado directamente en el mantenimiento y sustento de esta manifestación material. A veces vemos una ilustración de Atlas en la que está cargando el globo en los hombros; él se ve muy cansado de cargar este gran planeta terráqueo. Semejante imagen no debe considerarse en relación con la manera en que Kṛṣṇa sostiene este universo creado. Él dice que aunque todo descansa en Él, Él está aparte. Los sistemas planetarios están flotando en el espacio, y ese espacio es la energía del Señor Supremo. Pero Él es diferente del espacio. Su situación es diferente. Por lo tanto, el Señor dice: "Aunque ellos están situados en Mi inconcebible energía, Yo, como la Suprema Personalidad de Dios, estoy apartado de ellos". Ésa es la inconcebible opulencia del Señor.

En el diccionario védico *Nirukti* se dice: *yujyate 'nena durghaṭeṣu kāryeṣu*, "El Señor Supremo está llevando a cabo pasatiempos inconcebiblemente maravillosos, haciendo gala de Su energía". Su persona está llena de diferentes energías potentes, y Su determinación es de por sí un hecho real. Ésa es la manera en que hay que entender a la Personalidad de Dios. Puede que uno piense en hacer algo, pero hay muchísimos impedimentos y a veces no es posible hacer lo que uno quiere. Mas, cuando Kṛṣṇa quiere hacer algo, con sólo desearlo, todo se ejecuta de una forma tan perfecta, que uno no puede imaginarse cómo se está realizando. El Señor explica ese hecho: aunque Él es quien mantiene y sustenta toda la manifestación material, Él no la toca. Simplemente por Su voluntad suprema, todo es creado, todo es sustentado, todo es mantenido y todo es aniquilado. No hay ninguna diferencia entre Su mente y Él Mismo (tal como sí la hay entre nosotros y nuestra mente material actual), debido a que Él es espíritu absoluto. El Señor está presente simultáneamente en todo; sin embargo, el hombre común no puede entender cómo Él también está presente personalmente. Él es diferente de esta manifestación material, y aun así todo descansa en Él. Eso se explica aquí como *yogam aiśvaram*, el poder místico de la Suprema Personalidad de Dios.

TEXTO 6

यथाकाशस्थितो नित्यं वायुः सर्वत्रगो महान् ।
तथा सर्वाणि भूतानि मत्स्थानीत्युपधारय ॥६॥

yathākāśa-sthito nityaṁ
vāyuḥ sarvatra-go mahān
tathā sarvāṇi bhūtāni
mat-sthānīty upadhāraya

yathā—así como; *ākāśa-sthitaḥ*—situado en el cielo; *nityam*—siempre; *vāyuḥ*—el viento; *sarvatra-gaḥ*—que sopla por doquier; *mahān*—gran; *tathā*—de igual modo; *sarvāṇi*—todos; *bhūtāni*—los seres creados; *mat-sthāni*—situados en Mí; *iti*—así pues; *upadhāraya*—trata de entender.

TRADUCCIÓN

Sabed que así como el poderoso viento, que sopla por doquier, siempre descansa en el cielo, así mismo todos los seres creados descansan en Mí.

SIGNIFICADO

A la persona ordinaria le resulta prácticamente inconcebible el hecho de que la descomunal creación material descanse en Él. Pero el Señor está dando un ejemplo que nos puede ayudar a entender eso. Puede que el cielo sea la manifestación más grande que podemos concebir. Y en ese cielo, el viento o el aire es la manifestación más grande del mundo cósmico. El movimiento del aire influye en los movimientos de todo. Pero aunque el viento es grande, aun así se halla dentro del ámbito del cielo; el viento no está más allá del cielo. De igual modo, todas las maravillosas manifestaciones cósmicas existen por la suprema voluntad de Dios, y todas ellas están supeditadas a esa voluntad suprema. Como decimos comúnmente, ni una brizna de paja se mueve sin la voluntad de la Suprema Personalidad de Dios. Así pues, todo se está moviendo conforme a Su voluntad: por Su voluntad todo es creado, todo es mantenido y todo es aniquilado. No obstante, Él está aparte de todo, tal como el cielo siempre está aparte de las actividades del viento.

En los *Upaniṣads* se afirma: *yad bhīṣā vātaḥ pavate*, "El viento sopla sólo por temor al Señor Supremo" (*El Taittirīya Upaniṣad* 2.8.1). En *El Bṛhadāraṇyaka Upaniṣad* (3.8.9) se declara: *etasya vā akṣarasya praśāsane gārgi sūrya-candramasau vidhṛtau tiṣṭhata, etasya vā akṣarasya praśāsane gārgi dyāv-āpṛthivyau vidhṛtau tiṣṭhataḥ*. "La Luna, el Sol y los demás grandes planetas se mueven por la orden suprema, bajo la superintendencia de la Suprema Personalidad de Dios''. En *El Brahma-saṁhitā* (5.52) también se afirma:

yac-cakṣur eṣa savitā sakala-grahāṇāṁ
rājā samasta-sura-mūrtir aśeṣa-tejāḥ
yasyājñayā bhramati sambhṛta-kāla-cakro
govindam ādi-puruṣaṁ tam ahaṁ bhajāmi

Ésa es una descripción del movimiento del Sol. Se dice que el Sol es uno de los ojos del Señor Supremo, y que tiene inmenso poder para difundir calor y luz. Aun así, el Sol se mueve en su órbita prescrita, por la orden y la voluntad suprema de Govinda. Luego en la literatura védica podemos encontrar pruebas de que esta manifestación material, que a nosotros nos parece muy grande y maravillosa, se halla bajo el pleno control de la Suprema Personalidad de Dios. Esto se explicará aún más en versos posteriores de este capítulo.

TEXTO 7

सर्वभूतानि कौन्तेय प्रकृतिं यान्ति मामिकाम् ।
कल्पक्षये पुनस्तानि कल्पादौ विसृजाम्यहम् ॥७॥

sarva-bhūtāni kaunteya
prakṛtiṁ yānti māmikām
kalpa-kṣaye punas tāni
kalpādau visṛjāmy aham

sarva-bhūtāni—todas las entidades creadas; *kaunteya*—¡oh, hijo de Kuntī!; *prakṛtim*—naturaleza; *yānti*—entran; *māmikām*—Mi; *kalpa-kṣaye*—al final del milenio; *punaḥ*—de nuevo; *tāni*—todos ésos; *kalpa-ādau*—al comienzo del milenio; *visṛjāmi*—creo; *aham*—Yo.

TRADUCCIÓN

¡Oh, hijo de Kuntī!, al final del milenio, todas las manifestaciones materiales entran en Mi naturaleza, y al comienzo de otro milenio, mediante Mi potencia, Yo las creo de nuevo.

SIGNIFICADO

La creación, manutención y aniquilación de esta manifestación cósmica material, dependen por completo de la suprema voluntad de la Personalidad de Dios. ''Al final del milenio'' significa ''al morir Brahmā''. Brahmā vive cien años, y uno de sus días equivale a 4.300.000.000 de nuestros años terrestres. Su noche es de la misma duración. Su mes consta de 30 de esos días y noches, y su año consta de 12 meses. Después de cien de tales años, cuando Brahmā muere, ocurre la devastación o aniquilación; esto significa que la energía que el Señor Supremo manifiesta, se recoge de nuevo y entra en Él. Y luego, cuando vuelve a haber la necesidad de manifestar el mundo cósmico, ello se hace por Su voluntad. *Bahu syām*: "Aunque Yo soy uno, he de volverme muchos". Eso dice el aforismo védico (*El Chāndogya Upaniṣad* 6.2.3). Él Mismo se expande en esta energía material, y toda la manifestación cósmica ocurre de nuevo.

TEXTO 8

प्रकृतिं स्वामवष्टभ्य विसृजामि पुनः पुनः ।
भूतग्राममिमं कृत्स्नमवशं प्रकृतेर्वशात् ॥८॥

prakṛtiṁ svām avaṣṭabhya
visṛjāmi punaḥ punaḥ
bhūta-grāmam imaṁ kṛtsnam
avaśaṁ prakṛter vaśāt

prakṛtim—la naturaleza material; *svām*—de Mi ser personal; *avaṣṭabhya*—entrando en; *visṛjāmi*—Yo creo; *punaḥ punaḥ*—una y otra vez; *bhūta-grāmam*—todas las manifestaciones cósmicas; *imam*—éstas; *kṛtsnam*—en su totalidad; *avaśam*—automáticamente; *prakṛteḥ*—por la fuerza de la naturaleza; *vaśāt*—por obligación.

TRADUCCIÓN

Todo el orden cósmico está supeditado a Mí. Por Mi voluntad, se manifiesta automáticamente una y otra vez, y por Mi voluntad, al final es aniquilado.

SIGNIFICADO

Este mundo material es la manifestación de la energía inferior de la Suprema Personalidad de Dios. Eso ya se ha explicado varias veces. En el momento de la creación, la energía material se deja en libertad en forma del *mahat-tattva*, en el cual el Señor entra en forma de Mahā-Viṣṇu, Su primera encarnación Puruṣa. Él yace en el océano Causal y exhala innumerables universos, y en cada uno de ellos el Señor entra de nuevo en forma de Garbhodakaśāyī Viṣṇu. De ese modo se crea cada universo. Él se manifiesta además como Kṣīrodakaśāyī Viṣṇu, y ese Viṣṇu entra en todo —incluso en el diminuto átomo—. Ese hecho se explica aquí. Él entra en todo.

Ahora bien, en lo que respecta a las entidades vivientes, a ellas se las impregna en esta naturaleza material, y, como resultado de sus acciones pasadas, ellas adoptan diferentes posiciones. Así comienzan las actividades de este mundo material. Las actividades de las diferentes especies de seres vivientes comienzan desde el mismo momento en que ocurre la creación. No ha de creerse que todo va evolucionando. Las diferentes especies de vida son creadas de inmediato junto con el universo. Los hombres, los animales, las bestias, las aves... todo es creado simultáneamente, debido a que cualesquiera deseos que las entidades vivientes tuvieron en la última aniquilación, vuelven a manifestarse. Aquí se indica claramente con la palabra *avaśam*, que las entidades vivientes no tienen nada que ver con ese proceso. El estado de existencia que tenían en su vida pasada dentro de la creación pasada, simplemente se manifiesta de nuevo, y todo eso se lleva a cabo tan sólo por la voluntad de Él. Ésa es la potencia inconcebible de la Suprema Personalidad de Dios. Y después de crear diferentes especies de vida, Él no tiene ninguna vinculación con ellas. La creación se lleva a cabo para darles acomodo a las inclinaciones de las diversas entidades vivientes, por lo cual el Señor no se involucra en ello.

TEXTO 9

न च मां तानि कर्माणि निबध्नन्ति धनंजय ।
उदासीनवदासीनमसक्तं तेषु कर्मसु ॥९॥

na ca māṁ tāni karmāṇi
nibadhnanti dhanañjaya
udāsīna-vad āsīnam
asaktaṁ teṣu karmasu

na—nunca; *ca*—también; *mām*—a Mí; *tāni*—todas esas; *karmāṇi*—actividades; *nibadhnanti*—atan; *dhanañjaya*—¡oh, conquistador de riquezas!; *udāsīna-vat*—como neutral; *āsīnam*—situado; *asaktam*—sin atracción; *teṣu*—por ellas; *karmasu*—por las actividades.

TRADUCCIÓN

¡Oh, Dhanañjaya!, todo este trabajo no puede atarme. Yo siempre estoy desapegado, situado como si fuera neutral.

SIGNIFICADO

No se debe pensar, en relación con esto, que la Suprema Personalidad de Dios no tiene ninguna ocupación. En Su mundo espiritual, Él siempre está ocupado. En *El Brahma-saṁhitā* (5.6) se afirma: *ātmārāmasya tasyāsti prakṛtyā na samāgamaḥ*, "Él siempre está dedicado a Sus actividades espirituales eternas y bienaventuradas, pero Él no tiene nada que ver con estas actividades materiales". Las actividades materiales las están dirigiendo Sus diferentes potencias. El Señor siempre es neutral en las actividades materiales del mundo creado. Esa neutralidad se menciona aquí con la palabra *udāsīna-vat*. Aunque Él controla cada minúsculo detalle de las actividades materiales, no obstante se encuentra situado como si fuera neutral. Como un ejemplo para ilustrar esto, pensemos en un juez de la suprema corte sentado en su estrado. Por orden de él se están llevando a cabo tantas cosas —alguien está siendo colgado, alguien es encarcelado, y a alguien más se le otorga una enorme suma de dinero—, pero aun así él es neutral. Él no tiene nada que ver con toda esa ganancia y pérdida. De modo similar, el Señor siempre es neutral, aunque Él tiene Su mano en todos los campos de las actividades. En *El Vedānta-sūtra* (2.1.34) se declara: *vaiṣamya-nairghṛṇye na*, es decir, que Él no está en medio de las dualidades de este mundo material. Él es trascendental a esas dualidades. Y Él tampoco está apegado a la creación y aniquilación de este mundo material. Las entidades vivientes adoptan sus diferentes formas en las diversas especies de vida según sus acciones pasadas, y el Señor no interfiere en ello.

TEXTO 10

मयाध्यक्षेण प्रकृतिः सूयते सचराचरम् ।
हेतुनानेन कौन्तेय जगद्विपरिवर्तते ॥१०॥

mayādhyakṣeṇa prakṛtiḥ
sūyate sa-carācaram
hetunānena kaunteya
jagad viparivartate

mayā—por Mí; *adhyakṣeṇa*—mediante la superintendencia; *prakṛtiḥ*—la naturaleza material; *sūyate*—manifiesta; *sa*—ambas; *cara-acaram*—las móviles y las inmóviles; *hetunā*—por la razón; *anena*—esta; *kaunteya*—¡oh, hijo de Kuntī!; *jagat*—la manifestación cósmica; *viparivartate*—está funcionando.

TRADUCCIÓN

Esta naturaleza material, que es una de Mis energías, funciona bajo Mi dirección, ¡oh, hijo de Kuntī!, y produce a todos los seres móviles e inmóviles. Por orden suya, esta manifestación es creada y aniquilada una y otra vez.

SIGNIFICADO

Aquí se afirma claramente que el Señor Supremo, aunque está apartado de todas las actividades del mundo material, permanece como director supremo. El Señor Supremo es la voluntad suprema y el trasfondo de esta manifestación material, pero el manejo de la misma lo dirige la naturaleza material. Kṛṣṇa también afirma en *El Bhagavad-gītā* que ''Yo soy el Padre'' de todas las entidades vivientes que se encuentran en las diferentes formas y especies. El padre pone en el vientre de la madre la simiente del niño, y, de igual modo, el Señor Supremo, con sólo Su mirada, inyecta a todas las entidades vivientes en el vientre de la naturaleza material, y ellas salen en sus diferentes formas y especies, conforme a sus últimos deseos y actividades. Todas esas entidades vivientes, si bien nacen bajo la mirada del Señor Supremo, adoptan sus diferentes cuerpos de acuerdo con sus pasadas acciones y deseos. Así que el Señor no está directamente apegado a esta creación material. Él simplemente le lanza una mirada a la naturaleza material, la naturaleza material se activa con ello, y todo es creado de inmediato. Como Él le lanza una mirada a la naturaleza material, es indudable que hay una actividad por parte del Señor Supremo, pero Él no tiene nada que ver directamente con la manifestación del mundo material. El siguiente ejemplo se da en el *smṛti*: cuando alguien tiene ante sí una flor fragante, la fragancia es tocada por la capacidad olfativa de la persona, pero el olfato y la flor están separados el uno del otro. Entre el mundo material y la Suprema Personalidad de Dios hay un nexo similar; en realidad, Él no tiene nada que ver con este mundo material, pero Él crea mediante Su mirada y ordena. En resumidas cuentas, la naturaleza material, sin la superintendencia de la Suprema Personalidad de Dios, no puede hacer nada. Sin embargo, la Suprema Personalidad está separada de todas las actividades materiales.

TEXTO 11

अवजानन्ति मां मूढा मानुषीं तनुमाश्रितम् ।
परं भावमजानन्तो मम भूतमहेश्वरम् ॥ ११॥

avajānanti māṁ mūḍhā
mānuṣīṁ tanum āśritam
paraṁ bhāvam ajānanto
mama bhūta-maheśvaram

avajānanti—se burlan; *mām*—de Mí; *mūḍhāḥ*—hombres necios; *mānuṣīm*—en una forma humana; *tanum*—un cuerpo; *āśritam*—adoptando; *param*—trascendental; *bhāvam*—naturaleza; *ajānantaḥ*—sin conocer; *mama*—Mi; *bhūta*—de todo lo que existe; *maha-īsvaram*—el propietario supremo.

TRADUCCIÓN

Los necios se burlan de Mí cuando desciendo con forma humana. Ellos no conocen Mi naturaleza trascendental como Señor Supremo de todo lo que existe.

SIGNIFICADO

Con las otras explicaciones de los versos anteriores de este capítulo, queda claro que, aunque la Suprema Personalidad de Dios aparezca como un ser humano, no es un hombre común. La Personalidad de Dios, quien dirige la creación, mantenimiento y aniquilación de toda la manifestación cósmica, no puede ser un ser humano. No obstante, hay muchas personas necias que consideran que Kṛṣṇa es tan sólo un hombre poderoso y nada más. En realidad, Él es la Personalidad Suprema original, tal como se confirma en *El Brahma-saṁhitā* (*īśvaraḥ paramaḥ kṛṣṇaḥ*); Él es el Señor Supremo.

Hay muchos *īśvaras*, o controladores, y algunos parecen ser superiores a otros. En el manejo ordinario de los asuntos del mundo material encontramos a algún oficial o director, por encima de él hay un secretario, por encima de éste hay un ministro, y por encima del ministro hay un presidente. Cada uno de ellos es un controlador, pero el uno es controlado por el otro. En *El Brahma-saṁhitā* se dice que Kṛṣṇa es el controlador supremo; es indudable que tanto en el mundo material como en el mundo espiritual hay muchos controladores, pero Kṛṣṇa es el controlador supremo (*īśvaraḥ paramaḥ kṛṣṇaḥ*), y Su cuerpo es *sac-cid-ānanda*, no material.

Los cuerpos materiales no pueden realizar los maravillosos actos que se describieron en versos anteriores. Su cuerpo es eterno, bienaventurado y está colmado de conocimiento. Aunque Él no es un hombre común, los necios se burlan de Él y consideran que es un hombre. A Su cuerpo se lo designa aquí como *mānuṣīm*, porque Él actúa tal como un hombre, como un amigo de Arjuna, como un político involucrado en la Batalla de Kurukṣetra. De tantas maneras Él actúa tal como un hombre ordinario, pero de hecho Su cuerpo es *sac-cid-ānanda-vigraha*, eterna bienaventuranza y conocimiento absoluto. Eso también se confirma en el lenguaje védico. *Sac-cid-ānanda-rūpāya kṛṣṇāya*: "Le ofrezco mis reverencias a la Suprema Personalidad de Dios, Kṛṣṇa, quien es la eterna y bienaventurada forma del conocimiento" (*El Gopāla-tāpanī Upaniṣad* 1.1). En el lenguaje védico también hay otras descripciones. *Tam ekaṁ govindam*: "Tú eres Govinda, el placer de los sentidos y las vacas". *Sac-cid-ānanda-vigraham*: "Y Tu forma es trascendental, y está colmada de conocimiento, bienaventuranza y eternidad" (*El Gopāla-tāpanī Upaniṣad* 1.35).

A pesar de las cualidades trascendentales del cuerpo del Señor Kṛṣṇa, de su plena bienaventuranza y conocimiento, hay muchos supuestos eruditos y comentaristas de *El Bhagavad-gītā* que se burlan de Kṛṣṇa como si fuera un hombre ordinario. El erudito puede que haya nacido como un hombre extraordinario debido a sus buenas obras anteriores, pero esa concepción de Śrī Kṛṣṇa se debe a un escaso conocimiento. Por eso se lo llama *mūḍha*, ya que sólo las personas necias consideran que Kṛṣṇa es un ser humano ordinario. Los necios creen que Kṛṣṇa es un ser humano ordinario, porque no conocen las actividades confidenciales del Señor Supremo y Sus diferentes energías. Ellos no saben que el cuerpo de Kṛṣṇa es un símbolo de pleno conocimiento y bienaventuranza, y que Él es el propietario de todo lo que existe, y que Él puede conferirle la liberación a cualquiera. Como ellos no saben que Kṛṣṇa posee tantas cualidades trascendentales, se burlan de Él.

Y ellos tampoco saben que la aparición de la Suprema Personalidad de Dios en este mundo material, es una manifestación de Su energía interna. Él es el amo de la energía material. Como ya se explicó en varios lugares (*mama māyā duratyayā*), Él dice que aunque la energía material es muy poderosa, se encuentra bajo Su control, y que todo el que se entregue a Él puede dejar de estar controlado por esa energía material. Si un alma entregada a Kṛṣṇa puede apartarse de la influencia de la energía material, ¿cómo es posible, entonces, que el Señor Supremo, quien dirige la creación, mantenimiento y aniquilación de toda la naturaleza cósmica, tenga un cuerpo material como nosotros? Así que ese concepto acerca de Kṛṣṇa es una completa necedad. Sin embargo, las personas necias no pueden concebir que la Personalidad de Dios, Kṛṣṇa, quien aparece tal como un hombre ordinario, pueda ser el controlador de todos los átomos y de la gigantesca manifestación de la forma universal. Lo más grande que existe y lo más diminuto que existe se hallan fuera del alcance de su concepción, debido a lo cual ellas no pueden imaginar que una forma como la de un ser humano pueda simultáneamente controlar lo infinito y lo diminuto. A decir verdad, aunque Él controla lo infinito y lo finito, Él se encuentra aparte de toda esta manifestación. En lo que se refiere a Su *yogam aiśvaram*, Su inconcebible energía trascendental, se afirma claramente que Él puede controlar al mismo tiempo lo infinito y lo finito, y puede permanecer aparte de ellos. Aunque los necios no pueden imaginar cómo es posible que Kṛṣṇa, que aparece tal como un ser humano, pueda controlar lo infinito y lo finito, aquellos que son devotos puros lo aceptan, ya que saben que Kṛṣṇa es la Suprema Personalidad de Dios. En consecuencia, ellos se entregan por completo a Él y se dedican al proceso de conciencia de Kṛṣṇa, el servicio devocional del Señor.

Existen muchas controversias entre los impersonalistas y los personalistas con respecto a la aparición del Señor como un ser humano. Pero si consultamos *El Bhagavad-gītā* y *El Śrīmad-Bhāgavatam*, los textos autoritativos para entender la ciencia de Kṛṣṇa, podremos entonces entender que Kṛṣṇa es la Suprema Personalidad de Dios. Él no es un hombre ordinario, aunque haya aparecido en esta Tierra como un ser humano ordinario. En *El Śrīmad-Bhāgavatam*, Primer Canto, Primer Capítulo, cuando los sabios encabezados por Śaunaka hicieron preguntas acerca de las actividades de Kṛṣṇa, dijeron:

kṛtavān kila karmāṇi
saha rāmeṇa keśavaḥ
ati-martyāni bhagavān
gūḍhaḥ kapaṭa-mānuṣaḥ

"El Señor Śrī Kṛṣṇa, la Personalidad de Dios, juntamente con Balarāma, actuó como un ser humano, y, disfrazado así, realizó muchos actos sobrehumanos"

(*Bhāg.* 1.1.20). La aparición del Señor como un hombre confunde a los necios. Ningún ser humano podría realizar los maravillosos actos que Kṛṣṇa llevó a cabo mientras estuvo presente en esta Tierra. Cuando Kṛṣṇa apareció ante Sus padres, Vasudeva y Devakī, apareció con cuatro manos, pero después de las oraciones de ellos, se transformó en un niño ordinario. Como se declara en el *Bhāgavatam* (10.3.46): *babhūva prākṛtaḥ śiśuḥ*, Él se volvió como un niño ordinario, como un ser humano ordinario. Ahora bien, aquí se indica de nuevo que, la aparición del Señor como un ser humano ordinario, es uno de los aspectos de Su cuerpo trascendental. En el Undécimo Capítulo de *El Bhagavad-gītā* también se afirma que Arjuna oró pidiendo ver la forma de Kṛṣṇa de cuatro manos (*tenaiva rūpeṇa catur-bhujena*). Después de revelar esa forma, Kṛṣṇa, a pedido de Arjuna, adoptó de nuevo Su forma original semejante a la humana (*mānuṣaṁ rūpam*). Es indudable que estos diferentes aspectos del Señor Supremo no son los de un ser humano ordinario.

Algunas de las personas que se burlan de Kṛṣṇa y que están infectadas con la filosofía *māyāvādī*, citan el siguiente verso de *El Śrīmad-Bhāgavatam* (3.29.21) para demostrar que Kṛṣṇa es sólo un hombre ordinario. *Ahaṁ sarveṣu bhūteṣu bhūtātmāvasthitaḥ sadā*, ''El Supremo está presente en toda entidad viviente''. Haríamos mejor en estudiar este verso específico con los *ācāryas* vaiṣṇavas tales como Jīva Gosvāmi y Viśvanātha Cakravartī Ṭhākura, en vez de seguir la interpretación de personas desautorizadas que se burlan de Kṛṣṇa. Al comentar este verso, Jīva Gosvāmī dice que Kṛṣṇa, en Su expansión plenaria como Paramātmā, está situado en forma de la Superalma en las entidades móviles y en las inmóviles, y, por lo tanto, cualquier devoto neófito que tan sólo le preste atención al *arcā-mūrti*, la forma del Señor Supremo que se halla en el templo, y no respete a ninguna otra entidad viviente, está adorando en vano esa forma del Señor que se encuentra en el templo. Hay tres clases de devotos del Señor, y el neófito está en la etapa más baja de todas. El devoto neófito le presta más atención a la Deidad del templo que a los demás devotos, y Viśvanātha Cakravartī Ṭhākura advierte que ese tipo de mentalidad debe ser corregida. El devoto debe ver que, como Kṛṣṇa está presente en forma de Paramātmā en el corazón de todo el mundo, cada cuerpo es la personificación o el templo del Señor Supremo, y así como uno le ofrece respetos al templo del Señor, igualmente debe ofrecerles respetos a todos y cada uno de los cuerpos en los que mora el Paramātmā. Por consiguiente, a todos se les debe dar el debido respeto, y no se los debe desdeñar.

También existen muchos impersonalistas que se burlan de la adoración que se realiza en el templo. Ellos dicen que, como Dios está en todas partes, ¿por qué habría uno de limitarse a la adoración que se hace en el templo? Pero, si Dios está en todas partes, ¿acaso no está en el templo o en la Deidad? Aunque el personalista y el impersonalista van a pelearse perpetuamente, un devoto perfecto y consciente de Kṛṣṇa sabe que, si bien Kṛṣṇa es la Personalidad Suprema, Él es omnipresente, tal como se confirma en *El Brahma-saṁhitā*. Pese a que Su morada personal es Goloka Vṛndāvana y Él siempre se encuentra ahí, no obstante, por medio de las diferentes manifestaciones de Su energía y por medio de

Su expansión plenaria, Él está presente en todas partes de la creación material y espiritual.

TEXTO 12

मोघाशा मोघकर्माणो मोघज्ञाना विचेतसः ।
राक्षसीमासुरीं चैव प्रकृतिं मोहिनीं श्रिताः ॥१२॥

moghāśā mogha-karmāṇo
mogha-jñānā vicetasaḥ
rākṣasīm āsurīṁ caiva
prakṛtiṁ mohinīṁ śritāḥ

mogha-āśāḥ—frustrados en sus esperanzas; *mogha-karmāṇaḥ*—frustrados en las actividades fruitivas; *mogha-jñānāḥ*—frustrados en el conocimiento; *vicetasaḥ*—confundidos; *rākṣasīm*—demoníacos; *āsurīm*—ateos; *ca*—y; *eva*—ciertamente; *prakṛtim*—naturaleza; *mohinīm*—desconcertante; *śritāḥ*—refugiándose en.

TRADUCCIÓN

Aquellos que están confundidos de ese modo, son atraídos por opiniones ateas y demoníacas. En esa condición engañada, sus esperanzas de liberarse, sus actividades fruitivas y su cultivo de conocimiento, se ven todos frustrados.

SIGNIFICADO

Hay muchos devotos que suponen que tienen conciencia de Kṛṣṇa y que suponen que hacen servicio devocional, pero que en el fondo no aceptan a la Suprema Personalidad de Dios, Kṛṣṇa, como la Verdad Absoluta. Ellos jamás saborearán el fruto del servicio devocional: el ir de vuelta a Dios. Así mismo, aquellos que están dedicados a actividades fruitivas piadosas y que en fin de cuentas están esperando ser liberados de este enredo material, tampoco tendrán éxito jamás, porque se burlan de la Suprema Personalidad de Dios, Kṛṣṇa. En otras palabras, a las personas que se mofan de Kṛṣṇa se las debe tener por demoníacas o ateas. Como se describe en el Séptimo Capítulo de *El Bhagavad-gītā*, esos herejes demoníacos nunca se entregan a Kṛṣṇa. Por lo tanto, las especulaciones mentales que ellos hacen para llegar a la Verdad Absoluta, los llevan a la falsa conclusión de que la entidad viviente ordinaria y Kṛṣṇa son exactamente lo mismo. Con esa falsa convicción, ellos creen que ahora el cuerpo de cualquier ser humano simplemente se encuentra cubierto por la naturaleza material, y que en cuanto uno se libera de este cuerpo material, no hay ninguna diferencia entre Dios y uno. Ese intento de volverse uno con Kṛṣṇa se verá frustrado por ser ilusorio. Esa manera atea y demoníaca de cultivar conocimiento espiritual, siempre es inútil. Eso es lo que se indica en este verso. Para esas personas, el cultivo del conocimiento que se encuentra en la literatura védica, tal como en *El Vedānta-sūtra* y los *Upaniṣads*, siempre fracasa.

Es una gran ofensa, pues, considerar que Kṛṣṇa, la Suprema Personalidad de Dios, es un hombre ordinario. Aquellos que así lo hacen están sin duda engañados, porque no pueden entender la forma eterna de Kṛṣṇa. *El Bṛhad-viṣṇu-smṛti* afirma claramente:

yo vetti bhautikaṁ dehaṁ
kṛṣṇasya paramātmanaḥ
sa sarvasmād bahiṣ-kāryaḥ
śrauta-smārta-vidhānataḥ
mukhaṁ tasyāvalokyāpi
sa-celaṁ snānam ācaret

"Aquel que considera que el cuerpo de Kṛṣṇa es material, debe ser echado de todos los rituales y actividades del *śruti* y del *smṛti*. Y si por casualidad uno le ve la cara a esa persona, se debe bañar de inmediato en el Ganges para librarse de la infección. La gente se burla de Kṛṣṇa, porque envidia a la Suprema Personalidad de Dios. Su destino es ciertamente el de tener que aparecer nacimiento tras nacimiento en las especies de vida ateas y demoníacas. Su verdadero conocimiento permanecerá cubierto por la ilusión perpetuamente, y poco a poco ellos irán retrocediendo hacia la región más oscura de la creación".

TEXTO 13

महात्मानस्तु मां पार्थ दैवीं प्रकृतिमाश्रिताः ।
भजन्त्यनन्यमनसो ज्ञात्वा भूतादिमव्ययम् ॥ १३॥

mahātmānas tu māṁ pārtha
daivīṁ prakṛtim āśritāḥ
bhajanty ananya-manaso
jñātvā bhūtādim avyayam

mahā-ātmānaḥ—las grandes almas; *tu*—pero; *mām*—a Mí; *pārtha*—¡oh, hijo de Pṛthā!; *daivīm*—divina; *prakṛtim*—naturaleza; *āśritāḥ*—habiéndose refugiado en; *bhajanti*—prestar servicio; *ananya-manasaḥ*—sin que la mente se desvíe; *jñātvā*—sabiendo; *bhūta*—de la creación; *ādim*—el origen; *avyayam*—inagotable.

TRADUCCIÓN

¡Oh, hijo de Pṛthā!, aquellos que no están engañados, las grandes almas,

se hallan bajo la protección de la naturaleza divina. Ellos están plenamente dedicados al servicio devocional, porque saben que Yo soy la Suprema Personalidad de Dios, original e inagotable.

SIGNIFICADO

En este verso se da claramente la descripción del *mahātmā*. El primer signo característico del *mahātmā* es que ya está situado en el plano de la naturaleza divina. Él no se halla bajo el control de la naturaleza material. Y, ¿cómo ocurre eso? Ello se explica en el Séptimo Capítulo: aquel que se entrega a la Suprema Personalidad de Dios, Śrī Kṛṣṇa, de inmediato se libera del control de la naturaleza material. Ése es el requisito. Uno podrá liberarse del control de la naturaleza material, en cuanto entregue su alma a la Suprema Personalidad de Dios. Ésa es la fórmula preliminar. Como la entidad viviente es potencia marginal, tan pronto como se libera del control de la naturaleza material, es puesta bajo la guía de la naturaleza espiritual. La guía de la naturaleza espiritual se denomina *daivī prakṛti*, naturaleza divina. Así que, cuando uno es promovido de ese modo —por haberse entregado a la Suprema Personalidad de Dios—, llega a la etapa de gran alma, *mahātmā*.

El *mahātmā* no aparta la atención hacia nada fuera de Kṛṣṇa, porque sabe perfectamente bien que Kṛṣṇa es la Persona Suprema original, la causa de todas las causas. No hay ninguna duda de ello. Esa clase de *mahātmā*, o gran alma, se desarrolla mediante la compañía de otros *mahātmās*, o devotos puros. A los devotos puros no los atraen ni siquiera otros aspectos de Kṛṣṇa, tales como el Mahā-Viṣṇu de cuatro brazos. Ellos simplemente están atraídos a la forma de Kṛṣṇa de dos brazos. A ellos no los atraen otros aspectos de Kṛṣṇa, ni les interesa ninguna forma de un semidiós o de un ser humano. Ellos meditan únicamente en Kṛṣṇa con conciencia de Kṛṣṇa. Ellos siempre están dedicados al inquebrantable servicio del Señor con conciencia de Kṛṣṇa.

TEXTO 14

सततं कीर्तयन्तो मां यतन्तश्च दृढव्रताः ।
नमस्यन्तश्च मां भक्त्या नित्ययुक्ता उपासते ॥१४॥

satataṁ kīrtayanto māṁ
yatantaś ca dṛḍha-vratāḥ
namasyantaś ca māṁ bhaktyā
nitya-yuktā upāsate

satatam—siempre; *kīrtayantaḥ*—cantando; *mām*—acerca de Mí; *yatantaḥ*—esforzándose plenamente; *ca*—también; *dṛḍha-vratāḥ*—con determinación;

namasyantaḥ—ofreciendo reverencias; *ca*—y; *mām*—a Mí; *bhaktyā*—con devoción; *nitya-yuktāḥ*—dedicados perpetuamente; *upāsate*—adoran.

TRADUCCIÓN

Siempre cantando Mis glorias, esforzándose con gran determinación y postrándose ante Mí, estas grandes almas Me adoran perpetuamente con devoción.

SIGNIFICADO

No se puede fabricar un *mahātmā* estampándole un sello a un hombre ordinario. Las características propias de un *mahātmā* se describen aquí: el *mahātmā* siempre está dedicado a cantar las glorias del Supremo Señor Kṛṣṇa, la Personalidad de Dios. Él no tiene ninguna otra ocupación. Él siempre está dedicado a la glorificación del Señor. En otras palabras, él no es un impersonalista. Cuando se habla de glorificación, hay que glorificar al Señor Supremo, alabando Su santo nombre, Su forma eterna, Sus cualidades trascendentales y Sus extraordinarios pasatiempos. Uno tiene que glorificar todas esas cosas; por lo tanto, un *mahātmā* está apegado a la Suprema Personalidad de Dios.

A aquel que está apegado al aspecto impersonal del Señor Supremo, el *brahmajyoti*, no se lo describe como *mahātmā* en *El Bhagavad-gītā*. A él se lo describe de otra manera en el próximo verso. El *mahātmā* siempre está dedicado a diferentes actividades del servicio devocional, tal como se describe en *El Śrīmad-Bhāgavatam*, oyendo hablar de Viṣṇu y cantando acerca de Él, no de un semidiós o de un ser humano. Eso es devoción: *śravaṇaṁ kīrtanaṁ viṣṇoḥ*, y *smaraṇam*, recordándolo a Él. Esa clase de *mahātmā* tiene la firme determinación de conseguir al final la compañía del Señor Supremo en cualquiera de los cinco *rasas* trascendentales. Para lograr ese éxito, él pone todas las actividades —las mentales, las físicas y las vocales, todo— al servicio del Señor Supremo, Śrī Kṛṣṇa. Eso se denomina plena conciencia de Kṛṣṇa.

En el servicio devocional hay ciertas actividades que se llaman "determinadas", tales como el ayuno en ciertos días, como el undécimo día de la Luna, Ekādaśī, y el día de la aparición del Señor. Todas esas reglas y regulaciones las presentan los grandes *ācāryas* para aquellos que verdaderamente están interesados en ganarse la compañía de la Suprema Personalidad de Dios en el mundo trascendental. Los *mahātmās*, las grandes almas, observan estrictamente todas esas reglas y regulaciones, y, en consecuencia, es seguro que conseguirán el resultado deseado.

Como se describe en el segundo verso de este capítulo, el servicio devocional no sólo es sencillo, sino que además se puede ejecutar alegremente. Uno no tiene que someterse a ninguna austeridad o penitencia severa. Se puede llevar esta vida en medio del servicio devocional, bajo la guía de un maestro espiritual experto, y en cualquier posición, ya sea como casado, como *sannyāsī* o como *brahmacārī*; en cualquier posición y en cualquier parte del mundo se puede llevar a cabo ese servicio devocional que se le presta a la Suprema Personalidad de Dios, y de ese modo llegar a ser realmente un *mahātmā*, una gran alma.

TEXTO 15

ज्ञानयज्ञेन चाप्यन्ये यजन्तो मामुपासते ।
एकत्वेन पृथक्त्वेन बहुधा विश्वतोमुखम् ॥ १५ ॥

jñāna-yajñena cāpy anye
yajanto mām upāsate
ekatvena pṛthaktvena
bahudhā viśvato-mukham

jñāna-yajñena—mediante el cultivo de conocimiento; *ca*—también; *api*—ciertamente; *anye*—otros; *yajantaḥ*—sacrificando; *mām*—a Mí; *upāsate*—adoran; *ekatvena*—en la unidad; *pṛthaktvena*—en la dualidad; *bahudhā*—en la diversidad; *viśvataḥ-mukham*—y en la forma universal.

TRADUCCIÓN

Otros, que hacen sacrificio mediante el cultivo de conocimiento, adoran al Señor Supremo como aquel que no tiene igual, como aquel que se ha diversificado en muchos, y como la forma universal.

SIGNIFICADO

Este verso constituye el resumen de los versos anteriores. El Señor le dice a Arjuna que aquellos que sólo siguen el proceso de conciencia de Kṛṣṇa y que no conocen nada aparte de Kṛṣṇa, reciben el nombre de *mahātmās*; sin embargo, hay otras personas que no están precisamente en la posición de *mahātmā*, pero que también adoran a Kṛṣṇa, aunque de diferentes maneras. A algunos de ellos ya se los ha descrito como los afligidos, los necesitados, los indagadores y aquellos que se dedican al cultivo de conocimiento. Pero hay otros que son aún más bajos, y a ellos se los divide en tres grupos: (1) aquel que se adora a sí mismo considerando que él y el Señor Supremo son uno, (2) aquel que inventa una forma del Señor Supremo y la adora, y (3) aquel que acepta la forma universal, el *viśva-rūpa* de la Suprema Personalidad de Dios, y la adora. De estos tres, los más bajos de todos, aquellos que se adoran a sí mismos como el Señor Supremo y que creen que son monistas, son los que más abundan. Esa gente cree que es el Señor Supremo, y en ese estado de conciencia se adoran a sí mismos. Esto también es un tipo de adoración de Dios, pues ellos pueden entender que no son el cuerpo material sino que de hecho son alma espiritual; al menos ese sentido impera. Por lo general, los impersonalistas adoran al Señor Supremo de ese modo. La segunda clase comprende a los adoradores de los semidioses, aquellos que, mediante la imaginación, consideran que cualquier forma es la forma del Señor Supremo. Y la tercera clase comprende a aquellos que no pueden concebir nada más allá de la manifestación de este universo material. Ellos consideran que el universo es la entidad u organismo supremo, y lo adoran. El universo también es una forma del Señor.

TEXTO 16

अहं क्रतुरहं यज्ञः स्वधाऽहमहमौषधम् ।
मन्त्रोऽहमहमेवाज्यमहमग्निरहं हुतम् ॥ १६ ॥

ahaṁ kratur ahaṁ yajñaḥ
svadhāham aham auṣadham
mantro 'ham aham evājyam
aham agnir ahaṁ hutam

aham—Yo; *kratuḥ*—ritual védico; *aham*—Yo; *yajñaḥ*—sacrificio del *smṛti*; *svadhā*—oblación; *aham*—Yo; *aham*—Yo; *auṣadham*—hierba medicinal; *mantraḥ*—canto trascendental; *aham*—Yo; *aham*—Yo; *eva*—ciertamente; *ājyam*—mantequilla derretida; *aham*—Yo; *agniḥ*—fuego; *aham*—Yo; *hutam*—ofrenda.

TRADUCCIÓN

Mas, Yo soy el ritual, el sacrificio, la ofrenda a los antepasados, la hierba medicinal y el canto trascendental. Yo soy la mantequilla, el fuego y la ofrenda.

SIGNIFICADO

El sacrificio védico conocido como *jyotiṣṭoma* también es Kṛṣṇa, y Él es también el *mahā-yajña* que se menciona en el *smṛti*. Las oblaciones que se le ofrecen al Pitṛloka o el sacrificio que se celebra para complacer al Pitṛloka, que se considera que es un tipo de medicina en la forma de mantequilla clarificada, también es Kṛṣṇa. Los *mantras* que se cantan en relación con eso, también son Kṛṣṇa. Y muchos otros elementos que se hacen con productos lácteos para ser ofrecidos en los sacrificios, también son Kṛṣṇa. El fuego también es Kṛṣṇa, porque es uno de los cinco elementos materiales, y se considera por ello que es la energía separada de Kṛṣṇa. En otras palabras, los sacrificios védicos que se recomiendan en la división *karma-kāṇḍa* de los *Vedas*, también son Kṛṣṇa en su totalidad. O, dicho de otra manera, aquellos que están dedicados a prestarle servicio devocional a Kṛṣṇa, se debe sobrentender que han celebrado todos los sacrificios que se recomiendan en los *Vedas*.

TEXTO 17

पिताऽहमस्य जगतो माता धाता पितामहः ।
वेद्यं पवित्रमोंकार ऋक् साम यजुरेव च ॥१७॥

pitāham asya jagato
mātā dhātā pitāmahaḥ
vedyaṁ pavitram oṁkāra
ṛk sāma yajur eva ca

pitā—padre; *aham*—Yo; *asya*—de este; *jagataḥ*—universo; *mātā*—madre; *dhātā*—sostén; *pitāmahaḥ*—abuelo; *vedyam*—lo que ha de conocerse; *pavitram*—aquello que purifica; *oṁ-kāra*—la sílaba *oṁ*; *ṛk—El Ṛg Veda*; *sāma—El Sāma Veda*; *yajuḥ—El Yajur Veda*; *eva*—ciertamente; *ca*—y.

TRADUCCIÓN

Yo soy el padre de este universo, la madre, el sostén y el abuelo. Yo soy el objeto del conocimiento, el purificador y la sílaba oṁ. Yo también soy los Vedas Ṛg, Sāma y Yajur.

SIGNIFICADO

Todas las manifestaciones cósmicas, móviles e inmóviles, son manifestadas por diferentes actividades de la energía de Kṛṣṇa. En la existencia material creamos diferentes relaciones con diferentes entidades vivientes, que no son más que la energía marginal de Kṛṣṇa; bajo la creación de *prakṛti*, algunas de ellas aparecen como nuestro padre, madre, abuelo, creador, etc., pero en realidad ellas son partes integrales de Kṛṣṇa. Como tales, esas entidades vivientes que parecen ser nuestro padre, madre, etc., no son más que Kṛṣṇa. En este verso, la palabra *dhātā* significa "creador". No sólo nuestro padre y madre son partes integrales de Kṛṣṇa: el creador, la abuela y el abuelo, etc., también son Kṛṣṇa. En realidad, cualquier entidad viviente es Kṛṣṇa, ya que es parte integral de Kṛṣṇa. Todos los *Vedas* apuntan, pues, únicamente hacia Kṛṣṇa. Todo lo que queramos saber a través de los *Vedas*, no es más que un paso progresivo para llegar a entender a Kṛṣṇa. Esa materia que nos ayuda a purificar nuestra posición constitucional, es especialmente Kṛṣṇa. De igual forma, la entidad viviente que está muy interesada en entender todos los principios védicos, también es parte integral de Kṛṣṇa, y, como tal, también es Kṛṣṇa. En todos los *mantras* védicos, la palabra *oṁ*, llamada *praṇava*, es una vibración sonora trascendental, y también es Kṛṣṇa. Y como en todos los himnos de los cuatro *Vedas —Sāma, Yajur, Ṛg* y *Atharva—* el *praṇava*, o el *oṁkāra*, es muy resaltante, se considera que es Kṛṣṇa.

TEXTO 18

गतिर्भर्ता प्रभुः साक्षी निवासः शरणं सुहृत् ।
प्रभवः प्रलयः स्थानं निधानं बीजमव्ययम् ॥१८॥

gatir bhartā prabhuḥ sākṣī
nivāsaḥ śaraṇaṁ suhṛt
prabhavaḥ pralayaḥ sthānaṁ
nidhānaṁ bījam avyayam

gatiḥ—meta; *bhartā*—sustentador; *prabhuḥ*—Señor; *sākṣī*—testigo; *nivāsaḥ*—morada; *śaraṇam*—refugio; *su-hṛt*—el amigo más íntimo; *prabhavaḥ*—creación; *pralayaḥ*—disolución; *sthānam*—suelo; *nidhānam*—lugar de descanso; *bījam*—semilla; *avyayam*—imperecedera.

TRADUCCIÓN

Yo soy la meta, el sustentador, el amo, el testigo, la morada, el refugio y el amigo más querido. Yo soy la creación y la aniquilación, la base de todo, el lugar de descanso y la simiente eterna.

SIGNIFICADO

Gati significa el destino al que queremos llegar. Pero la meta última es Kṛṣṇa, si bien la gente no lo sabe. Aquel que no conoce a Kṛṣṇa está extraviado, y su supuesta marcha progresiva es, o bien parcial o bien alucinatoria. Hay muchas personas que ponen a los diferentes semidioses como su destino, y mediante la rígida ejecución de los métodos estrictos respectivos llegan a diferentes planetas, conocidos como Candraloka, Sūryaloka, Indraloka, Maharloka, etc. Pero como todos esos *lokas*, o planetas, son creaciones de Kṛṣṇa, son Kṛṣṇa y no son Kṛṣṇa, simultáneamente. Como esos planetas son manifestaciones de la energía de Kṛṣṇa, también son Kṛṣṇa, pero, en realidad, sólo sirven como un paso hacia adelante en el camino a lograr una perfecta comprensión de Kṛṣṇa. Acudir a las diferentes energías de Kṛṣṇa es acudir a Kṛṣṇa indirectamente. Uno debe acudir a Kṛṣṇa directamente, ya que eso le ahorrará a uno tiempo y energía. Por ejemplo, si hay la posibilidad de ir al último piso de un edificio con la ayuda de un elevador, ¿por qué habríamos de ir por la escalera, de paso en paso? Todo descansa en la energía de Kṛṣṇa; por consiguiente, sin el refugio de Kṛṣṇa nada puede existir. Kṛṣṇa es el supremo gobernante, porque todo le pertenece a Él y todo existe basado en Su energía. Como Kṛṣṇa está situado en el corazón de todo el mundo, es el testigo supremo. Las residencias, países o planetas en los que vivimos, también son Kṛṣṇa. Kṛṣṇa es la última meta en lo que a refugio se refiere, y, en consecuencia, uno debe refugiarse en Kṛṣṇa, ya sea para protegerse, o para eliminar su condición afligida. Y cuando quiera que tengamos que protegernos, debemos saber que nuestra protección ha de ser una fuerza viviente. Así pues, Kṛṣṇa es la entidad viviente suprema. Puesto que Kṛṣṇa es la fuente de nuestra generación, es decir, el padre supremo, nadie puede ser mejor amigo que Kṛṣṇa, ni nadie puede ser un mejor bienqueriente. Kṛṣṇa es la fuente original de la creación y el descanso final después de la aniquilación. Kṛṣṇa es, pues, la causa eterna de todas las causas.

TEXTO 19

तपाम्यहमहं वर्षं निगृह्णाम्युत्सृजामि च ।
अमृतं चैव मृत्युश्च सदसच्चाहमर्जुन ॥१९॥

tapāmy aham ahaṁ varṣaṁ
nigṛhṇāmy utsṛjāmi ca
amṛtaṁ caiva mṛtyuś ca
sad asac cāham arjuna

tapāmi—doy calor; *aham*—Yo; *aham*—Yo; *varṣam*—lluvia; *nigṛhṇāmi*—retengo; *utsṛjāmi*—envío; *ca*—y; *amṛtam*—inmortalidad; *ca*—y; *eva*—ciertamente; *mṛtyuḥ*—muerte; *ca*—y; *sat*—espíritu; *asat*—materia; *ca*—y; *aham*—Yo; *arjuna*—¡oh, Arjuna!

TRADUCCIÓN

¡Oh, Arjuna!, Yo doy calor, y retengo o envío la lluvia. Yo soy la inmortalidad, y también soy la personificación de la muerte. Tanto el espíritu como la materia están en Mí.

SIGNIFICADO

Kṛṣṇa, mediante Sus diferentes energías, difunde el calor y la luz por intermedio de la electricidad y el Sol. Durante la estación de verano, Kṛṣṇa es quien le impide a la lluvia caer del cielo, y luego, durante la estación de lluvias, Él envía incesantes torrentes de lluvia. Kṛṣṇa es la energía que nos sustenta y que prolonga la duración de nuestra vida, y Kṛṣṇa nos espera al final en forma de la muerte. Mediante el análisis de todas estas diferentes energías de Kṛṣṇa, uno puede darse cuenta de que para Kṛṣṇa no existe diferencia entre la materia y el espíritu, o, en otras palabras, Él es tanto la materia como el espíritu. Por lo tanto, en la etapa adelantada de conciencia de Kṛṣṇa, uno no hace esas distinciones. Uno sólo ve a Kṛṣṇa en todo.

Debido a que Kṛṣṇa es tanto la materia como el espíritu, la gigantesca forma universal que abarca todas las manifestaciones materiales también es Kṛṣṇa, y Sus pasatiempos en Vṛndāvana como el Śyāmasundara de dos manos que toca una flauta, son los de la Suprema Personalidad de Dios.

TEXTO 20

त्रैविद्या मां सोमपाः पूतपापा
यज्ञैरिष्ट्वा स्वर्गतिं प्रार्थयन्ते ।
ते पुण्यमासाद्य सुरेन्द्रलोक-
मश्नन्ति दिव्यान्दिवि देवभोगान् ॥ २० ॥

trai-vidyā māṁ soma-pāḥ pūta-pāpā
yajñair iṣṭvā svar-gatiṁ prārthayante
te puṇyam āsādya surendra-lokam
aśnanti divyān divi deva-bhogān

trai-vidyāḥ—los conocedores de los tres *Vedas*; *mām*—a Mí; *soma-pāḥ*—que beben el jugo *soma*; *pūta*—purificados; *pāpāḥ*—de pecados; *yajñaiḥ*—con sacrificios; *iṣṭvā*—adorando; *svaḥ-gatim*—pasaje al cielo; *prārthayante*—oran por; *te*—ellos; *puṇyam*—piadoso; *āsādya*—llegando; *sura-indra*—de Indra; *lokam*—el mundo; *aśnanti*—disfrutan; *divyān*—celestial; *divi*—en el cielo; *deva-bhogān*—placeres de los dioses.

TRADUCCIÓN

Aquellos que estudian los Vedas y beben el jugo soma, buscando los planetas celestiales, Me adoran indirectamente. Al purificarse de las reacciones pecaminosas, ellos nacen en el piadoso y celestial planeta de Indra, donde disfrutan de deleites divinos.

SIGNIFICADO

La palabra *trai-vidyāḥ* se refiere a los tres *Vedas* —*Sāma, Yajur* y *Ṛg*—. El *brāhmaṇa* que ha estudiado esos tres *Vedas* recibe el nombre de *tri-vedī*. Cualquiera que esté muy apegado al conocimiento que se obtiene de esos tres *Vedas*, es respetado en la sociedad. Desafortunadamente, hay muchos y grandes eruditos de los *Vedas* que no conocen el objetivo final de su estudio. En consecuencia, Kṛṣṇa declara aquí que Él Mismo es la meta última de los *tri-vedīs*. Los verdaderos *tri-vedīs* se refugian bajo los pies de loto de Kṛṣṇa, y se dedican al servicio devocional puro para satisfacer al Señor. El servicio devocional comienza con el canto del *mantra* Hare Kṛṣṇa a la par del intento de entender a Kṛṣṇa en verdad. Por desgracia, aquellos que tan sólo son estudiantes oficiales de los *Vedas*, se interesan más en ofrecerles sacrificios a los diferentes semidioses, tales como Indra y Candra. Por medio de ese esfuerzo, los adoradores de los diferentes semidioses se purifican sin duda de la contaminación de las cualidades inferiores de la naturaleza, y, en virtud de ello, se elevan a los sistemas planetarios superiores, o los planetas celestiales conocidos como Maharloka, Janoloka, Tapoloka, etc. Una vez que uno se encuentra en esos sistemas planetarios superiores, puede satisfacer sus sentidos cientos de miles de veces mejor que en este planeta.

TEXTO 21

ते तं भुक्त्वा स्वर्गलोकं विशालं
क्षीणे पुण्ये मर्त्यलोकं विशन्ति ।
एवं त्रयीधर्ममनुप्रपन्ना
गतागतं कामकामा लभन्ते ॥ २१ ॥

te taṁ bhuktvā svarga-lokaṁ viśālaṁ
kṣīṇe puṇye martya-lokaṁ viśanti
evaṁ trayī-dharmam anuprapannā
gatāgataṁ kāma-kāmā labhante

te—ellos; *tam*—ese; *bhuktvā*—disfrute; *svarga-lokam*—el cielo; *viśālam*—vasto; *kṣīṇe*—estando agotado; *puṇye*—los resultados de sus actividades piadosas; *martya-lokam*—al mundo de la muerte; *viśanti*—caen; *evam*—así pues; *trayī*—de los tres *Vedas*; *dharmam*—doctrinas; *anuprapannāḥ*—siguiendo; *gata-āgatam*—muerte y nacimiento; *kāma-kāmāḥ*—deseando disfrutes de los sentidos; *labhante*—consiguen.

TRADUCCIÓN

Después de que han disfrutado así de un inmenso placer celestial de los sentidos y los resultados de sus actividades piadosas se agotan, ellos regresan de nuevo a este planeta mortal. Así pues, aquellos que buscan el disfrute de los sentidos adhiriéndose para ello a los principios de los tres Vedas, consiguen únicamente el reiterado ciclo del nacimiento y la muerte.

SIGNIFICADO

Aquel que es promovido a los sistemas planetarios superiores disfruta de una vida más larga y de mejores facilidades para el disfrute de los sentidos, pero aun así no se le permite quedarse ahí para siempre. Al terminársele los frutos resultantes de las actividades piadosas, uno es enviado de nuevo a esta Tierra. Aquel que no ha logrado la perfección del conocimiento, tal como se indica en *El Vedānta-sūtra* (*janmādy asya yataḥ*), o, en otras palabras, aquel que no llega a entender a Kṛṣṇa, la causa de todas las causas, fracasa en lo que se refiere a llegar a la meta última de la vida, por lo cual es sometido a la rutina de ser ascendido a los planetas superiores y luego descender de nuevo, como si se encontrara en una rueda de la fortuna, la cual a veces sube y a veces baja. El significado de esto es que, en vez de elevarse al mundo espiritual, del que deja de haber toda posibilidad de descender, uno simplemente gira en el ciclo del nacimiento y la muerte en sistemas planetarios superiores e inferiores. Es mejor ir al mundo espiritual a disfrutar de una vida eterna colmada de bienaventuranza y conocimiento, y no regresar jamás a esta existencia material desoladora.

TEXTO 22

अनन्याश्चिन्तयन्तो मां ये जनाः पर्युपासते ।
तेषां नित्याभियुक्तानां योगक्षेमं वहाम्यहम् ॥ २२ ॥

ananyāś cintayanto māṁ
ye janāḥ paryupāsate
teṣāṁ nityābhiyuktānāṁ
yoga-kṣemaṁ vahāmy aham

ananyāḥ—sin tener otro objeto; *cintayantaḥ*—concentrándose; *mām*—en Mí; *ye*—aquellos que; *janāḥ*—personas; *paryupāsate*—adoran debidamente; *teṣām*—de ellos; *nitya*—siempre; *abhiyuktānām*—fijo en la devoción; *yoga*—necesidades; *kṣemam*—protección; *vahāmi*—llevo; *aham*—Yo.

TRADUCCIÓN

Pero a aquellos que siempre Me adoran con una devoción exclusiva, meditando en Mi forma trascendental, Yo les llevo lo que les falta y les preservo lo que tienen.

SIGNIFICADO

Aquel que es incapaz de vivir por un momento sin conciencia de Kṛṣṇa, no puede sino pensar en Kṛṣṇa las veinticuatro horas del día, ocupado en el servicio devocional por medio del proceso de oír, cantar, recordar, ofrecer oraciones, adorar, servir los pies de loto del Señor, prestar otros servicios, hacer amistad y entregarse por entero al Señor. Todas esas actividades son auspiciosas y están llenas de potencias espirituales, las cuales hacen que el devoto sea perfecto en lo referente a la autorrealización, de modo que su único deseo sea el de conseguir la compañía de la Suprema Personalidad de Dios. Es indudable que esa clase de devoto llega al Señor sin dificultad. Eso se denomina *yoga*. Por la misericordia del Señor, ese devoto nunca regresa a esta condición material de la vida. La palabra *kṣema* se refiere a la misericordiosa protección del Señor. El Señor ayuda al devoto a adquirir conciencia de Kṛṣṇa mediante el *yoga*, y cuando el devoto se vuelve plenamente consciente de Kṛṣṇa, el Señor lo protege de caer en una desoladora vida condicionada.

TEXTO 23

येऽप्यन्यदेवताभक्ता यजन्ते श्रद्धयान्विताः ।
तेऽपि मामेव कौन्तेय यजन्त्यविधिपूर्वकम् ॥ २३ ॥

ye 'py anya-devatā-bhaktā
yajante śraddhayānvitāḥ
te 'pi mām eva kaunteya
yajanty avidhi-pūrvakam

ye—aquellos que; *api*—también; *anya*—de otros; *devatā*—dioses; *bhaktāḥ*—devotos; *yajante*—adoran; *śraddhayā-anvitāḥ*—con fe; *te*—ellos; *api*—también; *mām*—a Mí; *eva*—únicamente; *kaunteya*—¡oh, hijo de Kuntī!; *yajanti*—ellos adoran; *avidhi-pūrvakam*—de un modo equivocado.

TRADUCCIÓN

Aquellos que son devotos de otros dioses y que los adoran con fe, en realidad Me adoran únicamente a Mí, ¡oh, hijo de Kuntī!, pero lo hacen de un modo equivocado.

SIGNIFICADO

"Las personas que se dedican a la adoración de los semidioses no son muy inteligentes, pese a que esa adoración indirectamente se Me ofrece a Mí" —dice Kṛṣṇa. Por ejemplo, cuando un hombre vierte agua en las hojas y ramas de un árbol sin echarle agua a la raíz, lo hace sin suficiente conocimiento o sin observar principios regulativos. De forma similar, el proceso para prestarles servicio a las diferentes partes del cuerpo consiste en proveerle de comida al estómago. Los semidioses son, por así decirlo, diferentes funcionarios y directores que forman parte del gobierno del Señor Supremo. Uno tiene que seguir las leyes promulgadas por el gobierno, no por los funcionarios o directores. De la misma manera, todo el mundo debe ofrecerle su adoración únicamente al Señor Supremo. Eso satisfará automáticamente a los diferentes directores y funcionarios del Señor. Los funcionarios y directores trabajan como representantes del gobierno, y tratar de sobornarlos es ilegal. Ello se denota aquí como *avidhi-pūrvakam*. En otras palabras, Kṛṣṇa no aprueba la adoración innecesaria de los semidioses.

TEXTO 24

अहं हि सर्वयज्ञानां भोक्ता च प्रभुरेव च ।
न तु मामभिजानन्ति तत्त्वेनातश्च्यवन्ति ते ॥ २४ ॥

ahaṁ hi sarva-yajñānāṁ
bhoktā ca prabhur eva ca
na tu mām abhijānanti
tattvenātaś cyavanti te

aham—Yo; *hi*—seguro; *sarva*—de todos; *yajñānām*—los sacrificios; *bhoktā*—el disfrutador; *ca*—y; *prabhuḥ*—el Señor; *eva*—también; *ca*—y; *na*—no; *tu*—pero; *mām*—a Mí; *abhijānanti*—conocen; *tattvena*—en realidad; *ataḥ*—por consiguiente; *cyavanti*—caen; *te*—ellos.

TRADUCCIÓN

Yo soy el único disfrutador y amo de todos los sacrificios. Por consiguiente, aquellos que no reconocen Mi verdadera naturaleza trascendental, caen.

SIGNIFICADO

Aquí se expresa claramente que hay muchos tipos de ejecuciones de *yajña* que se recomiendan en las Escrituras védicas, pero que, en realidad, todas ellas tienen por objeto satisfacer al Señor Supremo. *Yajña* significa Viṣṇu. En el Segundo Capítulo de *El Bhagavad-gītā* se dice claramente que uno debe trabajar sólo para satisfacer a *Yajña*, o Viṣṇu. La forma más perfecta de civilización humana, conocida como *varṇāśrama-dharma*, está hecha específicamente para satisfacer a Viṣṇu. Por lo tanto, Kṛṣṇa dice en este verso: ''Yo soy el disfrutador de todos los sacrificios, porque Yo soy el amo supremo''. Sin embargo, algunas personas poco inteligentes, ignorando este hecho, adoran a los semidioses en aras de un beneficio temporal. Eso hace que ellas caigan a la existencia material y que no consigan la meta que se desea en la vida. Mas, si aun así alguien tiene algún deseo material que complacer, lo mejor que puede hacer es pedirle por ello al Señor Supremo (aunque eso no es devoción pura), y de ese modo obtendrá el resultado deseado.

TEXTO 25

यान्ति देवव्रता देवान्पितॄन्यान्ति पितृव्रताः ।
भूतानि यान्ति भूतेज्या यान्ति मद्याजिनोऽपि माम् ॥२५॥

yānti deva-vratā devān
pitṝn yānti pitṛ-vratāḥ
bhūtāni yānti bhūtejyā
yānti mad-yājino 'pi mām

yānti—van; *deva-vratāḥ*—adoradores de los semidioses; *devān*—a los semidioses; *pitṝn*—a los antepasados; *yānti*—van; *pitṛ-vratāḥ*—adoradores de los antepasados; *bhūtāni*—a los fantasmas y espíritus; *yānti*—van; *bhūta-ijyāḥ*—adoradores de los fantasmas y espíritus; *yānti*—van; *mat*—Mis; *yājinaḥ*—devotos; *api*—pero; *mām*—a Mí.

TRADUCCIÓN

Aquellos que adoran a los semidioses, nacerán entre los semidioses; aquellos que adoran a los antepasados, irán a los antepasados; aquellos que adoran a los fantasmas y espíritus, nacerán entre esos seres; y aquellos que Me adoran a Mí, vivirán conmigo.

SIGNIFICADO

Si uno tiene algún deseo de ir a la Luna, al Sol o a cualquier otro planeta, puede lograr ir al destino deseado si sigue los principios védicos específicos que se recomiendan para ese fin, tales como el proceso técnicamente conocido como *darśa-paurṇamāsī*. Dichos principios se describen vívidamente en la porción de los *Vedas* que trata de las actividades fruitivas, y en la que se recomienda una adoración específica de los semidioses que están situados en diferentes planetas celestiales. De igual modo, uno puede llegar a los planetas Pitā si realiza un *yajña* específico. Y, así mismo, uno puede ir a muchos planetas de fantasmas, y volverse un *yakṣa, rakṣa* o *piśāca*. La adoración *piśāca* se denomina ''artes negras'' o ''magia negra''. Hay muchos hombres que practican ese arte negro, y ellos creen que es espiritualismo; pero esas actividades son totalmente materialistas. De manera similar, el devoto puro, quien sólo adora a la Suprema Personalidad de Dios, llega a los planetas de Vaikuṇṭha y Kṛṣṇaloka sin ninguna duda. Es muy fácil entender con este importante verso que si, por el simple hecho de adorar a los semidioses, uno puede llegar a los planetas celestiales, o por adorar a los *pitās* uno puede llegar a los planetas Pitā, o por el hecho de practicar las artes negras uno puede llegar a los planetas de los fantasmas, ¿por qué el devoto puro no puede llegar al planeta de Kṛṣṇa o Viṣṇu? Por desgracia, mucha gente carece de información acerca de esos planetas sublimes en los que viven Kṛṣṇa y Viṣṇu, y como no saben de ellos, caen. Hasta los impersonalistas se caen del *brahmajyoti*. Por eso el movimiento de conciencia de Kṛṣṇa le está distribuyendo una información sublime a toda la sociedad humana, con objeto de que, por el simple hecho de cantar el *mantra* Hare Kṛṣṇa, uno pueda volverse perfecto en esta vida e ir de vuelta al hogar, de vuelta a Dios.

TEXTO 26

पत्रं पुष्पं फलं तोयं यो मे भक्त्या प्रयच्छति ।
तदहं भक्त्युपहृतमश्नामि प्रयतात्मनः ॥२६॥

patraṁ puṣpaṁ phalaṁ toyaṁ
yo me bhaktyā prayacchati
tad ahaṁ bhakty-upahṛtam
aśnāmi prayatātmanaḥ

patram—una hoja; *puṣpam*—una flor; *phalam*—una fruta; *toyam*—agua; *yaḥ*—quienquiera; *me*—a Mí; *bhaktyā*—con devoción; *prayacchati*—ofrece; *tat*—eso; *aham*—Yo; *bhakti-upahṛtam*—ofrecido con devoción; *aśnāmi*—acepto; *prayata-ātmanaḥ*—de alguien que tiene la conciencia pura.

TRADUCCIÓN

Si alguien Me ofrece con amor y devoción una hoja, una flor, una fruta o agua, Yo la aceptaré.

SIGNIFICADO

Para la persona inteligente es esencial hallarse en estado de conciencia de Kṛṣṇa, dedicada al amoroso servicio trascendental del Señor, a fin de conseguir una morada bienaventurada y permanente para la felicidad eterna. El proceso para lograr ese maravilloso resultado es muy sencillo, y hasta el más pobre de los pobres puede intentar llevarlo a cabo, sin tener que cumplir con ningún requisito. El único requisito necesario en relación con esto es el de ser un devoto puro del Señor. No importa lo que uno sea o dónde esté situado. El proceso es tan sencillo, que hasta una hoja, un poquito de agua o una fruta, se le puede ofrecer al Señor Supremo con amor genuino, y el Señor tendrá a bien aceptarlo. Por consiguiente, nadie puede ser excluido del proceso de conciencia de Kṛṣṇa, ya que es muy fácil y universal. ¿Quién sería tan necio como para no querer volverse consciente de Kṛṣṇa mediante este sencillo método, y con ello alcanzar la vida más elevada y perfecta que existe de eternidad, bienaventuranza y conocimiento? Kṛṣṇa sólo quiere servicio amoroso y nada más. Kṛṣṇa acepta incluso una pequeña flor que le dé Su devoto puro. Él no quiere ninguna clase de ofrenda que venga de un no devoto. Él no necesita nada de nadie, ya que es autosuficiente, y, no obstante, acepta la ofrenda de Su devoto en un intercambio de amor y afecto. El desarrollo de conciencia de Kṛṣṇa constituye la máxima perfección de la vida. En este verso se menciona dos veces la palabra *bhakti*, con el fin de declarar más enfáticamente que el *bhakti*, o el servicio devocional, es el único medio para acercarse a Kṛṣṇa. Ninguna otra condición, como la de convertirse en un *brāhmaṇa*, en un erudito, en un hombre muy rico o en un gran filósofo, puede inducir a Kṛṣṇa a aceptar alguna ofrenda. Sin el principio básico del *bhakti*, nada puede inducir al Señor a que acceda a aceptar nada de nadie. El *bhakti* nunca es algo casual. El proceso es eterno. Es acción directa para servicio del todo absoluto.

Aquí, el Señor Kṛṣṇa, habiendo establecido que Él es el único disfrutador, el Señor primordial y el verdadero objeto de todas las ofrendas de los sacrificios, revela qué tipos de sacrificios desea que se le ofrezcan. Si uno desea prestarle servicio devocional al Supremo a fin de purificarse y llegar a la meta de la vida —el amoroso servicio trascendental de Dios—, debe averiguar entonces qué es lo que el Señor desea de él. Aquel que ama a Kṛṣṇa le da todo lo que Él quiera, y se abstiene de ofrecerle algo poco recomendable o que no se haya pedido. Así pues, a Kṛṣṇa no se le debe ofrecer carne, pescado ni huevos. Si Él deseara esa clase de ofrendas, lo hubiera dicho. En lugar de eso, Él pide claramente que se le dé una hoja, una fruta, flores y agua, y de esa ofrenda Él dice: "Yo la aceptaré". Por lo tanto, debemos entender que Él no aceptará carne, pescado ni huevos. Las verduras, los granos, las frutas, la leche y el agua constituyen los alimentos indicados para los seres humanos, y el propio Señor Kṛṣṇa los prescribe. Cualquier otra cosa que comamos no se le puede ofrecer a Él, pues Él no la aceptará. De modo que, si ofrecemos esas otras comidas, no estaremos actuando en el plano de la devoción amorosa.

En el Capítulo Tres, verso trece, Śrī Kṛṣṇa explica que sólo los remanentes de un sacrificio están purificados, y que sólo esos remanentes son aptos para el consumo de aquellos que están tratando de progresar en la vida y liberarse de las garras del enredo material. De aquellos que no ofrecen su comida, Él dice en el mismo verso que sólo comen pecado. En otras palabras, cada uno de sus bocados simplemente aumenta su enredo en las complejidades de la naturaleza material. Pero el acto de preparar sencillos y sabrosos platos de verduras, ofrecerlos ante el retrato o la Deidad del Señor Kṛṣṇa y postrarse y orarle a Él para que acepte esa humilde ofrenda, le permite a uno progresar firmemente en la vida, purificar el cuerpo y crear tejidos cerebrales finos que lo llevarán a uno a tener un pensamiento claro. Y, por encima de todo, la ofrenda se debe hacer con una actitud amorosa. Kṛṣṇa no necesita comida, puesto que Él ya posee todo lo que existe, mas, aun así, Él aceptará la ofrenda de alguien que desea complacerlo de esa manera. El elemento importante al preparar, servir y ofrecer, es actuar con amor por Kṛṣṇa.

Los filósofos impersonalistas que desean sostener que la Verdad Absoluta no tiene sentidos, no pueden entender este verso de *El Bhagavad-gītā*. Para ellos, o bien es una metáfora, o una prueba del carácter mundano de Kṛṣṇa, el expositor de *El Bhagavad-gītā*. Pero, en realidad, Kṛṣṇa, la Divinidad Suprema, tiene sentidos, y se afirma que Sus sentidos son intercambiables; en otras palabras, cada uno de Sus sentidos puede realizar la función de cualquier otro de ellos. Eso es lo que quiere decir que Kṛṣṇa es absoluto. Si Él no tuviera sentidos, difícilmente se podría considerar que Él está colmado de toda clase de opulencias. En el Capítulo Siete, Kṛṣṇa ha explicado que Él fecunda la naturaleza material con las entidades vivientes. Eso lo hace con lanzar Su mirada sobre la naturaleza material. Así que, en este caso, que Kṛṣṇa oiga las amorosas palabras del devoto al ofrecer la comida, es *totalmente* idéntico a que Él coma y de hecho la pruebe. Este punto se debe recalcar: debido a Su posición absoluta, su acto de oír es totalmente idéntico a Su acto de comer y saborear. Sólo el devoto —quien acepta a Kṛṣṇa tal como Él mismo se describe, sin interpretaciones— puede entender que la Suprema Verdad Absoluta puede comer algo y disfrutarlo.

TEXTO 27

यत्करोषि यदश्नासि यज्जुहोषि ददासि यत् ।
यत्तपस्यसि कौन्तेय तत्कुरुष्व मदर्पणम् ॥ २७ ॥

yat karoṣi yad aśnāsi
yaj juhoṣi dadāsi yat
yat tapasyasi kaunteya
tat kuruṣva mad-arpaṇam

yat—todo lo que; *karoṣi*—hagas; *yat*—todo lo que; *aśnāsi*—comas; *yat*—todo lo que; *juhoṣi*—ofrezcas; *dadāsi*—regales; *yat*—todo lo que; *yat*—todo lo que; *tapasyasi*—austeridades que realizes; *kaunteya*—¡oh, hijo de Kuntī!; *tat*—eso; *kuruṣva*—hazlo; *mat*—a Mí; *arpaṇam*—como una ofrenda.

TRADUCCIÓN

Todo lo que hagas, todo lo que comas, todo lo que ofrezcas o regales, y todas las austeridades que realizes, hazlo, ¡oh, hijo de Kuntī!, como una ofrenda a Mí.

SIGNIFICADO

Así pues, todo el mundo tiene el deber de amoldar su vida de modo tal, que no olvide a Kṛṣṇa en ninguna circunstancia. Todo el mundo tiene que trabajar para mantener el cuerpo y el alma juntos, y Kṛṣṇa recomienda aquí que uno trabaje para Él. Todo el mundo tiene que comer algo para vivir; por lo tanto, se deben aceptar los remanentes de alimentos que se le hayan ofrecido a Kṛṣṇa. Todo hombre civilizado tiene que llevar a cabo algunas ceremonias y rituales religiosos; Kṛṣṇa recomienda, pues, ''Hazlo por Mí'', y eso se denomina *arcana*. Todo el mundo tiene la tendencia a dar caridad; Kṛṣṇa dice ''Dámela a Mí'', y eso significa que todo el dinero sobrante que se haya acumulado, se debe utilizar para divulgar el movimiento de conciencia de Kṛṣṇa. Hoy en día la gente está muy inclinada al proceso de la meditación, el cual no es práctico en esta era; pero si alguien practica el meditar en Kṛṣṇa veinticuatro horas al día, mediante el proceso de cantar con sus cuentas el *mantra* Hare Kṛṣṇa, esa persona es sin duda el meditador y el *yogī* más grande de todos, tal como lo establece el Sexto Capítulo de *El Bhagavad-gītā*.

TEXTO 28

शुभाशुभफलैरेवं मोक्ष्यसे कर्मबन्धनैः ।
संन्यासयोगयुक्तात्मा विमुक्तो मामुपैष्यसि ॥ २८ ॥

śubhāśubha-phalair evaṁ
mokṣyase karma-bandhanaiḥ
sannyāsa-yoga-yuktātmā
vimukto mām upaiṣyasi

śubha—de los auspiciosos; *aśubha*—y de los desfavorables; *phalaiḥ*—resultados; *evam*—así pues; *mokṣyase*—te librarás; *karma*—del trabajo; *bandhanaiḥ*—del cautiverio; *sannyāsa*—de la renunciación; *yoga*—el *yoga*; *yukta-ātmā*—teniendo la mente puesta firmemente en; *vimuktaḥ*—liberado; *mām*—a Mí; *upaiṣyasi*—llegarás.

TRADUCCIÓN

De ese modo te librarás del cautiverio del trabajo y sus resultados auspiciosos y desfavorables. Con la mente fija en Mí y siguiendo ese principio de renunciación, te liberarás y vendrás a Mí.

SIGNIFICADO

Aquel que actúa con conciencia de Kṛṣṇa bajo una dirección superior, se conoce como *yukta*. El término técnico es *yukta-vairāgya*. Esto lo explica más ampliamente Rūpa Gosvāmī, de la siguiente manera:

anāsaktasya viṣayān
yathārham upayuñjataḥ
nirbandhaḥ kṛṣṇa-sambandhe
yuktaṁ vairāgyam ucyate
(*El Bhakti-rasāmṛta-sindhu* 2.255)

Rūpa Gosvāmī dice que, mientras nos encontremos en este mundo material, tenemos que actuar; no podemos dejar de hacerlo. Por consiguiente, si las acciones se llevan a cabo y los frutos se le dan a Kṛṣṇa, eso se denomina *yukta-vairāgya*. Esas actividades, verdaderamente situadas en el plano de la renunciación, limpian el espejo de la mente, y mientras el ejecutor va progresando en lo que se refiere a la iluminación espiritual, se vuelve completamente entregado a la Suprema Personalidad de Dios. De modo que, al final se libera, y su liberación también se especifica. Por medio de esa liberación él no se vuelve uno con el *brahmajyoti*, sino que más bien entra en el planeta del Señor Supremo. Ello se menciona aquí claramente: *mām upaiṣyasi*, ''él viene a Mí'', de vuelta al hogar, de vuelta a Dios. Hay cinco etapas diferentes de liberación, y acá se especifica que el devoto que siempre ha vivido aquí bajo la dirección del Señor Supremo, tal como ya se dijo, ha evolucionado hasta el punto en que, al abandonar el cuerpo, puede ir de vuelta a Dios y tener directamente la compañía del Señor Supremo.

Todo aquel que no tenga ningún otro interés más que el de dedicar su vida al servicio del Señor, es de hecho un *sannyāsī*. Esa persona siempre se considera un sirviente eterno que depende de la voluntad suprema del Señor. Así pues, todo lo que ella hace es por el bien del Señor. Cualquier acción que ella realiza, la realiza como servicio al Señor. Esa persona no le presta mucha atención a las actividades fruitivas o a los deberes prescritos que se mencionan en los *Vedas*. Las personas ordinarias tienen la obligación de ejecutar los deberes prescritos que se mencionan en los *Vedas*, pero aunque el devoto puro que está totalmente dedicado al servicio del Señor, puede que en ocasiones parezca ir en contra de los deberes védicos prescritos, en realidad no es así.

Las autoridades vaiṣṇavas dicen, en consecuencia, que ni siquiera la persona más inteligente de todas puede entender los planes y las actividades de un devoto puro. Las palabras exactas con las que se indica eso, son: *tāṅra vākya, kriyā, mudrā vijñeha nā bujhāya* (*El Caitanya-caritāmṛta, Madhya* 23.39). A la persona que siempre está dedicada de ese modo al servicio del Señor o que siempre está pensando y planeando cómo servir al Señor, se la debe considerar completamente liberada en el presente, y en el futuro su ida al hogar, de vuelta a Dios, está garantizada. Dicha persona está por encima de toda crítica materialista, tal como Kṛṣṇa está por encima de toda crítica.

TEXTO 29

समोऽहं सर्वभूतेषु न मे द्वेष्योऽस्ति न प्रियः ।
ये भजन्ति तु मां भक्त्या मयि ते तेषु चाप्यहम् २९

samo 'haṁ sarva-bhūteṣu
na me dveṣyo 'sti na priyaḥ
ye bhajanti tu māṁ bhaktyā
mayi te teṣu cāpy aham

samaḥ—con la misma disposición; *aham*—Yo; *sarva-bhūteṣu*—a todas las entidades vivientes; *na*—nadie; *me*—a Mí; *dveṣyaḥ*—odioso; *asti*—es; *na*—ni; *priyaḥ*—querido; *ye*—aquellos que; *bhajanti*—prestan un servicio trascendental; *tu*—pero; *mām*—a Mí; *bhaktyā*—con devoción; *mayi*—están en Mí; *te*—esas personas; *teṣu*—en ellas; *ca*—también; *api*—ciertamente; *aham*—Yo.

TRADUCCIÓN

Yo no envidio a nadie, ni soy parcial con nadie. Yo tengo la misma disposición para con todos. Pero todo el que Me presta servicio con devoción es un amigo y está en Mí, y Yo también soy un amigo para él.

SIGNIFICADO

Uno pudiera preguntar aquí que, si Kṛṣṇa es igual con todo el mundo y nadie es Su amigo especial, entonces ¿por qué muestra un interés especial en los devotos que siempre están dedicados a Su trascendental servicio? Pero ello no es una discriminación; es algo natural. Puede que un hombre cualquiera de este mundo material tenga una disposición muy caritativa, mas, aun así, él muestra un interés especial en sus propios hijos. El Señor dice que toda entidad viviente —sea cual fuere su forma— es Su hija, y por ende, Él le proporciona a cada cual una generosa provisión de las cosas necesarias en la vida. Él es tal como una nube, que derrama su lluvia por todas partes sin tener en cuenta si el agua cae en una roca, en la tierra o en el agua. Pero a Sus devotos, Él les da una atención especial. A esos devotos se los menciona aquí: ellos siempre se hallan en estado de conciencia de Kṛṣṇa, y, por consiguiente, siempre están situados en Kṛṣṇa de un modo trascendental. La misma frase ''conciencia de Kṛṣṇa'' sugiere que, aquellos que tienen ese estado de conciencia, son trascendentalistas vivientes que están situados en Él. El Señor dice aquí muy claro *mayi te*, ''Ellos están en Mí''. Naturalmente, como resultado de eso, el Señor también está en ellos. Es algo recíproco. Esto también explica las palabras *ye yathā māṁ prapadyante tāṁs tathaiva bhajāmy aham*: ''En la proporción en que cualquiera se entregue a Mí, Yo me ocupo de Él''. Esa reciprocidad trascendental existe debido a que tanto el Señor como el devoto tienen conciencia. Cuando un diamante está montado en un anillo de oro, se ve muy hermoso. El oro es glorificado, y al mismo tiempo el diamante es glorificado. El Señor y la entidad viviente brillan eternamente, y cuando una entidad viviente se inclina hacia el servicio del Señor Supremo, se ve como el oro. El Señor es un diamante, y esa combinación es muy hermosa. A los seres vivientes que se hallan en un estado puro se los conoce como devotos. El Señor Supremo se vuelve el devoto de Sus devotos. Si entre el devoto y el Señor no hubiera una relación recíproca, entonces no habría ninguna filosofía personalista. En la filosofía impersonalista no existe una correspondencia entre el Supremo y la entidad viviente, pero en la filosofía personalista sí la hay.

A menudo se da el ejemplo de que el Señor es como un árbol de los deseos, y que todo lo que uno quiere de ese árbol el Señor lo provee. Pero la explicación que se da aquí es más completa. Aquí se declara que el Señor es parcial con los devotos. Ésa es la manifestación de la misericordia especial del Señor para con los devotos. La reciprocidad del Señor no se debe considerar que se encuentra bajo la ley del *karma*. Ella pertenece a la situación trascendental en la que actúan el Señor y Sus devotos. El servicio devocional que se le presta al Señor no es una actividad de este mundo material; es parte del mundo espiritual, en el que predominan la eternidad, la bienaventuranza y el conocimiento.

TEXTO 30

अपि चेत्सुदुराचारो भजते मामनन्यभाक् ।
साधुरेव स मन्तव्यः सम्यग्व्यवसितो हि सः ॥३०॥

api cet su-durācāro
bhajate mām ananya-bhāk
sādhur eva sa mantavyaḥ
samyag vyavasito hi saḥ

api—incluso; *cet*—si; *su-durācāraḥ*—aquel que comete las acciones más abominables de todas; *bhajate*—se dedica al servicio devocional; *mām*—a Mí; *ananya-bhāk*—sin desviación; *sādhuḥ*—un santo; *eva*—ciertamente; *saḥ*—él; *mantavyaḥ*—hay que considerarlo; *samyak*—completamente; *vyavasitaḥ*—situado en la determinación; *hi*—ciertamente; *saḥ*—él.

TRADUCCIÓN

Incluso si alguien comete las acciones más abominables de todas, si está dedicado al servicio devocional se debe considerar que es un santo, porque está debidamente situado en su determinación.

SIGNIFICADO

La palabra *su-durācāraḥ* que se emplea en este verso es muy significativa, y debemos entenderla bien. Cuando una entidad viviente está condicionada, tiene dos clases de actividades: unas condicionales y otras constitucionales. En lo que respecta a la protección del cuerpo o a acatar las reglas de la sociedad y el Estado, sin duda que hay diferentes actividades, incluso para los devotos, en relación con la vida condicional, y esas actividades se denominan condicionales. Además de ellas, la entidad viviente que está plenamente consciente de su naturaleza material y está dedicada al proceso de conciencia de Kṛṣṇa, o el servicio devocional del Señor, tiene actividades que se denominan trascendentales. Esas actividades las realiza en su posición constitucional, y técnicamente se denominan servicio devocional. Ahora bien, en el estado condicionado, a veces el servicio devocional y el servicio condicional relacionado con el cuerpo, corren paralelos. Pero, en ocasiones, esas actividades también se oponen entre sí. En la medida de lo posible, el devoto tiene sumo cuidado en no hacer nada que pueda trastornar su condición sana. Él sabe que el logro de la perfección en sus actividades depende de su comprensión progresiva del proceso de conciencia de Kṛṣṇa. Algunas veces, sin embargo, puede que se observe que una persona consciente de Kṛṣṇa comete un acto que, desde el punto de vista social o político, pudiera tomarse como de lo más abominable. Pero esa caída temporal no la incapacita. En *El Śrīmad-Bhāgavatam* se dice que si una persona cae pero está dedicada de todo corazón al servicio trascendental del Señor Supremo, el Señor, como está situado en su corazón, la purifica y le perdona esa acción abominable. La contaminación material es tan fuerte, que hasta un *yogī* plenamente dedicado al servicio del Señor, a veces queda atrapado; pero el proceso de conciencia de Kṛṣṇa es tan fuerte, que esa clase de caída ocasional es corregida de inmediato. Por consiguiente, el proceso del servicio devocional siempre es un éxito. Nadie debe burlarse de un devoto por algún alejamiento accidental del sendero ideal, pues, como se explica en el siguiente verso, esas caídas ocasionales se detendrán a su debido tiempo, en cuanto el devoto se halle totalmente situado en el estado de conciencia de Kṛṣṇa.

Así pues, una persona que está situada en el estado de conciencia de Kṛṣṇa y que está dedicada con determinación al proceso de cantar Hare Kṛṣṇa, Hare Kṛṣṇa, Kṛṣṇa Kṛṣṇa, Hare Hare/ Hare Rāma, Hare Rāma, Rāma Rāma, Hare Hare, se debe considerar que se encuentra en la posición trascendental, incluso si se observa que, por casualidad o por accidente, se ha caído. Las palabras *sādhur eva* —"es un santo"— son muy enfáticas. Esas palabras son una advertencia que se les da a los no devotos, para que sepan que no se deben burlar de un devoto por causa de una caída accidental; aun si se ha caído accidentalmente, se lo debe considerar santo. Y la palabra *mantavyaḥ* es aún más enfática. Si uno no sigue esa regla y se burla del devoto por su caída accidental, entonces está desobedeciendo la orden del Señor Supremo. El único requisito que debe cumplir un devoto es el de estar resuelta y exclusivamente dedicado al servicio devocional.

En *El Nṛsiṁha Purāṇa* se presenta la siguiente declaración:

bhagavati ca harāv ananya-cetā
bhṛśa-malino 'pi virajate manuṣyaḥ
na hi śaśa-kaluṣa-cchabiḥ kadācit
timira-parābhavatām upaiti candraḥ

El significado de esto es que, incluso si se ve que alguien que está dedicado plenamente al servicio devocional del Señor, a veces realiza actividades abominables, esas actividades se debe considerar que son como las manchas que se ven en la Luna, las cuales se asemejan a las huellas de un conejo. Esas manchas no son un impedimento a la difusión de la luz de la Luna. De igual modo, que un devoto se aleje accidentalmente del sendero del carácter santo, no lo vuelve abominable.

Por otra parte, uno no debe cometer el error de creer que un devoto que se encuentra en el trascendental servicio devocional, puede actuar de cualquier manera abominable; este verso únicamente se refiere a un accidente causado por el fuerte poder de las relaciones materiales. El servicio devocional es más o menos una declaración de guerra contra la energía ilusoria. Mientras uno no es lo suficientemente fuerte como para pelear contra la energía ilusoria, puede que hayan caídas accidentales. Pero cuando uno es lo suficientemente fuerte, deja de estar supeditado a esas caídas, tal como se explicó antes. Nadie debe aprovecharse de este verso y hacer tonterías y creer que aún es un devoto. Si él no mejora su carácter mediante el servicio devocional, se ha de entender entonces que no es un devoto elevado.

TEXTO 31

क्षिप्रं भवति धर्मात्मा शश्वच्छान्तिं निगच्छति ।

कौन्तेय प्रतिजानीहि न मे भक्तः प्रणश्यति ॥ ३१ ॥

kṣipraṁ bhavati dharmātmā
śaśvac-chāntiṁ nigacchati
kaunteya pratijānīhi
na me bhaktaḥ praṇaśyati

kṣipram—muy pronto; *bhavati*—se vuelve; *dharma-ātmā*—virtuoso; *śaśvat-śāntim*—paz duradera; *nigacchati*—consigue; *kaunteya*—¡oh, hijo de Kuntī!; *pratijānīhi*—declara; *na*—nunca; *me*—Mi; *bhaktaḥ*—devoto; *praṇaśyati*—perece.

TRADUCCIÓN

Prontamente él se vuelve virtuoso y consigue una paz perdurable. ¡Oh, hijo de Kuntī!, declara osadamente que Mi devoto nunca perece.

SIGNIFICADO

Esto no se debe mal interpretar. En el Séptimo Capítulo, el Señor dice que aquel que está dedicado a actividades perjudiciales, no puede volverse devoto del Señor. Aquel que no es devoto del Señor, no tiene ninguna cualidad en absoluto. Entonces, aun queda la pregunta de cómo alguien que está dedicado a actividades abominables —ya sea accidentalmente o intencionalmente— puede ser un devoto puro. Esta pregunta se puede hacer con razón. Según se declara en el Capítulo Siete, los herejes, quienes nunca se acercan al servicio devocional del Señor, no tienen ninguna cualidad, tal como se declara en *El Śrīmad-Bhāgavatam*. Por lo general, el devoto que está dedicado a las nueve clases de actividades devocionales, está ejecutando el proceso de limpiar del corazón toda la contaminación material. Él pone a la Suprema Personalidad de Dios en su corazón, y todas las contaminaciones pecaminosas se limpian naturalmente. La actividad de pensar siempre en el Señor Supremo lo vuelve puro por naturaleza. De acuerdo con los *Vedas*, existe una cierta regulación según la cual si uno cae de su excelsa posición, tiene que someterse a ciertos procesos rituales para purificarse. Pero aquí no se pone esa condición, porque el proceso purificador ya se encuentra presente en el corazón del devoto, debido a su acto de recordar constantemente a la Suprema Personalidad de Dios. Por lo tanto, el canto de Hare Kṛṣṇa, Hare Kṛṣṇa, Kṛṣṇa Kṛṣṇa, Hare Hare/ Hare Rāma, Hare Rāma, Rāma Rāma, Hare Hare, se debe continuar sin interrupción. Esto protegerá al devoto de todas las caídas accidentales. Él permanecerá así libre de todas las contaminaciones materiales, perpetuamente.

TEXTO 32

मां हि पार्थ व्यपाश्रित्य येऽपि स्युः पापयोनयः ।
स्त्रियो वैश्यास्तथा शूद्रास्तेऽपि यान्ति परां गतिम् ॥ ३२ ॥

māṁ hi pārtha vyapāśritya
ye 'pi syuḥ pāpa-yonayaḥ
striyo vaiśyās tathā śūdrās
te 'pi yānti parāṁ gatim

mām—de Mí; *hi*—ciertamente; *pārtha*—¡oh, hijo de Pṛthā!; *vyapāśritya*—refugiándose particularmente; *ye*—aquellos que; *api*—también; *syuḥ*—son; *pāpa-yonayaḥ*—nacidos en una familia baja; *striyaḥ*—mujeres; *vaiśyāḥ*—comerciantes; *tathā*—también; *śūdrāḥ*—hombres de clase baja; *te api*—incluso ellos; *yānti*—van; *parāṁ*—al supremo; *gatim*—destino.

TRADUCCIÓN

¡Oh, hijo de Pṛthā!, aquellos que se refugian en Mí, aunque sean de baja estirpe —las mujeres, los vaiśyas [los comerciantes] y los śūdras [los trabajadores]—, pueden dirigirse hacia el destino supremo.

SIGNIFICADO

El Señor Supremo expresa aquí claramente que, en el servicio devocional, no hay ninguna distinción entre gente de clase alta y gente de clase baja. En el concepto material de la vida sí existen esas divisiones, pero para una persona que está dedicada al trascendental servicio devocional del Señor, no las hay. Todo el mundo es digno de ir hacia el destino supremo. En *El Śrīmad-Bhāgavatam* (2.4.18) se declara que, incluso las personas más bajas de todas, que se denominan *caṇḍālas* (los que comen perros), pueden purificarse mediante la relación con un devoto puro. Por consiguiente, el servicio devocional y la guía de un devoto puro son cosas tan fuertes, que no hay ninguna discriminación entre hombres de clase baja y de clase alta; cualquiera puede participar de ello. El hombre más sencillo de todos que se refugie en el devoto puro, puede purificarse mediante la guía indicada. De acuerdo con las diferentes modalidades de la naturaleza material, a los hombres se los clasifica en: aquellos que están influidos por la modalidad de la bondad (los *brāhmaṇas*), los que están influidos por la modalidad de la pasión (los *kṣatriyas* o administradores), los que están influidos por una mezcla de las modalidades de la pasión y la ignorancia (los *vaiśyas* o comerciantes), y los que están influidos por la modalidad de la ignorancia (los *śūdras* u obreros). Aquellos que son más bajos que éstos se denominan *caṇḍālas*, y nacen en familias pecaminosas. Por lo general, las clases superiores no aceptan relacionarse con aquellos que nacen en familias pecaminosas. Pero el proceso del servicio devocional es tan fuerte, que el devoto puro del Señor Supremo puede permitirle a la gente de todas las clases bajas que logren la máxima perfección de la vida. Eso sólo es posible cuando uno se refugia en Kṛṣṇa. Como se indica aquí con la palabra *vyapāśritya*, uno tiene que refugiarse en Kṛṣṇa por completo. De ese modo, uno puede volverse mucho más eminente que grandes *jñānīs* y *yogīs*.

TEXTO 33

किं पुनर्ब्राह्मणाः पुण्या भक्ता राजर्षयस्तथा ।
अनित्यमसुखं लोकमिमं प्राप्य भजस्व माम् ॥ ३३ ॥

kiṁ punar brāhmaṇāḥ puṇyā
bhaktā rājarṣayas tathā
anityam asukhaṁ lokam
imaṁ prāpya bhajasva mām

kim—cuánto más; *punaḥ*—de nuevo; *brāhmaṇāḥ*—*brāhmaṇas*; *puṇyāḥ*—virtuosos; *bhaktāḥ*—devotos; *rāja-ṛṣayaḥ*—reyes santos; *tathā*—también; *anityam*—temporal; *asukham*—lleno de sufrimientos; *lokam*—planeta; *imam*—este; *prāpya*—ganando; *bhajasva*—dedícate al servicio amoroso; *mām*—a Mí.

TRADUCCIÓN

¡Cuánto más cierto no es esto en el caso de los virtuosos brāhmaṇas, de los devotos y también de los reyes santos! Así que, habiendo venido a este temporal y desolador mundo, dedícate a Mi amoroso servicio.

SIGNIFICADO

En este mundo material hay diferentes clases de gente, pero, al fin y al cabo, este mundo no es un lugar feliz para nadie. Aquí se afirma claramente: *anityam asukhaṁ lokam*, este mundo es temporal y está repleto de sufrimientos; no es un lugar habitable para ningún hombre cuerdo. La Suprema Personalidad de Dios declara que este mundo es temporal y está colmado de desdichas. Algunos filósofos, especialmente los filósofos *māyāvādīs*, dicen que este mundo es falso; pero con *El Bhagavad-gītā* podemos entender que el mundo no es falso; es temporal. Existe una diferencia entre temporal y falso. Este mundo es temporal, pero hay otro mundo, el cual es eterno. Este mundo es desolador, pero el otro mundo es eterno y bienaventurado.

Arjuna nació en una familia real y santa. También a él el Señor le dice: ''Emprende Mi servicio devocional y ven rápidamente de vuelta a Dios, de vuelta al hogar''. Nadie debe permanecer en este mundo temporal, el cual está tan lleno de sufrimientos. Todo el mundo debe apegarse al regazo de la Suprema Personalidad de Dios para poder ser eternamente feliz. El servicio devocional del Señor Supremo es el único proceso mediante el cual se pueden resolver todos los problemas de todas las clases de hombres que hay. De modo que, todo el mundo debe emprender el proceso de conciencia de Kṛṣṇa, y hacer que su vida sea perfecta.

TEXTO 34

मन्मना भव मद्भक्तो मद्याजी मां नमस्कुरु ।
मामेवैष्यसि युक्त्वैवमात्मानं मत्परायणः ॥३४॥

man-manā bhava mad-bhakto
mad-yājī māṁ namaskuru
mām evaiṣyasi yuktvaivam
ātmānaṁ mat-parāyaṇaḥ

mat-manāḥ—pensando en Mí siempre; *bhava*—vuélvete; *mat*—Mi; *bhaktaḥ*—devoto; *mat*—Mi; *yājī*—adorador; *mām*—a Mí; *namaskuru*—ofrece reverencias; *mām*—a Mí; *eva*—completamente; *eṣyasi*—vendrás; *yuktvā*—estando absorto; *evam*—así pues; *ātmānam*—tu alma; *mat-parāyaṇaḥ*—consagrado a Mí.

TRADUCCIÓN

Siempre ocupa la mente en pensar en Mí, vuélvete devoto Mío, ofréceme reverencias y adórame a Mí. Estando completamente absorto en Mí, es seguro que vendrás a Mí.

SIGNIFICADO

En este verso se indica claramente que el proceso de conciencia de Kṛṣṇa es el único medio para liberarse de las garras de este mundo material contaminado. A veces, unos comentaristas inescrupulosos desvirtúan el significado de lo que aquí se afirma claramente: que todo el servicio devocional se le debe ofrecer a la Suprema Personalidad de Dios, Kṛṣṇa. Por desgracia, los comentaristas inescrupulosos apartan la mente del lector hacia aquello que no es factible en absoluto. Esos comentaristas no saben que no hay ninguna diferencia entre Kṛṣṇa y la mente de Kṛṣṇa. Kṛṣṇa no es un ser humano ordinario; Él es la Verdad Absoluta. Su cuerpo, Su mente y Él Mismo son uno y son absolutos. En *El Kūrma Purāṇa* se declara, tal como lo cita Bhaktisiddhānta Sarasvatī Gosvāmī en sus comentarios *Anubhāṣya* a *El Caitanya-caritāmṛta*, Quinto Capítulo del *Ādi-līlā*, versos 41-48, *deha-dehi-vibhedo 'yaṁ neśvare vidyate kvacit*. Esto significa que en Kṛṣṇa, el Señor Supremo, no existe ninguna diferencia entre Él y Su cuerpo. Pero debido a que los comentaristas no conocen esta ciencia de Kṛṣṇa, esconden a Kṛṣṇa y dividen Su personalidad de Su mente o de Su cuerpo. Aunque esto es signo de una crasa ignorancia de la ciencia de Kṛṣṇa, algunos hombres obtienen ganancias de desorientar a la gente.

Hay algunos hombres que son demoníacos; ellos también piensan en Kṛṣṇa, pero con envidia, tal como el rey Kaṁsa, el tío de Kṛṣṇa. Él también estaba pensando siempre en Kṛṣṇa, pero pensaba en Kṛṣṇa como enemigo. Él siempre estaba angustiado, preguntándose cuándo Kṛṣṇa iría a matarlo. Esa manera de pensar no nos ayudará. Uno debe pensar en Kṛṣṇa con amor devocional. Eso es *bhakti*. Uno debe cultivar el conocimiento acerca de Kṛṣṇa continuamente. ¿Cómo se hace ese cultivo favorable? Aprendiendo con un maestro genuino. Kṛṣṇa es la Suprema Personalidad de Dios, y varias veces hemos explicado que Su cuerpo no es material, sino que es conocimiento eterno y bienaventurado. Esa clase de plática acerca de Kṛṣṇa lo ayudará a uno a volverse devoto. Entender a Kṛṣṇa de otra manera, oyendo a la fuente equivocada, será infructuoso.

Por consiguiente, uno debe ocupar la mente en la forma eterna, la forma primordial de Kṛṣṇa; uno se debe dedicar a adorar a Kṛṣṇa con la convicción en el corazón de que Él es el Supremo. En la India hay cientos de miles de templos para la adoración de Kṛṣṇa, y en ellos se practica el servicio devocional. Cuando esa práctica se lleva a cabo, uno tiene que ofrecerle reverencias a Kṛṣṇa. Uno debe inclinar la cabeza ante la Deidad y ocupar la mente, el cuerpo, las actividades... todo. Eso hará que uno se absorba en Kṛṣṇa por entero sin desviación. Eso lo ayudará a uno a trasladarse a Kṛṣṇaloka. Uno no debe dejarse desviar por los comentaristas inescrupulosos. Uno debe dedicarse a los nueve procesos del servicio devocional, comenzando con los procesos de oír y cantar acerca de Kṛṣṇa. El servicio devocional puro es el máximo logro de la sociedad humana.

Los Capítulos Séptimo y Octavo de *El Bhagavad-gītā* han explicado el servicio devocional puro que se le presta al Señor, el servicio que está libre del conocimiento especulativo, del *yoga* místico y de las actividades fruitivas. Puede que aquellos que no están plenamente santificados se vean atraídos por diferentes aspectos del Señor, tales como el *brahmajyoti* impersonal y el Paramātmā localizado, pero un devoto puro emprende directamente el servicio del Señor Supremo.

Hay un hermoso poema acerca de Kṛṣṇa en el que se expresa claramente que, cualquier persona que esté dedicada a la adoración de los semidioses, es muy poco inteligente y no puede obtener en ningún momento la recompensa suprema, que es Kṛṣṇa. Al comienzo puede que el devoto caiga a veces del plano modelo, pero aun así se debe considerar que él es superior a todos los demás filósofos y *yogīs*. Aquel que siempre está dedicado al proceso de conciencia de Kṛṣṇa, se debe sobrentender que es una persona completamente santa. Sus accidentales actividades no devocionales van a disminuir, y pronto él se verá situado sin ninguna duda en el estado de plena perfección. El devoto puro no tiene ninguna posibilidad de caer, porque la Divinidad Suprema cuida personalmente de Sus devotos puros. En consecuencia, la persona inteligente debe emprender directamente este proceso de conciencia de Kṛṣṇa, y vivir de una manera dichosa en este mundo material. A su debido tiempo, ella recibirá la recompensa suprema: Kṛṣṇa.

Así terminan los significados de Bhaktivedanta del Noveno Capítulo de El Śrīmad Bhagavad-gītā, *en relación con "El conocimiento más confidencial".*

Capítulo Diez

LA OPULENCIA DEL ABSOLUTO

TEXTO 1

श्रीभगवानुवाच
भूय एव महाबाहो शृणु मे परमं वचः ।
यत्तेऽहं प्रीयमाणाय वक्ष्यामि हितकाम्यया ॥१॥

śrī-bhagavān uvāca
bhūya eva mahā-bāho
śṛṇu me paramaṁ vacaḥ
yat te 'haṁ prīyamāṇāya
vakṣyāmi hita-kāmyayā

śrī-bhagavān uvāca—la Suprema Personalidad de Dios dijo; *bhūyaḥ*—de nuevo; *eva*—ciertamente; *mahā-bāho*—¡oh, tú, el de los poderosos brazos!; *śṛṇu*—oye; *me*—a Mí; *paramam*—suprema; *vacaḥ*—instrucción; *yat*—aquello que; *te*—a ti; *aham*—Yo; *prīyamāṇāya*—considerando que eres muy querido por Mí; *vakṣyāmi*—digo; *hita-kāmyayā*—en beneficio tuyo.

TRADUCCIÓN

La Suprema Personalidad de Dios dijo: Vuelve a escuchar, ¡oh, Arjuna, el de los poderosos brazos! Como tú eres Mi amigo querido, para beneficio tuyo voy a seguir hablando, y voy a impartir un conocimiento que es mejor que lo que ya he explicado.

SIGNIFICADO

Parāśara Muni explica la palabra Bhagavān de la siguiente manera: aquel que está colmado de seis opulencias, que tiene plena fuerza, plena fama, riqueza, conocimiento, belleza y renunciación, es Bhagavān, o la Suprema Personalidad de Dios. Mientras Kṛṣṇa se hallaba en esta Tierra, exhibió todas esas seis opulencias. Por consiguiente, grandes sabios tales como Parāśara Muni han aceptado todos a Kṛṣṇa como la Suprema Personalidad de Dios. Ahora Kṛṣṇa está instruyendo a Arjuna en un conocimiento más confidencial acerca de Sus opulencias y Su trabajo. Ya anteriormente, comenzando con el Capítulo Siete, el Señor explicó Sus diferentes energías y cómo éstas actúan. Pues bien, en este capítulo, Él le explica a Arjuna Sus opulencias específicas. En el capítulo anterior, Él ha explicado claramente Sus diferentes energías, para establecer la devoción con una convicción firme. En este capítulo, Él le habla a Arjuna de nuevo acerca de Sus manifestaciones y diversas opulencias.

Cuanto más se oye hablar del Dios Supremo, más se establece uno en el servicio devocional. Siempre se debe oír hablar acerca del Señor en compañía de devotos; eso realzará el servicio devocional de uno. Los discursos que se dan en la sociedad de devotos sólo se pueden llevar a cabo entre aquellos que verdaderamente están ansiosos de tener conciencia de Kṛṣṇa. Los demás no pueden participar en esos discursos. El Señor le dice a Arjuna claramente que, como Arjuna le es muy querido, esos discursos se están llevando a cabo para beneficio suyo.

TEXTO 2

न मे विदुः सुरगणाः प्रभवं न महर्षयः ।
अहमादिर्हि देवानां महर्षीणां च सर्वशः ॥ २ ॥

na me viduḥ sura-gaṇāḥ
prabhavaṁ na maharṣayaḥ
aham ādir hi devānāṁ
maharṣīṇāṁ ca sarvaśaḥ

na—nunca; *me*—Mi; *viduḥ*—conocen; *sura-gaṇāḥ*—los semidioses; *prabhavam*—origen, opulencias; *na*—nunca; *mahā-ṛṣayaḥ*—grandes sabios; *aham*—Yo soy; *ādiḥ*—el origen; *hi*—ciertamente; *devānām*—de los semidioses; *mahā-ṛṣīṇām*—de los grandes sabios; *ca*—también; *sarvaśaḥ*—en todos los aspectos.

TRADUCCIÓN

Ni las legiones de semidioses ni los grandes sabios conocen Mi origen ni Mis opulencias, ya que, en todos los aspectos, Yo soy la fuente de los semidioses y de los sabios.

SIGNIFICADO

Como se afirma en *El Brahma-saṁhitā*, el Señor Kṛṣṇa es el Señor Supremo.

Nadie es superior a Él; Él es la causa de todas las causas. Aquí, el Señor también afirma personalmente que Él es la causa de todos los semidioses y sabios. Ni siquiera los semidioses y grandes sabios pueden entender a Kṛṣṇa; ellos no pueden entender ni Su nombre ni Su personalidad, así que, ¿qué podemos decir de los supuestos eruditos de este diminuto planeta? Nadie puede entender por qué este Dios Supremo viene a la Tierra como un ser humano ordinario y ejecuta actividades tan maravillosas y fuera de lo común. Uno debe saber, entonces, que la erudición no es la cualidad necesaria para entender a Kṛṣṇa. Hasta los semidioses y los grandes sabios han tratado de entender a Kṛṣṇa mediante su especulación mental, y no lo han logrado. En *El Śrīmad-Bhāgavatam* también se dice claramente que ni siquiera los grandes semidioses son capaces de entender a la Suprema Personalidad de Dios. Ellos pueden especular hasta los límites de sus sentidos imperfectos y pueden llegar a la conclusión opuesta del impersonalismo, de algo que no hayan manifestado las tres cualidades de la naturaleza material, o ellos pueden imaginar algo mediante la especulación mental, pero no es posible entender a Kṛṣṇa mediante esa necia especulación.

Aquí el Señor dice indirectamente que si alguien quiere conocer a la Verdad Absoluta: "Heme aquí presente como la Suprema Personalidad de Dios. Yo soy el Supremo". Uno debe saber eso. Aunque uno no pueda entender al inconcebible Señor que está presente personalmente, no obstante Él existe. Nosotros podremos entender de hecho a Kṛṣṇa, quien es eterno y está lleno de bienaventuranza y conocimiento, si tan sólo estudiamos Sus palabras en *El Bhagavad-gītā* y *El Śrīmad-Bhāgavatam*. El concepto de Dios como algún poder gobernante o como el Brahman impersonal pueden llegar a entenderlo las personas que se encuentran en el plano de la energía inferior del Señor, pero a la Personalidad de Dios no se lo puede concebir a menos que se esté en la posición trascendental.

Como la mayoría de los hombres no pueden entender a Kṛṣṇa en Su verdadera situación, Él desciende por Su misericordia sin causa a favorecer a esos especuladores. Mas, a pesar de las extraordinarias actividades del Señor Supremo, esos especuladores, debido a la contaminación de que son objeto en el plano de la energía material, siguen pensando que el Brahman impersonal es el Supremo. Sólo los devotos que están plenamente entregados al Señor Supremo pueden entender, por la gracia de la Personalidad Suprema, que Él es Kṛṣṇa. Los devotos del Señor no le hacen caso a la concepción de Dios como el Brahman impersonal; su fe y devoción los lleva a entregarse inmediatamente al Señor Supremo, y, por la misericordia sin causa de Kṛṣṇa, ellos pueden entender a Kṛṣṇa. Nadie más puede entenderlo. De modo que, hasta los grandes sabios concuerdan; ¿qué es el *ātmā*?, ¿qué es el Supremo?: es Aquel a quien tenemos que adorar.

TEXTO 3

यो मामजमनादिं च वेत्ति लोकमहेश्वरम् ।
असंमूढः स मर्त्येषु सर्वपापैः प्रमुच्यते ॥३॥

yo māṁ ajam anādiṁ ca
vetti loka-maheśvaram
asammūḍhaḥ sa martyeṣu
sarva-pāpaiḥ pramucyate

yaḥ—todo aquel que; *mām*—a Mí; *ajam*—innaciente; *anādim*—sin principio; *ca*—también; *vetti*—conoce; *loka*—de los planetas; *maha-īśvaram*—el amo supremo; *asammūḍhaḥ*—libre de engaño; *saḥ*—él; *martyeṣu*—entre aquellos sujetos a morir; *sarva-pāpaiḥ*—de todas las reacciones pecaminosas; *pramucyate*—se libera.

TRADUCCIÓN

Aquel que Me conoce como el innaciente, como el que no tiene principio, como el Supremo Señor de todos los mundos, sólo él, que entre los hombres está libre de engaño, se libera de las reacciones de los pecados.

SIGNIFICADO

Como se dice en el Capítulo Siete (7.3): *manuṣyāṇāṁ sahasreṣu kaścid yatati siddhaye*, aquellos que están tratando de elevarse hasta el plano de la comprensión espiritual, no son hombres ordinarios; ellos son superiores a millones y millones de hombres ordinarios que carecen de conocimiento acerca de la iluminación espiritual. Pero entre aquellos que verdaderamente están tratando de entender su situación espiritual, aquel que puede llegar a comprender que Kṛṣṇa es la Suprema Personalidad de Dios, el propietario de todo, el innaciente, es la persona consumada de mayor éxito espiritual. Sólo en esa etapa, cuando se ha comprendido enteramente la suprema posición de Kṛṣṇa, puede uno estar libre por completo de todas las reacciones pecaminosas.

Aquí se describe al Señor con la palabra *aja*, que significa innaciente, pero Él es distinto de las entidades vivientes, a quienes se las describe como *aja* en el Capítulo Dos. El Señor es diferente de las entidades vivientes, que están naciendo y muriendo a causa del apego material. Las almas condicionadas están cambiando sus cuerpos, pero el cuerpo de Él es incambiable. Incluso cuando Él viene a este mundo material, lo hace como el mismo innaciente; por lo tanto, en el Cuarto Capítulo se dice que el Señor, en virtud de Su potencia interna, no se halla bajo el control de la energía material inferior, sino que siempre se halla en el plano de la energía superior.

En este verso, las palabras *vetti loka-maheśvaram* indican que uno debe saber que el Señor Kṛṣṇa es el propietario supremo de los sistemas planetarios del universo. Él existía antes de la creación, y Él es diferente de Su creación. Todos los semidioses fueron creados dentro de este mundo material, pero en lo que respecta a Kṛṣṇa, se dice que Él no es creado; así pues, Kṛṣṇa es diferente incluso de los grandes semidioses, tales como Brahmā y Śiva. Y como Él es el creador de Brahmā, Śiva y todos los demás semidioses, Él es la Persona Suprema de todos los planetas.

Śrī Kṛṣṇa es, entonces, diferente de todo lo creado, y cualquiera que lo conozca de ese modo, se libera de inmediato de todas las reacciones pecaminosas. Para tener conocimiento acerca del Señor Supremo, uno debe estar liberado de las actividades pecaminosas. A Él sólo se lo puede conocer por medio del servicio devocional —y por ningún otro medio—, tal como se declara en *El Bhagavad-gītā*.

Uno no debe tratar de entender a Kṛṣṇa como si Él fuera un ser humano. Como se dijo antes, sólo una persona necia lo considera a Él un ser humano. Ello se expresa aquí de nuevo de una manera diferente. Un hombre que no es necio, que es lo suficientemente inteligente como para entender la posición constitucional de la Divinidad, siempre está libre de todas las reacciones pecaminosas.

Si a Kṛṣṇa se lo conoce como el hijo de Devakī, entonces, ¿cómo puede ser innaciente? Eso también se explica en *El Śrīmad-Bhāgavatam*: cuando Él apareció ante Devakī y Vasudeva, no nació como un niño ordinario; Él apareció en Su forma original, y luego se transformó en un niño ordinario.

Todo lo que se hace bajo la dirección de Kṛṣṇa es trascendental. Ello no puede contaminarse con las reacciones materiales, las cuales pueden ser favorables o desfavorables. La concepción de que en el mundo material hay unas cosas favorables y otras desfavorables es más o menos una invención mental, pues en el mundo material no hay nada favorable. Todo es desfavorable, porque la propia cobertura material es desfavorable. Nosotros tan sólo imaginamos que es favorable. Lo verdaderamente favorable depende de las actividades que se realizan en el plano de conciencia de Kṛṣṇa con plena devoción y servicio. Si de algún modo queremos, pues, que nuestras actividades sean auspiciosas, debemos trabajar entonces bajo las indicaciones del Señor Supremo. Esas indicaciones se dan en Escrituras autoritativas tales como *El Śrīmad-Bhāgavatam* y *El Śrīmad Bhagavad-gītā*, o las da un maestro espiritual genuino. Como el maestro espiritual es el representante del Señor Supremo, sus indicaciones son directamente las indicaciones del Señor Supremo. El maestro espiritual, las personas santas y las Escrituras dirigen de la misma manera. Entre estas tres fuentes no hay ninguna contradicción. Todas las acciones que se hacen bajo esa dirección, están libres de las reacciones de las actividades piadosas o impías de este mundo material. La actitud trascendental que el devoto tiene en la ejecución de actividades es de hecho una actitud de renunciación, y eso se denomina *sannyāsa*. Como se declara en el primer verso del Sexto Capítulo de *El Bhagavad-gītā*, aquel que actúa como una cuestión de deber porque así se lo ha ordenado el Señor Supremo, y que no busca refugiarse en los frutos de sus actividades (*anāśritaḥ karma-phalam*), es un verdadero renunciante. Todo aquel que actúa bajo la dirección del Señor Supremo es de hecho un *sannyāsī* y un *yogī*, y no el hombre que simplemente ha adoptado el traje del *sannyāsī*, o un falso *yogī*.

TEXTOS 4–5

बुद्धिर्ज्ञानमसंमोहः क्षमा सत्यं दमः शमः ।
सुखं दुःखं भवोऽभावो भयं चाभयमेव च ॥ ४ ॥
अहिंसा समता तुष्टिस्तपो दानं यशोऽयशः ।
भवन्ति भावा भूतानां मत्त एव पृथग्विधाः ॥ ५ ॥

buddhir jñānam asammohaḥ
kṣamā satyaṁ damaḥ śamaḥ
sukhaṁ duḥkhaṁ bhavo 'bhāvo
bhayaṁ cābhayam eva ca

ahiṁsā samatā tuṣṭis
tapo dānaṁ yaśo 'yaśaḥ
bhavanti bhāvā bhūtānāṁ
matta eva pṛthag-vidhāḥ

buddhiḥ—inteligencia; *jñānam*—conocimiento; *asammohaḥ*—ausencia de duda; *kṣamā*—indulgencia; *satyam*—veracidad; *damaḥ*—control de los sentidos; *śamaḥ*—control de la mente; *sukham*—felicidad; *duḥkham*—aflicción; *bhavaḥ*—nacimiento; *abhāvaḥ*—muerte; *bhayam*—temor; *ca*—también; *abhayam*—valentía; *eva*—también; *ca*—y; *ahiṁsā*—no violencia; *samatā*—equilibrio; *tuṣṭiḥ*—satisfacción; *tapaḥ*—penitencia; *dānam*—caridad; *yaśaḥ*—fama; *ayaśaḥ*—infamia; *bhavanti*—aparecen; *bhavāḥ*—naturalezas; *bhūtānām*—de las entidades vivientes; *mattaḥ*—de Mí; *eva*—ciertamente; *pṛthak-vidhāḥ*—dispuestas de diversas maneras.

TRADUCCIÓN

La inteligencia, el conocimiento, la ausencia de duda y engaño, la indulgencia, la veracidad, el control de los sentidos, el control de la mente, la felicidad, la aflicción, el nacimiento, la muerte, el temor, la valentía, la no violencia, la ecuanimidad, la satisfacción, la austeridad, la caridad, la fama y la infamia, todas estas diversas cualidades de los seres vivos sólo son creadas por Mí.

SIGNIFICADO

Las diferentes cualidades de las entidades vivientes, ya sean buenas o malas, son todas creadas por Kṛṣṇa, y aquí se las describe.

''Inteligencia'' se refiere a la capacidad de analizar las cosas en su correcta perspectiva, y ''conocimiento'' se refiere al hecho de entender lo que es el

Su Divina Gracia

A.C. Bhaktivedanta Swami Prabhupāda

Ācārya-Fundador de la Asociación para la Conciencia de Krisna

Su Divina Gracia
Śrīla Bhaktisiddhānta Sarasvatī Ṭhākura
maestro espiritual de Śrīla Prabhupāda

Oh, Sañjaya!, ¿qué hicieron mis hijos y los hijos de Pāṇḍu después de reunirse
n el lugar de peregrinaje de Kurukṣetra con deseos de pelear? (1.1).

Todo el cuerpo me tiembla y tengo el vello erizado. Mi arco Gāṇḍīva se me es- resbalando de la mano, y la piel me arde (1.29).

ısí como en este cuerpo el alma encarnada pasa continuamente de la niñez a la ıventud y luego a la vejez, de la misma manera el alma pasa a otro cuerpo en el ıomento de la muerte. A la persona sensata no la confunde ese cambio (2.13).

Aunque los dos pájaros están en el mismo árbol, el pájaro que come está agc biado por la ansiedad y el malhumor como disfrutador de los frutos del árbol.. pero si vuelve la cara hacia su amigo, que es el Señor, y conoce Sus glorias, d inmediato se libera de todas las ansiedades (2.22, citado del *Muṇḍaka Upaniṣad*)

Al comienzo de la creación, el Señor de todas las criaturas dio origen a generaciones de hombres y semidioses, y a los sacrificios en honor de Viṣṇu, y los bendijo, diciendo: «Sed felices mediante este sacrificio, porque su ejecución os concederá todo lo que puede desearse para vivir feliz y lograr la liberación» (3.10).

Yo [Kṛṣṇa] enseñé esta imperecedera ciencia del *yoga* a Vivasvān, el dios del Sol, y Vivasvān la enseñó a Manu, el padre de la humanidad, y Manu a su vez la enseñó a Ikṣvāku (4.1).

'uando quiera y dondequiera que haya una declinación en la práctica religiosa,)h, descendiente de Bharata!, y un aumento predominante de la irreligión, Yo esciendo personalmente (4.7).

Los sabios humildes, en virtud del conocimiento verdadero, ven con la mism visión a un manso y erudito *brāhmaṇa*, a una vaca, a un elefante, a un perro y a que come perros [un paria] (5.18).

Uno debe mantener el cuerpo, el cuello y la cabeza erguidos en línea recta, y mirar fijamente la punta de la nariz. De este modo, con la mente tranquila y sometida, libre de temor y completamente libre de vida sexual, se debe meditar en Mí en el corazón y convertirme en la meta última de la vida (6.13-14).

Porque la mente es inquieta, turbulenta, obstinada y muy fuerte, ¡oh, Kṛṣṇa!, y someterla, creo yo, es más difícil que controlar el viento (6.34).

\rjuna vio en esa forma universal infinidad de bocas, infinidad de ojos, infinidad le visiones maravillosas. La forma estaba adornada con muchos ornamentos elestiales, y llevaba en alto muchas armas divinas (11.10).

La entidad viviente que se halla en el mundo material lleva de un cuerpo a otr sus diferentes concepciones de la vida, tal como el aire transporta los aromas. A pues, ella adopta un tipo de cuerpo, y de nuevo lo deja para adoptar otro (15.8).

Abandona todas las variedades de religión y tan sólo entrégate a Mí. Yo te libra
de todas las reacciones pecaminosas. No temas (18.66).

espíritu y lo que es la materia. El conocimiento ordinario que se obtiene con una educación universitaria es relativo únicamente a la materia, y aquí no se lo acepta como conocimiento. Conocimiento significa conocer la diferencia que hay entre el espíritu y la materia. En la educación moderna no hay ningún conocimiento acerca del espíritu; ellos tan sólo se están ocupando de los elementos materiales y de las necesidades físicas. Por consiguiente, el conocimiento académico no es completo.

Asammoha, la ausencia de duda y engaño, se puede lograr cuando uno no vacila y cuando entiende la filosofía trascendental. Lentamente pero con certeza, uno se libra de la confusión. No se debe aceptar nada a ciegas; todo se debe aceptar con cuidado y precaución. *Kṣamā*, la tolerancia e indulgencia, es algo que se debe poner en práctica; uno debe ser tolerante y excusar las pequeñas ofensas de los demás. *Satyam*, veracidad, significa que los hechos se deben presentar tal como son, para beneficio de los demás. No se deben tergiversar los hechos. Según las convenciones sociales, se dice que uno puede hablar la verdad únicamente cuando les resulte agradable a los demás. Pero eso no es veracidad. La verdad se debe hablar de un modo franco, de manera que los demás puedan saber cuáles son los hechos. Si un hombre es un ladrón y a la gente se le advierte que él es un ladrón, ésa es la verdad. Aunque a veces la verdad sea desagradable, uno no debe dejar de hablarla. La veracidad exige que se presenten los hechos tal como son, para beneficio de los demás. Ésa es la definición de verdad.

El control de los sentidos significa que éstos no se deben emplear para el disfrute personal innecesario. No hay nada que prohíba satisfacer las verdaderas necesidades de los sentidos, pero el disfrute innecesario de los sentidos va en detrimento del avance espiritual. Por lo tanto, se debe reprimir el uso innecesario de los sentidos. De forma similar, uno debe evitar que la mente se entregue a pensamientos innecesarios; eso se denomina *śama*. Uno no debe perder el tiempo en considerar cómo hacer dinero. Ése es un mal uso de la capacidad de pensar. La mente se debe utilizar para entender la necesidad fundamental de los seres humanos, y ello se debe presentar de un modo autoritativo. La capacidad de pensar se debe desarrollar en compañía de personas que sean autoridades en las Escrituras, personas santas, maestros espirituales y aquellos cuyo pensamiento está sumamente desarrollado. *Sukham*, el placer o la felicidad, siempre debe proceder de aquello que sea favorable para el cultivo del conocimiento espiritual del proceso de conciencia de Kṛṣṇa. E, igualmente, aquello que es doloroso o que causa aflicción es aquello que es desfavorable para el cultivo de conciencia de Kṛṣṇa. Todo lo que sea favorable para el desarrollo de conciencia de Kṛṣṇa se debe aceptar, y todo lo desfavorable se debe rechazar.

Bhava, el nacimiento, se debe entender que se refiere al cuerpo. En lo que respecta al alma, para ella no hay ni nacimiento ni muerte; eso ya lo hemos discutido al comienzo de *El Bhagavad-gītā*. El nacimiento y la muerte se le aplican al cuerpo que uno ha adquirido en el mundo material. El temor se debe a la preocupación por el futuro. Una persona con conciencia de Kṛṣṇa no tiene temor, porque por sus actividades es seguro que irá de vuelta al cielo espiritual, de vuelta al hogar, de vuelta a Dios. Así pues, su futuro es muy brillante. Otros, sin embargo, no saben lo que el futuro les depara; ellos no tienen conocimiento de lo que la siguiente vida les depara. De manera que, por eso, se hallan en un estado de ansiedad constante. Si queremos librarnos de la ansiedad, entonces lo mejor es entender a Kṛṣṇa y siempre estar situados en el plano de conciencia de Kṛṣṇa. De ese modo estaremos libres de todo temor. En *El Śrīmad-Bhāgavatam* (11.2.37) se declara: *bhayaṁ dvitīyābhiniveśataḥ syāt*, el temor lo causa nuestra absorción en la energía ilusoria. Pero aquellos que están libres de la energía ilusoria, aquellos que están seguros de que no son el cuerpo material, que están seguros de que son partes espirituales de la Suprema Personalidad de Dios, y que, por ende, están dedicados al trascendental servicio de la Divinidad Suprema, no tienen nada que temer. Su futuro es muy brillante. Ese temor es una condición propia de las personas que no se hallan en estado de conciencia de Kṛṣṇa. *Abhayam*, o la valentía, sólo puede existir en aquel que se halla en estado de conciencia de Kṛṣṇa.

Ahiṁsā, no violencia, significa que uno no debe hacer nada que ponga a otros en una situación de sufrimiento o confusión. Las actividades materiales que prometen los muchos políticos, sociólogos, filántropos, etc., no producen muy buenos resultados, ya que los políticos y filántropos no tienen una visión trascendental; ellos no saben qué es lo verdaderamente beneficioso para la sociedad humana. *Ahiṁsā* significa que la gente debe ser adiestrada de modo tal que se pueda lograr la plena utilización del cuerpo humano. El cuerpo humano es para la iluminación espiritual, así que cualquier movimiento o cualesquiera comisiones que no fomenten ese fin, cometen un acto de violencia contra el cuerpo humano. Aquello que fomenta la felicidad espiritual futura de la generalidad de la gente, se denomina no violencia.

Samatā, ecuanimidad, se refiere al hecho de estar libre del apego y la aversión. Estar muy apegado o estar muy desapegado no es lo mejor. Este mundo material se debe aceptar sin apego ni aversión. Aquello que es favorable para la prosecución del cultivo de conciencia de Kṛṣṇa, se debe aceptar; aquello que es desfavorable se debe rechazar. Eso se denomina *samatā*, ecuanimidad. Una persona en estado de conciencia de Kṛṣṇa no tiene nada que rechazar ni nada que aceptar más que en función de la utilidad de las cosas en la prosecución del cultivo de conciencia de Kṛṣṇa.

Tuṣṭi, satisfacción, significa que uno no debe estar ansioso de adquirir cada vez más bienes materiales por medio de actividades innecesarias. Uno debe sentirse satisfecho con lo que sea que obtenga por la gracia del Señor Supremo; eso se denomina satisfacción. *Tapas* significa austeridad o penitencia. En los *Vedas* existen muchas reglas y regulaciones que se aplican aquí, como el despertarse temprano por la mañana y darse un baño. A veces es muy difícil levantarse temprano por la mañana, pero cualquier dificultad como ésa que uno afronte voluntariamente, se denomina penitencia. De igual forma, hay prescripciones por las que se debe ayunar en ciertos días del mes. Puede que uno no sienta inclinación por practicar esos ayunos, pero si está determinado a progresar en la senda de la ciencia de conciencia de Kṛṣṇa, debe aceptar esas dificultades físicas cuando se las recomiende. Sin embargo, uno no debe ayunar innecesariamente o en contra de las disposiciones védicas. Uno no debe ayunar con algún fin político; eso se describe en *El Bhagavad-gītā* como ayuno en el plano de la ignorancia, y todo lo que se haga bajo el influjo de la ignorancia o de la pasión no lleva al adelanto espiritual. No obstante, todo lo que se haga en el plano de la modalidad de la bondad sí hace que uno progrese, y el ayuno que se hace en términos de las disposiciones védicas lo enriquece a uno en el campo del conocimiento espiritual.

En lo que respecta a la caridad, uno debe dar el cincuenta por ciento de sus ingresos para alguna buena causa. Y, ¿qué es una buena causa? Es aquella que se conduce en términos del proceso de conciencia de Kṛṣṇa. Ésa no es sólo una buena causa, sino la mejor de todas. Como Kṛṣṇa es bueno, Su causa también es buena. Así pues, la caridad se le debe dar a una persona que esté dedicada al proceso de conciencia de Kṛṣṇa. De acuerdo con la literatura védica, se estipula que la caridad se les debe dar a los *brāhmaṇas*. Esta práctica todavía se sigue, aunque no muy de acuerdo con las disposiciones védicas. Pero, aun así, la disposición señala que la caridad se les debe dar a los *brāhmaṇas*. ¿Por qué? Porque ellos están dedicados al cultivo superior del conocimiento espiritual. Se espera que el *brāhmaṇa* consagre toda su vida a la comprensión del Brahman. *Brahma jānātīti brāhmaṇaḥ*: aquel que conoce el Brahman se denomina *brāhmaṇa*. Luego la caridad se les ofrece a los *brāhmaṇas*, ya que, como ellos siempre están dedicados al servicio espiritual superior, no tienen tiempo de ganarse la vida. En la literatura védica también se dice que la caridad se le debe otorgar al que renuncia a la vida ordinaria, al *sannyāsī*. Los *sannyāsīs* mendigan de puerta en puerta, mas no en busca de dinero, sino con propósitos misioneros. El sistema consiste en que ellos van de puerta en puerta para despertar del sopor de la ignorancia a los miembros del hogar. Puesto que los miembros del hogar están dedicados a los asuntos familiares y han olvidado el verdadero objetivo que deben tener en la vida —el de despertar su conciencia de Kṛṣṇa—, los *sannyāsīs* tienen la tarea de ir como mendigos a los hogares y animar a sus miembros a que se vuelvan conscientes de Kṛṣṇa. Como se dice en los *Vedas*, uno debe despertarse y lograr lo que le corresponde en esta forma de vida humana. El conocimiento y el método para ello lo distribuyen los *sannyāsīs*; de modo que, la caridad se les debe dar al que renuncia a la vida común, a los *brāhmaṇas* y a buenas causas similares, y no a cualquier causa caprichosa.

Yaśas, fama, debe ser como lo indicó el Señor Caitanya, quien dijo que un hombre es famoso cuando es conocido como un gran devoto. Eso es verdadera fama. Si uno se ha vuelto un gran hombre en el proceso de conciencia de Kṛṣṇa y ello se llega a saber, entonces se es verdaderamente famoso. Aquel que no tiene esa clase de fama, es infame.

Todas esas cualidades se manifiestan por todo el universo, en la sociedad humana y en la sociedad de los semidioses. Hay muchas formas de humanidad en otros planetas, y en ellos se encuentran esas cualidades. Ahora bien, para aquel que quiera progresar en el cultivo de conciencia de Kṛṣṇa, Kṛṣṇa crea todas esas cualidades, pero la propia persona hace que se desarrollen en ella desde dentro. En aquel que se dedica al servicio devocional del Señor Supremo se desarrollan todas las buenas cualidades, según lo dispone el Señor Supremo.

De todo lo que observemos, bueno o malo, el origen es Kṛṣṇa. En este mundo material no se puede manifestar nada que no esté en Kṛṣṇa. Eso es verdadero conocimiento. Aunque sabemos que las cosas son diferentes unas de otras, debemos darnos cuenta de que todo fluye procedente de Kṛṣṇa.

TEXTO 6

महर्षयः सप्त पूर्वे चत्वारो मनवस्तथा ।
मद्भावा मानसा जाता येषां लोक इमाः प्रजाः ॥ ६ ॥

maharṣayaḥ sapta pūrve
catvāro manavas tathā
mad-bhāvā mānasā jātā
yeṣāṁ loka imāḥ prajāḥ

mahā-ṛṣayaḥ—los grandes sabios; *sapta*—siete; *pūrve*—antes; *catvāraḥ*—cuatro; *manavaḥ*—Manus; *tathā*—también; *mat-bhāvāḥ*—nacidos de Mí; *mānasāḥ*—de la mente; *jātāḥ*—nacidos; *yeṣām*—de ellos; *loke*—en el mundo; *imāḥ*—toda esta; *prajāḥ*—población.

TRADUCCIÓN

Los siete grandes sabios, y antes que ellos los otros cuatro grandes sabios y los Manus [los progenitores de la humanidad], provienen de Mí, nacidos de Mi mente, y todos los seres vivos que pueblan los diversos planetas descienden de ellos.

SIGNIFICADO

El Señor está presentando una sinopsis genealógica de la población del universo. Brahmā es la criatura original que nace de la energía del Señor Supremo, a quien se lo conoce como Hiraṇyagarbha. Y de Brahmā se manifiestan todos los siete grandes sabios, y antes que ellos, otros cuatro grandes sabios, llamados Sanaka, Sananda, Sanātana y Sanat-kumāra, así como también los Manus. Todos estos veinticinco grandes sabios son conocidos como los patriarcas de las entidades vivientes de todas partes del universo. Existen infinidad de universos e infinidad de planetas dentro de cada universo, y cada planeta está lleno de diferentes variedades de población. Todos ellos nacen de estos veinticinco patriarcas. Brahmā hizo penitencias por mil años de los semidioses, antes de que por la gracia de Kṛṣṇa llegara a percatarse de cómo crear. Luego, de Brahmā salieron

Sanaka, Sananda, Sanātana y Sanat-kumāra, después Rudra, y posteriormente los siete sabios, y de ese modo todos los *brāhmaṇas* y *kṣatriyas* nacen de la energía de la Suprema Personalidad de Dios. Brahmā es conocido como Pitāmaha, el abuelo, y Kṛṣṇa es conocido como Prapitāmaha, el padre del abuelo. Eso se afirma en el Undécimo Capítulo de *El Bhagavad-gītā* (11.39).

TEXTO 7

एतां विभूतिं योगं च मम यो वेत्ति तत्त्वतः ।
सोऽविकल्पेन योगेन युज्यते नात्र संशयः ॥७॥

etāṁ vibhūtiṁ yogaṁ ca
mama yo vetti tattvataḥ
so 'vikalpena yogena
yujyate nātra saṁśayaḥ

etām—toda esta; *vibhūtim*—opulencia; *yogam*—poder místico; *ca*—también; *mama*—Míos; *yaḥ*—todo aquel que; *vetti*—conoce; *tattvataḥ*—en verdad; *saḥ*—él; *avikalpena*—sin división; *yogena*—al servicio devocional; *yujyate*—se dedica; *na*—nunca; *atra*—aquí; *saṁśayaḥ*—duda.

TRADUCCIÓN

Aquel que está verdaderamente convencido de esta opulencia y poder místico Míos, se dedica al servicio devocional puro; de esto no hay ninguna duda.

SIGNIFICADO

La cumbre más elevada de la perfección espiritual la constituye el conocimiento acerca de la Suprema Personalidad de Dios. A menos que uno esté firmemente convencido de las diferentes opulencias del Señor Supremo, no puede dedicarse al servicio devocional. Por lo general, la gente sabe que Dios es grande, pero no sabe en detalle de qué modo Dios es grande. He aquí los detalles. Si uno verdaderamente sabe cómo Dios es grande, entonces de forma natural se vuelve un alma entregada y se ocupa en el servicio devocional del Señor. Cuando uno llega a conocer en verdad las opulencias del Supremo, no queda otro recurso más que el de entregarse a Él. Ese conocimiento verdadero se puede adquirir de las descripciones de *El Śrīmad-Bhāgavatam*, *El Bhagavad-gītā* y Escrituras similares.

Para la administración de este universo existen muchos semidioses distribuidos por todo el sistema planetario, y entre ellos los principales son Brahmā, el Señor Śiva y los cuatro grandes Kumāras y otros patriarcas. Hay muchos antepasados de la población del universo, y todos ellos nacen del Señor Supremo,

Kṛṣṇa. La Suprema Personalidad de Dios, Kṛṣṇa, es el antepasado original de todos los antepasados.

Ésas son algunas de las opulencias del Señor Supremo. Cuando uno está firmemente convencido de ellas, acepta a Kṛṣṇa con gran fe y sin ninguna duda, y se dedica al servicio devocional. Todo ese conocimiento específico es necesario para aumentar el interés de uno en el amoroso servicio devocional del Señor. Uno no debe desdeñar el esfuerzo de entender por completo cuán grande es Kṛṣṇa, ya que, al conocer la grandeza de Kṛṣṇa, se podrá estar fijo en la ejecución de un servicio devocional sincero.

TEXTO 8

अहं सर्वस्य प्रभवो मत्तः सर्वं प्रवर्तते ।
इति मत्वा भजन्ते मां बुधा भावसमन्विताः ॥ ८ ॥

ahaṁ sarvasya prabhavo
mattaḥ sarvaṁ pravartate
iti matvā bhajante māṁ
budhā bhāva-samanvitāḥ

aham—Yo; *sarvasya*—de todo; *prabhavaḥ*—la fuente de la generación; *mattaḥ*—de Mí; *sarvam*—todo; *pravartate*—emana; *iti*—así pues; *matvā*—sabiendo; *bhajante*—se consagran; *mām*—a Mí; *budhāḥ*—los eruditos; *bhāva-samanvitāḥ*—con gran atención.

TRADUCCIÓN

Yo soy la fuente de todos los mundos materiales y espirituales. Todo emana de Mí. Los sabios que saben esto perfectamente, se dedican a Mi servicio devocional y Me adoran con todo su corazón.

SIGNIFICADO

Una persona muy erudita que ha estudiado los *Vedas* a la perfección, que ha recibido información procedente de autoridades tales como el Señor Caitanya y que sabe cómo aplicar esas enseñanzas, puede entender que Kṛṣṇa es el origen de todo tanto en el mundo material como en el mundo espiritual, y puesto que ella sabe eso a la perfección, se establece firmemente en el servicio devocional del Señor Supremo. A ella nunca la pueden apartar del sendero ninguna cantidad de comentarios insensatos ni gente necia. Toda la literatura védica acepta que Kṛṣṇa es la fuente de Brahmā, Śiva y todos los demás semidioses. En *El Atharva Veda* (*El Gopāla-tāpanī Upaniṣad* 1.24) se dice: *yo brahmāṇaṁ vidadhāti pūrvaṁ yo vai vedāṁś ca gāpayati sma kṛṣṇaḥ*, "Fue Kṛṣṇa quien en el principio instruyó a Brahmā en el conocimiento védico y quien divulgó el conocimiento védico en el pasado''. Además, *El Nārāyaṇa Upaniṣad* (1) dice: *atha puruṣo ha vai nārāyaṇo 'kāmayata prajāḥ sṛjeyeti*, ''Entonces, Nārāyaṇa, la Personalidad Suprema, deseó crear entidades vivientes''. El *Upaniṣad* continúa, diciendo: *nārāyaṇād brahmā jāyate, nārāyaṇāt prajāpatiḥ prajāyate, nārāyaṇād indro jāyate, nārāyaṇād aṣṭau vasavo jāyante, nārāyaṇād ekādaśa rudrā jāyante, nārāyaṇād dvādaśādityāḥ*, ''De Nārāyaṇa nace Brahmā, y de Nārāyaṇa también nacen los patriarcas. De Nārāyaṇa nace Indra, de Nārāyaṇa nacen los ocho Vasus, de Nārāyaṇa nacen los once Rudras, de Nārāyaṇa nacen los doce Ādityas''. Ese Nārāyaṇa es una expansión de Kṛṣṇa.

En los mismos *Vedas* se dice: *brahmaṇyo devakī-putraḥ*, ''El hijo de Devakī, Kṛṣṇa, es la Personalidad Suprema'' (*El Nārāyaṇa Upaniṣad* 4). Luego, se dice: *eko vai nārāyaṇa āsīn na brahmā na īśāno nāpo nāgni samau neme dyāv-āpṛthivī na nakṣatrāṇi na sūryaḥ*, ''Al comienzo de la creación sólo existía Nārāyaṇa, la Personalidad Suprema. No había Brahmā, ni Śiva, ni fuego, ni Luna, ni Sol, ni estrellas en el cielo'' (*El Mahā Upaniṣad* 1). En *El Mahā Upaniṣad* también se dice que el Señor Śiva nació de la frente del Señor Supremo. Así pues, los *Vedas* dicen que a quien hay que adorar es al Señor Supremo, el creador de Brahmā y Śiva.

En *El Mokṣa-dharma*, Kṛṣṇa también dice:

prajāpatiṁ ca rudraṁ cāpy
aham eva sṛjāmi vai
tau hi māṁ na vijānīto
mama māyā-vimohitau

''Los patriarcas, Śiva y otros son creados por Mí, aunque ellos no lo saben porque están engañados por Mi energía ilusoria''. En *El Varāha Purāṇa* también se dice:

nārāyaṇaḥ paro devas
tasmāj jātaś caturmukhaḥ
tasmād rudro 'bhavad devaḥ
sa ca sarva-jñatāṁ gataḥ

''Nārāyaṇa es la Suprema Personalidad de Dios, y de Él nació Brahmā, de quien nació Śiva''.

El Señor Kṛṣṇa es la fuente de todas las generaciones, y a Él se lo llama la muy eficiente causa de todo. Él dice: ''Como todo nace de Mí, Yo soy la fuente original de todo. Todo se halla por debajo de Mí; nadie está por encima de Mí''. No hay ningún otro controlador supremo aparte de Kṛṣṇa. Aquel que entiende a Kṛṣṇa de ese modo con un maestro espiritual genuino y con referencias de la literatura védica, ocupa toda su energía en el proceso de conciencia de Kṛṣṇa y se convierte en un hombre verdaderamente erudito. En comparación con él, todos los demás, que no conocen bien a Kṛṣṇa, no son más que necios. Sólo un necio consideraría que Kṛṣṇa es un hombre ordinario. Una persona consciente de

Kṛṣṇa no debe dejarse confundir por necios; ella debe eludir todas las interpretaciones y comentarios desautorizados que se le hacen a *El Bhagavad-gītā*, y debe proseguir por el sendero de conciencia de Kṛṣṇa con determinación y firmeza.

TEXTO 9

मच्चित्ता मद्गतप्राणा बोधयन्तः परस्परम् ।
कथयन्तश्च मां नित्यं तुष्यन्ति च रमन्ति च ॥९॥

mac-cittā mad-gata-prāṇā
bodhayantaḥ parasparam
kathayantaś ca māṁ nityaṁ
tuṣyanti ca ramanti ca

mat-cittāḥ—con la mente dedicada a Mí por completo; *mat-gata-prāṇāḥ*—con la vida consagrada a Mí; *bodhayantaḥ*—predicando; *parasparam*—entre sí; *kathayantaḥ*—hablando; *ca*—también; *mām*—de Mí; *nityam*—perpetuamente; *tuṣyanti*—se complacen; *ca*—también; *ramanti*—disfrutan de dicha trascendental; *ca*—también.

TRADUCCIÓN

Los pensamientos de Mis devotos puros moran en Mí, sus vidas están plenamente consagradas a Mi servicio, y ellos sienten gran satisfacción y dicha en iluminarse siempre entre sí y en conversar siempre acerca de Mí.

SIGNIFICADO

Los devotos puros, cuyas características se mencionan aquí, se dedican por completo al amoroso servicio trascendental del Señor. Sus mentes no pueden ser apartadas de los pies de loto de Kṛṣṇa. Sus conversaciones tratan únicamente de asuntos trascendentales. Las características propias de los devotos puros se describen en este verso de un modo específico. Los devotos del Señor Supremo se dedican las veinticuatro horas del día a glorificar las cualidades y los pasatiempos del Señor Supremo. Ellos tienen el corazón y el alma sumergidos constantemente en Kṛṣṇa, y disfrutan al discutir acerca de Él con otros devotos.

En la etapa preliminar del servicio devocional, ellos saborean el placer trascendental que procede del servicio mismo, y en la etapa madura se encuentran situados de hecho en el plano del amor de Dios. Una vez que se encuentran en esa posición trascendental pueden saborear la perfección máxima, que el Señor exhibe en Su morada. El Señor Caitanya dice que el servicio devocional trascendental es algo así como cultivar una semilla en el corazón de la entidad viviente. Existen infinidad de entidades vivientes que viajan por todos los diferentes planetas del universo, y entre ellas hay unas cuantas que son lo suficientemente afortunadas como para conocer a un devoto puro y tener la oportunidad de entender el servicio devocional. Ese servicio devocional es como una semilla, y si se planta en el corazón de una entidad viviente y ésta se dedica a oír y cantar Hare Kṛṣṇa, Hare Kṛṣṇa, Kṛṣṇa Kṛṣṇa, Hare Hare/ Hare Rāma, Hare Rāma, Rāma Rāma, Hare Hare, esa semilla fructifica de la misma manera en que la semilla de un árbol fructifica con un riego regular. La planta espiritual del servicio devocional va creciendo gradualmente, hasta que atraviesa la cobertura del universo material y entra en la refulgencia *brahmajyoti* del cielo espiritual. En el cielo espiritual esa planta también sigue creciendo cada vez más, hasta que llega al planeta más elevado, que se denomina Goloka Vṛndāvana, el planeta supremo de Kṛṣṇa. Por último, la planta se refugia en los pies de loto de Kṛṣṇa y ahí descansa. Poco a poco, al igual que una planta produce frutas y flores, esa planta del servicio devocional también produce frutos, y el riego, en la forma del proceso de cantar y oír, continúa. Esa planta del servicio devocional se describe por completo en *El Caitanya-caritāmṛta* (*Madhya-līlā*, Capítulo Diecinueve). Ahí se explica que cuando toda la planta se refugia en los pies de loto del Señor Supremo, uno queda totalmente absorto en el amor de Dios; en ese entonces, uno no puede vivir ni por un momento sin estar en contacto con el Señor Supremo, tal como un pez no puede vivir sin agua. En ese estado, en contacto con el Señor Supremo, el devoto adquiere de hecho las cualidades trascendentales.

El Śrīmad-Bhāgavatam también está lleno de esa clase de narraciones acerca de la relación que hay entre el Señor Supremo y Sus devotos; por consiguiente, *El Śrīmad-Bhāgavatam* les es muy querido a los devotos, tal como se declara en el propio *Bhāgavatam* (12.13.18). *Śrīmad-bhāgavataṁ purāṇam amalaṁ yad vaiṣṇavānāṁ priyam*. En esa narración no hay nada acerca de las actividades materiales, el desarrollo económico, la complacencia de los sentidos o la liberación. *El Śrīmad-Bhāgavatam* es la única narración en la que se describe a plenitud la naturaleza trascendental del Señor Supremo y Sus devotos. Así pues, las almas iluminadas con conciencia de Kṛṣṇa disfrutan continuamente de la actividad de oír lo que dicen esas Escrituras trascendentales, tal como un joven y una joven disfrutan al reunirse.

TEXTO 10

तेषां सततयुक्तानां भजतां प्रीतिपूर्वकम् ।
ददामि बुद्धियोगं तं येन मामुपयान्ति ते ॥१०॥

teṣāṁ satata-yuktānāṁ
bhajatāṁ prīti-pūrvakam
dadāmi buddhi-yogaṁ taṁ
yena mām upayānti te

teṣām—a ellos; *satata-yuktānām*—siempre dedicados; *bhajatām*—a prestar servicio devocional; *prīti-pūrvakam*—con éxtasis amoroso; *dadāmi*—Yo doy; *buddhi-yogam*—verdadera inteligencia; *tam*—eso; *yena*—por lo cual; *mām*—a Mí; *upayānti*—vienen; *te*—ellos.

TRADUCCIÓN

A aquellos que están constantemente consagrados a servirme con amor, Yo les doy la inteligencia mediante la cual pueden venir a Mí.

SIGNIFICADO

En este verso, la palabra *buddhi-yogam* es muy significativa. Recordemos que en el Segundo Capítulo, el Señor, al instruir a Arjuna, le dijo que Él le había hablado de muchas cosas y que lo instruiría en lo referente al proceso de *buddhi-yoga*. Ahora se explica el *buddhi-yoga*. El *buddhi-yoga* es de por sí acción con conciencia de Kṛṣṇa; eso constituye el máximo grado de la inteligencia. *Buddhi* significa ''inteligencia'', y *yoga* significa ''actividades místicas'' o ''elevación mística''. Cuando uno trata de ir de vuelta al hogar, de vuelta a Dios, y se entrega por entero al cultivo de conciencia de Kṛṣṇa por medio del servicio devocional, su acción se denomina *buddhi-yoga*. En otras palabras, *buddhi-yoga* es el proceso mediante el cual uno se sale del enredo de este mundo material. La meta última del progreso es Kṛṣṇa. La gente no lo sabe; por lo tanto, la compañía de los devotos y un maestro espiritual genuino son cosas importantes. Uno debe saber que la meta es Kṛṣṇa, y cuando se establece la meta, entonces el sendero se recorre lenta pero progresivamente, y se alcanza la meta final.

Cuando una persona sabe cuál es la meta de la vida pero está adicta a los frutos de las actividades, actúa en el plano del *karma-yoga*. Cuando ella sabe que la meta es Kṛṣṇa pero disfruta de las especulaciones mentales para entender a Kṛṣṇa, actúa en el plano del *jñāna-yoga*. Y cuando conoce la meta y busca a Kṛṣṇa por entero con conciencia de Kṛṣṇa y servicio devocional, actúa en el plano del *bhakti-yoga* o *buddhi-yoga*, que es el *yoga* completo. Ese *yoga* completo constituye la etapa más elevada y perfecta de la vida.

Puede que una persona tenga un maestro espiritual genuino y que esté apegada a una organización espiritual, pero si aun así no es lo suficientemente inteligente como para poder progresar, entonces Kṛṣṇa le da instrucciones desde dentro de modo que al final pueda llegar a Él sin dificultad. El requisito para ello es que la persona se dedique siempre al proceso de conciencia de Kṛṣṇa, y con amor y devoción preste toda clase de servicios. Ella debe realizar algún tipo de trabajo para Kṛṣṇa, y ese trabajo se debe hacer con amor. Si un devoto no es lo suficientemente inteligente como para poder progresar en la senda de la autorrealización, pero es sincero y dedicado a las actividades del servicio devocional, el Señor le da la oportunidad de progresar y al final llegar a Él.

TEXTO 11

तेषामेवानुकम्पार्थमहमज्ञानजं तमः ।
नाशयाम्यात्मभावस्थो ज्ञानदीपेन भास्वता॥११॥

teṣām evānukampārtham
aham ajñāna-jaṁ tamaḥ
nāśayāmy ātma-bhāva-stho
jñāna-dīpena bhāsvatā

teṣām—para ellos; *eva*—ciertamente; *anukampā-artham*—para conferirles una misericordia especial; *aham*—Yo; *ajñāna-jam*—debido a la ignorancia; *tamaḥ*—oscuridad; *nāśayāmi*—disipo; *ātma-bhāva*—en sus corazones; *sthaḥ*—situado; *jñāna*—del conocimiento; *dīpena*—con la lámpara; *bhāsvatā*—brillante.

TRADUCCIÓN

Para otorgarles una misericordia especial, Yo, morando en sus corazones, destruyo con la deslumbrante lámpara del conocimiento la oscuridad que nace de la ignorancia.

SIGNIFICADO

Cuando el Señor Caitanya estaba en Benarés divulgando el canto de Hare Kṛṣṇa, Hare Kṛṣṇa, Kṛṣṇa Kṛṣṇa, Hare Hare/ Hare Rāma, Hare Rāma, Rāma Rāma, Hare Hare, miles de personas lo seguían. Prakāśānanda Sarasvatī, que en esa época era un erudito muy entendido e influyente de Benarés, se burló del Señor Caitanya diciendo que era un sentimental. A veces algunos filósofos critican a los devotos, porque creen que la mayoría de ellos están en la oscuridad de la ignorancia y son unos sentimentales ingenuos desde el punto de vista filosófico. En realidad, no es así. Hay sabios sumamente entendidos que han expuesto la filosofía de la devoción, pero incluso si un devoto no saca provecho de las obras de ellos o de su maestro espiritual, si es sincero en su servicio devocional, el propio Kṛṣṇa lo ayuda desde dentro del corazón. De manera que, el devoto sincero que está dedicado al proceso de conciencia de Kṛṣṇa, no es posible que carezca de conocimiento. Lo único necesario es que uno haga servicio devocional con plena conciencia de Kṛṣṇa.

Los filósofos modernos creen que sin discernir no se puede tener conocimiento puro. Para ellos, el Señor Supremo da esta respuesta: aquellos que están dedicados al servicio devocional puro, aunque no tengan suficiente educación e incluso sin suficiente conocimiento acerca de los principios védicos, son ayudados por el Dios Supremo, tal como se afirma en este verso.

El Señor le dice a Arjuna que, básicamente, no hay ninguna posibilidad de entender a la Verdad Suprema, a la Verdad Absoluta, a la Suprema Personalidad de Dios, simplemente mediante la especulación, ya que la Verdad Suprema es tan grande, que no es posible entenderla ni conseguirla con sólo hacer un esfuerzo mental. El hombre puede seguir especulando por varios millones de años, y si no se vuelve devoto, si no se vuelve un amante de la Verdad Suprema, nunca entenderá a Kṛṣṇa o la Verdad Suprema. A Kṛṣṇa, la Verdad Suprema, únicamente se lo complace por medio del servicio devocional, y mediante Su energía inconcebible Él puede revelársele al corazón del devoto puro. El devoto puro siempre lleva a Kṛṣṇa en el corazón; y con la presencia de Kṛṣṇa, que es como el Sol, la oscuridad de la ignorancia se disipa de inmediato. Ésa es la misericordia especial que Kṛṣṇa le proporciona al devoto puro.

Debido a la contaminación que procede de la relación con lo material a través de muchísimos millones de nacimientos, el corazón de uno siempre está cubierto con el polvo del materialismo, pero cuando uno se dedica al servicio devocional y canta Hare Kṛṣṇa de un modo constante, el polvo se limpia rápidamente y uno se eleva al plano del conocimiento puro. La meta última, Viṣṇu, se puede alcanzar únicamente por medio de ese canto y del servicio devocional, y no mediante la especulación mental y el argumento. El devoto puro no tiene que preocuparse por las necesidades materiales de la vida; él no tiene que angustiarse, porque, cuando disipa la oscuridad de su corazón, el Señor Supremo, que se siente complacido con el amoroso servicio devocional del devoto, le provee de todo automáticamente. Ésa es la esencia de las enseñanzas de *El Bhagavad-gītā*. Mediante el estudio de *El Bhagavad-gītā*, uno puede convertirse en un alma totalmente entregada al Señor Supremo y dedicarse al servicio devocional puro. Cuando el Señor se hace cargo, uno se libra por completo de toda clase de esfuerzos materialistas.

TEXTOS 12–13

अर्जुन उवाच
परं ब्रह्म परं धाम पवित्रं परमं भवान् ।
पुरुषं शाश्वतं दिव्यमादिदेवमजं विभुम् ॥१२॥
आहुस्त्वामृषयः सर्वे देवर्षिर्नारदस्तथा ।
असितो देवलो व्यासः स्वयं चैव ब्रवीषि मे ॥१३॥

arjuna uvāca
paraṁ brahma paraṁ dhāma
pavitraṁ paramaṁ bhavān
puruṣaṁ śāśvataṁ divyam
ādi-devam ajaṁ vibhuṁ

āhus tvām ṛṣayaḥ sarve
devarṣir nāradas tathā
asito devalo vyāsaḥ
svayaṁ caiva bravīṣi me

arjunaḥ uvāca—Arjuna dijo; *param*—suprema; *brahma*—verdad; *param*—supremo; *dhāma*—sustento; *pavitram*—puro; *paramam*—supremo; *bhavān*—Tú; *puruṣam*—personalidad; *śāśvatam*—original; *divyam*—trascendental; *ādi-devam*—el Señor original; *ajam*—innaciente; *vibhum*—el más grande de todos; *āhuḥ*—dicen; *tvām*—de Ti; *ṛṣayaḥ*—sabios; *sarve*—todos; *deva-ṛṣiḥ*—el sabio entre los semidioses; *nāradaḥ*—Nārada; *tathā*—también; *asitaḥ*—Asita; *devalaḥ*—Devala; *vyāsaḥ*—Vyāsa; *svayam*—personalmente; *ca*—también; *eva*—ciertamente; *bravīṣi*—Tú estás explicando; *me*—a mí.

TRADUCCIÓN

Arjuna dijo: Tú eres la Suprema Personalidad de Dios, la morada suprema, lo más puro que existe, la Verdad Absoluta. Tú eres la persona original, trascendental y eterna, el innaciente, el más grande de todos. Todos los grandes sabios, tales como Nārada, Asita, Devala y Vyāsa, confirman esta verdad acerca de Ti, y ahora Tú mismo me lo estás expresando.

SIGNIFICADO

En estos dos versos, el Señor Supremo le da una oportunidad al filósofo moderno, ya que aquí se deja en claro que el Supremo es diferente del alma individual. Arjuna, después de oír los cuatro versos esenciales de *El Bhagavad-gītā* que se presentan en este capítulo, quedó completamente libre de todas las dudas y aceptó a Kṛṣṇa como la Suprema Personalidad de Dios. En seguida, él declara osadamente: "Tú eres *paraṁ brahma*, la Suprema Personalidad de Dios". Y antes, Kṛṣṇa declaró que Él es el originador de todo y de todos. Cada semidiós y cada ser humano depende de Él. Los hombres y los semidioses, por ignorancia, creen que son absolutos e independientes de la Suprema Personalidad de Dios. Esa ignorancia se elimina por completo con el desempeño de servicio devocional. Eso ya lo ha explicado el Señor en el verso anterior. Ahora, por Su gracia, Arjuna lo está aceptando como la Verdad Suprema, de conformidad con el mandamiento védico. No debe creerse que como Kṛṣṇa es un amigo íntimo de Arjuna, este último lo está adulando al llamarlo la Suprema Personalidad de Dios, la Verdad Absoluta. Todo lo que Arjuna dice en estos dos versos lo confirma la verdad védica. Los mandamientos védicos afirman que sólo aquel que se entrega al servicio devocional del Señor Supremo puede entenderlo a Él, mientras que otros no pueden hacerlo. Todas y cada una de las palabras de este verso hablado por Arjuna las confirman los mandamientos védicos.

En *El Kena Upaniṣad* se declara que el Brahman Supremo es el lugar de reposo de todo, y Kṛṣṇa ya ha explicado que todo descansa en Él. *El Muṇḍaka*

Upaniṣad confirma que el Señor Supremo, en quien todo descansa, puede ser comprendido sólo por aquellos que se dedican constantemente a pensar en Él. Ese constante pensar en Kṛṣṇa es *smaraṇam*, uno de los métodos del servicio devocional. Sólo mediante el servicio devocional que se le presta a Kṛṣṇa puede uno entender su posición y deshacerse de este cuerpo material.

En los *Vedas* se acepta al Señor Supremo como el más puro de los puros. Aquel que entiende que Kṛṣṇa es el más puro de los puros, puede purificarse de todas las actividades pecaminosas. Uno no puede desinfectarse de las actividades pecaminosas, a menos que se entregue al Señor Supremo. La aceptación de Kṛṣṇa como el puro supremo por parte de Arjuna, está de conformidad con los mandatos de la literatura védica. Esto también lo confirman grandes personalidades, de las cuales Nārada es la principal.

Kṛṣṇa es la Suprema Personalidad de Dios, y uno siempre debe meditar en Él y disfrutar de la relación trascendental que uno tiene con Él. Él es la existencia suprema. Él está libre de las necesidades físicas, y del nacimiento y la muerte. Esto no sólo lo confirma Arjuna, sino también todas las Escrituras védicas, los *Purāṇas* y las historias. En todas las Escrituras védicas se describe a Kṛṣṇa de ese modo, y el propio Señor Supremo también dice en el Cuarto Capítulo: ''Aunque Yo soy innaciente, aparezco en esta Tierra para establecer los principios religiosos''. Él es el origen supremo; Él no tiene causa, pues es la causa de todas las causas, y todo emana de Él. Este conocimiento perfecto se puede adquirir por la gracia del Señor Supremo.

Arjuna se expresa aquí a través de la gracia de Kṛṣṇa. Si queremos entender *El Bhagavad-gītā*, debemos aceptar las declaraciones de estos dos versos. Eso se denomina el sistema *paramparā*, la aceptación de la sucesión discipular. A menos que uno forme parte de la sucesión discipular, no puede entender *El Bhagavad-gītā*. Ello no es posible mediante la llamada educación académica. Desafortunadamente, aquellos que están orgullosos de su educación académica, a pesar de las muchísimas pruebas que presentan las Escrituras védicas, se aferran a su obstinada creencia de que Kṛṣṇa es una persona ordinaria.

TEXTO 14

सर्वमेतदृतं मन्ये यन्मां वदसि केशव ।
न हि ते भगवन्व्यक्तिं विदुर्देवा न दानवाः ॥१४॥

sarvam etad ṛtaṁ manye
yan māṁ vadasi keśava
na hi te bhagavan vyaktiṁ
vidur devā na dānavāḥ

sarvam—todo; *etat*—esto; *ṛtam*—verdad; *manye*—yo acepto; *yat*—lo cual;

mām—a mí; *vadasi*—Tú dices; *keśava*—¡oh, Kṛṣṇa!; *na*—nunca; *hi*— ciertamente; *te*—Tu; *bhagavan*—¡oh, Personalidad de Dios!; *vyaktim*—revelación; *viduḥ*—pueden conocer; *devāḥ*—los semidioses; *na*—ni; *dānavāḥ*—los demonios.

TRADUCCIÓN

¡Oh, Kṛṣṇa!, yo acepto totalmente como cierto todo lo que me has dicho. Ni los semidioses ni los demonios, ¡oh, Señor!, pueden entender Tu personalidad.

SIGNIFICADO

Arjuna confirma aquí que las personas de una naturaleza infiel y demoníaca no pueden entender a Kṛṣṇa. A Él ni siquiera lo conocen los semidioses, ¿qué puede decirse, entonces, de los supuestos eruditos de este mundo moderno? Por la gracia del Señor Supremo, Arjuna ha entendido que la Verdad Suprema es Kṛṣṇa y que Él es el perfecto. Uno debe seguir, pues, el sendero de Arjuna. Él recibió la autoridad de *El Bhagavad-gītā*. Como se describe en el Cuarto Capítulo, el sistema *paramparā* de sucesión discipular para la comprensión de *El Bhagavad-gītā* se perdió, y, en consecuencia, Kṛṣṇa restableció esa sucesión discipular con Arjuna, porque consideraba a Arjuna Su amigo íntimo y un gran devoto. De modo que, tal como se declara en nuestra introducción al *Gītopaniṣad*, *El Bhagavad-gītā* se debe entender mediante el sistema *paramparā*. Cuando el sistema *paramparā* se perdió, Arjuna fue seleccionado para rejuvenecerlo. La aceptación por parte de Arjuna de todo lo que Kṛṣṇa dice, debe ser emulada; así podremos entender la esencia de *El Bhagavad-gītā*, y sólo entonces podremos entender que Kṛṣṇa es la Suprema Personalidad de Dios.

TEXTO 15

स्वयमेवात्मनात्मानं वेत्थ त्वं पुरुषोत्तम ।
भूतभावन भूतेश देवदेव जगत्पते ॥१५॥

svayam evātmanātmānaṁ
vettha tvaṁ puruṣottama
bhūta-bhāvana bhūteśa
deva-deva jagat-pate

svayam—personalmente; *eva*—ciertamente; *ātmanā*—por Ti; *ātmānam*—Tú mismo; *vettha*—conoces; *tvam*—Tú; *puruṣa-uttama*—¡oh, Tú, la más grande de las personas!; *bhūta-bhāvana*—¡oh, Tú, el origen de todo!; *bhūta-īśa*—¡oh, Señor de todo!; *deva-deva*—¡oh, Señor de todos los semidioses!; *jagat-pate*—¡oh, Señor de todo el universo!

TRADUCCIÓN

En verdad, solo Tú Te conoces a Ti mismo mediante Tu propia potencia interna, ¡oh, Persona Suprema, origen de todo, Señor de todos los seres, Dios de los dioses, Señor del universo!

SIGNIFICADO

Al Supremo Señor Kṛṣṇa lo pueden conocer las personas que están relacionadas con Él a través de la ejecución del servicio devocional, tales como Arjuna y sus seguidores. Las personas de mentalidad atea o demoníaca no pueden entender a Kṛṣṇa. La especulación mental que lo aparta a uno del Señor Supremo es un pecado grave, y aquel que no conoce a Kṛṣṇa no debe tratar de comentar *El Bhagavad-gītā*. *El Bhagavad-gītā* es la declaración de Kṛṣṇa, y puesto que es la ciencia de Kṛṣṇa, se debe entender según procede de Kṛṣṇa tal como la entendió Arjuna. No se debe recibir por intermedio de personas ateas.

Como se afirma en *El Śrīmad-Bhāgavatam* (1.2.11):

vadanti tat tattva-vidas
tattvaṁ yaj jñānam advayam
brahmeti paramātmeti
bhagavān iti śabdyate

A la Verdad Suprema se la llega a conocer de tres maneras: como el Brahman impersonal, como el Paramātmā localizado y, finalmente, como la Suprema Personalidad de Dios. De manera que, en la última etapa de la comprensión de la Verdad Absoluta, uno llega a la Suprema Personalidad de Dios. Un hombre común, o incluso un hombre liberado, que haya llegado a comprender el Brahman impersonal o el Paramātmā localizado, puede que no entienda la personalidad de Dios. Esa clase de hombres, por consiguiente, pueden tratar de entender a la Persona Suprema con los versos de *El Bhagavad-gītā*, que están siendo expuestos por esta persona, Kṛṣṇa. A veces los impersonalistas aceptan a Kṛṣṇa como Bhagavān, o aceptan Su autoridad. Sin embargo, muchas personas liberadas no pueden entender a Kṛṣṇa como Puruṣottama, la Persona Suprema. Por lo tanto, Arjuna se refiere a Él como Puruṣottama. No obstante, puede que aún no se entienda que Kṛṣṇa es el padre de todas las entidades vivientes. En consecuencia, Arjuna se refiere a Él como Bhūta-bhāvana. Y si uno llega a conocerlo como el padre de todas las entidades vivientes, aun así puede que no lo conozca como el controlador supremo; por consiguiente, a Él se lo llama aquí Bhūteśa, el supremo controlador de todos. E incluso si uno conoce a Kṛṣṇa como el controlador supremo de todas las entidades vivientes, aun así puede que no sepa que Él es el origen de todos los semidioses; por lo tanto, a Él se lo llama aquí Devadeva, el venerable Dios de todos los semidioses. E incluso si uno lo conoce como el venerable Dios de todos los semidioses, puede que no sepa que Él es el propietario supremo de todo; por ende, a Él se lo llama Jagatpati. Así pues, en este verso se establece la verdad acerca de Kṛṣṇa por medio de la comprensión de Arjuna, y debemos seguir los pasos de Arjuna para entender a Kṛṣṇa tal como es Él.

TEXTO 16

वक्तुमर्हस्यशेषेण दिव्या ह्यात्मविभूतयः ।
याभिर्विभूतिभिर्लोकानिमांस्त्वं व्याप्य तिष्ठसि ॥ १६ ॥

vaktum arhasy aśeṣeṇa
divyā hy ātma-vibhūtayaḥ
yābhir vibhūtibhir lokān
imāṁs tvaṁ vyāpya tiṣṭhasi

vaktum—decir; *arhasi*—Tú mereces; *aśeṣeṇa*—en detalle; *divyāḥ*—divinas; *hi*—ciertamente; *ātma*—Tus propias; *vibhūtayaḥ*—opulencias; *yābhiḥ*—con las cuales; *vibhūtibhiḥ*—opulencias; *lokān*—todos los planetas; *imān*—éstos; *tvam*—Tú; *vyāpya*—omnipresente; *tiṣṭhasi*—permaneces.

TRADUCCIÓN

Por favor, háblame en detalle de Tus poderes divinos, mediante los cuales estás omnipresente en todos estos mundos.

SIGNIFICADO

En este verso parece ser que Arjuna ya está satisfecho con su comprensión de la Suprema Personalidad de Dios, Kṛṣṇa. Por la gracia de Kṛṣṇa, Arjuna tiene experiencia personal, inteligencia y conocimiento, y cualquier otra cosa que una persona pueda tener por intermedio de todo ello, y él ha entendido que Kṛṣṇa es la Suprema Personalidad de Dios. Para él no hay ninguna duda, pero, aun así, le está pidiendo a Kṛṣṇa que explique Su naturaleza omnipresente. La generalidad de la gente y los impersonalistas se interesan sobre todo en la naturaleza omnipresente del Supremo. Así que Arjuna está preguntando cómo Él existe en Su aspecto omnipresente a través de Sus diferentes energías. Ha de saberse que Arjuna está preguntando eso en nombre de la gente común.

TEXTO 17

कथं विद्यामहं योगिंस्त्वां सदा परिचिन्तयन् ।
केषु केषु च भावेषु चिन्त्योऽसि भगवन्मया ॥१७॥

katharh vidyām aharh yogiṁs
tvāṁ sadā paricintayan
keṣu keṣu ca bhāveṣu
cintyo 'si bhagavan mayā

katham—cómo; *vidyām aham*—he de saber; *yogin*—¡oh, místico supremo!; *tvām*—Tú; *sadā*—siempre; *paricintayan*—pensando en; *keṣu*—en lo que; *keṣu*—en lo que; *ca*—también; *bhāveṣu*—naturalezas; *cintyaḥ asi*—a Ti se Te ha de recordar; *bhagavan*—¡oh, Tú, el Supremo!; *mayā*—por mí.

TRADUCCIÓN

¡Oh, Kṛṣṇa!, ¡oh, místico supremo!, ¿cómo he de meditar constantemente en Ti y cómo habré de conocerte? ¡Oh, Suprema Personalidad de Dios!, ¿en qué diversas formas debes ser recordado?

SIGNIFICADO

Como se afirma en el capítulo anterior, la Suprema Personalidad de Dios está cubierto por su *yoga-māyā*. Únicamente las almas entregadas y los devotos pueden verlo. Ahora Arjuna está convencido de que Su amigo, Kṛṣṇa, es la Divinidad Suprema, pero quiere conocer el proceso general mediante el cual el hombre común puede entender al Señor omnipresente. Los hombres comunes, entre ellos los demonios y los ateos, no pueden conocer a Kṛṣṇa, porque Él está resguardado por Su energía *yoga-māyā*. Una vez más, Arjuna hace estas preguntas para beneficio de ellos. El devoto superior no sólo está interesado en su propia comprensión, sino también en la comprensión de toda la humanidad. De modo que Arjuna, por su misericordia, debido a que es un vaiṣṇava, un devoto, le está abriendo al hombre común el camino a la comprensión de la omnipresencia del Señor Supremo. Él se refiere a Kṛṣṇa específicamente como *yogin*, porque Śrī Kṛṣṇa es el amo de la energía *yoga-māyā*, mediante la cual Él es cubierto y descubierto ante el hombre común. El hombre común que no siente amor por Kṛṣṇa no puede pensar siempre en Kṛṣṇa; por lo tanto, él tiene que pensar de un modo material. Arjuna está considerando la manera de pensar de las personas materialistas de este mundo. Las palabras *keṣu keṣu ca bhāveṣu* se refieren a la naturaleza material (la palabra *bhāva* significa ''cosas físicas''). Como los materialistas no pueden entender a Kṛṣṇa de una manera espiritual, se les aconseja que concentren la mente en cosas físicas y traten de ver cómo Kṛṣṇa se manifiesta mediante las representaciones físicas.

TEXTO 18

विस्तरेणात्मनो योगं विभूतिं च जनार्दन ।

भूयः कथय तृप्तिर्हि शृण्वतो नास्ति मेऽमृतम् ॥१८॥

vistareṇātmano yogaṁ
vibhūtiṁ ca janārdana
bhūyaḥ kathaya tṛptir hi
śṛṇvato nāsti me 'mṛtam

vistareṇa—en detalle; *ātmanaḥ*--Tu; *yogam*—poder místico; *vibhūtim*—opulencias; *ca*—también; *jana-ardana*—¡oh, destructor de los ateos!; *bhūyaḥ*—de nuevo; *kathaya*—describe; *tṛptiḥ*—satisfacción; *hi*—ciertamente; *śṛṇvataḥ*—oyendo; *na asti*—no hay; *me*—mi; *amṛtam*—néctar.

TRADUCCIÓN

¡Oh, Janārdana!, por favor describe de nuevo detalladamente el poder místico de Tus opulencias. Yo nunca me sacio de oír hablar de Ti, pues cuanto más oigo, más quiero saborear el néctar de Tus palabras.

SIGNIFICADO

Los *ṛṣis* de Naimiṣāraṇya, encabezados por Śaunaka, le hicieron una declaración similar a Sūta Gosvāmī. Esa declaración es:

vayaṁ tu na vitṛpyāma
uttama-śloka-vikrame
yac chṛṇvatāṃ rasa-jñānāṁ
svādu svādu pade pade

"Aunque se haga continuamente, uno nunca puede saciarse de oír hablar de los trascendentales pasatiempos de Kṛṣṇa, a quien se lo glorifica con oraciones excelentes. Aquellos que han establecido una relación trascendental con Kṛṣṇa, disfrutan a cada paso de las descripciones de los pasatiempos del Señor" (*El Śrīmad-Bhāgavatam* 1.1.19). Así pues, Arjuna está interesado en oír hablar de Kṛṣṇa y, en especial, de la manera en que Él permanece como el Señor Supremo omnipresente.

Ahora bien, en lo que se refiere al *amṛtam*, el néctar, cualquier narración o declaración que trate de Kṛṣṇa es como un néctar. Y ese néctar se puede percibir con la experiencia práctica. Los cuentos modernos, la ficción y las historias son diferentes de los pasatiempos trascendentales del Señor, en el sentido de que uno se cansa de oír las historias mundanas, pero uno nunca se cansa de oír hablar de Kṛṣṇa. Es sólo por esa razón que la historia de todo el universo está repleta de referencias acerca de los pasatiempos de las encarnaciones de Dios. Los *Purāṇas* son historias de épocas pasadas que relatan los pasatiempos de las diversas encarnaciones del Señor. De ese modo, el material de lectura siempre permanece fresco, a pesar de que se lea reiteradamente.

TEXTO 19

श्रीभगवानुवाच ।
हन्त ते कथयिष्यामि दिव्या ह्यात्मविभूतयः ।
प्राधान्यतः कुरुश्रेष्ठ नास्त्यन्तो विस्तरस्य मे॥१९॥

śrī-bhagavān uvāca
hanta te kathayiṣyāmi
divyā hy ātma-vibhūtayaḥ
prādhānyataḥ kuru-śreṣṭha
nāsty anto vistarasya me

śrī-bhagavān uvāca—la Suprema Personalidad de Dios dijo; *hanta*—sí; *te*—a ti; *kathayiṣyāmi*—he de hablar; *divyāḥ*—divinas; *hi*—ciertamente; *ātma-vibhūtayaḥ*—opulencias personales; *prādhānyataḥ*—que son las principales; *kuru-śreṣṭha*—¡oh, tú, el mejor de los Kurus!; *na asti*—no hay; *antaḥ*—límite; *vistarasya*—al alcance; *me*—Mi.

TRADUCCIÓN

La Suprema Personalidad de Dios dijo: Sí, te hablaré de Mis esplendorosas manifestaciones, pero sólo de aquellas que son resaltantes, ¡oh, Arjuna!, pues Mi opulencia es ilimitada.

SIGNIFICADO

No es posible comprender la grandeza de Kṛṣṇa y Sus opulencias. Los sentidos del alma individual son limitados y no le permiten entender la totalidad de los asuntos de Kṛṣṇa. Con todo, los devotos tratan de entender a Kṛṣṇa, pero no bajo el principio de que podrán entender a Kṛṣṇa por completo en cualquier momento específico o en cualquier estado de la vida. Más bien, los propios temas acerca de Kṛṣṇa son tan sabrosos, que a los devotos les parecen néctar. De ese modo, los devotos los disfrutan. Al discutir las opulencias de Kṛṣṇa y Sus diversas energías, los devotos puros sienten un placer trascendental. En consecuencia, ellos quieren oír hablar de ellas y discutirlas. Kṛṣṇa sabe que las entidades vivientes no entienden hasta dónde llegan Sus opulencias; por eso Él accede a exponer únicamente las principales manifestaciones de Sus diferentes energías. La palabra *prādhānyataḥ* (''principal'') es muy importante, porque nosotros sólo podemos entender unos cuantos de los principales detalles del Señor Supremo, ya que Sus características son ilimitadas. No es posible entenderlas todas. Y *vibhūti*, tal como se usa en este verso, se refiere a las opulencias mediante las cuales Él controla toda la manifestación. En el diccionario *Amara-kośa* se dice que *vibhūti* indica una opulencia excepcional.

El impersonalista y el panteísta no pueden entender las excepcionales opulencias del Señor Supremo ni las manifestaciones de Su energía divina. Tanto en el mundo material como en el mundo espiritual, Sus energías se distribuyen en todas las variedades de manifestaciones que hay. Ahora Kṛṣṇa está describiendo lo que el hombre común puede percibir directamente; así se describe, pues, parte de Su variada energía.

TEXTO 20

अहमात्मा गुडाकेश सर्वभूताशयस्थितः ।
अहमादिश्च मध्यं च भूतानामन्त एव च ॥२०॥

aham ātmā guḍākeśa
sarva-bhūtāśaya-sthitaḥ
aham ādis ca madhyaṁ ca
bhūtānām anta eva ca

aham—Yo; *ātmā*—el alma; *guḍākeśa*—¡oh, Arjuna!; *sarva-bhūta*—de todas las entidades vivientes; *āśaya-sthitaḥ*—situado en el corazón; *aham*—Yo soy; *ādiḥ*—el origen; *ca*—también; *madhyam*—medio; *ca*—además; *bhūtānām*—de todas las entidades vivientes; *antaḥ*—fin; *eva*—ciertamente; *ca*—y.

TRADUCCIÓN

Yo soy la Superalma, ¡oh, Arjuna!, que se encuentra situada en los corazones de todas las entidades vivientes. Yo soy el principio, el medio y el fin de todos los seres.

SIGNIFICADO

En este verso, a Arjuna se lo llama Guḍākeśa, que significa "aquel que ha conquistado la oscuridad del sueño". Para aquellos que están durmiendo en la oscuridad de la ignorancia, no es posible entender cómo la Suprema Personalidad de Dios se manifiesta de diversas maneras en el mundo material y en el mundo espiritual. Así pues, este nombre que Kṛṣṇa le da a Arjuna es significativo. Como Arjuna está por encima de esa oscuridad, la Personalidad de Dios accede a describir Sus diversas opulencias.

En primer lugar, Kṛṣṇa le informa a Arjuna que Él es el alma de toda la manifestación cósmica por medio de Su expansión primaria. Antes de la creación material, el Señor Supremo, mediante Su expansión plenaria, adopta las encarnaciones Puruṣa, y a partir de Él comienza todo. Por lo tanto, Él es *ātmā*, el alma del *mahat-tattva*, o los elementos del universo. La energía material total no es la causa de la creación; en realidad, lo que ocurre es que el Mahā-Viṣṇu entra en el *mahat-tattva*, la energía material total. Él es el alma. Cuando Mahā-Viṣṇu entra en los universos manifestados, Él se manifiesta de nuevo como la Superalma que se encuentra en todas y cada una de las entidades vivientes. Nosotros tenemos la experiencia de que el cuerpo personal de la entidad viviente existe debido a la presencia de la chispa espiritual. Sin la existencia de la chispa espiritual, el cuerpo no puede desarrollarse. De igual modo, la manifestación material no puede desarrollarse, a menos que el Alma Suprema, Kṛṣṇa, entre en ella. Como se afirma en *El Subala Upaniṣad*: *prakṛty-ādi-sarva-bhūtāntar-yāmī sarva-śeṣī ca nārāyaṇaḥ*, "La Suprema Personalidad de Dios existe en forma de la Superalma en todos los universos manifestados".

En *El Śrīmad-Bhāgavatam* se describe a los tres *puruṣa-avatāras*. También en *El Sātvata-tantra*. *Viṣṇos tu trīṇi rūpāṇi puruṣākhyāny atho viduḥ*: la Suprema Personalidad de Dios manifiesta tres aspectos —Kāraṇodakaśāyī Viṣṇu, Garbhodakaśāyī Viṣṇu y Kṣīrodakaśāyī Viṣṇu— en esta manifestación material. Al Mahā-Viṣṇu, o Kāraṇodakaśāyī Viṣṇu, se lo describe en *El Brahma-saṁhitā* (5.47). *Yaḥ kāraṇārṇava-jale bhajati sma yoga-nidrām*: el Señor Supremo, Kṛṣṇa, la causa de todas las causas, yace en forma de Mahā-Viṣṇu en el océano cósmico. Por consiguiente, la Suprema Personalidad de Dios es el comienzo de este universo, el sustentador de las manifestaciones del universo y el fin de toda la energía.

TEXTO 21

आदित्यानामहं विष्णुर्ज्योतिषां रविरंशुमान् ।
मरीचिर्मरुतामस्मि नक्षत्राणामहं शशी ॥ २१ ॥

ādityānām ahaṁ viṣṇur
jyotiṣāṁ ravir aṁśumān
marīcir marutām asmi
nakṣatrāṇām ahaṁ śaśī

ādityānām—de los Ādityas; *aham*—Yo soy; *viṣṇuḥ*—el Señor Supremo; *jyotiṣām*—de todos los luminares; *raviḥ*—el Sol; *aṁśu-mān*—radiante; *marīciḥ*—Marīci; *marutām*—de los Maruts; *asmi*—Yo soy; *nakṣatrāṇām*—de las estrellas; *aham*—Yo soy; *śaśī*—la Luna.

TRADUCCIÓN

De los Ādityas, Yo soy Viṣṇu; de las luces, Yo soy el radiante Sol; de los Maruts, Yo soy Marīci; y entre las estrellas, Yo soy la Luna.

SIGNIFICADO

Hay doce Ādityas, de los cuales Kṛṣṇa es el principal. Entre todos los luminares que titilan en el cielo, el Sol es el principal de ellos, y en *El Brahma-saṁhitā* se dice que el Sol es el deslumbrante ojo del Señor Supremo. Existen cincuenta variedades de vientos que soplan por el espacio, y de esos vientos, la deidad controladora, Marīci, representa a Kṛṣṇa.

Entre las estrellas, la Luna es de lo más resaltante, en virtud de lo cual la Luna representa a Kṛṣṇa. Según este verso, parece ser que la Luna es una de las estrellas; por lo tanto, las estrellas que titilan en el cielo también reflejan la luz del Sol. La literatura védica no acepta la teoría de que en el universo hay muchos soles. El Sol es uno, y así como la Luna ilumina por el reflejo del Sol, así mismo ocurre con las estrellas. Como *El Bhagavad-gītā* indica aquí que la Luna es una de las estrellas, las titilantes estrellas no son soles sino que son como la Luna.

TEXTO 22

वेदानां सामवेदोऽस्मि देवानामस्मि वासवः ।
इन्द्रियाणां मनश्चास्मि भूतानामस्मि चेतना ॥ २२ ॥

vedānāṁ sāma-vedo 'smi
devānām asmi vāsavaḥ
indriyāṇāṁ manaś cāsmi
bhūtānām asmi cetanā

vedānām—de todos los *Vedas*; *sāma-vedaḥ—El Sāma Veda*; *asmi*—Yo soy; *devānām*—de todos los semidioses; *asmi*—Yo soy; *vāsavaḥ*—el rey del cielo; *indriyāṇām*—de todos los sentidos; *manaḥ*—la mente; *ca*—además; *asmi*—Yo soy; *bhūtānām*—de todas las entidades vivientes; *asmi*—Yo soy; *cetanā*—la fuerza viviente.

TRADUCCIÓN

De los Vedas, Yo soy El Sāma Veda; de los semidioses, Yo soy Indra, el rey del cielo; de los sentidos, Yo soy la mente; y de los seres vivos, Yo soy la fuerza viviente [la conciencia].

SIGNIFICADO

La diferencia que hay entre la materia y el espíritu es que la materia no tiene conciencia, y la entidad viviente sí la tiene; por lo tanto, esa conciencia es suprema y eterna. La conciencia no puede producirse por medio de una combinación de materia.

TEXTO 23

रुद्राणां शंकरश्चास्मि वित्तेशो यक्षरक्षसाम् ।
वसूनां पावकश्चास्मि मेरुः शिखरिणामहम् ॥२३॥

rudrāṇāṁ śaṅkaraś cāsmi
vitteśo yakṣa-rakṣasām
vasūnāṁ pāvakaś cāsmi
meruḥ śikhariṇām aham

rudrāṇām—de todos los Rudras; *śaṅkaraḥ*—el Señor Śiva; *ca*—también; *asmi*—Yo soy; *vitta-īśaḥ*—el señor de la tesorería de los semidioses; *yakṣa-rakṣasām*—de los Yakṣas y Rākṣasas; *vasūnām*—de los Vasus; *pāvakaḥ*—fuego; *ca*—además; *asmi*—Yo soy; *meruḥ*—Meru; *śikhariṇām*—de todas las montañas; *aham*—Yo soy.

TRADUCCIÓN

De todos los Rudras, Yo soy el Señor Śiva; de los Yakṣas y Rākṣasas, Yo soy el Señor de la riqueza [Kuvera]; de los Vasus, Yo soy el fuego [Agni]; y de las montañas, Yo soy Meru.

SIGNIFICADO

Hay once Rudras, de los cuales Śaṅkara, el Señor Śiva, es el principal. Él es la encarnación del Señor Supremo que está a cargo de la modalidad de la ignorancia en el universo. Kuvera, el tesorero principal de los semidioses, es el líder de los Yakṣas y Rākṣasas, y él es una representación del Señor Supremo. Meru es una montaña célebre por la riqueza de sus recursos naturales.

TEXTO 24

पुरोधसां च मुख्यं मां विद्धि पार्थ बृहस्पतिम् ।
सेनानीनामहं स्कन्दः सरसामस्मि सागरः ॥२४॥

purodhasāṁ ca mukhyaṁ māṁ
viddhi pārtha bṛhaspatim
senānīnām ahaṁ skandaḥ
sarasām asmi sāgaraḥ

purodhasām—de todos los sacerdotes; *ca*—también; *mukhyam*—el principal; *mām*—a Mí; *viddhi*—entiende; *pārtha*—¡oh, hijo de Pṛthā!; *bṛhaspatim*—Bṛhaspati; *senānīnām*—de todos los comandantes; *aham*—Yo soy; *skandaḥ*—Kārttikeya; *sarasām*—de todos los depósitos de agua; *asmi*—Yo soy; *sāgaraḥ*—el océano.

TRADUCCIÓN

De los sacerdotes, ¡oh, Arjuna!, sabed que soy el principal, Bṛhaspati.

De los generales, Yo soy Kārttikeya, y de las extensiones de agua, Yo soy el océano.

SIGNIFICADO

Indra es el principal semidiós de los planetas celestiales, y es conocido como el rey de los cielos. El planeta en el que él reina se denomina Indraloka. Bṛhaspati es el sacerdote de Indra, y puesto que Indra es el principal de todos los reyes, Bṛhaspati es el principal de todos los sacerdotes. Y así como Indra es el principal de todos los reyes, Skanda, o Kārttikeya, el hijo de Pārvatī y el Señor Śiva, es el principal de todos los comandantes militares. Y de todas las extensiones de agua, el océano es la mayor. Estas representaciones de Kṛṣṇa apenas dan indicios de Su grandeza.

TEXTO 25

महर्षीणां भृगुरहं गिरामस्म्येकमक्षरम् ।
यज्ञानां जपयज्ञोऽस्मि स्थावराणां हिमालयः ॥२५॥

maharṣīṇāṁ bhṛgur ahaṁ
girām asmy ekam akṣaram
yajñānāṁ japa-yajño 'smi
sthāvarāṇāṁ himālayaḥ

mahā-ṛṣīṇām—entre los grandes sabios; *bhṛguḥ*—Bhṛgu; *aham*—Yo soy; *girām*—de las vibraciones; *asmi*—Yo soy; *ekam akṣaram—praṇava*; *yajñānām*—de los sacrificios; *japa-yajñaḥ*—el canto; *asmi*—Yo soy; *sthāvarāṇām*—de cosas inmóviles; *himālayaḥ*—los montes Himalayas.

TRADUCCIÓN

De los grandes sabios, Yo soy Bhṛgu; de las vibraciones, Yo soy el trascendental oṁ; de los sacrificios, Yo soy el canto de los santos nombres [japa]; y de las cosas inmóviles, Yo soy los Himalayas.

SIGNIFICADO

Brahmā, la primera criatura viviente del universo, creó varios hijos para la propagación de diversas clases de especies. Entre estos hijos, Bhṛgu es el sabio más poderoso de todos. De todas las vibraciones trascendentales, el *oṁ* (*oṁkāra*) representa a Kṛṣṇa. De todos los sacrificios, el canto de Hare Kṛṣṇa, Hare Kṛṣṇa, Kṛṣṇa Kṛṣṇa, Hare Hare/ Hare Rāma, Hare Rāma, Rāma Rāma, Hare Hare, es la representación más pura de Kṛṣṇa. A veces se recomiendan los sacrificios de animales, pero en el sacrificio de Hare Kṛṣṇa, Hare Kṛṣṇa, no hay ninguna posibilidad de violencia. Ello es lo más simple y puro que existe. Todo lo sublime que hay en los mundos es una representación de Kṛṣṇa. Por lo tanto, los Himalayas, las montañas más grandes del mundo, también lo representan a Él. La montaña llamada Meru se mencionó en el verso anterior, pero Meru a veces se mueve, mientras que los Himalayas jamás se mueven. Así pues, los Himalayas son superiores a Meru.

TEXTO 26

अश्वत्थः सर्ववृक्षाणां देवर्षीणां च नारदः ।
गन्धर्वाणां चित्ररथः सिद्धानां कपिलो मुनिः ॥२६॥

aśvatthaḥ sarva-vṛkṣāṇāṁ
devarṣīṇāṁ ca nāradaḥ
gandharvāṇāṁ citrarathaḥ
siddhānāṁ kapilo muniḥ

aśvatthaḥ—el árbol baniano; *sarva-vṛkṣāṇām*—de todos los árboles; *devarṣīṇām*—de todos los sabios entre los semidioses; *ca*—y; *nāradaḥ*—Nārada; *gandharvāṇām*—de los ciudadanos del planeta Gandharva; *citrarathaḥ*—Citraratha; *siddhānām*—de todos los seres perfectos; *kapilaḥ muniḥ*—Kapila Muni.

TRADUCCIÓN

De todos los árboles, Yo soy el árbol baniano; y de los sabios entre los semidioses, Yo soy Nārada. De los Gandharvas, Yo soy Citraratha; y entre los seres perfectos, Yo soy el sabio Kapila.

SIGNIFICADO

El árbol baniano (*aśvattha*) es uno de los árboles más altos y hermosos que existen, y en la India la gente a menudo lo adora como parte de sus rituales matutinos diarios. Entre los semidioses también se adora a Nārada, a quien se lo considera el devoto más eminente del universo. Así pues, él es la representación de Kṛṣṇa como devoto. El planeta Gandharva está lleno de entidades que cantan muy hermoso, y entre ellas el mejor cantante es Citraratha. Entre las entidades vivientes perfectas, Kapila, el hijo de Devahūti, es un representante de Kṛṣṇa. A Él se lo considera una encarnación de Kṛṣṇa, y Su filosofía se menciona en *El Śrīmad-Bhāgavatam*. Posteriormente, otro Kapila se hizo famoso, pero su filosofía era atea. Así pues, entre ellos hay la mar de diferencias.

TEXTO 27

उच्चैःश्रवसमश्वानां विद्धि माममृतोद्भवम् ।

ऐरावतं गजेन्द्राणां नराणां च नराधिपम् ॥२७॥

uccaiḥśravasam aśvānāṁ
viddhi mām amṛtodbhavam
airāvataṁ gajendrāṇāṁ
narāṇāṁ ca narādhipam

uccaiḥśravasam—Uccaiḥśravā; *aśvānām*—entre los caballos; *viddhi*—sabed; *mām*—de Mí; *amṛta-udbhavam*—producido al batir el océano; *airāvatam*—Airāvata; *gaja-indrāṇām*—de los elefantes señoriales; *narāṇām*—entre los seres humanos; *ca*—y; *naradhipam*—el rey.

TRADUCCIÓN

De los caballos, sabed que Yo soy Uccaiḥśravā, que se produjo mientras se batía el océano para obtener néctar. De los elefantes señoriales, Yo soy Airāvata; y entre los hombres, Yo soy el monarca.

SIGNIFICADO

Una vez, los semidioses devotos y los demonios (*asuras*) se pusieron a batir el mar. Como resultado de ello se produjo néctar y veneno, y el Señor Śiva se bebió el veneno. Del néctar se produjeron muchas entidades, entre las cuales había un caballo llamado Uccaiḥśravā. Otro animal que se produjo del néctar fue un elefante llamado Airāvata. Como estos dos animales se produjeron del néctar, tienen un significado especial, y ellos son representantes de Kṛṣṇa.

Entre los seres humanos, el rey es el representante de Kṛṣṇa, porque Kṛṣṇa es el sustentador del universo, y los reyes, que son nombrados en virtud de sus cualidades divinas, son sustentadores de sus reinos. Reyes tales como Mahārāja Yudhiṣṭhira, Mahārāja Parīkṣit y el Señor Rāma eran todos reyes sumamente virtuosos que siempre pensaban en el bienestar de los ciudadanos. En la literatura védica, al rey se lo considera el representante de Dios. Sin embargo, en esta era, con la corrupción de los principios de la religión, la monarquía ha decaído, y ahora ha terminado por ser abolida. No obstante, debe entenderse que en el pasado la gente era más feliz bajo el régimen de reyes virtuosos.

TEXTO 28

आयुधानामहं वज्रं धेनूनामस्मि कामधुक् ।
प्रजनश्चास्मि कन्दर्पः सर्पाणामस्मि वासुकिः ॥२८॥

āyudhānām ahaṁ vajraṁ
dhenūnām asmi kāmadhuk

prajanaś cāsmi kandarpaḥ
sarpāṇām asmi vāsukiḥ

āyudhānām—de todas las armas; *aham*—Yo soy; *vajram*—el rayo; *dhenūnām*—de las vacas; *asmi*—Yo soy; *kāma-dhuk*—las vacas *surabhi*; *prajanaḥ*—la causa por la que se engendran hijos; *ca*—y; *asmi*—Yo soy; *kandarpaḥ*—Cupido; *sarpāṇām*—de las serpientes; *asmi*—Yo soy; *vāsukiḥ*—Vāsuki.

TRADUCCIÓN

De las armas, soy el rayo; entre las vacas, soy la surabhi; de las causas de la procreación, soy Kandarpa, el dios del amor; y de las serpientes, soy Vāsuki.

SIGNIFICADO

El rayo, que en verdad es un arma poderosa, representa el poder de Kṛṣṇa. En Kṛṣṇaloka, en el cielo espiritual, hay vacas que pueden ser ordeñadas en cualquier momento y que dan tanta leche como uno quiera. Claro que esa clase de vacas no existen en este mundo material, pero se dice que ellas se encuentran en Kṛṣṇaloka. El Señor tiene muchas de esas vacas, que se denominan *surabhi*. Se dice que el Señor se dedica a cuidar las vacas *surabhi*. Kandarpa es el deseo sexual con el que se engendran buenos hijos; por consiguiente, Kandarpa es el representante de Kṛṣṇa. A veces se tienen relaciones sexuales sólo para el goce de los sentidos; esa clase de vida sexual no representa a Kṛṣṇa. Pero la relación sexual que se tiene para la procreación de buenos hijos se denomina Kandarpa y representa a Kṛṣṇa.

TEXTO 29

अनन्तश्चास्मि नागानां वरुणो यादसामहम् ।
पितॄणामर्यमा चास्मि यमः संयमतामहम् ॥ २९ ॥

anantaś cāsmi nāgānāṁ
varuṇo yādasām aham
pitṝṇām aryamā cāsmi
yamaḥ saṁyamatām aham

anantaḥ—Ananta; *ca*—también; *asmi*—Yo soy; *nāgānām*—de las serpientes de muchas cabezas; *varuṇaḥ*—el semidiós que controla el agua; *yādasām*—de todos los seres acuáticos; *aham*—Yo soy; *pitṝṇām*—de los antepasados; *aryamā*—Aryamā; *ca*—además; *asmi*—Yo soy; *yamaḥ*—el controlador de la muerte; *saṁyamatām*—de todos los reguladores; *aham*—Yo soy.

TRADUCCIÓN

De las Nāgas de muchas cabezas, Yo soy Ananta; y entre los seres acuáticos, Yo soy el semidiós Varuṇa. De los antepasados difuntos, Yo soy Aryamā; y entre los agentes de la ley, Yo soy Yama, el señor de la muerte.

SIGNIFICADO

Entre las serpientes Nāga de muchas cabezas, Ananta es la más importante, tal como lo es el semidiós Varuṇa entre los seres acuáticos. Ambos representan a Kṛṣṇa. Existe también un planeta de *pitās*, antepasados, regido por Aryamā, quien representa a Kṛṣṇa. Hay muchas entidades vivientes que castigan a los infieles, y entre ellas Yama es la principal. Yama se encuentra en un planeta cercano a este planeta Tierra. Al morir, aquellos que son muy pecadores son llevados ahí, y Yama dispone diferentes clases de castigos para ellos.

TEXTO 30

प्रह्लादश्चास्मि दैत्यानां कालः कलयतामहम् ।
मृगाणां च मृगेन्द्रोऽहं वैनतेयश्च पक्षिणाम् ॥३०॥

prahlādaś cāsmi daityānāṁ
kālaḥ kalayatām aham
mṛgāṇāṁ ca mṛgendro 'haṁ
vainateyaś ca pakṣiṇām

prahlādaḥ—Prahlāda; *ca*—también; *asmi*—Yo soy; *daityānām*—de los demonios; *kālaḥ*—el tiempo; *kalayatām*—de los subyugadores; *aham*—Yo soy; *mṛgāṇām*—de los animales; *ca*—y; *mṛga-indraḥ*—el león; *aham*—Yo soy; *vainateyaḥ*—Garuḍa; *ca*—además; *pakṣiṇām*—de las aves.

TRADUCCIÓN

Entre los demonios Daityas, Yo soy el devoto Prahlāda; entre los subyugadores, Yo soy el tiempo; entre las bestias, Yo soy el león; y entre las aves, Yo soy Garuḍa.

SIGNIFICADO

Diti y Aditi son dos hermanas. Los hijos de Aditi se llaman Ādityas, y los hijos de Diti se llaman Daityas. Todos los Ādityas son devotos del Señor, y todos los Daityas son ateos. Aunque Prahlāda nació en la familia de los Daityas, desde niño fue un gran devoto. Debido a su servicio devocional y a su naturaleza divina, se considera que él es un representante de Kṛṣṇa.

Existen muchos principios subyugadores, pero el tiempo desgasta todas las cosas en el universo material, y por ello representa a Kṛṣṇa. De los muchos animales, el león es el más poderoso y feroz, y del millón de variedades de aves que hay, Garuḍa, el transportador del Señor Viṣṇu, es la más importante.

TEXTO 31

पवनः पवतामस्मि रामः शस्त्रभृतामहम् ।
झषाणां मकरश्चास्मि स्रोतसामस्मि जाह्नवी ॥३१॥

pavanaḥ pavatām asmi
rāmaḥ śastra-bhṛtām aham
jhaṣāṇāṁ makaraś cāsmi
srotasām asmi jāhnavī

pavanaḥ—el viento; *pavatām*—de todo lo que purifica; *asmi*—Yo soy; *rāmaḥ*—Rāma; *śastra-bhṛtām*—de los portadores de armas; *aham*—Yo soy; *jhaṣāṇām*—de todos los peces; *makaraḥ*—el tiburón; *ca*—también; *asmi*—Yo soy; *srotasām*—de los fluyentes ríos; *asmi*—Yo soy; *jāhnavī*—el río Ganges.

TRADUCCIÓN

De los purificadores, Yo soy el viento; de los esgrimidores de armas, Yo soy Rāma; de los peces, Yo soy el tiburón; y de los fluyentes ríos, Yo soy el Ganges.

SIGNIFICADO

De todos los seres acuáticos, el tiburón es uno de los más grandes e, indudablemente, el más peligroso para el hombre. Así pues, el tiburón representa a Kṛṣṇa.

TEXTO 32

सर्गाणामादिरन्तश्च मध्यं चैवाहमर्जुन ।
अध्यात्मविद्या विद्यानां वादः प्रवदतामहम् ॥३२॥

sargāṇām ādir antaś ca
madhyaṁ caivāham arjuna
adhyātma-vidyā vidyānāṁ
vādaḥ pravadatām aham

sargāṇām—de todas las creaciones; *ādiḥ*—el principio; *antaḥ*—el fin;

ca—y; *madhyam*—el medio; *ca*—además; *eva*—ciertamente; *aham*—Yo soy; *arjuna*—¡oh, Arjuna!; *adhyātma-vidyā*—conocimiento espiritual; *vidyānām*—de toda la educación; *vādaḥ*—la conclusión natural; *pravadatām*—de los argumentos; *aham*—Yo soy.

TRADUCCIÓN

De todas las creaciones, ¡oh, Arjuna! Yo soy el principio y el fin, y también el medio. De todas las ciencias, Yo soy la ciencia espiritual del ser, y entre los lógicos, Yo soy la verdad concluyente.

SIGNIFICADO

Entre las manifestaciones creadas, la primera es la creación de la totalidad de los elementos materiales. Como se explicó antes, la manifestación cósmica es creada y conducida por Mahā-Viṣṇu, Garbhodakaśāyī Viṣṇu y Kṣīrodakaśāyī Viṣṇu, y luego es aniquilada de nuevo por el Señor Śiva. Brahmā es un creador secundario. Todos estos agentes de la creación, manutención y aniquilación, son encarnaciones de las cualidades materiales del Señor Supremo. Por consiguiente, Él es el principio, el medio y el fin de todo lo creado.

Para la educación superior hay varias clases de libros de conocimiento, tales como los cuatro *Vedas* y sus seis suplementos, y *El Vedānta-sūtra*, los libros de lógica, los libros de religión y los *Purāṇas*. Así que, en total, hay catorce divisiones en que se agrupan los libros de educación. De éstos, el libro que presenta el *adhyātma-vidyā*, el conocimiento espiritual —en particular, *El Vedānta-sūtra*—, representa a Kṛṣṇa.

Entre los lógicos hay diferentes clases de argumentos. El proceso por el cual se respalda el argumento de uno con pruebas que también respaldan el lado contrario, se denomina *jalpa*. El hecho de sólo tratar de vencer al oponente se denomina *vitaṇḍā*. Pero la verdadera conclusión se denomina *vāda*. Esa verdad concluyente es una representación de Kṛṣṇa.

TEXTO 33

अक्षराणामकारोऽस्मि द्वन्द्वः सामासिकस्य च ।
अहमेवाक्षयः कालो धाताऽहं विश्वतोमुखः ॥ ३३ ॥

akṣarāṇām a-kāro 'smi
dvandvaḥ sāmāsikasya ca
aham evākṣayaḥ kālo
dhātāhaṁ viśvato-mukhaḥ

akṣarāṇām—de las letras; *a-kāraḥ*—la primera letra; *asmi*—Yo soy;

dvandvaḥ—la dual; *sāmāsikasya*—de los compuestos; *ca*—y; *aham*—Yo soy; *eva*—ciertamente; *akṣayaḥ*—eterno; *kālaḥ*—el tiempo; *dhātā*—el creador; *aham*—Yo soy; *viśvataḥ-mukhaḥ*—Brahmā.

TRADUCCIÓN

De las letras, Yo soy la A; y entre las palabras compuestas, Yo soy el compuesto dual. Yo soy, además, el tiempo inagotable, y de los creadores, Yo soy Brahmā.

SIGNIFICADO

A-kāra, la primera letra del alfabeto sánscrito, es el comienzo de la literatura védica. Sin *a-kāra* no se puede pronunciar nada; por lo tanto, esa letra constituye el comienzo del sonido. En sánscrito hay además muchas palabras compuestas, de las cuales la palabra dual, como *rāma-kṛṣṇa*, se denomina *dvandva*. En esa palabra compuesta, las palabras *rāma* y *kṛṣṇa* tienen la misma forma, en virtud de lo cual el compuesto se denomina dual.

Entre todas las clases de aniquiladores, el tiempo es el aniquilador supremo, porque el tiempo lo mata todo. El tiempo es el representante de Kṛṣṇa, ya que en el debido momento habrá un gran incendio y todo será aniquilado.

Entre las entidades vivientes que crean, Brahmā, que tiene cuatro cabezas, es la principal. Por consiguiente, él es un representante del Señor Supremo, Kṛṣṇa.

TEXTO 34

मृत्युः सर्वहरश्चाहमुद्भवश्च भविष्यताम् ।
कीर्तिः श्रीर्वाक्च नारीणां स्मृतिर्मेधा धृतिः क्षमा ॥ ३४ ॥

mṛtyuḥ sarva-haraś cāham
udbhavaś ca bhaviṣyatām
kīrtiḥ śrīr vāk ca nārīṇāṁ
smṛtir medhā dhṛtiḥ kṣamā

mṛtyuḥ—la muerte; *sarva-haraḥ*—que todo lo devora; *ca*—también; *aham*—Yo soy; *udbhavaḥ*—generación; *ca*—también; *bhaviṣyatām*—de las manifestaciones futuras; *kīrtiḥ*—fama; *śrīḥ*—opulencia o belleza; *vāk*—la manera fina de hablar; *ca*—también; *nārīṇāṁ*—de las mujeres; *smṛtiḥ*—memoria; *medhā*—inteligencia; *dhṛtiḥ*—firmeza; *kṣamā*—paciencia.

TRADUCCIÓN

Yo soy la muerte que todo lo devora, y soy el principio generador de

todo lo que está por existir. Entre las mujeres, Yo soy la fama, la fortuna, la manera fina de hablar, la memoria, la inteligencia, la constancia y la paciencia.

SIGNIFICADO

Cuando un hombre nace, muere a cada momento. Así pues, la muerte está devorando a cada entidad viviente en todo momento, pero el último golpe se denomina la muerte misma. Esa muerte es Kṛṣṇa. En lo que respecta al desarrollo futuro, todas las entidades vivientes pasan por seis cambios básicos. Nacen, crecen, permanecen por algún tiempo, se reproducen, decaen y, finalmente, se desvanecen. De estos cambios, el primero es el parto, y eso es Kṛṣṇa. La generación inicial es el principio de todas las actividades futuras.

Las siete opulencias enumeradas —la fama, la fortuna, la manera fina de hablar, la memoria, la inteligencia, la firmeza y la paciencia— se consideran femeninas. Si una persona las posee todas o posee algunas de ellas, se vuelve gloriosa. Si un hombre es famoso como persona virtuosa, eso lo vuelve glorioso. El sánscrito es un idioma perfecto y, en consecuencia, es muy glorioso. Si después de estudiar algo uno puede recordarlo, está dotado de una buena memoria, o *smṛti*. Y la habilidad de no sólo poder leer muchos libros acerca de diferentes temas, pero de poder entenderlos y aplicarlos cuando es necesario, se denomina inteligencia (*medhā*), que es otra opulencia. La habilidad de vencer la inestabilidad se denomina firmeza o constancia (*dhṛti*). Y cuando se es una persona totalmente capacitada y, sin embargo, se es humilde y manso, y cuando uno es capaz de mantener su equilibrio tanto en la tristeza como en el éxtasis de la alegría, se tiene la opulencia llamada paciencia (*kṣamā*).

TEXTO 35

बृहत्साम तथा साम्नां गायत्री छन्दसामहम् ।
मासानां मार्गशीर्षोऽहमृतूनां कुसुमाकरः ॥ ३५ ॥

bṛhat-sāma tathā sāmnāṁ
gāyatrī chandasām aham
māsānāṁ mārga-śīrṣo 'ham
ṛtūnāṁ kusumākaraḥ

bṛhat-sāma—el *Bṛhat-sāma*; *tathā*—también; *sāmnām*—de las canciones de *El Sāma Veda*; *gāyatrī*—los himnos Gāyatrī; *chandasām*—de toda la poesía; *aham*—Yo soy; *māsānām*—de los meses; *mārga-śīrṣaḥ*—el mes comprendido entre Noviembre y Diciembre; *aham*—Yo soy; *ṛtūnām*—de todas las estaciones; *kusuma-ākaraḥ*—la primavera.

TRADUCCIÓN

De los himnos de El Sāma Veda, Yo soy el Bṛhat-sāma, y de la poesía, Yo soy el Gāyatrī. De los meses, Yo soy Mārgaśīrsa [Noviembre-Diciembre], y de las estaciones, Yo soy la florida primavera.

SIGNIFICADO

El Señor ya ha explicado que entre todos los *Vedas*, Él es *El Sāma Veda*. *El Sāma Veda* está colmado de hermosas canciones que tocan los diversos semidioses. Una de esas canciones es el *bṛhat-sāma*, que tiene una melodía exquisita y se canta a medianoche.

En sánscrito hay reglas específicas que regulan la poesía; la rima y el metro no se escriben caprichosamente, como en la mayor parte de la poesía moderna. De la poesía regulada, el *mantra* Gāyatrī, que cantan los *brāhmaṇas* debidamente capacitados, es el más notable. El *mantra* Gāyatrī se menciona en *El Śrīmad-Bhāgavatam*. Como el *mantra* Gāyatrī está hecho especialmente para llegar a la comprensión de Dios, representa al Señor Supremo. Ese *mantra* es para gente adelantada en lo espiritual, y cuando uno tiene éxito en cantarlo, puede ingresar en el plano de la posición trascendental del Señor. Para poder cantar el *mantra* Gāyatrī, primero uno debe adquirir las cualidades de la persona perfecta, las cualidades de la bondad según las leyes de la naturaleza material. El *mantra* Gāyatrī es muy importante en la civilización védica, y se considera que es la encarnación sonora del Brahman. Brahmā es su iniciador, y desciende de él en sucesión discipular.

El mes comprendido entre Noviembre y Diciembre se considera que es el mejor de todos los meses, porque en esa época en la India se recogen los granos de los campos, y la gente se pone muy feliz. La primavera es, desde luego, una estación querida por todos, ya que ni es demasiado caliente ni demasiado fría, y en esa estación las flores y los árboles alcanzan su máximo esplendor. Durante la primavera hay, además, muchas ceremonias que conmemoran los pasatiempos de Kṛṣṇa; por eso se considera que es la estación más jubilosa de todas, y es la representante del Señor Supremo, Kṛṣṇa.

TEXTO 36

द्यूतं छलयतामस्मि तेजस्तेजस्विनामहम् ।
जयोऽस्मि व्यवसायोऽस्मि सत्त्वं सत्त्ववतामहम् ॥३६॥

dyūtaṁ chalayatām asmi
tejas tejasvinām aham
jayo 'smi vyavasāyo 'smi
sattvaṁ sattvavatām aham

dyūtam—la apuesta; *chalayatām*—de todos los tramposos; *asmi*—Yo soy; *tejaḥ*—el esplendor; *tejasvinām*—de todo lo espléndido; *aham*—Yo soy; *jayaḥ*—la victoria; *asmi*—Yo soy; *vyavasāyaḥ*—empresa o aventura; *asmi*—Yo soy; *sattvam*—la fuerza; *sattva-vatām*—del fuerte; *aham*—Yo soy.

TRADUCCIÓN

Yo soy también la apuesta de los tramposos, y de lo espléndido soy el esplendor. Yo soy la victoria, Yo soy la aventura y Yo soy la fuerza de los fuertes.

SIGNIFICADO

Existen muchas clases de engañadores por todo el universo. De todos los engaños, la apuesta es el supremo, y por ello representa a Kṛṣṇa. En Su carácter de Supremo, Kṛṣṇa puede ser más mentiroso que cualquier hombre ordinario. Si Kṛṣṇa decide engañar a una persona, nadie puede superarlo en Su engaño. Su grandeza no es unilateral: es absoluta.

Entre los victoriosos, Él es la victoria. Él es el esplendor de lo espléndido. Entre los emprendedores y trabajadores, Él es el más emprendedor; y entre los fuertes, Él es el más fuerte. Cuando Kṛṣṇa se hallaba en la Tierra, nadie podía superarlo en lo que a fuerza se refiere. Incluso en Su infancia, Él levantó la colina Govardhana. Nadie puede superarlo en el engaño, nadie puede superarlo en el esplendor, nadie puede superarlo en la victoria, nadie puede superarlo en la iniciativa y nadie puede superarlo en la fuerza.

TEXTO 37

वृष्णीनां वासुदेवोऽस्मि पाण्डवानां धनञ्जयः ।
मुनीनामप्यहं व्यासः कवीनामुशना कविः ॥ ३७ ॥

vṛṣṇīnāṁ vāsudevo 'smi
pāṇḍavānāṁ dhanañjayaḥ
munīnām apy ahaṁ vyāsaḥ
kavīnām uśanā kaviḥ

vṛṣṇīnām—de los descendientes de Vṛṣṇi; *vāsudevaḥ*—Kṛṣṇa en Dvārakā; *asmi*—Yo soy; *pāṇḍavānām*—de los Pāṇḍavas; *dhanañjayaḥ*—Arjuna; *munīnām*—de los sabios; *api*—además; *aham*—Yo soy; *vyāsaḥ*—Vyāsa, el compilador de toda la literatura védica; *kavīnām*—de todos los grandes pensadores; *uśanā*—Uśanā; *kaviḥ*—el pensador.

TRADUCCIÓN

De los descendientes de Vṛṣṇi, Yo soy Vāsudeva, y de los Pāṇḍavas soy Arjuna. De los sabios, Yo soy Vyāsa, y entre los grandes pensadores soy Uśanā.

SIGNIFICADO

Kṛṣṇa es la Suprema Personalidad de Dios original y Baladeva es la expansión inmediata de Kṛṣṇa. Tanto el Señor Kṛṣṇa como Baladeva aparecieron como hijos de Vasudeva, así que a ambos se los puede llamar Vāsudeva. Desde otro punto de vista, como Kṛṣṇa nunca se va de Vṛndāvana, todas las formas de Kṛṣṇa que aparecen en cualquier otra parte son expansiones de Él. Vāsudeva es la expansión inmediata de Kṛṣṇa. No obstante, Vāsudeva no es diferente de Kṛṣṇa. Debe saberse que el Vāsudeva al que se hace referencia en este verso de *El Bhagavad-gītā* es Baladeva, o Balarāma, porque Él es la fuente original de todas las encarnaciones y, por ende, Él es la única fuente de Vāsudeva. Las expansiones inmediatas del Señor se denominan *svāṁśa* (expansiones personales), y además hay expansiones llamadas *vibhinnāṁśa* (expansiones separadas).

Entre los hijos de Pāṇḍu, Arjuna es famoso como Dhanañjaya. Él es el mejor hombre de todos y, por consiguiente, representa a Kṛṣṇa. Entre los *munis*, u hombres eruditos que están versados en el conocimiento védico, Vyāsa es el más eminente, porque él explicó el conocimiento védico de muchas maneras para que lo pudiera entender la gente común de esta Era de Kali. Y a Vyāsa también se lo conoce como una encarnación de Kṛṣṇa; por lo tanto, Vyāsa también representa a Kṛṣṇa. Los *kavis* son aquellos capaces de pensar a fondo acerca de cualquier asunto. Entre los *kavis*, Uśanā, Śukrācārya, era el maestro espiritual de los demonios; él era un político extremadamente inteligente y previsor. Así pues, Śukrācārya es otro representante de la opulencia de Kṛṣṇa.

TEXTO 38

दण्डो दमयतामस्मि नीतिरस्मि जिगीषताम् ।
मौनं चैवास्मि गुह्यानां ज्ञानं ज्ञानवतामहम् ॥ ३८ ॥

daṇḍo damayatām asmi
nītir asmi jigīṣatām
maunaṁ caivāsmi guhyānāṁ
jñānaṁ jñānavatām aham

daṇḍaḥ—castigo; *damayatām*—de todos los medios de supresión; *asmi*—Yo soy; *nītiḥ*—la moral; *asmi*—Yo soy; *jigīṣatām*—de aquellos que buscan la victoria; *maunam*—el silencio; *ca*—y; *eva*—también; *asmi*—Yo soy; *guhyānām*—de los secretos; *jñānam*—el conocimiento; *jñāna-vatām*—de los sabios; *aham*—Yo soy.

TRADUCCIÓN

Entre todos los medios para suprimir lo ilícito, Yo soy el castigo; y entre aquellos que buscan la victoria, Yo soy la moral. De las cosas secretas, Yo soy el silencio, y Yo soy la sabiduría de los sabios.

SIGNIFICADO

Existen muchos agentes represivos, de los cuales los más importantes son aquellos que combaten a los herejes. Cuando se castiga a los herejes, el medio con el que se los castiga representa a Kṛṣṇa. Entre aquellos que están tratando de triunfar en algún campo de la actividad, el elemento más triunfante de todos es la moral. Entre las actividades confidenciales de oír, pensar y meditar, el silencio es la más importante, porque por medio del silencio se puede progresar muy rápidamente. El hombre sabio es aquel que puede discernir entre la materia y el espíritu, entre las naturalezas superior e inferior de Dios. Esa clase de conocimiento es el propio Kṛṣṇa.

TEXTO 39

यच्चापि सर्वभूतानां बीजं तदहमर्जुन ।
न तदस्ति विना यत्स्यान्मया भूतं चराचरम् ॥३९॥

yac cāpi sarva-bhūtānāṁ
bījam tad aham arjuna
na tad asti vinā yat syān
mayā bhūtaṁ carācaram

yat—todo lo que; *ca*—también; *api*—sea; *sarva-bhūtānām*—de todas las creaciones; *bījam*—la semilla; *tat*—eso; *aham*—Yo soy; *arjuna*—¡oh, Arjuna!; *na*—no; *tat*—eso; *asti*—hay; *vinā*—sin; *yat*—lo cual; *syāt*—existe; *mayā*—Mí; *bhūtam*—ser creado; *cara-acaram*—móvil e inmóvil.

TRADUCCIÓN

Además, ¡oh, Arjuna!, Yo soy la semilla generadora de todas las existencias. No hay ningún ser —móvil o inmóvil— que pueda existir sin Mí.

SIGNIFICADO

Todo tiene una causa, y esa causa o semilla de la manifestación es Kṛṣṇa. Sin la energía de Kṛṣṇa, nada puede existir; por eso a Él se lo llama omnipotente. Sin Su potencia, ni lo móvil ni lo inmóvil puede existir. Cualquier existencia que no esté fundada en la energía de Kṛṣṇa se denomina *māyā*, ''aquello que no es''.

TEXTO 40

नान्तोऽस्ति मम दिव्यानां विभूतीनां परंतप ।
एष तूद्देशतः प्रोक्तो विभूतेर्विस्तरो मया ॥४०॥

nānto 'sti mama divyānāṁ
vibhūtīnāṁ parantapa
eṣa tūddeśataḥ prokto
vibhūter vistaro mayā

na—ni; *antaḥ*—un límite; *asti*—hay; *mama*—Mi; *divyānām*—de las divinas; *vibhūtīnām*—opulencias; *parantapa*—¡oh, conquistador de los enemigos!; *eṣaḥ*—todo esto; *tu*—pero; *uddeśataḥ*—como ejemplos; *proktaḥ*—hablados; *vibhūteḥ*—de las opulencias; *vistaraḥ*—la extensión; *mayā*—por Mi.

TRADUCCIÓN

¡Oh, poderoso conquistador de los enemigos!, Mis manifestaciones divinas no tienen fin. Lo que te he dicho no es más que un simple indicio de Mis infinitas opulencias.

SIGNIFICADO

Como se afirma en la literatura védica, aunque las opulencias y energías del Supremo se entienden de diversas maneras, dichas opulencias no tienen límite; por lo tanto, no todas las opulencias y energías se pueden explicar. A Arjuna tan sólo se le describen unos cuantos ejemplos para calmar su curiosidad.

TEXTO 41

यद्यद्विभूतिमत्सत्त्वं श्रीमदूर्जितमेव वा ।
तत्तदेवावगच्छ त्वं मम तेजोंऽशसंभवम् ॥४१॥

yad yad vibhūtimat sattvaṁ
śrīmad ūrjitam eva vā
tat tad evāvagaccha tvaṁ
mama tejo-'ṁśa-sambhavam

yat yat—todas; *vibhūti*—las opulencias; *mat*—que tenga; *sattvam*—existencia; *śrī-mat*—hermosas; *ūrjitam*—gloriosas; *eva*—ciertamente; *vā*—o; *tat tat*—todas ellas; *eva*—ciertamente; *avagaccha*—has de saber; *tvam*—tú; *mama*—Mi; *tejaḥ*—del esplendor; *aṁśa*—una parte; *sambhavam*—nacido de.

TRADUCCIÓN

Sabed que todas las creaciones opulentas, hermosas y gloriosas brotan tan sólo de una chispa de Mi esplendor.

SIGNIFICADO

Cualquier existencia gloriosa o hermosa ha de saberse que no es más que una manifestación fragmentaria de la opulencia de Kṛṣṇa, ya sea en el mundo espiritual o en el material. Cualquier cosa extraordinariamente opulenta ha de considerarse que representa la opulencia de Kṛṣṇa.

TEXTO 42

अथवा बहुनैतेन किं ज्ञातेन तवार्जुन ।
विष्टभ्याहमिदं कृत्स्नमेकांशेन स्थितो जगत् ॥ ४२ ॥

atha vā bahunaitena
kiṁ jñātena tavārjuna
viṣṭabhyāham idaṁ kṛtsnam
ekāṁśena sthito jagat

atha vā—o; *bahunā*—muchos; *etena*—por esta clase; *kim*—qué; *jñātena*—sabiendo; *tava*—tu; *arjuna*—¡oh, Arjuna!; *viṣṭabhya*—omnipresente; *aham*—Yo; *idam*—esta; *kṛtsnam*—entera; *eka*—por una; *aṁśena*—parte; *sthithaḥ*—estoy situado; *jagat*—el universo.

TRADUCCIÓN

Pero, ¿qué necesidad hay, Arjuna, de todo este conocimiento detallado? Con un solo fragmento de Mí mismo, Yo estoy omnipresente en todo este universo y lo sostengo.

SIGNIFICADO

El Señor Supremo está representado por todas partes de todos los universos materiales, por haber entrado en forma de la Superalma en todas las cosas. Aquí el Señor le dice a Arjuna que de nada sirve entender cómo las cosas existen en su opulencia y grandeza separadas. Él debe saber que todas las cosas existen porque

Kṛṣṇa entra en ellas en forma de la Superalma. Desde Brahmā, la entidad más gigantesca que existe, hasta la hormiga más pequeña de todas, todos existen porque el Señor ha entrado en todos y cada uno de ellos y los está sustentando.

Existen algunas personas que dicen que la adoración de cualquier semidiós lo llevará a uno a la Suprema Personalidad de Dios, o a la meta suprema. Pero aquí se desalienta por completo la adoración de los semidioses, porque incluso los semidioses más eminentes de todos, tales como Brahmā y Śiva, representan únicamente parte de la opulencia del Señor Supremo. Él es el origen de todo el que ha nacido, y nadie es superior a Él. Él es *asamaurdhva*, lo cual significa que nadie es superior a Él y que nadie es igual a Él. En *El Padma Purāṇa* se dice que aquel que considera que el Supremo Señor Kṛṣṇa está en la misma categoría que los semidioses —aunque se trate de Brahmā o Śiva—, se convierte de inmediato en un ateo. Sin embargo, si uno estudia a cabalidad las diferentes descripciones de las opulencias y expansiones de la energía de Kṛṣṇa, puede entender entonces sin ninguna duda la posición del Señor Śrī Kṛṣṇa, y puede fijar la mente en la adoración de Kṛṣṇa sin desviación. El Señor es omnipresente mediante la expansión de Su representación parcial, la Superalma, que entra dentro de todo lo que existe. Por lo tanto, los devotos puros concentran la mente en el proceso de conciencia de Kṛṣṇa mediante el servicio devocional pleno; en consecuencia, ellos siempre están situados en la posición trascendental. El servicio devocional y la adoración de Kṛṣṇa se señalan muy claramente en este capítulo en los versos que van del ocho al once. Ése es el camino del servicio devocional puro. En este capítulo se ha explicado a fondo la manera en que uno puede lograr la máxima perfección devocional, la perfección de asociarse con la Suprema Personalidad de Dios. Śrīla Baladeva Vidyābhūṣaṇa, un gran *ācārya* que forma parte de la sucesión discipular que procede de Kṛṣṇa, concluye su comentario a este capítulo diciendo:

yac-chakti-leśāt suryādyā
bhavanty aty-ugra-tejasaḥ
yad-aṁśena dhṛtaṁ viśvaṁ
sa kṛṣṇo daśame 'rcyate

De la poderosa energía del Señor Kṛṣṇa, incluso el poderoso Sol obtiene su poder, y al mundo entero lo mantiene la expansión parcial de Kṛṣṇa. Por consiguiente, el Señor Śrī Kṛṣṇa es digno de que se lo adore.

Así terminan los significados de Bhaktivedanta correspondientes al Décimo Capítulo de El Śrīmad Bhagavad-gītā, *en relación con la opulencia del Absoluto.*

Capítulo Once
LA FORMA UNIVERSAL

TEXTO 1

अर्जुन उवाच
मदनुग्रहाय परमं गुह्यमध्यात्मसंज्ञितम् ।
यत्त्वयोक्तं वचस्तेन मोहोऽयं विगतो मम ॥ १॥

arjuna uvāca
mad-anugrahāya paramaṁ
guhyam adhyātma-saṁjñitam
yat tvayoktaṁ vacas tena
moho 'yaṁ vigato mama

arjunaḥ uvāca—Arjuna dijo; *mat-anugrahāya*—sólo para favorecerme; *paramam*—supremo; *guhyam*—asunto confidencial; *adhyātma*—espiritual; *saṁjñitam*—en lo referente a; *yat*—que; *tvayā*—por Ti; *uktam*—dicho; *vacaḥ*—palabras; *tena*—por esas; *mohaḥ*—ilusión; *ayam*—esto; *vigataḥ*—se disipó; *mama*—mi.

TRADUCCIÓN

Arjuna dijo: Por haber oído las instrucciones que has tenido a bien darme acerca de estos asuntos espirituales que son de lo más confidenciales, ahora mi ilusión se ha disipado.

SIGNIFICADO

Este capítulo muestra a Kṛṣṇa como la causa de todas las causas. Él es incluso la causa del Mahā-Viṣṇu, de quien emanan los universos materiales. Kṛṣṇa no es una encarnación; Él es la fuente de todas las encarnaciones. Eso se ha explicado por completo en el último capítulo.

Ahora bien, en lo que se refiere a Arjuna, él dice que su ilusión se ha terminado. Eso significa que Arjuna ya no piensa en Kṛṣṇa como un ser humano ordinario, como un amigo de él, sino como la fuente de todo. Arjuna está muy iluminado y está contento de tener un amigo tan eminente como Kṛṣṇa, pero ahora está pensando que aunque él acepte a Kṛṣṇa como la fuente de todo, puede que otros no lo acepten. De modo que, para establecer la divinidad de Kṛṣṇa ante todos, él le pide a Kṛṣṇa en este capítulo que muestre Su forma universal. En realidad, cuando uno ve la forma universal de Kṛṣṇa se asusta, como le ocurrió a Arjuna, pero Kṛṣṇa es tan bondadoso, que, después de mostrarla, vuelve de nuevo a Su forma original. Arjuna concuerda con lo que Kṛṣṇa ha dicho varias veces: Kṛṣṇa le está hablando sólo por su bien. Así que Arjuna reconoce que todo esto le está pasando por la gracia de Kṛṣṇa. Ahora él está convencido de que Kṛṣṇa es la causa de todas las causas y de que en forma de la Superalma está presente en el corazón de todos.

TEXTO 2

भवाप्ययौ हि भूतानां श्रुतौ विस्तरशो मया ।
त्वत्तः कमलपत्राक्ष माहात्म्यमपि चाव्ययम् ॥२॥

bhavāpyayau hi bhūtānāṁ
śrutau vistaraśo mayā
tvattaḥ kamala-patrākṣa
māhātmyam api cāvyayam

bhava—aparición; *apyayau*—desaparición; *hi*—ciertamente; *bhūtānām*—de todas las entidades vivientes; *śrutau*—se han oído; *vistaraśaḥ*—detalladamente; *mayā*—por mí; *tvattaḥ*—de Ti; *kamala-patra-akṣa*—¡oh, Tú, el de los ojos de loto!; *māhātmyam*—glorias; *api*—también; *ca*—y; *avyayam*—inagotable.

TRADUCCIÓN

¡Oh, Tú, el de los ojos de loto!, Te he oído hablar en detalle acerca de la aparición y desaparición de cada entidad viviente, y he comprendido por completo Tus inagotables glorias.

SIGNIFICADO

A causa de su júbilo, Arjuna se refiere al Señor Kṛṣṇa como ''el de los ojos de loto'' (los ojos de Kṛṣṇa se parecen a los pétalos de una flor de loto), pues Kṛṣṇa le aseguró en el capítulo anterior: *ahaṁ kṛtsnasya jagataḥ prabhavaḥ pralayas tathā*, ''Yo soy la fuente de la aparición y desaparición de toda esta manifestación material''. Arjuna le ha oído al Señor hablar de eso en detalle. Arjuna sabe, además, que, a pesar de que Él es la fuente de todas las apariciones y desapariciones, Él está aparte de ellas. Como el Señor ha dicho en el Noveno Capítulo, Él es omnipresente, pero aun así no está presente personalmente en todas partes. Ésa es la inconcebible opulencia de Kṛṣṇa que Arjuna afirma que ha entendido por completo.

TEXTO 3

एवमेतद्यथात्थ त्वमात्मानं परमेश्वर ।
द्रष्टुमिच्छामि ते रूपमैश्वरं पुरुषोत्तम ॥ ३ ॥

evam etad yathāttha tvam
ātmānaṁ parameśvara
draṣṭum icchāmi te rūpam
aiśvaraṁ puruṣottama

evam—así pues; *etat*—esta; *yathā*—tal como es; *āttha*—has hablado; *tvam*—Tú; *ātmānam*—Tú mismo; *parameśvara*—¡oh, Señor Supremo!; *draṣṭum*—ver; *icchāmi*—yo deseo; *te*—Tu; *rūpam*—forma; *aiśvaram*—divina; *puruṣa-uttama*—¡oh, Tú, la mejor de las personalidades!

TRADUCCIÓN

¡Oh, Tú, la más grande de todas las personalidades!, ¡oh, forma suprema!, aunque Te estoy viendo aquí ante mí en Tu verdadera posición, tal como Tú mismo Te has descrito, deseo ver cómo has entrado en esta manifestación cósmica. Yo quiero ver esa forma Tuya.

SIGNIFICADO

El Señor dijo que como Él había entrado en el universo material por medio de Su representación personal, la manifestación cósmica se había hecho posible y continuaba existiendo. Ahora bien, en lo que respecta a Arjuna, a él lo inspiran las declaraciones de Kṛṣṇa, pero a fin de convencer a otros que en el futuro puede que piensen que Kṛṣṇa es una persona ordinaria, Arjuna desea verlo de hecho en Su forma universal, para ver cómo Él actúa desde dentro del universo, si bien está aparte de él. Que Arjuna se refiera al Señor como *puruṣottama* también es significativo. Puesto que el Señor es la Suprema Personalidad de Dios, Él está presente dentro del propio Arjuna; por lo tanto, Él conoce el deseo de Arjuna y entiende que Arjuna no tiene ningún deseo especial de verlo en Su forma universal, pues Arjuna se siente totalmente satisfecho de verlo a Él en Su forma personal de Kṛṣṇa. Pero el Señor también puede entender que Arjuna quiere ver la forma universal para convencer a otros. Arjuna no tenía ningún deseo personal de que se le diera una confirmación. Kṛṣṇa también entiende que Arjuna quiere ver la forma universal para establecer un criterio, ya que en el futuro habría muchísimos impostores que se harían pasar por encarnaciones de Dios. Luego la gente debe ser cuidadosa; aquel que dice ser Kṛṣṇa, debe estar dispuesto a mostrar su forma universal, para confirmarle a la gente lo que alega.

TEXTO 4

मन्यसे यदि तच्छक्यं मया द्रष्टुमिति प्रभो ।
योगेश्वर ततो मे त्वं दर्शयात्मानमव्ययम् ॥४॥

manyase yadi tac chakyaṁ
mayā draṣṭum iti prabho
yogeśvara tato me tvaṁ
darśayātmānam avyayam

manyase—Tú crees; *yadi*—si; *tat*—ésa; *śakyam*—es susceptible de; *mayā*—por mí; *draṣṭum*—ser vista; *iti*—así; *prabho*—¡oh, Señor!; *yoga-īśvara*—¡oh, Señor de todo poder místico!; *tataḥ*—entonces; *me*—a mí; *tvam*—Tú; *darśaya*—muestra; *ātmānam*—Tu Ser; *avyayam*—eterno.

TRADUCCIÓN

Si Tú crees que soy capaz de ver Tu forma cósmica, ¡oh, mi Señor!, ¡oh, amo de todo poder místico!, entonces ten la bondad de mostrarme ese ilimitado Ser universal.

SIGNIFICADO

Se dice que uno no puede ver, oír, entender ni percibir al Señor Supremo, Kṛṣṇa, mediante los sentidos materiales. Pero si uno se dedica desde el principio al amoroso servicio trascendental del Señor, se puede entonces ver al Señor por medio de la revelación. Cada entidad viviente es tan sólo una chispa espiritual; en consecuencia, no es posible ver o entender al Señor Supremo. Arjuna, como devoto que es, no depende de su fuerza especulativa; más bien, él admite sus limitaciones como entidad viviente y reconoce la inestimable posición de Kṛṣṇa. Arjuna se daba cuenta de que a una entidad viviente no le es posible entender al Infinito ilimitado. Si el Infinito se revela a Sí mismo, entonces es posible entender la naturaleza del Infinito, por la gracia del Infinito. La palabra *yogeśvara* también es muy significativa aquí, porque el Señor tiene un poder inconcebible. Si Él quiere, puede revelarse a Sí mismo por Su gracia, a pesar de que es ilimitado. En consecuencia, Arjuna implora la inconcebible gracia de Kṛṣṇa. Él no le da órdenes a Kṛṣṇa. Kṛṣṇa no está obligado a revelarse, a menos que uno se entregue plenamente con conciencia de Kṛṣṇa y se dedique al servicio devocional. Así pues, a las personas que dependen de la fuerza de sus especulaciones mentales, no les es posible ver a Kṛṣṇa.

TEXTO 5

श्रीभगवानुवाच ।
पश्य मे पार्थ रूपाणि शतशोऽथ सहस्रशः ।
नानाविधानि दिव्यानि नानावर्णाकृतीनि च ॥५॥

śrī-bhagavān uvāca
paśya me pārtha rūpāṇi
śataśo 'tha sahasraśaḥ
nānā-vidhāni divyāni
nānā-varṇākṛtīni ca

śrī-bhagavān uvāca—la Suprema Personalidad de Dios dijo; *paśya*—mira; *me*—a Mí; *pārtha*—¡oh, hijo de Pṛthā!; *rūpāṇi*—formas; *śataśaḥ*—cientos; *atha*—también; *sahasraśaḥ*—miles; *nānā-vidhāni*—diversas; *divyāni*—divinas; *nānā*—diversas; *varṇa*—colores; *akṛtīni*—formas; *ca*—también.

TRADUCCIÓN

La Suprema Personalidad de Dios dijo: Mi querido Arjuna, ¡oh, hijo de Pṛthā!, mira ahora Mis opulencias: cientos de miles de formas divinas y multicolores.

SIGNIFICADO

Arjuna quería ver a Kṛṣṇa en Su forma universal, que, aunque es una forma trascendental, sólo se despliega para la manifestación cósmica y, por consiguiente, está sujeta al tiempo transitorio de esta naturaleza material. Así como la naturaleza material es manifestada y no manifestada, así mismo ocurre con esa forma universal de Kṛṣṇa. Dicha forma no se encuentra situada eternamente en el cielo espiritual como las demás formas de Kṛṣṇa. En lo que respecta al devoto, él no está ansioso de ver la forma universal, pero como Arjuna quería ver a Kṛṣṇa de ese modo, Kṛṣṇa revela esa forma. Esa forma universal no es posible que la vea ningún hombre ordinario. Kṛṣṇa debe darle a uno la capacidad de verla.

TEXTO 6

पश्यादित्यान्वसून्रुद्रानश्विनौ मरुतस्तथा ।
बहून्यदृष्टपूर्वाणि पश्याश्चर्याणि भारत ॥ ६ ॥

paśyādityān vasūn rudrān
aśvinau marutas tathā
bahūny adṛṣṭa-pūrvāṇi
paśyāścaryāṇi bhārata

paśya—mira; *ādityān*—los doce hijos de Aditi; *vasūn*—los ocho Vasus; *rudrān*—las once formas de Rudra; *aśvinau*—los dos Aśvinis; *marutaḥ*—los cuarenta y nueve Maruts (los semidioses del viento); *tathā*—también; *bahūni*—muchos; *adṛṣṭa*—que nunca has visto; *pūrvāṇi*—antes; *paśya*—mira; *aścaryāṇi*—todo lo maravilloso; *bhārata*—¡oh, tú, el mejor de los Bhāratas!

TRADUCCIÓN

¡Oh, tú, el mejor de los Bhāratas!, observa aquí las diferentes manifestaciones de Ādityas, Vasus, Rudras, Aṣvinī-kumāras y todos los demás semidioses. He aquí las muchas cosas maravillosas que nunca antes nadie había visto u oído.

SIGNIFICADO

Aunque Arjuna era un amigo personal de Kṛṣṇa y era el erudito más adelantado de todos, aun así no le era posible conocer todo lo relativo a Kṛṣṇa. Aquí se dice que los seres humanos no han oído hablar de todas esas formas y manifestaciones ni las han conocido. Ahora Kṛṣṇa revela esas formas maravillosas.

TEXTO 7

इहैकस्थं जगत्कृत्स्नं पश्याद्य सचराचरम् ।
मम देहे गुडाकेश यच्चान्यद्द्रष्टुमिच्छसि ॥ ७ ॥

ihaika-sthaṁ jagat kṛtsnaṁ
paśyādya sa-carācaram
mama dehe guḍākeṣa
yac cānyad draṣṭum icchasi

iha—en esto; *eka-stham*—en un lugar; *jagat*—el universo; *kṛtsnam*—completamente; *paśya*—mira; *adya*—inmediatamente; *sa*—con; *cara*—lo móvil;

acaram—inmóvil; *mama*—Mi; *dehe*—en este cuerpo; *guḍākeśa*—¡oh, Arjuna!; *yat*—aquello que; *ca*—también; *anyat*—otro; *draṣṭum*—ver; *icchasi*—tú desees.

TRADUCCIÓN

¡Oh, Arjuna!, todo lo que quieras ver, ¡obsérvalo de inmediato en este cuerpo Mío! Esta forma universal puede mostrarte todo lo que deseas ver y todo lo que vayas a querer ver en el futuro. Todo —lo móvil e inmóvil— está aquí por completo, en un solo lugar.

SIGNIFICADO

Nadie puede ver todo el universo mientras está sentado en un solo lugar. Ni siquiera el científico más adelantado de todos puede ver lo que está ocurriendo en otras partes del universo. Pero un devoto como Arjuna puede ver todo lo que existe en cualquier parte del universo. Kṛṣṇa le da el poder de ver todo lo que quiera, pasado, presente y futuro. Así pues, por la misericordia de Kṛṣṇa, Arjuna es capaz de verlo todo.

TEXTO 8

न तु मां शक्यसे द्रष्टुमनेनैव स्वचक्षुषा ।
दिव्यं ददामि ते चक्षुः पश्य मे योगमैश्वरम् ॥८॥

na tu māṁ śakyase draṣṭum
anenaiva sva-cakṣuṣā
divyaṁ dadāmi te cakṣuḥ
paśya me yogam aiśvaram

na—nunca; *tu*—pero; *mām*—a Mí; *śakyase*—puedes; *draṣṭum*—ver; *anena*—con estos; *eva*—ciertamente; *sva-cakṣuṣā*—tus propios ojos; *divyam*—divinos; *dadāmi*—te doy; *te*—a ti; *cakṣuḥ*—ojos; *paśya*—mira; *me*—Mi; *yogam aiśvaram*—inconcebible poder místico.

TRADUCCIÓN

Pero tú no puedes verme con tus ojos actuales. Por lo tanto, te doy ojos divinos. ¡Mira Mi opulencia mística!

SIGNIFICADO

Al devoto puro no le gusta ver a Kṛṣṇa en ninguna forma que no sea Su forma de dos manos; el devoto debe ver Su forma universal por Su gracia —no con la mente, sino con ojos espirituales—. Para poder ver la forma universal de Kṛṣṇa, a Arjuna se le dice que cambie su visión, no la mente. La forma universal de Kṛṣṇa no es muy importante; eso quedará claro en versos subsiguientes. Sin embargo, como Arjuna quería verla, el Señor le da la visión específica que se requiere para ello.

Los devotos que están debidamente situados en una relación trascendental con Kṛṣṇa, se ven atraídos por características amorosas, no por una exhibición materialista de opulencias. Los compañeros de juego de Kṛṣṇa, los amigos de Kṛṣṇa y los padres de Kṛṣṇa nunca quieren que Kṛṣṇa muestre Sus opulencias. Ellos están tan inmersos en el amor puro, que ni siquiera saben que Kṛṣṇa es la Suprema Personalidad de Dios. En su intercambio amoroso, olvidan que Kṛṣṇa es el Señor Supremo. En *El Śrīmad-Bhāgavatam* se afirma que los niños que juegan con Kṛṣṇa son todos almas muy piadosas, y que después de muchísimos nacimientos son capaces de jugar con Kṛṣṇa. Esos niños no saben que Kṛṣṇa es la Suprema Personalidad de Dios. Ellos lo consideran un amigo personal. Por consiguiente, Śukadeva Gosvāmī recita el siguiente verso:

itthaṁ satāṁ brahma-sukhānubhūtyā
dāsyaṁ gatānāṁ para-daivatena
māyāśritānāṁ nara-dārakeṇa
sākaṁ vijahruḥ kṛta-puṇya-puñjāḥ

"He aquí a la Persona Suprema, a quien los grandes sabios consideran que es el Brahman impersonal, a quien los devotos consideran que es la Suprema Personalidad de Dios, y a quien los hombres ordinarios consideran que es un producto de la naturaleza material. Ahora, estos niños, que han realizado muchísimas actividades piadosas en sus vidas pasadas, están jugando con esa Suprema Personalidad de Dios" (*El Śrīmad-Bhāgavatam* 10.12.11).

Lo cierto es que el devoto no está interesado en ver el *viśva-rūpa*, la forma universal; pero Arjuna quería verla para respaldar la afirmación de Kṛṣṇa, de modo que en el futuro la gente supiera que Kṛṣṇa se presentó como el Supremo no sólo teóricamente o filosóficamente, sino que de hecho se presentó como tal ante Arjuna. Arjuna debe confirmarlo, porque Arjuna es el comienzo del sistema *paramparā*. Aquellos que verdaderamente están interesados en entender a la Suprema Personalidad de Dios, Kṛṣṇa, y que siguen los pasos de Arjuna, deben entender que Kṛṣṇa no sólo se presentó teóricamente como el Supremo, sino que de hecho se reveló a Sí mismo como tal.

El Señor le dio a Arjuna el poder necesario para ver Su forma universal, porque Él sabía que Arjuna no quería particularmente verla, tal como ya lo explicamos.

TEXTO 9

सञ्जय उवाच
एवमुक्त्वा ततो राजन्महायोगेश्वरो हरिः ।
दर्शयामास पार्थाय परमं रूपमैश्वरम् ॥ ९ ॥

sañjaya uvāca
evam uktvā tato rājan
mahā-yogeśvaro hariḥ
darśayām āsa pārthāya
paramaṁ rūpam aiśvaram

sañjayaḥ uvāca—Sañjaya dijo; *evam*—así pues; *uktvā*—diciendo; *tataḥ*—después de lo cual; *rājan*—¡oh, Rey!; *mahā-yoga-īśvaraḥ*—el místico más poderoso de todos; *hariḥ*—la Suprema Personalidad de Dios, Kṛṣṇa; *darśayām āsa*—mostró; *pārthāya*—a Arjuna; *paramam*—la divina; *rūpam aiśvaram*—forma universal.

TRADUCCIÓN

Sañjaya dijo: ¡Oh, Rey!, habiendo dicho eso, el Supremo Señor de todo poder místico, la Personalidad de Dios, le mostró a Arjuna Su forma universal.

TEXTOS 10–11

अनेकवक्त्रनयनमनेकाद्भुतदर्शनम् ।
अनेकदिव्याभरणं दिव्यानेकोद्यतायुधम् ॥१०॥
दिव्यमाल्याम्बरधरं दिव्यगन्धानुलेपनम् ।
सर्वाश्चर्यमयं देवमनन्तं विश्वतोमुखम् ॥११॥

aneka-vaktra-nayanam
anekādbhuta-darśanam
aneka-divyābharaṇaṁ
divyānekodyatāyudham

divya-mālyāmbara-dharaṁ
divya-gandhānulepanam
sarvāścarya-mayaṁ devam
anantaṁ viśvato-mukham

aneka—diversas; *vaktra*—bocas; *nayanam*—ojos; *aneka*—diversos; *adbhuta*—maravillosas; *darśanam*—visiones; *aneka*—muchos; *divya*—divinos; *ābharaṇam*—ornamentos; *divya*—divinas; *aneka*—diversas; *udyata*—en alto; *āyudham*—armas; *divya*—divinas; *mālya*—guirnaldas; *ambara*—atuendos; *dharam*—llevando; *divya*—divina; *gandha*—fragancias; *anulepanam*—untada de; *sarva*—todo; *aścarya-mayam*—maravilloso; *devam*—resplandeciente; *anantam*—ilimitado; *viśvataḥ-mukham*—omnipresente.

TRADUCCIÓN

Arjuna vio en esa forma universal infinidad de bocas, infinidad de ojos, infinidad de visiones maravillosas. La forma estaba adornada con muchos ornamentos celestiales, y llevaba en alto muchas armas divinas. Él* llevaba guirnaldas y prendas celestiales, y por todo el cuerpo tenía untadas esencias divinas. Todo era maravilloso, brillante, ilimitado, supremamente expansivo.

SIGNIFICADO

En estos dos versos, el reiterado uso de la palabra "muchos" indica que el número de manos, bocas, piernas y demás manifestaciones que Arjuna estaba viendo, no tenía límite. Esas manifestaciones estaban distribuidas por todo el universo, pero, por la gracia del Señor, Arjuna pudo verlas mientras se hallaba en un solo lugar. Eso se debía a la inconcebible potencia de Kṛṣṇa.

TEXTO 12

दिवि सूर्यसहस्रस्य भवेद्युगपदुत्थिता ।
यदि भाः सदृशी सा स्याद्भासस्तस्य महात्मनः ॥१२॥

divi sūrya-sahasrasya
bhaved yugapad utthitā
yadi bhāḥ sadṛśī sā syād
bhāsas tasya mahātmanaḥ

divi—en el cielo; *sūrya*—de soles; *sahasrasya*—de muchos miles; *bhavet*—hubiera; *yugapat*—simultáneamente; *utthitā*—presentes; *yadi*—si; *bhāḥ*—luz; *sadṛśī*—como eso; *sā*—eso; *syāt*—sería; *bhāsaḥ*—refulgencia; *tasya*—de Él; *mahā-ātmanaḥ*—el gran Señor.

TRADUCCIÓN

Si cientos de miles de soles aparecieran en el cielo al mismo tiempo, su brillo podría semejarse al de la refulgencia de la Persona Suprema en esa forma universal.

---

* *N. del T.*: Kṛṣṇa como la forma universal.

SIGNIFICADO

Lo que Arjuna vio era indescriptible, pero aun así Sañjaya está tratando de darle a Dhṛtarāṣṭra una imagen mental de esa gran revelación. Ni Sañjaya ni Dhṛtarāṣṭra estaban presentes, pero Sañjaya, por la gracia de Vyāsa, pudo ver todo lo que ocurrió. Así pues, ahora él compara la situación, hasta donde se la puede entender, con un fenómeno imaginable (es decir, con la aparición de miles de soles).

TEXTO 13

तत्रैकस्थं जगत्कृत्स्नं प्रविभक्तमनेकधा ।
अपश्यद्देवदेवस्य शरीरे पाण्डवस्तदा ॥१३॥

tatraika-sthaṁ jagat kṛtsnaṁ
pravibhaktam anekadhā
apaśyad deva-devasya
śarīre pāṇḍavas tadā

tatra—ahí; *eka-stham*—en un lugar; *jagat*—el universo; *kṛtsnam*—completo; *pravibhaktam*—dividido; *anekadhā*—en muchos; *apaśyat*—pudo ver; *deva-devasya*—de la Suprema Personalidad de Dios; *śarīre*—en la forma universal; *pāṇḍavaḥ*—Arjuna; *tadā*—en esos momentos.

TRADUCCIÓN

En esos momentos, Arjuna pudo ver en la forma universal del Señor las expansiones ilimitadas del universo, situadas en un solo lugar aunque divididas en muchísimos miles.

SIGNIFICADO

La palabra *tatra* (ahí) es muy significativa. Esa palabra indica que cuando Arjuna vio la forma universal, tanto él como Kṛṣṇa estaban sentados en la cuadriga. Las demás personas que se encontraban en el campo de batalla no pudieron ver esa forma, porque Kṛṣṇa le dio la visión únicamente a Arjuna. Arjuna pudo ver en el cuerpo de Kṛṣṇa muchos miles de planetas. Según los informes de las Escrituras védicas, existen muchos universos y muchos planetas. Algunos de ellos están hechos de tierra, otros de oro, otros de joyas, otros son muy grandes, otros no son tan grandes, etc. Sentado en su cuadriga, Arjuna pudo ver todos esos universos. Pero nadie podía entender lo que estaba ocurriendo entre Arjuna y Kṛṣṇa.

TEXTO 14

ततः स विस्मयाविष्टो हृष्टरोमा धनञ्जयः ।
प्रणम्य शिरसा देवं कृताञ्जलिरभाषत ॥१४॥

tataḥ sa vismayāviṣṭo
hṛṣṭa-romā dhanañjayaḥ
praṇamya śirasā devaṁ
kṛtāñjalir abhāṣata

tataḥ—después; *saḥ*—él; *vismaya-āviṣṭaḥ*—estando dominado por el asombro; *hṛṣṭa-romā*—con el vello del cuerpo erizado a causa de su gran éxtasis; *dhanañjayaḥ*—Arjuna; *praṇamya*—ofreciendo reverencias; *śirasā*—con la cabeza; *devam*—a la Suprema Personalidad de Dios; *kṛtā-añjaliḥ*—con las manos juntas; *abhāṣata*—comenzó a hablar.

TRADUCCIÓN

Luego, confundido y asombrado, y con el vello erizado, Arjuna bajó la cabeza para ofrecer reverencias, y con las manos juntas comenzó a orarle al Señor Supremo.

SIGNIFICADO

Una vez que se revela la visión divina, la relación entre Kṛṣṇa y Arjuna cambia de inmediato. Antes, Kṛṣṇa y Arjuna tenían una relación basada en la amistad, pero aquí, después de la revelación, Arjuna le está ofreciendo reverencias con gran respeto, y con las manos juntas le ora a Kṛṣṇa. Él está alabando la forma universal. Así pues, la relación de Arjuna se convierte en una de asombro, más que de amistad. Los grandes devotos ven a Kṛṣṇa como la fuente de todas las relaciones. En las Escrituras se mencionan doce clases de relaciones básicas, y todas están presentes en Kṛṣṇa. Se dice que Él es el océano de todas las relaciones que se establecen entre dos entidades vivientes, entre los dioses o entre el Señor Supremo y Sus devotos.

Aquí, Arjuna estaba inspirado por la relación de asombro, y en medio de ese asombro, pese a que él era por naturaleza muy sobrio, calmado y callado, se llenó de éxtasis, se le erizó el vello y, con las manos juntas, comenzó a ofrecerle sus reverencias al Señor Supremo. Claro que, él no estaba asustado. Él estaba afectado por las maravillas del Señor Supremo. El contexto inmediato es uno de asombro; su amorosa amistad natural se vio dominada por el asombro, y por eso él reaccionó de esa manera.

TEXTO 15

अर्जुन उवाच

पश्यामि देवांस्तव देव देहे
सर्वांस्तथा भूतविशेषसङ्घान् ।
ब्रह्माणमीशं कमलासनस्थ-
मृषींश्च सर्वानुरगांश्च दिव्यान् ॥१५॥

arjuna uvāca
paśyāmi devāṁs tava deva dehe
sarvāṁs tathā bhūta-viśeṣa-saṅghān
brahmāṇam īśaṁ kamalāsana-stham
ṛṣīṁś ca sarvān uragāṁś ca divyān

arjunaḥ uvāca—Arjuna dijo; *paśyāmi*—veo; *devān*—todos los semidioses; *tava*—Tu; *deva*—¡oh, Señor!; *dehe*—en el cuerpo; *sarvān*—todas; *tathā*—también; *bhūta*—entidades vivientes; *viśeṣa-saṅghān*—reunidos específicamente; *brahmāṇam*—el Señor Brahmā; *īśam*—el Señor Śiva; *kamala-āsana-stham*—sentado en la flor de loto; *ṛṣīn*—grandes sabios; *ca*—también; *sarvān*—todas; *uragān*—serpientes; *ca*—también; *divyān*—divinas.

TRADUCCIÓN

Arjuna dijo: Mi querido Señor Kṛṣṇa, veo reunidos en Tu cuerpo a todos los semidioses y a diversas otras entidades vivientes. Veo a Brahmā sentado en la flor de loto, así como también al Señor Śiva, a todos los sabios y a todas las serpientes divinas.

SIGNIFICADO

Arjuna ve todo lo que hay en el universo; por consiguiente, él ve a Brahmā, quien es la primera criatura que aparece en el universo, y a la serpiente celestial sobre la cual yace Garbhodakaśāyī Viṣṇu en las regiones inferiores del universo. Esa serpiente que hace de lecho se llama Vāsuki. También hay otras serpientes conocidas como Vāsuki. Arjuna puede ver desde el Garbhodakaśāyī Viṣṇu hasta la parte más elevada del universo, que se encuentra en el planeta con forma de flor de loto en el que reside Brahmā, la primera criatura que aparece en el universo. Eso significa que desde el principio hasta el fin, Arjuna pudo verlo todo sentado en su cuadriga en un solo lugar. Eso fue posible por la gracia del Señor Supremo, Kṛṣṇa.

TEXTO 16

अनेकबाहूदरवक्त्रनेत्रं
पश्यामि त्वां सर्वतोऽनन्तरूपम् ।

नान्तं न मध्यं न पुनस्तवादिं
पश्यामि विश्वेश्वर विश्वरूप ॥१६॥

aneka-bāhūdara-vaktra-netraṁ
paśyāmi tvāṁ sarvato 'nanta-rūpam
nāntaṁ na madhyaṁ na punas tavādiṁ
paśyāmi viśveśvara viśva-rūpa

aneka—muchos; *bāhū*—brazos; *udara*—barrigas; *vaktra*—bocas; *netram*—ojos; *paśyāmi*—veo; *tvām*—Tú; *sarvataḥ*—en todas las direcciones; *ananta-rūpam*—forma ilimitada; *na antam*—sin fin; *na madhyam*—sin medio; *na punaḥ*—ni jamás; *tava*—Tu; *ādim*—principio; *paśyāmi*—veo; *viśva-īśvara*—¡Oh, Señor del universo!; *viśva-rūpa*—en la forma del universo.

TRADUCCIÓN

¡Oh, Señor del universo!, ¡oh, forma universal!, veo en Tu cuerpo muchísimos brazos, barrigas, bocas y ojos, expandidos por doquier, sin límites. No veo en Ti ningún final, ningún medio ni ningún principio.

SIGNIFICADO

Kṛṣṇa es la Suprema Personalidad de Dios y es ilimitado; así pues, todo se podía ver a través de Él.

TEXTO 17

किरीटिनं गदिनं चक्रिणं च
तेजोराशिं सर्वतो दीप्तिमन्तम् ।
पश्यामि त्वां दुर्निरीक्ष्यं समन्ता-
द्दीप्तानलार्कद्युतिमप्रमेयम् ॥१७॥

kirīṭinaṁ gadinaṁ cakriṇaṁ ca
tejo-rāśiṁ sarvato dīptimantam
paśyāmi tvāṁ durnirīkṣyaṁ samantād
dīptānalārka-dyutim aprameyam

kirīṭinam—con yelmos; *gadinam*—con mazas; *cakriṇam*—con discos; *ca*—y; *tejaḥ-rāśim*—refulgencia; *sarvataḥ*—por todas partes; *dīpti-mantam*—resplandeciente; *paśyāmi*—yo veo; *tvām*—Tú; *durnirīṣyam*—difícil de ver;

samantāt—en todas partes; *dīpta-anala*—fuego llameante; *arka*—del Sol; *dyutim*—el fulgor del Sol; *aprameyam*—inconmensurable.

TRADUCCIÓN

Tu forma es difícil de ver debido a su deslumbrante refulgencia, la cual se difunde por todas partes, tal como un fuego ardiente o como el inconmensurable fulgor del Sol. Y, sin embargo, veo esa deslumbrante forma en todas partes, adornada con diversas coronas, mazas y discos.

TEXTO 18

त्वमक्षरं परमं वेदितव्यं
त्वमस्य विश्वस्य परं निधानम् ।
त्वमव्ययः शाश्वतधर्मगोप्ता
सनातनस्त्वं पुरुषो मतो मे ॥१८॥

tvam akṣaraṁ paramaṁ veditavyaṁ
tvam asya viśvasya paraṁ nidhānam
tvam avyayaḥ śāśvata-dharma-goptā
sanātanas tvaṁ puruṣo mato me

tvam—Tú; *akṣaram*—el infalible; *paramam*—supremo; *veditavyam*—para comprenderse; *tvam*—Tú; *asya*—de este; *viśvasya*—universo; *param*—supremo; *nidhānam*—base; *tvam*—Tú eres; *avyayaḥ*—interminable; *śāśvata-dharma-goptā*—sustentador de la religión eterna; *sanātanaḥ*—eterno; *tvam*—Tú; *puruṣaḥ*—la Personalidad Suprema; *mataḥ me*—ésa es mi opinión.

TRADUCCIÓN

Tú eres el objetivo supremo primario, el supremo lugar de soporte de todo este universo. Tú eres inagotable y lo más antiguo que existe. Tú eres el sustentador de la religión eterna, la Personalidad de Dios. Ésa es mi opinión.

TEXTO 19

अनादिमध्यान्तमनन्तवीर्य-
मनन्तबाहुं शशिसूर्यनेत्रम् ।
पश्यामि त्वां दीप्तहुताशवक्त्रं
स्वतेजसा विश्वमिदं तपन्तम् ॥१९॥

anādi-madhyāntam ananta-vīryam
ananta-bāhuṁ śaśi-sūrya-netram
paśyāmi tvāṁ dīpta-hutāśa-vaktraṁ
sva-tejasā viśvam idaṁ tapantam

anādi—sin principio; *madhya*—sin medio; *antam*—sin fin; *ananta*—ilimitado; *vīryam*—glorias; *ananta*—ilimitados; *bāhum*—brazos; *śaśi*—la Luna; *sūrya*—el Sol; *netram*—ojos; *paśyāmi*—veo; *tvām*—Tú; *dīpta*—ardiente; *hutāśa-vaktram*—fuego que Te sale de la boca; *sva-tejasā*—por Tu resplandor; *viśvam*—el universo; *idam*—este; *tapantam*—calentando.

TRADUCCIÓN

Tú no tienes origen, intermedio ni fin. Tu gloria es ilimitada. Tú tienes innumerables brazos, y el Sol y la Luna son Tus ojos. Te veo con un fuego ardiente que Te sale de la boca, quemando todo este universo con Tu propio resplandor.

SIGNIFICADO

El alcance de las seis opulencias de la Suprema Personalidad de Dios no tiene límite. Aquí y en muchos otros lugares ocurre una repetición, pero, según las Escrituras, la repetición de las glorias de Kṛṣṇa no es una debilidad literaria. Se dice que en un momento de confusión, de asombro o de gran éxtasis, se repiten las mismas cosas una y otra vez. Eso no es un defecto.

TEXTO 20

द्यावापृथिव्योरिदमन्तरं हि
व्याप्तं त्वयैकेन दिशश्च सर्वाः ।
दृष्ट्वाद्भुतं रूपमुग्रं तवेदं
लोकत्रयं प्रव्यथितं महात्मन् ॥२०॥

dyāv ā-pṛthivyor idam antaraṁ hi
vyāptaṁ tvayaikena diśaś ca sarvāḥ
dṛṣṭvādbhutaṁ rūpam ugraṁ tavedaṁ
loka-trayaṁ pravyathitaṁ mahātman

dyau—del espacio sideral; *āpṛthivyoḥ*—de la tierra; *idam*—esto; *antaram*—entre; *hi*—ciertamente; *vyāptam*—impregnados; *tvayā*—por Ti; *ekena*—por Ti solo; *diśaḥ*—direcciones; *ca*—y; *sarvāḥ*—todas; *dṛṣṭvā*—viendo; *adbhutam*—maravillosa; *rūpam*—forma; *ugram*—terrible; *tava*—Tu; *idam*—ésa;

loka—sistemas planetarios; *trayam*—tres; *pravyathitam*—perturbados; *mahā-ātman*—¡oh, Tú, el grandioso!

TRADUCCIÓN

Aunque Tú eres uno, Te difundes por todas partes del cielo y de los planetas, y por todo el espacio que hay entre ellos. ¡Oh, Tú, el grandioso!, al ver esta forma maravillosa y terrible, todos los sistemas planetarios se perturban.

SIGNIFICADO

Dyāv ā-pṛthivyoḥ (''el espacio que hay entre el cielo y la tierra'') y *loka-trayam* (''los tres mundos'') son palabras significativas en este verso, porquè parece ser que Arjuna no fue el único en ver esa forma universal del Señor, sino que otras personas que estaban en otros sistemas planetarios también la vieron. La forma universal que Arjuna vio no era un sueño. Todos aquellos a quienes el Señor dotó de visión divina, vieron esa forma universal en el campo de batalla.

TEXTO 21

अमी हि त्वां सुरसङ्घा विशन्ति
केचिद्भीताः प्राञ्जलयो गृणन्ति ।
स्वस्तीत्युक्त्वा महर्षिसिद्धसङ्घाः
स्तुवन्ति त्वां स्तुतिभिः पुष्कलाभिः ॥ २१ ॥

amī hi tvāṁ sura-saṅghā viśanti
kecid bhītāḥ prāñjalayo gṛṇanti
svastīty uktvā maharṣi-siddha-saṅghāḥ
stuvanti tvāṁ stutibhiḥ puṣkalābhiḥ

amī—todos aquellos; *hi*—ciertamente; *tvām*—Tú; *sura-saṅghāḥ*—grupos de semidioses; *viśanti*—están entrando; *kecit*—algunos de ellos; *bhītāḥ*—debido al temor; *prāñjalayaḥ*—con las manos juntas; *gṛṇanti*—están ofreciendo oraciones; *svasti*—completa paz; *iti*—así pues; *uktvā*—hablando; *mahā-ṛṣi*—grandes sabios; *siddha-saṅghāḥ*—seres perfectos; *stuvanti*—están cantando himnos; *tvām*—a Ti; *stutibhiḥ*—con oraciones; *puṣkalābhiḥ*—himnos védicos.

TRADUCCIÓN

Todas las huestes de semidioses se están entregando a Tí y entrando dentro de Tí. Algunos de ellos, llenos de miedo, están ofreciendo oraciones con las manos juntas. Las huestes de grandes sabios y seres perfectos,

exclamando "¡que todo sea paz!", Te están orando mediante el canto de los himnos védicos.

SIGNIFICADO

Los semidioses de todos los sistemas planetarios le temían a la aterradora manifestación de la forma universal y a su deslumbrante refulgencia, por lo cual oraron pidiendo protección.

TEXTO 22

रुद्रादित्या वसवो ये च साध्या
विश्वेऽश्विनौ मरुतश्चोष्मपाश्च ।
गन्धर्वयक्षासुरसिद्धसङ्घा
वीक्षन्ते त्वां विस्मिताश्चैव सर्वे ॥२२॥

rudrādityā vasavo ye ca sādhyā
viśve 'śvinau marutaś coṣmapāś ca
gandarva-yakṣāsura-siddha-saṅghā
vīkṣante tvāṁ vismitāś caiva sarve

rudra—manifestaciones del Señor Śiva; *ādityāḥ*—los Ādityas; *vasavaḥ*—los Vasus; *ye*—todos esos; *ca*—y; *sādhyāḥ*—los Sādhyas; *viśve*—los Viśvedevas; *aśvinau*—los Aśvinī-kumāras; *marutaḥ*—los Maruts; *ca*—y; *uṣma-pāḥ*—los antepasados; *ca*—y; *gandharva*—de los Gandharvas; *yakṣa*—los Yakṣas; *asura*—los demonios; *siddha*—y los semidioses perfectos; *saṅghāḥ*—las asambleas; *vikṣante*—están mirando; *tvām*—a Ti; *vismitāḥ*—con asombro; *ca*—también; *eva*—ciertamente; *sarve*—todos.

TRADUCCIÓN

Todas las diversas manifestaciones del Señor Śiva, así como también los Ādityas, los Vasus, los Sādhyas, los Viśvedevas, los dos Aśvinīs, los Maruts, los antepasados, los Gandharvas, los Yakṣas, los Asuras y los semidioses perfectos, Te están mirando con asombro.

TEXTO 23

रूपं महत्ते बहुवक्त्रनेत्रं
महाबाहो बहुबाहूरुपादम् ।

बहूदरं बहुदंष्ट्राकरालं
दृष्ट्वा लोकाः प्रव्यथितास्तथाहम् ॥२३॥

rūpaṁ mahat te bahu-vaktra-netraṁ
mahā-bāho bahu-bāhūru-pādam
bahūdaraṁ bahu-daṁṣṭrā-karālaṁ
dṛṣṭvā lokāḥ pravyathitās tathālam

rūpam—la forma; *mahat*—muy grande; *te*—de Ti; *bahu*—muchas; *vaktra*—caras; *netram*—y ojos; *mahā-bāho*—¡ oh, Tú, el de los poderosos brazos!; *bahu*—muchos; *bāhu*—brazos; *ūru*—muslos; *pādam*—y piernas; *bahu-udaram*—muchas barrigas; *bahu-daṁṣṭrā*—muchos dientes; *karālam*—horribles; *dṛṣṭvā*—viendo; *lokāḥ*—todos los planetas; *pravyathitāḥ*—perturbados; *tathā*—de igual modo; *aham*—yo.

TRADUCCIÓN

¡Oh, Tú, el de los poderosos brazos!, todos los planetas junto con sus semidioses están perturbados mientras ven Tu gran forma, con sus muchas caras, ojos, brazos, muslos, piernas, barrigas y Tus muchos y terribles dientes; y así como ellos están perturbados, así lo estoy yo.

TEXTO 24

नभःस्पृशं दीप्तमनेकवर्णं
व्यात्ताननं दीप्तविशालनेत्रम् ।
दृष्ट्वा हि त्वां प्रव्यथितान्तरात्मा
धृतिं न विन्दामि शमं च विष्णो ॥ २४ ॥

nabhaḥ-spṛśaṁ dīptam aneka-varṇaṁ
vyāttānanaṁ dīpta-viśāla-netram
dṛṣṭvā hi tvāṁ pravyathitāntar-ātmā
dhṛtiṁ na vindāmi śamaṁ ca viṣṇo

nabhaḥ-spṛśam—tocando el cielo; *dīptam*—resplandeciendo; *aneka*—muchos; *varṇam*—colores; *vyātta*—abierta; *ānanam*—bocas; *dīpta*—brillando; *viśala*—muy grande; *netram*—ojos; *dṛṣṭvā*—viendo; *hi*—ciertamente; *tvām*—Tú; *pravyathita*—perturbado; *antaḥ*—dentro; *ātmā*—alma; *dhṛtim*—firmeza; *na*—no; *vindāmi*—yo tengo; *śamam*—tranquilidad mental; *ca*—también; *viṣṇo*—¡oh, Señor Viṣṇu!

TRADUCCIÓN

¡Oh, Viṣṇu omnipresente!, al verte con Tus múltiples colores radiantes que tocan el cielo, Tus bocas abiertas y Tus grandes y deslumbrantes ojos, la mente se me perturba por el temor. Soy incapaz de mantener mi estabilidad y mi equilibrio mental.

TEXTO 25

दंष्ट्राकरालानि च ते मुखानि
दृष्ट्वैव कालानलसन्निभानि ।
दिशो न जाने न लभे च शर्म
प्रसीद देवेश जगन्निवास ॥ २५ ॥

daṁṣṭrā-karālāni ca te mukhāni
dṛṣṭvaiva kālānala-sannibhāni
diśo na jāne na labhe ca śarma
prasīda deveśa jagan-nivāsa

daṁṣṭrā—dientes; *karālāni*—terribles; *ca*—también; *te*—Tus; *mukhāni*—rostros; *dṛṣṭvā*—viendo; *eva*—así; *kāla-anala*—el fuego de la muerte; *sannibhāni*—como si; *diśaḥ*—las direcciones; *na*—no; *jāne*—yo sé; *na*—no; *labhe*—logro; *ca*—y; *śarma*—gracia; *prasīda*—complácete; *deva-īśa*—¡oh, Señor de todos los señores!; *jagat-nivāsa*—¡oh, refugio de los mundos!

TRADUCCIÓN

¡Oh, Señor de los señores!, ¡oh, refugio de los mundos!, por favor sé misericordioso conmigo. Al ver Tus ardientes rostros semejantes a la muerte y Tus espantosos dientes, no puedo mantener mi equilibrio. Estoy confundido en todas las direcciones.

TEXTO 26–27

अमी च त्वां धृतराष्ट्रस्य पुत्राः
सर्वे सहैवावनिपालसङ्घैः ।
भीष्मो द्रोणः सूतपुत्रस्तथासौ
सहास्मदीयैरपि योधमुख्यैः ॥ २६ ॥

वक्त्राणि ते त्वरमाणा विशन्ति
दंष्ट्राकरालानि भयानकानि ।
केचिद्विलग्ना दशनान्तरेषु
संदृश्यन्ते चूर्णितैरुत्तमाङ्गैः ॥२७॥

amī ca tvāṁ dhṛtarāṣṭrasya putrāḥ
sarve sahaivāvanipāla-saṅghaiḥ
bhīṣmo droṇaḥ sūta-putras tathāsau
sahāsmadīyair api yodha-mukhyaiḥ

vaktrāṇi te tvaramāṇā viśanti
daṁṣṭrā-karālāni bhayānakāni
kecid vilagnā daśanāntareṣu
sandṛśyante cūrṇitair uttamāṅgaiḥ

amī—estos; *ca*—también; *tvām*—Tú; *dhṛtarāṣṭrasya*—de Dhṛtarāṣṭra; *putrāḥ*—los hijos; *sarve*—todos; *saha*—con; *eva*—en verdad; *avani-pāla*—de reyes guerreros; *saṅghaiḥ*—los grupos; *bhīṣmaḥ*—Bhīṣmadeva; *droṇaḥ*—Droṇācārya; *sūta-putraḥ*—Karṇa; *tathā*—también; *asau*—eso; *saha*—con; *asmadīyaiḥ*—nuestro; *api*—también; *yodha-mukhyaiḥ*—líderes entre los guerreros; *vaktrāṇi*—bocas; *te*—Tus; *tvaramāṇāḥ*—precipitándose; *viśanti*—están entrando; *daṁṣṭrā*—dientes; *karālāni*—terribles; *bhayānakāni*—muy temibles; *kecit*—algunos de ellos; *vilagnāḥ*—apegándose; *daśana-antareṣu*—entre los dientes; *sandṛśyante*—son vistos; *cūrṇitaiḥ*—aplastadas las; *uttama-aṅgaiḥ*—cabezas.

TRADUCCIÓN

Todos los hijos de Dhṛtarāṣṭra, junto con sus reyes aliados, así como también Bhīṣma, Droṇa, Karṇa y también nuestros principales soldados, se precipitan hacia Tus temibles bocas. Y a algunos de ellos los veo atrapados entre Tus dientes con la cabeza aplastada.

SIGNIFICADO

En un verso anterior, el Señor prometió mostrarle a Arjuna cosas que estaría muy interesado en ver. Ahora Arjuna ve que los líderes del bando opuesto (Bhīṣma, Droṇa, Karṇa y todos los hijos de Dhṛtarāṣṭra) y sus soldados, así como también los propios soldados de Arjuna, están siendo todos aniquilados. Eso es una indicación de que después de la muerte de casi todas las personas reunidas en Kurukṣetra, Arjuna saldría triunfante. Aquí se menciona así mismo que Bhīṣma, quien se supone que es inconquistable, también iba a ser aplastado. Lo mismo ocurriría con Karṇa. No sólo serían aplastados los grandes guerreros del otro bando, tales como Bhīṣma, sino también algunos de los grandes guerreros del lado de Arjuna.

TEXTO 28

यथा नदीनां बहवोऽम्बुवेगाः
समुद्रमेवाभिमुखा द्रवन्ति ।
तथा तवामी नरलोकवीरा
विशन्ति वक्त्राण्यभिविज्वलन्ति ॥२८॥

yathā nadīnāṁ bahavo 'mbu-vegāḥ
samudram evābhimukhā dravanti
tathā tavāmī nara-loka-vīrā
viśanti vaktrāṇy abhivijvalanti

yathā—como; *nadīnām*—de los ríos; *bahavaḥ*—las muchas; *ambu-vegāḥ*—olas de las aguas; *samudram*—el océano; *eva*—ciertamente; *abhimukhāḥ*—hacia; *dravanti*—se deslizan; *tathā*—de modo similar; *tava*—Tus; *amī*—todos estos; *nara-loka-vīrāḥ*—reyes de la sociedad humana; *viśanti*—están entrando; *vaktrāṇi*—las bocas; *abhivijvalanti*—y están ardiendo.

TRADUCCIÓN

Así como las muchas olas de los ríos fluyen hasta el océano, así mismo todos estos grandes guerreros entran en Tus bocas envueltos en llamas.

TEXTO 29

यथा प्रदीप्तं ज्वलनं पतङ्गा
विशन्ति नाशाय समृद्धवेगाः ।
तथैव नाशाय विशन्ति लोका-
स्तवापि वक्त्राणि समृद्धवेगाः ॥२९॥

yathā pradīptaṁ jvalanaṁ pataṅgā
viśanti nāśāya samṛddha-vegāḥ
tathaiva nāśāya viśanti lokās
tavāpi vaktrāṇi samṛddha-vegāḥ

yathā—como; *pradīptam*—llameante; *jvalanam*—un fuego; *pataṅgāḥ*—polillas; *viśanti*—entran; *nāśāya*—para destruirse; *samṛddha*—a plena; *vegāḥ*—velocidad; *tathā eva*—de modo similar; *nāśāya*—para la destrucción; *viśanti*—entran; *lokāḥ*—toda la gente; *tava*—Tus; *api*—también; *vaktrāṇi*—bocas; *samṛddha-vegāḥ*—a toda velocidad.

TRADUCCIÓN

Veo a toda la gente precipitándose a toda velocidad hacia Tus bocas, como polillas que se lanzan a un fuego ardiente para ser destruidas.

TEXTO 30

लेलिह्यसे ग्रसमानः समन्ता-
ल्लोकान्समग्रान्वदनैर्ज्वलद्भिः ।
तेजोभिरापूर्य जगत्समग्रं
भासस्तवोग्राः प्रतपन्ति विष्णो ॥३०॥

lelihyase grasamānaḥ samantāl
lokān samagrān vadanair jvaladbhiḥ
tejobhir āpūrya jagat samagraṁ
bhāsas tavogrāḥ pratapanti viṣṇo

lelihyase—estás lamiendo; *grasamānaḥ*—devorando; *samantāt*—en todas las direcciones; *lokān*—la gente; *samagrān*—toda; *vadanaiḥ*—por las bocas; *jvaladbhiḥ*—ardientes; *tejobhiḥ*—mediante la refulgencia; *āpūrya*—cubriendo; *jagat*—el universo; *samagram*—todo; *bhāsaḥ*—rayos; *tava*—Tus; *ugrāḥ*—terribles; *pratapanti*—están abrasando; *viṣṇo*—¡oh, Señor omnipresente!

TRADUCCIÓN

¡Oh, Viṣṇu!, te veo devorar a toda la gente por todas partes con Tus flameantes bocas. Cubriendo todo el universo con Tu refulgencia, Tú te manifiestas con terribles y abrasadores rayos.

TEXTO 31

आख्याहि मे को भवानुग्ररूपो
नमोऽस्तु ते देववर प्रसीद ।

विज्ञातुमिच्छामि भवन्तमाद्यं
न हि प्रजानामि तव प्रवृत्तिम् ॥३१॥

ākhyāhi me ko bhavān ugra-rūpo
namo 'stu te deva-vara prasīda
vijñātum icchāmi bhavantam ādyaṁ
na hi prajānāmi tava pravṛttim

ākhyāhi—por favor explica; *me*—a mí; *kaḥ*—quién; *bhavān*—Tú; *ugra-rūpaḥ*—forma feroz; *namaṇ astu*—reverencias; *te*—a Ti; *deva-vara*—¡oh, Tú, el grande entre los semidioses!; *prasīda*—sé misericordioso; *vijñātum*—saber; *icchāmi*—yo deseo; *bhavantam*—Tú; *ādyam*—el original; *na*—no; *hi*—ciertamente; *prajānāmi*—sé; *tava*—Tu; *pravṛttim*—misión.

TRADUCCIÓN

¡Oh, Señor de los señores!, ¡oh, Tú, el de esta forma tan feroz!, por favor dime quién eres. Te ofrezco mis reverencias; por favor, sé misericordioso conmigo. Tú eres el Señor original. Yo quiero saber acerca de Ti, pues no sé cuál es Tu misión.

TEXTO 32

श्रीभगवानुवाच
कालोऽस्मि लोकक्षयकृत्प्रवृद्धो
लोकान्समाहर्तुमिह प्रवृत्तः ।
ऋतेऽपि त्वां न भविष्यन्ति सर्वे
येऽवस्थिताः प्रत्यनीकेषु योधाः ॥३२॥

śrī-bhagavān uvāca
kālo 'smi loka-kṣaya-kṛt pravṛddho
lokān samāhartum iha pravṛttaḥ
ṛte 'pi tvāṁ na bhaviṣyanti sarve
ye 'vasthitāḥ pratyanīkeṣu yodhāḥ

śrī-bhagavān uvāca—la Personalidad de Dios dijo; *kālaḥ*—el tiempo; *asmi*—Yo soy; *loka*—de los mundos; *kṣaya-kṛt*—el destructor; *pravṛddhaḥ*—gran; *lokān*—a toda la gente; *samāhartum*—al destruir; *iha*—en este mundo; *pravṛttaḥ*—a obligar; *ṛte*—sin, con excepción de; *api*—incluso; *tvām*—ustedes; *na*—nunca; *bhaviṣyanti*—serán; *sarve*—todos; *ye*—quienes; *avasthitāḥ*—situados; *pratyanīkeṣu*—en los bandos contrincantes; *yodhāḥ*—los soldados.

TRADUCCIÓN

La Suprema Personalidad de Dios dijo: Yo soy el tiempo, el gran destructor de los mundos, y he venido aquí a destruir a toda la gente. Con excepción de ustedes [los Pāṇḍavas], todos los soldados que se encuentran aquí en ambos lados serán matados.

SIGNIFICADO

Aunque Arjuna sabía que Kṛṣṇa era su amigo y la Suprema Personalidad de Dios, no obstante estaba intrigado por las diversas formas que Kṛṣṇa manifestaba. En consecuencia, preguntó además cuál era la verdadera misión de esa fuerza devastadora. En los *Vedas* está escrito que la Verdad Suprema lo destruye todo, incluso a los *brāhmaṇas*. Como se afirma en *El Kaṭha Upaniṣad* (1.2.25):

yasya brahma ca kṣatraṁ ca
ubhe bhavata odanaḥ
mṛtyur yasyopasecanaṁ
ka itthā veda yatra saḥ

A su debido tiempo, todos los *brāhmaṇas*, *kṣatriyas* y todos los demás son devorados como una cena por el Supremo. Esa forma del Señor Supremo es el gigante que todo lo devora, y aquí Kṛṣṇa se presenta en esa forma del tiempo que todo lo devora. Con excepción de unos cuantos Pāṇḍavas, todos los que estaban presentes en ese campo de batalla serían devorados por Él.

Arjuna no estaba a favor de la pelea, y pensó que era mejor no pelear; de ese modo no habría ninguna frustración. En respuesta a ello, el Señor le está diciendo que, incluso si no peleaba, cada uno de ellos sería destruido, pues ése era Su plan. Si Arjuna dejaba de pelear, ellos morirían de otra manera. La muerte no se podía impedir, ni siquiera si él no peleaba. A decir verdad, ellos ya estaban muertos. El tiempo implica destrucción, y todas las manifestaciones van a ser aniquiladas por el deseo del Señor Supremo. Ésa es la ley de la naturaleza.

TEXTO 33

तस्मात्त्वमुत्तिष्ठ यशो लभस्व
जित्वा शत्रून्भुङ्क्ष्व राज्यं समृद्धम् ।
मयैवैते निहताः पूर्वमेव
निमित्तमात्रं भव सव्यसाचिन् ॥ ३३ ॥

tasmāt tvam uttiṣṭha yaśo labhasva
jitvā śatrūn bhuṅkṣva rājyaṁ samṛddham
mayaivaite nihatāḥ pūrvam eva
nimitta-mātraṁ bhava savya-sacin

tasmāt—por ende; *tvam*—tú; *uttiṣṭha*—levántate; *yaśaḥ*—fama; *labhasva*—ganancia; *jitvā*—venciendo; *śatrūn*—enemigos; *bhuṅkṣva*—disfruta; *rājyam*—reino; *samṛddham*—floreciente; *mayā*—por Mí; *eva*—ciertamente; *ete*—todos éstos; *nihatāḥ*—matados; *pūrvam eva*—por disposiciones previas; *nimitta-mātram*—tan sólo el instrumento; *bhava*—conviértete; *savya-sācin*—¡oh, Savyasācī!

TRADUCCIÓN

Por lo tanto, levántate. Prepárate a pelear y gánate la gloria. Conquista a tus enemigos y disfruta de un reino floreciente. Ellos ya han sido destinados a morir por disposición Mía, y tú, ¡oh, Savyasācī!, no puedes sino ser un instrumento en la contienda.

SIGNIFICADO

La palabra *savya-sācin* se refiere a alguien que en la batalla puede disparar flechas con mucha destreza; así pues, a Arjuna se lo nombra como un guerrero experto capaz de lanzar flechas que maten a sus enemigos. "Tan sólo vuélvete un instrumento": *nimitta-mātram*. Esa palabra también es muy significativa. El mundo entero se está moviendo conforme al plan de la Suprema Personalidad de Dios. Las personas necias que no tienen suficiente conocimiento creen que la naturaleza se está moviendo sin ningún plan, y que todas las manifestaciones no son más que formaciones accidentales. Hay muchos científicos falsos que sugieren que quizás fue así, o tal vez fue asá, pero en esto no tiene ninguna cabida el "quizás" y el "tal vez". Existe un plan específico que se está llevando a cabo en este mundo material. Y, ¿cuál es ese plan? Esta manifestación cósmica es una oportunidad que tienen las almas condicionadas de ir de vuelta a Dios, de vuelta al hogar. Mientras ellas tengan la mentalidad dominante que las hace tratar de enseñorearse de la naturaleza material, estarán condicionadas. Pero todo aquel que pueda entender el plan del Señor Supremo y pueda cultivar conciencia de Kṛṣṇa, es de lo más inteligente. La creación y destrucción de la manifestación cósmica se hallan bajo la guía superior de Dios. Así pues, la Batalla de Kurukṣetra se libró según el plan de Dios. Arjuna estaba rehusando pelear, pero a él se le dijo que debía pelear de conformidad con el deseo del Señor Supremo. De ese modo sería feliz. Si uno está plenamente consciente de Kṛṣṇa y su vida está consagrada al servicio trascendental del Señor, uno es perfecto.

TEXTO 34

द्रोणं च भीष्मं च जयद्रथं च
कर्णं तथान्यानपि योधवीरान् ।

मया हतांस्त्वं जहि माव्यथिष्ठा
युध्यस्व जेतासि रणे सपत्नान् ॥३४॥

droṇaṁ ca bhīṣmaṁ ca jayadrathaṁ ca
karṇaṁ tathānyān api yodha-vīrān
mayā hatāṁs tvaṁ jahi mā vyathiṣṭhā
yudhyasva jetāsi raṇe sapatnān

droṇam ca—también Droṇa; *bhīṣmam ca*—también Bhīṣma; *jayadratham ca*—también Jayadratha; *karṇam*—Karṇa; *tathā*—también; *anyān*—otros; *api*—ciertamente; *yodha-vīrān*—grandes guerreros; *mayā*—por Mí; *hatān*—muertos ya; *tvam*—tú; *jahi*—destruye; *mā*—no; *vyathiṣṭhāḥ*—te perturbes; *yudhyasva*—simplemente lucha; *jetā asi*—conquistarás; *raṇe*—en la contienda; *sapatnān*—enemigos.

TRADUCCIÓN

Drona, Bhīṣma, Jayadratha, Karṇa y los demás grandes guerreros ya han sido destruidos por Mí. De modo que, mátalos y no te perturbes. Simplemente lucha, y habrás de derrotar a tus enemigos en la batalla.

SIGNIFICADO

Todos los planes los hace la Suprema Personalidad de Dios, pero Él es tan bueno y misericordioso con Sus devotos, que quiere darles el mérito a ellos, los cuales ejecutan Su plan de acuerdo con Su deseo. La vida se debe llevar, pues, de modo tal, que todo el mundo actúe con conciencia de Kṛṣṇa y entienda a la Suprema Personalidad de Dios por intermedio de un maestro espiritual. Los planes de la Suprema Personalidad de Dios se entienden por Su misericordia, y los planes de los devotos son iguales a los de Él. Uno debe seguir esos planes y triunfar en la lucha por la existencia.

TEXTO 35

सञ्जय उवाच
एतच्छ्रुत्वा वचनं केशवस्य
कृताञ्जलिर्वेपमानः किरीती ।
नमस्कृत्वा भूय एवाह कृष्णं
सगद्गदं भीतभीतः प्रणम्य ॥३५॥

sañjaya uvāca
etac chrutvā vacanaṁ keśavasya
kṛtāñjalir vepamānaḥ kirītī
namaskṛtvā bhūya evāha kṛṣṇaṁ
sagadgadaṁ bhīta-bhītaḥ praṇamya

sañjayaḥ uvāca—Sañjaya dijo; *etat*--así; *śrutvā*—oyendo; *vacanam*—la palabra; *keśavasya*—de Kṛṣṇa; *kṛta-añjaliḥ*—con las manos juntas; *vepamānaḥ*—temblando; *kirītī*—Arjuna; *namaskṛtvā*—ofreciendo reverencias; *bhūyaḥ*—otra vez; *eva*—también; *āha*—dijo; *kṛṣṇam*—a Kṛṣṇa; *sa-gadgadam*—con una voz quebrada; *bhīta-bhītaḥ*—asustado; *praṇamya*—ofreciendo reverencias.

TRADUCCIÓN

Sañjaya le dijo a Dhṛtarāṣṭra: ¡Oh, Rey!, después de oír esas palabras de labios de la Suprema Personalidad de Dios, el tembloroso Arjuna le ofreció reverencias una y otra vez con las manos juntas, y, temerosamente y con una voz quebrada, le habló al Señor Kṛṣṇa de la siguiente manera.

SIGNIFICADO

Tal como ya lo hemos explicado, debido a la situación creada por la forma universal de la Suprema Personalidad de Dios, Arjuna se pasmó de asombro; así pues, él comenzó a ofrecerle a Kṛṣṇa sus respetuosas reverencias una y otra vez, y con la voz quebrada comenzó a orar, no como un amigo, sino como un devoto lleno de asombro.

TEXTO 36

अर्जुन उवाच
स्थाने हृषीकेश तव प्रकीर्त्या
जगत्प्रहृष्यत्यनुरज्यते च ।
रक्षांसि भीतानि दिशो द्रवन्ति
सर्वे नमस्यन्ति च सिद्धसङ्घाः ॥३६॥

arjuna uvāca
sthāne hṛṣīkeśa tava prakīrtyā
jagat prahṛṣyaty anurajyate ca
rakṣāṁsi bhītāni diśo dravanti
sarve namasyanti ca siddha-saṅghāḥ

arjunaḥ uvāca—Arjuna dijo; *sthāne*—correctamente; *hṛṣīka-īśa*—¡oh, amo de todos los sentidos!; *tava*—Tus; *prakīrtyā*—por las glorias; *jagat*—el mundo entero; *prahṛṣyati*—se regocija; *anurajyate*—se apega; *ca*—y; *rakṣāṁsi*—los demonios; *bhītāni*—a causa del temor; *diśaḥ*—en todas las direcciones; *dravanti*—están huyendo; *sarve*—todos; *namasyanti*—están ofreciendo respetos; *ca*—también; *siddha-saṅghāḥ*—los seres humanos perfectos.

TRADUCCIÓN

Arjuna dijo: ¡Oh, amo de los sentidos!, el mundo se regocija al oír Tu nombre, y con ello todos se apegan a Ti. Aunque los seres perfectos te ofrecen su respetuoso homenaje, los demonios tienen miedo y huyen en todas las direcciones. Todo eso es como debe ser.

SIGNIFICADO

Arjuna, después de oírle decir a Kṛṣṇa cuál sería el resultado de la Batalla de Kurukṣetra, se iluminó, y, como gran devoto y amigo de la Suprema Personalidad de Dios, dijo que todo lo que Kṛṣṇa hacía era lo correcto. Arjuna confirmó que Kṛṣṇa es el sustentador de los devotos y el objeto de la veneración de ellos, así como también el destructor de los indeseables. Sus acciones son igualmente buenas para todos. Arjuna entendió aquí que cuando la Batalla de Kurukṣetra estaba concluyendo, en el espacio sideral se hallaban presentes muchos semidioses, *siddhas* y los intelectuales de los planetas superiores, y que ellos estaban observando la lucha porque Kṛṣṇa estaba ahí presente. Cuando Arjuna vio la forma universal del Señor, los semidioses sintieron placer en ello, pero los demás, que eran demonios y ateos, no pudieron soportar que el Señor fuera alabado. Debido al temor natural que les infundía la devastadora forma de la Suprema Personalidad de Dios, ellos huyeron. Arjuna elogia el trato que Kṛṣṇa les da a los devotos y a los ateos. El devoto glorifica al Señor en todos los casos, porque sabe que todo lo que Él hace es bueno para todos.

TEXTO 37

कस्माच्च ते न नमेरन्महात्मन्
गरीयसे ब्रह्मणोऽप्यादिकर्त्रे ।
अनन्त देवेश जगन्निवास
त्वमक्षरं सदसत्तत्परं यत् ॥३७॥

kasmāc ca te na nameran mahātman
garīyase brahmaṇo 'py ādi-kartre
ananta deveśa jagan-nivāsa
tvam akṣaraṁ sad-asat tat-paraṁ yat

kasmāt—¿por qué?; *ca*—también; *te*—a Ti; *na*—no; *nameran*—deben ofrecer las debidas reverencias; *mahā-ātman*—¡oh, Tú, el grande!; *garīyase*—que eres mejor; *brahmaṇaḥ*—que Brahmā; *api*—aunque; *ādi-kartre*—al creador supremo; *ananta*—¡oh, Tú, el ilimitado!; *deva-īśa*—¡oh, Dios de los dioses!; *jagat-nivāsa*—¡oh, refugio del universo!; *tvam*—Tú eres; *akṣaram*—imperecedero; *sat-asat*—causa y efecto; *tat-param*—trascendental; *yat*—porque.

TRADUCCIÓN

¡Oh, Tú, el grande, más grande incluso que Brahmā!, Tú eres el creador original. ¿Por qué, entonces, no habrían ellos de ofrecerte sus respetuosas reverencias? ¡Oh, Tú, el ilimitado, Dios de los dioses, refugio del universo!, Tú eres la fuente invencible, la causa de todas las causas, trascendental a esta manifestación material.

SIGNIFICADO

Con este ofrecimiento de reverencias, Arjuna indica que Kṛṣṇa es digno de la adoración de todos. Él es omnipresente, y Él es el Alma de toda alma. Arjuna se está dirigiendo a Kṛṣṇa como *mahātmā*, que significa que Él es de lo más magnánimo e ilimitado. *Ananta* indica que no hay nada que no esté cubierto por la influencia y la energía del Señor Supremo, y *deveśa* significa que Él es el controlador de todos los semidioses y que se encuentra por encima de todos ellos. Él es el refugio de todo el universo. Arjuna pensó, además, que lo correcto era que todas las entidades vivientes perfectas y los poderosos semidioses le ofrecieran a Kṛṣṇa sus respetuosas reverencias, porque nadie es superior a Él. Él hace especial mención del hecho de que Kṛṣṇa es superior a Brahmā, porque Brahmā es creado por Él. Brahmā nace del tallo de loto que crece del ombligo de Garbhodakaśāyī Viṣṇu, quien es la expansión plenaria de Kṛṣṇa; por consiguiente, Brahmā y el Señor Śiva, quien nace de Brahmā, y todos los demás semidioses, deben ofrecerle sus respetuosas reverencias. En *El Śrīmad-Bhāgavatam* se dice que el Señor es respetado por el Señor Śiva y Brahmā, y por otros semidioses semejantes. La palabra *akṣaram* es muy significativa, porque esta creación material está sujeta a la destrucción, pero el Señor está por encima de la creación material. Él es la causa de todas las causas, y, por el hecho de serlo, es superior a todas las almas condicionadas que se encuentran dentro de esta naturaleza material, y también es superior a la propia manifestación cósmica material. Él es, en consecuencia, el muy grandioso Supremo.

TEXTO 38

त्वमादिदेवः पुरुषः पुराण-
स्त्वमस्य विश्वस्य परं निधानम् ।

वेत्तासि वेद्यं च परं च धाम
त्वया ततं विश्वमनन्तरूप ॥ ३८ ॥

tvam ādi-devaḥ puruṣaḥ purāṇas
tvam asya viśvasya paraṁ nidhānam
vettāsi vedyaṁ ca paraṁ ca dhāma
tvayā tataṁ viśvam ananta-rūpa

tvam—Tú; *ādi-devaḥ*—el Dios Supremo original; *puruṣaḥ*—personalidad; *purāṇaḥ*—antiguo; *tvam*—Tú; *asya*—de este; *viśvasya*—universo; *param*—trascendental; *nidhānam*—refugio; *vettā*—el conocedor; *asi*—Tú eres; *vedyam*—lo conocible; *ca*—y; *param*—lo trascendental; *ca*—y; *dhāma*—refugio; *tvayā*—por Ti; *tatam*—omnipresente; *viśvam*—el universo; *ananta-rūpa*—¡oh, forma ilimitada!

TRADUCCIÓN

Tú eres la Personalidad de Dios original, el más antiguo de todos, el supremo santuario de este mundo cósmico manifestado. Tú eres el conocedor de todo, y Tú eres todo lo conocible. Tú eres el refugio supremo, por encima de las modalidades materiales. ¡Oh, forma ilimitada!, ¡Tú estás omnipresente en toda esta manifestación cósmica!

SIGNIFICADO

Todo descansa en la Suprema Personalidad de Dios; por lo tanto, Él es el soporte supremo. *Nidhānam* significa que todo, incluso la refulgencia Brahman, descansa en la Suprema Personalidad de Dios, Kṛṣṇa. Él es el conocedor de todo lo que está ocurriendo en este mundo, y si el conocimiento tiene algún fin, Él es el fin de todo el conocimiento; de modo que, Él es lo conocido y lo conocible. Él es el objeto del conocimiento, porque Él es omnipresente. Como Él es la causa del mundo espiritual, Él es trascendental. Él es, además, la personalidad más importante del mundo trascendental.

TEXTO 39

वायुर्यमोऽग्निर्वरुणः शशाङ्कः
प्रजापतिस्त्वं प्रपितामहश्च ।
नमो नमस्तेऽस्तु सहस्रकृत्वः
पुनश्च भूयोऽपि नमो नमस्ते ॥ ३९ ॥

vāyur yamo 'gnir varuṇaḥ śaśāṅkaḥ
prajāpatis tvaṁ prapitāmahaś ca
namo namas te 'stu sahasra-kṛtvaḥ
punaś ca bhūyo 'pi namo namas te

vāyuḥ—aire; *yamaḥ*—el controlador; *agniḥ*—fuego; *varuṇaḥ*—agua; *śaśa-aṅkaḥ*—la Luna; *prajāpatiḥ*—Brahmā; *tvam*—Tú; *prapitāmahaḥ*—el bisabuelo; *ca*—también; *namaḥ*—mis respetos; *namaḥ*—mis respetos de nuevo; *te*—a Ti; *astu*—que haya; *sahasra-kṛtvaḥ*—mil veces; *punaḥ ca*—y otra vez; *bhūyaḥ*—otra vez; *api*—también; *namaḥ*—ofreciendo mis respetos; *namaḥ te*—ofreciéndote mis respetos.

TRADUCCIÓN

¡Tú eres el aire y Tú eres el controlador supremo! ¡Tú eres el fuego, Tú eres el agua y Tú eres la Luna! Tú eres Brahmā, la primera criatura viviente, y Tú eres el bisabuelo. Por lo tanto, ¡te ofrezco mis respetuosas reverencias mil veces, y otra vez, y aún otra vez más!

SIGNIFICADO

Al Señor se lo nombra aquí como el aire, porque el aire es la representación más importante de todos los semidioses, ya que es omnipresente. Arjuna también se dirige a Kṛṣṇa como el bisabuelo, porque Él es el padre de Brahmā, la primera criatura viviente del universo.

TEXTO 40

नमः पुरस्तादथ पृष्ठतस्ते
नमोऽस्तु ते सर्वत एव सर्व ।
अनन्तवीर्यामितविक्रमस्त्वं
सर्वं समाप्नोषि ततोऽसि सर्वः ॥४०॥

namaḥ purastād atha pṛṣṭhatas te
namo 'stu te sarvata eva sarva
ananta-vīryāmita-vikramas tvaṁ
sarvaṁ samāpnoṣi tato 'si sarvaḥ

namaḥ—ofreciendo reverencias; *purastāt*—por delante; *atha*—también; *pṛṣṭhataḥ*—por detrás; *te*—a Ti; *namaḥ astu*—ofrezco mis respetos; *te*—a Ti; *sarvataḥ*—por todos lados; *eva*—en verdad; *sarva*—porque Tú lo eres todo; *ananta-vīrya*—potencia ilimitada; *amita-vikramaḥ*—y fuerza ilimitada;

tvam—Tú; *sarvam*—todo; *samāpnoṣi*—cubres; *tataḥ*—por lo tanto; *asi*—Tú eres; *sarvaḥ*—todo.

TRADUCCIÓN

¡Mis reverencias a Ti por delante, por detrás y por todas partes! ¡Oh, poder infinito!, ¡Tú eres el amo de una fuerza ilimitada! ¡Tú eres omnipresente, y, en consecuencia, lo eres todo!

SIGNIFICADO

Debido al éxtasis del amor que siente por su amigo Kṛṣṇa, Arjuna le está ofreciendo sus respetos por todas partes. Él está aceptando que Kṛṣṇa es el amo de todas las potencias y de todo el poder, y que es muy superior a todos los grandes guerreros que estaban reunidos en el campo de batalla. En *El Viṣṇu Purāṇa* (1.9.69) se dice:

yo 'yaṁ tavāgato deva
samīpaṁ devatā-gaṇaḥ
sa tvam eva jagat-sraṣṭā
yataḥ sarva-gato bhavān

"Quienquiera que se presente ante Ti, aunque sea un semidiós, es creado por Ti, ¡oh, Suprema Personalidad de Dios!".

TEXTOS 41–42

सखेति मत्वा प्रसभं यदुक्तं
हे कृष्ण हे यादव हे सखेति ।
अजानता महिमानं तवेदं
मया प्रमादात्प्रणयेन वाऽपि ॥ ४१ ॥
यच्चापहासार्थमसत्कृतोऽसि
विहारशय्यासनभोजनेषु ।
एकोऽथवाप्यच्युत तत्समक्षं
तत्क्षामये त्वामहमप्रमेयम् ॥ ४२ ॥

sakheti matvā prasabhaṁ yad uktaṁ
he kṛṣṇa he yādava he sakheti
ajānatā mahimānaṁ tavedaṁ
mayā pramādāt praṇayena vāpi

yac cāvahāsārtham asat-kṛto 'si
vihāra-śayyāsana-bhojaneṣu
eko 'tha vāpy acyuta tat-samakṣaṁ
tat kṣāmaye tvām aham aprameyam

sakhā—amigo; *iti*—así pues; *matvā*—pensando; *prasabham*—presuntuosamente; *yat*—todo lo; *uktam*—dicho; *he kṛṣṇa*—¡oh, Kṛṣṇa!; *he yādava*—¡oh, Yādava!; *he sakhā*—¡oh, mi querido amigo!; *iti*—así pues; *ajānatā*—sin saber; *mahimānam*—glorias; *tava*—Tuyas; *idam*—esto; *mayā*—por mí; *pramādāt*—por necedad; *praṇayena*—por amor; *vā api*—o; *yat*—todo lo que; *ca*—también; *avahāsa-artham*—en broma; *asat-kṛtaḥ*—faltado el respeto; *asi*—se Te ha hecho; *vihāra*—al descansar; *śayyā*—al acostarse; *āsana*—al sentarse; *bhojaneṣu*—o al comer juntos; *ekaḥ*—solo; *atha vā*—o; *api*—también; *acyuta*—¡oh, Tú, el infalible!; *tat-samakṣam*—entre compañeros; *tat*—todos esos; *kṣāmaye*—pido perdón; *tvām*—a Ti; *aham*—yo; *aprameyam*—inconmensurable.

TRADUCCIÓN

Considerándote mi amigo y sin conocer Tus glorias, te he llamado irreflexivamente "¡oh, Kṛṣṇa!", "¡oh, Yādava!", "¡oh, amigo mío!". Por favor, perdona todo lo que haya hecho por locura o por amor. Te he faltado el respeto muchas veces, bromeando mientras descansábamos, acostándome en la misma cama, sentándome contigo o comiendo contigo, a veces a solas y a veces frente a muchos amigos. ¡Oh, Tú, el infalible!, por favor perdóname por todas esas ofensas.

SIGNIFICADO

Aunque Kṛṣṇa está manifestado ante Arjuna en Su forma universal, Arjuna recuerda su relación amistosa con Kṛṣṇa, y debido a ello le pide que lo perdone por todos los tratos informales que surgen de la amistad. Él está admitiendo que anteriormente no sabía que Kṛṣṇa podía adoptar esa forma universal, aunque Kṛṣṇa se lo había explicado como amigo íntimo de él. Arjuna no sabía cuántas veces podía haber irrespetado a Kṛṣṇa al llamarlo "¡oh, amigo mío!", "¡oh, Kṛṣṇa!", "¡oh, Yādava!", etc., sin reconocer Su opulencia. Pero Kṛṣṇa es tan bueno y misericordioso, que a pesar de esa opulencia actuó con Arjuna como un amigo. Así es la reciprocidad amorosa y trascendental que hay entre el devoto y el Señor. La relación que hay entre la entidad viviente y Kṛṣṇa está fija eternamente; esa relación no se puede olvidar, tal como lo podemos ver en el comportamiento de Arjuna. Aunque Arjuna ha visto la opulencia que hay en la forma universal, no puede olvidar la relación amistosa que tiene con Kṛṣṇa.

TEXTO 43

पितासि लोकस्य चराचरस्य
त्वमस्य पूज्यश्च गुरुर्गरीयान् ।
न त्वत्समोऽस्त्यभ्यधिकः कुतोऽन्यो
लोकत्रयेऽप्यप्रतिमप्रभाव ॥ ४३ ॥

pitāsi lokasya carācarasya
tvam asya pūjyaś ca gurur garīyān
na tvat-sma 'sty abhyadhikaḥ kuto 'nyo
loka-traye 'py apratima-prabhāva

pitā—el padre; *asi*—Tú eres; *lokasya*—de todo el mundo; *cara*—móvil; *acarasya*—e inmóvil; *tvam*—Tú eres; *asya*—de esto; *pūjyaḥ*—venerable; *ca*—también; *guruḥ*—maestro; *garīyān*—glorioso; *na*—nunca; *tvat-samaḥ*—igual a Ti; *asti*—hay; *abhyadhikaḥ*—más grande; *kutaḥ*—cómo es posible; *anyaḥ*—otro; *loka-traye*—en los tres sistemas planetarios; *api*—también; *apratima-prabhāva*—¡oh, poder inconmensurable!

TRADUCCIÓN

Tú eres el padre de toda esta manifestación cósmica, de lo móvil y lo inmóvil. Tú eres su venerable jefe, el maestro espiritual supremo. Nadie es igual a Ti, ni nadie puede ser uno contigo. ¡Oh, Señor de un poder inconmensurable!, ¿cómo, entonces, puede haber alguien superior a Ti dentro de los tres mundos?

SIGNIFICADO

La Suprema Personalidad de Dios, Kṛṣṇa, es venerable, tal como el padre es venerable para el hijo. Él es el maestro espiritual, porque en un principio le dio las instrucciones védicas a Brahmā y en este momento le está instruyendo *El Bhagavad-gītā* a Arjuna; por consiguiente, Él es el maestro espiritual original, y cualquier maestro espiritual genuino de la actualidad debe ser un descendiente de la línea de sucesión discipular que procede de Kṛṣṇa. Sin ser un representante de Kṛṣṇa, uno no puede convertirse en profesor o maestro espiritual de materias trascendentales.

Al Señor se le están dando reverencias en todos los aspectos. Él es de una grandeza inconmensurable. Nadie puede ser más grande que la Suprema Personalidad de Dios, Kṛṣṇa, porque nadie es igual ni superior a Kṛṣṇa dentro de ninguna manifestación, ni espiritual ni material. Todo el mundo está por debajo de Él. Nadie puede superarlo. Como se declara en *El Śvetāsvatara Upaniṣad* (6.8):

na tasya kāryaṁ karaṇaṁ ca vidyate
na tat-samaś cābhyadhikaś ca dṛśyate

El Supremo Señor Kṛṣṇa tiene unos sentidos y un cuerpo como el hombre ordinario, pero en Él no hay diferencia entre Sus sentidos, Su cuerpo, Su mente y Él mismo. Algunas personas necias que no conocen a Kṛṣṇa a la perfección, dicen que Él es diferente de Su alma, de Su mente, de Su corazón y de todo lo demás. Kṛṣṇa es absoluto; por lo tanto, Sus actividades y potencias son supremas. También se afirma que, aunque Él no tiene sentidos como los nuestros, puede realizar todas las actividades de los sentidos; luego Sus sentidos no son imperfectos ni limitados. Nadie puede ser superior a Él, nadie puede ser igual a Él, y todo el mundo es inferior a Él.

El conocimiento, la fuerza y las actividades de la Personalidad Suprema son todos trascendentales. Como se dice en *El Bhagavad-gītā* (4.9):

janma karma ca me divyam
evaṁ yo vetti tattvataḥ
tyaktvā dehaṁ punar janma
naiti mām eti so 'rjuna

Quienquiera que conozca el cuerpo trascendental, las actividades trascendentales y la perfección trascendental de Kṛṣṇa, al abandonar su cuerpo regresa a Él y no vuelve de nuevo a este mundo desolador. Por lo tanto, ha de saberse que las actividades de Kṛṣṇa son diferentes de las de los demás. Lo mejor es seguir los principios de Kṛṣṇa; eso hará que uno sea perfecto. También se dice que no hay nadie que sea amo de Kṛṣṇa; todo el mundo es Su sirviente. *El Caitanya-caritāmṛta* (*Ādi* 5.142) confirma que: *ekale īśvara kṛṣṇa—āra saba bhṛtya*, sólo Kṛṣṇa es Dios, y todos los demás son Sus sirvientes. Todo el mundo acata Su orden. No hay nadie que pueda desconocer Su orden. Todo el mundo está actuando conforme a Su dirección, pues todo el mundo se encuentra bajo Su superintendencia. Como se declara en *El Brahma-saṁhitā*, Él es la causa de todas las causas.

TEXTO 44

तस्मात्प्रणम्य प्रणिधाय कायं
प्रसादये त्वामहमीशमीड्यम् ।
पितेव पुत्रस्य सखेव सख्युः
प्रियः प्रियायार्हसि देव सोढुम् ॥४४॥

tasmāt praṇamya praṇidhāya kāyaṁ
prasādaye tvām aham īśam īḍyam

piteva putrasya sakheva sakhyuḥ
priyaḥ priyāyārhasi deva soḍhum

tasmāt—por lo tanto; *praṇamya*—ofreciendo reverencias; *praṇidhāya*—postrándose; *kāyam*—el cuerpo; *prasādaye*—pedir misericordia; *tvām*—a Ti; *aham*—yo; *īśam*—al Señor Supremo; *īḍyam*—digno de adoración; *pitā iva*—como un padre; *putrasya*—con un hijo; *sakhā iva*—como un amigo; *sakhyuḥ*—con un amigo; *priyaḥ*—un amante; *priyāya*—con el más querido; *arhasi*—Tú debes; *deva*—mi Señor; *soḍhum*—tolerar.

TRADUCCIÓN

Tú eres el Señor Supremo, quien ha de ser adorado por todo ser viviente. Debido a ello, caigo a ofrecerte mis respetuosas reverencias y a pedir Tu misericordia. Así como un padre tolera la imprudencia de su hijo, o como alguien tolera la impertinencia de un amigo, o como la esposa tolera la familiaridad de su cónyuge, por favor tolera los agravios que te pude haber hecho.

SIGNIFICADO

Los devotos de Kṛṣṇa se relacionan con Él de diversas maneras; uno puede tratar a Kṛṣṇa como hijo, o uno puede tratarlo como esposo, como amigo o como amo. Kṛṣṇa y Arjuna tienen una relación de amistad. Así como el padre tolera, o el esposo o el amo tolera, así tolera Kṛṣṇa.

TEXTO 45

अदृष्टपूर्वं हृषितोऽस्मि दृष्ट्वा
भयेन च प्रव्यथितं मनो मे ।
तदेव मे दर्शय देव रूपं
प्रसीद देवेश जगन्निवास ॥४५॥

adṛṣṭa-pūrvaṁ hṛṣito 'smi dṛṣṭvā
bhayena ca pravyathitaṁ mano me
tad eva me darśaya deva rūpaṁ
prasīda devaśa jagan-nivāsa

adṛṣṭa-pūrvam—nunca antes visto; *hṛṣitaḥ*—contento; *asmi*—estoy; *dṛṣṭvā*—viendo; *bhayena*—por temor; *ca*—también; *pravyathitam*—perturbado; *manaḥ*—mente; *me*—mi; *tat*—eso; *eva*—ciertamente; *me*—a mí; *darśaya*—muestra; *deva*—¡oh, Señor!; *rūpam*—la forma; *prasīda*—sé misericordioso; *deva-īśa*—¡oh, Señor de los señores!; *jagat-nivāsa*—¡oh, refugio del universo!

TRADUCCIÓN

Después de ver esta forma universal, que nunca antes había visto, me siento contento, pero al mismo tiempo tengo la mente perturbada por el temor. En consecuencia, por favor confiéreme Tu gracia y revélame de nuevo Tu forma como la Personalidad de Dios, ¡oh, Señor de los señores!, ¡oh, morada del universo!

SIGNIFICADO

Arjuna siempre se siente en confianza con Kṛṣṇa, porque él es un amigo muy querido, y así como a alguien lo contenta la opulencia de un amigo, Arjuna siente mucho júbilo de ver que su amigo Kṛṣṇa es la Suprema Personalidad de Dios y que puede mostrar una forma universal tan maravillosa. Pero al mismo tiempo, después de ver esa forma universal, siente temor de haberle hecho muchas ofensas a Kṛṣṇa llevado por su amistad pura. Así pues, él tiene la mente perturbada por el temor, aunque no había razón para que se asustara. Por consiguiente, Arjuna le está pidiendo a Kṛṣṇa que muestre Su forma Nārāyaṇa, ya que Él puede adoptar cualquier forma. Esa forma universal es material y temporal, tal como el mundo material es temporal. Pero en los planetas Vaikuṇṭhas Él tiene Su forma trascendental de cuatro manos, Su forma de Nārāyaṇa. Existen infinidad de planetas en el cielo espiritual, y en cada uno de ellos Kṛṣṇa está presente mediante Sus manifestaciones plenarias de diferentes nombres. Arjuna desea ver, pues, una de las formas que se manifiestan en los planetas Vaikuṇṭhas. Claro que, en cada planeta Vaikuṇṭha la forma de Nārāyaṇa es de cuatro manos, pero las cuatro manos llevan dispuestos de diferentes maneras los símbolos de la caracola, la maza, el loto y el disco. Según las diferentes manos en que se encuentran esas cuatro cosas, los Nārāyaṇas reciben nombres distintos. Kṛṣṇa y todas esas formas son uno; de manera que, Arjuna pide ver Su aspecto de cuatro manos.

TEXTO 46

किरीटिनं गदिनं चक्रहस्त-
मिच्छामि त्वां द्रष्टुमहं तथैव ।
तेनैव रूपेण चतुर्भुजेन
सहस्रबाहो भव विश्वमूर्ते ॥४६॥

kirīṭinaṁ gadinaṁ cakra-hastam
icchāmi tvāṁ draṣṭum ahaṁ tathaiva
tenaiva rūpeṇa catur-bhujena
sahasra-bāho bhava viśva-mūrte

kirīṭinam—con un yelmo; *gadinam*—con maza; *cakra-hastam*—disco en la mano; *icchāmi*—yo deseo; *tvām*—a Ti; *draṣṭum*—ver; *aham*—yo; *tathā eva*—en esa posición; *tena eva*—en esa; *rūpeṇa*—forma; *catuḥ-bhujena*—con cuatro brazos; *sahasra-bāho*—¡oh, Tú, el de los mil brazos!; *bhava*—conviértete; *viśva-mūrte*—¡oh, forma universal!

TRADUCCIÓN

¡Oh, forma universal!, ¡oh, Señor de los mil brazos!, deseo verte en Tu forma de cuatro brazos, con un yelmo en la cabeza, y la maza, la rueda, la caracola y la flor de loto en las manos. Ansío verte en esa forma.

SIGNIFICADO

En *El Brahma-saṁhitā* (5.39) se dice: *rāmādi-mūrtiṣu kalā-niyamena tiṣṭhan*, que el Señor está situado eternamente en cientos y miles de formas, y que las principales de ellas son las de Rāma, Nṛsiṁha, Nārāyaṇa, etc. Existen innumerables formas, pero Arjuna sabía que Kṛṣṇa es la Personalidad de Dios original que estaba adoptando Su forma universal temporal. Ahora él está pidiendo ver la forma de Nārāyaṇa, una forma espiritual. Este verso establece sin lugar a dudas la declaración de *El Śrīmad-Bhāgavatam*, que dice que Kṛṣṇa es la Personalidad de Dios original y todos los demás aspectos se originan de Él. Él no es diferente de Sus expansiones plenarias, y Él es Dios en cualquiera de Sus innumerables formas. En todas esas formas Él posee la lozanía de un joven. Ésa es la característica constante de la Suprema Personalidad de Dios. Aquel que conoce a Kṛṣṇa se libera de inmediato de toda la contaminación del mundo material.

TEXTO 47

श्रीभगवानुवाच
मया प्रसन्नेन तवार्जुनेदं
रूपं परं दर्शितमात्मयोगात् ।
तेजोमयं विश्वमनन्तमाद्यं
यन्मे त्वदन्येन न दृष्टपूर्वम् ॥४७॥

śrī-bhagavān uvāca
mayā prasannena tavārjunedaṁ
rūpaṁ paraṁ darśitam ātma-yogāt
tejo-mayaṁ viśvam ananatam ādyaṁ
yan me tvad anyena na dṛṣṭa-pūrvam

śrī-bhagavān uvāca—la Suprema Personalidad de Dios dijo; *mayā*—por Mí;

prasannena—con agrado; *tava*—a Ti; *arjuna*—¡oh, Arjuna!; *idam*—esta; *rūpam*—forma; *param*—trascendental; *darśitam*—mostrada; *ātma-yogāt*—por Mi potencia interna; *tejaḥ-mayam*—llena de refulgencia; *viśvam*—todo el universo; *anantam*—ilimitada; *ādyam*—original; *yat*—aquello que es; *me*—Mi; *tvat anyena*—además de ti; *na dṛṣṭa-pūrvam*—nadie ha visto antes.

TRADUCCIÓN

La Suprema Personalidad de Dios dijo: Mi querido Arjuna, he tenido el agrado de mostrarte dentro del mundo material y por medio de Mi potencia interna, esta forma universal suprema. Nunca antes alguien había visto esta forma original, ilimitada y llena de una refulgencia deslumbrante.

SIGNIFICADO

Arjuna quería ver la forma universal del Señor Supremo, por lo cual el Señor Kṛṣṇa, debido a Su misericordia para con Su devoto Arjuna, mostró Su forma universal, llena de refulgencia y opulencia. Esa forma era tan deslumbrante como el Sol, y sus muchas caras cambiaban rápidamente. Kṛṣṇa mostró esa forma sólo para satisfacer el deseo de Su amigo Arjuna. Y Kṛṣṇa manifestó esa forma a través de Su potencia interna, que es inconcebible para la especulación humana. Nadie había visto esa forma universal del Señor antes que Arjuna, pero como la forma se le enseñó a él, otros devotos que se encontraban en los planetas celestiales y en otros planetas del espacio sideral, también pudieron verla. Ellos no la habían visto antes, pero gracias a Arjuna también fueron capaces de verla. En otras palabras, todos los devotos discípulos del Señor pudieron ver la forma universal que se le mostró a Arjuna por la misericordia de Kṛṣṇa. Alguien comentó que esa forma también se le había mostrado a Duryodhana cuando Kṛṣṇa lo visitó para negociar la paz. Por desgracia, Duryodhana no aceptó la oferta de paz, y en esa ocasión Kṛṣṇa manifestó algunas de Sus formas universales. Pero esas formas son diferentes de ésta que se le mostró a Arjuna. Se dice bien claro que nadie había visto esta forma antes.

TEXTO 48

न वेद यज्ञाध्ययनैर्न दानै-
र्न च क्रियाभिर्न तपोभिरुग्रैः ।
एवंरूपः शक्य अहं नृलोके
द्रष्टुं त्वदन्येन कुरुप्रवीर ॥४८॥

na veda-yajñādhyayanair na dānair
na ca kriyābhir na tapobhir ugraiḥ

evaṁ-rūpaḥ śakya ahaṁ nṛ-loke
draṣṭuṁ tvad anyena kuru-pravīra

na—nunca; *veda-yajña*—mediante el sacrificio; *adhyayanaiḥ*—o el estudio de los *Vedas*; *na*—nunca; *dānaiḥ*—mediante la caridad; *na*—nunca; *ca*—también; *kriyābhiḥ*—mediante las actividades piadosas; *na*—nunca; *tapobhiḥ*—por medio de verdaderas penitencias; *ugraiḥ*—severas; *evam-rūpaḥ*—en esta forma; *śakyaḥ*—puede; *aham*—Yo; *nṛ-loke*—en este mundo material; *draṣṭum*—ser vista; *tvat*—que tú; *anyena*—por otro; *kuru-pravīra*—¡oh, tú, el mejor de los guerreros de los Kurus!

TRADUCCIÓN

¡Oh, tú, el mejor de los guerreros Kurus!, nadie había visto esta forma universal Mía antes que tú, ya que ni con el estudio de los Vedas, ni con la ejecución de sacrificios, ni mediante caridades, ni mediante actividades piadosas, ni por medio de severas penitencias, se Me puede ver en esta forma en el mundo material.

SIGNIFICADO

La visión divina es algo que se debe entender claramente en relación con esto. ¿Quién puede tener visión divina? Divino significa "perteneciente a Dios". A menos que uno llegue al grado de divinidad de un semidiós, no puede tener visión divina. Y, ¿qué es un semidiós? En las Escrituras védicas se declara que aquellos que son devotos del Señor Viṣṇu son semidioses (*viṣṇu-bhaktāḥ smṛtā devāḥ*). Aquellos que son ateos, es decir, que no creen en Viṣṇu, o que únicamente reconocen como el Supremo a la parte impersonal de Kṛṣṇa, no pueden tener la visión divina. No es posible despreciar a Kṛṣṇa y a la vez tener la visión divina. Uno no puede tener la visión divina sin volverse divino. En otras palabras, aquellos que tienen visión divina también pueden ver como Arjuna.

El Bhagavad-gītā da la descripción de la forma universal. Aunque esa descripción le era desconocida a todo el mundo antes de que la viera Arjuna, ahora, después de este incidente, uno puede tener alguna idea de lo que es el *viśva-rūpa*. Aquellos que verdaderamente son divinos pueden ver la forma universal del Señor. Pero uno no puede ser divino sin ser un devoto puro de Kṛṣṇa. Los devotos, no obstante, que en realidad se encuentran en la naturaleza divina y tienen visión divina, no están muy interesados en ver la forma universal del Señor. Como se describe en el verso anterior, Arjuna deseaba ver la forma de cuatro manos del Señor Kṛṣṇa, la forma de Kṛṣṇa como Viṣṇu, y él estaba de hecho temeroso de la forma universal.

En este verso hay algunas palabras significativas, tales como *veda-yajñādhyayanaiḥ*, lo cual se refiere al estudio de la literatura védica y a la materia que trata de las regulaciones de los sacrificios. La palabra *veda* se refiere a toda clase de Escrituras védicas, tales como los cuatro *Vedas* (*El Ṛg, El Yajur, El Sāma* y *El Atharva*) y los dieciocho *Purāṇas*, los *Upaniṣads* y *El Vedānta-sūtra*.

Uno puede estudiarlas en el hogar o en cualquier otra parte. De igual modo, hay *sūtras* —*Kalpa-sūtras* y *Mīmāṁsā-sūtras*— para estudiar el método del sacrificio. *Dānaiḥ* se refiere a la caridad que se le ofrece a la persona idónea, tal como aquella que está dedicada al amoroso servicio trascendental del Señor —el *brāhmaṇa* y el *vaiṣṇava*—. Así mismo, las "actividades piadosas" se refieren al *agnihotra* y a los deberes prescritos de las diferentes castas. Y la aceptación voluntaria de algunos dolores físicos se denomina *tapasya*. De manera que, uno puede llevar a cabo todo eso, puede aceptar penitencias corporales, dar caridad, estudiar los *Vedas*, etc., pero a menos que sea un devoto como Arjuna, no le es posible ver esa forma universal. Aquellos que son impersonalistas también imaginan que ven la forma universal del Señor, pero *El Bhagavad-gītā* nos hace saber que los impersonalistas no son devotos. Por lo tanto, ellos son incapaces de ver la forma universal del Señor.

Hay muchas personas que crean encarnaciones. Ellas proclaman falsamente que un ser humano ordinario es una encarnación, pero todo ello es una necedad. Debemos seguir los principios de *El Bhagavad-gītā*; de lo contrario, no hay ninguna posibilidad de adquirir conocimiento espiritual perfecto. Aunque se considera que *El Bhagavad-gītā* es el estudio preliminar de la ciencia de Dios, aun así es tan perfecto, que lo capacita a uno para distinguir entre las cosas. Puede que los seguidores de una seudoencarnación digan que ellos también han visto la trascendental encarnación de Dios, la forma universal, pero eso no puede aceptarse, porque aquí se afirma claramente que a menos que uno se vuelva devoto de Kṛṣṇa, no puede ver la forma universal de Dios. Así que, primero que todo, uno tiene que convertirse en un devoto puro de Kṛṣṇa; luego podrá decir que puede mostrar la forma universal de lo que ha visto. Un devoto de Kṛṣṇa no puede aceptar encarnaciones falsas o a los seguidores de unas encarnaciones falsas.

TEXTO 49

मा ते व्यथा मा च विमूढभावो
दृष्ट्वा रूपं घोरमीदृङ्ममेदम् ।
व्यपेतभीः प्रीतमनाः पुनस्त्वं
तदेव मे रूपमिदं प्रपश्य ॥४९॥

mā te vyathā mā ca vimūḍha-bhāvo
dṛṣṭvā rūpaṁ ghoram īdṛṅ mamedam
vyapeta-bhīḥ prīta-manāḥ punas tvaṁ
tad eva me rūpam idaṁ prapaśya

mā—que no sea; *te*—a ti; *vyathā*—molestia; *mā*—que no sea; *ca*—también; *vimūḍha-bhāvaḥ*—perplejidad; *dṛṣṭvā*—viendo; *rūpam*—forma; *ghoram*—

horrible; *īdṛk*—tal como es; *mama*—Mi; *idam*—esa; *vyapeta-bhīḥ*—libre de todo temor; *prīta-manāḥ*—con la mente complacida; *punaḥ*—de nuevo; *tvam*—tú; *tat*—esa; *eva*—así pues; *me*—Mi; *rūpam*—forma; *idam*—esta; *prapaśya*—tan sólo ve.

TRADUCCIÓN

Tú te has perturbado y confundido al ver este horrible aspecto Mío. Que ahora se acabe. Devoto Mío, queda libre de nuevo de toda perturbación. Con la mente tranquila puedes ver ahora la forma que deseas.

SIGNIFICADO

Al comienzo de *El Bhagavad-gītā*, Arjuna estaba preocupado de tener que matar a Bhīṣma y Droṇa, su venerable abuelo y su venerable maestro respectivamente. Pero Kṛṣṇa dijo que él no tenía que tener miedo de matar a su abuelo. Cuando los hijos de Dhṛtarāṣṭra trataron de desvestir a Draupadī en la asamblea de los Kurus, Bhīṣma y Droṇa se quedaron en silencio, y por esa negligencia del deber debían ser matados. Kṛṣṇa le mostró Su forma universal a Arjuna tan sólo para enseñarle que todas esas personas ya estaban muertas por su acción ilícita. Esa escena se le mostró a Arjuna porque los devotos siempre son apacibles y no pueden ejecutar esa clase de horribles acciones. El propósito de la revelación de la forma universal quedó de manifiesto; ahora Arjuna quería ver la forma de cuatro brazos, y Kṛṣṇa se la mostró. El devoto no está muy interesado en la forma universal, pues ésta no le permite a uno intercambiar sentimientos amorosos recíprocamente. El devoto, o bien quiere ofrecer sus respetuosos sentimientos de veneración, o bien quiere ver la forma de Kṛṣṇa de dos manos para poder relacionarse con la Suprema Personalidad de Dios de un modo recíproco por medio del servicio amoroso.

TEXTO 50

सञ्जय उवाच
इत्यर्जुनं वासुदेवस्तथोक्त्वा
स्वकं रूपं दर्शयामास भूयः ।
आश्वासयामास च भीतमेनं
भूत्वा पुनः सौम्यवपुर्महात्मा ॥५०॥

sañjaya uvāca
ity arjunaṁ vāsudevas tathoktvā
svakaṁ rūpaṁ darśayām āsa bhūyaḥ

āśvāsayām āsa ca bhītam enaṁ
bhūtvā punaḥ saumya-vapur mahātmā

sañjayaḥ uvāca—Sañjaya dijo; *iti*—así pues; *arjunam*—a Arjuna; *vāsudevaḥ*—Kṛṣṇa; *tathā*—de esa manera; *uktvā*—hablando; *svakam*—Su propia; *rūpam*—forma; *darśayām āsa*—mostró; *bhūyaḥ*—otra vez; *āśvāsayām āsa*—lo animó; *ca*—también; *bhītam*—temeroso; *enam*—a él; *bhūtvā*—volviéndose; *punaḥ*—otra vez; *saumya-vapuḥ*—la hermosa forma; *mahā-ātmā*—el magno.

TRADUCCIÓN

Sañjaya le dijo a Dhṛtarāṣṭra: La Suprema Personalidad de Dios, Kṛṣṇa, después de hablarle así a Arjuna, mostró Su verdadera forma de cuatro brazos, y finalmente mostró Su forma de dos brazos, animando con ello al temeroso Arjuna.

SIGNIFICADO

Cuando Kṛṣṇa apareció como hijo de Vasudeva y Devakī, primero que todo apareció como el Nārāyaṇa de cuatro brazos, pero cuando Sus padres se lo pidieron, se transformó en un niño aparentemente ordinario. De igual modo, Kṛṣṇa sabía que Arjuna no estaba interesado en ver una forma de cuatro manos, pero como Arjuna pidió verla, Kṛṣṇa también le mostró esa forma de nuevo, y luego se mostró en Su forma de dos manos. La palabra *saumya-vapuḥ* es muy significativa. *Saumya-vapuḥ* es una forma muy hermosa; se conoce como la forma más hermosa que existe. Cuando Kṛṣṇa estaba presente, todo el mundo simplemente se sentía atraído por Su forma, y como Kṛṣṇa es el director del universo, tan sólo desterró el miedo de Arjuna, Su devoto, y le mostró de nuevo Su hermosa forma de Kṛṣṇa. En *El Brahma-saṁhitā* (5.38) se declara: *premāñjana-cchurita-bhakti-vilocanena*, únicamente una persona que tenga ungidos los ojos con el ungüento del amor, puede ver la hermosa forma de Śrī Kṛṣṇa.

TEXTO 51

अर्जुन उवाच
दृष्ट्वेदं मानुषं रूपं तव सौम्यं जनार्दन ।
इदानीमस्मि संवृत्तः सचेताः प्रकृतिं गतः ॥ ५१ ॥

arjuna uvāca
dṛṣṭvedaṁ mānuṣaṁ rūpaṁ
tava saumyaṁ janārdana
idānīm asmi saṁvṛttaḥ
sa-cetāḥ prakṛtiṁ gataḥ

arjunaḥ uvāca—Arjuna dijo; *dṛṣṭvā*—viendo; *idam*—esta; *mānuṣam*—humana; *rūpam*—forma; *tava*—Tu; *saumyam*—muy bella; *janārdana*—¡oh, castigador de los enemigos!; *idānīm*—ahora; *asmi*—estoy; *saṁvṛttaḥ*—estabilizado; *sa-cetāḥ*—en mi conciencia; *prakṛtim*—a mi propia naturaleza; *gataḥ*—he regresado.

TRADUCCIÓN

Cuando Arjuna vio de ese modo a Kṛṣṇa en Su forma original, dijo: ¡Oh, Janārdana!, por ver esta forma semejante a la humana, sumamente hermosa, tengo ahora la mente serena y me he reintegrado a mi naturaleza original.

SIGNIFICADO

Las palabras *mānuṣaṁ rūpam* indican aquí claramente que la forma original de la Suprema Personalidad de Dios es de dos manos. Aquí se muestra que aquellos que se burlan de Kṛṣṇa como si Él fuera una persona ordinaria, ignoran Su naturaleza divina. Si Kṛṣṇa es como un ser humano ordinario, ¿cómo es posible, entonces, que muestre la forma universal y luego muestre de nuevo la forma de Nārāyaṇa de cuatro manos? Por lo tanto, en *El Bhagavad-gītā* se afirma muy claramente que, aquel que cree que Kṛṣṇa es una persona ordinaria, y que desencamina al lector diciendo que quien está hablando es el Brahman impersonal que está dentro de Kṛṣṇa, está haciendo la mayor de las injusticias. Kṛṣṇa ha mostrado de hecho Su forma universal y Su forma de Viṣṇu de cuatro manos. Así que, ¿cómo es posible que Él sea un ser humano ordinario? Al devoto puro no lo confunden los comentarios desorientadores que se le hacen a *El Bhagavad-gītā*, porque él conoce las cosas tal como son. Los versos originales de *El Bhagavad-gītā* son tan claros como el Sol: no requieren de la luz artificial de unos comentaristas necios.

TEXTO 52

श्रीभगवानुवाच
सुदुर्दर्शमिदं रूपं दृष्टवानसि यन्मम ।
देवा अप्यस्य रूपस्य नित्यं दर्शनकाङ्क्षिणः ॥ ५२ ॥

śrī-bhagavān uvāca
su-durdarśam idaṁ rūpaṁ
dṛṣṭvān asi yan mama
devā apy asya rūpasya
nityaṁ darśana-kāṅkṣiṇaḥ

śrī-bhagavān uvāca—la Suprema Personalidad de Dios dijo; *su-durdarśam*—

muy difícil de ver; *idam*—esta; *rūpam*—forma; *dṛṣṭvān asi*—tal como has visto; *yat*—la cual; *mama*—Mía; *devāḥ*—los semidioses; *api*—también; *asya*—esta; *rūpasya*—forma; *nityam*—eternamente; *darśana-kāṅkṣiṇaḥ*—anhelan ver.

TRADUCCIÓN

La Suprema Personalidad de Dios dijo: Mi querido Arjuna, esta forma Mía que estás viendo ahora es muy difícil de ver. Hasta los semidioses están buscando siempre la oportunidad de ver esta forma, la cual es muy querida.

SIGNIFICADO

En el verso cuarenta y ocho de este capítulo, el Señor Kṛṣṇa terminó de revelar Su forma universal, y le informó a Arjuna que esa forma no era posible verla ni con muchísimas actividades, sacrificios, etc. Ahora se emplea aquí la palabra *su-durdarśam*, indicando que la forma de Kṛṣṇa de dos manos es aún más confidencial. Puede que uno logre ver la forma universal de Kṛṣṇa con añadirle un pequeño vestigio de servicio devocional a diversas actividades, tales como las penitencias, el estudio de los *Vedas* y la especulación filosófica. Es posible que así sea. Pero sin un vestigio de *bhakti* no se puede ver; eso ya se ha explicado. Aun así, más allá de esa forma universal, la forma de Kṛṣṇa con dos manos es aún más difícil de ver, incluso para semidioses tales como Brahmā y el Señor Śiva. Ellos desean ver a Kṛṣṇa, y en *El Śrīmad-Bhāgavatam* se nos dan pruebas de que cuando se suponía que el maravilloso Kṛṣṇa se hallaba en el vientre de Su madre, Devakī, todos los semidioses del cielo fueron a verlo y le ofrecieron al Señor hermosas oraciones, si bien en ese momento Él no estaba visible a los ojos de ellos. Ellos esperaron para verlo. Puede que una persona necia se burle de Él, considerándolo una persona ordinaria, y que en vez de ofrecerle respetos a Él se los ofrezca al ''algo'' impersonal que está dentro de Él, pero todas esas posturas son insensatas. Semidioses tales como Brahmā y Śiva desean de hecho ver a Kṛṣṇa en Su forma de dos brazos.

En *El Bhagavad-gītā* (9.11) también se confirma eso: *avajānanti māṁ mūḍhā mānuṣīṁ tanum āśritaḥ*, Él no es visible a los ojos de las personas necias que se burlan de Él. El cuerpo de Kṛṣṇa, tal como lo confirma *El Brahma-saṁhitā* y Él mismo en *El Bhagavad-gītā*, es completamente espiritual y está colmado de bienaventuranza y eternidad. Su cuerpo nunca es como un cuerpo material. Pero para algunos que hacen un estudio de Kṛṣṇa por medio de la lectura de *El Bhagavad-gītā* o Escrituras védicas similares, Kṛṣṇa es un problema. Alguien que emplea un proceso material considera que Kṛṣṇa es una gran personalidad histórica y un filósofo muy docto, pero que Él es un hombre ordinario, y a pesar de que era muy poderoso, tuvo que aceptar un cuerpo material. En fin de cuentas, ellos piensan que la Verdad Absoluta es impersonal; por consiguiente, ellos creen que de Su aspecto impersonal adoptó un aspecto personal apegado a la naturaleza material. Éste es un juicio materialista acerca del Señor Supremo. Otro juicio es producto de la especulación. Aquellos que están en busca de conocimiento también especulan acerca de Kṛṣṇa y lo consideran menos importante que la forma universal del Supremo. Así pues, algunas personas creen que la forma universal de Kṛṣṇa que se le manifestó a Arjuna es más importante que Su forma personal. Según ellos, la forma personal del Supremo es algo imaginario. Ellos creen que, en última instancia, la Verdad Absoluta no es una persona. Pero el proceso trascendental se describe en *El Bhagavad-gītā*, Capítulo Cuatro: hay que oír a las autoridades hablar de Kṛṣṇa. Ése es el verdadero proceso védico, y aquellos que verdaderamente están en la línea védica oyen a la autoridad hablar de Kṛṣṇa, y por el reiterado proceso de oír hablar de Él, Kṛṣṇa se vuelve querido. Como ya hemos discutido en diversas ocasiones, Kṛṣṇa está cubierto por Su potencia *yoga-māyā*. Él no puede ser visto por cualquiera, ni se le revela a cualquiera. A Él sólo puede verlo aquel a quien Él se le revela. Eso se confirma en la literatura védica; la Verdad Absoluta puede realmente ser entendida por aquel que es un alma entregada. El trascendentalista, por medio del continuo proceso de conciencia de Kṛṣṇa y por medio del servicio devocional que le presta a Kṛṣṇa, puede hacer que se le abran los ojos espirituales y puede ver a Kṛṣṇa por revelación. Esa revelación no les es posible conseguirla ni siquiera a los semidioses; en consecuencia, incluso a los semidioses les resulta difícil entender a Kṛṣṇa, y los semidioses adelantados siempre están anhelando ver a Kṛṣṇa en Su forma de dos manos. Se concluye, pues, que, aunque ver la forma universal de Kṛṣṇa es algo sumamente difícil y no es posible para cualquiera, aún es más difícil entender Su forma personal de Śyāmasundara.

TEXTO 53

नाहं वेदैर्न तपसा न दानेन न चेज्यया ।
शक्य एवंविधो द्रष्टुं दृष्टवानसि मां यथा ॥५३॥

nāhaṁ vedair na tapasā
na dānena na cejyayā
śakya evaṁ-vidho draṣṭuṁ
dṛṣṭavān asi māṁ yathā

na—jamás; *aham*—Yo; *vedaiḥ*—mediante el estudio de los *Vedas*; *na*—nunca; *tapasā*—mediante verdaderas penitencias; *na*—nunca; *dānena*—mediante la caridad; *na*—nunca; *ca*—también; *ijyayā*—mediante la adoración; *śakyaḥ*—es posible; *evam-vidhaḥ*—así; *draṣṭum*—ver; *dṛṣṭavān*—viendo; *asi*—tú estás; *mām*—a Mí; *yathā*—como.

TRADUCCIÓN

La forma que estás viendo con tus ojos trascendentales, no se puede entender simplemente mediante el estudio de los Vedas, ni por el hecho de

someterse a severas penitencias, dar caridad o adorar. Ésos no son los medios por los que alguien Me puede ver tal como soy.

SIGNIFICADO

Kṛṣṇa apareció primero ante Sus padres Devakī y Vasudeva en una forma de cuatro manos, y luego se transformó y adoptó la forma de dos manos. Éste es un misterio muy difícil de entender para aquellos que son ateos o que están desprovistos de servicio devocional. A los eruditos que tan sólo han estudiado la literatura védica por medio del conocimiento gramatical o de las cualidades académicas, no les es posible entender a Kṛṣṇa. Ni tampoco pueden entenderlo a Él las personas que van al templo de una manera oficial a ofrecer su adoración. Ellas hacen su visita, pero no pueden entender a Kṛṣṇa tal como es Él. A Kṛṣṇa se lo puede entender únicamente a través de la senda del servicio devocional, tal como el propio Kṛṣṇa lo explica en el siguiente verso.

TEXTO 54

भक्त्या त्वनन्यया शक्य अहमेवंविधोऽर्जुन ।
ज्ञातुं द्रष्टुं च तत्त्वेन प्रवेष्टुं च परंतप ॥ ५४ ॥

bhaktyā tv ananyayā śakya
aham evaṁ-vidho 'rjuna
jñātuṁ draṣṭuṁ ca tattvena
praveṣṭuṁ ca parantapa

bhaktyā—mediante el servicio devocional; *tu*—pero; *ananyayā*—sin estar mezclado con actividades fruitivas o conocimiento especulativo; *śakyaḥ*—posible; *aham*—Yo; *evam-vidhaḥ*—como eso; *arjuna*—¡oh, Arjuna!; *jñātum*—conocer; *draṣṭum*—ver; *ca*—también; *tattvena*—de hecho; *praveṣṭum*—entrar en; *ca*—también; *parantapa*—¡oh, conquistador de los enemigos!

TRADUCCIÓN

Mi querido Arjuna, a Mí se me puede entender tal como soy, tal como estoy ante ti, únicamente por medio del servicio devocional íntegro, y de ese modo se me puede ver directamente. Sólo así podrás penetrar los misterios de Mi comprensión, ¡oh, conquistador de los enemigos!

SIGNIFICADO

A Kṛṣṇa sólo se lo puede entender por medio del proceso del servicio devocional íntegro. Él explica eso de un modo explícito en este verso, de manera que los comentaristas desautorizados, que tratan de entender *El Bhagavad-gītā* mediante el proceso especulativo, sepan que simplemente están perdiendo el tiempo. Nadie puede entender a Kṛṣṇa, o la manera en que Él les nació a Sus padres con una forma de cuatro manos y de inmediato adoptó una forma de dos manos. Estas cosas son muy difíciles de entender mediante el estudio de los *Vedas* o mediante la especulación filosófica. Por consiguiente, aquí se afirma de un modo claro que nadie puede verlo y que nadie puede llegar a comprender estos asuntos. Sin embargo, aquellos que son estudiantes muy experimentados de la literatura védica, pueden aprender de muchas maneras lo que la literatura védica dice de Él. Hay muchísimas reglas y regulaciones, y si uno realmente quiere entender a Kṛṣṇa, debe seguir los principios regulativos que se describen en la literatura autoritativa. Uno puede hacer penitencia de conformidad con esos principios. Por ejemplo, para hacer verdaderas penitencias se puede ayunar en Janmāṣṭami, el día en que Kṛṣṇa apareció, y en los dos días de Ekādaśī (el undécimo día después de la Luna nueva y el undécimo día después de la Luna llena). En lo que respecta a la caridad, es obvio que se les debe dar a los devotos de Kṛṣṇa que se dedican a Su servicio devocional en la misión de divulgar la filosofía de Kṛṣṇa, o el proceso de conciencia de Kṛṣṇa, por todas partes del mundo. El proceso de conciencia de Kṛṣṇa es una bendición para la humanidad. Rūpa Gosvāmī dio su apreciación del Señor Caitanya diciendo que era el hombre caritativo más munífico que había, porque estaba distribuyendo libremente el amor por Kṛṣṇa, cosa que es muy difícil de conseguir. De modo que, si uno les da una parte de su dinero a las personas que están dedicadas a propagar el cultivo de conciencia de Kṛṣṇa, esa caridad, que se da para la divulgación del proceso de conciencia de Kṛṣṇa, es la caridad más grande del mundo. Y si uno se ocupa de la adoración tal como se prescribe en el templo (en los templos de la India siempre hay alguna estatua, por lo general de Viṣṇu o Kṛṣṇa), eso constituye una oportunidad de progresar mediante el acto de ofrecerle adoración y respeto a la Suprema Personalidad de Dios. Para los principiantes en el servicio devocional del Señor, la adoración que se hace en el templo es esencial, y ello se confirma en la literatura védica (*El Śvetāśvatara Upaniṣad* 6.23):

yasya deve parā bhaktir
yathā deve tathā gurau
tasyaite kathitā hy arthāḥ
prakāśante mahātmanaḥ

Aquel que tiene una devoción inquebrantable por el Señor Supremo y que es dirigido por el maestro espiritual, en quien tiene una fe inquebrantable similar, puede ver a la Suprema Personalidad de Dios mediante la revelación. Uno no puede entender a Kṛṣṇa por medio de la especulación mental. Para aquel que no recibe un adiestramiento personal bajo la guía de un maestro espiritual genuino, es imposible siquiera empezar a entender a Kṛṣṇa. La palabra *tu* se emplea aquí específicamente para indicar que ningún otro proceso puede ser utilizado, recomendado, ni tener éxito, en lo que se refiere a llegar a comprender a Kṛṣṇa.

Las formas personales de Kṛṣṇa, la forma de dos manos y la forma de cuatro manos, son totalmente diferentes de la forma universal temporal que se le mostró a Arjuna. La forma de cuatro manos de Nārāyaṇa, y la forma de dos manos de Kṛṣṇa, son eternas y trascendentales, mientras que la forma universal que se le mostró a Arjuna es temporal. La misma palabra *su-durdarśam*, que significa ''difícil de ver'', sugiere que nadie había visto esa forma universal. La palabra da a entender también que entre los devotos no había ninguna necesidad de enseñarla. Esa forma la mostró Kṛṣṇa a pedido de Arjuna, para que en el futuro, cuando alguien se presentara como una encarnación de Dios, la gente pudiera pedirle que le enseñara su forma universal.

La palabra *na*, que se usa reiteradamente en el verso anterior, indica que uno no debe estar muy orgulloso de credenciales tales como la de poseer una educación académica en el campo de la literatura védica. Uno debe emprender el servicio devocional de Kṛṣṇa. Sólo entonces puede uno tratar de escribirle comentarios a *El Bhagavad-gītā*.

Kṛṣṇa pasa de la forma universal a la forma de Nārāyaṇa de cuatro manos, y luego a Su propia forma natural de dos manos. Eso indica que las formas de cuatro manos y las demás formas que se mencionan en la literatura védica son todas emanaciones del Kṛṣṇa original de dos manos. Él es el origen de todas las emanaciones. Kṛṣṇa incluso es distinto de esas formas, y ni qué hablar de la concepción impersonal. En lo que concierne a las formas de Kṛṣṇa de cuatro manos, se dice claramente que hasta la forma de cuatro manos más idéntica a Kṛṣṇa (que se conoce como Mahā-Viṣṇu, quien yace en el océano cósmico y con cuya respiración salen y entran infinidad de universos) también es una expansión del Señor Supremo. Como se declara en *El Brahma-saṁhitā* (5.48):

yasyaika-niśvasita-kālam athāvalambya
jīvanti loma-vila-jā jagad-aṇḍa-nāthāḥ
viṣṇur mahān sa iha yasya kalā-viśeṣo
govindam ādi-puruṣaṁ tam ahaṁ bhajāmi

''El Mahā-Viṣṇu, en quien entran todos los innumerables universos y de quien salen de nuevo simplemente por medio de Su proceso respiratorio, es una expansión plenaria de Kṛṣṇa. Por lo tanto, yo adoro a Govinda, Kṛṣṇa, la causa de todas las causas''. De manera que, uno debe adorar decididamente la forma personal de Kṛṣṇa como la Suprema Personalidad de Dios que tiene bienaventuranza y conocimiento eternos. Él es la fuente de todas las formas de Viṣṇu, Él es la fuente de todas las formas de encarnación, y Él es la Suprema Personalidad original, tal como se confirma en *El Bhagavad-gītā*.

En la literatura védica (*El Gopāla-tāpanī Upaniṣad* 1.1) aparece la siguiente declaración:

sac-cid-ānanda-rūpāya
kṛṣṇāyākliṣṭa-kāriṇe
namo vedānta-vedyāya
gurave buddhi-sākṣiṇe

"Le ofrezco mis respetuosas reverencias a Kṛṣṇa, quien tiene una forma trascendental de bienaventuranza, eternidad y conocimiento. Le ofrezco mis respetos a Él, porque entenderlo a Él significa entender los *Vedas*, y Él es, por ende, el maestro espiritual supremo". Luego, se dice: *kṛṣṇo vai paramaṁ daivatam*, "Kṛṣṇa es la Suprema Personalidad de Dios" (*El Gopāla-tāpani Upaniṣad* 1.3). *Eko 'vaśī sarva-gaḥ kṛṣṇa īdyaḥ*: "Ese único Kṛṣṇa es la Suprema Personalidad de Dios, y Él es venerable". *Eko 'pi san bahudhā yo 'vabhāti*: "Kṛṣṇa es uno, pero Él se manifiesta en un ilimitado número de formas y encarnaciones generadas" (*El Gopāla-tapanī-Upaniṣad* 1.21).

El Brahma-saṁhhitā (5.1) dice:

īśvaraḥ paramaḥ kṛṣṇaḥ
sac-cid-ānanda-vigrahaḥ
anādir ādir govindaḥ
sarva-kāraṇa-kāraṇam

"La Suprema Personalidad de Dios es Kṛṣṇa, quien tiene un cuerpo de eternidad, conocimiento y bienaventuranza. Él no tiene comienzo, porque es el comienzo de todo. Él es la causa de todas las causas".

En otro lugar se dice: *yatrāvatīrṇaṁ kṛṣṇākhyaṁ paraṁ brahma narākṛti*, "La Suprema Verdad Absoluta es una persona, Su nombre es Kṛṣṇa, y a veces Él desciende a esta Tierra". De igual modo, en *El Śrīmad-Bhāgavatam* encontramos una descripción de toda clase de encarnaciones de la Suprema Personalidad de Dios, y en esa lista también aparece el nombre de Kṛṣṇa. Pero luego se dice que ese Kṛṣṇa no es una encarnación de Dios, sino la propia y Suprema Personalidad de Dios original (*ete cāṁśa-kalāḥ puṁsaḥ kṛṣṇas tu bhagavān svayam*).

Así mismo, en *El Bhagavad-gītā* el Señor dice: *mattaḥ parataraṁ nānyāt*, "No hay nada superior a Mi forma de Kṛṣṇa, la Personalidad de Dios". Él también dice en otra parte de *El Bhagavad-gītā*: *aham ādir hi devānām*, "Yo soy el origen de todos los semidioses". Y después de entender *El Bhagavad-gītā* de labios de Kṛṣṇa, Arjuna también confirma eso con las siguientes palabras: *paraṁ brahma paraṁ dhāma pavitraṁ paramaṁ bhavān*, "Ahora entiendo perfectamente que Tú eres la Suprema Personalidad de Dios, la Verdad Absoluta, y que Tú eres el refugio de todo". Por consiguiente, la forma universal que Kṛṣṇa le mostró a Arjuna no es la forma original de Dios. La forma original es la forma de Kṛṣṇa. La forma universal, con sus miles y miles de cabezas y manos, se manifiesta sólo para llamar la atención de aquellos que no tienen amor por Dios. Esa forma no es la forma original de Dios.

La forma universal no les resulta atractiva a los devotos puros, los cuales aman al Señor en diferentes relaciones trascendentales. La Divinidad Suprema intercambia amor trascendental en Su forma original de Kṛṣṇa. En consecuencia, a Arjuna, quien estaba muy íntimamente relacionado con Kṛṣṇa a través de la amistad, esa forma de la manifestación universal no le resultaba agradable; más bien, le inspiraba miedo. Arjuna, quien era un compañero constante de Kṛṣṇa, debe de haber tenido ojos trascendentales; él no era un hombre ordinario. Por consiguiente, él no fue cautivado por la forma universal. Puede que esa forma les parezca maravillosa a las personas que están dedicadas a elevarse por medio de las actividades fruitivas, pero para las personas que están dedicadas al servicio devocional, la forma de Kṛṣṇa de dos manos es la más querida de todas.

TEXTO 55

मत्कर्मकृन्मत्परमो मद्भक्तः सङ्गवर्जितः ।
निर्वैरः सर्वभूतेषु यः स मामेति पाण्डव ॥ ५५ ॥

mat-karma-kṛn mat-paramo
mad-bhaktaḥ saṅga-varjitaḥ
nirvairaḥ sarva-bhūteṣu
yaḥ sa mām eti pāṇḍava

mat-karma-kṛt—ocupado en realizar Mi trabajo; *mat-paramaḥ*—considerando que Yo soy el Supremo; *mat-bhaktaḥ*—dedicado a Mi servicio devocional; *saṅga-varjitaḥ*—liberado de la contaminación de las actividades fruitivas y de la especulación mental; *nirvairaḥ*—sin enemigos; *sarva-bhūteṣu*—entre todas las entidades vivientes; *yaḥ*—aquel que; *saḥ*—él; *mām*—a Mí; *eti*—viene; *pāṇḍava*—¡oh, hijo de Pāṇḍu!

TRADUCCIÓN

Mi querido Arjuna, aquel que se dedica a Mi servicio devocional puro, libre de la contaminación de las actividades fruitivas y de la especulación mental, y que trabaja para Mí, que Me convierte en la meta suprema de su vida y que es amigo de todo ser viviente, sin duda que viene a Mí.

SIGNIFICADO

Todo aquel que quiera acercarse a la suprema de todas las Personalidades de Dios, en el planeta Kṛṣṇaloka del cielo espiritual, y que quiera estar íntimamente relacionado con la Personalidad Suprema, Kṛṣṇa, debe adoptar esta fórmula, tal como lo afirma el propio Señor Supremo. Por lo tanto, se considera que este verso es la esencia de *El Bhagavad-gītā. El Bhagavad-gītā* es un libro que está dirigido a las almas condicionadas, las cuales se ocupan en el mundo material con el fin de enseñorearse de la naturaleza y no saben de la vida real, la vida espiritual. *El Bhagavad-gītā* tiene por objeto mostrarle a uno cómo puede entender su existencia espiritual y la relación eterna que tiene con la Suprema Personalidad de Dios, y enseñarle a uno a ir de vuelta al hogar, de vuelta a Dios. Ahora bien, he aquí el verso en el que se explica claramente el proceso mediante el cual uno puede tener éxito en su actividad espiritual: el servicio devocional. En lo que respecta al trabajo, uno debe trasladar toda su energía a las actividades conscientes de Kṛṣṇa. Como se afirma en *El Bhakti-rasāmṛta-sindhu* (2.255):

anāsaktasya viṣayān
yathārham upayuñjataḥ
nirbandhaḥ kṛṣṇa-sambandhe
yuktaṁ vairāgyam ucyate

Ningún hombre debe hacer nada que no esté relacionado con Kṛṣṇa. Eso se denomina *kṛṣṇa-karma*. Uno puede dedicarse a diversas actividades, pero no debe estar apegado al resultado de su trabajo; el resultado debe ser únicamente para Él. Por ejemplo, uno puede dedicarse a los negocios, pero para transformar esa actividad en algo consciente de Kṛṣṇa, uno tiene que hacer negocios para Kṛṣṇa. Si Kṛṣṇa es el propietario del negocio, entonces Kṛṣṇa debe disfrutar de la ganancia del mismo. Si un hombre de negocios posee miles y miles de pesos y tiene que ofrecerle todo eso a Kṛṣṇa, puede hacerlo. Eso es trabajar para Kṛṣṇa. En vez de construir un gran edificio para su propio goce de los sentidos, puede construirle a Kṛṣṇa un hermoso templo, y puede instalar en él la Deidad de Kṛṣṇa y organizar el servicio de la Deidad, tal como se describe en los libros autorizados del servicio devocional. Todo eso es *kṛṣṇa-karma*. Uno no debe estar apegado al resultado de su trabajo; el resultado se le debe ofrecer a Kṛṣṇa, y uno debe aceptar como *prasādam* los remanentes de lo que se le ha ofrecido a Kṛṣṇa. Si uno construye un gran edificio para Kṛṣṇa e instala en él la Deidad de Kṛṣṇa, no está prohibido que uno viva ahí, pero se sobrentiende que el propietario del edificio es Kṛṣṇa. Eso se denomina conciencia de Kṛṣṇa. Sin embargo, si uno no está en capacidad de construir un templo para Kṛṣṇa, puede dedicarse a limpiar el templo de Kṛṣṇa; también eso es *kṛṣṇa-karma*. O, si no, uno puede cultivar un jardín. Todo el que tenga tierra —en la India, al menos, cualquier hombre pobre tiene un poco de tierra— puede utilizarla en provecho de Kṛṣṇa y cultivar en ella flores para ofrecérselas a Él. Uno puede sembrar plantas de *tulasī*, pues las hojas de *tulasī* son muy importantes y Kṛṣṇa lo ha recomendado en *El Bhagavad-gītā*. *Patraṁ puṣpaṁ phalaṁ toyam*. Kṛṣṇa desea que uno le ofrezca una hoja, o una flor, o una fruta, o un poco de agua, y Él se satisface con esa clase de ofrenda. Esa hoja se refiere en especial a la hoja de *tulasī*. De modo que, uno puede sembrar plantas de *tulasī* y regarlas. Así pues, hasta el hombre más pobre de todos puede dedicarse al servicio de Kṛṣṇa. Éstos son algunos de los ejemplos de cómo uno puede dedicarse a trabajar para Kṛṣṇa.

La palabra *mat-paramaḥ* se refiere a aquel que considera que la compañía de Kṛṣṇa en Su morada suprema es la máxima perfección de la vida. Esa persona no desea ser elevada a los planetas superiores, tales como la Luna, el Sol o los planetas celestiales, y ni siquiera a Brahmaloka, el planeta más elevado de este universo. Ella no siente ninguna atracción por eso. A ella sólo la atrae el ser trasladada al cielo espiritual. E incluso en el cielo espiritual no se satisface con fundirse en la deslumbrante refulgencia *brahmajyoti*, pues quiere entrar en el planeta espiritual más elevado de todos, es decir, Kṛṣṇaloka, Goloka Vṛndāvana.

Ella tiene pleno conocimiento acerca de ese planeta, y, en consecuencia, no está interesada en ningún otro. Como se indica con la palabra *mat-bhaktaḥ*, ella se dedica por entero al servicio devocional, específicamente a los nueve procesos de la ocupación devocional: oír, cantar, recordar, adorar, ser sirviente de los pies de loto del Señor, ofrecer oraciones, cumplir las órdenes del Señor, hacer amistad con Él y entregarlo todo a Él. Uno puede dedicarse a todos los nueve procesos devocionales, o a ocho, o a siete, o al menos a uno, y eso hará que con toda seguridad uno se vuelva perfecto.

El término *saṅga-varjitaḥ* es muy significativo. Uno debe apartarse de personas que estén en contra de Kṛṣṇa. No sólo están en contra de Kṛṣṇa las personas ateas, sino también aquellas que están atraídas a las actividades fruitivas y a la especulación mental. Por consiguiente, en *El Bhakti-rasāmṛta-sindhu* (1.1.11) se describe de la siguiente manera la forma pura del servicio devocional:

anyābhilāṣitā-śūnyaṁ
jñāna-karmādy-anāvṛtam
ānukūlyena kṛṣṇānu-
śīlanaṁ bhaktir uttamā

En ese verso, Śrīla Rūpa Gosvāmī dice claramente que, si alguien quiere realizar servicio devocional puro, debe librarse de toda clase de contaminaciones materiales. Uno debe librarse de la compañía de personas que están adictas a las actividades fruitivas y a la especulación mental. Cuando uno cultiva el conocimiento acerca de Kṛṣṇa de un modo favorable, estando libre de esas compañías poco recomendables y de la contaminación de los deseos materiales, ello se denomina servicio devocional puro. *Ānukūlyasya saṅkalpaḥ prātikūlyasya varjanam* (*El Hari-bhakti-vilāsa* 11.676). Se debe pensar en Kṛṣṇa y actuar por Kṛṣṇa de una manera favorable, y no desfavorablemente. Kaṁsa era un enemigo de Kṛṣṇa. Desde el mismo nacimiento de Kṛṣṇa, Kaṁsa planeó de muchísimas maneras matarlo, y como siempre fracasaba en ello, siempre estaba pensando en Kṛṣṇa. Así pues, mientras trabajaba, mientras comía y mientras dormía, siempre estaba consciente de Kṛṣṇa en todos los aspectos, pero esa conciencia de Kṛṣṇa no era favorable, y, por ende, a pesar de que siempre pensaba en Kṛṣṇa las veinticuatro horas del día, se lo consideraba un demonio, y Kṛṣṇa finalmente lo mató. Claro que, cualquiera que es matado por Kṛṣṇa logra de inmediato la salvación; pero ése no es el objetivo del devoto puro. El devoto puro ni siquiera quiere la salvación. Él ni siquiera quiere ser trasladado a Goloka Vṛndāvana, el planeta más elevado de todos. Su único objetivo es que dondequiera que se encuentre pueda servir a Kṛṣṇa.

El devoto de Kṛṣṇa es amigo de todo el mundo. Por lo tanto, aquí se dice que no tiene ningún enemigo (*nirvairaḥ*). Y, ¿cómo se explica eso? El devoto en estado de conciencia de Kṛṣṇa sabe que sólo el prestarle servicio devocional a Kṛṣṇa puede liberar a una persona de todos los problemas de la vida. Él tiene experiencia personal de ello, y, en consecuencia, quiere introducir en la sociedad humana ese sistema, el sistema de conciencia de Kṛṣṇa. En la historia hay muchos ejemplos de devotos del Señor que arriesgaron la vida en aras de la difusión del proceso de conciencia de Dios. El ejemplo predilecto es el del Señor Jesucristo. Él fue crucificado por los no devotos, pero sacrificó su vida para difundir el proceso de conciencia de Dios. Desde luego, sería superficial creer que lo mataron. Así mismo, en la India también hay muchos ejemplos, tales como el de Ṭhākura Haridāsa y el de Prahlāda Mahārāja. ¿Por qué ese riesgo? Porque querían difundir el proceso de conciencia de Kṛṣṇa, y ello es difícil. Una persona consciente de Kṛṣṇa sabe que, si alguien está sufriendo, se debe a su olvido de la relación eterna que tiene con Kṛṣṇa. De modo que, el máximo beneficio que uno le puede prestar a la sociedad humana, es el de liberar al prójimo de todos los problemas materiales. Con ese propósito, el devoto puro se dedica al servicio del Señor. Ahora bien, podemos imaginarnos cuán misericordioso es Kṛṣṇa con aquellos que se dedican a Su servicio, arriesgándolo todo por Él. Luego es seguro que esas personas habrán de llegar al planeta supremo después de que abandonen el cuerpo.

En resumen, la forma universal de Kṛṣṇa, que es una manifestación temporal, y la forma del tiempo que todo lo devora, e incluso la forma de Viṣṇu de cuatro manos, han sido todas mostradas por Kṛṣṇa. Así pues, Kṛṣṇa es el origen de todas esas manifestaciones. No ha de creerse que Kṛṣṇa es una manifestación del *viśva-rūpa* original, o Viṣṇu. Kṛṣṇa es el origen de todas las formas. Hay cientos y miles de Viṣṇus, pero para el devoto ninguna forma de Kṛṣṇa es importante aparte de la forma original, la forma del Śyāmasundara de dos manos. En *El Brahma-saṁhitā* se dice que, aquellos que están apegados a la forma Śyāmasundara de Kṛṣṇa con amor y devoción, siempre pueden verlo a Él en el corazón y no pueden ver nada más. Uno tiene que entender, pues, que la conclusión de este Undécimo Capítulo es que la forma de Kṛṣṇa es esencial y suprema.

Así terminan los significados de Bhaktivedanta del Undécimo Capítulo de El Śrīmad Bhagavad-gītā, *en relación con la forma universal.*

Capítulo Doce

EL SERVICIO DEVOCIONAL

TEXTO 1

अर्जुन उवाच
एवं सततयुक्ता ये भक्तास्त्वां पर्युपासते ।
ये चाप्यक्षरमव्यक्तं तेषां के योगवित्तमाः ॥१॥

arjuna uvāca
evaṁ satata-yuktā ye
bhaktās tvāṁ paryupāsate
ye cāpy akṣaram avyaktaṁ
teṣāṁ ke yoga-vittamāḥ

arjunaḥ uvāca—Arjuna dijo; *evam*—así; *satata*—siempre; *yuktāḥ*—ocupados; *ye*—aquellos que; *bhaktāḥ*—devotos; *tvām*—Tú; *paryupāsate*—adoran apropiadamente; *ye*—aquellos que; *ca*—también; *api*—otra vez; *akṣaram*—más allá de los sentidos; *avyaktam*—lo no manifestado; *teṣām*—de ellos; *ke*—quién; *yoga-vit-tamāḥ*—los más perfectos en el conocimiento del *yoga*.

TRADUCCIÓN

Arjuna preguntó: Entre aquellos que siempre están debidamente dedicados a Tu servicio devocional y aquellos que adoran el Brahman impersonal, lo no manifestado, ¿a quiénes se considera que son más perfectos?

SIGNIFICADO

Kṛṣṇa ya ha explicado lo referente a lo personal, lo impersonal y lo universal, y ha descrito a todo tipo de devotos y *yogīs*. Por lo general, a los trascendentalistas se los puede dividir en dos clases. Una es la de los impersonalistas, y la otra es la de los personalistas. El devoto personalista se ocupa con toda su energía en el servicio del Señor Supremo. El impersonalista también se ocupa, mas no directamente en el servicio de Kṛṣṇa, sino en meditar en el Brahman impersonal, lo no manifestado.

En este capítulo se observa que, de los diferentes procesos que hay para comprender la Verdad Absoluta, el *bhakti-yoga*, el servicio devocional, es el más elevado de todos. Si uno desea en realidad tener la compañía de la Suprema Personalidad de Dios, debe entonces emprender el servicio devocional.

A aquellos que adoran al Señor Supremo directamente por medio del servicio devocional, se los llama personalistas, y a aquellos que se dedican a meditar en el Brahman impersonal se los conoce como impersonalistas. Arjuna pregunta aquí cuál de esas posiciones es mejor. Hay diferentes maneras de llegar a comprender la Verdad Absoluta, pero Kṛṣṇa indica en este capítulo que el *bhakti-yoga*, o el servicio devocional que se le presta a Él, es la más elevada de todas. Es la más directa, y constituye el medio más sencillo para relacionarse con la Divinidad.

En el Segundo Capítulo de *El Bhagavad-gītā*, el Señor Supremo explicó que la entidad viviente no es el cuerpo material; ella es una chispa espiritual. Y la Verdad Absoluta es el todo espiritual. En el Capítulo Siete, Él se refirió a la entidad viviente como parte integral del todo supremo, y recomendó que ella trasladara toda su atención hacia el todo. Luego, además, en el Octavo Capítulo, se dijo que todo el que piensa en Kṛṣṇa en el momento de dejar el cuerpo, es trasladado de inmediato al cielo espiritual, a la morada de Kṛṣṇa. Y al final del Sexto Capítulo, el Señor dijo claramente que de todos los *yogīs*, aquel que siempre piensa en Kṛṣṇa se considera que es el más perfecto. De manera que, prácticamente en cada capítulo la conclusión ha sido que uno debe apegarse a la forma personal de Kṛṣṇa, ya que eso constituye la máxima comprensión espiritual.

Sin embargo, existen aquellos que no están apegados a la forma personal de Kṛṣṇa. Ellos están tan firmemente desapegados, que, incluso al elaborarle comentarios a *El Bhagavad-gītā*, quieren apartar de Kṛṣṇa a los demás y trasladar toda la devoción al *brahmajyoti* impersonal. Ellos prefieren meditar en la forma impersonal de la Verdad Absoluta, la cual se encuentra fuera del alcance de los sentidos y no está manifiesta.

Y, así pues, en efecto, hay dos clases de trascendentalistas. Ahora, Arjuna está tratando de resolver la pregunta de qué proceso es más sencillo y cuál de las clases es más perfecta. En otras palabras, él está aclarando su propia posición, porque está apegado a la forma personal de Kṛṣṇa. Como él no está apegado al Brahman impersonal, quiere saber si su posición es segura. La manifestación impersonal es un problema para la meditación, ya sea en este mundo o en el mundo espiritual del Señor Supremo. En la práctica, nadie es capaz de concebir perfectamente el aspecto impersonal de la Verdad Absoluta. Por lo tanto, Arjuna quiere decir: "¿De qué sirve esa pérdida de tiempo?". Arjuna tuvo la experiencia en el Undécimo Capítulo de que el estar apegado a la forma personal de Kṛṣṇa es lo mejor, ya que él pudo entender así todas las demás formas al mismo tiempo y su amor por Kṛṣṇa no se vio perturbado. Esta importante pregunta que Arjuna le hizo a Kṛṣṇa, aclarará la diferencia que hay entre las concepciones personal e impersonal de la Verdad Absoluta.

TEXTO 2

श्रीभगवानुवाच
मय्यावेश्य मनो ये मां नित्ययुक्ता उपासते ।
श्रद्धया परयोपेतास्ते मे युक्ततमा मताः ॥२॥

śrī-bhagavān uvāca
mayy āveśya mano ye māṁ
nitya-yuktā upāsate
śraddhayā parayopetās
te me yuktatamā matāḥ

śrī-bhagavān uvāca—la Suprema Personalidad de Dios dijo; *mayi*—en Mí; *āveśya*—fijando; *manaḥ*—la mente; *ye*—aquellos que; *mām*—Mí; *nitya*—siempre; *yuktāḥ*—ocupado; *upāsate*—adoran; *śraddhayā*—con fe; *parayā*—trascendental; *upetāḥ*—se dedican; *te*—ellos; *me*—por Mí; *yukta-tamāḥ*—los más perfectos en el *yoga*; *matāḥ*—considero.

TRADUCCIÓN

La Suprema Personalidad de Dios dijo: Aquellos que fijan la mente en Mi forma personal y siempre se dedican a adorarme con una gran fe trascendental, Yo considero que son de lo más perfectos.

SIGNIFICADO

En respuesta a la pregunta de Arjuna, Kṛṣṇa dice claramente que aquel que se concentra en Su forma personal y lo adora a Él con fe y devoción, se considera que es sumamente perfecto en lo que respecta al *yoga*. Para aquel que se encuentra en ese plano de conciencia de Kṛṣṇa no hay actividades materiales, porque todo lo hace por Kṛṣṇa. El devoto puro está ocupado constantemente. A veces canta, a veces oye hablar de Kṛṣṇa o lee libros acerca de Kṛṣṇa, a veces cocina *prasādam* o va al mercado a comprarle algo a Kṛṣṇa, y a veces limpia el templo o lava los platos; haga lo que haga, él no deja que pase ni un solo momento sin consagrarle sus actividades a Kṛṣṇa. Esa clase de acción está en un plano de *samādhi* total.

TEXTOS 3-4

ये त्वक्षरमनिर्देश्यमव्यक्तं पर्युपासते ।
सर्वत्रगमचिन्त्यं च कूटस्थमचलं ध्रुवम् ॥३॥
संनियम्येन्द्रियग्रामं सर्वत्र समबुद्धयः ।
ते प्राप्नुवन्ति मामेव सर्वभूतहिते रताः ॥४॥

ye tv akṣaram anirdeśyam
avyaktaṁ paryupāsate
sarvatra-gam acintyaṁ ca
kūṭa-stham acalaṁ dhruvam

sanniyamyendriya-grāmaṁ
sarvatra sama-buddhayaḥ
te prāpnuvanti mām eva
sarva-bhūta-hite ratāḥ

ye—aquellos que; *tu*—pero; *akṣaram*—lo que está más allá de la percepción de los sentidos; *anirdeśyam*—indefinido; *avyaktam*—no manifestado; *paryupāsate*—quienes adoran completamente; *sarvatra-gam*—omnipresente; *acintyam*—inconcebible; *ca*—también; *kūṭa-stham*—inmutable; *acalam*—inmóvil; *dhruvam*—fijo; *sanniyamya*—controlando; *indriya-grāmam*—todos los sentidos; *sarvatra*—en todas partes; *sama-buddhayaḥ*—con igualdad de ánimo; *te*—ellos; *prāpnuvante*—llegan; *mām*—a Mí; *eva*—ciertamente; *sarva-bhūta-hite*—del bienestar de todas las entidades vivientes; *ratāḥ*—ocupados.

TRADUCCIÓN

Pero aquellos que, mediante el control de los diversos sentidos y mostrando una misma disposición para con todos, adoran por completo a lo no manifestado, aquello que se encuentra más allá de la percepción de los sentidos, lo omnipresente, inconcebible, inmutable, fijo e inmóvil —la concepción impersonal de la Verdad Absoluta—, esas personas, que están dedicadas al bienestar de todos, al final llegan a Mí.

SIGNIFICADO

Aquellos que no adoran directamente al Dios Supremo, Kṛṣṇa, pero que tratan de alcanzar la misma meta por medio de un proceso indirecto, también consiguen al final el objetivo supremo: Śrī Kṛṣṇa. "Después de muchos nacimientos, el hombre sabio busca refugiarse en Mí, sabiendo que Vāsudeva lo es todo". Cuando una persona llega a tener pleno conocimiento después de muchos nacimientos, se entrega al Señor Kṛṣṇa. Si uno se dirige a la Divinidad por medio del método que se mencionó en este verso, tiene que controlar los sentidos, prestarles servicio a todos y ocuparse del bienestar de todos los seres. De ello se infiere que uno tiene que dirigirse al Señor Kṛṣṇa, pues de lo contrario no hay una iluminación perfecta. A menudo hay muchas penitencias involucradas antes de que uno pueda entregarse por completo a Él.

A fin de percibir a la Superalma que se encuentra dentro del alma individual, uno tiene que suspender las actividades de los sentidos, tales como ver, oír, saborear, trabajar, etc. De ese modo, uno llega a entender que el Alma Suprema está presente en todas partes. Al uno percatarse de eso, no envidia a ninguna entidad viviente: no se ve ninguna diferencia entre hombre y animal, porque sólo se ve el alma, no la cobertura exterior. Pero para el hombre común, este método de comprensión impersonal es muy difícil.

TEXTO 5

क्लेशोऽधिकतरस्तेषामव्यक्तासक्तचेतसाम् ।
अव्यक्ता हि गतिर्दुःखं देहवद्भिरवाप्यते ॥५॥

kleśo 'dhikataras teṣām
avyaktāsakta-cetasām
avyaktā hi gatir duḥkhaṁ
dehavadbhir avāpyate

kleśaḥ—problema; *adhika-taraḥ*—mucho; *teṣām*—de ellos; *avyakta*—a lo no manifestado; *āsakta*—apegado; *cetasām*—de aquellos cuya mente; *avyaktā*—hacia lo no manifestado; *hi*—ciertamente; *gatiḥ*—progreso; *duḥkham*—con dificultad; *deha-vadbhiḥ*—por los encarnados; *avāpyate*—se logra.

TRADUCCIÓN

Para aquellos que tienen la mente apegada al aspecto no manifestado e impersonal del Supremo, el adelanto es muy penoso. Progresar en esa disciplina siempre es difícil para aquellos que están encarnados.

SIGNIFICADO

Los trascendentalistas que siguen la senda del aspecto impersonal, no manifestado e inconcebible del Señor Supremo, reciben el nombre de *jñāna-yogīs*, y las personas que se hallan en pleno estado de conciencia de Kṛṣṇa, dedicadas al servicio devocional del Señor, reciben el nombre de *bhakti-yogīs*. Ahora bien, aquí se expresa de un modo categórico la diferencia que hay entre el *jñāna-yoga* y el *bhakti-yoga*. El proceso de *jñāna-yoga*, aunque en fin de cuentas lo lleva a uno a la misma meta, es muy dificultoso, mientras que el sendero del *bhakti-yoga*, el proceso de estar al servicio directo de la Suprema Personalidad de Dios, es más sencillo y natural para el alma encarnada. El alma individual está encarnada desde tiempo inmemorial. Para ella es muy difícil entender simplemente de un modo teórico que no es el cuerpo. Por lo tanto, el *bhakti-yogī* acepta la Deidad de Kṛṣṇa como venerable, debido a que en la mente hay cierto concepto corporal fijo que de ese modo puede ser aplicado. Claro que, la adoración de la Suprema Personalidad de Dios en la forma que Él tiene en el templo no es idolatría. En la literatura védica se constata que la adoración puede ser *saguṇa* y *nirguṇa*: del Supremo con atributos o sin ellos. La adoración de la Deidad del templo es adoración *saguṇa*, ya que al Señor se lo representa con cualidades materiales. Pero la forma del Señor, aunque se represente por medio de elementos materiales tales como la piedra, la madera o un óleo, no es de hecho material. Ésa es la naturaleza absoluta del Señor Supremo.

En relación con esto se puede dar un ejemplo de la vida diaria. En la calle hay unos buzones de correo, y si ponemos en ellos nuestras cartas, es seguro que éstas llegarán a su destino sin dificultades. Pero un buzón antiguo, o uno de imitación que encontremos en alguna parte y que no esté autorizado por la oficina de correos, no servirá. De igual manera, Dios tiene una representación autorizada en la forma de la Deidad, que se denomina *arcā-vigraha*. Ese *arcā-vigraha* es una encarnación del Señor Supremo. Dios aceptará a través de esa forma el servicio que se le preste a Él. El Señor es omnipotente, todopoderoso; por lo tanto, mediante Su encarnación *arcā-vigraha* puede aceptar los servicios del devoto, tan sólo para la conveniencia del hombre que se encuentra en la vida condicionada.

Así que para el devoto no hay ninguna dificultad en dirigirse al Supremo inmediata y directamente, pero para aquellos que están siguiendo el camino impersonal hacia la iluminación espiritual, el sendero es difícil. Ellos tienen que entender la representación no manifestada del Supremo a través de Escrituras védicas tales como los *Upaniṣads*, y tienen que aprender el idioma, entender los sentimientos que no se perciben, y comprender a la perfección todos esos procesos. Eso no es algo muy sencillo para un hombre común. La persona consciente de Kṛṣṇa, dedicada al servicio devocional, simplemente por la guía del maestro espiritual genuino, simplemente por ofrecerle reverencias a la Deidad tal como se estipula, simplemente por oír hablar de las glorias del Señor y simplemente por comer los remanentes de la comida que se le ofrece al Señor, llega a comprender de un modo muy fácil a la Suprema Personalidad de Dios. No hay ninguna duda de que los impersonalistas están emprendiendo sin necesidad un sendero penoso, con el riesgo de que al final de todo no lleguen a la plena comprensión de la Verdad Absoluta. Pero el personalista, sin ningún riesgo, problema ni dificultad, se dirige a la Personalidad Suprema directamente. En *El Śrīmad-Bhāgavatam* aparece un pasaje similar. Ahí se declara que si en fin de cuentas hay que entregarse a la Suprema Personalidad de Dios (este proceso de entrega se denomina *bhakti*), pero en vez de ello uno se toma la molestia de tratar de entender lo que es Brahman y lo que no lo es, y emplea toda su vida de ese modo, el resultado de ello es sencillamente una molestia. Por lo tanto, aquí se aconseja que uno no vaya por ese sendero difícil de la autorrealización, ya que el resultado final es incierto.

La entidad viviente es eternamente un alma individual, y si ella quiere fundirse en el todo espiritual, puede que logre comprender los aspectos de eternidad y conocimiento de su naturaleza original, pero no comprenderá la porción de la dicha. Por la gracia de un devoto, esa clase de trascendentalista, sumamente entendido en el proceso de *jñāna-yoga*, puede llegar al plano del *bhakti-yoga*, o el servicio devocional. En ese momento, la larga práctica del impersonalismo también se vuelve una fuente de problemas, porque él no puede abandonar la idea. De modo que, el alma encarnada siempre está en dificultades con lo no manifiesto, tanto en el momento de la práctica, como en el momento de lograr la comprensión. Cada alma viviente es independiente de una manera parcial, y uno debe saber con toda certeza que esa comprensión de lo no manifestado va en contra de la naturaleza de su bienaventurado ser espiritual. Uno no debe emprender ese proceso. Para cada entidad viviente individual, el proceso de conciencia de Kṛṣṇa, que implica el dedicarse plenamente al servicio devocional, es el mejor camino. Si uno quiere hacer caso omiso de ese servicio devocional, existe el peligro de caer en el ateísmo. Así pues, este proceso de centrar la atención en lo no manifestado, lo inconcebible, lo que se encuentra más allá del alcance de los sentidos, tal como ya se expresó en este verso, jamás debe fomentarse, especialmente en esta era. El Señor Kṛṣṇa no lo aconseja.

TEXTOS 6-7

ये तु सर्वाणि कर्माणि मयि संन्यस्य मत्पराः ।
अनन्येनैव योगेन मां ध्यायन्त उपासते ॥ ६ ॥
तेषामहं समुद्धर्ता मृत्युसंसारसागरात् ।
भवामि न चिरात्पार्थ मय्यावेशितचेतसाम् ॥७॥

ye tu sarvāṇi karmāṇi
mayi sannyasya mat-parāḥ
ananyenaiva yogena
māṁ dhyāyanta upāsate

teṣām ahaṁ samuddhartā
mṛtyu-saṁsāra-sāgarāt
bhavāmi na cirāt pārtha
mayy āveśita-cetasām

ye—aquellos que; *tu*—pero; *sarvāṇi*—todas; *karmāṇi*—actividades; *mayi*—a Mí; *sannyasya*—abandonando; *mat-parāḥ*—apegándose a Mí; *ananyena*—sin división; *eva*—ciertamente; *yogena*—mediante la práctica de ese *bhakti-yoga*; *mām*—en Mí; *dhyāyantaḥ*—meditando; *upāsate*—adoran; *teṣām*—de ellos; *aham*—Yo; *samuddhartā*—el salvador; *mṛtyu*—de la muerte; *saṁsāra*—en la existencia material; *sāgarāt*—del océano; *bhavāmi*—Me vuelvo; *na*—no; *cirāt*—después de mucho tiempo; *pārtha*—¡oh, hijo de Pṛthā!; *mayi*—en Mí; *āveśita*—fija; *cetasām*—de aquellos cuya mente.

TRADUCCIÓN

Pero para aquellos que Me adoran a Mí entregándome todas sus actividades y consagrándose a Mí sin desviarse, dedicados al servicio devocional y meditando siempre en Mí, habiendo fijado la mente en Mí, ¡oh, hijo de Pṛthā!, para ellos, Yo soy el que los salva prontamente del océano del nacimiento y la muerte.

SIGNIFICADO

Aquí se afirma de un modo explícito que los devotos tienen la gran fortuna de que el Señor los liberará muy pronto de la existencia material. En el servicio devocional puro, uno llega a comprender que Dios es grande y que el alma individual está subordinada a Él. El deber del alma es el de prestarle servicio al Señor; si no lo hace, se pondrá entonces a servir a *māyā*.

Como se dijo antes, al Señor Supremo sólo se lo puede apreciar por medio del servicio devocional. Así pues, se debe estar plenamente consagrado. Uno debe fijar la mente en Kṛṣṇa por completo con el fin de conseguirlo a Él. Uno debe trabajar únicamente para Kṛṣṇa. No importa a qué clase de trabajo uno se dedique, pero el mismo se debe hacer únicamente para Kṛṣṇa. Ésa es la pauta del servicio devocional. El devoto no desea ningún otro logro más que el de complacer a la Suprema Personalidad de Dios. La misión de su vida es la de complacer a Kṛṣṇa, y él puede sacrificar todo para la satisfacción de Kṛṣṇa, tal como lo hizo Arjuna en la Batalla de Kurukṣetra. El proceso es muy sencillo: uno puede dedicarse a su ocupación y al mismo tiempo cantar Hare Kṛṣṇa, Hare Kṛṣṇa, Kṛṣṇa Kṛṣṇa, Hare Hare/ Hare Rāma, Hare Rāma, Rāma Rāma, Hare Hare. Ese canto trascendental atrae al devoto hacia la Personalidad de Dios.

El Señor Supremo promete aquí que liberará sin demora del océano de la existencia material al devoto puro que esté dedicado de esa manera. Aquellos que están adelantados en la práctica del *yoga* pueden trasladar el alma a voluntad a cualquier planeta que quieran, por medio del proceso del *yoga*, y otros aprovechan la oportunidad de diversas otras maneras; pero en lo que concierne al devoto, aquí se dice claramente que el propio Señor lo lleva. El devoto no necesita esperar hasta volverse muy experimentado para trasladarse al cielo espiritual.

En *El Varāha Purāṇa* aparece este verso:

nayāmi paramaṁ sthānam
arcir-ādi-gatiṁ vinā
garuḍa-skandham āropya
yathecchaṁ anivāritaḥ

El significado de este verso es que un devoto no necesita practicar *astāṅga-yoga* para trasladar su alma a los planetas espirituales. La responsabilidad la asume el propio Señor Supremo. Aquí, Él afirma de un modo claro que Él mismo se vuelve el salvador. El niño es cuidado enteramente por sus padres, y con ello su posición es segura. De igual manera, un devoto no necesita esforzarse para trasladarse a otros planetas mediante la práctica del *yoga*. Más bien, el Señor Supremo, por Su gran misericordia, viene de inmediato, montado en Garuḍa, Su ave transportadora, y en un instante libera al devoto de la existencia material. Aunque un hombre que ha caído en el océano luche muy afanosamente y sea muy experto en nadar, no puede salvarse a sí mismo. Pero si alguien aparece y lo saca del agua, entonces es fácilmente rescatado. Así mismo, el Señor recoge al devoto de esta existencia material. Uno tan sólo tiene que practicar el sencillo proceso de conciencia de Kṛṣṇa y dedicarse por entero al servicio devocional. Cualquier hombre inteligente debe preferir siempre el proceso del servicio devocional a todos los demás senderos. En *El Nārāyaṇīya* se confirma eso de la siguiente manera:

yā vai sādhana-sampattiḥ
puruṣārtha-catuṣṭaye
tayā vinā tad āpnoti
naro nārāyaṇāśrayaḥ

El significado de este verso es que uno no debe dedicarse a los diferentes procesos de la actividad fruitiva, ni cultivar conocimiento por medio del proceso de la especulación mental. Aquel que está consagrado a la Personalidad Suprema puede conseguir todos los beneficios que se obtienen de otros procesos yóguicos, de la especulación, de los rituales, de los sacrificios, de las caridades, etc. Ésa es la bendición específica del servicio devocional.

Mediante el simple canto del santo nombre de Kṛṣṇa —Hare Kṛṣṇa, Hare Kṛṣṇa, Kṛṣṇa Kṛṣṇa, Hare Hare/ Hare Rāma, Hare Rāma, Rāma Rāma, Hare Hare—, el devoto del Señor puede dirigirse al destino supremo de una manera fácil y feliz, pero a ese destino no se puede llegar por ningún otro proceso religioso.

La conclusión de *El Bhagavad-gītā* se expresa en el Capítulo Dieciocho:

sarva-dharmān parityajya
māṁ ekaṁ śaraṇaṁ vraja
ahaṁ tvāṁ sarva-pāpebhyo
mokṣayiṣyāmi mā śucaḥ

Hay que abandonar todos los demás procesos de autorrealización y ejecutar simplemente el servicio devocional con conciencia de Kṛṣṇa. Eso le permitirá a uno lograr la máxima perfección de la vida. No es necesario que uno considere las acciones pecaminosas de su vida pasada, porque el Señor Supremo se encarga de uno por completo. De modo que, uno no debe tratar vanamente de salvarse a sí mismo en el campo de la iluminación espiritual. Que todo el mundo se refugie en la Divinidad omnipotente y suprema: Kṛṣṇa. Ésa es la máxima perfección de la vida.

TEXTO 8

मय्येव मन आधत्स्व मयि बुद्धिं निवेशय ।
निवसिष्यसि मय्येव अत ऊर्ध्वं न संशयः ॥८॥

mayy eva mana ādhatsva
mayi buddhiṁ niveśaya
nivasiṣyasi mayy eva
ata ūrdhvaṁ na saṁśayaḥ

mayi—en Mí; *eva*—ciertamente; *manaḥ*—mente; *ādhatsva*—fija; *mayi*—en Mí; *buddhim*—inteligencia; *niveśaya*—aplica; *nivasiṣyasi*—vivirás; *mayi*—en Mí; *eva*—ciertamente; *ataḥ ūrdhvam*—después; *na*—nunca; *saṁśayaḥ*—duda.

TRADUCCIÓN

Tan sólo fija la mente en Mí, la Suprema Personalidad de Dios, y ocupa toda tu inteligencia en Mí. Así, siempre vivirás conmigo, sin ninguna duda.

SIGNIFICADO

Aquel que está dedicado al servicio devocional del Señor Kṛṣṇa vive con el Señor Supremo mediante una relación directa, por lo cual no hay ninguna duda de que su posición es trascendental desde el mismo comienzo. El devoto no vive en el plano material: él vive con Kṛṣṇa. El santo nombre del Señor y el Señor no son diferentes el uno del otro; por lo tanto, cuando un devoto canta Hare Kṛṣṇa, Kṛṣṇa y Su potencia interna bailan en la lengua del devoto. Cuando él le ofrece comida a Kṛṣṇa, Kṛṣṇa acepta directamente los comestibles, y el devoto se ''kṛṣṇaíza'' al comer los remanentes. Aquel que no se dedica a ese servicio no puede entender cómo ocurre, si bien ése es un proceso que se recomienda en *El Bhagavad-gītā* y en otras Escrituras védicas.

TEXTO 9

अथ चित्तं समाधातुं न शक्नोषि मयि स्थिरम् ।
अभ्यासयोगेन ततो मामिच्छाप्तुं धनंजय ॥९॥

atha cittaṁ samādhātuṁ
na śaknoṣi mayi sthiram
abhyāsa-yogena tato
mām icchāptuṁ dhanañjaya

atha—si, por lo tanto; *cittam*—mente; *samādhātum*—fijar; *na*—no; *śaknoṣi*—eres capaz; *mayi*—en Mí; *sthiram*—firmemente; *abhyāsa yogena*—por medio de la práctica del servicio devocional; *tataḥ*—entonces; *mām*—a Mí; *icchā*—deseo; *āptum*—obtener; *dhanañjaya*—¡oh, Arjuna, conquistador de riquezas!

TRADUCCIÓN

Mi querido Arjuna, ¡oh, conquistador de riquezas!, si no puedes fijar la mente en Mí sin desviación, entonces sigue los principios regulativos del bhakti-yoga. De ese modo, cultiva el deseo de llegar a Mí.

SIGNIFICADO

En este verso se señalan dos tipos diferentes de *bhakti-yoga*. El primero se aplica a aquel en quien verdaderamente se ha desarrollado un apego por Kṛṣṇa, la Suprema Personalidad de Dios, mediante el amor trascendental. Y el otro es para aquel en quien no se ha desarrollado un apego por la Persona Suprema mediante ese amor. Para esta segunda clase de personas se han prescrito diferentes reglas y regulaciones que uno puede seguir para ser al final elevado a la etapa del apego a Kṛṣṇa.

El *bhakti-yoga* es la purificación de los sentidos. En los actuales momentos, en la existencia material, los sentidos siempre están impuros, pues están dedicados a su propia complacencia. Pero por medio de la práctica del *bhakti-yoga* esos sentidos se pueden purificar, y en el estado purificado se ponen en contacto directo con el Señor Supremo. En esta existencia material puede que yo me dedique a prestarle algún servicio a algún amo, pero de hecho yo no sirvo a mi amo con amor. Yo tan sólo lo sirvo para obtener un poco de dinero. Y el amo tampoco siente amor; él recibe mi servicio y me paga. Así que no se trata de amor en absoluto. Pero para la vida espiritual uno debe elevarse a la etapa pura del amor. Esa etapa del amor se puede alcanzar por medio de la práctica del servicio devocional que se realiza con los sentidos actuales.

Ese amor de Dios se encuentra ahora en un estado latente en el corazón de todos. Y ahí el amor de Dios se manifiesta de diferentes maneras, pero está contaminado por la asociación con lo material. Ahora, la asociación con lo material tiene que ser purificada, y ese amor natural latente que se tiene por Kṛṣṇa tiene que ser revivido. En eso consiste todo el proceso.

Para practicar los principios regulativos del *bhakti-yoga* se deben seguir ciertos principios bajo la guía de un maestro espiritual experto: uno debe levantarse temprano por la mañana, bañarse, entrar en el templo, ofrecer oraciones y cantar Hare Kṛṣṇa; luego, se deben recoger flores para ofrecérselas a la Deidad, preparar comida para ofrecérsela a la Deidad, comer *prasādam*, etc. Hay diversas reglas y regulaciones que uno debe seguir. Se debe oír constantemente la exposición de *El Bhagavad-gītā* y *El Śrīmad-Bhāgavatam* de labios de devotos puros. Esta práctica lo ayudará a uno a elevarse al nivel del amor por Dios, y entonces se estará seguro de su progreso hacia el reino espiritual de Dios. Esa práctica del *bhakti-yoga*, bajo las reglas y regulaciones y con la dirección de un maestro espiritual, es seguro que lo llevará a uno a la etapa del amor por Dios.

TEXTO 10

अभ्यासेऽप्यसमर्थोऽसि मत्कर्मपरमो भव ।
मदर्थमपि कर्माणि कुर्वन्सिद्धिमवाप्स्यसि ॥१०॥

abhyāse 'py asamartho 'si
mat-karma-paramo bhava
mad-artham api karmāṇi
kurvan siddhim avāpsyasi

abhyāse—en la práctica; *api*—incluso si; *asamarthaḥ*—incapaz; *asi*—tú eres; *mat-karma*—Mi trabajo; *paramaḥ*—dedicado a; *bhava*—vuélvete; *mat-artham*—por Mí; *api*—incluso; *karmāṇi*—trabajo; *kurvan*—ejecutando; *siddhim*—perfección; *avāpsyasi*—alcanzarás.

TRADUCCIÓN

Si no puedes practicar las regulaciones del bhakti-yoga, entonces sólo trata de trabajar para Mí, porque al hacerlo llegarás a la etapa perfecta.

SIGNIFICADO

Aquel que ni siquiera es capaz de practicar los principios regulativos del *bhakti-yoga*, bajo la guía de un maestro espiritual, aún puede ser llevado a esa etapa perfecta si trabaja para el Señor Supremo. La manera en que hay que hacer ese trabajo ya se ha explicado en el verso cincuenta y cinco del Capítulo Once. Uno debe simpatizar con la propagación del proceso de conciencia de Kṛṣṇa. Hay muchos devotos que están dedicados a la propagación del proceso de conciencia de Kṛṣṇa, y ellos requieren de ayuda. De manera que, si incluso uno no puede practicar directamente los principios regulativos del *bhakti-yoga*, puede tratar de ayudar en esas labores. Todo esfuerzo requiere de tierra, capital, organización y trabajo. Así como en los negocios se requiere de un lugar donde establecerse, de un capital utilizable, de mano de obra y de una organización para expandirse, eso mismo se requiere en el servicio de Kṛṣṇa. La única diferencia es que en el materialismo uno trabaja para la complacencia de los sentidos. Sin embargo, el mismo trabajo se puede llevar a cabo para la satisfación de Kṛṣṇa, y eso es actividad espiritual. Si uno tiene suficiente dinero, puede ayudar en la construcción de una oficina o de un templo para la propagación del proceso de conciencia de Kṛṣṇa. O se puede ayudar con las publicaciones. Hay diversas clases de actividades, y uno debe interesarse en ellas. Si alguien no puede sacrificar el resultado de esas actividades, la misma persona puede, no obstante, sacrificar algún porcentaje de ello para propagar el cultivo de conciencia de Kṛṣṇa. Ese servicio voluntario por la causa del proceso de conciencia de Kṛṣṇa, lo ayudará a uno a elevarse a un estado superior de amor por Dios, con lo cual uno se volverá perfecto.

TEXTO 11

अथैतदप्यशक्तोऽसि कर्तुं मद्योगमाश्रितः ।
सर्वकर्मफलत्यागं ततः कुरु यतात्मवान् ॥११॥

athaitad apy aśakto 'si
kartuṁ mad-yogam āśritaḥ
sarva-karma-phala-tyāgaṁ
tataḥ kuru yatātmavān

atha—aunque; *etat*—esto; *api*—también; *aśaktaḥ*—incapaz; *asi*—tú eres; *kartum*—de ejecutar; *mat*—a Mí; *yogam*—en el servicio devocional; *āśritaḥ*—refugiándote; *sarva-karma*—de todas las actividades; *phala*—de los resultados; *tyāgam*—renunciación; *tataḥ*—entonces; *kuru*—haz; *yata-ātma-vān*—situado en el ser.

TRADUCCIÓN

Sin embargo, si eres incapaz de trabajar con esa conciencia de Mí, trata entonces de actuar renunciando a todos los resultados de tu trabajo y trata de situarte en el ser.

SIGNIFICADO

Puede que uno sea incapaz incluso de simpatizar con las actividades de conciencia de Kṛṣṇa debido a consideraciones de orden social, familiar o religioso, o debido a algunos otros impedimentos. Si uno se apega directamente a las actividades de conciencia de Kṛṣṇa, puede que haya objeciones por parte de los familiares o que se presenten muchas otras dificultades. A aquel que tiene ese problema se le aconseja que sacrifique para alguna buena causa el resultado que haya acumulado de sus actividades. Esos procedimientos se describen en las reglas védicas. Hay muchas descripciones de sacrificios y funciones especiales de *puṇya*, o trabajo especial en el que se puede aplicar el resultado de la acción previa de uno. De ese modo, uno puede elevarse gradualmente hasta el estado del conocimiento. También se observa que, cuando alguien que ni siquiera está interesado en las actividades de conciencia de Kṛṣṇa, le da caridad a algún hospital o a alguna otra institución social, renuncia a los resultados de sus actividades arduamente ganados. Eso también se recomienda aquí, ya que, por la práctica de renunciar a los frutos de las actividades, la mente de uno se purifica de un modo gradual, y en esa etapa purificada de la mente, uno se vuelve capaz de entender el proceso de conciencia de Kṛṣṇa. Claro que, el proceso de conciencia de Kṛṣṇa no depende de ninguna otra experiencia, porque el proceso en sí puede purificar la mente de uno; pero si hay impedimentos para aceptar el proceso de conciencia de Kṛṣṇa, uno puede tratar de renunciar a los resultados de sus acciones. En ese caso, se puede aceptar el servicio social, el servicio a la comunidad, el servicio a la nación, el sacrificio por el país, etc., de manera que algún día uno pueda llegar a la etapa del servicio devocional puro que se le presta al Señor Supremo. En *El Bhagavad-gītā* (18.46) encontramos que se afirma: *yataḥ pravṛttir bhūtānām*, si uno decide hacer un sacrificio por la causa suprema, incluso si no sabe que la causa suprema es Kṛṣṇa, paulatinamente, por el método del sacrificio, llegará a entender que Kṛṣṇa es la causa suprema.

TEXTO 12

श्रेयो हि ज्ञानमभ्यासाज्ज्ञानाद्ध्यानं विशिष्यते ।
ध्यानात्कर्मफलत्यागस्त्यागाच्छान्तिरनन्तरम् ॥१२॥

śreyo hi jñānam abhyāsāj
jñānād dhyānaṁ viśiṣyate
dhyānāt karma-phala-tyāgas
tyāgāc chāntir anantaram

śreyaḥ—mejor; *hi*—ciertamente; *jñānam*—conocimiento; *abhyāsāt*—que la práctica; *jñānāt*—que el conocimiento; *dhyānam*—meditación; *viśiṣyate*—considerado mejor; *dhyānāt*—que la meditación; *karma-phala-tyāgaḥ*—renunciación a los resultados de la acción fruitiva; *tyāgāt*—mediante esa renunciación; *śāntiḥ*—paz; *anantaram*—de ahí en adelante.

TRADUCCIÓN

Si no puedes emprender esa práctica, entonces dedícate al cultivo de conocimiento. Mejor que el conocimiento, sin embargo, es la meditación, y mejor que la meditación es la renuncia a los frutos de la acción, ya que por medio de esa renunciación uno puede conseguir la paz de la mente.

SIGNIFICADO

Como se menciona en los versos anteriores, hay dos clases de servicio devocional: el camino de los principios regulativos y el camino del apego total con amor por la Suprema Personalidad de Dios. Para aquellos que verdaderamente no son capaces de seguir los principios del proceso de conciencia de Kṛṣṇa, es mejor cultivar conocimiento, pues mediante el conocimiento uno puede llegar a entender su verdadera posición. Poco a poco el conocimiento se desarrollará hasta el punto de la meditación. Por medio de la meditación, uno puede llegar a entender a la Suprema Personalidad de Dios mediante un proceso gradual. Hay procesos que lo hacen a uno entender que uno mismo es el Supremo, y esa clase de meditación es preferible si uno es incapaz de dedicarse al servicio devocional. Si uno no es capaz de meditar de esa manera, entonces hay deberes prescritos, tal como se estipulan en la literatura védica, para los *brāhmaṇas, kṣatriyas, vaiśyas* y *śūdras*, que encontraremos en el último capítulo de *El Bhagavad-gītā*. Pero en todos los casos, uno debe renunciar al resultado o los frutos del trabajo; eso significa emplear el resultado del *karma* para alguna buena causa.

En resumen, para llegar a la Suprema Personalidad de Dios, la meta máxima, hay dos procesos: un proceso es por medio del desarrollo gradual, y el otro proceso es directo. El servicio devocional con conciencia de Kṛṣṇa es el método directo, y el otro método implica el renunciar a los frutos de las actividades de uno. Luego, se puede ir sucesivamente hasta la etapa del conocimiento, la etapa de la meditación, la etapa de la comprensión de la Superalma, y la etapa de la Suprema Personalidad de Dios. Uno puede tomar, o bien el proceso gradual, o bien el proceso directo. El proceso directo no es posible para todos; por consiguiente, el proceso indirecto también es bueno. Sin embargo, se ha de entender que el proceso indirecto no se le recomienda a Arjuna, porque él ya se encuentra en la etapa del servicio devocional amoroso que se le presta al Señor Supremo. Dicho proceso es para otros que no están en esa etapa; para ellos, el proceso gradual de la renunciación, el conocimiento, la meditación y la comprensión de la Superalma y el Brahman, es lo que se debe seguir. Pero en lo que respecta a *El Bhagavad-gītā*, en él se hace hincapié en el método directo. A todo el mundo se le aconseja emprender el método directo y entregarse a la Suprema Personalidad de Dios, Kṛṣṇa.

TEXTOS 13–14

अद्वेष्टा सर्वभूतानां मैत्रः करुण एव च ।
निर्ममो निरहंकारः समदुःखसुखः क्षमी ॥१३॥
संतुष्टः सततं योगी यतात्मा दृढनिश्चयः ।
मय्यर्पितमनोबुद्धिर्यो मद्भक्तः स मे प्रियः ॥१४॥

adveṣṭā sarva-bhūtānāṁ
maitraḥ karuṇa eva ca
nirmamo nirahaṅkāraḥ
sama-duḥkha-sukhaḥ kṣamī

santuṣṭaḥ satataṁ yogī
yatātmā dṛḍha-niścayaḥ
mayy arpita-mano-buddhir
yo mad-bhaktaḥ sa me priyaḥ

adveṣṭā—no envidioso; *sarva-bhūtānām*—con todas las entidades vivientes; *maitraḥ*—amigable; *karuṇaḥ*—bondadoso; *eva*—ciertamente; *ca*—también; *nirmamaḥ*—sin sentido de posesión; *nirahaṅkāraḥ*—sin ego falso; *sama*—igual; *duḥkha*—en la aflicción; *sukhaḥ*—y en la felicidad; *kṣamī*—indulgente; *santuṣṭaḥ*—satisfecho; *satatam*—siempre; *yogī*—alguien dedicado a la devoción; *yata-ātmā*—autocontrolado; *dṛḍha-niścayaḥ*—con determinación; *mayi*—en Mí; *arpita*—ocupado; *manaḥ*—mente; *buddhiḥ*—e inteligencia; *yaḥ*—aquel que; *mat-bhaktaḥ*—Mi devoto; *saḥ*—él; *me*—por Mí; *priyaḥ*—querido.

TRADUCCIÓN

Aquel que no es envidioso sino que, más bien, es un buen amigo de todas las entidades vivientes, que no se cree propietario de nada y que está libre del ego falso, que mantiene la ecuanimidad tanto en la felicidad como en la aflicción, que es tolerante, que siempre está satisfecho, que es autocontrolado, y que está dedicado al servicio devocional con determinación, con la mente e inteligencia fijas en Mí, esa clase de devoto Mío es muy querido por Mí.

SIGNIFICADO

Yendo de nuevo al punto del servicio devocional puro, en estos dos versos el Señor está describiendo las cualidades del devoto puro. Al devoto puro nunca lo perturban las circunstancias. Y él tampoco envidia a nadie. Y el devoto no se vuelve enemigo de su enemigo; él piensa: ''Esta persona está actuando como enemiga mía debido a mis propias fechorías pasadas. Así que, es mejor sufrir que protestar''. En *El Śrīmad-Bhāgavatam* (10.14.8) se dice: *tat te 'nukampāṁ su-samīkṣamāṇo bhuñjāna evātma-kṛtaṁ vipākam*. Cuando quiera que el devoto está afligido o en dificultades, piensa que es la misericordia del Señor para con él. Él piensa: ''Gracias a mis fechorías pasadas debía de sufrir muchísimo más de lo que estoy sufriendo ahora. Se debe, pues, a la misericordia del Señor Supremo que yo no esté recibiendo todo el castigo que merezco. Sólo estoy recibiendo un poquito, por la misericordia de la Suprema Personalidad de Dios''. En consecuencia, él siempre está tranquilo y callado, y es paciente, pese a las muchas condiciones deplorables que lo rodeen. Además, el devoto siempre es bondadoso con todos, incluso con su enemigo. *Nirmama* significa que un devoto no les da mucha importancia a los dolores y problemas propios del cuerpo, porque él sabe perfectamente bien que no es el cuerpo material. Él no se identifica con el cuerpo; por consiguiente, él está libre del concepto del ego falso y mantiene el equilibrio tanto en la felicidad como en la aflicción. Él es tolerante, y se satisface con cualquier cosa que llegue por la gracia del Señor Supremo. Él no se esfuerza mucho por lograr algo muy difícil; por ende, siempre está dichoso. Él es un místico totalmente perfecto, porque está fijo en las instrucciones que ha recibido del maestro espiritual, y como tiene los sentidos controlados, es determinado. Él no se deja influir por argumentos falsos, porque nadie puede apartarlo de la determinación fija del servicio devocional. Él está plenamente consciente de que Kṛṣṇa es el Señor eterno, así que nadie puede perturbarlo. Todas sus cualidades lo capacitan para depender por entero del Señor Supremo. Ese nivel de servicio devocional es indudablemente muy difícil de encontrar, pero un devoto se sitúa en esa etapa al seguir los principios regulativos del servicio devocional. Además, el Señor dice que esa clase de devoto le es muy querido, ya que Él siempre está complacido con todas las actividades que el devoto realiza en estado de plena conciencia de Kṛṣṇa.

TEXTO 15

यस्मान्नोद्विजते लोको लोकान्नोद्विजते च यः ।
हर्षामर्षभयोद्वेगैर्मुक्तो यः स च मे प्रियः ॥ १५ ॥

yasmān nodvijate loko
lokān nodvijate ca yaḥ
harṣāmarṣa-bhayodvegair
mukto yaḥ sa ca me priyaḥ

yasmāt—por quien; *na*—nunca; *udvijate*—se agita; *lokaḥ*—gente; *lokāt*—por la gente; *na*—nunca; *udvijate*—se perturba; *ca*—también; *yaḥ*—cualquiera que; *harṣa*—por la felicidad; *amarṣa*—aflicción; *bhaya*—temor; *udvegaiḥ*—y ansiedad; *muktaḥ*—libre; *yaḥ*—cualquiera; *saḥ*—él; *ca*—también; *me*—por Mí; *priyaḥ*—muy querido.

TRADUCCIÓN

Aquel por quien nadie es puesto en dificultades y a quien no lo perturba nadie, que mantiene el equilibrio en la felicidad y en la aflicción, en el temor y en la ansiedad, es muy querido por Mí.

SIGNIFICADO

Aquí se describen algunas cualidades más del devoto. Él no pone a nadie en dificultades, ni en estado de ansiedad, temor o insatisfacción. Como un devoto es bueno con todos, no actúa de una manera que ponga a otros en estado de ansiedad. Al mismo tiempo, si otros tratan de poner al devoto en estado de ansiedad, éste no se perturba. Se debe a la gracia del Señor que él sea muy experto y que por ello no lo moleste ninguna perturbación externa. En realidad, como el devoto siempre está sumido en el estado de conciencia de Kṛṣṇa y dedicado al servicio devocional, esas circunstancias materiales no pueden afectarlo. Por lo general, la persona materialista se pone muy feliz cuando aparece algo para el goce de sus sentidos o de su cuerpo, pero cuando ve que otros tienen algo para complacer sus sentidos y que ella no lo tiene, lo lamenta y lo envidia. Cuando espera alguna venganza de un enemigo, se halla en un estado de temor, y cuando no puede ejecutar algo con éxito, se desanima. Pero un devoto que siempre es trascendental a todas esas perturbaciones, es muy querido por Kṛṣṇa.

TEXTO 16

अनपेक्षः शुचिर्दक्ष उदासीनो गतव्यथः ।
सर्वारम्भपरित्यागी यो मद्भक्तः स मे प्रियः ॥१६॥

anapekṣaḥ śucir dakṣa
udāsīno gata-vyathaḥ
sarvārambha-parityāgī
yo mad-bhaktaḥ sa me priyaḥ

anapekṣaḥ—neutral; *śuciḥ*—puro; *dakṣaḥ*—experto; *udāsīnaḥ*—libre de preocupaciones; *gata-vyathaḥ*—libre de toda aflicción; *sarva-ārambha*—de todos los esfuerzos; *parityāgī*—renunciante; *yaḥ*—todo el que; *mat-bhaktaḥ*—Mi devoto; *saḥ*—él; *me*—por Mí; *priyaḥ*—muy querido.

TRADUCCIÓN

Ese devoto Mío que no depende del curso ordinario de las actividades, que es puro, que es experto, que no tiene preocupaciones, que está libre de todos los sufrimientos y que no ansía obtener un resultado, es muy querido por Mí.

SIGNIFICADO

Al devoto se le puede ofrecer dinero, pero él no debe esforzarse por adquirirlo. Si automáticamente, por la gracia del Supremo, le llega dinero, él no se agita. Como algo natural, el devoto se baña al menos dos veces al día, y se levanta temprano por la mañana para hacer servicio devocional. Así pues, por naturaleza, él es limpio interna y externamente. El devoto siempre es experto, porque conoce a plenitud la esencia de todas las actividades de la vida, y está convencido de las Escrituras autoritativas. El devoto nunca se pone de parte de un bando específico; por consiguiente, está libre de cuidados. Él nunca sufre, porque está libre de todas las designaciones; él sabe que su cuerpo es una designación, así que si se presentan algunos dolores físicos, él está libre. El devoto puro no se esfuerza por nada que vaya en contra de los principios del servicio devocional. Por ejemplo, construir un gran edificio requiere de mucha energía, y el devoto no acomete esa empresa si ello no lo beneficia haciéndolo adelantar en su servicio devocional. Él puede construir un templo para el Señor, y para ello puede que soporte toda clase de angustias, pero él no construye una gran casa para sus propios parientes.

TEXTO 17

यो न हृष्यति न द्वेष्टि न शोचति न काङ्क्षति ।
शुभाशुभपरित्यागी भक्तिमान्यः स मे प्रियः ॥१७॥

yo na hṛṣyati na dveṣṭi
na śocati na kāṅkṣati
śubhāśubha-parityāgī
bhaktimān yaḥ sa me priyaḥ

yaḥ—aquel que; *na*—nunca; *hṛṣyati*—se complace; *na*—nunca; *dveṣṭi*—se aflige; *na*—nunca; *śocati*—lamenta; *na*—nunca; *kāṅkṣati*—desea; *śubha*—de lo favorable; *aśubha*—y lo desfavorable; *parityāgī*—renunciante; *bhakti-mān*—devoto; *yaḥ*—aquel que; *saḥ*—él es; *me*—por Mí; *priyaḥ*—querido.

TRADUCCIÓN

Aquel que ni se regocija ni se aflige, que ni se lamenta ni desea, y que renuncia tanto a las cosas favorables como a las desfavorables, un devoto de esa clase es muy querido por Mí.

SIGNIFICADO

Un devoto puro no se siente ni feliz ni acongojado por la ganancia y pérdida materiales, ni tampoco está muy ansioso de tener un hijo o un discípulo, ni se aflige si no los tiene. Si él pierde algo que le es muy querido, no se lamenta por ello. De igual modo, si no consigue lo que quiere, no se aflige. Él es trascendental frente a toda clase de actividades favorables y desfavorables o pecaminosas. Él está dispuesto a correr toda clase de riesgos en aras de la satisfacción del Señor Supremo. Nada es un impedimento en el desempeño de su servicio devocional. Esa clase de devoto es muy querido por Kṛṣṇa.

TEXTOS 18–19

समः शत्रौ च मित्रे च तथा मानापमानयोः ।
शीतोष्णसुखदुःखेषु समः सङ्गविवर्जितः ॥ १८ ॥
तुल्यनिन्दास्तुतिर्मौनी संतुष्टो येन केनचित् ।
अनिकेतः स्थिरमतिर्भक्तिमान्मे प्रियो नरः ॥ १९ ॥

samaḥ śatrau ca mitre ca
tathā mānāpamānayoḥ
śītoṣṇa-sukha-duḥkheṣu
samaḥ saṅga-vivarjitaḥ

tulya-nindā-stutir maunī
santuṣṭo yena kenacit
aniketaḥ sthira-matir
bhaktimān me priyo naraḥ

samaḥ—igual; *śatrau*—a un enemigo; *ca*—también; *mitre*—a un amigo; *ca*—también; *tathā*—así; *māna*—en el honor; *apamānayoḥ*—y el deshonor; *śīta*—en el frío; *uṣṇa*—calor; *sukha*—felicidad; *duḥkheṣu*—y aflicción; *samaḥ*—ecuánime; *saṅga-vivarjitaḥ*—libre de toda asociación; *tulya*—igual; *nindā*—en la difamación; *stutiḥ*—y la fama; *maunī*—callado; *santuṣṭaḥ*—satisfecho; *yena kenacit*—con cualquier cosa; *aniketaḥ*—sin tener residencia; *sthira*—fija; *matiḥ*—determinación; *bhakti-mān*—ocupado en la devoción; *me*—por Mí; *priyaḥ*—querido; *naraḥ*—un hombre.

TRADUCCIÓN

Aquel que es igual con amigos y enemigos, que mantiene la ecuanimidad en medio del honor y el deshonor, el calor y el frío, la felicidad y la aflicción, la fama y la infamia, que siempre está libre de relaciones contaminantes, que siempre es callado y se satisface con cualquier cosa, a quien no lo preocupa ninguna residencia, que está fijo en el plano del conocimiento y que está dedicado al servicio devocional, esa clase de persona es muy querida por Mí.

SIGNIFICADO

El devoto siempre está libre de todas las malas compañías. A veces uno es alabado, y a veces uno es difamado; ésa es la naturaleza de la sociedad humana. Pero un devoto siempre es trascendental a la fama y la infamia artificiales, y a la felicidad o a la aflicción artificiales. Él es muy paciente. Él no habla de nada más que de lo que trate de Kṛṣṇa; por ende, se dice que es callado. "Callado" no significa que uno no debe hablar; callado significa que uno no debe hablar tonterías. Uno debe hablar sólo de cosas esenciales, y para el devoto la conversación más esencial que existe es la de hablar en beneficio del Señor Supremo. El devoto es feliz en todas las condiciones; a veces puede que tenga comida muy sabrosa, y a veces no, pero él permanece satisfecho. Y a él no lo preocupa en qué lugar va a residir. Puede que a veces viva bajo un árbol, y a veces en un gran palacio; él no está atraído a ninguno de los dos. Se dice que él es fijo, porque él está fijo en su determinación y en su conocimiento. Puede que encontremos cierta repetición en las descripciones de las cualidades de un devoto, pero ello es sólo para ilustrar el hecho de que el devoto tiene que adquirir todas esas cualidades. Sin buenas cualidades no se puede ser un devoto puro. Y *harāv abhaktasya kuto mahad-guṇāḥ*: alguien que no es devoto no tiene buenas cualidades. Aquel que quiere ser reconocido como devoto, debe cultivar las buenas cualidades. Claro que, él no se esfuerza por adquirir esas cualidades de alguna otra manera que no sea dedicándose al proceso de conciencia de Kṛṣṇa y al servicio devocional, lo cual lo ayuda automáticamente a cultivarlas.

TEXTO 20

ये तु धर्म्यामृतमिदं यथोक्तं पर्युपासते ।
श्रद्दधाना मत्परमा भक्तास्तेऽतीव मे प्रियाः ॥२०॥

ye tu dharmāmṛtam idaṁ
yathoktaṁ paryupāsate
śraddadhānā mat-paramā
bhaktās te 'tīva me priyāḥ

ye—aquellos que; *tu*—pero; *dharma*—de la religión; *amṛtam*—néctar; *idam*—este; *yathā*—como; *uktam*—dicho; *paryupāsate*—se dedican completamente; *śraddadhānāḥ*—con fe; *mat-paramāḥ*—considerando que Yo, el Señor Supremo, lo soy todo; *bhaktāḥ*—devotos; *te*—ellos; *atīva*—muy; *me*—por Mí; *priyāḥ*—queridos.

TRADUCCIÓN

Aquellos que siguen este imperecedero sendero del servicio devocional y que con fe se dedican a él por entero, teniéndome a Mí como la meta suprema, son muy, muy queridos por Mí.

SIGNIFICADO

En este capítulo, desde el verso 2 hasta el final —desde *mayy āveśya mano ye mām* (''fijando la mente en Mí'') hasta *ye tu dharmāmṛtam idam* (''esta religión de la ocupación eterna'')—, el Señor Supremo ha explicado los procesos del servicio trascendental mediante los cuales uno puede dirigirse a Él. Esos procesos son muy queridos por el Señor, y Él acepta a una persona que se dedica a ellos. Arjuna hizo la pregunta de quién es mejor —aquel que se dedica al sendero del Brahman impersonal o aquel que se dedica al servicio personal de la Suprema Personalidad de Dios—, y el Señor le respondió tan explícitamente, que no hay ninguna duda de que el servicio devocional que se le presta a la Personalidad de Dios es el mejor de todos los procesos de iluminación espiritual. En otras palabras, en este capítulo se ha decidido que, a través de las buenas compañías se desarrolla en uno el apego al servicio devocional puro, en virtud de lo cual uno acude a un maestro espiritual genuino y por él comienza a oír, a cantar y a observar los principios regulativos del servicio devocional con fe, apego y devoción, y de ese modo uno se dedica al servicio trascendental del Señor. En este capítulo se recomienda ese sendero; por lo tanto, no hay ninguna duda de que el servicio devocional es el único sendero absoluto para la autorrealización, para conseguir a la Suprema Personalidad de Dios. La concepción impersonal de la Suprema Verdad Absoluta, tal como se describe en este capítulo, se recomienda únicamente hasta el momento en que uno se rinde en busca de la autorrealización. Dicho de otro modo, mientras uno no tenga la oportunidad de relacionarse con un devoto puro, la concepción impersonal puede ser beneficiosa. En medio de la concepción impersonal de la Verdad Absoluta, uno trabaja sin resultado fruitivo, medita y cultiva conocimiento para entender el espíritu y la materia. Eso es necesario mientras uno no tenga la compañía de un devoto puro. Por fortuna, si en uno se desarrolla directamente el deseo de dedicarse al proceso de conciencia de Kṛṣṇa a través del servicio devocional puro, no es necesario tener que ir mejorando por pasos en el campo de la iluminación espiritual. El servicio devocional, tal como se describe en los seis capítulos intermedios de *El Bhagavad-gītā*, es más apropiado. No es necesario preocuparse por las cosas con las que se mantienen el cuerpo y el alma juntos, ya que, por la gracia del Señor, todo se da automáticamente.

Así terminan los significados de Bhaktivedanta del Duodécimo Capítulo de El Śrīmad Bhagavad-gītā, *en relación con el servicio devocional.*

Capítulo Trece

LA NATURALEZA, EL DISFRUTADOR Y LA CONCIENCIA

TEXTOS 1–2

अर्जुन उवाच
प्रकृतिं पुरुषं चैव क्षेत्रं क्षेत्रज्ञमेव च ।
एतद्वेदितुमिच्छामि ज्ञानं ज्ञेयं च केशव ॥१॥
श्रीभगवानुवाच
इदं शरीरं कौन्तेय क्षेत्रमित्यभिधीयते ।
एतद्यो वेत्ति तं प्राहुः क्षेत्रज्ञ इति तद्विदः ॥२॥

arjuna uvāca
prakṛtiṁ puruṣaṁ caiva
kṣetraṁ kṣetra-jñam eva ca
etad veditum icchāmi
jñānaṁ jñeyaṁ ca keśava

śrī-bhagavān uvāca
idaṁ śarīram kaunteya
kṣetram ity abhidhīyate
etad yo vetti taṁ prāhuḥ
kṣetra-jñaḥ iti tad-vidaḥ

arjunaḥ uvāca—Arjuna dijo; *prakṛtim*—naturaleza; *puruṣam*—el disfrutador; *ca*—también; *eva*—ciertamente; *kṣetram*—el campo; *kṣetra-jñam*—el conocedor del campo; *eva*—ciertamente; *ca*—también; *etat*—todo esto; *veditum*—comprender; *icchāmi*—yo deseo; *jñānam*—conocimiento; *jñeyam*—el objeto del conocimiento; *ca*—también; *keśava*—¡oh, Kṛṣṇa!; *śrī-bhagavān uvāca*—la Personalidad de Dios dijo; *idam*—este; *śarīram*—cuerpo; *kaunteya*—¡oh, hijo de Kuntī!; *kṣetram*—el campo; *iti*—así pues; *abhidhīyate*—se denomina; *etat*—este; *yaḥ*—aquel que; *vetti*—conoce; *tam*—él; *prāhuḥ*—se denomina; *kṣetra-jñaḥ*—el conocedor del campo; *iti*—así pues; *tat-vidaḥ*—por aquellos que conocen.

TRADUCCIÓN

Arjuna dijo: ¡Oh, mi querido Kṛṣṇa!, deseo saber de prakṛti [la naturaleza], de puruṣa [el disfrutador], y del campo y el conocedor del campo, así como también del conocimiento y el objeto del conocimiento.

La Suprema Personalidad de Dios dijo: Este cuerpo, ¡oh, hijo de Kuntī!, se denomina el campo, y aquel que conoce este cuerpo se denomina el conocedor del campo.

SIGNIFICADO

Arjuna estaba interesado en saber de *prakṛti* (la naturaleza), *puruṣa* (el disfrutador), *kṣetra* (el campo) y *kṣetra-jña* (el conocedor del campo), y acerca del conocimiento y el objeto del conocimiento. Al él hacer preguntas acerca de todo eso, Kṛṣṇa dijo que este cuerpo se denomina el campo, y que aquel que conoce este cuerpo se denomina el conocedor del campo. Este cuerpo es el campo de la actividad para el alma condicionada. El alma condicionada está atrapada en la existencia material, y ella trata de enseñorearse de la naturaleza material. Y así, según su capacidad de dominar la naturaleza material, recibe un campo de actividades. Ese campo de actividades es el cuerpo. Y, ¿qué es el cuerpo? El cuerpo está hecho de sentidos. El alma condicionada quiere disfrutar del goce de los sentidos, y, conforme a su capacidad de hacerlo, se le ofrece un cuerpo, o campo de actividades. Por eso al cuerpo se lo conoce como *kṣetra*, o el campo de las actividades del alma condicionada. Ahora bien, la persona que se identifica con el cuerpo se denomina *kṣetra-jña*, el conocedor del campo. No es muy difícil entender la diferencia que hay entre el campo y su conocedor, entre el cuerpo y el conocedor del cuerpo. Cualquier persona puede darse cuenta de que, desde la infancia hasta la vejez, pasa por muchísimos cambios de cuerpo, y, sin embargo, sigue siendo una misma persona. Así pues, existe una diferencia entre el conocedor del campo de las actividades y el propio campo. El alma viviente condicionada puede entender así que es diferente del cuerpo. Al principio se describe —*dehino 'smin*— que la entidad viviente se halla dentro del cuerpo y que el cuerpo va pasando de la infancia a la niñez, de la niñez a la juventud y de la juventud a la vejez, y que la persona que posee el cuerpo sabe que el cuerpo está cambiando. El propietario es claramente el *kṣetra-jña*. A veces pensamos "soy feliz", "soy un hombre, soy una mujer", "soy un perro", "soy un gato". Ésas son designaciones corporales del conocedor. Pero el conocedor es diferente del cuerpo. Aunque usemos muchos artículos —nuestras ropas, etc.—, sabemos que somos diferentes de las cosas que usamos. De igual modo, si lo analizamos un poco, también nos daremos cuenta de que somos diferentes del cuerpo. Yo, usted, o cualquier otra persona que sea dueña de un cuerpo, recibimos el nombre de *kṣetra-jña*, el conocedor del campo de las actividades, y el cuerpo se denomina *kṣetra*, el campo en sí de las actividades.

En los primeros seis capítulos de *El Bhagavad-gītā* se describen el conocedor del cuerpo (la entidad viviente) y la posición mediante la cual él puede entender al Señor Supremo. En los seis capítulos intermedios de *El Bhagavad-gītā*, se describen a la Suprema Personalidad de Dios y la relación que hay entre el alma individual y la Superalma con respecto al servicio devocional. En esos capítulos se definen de un modo definitivo la posición superior de la Suprema Personalidad de Dios y la posición subordinada del alma individual. Las entidades vivientes son subordinadas en todas las circunstancias, pero por su olvido están sufriendo. Cuando ellas se iluminan por medio de las actividades piadosas, se acercan al Señor Supremo de diferentes maneras: como los afligidos, aquellos que necesitan dinero, los indagadores y aquellos que buscan conocimiento. Eso también se describe. Ahora, comenzando con el Decimotercer Capítulo, se explica cómo la entidad viviente se pone en contacto con la naturaleza material y cómo el Señor Supremo la libera a través de los diferentes métodos de las actividades fruitivas, el cultivo de conocimiento y el desempeño de servicio devocional. Aunque la entidad viviente es completamente diferente del cuerpo material, de alguna manera llega a relacionarse con él. Eso también se explica.

TEXTO 3

क्षेत्रज्ञं चापि मां विद्धि सर्वक्षेत्रेषु भारत ।
क्षेत्रक्षेत्रज्ञयोर्ज्ञानं यत्तज्ज्ञानं मतं मम ॥ ३ ॥

kṣetra-jñaṁ cāpi māṁ viddhi
sarva-kṣetreṣu bhārata
kṣetra-kṣetrajñayor jñānaṁ
yat taj jñānaṁ mataṁ mama

kṣetra-jñam—el conocedor del campo; *ca*—también; *api*—ciertamente; *mām*—a Mí; *viddhi*—conoce; *sarva*—todas; *kṣetreṣu*—en los campos corporales; *bhārata*—¡oh, hijo de Bharata!; *kṣetra*—el campo de actividades (el cuerpo); *kṣetra-jñayoḥ*—y el conocedor del campo; *jñānam*—conocimiento de; *yat*—aquello que ; *tat*—eso; *jñānam*—conocimiento; *matam*—opinión; *mama*—Mi.

TRADUCCIÓN

¡Oh, vástago de Bharata!, debes saber que Yo también soy el conocedor

que está en todos los cuerpos, y que entender el cuerpo y a su propietario se denomina conocimiento. Ésa es Mi opinión.

SIGNIFICADO

Mientras se discute lo referente a este cuerpo y al conocedor del cuerpo, el alma y la Superalma, encontraremos tres diferentes temas de estudio: el Señor, la entidad viviente y la materia. En cada campo de actividades, en cada cuerpo, hay dos almas: el alma individual y la Superalma. Como la Superalma es la expansión plenaria de la Suprema Personalidad de Dios, Kṛṣṇa, Kṛṣṇa dice: "Yo también soy el conocedor del cuerpo, pero no el conocedor individual. Yo soy el superconocedor. Yo estoy presente en cada cuerpo como Paramātmā, o la Superalma".

Aquel que estudie muy minuciosamente, en función de este *Bhagavad-gītā*, el tema del campo de la actividad y el conocedor del campo, puede conseguir el conocimiento.

El Señor dice: "Yo soy el conocedor del campo de las actividades que se encuentra en cada cuerpo individual". Puede que el individuo sea el conocedor de su propio cuerpo, pero él no tiene conocimiento de otros cuerpos. La Suprema Personalidad de Dios, que está presente en forma de la Superalma en todos los cuerpos, conoce todo acerca de todos ellos. Él conoce todos los diferentes cuerpos de todas las diversas especies de vida. Puede que un ciudadano conozca todo lo referente a su parcela, pero el rey sabe no sólo de su palacio, sino también de todas las propiedades que poseen los ciudadanos individuales. De modo similar, puede que uno sea el propietario del cuerpo individualmente, pero el Señor Supremo es el propietario de todos los cuerpos. El rey es el propietario original del reino, y el ciudadano es el propietario secundario. De la misma manera, el Señor Supremo es el propietario supremo de todos los cuerpos.

El cuerpo consta de sentidos. El Señor Supremo es Hṛṣīkeśa, que significa "el controlador de los sentidos". Él es el controlador original de los sentidos, tal como el rey es el controlador original de todas las actividades del Estado; los ciudadanos son controladores secundarios. El Señor dice: "Yo también soy el conocedor". Esto significa que Él es el superconocedor; el alma individual conoce sólo su cuerpo en particular. En la literatura védica ello se expresa de la siguiente manera:

kṣetrāṇi hi śarīrāṇi
bījaṁ cāpi śubhāśubhe
tāni vetti sa yogātmā
tataḥ kṣetra-jña ucyate

Este cuerpo se denomina el *kṣetra*, y dentro de él moran el propietario del cuerpo y el Señor Supremo, quien conoce tanto el cuerpo como al propietario del cuerpo. Por consiguiente, a Él se lo llama el conocedor de todos los campos. La diferencia que hay entre el campo de las actividades, el conocedor de las actividades y el supremo conocedor de las actividades, se describe de la siguiente manera. El conocimiento perfecto acerca de la constitución del cuerpo, la constitución del alma individual y la constitución de la Superalma, se conoce como *jñāna* en términos de la literatura védica. Ésa es la opinión de Kṛṣṇa. Entender que el alma y la Superalma son idénticas y, sin embargo, distintas, es conocimiento. Aquel que no entiende el campo de la actividad y al conocedor de la actividad, no tiene conocimiento perfecto. Uno tiene que entender la posición de *prakṛti*, la naturaleza, y *puruṣa*, el disfrutador de la naturaleza, e *īśvara*, el conocedor que domina o controla la naturaleza y al alma individual. Uno no debe confundir a los tres en sus diferentes capacidades. Uno no debe confundir al pintor, la pintura y el caballete. Este mundo material, que es el campo de las actividades, es la naturaleza, y el disfrutador de la naturaleza es la entidad viviente, y por encima de ambos se encuentra el controlador supremo, la Personalidad de Dios. En el lenguaje védico (en *El Śvetāśvatara Upaniṣad* 1.12) se dice: *bhoktā bhogyaṁ preritāraṁ ca matvā/ sarvaṁ proktaṁ trividhaṁ brahmam etat*. Existen tres concepciones Brahman: *prakṛti* es Brahman como el campo de las actividades, la *jīva* (el alma individual) también es Brahman y está tratando de controlar la naturaleza material, y el controlador de ambas también es Brahman; pero Él es el verdadero controlador.

En este capítulo también se explicará que, de los dos conocedores, uno es falible y el otro es infalible. Uno es superior y el otro es subordinado. Aquel que cree que los dos conocedores del campo son exactamente iguales, contradice a la Suprema Personalidad de Dios, quien expresa aquí de una manera muy clara: "Yo también soy el conocedor del campo de la actividad". Aquel que confunde una soga con una serpiente, no tiene conocimiento. Hay diferentes clases de cuerpos, y hay diferentes propietarios de los cuerpos. Como cada alma individual tiene su capacidad individual de enseñorearse de la naturaleza material, hay diferentes cuerpos. Pero el Supremo también está presente en ellos como controlador. La palabra *ca* es significativa, pues se refiere a todos los cuerpos. Ésa es la opinión de Śrīla Baladeva Vidyābhūṣaṇa: Kṛṣṇa es la Superalma que se encuentra en todos y cada uno de los cuerpos, aparte del alma individual. Y Kṛṣṇa dice aquí explícitamente que la Superalma es la controladora tanto del campo de las actividades como del disfrutador finito.

TEXTO 4

तत्क्षेत्रं यच्च यादृक्च यद्विकारि यतश्च यत् ।
स च यो यत्प्रभावश्च तत्समासेन मे शृणु ॥ ४ ॥

tat kṣetraṁ yac ca yādṛk ca
yad-vikāri yataś ca yat
sa ca yo yat-prabhāvaś ca
tat samāsena me śṛṇu

tat—ese; *kṣetram*—campo de actividades; *yat*—lo que; *ca*—también; *yādṛk*—tal como es; *ca*—también; *yat*—teniendo cuáles; *vikāri*—cambios; *yataḥ*—de los cuales; *ca*—también; *yat*—qué; *saḥ*—él; *ca*—también; *yaḥ*—quién; *yat*—teniendo qué; *prabhāvaḥ*—influencia; *ca*—también; *tat*—eso; *samāsena*—en resumen; *me*—de Mí; *śṛṇu*—comprende.

TRADUCCIÓN

Ahora oye, por favor, Mi breve descripción de este campo de la actividad, y cómo el mismo está constituido, cuáles son sus cambios y de dónde se produce, y quién es ese conocedor del campo de las actividades y cuáles son sus influencias.

SIGNIFICADO

El Señor está describiendo el campo de las actividades y al conocedor del campo en sus posiciones constitucionales. Uno tiene que saber cómo está constituido este cuerpo, los materiales de los que está hecho, bajo el control de quién está funcionando, cómo están ocurriendo los cambios, de dónde proceden los cambios, cuáles son las causas, cuáles son las razones, cuál es la meta última del individuo, y cuál es la verdadera forma del alma individual. Uno debe saber también cuál es la diferencia que hay entre el alma viviente individual y la Superalma, cuáles son sus diferentes influencias, sus potenciales, etc. Uno sólo tiene que entender este *Bhagavad-gītā* directamente con la descripción que da la Suprema Personalidad de Dios, y todo se aclarará. Pero hay que tener el cuidado de no considerar que la Suprema Personalidad de Dios que se encuentra en cada cuerpo, y el alma individual, la *jīva*, son idénticos. Eso es algo así como igualar al potente con el impotente.

TEXTO 5

ऋषिभिर्बहुधा गीतं छन्दोभिर्विविधैः पृथक् ।
ब्रह्मसूत्रपदैश्चैव हेतुमद्भिर्विनिश्चितैः ॥५॥

ṛṣibhir bahudhā gītaṁ
chandobhir vividhaiḥ pṛthak
brahma-sūtra-padaiś caiva
hetumadbhir viniścitaiḥ

ṛṣibhiḥ—por los sabios; *bahudhā*—de muchas formas; *gītam*—descrito; *chandobhiḥ*—por los himnos védicos; *vividhaiḥ*—varios; *pṛthak*—de diversas maneras; *brahma-sūtra*—de *El Vedānta*; *padaiḥ*—por los aforismos; *ca*—también; *eva*—ciertamente; *hetu-madbhiḥ*—con la causa y el efecto; *viniścitaiḥ*—seguro.

TRADUCCIÓN

Ese conocimiento acerca del campo de las actividades y del conocedor de las actividades lo describen diversos sabios en diversos escritos védicos. Dicho conocimiento se presenta especialmente en El Vedānta-sūtra, con todo el razonamiento necesario respecto a la causa y el efecto.

SIGNIFICADO

La Suprema Personalidad de Dios, Kṛṣṇa, es la máxima autoridad que puede explicar este conocimiento. Aun así, como una cuestión natural, los eruditos entendidos y las autoridades modelo siempre presentan pruebas procedentes de autoridades anteriores. Kṛṣṇa está explicando este punto sumamente controversial acerca de la dualidad y la no dualidad del alma y la Superalma, refiriéndose a una Escritura, *El Vedānta*, que se acepta como autoridad. Primero, Él dice: ''Esto está de conformidad con lo que indican diferentes sabios''. En lo que respecta a los sabios, además de Él mismo, Vyāsadeva (el autor de *El Vedānta-sūtra*) es un gran sabio, y en *El Vedānta-sūtra* la dualidad se explica a la perfección. Y el padre de Vyāsadeva, Parāśara, también es un gran sabio, y él escribe en sus libros de religiosidad: *ahaṁ tvaṁ ca tathānye*..., ''Nosotros—usted, yo y las diversas otras entidades vivientes—somos todos trascendentales, aunque estemos en cuerpos materiales. Ahora hemos caído en el terreno de las tres modalidades de la naturaleza material, según nuestros diferentes *karmas*. En consecuencia, algunos de nosotros se encuentran en niveles superiores y otros se encuentran en el seno de la naturaleza inferior. Las naturalezas superior e inferior existen debido a la ignorancia y se manifiestan en un número infinito de entidades vivientes. Pero a la Superalma, que es infalible, no la contaminan las tres cualidades de la naturaleza, y Él es trascendental''. De igual modo, en los *Vedas* originales se hace una distinción entre el alma, la Superalma y el cuerpo, especialmente en *El Kaṭha Upaniṣad*. Hay muchos sabios eminentes que han explicado esto, y a Parāśara se lo considera el principal de ellos.

La palabra *chandobhiḥ* se refiere a las diversas Escrituras védicas. *El Taittirīya Upaniṣad*, por ejemplo, que es una rama de *El Yajur Veda*, describe a la naturaleza, a la entidad viviente y a la Suprema Personalidad de Dios.

Como se dijo antes, *kṣetra* es el campo de las actividades, y hay dos clases de *kṣetra-jña*: la entidad viviente individual y la entidad viviente suprema. Como se declara en *El Taittirīya Upaniṣad* (2.9): *brahma pucchaṁ pratiṣṭhā*. Hay una manifestación de la energía del Señor Supremo conocida como *anna-maya*, el estado en el que se depende de comida para la existencia. Ésa es una comprensión materialista acerca del Supremo. Luego, en *prāṇa-maya*, después de percibir a la Suprema Verdad Absoluta en la comida, uno puede percibir a la Verdad Absoluta en las señales de vida o en las formas de vida. En *jñāna-maya*, la comprensión se desarrolla hasta el punto de pensar, sentir y desear. Luego, se encuentra la comprensión Brahman, denominada *vijñāna-maya*, en la cual la mente de la entidad viviente y las señales de vida se distinguen de la entidad viviente en sí. La siguiente etapa, que es la suprema, es la *ānanda-maya*, la comprensión de la naturaleza supremamente bienaventurada. Así pues, en la comprensión Brahman hay cinco etapas, que se denominan *brahma puccham*. De ellas, las primeras tres —*anna-maya*, *prāṇa-maya* y *jñāna-maya*— tienen que ver con los campos de las actividades de las entidades vivientes. Trascendental a todos estos campos de actividades se halla el Señor Supremo, a quien se conoce como *ānanda-maya*. *El Vedānta-sūtra* también describe al Supremo, diciendo: *ānanda-mayo 'bhyāsāt*, la Suprema Personalidad de Dios está por naturaleza lleno de júbilo. Para disfrutar de Su bienaventuranza trascendental, Él se expande en *vijñāna-maya*, *prāṇa-maya, jñāna-maya* y *anna-maya*. En el campo de las actividades, se considera que la entidad viviente es la disfrutadora, y que el *ānanda-maya* es diferente de ella. Eso significa que si la entidad viviente decide disfrutar acoplándose con el *ānanda-maya*, se vuelve entonces perfecta. Ésa es la verdadera descripción del Señor Supremo como el supremo conocedor del campo, de la entidad viviente como el conocedor subordinado, y de la naturaleza del campo de las actividades. Uno tiene que buscar esa verdad en *El Vedānta-sūtra*, o *El Brahma-sūtra*.

Aquí se menciona que los códigos de *El Brahma-sūtra* están muy bien dispuestos según la causa y el efecto. Algunos de los *sūtras*, o aforismos, son *na viyad aśruteḥ* (2.3.2), *nātmā śruteḥ* (2.3.18) y *parāt tu tac-chruteḥ* (2.3.40). El primer aforismo se refiere al campo de las actividades, el segundo se refiere a la entidad viviente, y el tercero se refiere al Señor Supremo, el *súmmum bonum* entre todas las manifestaciones de las diversas entidades que existen.

TEXTOS 6–7

महाभूतान्यहङ्कारो बुद्धिरव्यक्तमेव च ।
इन्द्रियाणि दशैकं च पञ्च चेन्द्रियगोचराः ॥ ६ ॥
इच्छा द्वेषः सुखं दुःखं सङ्घातश्चेतना धृतिः ।
एतत्क्षेत्रं समासेन सविकारमुदाहृतम् ॥ ७ ॥

mahā-bhūtāny ahaṅkāro
buddhir avyaktam eva ca
indriyāṇi daśakaṁ ca
pañca cendriya-gocarāḥ

icchā dveṣaḥ sukhaṁ duḥkhaṁ
saṅghātaś cetanā dhṛtiḥ
etat kṣetraṁ samāsena
sa-vikāram udāhṛtam

mahā-bhūtāni—los grandes elementos; *ahaṅkāraḥ*—ego falso; *buddhiḥ*—

inteligencia; *avyaktam*—lo no manifestado; *eva*—ciertamente; *ca*—también; *indriyāṇi*—los sentidos; *daśa ekam*—once; *ca*—también; *pañca*—cinco; *ca*—también; *indriya-gocarāḥ*—objetos de los sentidos; *icchā*—deseo; *dveṣaḥ*—odio; *sukham*—felicidad; *duḥkham*—aflicción; *saṅghātaḥ*—el conjunto; *cetanā*—señales de vida; *dhṛti*—convicción; *etat*—todo esto; *kṣetram*—el campo de las actividades; *samāsena*—en resumen; *sa-vikāram*—con interacciones; *udāhṛtam*—ejemplificado.

TRADUCCIÓN

Los cinco grandes elementos, el ego falso, la inteligencia, lo no manifestado, los diez sentidos y la mente, los cinco objetos de los sentidos, el deseo, el odio, la felicidad, la aflicción, el conjunto, las señales de vida y las convicciones, a todos éstos se los considera, en resumen, que son el campo de las actividades y sus interacciones.

SIGNIFICADO

De acuerdo con todas las declaraciones autoritativas de los grandes sabios, de los himnos védicos y de los aforismos de *El Vedānta-sūtra*, se puede concluir que los componentes de este mundo son los siguientes. En primer lugar, están la tierra, el agua, el fuego, el aire y el éter. Éstos son los cinco grandes elementos (*mahā-bhūta*). Luego, están el ego falso, la inteligencia y la etapa no manifestada de las tres modalidades de la naturaleza. Después, están los cinco sentidos para adquirir conocimiento: los ojos, los oídos, la nariz, la lengua y la piel. Luego, están los cinco sentidos de trabajo: la voz, las piernas, las manos, el ano y el órgano genital. A continuación, por encima de los sentidos, está la mente, la cual está dentro y a la que se puede llamar el sentido interno. De modo que, incluyendo a la mente, hay un total de once sentidos. Luego, están los cinco objetos de los sentidos: el olor, el sabor, la forma, la sensación del tacto y el sonido. Pues bien, el conjunto de estos veinticuatro elementos se denomina el campo de la actividad. Si uno hace un estudio analítico de estos veinticuatro elementos, puede entonces entender muy bien el campo de la actividad. Después, se encuentran el deseo, el odio, la felicidad y la aflicción, que son interacciones, representaciones de los cinco grandes elementos del cuerpo físico. Las señales de vida, representadas por la conciencia y la convicción, son la manifestación del cuerpo sutil —la mente, el ego y la inteligencia—. Esos elementos sutiles se incluyen dentro del campo de las actividades.

Los cinco grandes elementos son una representación física del ego falso, que a su vez representa la etapa primaria del ego falso técnicamente conocida como la concepción materialista, o *tāmasa-buddhi*, la inteligencia en el ámbito de la ignorancia. Esto, además, representa la etapa no manifestada de las tres modalidades de la naturaleza material. Las modalidades no manifestadas de la naturaleza material se denominan *pradhāna*.

Aquel que desea conocer en detalle los veinticuatro elementos junto con sus interacciones, debe estudiar la filosofía más detenidamente. En *El Bhagavad-gītā* sólo se da un resumen.

El cuerpo es la representación de todos esos factores, y existen cambios que sufre el cuerpo, que son seis en total: el cuerpo nace, crece, permanece, produce derivados, luego comienza a decaer y en la última etapa se desvanece. Por lo tanto, el campo es una cosa material temporal. Sin embargo, el *kṣetra-jña*, el conocedor del campo, su propietario, es diferente.

TEXTOS 8–12

अमानित्वमदम्भित्वमहिंसा क्षान्तिरार्जवम् ।
आचार्योपासनं शौचं स्थैर्यमात्मविनिग्रहः ॥८॥
इन्द्रियार्थेषु वैराग्यमनहङ्कार एव च ।
जन्ममृत्युजराव्याधिदुःखदोषानुदर्शनम् ॥९॥
असक्तिरनभिष्वङ्गः पुत्रदारगृहादिषु ।
नित्यं च समचित्तत्वमिष्टानिष्टोपपत्तिषु ॥१०॥
मयि चानन्ययोगेन भक्तिरव्यभिचारिणी ।
विविक्तदेशसेवित्वमरतिर्जनसंसदि ॥११॥
अध्यात्मज्ञाननित्यत्वं तत्त्वज्ञानार्थदर्शनम् ।
एतज्ज्ञानमिति प्रोक्तमज्ञानं यदतोऽन्यथा ॥१२॥

amānitvam adambhitvam
ahiṁsā kṣāntir ārjavam
ācāryopāsanaṁ śaucaṁ
sthairyam ātma-vinigrahaḥ

indriyārtheṣu vairāgyam
anahaṅkāra eva ca
janma-mṛtyu-jarā-vyādhi-
duḥkha-doṣānudarśanam

asaktir anabhiṣvaṅgaḥ
putra-dāra-gṛhādiṣu
nityaṁ ca sam-cittatvam
iṣṭāniṣṭopapattiṣu

mayi cānanya-yogena
bhaktir avyabhicāriṇī
vivikta-deśa-sevitvam
aratir jana-saṁsadi

adhyātma-jñāna-nityatvaṁ
tattva-jñānārtha-darśanam
etaj jñānam iti proktam
ajñānaṁ yad ato 'nyatā

amānitvam—humildad; *adambhitvam*—ausencia de orgullo; *ahiṁsā*—no violencia; *kṣāntiḥ*—tolerancia; *ārjavam*—sencillez; *ācārya-upāsanam*—acercarse a un maestro espiritual genuino; *śaucam*—limpieza; *sthairyam*—constancia; *ātma-vinigrahaḥ*—autocontrol; *indriya-artheṣu*—en lo que respecta a los sentidos; *vairāgyam*—renunciación; *anahaṅkāraḥ*—sin egoísmo falso; *eva*—ciertamente; *ca*—también; *janma*—del nacimiento; *mṛtyu*—muerte; *jarā*—vejez; *vyādhi*—y enfermedades; *duḥkha*—de la aflicción; *doṣa*—la falta; *anudarśanam*—observando; *asaktiḥ*—sin apego; *anabhiṣvaṅgaḥ*—sin compañía; *putra*—por el hijo; *dāra*—la esposa; *gṛha-ādiṣu*—el hogar, etc.; *nityam*—constante; *ca*—también; *sama-cittatvam*—equilibrio; *iṣṭa*—deseable; *aniṣṭa*—e indeseable; *upapattiṣu*—habiendo obtenido; *mayi*—a Mí; *ca*—también; *ananya-yogena*—por el servicio devocional puro; *bhaktiḥ*—devoción; *avyabhicāriṇī*—inquebrantable; *vivikta*—solitarios; *deśa*—a lugares; *sevitvam*—ambicionando; *aratiḥ*—sin apego; *jana-saṁsadi*—a la gente en general; *adhyātma*—relacionado con el yo; *jñāna*—con conocimiento; *nityatvam*—constancia; *tattva-jñāna*—del conocimiento de la verdad; *artha*—por el objeto; *darśanam*—filosofía; *etat*—todo esto; *jñanam*—conocimiento; *iti*—así pues; *proktam*—declarado; *ajñānam*—ignorancia; *yat*—aquello que; *ataḥ*—de esto; *anyathā*—otro.

TRADUCCIÓN

La humildad; la ausencia de orgullo; la no violencia; la tolerancia; la sencillez; el acudir a un maestro espiritual genuino; la limpieza; la constancia; el autocontrol; el renunciar a los objetos del goce de los sentidos; la ausencia de ego falso; la percepción de lo malo del nacimiento, la muerte, la vejez y las enfermedades; el estar libre del enredo de los hijos, la esposa, el hogar y lo demás; la ecuanimidad en medio de eventos agradables y desagradables; la devoción constante y pura por Mí; el ambicionar vivir en un lugar solitario; el estar desapegado de las masas; el aceptar la importancia de la autorrealización; y la búsqueda filosófica de la Verdad Absoluta: todo eso Yo declaro que es conocimiento, y cualquier otra cosa que haya aparte de eso es ignorancia.

SIGNIFICADO

Algunos hombres poco inteligentes a veces confunden este proceso de conocimiento con la interacción del campo de la actividad. Pero, en realidad, éste es el verdadero proceso de conocimiento. Si uno acepta este proceso, existe entonces la posibilidad de acercarse a la Verdad Absoluta. Esto no es la interacción de los veinticuatro elementos, tal como se describió antes. Éste es de hecho el medio para salir del enredo de esos elementos. El alma encarnada está atrapada por el cuerpo, que es una envoltura hecha de los veinticuatro elementos, y el proceso de conocimiento tal como se describe aquí es el medio para salir de ella. De todas las descripciones del proceso de conocimiento, el punto más importante se describe en la primera línea del verso once. *Mayi cānanya-yogena bhaktir avyabhicāriṇī*: el proceso de conocimiento culmina en el servicio devocional puro que se le presta al Señor. De manera que, si uno no se dirige, o no es capaz de dirigirse, al servicio trascendental del Señor, entonces los otros diecinueve puntos no son de mucho valor. Pero si uno se entrega al servicio devocional con plena conciencia de Kṛṣṇa, los otros diecinueve puntos se desarrollan en uno automáticamente. Como se afirma en *El Śrīmad-Bhāgavatam* (5.18.12): *yasyāsti bhaktir bhagavaty akiñcanā sarvair guṇais tatra samāsate surāḥ*. Todas las buenas cualidades del conocimiento se desarrollan en alguien que ha llegado a la etapa del servicio devocional. El principio de aceptar a un maestro espiritual, tal como se menciona en el verso ocho, es esencial. Incluso para aquel que se entrega al servicio devocional, ello es de lo más importante. La vida trascendental comienza cuando uno acepta a un maestro espiritual genuino. La Suprema Personalidad de Dios, Śrī Kṛṣṇa, afirma aquí claramente que este proceso de conocimiento es el camino verdadero. Cualquier otra cosa que se especule más allá de esto, es una necedad.

En cuanto al conocimiento que se esboza aquí, los puntos se pueden analizar de la siguiente manera. Humildad significa que uno no debe estar ansioso de tener la satisfacción de ser honrado por otros. El concepto material de la vida lo vuelve a uno muy ansioso de recibir honor de los demás, pero desde el punto de vista de un hombre que tiene conocimiento perfecto —alguien que sabe que no es este cuerpo—, cualquier cosa, el honor o el deshonor, perteneciente a este cuerpo, es inútil. Uno no debe estar anhelando esa ilusión material. La gente está muy ansiosa de ser famosa por su religión, y, en consecuencia, a veces se observa que, sin entender los principios de la religión, uno ingresa en algún grupo que de hecho no está siguiendo principios religiosos, y luego quiere anunciarse a sí mismo como un mentor religioso. En lo que respecta al verdadero adelanto en la ciencia espiritual, uno debe hacerse un examen para ver cuánto está progresando. Se puede juzgar por estos factores.

Generalmente se entiende por no violencia el no matar o destruir el cuerpo, pero, en realidad, no violencia significa no causarles angustias a los demás. Por ignorancia, la generalidad de la gente está atrapada en el concepto material de la vida, y perpetuamente sufre los dolores materiales. Así que, a menos que uno eleve a la gente al plano del conocimiento espiritual, está practicando violencia.

Uno debe tratar lo mejor que pueda de distribuir verdadero conocimiento, de modo que la gente se ilumine y abandone este enredo material. Eso es no violencia.

Tolerancia significa que uno debe estar dispuesto a soportar el insulto y el deshonor de que lo hagan objeto los demás. Si uno está dedicado al adelanto del conocimiento espiritual, será objeto de muchísimos insultos y mucho deshonor. Eso es de esperarse, porque la naturaleza material está hecha de esa manera. Hasta un niño como Prahlāda, quien, con sólo cinco años de edad, estaba dedicado al cultivo del conocimiento espiritual, se vio en peligro cuando su padre se puso en contra de su devoción. El padre trató de matarlo de muchas maneras, pero Prahlāda lo toleró. Así pues, puede que haya muchos impedimentos para poder adelantar en el conocimiento espiritual, pero debemos ser tolerantes y continuar nuestro progreso con determinación.

Sencillez significa que uno debe ser tan recto, que, sin diplomacia, pueda exponerle la verdad desnuda incluso a un enemigo. En lo que se refiere a la aceptación del maestro espiritual, eso es esencial, porque sin la instrucción de un maestro espiritual genuino no se puede progresar en la ciencia espiritual. Uno debe acudir al maestro espiritual con toda humildad y ofrecerle toda clase de servicios, de modo que él tenga el agrado de conferirle sus bendiciones al discípulo. Como un maestro espiritual genuino es un representante de Kṛṣṇa, si él le otorga alguna bendición al discípulo, eso hará que el discípulo se vuelva adelantado de inmediato sin la prosecución de los principios regulativos. O si no, los principios regulativos se le harán más fáciles a aquel que haya servido al maestro espiritual sin reservas.

La limpieza es esencial para adelantar en la vida espiritual. Hay dos clases de limpieza: la externa y la interna. Limpieza externa significa darse un baño, pero para la limpieza interna uno tiene que pensar en Kṛṣṇa siempre y cantar Hare Kṛṣṇa, Hare Kṛṣṇa, Kṛṣṇa Kṛṣṇa, Hare Hare/ Hare Rāma, Hare Rāma, Rāma Rāma, Hare Hare. Ese proceso limpia de la mente el polvo del *karma* pasado que se ha acumulado.

Constancia significa que uno debe estar muy determinado a progresar en la vida espiritual. Sin esa determinación no se puede progresar de una manera tangible. Y autocontrol significa que no se debe aceptar nada que vaya en detrimento del sendero del progreso espiritual. Uno debe acostrumbrarse a eso y rechazar todo lo que esté en contra del sendero del progreso espiritual. Eso es verdadera renunciación. Los sentidos son tan fuertes, que siempre están ansiosos de tener su propio goce. Uno no debe complacer esas exigencias, las cuales no son necesarias. Los sentidos sólo se deben complacer para mantener el cuerpo apto, de modo que uno pueda desempeñar su deber para adelantar en la vida espiritual. El sentido más importante e incontrolable de todos es el del gusto. Si uno puede controlar el órgano del gusto, la lengua, entonces hay muchas probabilidades de controlar los demás sentidos. La función de la lengua es la de saborear cosas y producir sonidos. Por consiguiente, mediante la regulación sistemática, se debe siempre ocupar la lengua en saborear los remanentes de la comida que se le ofrece a Kṛṣṇa y en cantar Hare Kṛṣṇa. En lo que respecta a los ojos, no se les debe permitir ver nada aparte de la hermosa forma de Kṛṣṇa. Eso controlará los ojos. De igual forma, los oídos se deben dedicar a oír hablar de Kṛṣṇa, y la nariz se debe dedicar a oler las flores que se le han ofrecido a Kṛṣṇa. Ése es el proceso del servicio devocional, y aquí se entiende que *El Bhagavad-gītā* simplemente está exponiendo la ciencia del servicio devocional. El servicio devocional es el principal y único objetivo. Algunos comentaristas de *El Bhagavad-gītā* poco inteligentes tratan de apartar la mente del lector hacia otros asuntos, pero en *El Bhagavad-gītā* no hay ningún otro asunto aparte del servicio devocional.

Ego falso significa aceptar que este cuerpo es uno mismo. Cuando uno entiende que no es el cuerpo sino alma espiritual, llega a su verdadero ego. El ego está ahí. El ego falso se censura, pero no el ego verdadero. En la literatura védica (*El Bṛhad-āraṇyaka Upaniṣad* 1.4.10) se dice: *ahaṁ brahmāsmi*, "Yo soy Brahman, yo soy espíritu". Este "yo soy", el sentido de ser, también existe en la etapa liberada de la autorrealización. Ese sentido de "yo soy" es ego, pero cuando se le aplica a este cuerpo falso, es ego falso. Cuando el sentido de ser se le aplica a la realidad, eso es ego verdadero. Hay algunos filósofos que dicen que debemos abandonar nuestro ego, pero eso no es posible hacerlo, porque ego significa identidad. Claro que, lo que sí tenemos que abandonar es la falsa identificación con el cuerpo.

Uno debe tratar de entender el dolor que implica el aceptar el nacimiento, la muerte, la vejez y las enfermedades. En diversas Escrituras védicas hay descripciones del nacimiento. En *El Śrīmad-Bhāgavatam* se describe de una manera muy gráfica el mundo del embrión, la estadía del niño en el vientre de la madre, su sufrimiento, etc. Debe entenderse perfectamente bien que el nacimiento es doloroso. Como hemos olvidado cuánto hemos sufrido en el vientre de la madre, no le buscamos ninguna solución al reiterado proceso del nacimiento y la muerte. De modo similar, a la hora de la muerte hay toda clase de sufrimientos, y éstos también se mencionan en las Escrituras autoritativas. Se debe discutir acerca de ellas. En lo que respecta a las enfermedades y a la vejez, todo el mundo tiene experiencia práctica de eso. Nadie quiere estar enfermo, y nadie quiere envejecer, pero no hay ninguna manera de evitarlo. A menos que se tenga una visión pesimista de esta vida material, considerando los sufrimientos del nacimiento, la muerte, la vejez y las enfermedades, no habrá ningún incentivo para que adelantemos en la vida espiritual.

En cuanto al hecho de estar desapegado de los hijos, la esposa y el hogar, eso no quiere decir que uno no tenga ningún sentimiento por ellos. Ellos son objetos naturales de afecto, pero si no son favorables al progreso espiritual, entonces no se debe estar apegado a ellos. El mejor proceso para hacer que el hogar sea agradable es el proceso de conciencia de Kṛṣṇa. Si uno tiene plena conciencia de Kṛṣṇa, puede hacer que su hogar sea muy feliz, ya que este proceso de conciencia de Kṛṣṇa es muy sencillo. Uno sólo tiene que cantar Hare Kṛṣṇa, Hare Kṛṣṇa, Kṛṣṇa Kṛṣṇa, Hare Hare/ Hare Rāma, Hare Rāma, Rāma Rāma, Hare Hare, aceptar los remanentes de la comida que se le ha ofrecido a Kṛṣṇa, discutir un poco acerca de libros tales como *El Bhagavad-gītā* y *El Śrīmad-Bhāgavatam*, y ocuparse en la adoración de la Deidad. Estas cuatro cosas harán que uno sea feliz. Uno debe adiestrar a los miembros de su familia de esa manera. Los miembros de la familia pueden sentarse por la mañana y por la noche a cantar juntos Hare Kṛṣṇa, Hare Kṛṣṇa, Kṛṣṇa Kṛṣṇa, Hare Hare/ Hare Rāma, Hare Rāma, Rāma Rāma, Hare Hare. Si uno puede amoldar su vida familiar de esa manera para cultivar conciencia de Kṛṣṇa, siguiendo esos cuatro principios, entonces no hay ninguna necesidad de cambiar la vida familiar por la vida de renunciante. Pero si la vida familiar no es apropiada, no es favorable para el adelanto espiritual, entonces se la debe abandonar. Uno debe sacrificar todo para llegar a comprender o servir a Kṛṣṇa, tal como lo hizo Arjuna. Arjuna no quería matar a sus familiares, pero cuando entendió que esos familiares eran impedimentos para llegar a comprender a Kṛṣṇa, aceptó la instrucción de Kṛṣṇa, peleó y los mató. En todos los casos, uno debe estar desapegado de la felicidad y la aflicción de la vida familiar, porque en este mundo nunca se puede ser totalmente feliz ni totalmente desdichado.

La felicidad y la aflicción son factores concomitantes de la vida material. Uno debe aprender a tolerar, tal como se aconseja en *El Bhagavad-gītā*. El ir y venir de la felicidad y la aflicción nunca se podrá impedir, así que uno debe estar desapegado del modo de vida materialista y mantener el equilibrio automáticamente en ambos casos. Por lo general, cuando conseguimos algo deseable nos sentimos muy felices, y cuando obtenemos algo desagradable nos afligimos. Pero si de hecho nos encontramos en la posición espiritual, esas cosas no nos van a agitar. Para llegar a esa etapa, tenemos que practicar el servicio devocional inquebrantable. Prestarle servicio devocional a Kṛṣṇa sin desviación significa dedicarse a los nueve procesos del servicio devocional —cantar, oír, adorar, ofrecer respetos, etc.— tal como se describe en el último verso del Noveno Capítulo. Se debe seguir ese proceso.

Naturalmente, cuando uno se adapta al modo espiritual de la vida, no quiere mezclarse con hombres materialistas. Eso iría en contra de su carácter. Uno puede examinarse a sí mismo viendo cuánto se inclina a vivir en un lugar solitario, sin compañías poco recomendables. De un modo natural, el devoto no siente gusto en actividades deportivas innecesarias o en ir al cine o disfrutar de alguna función social, porque él entiende que todas esas cosas son simplemente una pérdida de tiempo. Hay muchos investigadores y filósofos que estudian la vida sexual o algún otro asunto, pero según *El Bhagavad-gītā* ese trabajo de investigación y esa especulación filosófica carecen de todo valor. Ello es más o menos una insensatez. Según *El Bhagavad-gītā*, uno debe investigar, mediante el discernimiento filosófico, la naturaleza del alma. Uno debe hacer una investigación para entender el ser. Aquí se recomienda eso.

En lo que respecta a la autorrealización, aquí se afirma de un modo claro que el *bhakti-yoga* es especialmente práctico para ello. En cuanto se habla de devoción, se debe considerar la relación que hay entre la Superalma y el alma individual. El alma individual y la Superalma no pueden ser uno, al menos no en la concepción *bhakti*, la concepción devocional de la vida. Este servicio del alma individual hacia el Alma Suprema es eterno, *nitya*, tal como se expresa claramente. Así que el *bhakti*, o el servicio devocional, es eterno. Uno debe establecerse en esa convicción filosófica.

En *El Śrīmad-Bhāgavatam* (1.2.11) se explica eso. *Vadanti tat tattva-vidas tattvaṁ yaj jñānam advayam.* ''Aquellos que verdaderamente son conocedores de la Verdad Absoluta, saben que al Ser se lo comprende en tres diferentes fases: como Brahman, Paramātmā y Bhagavān''. Bhagavān es la última palabra en la comprensión de la Verdad Absoluta; por consiguiente, uno debe llegar a ese plano de comprensión de la Suprema Personalidad de Dios, y de ese modo dedicarse al servicio devocional del Señor. Ésa es la perfección del conocimiento.

Comenzando con la práctica de la humildad y yendo hasta el punto de la comprensión de la Verdad Suprema, la Absoluta Personalidad de Dios, este proceso es como una escalera que va de la planta baja hasta el último piso. Ahora bien, en esa escalera hay muchísima gente que ha llegado al primer piso, al segundo, al tercero, etc., pero a menos que uno llegue al último piso, que consiste en llegar a comprender a Kṛṣṇa, estará en una etapa inferior del conocimiento. Si alguien quiere competir con Dios y al mismo tiempo adelantar en el conocimiento espiritual, fracasará. Se dice bien claro que sin humildad la comprensión no es verdaderamente posible. Creerse Dios es de lo más engreído. Aunque la entidad viviente siempre es pateada por las estrictas leyes de la naturaleza material, no obstante, por ignorancia, piensa: ''Yo soy Dios''. El comienzo del conocimiento lo constituye, pues, *amānitva*, la humildad. Uno debe ser humilde y saber que está subordinado al Señor Supremo. Debido a la rebelión en contra del Señor Supremo, uno queda subordinado a la naturaleza material. Se debe saber esa verdad y estar convencido de ella.

TEXTO 13

ज्ञेयं यत्तत्प्रवक्ष्यामि यज्ज्ञात्वाऽमृतमश्नुते ।
अनादिमत्परं ब्रह्म न सत्तन्नासदुच्यते ॥ १३ ॥

jñeyaṁ yat tat pravakṣyāmi
yaj jñātvāmṛtam aśnute
anādi mat-paraṁ brahma
na sat tan nāsad ucyate

jñeyam—lo conocible; *yat*—lo cual; *tat*—eso; *pravakṣyāmi*—ahora explicaré; *yat*—lo cual; *jñātvā*—conociendo; *amṛtam*—néctar; *aśnute*—se saborea; *anādi*—sin principio; *mat-param*—subordinado a Mí; *brahma*—espíritu; *na*—ni; *sat*—causa; *tat*—eso; *na*—ni; *asat*—efecto; *ucyate*—se dice que es.

TRADUCCIÓN

Ahora te he de explicar lo conocible, con lo cual probarás lo eterno. El Brahman, el espíritu, el cual no tiene principio y está subordinado a Mí, yace más allá de la causa y el efecto de este mundo material.

SIGNIFICADO

El Señor ha explicado el campo de las actividades y al conocedor del campo. Él ha explicado también el proceso para conocer al conocedor del campo de las actividades. Ahora, Él comienza a explicar lo conocible: primero el alma y luego la Superalma. Por medio del conocimiento acerca del conocedor —tanto el alma como la Superalma—, uno puede saborear el néctar de la vida. Como se explica en el Segundo Capítulo, la entidad viviente es eterna. Eso también se confirma aquí. No existe una fecha específica en que la *jīva* haya nacido. Ni tampoco puede nadie averiguar la historia de la manifestación de la *jīvātmā* como producto del Señor Supremo. Por lo tanto, no tiene principio. La literatura védica confirma eso: *na jāyate mriyate vā vipaścit* (*El Kaṭha Upaniṣad* 1.2.18). El conocedor del cuerpo nunca nace ni nunca muere, y está colmado de conocimiento.

En la literatura védica (*El Śvetāśvatara Upaniṣad* 6.16) también se declara que, en forma de la Superalma, el Señor Supremo es *pradhāna-kṣetrajña-patir guṇeśaḥ*, el principal conocedor del cuerpo, y el amo de las tres modalidades de la naturaleza material. En el *smṛti* se dice: *dāsa-bhūto harer eva nānyasyaiva kadācana*. Las entidades vivientes están eternamente al servicio del Señor Supremo. Esto también lo confirma el Señor Caitanya en Sus enseñanzas. De manera que, la descripción de Brahman que se menciona en este verso se refiere al alma individual, y cuando la palabra Brahman se le aplica a la entidad viviente, se sobrentiende que ésta es *vijñāna-brahma*, en contraposición al *ānanda-brahma*. El *ānanda-brahma* es el Brahman Supremo, la Personalidad de Dios.

TEXTO 14

सर्वतः पाणिपादं तत्सर्वतोऽक्षिशिरोमुखम् ।
सर्वतः श्रुतिमल्लोके सर्वमावृत्य तिष्ठति ॥१४॥

sarvataḥ pāṇi-pādaṁ tat
sarvato 'kṣi-śiro-mukham
sarvataḥ śrutimal loke
sarvam āvṛtya tiṣṭhati

sarvataḥ—en todas partes; *pāṇi*—manos; *pādam*—piernas; *tat*—eso; *sarvataḥ*—en todas partes; *akṣi*—ojos; *śiraḥ*—cabezas; *mukham*—caras;

sarvataḥ—en todas partes; *śruti-mat*—con oídos; *loke*—en el mundo; *sarvam*—todo; *āvṛtya*—cubriendo; *tiṣṭhati*—existe.

TRADUCCIÓN

Por doquier están Sus manos y Sus piernas, y Sus ojos, Sus cabezas y Sus caras, y Él tiene oídos por todas partes. De ese modo existe la Superalma, omnipresente en todo.

SIGNIFICADO

Así como el Sol existe y difunde sus rayos ilimitados, así mismo existe la Superalma, o la Suprema Personalidad de Dios. Él existe en Su forma omnipresente, y en Él existen todas las entidades vivientes individuales, desde el primer gran maestro, Brahmā, hasta las pequeñas hormigas. Existen infinidad de cabezas, piernas, manos y ojos, e infinidad de entidades vivientes. Todo ello existe en y sobre la Superalma. Por lo tanto, la Superalma es omnipresente. Sin embargo, el alma individual no puede decir que tiene sus manos, piernas y ojos en todas partes. Eso no es posible. Si ella cree que mientras se encuentra bajo la influencia de la ignorancia no está consciente de que sus manos y piernas están difundidas por doquier, pero que cuando adquiera el debido conocimiento llegará a esa etapa, su pensamiento es contradictorio. Eso significa que como el alma individual ha quedado condicionada por la naturaleza material, no es suprema. El Supremo es diferente del alma individual. El Señor Supremo puede extender Su mano ilimitadamente; el alma individual no puede hacerlo. En *El Bhagavad-gītā*, el Señor dice que si alguien le ofrece una flor, una fruta o un poco de agua, Él la acepta. Si el Señor se encuentra lejos, ¿cómo puede aceptar cosas? He ahí la omnipotencia del Señor: aunque se encuentra en Su propia morada, sumamente lejos de la Tierra, puede extender Su mano para aceptar lo que cualquiera le ofrezca. Ésa es Su potencia. En *El Brahma-saṁhitā* (5.37) se dice: *goloka eva nivasaty ahilātma-bhūtaḥ*, aunque Él siempre está dedicado a disfrutar de pasatiempos en Su planeta trascendental, es omnipresente. El alma individual no puede decir que es omnipresente. Luego este verso describe al Alma Suprema, la Personalidad de Dios, no al alma individual.

TEXTO 15

सर्वेन्द्रियगुणाभासं सर्वेन्द्रियविवर्जितम् ।
असक्तं सर्वभृच्चैव निर्गुणं गुणभोक्तृ च ॥ १५ ॥

sarvendriya-guṇābhāsaṁ
sarvendriya-vivarjitam
asaktaṁ śarva-bhṛc caiva
nirguṇaṁ guṇa-bhoktṛ ca

sarva—de todos; *indriya*—sentidos; *guṇa*—cualidades; *ābhāsam*—la fuente original; *sarva*—todos; *indriya*—sentidos; *vivarjitam*—estando sin; *asaktam*—sin apego; *sarva-bhṛt*—el que mantiene a todos; *ca*—también; *eva*—ciertamente; *nirguṇam*—sin cualidades materiales; *guṇa bhoktṛ*—amo de las *guṇas*; *ca*—también.

TRADUCCIÓN

La Superalma es la fuente original de todos los sentidos, y, sin embargo, no tiene sentidos. Él es libre, aunque es el sustentador de todos los seres vivientes. Él trasciende las modalidades de la naturaleza, y al mismo tiempo es el amo de todas las modalidades de la naturaleza material.

SIGNIFICADO

Aunque el Señor Supremo es la fuente de todos los sentidos de las entidades vivientes, no tiene sentidos materiales como ellas. En realidad, las almas individuales tienen sentidos espirituales, pero en la vida condicionada se cubren con los elementos materiales, y, por consiguiente, las actividades de los sentidos se exhiben a través de la materia. Los sentidos del Señor Supremo no se cubren de ese modo. Sus sentidos son trascendentales y, en consecuencia, se denominan *nirguṇa*. La palabra *guṇa* se refiere a las modalidades materiales, pero los sentidos de Él no tienen una cobertura material. Se ha de entender que Sus sentidos no son exactamente como los nuestros. Pese a que Él es la fuente de todas las actividades de nuestros sentidos, Él tiene Sus sentidos trascendentales, los cuales no están contaminados. Esto se explica muy bien en *El Śvetāśvatara Upaniṣad* (3.19), en el verso *apāṇi-pādo javano grahītā*. La Suprema Personalidad de Dios no tiene manos que estén contaminadas por lo material, pero tiene Sus manos y acepta todos los sacrificios que se le ofrezcan. Ésa es la diferencia que hay entre el alma condicionada y la Superalma. Él no tiene ojos materiales, pero sí tiene ojos, pues, de lo contrario, ¿cómo podría ver? Él lo ve todo —pasado, presente y futuro—. Él vive dentro del corazón del ser viviente, y Él sabe lo que hemos hecho en el pasado, lo que estamos haciendo ahora, y lo que nos espera en el futuro. Eso también se confirma en *El Bhagavad-gītā*: Él lo conoce todo, pero nadie lo conoce a Él. Se dice que el Señor Supremo no tiene piernas como nosotros, pero Él puede viajar por el espacio debido a que tiene piernas espirituales. En otras palabras, el Señor no es impersonal; Él tiene Sus ojos, piernas, manos y todo lo demás, y como nosotros somos parte integral del Señor Supremo, también tenemos esas cosas. Pero Sus manos, piernas, ojos y sentidos no están contaminados por la naturaleza material.

El Bhagavad-gītā también confirma que, cuando el Señor aparece, aparece tal como es, por medio de Su potencia interna. A Él no lo contamina la energía material, porque Él es el Señor de la energía material. En la literatura védica se dice que todo Su cuerpo es espiritual. Él tiene Su forma eterna, denominada *sac-cid-ānanda-vigraha*. Él está colmado de todas las opulencias. Él es el propietario de todas las riquezas y el dueño de todas las energías. Él es sumamente inteligente y está colmado de conocimiento. Éstas son algunas de las características propias de la Suprema Personalidad de Dios. Él es el sustentador de todas las entidades vivientes y el testigo de todas las actividades. Hasta donde podemos entender en la literatura védica, el Señor Supremo siempre es trascendental. Aunque no vemos Su cabeza, cara, manos o piernas, Él las tiene, y cuando nos elevemos a la situación trascendental podremos ver la forma del Señor. Debido a los sentidos contaminados por lo material no podemos ver Su forma. En consecuencia, los impersonalistas, que aún están afectados por lo material, no pueden entender a la Personalidad de Dios.

TEXTO 16

बहिरन्तश्च भूतानामचरं चरमेव च ।
सूक्ष्मत्वात्तदविज्ञेयं दूरस्थं चान्तिके च तत् ॥ १६ ॥

bahir antaś ca bhūtānām
acaraṁ caram eva ca
sūkṣmatvāt tad avijñeyaṁ
dūra-sthaṁ cāntike ca tat

bahiḥ—fuera; *antaḥ*—dentro; *ca*—también; *bhūtānām*—de todas las entidades vivientes; *acaram*—inmóviles; *caram*—móviles; *eva*—también; *ca*—y; *sūkṣmatvāt*—debido a que es sutil; *tat*—eso; *avijñeyam*—incognoscible; *dūra-stham*—muy lejos; *ca*—también; *antike*—cerca; *ca*—y; *tat*—eso.

TRADUCCIÓN

La Verdad Suprema existe dentro y fuera de todos los seres vivientes, los móviles y los inmóviles. Como Él es sutil, se encuentra más allá de la capacidad que tienen los sentidos materiales de ver o conocer. Aunque está sumamente lejos, también está cerca de todo.

SIGNIFICADO

La literatura védica nos hace saber que Nārāyaṇa, la Persona Suprema, reside tanto dentro como fuera de cada entidad viviente. Él está presente tanto en el mundo espiritual como en el mundo material. Aunque Él está muy lejos, aun así está cerca de nosotros. Eso es lo que declara la literatura védica. *Āsīno dūraṁ vrajati śayāno yāti sarvataḥ* (*El Kaṭha Upaniṣad* 1.2.21). Y como Él siempre está inmerso en la dicha trascendental, no podemos entender cómo está disfrutando de toda Su opulencia. Nosotros no podemos ver ni entender con estos sentidos materiales. Por lo tanto, en el idioma védico se dice que para entenderlo a Él, nuestra mente y sentidos materiales no pueden actuar. Pero aquel que se ha purificado la mente y los sentidos por medio de la práctica del proceso de conciencia de Kṛṣṇa en el servicio devocional, puede verlo a Él siempre. En *El Brahma-saṁhitā* se confirma que el devoto en quien se ha desarrollado amor por el Dios Supremo, puede verlo a Él siempre, ininterrumpidamente. Y en *El Bhagavad-gītā* (11.54) se confirma que a Él sólo se lo puede ver y entender por medio del servicio devocional. *Bhaktyā tv ananyayā śakyaḥ.*

TEXTO 17

अविभक्तं च भूतेषु विभक्तमिव च स्थितम् ।
भूतभर्तृ च तज्ज्ञेयं ग्रसिष्णु प्रभविष्णु च ॥ १७ ॥

avibhaktaṁ ca bhūteṣu
vibhaktam iva ca sthitam
bhūta-bhartṛ ca taj jñeyaṁ
grasiṣṇu prabhaviṣṇu ca

avibhaktam—sin división; *ca*—también; *bhūteṣu*—en todos los seres vivientes; *vibhaktam*—dividido; *iva*—como si; *ca*—también; *sthitam*—situado; *bhūta-bhartṛ*—el que mantiene a todas las entidades vivientes; *ca*—también; *tat*—eso; *jñeyam*—comprenderse; *grasiṣṇu*—devorando; *prabhaviṣṇu*—desarrollando; *ca*—también.

TRADUCCIÓN

Aunque la Superalma parece estar dividida entre todos los seres, nunca está dividida. Él existe como una unidad. Aunque Él es el sustentador de cada entidad viviente, debe entenderse que Él las devora y las produce a todas.

SIGNIFICADO

El Señor está situado en forma de la Superalma en el corazón de todos. ¿Significa eso que Él se ha dividido? No. En realidad, Él es uno. A este respecto se da el ejemplo del Sol. Al mediodía, el Sol se encuentra en su puesto. Pero si uno recorre unos cinco mil kilómetros en todas las direcciones y pregunta "¿dónde está el Sol?", todo el mundo dirá que lo tiene por encima de sí. En la literatura védica se da ese ejemplo para mostrar que, aunque Él no está dividido, se encuentra como si lo estuviera. También se dice en la literatura védica que un Viṣṇu está presente en todas partes por medio de Su omnipotencia, tal como el Sol se les aparece a muchas personas en muchos lugares. Y el Señor Supremo, aunque es el sustentador de cada entidad viviente, devora todo en el momento de la aniquilación. Eso se confirmó en el Undécimo Capítulo, cuando el Señor dijo que Él había ido a devorar a todos los guerreros que se habían reunido en Kurukṣetra. Él mencionó, además, que en la forma del tiempo Él también devora. Él es el aniquilador, el destructor de todos. Cuando ocurre la creación, Él los manifiesta a todos a partir de su estado original, y en el momento de la aniquilación los devora. Los himnos védicos confirman el hecho de que Él es el origen de todas las entidades vivientes y el lugar de reposo de todas ellas. Después de la creación, todo descansa en Su omnipotencia, y después de la aniquilación, todo vuelve de nuevo a descansar en Él. Ésas son las confirmaciones que dan los himnos védicos. *Yato vā imāni bhūtāni jāyante yena jātāni jīvanti yat prayanty abhisaṁviśanti tad brahma tad vijijñāsasva* (*El Taittirīya Upaniṣad* 3.1).

TEXTO 18

ज्योतिषामपि तज्ज्योतिस्तमसः परमुच्यते ।
ज्ञानं ज्ञेयं ज्ञानगम्यं हृदि सर्वस्य विष्ठितम् ॥१८

jyotiṣām api taj jyotis
tamasaḥ param ucyate
jñānaṁ jñeyaṁ jñāna-gamyaṁ
hṛdi sarvasya viṣṭhitam

jyotiṣām—en todos los objetos luminosos; *api*—también; *tat*—eso; *jyotiḥ*—la fuente de luz; *tamasaḥ*—la oscuridad; *param*—más allá de; *ucyate*—se dice; *jñānam*—conocimiento; *jñeyam*—para conocerse; *jñāna-gamyam*—acercarse por el conocimiento; *hṛdi*—en el corazón; *sarvasya*—de cada cual; *viṣṭhitam*—situado.

TRADUCCIÓN

Él es la fuente de luz de todos los objetos luminosos. Él está más allá de la oscuridad de la materia y no está manifestado. Él es el conocimiento, Él es el objeto del conocimiento, y Él es la meta del conocimiento. Él está situado en el corazón de todos.

SIGNIFICADO

La Superalma, la Suprema Personalidad de Dios, es la fuente de luz de todos los objetos luminosos, tales como el Sol, la Luna y las estrellas. La literatura védica nos hace saber que en el reino espiritual no hay necesidad de sol ni luna, porque ahí se tiene la refulgencia del Señor Supremo. En el mundo material, ese *brahmajyoti*, la refulgencia espiritual del Señor, está cubierto por el *mahat-tattva*, los elementos materiales; por lo tanto, en este mundo material requerimos de la asistencia del Sol, la Luna, la electricidad, etc., para que haya luz. Pero en el mundo espiritual no hay necesidad de esas cosas. En la literatura védica se afirma claramente que, debido a Su refulgencia luminosa, todo está iluminado. Queda claro, pues, que Él no está situado en el mundo material. Él se encuentra en el mundo espiritual, que está sumamente lejos, en el cielo espiritual. Eso también se confirma en la literatura védica. *Āditya-varṇaṁ tamasaḥ parastāt* (*El Śvetāśvatara Upaniṣad* 3.8). Él es tal como el Sol, eternamente luminoso, pero se encuentra mucho más allá de la oscuridad de este mundo material.

Su conocimiento es trascendental. La literatura védica confirma que el Brahman es conocimiento trascendental concentrado. A aquel que está ansioso de ser trasladado a ese mundo espiritual, el Señor Supremo, que está situado en el corazón de todos, le da conocimiento. Un *mantra* védico (*El śvetāśvatara Upaniṣad* 6.18) dice: *taṁ ha devam ātma-buddhi-prakāśaṁ mumukṣur vai śaraṇam ahaṁ prapadye*. Si uno realmente quiere la liberación, debe entregarse a la Suprema Personalidad de Dios. En lo que se refiere a la meta última del conocimiento, la misma también se confirma en la literatura védica: *tam eva viditvāti mṛtyum eti*. ''Sólo si se lo conoce a Él, puede uno salir de los contornos del nacimiento y la muerte'' (*El Śvetāśvatara Upaniṣad* 3.8).

Él está situado en el corazón de todos como controlador supremo. El Supremo tiene piernas y manos distribuidas por doquier, y eso no se puede decir del alma individual. En consecuencia, se debe admitir que hay dos conocedores del campo de la actividad: el alma individual y la Superalma. Las manos y piernas de uno se distribuyen de un modo local, pero las manos y piernas de Kṛṣṇa se distribuyen por todas partes. Eso se confirma en *El Śvetāśvatara Upaniṣad* (3.17): *sarvasya prabhum īśānaṁ sarvasya śaraṇam bṛhat*. Esa Suprema Personalidad de Dios, la Superalma, es el *prabhu*, o amo, de todas las entidades vivientes; por lo tanto, Él es el refugio último de todas ellas. Luego no se puede negar el hecho de que la Suprema Superalma y el alma individual siempre son diferentes.

TEXTO 19

इति क्षेत्रं तथा ज्ञानं ज्ञेयं चोक्तं समासतः ।
मद्भक्त एतद्विज्ञाय मद्भावायोपपद्यते ॥१९॥

iti kṣetraṁ tathā jñānaṁ
jñeyaṁ coktuṁ samāsataḥ
mad-bhakta etad vijñāya
mad-bhāvāyopapadyate

iti—así pues; *kṣetram*—el campo de las actividades (el cuerpo); *tathā*—también; *jñānam*—conocimiento; *jñeyam*—lo conocible; *ca*—también; *uktam*—descrito; *samāsataḥ*—en resumen; *mat-bhaktaḥ*—Mi devoto; *etat*—todo esto;

vijñāya—después de comprender; *mat-bhāvāya*—a Mi naturaleza; *upapadyate*—llega.

TRADUCCIÓN

Así pues, Yo he descrito de un modo resumido el campo de las actividades [el cuerpo], el conocimiento y lo conocible. Sólo Mis devotos pueden entender esto perfectamente y llegar así a Mi naturaleza.

SIGNIFICADO

El Señor ha descrito en resumen el cuerpo, el conocimiento y lo conocible. Este conocimiento es de tres cosas: el conocedor, lo conocible y el proceso para conocer. Todo ello en conjunto se denomina *vijñāna*, o la ciencia del conocimiento. Los devotos puros del Señor pueden entender el conocimiento perfecto directamente. Los demás son incapaces de entender. Los monistas dicen que en la última etapa esas tres cosas se vuelven una, pero los devotos no aceptan eso. Conocimiento y cultivo de conocimiento son cosas que significan entenderse a uno mismo con conciencia de Kṛṣṇa. Nos estamos dejando llevar por la conciencia material, pero en cuanto trasladamos hacia las actividades de Kṛṣṇa toda la conciencia y comprendemos que Kṛṣṇa lo es todo, adquirimos entonces verdadero conocimiento. En otras palabras, el conocimiento no es más que la etapa preliminar del proceso de entender el servicio devocional a la perfección. Eso se explicará muy claramente en el Capítulo Quince.

Ahora bien, para resumir, uno puede entender que los versos 6 y 7, comenzando con *mahā-bhūtāni* y yendo hasta *cetanā-dhṛtiḥ*, analizan los elementos materiales y ciertas manifestaciones de las señales de vida. Todo ello se une para formar el cuerpo, o el campo de las actividades. Y los versos que van del 8 al 12, desde *amānitvam* hasta *tattva-jñānārtha-darśanam*, describen el proceso del conocimiento por el cual se llega a entender a los dos tipos de conocedores del campo de las actividades, es decir, al alma y a la Superalma. Luego, los versos que van del 13 al 18, comenzando con *anādi mat-param* y yendo hasta *hṛdi sarvasya viṣṭhitam*, describen al alma y al Señor Supremo, o la Superalma.

Así pues, se han descrito tres cosas: el campo de la actividad (el cuerpo), el proceso para entender, y tanto al alma como a la Superalma. Aquí se señala en especial que sólo los devotos puros del Señor pueden entender de una manera clara esas tres cosas. De modo que, para esos devotos, *El Bhagavad-gītā* es absolutamente útil; ellos son los que pueden llegar a la meta suprema: la naturaleza del Señor Supremo, Kṛṣṇa. En otras palabras, sólo los devotos, y nadie más, pueden entender *El Bhagavad-gītā* y obtener el resultado deseado.

TEXTO 20

प्रकृतिं पुरुषं चैव विद्ध्यनादी उभावपि ।

विकारांश्च गुणांश्चैव विद्धि प्रकृतिसंभवान् ॥ २० ॥

prakṛtiṁ puruṣaṁ caiva
viddhy anādī ubhāv api
vikārāṁś ca guṇāṁś caiva
viddhi prakṛti-sambhavān

prakṛtim—naturaleza material; *puruṣam*—las entidades vivientes; *ca*—también; *eva*—ciertamente; *viddhi*—debes saber; *anādī*—sin principio; *ubhau*—ambos; *api*—también; *vikārān*—transformaciones; *ca*—también; *guṇān*—las tres modalidades de la naturaleza; *ca*—también; *eva*—ciertamente; *viddhi*—conoce; *prakṛti*—naturaleza material; *sambhavān*—se producen de.

TRADUCCIÓN

Se debe saber que la naturaleza material y las entidades vivientes no tienen principio. Sus transformaciones y las modalidades de la materia son productos de la naturaleza material.

SIGNIFICADO

Con el conocimiento que se da en este capítulo, uno puede entender el cuerpo (el campo de las actividades) y a los conocedores del cuerpo (tanto al alma individual como a la Superalma). El cuerpo es el campo de la actividad, y está hecho de naturaleza material. El alma individual que está encarnada y que está disfrutando de las actividades del cuerpo, es el *puruṣa*, o la entidad viviente. Ella es uno de los conocedores, y el otro es la Superalma. Desde luego, hay que entender que tanto la Superalma como la entidad individual son diferentes manifestaciones de la Suprema Personalidad de Dios. La entidad viviente se encuentra en la categoría de Sus energías, y la Superalma está en la categoría de Sus expansiones personales.

Tanto la naturaleza material como la entidad viviente son eternas. Es decir, ellas existían antes de la creación. La manifestación material procede de la energía del Señor Supremo, y así mismo ocurre con las entidades vivientes, pero las entidades vivientes proceden de la energía superior. Tanto las entidades vivientes como la naturaleza material existían antes de que este cosmos se manifestara. La naturaleza material estaba absorbida en la Suprema Personalidad de Dios, Mahā-Viṣṇu, y cuando fue necesario se manifestó por intermedio del *mahat-tattva*. De igual modo, las entidades vivientes también están en Él, y como están condicionadas, se muestran adversas a servir al Señor Supremo. Por eso no se les permite entrar en el cielo espiritual. Pero con la aparición de la naturaleza material, esas entidades vivientes reciben de nuevo la oportunidad de actuar en el mundo material y prepararse para entrar en el mundo espiritual. Ése es el misterio de esta creación material. En realidad, la entidad viviente es en un principio parte integral espiritual del Señor Supremo, pero debido a su naturaleza rebelde, queda condicionada dentro de la naturaleza material. A decir verdad, no importa cómo esas entidades vivientes o entidades superiores del Señor Supremo se han puesto en contacto con la naturaleza material. Sin embargo, la Suprema Personalidad de Dios sabe realmente cómo y por qué ocurrió eso. En las Escrituras, el Señor dice que aquellos que están atraídos por esta naturaleza material, se están sometiendo a una dura lucha por la existencia. Pero, en base a las descripciones de estos pocos versos, debemos saber con toda certeza que, todas las transformaciones e influencias de la naturaleza material que proceden de las tres modalidades, también son productos de la naturaleza material. Todas las transformaciones y variedades que están en relación con las entidades vivientes, se deben al cuerpo. En lo que respecta al espíritu, todas las entidades vivientes son iguales.

TEXTO 21

कार्यकारणकर्तृत्वे हेतुः प्रकृतिरुच्यते ।
पुरुषः सुखदुःखानां भोक्तृत्वे हेतुरुच्यते ॥२१॥

kārya-kāraṇa-kartṛtve
hetuḥ prakṛtir ucyate
puruṣaḥ sukha-duḥkhānāṁ
bhoktṛtve hetur ucyate

kārya—del efecto; *kārana*—y la causa; *kartṛtve*—en lo que respecta a la creación; *hetuḥ*—el instrumento; *prakṛtiḥ*—naturaleza material; *ucyate*—se dice que es; *puruṣaḥ*—la entidad viviente; *sukha*—de la felicidad; *duḥkhānām*—y la aflicción; *bhoktṛtve*—en el goce; *hetuḥ*—el instrumento; *ucyate*—se dice que es.

TRADUCCIÓN

Se dice que la naturaleza es la causa de todas las causas y efectos materiales, mientras que la entidad viviente es la causa de los diversos sufrimientos y disfrutes que hay en este mundo.

SIGNIFICADO

Los diferentes tipos de cuerpo y de sentidos que hay entre las entidades vivientes, se deben a la naturaleza material. Hay 8.400.000 diferentes especies de vida, y estas variedades son creaciones de la naturaleza material. Ellas surgen de los diferentes placeres de los sentidos de la entidad viviente, la cual, en consecuencia, desea vivir en un cuerpo u otro. Cuando a ella se la pone en diferentes cuerpos, disfruta de diferentes clases de felicidad y aflicción. Su felicidad y aflicción materiales se deben a su cuerpo, y no a ella misma de por sí. En su estado original, no hay ninguna duda de su disfrute; por lo tanto, ése es su estado verdadero. A causa del deseo de enseñorearse de la naturaleza material, ella se encuentra en el mundo material. En el mundo espiritual no hay tal cosa. El mundo espiritual es puro, pero en el mundo material todos se esfuerzan mucho por conseguir diferentes clases de placeres para el cuerpo. Puede que sea más claro decir que este cuerpo es un efecto de los sentidos. Los sentidos son instrumentos para complacer los deseos. Ahora bien, todo ello —el cuerpo y los sentidos que sirven de instrumentos— lo ofrece la naturaleza material, y, como se pondrá de manifiesto en el siguiente verso, la entidad viviente es bendecida o condenada por una serie de circunstancias, de conformidad con el deseo y la actividad que tuvo en el pasado. Según los deseos y las actividades de uno, la naturaleza material lo pone en diversas residencias. El propio ser es la causa de su presencia en esas residencias, y del disfrute o sufrimiento que lo acompañan. Una vez que se lo coloca en un determinado tipo de cuerpo, queda bajo el control de la naturaleza, porque el cuerpo, siendo materia, actúa de acuerdo con las leyes de la naturaleza. En ese momento, la entidad viviente no tiene ningún poder para cambiar esa ley. Supóngase que a una entidad se la pone en un cuerpo de perro. Tan pronto como eso ocurre, tiene que actuar como un perro. Ella no puede actuar de otra manera. Y si la entidad viviente es puesta en un cuerpo de cerdo, se ve forzada entonces a comer excremento y a actuar como un cerdo. De forma similar, si a la entidad viviente se la pone en un cuerpo de semidiós, tiene que actuar de conformidad con su cuerpo. Ésa es la ley de la naturaleza. Pero en todas las circunstancias, la Superalma está con el alma individual. Eso se explica en los *Vedas* (*El Muṇḍaka Upaniṣad* 3.1.1) de la siguiente manera: *dvā suparṇā sayujā sakhāyaḥ*. El Señor Supremo es tan bueno con la entidad viviente, que siempre acompaña al alma individual, y en todas las circunstancias está presente en forma de la Superalma, o Paramātmā.

TEXTO 22

पुरुषः प्रकृतिस्थो हि भुङ्क्ते प्रकृतिजान्गुणान् ।
कारणं गुणसङ्गोऽस्य सदसद्योनिजन्मसु ॥ २२ ॥

puruṣaḥ prakṛti-stho hi
bhuṅkte prakṛti-jān guṇān
kāraṇaṁ guṇa-saṅgo 'sya
sad-asad-yoni-janmasu

puruṣaḥ—la entidad viviente; *prakṛti-sthaḥ*—estando situada en la energía material; *hi*—ciertamente; *bhuṅkte*—disfruta; *prakṛti-jān*—producida por la naturaleza material; *guṇān*—las modalidades de la naturaleza; *kāraṇam*—la causa; *guṇa-saṅgaḥ*—contacto con las modalidades de la naturaleza; *asya*—de la entidad viviente; *sat-asat*—bueno y malo; *yoni*—especies de vida; *janmasu*—en los nacimientos.

TRADUCCIÓN

La entidad viviente que se halla en el seno de la naturaleza material sigue así los caminos de la vida, disfrutando de las tres modalidades de la naturaleza. Ello se debe a su contacto con esa naturaleza material. De ese modo se encuentra con el bien y el mal entre las diversas especies.

SIGNIFICADO

Este verso es muy importante para lograr una comprensión de cómo las entidades vivientes transmigran de un cuerpo a otro. En el Segundo Capítulo se explica que la entidad viviente transmigra de un cuerpo a otro tal como uno se cambia de ropa. Este cambio de ropa se debe a su apego a la existencia material. Mientras ella esté cautivada por esta manifestación falsa, tiene que seguir transmigrando de un cuerpo a otro. Debido a su deseo de enseñorearse de la naturaleza material, ella es puesta en esas circunstancias desagradables. Bajo la influencia del deseo material, la entidad nace a veces como semidiós, otras veces como hombre, otras como bestia, como ave, como gusano, como un ser acuático, como un hombre santo o como un insecto. Así está ocurriendo. Y, en todos los casos, la entidad viviente se cree la ama de sus circunstancias, aunque se encuentra bajo la influencia de la naturaleza material.

Aquí se explica la manera en que ella es puesta en esos diferentes cuerpos. Se debe al contacto con las diferentes modalidades de la naturaleza. Uno tiene que elevarse, pues, por encima de las tres modalidades materiales, y situarse en la posición trascendental. Eso se denomina conciencia de Kṛṣṇa. A menos que uno se sitúe en el plano de conciencia de Kṛṣṇa, su conciencia material lo obligará a trasladarse de un cuerpo a otro, porque uno tiene deseos materiales desde un tiempo inmemorial. Pero uno tiene que cambiar ese concepto. Ese cambio únicamente se puede efectuar si se oye a las fuentes autoritativas. El mejor ejemplo se da aquí: Arjuna está oyendo a Kṛṣṇa exponer la ciencia de Dios. Si la entidad viviente se somete a ese proceso de oír, perderá el deseo de dominar la naturaleza material, deseo que ha acariciado por mucho tiempo, y gradual y proporcionalmente, a medida que reduzca su viejo deseo de dominar, llegará a disfrutar de la felicidad espiritual. En un *mantra* védico se dice que, a medida que uno se vuelve entendido en compañía de la Suprema Personalidad de Dios, va disfrutando proporcionalmente de su eterna vida bienaventurada.

TEXTO 23

उपद्रष्टानुमन्ता च भर्ता भोक्ता महेश्वरः ।
परमात्मेति चाप्युक्तो देहेऽस्मिन्पुरुषः परः ॥२३॥

upadraṣṭānumantā ca
bhartā bhoktā maheśvaraḥ

paramātmeti cāpy ukto
dehe 'smin puruṣaḥ paraḥ

upadraṣṭā—superintendente; *anumantā*—sancionador; *ca*—también; *bhartā*—amo; *bhoktā*—disfrutador supremo; *maha-īsvaraḥ*—el Señor Supremo; *parama-ātmā*—la Superalma; *iti*—también; *ca*—y; *api*—en verdad; *uktaḥ*—se dice; *dehe*—en este cuerpo; *asmin*—este; *puruṣaḥ*—disfrutador; *paraḥ*—trascendental.

TRADUCCIÓN

Sin embargo, en este cuerpo hay otro disfrutador, uno trascendental, quien es el Señor, el propietario supremo, quien existe como supervisor y sancionador, y a quien se conoce como la Superalma.

SIGNIFICADO

Aquí se afirma que la Superalma, que se encuentra siempre con el alma individual, es la representación del Señor Supremo. Ella no es una entidad viviente ordinaria. Como los filósofos monistas consideran que el conocedor del cuerpo es uno, creen que no hay diferencia entre la Superalma y el alma individual. Para aclarar esto, el Señor dice que Él es la representación de Paramātmā que hay en cada cuerpo. Él es diferente del alma individual; Él es *para*, trascendental. El alma individual disfruta de las actividades de un determinado campo, pero la Superalma no está presente como disfrutador finito ni como alguien que participa en las actividades corporales, sino como el testigo, el supervisor, el sancionador y el disfrutador supremo. Su nombre es Paramātmā, no *ātmā*, y Él es trascendental. Está bien claro que el *ātmā* y Paramātmā son diferentes. La Superalma, el Paramātmā, tiene piernas y manos por todas partes, mas no así el alma individual. Y como el Paramātmā es el Señor Supremo, está presente internamente para sancionar el deseo de disfrute material que tiene el alma individual. Sin la sanción del Señor Supremo, el alma individual no puede hacer nada. El individuo es *bhukta*, o el sostenido, y el Señor es *bhoktā*, o el sustentador. Hay infinidad de entidades vivientes, y Él se queda en ellas en calidad de amigo.

Lo cierto es que cada entidad viviente individual es por siempre parte integral del Señor Supremo, y ambos están muy íntimamente relacionados como amigos. Pero la entidad viviente tiene la tendencia a rechazar la sanción del Señor Supremo y actuar de un modo independiente, en un intento por dominar la naturaleza; y como tiene esa tendencia, se la llama energía marginal del Señor Supremo. La entidad viviente puede situarse, o bien en la energía material, o bien en la energía espiritual. Mientras esté condicionada por la energía material, el Señor Supremo, en Su carácter de amigo, la Superalma, se queda con ella tan sólo para hacer que regrese a la energía espiritual. El Señor siempre está ansioso de llevarla de vuelta a la energía espiritual, pero la entidad individual, debido a su diminuta independencia, rechaza continuamente la compañía de la luz espiritual. Este mal uso de la independencia es la causa de su lucha material en el seno de la naturaleza condicionada. Por lo tanto, el Señor siempre la está instruyendo desde dentro y desde fuera. Desde fuera le da instrucciones tales como las que se exponen en *El Bhagavad-gītā*, y desde dentro trata de convencerla de que sus actividades en el campo material no conducen a la verdadera felicidad. "Tan sólo abandónalas y vuelve tu fe hacia Mí. Sólo entonces serás feliz" —dice Él. Así pues, la persona inteligente que pone su fe en el Paramātmā o la Suprema Personalidad de Dios, comienza a avanzar hacia una vida eterna y bienaventurada de conocimiento.

TEXTO 24

य एवं वेत्ति पुरुषं प्रकृतिं च गुणैः सह ।
सर्वथा वर्तमानोऽपि न स भूयोऽभिजायते ॥२४॥

ya evaṁ vetti puruṣaṁ
prakṛtiṁ ca guṇaiḥ saha
sarvathā vartamāno 'pi
na sa bhūyo 'bhijāyate

yaḥ—cualquiera que; *evam*—así pues; *vetti*—comprende; *puruṣam*—la entidad viviente; *prakṛtim*—la naturaleza material; *ca*—y; *guṇaiḥ*—las modalidades de la naturaleza material; *saha*—con; *sarvathā*—de todas las maneras; *vartamānaḥ*—estando situado; *api*—a pesar de; *na*—nunca; *saḥ*—él; *bhūyaḥ*—otra vez; *abhijāyate*—nace.

TRADUCCIÓN

Aquel que entienda esta filosofía relativa a la naturaleza material, la entidad viviente y la interacción de las modalidades de la naturaleza, es seguro que logra la liberación. Él no nacerá aquí de nuevo, sea cual fuere su posición actual.

SIGNIFICADO

El tener una clara comprensión de la naturaleza material, la Superalma, el alma individual y la correlación que hay entre ellas, lo vuelve a uno merecedor de liberarse y volverse hacia la atmósfera espiritual, sin estar forzado a regresar a esta naturaleza material. Ése es el resultado del conocimiento. El propósito del conocimiento es el de entender con claridad que la entidad viviente ha caído en esta existencia material por casualidad. Mediante su esfuerzo personal, realizado en compañía de autoridades, de personas santas y de un maestro espiritual, tiene que entender su posición, y luego volver al estado de conciencia espiritual o conciencia de Kṛṣṇa mediante la comprensión de *El Bhagavad-gītā* tal como lo explica la Personalidad de Dios. En ese caso es seguro que jamás vendrá de nuevo a esta existencia material; ella será trasladada al mundo espiritual, para una vida eterna y bienaventurada de conocimiento.

TEXTO 25

ध्यानेनात्मनि पश्यन्ति केचिदात्मानमात्मना ।
अन्ये साङ्ख्येन योगेन कर्मयोगेन चापरे ॥२५॥

dhyānenātmani paśyanti
kecid ātmānam ātmanā
anye sāṅkhyena yogena
karma-yogena cāpare

dhyānena—por medio de la meditación; *ātmani*—dentro del ser; *paśyanti*—ven; *kecit*—algunos; *ātmānam*—la Superalma; *ātmanā*—por medio de la mente; *anye*—otros; *sāṅkhyena*—de la discusión filosófica; *yogena*—por medio del sistema de *yoga*; *karma-yogena*—por medio de las actividades sin deseo fruitivo; *ca*—también; *apare*—otros.

TRADUCCIÓN

Algunos perciben a través de la meditación a la Superalma que se encuentra dentro de ellos, otros a través del cultivo de conocimiento, y aun otros a través del trabajo sin deseos fruitivos.

SIGNIFICADO

El Señor le informa a Arjuna que, en lo que se refiere al hombre y su búsqueda de la autorrealización, las almas condicionadas se pueden dividir en dos grupos. Aquellos que son ateos, agnósticos y escépticos, están más allá del sentido de la comprensión espiritual. Pero hay otros que son fieles en su comprensión de la vida espiritual, y a ellos se los conoce como devotos introspectivos, filósofos y trabajadores que han renunciado a los resultados fruitivos. A aquellos que siempre tratan de establecer la doctrina del monismo, también se los cuenta entre los ateos y agnósticos. En otras palabras, sólo los devotos de la Suprema Personalidad de Dios son verdaderamente aptos para el entendimiento espiritual, porque ellos entienden que, más allá de esta naturaleza material, se encuentran el mundo espiritual y la Suprema Personalidad de Dios, quien se expande como Paramātmā, la Superalma que está en todos, la Divinidad omnipresente. Desde luego, también existen aquellos que tratan de entender a la Suprema Verdad Absoluta por medio del cultivo de conocimiento, y a ellos se los puede contar entre los de la clase de los fieles. Los filósofos *sāṅkhya* descomponen este mundo material en veinticuatro elementos, y colocan al alma individual como el elemento número veinticinco. Cuando ellos sean capaces de entender que la naturaleza del alma espiritual es trascendental a los elementos materiales, también serán capaces de entender que por encima del alma individual se encuentra la Suprema Personalidad de Dios. Él es el vigésimo sexto elemento. Así pues, gradualmente, ellos también llegan al plano del servicio devocional con conciencia de Kṛṣṇa. Aquellos que trabajan sin resultados fruitivos también tienen una actitud perfecta. A ellos se les da la oportunidad de avanzar hasta el plano del servicio devocional con conciencia de Kṛṣṇa. Aquí se afirma que hay cierta gente que tiene la conciencia pura y que trata de encontrar a la Superalma por medio de la meditación, y cuando ellos descubren a la Superalma dentro de sí mismos, se sitúan en el plano trascendental. De igual modo, hay otros que también tratan de entender al Alma Suprema mediante el cultivo de conocimiento, y hay otros que cultivan el sistema de *haṭha-yoga* y que tratan de satisfacer a la Suprema Personalidad de Dios por medio de actividades infantiles.

TEXTO 26

अन्ये त्वेवमजानन्तः श्रुत्वान्येभ्य उपासते ।
तेऽपि चातितरन्त्येव मृत्युं श्रुतिपरायणाः ॥२६॥

anye tv evam ajānantaḥ
śrutvānyebhya upāsate
te 'pi cātitaranty eva
mṛtyuṁ śruti-parāyaṇāḥ

anye—otros; *tu*—pero; *evam*—este; *ajānantaḥ*—sin conocimiento espiritual; *śrutvā*—por oír; *anyebhyaḥ*—a otros; *upāsate*—comienzan a adorar; *te*—ellos; *api*—también; *ca*—y; *atitaranti*—trascienden; *eva*—ciertamente; *mṛtyum*—el sendero de la muerte; *śruti-parāyaṇāḥ*—inclinado al proceso de oír.

TRADUCCIÓN

Además, existen aquellos que, aunque no están versados en el conocimiento espiritual, comienzan a adorar a la Persona Suprema al oír a otros hablar de Él. Debido a su tendencia a oír a las autoridades, ellos también trascienden la senda del nacimiento y la muerte.

SIGNIFICADO

Este verso es en especial aplicable a la sociedad moderna, porque en la sociedad moderna prácticamente no hay ninguna educación acerca de asuntos espirituales. Puede que algunas personas parezcan ser ateas, agnósticas o filosóficas, pero en realidad no hay ningún conocimiento de filosofía. En cuanto al hombre común, si es una buena alma, hay entonces la posibilidad de que avance por oír.

Ese proceso de oír es muy importante. El Señor Caitanya, quien predicó en el mundo moderno acerca del cultivo de conciencia de Kṛṣṇa, hizo mucho énfasis en el proceso de oír, porque si el hombre común tan sólo oye a las fuentes autoritativas, puede progresar, especialmente, según el Señor Caitanya, si oye la vibración trascendental Hare Kṛṣṇa, Hare Kṛṣṇa, Kṛṣṇa Kṛṣṇa, Hare Hare/ Hare Rāma, Hare Rāma, Rāma Rāma, Hare Hare. Se dice, por lo tanto, que todos los hombres deberían beneficiarse de oír a almas iluminadas, y gradualmente llegar a ser capaces de entenderlo todo. Si es así, la adoración del Señor Supremo se llevará a efecto sin lugar a dudas. El Señor Caitanya ha dicho que en esta era nadie necesita cambiar su posición, pero uno debe abandonar el esfuerzo por entender la Verdad Absoluta mediante el razonamiento especulativo. Uno debe aprender a volverse el sirviente de aquellos que tienen conocimiento acerca del Señor Supremo. Si uno es lo suficientemente afortunado como para refugiarse en un devoto puro, oírlo hablar de la autorrealización y seguir sus pasos, poco a poco se irá elevando a la posición de devoto puro. En este verso, en particular, se recomienda mucho el proceso de oír, y eso es muy apropiado. Aunque a menudo el hombre común no es tan capaz como los llamados filósofos, el oír fielmente a una persona autoritativa lo ayudará a uno a trascender esta existencia material e ir de vuelta a Dios, de vuelta al hogar.

TEXTO 27

यावत्संजायते किंचित्सत्त्वं स्थावरजङ्गमम् ।
क्षेत्रक्षेत्रज्ञसंयोगात्तद्विद्धि भरतर्षभ ॥ २७ ॥

yāvat sañjāyate kiñcit
sattvaṁ sthāvara-jaṅgamam
kṣetra-kṣetrajña-saṁyogāt
tad viddhi bharatarṣabha

yāvat—todo lo que; *sañjāyate*—llega a existir; *kiñcit*—cualquier cosa; *sattvam*—existencia; *sthāvara*—inmóvil; *jaṅgamam*—móvil; *kṣetra*—del cuerpo; *kṣetra-jña*—y el conocedor del cuerpo; *saṁyogāt*—por la unión de; *tat viddhi*—debes saber; *bharata-ṛṣabha*—¡oh, tú, el principal de los Bhāratas!

TRADUCCIÓN

¡Oh, tú, el principal de los Bhāratas!, has de saber que todo lo que veas que existe, tanto lo móvil como lo inmóvil, es únicamente una combinación del campo de las actividades y el conocedor del campo.

SIGNIFICADO

Tanto la naturaleza material como la entidad viviente, que existían antes de la creación del cosmos, se explican en este verso. Todo lo creado no es más que una combinación de la entidad viviente y la naturaleza material. Hay muchas manifestaciones que no se mueven, tales como los árboles, las montañas y las colinas, y hay muchas existencias que se mueven, y todas ellas no son más que combinaciones de la naturaleza material y la naturaleza superior, la entidad viviente. Sin el toque de la naturaleza superior —la entidad viviente—, nada puede crecer. La relación que hay entre la materia y la naturaleza existe eternamente, y esa combinación la efectúa el Señor Supremo; de manera que, Él es el controlador tanto de la naturaleza superior como de la inferior. La naturaleza material es creada por Él, y la naturaleza superior es puesta en el seno de esa naturaleza material, y de ese modo ocurren todas esas actividades y manifestaciones.

TEXTO 28

समं सर्वेषु भूतेषु तिष्ठन्तं परमेश्वरम् ।
विनश्यत्स्वविनश्यन्तं यः पश्यति स पश्यति ॥२८॥

samaṁ sarveṣu bhūteṣu
tiṣṭhantaṁ parameśvaram
vinaśyatsv avinaśyantaṁ
yaḥ paśyati sa paśyati

samam—igualmente; *sarveṣu*—en todas; *bhūteṣu*—entidades vivientes; *tiṣṭhantam*—residiendo; *parama-īśvaram*—la Superalma; *vinaśyatsu*—en lo destruible; *avinaśyantam*—no destruido; *yaḥ*—cualquiera que; *paśyati*—ve; *saḥ*—él; *paśyati*—realmente ve.

TRADUCCIÓN

Aquel que ve que la Superalma acompaña al alma individual en todos los cuerpos, y que entiende que ni el alma ni la Superalma que están dentro del cuerpo destruible son destruidas jamás, realmente ve.

SIGNIFICADO

Todo aquel que mediante las buenas companías pueda ver tres cosas que están unidas —el cuerpo, el propietario del cuerpo, o el alma individual, y el amigo del alma individual—, verdaderamente tiene conocimiento. A menos que uno tenga la compañía de un verdadero conocedor de los asuntos espirituales, no podrá ver esas tres cosas. Aquellos que no tienen esa clase de compañía, son ignorantes; ellos sólo ven el cuerpo, y creen que cuando el cuerpo es destruido, todo se acaba. Pero en realidad no es así. Después de la destrucción del cuerpo, tanto el alma como la Superalma aún existen, y ellas siguen existiendo eternamente en diversas formas móviles e inmóviles. La palabra sánscrita *parameśvara* se traduce a veces como "el alma individual", porque el alma es el amo del cuerpo, y después de la destrucción del cuerpo se traslada a otra forma. De esa manera es como ella es el amo. Pero hay otros que interpretan esa palabra *parameśvara* con el significado de Superalma. En cualquiera de los dos casos, tanto la Superalma como el alma individual continúan. Ellas no son destruidas. Aquel que puede ver las cosas de ese modo, puede verdaderamente ver lo que está ocurriendo.

TEXTO 29

समं पश्यन्हि सर्वत्र समवस्थितमीश्वरम् ।
न हिनस्त्यात्मनात्मानं ततो याति परां गतिं ॥२९॥

samaṁ paśyan hi sarvatra
samavasthitam īśvaram
na hinasty ātmanātmānaṁ
tato yāti parāṁ gatiṁ

samam—igualmente; *paśyan*—viendo; *hi*—ciertamente; *sarvatra*—en todo lugar; *samavasthitam*—igualmente situadas; *īśvaram*—la Superalma; *na*—no; *hinasti*—se degrada; *ātmanā*—por la mente; *ātmānam*—el alma; *tataḥ*—entonces; *yāti*—llega a; *parām*—el trascendental; *gatim*—destino.

TRADUCCIÓN

Aquel que ve que la Superalma está presente de la misma manera en todas partes, en cada ser viviente, no se degrada por la mente. De ese modo, él se dirige al destino trascendental.

SIGNIFICADO

La entidad viviente, al aceptar su existencia material, ha quedado en una posición diferente a la que tiene en su existencia espiritual. Pero si uno entiende que el Supremo se encuentra en todas partes en Su manifestación Paramātmā, es decir, si uno puede ver la presencia de la Suprema Personalidad de Dios en cada cosa viviente, no se degrada a sí mismo con una mentalidad destructiva, y, en consecuencia, avanza gradualmente hacia el mundo espiritual. Por lo general, la mente está adicta a procesos para complacer los sentidos; pero cuando la mente gira hacia la Superalma, uno se vuelve adelantado en lo referente a la comprensión espiritual.

TEXTO 30

प्रकृत्यैव च कर्माणि क्रियमाणानि सर्वशः ।
यः पश्यति तथात्मानमकर्तारं स पश्यति ॥३०॥

prakṛtyaiva ca karmāṇi
kriyamāṇāni sarvaśaḥ
yaḥ paśyati tathātmānam
akartāraṁ sa paśyati

prakṛtyā—por la naturaleza material; *eva*—ciertamente; *ca*—también; *karmāṇi*—actividades; *kriyamāṇāni*—son ejecutadas; *sarvaśaḥ*—en todos los aspectos; *yaḥ*—cualquiera que; *paśyati*—ve; *tathā*—también; *ātmānam*—él mismo; *akartāram*—el que no hace; *saḥ*—él; *paśyati*—ve perfectamente.

TRADUCCIÓN

Aquel que puede ver que todas las actividades las realiza el cuerpo, el cual está hecho de naturaleza material, y que ve que el ser no hace nada, realmente ve.

SIGNIFICADO

Este cuerpo lo hace la naturaleza material bajo la dirección de la Superalma, y cualesquiera actividades que ocurren en relación con el cuerpo, no son obras de uno. Todo lo que se supone que hay que hacer, ya sea para la felicidad o para la aflicción, uno es forzado a hacerlo a causa de la constitución del cuerpo. El ser, sin embargo, es ajeno a todas esas actividades corporales. Este cuerpo se nos da conforme a nuestros deseos pasados. Para complacer deseos, a uno se le da el cuerpo, con el cual uno actúa como corresponde. Hablando en términos prácticos, el cuerpo es una máquina para complacer deseos, diseñada por el Señor Supremo. Debido a los deseos, uno es puesto en circunstancias difíciles para sufrir o disfrutar. Cuando esa visión trascendental de la entidad viviente se desarrolla, hace que uno se separe de las actividades del cuerpo. Aquel que tiene semejante visión es un verdadero vidente.

TEXTO 31

यदा भूतपृथग्भावमेकस्थमनुपश्यति ।
तत एव च विस्तारं ब्रह्म संपद्यते तदा ॥३१॥

yadā bhūta-pṛthag-bhāvam
eka-stham anupaśyati

tata eva ca vistāraṁ
brahma sampadyate tadā

yadā—cuando; *bhūta*—de las entidades vivientes; *pṛthak-bhāvam*—identidades separadas; *eka-stham*—situadas en una; *anupaśyati*—trata de ver a través de la autoridad; *tataḥ eva*—después; *ca*—también; *vistāram*—la expansión; *brahma*—el Absoluto; *sampadyate*—llega a; *tadā*—en ese momento.

TRADUCCIÓN

Cuando un hombre sensato deja de ver diferentes identidades que se deben a diferentes cuerpos materiales, y ve cómo se manifiestan los seres por todas partes, llega a la concepción Brahman.

SIGNIFICADO

Cuando uno puede ver que los diversos cuerpos de las entidades vivientes surgen debido a los diferentes deseos del alma individual y que no le pertenecen de hecho al alma en sí, uno verdaderamente ve. En medio de la concepción material de la vida, vemos que alguien es un semidiós, y que alguien más es un ser humano, un perro, un gato, etc. Eso es visión material, no verdadera visión. Esa diferenciación material se debe a una concepción material de la vida. Después de la destrucción del cuerpo material, el alma espiritual es una. El alma espiritual, debido al contacto con la naturaleza material, recibe diferentes tipos de cuerpos. Cuando uno puede ver eso, adquiere visión espiritual; así pues, al estar libre de diferenciaciones tales como las de hombre, animal, grande, bajo, etc., uno se purifica la conciencia y es capaz de cultivar conciencia de Kṛṣṇa en el plano de su identidad espiritual. La manera en que entonces uno ve las cosas, se explicará en el siguiente verso.

TEXTO 32

अनादित्वान्निर्गुणत्वात्परमात्मायमव्ययः ।
शरीरस्थोऽपि कौन्तेय न करोति न लिप्यते ॥३२॥

anāditvān nirguṇatvāt
paramātmāyam avyayaḥ
śarīra-stho 'pi kaunteya
na karoti na lipyate

anāditvāt—debido a la eternidad; *nirguṇatvāt*—debido a que es trascendental; *parama*—más allá de la naturaleza material; *ātmā*—espíritu; *ayam*—esto; *avyayaḥ*—inagotable; *śarīra-sthaḥ*—que mora en el cuerpo; *api*—aunque;

kaunteya—¡oh, hijo de Kuntī!; *na karoti*—nunca hace nada; *na lipyate*—ni se enreda.

TRADUCCIÓN

Aquellos que tienen la visión de la eternidad pueden ver que el alma imperecedera es trascendental y eterna, y que se encuentra más allá de las modalidades de la naturaleza. Pese al contacto con el cuerpo material, ¡oh, Arjuna!, el alma ni hace nada, ni se enreda.

SIGNIFICADO

La entidad viviente parece nacer, debido al nacimiento del cuerpo material, pero en realidad es eterna; la entidad viviente no nace, y a pesar de estar situada en un cuerpo material, es trascendental y eterna. Así pues, ella no puede ser destruida. La entidad viviente está colmada de bienaventuranza por naturaleza. Ella no se ocupa en ninguna actividad material; en consecuencia, las actividades que se ejecutan debido al contacto de ella con los cuerpos materiales, no la enredan.

TEXTO 33

यथा सर्वगतं सौक्ष्म्यादाकाशं नोपलिप्यते ।
सर्वत्रावस्थितो देहे तथात्मा नोपलिप्यते ॥ ३३ ॥

yathā sarva-gataṁ saukṣmyād
ākāśaṁ nopalipyate
sarvatrāvasthito dehe
tathātmā nopalipyate

yathā—como; *sarva-gatam*—omnipresente; *saukṣmyāt*—debido a que es sutil; *ākāśam*—el cielo; *na*—nunca; *upalipyate*—se mezcla; *sarvatra*—en todas partes; *avasthitaḥ*—situada; *dehe*—en el cuerpo; *tathā*—así; *ātmā*—el ser; *na*—nunca; *upalipyate*—se mezcla.

TRADUCCIÓN

El cielo, debido a su naturaleza sutil, no se mezcla con nada, aunque es omnipresente. De igual modo, el alma que posee la visión Brahman no se mezcla con el cuerpo, pese a encontrarse en ese cuerpo.

SIGNIFICADO

El aire entra en el agua, en el barro, en el excremento y en cualquier otra cosa que exista; aun así, no se mezcla con nada. De la misma manera, la entidad viviente, aunque se encuentre en diversas clases de cuerpos, está aparte de ellos, por su naturaleza sutil. Luego es imposible ver con los ojos materiales cómo la entidad viviente está en contacto con este cuerpo, y cómo deja de estarlo después de la destrucción del mismo. Ningún científico puede determinar eso.

TEXTO 34

यथा प्रकाशयत्येकः कृत्स्नं लोकमिमं रविः ।
क्षेत्रं क्षेत्री तथा कृत्स्नं प्रकाशयति भारत ॥३४॥

yathā prakāśayaty ekaḥ
kṛtsnaṁ lokam imaṁ raviḥ
kṣetraṁ kṣetrī tathā kṛtsnaṁ
prakāśayati bhārata

yathā—como; *prakāśayati*—ilumina; *ekaḥ*—uno; *kṛtsnam*—el todo; *lokam*—universo; *iman*—este; *raviḥ*—el Sol; *kṣetram*—este cuerpo; *kṣetrī*—el alma; *tathā*—análogamente; *kṛtsnam*—todo; *prakāśayati*—ilumina; *bhārata*—¡oh, hijo de Bharata!

TRADUCCIÓN

¡Oh, hijo de Bhārata!, así como sólo el Sol ilumina todo este universo, así mismo la entidad viviente, que es una dentro del cuerpo, ilumina todo el cuerpo mediante la conciencia.

SIGNIFICADO

Existen varias teorías en relación con la conciencia. Aquí en *El Bhagavad-gītā* se da el ejemplo del Sol y la luz del Sol. Así como el Sol está situado en un solo lugar pero ilumina todo el universo, así mismo una pequeña partícula de alma espiritual, aunque está situada en el corazón de este cuerpo, ilumina todo el cuerpo mediante la conciencia. De modo que, la conciencia es la prueba de la presencia del alma, tal como los rayos solares o la luz son la prueba de la presencia del Sol. Cuando el alma está presente en el cuerpo, hay conciencia por todo el cuerpo, y en cuanto el alma se ha ido del cuerpo, deja de haber conciencia. Cualquier hombre inteligente puede entender esto con facilidad. Por lo tanto, la conciencia no es un producto de las combinaciones de la materia. La conciencia es el signo característico de la entidad viviente. Y aunque la conciencia de la entidad viviente es cualitativamente igual que la conciencia suprema, no es suprema, porque la conciencia de un determinado cuerpo no comparte la de otro. Pero la Superalma, que está situada en todos los cuerpos como amiga del alma individual, está consciente de todos los cuerpos. Ésa es la diferencia que hay entre la conciencia suprema y la conciencia individual.

TEXTO 35

क्षेत्रक्षेत्रज्ञयोरेवमन्तरं ज्ञानचक्षुषा ।
भूतप्रकृतिमोक्षं च ये विदुर्यान्ति ते परम् ॥३५॥

kṣetra-kṣetrajñayor evam
antaraṁ jñāna-cakṣuṣā
bhūta-prakṛti-mokṣaṁ ca
ye vidur yānti te param

kṣetra—del cuerpo; *kṣetra-jñayoḥ*—del propietario del cuerpo; *evam*—así pues; *antaram*—la diferencia; *jñāna-cakṣuṣā*—mediante la visión del conocimiento; *bhūta*—de la entidad viviente; *prakṛti*—de la naturaleza material; *mokṣam*—la liberación; *ca*—también; *ye*—aquellos que; *viduḥ*—conocen; *yānti*—se dirigen; *te*—ellos; *param*—al Supremo.

TRADUCCIÓN

Aquellos que ven con los ojos del conocimiento la diferencia que hay entre el cuerpo y el conocedor del cuerpo, y que además pueden entender el proceso por el cual se logra la liberación del cautiverio de la naturaleza material, llegan a la meta suprema.

SIGNIFICADO

La esencia de este Decimotercer Capítulo es que uno debe saber cuál es la diferencia que hay entre el cuerpo, el propietario del cuerpo y la Superalma. Uno debe reconocer el proceso de la liberación, tal como se describe en los versos que van del ocho al doce. Entonces podrá uno seguir hacia el destino supremo.

Una persona fiel debe primero tener alguna buena compañía para oír hablar de Dios, y de ese modo irse iluminando gradualmente. Si uno acepta a un maestro espiritual, puede aprender a distinguir entre la materia y el espíritu, y eso se vuelve el punto de apoyo para una mayor comprensión espiritual. El maestro espiritual, por medio de diversas instrucciones, les enseña a sus discípulos a liberarse del concepto material de la vida. Por ejemplo, en *El Bhagavad-gītā* observamos que Kṛṣṇa está instruyendo a Arjuna para liberarlo de consideraciones materialistas.

Uno puede entender que este cuerpo es materia; se lo puede analizar con sus veinticuatro elementos. El cuerpo es la manifestación física. La mente y los efectos psicológicos son la manifestación sutil. Y las señales de vida son el producto de la interacción de esos aspectos. Pero por encima de eso existe el alma, y también existe la Superalma. El alma y la Superalma son dos. Este mundo material funciona en virtud de la unión del alma y los veinticuatro elementos materiales. Aquel que puede ver que toda esta manifestación material está constituida por esa combinación del alma y los elementos materiales, y que también puede ver la situación del Alma Suprema, se vuelve merecedor de ser trasladado al mundo espiritual. Estas cosas son para que se las contemple y entienda, y uno debe llegar a tener una comprensión cabal de este capítulo con la ayuda del maestro espiritual.

Así terminan los significados de Bhaktivedanta del Decimotercer Capítulo de El Śrīmad Bhagavad-gītā, *en relación con la naturaleza, el disfrutador y la conciencia.*

Capítulo Catorce

LAS TRES MODALIDADES DE LA NATURALEZA MATERIAL

TEXTO 1

श्रीभगवानुवाच
परं भूयः प्रवक्ष्यामि ज्ञानानां ज्ञानमुत्तमम् ।
यज्ज्ञात्वा मुनयः सर्वे परां सिद्धिमितो गताः ॥ १ ॥

śrī-bhagavān uvāca
paraṁ bhūyaḥ pravakṣyāmi
jñānānāṁ jñānam uttamam
yaj jñātvā munayaḥ sarve
parāṁ siddhim ito gatāḥ

śrī-bhagavān uvāca—la Suprema Personalidad de Dios dijo; *param*—trascendental; *bhūyaḥ*—de nuevo; *pravakṣyāmi*—Yo voy a hablar; *jñānānām*—de todo el conocimiento; *jñānam*—conocimiento; *uttamam*—el supremo; *yat*—el cual; *jñātvā*—conociendo; *munayaḥ*—los sabios; *sarve*—todo; *parām*—trascendental; *siddhim*—perfección; *itaḥ*—de este mundo; *gatāḥ*—alcanzan.

TRADUCCIÓN

La Suprema Personalidad de Dios dijo: Te voy a exponer de nuevo esa sabiduría suprema, lo mejor de todo el conocimiento, con la cual todos los sabios han alcanzado la perfección suprema.

SIGNIFICADO

Desde el Séptimo Capítulo hasta el final del Duodécimo Capítulo, Śrī Kṛṣṇa revela en detalle a la Verdad Absoluta, la Suprema Personalidad de Dios. Ahora, el propio Señor está iluminando más a Arjuna. Si uno entiende este capítulo a través del proceso de la especulación filosófica, llegará a comprender el servicio devocional. En el Decimotercer Capítulo se explicó con lucidez que, por el hecho de cultivar humildemente el conocimiento, es posible liberarse del enredo material. También se ha explicado que la entidad viviente está enredada en este mundo material debido al contacto con las modalidades de la naturaleza. Ahora, en este capítulo, la Personalidad Suprema explica qué son esas modalidades de la naturaleza, cómo actúan, cómo atan y cómo brindan la liberación. El Señor Supremo proclama que, el conocimiento que se explica en este capítulo, es superior al conocimiento que se ha dado hasta ahora en otros capítulos. Por el hecho de entender este conocimiento, varios sabios eminentes lograron la perfección y se trasladaron al mundo espiritual. El Señor explica ahora de una mejor manera el mismo conocimiento. Este conocimiento es muy superior a todos los demás procesos de conocimiento que se han explicado hasta ahora, y con él muchos han logrado la perfección. Así pues, se espera que aquel que entienda este Decimocuarto Capítulo, logre la perfección.

TEXTO 2

इदं ज्ञानमुपाश्रित्य मम साधर्म्यमागताः ।
सर्गेऽपि नोपजायन्ते प्रलये न व्यथन्ति च ॥ २ ॥

idaṁ jñānam upāśritya
mama sādharmyam āgatāḥ
sarge 'pi nopajāyante
pralaye na vyathanti ca

idam—este; *jñānam*—conocimiento; *upāśritya*—refugiándose en; *mama*—Mi; *sādharmyam*—la misma naturaleza; *āgatāḥ*—habiendo adquirido; *sarge api*—incluso en la creación; *na*—nunca; *upajāyante*—nacen; *pralaye*—en la aniquilación; *na*—ni; *vyathanti*—se perturban; *ca*—también.

TRADUCCIÓN

Al quedar fijo en el plano de este conocimiento, se puede adquirir una naturaleza trascendental como la Mía. Establecido así, uno no nace en el momento de la creación, ni se perturba en el momento de la disolución.

SIGNIFICADO

Después de adquirir conocimiento trascendental perfecto, uno adquiere una igualdad cualitativa con la Suprema Personalidad de Dios, quedando libre del reiterado proceso del nacimiento y la muerte. Sin embargo, uno no pierde su identidad como alma individual. La literatura védica nos hace saber que, las almas liberadas que han llegado a los planetas trascendentales del cielo espiritual, siempre dependen de los pies de loto del Señor Supremo, pues están dedicadas a Su trascendental servicio amoroso. Así que, incluso después de la liberación, los devotos no pierden sus identidades individuales.

Generalmente, en el mundo material, todo conocimiento que adquirimos está contaminado por las tres modalidades de la naturaleza material. Pero el conocimiento que no está contaminado por las tres modalidades de la naturaleza, se denomina conocimiento trascendental. Tan pronto como uno se sitúa en el plano de ese conocimiento trascendental, está en el mismo plano que la Persona Suprema. Aquellos que carecen de conocimiento acerca del cielo espiritual, sostienen que después de liberarse de las actividades materiales de la forma material, esa identidad espiritual se vuelve informe, sin ninguna variedad. No obstante, así como en este mundo hay variedad material, en el mundo espiritual también hay variedad. Aquellos que ignoran esto, creen que la existencia espiritual es lo opuesto a la variedad material. Pero, en realidad, en el cielo espiritual uno adquiere una forma espiritual. Existen actividades espirituales, y la situación espiritual se denomina vida devocional. Esa atmósfera se dice que no está contaminada, y ahí uno tiene la misma calidad que el Señor Supremo. Para adquirir ese conocimiento, uno debe cultivar todas las cualidades espirituales. Aquel que cultiva así las cualidades espirituales, no es afectado ni por la creación ni por la destrucción del mundo material.

TEXTO 3

मम योनिर्महद्ब्रह्म तस्मिन्गर्भं दधाम्यहम् ।
संभवः सर्वभूतानां ततो भवति भारत ॥ ३ ॥

mama yonir mahad brahma
tasmin garbhaṁ dadhāmy aham
sambhavaḥ sarva-bhūtānāṁ
tato bhavati bhārata

mama—Mi; *yoniḥ*—la fuente del nacimiento; *mahat*—la existencia material total; *brahma*—supremo; *tasmin*—en ese; *garbham*—embarazo; *dadhāmi*—creo; *aham*—Yo; *sambhavaḥ*—la posibilidad; *sarva-bhūtānām*—de todas las entidades vivientes; *tataḥ*—después; *bhavati*—se vuelve; *bhārata*—¡oh, hijo de Bharata!

TRADUCCIÓN

La sustancia material total, llamada Brahman, es la fuente del nacimiento, y es ese Brahman lo que Yo fecundo, haciendo posible el nacimiento de todos los seres vivientes, ¡oh, hijo de Bharata!

SIGNIFICADO

Ésa es una explicación del mundo: todo lo que ocurre se debe a la combinación del *kṣetra* y el *kṣetra-jña*, el cuerpo y el alma espiritual. Esa combinación de la naturaleza material y la entidad viviente la hace posible el propio Dios Supremo. El *mahat-tattva* es la causa total de toda la manifestación cósmica; y esa sustancia total de la causa material, en la cual hay tres modalidades de la naturaleza, a veces recibe el nombre de Brahman. La Personalidad Suprema fecunda esa sustancia total, y de ese modo aparecen infinidad de universos. Esa sustancia material total, el *mahat-tattva*, se describe como Brahman en la literatura védica (*El Muṇḍaka Upaniṣad* 1.1.9): *tasmād etad brahma nāma-rūpam annaṁ ca jāyate*. Ese Brahman es fecundado con las entidades vivientes por la Persona Suprema. Los veinticuatro elementos, comenzando con la tierra, el agua, el fuego y el aire, son todos energía material, llamada *mahad-brahma*, o el gran Brahman, la naturaleza material. Tal como se explica en el Séptimo Capítulo, más allá de esta naturaleza, hay otra naturaleza, que es superior: la entidad viviente. La naturaleza superior es puesta en el seno de la naturaleza material y mezclada con ella por la voluntad de la Suprema Personalidad de Dios, y después de ello todas las entidades vivientes nacen de esta naturaleza material.

El escorpión pone sus huevos en las pilas de arroz, y a veces se dice que el escorpión nace del arroz. Pero el arroz no es la causa del escorpión. En realidad, los huevos los puso la madre. De la misma manera, la naturaleza material no es la causa del nacimiento de las entidades vivientes. La semilla la da la Suprema Personalidad de Dios, y ellas sólo parecen salir como productos de la naturaleza material. Así pues, cada entidad viviente, según sus actividades pasadas, tiene un cuerpo diferente, creado por esta naturaleza material, para poder disfrutar o sufrir según sus acciones pasadas. El Señor es la causa de todas las manifestaciones de entidades vivientes que hay en este mundo material.

TEXTO 4

सर्वयोनिषु कौन्तेय मूर्तयः संभवन्ति याः ।
तासां ब्रह्म महद्योनिरहं बीजप्रदः पिता ॥ ४ ॥

sarva-yoniṣu kaunteya
mūrtayaḥ sambhavanti yāḥ
tāsāṁ brahma mahad yonir
ahaṁ bīja-pradaḥ pitā

sarva-yoniṣu—en todas las especies de vida; *kaunteya*—¡oh, hijo de Kuntī!; *mūrtayaḥ*—formas; *sambhavanti*—ellas aparecen; *yāḥ*—el cual; *tāsām*—de todas ellas; *brahma*—el supremo; *mahat yoniḥ*—la fuente del nacimiento en la sustancia material; *aham*—Yo; *bīja-pradaḥ*—que aporta la simiente; *pitā*—el padre.

TRADUCCIÓN

Ha de saberse, ¡oh, hijo de Kuntī!, que todas las especies de vida aparecen mediante su nacimiento en esta naturaleza material, y que Yo soy el padre que aporta la simiente.

SIGNIFICADO

En este verso se explica bien claro que la Suprema Personalidad de Dios, Kṛṣṇa, es el padre original de todas las entidades vivientes. Las entidades vivientes son combinaciones de la naturaleza material y la naturaleza espiritual. Esas entidades vivientes no sólo se ven en este planeta, sino en todos los demás, incluso en el más elevado de todos, donde se encuentra Brahmā. En todas partes hay entidades vivientes; las hay dentro de la tierra, e incluso dentro del agua y dentro del fuego. Todas esas apariciones se deben a la madre, la naturaleza material, y al proceso mediante el cual Kṛṣṇa aporta la simiente. La conclusión de esto es que el mundo material es fecundado con entidades vivientes, las cuales en el momento de la creación salen con diversas formas según sus acciones pasadas.

TEXTO 5

सत्त्वं रजस्तम इति गुणाः प्रकृतिसंभवाः ।
निबध्नन्ति महाबाहो देहे देहिनमव्ययम् ॥ ५ ॥

sattvaṁ rajas tama iti
guṇāḥ prakṛti-sambhavāḥ
nibadhnanti mahā-bāho
dehe dehinam avyayam

sattvam—la modalidad de la bondad; *rajaḥ*—la modalidad de la pasión; *tamaḥ*—la modalidad de la ignorancia; *iti*—así; *guṇāḥ*—las cualidades; *prakṛti*—naturaleza material; *sambhavāḥ*—producido de; *nibadhnanti*—condiciona; *mahā-bāho*—¡oh, tú, el de los poderosos brazos!; *dehe*—en este cuerpo; *dehinam*—la entidad viviente; *avyayam*—eterna.

TRADUCCIÓN

La naturaleza material consta de tres modalidades: bondad, pasión e ignorancia. Cuando la eterna entidad viviente se pone en contacto con la naturaleza, ¡oh, Arjuna, el de los poderosos brazos!, queda condicionada por esas modalidades.

SIGNIFICADO

La entidad viviente, por ser trascendental, no tiene nada que ver con esta naturaleza material. Aun así, como ha quedado condicionada por el mundo material, está actuando bajo el hechizo de las tres modalidades de la naturaleza material. Debido a que las entidades vivientes tienen diferentes tipos de cuerpos, en función de los diferentes aspectos de la naturaleza material, son inducidas a actuar conforme a esa naturaleza. Ésa es la causa de las variedades de felicidad y aflicción que existen.

TEXTO 6

तत्र सत्त्वं निर्मलत्वात्प्रकाशकमनामयम् ।
सुखसङ्गेन बध्नाति ज्ञानसङ्गेन चानघ ॥ ६ ॥

tatra sattvaṁ nirmalatvāt
prakāśakam anāmayam
sukha-saṅgena badhnāti
jñāna-saṅgena cānagha

tatra—ahí; *sattvam*—la modalidad de la bondad; *nirmalatvāt*—siendo la más pura que hay en el mundo material; *prakāśakam*—iluminadora; *anāmayam*—sin ninguna reacción pecaminosa; *sukha*—con la felicidad; *saṅgena*—mediante el contacto; *badhnāti*—condiciona; *jñāna*—con el conocimiento; *saṅgena*—mediante el contacto; *ca*—también; *anagha*—¡oh, tú, el inmaculado!

TRADUCCIÓN

¡Oh, tú, el inmaculado!, la modalidad de la bondad, siendo más pura que las otras, es iluminadora, y lo libera a uno de todas las reacciones pecaminosas. Aquellos que se encuentran influidos por esa modalidad, quedan condicionados por una sensación de felicidad y conocimiento.

SIGNIFICADO

Las entidades vivientes que están condicionadas por la naturaleza material, son de diversos tipos. Unas están felices, otras están muy activas y otras están desvalidas. Todos esos tipos de manifestaciones psicológicas son la causa del estado condicionado en que se encuentran las entidades en la naturaleza. La manera en que ellas reciben diferentes condicionamientos se explica en esta sección de *El Bhagavad-gītā*. La modalidad de la bondad es la primera que se considera. El efecto de cultivar la modalidad de la bondad en el mundo material, es que uno se vuelve más sabio que aquellos que están condicionados de otra manera. Un hombre que se encuentra en el plano de la modalidad de la bondad no se ve muy afectado por los sufrimientos materiales, y tiene una sensación de estar adelantado en el conocimiento material. El representante típico de ello es el *brāhmaṇa*, quien se supone que está situado en el plano de la modalidad de la bondad. Esa sensación de felicidad se debe a la comprensión de que, en el plano de la modalidad de la bondad, uno está más o menos libre de reacciones pecaminosas. En efecto, en la literatura védica se dice que la modalidad de la bondad significa mayor conocimiento y una mayor sensación de felicidad.

Lo malo de esto es que cuando la entidad viviente se sitúa en el plano de la modalidad de la bondad, queda condicionada a sentir que está adelantada en el conocimiento y que es mejor que los demás. De ese modo, queda condicionada. Los mejores ejemplos de esto los constituyen el científico y el filósofo: cada uno de ellos está muy orgulloso de su conocimiento, y como por lo general ellos mejoran sus condiciones de vida, sienten una clase de felicidad material. Esa sensación de felicidad adelantada en la vida condicionada, hace que los ate la modalidad de la bondad de la naturaleza material. Así pues, ellos se ven atraídos hacia el trabajo en el plano de la modalidad de la bondad, y, mientras sienten atracción por trabajar de esa manera, tienen que tomar algún tipo de cuerpo en el seno de las modalidades de la naturaleza. En consecuencia, no hay posibilidad de liberarse, o de ser trasladado al mundo espiritual. Uno puede convertirse reiteradamente en filósofo, científico o poeta, y reiteradamente quedar enredado en los mismos inconvenientes del nacimiento y la muerte. Pero, debido a la ilusión de la energía material, uno cree que esa clase de vida es agradable.

TEXTO 7

रजो रागात्मकं विद्धि तृष्णासङ्गसमुद्भवम् ।
तन्निबध्नाति कौन्तेय कर्मसङ्गेन देहिनम् ॥ ७ ॥

rajo rāgātmakaṁ viddhi
tṛṣṇā-saṅga-samudbhavam
tan nibadhnāti kaunteya
karma-saṅgena dehinam

rajaḥ—la modalidad de la pasión; *rāga-ātmakam*—nacida del deseo o de la lujuria; *viddhi*—conoce; *tṛṣṇā*—con anhelo; *saṅga*—el contacto; *samudbhavam*—producida por; *tat*—eso; *nibadhnāti*—ata; *kaunteya*—¡oh, hijo de Kuntī!; *karma-saṅgena*—mediante el contacto con la actividad fruitiva; *dehinam*—el encarnado.

TRADUCCIÓN

La modalidad de la pasión nace de ilimitados deseos y anhelos, ¡oh, hijo de Kuntī!, y, debido a ello, la entidad viviente encarnada queda atada a las acciones materiales fruitivas.

SIGNIFICADO

La modalidad de la pasión se caracteriza por la atracción que hay entre el hombre y la mujer. La mujer siente atracción por el hombre, y el hombre siente atracción por la mujer. Eso se denomina la modalidad de la pasión. Y cuando la modalidad de la pasión se aumenta, en uno se desarrolla el anhelo de tener disfrute material. Uno quiere disfrutar del goce de los sentidos. En aras del goce de los sentidos, el hombre que se halla en el plano de la modalidad de la pasión quiere un poco de honor en la sociedad, o en la nación, y quiere tener una familia feliz, con una hermosa casa, esposa e hijos. Ésos son los productos de la modalidad de la pasión. Mientras uno anhele tener esas cosas, tiene que trabajar mucho. Por lo tanto, aquí se afirma claramente que uno se relaciona con los frutos de sus actividades, y de esa forma queda atado por esas actividades. A fin de complacer a su esposa, a los hijos y a la sociedad, y para mantener en alto su prestigio, uno tiene que trabajar. Luego todo el mundo material está más o menos en el plano de la modalidad de la pasión. La civilización moderna se considera que está o no adelantada, según las pautas de la modalidad de la pasión. Antiguamente, la condición adelantada se consideraba que era la de estar en el plano de la modalidad de la bondad. Si no hay liberación para aquellos que están en el plano de la modalidad de la bondad, ¿qué puede decirse de aquellos que están enredados en la modalidad de la pasión?

TEXTO 8

तमस्त्वज्ञानजं विद्धि मोहनं सर्वदेहिनाम् ।
प्रमादालस्यनिद्राभिस्तन्निबध्नाति भारत ॥८॥

tamas tv ajñāna-jaṁ viddhi
mohanaṁ sarva-dehinām
pramādālasya-nidrābhis
tan nibadhnāti bhārata

tamaḥ—la modalidad de la ignorancia; *tu*—pero; *ajñāna-jam*—producidos de la ignorancia; *viddhi*—conociendo; *mohanam*—el engaño; *sarva-dehinām*—de todos los seres encarnados; *pramāda*—con locura; *ālasya*—indolencia; *nidrābhiḥ*—y sueño; *tat*—eso; *nibadhnāti*—ata; *bhārata*—¡oh, hijo de Bharata!

TRADUCCIÓN

¡Oh, hijo de Bharata!, has de saber que la modalidad de la oscuridad, nacida de la ignorancia, causa el engaño de todas las entidades vivientes

encarnadas. Los resultados de esa modalidad son la locura, la indolencia y el sueño, los cuales atan al alma condicionada.

SIGNIFICADO

En este verso, la aplicación específica de la palabra *tu* es muy significativa. Esto significa que la modalidad de la ignorancia es una cualidad muy peculiar del alma encarnada. Esa modalidad de la ignorancia es justamente lo opuesto a la modalidad de la bondad. En la modalidad de la bondad, por medio del desarrollo de conocimiento, uno puede entender lo que son las cosas, pero la modalidad de la ignorancia es justamente lo opuesto. Todo aquel que se encuentra bajo el hechizo de la modalidad de la ignorancia se vuelve loco, y un loco no puede entender lo que son las cosas. En vez de ir progresando, uno se degrada. La definición de la modalidad de la ignorancia se da en la literatura védica. *Vastu-yāthātmya-jñānāvarakaṁ viparyaya-jñāna-janakaṁ tamaḥ*: bajo el hechizo de la ignorancia, uno no puede entender una cosa tal como es. Por ejemplo, todo el mundo puede ver que su abuelo ha muerto y que, por ende, uno también morirá; el hombre es mortal. El niño que él engendre también va a morir. De manera que, la muerte es segura. Aun así, la gente está acumulando dinero como loca y trabajando mucho día y noche, sin preocuparse por el espíritu eterno. Eso es locura. En su locura, ellos se muestran muy renuentes a progresar en lo que respecta a la comprensión espiritual. Esa clase de gente es muy perezosa. Cuando se los invita a reunirse para la comprensión espiritual, no se muestran muy interesados. Ellos ni siquiera son activos como el hombre a quien lo controla la modalidad de la pasión. Así pues, otra característica de alguien que está sumido en la modalidad de la ignorancia, es que duerme más de lo necesario. Seis horas de sueño son suficientes, pero el hombre que se halla en el plano de la modalidad de la ignorancia duerme al menos diez o doce horas al día. El hombre que está en esa situación se ve siempre abatido, y es adicto a los estimulantes y al sueño. Ésas son las características de una persona que está condicionada por la modalidad de la ignorancia.

TEXTO 9

सत्त्वं सुखे संजयति रजः कर्मणि भारत ।
ज्ञानमावृत्य तु तमः प्रमादे संजयत्युत ॥ ९ ॥

sattvaṁ sukhe sañjayati
rajaḥ karmaṇi bhārata
jñānam āvṛtya tu tamaḥ
pramāde sañjayaty uta

sattvam—la modalidad de la bondad; *sukhe*—en la felicidad; *sañjayati*—ata; *rajaḥ*—la modalidad de la pasión; *karmaṇi*—en la actividad fruitiva; *bhārata*—¡oh, hijo de Bharata!; *jñānam*—conocimiento; *āvṛtya*—cubriendo; *tu*—pero; *tamaḥ*—la modalidad de la ignorancia; *pramāde*—en la locura; *sañjayati*—ata; *uta*—se dice.

TRADUCCIÓN

¡Oh, hijo de Bharata!, la modalidad de la bondad lo condiciona a uno a la felicidad; la pasión lo condiciona a uno a la acción fruitiva; y la ignorancia, que cubre el conocimiento de uno, lo ata a uno a la locura.

SIGNIFICADO

Una persona que está en el plano de la modalidad de la bondad se satisface con su trabajo o con su ocupación intelectual, tal como un filósofo, un científico o un educador puede que se dediquen a un determinado campo del conocimiento y que estén satisfechos de ese modo. Un hombre que está en el plano de la modalidad de la pasión puede que se dedique a la actividad fruitiva; él posee tanto como puede, y gasta en buenas causas. A veces, él trata de abrir hospitales, dar donaciones a instituciones caritativas, etc. Ésos son los signos de alguien que está en el plano de la modalidad de la pasión. Y la modalidad de la ignorancia cubre el conocimiento. En el plano de la modalidad de la ignorancia, todo lo que uno hace no es bueno ni para sí ni para nadie.

TEXTO 10

रजस्तमश्चाभिभूय सत्त्वं भवति भारत ।
रजः सत्त्वं तमश्चैव तमः सत्त्वं रजस्तथा ॥ १० ॥

rajas tamaś cābhibhūya
sattvaṁ bhavati bhārata
rajaḥ sattvaṁ tamaś caiva
tamaḥ sattvaṁ rajas tathā

rajaḥ—la modalidad de la pasión; *tamaḥ*—la modalidad de la ignorancia; *ca*—también; *abhibhūya*—superando; *sattvam*—la modalidad de la bondad; *bhavati*—se hace resaltante; *bhārata*—¡oh, hijo de Bharata!; *rajaḥ*—la modalidad de la pasión; *sattvam*—la modalidad de la bondad; *tamaḥ*—la modalidad de la ignorancia; *ca*—también; *eva*—así; *tamaḥ*—la modalidad de la ignorancia; *sattvam*—la modalidad de la bondad; *rajaḥ*—la modalidad de la pasión; *tathā*—así pues.

TRADUCCIÓN

A veces, la modalidad de la bondad se vuelve resaltante, venciendo a las modalidades de la pasión y la ignorancia, ¡oh, hijo de Bharata! A veces, la modalidad de la pasión vence a la bondad y la ignorancia, y, en otras ocasiones, la ignorancia vence a la bondad y la pasión. De ese modo, siempre hay una competencia por la supremacía.

SIGNIFICADO

Cuando la modalidad de la pasión sobresale, las modalidades de la bondad y la ignorancia son vencidas. Cuando la modalidad de la bondad sobresale, la pasión y la ignorancia son vencidas. Y cuando la modalidad de la ignorancia sobresale, la pasión y la bondad son vencidas. Esta competencia siempre se está llevando a cabo. Por lo tanto, aquel que realmente está decidido a adelantar en el proceso de conciencia de Kṛṣṇa, tiene que trascender esas tres modalidades. La predominancia de determinada modalidad de la naturaleza se manifiesta en el comportamiento de uno, en sus actividades, en el comer, etc. Todo esto se explicará en capítulos posteriores. Pero si uno quiere, puede cultivar mediante la práctica la modalidad de la bondad, y vencer así a las modalidades de la ignorancia y la pasión. De la misma manera, uno puede cultivar la modalidad de la pasión y vencer a la bondad y la ignorancia. O uno puede cultivar la modalidad de la ignorancia y vencer a la bondad y la pasión. Aunque existen esas tres modalidades de la naturaleza material, si uno es determinado, puede ser bendecido con la modalidad de la bondad, y al trascender la modalidad de la bondad puede situarse en la bondad pura, lo cual se denomina el estado *vasudeva*, un estado en el que se puede entender la ciencia de Dios. Según las actividades específicas que se manifiesten, se puede saber en qué categoría de las modalidades de la naturaleza se encuentra uno.

TEXTO 11

सर्वद्वारेषु देहेऽस्मिन्प्रकाश उपजायते ।
ज्ञानं यदा तदा विद्याद्विवृद्धं सत्त्वमित्युत ॥ ११ ॥

sarva-dvāreṣu dehe 'smin
prakāśa upajāyate
jñānaṁ yadā tadā vidyād
vivṛddhaṁ sattvam ity uta

sarva-dvāreṣu—en todas las puertas; *dehe asmin*—en este cuerpo; *prakāśaḥ*—la cualidad de la iluminación; *upajāyate*—manifiesta; *jñānam*—

conocimiento; *yadā*—cuando; *tadā*—en ese entonces; *vidyāt*—sabe; *vivṛddham*—aumentó; *sattvam*—la modalidad de la bondad; *ity uta*—de ese modo se dice.

TRADUCCIÓN

Las manifestaciones de la modalidad de la bondad se pueden experimentar cuando todas las puertas del cuerpo están iluminadas por el conocimiento.

SIGNIFICADO

En el cuerpo hay nueve puertas: dos ojos, dos oídos, dos orificios nasales, la boca, el órgano genital y el ano. Cuando cada puerta está iluminada por las características de la bondad, debe entenderse que en uno se ha desarrollado la modalidad de la bondad. En el plano de la modalidad de la bondad, se pueden ver las cosas como debe ser, se pueden oír las cosas como debe ser y se pueden saborear las cosas como debe ser. Uno queda limpio por dentro y por fuera. En cada puerta se desarrollan los signos de la felicidad, y ésa es la posición de la bondad.

TEXTO 12

लोभः प्रवृत्तिरारम्भः कर्मणामशमः स्पृहा ।
रजस्येतानि जायन्ते विवृद्धे भरतर्षभ ॥ १२ ॥

lobhaḥ pravṛttir ārambhaḥ
karmaṇām aśamaḥ spṛhā
rajasy etāni jāyante
vivṛddhe bharatarṣabha

lobhaḥ—codicia; *pravṛttiḥ*—actividad; *ārambhaḥ*—esfuerzo; *karmaṇām*—en las actividades; *aśamaḥ*—incontrolable; *spṛhā*—deseo; *rajasi*—de la modalidad de la pasión; *etāni*—todo esto; *jāyante*—se desarrolla; *vivṛddhe*—cuando hay un exceso; *bharata-ṛṣabha*—¡oh, tú, el principal de los descendientes de Bharata!

TRADUCCIÓN

¡Oh, líder de los Bhāratas!, cuando hay un aumento de la modalidad de la pasión, se manifiestan los signos de gran apego, actividad fruitiva, intenso esfuerzo, y un anhelo y deseo incontrolables.

SIGNIFICADO

Aquel que se halla en el plano de la modalidad de la pasión, nunca está satisfecho con la posición que ha adquirido; él anhela engrandecer su posición. Cuando quiere construir una residencia, trata lo mejor que puede de tener una casa palaciega, como si fuera a ser capaz de residir en ella eternamente. Y en él se desarrolla un gran anhelo de buscar el goce de los sentidos. El goce de los sentidos no tiene fin. Él siempre quiere permanecer con su familia y en su casa, y continuar el proceso de la complacencia de los sentidos. Esto no cesa jamás. Todos esos signos se ha de saber que son característicos de la modalidad de la pasión.

TEXTO 13

अप्रकाशोऽप्रवृत्तिश्च प्रमादो मोह एव च ।
तमस्येतानि जायन्ते विवृद्धे कुरुनन्दन ॥ १३ ॥

aprakāśo 'pravṛttiś ca
pramādo moha eva ca
tamasy etāni jāyante
vivṛddhe kuru-nandana

aprakāśaḥ—oscuridad; *apravṛttiḥ*—inactividad; *ca*—y; *pramādaḥ*—locura; *mohaḥ*—ilusión; *eva*—ciertamente; *ca*—también; *tamasi*—la modalidad de la ignorancia; *etāni*—estas; *jāyante*—se manifiestan; *vivṛddhe*—cuando se desarrolla; *kuru-nandana*—¡oh, hijo de Kuru!

TRADUCCIÓN

Cuando hay un aumento de la modalidad de la ignorancia, ¡oh, hijo de Kuru!, se manifiestan la oscuridad, la inercia, la locura y la ilusión.

SIGNIFICADO

Cuando no hay iluminación, el conocimiento está ausente. Aquel que se halla en el plano de la modalidad de la ignorancia, no trabaja con un principio regulativo; él quiere actuar caprichosamente, sin ninguna finalidad. Aunque él tiene la capacidad de trabajar, no hace ningún esfuerzo. Eso se denomina ilusión. A pesar de que sigue habiendo conciencia, la vida es inactiva. Ésos son los signos característicos de alguien que se encuentra en el plano de la modalidad de la ignorancia.

TEXTO 14

यदा सत्त्वे प्रवृद्धे तु प्रलयं याति देहभृत् ।
तदोत्तमविदां लोकानमलान्प्रतिपद्यते ॥ १४ ॥

yadā sattve pravṛddhe tu
pralayaṁ yāti deha-bhṛt
tadottama-vidāṁ lokān
amalān pratipadyate

yadā—cuando; *sattve*—la modalidad de la bondad; *pravṛddhe*—desarrollada; *tu*—pero; *pralayam*—disolución; *yāti*—va; *deha-bhṛt*—el que está encarnado; *tadā*—en ese momento; *uttama-vidām*—de los grandes sabios; *lokān*—los planetas; *amalān*—puros; *pratipadyate*—llega.

TRADUCCIÓN

Cuando uno muere en el estado de la modalidad de la bondad, va a los planetas superiores y puros de los grandes sabios.

SIGNIFICADO

Aquel que está en el plano de la bondad va a los sistemas planetarios superiores, tales como Brahmaloka o Janoloka, y disfruta ahí de felicidad divina. La palabra *amalān* es significativa; quiere decir ''libre de las modalidades de la pasión y la ignorancia''. En el mundo material hay impurezas, y la modalidad de la bondad es la forma de existencia más pura que hay en él. Existen diferentes clases de planetas para diferentes clases de entidades vivientes. Aquellos que mueren en el plano de la modalidad de la bondad, son elevados a los planetas en donde viven grandes sabios y grandes devotos.

TEXTO 15

रजसि प्रलयं गत्वा कर्मसङ्गिषु जायते ।
तथा प्रलीनस्तमसि मूढयोनिषु जायते ॥ १५ ॥

rajasi pralayaṁ gatvā
karma-saṅgiṣu jāyate
tathā pralīnas tamasi
mūḍha-yoniṣu jāyate

rajasi—en la pasión; *pralayam*—disolución; *gatvā*—alcanzando; *karma-saṅgiṣu*—en compañía de aquellos que se dedican a actividades fruitivas; *jāyate*—nace; *tathā*—de igual modo; *pralīnaḥ*—disolviéndose; *tamasi*—en la ignorancia; *mūḍha-yoniṣu*—en las especies animales; *jāyate*—nace.

TRADUCCIÓN

Cuando uno muere en el plano de la modalidad de la pasión, nace entre

aquellos que se dedican a las actividades fruitivas; y cuando uno muere en el plano de la modalidad de la ignorancia, nace en el reino animal.

SIGNIFICADO

Algunas personas tienen la impresión de que cuando el alma llega al plano de la vida humana, nunca vuelve a descender. Eso es incorrecto. Según este verso, si uno cultiva la modalidad de la ignorancia, al morir es degradado a una forma de vida animal. De ahí uno tiene que elevarse de nuevo, por medio de un proceso evolutivo, para volver a llegar a la forma de vida humana. Por lo tanto, aquellos que verdaderamente toman en serio la vida humana, deben emprender el cultivo de la modalidad de la bondad, y, con buenas compañías, trascender las modalidades y situarse en el plano de conciencia de Kṛṣṇa. Ése es el objetivo de la vida humana. De lo contrario, no hay ninguna garantía de que el ser humano vaya a llegar de nuevo a la categoría humana.

TEXTO 16

कर्मणः सुकृतस्याहुः सात्त्विकं निर्मलं फलम् ।
रजसस्तु फलं दुःखमज्ञानं तमसः फलम् ॥ १६ ॥

karmaṇaḥ sukṛtasyāhuḥ
sāttvikaṁ nirmalaṁ phalam
rajasas tu phalaṁ duḥkham
ajñānaṁ tamasaḥ phalam

karmaṇaḥ—de trabajo; *su-kṛtasya*—piadoso; *āhuḥ*—se dice; *sāttvikam*—en la modalidad de la bondad; *nirmalam*—purificado; *phalam*—el resultado; *rajasaḥ*—de la modalidad de la pasión; *tu*—pero; *phalam*—el resultado; *duḥkham*—desdicha; *ajñānam*—necedad; *tamasaḥ*—de la modalidad de la ignorancia; *phalam*—el resultado.

TRADUCCIÓN

El resultado de la acción piadosa es puro y se dice que está en el plano de la modalidad de la bondad. Pero la acción que se hace en el plano de la modalidad de la pasión termina en el sufrimiento, y la acción que se ejecuta en el plano de la modalidad de la ignorancia termina en la necedad.

SIGNIFICADO

Los resultados de las actividades piadosas que están en el plano de la modalidad de la bondad, son puros. En consecuencia, los sabios, quienes están libres de toda ilusión, están situados en el plano de la felicidad. Pero las actividades que están en el plano de la modalidad de la pasión, son sencillamente desoladoras. Cualquier actividad que se haga en aras de la felicidad material, está destinada a fracasar. Si, por ejemplo, uno quiere tener un gran rascacielos, tiene que haber muchísimo sufrimiento humano antes de poderlo construir. El que lo financia tiene que tomarse muchas molestias para amasar una fortuna, y aquellos que se esfuerzan como esclavos para construir el edificio, tienen que aportar el trabajo físico. Los sufrimientos están ahí. Así pues, *El Bhagavad-gītā* dice que en cualquier actividad que se realiza bajo el hechizo de la modalidad de la pasión, hay indudablemente grandes sufrimientos. Quizás haya un poco de la llamada felicidad mental —"tengo esta casa" o "tengo este dinero"—, pero eso no es verdadera felicidad.

En lo que respecta a la modalidad de la ignorancia, el ejecutor no tiene conocimiento, y, por lo tanto, en la actualidad todas sus actividades terminan en el sufrimiento, y después él se dirigirá hacia la vida animal. La vida animal siempre es desdichada, aunque, bajo el hechizo de la energía ilusoria, *māyā*, los animales no se dan cuenta de ello. La matanza de los pobres animales también se debe a la modalidad de la ignorancia. La gente que mata a los animales no sabe que en el futuro el animal tendrá un cuerpo adecuado para matarlos a ellos. Ésa es la ley de la naturaleza. En la sociedad humana, si uno mata a un hombre tiene que ser colgado. Ésa es la ley del Estado. Por ignorancia, la gente no percibe que hay un Estado completo controlado por el Señor Supremo. Toda criatura viviente es hija del Señor Supremo, y Él no tolera ni siquiera la matanza de una hormiga. Uno tiene que pagar por ello. De modo que, el entregarse a la matanza de los animales para darle gusto a la lengua es el tipo más craso de ignorancia que existe. El ser humano no tiene ninguna necesidad de matar a los animales, porque Dios ha proveído de muchísimas cosas buenas. Si a pesar de eso uno se da a comer carne, se debe sobrentender que está actuando llevado por la ignorancia y que se está labrando un futuro muy oscuro. De todas las clases de matanzas de animales, la matanza de la vaca es la más atroz, porque la vaca nos proporciona toda clase de placeres al suministrarnos la leche. La matanza de la vaca es un acto del más craso tipo de ignorancia. En la literatura védica (*El Ṛg Veda* 9.4.64), las palabras *gobhiḥ prīṇita-matsaram* indican que aquel que, estando plenamente satisfecho con la leche, tiene deseos de matar a la vaca, está sumido en la más crasa ignorancia. En la literatura védica también hay una oración que dice:

namo brahmaṇya-devāya
go-brāhmaṇa-hitāya ca
jagad-dhitāya kṛṣṇāya
govindāya namo namaḥ

"Mi Señor, Tú eres el bienqueriente de las vacas y los *brāhmaṇas*, y Tú eres el bienqueriente de toda la sociedad humana y del mundo entero" (*El Viṣṇu Purāṇa* 1.19.65). Lo que se quiere señalar es que en esa plegaria se hace especial mención de la protección de las vacas y los *brāhmaṇas*. Los *brāhmaṇas* son el símbolo de la educación espiritual, y las vacas son el símbolo del alimento más valioso de todos; estas dos criaturas —los *brāhmaṇas* y las vacas— deben recibir una protección absoluta; eso es verdadero avance de la civilización. En la sociedad humana moderna se hace caso omiso del conocimiento espiritual, y se fomenta la matanza de la vaca. Se sobrentiende, pues, que la sociedad humana está avanzando en la dirección equivocada y se está abriendo camino hacia su propia condena. Una civilización que guía a los ciudadanos a volverse animales en su siguiente vida, ciertamente que no es una civilización humana. La presente civilización humana está, por supuesto, sumamente extraviada por las modalidades de la pasión y la ignorancia. Es una era muy peligrosa, y todas las naciones deben preocuparse por brindar el más sencillo de los procesos, el proceso de conciencia de Kṛṣṇa, para salvar a la humanidad del peligro más grande de todos.

TEXTO 17

सत्त्वात्संजायते ज्ञानं रजसो लोभ एव च ।
प्रमादमोहौ तमसो भवतोऽज्ञानमेव च ॥ १७ ॥

sattvāt sañjāyate jñānaṁ
rajaso lobha eva ca
pramāda-mohau tamaso
bhavato 'jñānam eva ca

sattvāt—de la modalidad de la bondad; *sañjāyate*—se desarrolla; *jñānam*—conocimiento; *rajasaḥ*—de la modalidad de la pasión; *lobhaḥ*—codicia; *eva*—ciertamente; *ca*—también; *pramāda*—locura; *mohau*—e ilusión; *tamasaḥ*—de la modalidad de la ignorancia; *bhavataḥ*—se desarrollan; *ajñānam*—necedad; *eva*—ciertamente; *ca*—también.

TRADUCCIÓN

De la modalidad de la bondad se desarrolla el verdadero conocimiento; de la modalidad de la pasión se desarrolla la codicia; y de la modalidad de la ignorancia se desarrollan la necedad, la locura y la ilusión.

SIGNIFICADO

Como la civilización actual no es muy adecuada para las entidades vivientes, se recomienda el proceso de conciencia de Kṛṣṇa. A través del proceso de conciencia de Kṛṣṇa, en la sociedad se desarrollará la modalidad de la bondad. Cuando la modalidad de la bondad se desarrolle, la gente verá las cosas tal como son. En el plano de la modalidad de la ignorancia, la gente es como los animales y no puede ver las cosas de una manera clara. En medio de esa modalidad, por ejemplo, ellos no ven que al matar a un animal se están arriesgando a ser matados por el mismo animal en la siguiente vida. Como la gente no ha sido educada para nada en lo que se refiere al conocimiento verdadero, se vuelve irresponsable. Para acabar con esa irresponsabilidad, debe darse una educación con la que se cultive la modalidad de la bondad de la generalidad de la gente. Cuando a ellos se los eduque de hecho en lo referente a la modalidad de la bondad, se volverán sobrios, con pleno conocimiento de las cosas tal como son. La gente será entonces feliz y próspera. Incluso si la mayoría de la gente no es feliz y próspera, si un determinado porcentaje de la población cultiva conciencia de Kṛṣṇa y se sitúa en el plano de la modalidad de la bondad, habrá entonces la posibilidad de que haya paz y prosperidad por todas partes del mundo. De lo contrario, si el mundo se consagra a las modalidades de la pasión y la ignorancia, no puede haber paz ni prosperidad. En el plano de la modalidad de la pasión, la gente se vuelve codiciosa, y su anhelo de complacer los sentidos no tiene límites. Uno puede ver que incluso si uno tiene suficiente dinero y unas facilidades adecuadas para complacer los sentidos, no hay ni felicidad ni paz de la mente. Eso no es posible, porque uno está situado en el plano de la modalidad de la pasión. Si uno verdaderamente quiere felicidad, su dinero no lo ayudará; uno tiene que elevarse hasta el plano de la modalidad de la bondad mediante la práctica del proceso de conciencia de Kṛṣṇa. Cuando uno se dedica a la modalidad de la pasión, no sólo está infeliz mentalmente, sino que además su profesión y su ocupación son también muy problemáticas. Uno tiene que idear muchísimos planes y ardides para adquirir suficiente dinero y mantener su statu quo. Todo ello es desolador. En medio de la modalidad de la ignorancia, la gente se vuelve loca. Como están afligidos por sus circunstancias, se refugian en la bebida y las drogas, y de ese modo se hunden más en la ignorancia. Su futuro en la vida es muy oscuro.

TEXTO 18

ऊर्ध्वं गच्छन्ति सत्त्वस्था मध्ये तिष्ठन्ति राजसाः ।
जघन्यगुणवृत्तिस्था अधो गच्छन्ति तामसाः ॥१८॥

ūrdhvaṁ gacchanti sattva-sthā
madhye tiṣṭhanti rājasāḥ
jaghanya-guṇa-vṛtti-sthā
adho gacchanti tāmasāḥ

ūrdhvam—hacia arriba; *gacchanti*—van; *sattva-sthāḥ*—aquellos que están en el plano de la modalidad de la bondad; *madhye*—en el medio; *tiṣṭhanti*—habitan; *rājasāḥ*—aquellos que están en el plano de la modalidad de la pasión;

jaghanya—de abominable; *guṇa*—calidad; *vṛtti-sthāḥ*—ocupación; *adhaḥ*—abajo; *gacchanti*—van; *tāmasāḥ*—las personas que están en el plano de la modalidad de la ignorancia.

TRADUCCIÓN

Aquellos que se encuentran en el plano de la modalidad de la bondad, gradualmente ascienden a los planetas superiores; aquellos que están en el plano de la modalidad de la pasión, viven en los planetas terrenales; y aquellos que están en el plano de la abominable modalidad de la ignorancia, descienden a los mundos infernales.

SIGNIFICADO

En este verso se exponen más explícitamente los resultados de las acciones que se realizan en los planos de las tres modalidades de la naturaleza. Existe un sistema planetario superior, integrado por los planetas celestiales, donde todo el mundo es muy elevado. Según el grado de desarrollo de la modalidad de la bondad, la entidad viviente puede ser trasladada a diversos planetas de ese sistema. El planeta más elevado de todos es el de Satyaloka, o Brahmaloka, donde reside la persona más importante de este universo, el Señor Brahmā. Ya hemos visto que a duras penas podemos imaginar las maravillosas condiciones de vida que hay en Brahmaloka, pero la máxima condición de la vida, la modalidad de la bondad, nos puede llevar a ello.

La modalidad de la pasión es mixta. Dicha modalidad está en el medio, entre las modalidades de la bondad y la ignorancia. Una persona no siempre es pura, e incluso si lograra estar puramente en el plano de la modalidad de la pasión, tan sólo permanecería en esta Tierra como un rey o como un hombre rico. Pero como hay mezclas, uno también puede descender. La gente de esta Tierra, que se halla en el plano de la modalidad de la pasión o de la ignorancia, no puede ir a la fuerza a los planetas superiores por medio de máquinas. En el plano de la modalidad de la pasión también hay la posibilidad de volverse loco en la siguiente vida.

La cualidad más baja de todas, la modalidad de la ignorancia, se describe aquí como abominable. El resultado de cultivar la ignorancia es sumamente arriesgado. Ésta es la cualidad más baja de la naturaleza material. Por debajo del nivel humano hay ocho millones de especies de vida —aves, bestias, reptiles, árboles, etc.—, y conforme al desarrollo de la modalidad de la ignorancia, la gente es bajada a esas condiciones abominables. La palabra *tāmasāḥ* es muy significativa aquí. *Tāmasāḥ* se refiere a aquellos que se quedan continuamente en el plano de la modalidad de la ignorancia sin elevarse a una modalidad superior. Su futuro es muy oscuro.

Existe una oportunidad para que los hombres que están en los planos de las modalidades de la ignorancia y la pasión se eleven al plano de la modalidad de la bondad, y el sistema para ello se denomina conciencia de Kṛṣṇa. Pero aquel que no aprovecha esa oportunidad, permanecerá con toda certeza en el seno de las modalidades inferiores.

TEXTO 19

नान्यं गुणेभ्यः कर्तारं यदा द्रष्टानुपश्यति ।
गुणेभ्यश्च परं वेत्ति मद्भावं सोऽधिगच्छति ॥ १९ ॥

nānyaṁ guṇebhyaḥ kartāraṁ
yadā draṣṭānupaśyati
guṇebhyaś ca paraṁ vetti
mad-bhāvaṁ so 'dhigacchati

na—no; *anyam*—otro; *guṇebhyaḥ*—que las cualidades; *kartāram*—ejecutor; *yadā*—cuando; *draṣṭā*—un vidente; *anupaśyati*—ve como es debido; *guṇebhyaḥ*— a las modalidades de la naturaleza; *ca*—y; *param*—trascendental; *vetti*—conoce; *mat-bhāvam*—a Mi naturaleza espiritual; *saḥ*—él; *adhigacchati*—es promovido.

TRADUCCIÓN

Cuando alguien ve como es debido que, aparte de estas modalidades de la naturaleza, en todas las actividades no hay ningún otro ejecutor que esté actuando, y conoce al Señor Supremo, quien es trascendental a todas esas modalidades, esa persona llega a Mi naturaleza espiritual.

SIGNIFICADO

Uno puede trascender todas las actividades de las modalidades de la naturaleza material, si sólo las entiende debidamente aprendiendo con las almas idóneas. Kṛṣṇa es el verdadero maestro espiritual, y Él le está impartiendo a Arjuna este conocimiento espiritual. De igual modo, esta ciencia de las actividades en función de las modalidades de la naturaleza, uno tiene que aprenderla con aquellos que están por entero en el plano de conciencia de Kṛṣṇa. De lo contrario, la vida de uno se verá extraviada. Por medio de la instrucción de un maestro espiritual genuino, la entidad viviente puede conocer su posición espiritual, su cuerpo material, sus sentidos, cómo está atrapada y cómo se halla bajo el hechizo de las modalidades materiales de la naturaleza. La entidad viviente está desamparada, pues se encuentra en las garras de esas modalidades, pero cuando pueda ver su verdadera posición, podrá entonces llegar al plano trascendental, teniendo la posibilidad de llevar una vida espiritual. En realidad, la entidad viviente no es la ejecutora de las diferentes actividades. Ella se ve forzada a actuar debido a que se encuentra situada en un determinado tipo de cuerpo, dirigido por una determinada modalidad de la naturaleza material. A menos que uno tenga la ayuda de la autoridad espiritual, no puede entender en qué posición se encuentra de hecho. Con la compañía de un maestro espiritual genuino uno puede ver su verdadera posición, y por medio de esa clase de comprensión puede quedar fijo en el estado de plena conciencia de Kṛṣṇa. Un hombre que tiene conciencia de Kṛṣṇa no es controlado por el hechizo de las modalidades materiales de la naturaleza. Ya se dijo en el Séptimo Capítulo que, aquel que se ha entregado a Kṛṣṇa, queda liberado de las actividades de la naturaleza material. Para aquel que es capaz de ver las cosas tal como son, la influencia de la naturaleza material gradualmente cesa.

TEXTO 20

गुणानेतानतीत्य त्रीन्देही देहसमुद्भवान् ।
जन्ममृत्युजरादुःखैर्विमुक्तोऽमृतमश्नुते ॥ २० ॥

guṇān etān atītya trīn
dehī deha-samudbhavān
janma-mṛtyu-jarā-duḥkhair
vimukto 'mṛtam aśnute

guṇān—cualidades; *etān*—todas estas; *atītya*—trascendiendo; *trīn*—tres; *dehī*—el ser encarnado; *deha*—el cuerpo; *samudbhavān*—producidas de; *janma*—del nacimiento; *mṛtyu*—la muerte; *jarā*—y la vejez; *duḥkhaiḥ*—las aflicciones; *vimuktaḥ*—estando liberado de; *amṛtam*—néctar; *aśnute*—disfruta.

TRADUCCIÓN

Cuando el ser encarnado es capaz de trascender estas tres modalidades asociadas con el cuerpo material, puede liberarse del nacimiento, la muerte, la vejez y sus aflicciones, y puede disfrutar de néctar incluso en esta vida.

SIGNIFICADO

En este verso se explica la manera en que uno puede permanecer en la posición trascendental, con plena conciencia de Kṛṣṇa, aun en este cuerpo. La palabra sánscrita *dehī* significa "encarnado". Aunque uno esté dentro de este cuerpo material, mediante su adelanto en el campo del conocimiento espiritual puede liberarse de la influencia de las modalidades de la naturaleza. Uno puede disfrutar de la felicidad de la vida espiritual incluso en este cuerpo, porque, después de dejar este cuerpo, es seguro que irá al cielo espiritual. Pero incluso en este cuerpo puede disfrutar de la felicidad espiritual. En otras palabras, el servicio devocional con conciencia de Kṛṣṇa es el signo de estar liberado del enredo material, y eso se explicará en el Decimoctavo Capítulo. Cuando uno se libera de la influencia de las modalidades de la naturaleza material, ingresa en el servicio devocional.

TEXTO 21

अर्जुन उवाच
कैर्लिङ्गैस्त्रीन्गुणानेतानतीतो भवति प्रभो ।
किमाचारः कथं चैतांस्त्रीन्गुणानतिवर्तते ॥ २१ ॥

arjuna uvāca
kair liṅgais trīn guṇān etān
atīto bhavati prabho
kim ācāraḥ kathaṁ caitāṁs
trīn guṇān ativartate

arjunaḥ uvāca—Arjuna dijo; *kaiḥ*—por cuáles; *liṅgaiḥ*—signos; *trīn*—tres; *guṇān*—cualidades; *etān*—todas estas; *atītaḥ*—habiendo trascendido; *bhavati*—es; *prabho*—¡oh, mi Señor!; *kim*—qué; *ācāraḥ*—comportamiento; *katham*—cómo; *ca*—también; *etān*—estas; *trīn*—tres; *guṇān*—cualidades; *ativartate*—trasciende.

TRADUCCIÓN

Arjuna preguntó: ¡Oh, querido Señor mío!, ¿cuáles son los signos por los que se conoce a aquel que es trascendental a esas tres modalidades? ¿Cómo se comporta? Y, ¿de qué manera trasciende él las modalidades de la naturaleza?

SIGNIFICADO

En este verso, las preguntas de Arjuna son muy adecuadas. Él quiere conocer las señas de una persona que ya ha trascendido las modalidades materiales. En primer lugar, él pregunta cuáles son los signos característicos de una persona así de trascendental. ¿Cómo puede uno darse cuenta de que ya ha trascendido la influencia de las modalidades de la naturaleza material? La segunda pregunta se refiere a cómo vive y cuáles son sus actividades. ¿Son éstas reguladas o no reguladas? Luego, Arjuna pregunta cuáles son los medios por los cuales él puede adquirir la naturaleza trascendental. Eso es algo muy importante. A menos que uno conozca los medios directos mediante los cuales siempre puede estar situado en el plano trascendental, no hay ninguna posibilidad de manifestar los signos característicos de ello. De modo que, todas estas preguntas que hace Arjuna son muy importantes, y el Señor las responde.

TEXTOS 22–25

श्रीभगवानुवाच
प्रकाशं च प्रवृत्तिं च मोहमेव च पाण्डव ।
न द्वेष्टि संप्रवृत्तानि न निवृत्तानि काङ्क्षति ॥ २२ ॥
उदासीनवदासीनो गुणैर्यो न विचाल्यते ।
गुणा वर्तन्त इत्येव योऽवतिष्ठति नेङ्गते ॥ २३ ॥
समदुःखसुखः स्वस्थः समलोष्टाश्मकाञ्चनः ।
तुल्यप्रियाप्रियो धीरस्तुल्यनिन्दात्मसंस्तुतिः ॥ २४ ॥
मानापमानयोस्तुल्यस्तुल्यो मित्रारिपक्षयोः ।
सर्वारम्भपरित्यागी गुणातीतः स उच्यते ॥ २५ ॥

śrī-bhagavān uvāca
prakāśaṁ ca pravṛttiṁ ca
moham eva ca pāṇḍava
na dveṣṭi sampravṛttāni
na nivṛttāni kāṅkṣati

udāsīna-vad āsīno
guṇair yo na vicālyate
guṇā vartanta ity evaṁ
yo 'vatiṣṭhati neṅgate

sama-duḥkha-sukhaḥ sva-sthaḥ
sama-loṣṭāśma-kāñcanaḥ
tulya-priyāpriyo dhīras
tulya-nindātma-saṁstutiḥ

mānāpamānayos tulyas
tulyo mitrāri-pakṣayoḥ
sarvārambha-parityāgī
guṇātītaḥ sa ucyate

śrī-bhagavān uvāca—la Suprema Personalidad de Dios dijo; *prakāśam*—iluminación; *ca*—y; *pravṛttim*—apego; *ca*—y; *moham*—ilusión; *eva ca*—también; *pāṇḍava*—¡oh, hijo de Pāṇḍu!; *na dveṣṭi*—no odia; *sampravṛttāni*—aunque desarrollado; *na nivṛttāni*—ni deteniendo el desarrollo; *kāṅkṣati*—desea;

udāsīna-vat—como si fuera neutral; *āsīnaḥ*—situado; *guṇaiḥ*—por las cualidades; *yaḥ*—aquel que; *na*—nunca; *vicālyate*—se agita; *guṇāḥ*—las cualidades; *vartante*—actúan; *iti evam*—conociendo esto; *yaḥ*—aquel que; *avatiṣṭhati*—permanece; *na*—nunca; *iṅgate*—vacila; *sama*—igual; *duḥkha*—en la aflicción; *sukhaḥ*—y en la felicidad; *sva-sthaḥ*—estando situado en sí mismo; *sama*—igualmente; *loṣṭa*—un poco de tierra; *aśma*—piedra; *kāñcanaḥ*—oro; *tulya*—con igual disposición; *priya*—con lo querido; *apriyaḥ*—y lo indeseable; *dhīraḥ*—firme; *tulya*—igual; *nindā*—en la difamación; *ātma-saṁstutiḥ*—y en la alabanza de sí mismo; *māna*—en el honor; *apamānayoḥ*—y en el deshonor; *tulyaḥ*—igual; *tulyaḥ*—igual; *mitra*—de amigos; *ari*—y enemigos; *pakṣayoḥ*—a los bandos; *sarva*—de todos; *ārambha*—esfuerzos; *parityāgī*—renunciante; *guṇa-atītaḥ*—trascendental a las modalidades materiales de la naturaleza; *saḥ*—él; *ucyate*—se dice que es.

TRADUCCIÓN

La Suprema Personalidad de Dios dijo: ¡Oh, hijo de Pāṇḍu!, aquel que no odia la iluminación, el apego ni la ilusión cuando están presentes, ni los añora cuando desaparecen; que se mantiene firme e imperturbable a través de todas esas reacciones de las cualidades materiales, y que permanece neutral y trascendental, sabiendo que sólo las modalidades están activas; que está situado en el ser y que considera que la felicidad y la aflicción son iguales; que mira con la misma visión un poco de tierra, una piedra y un pedazo de oro; que tiene la misma disposición hacia lo deseable y lo indeseable; que es constante, encontrándose igual de bien en la alabanza y en la censura, en el honor y en el deshonor; que trata igual al amigo y al enemigo; y que ha renunciado a todas las actividades materiales: una persona que es así, se dice que ha trascendido las modalidades de la naturaleza.

SIGNIFICADO

Arjuna presentó tres preguntas diferentes, y el Señor las responde una tras otra. En estos versos, Kṛṣṇa indica primero que una persona que está situada en el plano trascendental no envidia a nadie y no anhela nada. Cuando una entidad viviente permanece en este mundo material cubierta por el cuerpo material, se sobrentiende que se halla bajo el control de una de las tres modalidades de la naturaleza material. Cuando ella está de hecho fuera del cuerpo, está entonces fuera de las garras de las modalidades materiales de la naturaleza. Pero mientras no esté fuera del cuerpo material, debe ser neutral. Ella debe dedicarse al servicio devocional del Señor, para olvidar automáticamente su identificación con el cuerpo material. Cuando uno está consciente del cuerpo material, actúa sólo para el goce de los sentidos, pero cuando uno traslada la conciencia hacia Kṛṣṇa, el goce de los sentidos cesa automáticamente. Uno no necesita este cuerpo material, y no necesita aceptar los mandatos del cuerpo material. Las cualidades de las modalidades materiales que hay en el cuerpo van a actuar, pero el ser, en su carácter de alma espiritual, es ajeno a esas actividades. ¿Cómo se vuelve ajeno? Él no desea disfrutar del cuerpo, ni desea salirse de él. Así pues, situado en el plano trascendental, el devoto queda libre automáticamente. Él no tiene que tratar de liberarse de la influencia de las modalidades de la naturaleza material.

La siguiente pregunta se refiere al comportamiento de una persona que está situada en el plano trascendental. A la persona que se encuentra en el plano material la afectan los llamados honor y deshonor que se le ofrecen al cuerpo, pero la persona situada en el plano trascendental no es afectada por ese falso honor y deshonor. Ella cumple su deber con conciencia de Kṛṣṇa y no se preocupa de que alguien la honre o la deshonre. Ella sólo acepta cosas que son favorables para el desempeño de su deber de conciencia de Kṛṣṇa, pues, por lo demás, no necesita de nada material, ya sea una piedra u oro. Ella considera que todo el mundo es un amigo querido que la ayuda en la ejecución del proceso de conciencia de Kṛṣṇa, y no odia a su supuesto enemigo. Ella tiene igualdad de ánimo y ve todo en un mismo plano, porque sabe perfectamente bien que no tiene nada que ver con la existencia material. Las cuestiones sociales y políticas no la afectan, porque ella conoce la situación de las perturbaciones y trastornos temporales. Ella no intenta hacer nada para sí misma. Ella puede hacer cualquier cosa para Kṛṣṇa, pero no trata de hacer nada para sí. Por medio de un comportamiento tal, uno llega a situarse realmente en el plano trascendental.

TEXTO 26

मां च योऽव्यभिचारेण भक्तियोगेन सेवते ।
स गुणान्समतीत्यैतान्ब्रह्मभूयाय कल्पते ॥ २६ ॥

māṁ ca yo 'vyabhicāreṇa
bhakti-yogena sevate
sa guṇān samatītyaitān
brahma-bhūyāya kalpate

mām—a Mí; *ca*—también; *yaḥ*—una persona que; *avyabhicāreṇa*—sin falta; *bhakti-yogena*—por medio del servicio devocional; *sevate*—presta servicio; *saḥ*—él; *guṇān*—las modalidades de la naturaleza material; *samatītya*—trascendiendo; *etān*—todas estas; *brahma-bhūyāya*—ser elevado al plano del Brahman; *kalpate*—llega a.

TRADUCCIÓN

Aquel que se dedica por entero al servicio devocional, firme en todas las circunstancias, trasciende de inmediato las modalidades de la naturaleza material y llega así al plano del Brahman.

SIGNIFICADO

Este verso es una respuesta a la tercera pregunta de Arjuna: ¿cuál es el medio para llegar a la posición trascendental? Como se explicó antes, el mundo material está actuando bajo el hechizo de las modalidades de la naturaleza material. No hay que dejarse perturbar por las actividades de las modalidades de la naturaleza; en vez de poner su conciencia en esas actividades, uno puede trasladar su conciencia hacia las actividades que son para Kṛṣṇa. Las actividades que son para Kṛṣṇa se conocen como *bhakti-yoga*: el actuar siempre por Kṛṣṇa. Esto no sólo se refiere a Kṛṣṇa, sino también a Sus diferentes expansiones plenarias, tales como Rāma y Nārāyaṇa. Él tiene infinidad de expansiones. Aquel que está dedicado al servicio de cualquiera de las formas de Kṛṣṇa, o de Sus expansiones plenarias, se considera que está situado en el plano trascendental. Uno también debe notar que todas las formas de Kṛṣṇa son plenamente trascendentales, bienaventuradas, están colmadas de conocimiento y son eternas. Esas personalidades de Dios son omnipotentes y omniscientes, y poseen todas las cualidades trascendentales. De modo que, si uno se dedica al servicio de Kṛṣṇa o de Sus expansiones plenarias con una determinación firme, pese a que esas modalidades de la naturaleza material son muy difíciles de superar, uno puede superarlas fácilmente. Esto ya se ha explicado en el Capítulo Siete. Aquel que se entrega a Kṛṣṇa, supera de inmediato la influencia de las modalidades de la naturaleza material. Hallarse en estado de conciencia de Kṛṣṇa o en el servicio devocional significa llegar a un estado de igualdad con Kṛṣṇa. El Señor dice que Su naturaleza es eterna, bienaventurada y que está colmada de conocimiento, y las entidades vivientes son parte integral del Supremo, tal como las partículas de oro son parte de una mina de oro. Así pues, la entidad viviente, en su posición espiritual, es igual que el oro, de la misma calidad que Kṛṣṇa. La diferencia de individualidad continúa, pues de lo contrario no habría posibilidad de *bhakti-yoga*. *Bhakti-yoga* significa que el Señor está presente, el devoto está presente y la actividad de intercambio de amor entre el Señor y el devoto está presente. Luego la individualidad de dos personas está presente en la Suprema Personalidad de Dios y la persona individual, pues si no el *bhakti-yoga* no tendría sentido. Si uno no está situado en la misma posición trascendental que el Señor, no puede servir al Señor Supremo. Para ser un asistente personal de un rey, se deben adquirir las cualidades correspondientes. Así pues, la cualidad es la de volverse Brahman, o la de liberarse de toda contaminación material. En la literatura védica se dice: *brahmaiva san brahmāpy eti*. Uno puede llegar al Brahman Supremo si se vuelve Brahman. Eso significa que uno debe volverse cualitativamente igual que Brahman. Al llegar al Brahman, uno no pierde su eterna identidad Brahman de alma individual.

TEXTO 27

ब्रह्मणो हि प्रतिष्ठाहममृतस्याव्ययस्य च ।
शाश्वतस्य च धर्मस्य सुखस्यैकान्तिकस्य च ॥ २७ ॥

brahmaṇo hi pratiṣṭhāham
amṛtasyāvyayasya ca
śāśvatasya ca dharmasya
sukhasyaikāntikasya ca

brahmaṇaḥ—del *brahmajyoti* impersonal; *hi*—ciertamente; *pratiṣṭhā*—el fundamento; *aham*—Yo soy; *amṛtasya*—de lo inmortal; *avyayasya*—de lo imperecedero; *ca*—también; *śāśvatasya*—de lo eterno; *ca*—y; *dharmasya*—de la posición constitucional; *sukhasya*—de la felicidad; *aikāntikasya*—última; *ca*—también.

TRADUCCIÓN

Y Yo soy el fundamento del Brahman impersonal, que es inmortal, imperecedero y eterno, y que es la posición constitucional de la felicidad suprema.

SIGNIFICADO

El Brahman está constituido por inmortalidad, perdurabilidad, eternidad y felicidad. El Brahman es el comienzo de la comprensión trascendental. El Paramātmā, la Superalma, es el intermedio, la segunda etapa de la comprensión trascendental, y la Suprema Personalidad de Dios es la comprensión máxima acerca de la Verdad Absoluta. Por consiguiente, tanto el Paramātmā como el Brahman impersonal se encuentran dentro de la Persona Suprema. En el Capítulo Siete se explica que la naturaleza material es la manifestación de la energía inferior del Señor Supremo. El Señor fecunda la naturaleza material inferior con los fragmentos de la naturaleza superior, y ése es el toque espiritual que hay en la naturaleza material. Cuando una entidad viviente que está condicionada por esta naturaleza material comienza el cultivo del conocimiento espiritual, se eleva de la posición que tiene en la existencia material, y asciende gradualmente hasta la concepción Brahman del Supremo. Ese logro de la concepción Brahman de la vida es la primera etapa de la autorrealización. En esa etapa, la persona que ha logrado la iluminación Brahman es trascendental a la posición material, pero no es verdaderamente perfecta en lo que se refiere a la comprensión Brahman. Si ella así lo desea, puede continuar permaneciendo en la posición Brahman, y después elevarse gradualmente hasta la comprensión Paramātmā, y luego hasta la comprensión de la Suprema Personalidad de Dios. Hay muchos ejemplos de eso en la literatura védica. Los cuatro Kumāras primero estaban situados en la concepción Brahman impersonal de la verdad, pero luego ascendieron poco a poco hasta el plano del servicio devocional. Aquel que no puede elevarse más allá de la concepción impersonal del Brahman, corre el riesgo de caer. En *El Śrīmad-Bhāgavatam* se afirma que, aunque una persona se eleve hasta la etapa del Brahman impersonal, si no va más adelante, si no obtiene información acerca de la Persona Suprema, su inteligencia no está perfectamente clara. Por lo tanto, a pesar de haber ascendido hasta el plano Brahman, si uno no está dedicado al servicio devocional del Señor, hay la posibilidad de caer. En el lenguaje védico también se dice: *raso vai saḥ, rasaṁ hy evāyaṁ labdhvānandī bhavati*, ''Cuando uno entiende a la Personalidad de Dios, el embalse del placer, Kṛṣṇa, uno se vuelve en verdad bienaventurado de un modo trascendental'' (*El Taittirīya Upaniṣad* 2.7.1). El Señor Supremo está colmado de seis opulencias, y cuando un devoto se acerca a Él, ocurre un intercambio de esas seis opulencias. El sirviente del rey disfruta prácticamente igual que el rey. Y, así pues, la felicidad eterna —la felicidad imperecedera— y la vida eterna acompañan al servicio devocional. Por consiguiente, la comprensión del Brahman, o la eternidad, o la perdurabilidad, está incluida en el servicio devocional. Eso ya lo posee una persona que está dedicada al servicio devocional.

La entidad viviente, aunque es Brahman por naturaleza, tiene el deseo de enseñorearse del mundo material, y debido a ello cae. En su posición constitucional, la entidad viviente se halla por encima de las tres modalidades de la naturaleza material, pero la relación con la naturaleza material la enreda en las diferentes modalidades de dicha naturaleza: la bondad, la pasión y la ignorancia. Debido a su relación con esas tres modalidades, existe su deseo de dominar el mundo material. Al ella dedicarse al servicio devocional con plena conciencia de Kṛṣṇa, se sitúa de inmediato en la posición trascendental, y su deseo ilícito de controlar la naturaleza material es eliminado. Por consiguiente, el proceso del servicio devocional que comienza con oír, cantar, recordar, etc. —los nueve métodos prescritos para efectuar servicio devocional—, se debe practicar con la compañía de devotos. Gradualmente, en virtud de esa compañía, en virtud de la influencia del maestro espiritual, se disipa el deseo material de dominar que uno tiene, y uno se sitúa firmemente en el amoroso servicio trascendental del Señor. Ese método se prescribe en los versos de este capítulo que van del veintidós al último. El servicio devocional del Señor es muy sencillo: uno siempre debe dedicarse al servicio del Señor, comer los remanentes de la comida que se le ofrece a la Deidad, oler las flores que se ofrecen a los pies de loto del Señor, ver los lugares donde el Señor realizó Sus pasatiempos trascendentales, leer acerca de las diferentes actividades del Señor, de la reciprocidad de amor que hay entre Él y Sus devotos, proferir siempre el sonido trascendental Hare Kṛṣṇa, Hare Kṛṣṇa, Kṛṣṇa Kṛṣṇa, Hare Hare/ Hare Rāma, Hare Rāma, Rāma Rāma, Hare Hare, y observar los días de ayuno en los que se conmemoran las apariciones y desapariciones del Señor y Sus devotos. Por el hecho de seguir ese proceso, uno se desapega por completo de todas las actividades materiales. Aquel que se puede situar así en el *brahmajyoti* o en las diferentes variedades de la concepción Brahman, es de la misma calidad que la Suprema Personalidad de Dios.

Así terminan los significados de Bhaktivedanta del Decimocuarto Capítulo de El Śrīmad Bhagavad-gītā, *en relación con las tres modalidades de la naturaleza material.*

Capítulo Quince
EL YOGA DE LA PERSONA SUPREMA

TEXTO 1

श्रीभगवानुवाच
ऊर्ध्वमूलमधःशाखमश्वत्थं प्राहुरव्ययम् ।
छन्दांसि यस्य पर्णानि यस्तं वेद स वेदवित् ॥ १ ॥

śrī-bhagavān uvāca
ūrdhva-mūlam adhaḥ-śākham
aśvatthaṁ prāhur avyayam
chandāṁsi yasya parṇāni
yas taṁ veda sa veda-vit

śrī-bhagavān uvāca—la Suprema Personalidad de Dios dijo; *ūrdhva-mūlam*—con las raíces arriba; *adhaḥ*—hacia abajo; *śākham*—ramas; *aśvattham*—un árbol baniano; *prāhuḥ*—se dice; *avyayam*—eterno; *chandāṁsi*—los himnos védicos; *yasya*—del cual; *parṇāni*—las hojas; *yaḥ*—cualquiera que; *tam*—eso; *veda*—conoce; *saḥ*—él; *veda-vit*—el conocedor de los *Vedas*.

TRADUCCIÓN

La Suprema Personalidad de Dios dijo: Se dice que hay un árbol baniano imperecedero que tiene sus raíces hacia arriba y sus ramas hacia abajo, y cuyas hojas son los himnos védicos. Aquel que conoce ese árbol es el conocedor de los Vedas.

SIGNIFICADO

Después de discutir la importancia del *bhakti-yoga*, uno pudiera preguntar:

"Y, ¿qué puede decirse de los *Vedas*?". En este capítulo se explica que el propósito del estudio de los *Vedas* es el de entender a Kṛṣṇa. Por consiguiente, aquel que tiene conciencia de Kṛṣṇa, que está dedicado al servicio devocional, ya conoce los *Vedas*.

El enredo de este mundo material se dice aquí que es como un árbol baniano. Para aquel que se dedica a las actividades fruitivas, el árbol baniano no tiene fin. Él se la pasa errando de una rama a otra. El árbol de este mundo material no tiene fin, y para aquel que está apegado a ese árbol, no hay ninguna posibilidad de liberarse. Los himnos védicos, que tienen por objeto elevarlo a uno, se dice que son las hojas de dicho árbol. Las raíces del mismo crecen hacia arriba, porque comienzan donde está Brahmā, es decir, en el planeta más elevado de este universo. Si uno puede entender ese indestructible árbol de la ilusión, puede entonces liberarse de él.

Ese proceso de liberación hay que entenderlo. En los capítulos anteriores se ha explicado que hay muchos procesos por medio de los cuales se puede salir del enredo material. Y, hasta el Capítulo Trece, hemos visto que el servicio devocional que se le presta al Señor Supremo es el mejor camino. Pues bien, el principio básico del servicio devocional lo constituye el hecho de desapegarse de las actividades materiales y apegarse al servicio trascendental del Señor. Al comienzo de este capítulo se discute el proceso mediante el cual se puede deshacer el apego al mundo material. La raíz de esta existencia material crece hacia arriba. Eso significa que comienza en la sustancia material total, en el planeta más elevado del universo. De ahí se expande el universo entero, con muchísimas ramas, que representan los diversos sistemas planetarios. Los frutos representan los resultados de las actividades de las entidades vivientes, es decir, la religión, el desarrollo económico, la complacencia de los sentidos y la liberación.

Ahora bien, en este mundo no se tiene una experiencia inmediata de un árbol que tenga las ramas hacia abajo y las raíces hacia arriba, pero sí existe tal cosa. Ese árbol se puede encontrar junto a un estanque de agua. Podemos ver que los árboles que están en la orilla se reflejan en el agua con las ramas hacia abajo y las raíces hacia arriba. En otras palabras, el árbol de este mundo material sólo es un reflejo del árbol verdadero del mundo espiritual. Ese reflejo del mundo espiritual se ubica en el deseo, tal como el reflejo de un árbol se ubica en el agua. El deseo es la causa de que las cosas se encuentren en esta luz material reflejada. Aquel que quiera salir de esta existencia material, debe conocer ese árbol a fondo a través del estudio analítico. De ese modo podrá cortar su relación con él.

Ese árbol, siendo el reflejo del árbol verdadero, es una réplica exacta de él. Todo existe en el mundo espiritual. Los impersonalistas creen que Brahman es la raíz de ese árbol material, y de la raíz, según la filosofía Sāṅkya, proceden *prakṛti*, *puruṣa* y, luego, los tres *guṇas*, los cinco elementos físicos (*pañca-mahābhūta*), los diez sentidos (*daśendriya*), la mente, etc. De esa forma, ellos dividen todo el mundo material en veinticuatro elementos. Si Brahman es el centro de todas las manifestaciones, entonces este mundo material es una manifestación del centro en 180 grados, y los otros 180 grados constituyen el mundo espiritual. El mundo material es el reflejo desvirtuado, así que el mundo espiritual ha de tener la misma variedad, pero en la realidad. La *prakṛti* es la energía externa del Señor Supremo, y el *puruṣa* es el propio Señor Supremo, y eso se explica en *El Bhagavad-gītā*. Como esta manifestación es material, es temporal. Un reflejo es temporal, pues a veces se ve y a veces no. Pero el origen del reflejo, lo que lo produce, es eterno. El reflejo material del árbol verdadero tiene que ser cortado. Cuando se dice que una persona conoce los *Vedas*, se presupone que ella sabe cómo cortar el apego a este mundo material. Si uno conoce ese proceso, conoce de hecho los *Vedas*. Aquel a quien lo atraen las fórmulas rituales de los *Vedas*, está atraído a las hermosas hojas verdes del árbol. Él no conoce con exactitud el propósito de los *Vedas*. El propósito de los *Vedas*, tal como lo revela la propia Personalidad de Dios, es el de cortar ese árbol reflejado y conseguir el verdadero árbol del mundo espiritual.

TEXTO 2

अधश्चोर्ध्वं प्रसृतास्तस्य शाखा
गुणप्रवृद्धा विषयप्रवालाः ।
अधश्च मूलान्यनुसंततानि
कर्मानुबन्धीनि मनुष्यलोके ॥ २ ॥

adhaś cordhvaṁ prasṛtās tasya śākhā
guṇa-pravṛddhā viṣaya-pravālāḥ
adhaś ca mūlāny anusantatāni
karmānubandhīni manuṣya-loke

adhaḥ—hacia abajo; *ca*—y; *ūrdhvam*—hacia arriba; *prasṛtāḥ*—extendidas; *tasya*—sus; *śākhāḥ*—ramas; *guṇa*—por las modalidades de la naturaleza material; *pravṛddhāḥ*—desarrolladas; *viṣaya*—objetos de los sentidos; *pravālāḥ*—ramitas; *adhaḥ*—hacia abajo; *ca*—y; *mūlāni*—raíces; *anusantatāni*—extendidas; *karma*—al trabajo; *anubandhīni*—atado; *manuṣya-loke*—en el mundo de la sociedad humana.

TRADUCCIÓN

Las ramas de ese árbol se extienden hacia abajo y hacia arriba, alimentadas por las tres modalidades de la naturaleza material. Las ramitas son los objetos de los sentidos. Ese árbol también tiene raíces que van hacia abajo, y éstas están vinculadas con las acciones fruitivas de la sociedad humana.

SIGNIFICADO

Aquí se describe un poco más el árbol baniano. Sus ramas se extienden en todas las direcciones. En las partes inferiores hay diversas manifestaciones de entidades vivientes —seres humanos, animales, caballos, vacas, perros, gatos, etc.—. Éstas se encuentran en las partes inferiores de las ramas, mientras que en las partes superiores hay formas superiores de entidades vivientes: los semidioses, los Gandharvas, y muchas otras especies de vida superior. Así como un árbol se nutre con agua, este árbol se nutre con las tres modalidades de la naturaleza material. A veces vemos un terreno estéril por la falta de agua, y a veces vemos un terreno muy verde; de igual manera, en donde determinadas modalidades de la naturaleza material están en una cantidad proporcionalmente mayor, las diferentes especies de vida se manifiestan de conformidad con ello.

Las ramitas del árbol se considera que son los objetos de los sentidos. Por medio del cultivo de las diferentes modalidades de la naturaleza manifestamos diferentes sentidos, y por medio de los sentidos disfrutamos de diferentes variedades de objetos de los sentidos. Las puntas de las ramas son los sentidos —los oídos, la nariz, los ojos, etc.—, los cuales están apegados al disfrute de diferentes objetos de los sentidos. Las ramitas son el sonido, la forma, el contacto, etc. —los objetos de los sentidos—. Las raíces subsidiarias son los apegos y las aversiones, los cuales son subproductos de diferentes variedades de sufrimientos y disfrutes de los sentidos. Las tendencias hacia la piedad y la impiedad se desarrollan a partir de estas raíces, las cuales se extienden en todas las direcciones. La verdadera raíz procede de Brahmaloka, y las otras raíces se encuentran en los sistemas planetarios humanos. Después de que uno disfruta de los resultados de las actividades virtuosas en los sistemas planetarios superiores, desciende a esta Tierra y renueva su *karma*, o las actividades fruitivas para el ascenso. Este planeta de seres humanos se considera que es el campo de las actividades.

TEXTOS 3–4

न रूपमस्येह तथोपलभ्यते
नान्तो न चादिर्न च संप्रतिष्ठा ।
अश्वत्थमेनं सुविरूढमूल-
मसङ्गशस्त्रेण दृढेन छित्वा ॥ ३ ॥
ततः पदं तत्परिमार्गितव्यं
यस्मिन्गता न निवर्तन्ति भूयः ।
तमेव चाद्यं पुरुषं प्रपद्ये
यतः प्रवृत्तिः प्रसृता पुराणी ॥ ४ ॥

na rūpam asyeha tathopalabhyate
nānto na cādir na ca sampratiṣṭhā
aśvattham enaṁ su-virūḍha-mūlam
asaṅga-śastreṇa dṛḍhena chittvā

tataḥ padaṁ tat parimārgitavyaṁ
yasmin gatā na nivartanti bhūyaḥ
tam eva cādyaṁ puruṣaṁ prapadye
yataḥ pravṛttiḥ prasṛtā purāṇī

na—no; *rūpam*—la forma; *asya*—de este árbol; *iha*—en este mundo; *tathā*—también; *upalabhyate*—se puede percibir; *na*—nunca; *antaḥ*—fin; *na*—nunca; *ca*—también; *ādiḥ*—principio; *na*—nunca; *ca*—también; *sampratiṣṭhā*—la base; *aśvattham*—árbol baniano; *enam*—este; *su-virūḍha*—fuertemente; *mūlam*—enraizado; *asaṅga-śastreṇa*—con el arma del desapego; *dṛḍhena*—fuerte; *chittvā*—cortando; *tataḥ*—después; *padam*—situación; *tat*—eso; *parimārgitavyam*—hay que buscarlo; *yasmin*—a donde; *gatāḥ*—se va; *na*—nunca; *nivartanti*—regresan; *bhūyaḥ*—otra vez; *tam*—a Él; *eva*—ciertamente; *ca*—también; *ādyam*—original; *puruṣam*—la Personalidad de Dios; *prapadye*—rendirse; *yataḥ*—de quien; *pravṛttiḥ*—el principio; *prasṛtā*—extendido; *purāṇī*—muy antiguo.

TRADUCCIÓN

La verdadera forma de ese árbol no se puede percibir en este mundo. Nadie puede entender dónde termina, dónde comienza, ni dónde está su base. Pero, de un modo decidido, uno debe cortar con el arma del desapego ese árbol fuertemente enraizado. Después, uno debe buscar aquel lugar del cual, una vez que se ha ido a él, nunca se regresa, y entregarse ahí a esa Suprema Personalidad de Dios a partir de quien todo comenzó y todo se ha extendido desde tiempo inmemorial.

SIGNIFICADO

Ahora se afirma claramente que la verdadera forma de ese árbol baniano no se puede entender en este mundo material. Puesto que la raíz está hacia arriba, el verdadero árbol se extiende hacia el lado opuesto. Cuando uno está enredado con las expansiones materiales del árbol, no puede ver hasta dónde se extiende el mismo, ni puede ver el comienzo de él. Sin embargo, uno tiene que encontrar la causa. "Yo soy el hijo de mi padre, mi padre es el hijo de tal y cual persona, etc." Investigando de esa manera, uno llega hasta Brahmā, quien fue engendrado por el Garbhodakaśāyī Viṣṇu. Finalmente, cuando uno llega así a la Suprema Personalidad de Dios, ése es el fin de la investigación. Uno tiene que buscar ese origen del árbol, la Suprema Personalidad de Dios, a través de la compañía de personas que tengan conocimiento acerca de esa Suprema Personalidad de Dios.

Luego, por medio de la comprensión, uno se va desapegando gradualmente de este falso reflejo de la realidad, y por medio del conocimiento uno puede cortar el vínculo y situarse de hecho en el verdadero árbol.

La palabra *asaṅga* es muy importante en relación con esto, ya que el apego al disfrute de los sentidos y a enseñorearse de la naturaleza material es muy fuerte. Por consiguiente, uno debe aprender a desapegarse mediante la discusión de la ciencia espiritual basada en las Escrituras autoritativas, y uno debe oír a personas que realmente tengan conocimiento. Como resultado de esa discusión en compañía de devotos, uno llega hasta la Suprema Personalidad de Dios. Luego, lo primero que hay que hacer es entregarse a Él. Aquí se da la descripción de ese lugar del cual, una vez que se ha ido al mismo, jamás se regresa a este falso árbol reflejado. La Suprema Personalidad de Dios, Kṛṣṇa, es la raíz original de quien ha emanado todo. Para ganarse la gracia de esa Personalidad de Dios, uno sólo tiene que entregarse, y ello es el resultado de la ejecución de servicio devocional por medio del proceso de oír, cantar, etc. Él es la causa de esta extensión del mundo material. Eso ya lo ha explicado el propio Señor. *Ahaṁ sarvasya prabhavaḥ*: "Yo soy el origen de todo". De manera que, para salir del enredo de este fuerte árbol baniano de la vida material, uno debe entregarse a Kṛṣṇa. En cuanto uno se entrega a Kṛṣṇa, se desapega automáticamente de esta extensión material.

TEXTO 5

निर्मानमोहा जितसङ्गदोषा
अध्यात्मनित्या विनिवृत्तकामाः ।
द्वन्द्वैर्विमुक्ताः सुखदुःखसंज्ञै-
र्गच्छन्त्यमूढाः पदमव्ययं तत् ॥५॥

nirmāna-mohā jita-saṅga-doṣā
adhyātma-nityā vinivṛtta-kāmāḥ
dvandvair vimuktāḥ sukha-duḥkha-saṁjñair
gacchanty amūḍhāḥ padam avyayaṁ tat

niḥ—sin; *māna*—el prestigio falso; *mohāḥ*—y la ilusión; *jita*—habiendo conquistado; *saṅga*—de la compañía; *doṣāḥ*—los defectos; *adhyātma*—en el conocimiento espiritual; *nityāḥ*—en la eternidad; *vinivṛtta*—disociado; *kāmāḥ*—de la lujuria; *dvandvaiḥ*—de las dualidades; *vimuktāḥ*—liberado; *sukha-duḥkha*—felicidad y aflicción; *saṁjñaiḥ*—llamados; *gacchanti*—llegan; *amūḍhāḥ*—sin confusión; *padam*—situación; *avyayam*—eterna; *tat*—esa.

TRADUCCIÓN

Aquellos que están libres del prestigio falso, de la ilusión y de la falsa com-

pañía, que entienden lo eterno, que han terminado con la lujuria material, que están libres de las dualidades de la felicidad y la tristeza, y que, sin ninguna confusión, saben cómo entregarse a la Persona Suprema, llegan a ese reino eterno.

SIGNIFICADO

Aquí se describe muy bien el proceso para entregarse. El primer requisito es que uno no debe estar engañado por el orgullo. Debido a que el alma condicionada es engreída, pues cree ser el señor de la naturaleza material, le es muy difícil entregarse a la Suprema Personalidad de Dios. Uno debe saber por medio del cultivo del verdadero conocimiento, que no es el señor de la naturaleza material; la Suprema Personalidad de Dios es el Señor. Cuando uno se libera de la ilusión causada por el orgullo, puede comenzar el proceso de la entrega. A aquel que siempre está esperando algún honor en este mundo material, no le es posible entregarse a la Persona Suprema. El orgullo se debe a la ilusión, pues, aunque uno llega aquí, se queda por poco tiempo y luego se va, tiene la necia idea de que es el señor del mundo. De ese modo, uno complica todas las cosas y siempre se encuentra en dificultades. El mundo entero se mueve bajo los efectos de esa impresión. La gente considera que la Tierra, este planeta, le pertenece a la sociedad humana, y la han dividido con la falsa impresión de que son los propietarios de ella. Uno tiene que librarse de esa falsa noción de que la sociedad humana es la propietaria de este mundo. Cuando uno se libra de ello, se libra de todas las falsas relaciones causadas por los afectos familiares, sociales y nacionales. Esas relaciones imperfectas lo atan a uno a este mundo material. Después de esa etapa, uno tiene que cultivar conocimiento espiritual. Uno tiene que cultivar conocimiento acerca de lo que verdaderamente es propiedad suya y lo que de hecho no lo es. Y cuando uno tiene un entendimiento de las cosas tal como son, se libera de todas las concepciones duales, tales como la felicidad y la tristeza, el placer y el dolor. Uno se llena de conocimiento; en ese momento le resulta posible entregarse a la Suprema Personalidad de Dios.

TEXTO 6

न तद्भासयते सूर्यो न शशाङ्को न पावकः ।
यद्गत्वा न निवर्तन्ते तद्धाम परमं मम ॥ ६ ॥

na tad bhāsayate sūryo
na śaśāṅko na pāvakaḥ
yad gatvā na nivartante
tad dhāma paramaṁ mama

na—no; *tat*—eso; *bhāsayate*—ilumina; *sūryaḥ*—el Sol; *na*—ni; *śaśāṅkaḥ*—la Luna; *na*—ni; *pāvakaḥ*—fuego, electricidad; *yat*—donde; *gatvā*—yendo; *na*—nunca; *nivartante*—regresan; *tat dhāma*—esa morada; *paramam*—suprema; *mama*—Mía.

TRADUCCIÓN

Esa suprema morada Mía no está iluminada por el Sol ni la Luna, ni por el fuego, ni por la electricidad. Aquellos que llegan a ella, nunca regresan a este mundo material.

SIGNIFICADO

Aquí se describe el mundo espiritual, la morada de la Suprema Personalidad de Dios, Kṛṣṇa, la cual se conoce como Kṛṣṇaloka, Goloka Vṛndāvana. En el cielo espiritual no hay ninguna necesidad de la luz del Sol, de la luz de la Luna, del fuego ni de la electricidad, porque ahí todos los planetas son autoluminosos. En este universo tenemos un solo planeta, el Sol, que es autoluminoso, pero en el cielo espiritual todos los planetas lo son. La refulgencia brillante de todos esos planetas (llamados Vaikuṇṭhas) constituye el cielo brillante conocido como el *brahmajyoti*. En realidad, la refulgencia emana del planeta de Kṛṣṇa, Goloka Vṛndāvana. Parte de esa refulgencia brillante es cubierta por el *mahat-tattva*, el mundo material. Fuera de eso, la mayor porción de ese brillante cielo está llena de planetas espirituales, que se denominan Vaikuṇṭhas, siendo el principal de ellos Goloka Vṛndāvana.

Mientras la entidad viviente se encuentra en este oscuro mundo material, se halla en el seno de la vida condicionada, pero en cuanto llega al cielo espiritual mediante el proceso de cortar el falso árbol desvirtuado de este mundo material, se libera. De esa manera no hay ninguna posibilidad de regresar aquí. En su vida condicionada, la entidad viviente se considera el señor de este mundo material, pero en su estado liberado entra en el reino espiritual y se vuelve un asociado del Señor Supremo. Ahí, ella disfruta de una bienaventuranza eterna, de una vida eterna y de pleno conocimiento.

Uno debería quedar cautivado por esa información. Hay que desear trasladarse a ese mundo eterno y liberarse de este falso reflejo de la realidad. Para aquel que está demasiado apegado a este mundo material, es muy difícil cortar ese apego, pero si él se entrega al proceso de conciencia de Kṛṣṇa, hay la posibilidad de que se vaya desapegando de a poco. Uno tiene que relacionarse con devotos, con aquellos que tienen conciencia de Kṛṣṇa. Uno debe buscar una sociedad que esté dedicada al proceso de conciencia de Kṛṣṇa, y aprender a desempeñar servicio devocional. De ese modo, uno puede cortar su apego al mundo material. No es posible desapegarse de la atracción por el mundo material con sólo vestirse de color azafrán. Hay que apegarse al servicio devocional del Señor. Por consiguiente, se debe tomar muy en serio el hecho de que, el servicio devocional, tal como se describe en el Capítulo Doce, es el único camino para salir de esta falsa representación del árbol verdadero. En el Capítulo Catorce se describe cómo la naturaleza material contamina todas las clases de procesos que hay. El servicio devocional es lo único que se describe como puramente trascendental.

Las palabras *paramaṁ mama* son aquí muy importantes. En verdad, cada rincón y escondrijo es propiedad del Señor Supremo, pero el mundo espiritual es *paramam*, está colmado de seis opulencias. *El Kaṭha Upaniṣad* (2.2.15) también confirma que en el mundo espiritual no hay necesidad de la luz del Sol, de la luz de la Luna ni de las estrellas (*na tatra sūryo bhāti na candra-tārakam*), ya que todo el cielo espiritual está iluminado por la potencia interna del Señor Supremo. A esa morada suprema se puede llegar únicamente por medio de la entrega, y de ninguna otra manera.

TEXTO 7

ममैवांशो जीवलोके जीवभूतः सनातनः ।
मनःषष्ठानीन्द्रियाणि प्रकृतिस्थानि कर्षति ॥७॥

mamaivāṁśo jīva-loke
jīva-bhūtaḥ sanātanaḥ
manaḥ ṣaṣṭhānīndriyāṇi
prakṛti-sthāni karṣati

mama—Mi; *eva*—ciertamente; *aṁśah*—partículas fragmentarias; *jīva-loke*—en el mundo de la vida condicionada; *jīva-bhūtaḥ*—la entidad viviente condicionada; *sanātanaḥ*—eterna; *manaḥ*—con la mente; *ṣaṣṭhāni*—los seis; *indriyāṇi*—sentidos; *prakṛti*—en la naturaleza material; *sthāni*—situada; *karṣati*—está luchando arduamente.

TRADUCCIÓN

Las entidades vivientes de este mundo condicionado son Mis partes fragmentarias eternas. Debido a la vida condicionada, están luchando muy afanosamente con los seis sentidos, entre los que se incluye la mente.

SIGNIFICADO

En este verso se da con toda claridad la identidad del ser viviente. La entidad viviente es la parte integral fragmentaria del Señor Supremo, eternamente. No se debe creer que ella adopta la individualidad en su vida condicionada, y en su estado liberado se vuelve uno con el Señor Supremo. Ella es eternamente un fragmento. Se dice bien claro: *sanātanaḥ*. Según la versión védica, el Señor Supremo se manifiesta y se expande en infinidad de expansiones, de las cuales las expansiones primarias se denominan *viṣṇu-tattva*, y las expansiones secundarias se denominan entidades vivientes. En otras palabras, el *viṣṇu-tattva* es la expansión personal, y las entidades vivientes son expansiones separadas. Por medio de Su expansión personal, Él se manifiesta en diversas formas, tales como el Señor Rāma, Nṛsiṁhadeva, Viṣṇumūrti y todas las Deidades regentes de los planetas Vaikuṇṭhas. Las expansiones separadas, las entidades vivientes, son eternamente servidoras. Las expansiones personales de la Suprema Personalidad de Dios, las identidades individuales de la Divinidad, siempre están presentes. Así mismo, las expansiones separadas, las entidades vivientes, tienen sus identidades. Como partes integrales fragmentarias del Señor Supremo, las entidades vivientes también tienen cualidades fragmentarias, de las cuales la independencia es una de ellas. Cada entidad viviente, como alma individual que es, tiene su individualidad personal y una diminuta forma de independencia. Por el mal uso de esa independencia uno se vuelve un alma condicionada, y con el debido uso de la independencia uno siempre está liberado. En cualquiera de los casos, uno es eterno cualitativamente, tal como el Señor Supremo. En su estado liberado, uno está libre de esta condición material, y se encuentra dedicado al trascendental servicio del Señor; en su vida condicionada, a uno lo dominan las modalidades materiales de la naturaleza, y se olvida del amoroso servicio trascendental del Señor. Como resultado de ello, uno tiene que luchar mucho para mantener su existencia en el mundo material.

Las entidades vivientes, no sólo los seres humanos y los perros y los gatos, sino incluso los grandes controladores del mundo material —Brahmā, el Señor Śiva, e incluso Viṣṇu—, son todos partes integrales del Señor Supremo. Todos ellos son eternos, y no unas manifestaciones temporales. La palabra *karṣati* ("luchando" o "esforzándose mucho") es muy significativa. El alma condicionada está atada, como si estuviera engrilletada con cadenas de hierro. Ella está atada por el ego falso, y la mente es el agente principal que la está llevando por esta existencia material. Cuando la mente está en el plano de la modalidad de la bondad, sus actividades son buenas; cuando la mente está en el plano de la modalidad de la pasión, sus actividades son problemáticas; y cuando la mente está en el plano de la modalidad de la ignorancia, ella viaja por las especies de vida inferior. Sin embargo, este verso deja en claro que al alma condicionada la cubre el cuerpo material, con la mente y los sentidos, y que cuando ella se libera esa cobertura material perece, pero su cuerpo espiritual se manifiesta con su capacidad individual. La siguiente información se encuentra en *El Mādhyandināyana śruti*: *sa vā eṣa brahma-niṣṭha idaṁ śarīraṁ martyam atisṛjya brahmābhisampadya brahmaṇā paśyati brahmaṇā śṛṇoti brahmaṇaivedaṁ sarvam anubhavati*. Se dice aquí que cuando una entidad viviente abandona este cuerpo material y entra en el mundo espiritual, revive el cuerpo espiritual, y en su cuerpo espiritual puede ver a la Suprema Personalidad de Dios frente a frente. Ella puede oírlo y hablarle frente a frente, y puede entender a la Personalidad Suprema tal como es Él. El *smṛti* también nos hace saber que: *vasanti yatra puruṣāḥ sarve vaikuṇṭha-mūrtayaḥ*, en los planetas espirituales todo el mundo vive en cuerpos que son como el de la Suprema Personalidad de Dios. En lo que se refiere a la estructura corporal, no hay diferencia entre las entidades vivientes que son partes integrales y las expansiones de *viṣṇu-mūrti*. En otras palabras, en el momento de la liberación la entidad viviente recibe un cuerpo espiritual, por la gracia de la Suprema Personalidad de Dios.

Las palabras *mamaivāṁśaḥ* ("partes integrales fragmentarias del Señor Supremo") también son muy significativas. La porción fragmentaria del Señor Supremo no es como una parte material rota. Ya hemos entendido en el Segundo Capítulo que el espíritu no se puede cortar en pedazos. Este fragmento no se puede concebir de una manera material. No es como la materia, que puede ser cortada en pedazos y unida de nuevo. Esa concepción no se aplica aquí, porque se usa la palabra *sanātana* ("eterna"). La porción fragmentaria es eterna. También se afirma al principio del Capítulo Dos que, en todos y cada uno de los cuerpos individuales, está presente la porción fragmentaria del Señor Supremo (*dehino 'smin yathā dehe*). Esa porción fragmentaria, cuando se libera del enredo corporal, revive su cuerpo espiritual original en el cielo espiritual, en un planeta espiritual, y disfruta de la compañía del Señor Supremo. Aquí se sobrentiende, no obstante, que la entidad viviente, siendo la parte integral fragmentaria del Señor Supremo, es cualitativamente idéntica al Señor, tal como las partes integrales del oro también son oro.

TEXTO 8

शरीरं यदवाप्नोति यच्चाप्युत्क्रामतीश्वरः ।
गृहीत्वैतानि संयाति वायुर्गन्धानिवाशयात् ॥ ८ ॥

śarīraṁ yad avāpnoti
gac cāpy utkrāmatīśvaraḥ
gṛhītvaitāni saṁyāti
vāyur gandhān ivāśayāt

śarīram—el cuerpo; *yat*—así como; *avāpnoti*—obtiene; *yat*—así; *ca api*—también; *utkrāmati*—abandona; *īśvaraḥ*—el señor del cuerpo; *gṛhītvā*—tomando; *etāni*—todos estos; *saṁyāti*—se va; *vāyuḥ*—el aire; *gandhān*--aromas; *iva*—como; *āśayāt*—de su fuente.

TRADUCCIÓN

La entidad viviente que se halla en el mundo material lleva de un cuerpo a otro sus diferentes concepciones de la vida, tal como el aire transporta los aromas. Así pues, ella adopta un tipo de cuerpo, y de nuevo lo deja para adoptar otro.

SIGNIFICADO

Aquí se describe a la entidad viviente como *īśvara*, la controladora de su propio cuerpo. Si ella quiere, puede cambiar su cuerpo por uno de un grado superior, y si quiere, puede desplazarse hacia una clase inferior. Existe una diminuta independencia. El cambio de cuerpo del que es objeto depende de ella. A la hora de la muerte, la conciencia que ella ha creado la llevará al siguiente tipo de cuerpo. Si ella ha vuelto su conciencia como la de un perro o la de un gato, es seguro que se trasladará al cuerpo de un perro o de un gato. Y si ha fijado su conciencia en las cualidades divinas, se trasladará a la forma de un semidiós. Y si tiene conciencia de Kṛṣṇa, será trasladada a Kṛṣṇaloka, en el cielo espiritual, y se reunirá con Kṛṣṇa. Es una falsa pretensión creer que después de la aniquilación de este cuerpo todo se acaba. El alma individual transmigra de un cuerpo a otro, y su cuerpo actual y sus actividades actuales son el trasfondo de su siguiente cuerpo. Uno recibe un cuerpo diferente conforme al *karma*, y tiene que abandonarlo a su debido tiempo. Aquí se afirma que el cuerpo sutil, que transporta la concepción del siguiente cuerpo, manifiesta otro cuerpo en la siguiente vida. Este proceso de transmigrar de un cuerpo a otro y luchar mientras se está en el cuerpo se denomina *karṣati*, o la lucha por la existencia.

TEXTO 9

श्रोत्रं चक्षुः स्पर्शनं च रसनं घ्राणमेव च ।
अधिष्ठाय मनश्चायं विषयानुपसेवते ॥ ९ ॥

śrotraṁ cakṣuḥ sparśanaṁ ca
rasanaṁ ghrāṇam eva ca
adhiṣṭhāya manaś cāyaṁ
viṣayān upasevate

śrotram—oídos; *cakṣuḥ*—ojos; *sparśanam*—tacto; *ca*—también; *rasanam*—lengua; *ghrāṇam*—la capacidad olfativa; *eva*—también; *ca*—y; *adhiṣṭhāya*—estando situados en; *manaḥ*—mente; *ca*—también; *ayam*—ella; *viṣayān*—los objetos de los sentidos; *upasevate*—disfruta.

TRADUCCIÓN

La entidad viviente, tomando así otro cuerpo físico, obtiene un cierto tipo de oído, ojo, lengua, nariz y sentido del tacto, los cuales se agrupan alrededor de la mente. De esa manera, ella disfruta de un determinado conjunto de objetos de los sentidos.

SIGNIFICADO

En otras palabras, si la entidad viviente adultera su conciencia con las cualidades de los perros y los gatos, en su siguiente vida obtiene un cuerpo de perro o de gato, y disfruta. En un principio, la conciencia es pura, como el agua. Pero si mezclamos el agua con un cierto color, ésta cambia. De modo similar, la conciencia es pura, pues el alma espiritual es pura. Pero la conciencia cambia según su contacto con las cualidades materiales. Verdadera conciencia es conciencia de Kṛṣṇa. Por lo tanto, cuando uno se sitúa en el plano de conciencia de Kṛṣṇa, se encuentra en su vida pura. Pero si su conciencia se ve adulterada por algún tipo de mentalidad material, en la siguiente vida recibe el cuerpo que le corresponde. Uno no obtiene de nuevo un cuerpo humano forzosamente; se puede recibir el cuerpo de un gato, de un perro, de un cerdo, de un semidiós o de muchas otras formas, ya que hay 8.400.000 especies.

TEXTO 10

उत्क्रामन्तं स्थितं वाऽपि भुञ्जानं वा गुणान्वितम्।
विमूढा नानुपश्यन्ति पश्यन्ति ज्ञानचक्षुषः॥ १०॥

utkrāmantaṁ sthitaṁ vāpi
bhuñjānaṁ vā guṇānvitam
vimūḍhā nānupaśyanti
paśyanti jñāna-cakṣuṣaḥ

utkrāmantam—dejando el cuerpo; *sthitam*—situado en el cuerpo; *vā api*—ya sea; *bhuñjānam*—disfrutando; *vā*—o; *guṇa-anvitam*—bajo el hechizo de las modalidades de la naturaleza material; *vimūḍhāḥ*—personas necias; *na*—nunca; *anupaśyanti*—pueden ver; *paśyanti*—pueden ver; *jñāna-cakṣuṣaḥ*—aquellos que tienen los ojos del conocimiento.

TRADUCCIÓN

Los necios no pueden entender cómo una entidad viviente puede abandonar su cuerpo, ni pueden entender de qué clase de cuerpo disfruta bajo el hechizo de las modalidades de la naturaleza. Pero aquel cuyos ojos están adiestrados en lo referente al conocimiento, puede ver todo eso.

SIGNIFICADO

La palabra *jñāna-cakṣuṣaḥ* es muy significativa. Sin conocimiento no se puede entender cómo la entidad viviente abandona su cuerpo actual, ni qué forma de cuerpo va a adoptar en la siguiente vida, y ni siquiera por qué vive en un determinado tipo de cuerpo. Esto requiere de una gran cantidad de conocimiento tomado de *El Bhagavad-gītā* y Escrituras similares, que se haya oído exponer a un maestro espiritual genuino. Aquel que está adiestrado para percibir todas esas cosas, es afortunado. Toda entidad viviente deja su cuerpo en medio de ciertas circunstancias, vive en medio de ciertas circunstancias y disfruta en medio de ciertas circunstancias, bajo el hechizo de la naturaleza material. Como resultado de ello, la entidad viviente padece de diferentes clases de felicidad y aflicción, bajo la ilusión del disfrute de los sentidos. Las personas que perennemente se dejan engañar por la lujuria y el deseo, pierden toda la capacidad de entender su cambio de cuerpo y su permanencia en un determinado cuerpo. Ellas no pueden entenderlo. Aquellos que han cultivado conocimiento espiritual, pueden, no obstante, ver que el espíritu es diferente del cuerpo, y que el mismo está cambiando de cuerpo y disfrutando de diferentes maneras. Una persona que tiene ese conocimiento, puede entender cómo la entidad viviente condicionada está sufriendo en esta existencia material. De modo que, aquellos que son sumamente adelantados en el proceso de conciencia de Kṛṣṇa, tratan lo mejor que pueden de darle este conocimiento a la generalidad de la gente, pues la vida condicionada de ésta es muy problemática. La gente debe abandonar esa vida y volverse consciente de Kṛṣṇa, para liberarse y trasladarse al mundo espiritual.

TEXTO 11

यतन्तो योगिनश्चैनं पश्यन्त्यात्मन्यवस्थितम् ।
यतन्तोऽप्यकृतात्मानो नैनं पश्यन्त्यचेतसः ॥११॥

yatanto yoginaś cainaṁ
paśyanty ātmany avasthitam
yatanto 'py akṛtātmāno
nainaṁ paśyanty acetasaḥ

yatantaḥ—esforzándose; *yoginaḥ*—trascendentalistas; *ca*—también; *enam*—esto; *paśyanti*—pueden ver; *ātmani*—en el yo; *avasthitam*—situado; *yatantaḥ*—esforzándose; *api*—aunque; *akṛta-ātmānaḥ*—aquellos que no tienen autorrealización; *na*—no; *enam*—esto; *paśyanti*—ven; *acetasaḥ*—con la mente sin desarrollo.

TRADUCCIÓN

Los trascendentalistas que se esfuerzan, que están situados en el plano de la autorrealización, pueden ver todo esto claramente. Pero aquellos cuya mente no se ha desarrollado y que no están situados en el plano de la autorrealización, no pueden ver lo que está ocurriendo, aunque lo intenten.

SIGNIFICADO

Hay muchos trascendentalistas que están en la senda de la autorrealización espiritual, pero aquel que no está situado en el plano de la autorrealización, no puede ver cómo las cosas están cambiando en el cuerpo de la entidad viviente. La palabra *yoginaḥ* es significativa en relación con esto. En la actualidad hay muchos supuestos *yogīs*, y hay muchas presuntas asociaciones de *yogīs*, pero ellos están de hecho ciegos en lo que se refiere a la autorrealización. Ellos simplemente están adictos a algún tipo de ejercicio gimnástico, y se satisfacen con que el cuerpo esté sano y bien formado. Ellos no tienen ninguna otra información. A ellos se los llama *yatanto 'py akṛtātmānaḥ*. Aunque ellos se están esforzando en seguir un supuesto sistema de *yoga*, no están autorrealizados. Esa clase de gente no puede entender el proceso de la transmigración del alma. Sólo aquellos que verdaderamente están en la senda del sistema de *yoga* y que han llegado a comprender a cabalidad el ser, el mundo y al Señor Supremo —en otras palabras, los *bhakti-yogīs*, aquellos que se dedican al servicio devocional puro con conciencia de Kṛṣṇa—, sólo ellos pueden entender cómo ocurren las cosas.

TEXTO 12

यदादित्यगतं तेजो जगद्भासयतेऽखिलम् ।
यच्चन्द्रमसि यच्चाग्नौ तत्तेजो विद्धि मामकम् ॥ १२ ॥

yad āditya-gataṁ tejo
jagad bhāsayate 'khilam
yac candramasi yac cāgnau
tat tejo viddhi māmakam

yat—aquello que; *āditya-gatam*—en la luz del Sol; *tejaḥ*—esplendor; *jagat*—el mundo entero; *bhāsyate*—ilumina; *akhilam*—enteramente; *yat*—aquello que; *candramasi*—en la Luna; *yat*—aquello que; *ca*—también; *agnau*—en el fuego; *tat*—ese; *tejaḥ*—esplendor; *viddhi*—entiende; *māmakam*—de Mí.

TRADUCCIÓN

El esplendor del Sol, que disipa la oscuridad de todo este mundo, viene de Mí. Y el esplendor de la Luna y el esplendor del fuego también proceden de Mí.

SIGNIFICADO

La gente poco inteligente no puede entender cómo ocurren las cosas. Pero uno puede empezar a establecerse en el conocimiento si entiende lo que el Señor explica aquí. Todo el mundo ve el Sol, la Luna, el fuego y la electricidad. Uno tan sólo debe tratar de entender que el esplendor del Sol, el esplendor de la Luna y el esplendor de la electricidad o el fuego proceden de la Suprema Personalidad de Dios. En esa concepción de la vida —el comienzo del estado de conciencia de Kṛṣṇa— yace un enorme adelanto para el alma condicionada de este mundo material. Las entidades vivientes son en esencia las partes integrales del Señor Supremo, y aquí Él está dando la indicación de cómo ellas pueden ir de vuelta a Dios, de vuelta al hogar.

De este verso podemos concluir que el Sol ilumina todo el sistema solar. Existen diferentes universos y sistemas solares, y también hay diferentes soles, lunas y planetas, pero en cada universo sólo hay un sol. Como se declara en *El Bhagavad-gītā* (10.21), la Luna es una de las estrellas (*nakṣatrāṇām ahaṁ śaśī*). La luz del Sol se debe a la refulgencia espiritual que se encuentra en el cielo espiritual del Señor Supremo. Con la salida del Sol, comienzan las actividades de los seres humanos. Ellos encienden fuego para preparar su comida, ellos encienden fuego para poner en marcha las fábricas, etc. Con la ayuda del fuego se hacen muchísimas cosas. Por eso la salida del Sol, el fuego y la luz de la Luna les resultan tan agradables a las entidades vivientes. Ninguna entidad viviente puede vivir sin su ayuda. Así que si se puede entender que la luz y el esplendor del Sol, la Luna y el fuego emanan de la Suprema Personalidad de Dios, Kṛṣṇa, comienza entonces la conciencia de Kṛṣṇa de uno. Por medio de la luz de la Luna se nutren todos los vegetales. La luz de la Luna es tan agradable, que la gente puede entender con facilidad que está viviendo por la misericordia de la Suprema Personalidad de Dios, Kṛṣṇa. Sin la misericordia de Él no puede haber Sol, sin la misericordia de Él no puede haber Luna, y sin la misericordia de Él no puede haber fuego; y sin la ayuda del Sol, la Luna y el fuego, nadie puede vivir. Éstos son algunos pensamientos para crear conciencia de Kṛṣṇa en el alma condicionada.

TEXTO 13

गामाविश्य च भूतानि धारयाम्यहमोजसा ।
पुष्णामि चौषधीः सर्वाः सोमो भूत्वा रसात्मकः ॥ १३ ॥

gām āviśya ca bhūtāni
dhārayāmy aham ojasā
puṣṇāmi cauṣadhīḥ sarvāḥ
somo bhūtvā rasātmakaḥ

gām—los planetas; *āviśya*—entrando; *ca*—también; *bhūtāni*—las entidades vivientes; *dhārayāmi*—sostengo; *aham*—Yo; *ojasā*—por Mi energía; *puṣṇāmi*—estoy nutriendo; *ca*—y; *auṣadhīḥ*—los vegetales; *sarvāḥ*—todos; *somaḥ*—la Luna; *bhūtvā*—volviendo; *rasa-ātmakaḥ*—proveyendo el zumo.

TRADUCCIÓN

Yo entro en cada planeta, y gracias a Mi energía ellos permanecen en órbita. Yo Me convierto en la Luna, y con ello les proveo del zumo vital a todos los vegetales.

SIGNIFICADO

Se sobrentiende que todos los planetas flotan en el aire únicamente en virtud de la energía del Señor. El Señor entra en cada átomo, en cada planeta y en cada ser vivo. Eso se discute en *El Brahma-saṁhitā*. Ahí se dice que una porción plenaria de la Suprema Personalidad de Dios, Paramātmā, entra en los planetas, en el universo, en la entidad viviente, e incluso en el átomo. Así que, gracias a Su entrada, todo se manifiesta como es debido. Cuando el alma espiritual está presente, el hombre vivo puede flotar en el agua, pero cuando la chispa viviente está fuera del cuerpo y el cuerpo está muerto, el mismo se hunde. Desde luego que cuando se descompone flota, tal como la paja y otras cosas, pero en cuanto el hombre muere, de inmediato se hunde en el agua. Así mismo, todos estos planetas están flotando en el espacio, y eso se debe a la entrada en ellos de la energía suprema de la Suprema Personalidad de Dios. Su energía está sosteniendo a cada planeta, tal como si fuera un puñado de tierra. Si alguien sostiene un puñado de tierra, no hay ninguna posibilidad de que ésta caiga, pero si uno la lanza al aire, caerá. De la misma manera, a estos planetas, que están flotando en el aire, los sostiene de hecho el puño de la forma universal del Señor Supremo. Por medio de Su fuerza y energía, todas las cosas móviles e inmóviles se quedan en su sitio. En los himnos védicos se dice que en virtud de la Suprema Personalidad de Dios, el Sol brilla y los planetas se mueven de una manera constante. De no ser por Él, todos los planetas se dispersarían, tal como el polvo en el aire, y perecerían. Así mismo, se debe a la Suprema Personalidad de Dios que la Luna nutra todos los vegetales. Debido a la influencia de la Luna, los vegetales se vuelven deliciosos. Sin la luz de la Luna, los vegetales no podrían crecer ni ser suculentos. La sociedad humana trabaja, vive cómodamente y disfruta de la comida, debido a lo que provee el Señor Supremo. De lo contrario, la humanidad no podría sobrevivir. La palabra *rasātmakaḥ* es muy significativa. Todo se vuelve sabroso por obra del Señor Supremo a través de la influencia de la Luna.

TEXTO 14

अहं वैश्वानरो भूत्वा प्राणिनां देहमाश्रितः ।
प्राणापानसमायुक्तः पचाम्यन्नं चतुर्विधम् ॥ १४ ॥

ahaṁ vaiśvānaro bhūtvā
prāṇināṁ deham āśritaḥ
prāṇāpāna-samāyuktaḥ
pacāmy annaṁ catur-vidham

aham—Yo; *vaiśvānaraḥ*—Mi porción plenaria como el fuego que digiere; *bhūtvā*—volviéndome; *prāṇinām*—de todas las entidades vivientes; *deham*—en los cuerpos; *āśritaḥ*—situado; *prāṇa*—el aire que sale; *apāna*—el aire que baja; *samāyuktaḥ*—manteniendo el balance; *pacāmi*—Yo digiero; *annam*—alimentos; *catuḥ-vidham*—los cuatro tipos.

TRADUCCIÓN

Yo soy el fuego de la digestión que se encuentra en el cuerpo de todas las entidades vivientes, y Yo me uno con el aire de la vida, saliente y entrante, para digerir las cuatro clases de alimentos que hay.

SIGNIFICADO

Según el *śāstra* Āyur-védico, sabemos que en el estómago hay un fuego que digiere toda la comida que se envía ahí. Cuando el fuego no arde, no hay hambre, y cuando el fuego actúa, nos da hambre. A veces, cuando el fuego no arde bien, se hace necesario un tratamiento. En todo caso, ese fuego representa a la Suprema Personalidad de Dios. Los *mantras* védicos (*El Bṛhad-āraṇyaka Upaniṣad* 5.9.1) también confirman que, el Señor Supremo o el Brahman se encuentra en forma de fuego dentro del estómago, y digiere toda clase de alimentos (*ayam agnir vaiśvānaro yo 'yam antaḥ puruṣe yenedam annaṁ pacyate*). En consecuencia, puesto que Él ayuda en la digestión de toda clase de alimentos, la entidad viviente no es independiente en el proceso de comer. A menos que el Señor Supremo la ayude a digerir, no hay posibilidad de que coma. Así pues, Él produce y digiere los alimentos, y, por la gracia de Él, nosotros disfrutamos de la vida. En *El Vedānta-sūtra* (1.2.27) también se confirma eso. *Śabdādibhyo 'ntaḥ pratiṣṭhānāc ca*: el Señor está situado en el sonido y en el cuerpo, y también en el aire, e incluso en el estómago como la fuerza digestiva. Hay cuatro clases de alimentos: unos que se tragan, otros que se mastican, otros que se lamen y otros que se chupan, y Él es la fuerza con la que se los digiere a todos.

TEXTO 15

सर्वस्य चाहं हृदि सन्निविष्टो
मत्तः स्मृतिर्ज्ञानमपोहनं च ।
वेदैश्च सर्वैरहमेव वेद्यो
वेदान्तकृद्वेदविदेव चाहम् ॥ १५ ॥

sarvasya cāhaṁ hṛdi sanniviṣṭo
mattaḥ smṛtir jñānam apohanaṁ ca
vedaiś ca sarvair aham eva vedyo
vedānta-kṛd veda-vid eva cāham

sarvasya—de todos los seres vivientes; *ca*—y; *aham*—Yo; *hṛdi*—en el corazón; *sanniviṣṭaḥ*—situado; *mattaḥ*—de Mí; *smṛtiḥ*—recuerdo; *jñānam*—conocimiento; *apohanam*—olvido; *ca*—y; *vedaiḥ*—mediante los *Vedas*; *ca*—también; *sarvaiḥ*—todos; *aham*—Yo soy; *eva*—ciertamente; *vedyaḥ*—

conocido; *vedānta-kṛt*—el compilador de *El Vedānta*; *veda-vit*—el conocedor de los *Vedas*; *eva*—ciertamente; *ca*—y; *aham*—Yo.

TRADUCCIÓN

Yo me encuentro en el corazón de todos, y de Mí proceden el recuerdo, el conocimiento y el olvido. Es a Mí a quien hay que conocer a través de todos los Vedas. En verdad, Yo soy el compilador de El Vedānta y el conocedor de los Vedas.

SIGNIFICADO

El Señor Supremo está situado como Paramātmā en el corazón de todo el mundo, y todas las actividades tienen su comienzo en Él. La entidad viviente olvida todo lo relativo a su vida pasada, pero tiene que actuar conforme lo indica el Señor Supremo, quien es testigo de todo su trabajo. En consecuencia, ella comienza su trabajo de conformidad con sus acciones pasadas. El conocimiento necesario se le provee, y se le proporciona el recuerdo, y además ella olvida lo que se refiere a su vida pasada. Así pues, el Señor no sólo es omnipresente; Él también está localizado en el corazón de cada individuo. Él otorga los diferentes resultados fruitivos. Él es venerable no sólo como el Brahman impersonal, como la Suprema Personalidad de Dios y como el Paramātmā localizado, sino también como la forma de la encarnación de los *Vedas*. Los *Vedas* le dan la guía indicada a la gente, de modo que ésta pueda moldear su vida como se debe e ir de vuelta a Dios, de vuelta al hogar. Los *Vedas* ofrecen conocimiento acerca de la Suprema Personalidad de Dios, Kṛṣṇa, y Kṛṣṇa, en Su encarnación de Vyāsadeva, es el compilador de *El Vedānta-sūtra*. El comentario que, en forma de *El Śrīmad-Bhāgavatam*, le hizo Vyāsadeva a *El Vedānta-sūtra*, brinda la verdadera explicación sobre esa obra. El Señor Supremo es tan completo, que, para la liberación del alma condicionada, le provee a ésta de comida y se la digiere, le sirve de testigo de sus actividades, le proporciona conocimiento en la forma de los *Vedas* y, como la Suprema Personalidad de Dios, Śrī Kṛṣṇa, es el maestro de *El Bhagavad-gītā*. Él es digno de la adoración del alma condicionada. Luego Dios es supremamente bueno; Dios es supremamente misericordioso.

Antaḥ-praviṣṭaḥ śāstā janānām. La entidad viviente olvida todo en cuanto abandona su cuerpo actual, pero comienza su trabajo de nuevo, iniciada por el Señor Supremo. Aunque ella olvida, el Señor le da la inteligencia para renovar su trabajo donde lo terminó en su última vida. De modo que, la entidad viviente no sólo disfruta o sufre en este mundo según las órdenes del Supremo que está situado localmente en el corazón, sino que además recibe la oportunidad de entender los *Vedas* con Él. Si uno está interesado en entender el conocimiento védico, entonces Kṛṣṇa le da la inteligencia necesaria para ello. ¿Por qué presenta Él el conocimiento védico para su estudio? Porque la entidad viviente necesita entender a Kṛṣṇa individualmente. La literatura védica lo confirma: *yo 'sau sarvair vedair gīyate*. En toda la literatura védica, comenzando con los cuatro

Vedas, *El Vedānta-sūtra* y los *Upaniṣads* y *Purāṇas*, se celebran las glorias del Señor Supremo. A Él se llega por medio de la ejecución de los rituales védicos, la discusión de la filosofía védica y la adoración de Él mediante el servicio devocional. Por lo tanto, el propósito de los *Vedas* es el de entender a Kṛṣṇa. Los *Vedas* nos dan indicaciones para entender a Kṛṣṇa y el proceso para comprenderlo a Él perfectamente. La meta última es la Suprema Personalidad de Dios. *El Vedānta-sūtra* (1.1.4) confirma eso con las siguientes palabras: *tat tu samanvayāt*. Uno puede lograr la perfección en tres etapas. Por medio de la comprensión de la literatura védica, uno puede entender su relación con la Suprema Personalidad de Dios; por medio de la ejecución de los diferentes procesos, uno puede acercarse a Él; y al final, uno puede llegar a la meta suprema, que no es otra que la Suprema Personalidad de Dios. En este verso, el propósito de los *Vedas*, la comprensión de los *Vedas* y la meta de los *Vedas* se definen claramente.

TEXTO 16

द्वाविमौ पुरुषौ लोके क्षरश्चाक्षर एव च ।
क्षरः सर्वाणि भूतानि कूटस्थोऽक्षर उच्यते ॥ १६ ॥

dvāv imau puruṣau loke
kṣaraś cākṣara eva ca
kṣaraḥ sarvāṇi bhūtāni
kūṭastho 'kṣara ucyate

dvau—dos; *imau*—estas; *puruṣau*—las entidades vivientes; *loke*—en el mundo; *kṣaraḥ*—falibles; *ca*—y; *akṣaraḥ*—infalibles; *eva*—ciertamente; *ca*—y; *kṣaraḥ*—falibles; *sarvāṇi*—todas; *bhūtāni*—las entidades vivientes; *kūṭa-sthaḥ*—en unidad; *akṣaraḥ*—infalible; *ucyate*—se dice.

TRADUCCIÓN

Hay dos clases de seres: los falibles y los infalibles. En el mundo material toda entidad viviente es falible, y en el mundo espiritual toda entidad viviente se llama infalible.

SIGNIFICADO

Como ya se explicó, el Señor, en Su encarnación de Vyāsadeva, compiló *El Vedānta-sūtra*. El Señor está dando aquí, en resumen, el contenido de *El Vedānta-sūtra*. Él dice que las entidades vivientes, que son innumerables, se pueden dividir en dos clases: las falibles y las infalibles. Las entidades vivientes son partes integrales separadas y eternas de la Suprema Personalidad de Dios. Cuando ellas están en contacto con el mundo material, se denominan *jīva-bhūtaḥ*, y las palabras sánscritas que se dan aquí, *kṣaraḥ sarvāṇi bhūtāni*, significan que son falibles. Sin embargo, aquellos que son uno con la Suprema Personalidad de Dios, se denominan ''infalibles''. ''Ser uno'' no significa que no tengan individualidad, sino que no hay desunión. Todos ellos están de acuerdo con el propósito de la creación. Claro que, en el mundo espiritual no hay creación en absoluto, pero como la Suprema Personalidad de Dios, según se afirma en *El Vedānta-sūtra*, es la fuente de todas las emanaciones, se explica entonces esa concepción.

De acuerdo con la declaración de la Suprema Personalidad de Dios, el Señor Kṛṣṇa, hay dos clases de entidades vivientes. Los *Vedas* dan pruebas de eso, así que no hay ninguna duda de ello. Las entidades vivientes que están luchando en este mundo con la mente y los cinco sentidos tienen sus cuerpos materiales, los cuales están cambiando. Mientras una entidad viviente esté condicionada, su cuerpo cambia debido al contacto con la materia. La materia está cambiando, por lo que la entidad viviente parece estar cambiando. Pero en el mundo espiritual, el cuerpo no está hecho de materia; por lo tanto, no hay ningún cambio. En el mundo material, la entidad viviente pasa por seis cambios: nacimiento, crecimiento, permanencia, reproducción, y luego decaimiento y desvanecimiento. Ésos son los cambios del cuerpo material. Pero en el mundo espiritual, el cuerpo no cambia; no hay vejez, no hay nacimiento, no hay muerte. Ahí todo existe en la unidad. *Kṣaraḥ sarvāṇi bhūtāni*: toda entidad viviente que se ha puesto en contacto con la materia, desde el primer ser creado, Brahmā, hasta la pequeña hormiga, está cambiando de cuerpo; por consiguiente, todos ellos son falibles. Sin embargo, en el mundo espiritual, ellos siempre están liberados en la unidad.

TEXTO 17

उत्तमः पुरुषस्त्वन्यः परमात्मेत्युदाहृतः ।
यो लोकत्रयमाविश्य बिभर्त्यव्यय ईश्वरः ॥ १७ ॥

uttamaḥ puruṣas tv anyaḥ
paramātmety udāhṛtaḥ
yo loka-trayam āviśya
bibharty avyaya īśvaraḥ

uttamaḥ—la mejor; *puruṣaḥ*—personalidad; *tu*—pero; *anyaḥ*—otra; *parama*—el Supremo; *ātmā*—el ser; *iti*—así pues; *udāhṛtaḥ*—se dice; *yaḥ*—el cual; *loka*—del universo; *trayam*—las tres divisiones; *āviśya*—entrando; *bibharti*—manteniendo; *avyayaḥ*—inagotable; *īśvaraḥ*—el Señor.

TRADUCCIÓN

Además de esas dos clases de seres, existe la más grande de todas las

personalidades vivientes, el Alma Suprema, el propio e imperecedero Señor, el cual ha entrado en los tres mundos y los está manteniendo.

SIGNIFICADO

El sentido de este verso se expresa muy bien en *El Kaṭha Upaniṣad* (2.2.13) y en *El Śvetāśvatara Upaniṣad* (6.13). Ahí se afirma con toda claridad que, por encima de las innumerables entidades vivientes, de las cuales algunas están condicionadas y otras están liberadas, se encuentra la Personalidad Suprema, quien es Paramātmā. El verso de los *Upaniṣads* reza lo siguiente: *nityo nityānāṁ cetanaś cetanānām*. El significado de eso es que entre todas las entidades vivientes, tanto condicionadas como liberadas, existe una suprema personalidad viviente, la Suprema Personalidad de Dios, que las mantiene y les da todas las facilidades de disfrute de conformidad con los diferentes trabajos. Esa Suprema Personalidad de Dios se encuentra en el corazón de todos como Paramātmā. Un hombre sabio que pueda entenderlo a Él es merecedor de lograr la paz perfecta, y no así otros.

TEXTO 18

यस्मात्क्षरमतीतोऽहमक्षरादपि चोत्तमः ।
अतोऽस्मि लोके वेदे च प्रथितः पुरुषोत्तमः ॥१८॥

yasmāt kṣaram atīto 'ham
akṣarād api cottamaḥ
ato 'smi loke vede ca
prathitaḥ puruṣottamaḥ

yasmāt—debido a que; *kṣaram*—a los falibles; *atītaḥ*—trascendental; *aham*—Yo soy; *akṣarāt*—más allá de los infalibles; *api*—además; *ca*—y; *uttamaḥ*—el mejor; *ataḥ*—por lo tanto; *asmi*—Yo soy; *loke*—en el mundo; *vede*—en la literatura védica; *ca*—y; *prathitaḥ*—célebre; *puruṣa-uttamaḥ*—como la Personalidad Suprema.

TRADUCCIÓN

Debido a que Yo soy trascendental y estoy más allá tanto de los seres falibles como de los infalibles, y debido a que soy el más grande de todos, soy célebre tanto en el mundo como en los Vedas como esa Persona Suprema.

SIGNIFICADO

Nadie puede superar a la Suprema Personalidad de Dios, Kṛṣṇa: ni el alma condicionada, ni el alma liberada. Por consiguiente, Él es la personalidad más grande de todas. Ahora aquí se deja en claro que las entidades vivientes y la

Suprema Personalidad de Dios son individuos. La diferencia que hay entre ellos es que las entidades vivientes, ya sea en el estado condicionado o en el estado liberado, no pueden superar en cantidad las inconcebibles potencias de la Suprema Personalidad de Dios. Es incorrecto pensar que el Señor Supremo y las entidades vivientes están en el mismo nivel o son iguales en todos los aspectos. Siempre existe la cuestión de superioridad e inferioridad entre sus personalidades. La palabra *uttama* es muy significativa. Nadie puede superar a la Suprema Personalidad de Dios.

La palabra *loke* significa "en las *pauruṣa āgama* (las Escrituras *smṛti*)". Como se confirma en el diccionario *Nirukti*: *lokyate vedārtho 'nena*, "El propósito de los *Vedas* lo explican las Escrituras *smṛti*".

Al Señor Supremo, en Su aspecto localizado de Paramātmā, también se lo describe en los propios *Vedas*. El siguiente verso aparece en los *Vedas* (*El Chāndogya Upaniṣad* 8.12.3): *tāvad eṣa samprasādo 'smāc charītāt samutthāya paraṁ jyoti-rūpaṁ sampadya svena rūpeṇābhiniṣpadyate sa uttamaḥ puruṣaḥ*. "La Superalma que sale del cuerpo entra en el *brahmajyoti* impersonal; luego, con Su forma, permanece en Su identidad espiritual. Ese Supremo se denomina la Personalidad Suprema". Eso significa que la Personalidad Suprema está manifestando y difundiendo Su refulgencia espiritual, que es la iluminación suprema. Esa Personalidad Suprema también tiene un aspecto localizado, que es Paramātmā. Encarnándose como hijo de Satyavatī y Parāśara, Él, en forma de Vyāsadeva, explica el conocimiento védico.

TEXTO 19

यो मामेवमसंमूढो जानाति पुरुषोत्तमम् ।
स सर्वविद्भजति मां सर्वभावेन भारत ॥१९॥

yo mām evam asammūḍho
jānāti puruṣottamam
sa sarva-vid bhajati māṁ
sarva-bhāvena bhārata

yaḥ—cualquiera que; *mām*—a Mí; *evam*—así pues; *asammūḍhaḥ*—sin duda; *jānāti*—conoce; *puruṣa-uttamam*—la Suprema Personalidad de Dios; *saḥ*—él; *sarva-vit*—el conocedor de todo; *bhajati*—rinde servicio devocional; *mām*—a Mí; *sarva-bhāvena*—en todos los aspectos; *bhārata*—¡oh, hijo de Bharata!

TRADUCCIÓN

Todo aquel que, sin dudar, Me conoce como la Suprema Personalidad de Dios, es el conocedor de todo. En consecuencia, él se dedica por entero a prestarme servicio devocional, ¡oh, hijo de Bharata!

SIGNIFICADO

Existen muchas especulaciones filosóficas acerca de la posición constitucional de las entidades vivientes y la Suprema Verdad Absoluta. Ahora, en este verso, la Suprema Personalidad de Dios explica claramente que todo aquel que sabe que el Señor Kṛṣṇa es la Persona Suprema, es en realidad el conocedor de todo. El conocedor imperfecto sigue tan sólo especulando acerca de la Verdad Absoluta, pero el conocedor perfecto, sin perder su valioso tiempo, se dedica directamente al proceso de conciencia de Kṛṣṇa, el servicio devocional del Señor Supremo. A todo lo largo de *El Bhagavad-gītā* se recalca este hecho a cada paso. Y aun así hay muchísimos comentaristas testarudos de *El Bhagavad-gītā* que consideran que la Suprema Verdad Absoluta y las entidades vivientes son una misma y única cosa.

El conocimiento védico se denomina *śruti*: aquello que se aprende por oír. Uno debe de hecho recibir el mensaje védico de labios de autoridades tales como Kṛṣṇa y Sus representantes. Aquí Kṛṣṇa señala todo muy bien, y uno debe oír lo que expone esta fuente. El simple hecho de oír como los cerdos no basta; uno debe ser capaz de entender a las autoridades. No se trata de simplemente especular de un modo académico. Se debe oír de una manera sumisa esto que dice *El Bhagavad-gītā*: que esas entidades vivientes siempre están subordinadas a la Suprema Personalidad de Dios. Todo aquel que sea capaz de entender eso —según la Suprema Personalidad de Dios, Śrī Kṛṣṇa—, conoce el propósito de los *Vedas*; nadie más lo conoce.

La palabra *bhajati* es muy significativa. En muchos lugares, la palabra *bhajati* se emplea en relación con el servicio del Señor Supremo. Si una persona está dedicada al servicio devocional del Señor con plena conciencia de Kṛṣṇa, se debe saber que ella ha entendido todo el conocimiento védico. En el *paramparā* vaiṣṇava se dice que, si uno está dedicado al servicio devocional de Kṛṣṇa, entonces no hay necesidad de ningún otro proceso espiritual para entender a la Suprema Verdad Absoluta. Ya uno ha llegado al punto de la comprensión, porque está dedicado al servicio devocional del Señor. Uno ha concluido todos los procesos preliminares de la comprensión. Pero si después de especular por cientos de miles de vidas, alguien no llega al punto de entender que Kṛṣṇa es la Suprema Personalidad de Dios y que uno tiene que entregarse a Él, toda la especulación que ha hecho durante esos muchos años y vidas, ha sido una inútil pérdida de tiempo.

TEXTO 20

इति गुह्यतमं शास्त्रमिदमुक्तं मयाऽनघ ।
एतद्बुद्ध्वा बुद्धिमान्स्यात्कृतकृत्यश्च भारत ॥२०॥

iti guhyatamaṁ śāstram
idam uktaṁ mayānagha
etad buddhvā buddhimān syāt
kṛta-kṛtyaś ca bhārata

iti—así; *guhya-tamam*—la más confidencial; *śāstram*—Escritura revelada; *idam*—este; *uktam*—revelado; *mayā*—por Mí; *anagha*—¡oh, tú, el inmaculado!; *etat*—esta; *buddhvā*—comprensión; *buddhi-mān*—inteligente; *syāt*—uno se vuelve; *kṛta-kṛtyaḥ*—el más perfecto en sus esfuerzos; *ca*—y; *bhārata*—¡oh, hijo de Bharata!

TRADUCCIÓN

Ésa es la parte más confidencial de las Escrituras védicas, ¡oh, tú, el inmaculado!, y ahora Yo la he revelado. Quienquiera que entienda esto se volverá sabio, y sus esfuerzos conocerán la perfección.

SIGNIFICADO

El Señor explica aquí claramente que ésta es la esencia de todas las Escrituras reveladas. Y uno debe entender esto tal como lo da la Suprema Personalidad de Dios. De ese modo, uno se volverá inteligente y perfecto en lo que se refiere al conocimiento trascendental. En otras palabras, por el hecho de entender esta filosofía de la Suprema Personalidad de Dios y dedicarse a Su servicio trascendental, todo el mundo puede liberarse de todas las contaminaciones de las modalidades de la naturaleza material. El servicio devocional es un proceso de comprensión espiritual. Dondequiera que exista el servicio devocional, la contaminación material no puede coexistir. El servicio devocional que se le presta al Señor y el propio Señor son exactamente iguales, porque son espirituales; el servicio devocional se lleva a efecto en el seno de la energía interna del Señor Supremo. Se dice que el Señor es el Sol, y la ignorancia es la oscuridad. Cuando el Sol está presente, no hay ninguna posibilidad de oscuridad. Por lo tanto, siempre que el servicio devocional esté presente bajo la debida guía de un maestro espiritual genuino, no hay ninguna posibilidad de ignorancia.

Todo el mundo debe emprender este proceso de conciencia de Kṛṣṇa y dedicarse al servicio devocional, para volverse inteligente y purificarse. A menos que uno llegue a la posición de entender a Kṛṣṇa y se dedique al servicio devocional, por muy inteligente que se sea a juicio de algún hombre ordinario, no se es perfectamente inteligente.

La palabra *anagha*, con la que se nombra a Arjuna, es significativa. *Anagha*, "¡oh, tú, el inmaculado!", significa que a menos que uno esté libre de todas las reacciones pecaminosas, es muy difícil entender a Kṛṣṇa. Uno tiene que liberarse de toda la contaminación, de todas las actividades pecaminosas; entonces podrá entender. Pero el servicio devocional es tan puro y poderoso, que, al uno dedicarse a él, llega automáticamente a la etapa inmaculada.

Mientras uno desempeña el servicio devocional en compañía de devotos puros con plena conciencia de Kṛṣṇa, hay ciertas cosas que es necesario eliminar por completo. La cosa más importante que hay que superar es la debilidad del corazón. La primera caída la causa el deseo de enseñorearse de la naturaleza material. Debido a ello, uno abandona el amoroso servicio trascendental del Señor Supremo. La segunda debilidad del corazón es que, a medida que uno aumenta la propensión a enseñorearse de la naturaleza material, se va apegando a la materia y a la posesión de la materia. Los problemas de la existencia material se deben a esas debilidades del corazón. En este capítulo, los primeros cinco versos describen el proceso mediante el cual uno se libera de esas debilidades del corazón, y el resto del capítulo, desde el verso seis hasta el final, discute el *puruṣottama-yoga*.

Así terminan los significados de Bhaktivedanta del Decimoquinto Capítulo de El Śrīmad Bhagavad-gītā, *en relación con el* puruṣottama-yoga, *el* yoga *de la Persona Suprema*.

Capítulo Dieciséis

LA NATURALEZA DIVINA Y LA DEMONÍACA

TEXTOS 1–3

श्रीभगवानुवाच ।
अभयं सत्त्वसंशुद्धिर्ज्ञानयोगव्यवस्थितिः ।
दानं दमश्च यज्ञश्च स्वाध्यायस्तप आर्जवम् ॥१॥
अहिंसा सत्यमक्रोधस्त्यागः शान्तिरपैशुनम् ।
दया भूतेष्वलोलुप्त्वं मार्दवं ह्रीरचापलम् ॥ २ ॥
तेजः क्षमा धृतिः शौचमद्रोहो नातिमानिता ।
भवन्ति संपदं दैवीमभिजातस्य भारत ॥ ३ ॥

śrī-bhagavān uvāca
abhayaṁ sattva-saṁśuddhir
jñāna-yoga-vyavasthitiḥ
dānaṁ damaś ca yajñaś ca
svādhyāyas tapa ārjavam

ahiṁsā satyam akrodhas
tyāgaḥ śāntir apaiśunam
dayā bhūteṣv aloluptvaṁ
mārdavaṁ hrīr acāpalam

tejaḥ kṣamā dhṛtiḥ śaucam
adroho nāti-mānitā
bhavanti sampadaṁ daivīm
abhijātasya bhārata

śrī-bhagavān uvāca—la Suprema Personalidad de Dios dijo; *abhayam*—la valentía; *sattva-saṁśuddhiḥ*—la purificación de la existencia propia; *jñāna*—con conocimiento; *yoga*—de vincularse; *vyavasthitiḥ*—la situación; *dānam*—la caridad; *damaḥ*—controlando la mente; *ca*—y; *yajñaḥ*—la ejecución de sacrificios; *ca*—y; *svādhyāyaḥ*—el estudio de la literatura védica; *tapaḥ*—la austeridad; *ārjavam*—la sencillez; *ahiṁsā*—la no violencia; *satyam*—la veracidad; *akrodhaḥ*—el estar libre de ira; *tyāgaḥ*—la renunciación; *śāntiḥ*—la tranquilidad; *apaiśunam*—la aversión a buscar defectos en los demás; *dayā*—la misericordia; *bhūteṣu*—para con las entidades vivientes; *aloluptvam*—el estar libre de codicia; *mārdavam*—la mansedumbre; *hrīḥ*—la modestia; *acāpalam*—la determinación; *tejaḥ*—el vigor; *kṣamā*—el perdón; *dhṛtiḥ*—la fortaleza; *śaucam*—la limpieza; *adrohaḥ*—el estar libre de envidia; *na*—no; *ati-mānitā*—ansia de honor; *bhavanti*—son; *sampadam*—las cualidades; *daivīm*—la naturaleza trascendental; *abhijātasya*—de aquel que nace de; *bhārata*—¡oh, hijo de Bharata!

TRADUCCIÓN

La Suprema Personalidad de Dios dijo: La valentía; la purificación de la existencia propia; el cultivo del conocimiento espiritual; la caridad; el autocontrol; la ejecución de sacrificios; el estudio de los Vedas; la austeridad; la sencillez; la no violencia; la veracidad; el estar libre de ira; la renunciación; la tranquilidad; la aversión a buscarles defectos a los demás; la compasión; el estar libre de codicia; la mansedumbre; la modestia; la firme determinación; el vigor; el perdón; la fortaleza; la limpieza; y el estar libre de envidia y del ansia de honor: estas cualidades trascendentales, ¡oh, hijo de Bharata!, les pertenecen a hombres piadosos que están dotados de naturaleza divina.

SIGNIFICADO

Al principio del Capítulo Quince se explicó el árbol baniano de este mundo material. Las raíces adicionales que salen de él se dijo que eran como las actividades de las entidades vivientes: unas auspiciosas, otras poco auspiciosas. Además, en el Capítulo Nueve se describieron los *devas*, o seres divinos, y los *asuras*, los seres no divinos, o los demonios. Ahora bien, según los ritos védicos, las actividades que se realizan en el plano de la modalidad de la bondad se considera que son auspiciosas para progresar en la senda de la liberación, y esas actividades se conocen como *daivī prakṛti*, trascendentales por naturaleza. Aquellos que están situados en el seno de la naturaleza trascendental, progresan en la senda de la liberación. En cambio, para aquellos que actúan en los planos de las modalidades de la pasión y la ignorancia, no hay ninguna posibilidad de liberarse. Ellos tendrán que, o bien permanecer en este mundo material como seres humanos, o bien descender a las especies de animales o a formas de vida aún inferiores. En este Decimosexto Capítulo, el Señor explica tanto la naturaleza trascendental y sus cualidades concomitantes, como la naturaleza demoníaca y sus cualidades. Él explica también las ventajas y desventajas de esas cualidades.

La palabra *abhijātasya* es muy significativa en relación con alguien que ha nacido con cualidades trascendentales o tendencias divinas. El proceso para engendrar a un niño en una atmósfera divina se conoce en las Escrituras védicas como Garbhādhāna-saṁskāra. Si los padres quieren un hijo que tenga cualidades divinas, deben seguir los diez principios recomendados para la vida social del ser humano. En *El Bhagavad-gītā* también estudiamos antes, que, la vida sexual que se tiene para engendrar un buen hijo, es Kṛṣṇa mismo. La vida sexual no se censura, siempre y cuando el proceso se emplee en el cultivo de conciencia de Kṛṣṇa. Al menos aquellos que tienen conciencia de Kṛṣṇa no deben engendrar hijos como los perros y los gatos, sino que deben hacerlo de modo que esos niños puedan volverse conscientes de Kṛṣṇa después de nacer. Ésa debe ser la ventaja de los niños que nacen de unos padres que están absortos en el plano de conciencia de Kṛṣṇa.

La institución social conocida como *varṇāśrama-dharma* —la institución que divide a la sociedad en cuatro categorías de vida social y en cuatro categorías de ocupaciones o castas— no es para dividir a la sociedad humana según el linaje de cada cual. Esas divisiones se hacen según las aptitudes que se tienen en el campo de la educación. Su función es mantener a la sociedad en un estado de paz y prosperidad. Las cualidades que aquí se mencionan se describen como cualidades trascendentales, cuyo objeto es que la persona progrese en el campo de la comprensión espiritual de manera que pueda liberarse del mundo material.

En la institución *varṇāśrama*, el *sannyāsī*, o la persona que se encuentra en la orden de vida de renuncia, se considera que es el líder o el maestro espiritual de todos los estados y órdenes sociales. El *brāhmaṇa* se considera que es el maestro espiritual de los otros tres sectores de la sociedad, es decir, de los *kṣatriyas*, los *vaiśyas* y los *śūdras*, pero el *sannyāsī*, que está a la cabeza de la institución, se considera que es el maestro espiritual incluso de los *brāhmaṇas*. El primer requisito que debe cumplir un *sannyāsī* es el de no tener miedo. Como un *sannyāsī* tiene que estar solo, sin ningún respaldo ni garantía de respaldo, simplemente tiene que depender de la misericordia de la Suprema Personalidad de Dios. Si él piensa: "Después de abandonar mis vínculos, ¿quién me protegerá?", él no debe adoptar la orden de vida de renuncia. Uno debe estar plenamente convencido de que Kṛṣṇa, o la Suprema Personalidad de Dios, en Su aspecto localizado de Paramātmā siempre está dentro de uno, que Él lo está viendo todo y que Él siempre sabe lo que uno piensa hacer. Se debe tener, pues, la firme convicción de que Kṛṣṇa en forma de Paramātmā se va a ocupar de un alma que está entregada a Él. "Nunca estaré solo" —debe pensar uno—. "Incluso si vivo en las regiones más oscuras de un bosque, Kṛṣṇa me acompañará y me dará absoluta protección". Esa convicción se denomina *abhayam*, valentía. Ese estado mental es necesario en una persona que se halla en la orden de vida de renuncia.

Luego, el *sannyāsī* tiene que purificar su existencia. Hay muchísimas reglas y regulaciones que se deben seguir en la orden de vida de renuncia. Lo más importante de todo es que un *sannyāsī* tiene estrictamente prohibido el relacionarse íntimamente con una mujer. Él tiene prohibido incluso el hablar con una mujer en un lugar solitario. El Señor Caitanya era un *sannyāsī* ideal, y cuando se encontraba en Purī, Sus devotas ni siquiera podían acercársele para ofrecerle sus respetos. A ellas se les decía que se postraran desde lejos. Ése no es un signo de odio hacia las mujeres como clase, sino que el no tener relaciones íntimas con mujeres es una regla estricta que se le impone al *sannyāsī*. Uno tiene que seguir las reglas y regulaciones de un determinado estado de vida a fin de purificar su existencia. El *sannyāsī* tiene estrictamente prohibido el tener relaciones íntimas con mujeres y el poseer riquezas para el goce de los sentidos. El propio Señor Caitanya fue el *sannyāsī* ideal, y al estudiar Su vida podemos ver que Él era muy estricto respecto a las mujeres. Aunque se considera que Él es la encarnación de Dios más liberal de todas, pues aceptaba a las almas condicionadas más caídas de todas, no obstante siguió estrictamente los reglamentos de la orden de vida de *sannyāsī* en lo que se refiere a la relación con mujeres. Uno de Sus asociados personales, Choṭa Haridāsa, se reunía con el Señor Caitanya junto con Sus otros asociados personales íntimos, pero de algún modo ocurrió que, una vez, este Choṭa Haridāsa miró lujuriosamente a una joven mujer, y el Señor Caitanya era tan estricto, que de inmediato lo expulsó del grupo de Sus asociados personales. El Señor Caitanya dijo: ''Para un *sannyāsī* o para cualquiera que ambicione salirse de las garras de la naturaleza material y que esté tratando de elevarse a la naturaleza espiritual e ir de vuelta al hogar, de vuelta a Dios, para él, mirar las posesiones materiales y a las mujeres en aras del goce de los sentidos —ni siquiera el disfrutarlas, sino sólo el mirarlas con esa propensión— es tan malo, que mejor haría en suicidarse antes que experimentar esos deseos ilícitos''. De manera que, ésos son los procesos para la purificación.

El siguiente punto es *jñāna-yoga-vyasvasthiti*: el estar dedicado al cultivo del conocimiento. La vida de *sannyāsī* es para impartirles conocimiento a los casados y a otros que han olvidado su verdadera vida de adelanto espiritual. Se supone que un *sannyāsī* mendiga de puerta en puerta para mantenerse, pero eso no significa que él es un mendigo. La humildad también es una de las cualidades de una persona que está en el plano trascendental, y es por pura humildad que el *sannyāsī* va de puerta en puerta, no precisamente para mendigar, sino para ver a los casados y despertarlos en lo que se refiere al proceso de conciencia de Kṛṣṇa. Ése es el deber de un *sannyāsī*. Si él verdaderamente está adelantado y se lo ha ordenado así su maestro espiritual, debe predicar acerca del proceso de conciencia de Kṛṣṇa con lógica y comprensión, y si no se está tan adelantado, no se debe adoptar la vida de renuncia. Pero incluso si uno ha aceptado la orden de vida de renuncia sin suficiente conocimiento, debe dedicarse por entero a oír a un maestro espiritual genuino y cultivar así el conocimiento. Un *sannyāsī*, o alguien que está en la orden de vida de renuncia, debe tener valor, *sattva-saṁśuddhi* (pureza) y *jñāna-yoga* (conocimiento).

El siguiente elemento es la caridad. La caridad es para que la pongan en práctica los jefes de familia. Éstos deben ganarse la vida por medios honestos, y gastar el cincuenta por ciento de sus ingresos en propagar el proceso de conciencia de Kṛṣṇa por todas partes del mundo. Así pues, el dueño de casa debe darles caridad a las instituciones que se dedican a eso. La caridad se le debe dar al receptor indicado. Hay diferentes clases de caridades, tal como se explicará más adelante —caridad en los planos de las modalidades de la bondad, la pasión y la ignorancia—. Las Escrituras recomiendan la caridad en el plano de la modalidad de la bondad, pero la caridad en los planos de las modalidades de la pasión y la ignorancia no se recomienda, porque ello es simplemente un desperdicio de dinero. La caridad se debe dar únicamente para propagar el proceso de conciencia de Kṛṣṇa por todas partes del mundo. Eso es caridad en el plano de la modalidad de la bondad.

Luego, en lo que respecta a *dama* (el autocontrol), no es sólo para las demás órdenes de la sociedad religiosa, sino en especial para el jefe de familia. Aunque éste tiene una esposa, no debe usar los sentidos para la vida sexual innecesariamente. Los jefes de familia tienen restricciones incluso en la vida sexual, la cual se debe tener únicamente para la procreación. Si el hombre casado no desea tener hijos, no debe disfrutar de vida sexual con su esposa. La sociedad moderna disfruta de la vida sexual con anticonceptivos o métodos aún más abominables, para eludir la responsabilidad de tener hijos. Ésa no es una cualidad trascendental sino demoníaca. Cualquiera que quiera progresar en la vida espiritual, incluso una persona casada, debe controlar su vida sexual y no debe engendrar un niño sin el propósito de servir a Kṛṣṇa. Si se es capaz de engendrar hijos que se vuelvan conscientes de Kṛṣṇa, se pueden producir cientos de hijos, pero sin esa capacidad no hay que entregarse a ello sólo para placer de los sentidos.

El celebrar sacrificios es otra de las cosas que deben hacer los jefes de familia, porque para los sacrificios se requiere de una gran cantidad de dinero. Aquellos que se encuentran en las otras órdenes de vida, es decir, *brahmacarya*, *vānaprastha* y *sannyāsa*, no tienen dinero; ellos viven de limosna. De manera que, la ejecución de diferentes tipos de sacrificios es función de los dueños de casa. Ellos deben realizar sacrificios *agni-hotra* tal como se estipula en la literatura védica, pero en la actualidad esos sacrificios son muy costosos, y a un casado cualquiera no le es posible llevarlos a cabo. El mejor sacrificio que se recomienda en esta era se denomina *saṅkīrtana-yajña*. Este *saṅkīrtana-yajña*, el canto de Hare Kṛṣṇa, Hare Kṛṣṇa, Kṛṣṇa Kṛṣṇa, Hare Hare/ Hare Rāma, Hare Rāma, Rāma Rāma, Hare Hare, es el mejor y el más barato de todos los sacrificios; todo el mundo puede adoptarlo y beneficiarse con ello. Así que esas tres cosas, es decir, la caridad, el control de los sentidos y la ejecución de sacrificios, son para el jefe de familia.

Luego, *svādhyāya*, el estudio de los *Vedas*, es para la vida de *brahmacarya*, o la vida de estudiante. Los *brahmacārīs* no deben tener ninguna relación con mujeres; ellos deben llevar una vida de celibato y ocupar la mente en el estudio de la literatura védica para el cultivo del conocimiento espiritual. Eso se denomina *svādhyāya*.

Tapas, o la austeridad, es especialmente función de la vida retirada. Uno no debe permanecer como cabeza de familia durante toda su vida; siempre se debe recordar que la vida se divide en cuatro partes: *brahmacarya, gṛhastha, vānaprastha* y *sannyāsa*. De modo que, después de *gṛhastha*, de la vida de casado, uno debe retirarse. Si uno vive cien años, debe emplear veinticinco en la vida de estudiante, veinticinco en la vida de casado, veinticinco en la vida retirada y veinticinco en la orden de vida de renuncia. Ésas son las regulaciones de la disciplina religiosa védica. Un hombre retirado de la vida doméstica debe practicar austeridades del cuerpo, de la mente y de la lengua. Eso es *tapasya*. La sociedad *varṇāśrama-dharma* por entero está hecha para la *tapasya*. Sin *tapasya*, o austeridad, ningún ser humano puede conseguir la liberación. La teoría de que en la vida no hay necesidad de austeridad, de que uno puede seguir especulando y todo va a ir bien, no se recomienda ni en la literatura védica ni en *El Bhagavad-gītā*. Esa clase de teorías las crean espiritualistas exhibicionistas que tratan de conseguirse más seguidores. Si hay restricciones —reglas y regulaciones—, la gente no se verá atraída. Por consiguiente, aquellos que quieren tener seguidores en nombre de la religión, sólo por exhibicionismo, no restringen las vidas de sus alumnos ni las suyas propias. Pero ese método no lo aprueban los *Vedas*.

En lo que concierne a la cualidad brahmínica de la sencillez, este principio no sólo lo debe poner en práctica una determinada orden de vida, sino todos los individuos, ya sea que se encuentren en el *brahmacārī-āśrama*, en el *gṛhastha-āśrama*, en el *vānaprastha-āśrama* o en el *sannyāsa-āśrama*. Uno debe ser muy sencillo y franco.

Ahiṁsā significa no impedir la vida progresiva de ninguna entidad viviente. Uno no debe pensar que, como la chispa espiritual nunca es matada, ni siquiera después de que se mata el cuerpo, no hay nada de malo en matar animales para el goce de los sentidos. Ahora la gente está adicta a comer animales, a pesar de tener una amplia provisión de granos, frutas y leche. No hay ninguna necesidad de matar a los animales. Este mandamiento es para todos. Cuando no hay otro recurso, se puede matar a un animal, pero se lo debe ofrecer en calidad de sacrificio. En todo caso, cuando hay una amplia provisión de comida para la humanidad, las personas que desean progresar en el campo de la comprensión espiritual no deben perpetrar actos de violencia contra los animales. Verdadera *ahiṁsā* significa no obstaculizar la vida progresiva de nadie. Los animales también están progresando en su vida evolutiva, transmigrando de una categoría de vida animal a otra. Si un determinado animal es matado, entonces su progreso se obstaculiza. Si un animal tiene que permanecer en un cuerpo determinado durante un cierto número de días o de años y es matado prematuramente, tiene entonces que regresar de nuevo en esa forma de vida para completar los días restantes, a fin de ser promovido a otra especie de vida. De modo que, su progreso no se debe obstaculizar sólo para que uno satisfaga su paladar. Eso se denomina *ahiṁsā*.

Satyam. Esta palabra significa que uno no debe tergiversar la verdad por algún interés personal. En la literatura védica hay algunos pasajes difíciles, pero su significado o su esencia se debe aprender con un maestro espiritual genuino. Ése es el proceso para entender los *Vedas*. *Śruti* significa que uno debe oír a la autoridad. Uno no debe elaborar una interpretación por un interés personal. Hay muchísimos comentarios que se le han hecho a *El Bhagavad-gītā* y que interpretan erróneamente el texto original. Se debe presentar el verdadero sentido de la palabra, y ello se debe aprender de labios de un maestro espiritual genuino.

Akrodha significa contener la ira. Incluso si existe una provocación se debe ser tolerante, pues en cuanto uno se pone furioso, todo su cuerpo se contamina. La ira es el producto de la modalidad de la pasión y de la lujuria, por lo cual aquel que está situado en el plano trascendental debe evitar que ella lo domine. *Apaiśunam* significa que uno no debe buscar defectos en los demás o corregirlos innecesariamente. Claro que, decirle ladrón a alguien que lo es no es buscar defectos, pero decirle ladrón a una persona honesta es una gran ofensa por parte de alguien que está progresando en la vida espiritual. *Hrī* significa que uno debe ser muy modesto y no debe realizar ningún acto que sea abominable. *Acāpalam*, determinación, significa que uno no se debe agitar o frustrar en ningún esfuerzo. Puede que uno fracase en algún esfuerzo, pero uno no se debe lamentar por eso; se debe progresar con paciencia y determinación.

La palabra *tejas* que se usa aquí es para los *kṣatriyas*. Los *kṣatriyas* siempre deben ser muy fuertes, para ser capaces de darles protección a los débiles. Ellos no deben hacerse pasar por no violentos. Si se requiere de violencia, ellos deben hacer uso de ella. Pero, en ciertas circunstancias, una persona que es capaz de someter a su enemigo, puede perdonarlo. Ella puede excusar las ofensas menores.

Śaucam significa limpieza, no sólo en cuerpo y mente, sino también en los tratos de uno. Eso se refiere en especial a los comerciantes, los cuales no deben tratar en el mercado negro. *Nāti-mānitā*, el no esperar honor, se les aplica a los *śūdras*, la clase trabajadora, que, según las disposiciones védicas, se considera que son la más baja de las cuatro clases. Ellos no deben envanecerse con un prestigio u honor innecesarios, y deben permanecer en su propia posición. Los *śūdras* tienen el deber de ofrecerles respeto a las clases superiores, para la conservación del orden social.

Todas estas veintiséis cualidades que se han mencionado son trascendentales. Las mismas se deben cultivar conforme a las diferentes órdenes sociales y las diferentes ocupaciones en que cada cual se encuentre. La conclusión de esto es que aunque las condiciones materiales sean desoladoras, si todas las clases de hombres cultivan esas cualidades por medio de la práctica, entonces, gradualmente, será posible ascender hasta el plano más alto de la comprensión trascendental.

TEXTO 4

दम्भो दर्पोऽभिमानश्च क्रोधः पारुष्यमेव च ।
अज्ञानं चाभिजातस्य पार्थ संपदमासुरीम् ॥४॥

dambho darpo 'bhimānaś ca
krodhaḥ pāruṣyam eva ca
ajñānaṁ cābhijātasya
pārtha sampadam āsurīm

dambhaḥ—orgullo; *darpaḥ*—arrogancia; *abhimānaḥ*—engreimiento; *ca*—y; *krodhaḥ*—ira; *pāruṣyam*—aspereza; *eva*—ciertamente; *ca*—y; *ajñānam*—ignorancia; *ca*—y; *abhijātasya*—de aquel que nace de; *pārtha*—¡oh, hijo de Pṛthā!; *sampadam*—las cualidades; *āsurīm*—la naturaleza demoníaca.

TRADUCCIÓN

El orgullo, la arrogancia, el engreimiento, la ira, la aspereza y la ignorancia: esas cualidades les pertenecen a aquellos que son de naturaleza demoníaca, ¡oh, hijo de Pṛthā!

SIGNIFICADO

En este verso se describe el mejor camino al infierno. Los seres demoníacos quieren hacer un espectáculo de religión y adelanto en la ciencia espiritual, aunque no siguen los principios. Ellos siempre son arrogantes y orgullosos si poseen algún tipo de educación o mucha riqueza. Ellos desean ser adorados por los demás y exigen que se los respete, aunque no infunden respeto. Ellos se disgustan mucho por nimiedades y hablan ásperamente, sin gentileza. Ellos no saben lo que se debe hacer y lo que no se debe hacer. Ellos hacen todo caprichosamente, según sus propios deseos, y no reconocen a ninguna autoridad. Ellos adoptan esas cualidades demoníacas desde el comienzo de sus cuerpos en el vientre de sus madres, y a medida que crecen van manifestando todas esas cualidades poco propicias.

TEXTO 5

दैवी संपद्विमोक्षाय निबन्धायासुरी मता ।
मा शुचः संपदं दैवीमभिजातोऽसि पाण्डव ॥५॥

daivī sampad vimokṣāya
nibandhāyāsurī matā
mā śucaḥ sampadaṁ daivīm
abhijāto 'si pāṇḍava

daivī—trascendental; *sampat*—bienes; *vimokṣāya*—que son para la liberación; *nibandhāya*—para el cautiverio; *āsurī*—cualidades demoníacas; *matā*—se considera; *mā*—no; *śucaḥ*—te preocupes; *sampadam*—bienes; *daivīm*—trascendentales; *abhijātaḥ*—nacido de; *asi*—tú has; *pāṇḍava*—¡oh, hijo de Pāṇḍu!

TRADUCCIÓN

Las cualidades trascendentales llevan a la liberación, mientras que las cualidades demoníacas conducen al cautiverio. No te preocupes, ¡oh, hijo de Pāṇḍu!, pues tú has nacido con las cualidades divinas.

SIGNIFICADO

El Señor Kṛṣṇa animó a Arjuna diciéndole que no había nacido con cualidades demoníacas. Su implicación en la contienda no era demoníaca, pues él estaba considerando los pros y los contras. Él estaba analizando si se debía o no matar a personas respetables tales como Bhīṣma y Droṇa, por lo cual no estaba actuando bajo la influencia de la ira, el prestigio falso o la aspereza. Luego él no era de la categoría de los demonios. Para un *kṣatriya*, un militar, el dispararle flechas al enemigo se considera que es algo trascendental, y el abstenerse de cumplir con ese deber es demoníaco. Por consiguiente, no había ninguna razón para que Arjuna se lamentara. Todo el que cumpla los principios regulativos de las diferentes órdenes de vida, está situado en el plano trascendental.

TEXTO 6

द्वौ भूतसर्गौ लोकेऽस्मिन्दैव आसुर एव च ।
दैवो विस्तरशः प्रोक्त आसुरं पार्थ मे शृणु ॥ ६ ॥

dvau bhūta-sargau loke 'smin
daiva āsura eva ca
daivo vistaraśaḥ prokta
āsuraṁ pārtha me śṛṇu

dvau—dos; *bhūta-sargau*—seres vivientes creados; *loke*—en el mundo; *asmin*—este; *daivaḥ*—divino; *āsuraḥ*—demoníaco; *eva*—ciertamente; *ca*—y; *daivaḥ*—el divino; *vistaraśaḥ*—muy minuciosamente; *proktaḥ*—dicho; *āsuram*—demoníaco; *pārtha*—¡oh, hijo de Pṛthā!; *me*—de Mí; *śṛṇu*—oye.

TRADUCCIÓN

¡Oh, hijo de Pṛthā!, en este mundo hay dos clases de seres creados. A unos se los llama divinos, y a los otros, demoníacos. Ya te he explicado con todo detalle las cualidades divinas. Ahora óyeme hablar de las demoníacas.

SIGNIFICADO

El Señor Kṛṣṇa, habiéndole asegurado a Arjuna que había nacido con las cualidades divinas, va a describir ahora el modo de ser demoníaco. En este mundo, las entidades vivientes condicionadas se dividen en dos clases. Aquellos que nacen con cualidades divinas siguen una vida regulada; es decir, ellos acatan las disposiciones de las Escrituras y de las autoridades. Uno debe cumplir con los deberes a la luz de las Escrituras autoritativas. Esa mentalidad se llama "divina". Aquel que no sigue los principios regulativos tal como se exponen en las Escrituras y que actúa como se le antoja, se dice que es demoníaco o *asúrico*.

No hay otro criterio más que el marcado por la obediencia a los principios regulativos de las Escrituras. En la literatura védica se menciona que tanto los semidioses como los demonios nacen del Prajāpati; la única diferencia que hay entre ellos es que una clase obedece las disposiciones védicas y la otra no.

TEXTO 7

प्रवृत्तिं च निवृत्तिं च जना न विदुरासुराः ।
न शौचं नापि चाचारो न सत्यं तेषु विद्यते ॥७॥

pravṛtiṁ ca nivṛttiṁ ca
janā na vidur āsurāḥ
na śaucaṁ nāpi cācāro
na satyaṁ teṣu vidyate

pravṛtim—actuando debidamente; *ca*—también; *nivṛttim*—no actuando indebidamente; *ca*—y; *janāḥ*—personas; *na*—nunca; *viduḥ*—saben; *āsurāḥ*—de calidad demoníaca; *na*—nunca; *śaucam*—limpieza; *na*—ni; *api*—también; *ca*—y; *ācāraḥ*—comportamiento; *na*—nunca; *satyam*—verdad; *teṣu*—en ellos; *vidyate*—hay.

TRADUCCIÓN

Aquellos que son demoníacos no saben lo que se debe hacer y lo que no se debe hacer. En ellos no se encuentra limpieza, buen comportamiento ni veracidad.

SIGNIFICADO

En toda sociedad humana civilizada hay algún conjunto de Escrituras que presentan reglamentos que se siguen desde el principio. Especialmente entre los arios —aquellos que adoptan la civilización védica y a quienes se conoce como la gente civilizada más adelantada de todas—, los que no siguen las disposiciones de las Escrituras se considera que son demonios. Por consiguiente, aquí se afirma que los demonios no conocen las reglas de las Escrituras, ni tampoco tienen inclinación a seguirlas. La mayoría de ellos no las conocen, y si algunos las conocen, no tienen la tendencia a seguirlas. Ellos no tienen fe, ni están dispuestos a actuar en función de las disposiciones védicas. Los demonios no son limpios, ni externa ni internamente. Uno siempre debe tener el cuidado de mantener limpio su cuerpo, bañándose, cepillándose los dientes, afeitándose, mudándose de ropa, etc. En lo que se refiere a la limpieza interna, uno debe recordar siempre los santos nombres de Dios y cantar Hare Kṛṣṇa, Hare Kṛṣṇa, Kṛṣṇa Kṛṣṇa, Hare Hare / Hare Rāma, Hare Rāma, Rāma Rāma, Hare Hare. A los demonios no les gustan todas esas reglas de limpieza externa e interna, ni tampoco las siguen.

En lo que respecta al comportamiento, hay muchas reglas y regulaciones que guían el comportamiento humano, tales como las de *El Manu-saṁhitā*, que es la ley para la raza humana. Incluso hasta el día de hoy, los hindúes siguen *El Manu-saṁhitā*. Las leyes de herencia y otros asuntos legales se derivan de ese libro. Ahora bien, en *El Manu-saṁhitā* se dice claramente que a la mujer no se le debe dar libertad. Eso no significa que las mujeres tienen que ser tratadas como esclavas, sino que son como los niños. A los niños no se les da libertad, pero eso no significa que se los trata como esclavos. En la actualidad, los demonios han hecho caso omiso de esas disposiciones, y ellos creen que a las mujeres se les debe dar tanta libertad como a los hombres. Sin embargo, eso no ha mejorado la condición social del mundo. En realidad, a la mujer se le debe dar protección en cada etapa de la vida. Durante la infancia la debe proteger el padre, durante la juventud, el esposo, y durante la vejez, sus hijos mayores. Según *El Manu-saṁhitā*, ése es el comportamiento social idóneo. Pero la educación moderna ha ideado artificialmente un concepto engreído de vida femenina, a raíz de lo cual en la sociedad humana de hoy en día el matrimonio es prácticamente una imaginación. Y la condición moral de la mujer tampoco es muy buena en la actualidad. Por lo tanto, los demonios no aceptan ninguna instrucción que sea buena para la sociedad, y como ellos no se guían por la experiencia de grandes sabios ni siguen las reglas y regulaciones establecidas por los sabios, la condición social de la gente demoníaca es muy desdichada.

TEXTO 8

असत्यमप्रतिष्ठं ते जगदाहुरनीश्वरम् ।
अपरस्परसंभूतं किमन्यत्कामहैतुकम् ॥८॥

asatyam apratiṣṭhaṁ te
jagad āhur anīśvaram
aparaspara-sambhūtaṁ
kim anyat kāma-haitukam

asatyam—irreal; *apratiṣṭham*—sin fundamento; *te*—ellos; *jagat*—la manifestación cósmica; *āhuḥ*—dicen; *anīśvaram*—sin un controlador; *aparaspara*—sin causa; *sambhūtam*—originado; *kim anyat*—no hay otra causa; *kāma-haitukam*—se debe únicamente a la lujuria.

TRADUCCIÓN

Ellos dicen que este mundo es irreal, y que no tiene ningún fundamento, ningún Dios que lo controle. Ellos dicen que se produce del deseo sexual, y que no tiene otra causa más que la lujuria.

SIGNIFICADO

La gente demoníaca concluye que el mundo es una fantasmagoría. No hay causa y efecto, no hay controlador, no hay finalidad: todo es irreal. Ellos dicen que esta manifestación cósmica aparece por acciones y reacciones materiales casuales. Ellos no creen que el mundo fue creado por Dios con un cierto propósito. Ellos tienen su propia teoría: que el mundo ha aparecido por sí solo y que no hay razón para creer que hay un Dios tras él. Para ellos no hay diferencia entre el espíritu y la materia, y ellos no aceptan al Espíritu Supremo. Todo es sólo materia, y se supone que todo el cosmos es una masa de ignorancia. Según ellos, todo es un vacío, y cualquier manifestación que exista se debe a la ignorancia de nuestra percepción. Ellos dan por sentado que toda manifestación de variedad es una manifestación de la ignorancia. Así como en un sueño creamos muchísimas cosas que de hecho no existen, así mismo cuando despertemos veremos que todo es sólo un sueño. Pero, en realidad, aunque los demonios dicen que la vida es un sueño, ellos son muy expertos en disfrutar de ese sueño. Y, así pues, en vez de adquirir conocimiento, se involucran cada vez más en su mundo de ensueños. Ellos concluyen que así como un niño es simplemente el resultado de la relación sexual que hay entre el hombre y la mujer, así mismo este mundo nace sin alma alguna. Para ellos, a las entidades vivientes sólo las ha producido una combinación de materia, y no hay ninguna posibilidad de la existencia del alma. Así como de la transpiración y de un cuerpo muerto surgen sin ninguna causa muchas criaturas vivas, todo el mundo viviente ha salido de las combinaciones materiales de la manifestación cósmica. Por consiguiente, la naturaleza material es la causa de esta manifestación, y no hay ninguna otra causa. Ellos no creen en las palabras de Kṛṣṇa que se encuentran en *El Bhagavad-gītā*: *mayādhyakṣeṇa prakṛtiḥ sūyate sa-carācaram*. ''Todo el mundo material se mueve bajo Mi dirección''. En otras palabras, entre los demonios no existe conocimiento perfecto acerca de la creación de este mundo; cada uno de ellos tiene su propia teoría en particular. De acuerdo con ellos, una interpretación de las Escrituras es tan buena como cualquier otra, ya que ellos no creen en una pauta para la comprensión de las disposiciones de las Escrituras.

TEXTO 9

एतां दृष्टिमवष्टभ्य नष्टात्मानोऽल्पबुद्धयः ।
प्रभवन्त्युग्रकर्माणः क्षयाय जगतोऽहिताः ॥ ९ ॥

etāṁ dṛṣṭim avaṣṭabhya
naṣṭātmāno 'lpa-buddhayaḥ
prabhavanty ugra-karmāṇaḥ
kṣayāya jagato 'hitāḥ

etām—esta; *dṛṣṭim*—visión; *avaṣṭabhya*—aceptando; *naṣṭa*—habiendo perdido; *ātmānaḥ*—a sí mismos; *alpa-buddhayaḥ*—los poco inteligentes; *prabhavanti*—prosperan; *ugra-karmāṇaḥ*—dedicados a actividades que causan aflicción; *kṣayāya*—para la destrucción; *jagataḥ*—del mundo; *ahitāḥ*—perjudicial.

TRADUCCIÓN

Siguiendo esas conclusiones, la gente demoníaca, que está perdida y que no tiene inteligencia, se dedica a obras perjudiciales y horribles destinadas a destruir el mundo.

SIGNIFICADO

La gente demoníaca está dedicada a actividades que llevarán al mundo a la destrucción. El Señor dice aquí que ellos son poco inteligentes. Los materialistas, quienes no tienen ningún concepto de Dios, creen que están progresando. Pero, según *El Bhagavad-gītā*, ellos no son inteligentes y están desprovistos de todo buen juicio. Ellos tratan de disfrutar de este mundo material al máximo y, en consecuencia, siempre se dedican a inventar algo para el goce de los sentidos. Esos inventos materialistas se considera que son un adelanto de la civilización humana, pero el resultado de ellos es que la gente se vuelve cada vez más violenta y cada vez más cruel, cruel con los animales y cruel con los demás seres humanos. Ellos no tienen idea de cómo comportarse entre sí. La matanza de animales es muy notoria entre la gente demoníaca. Esa gente se considera que es enemiga del mundo, porque en fin de cuentas va a inventar o crear algo que lo destruirá todo. De un modo indirecto, este verso predice la invención de las armas nucleares, de las cuales el mundo entero está hoy en día muy orgulloso. En cualquier momento puede estallar la guerra, y esas armas atómicas van a causar estragos. Cosas como ésas sólo se crean para la destrucción del mundo, y eso es lo que se indica aquí. Esas armas se inventan en la sociedad humana debido al ateísmo; esas armas no son para la paz y la prosperidad del mundo.

TEXTO 10

काममाश्रित्य दुष्पूरं दम्भमानमदान्विताः ।
मोहाद्गृहीत्वासद्ग्राहान्प्रवर्तन्तेऽशुचिव्रताः ॥१०॥

kāmam āśritya duṣpūraṁ
dambha-māna-madānvitāḥ
mohād gṛhītvāsad-grāhān
pravartante 'śuci-vratāḥ

kāmam—lujuria; *āśritya*—refugiándose en; *duṣpūram*—insaciable; *dambha*—orgullo; *māna*—y prestigio falso; *mada-anvitāḥ*—absorto en el engreimiento de;

mohāt—por la ilusión; *gṛhītvā*—tomando; *asat*—no permanentes; *grāhān*—cosas; *pravartante*—prosperan; *aśuci*—a lo sucio; *vratāḥ*—decididos.

TRADUCCIÓN

Refugiándose en una lujuria insaciable y absortos en la vanidad del orgullo y el prestigio falso, la gente demoníaca, engañada de ese modo, siempre está entregada a trabajos sucios, atraída por lo temporal.

SIGNIFICADO

Aquí se describe la mentalidad demoníaca. La lujuria de los demonios no se sacia. Ellos seguirán aumentando cada vez más sus insaciables deseos de disfrute material. Aunque ellos siempre están llenos de ansiedades por depender de cosas temporales, aun así continúan dedicados a esas actividades debido a la ilusión. Ellos carecen de conocimiento y no pueden darse cuenta de que siguen un camino equivocado. Basándose en cosas temporales, esa gente demoníaca crea su propio Dios, y crea sus propios himnos y los canta según le convenga. El resultado de ello es que cada vez se ven más atraídos a dos cosas: al disfrute sexual y a la acumulación de riqueza material. La palabra *aśuci-vratāḥ*, votos sucios, es muy significativa en relación con esto. A esa gente demoníaca sólo la atraen el vino, las mujeres, las apuestas y el comer carne; ésos son sus *aśuci*, sus hábitos sucios. Llevados por el orgullo y el prestigio falso, ellos crean algunos principios religiosos que las disposiciones védicas no aprueban. Aunque esa gente demoníaca es de lo más abominable que hay en el mundo, no obstante, por medios artificiales, el mundo crea un falso honor para ellos. Aunque ellos se están deslizando hacia el infierno, se creen muy adelantados.

TEXTOS 11-12

चिन्तामपरिमेयां च प्रलयान्तामुपाश्रिताः ।
कामोपभोगपरमा एतावदिति निश्चिताः ॥११॥
आशापाशशतैर्बद्धाः कामक्रोधपरायणाः ।
ईहन्ते कामभोगार्थमन्यायेनार्थसंचयान् ॥१२॥

cintām aparimeyāṁ ca
pralayāntām upāṣritāḥ
kāmopabhoga-paramā
etāvad iti niścitāḥ

āśā-pāśa-śatair baddhāḥ
kāma-krodha-parāyaṇāḥ

īhante kāma-bhogārtham
anyāyenārtha-sañcayān

cintām—temores y ansiedades; *aparimeyām*—inconmensurable; *ca*—y; *pralaya-antām*—hasta la hora de la muerte; *upāśritāḥ*—habiéndose refugiado en; *kāma-upabhoga*—el goce de los sentidos; *paramāḥ*—la meta más elevada de la vida; *etāvat*—así; *iti*—de esta forma; *niścitāḥ*—determinan; *āśā-pāśa*—enredos en una red de esperanzas; *śataiḥ*—por cientos; *baddhāḥ*—estando atados; *kāma*—de la lujuria; *krodha*—y la ira; *parāyaṇāḥ*—siempre fijos en la mentalidad; *īhante*—desean; *kāma*—lujuria; *bhoga*—disfrute de los sentidos; *artham*—con el propósito de; *anyāyena*—ilegalmente; *artha*—de riqueza; *sañcayān*—acumulación.

TRADUCCIÓN

Ellos creen que satisfacer los sentidos es la necesidad fundamental de la civilización humana. Así pues, hasta el final de la vida, su ansiedad es inconmensurable. Atados por una red de cientos de miles de deseos y absortos en la lujuria y la ira, ellos consiguen dinero por medios ilícitos, para complacer los sentidos.

SIGNIFICADO

La gente demoníaca acepta que el disfrute de los sentidos es la meta última de la vida, y ellos mantienen ese concepto hasta la muerte. Ellos no creen en la vida después de la muerte, y no creen que uno adopta diferentes tipos de cuerpos según su *karma*, o las actividades que realiza en este mundo. Los planes que ellos tienen en la vida nunca se acaban, y ellos continúan preparando un plan tras otro, todos los cuales nunca se terminan. Nosotros tuvimos una experiencia personal con alguien que tenía esa mentalidad demoníaca, y quien, incluso a la hora de la muerte, le estaba pidiendo al médico que le prolongara la vida por cuatro años más, porque todavía no había completado sus planes. Esa gente necia no sabe que un médico no puede prolongar la vida ni siquiera por un momento. Cuando a un hombre le llega su hora, no se toma en consideración lo que él desee. Las leyes de la naturaleza no le permiten a uno disfrutar ni un segundo más que lo que tiene destinado.

La persona demoníaca, quien no tiene fe en Dios ni en la Superalma que está dentro de sí, realiza toda clase de actividades pecaminosas simplemente para complacer los sentidos. Ella no sabe que en su corazón hay un testigo. La Superalma está observando las actividades del alma individual. Tal como se afirma en los *Upaniṣads*, hay dos pájaros sentados en un árbol: uno de ellos está actuando y disfrutando o sufriendo con los frutos de las ramas, y el otro lo está presenciando. Pero aquel que es demoníaco no sabe nada de las Escrituras védicas, ni tiene ninguna fe; por consiguiente, él se siente libre de hacer cualquier cosa para el goce de los sentidos, sean cuales fueren las consecuencias.

TEXTOS 13–15

इदमद्य मया लब्धमिमं प्राप्स्ये मनोरथम् ।
इदमस्तीदमपि मे भविष्यति पुनर्धनम् ॥१३॥
असौ मया हतः शत्रुर्हनिष्ये चापरानपि ।
ईश्वरोऽहमहं भोगी सिद्धोऽहं बलवान्सुखी ॥१४॥
आढ्योऽभिजनवानस्मि कोऽन्योऽस्ति सदृशो मया ।
यक्ष्ये दास्यामि मोदिष्य इत्यज्ञानविमोहिताः ॥१५॥

idam adya mayā labdham
imaṁ prāpsye manoratham
idam astīdam api me
bhaviṣyati punar dhanam

asau mayā hataḥ śatrur
haniṣye cāparān api
īśvaro 'ham ahaṁ bhogī
siddho 'haṁ balavān sukhī

āḍhyo 'bhijanavān asmi
ko 'nyo 'sti sadṛśo mayā
yakṣye dāsyāmi modiṣya
ity ajñāna-vimohitāḥ

idam—esto; *adya*—hoy; *mayā*—por mí; *labdham*—ganado; *imam*—esto; *prāpsye*—ganaré; *manaḥ-ratham*—de acuerdo con mis deseos; *idam*—esto; *asti*—hay; *idam*—esto; *api*—también; *me*—mi; *bhaviṣyati*—aumentará en el futuro; *punaḥ*—otra vez; *dhanam*—riqueza; *asau*—eso; *mayā*—por mí; *hataḥ*—ha sido matado; *śatruḥ*—enemigo; *haniṣye*—mataré; *ca*—también; *aparān*—otros; *api*—ciertamente; *īśvaraḥ*—el señor; *aham*—yo soy; *aham*—yo soy; *bhogī*—el disfrutador; *siddhaḥ*—perfecto; *aham*—yo soy; *bala-vān*—poderoso; *sukhī*—feliz; *āḍhyaḥ*—rico; *abhijana-vān*—rodeado de parientes aristócratas; *asmi*—yo soy; *kaḥ*—quién; *anyaḥ*—otro; *asti*—hay; *sadṛśaḥ*—como; *mayā*—yo; *yakṣye*—sacrificaré; *dāsyāmi*—daré caridad; *modiṣye*—me regocijaré; *iti*—así; *ajñāna*—por la ignorancia; *vimohitāḥ*—engañados.

TRADUCCIÓN

La persona demoníaca piensa: ''Hoy tengo toda esta riqueza, y ganaré más siguiendo mis ardides. Todo esto es mío ahora, y en el futuro irá aumen-

tando cada vez más. Aquél era mi enemigo y lo he matado, y mis otros enemigos también serán matados. Yo soy el señor de todo. Yo soy el disfrutador. Yo soy perfecto, poderoso y feliz. Yo soy el hombre más rico que existe, y estoy rodeado de parientes aristócratas. No hay nadie que sea tan poderoso y feliz como yo. Voy a celebrar algunos sacrificios, dar algo de caridad, y así me regocijaré''. De esa manera, a esa clase de personas las engaña la ignorancia.

TEXTO 16

अनेकचित्तविभ्रान्ता मोहजालसमावृताः ।
प्रसक्ताः कामभोगेषु पतन्ति नरकेऽशुचौ ॥१६॥

aneka-citta-vibhrāntā
moha-jāla-samāvṛtāḥ
prasaktāḥ kāma-bhogeṣu
patanti narake 'sucau

aneka—numerosas; *citta*—por ansiedades; *vibhrāntāḥ*—perplejos; *moha*—de ilusiones; *jāla*—por una red; *samāvṛtāḥ*—rodeados; *prasaktāḥ*—apegados; *kāma-bhogeṣu*—al goce de los sentidos; *patanti*—se deslizan; *narake*—al infierno; *aśucau*—impuro.

TRADUCCIÓN

Perplejos así por diversas ansiedades y atados por una red de ilusiones, ellos se apegan demasiado al disfrute de los sentidos y caen en el infierno.

SIGNIFICADO

El hombre demoníaco no le ve límites a su deseo de adquirir dinero. Ese deseo es ilimitado. Él sólo piensa en cuánto capital tiene en el momento, y elabora planes para poner a producir esa riqueza cada vez más. Por esa razón, él no vacila en actuar de cualquier manera pecaminosa, y, en consecuencia, trafica en el mercado negro en aras de un goce ilícito. Él está enamorado de las posesiones que ya tiene, tales como la tierra, la familia, la casa y el saldo bancario, y siempre está haciendo planes para mejorarlas. Él cree en su propia fuerza, y no sabe que todo lo que gana se debe a sus buenas acciones pasadas. A él se le da la oportunidad de acumular esas cosas, pero él no tiene ningún concepto acerca de las causas pasadas. Él tan sólo piensa que toda su riqueza se debe a su propio esfuerzo. La persona demoníaca cree en la fuerza de su trabajo personal, no en la ley del *karma*. Según la ley del *karma*, un hombre nace en una familia de clase alta, o se vuelve rico, o muy bien preparado, o muy atractivo, debido a un buen trabajo realizado en el pasado. La persona demoníaca cree que todas esas cosas son accidentales y se deben a la fuerza de su habilidad personal. Ella no percibe que exista ninguna disposición tras todas las variedades de personas, belleza y educación que hay. Todo el que se ponga a competir con esa clase de hombre demoníaco, es enemigo de él. Hay mucha gente demoníaca, y cada uno de ellos es enemigo de los demás. Esa enemistad se vuelve cada vez más profunda: entre personas, luego entre familias, luego entre sociedades, y, finalmente, entre naciones. Por eso hay una constante contienda, guerra y enemistad por todas partes del mundo.

Cada persona demoníaca cree que puede vivir a costa de todos los demás. Por lo general, la persona demoníaca piensa de sí misma que es el Dios Supremo, y un predicador demoníaco les dice a sus seguidores: "¿Por qué están buscando a Dios en otra parte? ¡Todos ustedes son Dios! Pueden hacer todo lo que gusten. No crean en Dios. Desechen a Dios. Dios está muerto". Eso es lo que predican los seres demoníacos.

Aunque la persona demoníaca ve que hay otras personas igual de ricas e influyentes que ella o aun más, no obstante piensa que no hay nadie que sea más rico ni más influyente que ella. En lo que concierne a la promoción al sistema planetario superior, ella no cree en la ejecución de *yajñas*, o sacrificios. Los demonios piensan que van a crear su propio proceso de *yajña* y preparar una máquina con la cual serán capaces de ir a cualquier planeta superior. El mejor ejemplo de esa clase de hombre demoníaco lo fue Rāvaṇa. Él le ofreció a la gente un programa por el cual construiría una escalera para que cualquiera pudiera ir a los planetas celestiales sin realizar sacrificios, tales como los que se prescriben en los *Vedas*. De igual modo, en la era actual esos hombres demoníacos se están esforzando por llegar a los sistemas planetarios superiores mediante dispositivos mecánicos. Ésos son ejemplos de confusión. El resultado de ello es que, sin saberlo, se están deslizando hacia el infierno. Aquí, la palabra sánscrita *moha-jāla* es muy significativa. *Jāla* significa "red"; al igual que peces atrapados en una red, ellos no tienen ninguna manera de salirse.

TEXTO 17

आत्मसंभाविताः स्तब्धा धनमानमदान्विताः।
यजन्ते नामयज्ञैस्ते दम्भेनाविधिपूर्वकम् ॥ १७ ॥

ātma-sambhāvitāḥ stabdhā
dhana-māna-madānvitāḥ
yajante nāma-yajñais te
dambhenāvidhi-pūrvakam

ātma-sambhāvitāḥ—satisfechos de sí mismos; *stabdhāḥ*—impudentes; *dhana-māna*—riqueza y prestigio falso; *mada*—bajo el engaño; *anvitāḥ*—absortos; *yajante*—ejecutan sacrificios; *nāma*—de nombre únicamente; *yajñaiḥ*—con sacrificios; *te*—ellos; *dambhena*—debido al orgullo; *avidhi-pūrvakam*—sin seguir ninguna regulación disciplinaria.

TRADUCCIÓN

Creídos de sí mismos y siempre impudentes, engañados por la riqueza y el prestigio falso, a veces ellos ejecutan sacrificios orgullosamente y sólo de nombre, sin seguir ninguna regla ni regulación.

SIGNIFICADO

Creyéndose lo máximo que existe, no importándoles ninguna autoridad ni Escritura, las personas demoníacas celebran a veces supuestos sacrificios o ritos religiosos. Y como ellos no creen en la autoridad, son muy impudentes. Esto se debe a la ilusión provocada por la acumulación de un poco de riqueza y prestigio falso. En ocasiones, esos demonios asumen el papel de predicadores, desencaminan a la gente y llegan a ser conocidos como reformadores religiosos o encarnaciones de Dios. Ellos hacen un espectáculo de ejecución de sacrificios, o adoran a los semidioses, o crean su propio Dios. Los hombres comunes los anuncian como Dios y los adoran, y los necios los consideran adelantados en los principios religiosos, o en los principios del conocimiento espiritual. Ellos adoptan el traje de la orden de vida de renuncia y se dedican a toda clase de tonterías con esa ropa. En verdad, para alguien que ha renunciado a este mundo hay muchísimas restricciones. A los demonios, sin embargo, no les importan esas restricciones. Ellos piensan que cualquier senda que uno pueda crear es su propia senda; no existe una senda oficial que haya que seguir, ni nada por el estilo. Aquí se hace especial hincapié en la palabra *avidhi-pūrvakam*, que significa "desdén por las reglas y regulaciones". Esas cosas siempre se deben a la ignorancia y la ilusión.

TEXTO 18

अहङ्कारं बलं दर्पं कामं क्रोधं च संश्रिताः ।
मामात्मपरदेहेषु प्रद्विषन्तोऽभ्यसूयकाः ॥ १८ ॥

ahaṅkāraṁ balaṁ darpaṁ
kāmaṁ krodhaṁ ca saṁśritāḥ
māṁ ātma-para-deheṣu
pradviṣanto 'bhyasūyakāḥ

ahaṅkāram—ego falso; *balam*—fuerza; *darpam*—orgullo; *kāmam*—lujuria; *krodham*—ira; *ca*—también; *saṁśritāḥ*—habiéndose refugiado en; *mām*—Mí; *ātma*—en su propio; *para*—y en otros; *deheṣu*—cuerpos; *pradviṣantaḥ*—blasfemando; *abhyasūyakāḥ*—envidiosos.

TRADUCCIÓN

Confundidos por el ego falso, la fuerza, el orgullo, la lujuria y la ira, los demonios se vuelven envidiosos de la Suprema Personalidad de Dios, quien está situado en el cuerpo de ellos y en los cuerpos de los demás, y blasfeman contra la religión verdadera.

SIGNIFICADO

Como una persona demoníaca siempre está en contra de la supremacía de Dios, a ella no le gusta creer en las Escrituras. Ella envidia tanto a las Escrituras como la existencia de la Suprema Personalidad de Dios. Eso se debe a su llamado prestigio y a su cúmulo de riqueza y poder. Ella no sabe que la vida actual es una preparación para la siguiente vida. Ignorando esto, de hecho se envidia a sí misma, así como también a los demás. Ella perpetra actos de violencia en otros cuerpos y en el suyo propio. A ella no le importa el control supremo de la Personalidad de Dios, porque carece de conocimiento. Como envidia a las Escrituras y a la Suprema Personalidad de Dios, expone falsos argumentos contra la existencia de Dios y niega la autoridad de las Escrituras. Ella se cree independiente y poderosa en todas las acciones. Ella cree que como nadie puede igualarla en fuerza, poder o riqueza, puede actuar de cualquier manera y nadie puede detenerla. Si tiene un enemigo que pudiera impedir el progreso de las actividades de sus sentidos, hace planes para derribarlo con su propio poder.

TEXTO 19

तानहं द्विषतः क्रूरान्संसारेषु नराधमान् ।
क्षिपाम्यजस्रमशुभानासुरीष्वेव योनिषु ॥१९॥

tān ahaṁ dviṣataḥ krūrān
saṁsāreṣu narādhamān
kṣipāmy ajasram aśubhān
āsurīṣv eva yoniṣu

tān—aquellos; *aham*—Yo; *dviṣataḥ*—envidiosos; *krūrān*—malévolos; *saṁsāreṣu*—en el océano de la existencia material; *nara-adhamān*—los más bajos de la humanidad; *kṣipāmi*—pongo; *ajasram*—para siempre; *aśubhān*—poco propicio; *āsurīṣu*—demoníacas; *eva*—ciertamente; *yoniṣu*—en los vientres.

TRADUCCIÓN

A aquellos que son envidiosos y malvados, que son los hombres más bajos de todos, Yo los lanzo perpetuamente al océano de la existencia material, en varias especies de vida demoníaca.

SIGNIFICADO

En este verso se indica claramente que, la colocación de una determinada alma individual en un determinado cuerpo, es una prerrogativa de la voluntad suprema. Puede que la persona demoníaca no esté de acuerdo en aceptar la supremacía del Señor, y es un hecho que puede que actúe según sus caprichos, pero su siguiente nacimiento dependerá de la decisión de la Suprema Personalidad de Dios, y no de sí misma. En *El Śrīmad-Bhāgavatam*, Tercer Canto, se dice que un alma individual, después de morir, es puesta en el vientre de quien va a ser su siguiente madre, en donde adquiere un determinado tipo de cuerpo bajo la supervisión de un poder superior. Por eso en la existencia material encontramos muchísimas especies de vida: animales, insectos, hombres, etc. Todas las dispone el poder superior. Ellas no son accidentales. En cuanto a los seres demoníacos, aquí se dice muy claro que a ellos se los pone perpetuamente en los vientres de demonios, y de esa manera continúan siendo envidiosos y lo más bajo de la humanidad. Esas especies de vida demoníaca se considera que siempre están llenas de lujuria, y que siempre son violentas, rencorosas y sucias. Las muchas clases de cazadores que hay en la jungla, se dice que pertenecen a las especies de vida demoníaca.

TEXTO 20

आसुरीं योनिमापन्ना मूढा जन्मनिजन्मनि ।
मामप्राप्यैव कौन्तेय ततो यान्त्यधमां गतिम्॥२०॥

āsurīṁ yonim āpannā
mūḍhā janmani janmani
mām aprāpyaiva kaunteya
tato yānty adhamāṁ gatim

āsurīm—demoníacas; *yonim*—especies; *āpannāḥ*—alcanzando; *mūḍhāḥ*—los necios; *janmani janmani*—en nacimiento tras nacimiento; *mām*—a Mí; *aprāpya*—sin llegar; *eva*—ciertamente; *kaunteya*—¡oh, hijo de Kuntī!; *tataḥ*—de ahí en adelante; *yānti*—van; *adhamām*—condenado; *gatim*—destino.

TRADUCCIÓN

Naciendo repetidamente entre las especies de vida demoníaca, ¡oh, hijo de Kuntī!, esas personas nunca pueden acercarse a Mí. Gradualmente, ellas se van sumergiendo en los tipos de existencia más abominables que existen.

SIGNIFICADO

Se sabe que Dios es supremamente misericordioso, pero aquí vemos que Dios nunca es misericordioso con los seres demoníacos. Se afirma claramente que la gente demoníaca, vida tras vida, es puesta en los vientres de demonios como ellos, y, no consiguiendo la misericordia del Señor Supremo, descienden cada vez más, de modo que, por último, adquieren cuerpos tales como los de los perros, los gatos y los cerdos. Aquí se dice bien claro que esos demonios prácticamente no tienen ninguna oportunidad de recibir la misericordia de Dios en ninguna etapa posterior de la vida. En los *Vedas* también se declara que esas personas se hunden de a poco hasta volverse perros y cerdos. Podría entonces argüirse en relación con eso, que, a Dios no se lo debe anunciar como supremamente misericordioso, si Él no es misericordioso con esos demonios. En respuesta a esto, en *El Vedānta-sūtra* encontramos la declaración de que el Señor Supremo no siente odio por nadie. La colocación de los *asuras*, los demonios, en el estado más bajo de la vida, es simplemente otro aspecto de su misericordia. A veces, los *asuras* son matados por el Señor Supremo, pero esa muerte también es buena para ellos, porque la literatura védica nos informa que todo el que es matado por el Señor Supremo, se libera. En la historia hay ejemplos de muchos *asuras* —Rāvaṇa, Kaṁsa, Hiraṇyakaśipu— a quienes el Señor se les apareció en diversas encarnaciones sólo para matarlos. Por lo tanto, la misericordia de Dios se les confiere a los *asuras*, si éstos son lo suficientemente afortunados como para ser matados por Él.

TEXTO 21

त्रिविधं नरकस्येदं द्वारं नाशनमात्मनः ।
कामः क्रोधस्तथा लोभस्तस्मादेतत्त्रयं त्यजेत् ॥ २१ ॥

tri-vidhaṁ narakasyedaṁ
dvāraṁ nāśanam ātmanaḥ
kāmaḥ krodhas tathā lobhas
tasmād etat trayaṁ tyajet

tri-vidham—de tres clases; *narakasya*—de infierno; *idam*—este; *dvāram*—puerta; *nāśanam*—destructivas; *ātmanaḥ*—del ser; *kāmaḥ*—lujuria; *krodhaḥ*—ira; *tathā*—así como; *lobhaḥ*—codicia; *tasmāt*—por lo tanto; *etat*—estas; *trayam*—tres; *tyajet*—debes abandonar.

TRADUCCIÓN

Hay tres puertas que conducen a ese infierno: la lujuria, la ira y la codicia. Todo hombre cuerdo debe abandonarlas, pues ellas llevan a la degradación del alma.

SIGNIFICADO

Aquí se describe el comienzo de la vida demoníaca. Uno trata de satisfacer su lujuria, y cuando no puede hacerlo, surgen la ira y la codicia. Un hombre cuerdo que no quiere deslizarse hacia las especies de vida demoníaca, debe tratar de abandonar esos tres enemigos, los cuales pueden matar el ser hasta tal punto, que no haya posibilidad de liberarse de este enredo material.

TEXTO 22

एतैर्विमुक्तः कौन्तेय तमोद्वारैस्त्रिभिर्नरः ।
आचरत्यात्मनः श्रेयस्ततो याति परां गतिम् ॥२२॥

etair vimuktaḥ kaunteya
tamo-dvārais tribhir naraḥ
ācaraty ātmanaḥ śreyas
tato yāti parāṁ gatim

etaiḥ—de éstas; *vimuktaḥ*—siendo liberado; *kaunteya*—¡oh, hijo de Kuntī!; *tamaḥ-dvāraiḥ*—de las puertas de la ignorancia; *tribhiḥ*—de tres tipos; *naraḥ*—una persona; *ācarati*—ejecuta; *ātmanaḥ*—para el ser; *śreyaḥ*—bendición; *tataḥ*—de ahí en adelante; *yāti*—va; *parām*—al supremo; *gatim*—destino.

TRADUCCIÓN

El hombre que se ha escapado de esas tres puertas del infierno, ¡oh, hijo de Kuntī!, ejecuta actos que conducen hacia la autorrealización, y de ese modo alcanza gradualmente el destino supremo.

SIGNIFICADO

Uno debe cuidarse mucho de esos tres enemigos de la vida humana: la lujuria, la ira y la codicia. Cuanto más una persona esté libre de la lujuria, la ira y la codicia, más se purifica su existencia. De ese modo, ella puede seguir las reglas y regulaciones que se estipulan en la literatura védica. Por el hecho de seguir los principios regulativos de la vida humana, uno se eleva gradualmente hasta el plano de la comprensión espiritual. Si uno es tan afortunado que, mediante esa práctica, se eleva hasta el plano de conciencia de Kṛṣṇa, entonces tiene el éxito garantizado. En la literatura védica se prescriben los caminos de la acción y la reacción que le permiten a uno llegar a la etapa de la purificación. Todo el método se basa en abandonar la lujuria, la codicia y la ira. Mediante el cultivo del conocimiento de este proceso, uno puede elevarse a la máxima posición de la autorrealización; esa autorrealización se perfecciona en el servicio devocional. En ese servicio devocional, la liberación del alma condicionada está garantizada. Por lo tanto, según el sistema védico, se han instituido las cuatro órdenes y los cuatro estados de la vida, que se conocen como el sistema de castas y el sistema del orden espiritual. Existen diferentes reglas y regulaciones para las diferentes castas o divisiones de la sociedad, y si una persona es capaz de seguirlas, ascenderá automáticamente hasta el plano más elevado de la comprensión espiritual. En ese momento, ella podrá liberarse sin duda alguna.

TEXTO 23

यः शास्त्रविधिमुत्सृज्य वर्तते कामकारतः ।
न स सिद्धिमवाप्नोति न सुखं न परां गतिम् ॥२३॥

yaḥ śāstra-vidhim utsṛjya
vartate kāma-kārataḥ
na sa siddhim avāpnoti
na sukhaṁ na parāṁ gatim

yaḥ—cualquiera que; *śāstra-vidhim*—las regulaciones de las Escrituras; *utsṛjya*—abandonando; *vartate*—permanece; *kāma-kārataḥ*—actuando caprichosamente con lujuria; *na*—nunca; *saḥ*—él; *siddhim*—perfección; *avāpnoti*—alcanza; *na*—nunca; *sukham*—felicidad; *na*—nunca; *parām*—el supremo; *gatim*—estado de la perfección.

TRADUCCIÓN

Aquel que hace a un lado las disposiciones de las Escrituras y actúa según sus propios caprichos, no consigue ni la perfección, ni la felicidad, ni el destino supremo.

SIGNIFICADO

Como se describió antes, el *śāstra-vidhim*, o la guía del *śāstra*, se les da a las diferentes castas y órdenes de la sociedad humana. Se espera que todo el mundo siga esas reglas y regulaciones. Si uno no las sigue y actúa caprichosamente llevado por su lujuria, codicia y deseo, entonces nunca será perfecto en su vida. En otras palabras, puede que un hombre conozca teóricamente todas estas cosas, pero si no las aplica en su propia vida, entonces se lo debe conocer como lo más bajo de la humanidad. En la forma de vida humana, se espera que la entidad viviente sea cuerda y siga las regulaciones que se dan para que eleve su vida al plano más elevado de todos, pero si no las sigue, entonces se degrada. Sin embargo, incluso si sigue las reglas, las regulaciones y los principios morales y al final no llega a la etapa en la que se entiende al Señor Supremo, entonces todo su conocimiento se malogra. E incluso si acepta la existencia de Dios, si no se dedica al servicio del Señor, sus esfuerzos se malogran. Por consiguiente, uno debe ascender de a poco hasta el plano de conciencia de Kṛṣṇa y del servicio devocional; es en ese preciso momento cuando uno puede llegar a la etapa más elevada y perfecta de todas, y de ninguna otra manera.

La palabra *kāma-kārataḥ* es muy significativa. Una persona que viola las reglas conscientemente, actúa llevada por la lujuria. Ella sabe que está prohibido, pero aun así lo hace. Eso se denomina actuar caprichosamente. Ella sabe lo que se debe hacer, pero aun así no lo hace; por consiguiente, se dice que es caprichosa. Esa clase de personas están destinadas a ser condenadas por el Señor Supremo. Esas personas no pueden conseguir la perfección que le corresponde a la vida humana. La vida humana está hecha especialmente para purificar la existencia de uno, y aquel que no sigue las reglas y regulaciones no puede purificarse, ni tampoco puede alcanzar la verdadera etapa de la felicidad.

TEXTO 24

तस्माच्छास्त्रं प्रमाणं ते कार्याकार्यव्यवस्थितौ ।
ज्ञात्वा शास्त्रविधानोक्तं कर्म कर्तुमिहार्हसि ॥ २४ ॥

tasmāc chāstraṁ pramāṇaṁ te
kāryākārya-vyavasthitau
jñātvā śāstra-vidhānoktaṁ
karma kartum ihārhasi

tasmāt—por lo tanto; *śāstram*—las Escrituras; *pramāṇam*—prueba; *te*—tu; *kārya*—deber; *akārya*—y actividades prohibidas; *vyavasthitau*—en determinar; *jñātvā*—conociendo; *śāstra*—de las Escrituras; *vidhāna*—las regulaciones; *uktam*—tal como lo declaran; *karma*—obras; *kartum*—hacer; *iha*—en este mundo; *arhasi*—debes.

TRADUCCIÓN

Así pues, mediante las regulaciones de las Escrituras, se debe entender lo que es el deber y lo que no lo es. Después de conocer esas reglas y regulaciones, se debe actuar de una manera en que uno se vaya elevando gradualmente.

SIGNIFICADO

Como se afirma en el Decimoquinto Capítulo, todas las reglas y regulaciones de los *Vedas* están hechas para conocer a Kṛṣṇa. Si uno entiende a Kṛṣṇa con *El Bhagavad-gītā* y se sitúa en el plano de conciencia de Kṛṣṇa, dedicándose al servicio devocional, ha alcanzado la máxima perfección del conocimiento que ofrece la literatura védica. El Señor Caitanya Mahāprabhu hizo que este proceso fuera muy sencillo: Él tan sólo le pedía a la gente que cantara Hare Kṛṣṇa, Hare Kṛṣṇa, Kṛṣṇa Kṛṣṇa, Hare Hare/ Hare Rāma, Hare Rāma, Rāma Rāma, Hare

Hare, que se dedicara al servicio devocional del Señor y que comiera remanentes de comida ofrecida a la Deidad. Aquel que se dedica directamente a todas esas actividades devocionales, se considera que ha estudiado toda la literatura védica. Él ha llegado a la conclusión de un modo perfecto. Claro que, en el caso de las personas ordinarias que no están en el plano de conciencia de Kṛṣṇa o que no se dedican al servicio devocional, lo que se debe hacer y lo que no se debe hacer lo tienen que decidir las disposiciones de los *Vedas*. Uno debe actuar de conformidad con ello, sin objetar. Eso se llama seguir los principios de los *śāstras*, o las Escrituras. Los *śāstras* no tienen los cuatro defectos principales que se ven en el alma condicionada: sentidos imperfectos, la propensión a engañar, la certeza de cometer errores y la certeza de estar engañado. Esos cuatro defectos principales de la vida condicionada lo incapacitan a uno para formular reglas y regulaciones. Por consiguiente, las reglas y regulaciones tal como se exponen en los *śāstras* —puesto que están por encima de esos defectos—, las aceptan sin alteración todos los grandes santos, los *ācāryas* y las grandes almas.

En la India hay muchos grupos en el campo de la comprensión espiritual, y todos ellos por lo general se clasifican en dos: el impersonalista y el personalista. Ambos grupos, sin embargo, conducen su vida de conformidad con los principios de los *Vedas*. Sin seguir los principios de las Escrituras, uno no puede elevarse a la etapa de la perfección. Por lo tanto, aquel que entiende de hecho la esencia de los *śāstras*, se considera que es afortunado.

En la sociedad humana, la aversión a los principios que llevan a comprender a la Suprema Personalidad de Dios, es la causa de todas las caídas. Ésa es la ofensa más grande de la vida humana. En consecuencia, *māyā*, la energía material de la Suprema Personalidad de Dios, siempre nos está dando problemas en la forma de las tres clases de sufrimientos. Esta energía material está constituida por las tres modalidades de la naturaleza material. Uno tiene que elevarse al menos hasta la modalidad de la bondad, antes de que se pueda abrir la senda hacia la comprensión del Señor Supremo. Si uno no se eleva hasta el nivel de la modalidad de la bondad, permanece en los planos de la ignorancia y la pasión, que son la causa de la vida demoníaca. Aquellos que se encuentran en los planos de las modalidades de la pasión y la ignorancia, se burlan de las Escrituras, se burlan del hombre santo y se burlan de la debida comprensión de la Suprema Personalidad de Dios. Ellos desobedecen las instrucciones del maestro espiritual, y a ellos no les importan las regulaciones de las Escrituras. A pesar de oír las glorias del servicio devocional, ellos no se sienten atraídos a él. Así pues, ellos elaboran su propia manera de elevarse. Ésos son algunos de los defectos de la sociedad humana que conducen a la posición de la vida demoníaca. Sin embargo, si uno puede ser guiado por un maestro espiritual idóneo y genuino, que pueda llevarlo a uno a la senda de la elevación, a la etapa suprema, entonces la vida de uno se vuelve un éxito.

Así terminan los significados de Bhaktivedanta del Decimosexto Capítulo de El Śrīmad Bhagavad-gītā, *en relación con la naturaleza divina y la demoníaca.*

Capítulo Diecisiete
LAS DIVISIONES DE LA FE

TEXTO 1

अर्जुन उवाच
ये शास्त्रविधिमुत्सृज्य यजन्ते श्रद्धयान्विताः ।
तेषां निष्ठा तु का कृष्ण सत्त्वमाहो रजस्तमः ॥१॥

arjuna uvāca
ye śāstra-vidhim utsṛjya
yajante śraddhayānvitāḥ
teṣāṁ niṣṭhā tu kā kṛṣṇa
sattvam āho rajas tamaḥ

arjunaḥ uvāca—Arjuna dijo; *ye*—aquellos que; *śāstra-vidhim*—las regulaciones de las Escrituras; *utsṛjya*—renunciando; *yajante*—adoran; *śraddhayā*—plena fe; *anvitāḥ*—poseído de; *teṣām*—de ellos; *niṣṭhā*—la fe; *tu*—pero; *kā*—qué; *kṛṣṇa*—¡oh, Kṛṣṇa!; *sattvam*—en la bondad; *āho*—o si no; *rajaḥ*—en la pasión; *tamaḥ*—en la ignorancia.

TRADUCCIÓN

Arjuna preguntó: ¡Oh, Kṛṣṇa!, ¿cuál es la situación de aquellos que no siguen los principios de las Escrituras, sino que adoran según lo que les dicta su propia imaginación? ¿Están ellos en el plano de la bondad, de la pasión o de la ignorancia?

SIGNIFICADO

En el Cuarto Capítulo, verso treinta y nueve, se dice que una persona que es fiel a un determinado tipo de adoración, paulatinamente se va elevando hacia la etapa del conocimiento, y llega a la etapa más elevada y perfecta de la paz y la prosperidad. En el Decimosexto Capítulo se concluye que, a aquel que no sigue los principios que se establecen en las Escrituras se lo conoce como *asura*, demonio, y a aquel que sigue fielmente las disposiciones de las Escrituras se lo llama *deva*, o semidiós. Ahora bien, si uno sigue con fe ciertas reglas que no se mencionan en las disposiciones de las Escrituras, ¿cuál es su posición? Esta duda de Arjuna va a ser aclarada por Kṛṣṇa. Aquellos que crean algún tipo de Dios seleccionando como tal a un ser humano y poniendo su fe en él, ¿están adorando en el plano de la bondad, de la pasión o de la ignorancia? ¿Llegan esas personas a la etapa perfecta de la vida? ¿Es posible que ellas se sitúen en el plano del verdadero conocimiento y se eleven hasta la etapa más elevada y perfecta de todas? Aquellos que no siguen las reglas y regulaciones de las Escrituras, pero que tienen fe en algo y adoran a dioses, semidioses y hombres, ¿tienen éxito en su esfuerzo? Arjuna le está haciendo esas preguntas a Kṛṣṇa.

TEXTO 2

श्रीभगवानुवाच
त्रिविधा भवति श्रद्धा देहिनां सा स्वभावजा ।
सात्त्विकी राजसी चैव तामसी चेति तां शृणु ॥ २ ॥

śrī-bhagavān uvāca
tri-vidhā bhavati śraddhā
dehināṁ sā svabhāva-jā
sāttvikī rājasī caiva
tāmasī ceti tāṁ śṛṇu

śrī-bhagavān uvāca—la Suprema Personalidad de Dios dijo; *tri-vidhā*—de tres clases; *bhavati*—se vuelve; *śraddhā*—la fe; *dehinām*—del encarnado; *sā*—esa; *sva-bhāva-jā*—conforme a la modalidad de la naturaleza material que lo influye; *sāttvikī*—en la modalidad de la bondad; *rājasī*—en la modalidad de la pasión; *ca*—también; *eva*—ciertamente; *tāmasī*—en la modalidad de la ignorancia; *ca*—y; *iti*—así pues; *tām*—esas; *śṛṇu*—óyeme.

TRADUCCIÓN

La Suprema Personalidad de Dios dijo: Según las modalidades de la naturaleza que el alma encarnada ha adquirido, su fe puede ser de tres clases: en el plano de la bondad, en el plano de la pasión o en el plano de la ignorancia. Oye ahora lo que se va a decir de eso.

SIGNIFICADO

Aquellos que conocen las reglas y regulaciones de las Escrituras, pero que, por pereza o indolencia, dejan de seguirlas, están gobernados por las modalidades de la naturaleza material. Según sus actividades previas en los planos de las modalidades de la bondad, la pasión o la ignorancia, ellos adquieren una naturaleza que es de una calidad específica. La relación de la entidad viviente con las diferentes modalidades de la naturaleza, se ha estado dando perpetuamente; como la entidad viviente está en contacto con la naturaleza material, adquiere diferentes tipos de mentalidades según su relación con las modalidades materiales. Pero esa naturaleza se puede cambiar si uno se relaciona con un maestro espiritual genuino y se rige por sus reglas y por las Escrituras. Gradualmente, uno puede cambiar su posición e ir de la ignorancia a la bondad, o de la pasión a la bondad. Se concluye, pues, que la fe ciega en una determinada modalidad de la naturaleza no puede ayudar a una persona a elevarse hasta la etapa de la perfección. Uno tiene que considerar las cosas cuidadosamente, con inteligencia, en compañía de un maestro espiritual genuino. De ese modo, uno puede cambiar su posición e ir a una modalidad superior de la naturaleza.

TEXTO 3

सत्त्वानुरूपा सर्वस्य श्रद्धा भवति भारत ।
श्रद्धामयोऽयं पुरुषो यो यच्छ्रद्धः स एव सः ॥ ३ ॥

sattvānurūpā sarvasya
śraddhā bhavati bhārata
śraddhā-mayo 'yaṁ puruṣo
yo yac-chraddhaḥ sa eva saḥ

sattva-anurūpā—de acuerdo con la existencia; *sarvasya*—de cada cual; *śraddhā*—fe; *bhavati*—se vuelve; *bhārata*—¡oh, hijo de Bharata!; *śraddhā*—fe; *mayaḥ*—llena de; *ayam*—esto; *puruṣaḥ*—entidad viviente; *yaḥ*—que; *yat*—con lo cual; *śraddhaḥ*—fe; *saḥ*—así pues; *eva*—ciertamente; *saḥ*—ella.

TRADUCCIÓN

¡Oh, hijo de Bharata!, según las diversas modalidades de la naturaleza bajo las cuales uno exista, en uno se desarrolla un determinado tipo de fe. Se dice que el ser viviente es de una fe en particular, de acuerdo con las modalidades que haya adquirido.

SIGNIFICADO

Todo el mundo, sea quien fuere, tiene un determinado tipo de fe. Pero su fe se considera buena, apasionada o ignorante, de acuerdo con la naturaleza que haya adquirido. Así pues, según su determinado tipo de fe, uno se junta con ciertas personas. Ahora bien, lo cierto es que todo ser viviente, tal como se afirma en el Decimoquinto Capítulo, es en un principio una parte integral fragmentaria del Señor Supremo. Por lo tanto, en un principio uno es trascendental a todas las modalidades de la naturaleza material. Pero cuando uno olvida su relación con la Suprema Personalidad de Dios y se pone en contacto con la naturaleza material en la vida condicional, uno genera su propia posición mediante la relación con las diferentes variedades de la naturaleza material. La fe y la existencia artificiales producto de ello, son sólo algo material. Aunque a uno lo dirija alguna impresión, o alguna concepción de la vida, en un principio se es *nirguṇa*, o trascendental. Por consiguiente, uno tiene que limpiarse de la contaminación material que haya adquirido, a fin de restablecer su relación con el Señor Supremo. Ése es el único sendero de regreso, libre de temor: el proceso de conciencia de Kṛṣṇa. Si uno está situado en el plano de conciencia de Kṛṣṇa, tiene garantizado entonces ese sendero para elevarse hasta la etapa de la perfección. Si uno no emprende ese sendero de la autorrealización, es seguro entonces que será dirigido por la influencia de las modalidades de la naturaleza.

La palabra *śraddhā*, o fe, es muy significativa en este verso. *Śraddhā*, o la fe, en principio procede de la modalidad de la bondad. Puede que uno tenga fe en un semidiós, o en un Dios creado, o en alguna invención mental. Se supone que la fuerte fe de uno produzca obras de bondad material. Pero en la vida material condicional, ninguna obra está completamente purificada. Todas las obras están mezcladas. Ninguna está en el plano de la bondad pura. La bondad pura es trascendental; en el plano de la bondad purificada, uno puede entender la verdadera naturaleza de la Suprema Personalidad de Dios. Mientras la fe de uno no esté totalmente en el plano de la bondad purificada, la fe está sujeta a que la contamine cualquiera de las modalidades de la naturaleza material. Las modalidades contaminadas de la naturaleza material se expanden hasta el corazón. De manera que, según la posición del corazón que está en contacto con una determinada modalidad de la naturaleza material, se establece la fe del individuo. Se ha de saber que si el corazón de uno está en el plano de la modalidad de la bondad, su fe también lo estará. Si su corazón está en el plano de la modalidad de la pasión, su fe también lo estará. Y si su corazón está en el plano de la modalidad de la oscuridad, la ilusión, su fe también estará contaminada de ese modo. Es así como encontramos diferentes tipos de fe en este mundo, y hay diferentes tipos de religiones debido a los diferentes tipos de fe. El verdadero principio de la fe religiosa se encuentra en el plano de la modalidad de la bondad pura, pero debido a que el corazón está manchado, encontramos diferentes tipos de principios religiosos. Así pues, según los diferentes tipos de fe, hay diferentes clases de adoración.

TEXTO 4

यजन्ते सात्त्विका देवान्यक्षरक्षांसि राजसाः ।

प्रेतान्भूतगणांश्चान्ये यजन्ते तामसा जनाः ॥४॥

yajante sāttvikā devān
yakṣa-rakṣāṁsi rājasāḥ
pretān bhūta-gaṇāṁś cānye
yajante tāmasā janāḥ

yajante—adoran; *sāttvikāḥ*—aquellos que están en el plano de la modalidad de la bondad; *devān*—los semidioses; *yakṣa-rakṣāṁsi*—demonios; *rājasāḥ*—aquellos que están en el plano de la modalidad de la pasión; *pretān*—espíritus de los difuntos; *bhūta-gaṇān*—fantasmas; *ca*—y; *anye*—otros; *yajante*—adoran; *tāmasāḥ*—en el plano de la modalidad de la ignorancia; *janāḥ*—gente.

TRADUCCIÓN

Los hombres que se hallan en el plano de la modalidad de la bondad, adoran a los semidioses; aquellos que están en el plano de la modalidad de la pasión, adoran a los demonios; y aquellos que están en el plano de la modalidad de la ignorancia, adoran a los fantasmas y espíritus.

SIGNIFICADO

En este verso, la Suprema Personalidad de Dios describe a diferentes clases de adoradores según sus actividades externas. De acuerdo con lo que estipulan las Escrituras, sólo se debe adorar a la Suprema Personalidad de Dios, pero aquellos que no están muy versados en lo referente a las disposiciones de las Escrituras o que no son muy fieles a ellas, adoran diferentes objetos, según sus situaciones específicas en los planos de las modalidades de la naturaleza material. Aquellos que están situados en el plano de la bondad, por lo general adoran a los semidioses. Entre los semidioses se encuentran Brahmā y Śiva, y otros tales como Indra, Candra y el dios del Sol. Existen diversos semidioses. Aquellos que están en el plano de la bondad adoran a un semidiós en particular con un propósito en particular. De igual modo, aquellos que están en el plano de la modalidad de la pasión, adoran a los demonios. Nosotros recordamos que, durante la Segunda Guerra Mundial, un hombre de Calcuta adoraba a Hitler, porque gracias a esa guerra él había amasado una gran fortuna traficando en el mercado negro. Así mismo, aquellos que están en los planos de las modalidades de la pasión y la ignorancia, por lo general eligen como Dios a un hombre poderoso. Ellos creen que se puede adorar como Dios a cualquiera, y que se obtendrán los mismos resultados.

Ahora bien, aquí se señala claramente que aquellos que están en el plano de la modalidad de la pasión, crean y adoran a esos dioses, y aquellos que están en el plano de la modalidad de la ignorancia, en la oscuridad, adoran a los espíritus de los muertos. A veces, la gente se pone a adorar en la tumba de algún muerto. El servicio sexual también se considera que está en el plano de la modalidad de la oscuridad. De forma similar, en aldeas remotas de la India hay adoradores de fantasmas. En la India hemos visto que la gente de clase baja algunas veces va al bosque, y si llega a saber que en un árbol vive un fantasma, adoran ese árbol y le ofrecen sacrificios. Esas diferentes clases de adoración no son de hecho adoración de Dios. La adoración de Dios es para personas que están situadas en el plano trascendental de la bondad pura. En *El Śrīmad-Bhāgavatam* (4.3.23) se dice: *sattvaṁ viśuddham vasudeva-śabditam*, "Cuando un hombre se encuentra en el plano de la bondad pura, adora a Vāsudeva". El significado de eso es que aquellos que están completamente purificados de las modalidades materiales de la naturaleza y que están situados en el plano trascendental, pueden adorar a la Suprema Personalidad de Dios.

Se supone que los impersonalistas se encuentran en el plano de la modalidad de la bondad, y ellos adoran a cinco clases de semidioses. Ellos adoran la forma impersonal de Viṣṇu que hay en el mundo material, la cual se conoce como el Viṣṇu filosofado. Viṣṇu es la expansión de la Suprema Personalidad de Dios, pero como en fin de cuentas los impersonalistas no creen en la Suprema Personalidad de Dios, imaginan que la forma de Viṣṇu es tan sólo otro aspecto del Brahman impersonal; de igual manera, ellos imaginan que el Señor Brahmā es la forma impersonal que se encuentra en el plano de la modalidad material de la pasión. Así pues, a veces ellos describen cinco clases de dioses que se deben adorar, pero como creen que la verdad propiamente dicha es el Brahman impersonal, al final de todo desechan todos los objetos que se adoran. En conclusión, las diferentes cualidades de las modalidades materiales de la naturaleza pueden ser purificadas, por medio de la compañía de personas que sean de una naturaleza trascendental.

TEXTOS 5–6

अशास्त्रविहितं घोरं तप्यन्ते ये तपो जनाः ।
दम्भाहङ्कारसंयुक्ताः कामरागबलान्विताः ॥ ५ ॥
कर्षयन्तः शरीरस्थं भूतग्राममचेतसः ।
मां चैवान्तःशरीरस्थं तान्विद्ध्यासुरनिश्चयान् ॥ ६ ॥

aśāstra-vihitaṁ ghoraṁ
tapyante ye tapo janāḥ
dambhāhaṅkāra-saṁyuktāḥ
kāma-rāga-balānvitāḥ

karṣayantaḥ śarīra-sthaṁ
bhūta-grāmam acetasaḥ

māṁ caivāntaḥ śarīra-sthaṁ
tān viddhy āsura-niścayān

aśāstra—que no se mencionan en las Escrituras; *vihitam*—dirigidas; *ghoram*—dañinas para los demás; *tapyante*—se someten a; *ye*—aquellos que; *tapaḥ*—austeridades; *janāḥ*—personas; *dambha*—con orgullo; *ahaṅkāra*—y egoísmo; *saṁyuktāḥ*—dedicados; *kāma*—de la lujuria; *rāga*—y el apego; *bala*—por la fuerza; *anvitāḥ*—impelidos por; *karṣayantaḥ*—atormentando; *śarīra-stham*—situado dentro del cuerpo; *bhūta-grāmam*—la combinación de los elementos materiales; *acetasaḥ*—con una mentalidad desorientada; *mām*—a Mí; *ca*—también; *eva*—ciertamente; *antaḥ*—dentro; *śarīra-stham*—situado en el cuerpo; *tān*—ellos; *viddhi*—entienden; *āsura-niścayān*—demonios.

TRADUCCIÓN

A aquellos que se someten a severas austeridades y penitencias que no se recomiendan en las Escrituras, y que las realizan por orgullo y egoísmo, a quienes los mueven la lujuria y el apego, quienes son necios y quienes torturan los elementos materiales del cuerpo así como también a la Superalma que mora dentro, se los ha de conocer como demonios.

SIGNIFICADO

Hay personas que inventan formas de austeridad y penitencia que no se mencionan en las disposiciones de las Escrituras. Por ejemplo, ayunar con algún propósito ulterior, tal como el de promover un fin puramente político, no se menciona en las indicaciones de las Escrituras. Las Escrituras recomiendan ayunar en aras del adelanto espiritual, y no con algún fin político o con un propósito social. Las personas que se entregan a esa clase de austeridades son, según *El Bhagavad-gītā*, ciertamente demoníacas. Sus actos van en contra de las disposiciones de las Escrituras y no son de beneficio para la generalidad de la gente. En realidad, ellos actúan movidos por el orgullo, el ego falso, la lujuria y el apego al disfrute material. Por medio de esas actividades no sólo se perturba la combinación de elementos materiales de la que está construido el cuerpo, sino que también se perturba a la propia Suprema Personalidad de Dios que vive dentro del cuerpo. Esos desautorizados ayunos o austeridades con algún fin político, son sin duda muy perturbadores para los demás. En la literatura védica no se los menciona. Puede que una persona demoníaca crea que por medio de ese método puede forzar a su enemigo o a otros bandos a que acepten sus deseos, pero hay quien ha muerto por esa clase de ayuno. Esos actos no los aprueba la Suprema Personalidad de Dios, y Él dice que los que se dedican a ellos son demonios. Semejantes demostraciones son insultos que se le hacen a la Suprema Personalidad de Dios, porque se efectúan desobedeciendo los mandatos de las Escrituras védicas. La palabra *acetasaḥ* es significativa en relación con esto. Las personas que están en una condición mental normal, deben obedecer las disposiciones de las Escrituras.

Aquellos que no están en esa posición, hacen caso omiso de las Escrituras y las desobedecen, e inventan su propia forma de austeridades y penitencias. Uno siempre debe recordar cómo termina la gente demoníaca, tal como se describe en el capítulo anterior. El Señor los obliga a nacer en el vientre de personas demoníacas. En consecuencia, ellos vivirán con principios demoníacos vida tras vida, sin conocer la relación que tienen con la Suprema Personalidad de Dios. Sin embargo, si esas personas son lo suficientemente afortunadas como para que las guíe un maestro espiritual que pueda dirigirlas hacia la senda de la sabiduría védica, pueden salirse de ese enredo y finalmente alcanzar la meta suprema.

TEXTO 7

आहारस्त्वपि सर्वस्य त्रिविधो भवति प्रियः ।
यज्ञस्तपस्तथा दानं तेषां भेदमिमं शृणु ॥ ७ ॥

āhāras tv api sarvasya
tri-vidho bhavati priyaḥ
yajñas tapas tathā dānaṁ
teṣāṁ bhedam imaṁ śṛṇu

āhāraḥ—comiendo; *tu*—ciertamente; *api*—también; *sarvasya*—de todos; *tri-vidhaḥ*—de tres clases; *bhavati*—hay; *priyaḥ*—querido; *yajñaḥ*—el sacrificio; *tapaḥ*—la austeridad; *tathā*—también; *dānam*—la caridad; *teṣām*—de ellos; *bhedam*—las diferencias; *imam*—esto; *śṛṇu*—oye.

TRADUCCIÓN

Incluso la comida que cada persona prefiere es de tres clases, en función de las tres modalidades de la naturaleza material. Lo mismo es cierto de los sacrificios, las austeridades y la caridad. Ahora oye cuáles son las diferencias que hay entre ellos.

SIGNIFICADO

Según las diferentes situaciones en los planos de las modalidades de la naturaleza material, existen diferentes maneras de comer y ejecutar sacrificios, austeridades y obras de caridad. Todo ello no se realiza en el mismo nivel. Aquellos que pueden entender de un modo analítico bajo qué modalidades de la naturaleza material están las diferentes clases de ejecuciones, son verdaderamente sabios; aquellos que consideran que todas las clases de sacrificios, de comida o de caridad son iguales, no pueden discriminar y son necios. Hay misioneros que sostienen que uno puede hacer lo que quiera y lograr la perfección. Pero esos guías necios no están actuando de conformidad con lo que indican las Escrituras. Ellos están inventando caminos y desencaminando a la gente.

TEXTO 8

आयुःसत्त्वबलारोग्यसुखप्रीतिविवर्धनाः ।
रस्याःस्निग्धाः स्थिरा हृद्या आहाराःसात्त्विकप्रियाः ॥८॥

āyuḥ-sattva-balārogya-
sukha-prīti-vivardhanāḥ
rasyāḥ snigdhāḥ sthirā hṛdyā
āhārāḥ sāttvika-priyāḥ

āyuḥ—duración de la vida; *sattva*—existencia; *bala*—fuerza; *ārogya*—salud; *sukha*—felicidad; *prīti*—y satisfacción; *vivardhanāḥ*—aumentando; *rasyāḥ*—jugosa; *snigdhāḥ*—grasosa; *sthirāḥ*—perdurable; *hṛdyāḥ*—agradable al corazón; *āhārāḥ*—comida; *sāttvika*—a aquel que está en el plano de la bondad; *priyāḥ*—sabrosa.

TRADUCCIÓN

Las comidas que les gustan a aquellos que están en el plano de la modalidad de la bondad, aumentan la duración de la vida, purifican la existencia de uno, y dan fuerza, salud, felicidad y satisfacción. Esas comidas son jugosas, grasosas, sanas y agradables al corazón.

TEXTO 9

कट्वम्ललवणात्युष्णतीक्ष्णरूक्षविदाहिनः ।
आहारा राजसस्येष्टा दुःखशोकामयप्रदाः ॥९॥

kaṭv-amla-lavaṇāty-uṣṇa-
tīkṣṇa-rūkṣa-vidāhinaḥ
āhārā rājasasyeṣṭā
duḥkha-śokāmaya-pradāḥ

kaṭu—amarga; *amla*—agria; *lavaṇa*—salada; *ati-uṣṇa*—muy caliente; *tīkṣṇa*—picante; *rūkṣa*—seca; *vidāhinaḥ*—ardiente; *āhārāḥ*—comida; *rājasasya*—a aquel que está en el plano de la modalidad de la pasión; *iṣṭāḥ*—sabrosa; *duḥkha*—aflicción; *śoka*—sufrimiento; *āmaya*—enfermedad; *pradāḥ*—que causa.

TRADUCCIÓN

Las comidas que son demasiado amargas, demasiado agrias, saladas, calientes, picantes, secas y que queman, les gustan a aquellos que están en el

plano de la modalidad de la pasión. Esas comidas causan aflicción, sufrimiento y enfermedades.

TEXTO 10

यातयामं गतरसं पूति पर्युषितं च यत् ।
उच्छिष्टमपि चामेध्यं भोजनं तामसप्रियम् ॥१०॥

yāta-yāmaṁ gata-rasaṁ
pūti paryuṣitaṁ ca yat
ucchiṣṭam api cāmedhyaṁ
bhojanaṁ tāmasa-priyam

yāta-yāmam—comida cocinada tres horas antes de ser ingerida; *gata-rasam*—desabrida; *pūti*—maloliente; *paryuṣitam*—descompuesta; *ca*—también; *yat*—aquello que; *ucchiṣṭam*—sobras de lo comido por otros; *api*—también; *ca*—y; *amedhyam*—impura; *bhojanam*—comiendo; *tāmasa*—a aquel que está en el plano de la modalidad de la oscuridad; *priyam*—querido.

TRADUCCIÓN

La comida que se prepara más de tres horas antes de ser ingerida, la comida desabrida, descompuesta y podrida, y la comida hecha de sobras y cosas impuras, les gustan a aquellos que están en el plano de la modalidad de la oscuridad.

SIGNIFICADO

La comida tiene la finalidad de aumentar la duración de la vida, purificar la mente y auxiliar en la fuerza del cuerpo. Ése es su único propósito. En el pasado, grandes autoridades seleccionaron aquellas comidas que mejor ayudan a la salud y aumentan la duración de la vida, tales como los productos lácteos, el azúcar, el arroz, el trigo, las frutas y las verduras. Esas comidas les gustan mucho a aquellos que están en el plano de la modalidad de la bondad. Algunas otras comidas, tales como el maíz cocido y la melaza, aunque no son muy sabrosas de por sí, se pueden volver agradables mezclándolas con leche u otros alimentos. Ellas están, entonces, en el plano de la modalidad de la bondad. Todas esas comidas son puras por naturaleza. Ellas son muy distintas de cosas impuras tales como la carne y el licor. Las comidas grasosas, que se mencionan en el verso ocho, no tienen ninguna relación con la grasa animal que se obtiene de la matanza. La grasa animal se encuentra disponible en la forma de leche, que es el alimento más maravilloso de todos. La leche, la mantequilla, el queso y productos similares proporcionan grasa animal en una forma que descarta por completo la necesidad de matar a inocentes criaturas. Sólo por una mentalidad salvaje es que esa matanza se lleva a cabo. La leche es el medio civilizado para obtener la grasa necesaria. Matar no es de seres humanos. Las proteínas se pueden obtener en abundancia de los guisantes, el *dāl*, el trigo integral, etc.

Las comidas influidas por la modalidad de la pasión, que son amargas, demasiado saladas, o demasiado calientes o con mucha pimienta roja, causan sufrimiento porque reducen la cantidad de moco del estómago, lo cual lleva a enfermarse. Las comidas influidas por la modalidad de la ignorancia o la oscuridad son esencialmente las que no son frescas. Cualquier comida cocinada más de tres horas antes de ser ingerida (con excepción del *prasādam*, la comida que se le ofrece al Señor) se considera que está en el plano de la modalidad de la oscuridad. Como esas comidas se descomponen, despiden un mal olor, el cual a menudo atrae a la gente que está en el plano de esa modalidad, pero les repugna a aquellos que están en el plano de la modalidad de la bondad.

Los remanentes de la comida se pueden comer sólo cuando sean parte de una comida que se le haya ofrecido primero al Señor Supremo o que haya sido ingerida primero por personas santas, en especial por el maestro espiritual. De lo contrario, los remanentes de la comida se considera que están en el plano de la modalidad de la oscuridad, y aumentan la infección o la enfermedad. Esa clase de comidas, aunque les gustan mucho a las personas que están en el plano de la modalidad de la oscuridad, no les gustan a aquellos que están en el plano de la modalidad de la bondad, quienes ni siquiera las tocan. La mejor comida es el remanente de lo que se le ofrece a la Suprema Personalidad de Dios. En *El Bhagavad-gītā*, el Señor Supremo dice que Él acepta las comidas que se han preparado con verduras, harina y leche, cuando se le ofrecen con devoción. *Patraṁ puṣpaṁ phalaṁ toyam*. Desde luego que, la devoción y el amor son las principales cosas que la Suprema Personalidad de Dios acepta. Pero también se señala que el *prasādam* se debe preparar de una cierta manera. Cualquier comida que se haya preparado de conformidad con las disposiciones de las Escrituras y que se le haya ofrecido a la Suprema Personalidad de Dios, se puede ingerir incluso si fue preparada mucho tiempo antes de comer, ya que esa clase de comida es trascendental. Por consiguiente, a fin de hacer que la comida sea antiséptica, comestible y del gusto de todas las personas, se le debe ofrecer a la Suprema Personalidad de Dios.

TEXTO 11

अफलाकाङ्क्षिभिर्यज्ञो विधिदृष्टो य इज्यते ।
यष्टव्यमेवेति मनः समाधाय स सात्त्विकः ॥११॥

aphalākāṅkṣibhir yajño
vidhi-diṣṭo ya ijyate

yaṣṭavyam eveti manaḥ
samādhāya sa sāttikaḥ

aphala-ākāṅkṣibhiḥ—de aquellos desprovistos del deseo de obtener un resultado; *yajñaḥ*—sacrificio; *vidhi-diṣṭaḥ*—según lo indican las Escrituras; *yaḥ*—el cual; *ijyate*—se ejecuta; *yaṣṭavyam*—debe ejecutarse; *eva*—ciertamente; *iti*—así pues; *manaḥ*—mente; *samādhāya*—fijando; *saḥ*—la; *sāttvikaḥ*—en la modalidad de la bondad.

TRADUCCIÓN

De los sacrificios, aquel que se ejecuta de acuerdo con las indicaciones de las Escrituras, como una cuestión de deber, y que lo ejecutan aquellos que no desean ninguna recompensa, ese sacrificio es de la naturaleza de la bondad.

SIGNIFICADO

La tendencia general es la de ofrecer un sacrificio con algún propósito en mente, pero aquí se expresa que el sacrificio se debe realizar sin ninguna clase de deseos. El mismo se debe hacer como una cuestión de deber. Tómese, por ejemplo, la celebración de rituales en los templos o en las iglesias. Por lo general, esos rituales se llevan a cabo con el propósito de obtener un beneficio material, pero eso no está en el plano de la modalidad de la bondad. Uno debe ir al templo o a la iglesia como una cuestión de deber, ofrecerle respetos a la Suprema Personalidad de Dios, y ofrecer flores y comestibles. Todo el mundo cree que de nada sirve ir al templo sólo para adorar a Dios. Pero la adoración en aras de un beneficio económico no se recomienda en las disposiciones de las Escrituras. Uno debe ir tan sólo para ofrecerle respetos a la Deidad. Eso lo colocará a uno en el plano de la modalidad de la bondad. Todo hombre civilizado tiene el deber de obedecer las disposiciones de las Escrituras y ofrecerle respetos a la Suprema Personalidad de Dios.

TEXTO 12

अभिसंधाय तु फलं दम्भार्थमपि चैव यत् ।
इज्यते भरतश्रेष्ठ तं यज्ञं विद्धि राजसम् ॥१२॥

abhisandhāya tu phalaṁ
dambhārtham api caiva yat
ijyate bharata-śreṣṭha
taṁ yajñaṁ viddhi rājasam

abhisandhāya—deseando; *tu*—pero; *phalam*—el resultado; *dambha*—orgullo;

artham—por; *api*—también; *ca*—y; *eva*—ciertamente; *yat*—aquello que; *ijyate*—se realiza; *bharata-śreṣṭha*—¡oh, tú, jefe de los Bhāratas!; *tam*—eso; *yajñam*—sacrificio; *viddhi*—sabe; *rājasam*—en la modalidad de la pasión.

TRADUCCIÓN

Pero el sacrificio que se realiza en aras de algún beneficio material, o por orgullo, ¡oh, tú, jefe de los Bhāratas!, has de saber que está en el plano de la modalidad de la pasión.

SIGNIFICADO

A veces se ejecutan sacrificios y rituales para elevarse al reino celestial o para conseguir algunos beneficios materiales en este mundo. Esa clase de sacrificios o de ejecución de rituales se considera que están en el plano de la modalidad de la pasión.

TEXTO 13

विधिहीनमसृष्टान्नं मन्त्रहीनमदक्षिणम् ।
श्रद्धाविरहितं यज्ञं तामसं परिचक्षते ॥१३॥

vidhi-hīnam asṛṣṭānnaṁ
mantra-hīnam adakṣiṇam
śraddhā-virahitam yajñam
tāmasaṁ paricakṣate

vidhi-hīnam—sin la dirección de las Escrituras; *asṛṣṭa-annam*—sin la distribución de *prasādam*; *mantra-hīnam*—sin el canto de los himnos védicos; *adakṣiṇam*—sin darles remuneraciones a los sacerdotes; *śraddhā*—fe; *virahitam*—sin; *yajñam*—sacrificio; *tāmasam*—en la modalidad de la ignorancia; *paricakṣate*—debe considerarse.

TRADUCCIÓN

Cualquier sacrificio que se celebra sin considerar las indicaciones de las Escrituras, sin distribución de prasādam [comida espiritual], sin el canto de himnos védicos, sin darles remuneraciones a los sacerdotes y sin fe, se considera que está en el plano de la modalidad de la ignorancia.

SIGNIFICADO

La fe que está en el plano de la modalidad de la oscuridad o la ignorancia es en realidad infidelidad. A veces, la gente adora a algún semidiós sólo para hacer dinero, y luego gastan el dinero en recrearse, haciendo caso omiso de las disposiciones de las Escrituras. Esas ceremonias que son espectáculos de religiosidad, no se aceptan como genuinas. Todas ellas están en el plano de la modalidad de la oscuridad; ellas producen una mentalidad demoníaca y no benefician a la sociedad humana.

TEXTO 14

देवद्विजगुरुप्राज्ञपूजनं शौचमार्जवम् ।
ब्रह्मचर्यमहिंसा च शारीरं तप उच्यते ॥१४॥

deva-dvija-guru-prājña-
pūjanaṁ śaucam ārjavam
brahmacaryam ahiṁsā ca
śārīraṁ tapa ucyate

deva—del Señor Supremo; *dvija*—los *brāhmaṇas*; *guru*—el maestro espiritual; *prājña*—y personalidades venerables; *pūjanam*—adoración; *śaucam*—limpieza; *ārjavam*—sencillez; *brahmacaryam*—celibato; *ahiṁsā*—no violencia; *ca*—también; *śārīram*—perteneciente al cuerpo; *tapaḥ*—austeridad; *ucyate*—se dice que es.

TRADUCCIÓN

La austeridad del cuerpo consiste en adorar al Señor Supremo, a los brāhmaṇas, al maestro espiritual y a superiores tales como el padre y la madre, y consiste también en la limpieza, la sencillez, el celibato y la no violencia.

SIGNIFICADO

La Divinidad Suprema explica aquí las diferentes clases de austeridades y penitencias que hay. En primer lugar, Él explica las austeridades y penitencias que se practican con el cuerpo. Se debe ofrecer respeto, o aprender a ofrecerlo, a Dios o los semidioses, a los *brāhmaṇas* aptos y perfectos, al maestro espiritual y a superiores tales como el padre, la madre o cualquier persona que esté versada en el conocimiento védico. A todos ellos se les debe dar el debido respeto. Se debe practicar el limpiarse externa e internamente, y se debe aprender a tener un comportamiento sencillo. Uno no debe hacer nada que las disposiciones de las Escrituras no sancionen. Uno no debe darse a la vida sexual fuera del matrimonio, pues en las Escrituras la vida sexual se sanciona únicamente en el matrimonio, y de ninguna otra manera. Eso se denomina celibato. Ésas son las penitencias y austeridades relativas al cuerpo.

TEXTO 15

अनुद्वेगकरं वाक्यं सत्यं प्रियहितं च यत् ।
स्वाध्यायाभ्यसनं चैव वाङ्मयं तप उच्यते ॥१५॥

anudvega-karaṁ vākyaṁ
satyaṁ priya-hitaṁ ca yat
svādhyāyābhyasanaṁ caiva
vāṅ-mayaṁ tapa ucyate

anudvega-karam—que no agitan; *vākyam*—palabras; *satyam*—veraces; *priya*—queridas; *hitam*—beneficiosas; *ca*—también; *yat*—lo cual; *svādhyāya*—del estudio védico; *abhyasanam*—práctica; *ca*—también; *eva*—ciertamente; *vāk-mayam*—de la voz; *tapaḥ*—austeridad; *ucyate*—se dice que es.

TRADUCCIÓN

La austeridad del habla consiste en proferir palabras que sean ciertas, agradables, beneficiosas y que no agiten a los demás, y también en recitar regularmente las Escrituras védicas.

SIGNIFICADO

Uno no debe hablar de modo tal que agite la mente de los demás. Claro que, cuando un maestro habla, puede decir la verdad para instruir a sus alumnos, pero no debe hablarles a aquellos que no sean alumnos de él, si al hacerlo les va a agitar la mente. Eso es penitencia en lo que respecta a hablar. Además de eso, uno no debe hablar tonterías. El proceso que se sigue cuando se habla en los círculos espirituales, es que se dice algo que esté respaldado por las Escrituras. Uno debe presentar de inmediato una cita tomada de una Escritura autoritativa, para respaldar lo que está diciendo. Y al mismo tiempo, esa conversación debe ser muy agradable al oído. Mediante esa clase de discusiones, uno puede obtener el máximo beneficio y elevar a la sociedad humana. Existe una cantidad ilimitada de obras que componen la literatura védica, y uno debe estudiarlas. Eso se denomina penitencia del habla.

TEXTO 16

मनःप्रसादः सौम्यत्वं मौनमात्मविनिग्रहः ।
भावसंशुद्धिरित्येतत्तपो मानसमुच्यते ॥१६॥

manaḥ-prasādaḥ saumyatvaṁ
maunam ātma-vinigrahaḥ

bhāva-saṁśuddhir ity etat
tapo mānasam ucyate

manaḥ-prasādaḥ—satisfacción de la mente; *saumyatvam*—sin duplicidad para con los demás; *maunam*—gravedad; *ātma*—del ser; *vinigrahaḥ*—control; *bhāva*—de la naturaleza de uno; *saṁśuddhiḥ*—purificación; *iti*—así pues; *etat*—esto; *tapaḥ*—austeridad; *mānasam*—de la mente; *ucyate*—se dice que es.

TRADUCCIÓN

Y la satisfacción, la sencillez, la gravedad, el autocontrol y la purificación de la existencia propia son las austeridades de la mente.

SIGNIFICADO

Volver la mente austera es desapegarla del goce de los sentidos. La mente debe ser adiestrada de modo tal, que siempre pueda estar pensando en hacerles el bien a los demás. El mejor adiestramiento que se le puede dar a la mente es el de la gravedad de pensamiento. Uno no debe apartarse del plano de conciencia de Kṛṣṇa, y uno siempre debe eludir el goce de los sentidos. Purificar la naturaleza de uno es volverse consciente de Kṛṣṇa. La satisfacción de la mente sólo se puede lograr al apartarla de pensamientos relacionados con el disfrute de los sentidos. Cuanto más pensamos en el disfrute de los sentidos, más insatisfecha se vuelve la mente. En la era actual ocupamos la mente, sin ninguna necesidad, de muchas maneras dirigidas hacia la complacencia de los sentidos, a raíz de lo cual no hay ninguna posibilidad de que la mente llegue a estar satisfecha. Lo mejor es dirigir la mente hacia la literatura védica, la cual está repleta de historias complacientes, tal como en los *Purāṇas* y en *El Mahābhārata*. Uno puede aprovechar ese conocimiento y con ello purificarse. La mente debe estar desprovista de duplicidad, y uno debe pensar en el bienestar de todos. Silencio significa que uno siempre está pensando en la autorrealización. En ese sentido, la persona que está en el plano de conciencia de Kṛṣṇa guarda silencio absoluto. Control de la mente significa desapegar la misma del disfrute de los sentidos. Uno debe ser recto en sus tratos y con ello purificar su existencia. Todas esas cualidades en conjunto constituyen la austeridad de las actividades mentales.

TEXTO 17

श्रद्धया परया तप्तं तपस्तत्त्रिविधं नरैः ।
अफलाकाङ्क्षिभिर्युक्तैः सात्त्विकं परिचक्षते ॥ १७ ॥

śraddhayā parayā taptaṁ
tapas tat tri-vidhaṁ naraiḥ

aphalākāṅkṣibhir yuktaiḥ
sāttvikaṁ paricakṣate

śraddhayā—con fe; *parayā*—trascendental; *taptam*—ejecutada; *tapaḥ*—austeridad; *tat*—esa; *tri-vidham*—tres clases; *naraiḥ*—por los hombres; *aphala-ākāṅkṣibhiḥ*—que no tienen deseos de obtener frutos; *yuktaiḥ*—ocupados en; *sāttvikam*—en la modalidad de la bondad; *paricakṣate*—se llama.

TRADUCCIÓN

Esa austeridad triple, realizada con fe trascendental por hombres que no esperan beneficios materiales sino que lo hacen únicamente por el Supremo, se denomina austeridad en el plano de la bondad.

TEXTO 18

सत्कारमानपूजार्थं तपो दम्भेन चैव यत् ।
क्रियते तदिह प्रोक्तं राजसं चलमध्रुवम् ॥१८॥

satkāra-māna-pūjārthaṁ
tapo dambhena caiva yat
kriyate tad iha proktaṁ
rājasaṁ calam adhruvam

sat-kāra—respeto; *māna*—honor; *pūjā*—y adoración; *artham*—buscando; *tapaḥ*—austeridad; *dambhena*—con orgullo; *ca*—también; *eva*—ciertamente; *yat*—la cual; *kriyate*—se ejecuta; *tat*—eso; *iha*—en este mundo; *proktam*—se dice; *rājasam*—en la modalidad de la pasión; *calam*—fluctuante; *adhruvam*— temporal.

TRADUCCIÓN

La penitencia que se realiza por orgullo y con el fin de obtener respeto, honor y adoración, se dice que está en el plano de la modalidad de la pasión. Esa penitencia no es estable ni permanente.

SIGNIFICADO

A veces se ejecutan penitencias y austeridades para atraer a la gente y recibir honor, respeto y adoración. Las personas que están en el plano de la modalidad de la pasión, hacen de modo de ser adoradas por sus subordinados, y permiten que éstos les laven los pies y les ofrezcan riquezas. Esa clase de disposiciones artificiales que se hacen mediante la ejecución de penitencias, se considera que están en el plano de la modalidad de la pasión. Los resultados son temporales; puede que continúen por algún tiempo, pero no son permanentes.

TEXTO 19

मूढग्राहेणात्मनो यत्पीडया क्रियते तपः ।
परस्योत्सादनार्थं वा तत्तामसमुदाहृतम् ॥१९॥

mūḍha-grāheṇātmanaḥ yat
pīḍayā kriyate tapaḥ
parasyotsādanārthaṁ vā
tat tāmasam udāhṛtam

mūḍha—necios; *grāheṇa*—con el esfuerzo; *ātmanaḥ*—de uno mismo; *yat*—lo cual; *pīḍayā*—mediante la tortura; *kriyate*—se ejecuta; *tapaḥ*—penitencia; *parasya*—a los demás; *utsādana-artham*—para causar la aniquilación; *vā*—o; *tat*—eso; *tāmasam*—en la modalidad de la oscuridad; *udāhṛtam*—se dice que está.

TRADUCCIÓN

La penitencia que se realiza por necedad, con la tortura de uno mismo o para destruir o hacerles daño a otros, se dice que está en el plano de la modalidad de la ignorancia.

SIGNIFICADO

Hay casos de penitencias necias realizadas por demonios tales como Hiraṇyakaśipu, quien ejecutó austeras penitencias para volverse inmortal y matar a los semidioses. Él le oró a Brahmā pidiendo esas cosas, pero en fin de cuentas fue matado por la Suprema Personalidad de Dios. El someterse a penitencias por algo que es imposible, se encuentra sin duda en el plano de la modalidad de la ignorancia.

TEXTO 20

दातव्यमिति यद्दानं दीयतेऽनुपकारिणे ।
देशे काले च पात्रे च तद्दानं सात्त्विकं स्मृतम् ॥२०॥

dātavyam iti yad dānaṁ
dīyate 'nupakāriṇe
deśe kāle ca pātre ca
tad dānaṁ sāttvikaṁ smṛtam

dātavyam—que merece darse; *iti*—así pues; *yat*—lo que; *dānam*—caridad; *dīyate*—se da; *anupakāriṇe*—a cualquier persona, sin esperar recompensa; *deśe*—en un lugar adecuado; *kāle*—en un momento adecuado; *ca*—también; *pātre*—a una persona apropiada; *ca*—y; *tat*—eso; *dānam*—caridad; *sāttvikam*—en la modalidad de la bondad; *smṛtam*—se considera.

TRADUCCIÓN

La caridad que se da como una cuestión de deber, sin esperar retribución, en el momento y el lugar adecuados, y a una persona que lo merezca, se considera que está en el plano de la modalidad de la bondad.

SIGNIFICADO

En la literatura védica se recomienda la caridad que se le da a una persona que está dedicada a las actividades espirituales. No hay ninguna recomendación acerca de dar caridad indiscriminadamente. La perfección espiritual siempre se debe tener en cuenta. Por lo tanto, se recomienda dar caridad en un lugar de peregrinaje y durante los eclipses lunares o solares, o al final del mes, o a un *brāhmaṇa* apto, o a un *vaiṣṇava* (devoto), o en los templos. Esas caridades se deben dar sin considerar en absoluto si habrá retribución. A veces, por compasión, se les da caridad a los pobres, pero si un hombre pobre no es digno de que se le dé caridad, entonces no hay ningún adelanto espiritual en ese acto. En otras palabras, en la literatura védica no se recomienda la caridad indiscriminada.

TEXTO 21

यत्तु प्रत्युपकारार्थं फलमुद्दिश्य वा पुनः ।
दीयते च परिक्लिष्टं तद्दानं राजसं स्मृतम् ॥२१॥

yat tu pratyupakārārthaṁ
phalam uddiśya vā punaḥ
dīyate ca parikliṣṭaṁ
tad dānaṁ rājasaṁ smṛtam

yat—aquello que; *tu*—pero; *prati-upakāra-artham*—con el fin de obtener alguna recompensa; *phalam*—un resultado; *uddiśya*—deseando; *vā*—o; *punaḥ*—de nuevo; *dīyate*—se da; *ca*—también; *parikliṣṭam*—de mala gana; *tat*—esa; *dānam*—caridad; *rājasam*—en la modalidad de la pasión; *smṛtam*—se entiende que es.

TRADUCCIÓN

Pero la obra de caridad que se hace con la esperanza de obtener alguna

retribución, o con un deseo de obtener resultados fruitivos, o de mala gana, se dice que es caridad en el plano de la modalidad de la pasión.

SIGNIFICADO

A veces se hacen obras de caridad para elevarse al reino celestial, y en ocasiones con muchos problemas y arrepintiéndose después: ''¿Por qué gasté tanto en eso?''. Algunas veces también se da caridad por alguna obligación, a pedido de un superior. Se dice que esas clases de caridades se dan en el plano de la modalidad de la pasión.

Hay muchas fundaciones caritativas que les ofrecen sus regalos a instituciones en las que hay complacencia de los sentidos. Esa clase de caridades no se recomiendan en las Escrituras védicas. Sólo se recomienda la caridad en el plano de la modalidad de la bondad.

TEXTO 22

अदेशकाले यद्दानमपात्रेभ्यश्च दीयते ।
असत्कृतमवज्ञातं तत्तामसमुदाहृतम् ॥ २२॥

adeśa-kāle yad dānam
apātrebhyaś ca dīyate
asat-kṛtam avajñātaṁ
tat tāmasam udāhṛtam

adeśa—en un lugar impuro; *kāle*—y un momento impuro; *yat*—aquella que; *dānam*—caridad; *apātrebhyaḥ*—a personas que no lo merecen; *ca*—también; *dīyate*—se da; *asat-kṛtam*—sin respeto; *avajñātam*—sin la atención adecuada; *tat*—eso; *tāmasam*—en la modalidad de la oscuridad; *udāhṛtam*—se dice que está.

TRADUCCIÓN

Y la caridad que se da en un lugar impuro, en un momento inapropiado, a personas que no son dignas de ella, o sin la debida atención y respeto, se dice que está en el plano de la modalidad de la ignorancia.

SIGNIFICADO

Aquí no se alienta el dar contribuciones que vayan a ser usadas en la bebida o las drogas, y en las apuestas. Esa clase de contribuciones están en el plano de la modalidad de la ignorancia. Esa caridad no es beneficiosa; por el contrario, con ella se anima a las personas pecadoras. De igual manera, si alguien le da caridad a una persona idónea pero sin respeto y atención, esa clase de caridad también se dice que está en el plano de la modalidad de la oscuridad.

TEXTO 23

ॐतत्सदिति निर्देशो ब्रह्मणस्त्रिविधः स्मृतः ।
ब्राह्मणास्तेन वेदाश्च यज्ञाश्च विहिताः पुरा ॥२३॥

oṁ tat sad iti nirdeśo
brahmaṇas tri-vidhaḥ smṛtaḥ
brāhmaṇās tena vedāś ca
yajñāś ca vihitāḥ purā

oṁ—indicación del Supremo; *tat*—eso; *sat*—eterno; *iti*—así pues; *nirdeśaḥ*—indicio; *brahmaṇaḥ*—del Supremo; *tri-vidhaḥ*—tres clases; *smṛtaḥ*—se considera; *brāhmaṇāḥ*—los *brāhmaṇas*; *tena*—con eso; *vedāḥ*—la literatura védica; *ca*—también; *yajñāḥ*—sacrificio; *ca*—también; *vihitāḥ*—empleado; *purā*—anteriormente.

TRADUCCIÓN

Desde el comienzo de la creación, las tres palabras oṁ tat sat se han empleado para señalar a la Suprema Verdad Absoluta. Esas tres representaciones simbólicas las usaban los brāhmaṇas mientras cantaban los himnos de los Vedas y durante los sacrificios que se hacían para la satisfacción del Supremo.

SIGNIFICADO

Ya se ha explicado que la penitencia, el sacrificio, la caridad y la comida se dividen en tres categorías: de las modalidades de la bondad, la pasión y la ignorancia. Pero ya sean de primera, de segunda o de tercera clase, todas ellas están condicionadas, contaminadas por las modalidades materiales de la naturaleza. Cuando ellas apuntan al Supremo —*oṁ tat sat*, la Suprema Personalidad de Dios, lo eterno—, se vuelven medios para la elevación espiritual. En las disposiciones de las Escrituras se señala ese objetivo. Esas tres palabras, *oṁ tat sat*, señalan en particular a la Verdad Absoluta, la Suprema Personalidad de Dios. En los himnos védicos siempre se encuentra la palabra *oṁ*.

Aquel que actúa sin seguir las regulaciones de las Escrituras, no llegará a la Verdad Absoluta. Él obtendrá algún resultado temporal, pero no el fin último de la vida. De esto se concluye que la ejecución de obras de caridad, sacrificios y penitencias se debe llevar a cabo en el plano de la modalidad de la bondad. Cuando esas cosas se ejecutan en los planos de las modalidades de la pasión o la ignorancia, son ciertamente de una calidad inferior. Las tres palabras *oṁ tat sat* se profieren conjuntamente con el santo nombre del Señor Supremo, como, por ejemplo, en *oṁ tad viṣṇoḥ*. Siempre que se profiere un himno védico o el santo nombre del Señor Supremo, se añade la palabra *oṁ*. Eso es lo que señala la literatura védica. Esas tres palabras se toman de los himnos védicos. *Oṁ ity etad brahmaṇo nediṣṭaṁ nāma* (*El Ṛg Veda*) señala la primera meta. Luego, *tat tvam asi* (*El Chāndogya Upaniṣad* 6.8.7) señala la segunda meta. Y *sad eva saumya* (*El Chāndogya Upaniṣad* 6.2.1) señala la tercera meta. Todo ello en conjunto se vuelve *oṁ tat sat*. Antiguamente, cuando Brahmā, la primera entidad viviente creada, ejecutó sacrificios, se refirió con esas tres palabras a la Suprema Personalidad de Dios. La sucesión discipular sostiene el mismo principio. De modo que, ese himno tiene una gran importancia. Por lo tanto, *El Bhagavad-gītā* recomienda que cualquier trabajo que se haga, debe hacerse por *oṁ tat sat*, o por la Suprema Personalidad de Dios. Cuando uno hace penitencias, obras de caridad y sacrificios con esas tres palabras, actúa en el plano de conciencia de Kṛṣṇa. El proceso de conciencia de Kṛṣṇa es una ejecución científica de actividades trascendentales, que lo capacita a uno para ir de vuelta al hogar, de vuelta a Dios. No hay ninguna pérdida de energía al actuar de una forma tan trascendental como ésa.

TEXTO 24

तस्मादोमित्युदाहृत्य यज्ञदानतपःक्रियाः ।
प्रवर्तन्ते विधानोक्ताः सततं ब्रह्मवादिनाम् ॥२४॥

tasmād oṁ ity udāhṛtya
yajña-dāna-tapaḥ-kriyāḥ
pravartante vidhānoktāḥ
satataṁ brahma-vādinām

tasmāt—por lo tanto; *oṁ*—empezando con *oṁ*; *iti*—así pues; *udāhṛtya*—indicando; *yajña*—de sacrificio; *dāna*—caridad; *tapaḥ*—y penitencia; *kriyāḥ*—ejecuciones; *pravartante*—comienzan; *vidhāna-uktāḥ*—de acuerdo con la regulación de las Escrituras; *satatam*—siempre; *brahma-vādinām*—de los trascendentalistas.

TRADUCCIÓN

Por lo tanto, los trascendentalistas que emprenden las ejecuciones de sacrificios, obras de caridad y penitencias de conformidad con las regulaciones de las Escrituras, siempre comienzan con 'oṁ' para llegar al Supremo.

SIGNIFICADO

Oṁ tad viṣṇoḥ paramaṁ padam (*El Ṛg Veda* 1.22.20). Los pies de loto de Viṣṇu constituyen el plano devocional supremo. La ejecución de todo en el nombre de la Suprema Personalidad de Dios, asegura la perfección de todas las actividades.

TEXTO 25

तदित्यनभिसंधाय फलं यज्ञतपःक्रियाः ।
दानक्रियाश्च विविधाः क्रियन्ते मोक्षकाङ्क्षिभिः ॥२५॥

tad ity anabhisandhāya
phalaṁ yajña-tapaḥ-kriyāḥ
dāna-kriyāś ca vividhāḥ
kriyante mokṣa-kāṅkṣibhiḥ

tat—eso; *iti*—así pues; *anabhisandhāya*—sin desear; *phalam*—el resultado fruitivo; *yajña*—del sacrificio; *tapaḥ*—y la penitencia; *kriyāḥ*—actividades; *dāna*—de la caridad; *kriyāḥ*—actividades; *ca*—también; *vividhāḥ*—diversas; *kriyante*—las hacen; *mokṣa-kāṅkṣibhiḥ*—aquellos que realmente desean la liberación.

TRADUCCIÓN

Sin desear resultados fruitivos, uno debe ejecutar con la palabra 'tat' diversas clases de sacrificios, penitencias y obras de caridad. El propósito de esa clase de actividades trascendentales es el de librarlo a uno del enredo material.

SIGNIFICADO

Para ser elevado a la posición espiritual, uno no debe actuar en busca de ninguna ganancia material. Los actos se deben ejecutar en aras de la ganancia máxima, que es la de ser trasladado al reino espiritual, de vuelta al hogar, de vuelta a Dios.

TEXTOS 26–27

सद्भावे साधुभावे च सदित्येतत्प्रयुज्यते ।
प्रशस्ते कर्मणि तथा सच्छब्दः पार्थ युज्यते ॥२६॥
यज्ञे तपसि दाने च स्थितिः सदिति चोच्यते ।
कर्म चैव तदर्थीयं सदित्येवाभिधीयते ॥२७॥

sad-bhāve sādhu-bhāve ca
sad ity etat prayujyate
praśaste karmaṇi tathā
sac-chabdaḥ pārtha yujyate

yajñe tapasi dāne ca
sthitiḥ sad iti cocyate

karma caiva tad-arthīyaṁ
sad ity evābhidhīyate

sat-bhāve—en el sentido de la naturaleza del Supremo; *sādhu-bhāve*—en el sentido de la naturaleza del devoto; *ca*—también; *sat*—la palabra *sat*; *iti*—así pues; *etat*—esta; *prayujyate*—se usa; *praśaste*—en genuinas; *karmaṇi*—actividades; *tathā*—también; *sat-śabdaḥ*—el sonido *sat*; *pārtha*—¡oh, hijo de Pṛthā!; *yujyate*—se usa; *yajñe*—en el sacrificio; *tapasi*—en la penitencia; *dāne*—en la caridad; *ca*—también; *sthitiḥ*—la situación; *sat*—el Supremo; *iti*—así pues; *ca*—y; *ucyate*—se pronuncia; *karma*—trabajo; *ca*—también; *eva*—ciertamente; *tat*—para eso; *arthīyam*—es; *sat*—el Supremo; *iti*—así pues; *eva*—ciertamente; *abhidhīyate*—se indica.

TRADUCCIÓN

La Verdad Absoluta es el objetivo del sacrificio devocional, y ello se indica con la palabra 'sat'. El ejecutor de esa clase de sacrificio también se denomina 'sat', así como también todas las obras de sacrificio, penitencia y caridad que, fieles a la naturaleza absoluta, se llevan a cabo para complacer a la Persona Suprema, ¡oh, hijo de Pṛthā!

SIGNIFICADO

Las palabras *praśaste karmaṇi*, o "deberes prescritos", indican que en la literatura védica hay muchas actividades prescritas que son procesos purificatorios, desde el momento de la concepción hasta el fin de la vida. Esos procesos purificatorios se adoptan en aras de la liberación final de la entidad viviente. En todas esas actividades se recomienda que uno diga *oṁ tat sat*. Las palabras *sad-bhāve* y *sādhu-bhāve* se refieren a la situación trascendental. El hecho de actuar en el plano de conciencia de Kṛṣṇa se conoce como *sattva*, y a aquel que está plenamente consciente de las actividades de conciencia de Kṛṣṇa se lo conoce como *sādhu*. En *El Śrīmad-Bhāgavatam* (3.25.25) se dice que el tema trascendental queda claro en compañía de los devotos. Las palabras que se emplean son *satāṁ prasaṅgāt*. Sin buena compañía no se puede adquirir conocimiento trascendental. Cuando se inicia a una persona o se ofrece el cordón sagrado, se profieren las palabras *oṁ tat sat*. De modo similar, en todas las clases de ejecuciones de *yajña*, el objeto es el Supremo: *oṁ tat sat*. La palabra *tad-arthīyam* significa, además, ofrecerle servicio a cualquier cosa que represente al Supremo, incluso un servicio tal como el de cocinar y ayudar en el templo del Señor, o cualquier otra clase de trabajo para difundir las glorias del Señor. Esas palabras supremas, *oṁ tat sat*, se emplean, pues, de muchas maneras, para perfeccionar todas las actividades y hacer que todo esté completo.

TEXTO 28

अश्रद्धया हुतं दत्तं तपस्तप्तं कृतं च यत् ।
असदित्युच्यते पार्थ न च तत्प्रेत्य नो इह ॥२८॥

aśraddhayā hutaṁ dattaṁ
tapas taptaṁ kṛtaṁ ca yat
asad ity ucyate pārtha
na ca tat pretya no iha

aśraddhayā—sin fe; *hutam*—ofrecido como sacrificio; *dattam*—dado; *tapaḥ*—penitencia; *taptam*—ejecutado; *kṛtam*—realizado; *ca*—también; *yat*—lo que; *asat*—falso; *iti*—así pues; *ucyate*—se dice que es; *pārtha*—¡oh, hijo de Pṛthā!; *na*—nunca; *ca*—también; *tat*—eso; *pretya*—después de la muerte; *na u*—ni; *iha*—en esta vida.

TRADUCCIÓN

Todo lo que se haga a modo de sacrificio, caridad o penitencia, sin fe en el Supremo, ¡oh, hijo de Pṛthā!, no es permanente. Ello se denomina 'asat', y es inútil tanto en esta vida como en la próxima.

SIGNIFICADO

Cualquier cosa que se haga sin el objetivo trascendental —ya sea sacrificio, caridad o penitencia—, es inútil. Por consiguiente, en este verso se declara que esa clase de actividades son abominables. Todo se debe hacer por el Supremo en el plano de conciencia de Kṛṣṇa. Sin esa fe, y sin la guía debida, nunca puede haber ningún fruto. En todas las Escrituras védicas se aconseja el tener fe en el Supremo. En la prosecución de todas las instrucciones védicas, la meta última es la de llegar a comprender a Kṛṣṇa. Nadie puede lograr el éxito sin seguir ese principio. Por lo tanto, lo mejor es trabajar desde el principio en el plano de conciencia de Kṛṣṇa bajo la guía de un maestro espiritual genuino. Ésa es la manera de hacer que todo sea un éxito.

En el estado condicionado, la gente está atraída a adorar a semidioses y fantasmas, o a Yakṣas como Kuvera. La modalidad de la bondad es mejor que las modalidades de la pasión y la ignorancia, pero aquel que emprende directamente el proceso de conciencia de Kṛṣṇa, es trascendental a todas las tres modalidades de la naturaleza material. Aunque hay un proceso de elevación gradual, si, en virtud de la compañía de devotos puros, uno emprende directamente el proceso de conciencia de Kṛṣna, ése es el mejor camino. Y eso se recomienda en este capítulo. Para lograr el éxito en ese camino, primero uno debe encontrar al maestro espiritual idóneo y ser adiestrado bajo su dirección. Luego, se logra tener fe en el Supremo. Con el transcurso del tiempo, cuando esa fe madura, se denomina amor de Dios. Ese amor es la meta última de las entidades vivientes. De modo que, uno debe emprender directamente el proceso de conciencia de Kṛṣṇa. Ése es el mensaje de este Decimoséptimo Capítulo.

Así terminan los significados de Bhaktivedanta del Decimoséptimo Capítulo de El Śrīmad Bhagavad-gītā, *en relación con las divisiones de la fe.*

Capítulo Dieciocho

CONCLUSIÓN: LA PERFECCIÓN DE LA RENUNCIACIÓN

TEXTO 1

अर्जुन उवाच
संन्यासस्य महाबाहो तत्त्वमिच्छामि वेदितुम् ।
त्यागस्य च हृषीकेश पृथक्केशिनिषूदन ॥ १ ॥

arjuna uvāca
sannyāsaya mahā-bāho
tattvam icchāmi veditum
tyāgasya ca hṛṣīkeśa
pṛthak keśi-niṣūdana

arjunaḥ uvāca—Arjuna dijo; *sannyāsasya*—de la renunciación; *mahā-bāho*—¡oh, Tú, el de los poderosos brazos!; *tattvam*—la verdad; *icchāmi*—yo deseo; *veditum*—entender; *tyāgasya*—de la renunciación; *ca*—también; *hṛṣīkeśa*—¡oh, amo de los sentidos!; *pṛthak*—distintamente; *keśi-niṣūdana*—¡oh, destructor del demonio Keśī!

TRADUCCIÓN

Arjuna dijo: ¡Oh, Tú, el de los poderosos brazos!, deseo entender el propósito de la renunciación [tyāga] y de la orden de vida de renuncia [sannyāsa], ¡oh, destructor del demonio Keśī, amo de los sentidos!

SIGNIFICADO

En realidad, *El Bhagavad-gītā* se termina en diecisiete capítulos. El Capítulo

Dieciocho es un resumen complementario de los temas que se discutieron antes. En cada capítulo de *El Bhagavad-gītā*, el Señor Kṛṣṇa recalca que el servicio devocional que se le presta a la Suprema Personalidad de Dios, es la meta última de la vida. Ese mismo punto se resume en el Decimoctavo Capítulo, considerándolo el sendero más confidencial del conocimiento. En los primeros seis capítulos se le dio énfasis al servicio devocional: *yoginām api sarveṣām*..., "De todos los *yogīs* o trascendentalistas, el mejor es aquel que siempre piensa en Mí en su fuero interno". En los siguientes seis capítulos se discutieron el servicio devocional puro y su naturaleza y actividad. En los últimos seis capítulos se describen el conocimiento, la renunciación, las actividades de la naturaleza material y de la naturaleza trascendental, y el servicio devocional. Se concluyó que todos los actos se deben realizar conjuntamente con el Señor Supremo, lo cual se resume con las palabras *oṁ tat sat*, que se refieren a Viṣṇu, la Persona Suprema. La tercera parte de *El Bhagavad-gītā* ha mostrado que el servicio devocional —y nada más— es el propósito último de la vida. Eso se ha establecido mediante la cita de *ācāryas* anteriores y de *El Brahma-sūtra*, *El Vedānta-sūtra*. Ciertos impersonalistas se consideran poseedores exclusivos del conocimiento de *El Vedānta-sūtra*, pero, a decir verdad, *El Vedānta-sūtra* está hecho para entender el servicio devocional, pues el propio Señor es quien lo compuso y quien lo conoce. Eso se señala en el Decimoquinto Capítulo. En cada Escritura, en cada *Veda*, el servicio devocional es el objetivo. Eso se explica en *El Bhagavad-gītā*.

Así como en el Segundo Capítulo se dio una sinopsis de toda la materia, en el Decimoctavo Capítulo también se da el resumen de toda la instrucción. El propósito de la vida se dice que es la renunciación y el logro de la posición trascendental que está por encima de las tres modalidades materiales de la naturaleza. Arjuna quiere aclarar los dos temas expresos de *El Bhagavad-gītā*, es decir, la renunciación (*tyāga*) y la orden de vida de renuncia (*sannyāsa*). Así pues, él está preguntando cuál es el significado de esas dos palabras.

Dos palabras que se emplean en este verso para referirse al Señor Supremo —Hṛṣīkeśa y Keśi-niṣūdana—, son significativas. Hṛṣīkeśa es Kṛṣṇa, el amo de todos los sentidos, quien siempre nos puede ayudar a conseguir la serenidad de la mente. Arjuna le pide que resuma todo de modo tal que él pueda mantener el equilibrio. Sin embargo, él tiene algunas dudas, y siempre se dice que las dudas son como demonios. En consecuencia, él se dirige a Kṛṣṇa por el nombre de Keśi-niṣūdana. Keśī era un demonio muy terrible que fue matado por el Señor; ahora Arjuna está esperando que Kṛṣṇa mate al demonio de la duda.

TEXTO 2

श्रीभगवानुवाच

काम्यानां कर्मणां न्यासं संन्यासं कवयो विदुः ।
सर्वकर्मफलत्यागं प्राहुस्त्यागं विचक्षणाः ॥ २ ॥

śrī-bhagavān uvāca
kāmyānāṁ karmaṇāṁ nyāsaṁ
sannyāsaṁ kavayo viduḥ
sarva-karma-phala-tyāgaṁ
prāhus tyāgaṁ vicakṣaṇāḥ

śrī-bhagavān uvāca—la Suprema Personalidad de Dios dijo; *kāmyānām*—con deseo; *karmaṇām*—de las actividades; *nyāsam*—renunciación; *sannyāsam*—la orden de vida de renuncia; *kavayaḥ*—los eruditos; *viduḥ*—conocen; *sarva*—de todas; *karma*—las actividades; *phala*—de los resultados; *tyāgam*—renunciación; *prāhuḥ*—llaman; *tyāgam*—renunciación; *vicakṣaṇāḥ*—los experimentados.

TRADUCCIÓN

La Suprema Personalidad de Dios dijo: El abandono de las actividades que están basadas en el deseo material, es lo que los grandes hombres de saber llaman la orden de vida de renuncia [sannyāsa]. Y el abandono de los resultados de todas las actividades, es lo que los sabios llaman renunciación [tyāga].

SIGNIFICADO

Se debe abandonar la ejecución de actividades en busca de resultados. Ésa es la instrucción que da *El Bhagavad-gītā*. Pero las actividades que llevan al conocimiento espiritual superior no deben abandonarse. Eso se pondrá en claro en el siguiente verso. En la literatura védica se prescriben muchos métodos para realizar sacrificios con algún propósito en particular. Hay ciertos sacrificios que se pueden realizar para tener un buen hijo o para ser elevado a los planetas superiores, pero los sacrificios motivados por deseos se deben suspender. Sin embargo, el sacrificio que uno hace para purificarse el corazón o para adelantar en el campo de la ciencia espiritual, no se debe abandonar.

TEXTO 3

त्याज्यं दोषवदित्येके कर्म प्राहुर्मनीषिणः ।
यज्ञदानतपःकर्म न त्याज्यमिति चापरे ॥३॥

tyājyaṁ doṣa-vad ity eke
karma prāhur manīṣiṇaḥ
yajña-dāna-tapaḥ-karma
na tyājyam iti cāpare

tyajyam—debe abandonarse; *doṣa-vat*—como algo malo; *iti*—así pues; *eke*—un grupo; *karma*—trabajo; *prāhuḥ*—dicen; *manīṣiṇaḥ*—los grandes pensadores; *yajña*—del sacrificio; *dāna*—la caridad; *tapaḥ*—y la penitencia; *karma*—trabajos; *na*—nunca; *tyājyam*—se deben abandonar; *iti*—así pues; *ca*—y; *apare*—otros.

TRADUCCIÓN

Algunos eruditos declaran que todas las clases de actividades fruitivas se deben abandonar como algo malo, mientras que otros sabios sostienen que los actos de sacrificio, caridad y penitencia nunca se deben abandonar.

SIGNIFICADO

En las Escrituras védicas hay muchas actividades que son motivo de disputa. Por ejemplo, se dice que a un animal se lo puede matar en un sacrificio, y sin embargo algunos sostienen que la matanza de animales es algo completamente abominable. Aunque en la literatura védica se recomienda la matanza de un animal en un sacrificio, al animal no se lo considera matado. El sacrificio tiene por objeto darle una nueva vida al animal. A veces, al animal se le da una nueva vida animal después de ser matado en el sacrificio, y a veces se lo promueve de inmediato a la forma de vida humana. Pero entre los sabios hay diferentes opiniones. Algunos dicen que la matanza de animales siempre se debe evitar, y otros dicen que para un sacrificio específico la matanza es buena. Todas esas diferentes opiniones acerca de la actividad del sacrificio, las está aclarando ahora el propio Señor.

TEXTO 4

निश्चयं शृणु मे तत्र त्यागे भरतसत्तम ।
त्यागो हि पुरुषव्याघ्र त्रिविधः संप्रकीर्तितः ॥ ४॥

niścayaṁ śṛṇu me tatra
tyāge bharata-sattama
tyāgo hi puruṣa-vyāghra
tri-vidhaḥ samprakīrtitaḥ

niścayam—certeza; *śṛṇu*—oye; *me*—a Mí; *tatra*—en eso; *tyāge*—respecto al tema de la renunciación; *bharata-sat-tama*—¡oh, tú, el mejor de los Bhāratas!; *tyāgaḥ*—renunciación; *hi*—ciertamente; *puruṣa-vyāghra*—¡oh, tigre entre los seres humanos!; *tri-vidhaḥ*—de tres clases; *samprakīrtitaḥ*—se declara.

TRADUCCIÓN

¡Oh, tú, el mejor de los Bhāratas!, oye ahora Mi juicio sobre la renunciación. ¡Oh, tigre entre los hombres!, en las Escrituras se declara que la renunciación es de tres clases.

SIGNIFICADO

Aunque existen diferentes opiniones acerca de la renunciación, aquí la Suprema Personalidad de Dios, Śrī Kṛṣṇa, expresa Su juicio, que debe tomarse como definitivo. Al fin y al cabo, los *Vedas* son diferentes leyes dadas por el Señor. Aquí, el Señor está presente personalmente, y Su palabra se debe tomar como definitiva. El Señor dice que el proceso de la renunciación se debe considerar en función de las modalidades de la naturaleza material en las que se realiza.

TEXTO 5

यज्ञदानतपःकर्म न त्याज्यं कार्यमेव तत् ।
यज्ञो दानं तपश्चैव पावनानि मनीषिणाम् ॥ ५॥

yajña-dāna-tapaḥ-karma
na tyājyaṁ kāryam eva tat
yajño dānaṁ tapaś caiva
pāvanāni manīṣiṇām

yajña—del sacrificio; *dāna*—la caridad; *tapaḥ*—y la penitencia; *karma*—actividad; *na*—nunca; *tyājyam*—que se debe abandonar; *kāryam*—tiene que hacerse; *eva*—ciertamente; *tat*—eso; *yajñaḥ*—sacrificio; *dānam*—caridad; *tapaḥ*—penitencia; *ca*—también; *eva*—ciertamente; *pāvanāni*—purificador; *manīṣiṇām*—incluso para las grandes almas.

TRADUCCIÓN

Los actos de sacrificio, caridad y penitencia no se deben abandonar; dichos actos se deben llevar a cabo. En verdad, el sacrificio, la caridad y la penitencia purifican incluso a las grandes almas.

SIGNIFICADO

Los *yogīs* deben realizar actos en aras del progreso de la sociedad humana. Existen muchos procesos purificatorios para hacer que un ser humano adelante hacia la vida espiritual. La ceremonia de matrimonio, por ejemplo, se considera que es uno de esos sacrificios. Esa ceremonia se denomina *vivāha-yajña*. ¿Debe un *sannyāsī* patrocinar la ceremonia de matriminio, pese a que él está en la orden de vida de renuncia y ha abandonado sus relaciones familiares? El Señor dice aquí que cualquier sacrificio que sea por el bien de la humanidad, jamás se debe abandonar. El *vivāha-yajña*, la ceremonia de matrimonio, tiene por objeto regular la mente humana de modo que pueda apaciguarse para el adelanto espiritual. En el caso de la mayoría de los hombres, ese *vivāha-yajña* se debe fomentar, y ello lo deben hacer incluso las personas que están en la orden de vida de renuncia. Los *sannyāsīs* nunca se deben juntar con mujeres, pero eso no significa que aquel que está en las etapas inferiores de la vida, un joven, no deba aceptar una esposa en la ceremonia de matrimonio. Todos los sacrificios prescritos son para llegar al Señor Supremo. Por consiguiente, en las etapas inferiores no se los debe abandonar. De igual manera, la caridad es para la purificación del corazón. Si la caridad se les da a personas idóneas, tal como se describió antes, esa caridad lo llevará a uno a la vida espiritual superior.

TEXTO 6

एतान्यपि तु कर्माणि सङ्गं त्यक्त्वा फलानि च ।
कर्तव्यानीति मे पार्थ निश्चितं मतमुत्तमम् ॥ ६ ॥

etāny api tu karmāṇi
saṅgaṁ tyaktvā phalāni ca
kartavyānīti me pārtha
niścitaṁ matam uttamam

etāni—todas estas; *api*—ciertamente; *tu*—pero; *karmāṇi*—actividades; *saṅgam*—relación; *tyaktvā*—renunciando; *phalāni*—resultados; *ca*—también; *kartavyāni*—se debe hacer como un deber; *iti*—así pues; *me*—Mi; *pārtha*—¡oh, hijo de Pṛthā!; *niścitam*—definitiva; *matam*—opinión; *uttamam*—la mejor.

TRADUCCIÓN

Todas esas actividades se deben ejecutar sin apego y sin esperar ningún resultado. ¡Oh, hijo de Pṛthā!, se las debe ejecutar como una cuestión de deber. Ésa es Mi opinión final.

SIGNIFICADO

Aunque todos los sacrificios son purificadores, uno no debe esperar ningún resultado de su ejecución. En otras palabras, todos los sacrificios que tienen por objeto el progreso material de la vida, se deben abandonar, pero los sacrificios que le purifican a uno la existencia y lo elevan a uno al plano espiritual, no se deben detener. Todo lo que conduce al plano de conciencia de Kṛṣṇa se debe fomentar. En *El Śrīmad-Bhāgavatam* también se dice que cualquier actividad que lleve a prestarle servicio devocional al Señor, debe ser aceptada. Ése es el criterio más elevado acerca de lo que es religión. El devoto del Señor debe aceptar cualquier clase de trabajo, sacrificio o caridad que lo ayude en el desempeño del servicio devocional que le presta al Señor.

TEXTO 7

नियतस्य तु संन्यासः कर्मणो नोपपद्यते ।

मोहात्तस्य परित्यागस्तामसः परिकीर्तितः ॥७॥

niyatasya tu sannyāsaḥ
karmaṇo nopapadyate
mohāt tasya parityāgas
tāmasaḥ parikīrtitaḥ

niyatasya—de los deberes prescritos; *tu*—pero; *sannyāsaḥ*—renunciación; *karmaṇaḥ*—de las actividades; *na*—nunca; *upapadyate*—se merece; *mohāt*—por la ilusión; *tasya*—de ellos; *parityāgaḥ*—renunciación; *tāmasaḥ*—en la modalidad de la ignorancia; *parikīrtitaḥ*—se declara.

TRADUCCIÓN

Nunca se debe renunciar a los deberes prescritos. Si por ilusión uno abandona los suyos, esa clase de renunciación se dice que está en el plano de la modalidad de la ignorancia.

SIGNIFICADO

El trabajo que se hace en aras de la satisfacción material se debe abandonar, pero las actividades que lo promueven a uno a la actividad espiritual, como el cocinar para el Señor Supremo y el ofrecerle la comida al Señor y luego comerla, son cosas que se recomiendan. Se dice que una persona que está en la orden de vida de renuncia no debe cocinar para sí. Cocinar para sí está prohibido, pero el cocinar para el Señor Supremo no lo está. De igual manera, un *sannyāsī* puede celebrar una ceremonia de matrimonio para ayudar a su discípulo a progresar en el cultivo de conciencia de Kṛṣṇa. Si uno renuncia a esas actividades, ha de saberse que está actuando en el plano de la modalidad de la oscuridad.

TEXTO 8

दुःखमित्येव यत्कर्म कायक्लेशभयात्त्यजेत् ।
स कृत्वा राजसं त्यागं नैव त्यागफलं लभेत् ॥८॥

duḥkham ity eva yat karma
kāya-kleṣa-bhayāt tyajet
sa kṛtvā rājasaṁ tyāgaṁ
naiva tyāga-phalaṁ labhet

duḥkham—infeliz; *iti*—así pues; *eva*—ciertamente; *yat*—cual; *karma*—trabajo; *kāya*—para el cuerpo; *kleśa*—problema; *bhayāt*—por temor; *tyajet*—abandona; *saḥ*—él; *kṛtvā*—después de hacer; *rājasam*—en la modalidad de la pasión; *tyāgam*—renunciación; *na*—no; *eva*—ciertamente; *tyāga*—de la renunciación; *phalam*—los resultados; *labhet*—gana.

TRADUCCIÓN

Todo aquel que abandona los deberes prescritos considerándolos dificultosos o por temor a las incomodidades físicas, se dice que ha renunciado en el plano de la modalidad de la pasión. Con ese acto nunca se obtienen los resultados de la renunciación.

SIGNIFICADO

Aquel que está en el plano de conciencia de Kṛṣṇa no debe dejar de ganar dinero por temor a estar realizando actividades fruitivas. Si mediante el trabajo uno puede ocupar su dinero en el proceso de conciencia de Kṛṣṇa, o si por el hecho de levantarse temprano por la mañana uno puede hacer que progrese su trascendental conciencia de Kṛṣṇa, no hay que desistir de ello por temor o porque esas actividades se consideren dificultosas. El renunciar a ello está en el plano de la modalidad de la pasión. El resultado del trabajo apasionado siempre es desolador. Si una persona renuncia al trabajo con ese espíritu, nunca obtiene el resultado de la renunciación.

TEXTO 9

कार्यमित्येव यत्कर्म नियतं क्रियतेऽर्जुन ।
सङ्गं त्यक्त्वा फलं चैव स त्यागः सात्त्विको मतः ॥९॥

kāryam ity eva yat karma
niyataṁ kriyate 'rjuna
saṅgaṁ tyaktvā phalaṁ caiva
sa tyāgaḥ sāttviko mataḥ

kāryam—debe hacerse; *iti*—así pues; *eva*—en verdad; *yat*—el cual; *karma*—trabajo; *niyatam*—prescrito; *kriyate*—se ejecuta; *arjuna*—¡oh, Arjuna!; *saṅgam*—relación; *tyaktvā*—abandonando; *phalam*—el resultado; *ca*—también; *eva*—ciertamente; *saḥ*—eso; *tyāgaḥ*—renunciación; *sāttvikaḥ*—en la modalidad de la bondad; *mataḥ*—en Mi opinión.

TRADUCCIÓN

¡Oh, Arjuna!, cuando uno ejecuta su deber prescrito únicamente porque tiene que hacerse, y renuncia a toda relación material y a todo apego al fruto, se dice que su renunciación está en el plano de la modalidad de la bondad.

SIGNIFICADO

Los deberes prescritos se deben llevar a cabo con esa mentalidad. Uno debe actuar sin apego al resultado; se debe estar desvinculado de las modalidades del trabajo. Un hombre que trabaja con conciencia de Kṛṣṇa en una fábrica, no se asocia con el trabajo de la misma, ni con los trabajadores de ella. Él simplemente trabaja para Kṛṣṇa. Y cuando él renuncia al resultado para dárselo a Kṛṣṇa, está actuando de un modo trascendental.

TEXTO 10

न द्वेष्ट्यकुशलं कर्म कुशले नानुषज्जते ।
त्यागी सत्त्वसमाविष्टो मेधावी छिन्नसंशयः ॥१०॥

na dveṣṭy akuśalaṁ karma
kuśale nānuṣajjate
tyāgī sattva-samāviṣṭo
medhāvī chinna-saṁśayaḥ

na—nunca; *dveṣṭi*—odia; *akuśalam*—desfavorable; *karma*—trabajo; *kuśale*—en lo favorable; *na*—ni; *anuṣajjate*—se apega; *tyāgī*—el renunciante; *sattva*—en la bondad; *samāviṣṭaḥ*—absorto; *medhāvī*—inteligente; *chinna*—habiendo cortado; *saṁśayaḥ*—todas las dudas.

TRADUCCIÓN

El renunciante inteligente que está situado en el plano de la modalidad de la bondad y que ni odia el trabajo desfavorable ni está apegado al trabajo favorable, no tiene ninguna duda acerca del trabajo.

SIGNIFICADO

La persona que está en el plano de conciencia de Kṛṣṇa o en el plano de la modalidad de la bondad, no odia nada ni a nadie que le moleste el cuerpo. Ella trabaja en el lugar indicado y en el momento indicado, sin temerles a los efectos molestos que procedan de su deber. Esa clase de persona situada en la trascendencia, ha de saberse que es de lo más inteligente y que en sus actividades está por encima de todas las dudas.

TEXTO 11

न हि देहभृता शक्यं त्यक्तुं कर्माण्यशेषतः ।
यस्तु कर्मफलत्यागी स त्यागीत्यभिधीयते ॥११॥

na hi deha-bhṛtā śakyaṁ
tyaktuṁ karmāṇy aśeṣataḥ
yas tu karma-phala-tyāgī
sa tyāgīty abhidhīyate

na—nunca; *hi*—ciertamente; *deha-bhṛtā*—por los encarnados; *śakyam*—es posible; *tyaktum*—ser renunciado; *karmāṇi*—actividades; *aśeṣataḥ*—completamente; *yaḥ*—cualquiera que; *tu*—pero; *karma*—del trabajo; *phala*—del resultado; *tyāgī*—el renunciante; *saḥ*—él; *tyāgī*—el renunciante; *iti*—así pues; *abhidhīyate*—se dice.

TRADUCCIÓN

Es en verdad imposible que un ser encarnado abandone todas las actividades. Pero aquel que renuncia a los frutos de la acción, se dice que es alguien que verdaderamente ha renunciado.

SIGNIFICADO

En *El Bhagavad-gītā* se dice que uno no puede dejar de trabajar en ningún momento. Por lo tanto, aquel que trabaja para Kṛṣṇa y que no disfruta de los resultados fruitivos, aquel que le ofrece todo a Kṛṣṇa, es en realidad un renunciante. Hay muchos miembros de la Sociedad Internacional para la Conciencia de Kṛṣṇa que trabajan mucho en su oficina, en la fábrica o en algún otro lugar, y todo lo que ganan se lo dan a la Sociedad. Esas almas sumamente elevadas son de hecho *sannyāsīs* y están situadas en la orden de vida de renuncia. Aquí se señala claramente cómo renunciar a los frutos del trabajo y con qué propósito se debe hacerlo.

TEXTO 12

अनिष्टमिष्टं मिश्रं च त्रिविधं कर्मणः फलम् ।
भवत्यत्यागिनां प्रेत्य न तु संन्यासिनां क्वचित् ॥१२॥

aniṣṭam iṣṭaṁ miśraṁ ca
tri-vidhaṁ karmaṇaḥ phalam
bhavaty atyāgināṁ pretya
na tu sannyāsināṁ kvacit

aniṣṭam—que conduce al infierno; *iṣṭam*—que conduce al cielo; *miśram*—mixto; *ca*—y; *tri-vidham*—de tres clases; *karmaṇaḥ*—del trabajo; *phalam*—el resultado; *bhavati*—aparece; *atyāginām*—para aquellos que no son renunciados; *pretya*—después de la muerte; *na*—no; *tu*—pero; *sannyāsinām*—para la orden renunciante; *kvacit*—en cualquier momento.

TRADUCCIÓN

Para aquel que no es renunciado, las tres clases de frutos de la acción —lo deseable, lo indeseable y lo mixto— se devengan después de la muerte. Pero aquellos que están en la orden de vida de renuncia, no tienen esa clase de resultados que padecer o disfrutar.

SIGNIFICADO

Una persona que tiene conciencia de Kṛṣṇa y que actúa con conocimiento de la relación que tiene con Kṛṣṇa, siempre está liberada. En consecuencia, después de la muerte no tiene que disfrutar o sufrir de los resultados de sus actos.

TEXTO 13

पञ्चैतानि महाबाहो कारणानि निबोध मे ।
साङ्ख्ये कृतान्ते प्रोक्तानि सिद्धये सर्वकर्मणाम् ॥१३॥

pañcaitāni mahā-bāho
kāraṇāni nibodha me
sāṅkhye kṛtānte proktāni
siddhaye sarva-karmaṇām

pañca—cinco; *etāni*—estas; *mahā-bāho*—¡oh, tú, el de los poderosos brazos!; *kāraṇāni*—causas; *nibodha*—entérate; *me*—conmigo; *sāṅkhye*—en *El Vedānta*; *kṛta-ante*—en la conclusión; *proktāni*—dicho; *siddhaye*—para la perfección; *sarva*—de todas; *karmaṇām*—las actividades.

TRADUCCIÓN

¡Oh, Arjuna, el de los poderosos brazos!, según El Vedānta, hay cinco factores que intervienen en el cumplimiento de toda acción. Ahora voy a informarte de ellos.

SIGNIFICADO

Puesto que cualquier actividad que se realice debe tener alguna reacción, podría hacerse la pregunta de que cómo es posible que la persona que está en el plano de conciencia de Kṛṣṇa no sufra o disfrute de las reacciones del trabajo. El Señor está citando la filosofía *Vedānta* para ilustrar cómo eso es posible. Él dice que hay cinco causas en todas las actividades, y para tener éxito en cualquier actividad, uno debe tener en cuenta esas cinco causas. *Sāṅkhya* significa el tallo del conocimiento, y *Vedānta* es el tallo final del conocimiento que aceptan todos los principales *ācāryas*. Incluso Śaṅkara acepta *El Vedānta-sūtra* como tal. De modo que, se debe consultar a una autoridad como ésa.

El control final se le confiere a la Superalma. Como se declara en *El Bhagavad-gītā*: *sarvasya cāhaṁ hṛdi sanniviṣṭah*. Él está ocupando a todo el mundo en determinadas actividades, haciéndoles recordar a todos sus acciones pasadas. Y los actos conscientes de Kṛṣṇa que se hacen bajo la dirección que Él da desde dentro, no producen ninguna reacción, ni en esta vida, ni en la que hay después de la muerte.

TEXTO 14

अधिष्ठानं तथा कर्ता करणं च पृथग्विधम् ।
विविधाश्च पृथक्चेष्टा दैवं चैवात्र पञ्चमम् ॥१४॥

adhiṣṭhānaṁ tathā kartā
karaṇaṁ ca pṛthag-vidham
vividhāś ca pṛthak ceṣṭā
daivaṁ caivātra pañcamam

adhiṣṭhānam—el lugar; *tathā*—también; *kartā*—el trabajador; *karaṇam*—instrumentos; *ca*—y; *pṛthak-vidham*—de diferentes clases; *vividhāḥ*—diversas; *ca*—y; *pṛthak*—separados; *ceṣṭāḥ*—los esfuerzos; *daivam*—el Supremo; *ca*—también; *eva*—ciertamente; *atra*—aquí; *pañcamam*—el quinto.

TRADUCCIÓN

El lugar de la acción [el cuerpo], el ejecutor, los diversos sentidos, las muchas clases de esfuerzos y, por último, la Superalma, ésos son los cinco factores de la acción.

SIGNIFICADO

La palabra *adhiṣṭhānam* se refiere al cuerpo. El alma que está dentro del cuerpo actúa para producir los resultados de la actividad, y, en consecuencia, se la conoce como *kartā*, "la hacedora". Que el alma es la conocedora y la hacedora es algo que se declara en el *śruti*. *Eṣa hi draṣṭā sraṣṭā* (*El Praśna Upaniṣad* 4.9). Eso también se confirma en *El Vedānta-sūtra* con los versos *jño 'ta eva* (2.3.18) y *kartā śāstrārthavattvāt* (2.3.33). Los sentidos son los instrumentos de la acción, y por medio de ellos el alma actúa de diversas maneras. Para todas y cada una de las acciones hay un esfuerzo diferente. Pero todas las actividades de uno dependen de la voluntad de la Superalma, quien se encuentra en el corazón como un amigo. El Señor Supremo es la supercausa. Ante estas circunstancias, aquel que actúa en el plano de conciencia de Kṛṣṇa bajo la dirección de la Superalma que está situada en el corazón, naturalmente no está atado por ninguna actividad. Aquellos que están por completo en el plano de conciencia de Kṛṣṇa, no son en definitiva responsables de sus acciones. Todo depende de la voluntad suprema, la Superalma, la Suprema Personalidad de Dios.

TEXTO 15

शरीरवाङ्मनोभिर्यत्कर्म प्रारभते नरः ।
न्याय्यं वा विपरीतं वा पञ्चैते तस्य हेतवः ॥१५॥

śarīra-vāṅ-manobhir yat
karma prārabhate naraḥ
nyāyyaṁ vā viparītaṁ vā
pañcaite tasya hetavaḥ

śarīra—por el cuerpo; *vāk*—el habla; *manobhiḥ*—y la mente; *yat*—cualquier; *karma*—trabajo; *prārabhate*—comienza; *naraḥ*—una persona; *nyāyyam*—correcto; *vā*—o; *viparītam*—lo opuesto; *vā*—o; *pañca*—cinco; *ete*—todos éstos; *tasya*—sus; *hetavaḥ*—causas.

TRADUCCIÓN

Toda acción correcta o incorrecta que el hombre ejecute con el cuerpo, la mente o las palabras, es causada por esos cinco factores.

SIGNIFICADO

Las palabras ''correcta'' e ''incorrecta'' son muy significativas en este verso. Trabajo correcto es aquel que se hace en función de las indicaciones que se prescriben en las Escrituras, y trabajo incorrecto es aquel que se hace en contra de los principios que se estipulan en ellas. Pero todo lo que se haga, requiere de estos cinco factores para su completa ejecución.

TEXTO 16

तत्रैवं सति कर्तारमात्मानं केवलं तु यः ।
पश्यत्यकृतबुद्धित्वान्न स पश्यति दुर्मतिः ॥१६॥

tatraivaṁ sati kartāram
ātmānaṁ kevalaṁ tu yaḥ
paśyaty akṛta-buddhitvān
na sa paśyati durmatiḥ

tatra—ahí; *evam*—así pues; *sati*—siendo; *kartāram*—el que trabaja;

ātmānam—él mismo; *kevalam*—solamente; *tu*—pero; *yaḥ*—cualquiera que; *paśyati*—ve; *akṛta-buddhitvāt*—debido a la falta de inteligencia; *na*—nunca; *saḥ*—él; *paśyati*—ve; *durmatiḥ*—necio.

TRADUCCIÓN

Por lo tanto, aquel que cree que es el único autor, haciendo caso omiso de los cinco factores, sin duda que no es muy inteligente y no puede ver las cosas tal como son.

SIGNIFICADO

Una persona necia no puede entender que la Superalma se encuentra dentro como un amigo y que está dirigiendo sus acciones. Aunque las causas materiales son el lugar, el trabajador, el esfuerzo y los sentidos, la causa final es el Supremo, la Personalidad de Dios. En consecuencia, uno no sólo debe ver las cuatro causas materiales, sino también la suprema causa eficiente. Aquel que no ve al Supremo, cree que él mismo es el autor.

TEXTO 17

यस्य नाहंकृतो भावो बुद्धिर्यस्य न लिप्यते ।
हत्वाऽपि स इमाँल्लोकान्न हन्ति न निबध्यते ॥१७॥

yasya nāhaṅkṛto bhāvo
buddhir yasya na lipyate
hatvāpi sa imāĺ lokān
na hanti na nibadhyate

yasya—aquel cuyo; *na*—nunca; *ahaṅkṛtaḥ*—del ego falso; *bhāvaḥ*—naturaleza; *buddhiḥ*—inteligencia; *yasya*—aquel cuyo; *na*—nunca; *lipyate*—está apegado; *hatvā*—mate; *api*—aun; *saḥ*—él; *imān*—este; *lokān*—mundo; *na*—nunca; *hanti*—mata; *na*—nunca; *nibadhyate*—se enreda.

TRADUCCIÓN

Aquel que no es movido por el ego falso, cuya inteligencia no está enredada, aunque mate hombres en este mundo, no mata. Y a él tampoco lo atan sus acciones.

SIGNIFICADO

En este verso, el Señor le informa a Arjuna que el deseo de no pelear surge del ego falso. Arjuna creyó ser el autor de la acción, pero él no tuvo en cuenta la sanción suprema de dentro y fuera. Si uno no sabe que existe una supersanción,

¿por qué va a actuar? Pero aquel que conoce los instrumentos del trabajo, que sabe que él mismo es el trabajador y que el Señor Supremo es el sancionador supremo, es perfecto en todo lo que hace. A esa persona nunca la domina la ilusión. La actividad y la responsabilidad personal surgen del ego falso y del ateísmo, o de la falta de conciencia de Kṛṣṇa. Todo aquel que actúa con conciencia de Kṛṣṇa bajo la dirección de la Superalma o de la Suprema Personalidad de Dios, aunque mate, no mata. Y él tampoco se ve jamás afectado por la reacción de esa matanza. Cuando un soldado mata siguiendo la orden de un oficial superior, no está sujeto a ser juzgado. Pero si un soldado mata por su propia cuenta, entonces sin duda que será juzgado por alguna corte.

TEXTO 18

ज्ञानं ज्ञेयं परिज्ञाता त्रिविधा कर्मचोदना ।
करणं कर्म कर्तेति त्रिविधः कर्मसंग्रहः ॥१८॥

jñānaṁ jñeyaṁ parijñātā
tri-vidhā karma-codanā
karaṇaṁ karma karteti
tri-vidhaḥ karma-saṅgrahaḥ

jñānam—conocimiento; *jñeyam*—el objetivo del conocimiento; *parijñātā*—el conocedor; *tri-vidhā*—de tres clases; *karma*—de trabajo; *codanā*—incentivo; *karaṇam*—los sentidos; *karma*—el trabajo; *kartā*—el autor; *iti*—así pues; *tri-vidhaḥ*—de tres clases; *karma*—de trabajo; *saṅgrahaḥ*—la acumulación.

TRADUCCIÓN

El conocimiento, el objeto del conocimiento y el conocedor son los tres factores que motivan la acción; los sentidos, el trabajo y el autor son los tres componentes de la acción.

SIGNIFICADO

Hay tres clases de incentivos para el trabajo cotidiano: el conocimiento, el objeto del conocimiento y el conocedor. Los instrumentos de trabajo, el trabajo en sí y el trabajador se denominan los componentes del trabajo. Cualquier trabajo que el ser humano haga, tiene esos elementos. Antes de uno actuar, hay un incentivo, que se denomina inspiración. Cualquier solución a la que se llega antes de que el trabajo se realice, es una forma sutil de trabajo. Luego, el trabajo toma la forma de la acción. Primero uno tiene que pasar por los procesos psicológicos de pensar, sentir y desear, y eso se denomina incentivo. La inspiración para trabajar es la misma si procede de las Escrituras o de la instrucción del maestro espiritual.

Cuando la inspiración está presente y el trabajador está presente, entonces la actividad en sí tiene lugar con la ayuda de los sentidos, entre los que se incluye la mente, que es el centro de todos los sentidos. La suma de todos los componentes de una actividad se conoce como el conglomerado del trabajo.

TEXTO 19

ज्ञानं कर्म च कर्ता च त्रिधैव गुणभेदतः ।
प्रोच्यते गुणसंख्याने यथावच्छृणु तान्यपि ॥१९॥

jñānaṁ karma ca kartā ca
tridhaiva guṇa-bhedataḥ
procyate guṇa-saṅkhyāne
yathāvac chṛṇu tāny api

jñānam—conocimiento; *karma*—trabajo; *ca*—también; *kartā*—trabajador; *ca*—también; *tridhā*—de tres clases; *eva*—ciertamente; *guṇa-bhedataḥ*—en función de las diferentes modalidades de la naturaleza material; *procyate*—se dice; *guṇa-saṅkhyāne*—en función de las diferentes modalidades; *yathā-vat*—como actúan; *śṛṇu*—oye; *tāni*—todas ellas; *api*—también.

TRADUCCIÓN

En función de las tres diferentes modalidades de la naturaleza material, hay tres clases de conocimiento, de acción y de ejecutores de la acción. Ahora óyeme hablar de ellos.

SIGNIFICADO

En el Decimocuarto Capítulo se describieron detalladamente las tres divisiones de las modalidades de la naturaleza material. En ese capítulo se dijo que la modalidad de la bondad es iluminadora, la modalidad de la pasión es materialista, y la modalidad de la ignorancia conduce a la pereza y la indolencia. Todas las modalidades de la naturaleza material son esclavizadoras; ellas no son fuentes de liberación. Incluso en el plano de la modalidad de la bondad, uno está condicionado. En el Decimoséptimo Capítulo se describieron los diferentes tipos de adoración que realizan los diferentes tipos de hombres que están en los diferentes planos de las modalidades de la naturaleza material. En este verso, el Señor dice que desea hablar de los diferentes tipos de conocimiento, trabajadores y trabajo en sí, en función de las tres modalidades materiales.

TEXTO 20

सर्वभूतेषु येनैकं भावमव्ययमीक्षते ।
अविभक्तं विभक्तेषु तज्ज्ञानं विद्धि सात्त्विकं ॥२०॥

sarva-bhūteṣu yenaikaṁ
bhāvam avyayam īkṣate
avibhaktaṁ vibhakteṣu
taj jñānaṁ viddhi sāttvikam

sarva-bhūteṣu—en todas las entidades vivientes; *yena*—por lo cual; *ekam*—una; *bhāvam*—situación; *avyayam*—imperecedera; *īkṣate*—uno ve; *avibhaktam*—indiviso; *vibhakteṣu*—en los innumerables que están divididos; *tat*—eso; *jñānam*—conocimiento; *viddhi*—sabe; *sāttvikam*—en la modalidad de la bondad.

TRADUCCIÓN

El conocimiento mediante el cual uno ve en todas las entidades vivientes una naturaleza espiritual indivisible, aunque ellas están divididas en infinidad de formas, has de saber que está en el plano de la modalidad de la bondad.

SIGNIFICADO

La persona que ve un alma espiritual en cada ser vivo, ya sea en un semidiós, en un ser humano, en un animal, en un ave, en una bestia, en un ser acuático o en una planta, posee conocimiento en el plano de la modalidad de la bondad. En todas las entidades vivientes hay un alma espiritual, aunque ellas tienen diferentes cuerpos en función de su trabajo previo. Como se señala en el Séptimo Capítulo, la manifestación de la fuerza viva que hay en cada cuerpo, se debe a la naturaleza superior del Señor Supremo. Así pues, el ver en cada cuerpo esa naturaleza superior única, esa fuerza viva, es ver en el plano de la modalidad de la bondad. Esa energía viviente es imperecedera, a pesar de que los cuerpos son perecederos. Las diferencias se perciben en función del cuerpo; como en la vida condicional hay muchas formas de existencia material, la fuerza viva parece estar dividida. Ese conocimiento impersonal es un aspecto de la autorrealización.

TEXTO 21

पृथक्त्वेन तु यज्ज्ञानं नानाभावान्पृथग्विधान् ।
वेत्ति सर्वेषु भूतेषु तज्ज्ञानं विद्धि राजसम् ॥२१॥

pṛthaktvena tu yaj jñānaṁ
nānā-bhāvān pṛthag-vidhān
vetti sarveṣu bhūteṣu
taj jñānaṁ viddhi rājasam

pṛthaktvena—debido a la división; *tu*—pero; *yat*—el cual; *jñānam*—conocimiento; *nānā-bhāvān*—situaciones múltiples; *pṛthak-vidhān*—diferentes; *vetti*—sabe; *sarveṣu*—en todas; *bhūteṣu*—entidades vivientes; *tat*—ese; *jñānam*—conocimiento; *viddhi*—debe conocerse; *rājasam*—en función de la pasión.

TRADUCCIÓN

El conocimiento por el cual uno ve que en cada cuerpo diferente hay un tipo diferente de entidad viviente, has de saber que está en el plano de la modalidad de la pasión.

SIGNIFICADO

El concepto de que el cuerpo material es la entidad viviente y de que con la destrucción del cuerpo la conciencia también es destruida, se denomina conocimiento en el plano de la modalidad de la pasión. Según ese conocimiento, los cuerpos difieren entre sí a causa del desarrollo de diferentes tipos de conciencia; por lo demás, no hay ningún alma separada que manifieste una conciencia. El cuerpo es en sí el alma, y no hay un alma separada más allá de este cuerpo. De acuerdo con ese conocimiento, la conciencia es temporal. O si no, no hay almas individuales, sino que hay un alma omnipresente, la cual está colmada de conocimiento, y este cuerpo es la manifestación de una ignorancia temporal. O si no, más allá de este cuerpo no hay ningún individuo especial o Alma Suprema. Toda esa clase de concepciones se considera que son productos de la modalidad de la pasión.

TEXTO 22

यत्तु कृत्स्नवदेकस्मिन्कार्ये सक्तमहैतुकम् ।
अतत्त्वार्थवदल्पं च तत्तामसमुदाहृतम् ॥ २२ ॥

yat tu kṛtsna-vad ekasmin
kārye saktam ahaitukam
atattvārtha-vad alpaṁ ca
tat tāmasam udāhṛtam

yat—aquello que; *tu*—pero; *kṛtsna-vat*—como si lo fuera todo; *ekasmin*—en uno; *kārye*—trabajo; *saktam*—apegado; *ahaitukam*—sin causa; *atattva-artha-*

vat—sin conocimiento de la realidad; *alpam*—muy poco; *ca*—y; *tat*—eso; *tāmasam*—en la modalidad de la oscuridad; *udāhṛtam*—se dice que está.

TRADUCCIÓN

Y el conocimiento por el cual uno está apegado a una clase de trabajo como si lo fuera todo, sin conocimiento de la verdad, y que es muy escaso, se dice que está en el plano de la modalidad de la oscuridad.

SIGNIFICADO

El ''conocimiento'' del hombre común siempre está en el plano de la modalidad de la oscuridad o la ignorancia, porque toda entidad viviente que se encuentra en la vida condicionada nace en el plano de la modalidad de la ignorancia. Aquel que no cultiva conocimiento a través de las autoridades o de las disposiciones de las Escrituras, tiene un conocimiento que está limitado al cuerpo. A él no le interesa actuar en función de las indicaciones de las Escrituras. Para él, Dios es el dinero, y conocimiento significa satisfacer las exigencias del cuerpo. Esa clase de conocimiento no tiene ninguna relación con la Verdad Absoluta. Es más o menos como el conocimiento de los animales ordinarios: el conocimiento de comer, dormir, defenderse y aparearse. Esa clase de conocimiento se describe aquí como el producto de la modalidad de la oscuridad. En otras palabras, el conocimiento que trata del alma espiritual que está más allá de este cuerpo, se denomina conocimiento en el plano de la modalidad de la bondad; el conocimiento que produce muchas teorías y doctrinas a fuerza de lógica mundana y especulación mental, es el producto de la modalidad de la pasión; y el conocimiento que se interesa únicamente en mantener cómodo el cuerpo, se dice que está en el plano de la modalidad de la ignorancia.

TEXTO 23

नियतं सङ्गरहितमरागद्वेषतः कृतम् ।
अफलप्रेप्सुना कर्म यत्तत्सात्त्विकमुच्यते ॥२३॥

niyataṁ saṅga-rahitam
arāga-dveṣataḥ kṛtam
aphala-prepsunā karma
yat tat sāttvikam ucyate

niyatam—regulada; *saṅga-rahitam*—sin apego; *arāga-dveṣataḥ*—sin amor ni odio; *kṛtam*—hecha; *aphala-prepsunā*—por alguien que no desea un resultado fruitivo; *karma*—acción; *yat*—la cual; *tat*—esa; *sāttvikam*—en la modalidad de la bondad; *ucyate*—se llama.

TRADUCCIÓN

La acción que es regulada y que se realiza sin apego, sin amor ni odio, y sin el deseo de obtener resultados fruitivos, se dice que está en el plano de la modalidad de la bondad.

SIGNIFICADO

Las ocupaciones obligatorias reguladas, tal como se prescriben en las Escrituras en función de las diferentes órdenes y divisiones de la sociedad, ejecutadas sin apego ni derechos de propiedad y, por ende, sin ningún amor ni odio, y ejecutadas con conciencia de Kṛṣṇa para la satisfacción del Supremo, sin buscar la satisfacción o la complacencia personal, se denominan acciones en el plano de la modalidad de la bondad.

TEXTO 24

यत्तु कामेप्सुना कर्म साहङ्कारेण वा पुनः ।
क्रियते बहुलायासं तद्राजसमुदाहृतम् ॥२४॥

yat tu kāmepsunā karma
sāhaṅkāreṇa vā punaḥ
kriyate bahulāyāsaṁ
tad rājasam udāhṛtam

yat—aquello que; *tu*—pero; *kāma-īpsunā*—por aquel que desea un resultado fruitivo; *karma*—trabajo; *sa-ahaṅkāreṇa*—con ego; *vā*—o; *punaḥ*—de nuevo; *kriyate*—se ejecuta; *bahula-āyāsam*—con gran esfuerzo; *tat*—eso; *rājasam*—en la modalidad de la pasión; *udāhṛtam*—se dice que está.

TRADUCCIÓN

Pero la acción que realiza con gran esfuerzo aquel que busca complacer sus deseos, y la cual se ejecuta por un sentido de ego falso, se denomina acción en el plano de la modalidad de la pasión.

TEXTO 25

अनुबन्धं क्षयं हिंसामनपेक्ष्य च पौरुषम् ।
मोहादारभ्यते कर्म यत्तत्तामसमुच्यते ॥२५॥

anubandhaṁ kṣayaṁ hiṁsām
anapekṣya ca pauruṣam

mohād ārabhyate karma
yat tat tāmasam ucyate

anubandham—del cautiverio futuro; *kṣayam*—destrucción; *hiṁsām*—y aflicción a otros; *anapekṣya*—sin considerar las consecuencias; *ca*—también; *pauruṣam*—sancionada por uno mismo; *mohāt*—por ilusión; *ārabhyate*—comenzado; *karma*—trabajo; *yat*—eso; *tat*—que; *tāmasam*—en la modalidad de la ignorancia; *ucyate*—se dice que está.

TRADUCCIÓN

La acción que se ejecuta en medio de la ilusión, haciendo caso omiso de las disposiciones de las Escrituras y sin preocuparse por cosas futuras tales como el cautiverio, la violencia o la aflicción que se les cause a otros, se dice que está en el plano de la modalidad de la ignorancia.

SIGNIFICADO

Uno tiene que rendirles cuentas de sus acciones al Estado o a los agentes del Señor Supremo llamados los Yamadūtas. El trabajo irresponsable es destructivo, porque destruye los principios regulativos de las disposiciones de las Escrituras. Dicho trabajo se basa a menudo en la violencia y les causa aflicción a otras entidades vivientes. Esa clase de trabajo irresponsable se desempeña a la luz de la experiencia personal de uno. Eso se denomina ilusión. Y todo ese trabajo ilusorio es producto de la modalidad de la ignorancia.

TEXTO 26

मुक्तसङ्गोऽनहंवादी धृत्युत्साहसमन्वितः ।
सिद्ध्यसिद्ध्योर्निर्विकारः कर्ता सात्त्विक उच्यते ।

mukta-saṅgo 'nahaṁvādī
dhṛty-utsāha-samanvitaḥ
siddhy-asiddhyor nirvikāraḥ
kartā sāttvika ucyate

mukta-saṅgaḥ—liberado de toda asociación material; *anahaṁ-vādī*—sin ego falso; *dhṛti*—con determinación; *utsāha*—con gran entusiasmo; *samanvitaḥ*—calificado; *siddhi*—perfección; *asiddhyoḥ*—fracaso; *nirvikāraḥ*—sin cambio; *kartā*—el trabajador; *sāttvikaḥ*—en la modalidad de la bondad; *ucyate*—se dice que es.

TRADUCCIÓN

Aquel que cumple con su deber sin asociarse con las modalidades de la naturaleza material, sin ego falso, con gran determinación y entusiasmo, y sin vacilar ante el éxito o el fracaso, se dice que es un trabajador que está en el plano de la modalidad de la bondad.

SIGNIFICADO

La persona que tiene conciencia de Kṛṣṇa, siempre es trascendental a las modalidades materiales de la naturaleza. Ella no espera disfrutar del resultado del trabajo que se le ha confiado, porque está por encima del ego falso y el orgullo. No obstante, ella siempre está entusiasmada hasta el final de ese trabajo. A ella no le preocupa el sufrimiento que haya que afrontar; siempre está entusiasmada. A ella no le importa el éxito o el fracaso; su disposición es la misma en la felicidad y en la aflicción. Una persona que trabaja de ese modo, está situada en el plano de la modalidad de la bondad.

TEXTO 27

रागी कर्मफलप्रेप्सुर्लुब्धो हिंसात्मकोऽशुचिः ।
हर्षशोकान्वितः कर्ता राजसः परिकीर्तितः ॥ २७ ॥

rāgī karma-phala-prepsur
lubdho hiṁsātmako 'śuciḥ
harṣa-śokānvitaḥ kartā
rājasaḥ parikīrtitaḥ

rāgī—muy apegado; *karma-phala*—el fruto del trabajo; *prepsuḥ*—deseando; *lubdhaḥ*—codicioso; *hiṁsā-ātmakaḥ*—siempre está envidioso; *aśuciḥ*—sucio; *harṣa-śoka-anvitaḥ*—supeditado a la alegría y la tristeza; *kartā*—esa clase de trabajador; *rājasaḥ*—en la modalidad de la pasión; *parikīrtitaḥ*—se declara.

TRADUCCIÓN

El trabajador que está apegado al trabajo y a los frutos del trabajo, deseando disfrutar de esos frutos, y que es codicioso, siempre está envidioso, es impuro, y lo mueven la alegría y la tristeza, se dice que está en el plano de la modalidad de la pasión.

SIGNIFICADO

Una persona está demasiado apegada a cierta clase de trabajo o al resultado del mismo, porque está demasiado apegada al materialismo o al hogar, la esposa y los hijos. Una persona como ésa no desea una elevación superior en la vida. Ella sólo está interesada en hacer que este mundo sea tan cómodo en sentido material como sea posible. Por lo general, ella es muy codiciosa y piensa que cualquier cosa que obtiene es permanente y nunca se perderá. Esa persona envidia a los demás y está dispuesta a hacer cualquier cosa mala en aras de la complacencia de los sentidos. Por consiguiente, esa persona no es limpia, y a ella no le importa si su ganancia es pura o impura. Ella se siente muy feliz si su trabajo tiene éxito, y muy afligida si su trabajo fracasa. Así es el trabajador que está en el plano de la modalidad de la pasión.

TEXTO 28

अयुक्तः प्राकृतः स्तब्धः शठो नैष्कृतिकोऽलसः ।
विषादी दीर्घसूत्री च कर्ता तामस उच्यते ॥२८॥

ayuktaḥ prākṛtaḥ stabdhaḥ
śaṭho naiṣkṛtiko 'lasaḥ
viṣādī dīrgha-sūtrī ca
kartā tāmasa ucyate

ayuktaḥ—sin referirse a los mandatos de las Escrituras; *prākṛtaḥ*—materialista; *stabdhaḥ*—terco; *śaṭhaḥ*—engañador; *naiṣkṛtikaḥ*—experto en insultar a los demás; *alasaḥ*—perezoso; *viṣādī*—malhumorado; *dīrgha-sūtrī*—moroso; *ca*—también; *kartā*—trabajador; *tāmasaḥ*—en la modalidad de la ignorancia; *ucyate*—se dice que está.

TRADUCCIÓN

Y el trabajador que siempre está dedicado a un trabajo que va en contra de las disposiciones de las Escrituras, que es materialista, obstinado, engañador y experto en insultar a los demás, que es perezoso, siempre está malhumorado y es moroso, se dice que está en el plano de la modalidad de la ignorancia.

SIGNIFICADO

En las disposiciones de las Escrituras encontramos qué clase de trabajo se debe realizar y qué clase no se debe realizar. Aquellos a quienes no les importan esos mandatos, se ocupan en un trabajo que no se debe hacer, y esas personas son por lo general materialistas. Ellas trabajan según las modalidades de la naturaleza, y no según las disposiciones de las Escrituras. Esa clase de trabajadores no son muy amables, y, por lo general, siempre son astutos y expertos en insultar a los demás. Ellos son muy perezosos; aunque tienen un deber, no lo hacen bien, y lo ponen a un lado para hacerlo más adelante. Por lo tanto, se ven malhumorados.

Ellos son morosos; cualquier cosa que se puede hacer en una hora, la arrastran por años. Esos trabajadores están situados en el plano de la modalidad de la ignorancia.

TEXTO 29

बुद्धेर्भेदं धृतेश्चैव गुणतस्त्रिविधं शृणु ।
प्रोच्यमानमशेषेण पृथक्त्वेन धनंजय ॥२९॥

buddher bhedaṁ dhṛteś caiva
guṇatas tri-vidhaṁ śṛṇu
procyamānam aśeṣeṇa
pṛthaktvena dhanañjaya

buddheḥ—de inteligencia; *bhedam*—las diferencias; *dhṛteḥ*—de constancia; *ca*—también; *eva*—ciertamente; *guṇataḥ*—por las modalidades de la naturaleza material; *tri-vidham*—de tres clases; *śṛṇu*—tan sólo oye; *procyamānam*—tal como lo he descrito; *aśeṣeṇa*—en detalle; *pṛthaktvena*—distintamente; *dhanañjaya*—¡oh, conquistador de riquezas!

TRADUCCIÓN

Ahora, ¡oh, conquistador de riquezas!, escucha, por favor, mientras te hablo en detalle de las diferentes clases de comprensión y determinación que hay según las tres modalidades de la naturaleza.

SIGNIFICADO

Ahora, después de explicar el conocimiento, el objeto del conocimiento y al conocedor, en tres diferentes divisiones, conforme a las modalidades de la naturaleza material, el Señor explica de la misma manera la inteligencia y la determinación del trabajador.

TEXTO 30

प्रवृत्तिं च निवृत्तिं च कार्याकार्ये भयाभये ।
बन्धं मोक्षं च या वेत्ति बुद्धिः सा पार्थ सात्त्विकी ॥३०॥

pravṛttiṁ ca nivṛttiṁ ca
kāryākārye bhayābhaye
bandhaṁ mokṣaṁ ca yā vetti
buddhiḥ sā pārtha sāttvikī

pravṛttim—haciendo; *ca*—también; *nivṛttim*—sin hacer; *ca*—y; *kārya*—lo que se debe hacer; *akārye*—lo que no se debe hacer; *bhaya*—temor; *abhaye*—y valor; *bandham*—cautiverio; *mokṣam*—liberación; *ca*—y; *yā*—aquello que; *vetti*—conoce; *buddhiḥ*—comprensión; *sā*—esa; *pārtha*—¡oh, hijo de Pṛthā!; *sāttvikī*—en la modalidad de la bondad.

TRADUCCIÓN

¡Oh, hijo de Pṛthā!, la comprensión por la cual uno sabe lo que se debe hacer y lo que no se debe hacer, lo que se debe temer y lo que no se debe temer, lo que es esclavizante y lo que es liberador, está en el plano de la modalidad de la bondad.

SIGNIFICADO

Realizar acciones en función de las indicaciones de las Escrituras, se denomina *pravṛtti*, o ejecución de acciones que merecen ser realizadas. Y las acciones que no están dirigidas de ese modo, no deben ejecutarse. Aquel que no conoce las indicaciones de las Escrituras, se enreda en las acciones y reacciones del trabajo. La comprensión que discrimina por medio de la inteligencia, está situada en el plano de la modalidad de la bondad.

TEXTO 31

यया धर्ममधर्मं च कार्यं चाकार्यमेव च ।
अयथावत्प्रजानाति बुद्धिः सा पार्थ राजसी ॥ ३१॥

yayā dharmam adharmaṁ ca
kāryaṁ cākāryam eva ca
ayathāvat prajānāti
buddhiḥ sā pārtha rājasī

yayā—por el cual; *dharmam*—los principios de la religión; *adharmam*—irreligión; *ca*—y; *kāryam*—lo que se debe hacer; *ca*—también; *akāryam*—lo que no debe hacerse; *eva*—ciertamente; *ca*—también; *ayathā-vat*—imperfectamente; *prajānāti*—conoce; *buddhiḥ*—inteligencia; *sā*—esa; *pārtha*—¡oh, hijo de Pṛthā!; *rājasī*—en la modalidad de la pasión.

TRADUCCIÓN

¡Oh, hijo de Pṛthā!, la comprensión que no puede distinguir entre la religión y la irreligión, entre la acción que se debe hacer y la que no debe hacerse, está en el plano de la modalidad de la pasión.

TEXTO 32

अधर्मं धर्ममिति या मन्यते तमसावृता ।
सर्वार्थान्विपरीतांश्च बुद्धिः सा पार्थ तामसी ॥ ३२ ॥

adharmaṁ dharmam iti yā
manyate tamasāvṛtā
sarvārthān viparītāṁś ca
buddhiḥ sā pārtha tāmasī

adharmam—irreligión; *dharmam*—religión; *iti*—así pues; *yā*—lo cual; *manyate*—cree; *tamasā*—por ilusión; *āvṛtā*—cubierta; *sarva-arthān*—todas las cosas; *viparītān*—en la dirección equivocada; *ca*—también; *buddhiḥ*—inteligencia; *sā*—esa; *pārtha*—¡oh, hijo de Pṛthā!; *tāmasī*—la modalidad de la ignorancia.

TRADUCCIÓN

La comprensión que considera que la irreligión es religión y que la religión es irreligión, bajo el hechizo de la ilusión y la oscuridad, y que se esfuerza siempre en la dirección equivocada, ¡oh, Pārtha!, está en el plano de la modalidad de la ignorancia.

SIGNIFICADO

La inteligencia que está en el plano de la modalidad de la ignorancia, siempre está trabajando en dirección contraria a como debería trabajar. Ella acepta religiones que de hecho no lo son, y rechaza la verdadera religión. Los hombres sumidos en la ignorancia toman a una gran alma por un hombre común, y a un hombre común por una gran alma. Ellos creen que la verdad no lo es, y lo que no es verdad lo aceptan como si lo fuera. En todas las actividades no hacen más que tomar el camino equivocado; por lo tanto, su inteligencia está en el plano de la modalidad de la ignorancia.

TEXTO 33

धृत्या यया धारयते मनःप्राणेन्द्रियक्रियाः ।
योगेनाव्यभिचारिण्या धृतिः सा पार्थ सात्त्विकी ॥ ३३ ॥

dhṛtyā yayā dhārayate
manaḥ-prāṇendriya-kriyāḥ
yogenāvyabhicāriṇyā
dhṛtiḥ sā pārtha sāttvikī

dhṛtyā—determinación; *yayā*—por la cual; *dhārayate*—se sostiene; *manaḥ*—de la mente; *prāṇa*—la vida; *indriya*—y los sentidos; *kriyāḥ*—las actividades; *yogena*—mediante la práctica del *yoga*; *avyabhicāriṇyā*—inquebrantable; *dhṛtiḥ*—determinación; *sā*—esa; *pārtha*—¡oh, Pārtha!; *sāttvikī*—en la modalidad de la bondad.

TRADUCCIÓN

¡Oh, hijo de Pṛthā!, la determinación que es inquebrantable, que se sostiene con constancia mediante la práctica del yoga, y que, de ese modo, controla las actividades de la mente, de la vida y de los sentidos, es determinación en el plano de la modalidad de la bondad.

SIGNIFICADO

El *yoga* es un medio para llegar a entender al Alma Suprema. Aquel que está fijo en el Alma Suprema constantemente y con determinación, concentrando en el Supremo la mente, la vida y las actividades de los sentidos, se ocupa en el plano de conciencia de Kṛṣṇa. Esa clase de determinación está en el plano de la modalidad de la bondad. La palabra *avyabhicāriṇyā* es muy significativa, pues indica que a las personas que están dedicadas al proceso de conciencia de Kṛṣṇa, nunca las desvía ninguna otra actividad.

TEXTO 34

यया तु धर्मकामार्थान्धृत्या धारयतेऽर्जुन ।
प्रसङ्गेन फलाकाङ्क्षी धृतिः सा पार्थ राजसी ॥ ३४ ॥

yayā tu dharma-kāmārthān
dhṛtyā dhārayate 'rjuna
prasaṅgena phalākāṅkṣī
dhṛtiḥ sā pārtha rājasī

yayā—con la cual; *tu*—pero; *dharma*—religiosidad; *kāma*—complacencia de los sentidos; *arthān*—y desarrollo económico; *dhṛtyā*—con determinación; *dhārayate*—se sustenta; *arjuna*—¡oh, Arjuna!; *prasaṅgena*—por apego; *phala-ākāṅkṣī*—deseando el resultado fruitivo; *dhṛtiḥ*—determinación; *sā*—esa; *pārtha*—¡oh, hijo de Pṛthā!; *rājasī*—en la modalidad de la pasión.

TRADUCCIÓN

Pero la determinación por la cual uno se aferra a obtener un resultado fruitivo de la religión, el desarrollo económico y la complacencia de los sentidos, es de la naturaleza de la pasión, ¡oh, Arjuna!

SIGNIFICADO

Cualquier persona que siempre esté deseosa de obtener resultados fruitivos de las actividades religiosas o económicas, cuyo único deseo sea la complacencia de los sentidos, y cuya mente, vida y sentidos estén ocupados de ese modo, está en el plano de la modalidad de la pasión.

TEXTO 35

यया स्वप्नं भयं शोकं विषादं मदमेव च ।
न विमुञ्चति दुर्मेधा धृतिः सा पार्थ तामसी ॥ ३५ ॥

yayā svapnaṁ bhayaṁ śokaṁ
viṣādaṁ madam eva ca
na vimuñcati durmedhā
dhṛtiḥ sā pārtha tāmasī

yayā—mediante la cual; *svapnam*—soñando; *bhayam*—temor; *śokam*—lamentación; *viṣādam*—mal humor; *madam*—ilusión; *eva*—ciertamente; *ca*—también; *na*—nunca; *vimuñcati*—se abandona; *durmedhā*—poco inteligente; *dhṛtiḥ*—determinación; *sā*—esa; *pārtha*—¡oh, hijo de Pṛthā!; *tāmasī*—en la modalidad de la ignorancia.

TRADUCCIÓN

Y aquella determinación que no puede ir más allá del sueño, el temor, la lamentación, el mal humor y la ilusión, esa determinación poco inteligente, ¡oh, hijo de Pṛthā!, está en el plano de la modalidad de la oscuridad.

SIGNIFICADO

No se debe concluir que una persona que está en el plano de la modalidad de la bondad, no sueña. Aquí, ''sueño'' significa dormir demasiado. El sueño siempre está presente; ya sea en la modalidad de la bondad, de la pasión o de la ignorancia, soñar es un evento natural. Pero aquellos que no pueden evitar el dormir más de la cuenta, que no pueden evitar el orgullo de disfrutar de los objetos materiales, que siempre están soñando con enseñorearse del mundo material, y cuya vida, mente y sentidos están ocupados de ese modo, se considera que tienen una determinación que está en el plano de la modalidad de la ignorancia.

TEXTO 36

सुखं त्विदानीं त्रिविधं शृणु मे भरतर्षभ ।

अभ्यासाद्रमते यत्र दुःखान्तं च निगच्छति ॥ ३६ ॥

sukhaṁ tv idānīṁ tri-vidhaṁ
śṛṇu me bharatarṣabha
abhyāsād ramate yatra
duḥkhāntaṁ ca nigacchati

sukham—felicidad; *tu*—pero; *idānīm*—ahora; *tri-vidham*—de tres clases; *śṛṇu*—oye; *me*—a Mí; *bharata-ṛṣabha*—¡oh, tú, el mejor entre los Bhāratas!; *abhyāsāt*—mediante la práctica; *ramate*—se disfruta; *yatra*—donde; *duḥkha*—de la aflicción; *antam*—el fin; *ca*—también; *nigacchati*—se gana.

TRADUCCIÓN

¡Oh, tú, el mejor de los Bhāratas!, por favor, óyeme hablar ahora de las tres clases de felicidad con las que el alma condicionada disfruta, y con las que a veces llega al final de todas las congojas.

SIGNIFICADO

El alma condicionada trata de disfrutar de la felicidad material una y otra vez. En consecuencia, ella mastica lo masticado. Pero, a veces, en el transcurso de ese disfrute, se llega a liberar del enredo material por relacionarse con una gran alma. En otras palabras, un alma condicionada siempre está dedicada a algún tipo de complacencia de los sentidos, pero cuando ella entiende, mediante una buena compañía, que esa complacencia es sólo una repetición de lo mismo, y se le despierta su verdadera conciencia de Kṛṣṇa, a veces se libera de esa supuesta felicidad repetitiva.

TEXTO 37

यत्तदग्रे विषमिव परिणामेऽमृतोपमम् ।
तत्सुखं सात्त्विकं प्रोक्तमात्मबुद्धिप्रसादजम् ॥ ३७ ॥

yat tad agre viṣam iva
pariṇāme 'mṛtopamam
tat sukhaṁ sāttvikaṁ proktam
ātma-buddhi-prasāda-jam

yat—lo cual; *tat*—eso; *agre*—al principio; *viṣam iva*—como veneno; *pariṇāme*—al final; *amṛta*—néctar; *upamam*—en comparación con; *tat*—esa; *sukham*—felicidad; *sāttvikam*—en la modalidad de la bondad; *proktam*—se dice; *ātma*—en el ser; *buddhi*—la inteligencia; *prasāda-jam*—nacida de la satisfacción.

TRADUCCIÓN

Aquello que al principio puede que sea como un veneno pero que al final es como un néctar, y que lo despierta a uno en la autorrealización, se dice que es felicidad en el plano de la modalidad de la bondad.

SIGNIFICADO

En la prosecución del proceso de la autorrealización hay que seguir muchas reglas y regulaciones para controlar la mente y los sentidos y para concentrar la mente en el ser. Todos esos procedimientos son muy difíciles, amargos como un veneno, pero si uno sigue las regulaciones con éxito y llega a la posición trascendental, comienza a beber un verdadero néctar, y disfruta de la vida.

TEXTO 38

विषयेन्द्रियसंयोगाद्यत्तदग्रेऽमृतोपमम् ।
परिणामे विषमिव तत्सुखं राजसं स्मृतम् ॥ ३८ ॥

viṣayendriya-saṁyogād
yat tad agre 'mṛtopamam
pariṇāme viṣam iva
tat sukhaṁ rājasaṁ smṛtam

viṣaya—de los objetos de los sentidos; *indriya*—y los sentidos; *saṁyogāt*—de la unión; *yat*—lo cual; *tat*—eso; *agre*—al principio; *amṛta-upamam*—como un néctar; *pariṇāme*—al final; *viṣam iva*—como un veneno; *tat*—esa; *sukham*—felicidad; *rājasam*—en la modalidad de la pasión; *smṛtam*—se considera.

TRADUCCIÓN

La felicidad que procede del contacto de los sentidos con sus objetos, y que al principio parece ser un néctar pero al final parece ser veneno, se dice que es de la naturaleza de la pasión.

SIGNIFICADO

Un joven y una joven se reúnen, y los sentidos llevan al joven a verla, tocarla y tener relaciones sexuales. Puede que al principio eso sea muy agradable para los sentidos, pero al final, o después de algún tiempo, se vuelve igual que un veneno. Ellos se separan o se divorcian, y hay lamentación, tristeza, etc. Esa clase de felicidad siempre está en el plano de la modalidad de la pasión. La felicidad que procede de la unión de los sentidos y los objetos de los sentidos siempre es una causa de aflicción, y se debe evitar por todos los medios.

TEXTO 39

यदग्रे चानुबन्धे च सुखं मोहनमात्मनः ।
निद्रालस्यप्रमादोत्थं तत्तामसमुदाहृतम् ॥ ३९ ॥

yad agre cānubandhe ca
sukhaṁ mohanam ātmanaḥ
nidrālasya-pramādotthaṁ
tat tāmasam udāhṛtam

yat—aquello que; *agre*—al principio; *ca*—también; *anubandhe*—al final; *ca*—también; *sukham*—felicidad; *mohanam*—ilusoria; *ātmanaḥ*—del ser; *nidrā*—sueño; *ālasya*—pereza; *pramāda*—e ilusión; *uttham*—producto de; *tat*—eso; *tāmasam*—en la modalidad de la ignorancia; *udāhṛtam*—se dice que está.

TRADUCCIÓN

Y la felicidad que hace caso omiso de la autorrealización, que es un engaño de principio a fin, y que procede del sueño, la pereza y la ilusión, se dice que es de la naturaleza de la ignorancia.

SIGNIFICADO

Aquel que encuentra placer en la pereza y el sueño, sin duda que está en el plano de la modalidad de la oscuridad, o la ignorancia, y aquel que no tiene idea de cómo actuar y de cómo no actuar, también está en el plano de esa modalidad. Para la persona que está en ese plano, todo es ilusión. No hay felicidad ni al principio ni al final. Para la persona que está en el plano de la modalidad de la pasión, puede que al principio haya algún tipo de felicidad efímera y congoja al final, pero para la persona que está en el plano de la modalidad de la ignorancia, sólo hay congoja tanto al principio como al final.

TEXTO 40

न तदस्ति पृथिव्यां वा दिवि देवेषु वा पुनः ।
सत्त्वं प्रकृतिजैर्मुक्तं यदेभिः स्यात्त्रिभिर्गुणैः ॥ ४० ॥

na tad asti pṛthivyāṁ vā
divi deveṣu vā punaḥ
sattvaṁ prakṛti-jair muktaṁ
yad ebhiḥ syāt tribhir guṇaiḥ

na—no; *tat*—eso; *asti*—hay; *pṛthivyām*—dentro del universo; *vā*—o; *divi*—en el sistema planetario superior; *deveṣu*—entre los semidioses; *vā*—o; *punaḥ*—de nuevo; *sattvam*—existencia; *prakṛti-jaiḥ*—nacidas de la naturaleza material; *muktam*—liberado; *yat*—eso; *ebhiḥ*—de la influencia de ellas; *syāt*—es; *tribhiḥ*—tres; *guṇaiḥ*—modalidades de la naturaleza material.

TRADUCCIÓN

No existe ningún ser, ni aquí ni entre los semidioses de los sistemas planetarios superiores, que esté libre de esas tres modalidades nacidas de la naturaleza material.

SIGNIFICADO

El Señor resume aquí la total influencia de las tres modalidades de la naturaleza material por todas partes del universo.

TEXTO 41

ब्राह्मणक्षत्रियविशां शूद्राणां च परंतप ।
कर्माणि प्रविभक्तानि स्वभावप्रभवैर्गुणैः ॥ ४१ ॥

brāhmaṇa-kṣatriya-viśāṁ
śūdrāṇāṁ ca parantapa
karmāṇi pravibhaktāni
svabhāva-prabhavair guṇaiḥ

brāhmaṇa—de los *brāhmaṇas*; *kṣatriya*—los *kṣatriyas*; *viśām*—y los *vaiśyas*; *śūdrāṇām*—de los *śūdras*; *ca*—y; *parantapa*—¡oh, subyugador de los enemigos!; *karmāṇi*—las actividades; *pravibhaktāni*—se dividen; *svabhāva*—su propia naturaleza; *prabhavaiḥ*—nacida de; *guṇaiḥ*—por las modalidades de la naturaleza material.

TRADUCCIÓN

Los brāhmaṇas, kṣatriyas, vaiśyas y śūdras se distinguen por las cualidades nacidas de sus propias naturalezas, de conformidad con las modalidades materiales, ¡oh, castigador del enemigo!

TEXTO 42

शमो दमस्तपः शौचं क्षान्तिरार्जवमेव च ।
ज्ञानं विज्ञानमास्तिक्यं ब्रह्मकर्म स्वभावजम् ॥ ४२ ॥

śamo damas tapaḥ śaucaṁ
kṣāntir ārjavam eva ca
jñānaṁ vijñānam āstikyaṁ
brahma-karma svabhāva-jam

śamaḥ—serenidad; *damaḥ*—dominio de sí mismo; *tapaḥ*—austeridad; *śaucam*—pureza; *kṣāntiḥ*—tolerancia; *ārjavam*—honradez; *eva*—ciertamente; *ca*—y; *jñānam*—conocimiento; *vijñānam*—sabiduría; *āstikyam*—religiosidad; *brahma*—de un *brāhmaṇa*; *karma*—deber; *svabhāva-jam*—nacido de su propia naturaleza.

TRADUCCIÓN

La serenidad, el dominio de sí mismo, la austeridad, la pureza, la tolerancia, la honestidad, el conocimiento, la sabiduría y la religiosidad: ésas son las cualidades naturales con las que trabajan los brāhmaṇas.

TEXTO 43

शौर्यं तेजो धृतिर्दाक्ष्यं युद्धे चाप्यपलायनम् ।
दानमीश्वरभावश्च क्षात्रं कर्म स्वभावजम् ॥ ४३ ॥

śauryaṁ tejo dhṛtir dākṣyaṁ
yuddhe cāpy apalāyanam
dānam īśvara-bhāvaś ca
kṣātraṁ karma svabhāva-jam

śauryam—heroísmo; *tejaḥ*—poder; *dhṛtiḥ*—determinación; *dākṣyam*—destreza; *yuddhe*—en la batalla; *ca*—y; *api*—también; *apalāyanam*—que no huye; *dānam*—generosidad; *īśvara*—de liderazgo; *bhāvaḥ*—la naturaleza; *ca*—y; *kṣātram*—de un *kṣatriya*; *karma*—deber; *svabhāva-jam*—nacido de su propia naturaleza.

TRADUCCIÓN

El heroísmo, el poder, la determinación, la destreza, el valor en la batalla, la generosidad y el liderazgo son las cualidades naturales de trabajo que tienen los kṣatriyas.

TEXTO 44

कृषिगोरक्ष्यवाणिज्यं वैश्यकर्म स्वभावजम् ।
परिचर्यात्मकं कर्म शूद्रस्यापि स्वभावजम् ॥ ४४ ॥

kṛṣi-go-rakṣya-vāṇijyaṁ
vaiśya-karma svabhāva-jam
paricaryātmakaṁ karma
śūdrasyāpi svabhāva-jam

kṛṣi—arando; *go*—de las vacas; *rakṣya*—protección; *vāṇijyam*—comercio; *vaiśya*—de un *vaiśya*; *karma*—deber; *svabhāva-jam*—nacido de su propia naturaleza; *paricaryā*—servicio; *ātmakam*—que consiste en; *karma*—deber; *śūdrasya*—del *śūdra*; *api*—también; *svabhāva-jam*—nacido de su propia naturaleza.

TRADUCCIÓN

La agricultura, la protección de las vacas, y el comercio, constituyen el trabajo natural de los vaiśyas, y para los śūdras están el trabajo físico y el servicio a los demás.

TEXTO 45

स्वे स्वे कर्मण्यभिरतः संसिद्धिं लभते नरः ।
स्वकर्मनिरतः सिद्धिं यथा विन्दति तच्छृणु ॥४५॥

sve sve karmaṇy abhirataḥ
saṁsiddhiṁ labhate naraḥ
sva-karma-nirataḥ siddhiṁ
yathā vindati tac chṛṇu

sve sve—cada cual en su propio; *karmaṇi*—trabajo; *abhirataḥ*—siguiendo; *saṁsiddhim*—la perfección; *labhate*—logra; *naraḥ*—un hombre; *sva-karma*—en su propio deber; *nirataḥ*—ocupado; *siddhim*—perfección; *yathā*—como; *vindati*—logra; *tat*—eso; *śṛṇu*—escucha.

TRADUCCIÓN

Todo hombre puede volverse perfecto si sigue sus cualidades de trabajo. Por favor, ahora óyeme decir cómo se puede hacer eso.

TEXTO 46

यतः प्रवृत्तिर्भूतानां येन सर्वमिदं ततम् ।
स्वकर्मणा तमभ्यर्च्य सिद्धिं विन्दति मानवः ॥ ४६ ॥

yataḥ pravṛttir bhūtānāṁ
yena sarvam idaṁ tatam
sva-karmaṇā tam abhyarcya
siddhiṁ vindati mānavaḥ

yataḥ—de quien; *pravṛttiḥ*—la emanación; *bhūtānām*—de todas las entidades vivientes; *yena*—por quien; *sarvam*—todo; *idam*—esto; *tatam*—omnipresente en; *sva-karmaṇā*—por sus propios deberes; *tam*—a Él; *abhyarcya*—adorando; *siddhim*—la perfección; *vindati*—alcanza; *mānavaḥ*—un hombre.

TRADUCCIÓN

Por medio de la adoración del Señor, quien es la fuente de todos los seres y quien es omnipresente, el hombre puede lograr la perfección a través de la ejecución de su propio trabajo.

SIGNIFICADO

Como se afirma en el Decimoquinto Capítulo, todos los seres vivientes son partes integrales fragmentarias del Señor Supremo. En consecuencia, el Señor Supremo es el principio de todas las entidades vivientes. Eso se confirma en *El Vedānta-sūtra*: *janmādy asya yataḥ*. El Señor Supremo es, pues, el principio de la vida de cada entidad viviente. Y, como se declara en el Séptimo Capítulo de *El Bhagavad-gītā*, el Señor Supremo, por medio de Sus dos energías, Su energía externa y Su energía interna, es omnipresente. De modo que, se debe adorar al Señor Supremo con Sus energías. Por lo general, los devotos vaiṣṇavas adoran al Señor Supremo con Su energía interna. Su energía externa es un reflejo desvirtuado de la energía interna. La energía externa es un trasfondo, pero el Señor Supremo, mediante la expansión de Su porción plenaria en forma de Paramātmā, se encuentra en todas partes. Él es la Superalma de todos los semidioses, de todos los seres humanos, de todos los animales, en todas partes. Se debe saber, entonces, que uno, como parte integral del Señor Supremo, tiene el deber de prestarle servicio al Supremo. Todo el mundo debe dedicarse a prestarle servicio devocional al Señor con plena conciencia de Kṛṣṇa. Eso se recomienda en este verso.

Todo el mundo debe pensar que Hṛṣīkeśa, el amo de los sentidos, lo ha puesto en un determinado tipo de ocupación. Y uno debe adorar a la Suprema Personalidad de Dios, Śrī Kṛṣṇa, con el resultado del trabajo al que se dedica. Si uno siempre piensa de esa manera, con plena conciencia de Kṛṣṇa, entonces, por la gracia del Señor, se vuelve plenamente consciente de todo. Ésa es la perfección de la vida. El Señor dice en *El Bhagavad-gītā* (12.7): *teṣām ahaṁ samuddhartā*. El propio Señor Supremo se encarga de liberar a esa clase de devoto. Ésa es la máxima perfección de la vida. En cualquier ocupación a la que se esté dedicado, si uno sirve al Señor Supremo, logrará la máxima perfección.

TEXTO 47

श्रेयान्स्वधर्मो विगुणः परधर्मात्स्वनुष्ठितात् ।
स्वभावनियतं कर्म कुर्वन्नाप्नोति किल्बिषम् ॥४७॥

śreyān sva-dharmo viguṇaḥ
para-dharmāt sv-anuṣṭhitāt
svabhāva-niyataṁ karma
kurvan nāpnoti kilbiṣam

śreyān—mejor; *sva-dharmaḥ*—la ocupación de uno; *viguṇaḥ*—ejecutada imperfectamente; *para-dharmāt*—que la ocupación de otro; *su-anuṣṭhitāt*—ejecutada perfectamente; *svabhāva-niyatam*—prescrito conforme a la naturaleza de uno; *karma*—trabajo; *kurvan*—ejecutando; *na*—nunca; *āpnoti*—obtiene; *kilbiṣam*—reacciones pecaminosas.

TRADUCCIÓN

Es mejor que uno se dedique a su propia ocupación, aunque lo haga imperfectamente, que aceptar la ocupación de otro y hacerlo a la perfección. Los deberes que se prescriben de acuerdo con la naturaleza de cada cual, nunca son afectados por las reacciones pecaminosas.

SIGNIFICADO

En *El Bhagavad-gītā* se prescribe la ocupación obligatoria de uno. Como ya se discutió en versos anteriores, los deberes de un *brāhmaṇa*, *kṣatriya*, *vaiśya* y *śūdra* se prescriben según las modalidades de la naturaleza que influyen en cada cual. Uno no debe imitar el deber de otro. El hombre que por naturaleza se siente atraído al tipo de trabajo que hacen los *śūdras*, no debe pretender artificialmente ser un *brāhmaṇa*, aunque haya nacido en una familia *brāhmaṇa*. Así pues, uno debe trabajar de un modo acorde con su propia naturaleza; ningún trabajo es abominable si se ejecuta en el servicio del Señor Supremo. La ocupación obligatoria de un *brāhmaṇa* sin duda que está en el plano de la modalidad de la bondad, pero si una persona no está por naturaleza en el plano de la modalidad de la bondad, no debe imitar la ocupación obligatoria de un *brāhmaṇa*. En el caso de un *kṣatriya*, o administrador, hay muchísimas cosas abominables; un *kṣatriya* tiene que ser violento para matar a sus enemigos, y a veces tiene que decir mentiras por cuestiones de diplomacia. Esa clase de violencia y duplicidad acompañan a los asuntos políticos, pero no se espera que un *kṣatriya* abandone su ocupación obligatoria y trate de ejecutar los deberes de un *brāhmaṇa*.

Uno debe actuar para satisfacer al Señor Supremo. Por ejemplo, Arjuna era un *kṣatriya*. Sin embargo, no se decidía a pelear contra el otro bando. Pero si esa clase de contienda se hace por Kṛṣṇa, la Suprema Personalidad de Dios, no hay que temer ser degradado. También en el ámbito de los negocios, a veces un comerciante tiene que decir muchas mentiras para obtener alguna ganancia. Si no lo hace, no habrá ninguna ganancia. En ocasiones, un comerciante dice: "¡Oh, mi querido cliente!, con usted no obtengo ninguna ganancia". Pero uno debe saber que sin ganancia, el comerciante no podría existir. Por lo tanto, si un comerciante dice que no está obteniendo ganancia, ello se debe tomar como una mentira menor. Pero el comerciante no debe pensar que como está dedicado a una ocupación en la que es obligatorio decir mentiras, debe entonces abandonar su profesión y seguir la profesión de *brāhmaṇa*. Eso no se recomienda. No importa que uno sea un *kṣatriya*, un *vaiśya* o un *śūdra*, si con su trabajo sirve a la Suprema Personalidad de Dios. Hasta los *brāhmaṇas*, que realizan diferentes tipos de sacrificios, a veces tienen que matar animales, debido a que en algunas ocasiones en esas ceremonias se sacrifican animales. De igual modo, si un *kṣatriya* que está dedicado a su propia ocupación mata a un enemigo, no incurre en ningún pecado. En el Tercer Capítulo, estas cosas se han explicado clara y detalladamente; cada hombre debe trabajar para Yajña, o para Viṣṇu, la Suprema Personalidad de Dios. Cualquier cosa que se haga para la complacencia personal de los sentidos, es una causa de cautiverio. Se concluye, pues, que todo el mundo debe ocuparse según la modalidad específica de la naturaleza que ha adquirido, y decidir trabajar únicamente para servir a la suprema causa del Señor Supremo.

TEXTO 48

सहजं कर्म कौन्तेय सदोषमपि न त्यजेत् ।
सर्वारम्भा हि दोषेण धूमेनाग्निरिवावृताः ॥४८॥

saha-jaṁ karma kaunteya
sa-doṣam api na tyajet
sarvārambhā hi doṣeṇa
dhūmenāgnir ivāvṛtāḥ

saha-jam—nacido simultáneamente; *karma*—trabajo; *kaunteya*—¡oh, hijo de Kuntī!; *sa-doṣam*—con defecto; *api*—aunque; *na*—nunca; *tyajet*—que debe abandonarse; *sarva-ārambhāḥ*—toda empresa; *hi*—ciertamente; *doṣeṇa*—con defecto; *dhūmena*—con humo; *agniḥ*—fuego; *iva*—como; *āvṛtāḥ*—cubierto.

TRADUCCIÓN

A todo esfuerzo lo cubre algún tipo de defecto, tal como al fuego lo cubre el humo. Por consiguiente, uno no debe abandonar el trabajo que nace de su naturaleza, ¡oh, hijo de Kuntī!, ni siquiera si el mismo está plagado de defectos.

SIGNIFICADO

En la vida condicionada, todo trabajo está contaminado por las modalidades materiales de la naturaleza. Incluso si uno es un *brāhmaṇa*, tiene que celebrar sacrificios en los que es necesaria la matanza de animales. De manera similar, un *kṣatriya*, por piadoso que sea, tiene que pelear contra los enemigos. Él no lo puede evitar. Así mismo, un comerciante, por piadoso que sea, a veces tiene que ocultar su ganancia para poder seguir en el comercio, o a veces tiene que negociar en el mercado negro. Esas cosas son necesarias; no se pueden evitar. De igual modo, aunque un hombre sea un *śūdra* que sirve a un mal amo, tiene que cumplir las órdenes del amo, aunque no se deba. A pesar de esos defectos, uno debe seguir desempeñando sus deberes prescritos, pues éstos nacen de su propia naturaleza.

Aquí se da un ejemplo muy bueno. Aunque el fuego es puro, aun así existe el humo. Sin embargo, el humo no hace que el fuego sea impuro. Aunque con el fuego haya humo, al fuego se lo considera, no obstante, el elemento más puro de todos. Si uno prefiere abandonar el trabajo de un *kṣatriya* y adoptar la ocupación de un *brāhmaṇa*, nadie le asegura que en la ocupación de *brāhmaṇa* no habrá deberes desagradables. Se puede concluir, entonces, que en el mundo material nadie puede estar completamente libre de la contaminación de la naturaleza material. Este ejemplo del fuego y el humo es muy adecuado en relación con eso. Cuando en tiempos de invierno se toma una piedra de entre el fuego, a veces el humo causa molestias en los ojos y otras partes del cuerpo, pero aun así se debe hacer uso del fuego a pesar de las molestias. De forma similar, uno no debe abandonar su ocupación natural porque haya algunos elementos perturbadores. Más bien, se debe estar decidido a servir al Señor Supremo por medio de la ocupación personal en estado de conciencia de Kṛṣṇa. Ése es el punto de la perfección. Cuando los deberes de un determinado tipo de ocupación se llevan a cabo para la satisfacción del Señor Supremo, todos los defectos de esa ocupación específica se purifican. Cuando los resultados del trabajo se purifican —cuando están vinculados con el servicio devocional—, uno llega a ver perfectamente el ser interior, y eso constituye la autorrealización.

TEXTO 49

असक्तबुद्धिः सर्वत्र जितात्मा विगतस्पृहः ।
नैष्कर्म्यसिद्धिं परमां संन्यासेनाधिगच्छति ॥४९॥

asakta-buddhiḥ sarvatra
jitātmā vigata-spṛhaḥ
naiṣkarmya-siddhiṁ paramāṁ
sannyāsenādhigacchati

asakta-buddhiḥ—con la inteligencia desapegada; *sarvatra*—en todas partes; *jita-ātmā*—con dominio de la mente; *vigata-spṛhaḥ*—sin deseos materiales; *naiṣkarmya-siddhim*—la perfección de la no reacción; *paramām*—suprema; *sannyāsena*—por la orden de vida de renuncia; *adhigacchati*—se alcanza.

TRADUCCIÓN

Aquel que es autocontrolado, que está desapegado y que hace caso omiso de todos los disfrutes materiales, puede alcanzar por medio de la práctica de la renunciación la etapa más elevada y perfecta, en la que se está libre de las reacciones.

SIGNIFICADO

Verdadera renunciación significa que uno siempre debe considerarse parte integral del Señor Supremo y, por ende, considerar que uno no tiene ningún derecho de disfrutar de los resultados de su trabajo. Puesto que uno es parte integral del Señor Supremo, los resultados de su trabajo los debe disfrutar el Señor Supremo. Eso es en verdad conciencia de Kṛṣṇa. La persona que actúa con conciencia de Kṛṣṇa es realmente un *sannyāsī*, alguien que está en la orden de vida de renuncia. Con esa clase de mentalidad, uno se siente satisfecho, porque está actuando de hecho para el Supremo. Así pues, uno no está apegado a nada material; uno se acostumbra a no sentir placer en nada fuera de la felicidad trascendental que se obtiene del servicio del Señor. Se supone que un *sannyāsī* está libre de las reacciones de sus actividades pasadas, pero una persona que está en el plano de conciencia de Kṛṣṇa logra esa perfección automáticamente, sin siquiera adoptar la llamada orden de renunciación. Ese estado de la mente se denomina *yogārūḍha*, o la etapa perfecta del *yoga*. Como se confirma en el Tercer Capítulo: *yas tv ātma-ratir eva syāt*, aquel que está satisfecho en sí mismo, no teme que haya ninguna clase de reacción que provenga de su actividad.

TEXTO 50

सिद्धिं प्राप्तो यथा ब्रह्म तथाप्नोति निबोध मे ।
समासेनैव कौन्तेय निष्ठा ज्ञानस्य या परा ॥५०॥

siddhiṁ prāpto yathā brahma
tathāpnoti nibodha me
samāsenaiva kaunteya
niṣṭhā jñānasya yā parā

siddhim—perfección; *prāptaḥ*—logrando; *yathā*—como; *brahma*—el Supremo; *tathā*—así; *āpnoti*—se alcanza; *nibodha*—trata de entender; *me*—

de Mí; *samāsena*—de forma resumida; *eva*—ciertamente; *kaunteya*—¡oh, hijo de Kuntī!; *niṣṭhā*—la etapa; *jñānasya*—del conocimiento; *yā*—la cual; *parā*—trascendental.

TRADUCCIÓN

¡Oh, hijo de Kuntī!, voy a informarte cómo alguien que ha logrado esa perfección, puede llegar a la suprema etapa perfecta, el Brahman, la etapa del conocimiento supremo, si actúa de la manera que ahora voy a resumir.

SIGNIFICADO

El Señor le describe a Arjuna cómo uno puede llegar a la etapa más elevada y perfecta por el simple hecho de estar dedicado a su ocupación obligatoria, desempeñando ese deber para la Suprema Personalidad de Dios. Uno alcanza la suprema etapa del Brahman con sólo renunciar al resultado de su trabajo en aras de la satisfacción del Señor Supremo. En eso consiste el proceso de la autorrealización. La verdadera perfección del conocimiento estriba en alcanzar un estado puro de conciencia de Kṛṣṇa; eso se describe en los versos siguientes.

TEXTOS 51–53

बुद्ध्या विशुद्धया युक्तो धृत्यात्मानं नियम्य च।
शब्दादीन्विषयांस्त्यक्त्वा रागद्वेषौ व्युदस्य च ॥५१॥
विविक्तसेवी लघ्वाशी यतवाक्कायमानसः ।
ध्यानयोगपरो नित्यं वैराग्यं समुपाश्रितः ॥५२॥
अहङ्कारं बलं दर्पं कामं क्रोधं परिग्रहम् ।
विमुच्य निर्ममः शान्तो ब्रह्मभूयाय कल्पते॥५३॥

buddhyā viśuddhayā yukto
dhṛtyātmānaṁ niyamya ca
śabdādīn viṣayāṁs tyaktvā
rāga-dveṣau vyudasya ca

vivikta-sevī laghv-āśī
yata-vāk-kāya-mānasaḥ
dhyāna-yoga-paro nityaṁ
vairāgyaṁ samupāśritaḥ

ahaṅkāraṁ balaṁ darpaṁ
kāmaṁ krodhaṁ parigraham

vimucya nirmamaḥ śānto
brahma-bhūyāya kalpate

buddhyā—con la inteligencia; *viśuddhayā*—completamente purificada; *yuktaḥ*—dedicado; *dhṛtyā*—mediante la determinación; *ātmānam*—el yo; *niyamya*—regulando; *ca*—también; *śabda-ādīn*—tales como el sonido; *viṣayān*—los objetos de los sentidos; *tyaktvā*—abandonando; *rāga*—apego; *dveṣau*—y odio; *vyudasya*—haciendo a un lado; *ca*—también; *vivikta-sevī*—viviendo en un lugar recluido; *laghu-āśī*—comiendo poco; *yata*—habiendo dominado; *vāk*—el habla; *kāya*—el cuerpo; *mānasaḥ*—y la mente; *dhyāna-yoga-paraḥ*—absorto en un trance; *nityam*—veinticuatro horas al día; *vairāgyam*—desapego; *samupāśritaḥ*—habiéndose refugiado en; *ahaṅkāram*—el ego falso; *balam*—la fuerza falsa; *darpam*—el orgullo falso; *kāmam*—la lujuria; *krodham*—la ira; *parigraham*—aceptación de cosas materiales; *vimucya*—estando liberado de; *nirmamaḥ*—sin un sentido de posesión; *śāntaḥ*—apacible; *brahma-bhūyāya*—para la autorrealización; *kalpate*—está en capacidad.

TRADUCCIÓN

Habiéndose purificado por medio de la inteligencia y controlando la mente con determinación, renunciando a los objetos que complacen los sentidos, estando libre de apego y odio, aquel que vive en un lugar recluido, que come poco, que controla el cuerpo, la mente y la facultad de hablar, que siempre está en trance y que está desapegado, que está libre del ego falso, de la fuerza falsa, del orgullo falso, de la lujuria, de la ira y de la aceptación de cosas materiales, que está libre del sentido falso de posesión y que es apacible: una persona como ésa sin duda que es elevada hasta la posición de la autorrealización.

SIGNIFICADO

Cuando uno se purifica mediante la inteligencia, se mantiene en el plano de la modalidad de la bondad. De esa manera, uno se vuelve dueño de la mente y siempre está en trance. Uno no está apegado a los objetos que complacen los sentidos, y en sus actividades se encuentra libre del apego y el odio. Una persona así de desapegada prefiere naturalmente vivir en un lugar recluido, no come más de lo que necesita, y controla las actividades del cuerpo y la mente. Esa persona no tiene ego falso, porque no acepta que es el cuerpo. Y ella tampoco tiene el deseo de hacer que su cuerpo se vuelva gordo y fuerte, aceptando para ello una gran cantidad de cosas materiales. Como esa persona no tiene ningún concepto corporal de la vida, no está falsamente orgullosa. Ella se satisface con todo lo que se le ofrece por la gracia del Señor, y nunca se disgusta en ausencia de la complacencia de los sentidos. Y ella tampoco se esfuerza por adquirir objetos para los sentidos. Así pues, cuando ella se libra por completo del ego falso, queda desapegada de todas las cosas materiales, y ésa es la etapa de la comprensión Brahman del ser. Esa etapa se denomina la etapa *brahma-bhūta*. Cuando uno está libre de la concepción material de la vida, se vuelve apacible y nada lo puede agitar. Eso se describe en *El Bhagavad-gītā* (2.70):

āpūryamāṇam acala-pratiṣṭhaṁ
samudram āpaḥ praviśanti yadvat
tadvat kāmā yaṁ praviśanti sarve
sa śāntim āpnoti na kāma-kāmī

"La persona que no se perturba por el incesante fluir de los deseos —que entran en ella como los ríos en el océano, el cual, aunque siempre se está llenando, permanece calmado—, es la única que puede encontrar la paz, y no el hombre que se esfuerza por satisfacer dichos deseos".

TEXTO 54

ब्रह्मभूतः प्रसन्नात्मा न शोचति न काङ्क्षति ।
समः सर्वेषु भूतेषु मद्भक्तिं लभते पराम् ॥ ५४ ॥

brahma-bhūtaḥ prasannātmā
na śocati na kāṅkṣati
samaḥ sarveṣu bhūteṣu
mad-bhaktiṁ labhate parām

brahma-bhūtaḥ—siendo uno con el Absoluto; *prasanna-ātmā*—completamente jubiloso; *na*—nunca; *śocati*—se lamenta; *na*—nunca; *kāṅkṣati*—desea; *samaḥ*—con la misma disposición; *sarveṣu*—para todas; *bhūteṣu*—las entidades vivientes; *mat-bhaktim*—Mi servicio devocional; *labhate*—gana; *parām*—trascendental.

TRADUCCIÓN

Aquel que se sitúa así en el plano trascendental, llega a comprender de inmediato el Brahman Supremo y se vuelve plenamente dichoso. Él nunca se lamenta por nada ni desea poseer nada. Él tiene la misma disposición para con todas las entidades vivientes. En ese estado, él llega a prestarme a Mí un servicio devocional puro.

SIGNIFICADO

Para el impersonalista, el llegar a la etapa *brahma-bhūta*, la etapa en la que se vuelve uno con el Absoluto, es lo máximo que existe. Pero para el personalista, o el devoto puro, aún se tiene que seguir adelante, aún hay que llegar a dedicarse al servicio devocional puro. Eso significa que, aquel que se dedica al servicio devocional puro que se le presta al Señor Supremo, ya se encuentra en un estado de liberación, denominado *brahma-bhūta*, o de identidad con el Absoluto. Si no se es uno con el Supremo, el Absoluto, no se le puede prestar servicio a Él. En el plano de la concepción absoluta no hay diferencia entre el servido y el servidor; sin embargo, en un sentido espiritual superior sí existe una distinción.

En medio del concepto material de la vida, cuando uno trabaja para complacer los sentidos, hay sufrimiento, pero en el mundo absoluto, cuando uno se dedica al servicio devocional puro, no lo hay. El devoto que está en el plano de conciencia de Kṛṣṇa no tiene nada de qué lamentarse ni nada que desear. Como Dios está lleno, una entidad viviente que esté dedicada al servicio de Dios con conciencia de Kṛṣṇa, también se vuelve llena en sí misma. Ella es como un río que se ha limpiado de toda el agua sucia. Como un devoto puro no piensa en nada más que en Kṛṣṇa, naturalmente siempre está dichoso. Él no se lamenta por ninguna pérdida material ni ambiciona una ganancia, porque está lleno en el servicio del Señor. Él no desea el disfrute material, porque sabe que toda entidad viviente es una parte integral fragmentaria del Señor Supremo y, por ende, es eternamente un sirviente. En el mundo material, él no ve a alguien como superior y a alguien más como inferior; las posiciones superiores e inferiores son efímeras, y un devoto no tiene nada que ver con apariciones o desapariciones efímeras. Para él, piedra y oro son de igual valor. Ésa es la etapa *brahma-bhūta*, y esa etapa la alcanza muy fácilmente el devoto puro. En esa etapa de la existencia, la idea de volverse uno con el Brahman Supremo y aniquilar la individualidad propia se vuelve infernal, la idea de llegar al reino celestial se vuelve una fantasmagoría, y los sentidos son como los colmillos rotos de una serpiente. Así como a una serpiente que tiene los colmillos rotos no se le teme, así mismo no hay nada que temer de los sentidos cuando están controlados automáticamente. Para la persona infectada por lo material, el mundo es desolador, pero para un devoto el mundo entero es igual que Vaikuṇṭha, o el cielo espiritual. Para un devoto, la personalidad más elevada de este universo material no es más importante que una hormiga. A esa etapa se puede llegar por la misericordia del Señor Caitanya, quien predicó en esta era acerca del servicio devocional puro.

TEXTO 55

भक्त्या मामभिजानाति यावान्यश्चास्मि तत्त्वतः ।
ततो मां तत्त्वतो ज्ञात्वा विशते तदनन्तरम् ॥५५॥

bhaktyā mām abhijānāti
yāvān yaś cāsmi tattvataḥ
tato māṁ tattvato jñātvā
viśate tad-anantaram

bhaktyā—mediante el servicio devocional puro; *mām*—a Mí; *abhijānāti*—uno puede conocer; *yāvān*—tanto como; *yaḥ ca asmi*—tal como soy; *tattvataḥ*—en verdad; *tataḥ*—después de eso; *mām*—a Mí; *tattvataḥ*—en verdad; *jñātvā*—conociendo; *viśate*—entra; *tat-anantaram*—después de eso.

TRADUCCIÓN

A Mí se Me puede entender tal como soy, como la Suprema Personalidad de Dios, únicamente por medio del servicio devocional. Y cuando alguien tiene plena conciencia de Mí mediante esa devoción, puede entrar en el Reino de Dios.

SIGNIFICADO

A la Suprema Personalidad de Dios, Kṛṣṇa, y a Sus porciones plenarias no se los puede entender mediante la especulación mental ni a través de los no devotos. Si alguien quiere entender a la Suprema Personalidad de Dios, tiene que emprender el servicio devocional puro bajo la guía de un devoto puro. De lo contrario, la verdad acerca de la Suprema Personalidad de Dios siempre estará escondida. Como ya se dijo en *El Bhagavad-gītā* (7.25): *nāhaṁ prakāśaḥ sarvasya*, Él no se les revela a todos. Nadie puede entender a Dios simplemente mediante la erudición académica o mediante la especulación. Sólo aquel que de hecho se dedica al proceso de conciencia de Kṛṣṇa y al servicio devocional, puede entender lo que Kṛṣṇa es. Los grados universitarios son inútiles para ello.

Aquel que está plenamente versado en la ciencia de Kṛṣṇa, se vuelve merecedor de entrar en el reino espiritual, la morada de Kṛṣṇa. El hecho de volverse Brahman no significa que uno pierde su identidad. El servicio devocional está presente, y mientras exista servicio devocional, debe existir Dios, el devoto y el proceso del servicio devocional. Ese conocimiento nunca es destruido, ni siquiera después de la liberación. La liberación entraña el liberarse del concepto de la vida material; en la vida espiritual hay la misma distinción, la misma individualidad, pero en el estado puro de conciencia de Kṛṣṇa. Uno no debe cometer el error de creer que la palabra *viśate*, ''entra en Mí'', respalda la teoría monista de que uno se vuelve homogéneo con el Brahman impersonal. No. *Viśate* significa que uno puede entrar en la morada del Señor Supremo con su propia individualidad, para tener Su compañía y prestarle servicio. Por ejemplo, un pájaro verde entra en un árbol verde no para volverse uno con el árbol, sino para disfrutar de los frutos del árbol. Los impersonalistas suelen dar el ejemplo de un río que fluye hasta el océano y se funde en él. Puede que eso sea una fuente de felicidad para el impersonalista, pero el personalista mantiene su individualidad personal tal como los seres acuáticos en el océano. Si vamos a lo profundo del océano, encontraremos muchísimas entidades vivientes. El conocimiento de la superficie del océano no es suficiente; se debe tener conocimiento completo acerca de los seres acuáticos que viven en las profundidades del océano.

Debido a su servicio devocional puro, el devoto puede entender en verdad las cualidades trascendentales y las opulencias del Señor Supremo. Como se afirma en el Capítulo Once, sólo puede uno entender por medio del servicio devocional. Lo mismo se confirma aquí; uno puede entender a la Suprema Personalidad de Dios mediante el servicio devocional, y entrar en Su reino.

Después de llegar a la etapa *brahma-bhūta*, en la que se está liberado de las concepciones materiales, comienza el servicio devocional con el acto de oír hablar del Señor. Cuando uno oye hablar del Señor Supremo, automáticamente se desarrolla la etapa *brahma-bhūta*, y la contaminación material —la codicia y la lujuria por el disfrute de los sentidos— desaparece. A medida que la lujuria y los deseos desaparecen del corazón del devoto, éste se apega más al servicio del Señor, y mediante ese apego se libera de la contaminación material. En ese estado de la vida, él puede entender al Señor Supremo. Ésa también es la declaración de *El Śrīmad-Bhāgavatam*. Después de la liberación, el proceso del *bhakti*, o del servicio trascendental, continúa. *El Vedānta-sūtra* (4.1.12) lo confirma: *ā-prāyaṇāt tatrāpi hi dṛṣṭam*. Eso significa que después de la liberación, el proceso del servicio devocional continúa. En *El Śrīmad-Bhāgavatam* se define la verdadera liberación devocional como el restablecimiento de la entidad viviente en su propia identidad, en su propia posición constitucional. La posición constitucional ya se ha explicado: toda entidad viviente es una porción integral fragmentaria del Señor Supremo. Por lo tanto, su posición constitucional es la de servir. Después de la liberación, ese servicio jamás cesa. Verdadera liberación es librarse de los conceptos erróneos de la vida.

TEXTO 56

सर्वकर्माण्यपि सदा कुर्वाणो मद्व्यपाश्रयः ।
मत्प्रसादादवाप्नोति शाश्वतं पदमव्ययम् ॥ ५६ ॥

sarva-karmāṇy api sadā
kurvāṇo mad-vyapāśrayaḥ
mat-prasādād avāpnoti
śāśvataṁ padam avyayam

sarva—todas; *karmāṇi*—las actividades; *api*—aunque; *sadā*—siempre; *kurvāṇaḥ*—ejecutando; *mat-vyapāśrayaḥ*—bajo Mi protección; *mat-prasādāt*—por Mi misericordia; *avāpnoti*—se alcanza; *śāśvatam*—la eterna; *padam*—morada; *avyayam*—imperecedera.

TRADUCCIÓN

Aunque Mi devoto puro esté dedicado a toda clase de actividades, bajo Mi protección y por Mi gracia, él llega a la morada eterna e imperecedera.

SIGNIFICADO

La palabra *mad-vyapāśrayaḥ* significa "bajo la protección del Señor Supremo". Para estar libre de la contaminación material, el devoto puro actúa bajo la dirección del Señor Supremo o de Su representante, el maestro espiritual. Para un devoto puro no hay límite de tiempo. Él está siempre, veinticuatro horas al día, dedicado en un ciento por ciento a realizar actividades bajo la dirección del Señor Supremo. El Señor es sumamente bueno con un devoto que se dedica así al proceso de conciencia de Kṛṣṇa. Pese a todas las dificultades, eventualmente él es colocado en la morada trascendental, o Kṛṣṇaloka. Él tiene garantizada su entrada ahí; no hay ninguna duda de ello. En esa morada suprema, no hay ningún cambio; todo es eterno, imperecedero y está colmado de conocimiento.

TEXTO 57

चेतसा सर्वकर्माणि मयि संन्यस्य मत्परः ।
बुद्धियोगमुपाश्रित्य मच्चित्तः सततं भव ॥ ५७ ॥

cetasā sarva-karmāṇi
mayi sannyasya mat-paraḥ
buddhi-yogam upāśritya
mac-cittaḥ satataṁ bhava

cetasā—por medio de la inteligencia; *sarva-karmāṇi*—toda clase de actividades; *mayi*—a Mí; *sannyasya*—renunciando; *mat-paraḥ*—bajo Mi protección; *buddhi-yogam*—actividades devocionales; *upāśritya*—refugiándose en; *mat-cittaḥ*—con conciencia de Mí; *satatam*—veinticuatro horas al día; *bhava*—vuélvete.

TRADUCCIÓN

En todas las actividades, tan sólo depende de Mí y trabaja siempre bajo Mi protección. En medio de ese servicio devocional, permanece plenamente consciente de Mí.

SIGNIFICADO

Cuando uno actúa con conciencia de Kṛṣṇa, no actúa como amo del mundo. Al igual que un sirviente, uno debe actuar por completo bajo la dirección del Señor Supremo. Un sirviente no tiene ninguna independencia individual. Él sólo actúa por orden del amo. Un sirviente que actúa en nombre del amo supremo, no siente afecto por la ganancia y la pérdida. Él tan sólo desempeña su deber fielmente en términos de la orden del Señor. Ahora bien, uno pudiera argüir que Arjuna estaba actuando bajo la dirección personal de Kṛṣṇa; pero cuando Kṛṣṇa no está presente, ¿cómo se debe actuar? Si uno actúa conforme lo indica Kṛṣṇa en este libro, así como bajo la guía del representante de Kṛṣṇa, el resultado será entonces el mismo. La palabra sánscrita *mat-paraḥ* es muy importante en este verso. Ella indica que uno no tiene ninguna otra meta en la vida más que la de actuar con conciencia de Kṛṣṇa sólo para satisfacer a Kṛṣṇa. Y mientras se trabaja de ese modo, se debe pensar únicamente en Kṛṣṇa: "Kṛṣṇa me ha designado para desempeñar este deber específico". Mientras se actúa de esa manera, lo natural es que uno tenga que pensar en Kṛṣṇa. Eso es perfecta conciencia de Kṛṣṇa. Sin embargo, uno debe notar que después de hacer algo caprichosamente, no debe ofrecerle el resultado al Señor Supremo. Esa clase de deber no es parte del servicio devocional del proceso de conciencia de Kṛṣṇa. Uno debe actuar siguiendo la orden de Kṛṣṇa. Ése es un punto muy importante. Esa orden de Kṛṣṇa se recibe del maestro espiritual genuino a través de la sucesión discipular. Por ende, la orden del maestro espiritual se debe tomar como el deber primordial de la vida. Si uno consigue un maestro espiritual genuino y actúa según él lo indica, se tiene garantizada entonces la perfección de la vida en el plano de conciencia de Kṛṣṇa.

TEXTO 58

मच्चित्तः सर्वदुर्गाणि मत्प्रसादात्तरिष्यसि ।
अथ चेत्त्वमहङ्कारान्न श्रोष्यसि विनङ्क्ष्यसि ॥५८॥

mac-cittaḥ sarva-durgāṇi
mat-prasādāt tariṣyasi
atha cet tvam ahaṅkārān
na śroṣyasi vinaṅkṣyasi

mat—de Mí; *cittaḥ*—con conciencia; *sarva*—todos; *durgāṇi*—los impedimentos; *mat-prasādāt*—por Mi misericordia; *tariṣyasi*—superarás; *atha*—pero; *cet*—si; *tvam*—tú; *ahaṅkārāt*—por el ego falso; *na śroṣyasi*—no oyes; *vinaṅkṣyasi*—estarás perdido.

TRADUCCIÓN

Si te vuelves consciente de Mí, por Mi gracia pasarás por sobre todos los obstáculos de la vida condicionada. Sin embargo, si no trabajas con ese estado de conciencia sino que actúas a través del ego falso, sin oírme, estarás perdido.

SIGNIFICADO

Una persona en estado de plena conciencia de Kṛṣṇa no se encuentra excesivamente ansiosa de ejecutar los deberes de su existencia. Los necios no pueden entender esa total ausencia de ansiedad. Para aquel que actúa con conciencia de

Kṛṣṇa, el Señor Kṛṣṇa se vuelve el amigo más íntimo de todos. Él siempre vela por la comodidad de Su amigo, y Él mismo se le da a Su amigo, el cual se dedica con mucha devoción a trabajar veinticuatro horas al día para complacer al Señor. De modo que, nadie se debe dejar llevar por el ego falso del concepto corporal de la vida. No se debe creer falsamente que se es independiente de las leyes de la naturaleza material o que se es libre de actuar. Uno ya se encuentra bajo el control de estrictas leyes materiales. Pero en cuanto uno actúa con conciencia de Kṛṣṇa, queda en libertad, libre de las perplejidades materiales. Hay que notar con mucho cuidado que aquel que no está activo en el plano de conciencia de Kṛṣṇa, se está perdiendo en el remolino material, en el océano del nacimiento y la muerte. Ningún alma condicionada sabe en realidad lo que se debe hacer y lo que no se debe hacer, pero una persona que actúa con conciencia de Kṛṣṇa es libre de actuar, porque todo lo incita Kṛṣṇa desde dentro y lo confirma el maestro espiritual.

TEXTO 59

यदहङ्कारमाश्रित्य न योत्स्य इति मन्यसे ।
मिथ्यैष व्यवसायस्ते प्रकृतिस्त्वां नियोक्ष्यति ॥५९॥

yad ahaṅkāram āśritya
na yotsya iti manyase
mithyaiṣa vyavasāyas te
prakṛtis tvāṁ niyokṣyati

yat—si; *ahaṅkāram*—en el ego falso; *āśritya*—refugiándose; *na yotsye*—no pelearé; *iti*—así pues; *manyase*—piensas; *mithyā eṣaḥ*—todo esto es falso; *vyavasāyaḥ*—determinación; *te*—tu; *prakṛtiḥ*—naturaleza material; *tvām*—tú; *niyokṣyati*—te dedicarás.

TRADUCCIÓN

Si no actúas siguiendo Mi indicación y no peleas, entonces te vas a dirigir por un camino falso. Debido a tu naturaleza, te tendrás que dedicar a la guerra.

SIGNIFICADO

Arjuna era un militar, y había nacido con la naturaleza de los *kṣatriyas*. Por consiguiente, él tenía el deber natural de pelear. Pero debido al ego falso, tenía miedo de que, por matar a su maestro, a su abuelo y a sus amigos, incurriría en reacciones pecaminosas. En realidad, él estaba considerando que era el amo de sus acciones, como si estuviera dirigiendo los resultados buenos y malos de ese trabajo. Él olvidó que la Suprema Personalidad de Dios estaba ahí presente, ordenándole que peleara. Así es el olvido del alma condicionada. La Personalidad Suprema da indicaciones acerca de lo que es bueno y lo que es malo, y uno sólo tiene que actuar con conciencia de Kṛṣṇa para lograr la perfección de la vida. Nadie puede determinar cuál será su destino como lo puede hacer el Señor Supremo; por lo tanto, lo mejor es dejarse dirigir por el Señor Supremo y actuar de conformidad con ello. Nadie debe desdeñar la orden de la Suprema Personalidad de Dios o la orden del maestro espiritual, quien es el representante de Dios. Uno debe actuar sin vacilación para ejecutar la orden de la Suprema Personalidad de Dios. Eso lo mantendrá a uno en una posición segura en todas las circunstancias.

TEXTO 60

स्वभावजेन कौन्तेय निबद्धः स्वेन कर्मणा ।
कर्तुं नेच्छसि यन्मोहात्करिष्यस्यवशोऽपि तत् ॥ ६० ॥

svabhāva-jena kaunteya
nibaddhaḥ svena karmaṇā
kartuṁ necchasi yan mohāt
kariṣyasy avaśo 'pi tat

sva-bhāva-jena—nacido de tu propia naturaleza; *kaunteya*—¡oh, hijo de Kuntī!; *nibaddhaḥ*—condicionado; *svena*—por tus propias; *karmaṇā*—actividades; *kartum*—hacer; *na*—no; *icchasi*—quieres; *yat*—aquello que; *mohāt*—por ilusión; *kariṣyasi*—harás; *avaśaḥ*—involuntariamente; *api*—incluso; *tat*—eso.

TRADUCCIÓN

Por ilusión, ahora estás rehusando actuar conforme a Mis indicaciones. Pero, llevado por el trabajo nacido de tu propia naturaleza, ¡oh, hijo de Kuntī!, tendrás que actuar de todos modos.

SIGNIFICADO

Si alguien se niega a actuar bajo la dirección del Señor Supremo, entonces se verá forzado a actuar en base a las modalidades bajo las que está situado. Todo el mundo está bajo el hechizo de una determinada combinación de las modalidades de la naturaleza, y está actuando en función de ello. Pero cualquiera que se ponga voluntariamente bajo la dirección del Señor Supremo, se vuelve glorioso.

TEXTO 61

ईश्वरः सर्वभूतानां हृद्देशेऽर्जुन तिष्ठति ।
भ्रामयन्सर्वभूतानि यन्त्रारूढानि मायया ॥ ६१ ॥

īśvaraḥ sarva-bhūtānāṁ
hṛd-deśe 'rjuna tiṣṭhati
bhrāmayan sarva-bhūtāni
yantrārūḍhāni māyayā

īśvaraḥ—el Señor Supremo; *sarva-bhūtānām*—de todas las entidades vivientes; *hṛt-deśe*—en el recinto del corazón; *arjuna*—¡oh, Arjuna!; *tiṣṭhati*—reside; *bhrāmayan*—haciendo viajar; *sarva-bhūtāni*—todas las entidades vivientes; *yantra*—en una máquina; *ārūḍhāni*—estando ubicadas; *māyayā*—bajo el hechizo de la energía material.

TRADUCCIÓN

El Señor Supremo se encuentra en el corazón de todos, ¡oh, Arjuna!, y está dirigiendo los movimientos de todas las entidades vivientes, las cuales están sentadas como si estuvieran en una máquina hecha de energía material.

SIGNIFICADO

Arjuna no era el conocedor supremo, y su decisión de pelear o de no pelear estaba confinada a su limitado discernimiento. El Señor Kṛṣṇa instruyó que el individuo no lo es todo. La Suprema Personalidad de Dios, es decir, Él mismo, Kṛṣṇa, en forma de la Superalma localizada, se encuentra en el corazón dirigiendo al ser viviente. Después de cambiar de cuerpo, la entidad viviente olvida sus acciones pasadas, pero la Superalma, en Su carácter de conocedor del pasado, presente y futuro, permanece como testigo de todas sus actividades. En consecuencia, todas las actividades de las entidades vivientes las dirige esa Superalma. La entidad viviente obtiene lo que merece y es llevada por el cuerpo material, el cual es creado en el seno de la energía material bajo la dirección de la Superalma. En cuanto la entidad viviente es colocada en un determinado tipo de cuerpo, tiene que trabajar bajo el hechizo de esa situación corporal. Una persona que está sentada en un automóvil que se desplaza a alta velocidad, va más rápido que otra que está sentada en un auto más lento, si bien las entidades vivientes, los conductores, puede que sean iguales. Así mismo, por orden del Alma Suprema, la naturaleza material elabora un determinado tipo de cuerpo para un determinado tipo de entidad viviente, de modo que ésta pueda actuar según sus deseos pasados. La entidad viviente no es independiente. Uno no debe creerse independiente de la Suprema Personalidad de Dios. El individuo siempre está bajo el control del

Señor. Por consiguiente, uno tiene el deber de entregarse, y eso es lo que se estipula en el verso siguiente.

TEXTO 62

तमेव शरणं गच्छ सर्वभावेन भारत ।
तत्प्रसादात्परां शान्तिं स्थानं प्राप्स्यसि शाश्वतं ॥६२॥

tam eva śaraṇaṁ gaccha
sarva-bhāvena bhārata
tat-prasādāt parāṁ śāntiṁ
sthānaṁ prāpsyasi śāśvatam

tam—a Él; *eva*—ciertamente; *śaraṇam gaccha*—entrégate; *sarva-bhāvena*—en todos los aspectos; *bhārata*—¡oh, hijo de Bharata!; *tat-prasādāt*—por Su gracia; *parām*—trascendental; *śāntim*—paz; *sthānam*—la morada; *prāpsyasi*—obtendrás; *śāśvatam*—eterna.

TRADUCCIÓN

¡Oh, vástago de Bharata!, entrégate a Él totalmente. Por Su gracia conseguirás la paz trascendental y llegarás a la morada suprema y eterna.

SIGNIFICADO

La entidad viviente se debe entregar, pues, a la Suprema Personalidad de Dios, quien está situado en el corazón de todos, y eso la va a liberar de toda clase de sufrimientos de esta existencia material. Mediante esa entrega, uno no sólo se liberará de todos los sufrimientos de esta vida, sino que al final llegará al Dios Supremo. El mundo trascendental se describe en la literatura védica (*El Ṛg Veda* 1.22.20) como *tad viṣṇoḥ paramaṁ padam*. Puesto que toda la creación es el Reino de Dios, todo lo material es de hecho espiritual, pero *paramaṁ padam* se refiere específicamente a la morada eterna, que se denomina ''cielo espiritual'' o ''Vaikuṇṭha''.

En el Capítulo Quince de *El Bhagavad-gītā* se dice: *sarvasya cāhaṁ hṛdi sanniviṣṭaḥ*, el Señor se encuentra en el corazón de todos. Así que esta recomendación de que uno se entregue a la Superalma que está dentro, significa que uno debe entregarse a la Suprema Personalidad de Dios, Kṛṣṇa. Kṛṣṇa ya ha sido aceptado como el Supremo por Arjuna. Él fue aceptado en el Capítulo Diez como *paraṁ brahma paraṁ dhāma*. Arjuna ha aceptado a Kṛṣṇa como la Suprema Personalidad de Dios y como la morada suprema de todas las entidades vivientes, no sólo por su experiencia personal, sino también en virtud de los testimonios de grandes autoridades tales como Nārada, Asita, Devala y Vyāsa.

TEXTO 63

इति ते ज्ञानमाख्यातं गुह्याद्गुह्यतरं मया ।
विमृश्यैतदशेषेण यथेच्छसि तथा कुरु ॥ ६३ ॥

iti te jñānam ākhyātaṁ
guhyād guhyataraṁ mayā
vimṛśyaitad aśeṣeṇa
yathecchasi tathā kuru

iti—así pues; *te*—a ti; *jñānam*—conocimiento; *ākhyātam*—descrito; *guhyāt*—que confidencial; *guhya-taram*—aún más confidencial; *mayā*—por Mí; *vimṛśya*—deliberando; *etat*—acerca de esto; *aśeṣeṇa*—completamente; *yathā*—como; *icchasi*—gustes; *tathā*—eso; *kuru*—ejecuta.

TRADUCCIÓN

Así pues, te he explicado un conocimiento aún más confidencial. Delibera bien acerca de esto, y luego haz lo que desees.

SIGNIFICADO

El Señor ya le ha explicado a Arjuna el conocimiento acerca del *brahma-bhūta*. Aquel que se encuentra en la condición *brahma-bhūta*, es dichoso; él nunca se lamenta, ni desea nada. Eso se debe al conocimiento confidencial. Kṛṣṇa también revela el conocimiento acerca de la Superalma. Eso también es conocimiento Brahman, conocimiento acerca del Brahman, pero es superior.

Aquí, las palabras *yathecchasi tathā kuru* —''haz lo que gustes''— indican que Dios no se interfiere en la poca independencia de la entidad viviente. En *El Bhagavad-gītā*, el Señor ha explicado en todos los aspectos cómo puede uno elevar sus condiciones de vida. El mejor consejo que se le impartió a Arjuna es el de entregarse a la Superalma que se encuentra en su corazón. Mediante el debido discernimiento, uno debe acceder a actuar de conformidad con las órdenes de la Superalma. Eso lo ayudará a uno a situarse siempre en el plano de conciencia de Kṛṣṇa, la etapa más elevada y perfecta de la vida humana. La Personalidad de Dios le está ordenando a Arjuna directamente que pelee. El entregarse a la Suprema Personalidad de Dios va en beneficio de las entidades vivientes. No es algo que se hace por el bien del Supremo. Antes de entregarse, uno es libre de deliberar acerca de ese asunto hasta donde lo permita la inteligencia; ésa es la mejor manera de aceptar la instrucción de la Suprema Personalidad de Dios. Esa instrucción también viene a través del maestro espiritual, el representante genuino de Kṛṣṇa.

TEXTO 64

सर्वगुह्यतमं भूयः शृणु मे परमं वचः ।
इष्टोऽसि मे दृढमिति ततो वक्ष्यामि ते हितम् ॥६४॥

sarva-guhyatamaṁ bhūyaḥ
śṛṇu me paramaṁ vacaḥ
iṣṭo 'si me dṛḍham iti
tato vakṣyāmi te hitam

sarva-guhyatamam—lo más confidencial de todo; *bhūyaḥ*—de nuevo; *śṛṇu*—tan sólo oye; *me*—a Mí; *paramam*—la suprema; *vacaḥ*—instrucción; *iṣṭaḥ asi*—eres querido; *me*—de Mí; *dṛḍham*—muy; *iti*—así pues; *tataḥ*—por lo tanto; *vakṣyāmi*—estoy hablando; *te*—para tu; *hitam*—beneficio.

TRADUCCIÓN

Como tú eres Mi muy querido amigo, te estoy exponiendo Mi instrucción suprema, el conocimiento más confidencial de todos. Óyeme hablar de ello, pues es por tu bien.

SIGNIFICADO

El Señor le ha dado a Arjuna un conocimiento que es confidencial (el conocimiento acerca del Brahman) y un conocimiento aún más confidencial (el conocimiento acerca de la Superalma que está en el corazón de todos), y ahora le está dando la parte más confidencial del conocimiento: que sólo se entregue a la Suprema Personalidad de Dios. Al final del Noveno Capítulo, Él ha dicho: *man-manāḥ*, ''Sólo piensa siempre en Mí''. La misma instrucción se repite aquí para darle énfasis a la esencia de las enseñanzas de *El Bhagavad-gītā*. Esa esencia no la entiende un hombre común, sino alguien que de hecho es muy querido por Kṛṣṇa, un devoto puro de Kṛṣṇa. Ésa es la instrucción más importante que hay en toda la literatura védica. Lo que Kṛṣṇa está diciendo en relación con esto, es la parte más esencial del conocimiento, y no sólo la debe poner en práctica Arjuna, sino todas las entidades vivientes.

TEXTO 65

मन्मना भव मद्भक्तो मद्याजी मां नमस्कुरु ।
मामेवैष्यसि सत्यं ते प्रतिजाने प्रियोऽसि मे ॥६५॥

man-manā bhava mad-bhakto
mad-yājī māṁ namaskuru

mām evaiṣyasi satyaṁ te
pratijāne priyo 'si me

mat-manāḥ—pensando en Mí; *bhava*—tan sólo conviértete en; *mat-bhaktaḥ*—devoto Mío; *mat-yājī*—Mi adorador; *mām*—a Mí; *namaskuru*—ofrece tus reverencias; *mām*—a Mí; *eva*—ciertamente; *eṣyasi*—vendrás; *satyam*—en verdad; *te*—a ti; *pratijāne*—Yo prometo; *priyaḥ*—querido; *asi*—eres; *me*—por Mí.

TRADUCCIÓN

Siempre piensa en Mí, conviértete en devoto Mío, adórame a Mí y ofréceme a Mí tu homenaje. De ese modo, vendrás a Mí sin falta. Yo te prometo eso, porque tú eres Mi muy querido amigo.

SIGNIFICADO

La parte más confidencial del conocimiento es que uno debe volverse devoto puro de Kṛṣṇa, y siempre pensar en Él y actuar para Él. Uno no se debe convertir en un meditador oficial. La vida se debe amoldar de forma que uno siempre tenga la oportunidad de pensar en Kṛṣṇa. Uno debe actuar siempre de modo tal, que todas sus actividades diarias estén relacionadas con Kṛṣṇa. Se debe disponer la vida de manera que a todo lo largo de las veinticuatro horas del día no se pueda sino pensar en Kṛṣṇa. Y el Señor promete que cualquiera que se halle en ese estado de conciencia de Kṛṣṇa pura, regresará sin duda a la morada de Kṛṣṇa, donde se relacionará con Kṛṣṇa cara a cara. Esta parte sumamente confidencial del conocimiento se le expone a Arjuna por ser el amigo querido de Kṛṣṇa. Todo el que siga el sendero de Arjuna puede convertirse en un amigo querido de Kṛṣṇa, y obtener la misma perfección que obtuvo Arjuna.

Estas palabras recalcan que uno debe concentrar la mente en Kṛṣṇa: en la propia forma de dos manos que lleva una flauta, el niño azulado de la cara hermosa y las plumas de pavo real en el cabello. Existen descripciones de Kṛṣṇa que se encuentran en *El Brahma-saṁhitā* y otras Escrituras. Uno debe fijar la mente en esa forma original de Dios: Kṛṣṇa. Uno ni siquiera debe desviar su atención hacia otras formas del Señor. El Señor tiene múltiples formas, tales como Viṣṇu, Nārāyaṇa, Rāma, Varāha, etc., pero el devoto debe concentrar la mente en la forma que estaba presente ante Arjuna. El concentrar la mente en la forma de Kṛṣṇa constituye la parte más confidencial del conocimiento, y ello se le revela a Arjuna por ser el amigo más querido de Kṛṣṇa.

TEXTO 66

सर्वधर्मान्परित्यज्य मामेकं शरणं व्रज ।
अहं त्वां सर्वपापेभ्यो मोक्षयिष्यामि मा शुचः ॥ ६६ ॥

sarva-dharmān parityajya
māṁ ekaṁ śaraṇaṁ vraja
ahaṁ tvāṁ sarva-pāpebhyo
mokṣayiṣyāmi mā śucaḥ

sarva-dharmān—todas las variedades de religiones; *parityajya*—abandonando; *mām*—a Mí; *ekam*—solamente; *śaraṇam*—para la entrega; *vraja*—ve; *aham*—Yo; *tvām*—a ti; *sarva*—de todas; *pāpebhyaḥ*—de reacciones pecaminosas; *mokṣayiṣyāmi*—liberaré; *mā*—no; *śucaḥ*—te preocupes.

TRADUCCIÓN

Abandona todas las variedades de religiones y tan sólo entrégate a Mí. Yo te libraré de todas las reacciones pecaminosas. No temas.

SIGNIFICADO

El Señor ha descrito diversas clases de conocimientos y procesos de religión: el conocimiento acerca del Brahman Supremo, el conocimiento acerca de la Superalma, el conocimiento acerca de los diferentes tipos de órdenes y estados de vida social, el conocimiento acerca de la orden de vida de renuncia, el conocimiento acerca del desapego, el control de la mente y los sentidos, la meditación, etc. Él ha descrito de muchísimas maneras diferentes tipos de religiones. Ahora, al resumir *El Bhagavad-gītā*, el Señor dice que Arjuna debe abandonar todos los procesos que se le han explicado; él simplemente debe entregarse a Kṛṣṇa. Esa entrega lo salvará de toda clase de reacciones pecaminosas, pues el Señor en persona promete protegerlo.

En el Capítulo Siete se dijo que únicamente aquel que se ha liberado de todas las reacciones pecaminosas, puede emprender la adoración del Señor Kṛṣṇa. Así pues, quizás uno piense que a menos que esté libre de todas las reacciones pecaminosas, no puede emprender el proceso de entregarse. Para resolver esas dudas, aquí se dice que, incluso si no se está libre de todas las reacciones pecaminosas, por el simple proceso de entregarse a Śrī Kṛṣṇa uno se libera automáticamente. No es necesario hacer un gran esfuerzo para liberarse de las reacciones pecaminosas. Se debe aceptar a Kṛṣṇa sin vacilación como el redentor supremo de todas las entidades vivientes. Uno se debe entregar a Él con fe y amor.

El proceso de entrega a Kṛṣṇa se describe en *El Hari-bhakti-vilāsa* (11.676):

ānukūlyasya saṅkalpaḥ
prātikūlyasya varjanam
rakṣiṣyatīti viśvāso
goptṛtve varaṇaṁ tathā
ātma-nikṣepa-kārpaṇye
ṣaḍ-vidhā śaraṇāgatiḥ

De acuerdo con el proceso devocional, uno sólo debe aceptar aquellos principios religiosos que en definitiva lo conduzcan al servicio devocional del Señor. Puede que uno desempeñe los deberes de una determinada ocupación según su posición en el orden social, pero si mediante la ejecución de su deber uno no llega al plano de conciencia de Kṛṣṇa, todas sus actividades son inútiles. Todo lo que no lleve a la etapa perfecta de conciencia de Kṛṣṇa, se debe evitar. Uno debe confiar en que, en todas las circunstancias, Kṛṣṇa lo protegerá de todas las dificultades. No es necesario pensar en cómo se deben mantener juntos el cuerpo y el alma. Kṛṣṇa se ocupará de eso. Uno siempre debe pensar que está desamparado, y que Kṛṣṇa es el único fundamento para su progreso en la vida. En cuanto uno se dedica con interés al servicio devocional del Señor en pleno estado de conciencia de Kṛṣṇa, de inmediato se libera de toda la contaminación de la naturaleza material. Existen diferentes procesos religiosos y procesos purificatorios por medio del cultivo de conocimiento, la meditación del sistema del *yoga* místico, etc., pero aquel que se entrega a Kṛṣṇa no tiene que ejecutar todos esos métodos. Esa simple entrega a Kṛṣṇa le evitará una innecesaria pérdida de tiempo. De ese modo, uno puede progresar por completo instantáneamente, y liberarse de todas las reacciones pecaminosas.

Se debe estar atraído al hermoso aspecto de Kṛṣṇa. Su nombre es Kṛṣṇa, porque Él es supremamente atractivo. Aquel que se ve atraído por el hermoso, todopoderoso y omnipotente aspecto de Kṛṣṇa, es afortunado. Hay diferentes clases de trascendentalistas —algunos de ellos están apegados al aspecto del Brahman impersonal, otros están atraídos al aspecto de la Superalma, etc.—, pero aquel que está atraído al aspecto personal de la Suprema Personalidad de Dios, y, por encima de todo, aquel que está atraído a la Suprema Personalidad de Dios en la forma del propio Kṛṣṇa, es el trascendentalista más perfecto de todos. En otras palabras, el servicio devocional que se le presta a Kṛṣṇa con plena conciencia, es la parte más confidencial del conocimiento, y ésa es la esencia de todo *El Bhagavad-gītā*. A los *karma-yogīs*, filósofos empíricos, místicos y devotos se los llama a todos trascendentalistas, pero aquel que es un devoto puro es el mejor de todos. Las palabras específicas que se emplean aquí, *mā śucaḥ*, "no temas, no vaciles, no te preocupes", son muy significativas. Puede que a uno le intrigue el saber cómo se pueden abandonar todas las clases de formas religiosas y simplemente entregarse a Kṛṣṇa, pero semejante preocupación es inútil.

TEXTO 67

इदं ते नातपस्काय नाभक्ताय कदाचन ।
न चाशुश्रूषवे वाच्यं न च मां योऽभ्यसूयति ॥६७॥

idaṁ te nātapaskāya
nābhaktāya kadācana
na cāśuśrūṣave vācyaṁ
na ca māṁ yo 'bhyasūyati

idam—esto; *te*—por ti; *na*—nunca; *atapaskāya*—a aquel que no es austero; *na*—nunca; *abhaktāya*—a aquel que no es devoto; *kadācana*—en cualquier momento; *na*—nunca; *ca*—también; *aśuśrūṣave*—a aquel que no está dedicado al servicio devocional; *vācyam*—ser hablado; *na*—nunca; *ca*—también; *mām*—de Mí; *yaḥ*—cualquiera que; *abhyasūyati*—está envidioso.

TRADUCCIÓN

Este conocimiento confidencial nunca se les debe explicar a aquellos que no son austeros, o devotos, o que no están dedicados al servicio devocional, ni a alguien que está envidioso de Mí.

SIGNIFICADO

A las personas que no se han sometido a las austeridades del proceso religioso, que nunca han tratado de realizar servicio devocional con conciencia de Kṛṣṇa, que no han atendido a un devoto puro, y, especialmente, que piensan en Kṛṣṇa sólo como una personalidad histórica o que están envidiosas de la grandeza de Kṛṣṇa, no se les debe comunicar esta parte sumamente confidencial del conocimiento. Sin embargo, a veces se observa que incluso personas demoníacas que están envidiosas de Kṛṣṇa, que adoran a Kṛṣṇa de otra manera, adoptan la profesión de explicar *El Bhagavad-gītā* de un modo diferente, para hacer dinero, pero cualquiera que realmente desee entender a Kṛṣṇa, debe evitar esa clase de comentarios que se le hacen a *El Bhagavad-gītā*. En realidad, el propósito de *El Bhagavad-gītā* no lo pueden entender aquellos que son sensuales. Incluso si alguien no es sensual sino que más bien está siguiendo estrictamente las disciplinas que se estipulan en las Escrituras védicas, si no es devoto, tampoco puede entender a Kṛṣṇa. E incluso si uno se hace pasar por devoto de Kṛṣṇa pero no está dedicado a actividades conscientes de Kṛṣṇa, tampoco puede entender a Kṛṣṇa. Hay muchas personas que envidian a Kṛṣṇa porque Él ha explicado en *El Bhagavad-gītā* que es el Supremo y que no hay nada por encima de Él ni igual a Él. Hay muchas personas que están envidiosas de Kṛṣṇa. A ellas no se les debe hablar de *El Bhagavad-gītā*, ya que no lo pueden entender. No hay ninguna posibilidad de que las personas infieles entiendan *El Bhagavad-gītā* y a Kṛṣṇa. Si uno no entiende a Kṛṣṇa en base a la autoridad de un devoto puro, no debe tratar de comentar *El Bhagavad-gītā*.

TEXTO 68

य इदं परमं गुह्यं मद्भक्तेष्वभिधास्यति ।
भक्तिं मयि परां कृत्वा मामेवैष्यत्यसंशयः ॥६८॥

ya idaṁ paramaṁ guhyaṁ
mad-bhakteṣv abhidhāsyati

bhaktiṁ mayi parāṁ kṛtvā
mām evaiṣyaty asaṁśayaḥ

yaḥ—cualquiera que; *idam*—esto; *paramam*—lo más; *guhyam*—secreto confidencial; *mat*—Míos; *bhakteṣu*—entre los devotos; *abhidhāsyati*—explica; *bhaktim*—servicio devocional; *mayi*—a Mí; *parām*—trascendental; *kṛtvā*—haciendo; *mām*—a Mí; *eva*—ciertamente; *eṣyati*—viene; *asaṁśayaḥ*—sin duda.

TRADUCCIÓN

Aquel que les explica a los devotos este secreto supremo, tiene garantizado el servicio devocional puro, y al final vendrá de vuelta a Mí.

SIGNIFICADO

Por lo general, se aconseja que *El Bhagavad-gītā* se discuta únicamente entre los devotos, ya que aquellos que no son devotos no entenderán ni a Kṛṣṇa ni *El Bhagavad-gītā*. Aquellos que no aceptan a Kṛṣṇa tal como es y *El Bhagavad-gītā* tal como es, no deben tratar de explicar *El Bhagavad-gītā* caprichosamente y convertirse así en ofensores. *El Bhagavad-gītā* se les debe explicar a personas que estén dispuestas a aceptar a Kṛṣṇa como la Suprema Personalidad de Dios. Se trata de una materia que es sólo para los devotos y no para especuladores filosóficos. Sin embargo, cualquiera que trate sinceramente de presentar *El Bhagavad-gītā* tal como es, progresará en las actividades devocionales y llegará al estado devocional puro de la vida. Como resultado de esa devoción pura, es seguro que irá de vuelta al hogar, de vuelta a Dios.

TEXTO 69

न च तस्मान्मनुष्येषु कश्चिन्मे प्रियकृत्तमः ।
भविता न च मे तस्मादन्यः प्रियतरो भुवि ॥६९॥

na ca tasmān manuṣyeṣu
kaścin me priya-kṛttamaḥ
bhavitā na ca me tasmād
anyaḥ priyataro bhuvi

na—nunca; *ca*—y; *tasmāt*—que él; *manuṣyeṣu*—entre los hombres; *kaścit*—cualquiera; *me*—por Mí; *priya-kṛttamaḥ*—más querido; *bhavitā*—se volverá; *na*—ni; *ca*—y; *me*—por Mí; *tasmāt*—que él; *anyaḥ*—otro; *priyataraḥ*—más querido; *bhuvi*—en este mundo.

TRADUCCIÓN

En este mundo no hay ningún sirviente que sea más querido por Mí que él, ni nunca lo habrá.

TEXTO 70

अध्येष्यते च य इमं धर्म्यं संवादमावयोः ।
ज्ञानयज्ञेन तेनाहमिष्टः स्यामिति मे मतिः ॥७०॥

adhyeṣyate ca ya imaṁ
dharmyaṁ saṁvādam āvayoḥ
jñāna-yajñena tenāham
iṣṭaḥ syām iti me matiḥ

adhyeṣyate—estudiará; *ca*—también; *yaḥ*—aquel que; *imam*—esta; *dharmyaṁ*—sagrada; *saṁvādam*—conversación; *āvayoḥ*—nuestra; *jñāna*—del conocimiento; *yajñena*—por el sacrificio; *tena*—por él; *aham*—Yo; *iṣṭaḥ*—adorado; *syām*—seré; *iti*—así pues; *me*—Mi; *matiḥ*—opinión.

TRADUCCIÓN

Y Yo declaro que aquel que estudia esta sagrada conversación nuestra, Me adora con su inteligencia.

TEXTO 71

श्रद्धावाननसूयश्च शृणुयादपि यो नरः ।
सोऽपि मुक्तः शुभाँल्लोकान्प्राप्नुयात्पुण्यकर्मणाम् ॥७१॥

śraddhāvān anasūyaś ca
śṛṇuyād api yo naraḥ
so 'pi muktaḥ śubhāl̐ lokān
prāpnuyāt puṇya-karmaṇām

śraddhā-van—fiel; *anasūyaḥ*—sin envidia; *ca*—y; *śṛṇuyāt*—escucha; *api*—ciertamente; *yaḥ*—el cual; *naraḥ*—un hombre; *saḥ*—él; *api*—también; *muktaḥ*—liberándose; *śubhān*—los propicios; *lokān*—planetas; *prāpnuyāt*—llega a; *puṇya-karmaṇām*—de los piadosos.

TRADUCCIÓN

Y aquel que escucha con fe y sin envidia, se libra de las reacciones pecaminosas y llega a los auspiciosos planetas en los que moran los piadosos.

SIGNIFICADO

En el verso sesenta y siete de este capítulo, el Señor prohibió explícitamente que el *Gītā* se les expusiera a aquellos que están envidiosos de Él. En otras palabras, *El Bhagavad-gītā* es sólo para los devotos. Pero ocurre que a veces un devoto del Señor da una clase pública, y no se espera que en ella todos los alumnos sean devotos. ¿Por qué esas personas dan clases públicas? Aquí se explica que si bien no todo el mundo es devoto, aun así hay muchos hombres que no envidian a Kṛṣṇa. Ellos tienen fe en Él como Suprema Personalidad de Dios. Si esa clase de personas oyen a un devoto genuino hablar del Señor, ello da como resultado que de inmediato quedan libres de todas las reacciones a los pecados y después de eso llegan al sistema planetario en el que se encuentran todas las personas virtuosas. En consecuencia, por el simple hecho de oír *El Bhagavad-gītā*, hasta una persona que no trata de ser un devoto puro, obtiene el resultado que se obtiene de las actividades virtuosas. Así pues, el devoto puro del Señor les brinda a todos la oportunidad de librarse de todas las reacciones pecaminosas y de convertirse en devoto del Señor.

Por lo general, aquellos que están libres de reacciones pecaminosas, aquellos que son virtuosos, se dan muy fácilmente al proceso de conciencia de Kṛṣṇa. La palabra *puṇya-karmaṇām* es aquí muy significativa. La misma se refiere a la ejecución de grandes sacrificios, tales como el *aśvamedha-yajña*, que se mencionan en la literatura védica. Aquellos que son virtuosos en la ejecución del servicio devocional pero que no son puros, pueden llegar al sistema planetario de la estrella Polar, o Dhruvaloka, donde preside Dhruva Mahārāja. Él es un gran devoto del Señor, y tiene un planeta especial, que se conoce como la estrella Polar.

TEXTO 72

कच्चिदेतच्छ्रुतं पार्थ त्वयैकाग्रेण चेतसा ।
कच्चिदज्ञानसंमोहः प्रनष्टस्ते धनंजय ॥ ७२ ॥

kaccid etac chrutaṁ pārtha
tvayaikāgreṇa cetasā
kaccid ajñāna-saṁmohaḥ
praṇaṣṭas te dhanañjaya

kaccit—si; *etat*—esto; *śrutam*—oído; *pārtha*—¡oh, hijo de Pṛthā!; *tvayā*—por ti; *eka-agreṇa*—con toda la atención; *cetasā*—por la mente; *kaccit*—si;

ajñāna—de la ignorancia; *sammohaḥ*—la ilusión; *praṇaṣṭaḥ*—disipada; *te*—de ti; *dhanañjaya*—¡oh, conquistador de riquezas (Arjuna)!

TRADUCCIÓN

¡Oh, hijo de Pṛthā!, ¡oh, conquistador de riquezas!, ¿has oído esto con atención? Y, ¿se disiparon ya tu ignorancia e ilusiones?

SIGNIFICADO

El Señor estaba actuando como maestro espiritual de Arjuna. Por consiguiente, era Su deber preguntarle a Arjuna si había entendido todo *El Bhagavad-gītā* en su perspectiva correcta. Si no, el Señor estaba dispuesto a volverle a explicar cualquier punto, o todo *El Bhagavad-gītā* si era necesario. En realidad, todo el que oiga *El Bhagavad-gītā* de labios de un maestro espiritual genuino, tal como Kṛṣṇa o Su representante, verá que toda su ignorancia se disipa. *El Bhagavad-gītā* no es un libro ordinario escrito por un poeta o por un escritor de ficción; *El Bhagavad-gītā* lo expone la Suprema Personalidad de Dios. Cualquier persona que sea lo suficientemente afortunada como para oír estas enseñanzas de labios de Kṛṣṇa o de Su representante espiritual genuino, es seguro que se volverá una persona liberada y que saldrá de la oscuridad de la ignorancia.

TEXTO 73

अर्जुन उवाच
नष्टो मोहः स्मृतिर्लब्धा त्वत्प्रसादान्मयाऽच्युत ।
स्थितोऽस्मि गतसंदेहः करिष्ये वचनं तव ॥ ७३ ॥

arjuna uvāca
naṣṭo mohaḥ smṛtir labdhā
tvat-prasādān mayācyuta
sthito 'smi gata-sandehaḥ
kariṣye vacanaṁ tava

arjunaḥ uvāca—Arjuna dijo; *naṣṭaḥ*—disipada; *mohaḥ*—ilusión; *smṛtiḥ*—memoria; *ladbhā*—recobrada; *tvat-prasādāt*—por Tu misericordia; *mayā*—por mí; *acyuta*—¡oh, infalible Kṛṣṇa!; *sthitaḥ*—situado; *asmi*—estoy; *gata*—eliminadas; *sandehaḥ*—todas las dudas; *kariṣye*—ejecutaré; *vacanam*—la orden; *tava*—Tuya.

TRADUCCIÓN

Arjuna dijo: Mi querido Kṛṣṇa, ¡oh, Tú, el Infalible!, ahora mi ilusión se

ha disipado. Por Tu misericordia he recobrado la memoria. Ahora estoy firme y libre de dudas, y estoy dispuesto a actuar de conformidad con Tus instrucciones.

SIGNIFICADO

La posición constitucional de la entidad viviente, representada por Arjuna, es la de tener que actuar conforme lo ordene el Señor Supremo. Ella tiene que autodisciplinarse. Śrī Caitanya Mahāprabhu dice que la verdadera posición de la entidad viviente es la de ser el sirviente eterno del Señor Supremo. Olvidando ese principio, la entidad viviente queda condicionada por la naturaleza material, pero al servir al Señor Supremo se convierte en el liberado sirviente de Dios. La posición constitucional de la entidad viviente es la de ser un servidor; ella tiene que servir, o bien a la ilusoria *māyā*, o bien al Señor Supremo. Si sirve al Señor Supremo se encuentra en su condición normal, pero si prefiere servir a la ilusoria energía externa, entonces es seguro que va a estar cautiva. Por ilusión, la entidad viviente está sirviendo en este mundo material. Ella está atada por su lujuria y por sus deseos, pero aun así se cree la ama del mundo. Eso se denomina ilusión. Cuando una persona se libera, su ilusión se acaba, y ella se entrega voluntariamente al Supremo para actuar según lo que Él desee. La última ilusión, la última trampa de *māyā* para atrapar a la entidad viviente, es la proposición de que ella es Dios. La entidad viviente cree que ya no es un alma condicionada, sino Dios. Ella es tan poco inteligente, que no se da cuenta de que si fuera Dios, entonces ¿cómo es posible que tenga dudas? Eso no lo considera. Así pues, ésa es la última trampa de la ilusión. De hecho, librarse de la energía ilusoria es entender a Kṛṣṇa, la Suprema Personalidad de Dios, y acceder a actuar conforme Él lo ordena.

La palabra *moha* es muy importante en este verso. *Moha* se refiere a aquello que se opone al conocimiento. En realidad, el verdadero conocimiento lo constituye la comprensión de que cada ser viviente es por siempre un servidor del Señor; pero en vez de considerar que se está en esa posición, la entidad viviente cree que no es sirvienta, sino la ama de este mundo material, ya que quiere enseñorearse de la naturaleza material. Ésa es su ilusión. Esa ilusión se puede superar por la misericordia del Señor o por la misericordia de un devoto puro. Cuando esa ilusión se termina, uno accede a actuar con conciencia de Kṛṣṇa.

Conciencia de Kṛṣṇa significa actuar según lo ordene Kṛṣṇa. El alma condicionada, engañada por la energía externa de la materia, no sabe que el Señor Supremo es el amo que está colmado de conocimiento y que es el propietario de todo. Él puede otorgarles a Sus devotos lo que desee; Él es el amigo de todos, y Él tiene una disposición especial para con Su devoto. Él es el controlador de esta naturaleza material y de todas las entidades vivientes. Él también es el controlador del tiempo inagotable, y Él está colmado de todas las opulencias y de todas las potencias. La Suprema Personalidad de Dios puede incluso darse Él mismo al devoto. Aquel que no lo conoce a Él, se encuentra bajo el hechizo de la ilusión; esa persona no se convierte en devota, sino en servidora de *māyā*. Arjuna, no obstante, después de oír *El Bhagavad-gītā* de labios de la Suprema Personalidad de Dios, se libró de toda la ilusión. Él pudo entender que Kṛṣṇa no sólo era su amigo, sino también la Suprema Personalidad de Dios. Y él entendió a Kṛṣṇa de hecho. Así que, estudiar *El Bhagavad-gītā* significa entender a Kṛṣṇa de hecho. Cuando una persona tiene pleno conocimiento, naturalmente se entrega a Kṛṣṇa. Cuando Arjuna entendió que Kṛṣṇa tenía el plan de reducir el aumento innecesario de población, accedió a pelear según lo deseaba Kṛṣṇa. Él tomó de nuevo sus armas —su arco y sus flechas—, para pelear bajo las órdenes de la Suprema Personalidad de Dios.

TEXTO 74

सञ्जय उवाच
इत्यहं वासुदेवस्य पार्थस्य च महात्मनः ।
संवादमिममश्रौषमद्भुतं रोमहर्षणम् ॥ ७४ ॥

sañjaya uvāca
ity ahaṁ vāsudevasya
pārthasya ca mahātmanaḥ
saṁvādam imam aśrauṣam
adbhutaṁ roma-harṣaṇam

sañjayaḥ uvāca—Sañjaya dijo; *iti*—así pues; *aham*—yo; *vāsudevasya*—de Kṛṣṇa; *pārthasya*—y Arjuna; *ca*—también; *mahā-ātmanaḥ*—de las grandes almas; *saṁvādam*—discusión; *imam*—esto; *aśrauṣam*—he oído; *adbhutam*—maravilloso; *roma-harṣaṇam*—haciendo que el vello se erice.

TRADUCCIÓN

Sañjaya dijo: He oído así la conversación de dos grandes almas, Kṛṣṇa y Arjuna. Y ese mensaje es tan maravilloso, que tengo el vello erizado.

SIGNIFICADO

Al principio de *El Bhagavad-gītā*, Dhṛtarāṣṭra le preguntó a su secretario Sañjaya: "¿Qué pasó en el campo de batalla de Kurukṣetra?". Todo el estudio se le relató a Sañjaya en el corazón por la gracia de su maestro espiritual, Vyāsa. Fue así que él pudo explicar el tema del campo de batalla. La conversación era maravillosa, porque nunca antes se había dado una conversación tan importante entre dos grandes almas, y jamás volvería a darse. Era maravillosa, porque la Suprema Personalidad de Dios le estaba hablando de Sí mismo y Sus energías a la entidad viviente, Arjuna, un gran devoto del Señor. Si seguimos los pasos de Arjuna para entender a Kṛṣṇa, tendremos entonces una vida feliz y triunfal.

Sañjaya se dio cuenta de eso, y mientras empezaba a entenderlo, le expuso la conversación a Dhṛtarāṣṭra. Ahora se concluye que donde quiera que estén Kṛṣṇa y Arjuna, está la victoria.

TEXTO 75

व्यासप्रसादाच्छ्रुतवानेतद्गुह्यमहं परम् ।
योगं योगेश्वरात्कृष्णात्साक्षात्कथयतः स्वयम् ॥७५॥

vyāsa-prasādāc chrutavān
etad guhyam ahaṁ param
yogaṁ yogeśvarāt kṛṣṇāt
sākṣāt kathayataḥ svayam

vyāsa-prasādāt—por la misericordia de Vyāsadeva; *śrutavān*—he oído; *etat*—esto; *guhyam*—confidencial; *aham*—yo; *param*—el supremo; *yogam*—misticismo; *yoga-īśvarāt*—del amo de todo misticismo; *kṛṣṇāt*—de Kṛṣṇa; *sākṣāt*—directamente; *kathayataḥ*—hablando; *svayam*—personalmente.

TRADUCCIÓN

Por la misericordia de Vyāsa, he oído estas conversaciones muy confidenciales directamente de labios del amo de todo misticismo, Kṛṣṇa, quien le estaba hablando personalmente a Arjuna.

SIGNIFICADO

Vyāsa era el maestro espiritual de Sañjaya, y Sañjaya admite que fue por la misericordia de Vyāsa que pudo entender a la Suprema Personalidad de Dios. Eso significa que uno no tiene que entender a Kṛṣṇa directamente, sino por intermedio del maestro espiritual. El maestro espiritual es el medio transparente, si bien es verdad que la experiencia es directa. Ése es el misterio de la sucesión discipular. Cuando el maestro espiritual es genuino, uno puede entonces oír *El Bhagavad-gītā* directamente, tal como lo oyó Arjuna. Hay muchos místicos y *yogīs* por todas partes del mundo, pero Kṛṣṇa es el amo de todos los sistemas de *yoga*. La instrucción de Kṛṣṇa se da explícitamente en *El Bhagavad-gītā*: entréguese a Kṛṣṇa. Aquel que así lo hace, es el *yogī* más elevado de todos. Eso se confirma en el último verso del Capítulo Seis. *Yoginām api sarveṣām*.

Nārada es un discípulo directo de Kṛṣṇa y es el maestro espiritual de Vyāsa. Por consiguiente, Vyāsa es tan genuino como Arjuna, ya que viene en la sucesión discipular, y Sañjaya es un discípulo directo de Vyāsa. Luego por la gracia de Vyāsa, los sentidos de Sañjaya se purificaron, y él pudo ver y oír a Kṛṣṇa directamente. Aquel que puede oír a Kṛṣṇa directamente, puede entender este conocimiento confidencial. Si uno no acude a la sucesión discipular, no puede oír a Kṛṣṇa; por lo tanto, su conocimiento siempre será imperfecto, al menos en lo que respecta a entender *El Bhagavad-gītā*.

En *El Bhagavad-gītā* se explican todos los sistemas de *yoga*: el *karma-yoga*, el *jñāna-yoga* y el *bhakti-yoga*. Kṛṣṇa es el amo de todo ese misticismo. Sin embargo, se ha de saber que así como Arjuna fue lo suficientemente afortunado como para entender a Kṛṣṇa directamente, así mismo, por la gracia de Vyāsa, Sañjaya también pudo oír a Kṛṣṇa del mismo modo. A decir verdad, no hay ninguna diferencia entre oír a Kṛṣṇa directamente, y oír a Kṛṣṇa directamente a través de un maestro espiritual genuino, tal como Vyāsa. El maestro espiritual también es el representante de Vyāsadeva. En consecuencia, según el sistema védico, en el día del cumpleaños del maestro espiritual, los discípulos realizan la ceremonia llamada Vyāsa-pūjā.

TEXTO 76

राजन्संस्मृत्य संस्मृत्य संवादमिममद्भुतम् ।
केशवार्जुनयोः पुण्यं हृष्यामि च मुहुर्मुहुः ॥७६॥

rājan saṁsmṛtya saṁsmṛtya
saṁvādam imam adbhutam
keṣavārjunayoḥ puṇyaṁ
hṛṣyāmi ca muhur muhuḥ

rājan—¡oh, Rey!; *saṁsmṛtya*—recordando; *saṁsmṛtya*—recordando; *saṁvādam*—mensaje; *imam*—este; *adbhutam*—maravilloso; *keśava*—del Señor Kṛṣṇa; *arjunayoḥ*—y Arjuna; *puṇyam*—piadoso; *hṛṣyāmi*—me estoy deleitando; *ca*—también; *muhuḥ muhuḥ*—reiteradamente.

TRADUCCIÓN

¡Oh, Rey!, mientras recuerdo reiteradamente ese maravilloso y sagrado diálogo que hubo entre Kṛṣṇa y Arjuna, siento placer, y me estremezco a cada momento.

SIGNIFICADO

Entender *El Bhagavad-gītā* es algo tan trascendental, que, todo el que se vuelve versado en los temas de los que hablaron Arjuna y Kṛṣṇa, se vuelve virtuoso y no puede olvidar esas conversaciones. Ésa es la posición trascendental de la vida espiritual. En otras palabras, aquel que oye el *Gītā* procedente de la fuente idónea, directamente de labios de Kṛṣṇa, llega al estado de plena conciencia de Kṛṣṇa. El resultado de tener conciencia de Kṛṣṇa es que uno se va iluminando cada vez más, y disfruta de la vida con emoción, no sólo por algún tiempo, sino a cada momento.

TEXTO 77

तच्च संस्मृत्य संस्मृत्य रूपमत्यद्भुतं हरेः ।
विस्मयो मे महान्राजन्हृष्यामि च पुनःपुनः ॥७७॥

tac ca saṁsmṛtya saṁsmṛtya
rūpam aty-adbhutaṁ hareḥ
vismayo me mahān rājan
hṛṣyāmi ca punaḥ punaḥ

tat—eso; *ca*—también; *saṁsmṛtya*—recordando; *saṁsmṛtya*—recordando; *rūpam*—forma; *ati*—muy; *adbhutam*—maravillosa; *hareḥ*—del Señor Kṛṣṇa; *vismayaḥ*—asombro; *me*—mi; *mahān*—grande; *rājan*—¡oh, Rey!; *hṛṣyāmi*—estoy disfrutando; *ca*—también; *punaḥ punaḥ*—repetidas veces.

TRADUCCIÓN

¡Oh, Rey!, cuando recuerdo la maravillosa forma del Señor Kṛṣṇa, me asombro cada vez más, y me regocijo una y otra vez.

SIGNIFICADO

Parece ser que, por la gracia de Vyāsa, Sañjaya también pudo ver la forma universal que Kṛṣṇa le mostró a Arjuna. Desde luego, se dice que el Señor Kṛṣṇa nunca antes había enseñado esa forma. La forma universal de Kṛṣṇa sólo se le mostró a Arjuna, pero aun así, mientras eso ocurría, algunos grandes devotos también la pudieron ver, y Vyāsa fue uno de ellos. Él es uno de los grandes devotos del Señor Kṛṣṇa, y se considera que es una poderosa encarnación de Él. Vyāsa le reveló eso a su discípulo Sañjaya, quien recordaba esa maravillosa forma de Kṛṣṇa que se le mostró a Arjuna, y disfrutaba de ello reiteradamente.

TEXTO 78

यत्र योगेश्वरः कृष्णो यत्र पार्थो धनुर्धरः ।
तत्र श्रीर्विजयो भूतिर्ध्रुवा नीतिर्मतिर्मम ॥७८॥

yatra yogeśvaro kṛṣṇo
yatra pārtho dhanur-dharaḥ
tatra śrīr vijayo bhūtir
dhruvā nītir matir mama

yatra—donde; *yoga-īśvaraḥ*—el amo del misticismo; *kṛṣṇaḥ*—el Señor Kṛṣṇa; *yatra*—donde; *pārthaḥ*—el hijo de Pṛthā; *dhanuḥ-dharaḥ*—el que porta un arco y flechas; *tatra*—ahí; *śrīḥ*—opulencia; *vijayaḥ*—victoria; *bhūtiḥ*—poder excepcional; *dhruvā*—seguro; *nītiḥ*—moralidad; *matiḥ mama*—mi opinión.

TRADUCCIÓN

Dondequiera que esté Kṛṣṇa, el amo de todos los místicos, y dondequiera que esté Arjuna, el arquero supremo, es seguro que estarán también la opulencia, la victoria, el poder extraordinario y la moralidad. Ésa es mi opinión.

SIGNIFICADO

El Bhagavad-gītā comenzó con una pregunta de Dhṛtarāṣṭra. Él tenía esperanzas de que sus hijos triunfaran, asistidos por grandes guerreros tales como Bhīṣma, Droṇa y Karṇa. Él tenía esperanzas de que la victoria fuera a estar de su lado. Pero Sañjaya, después de describir la escena que había en el campo de batalla, le dijo al Rey: ''Tú estás pensando en la victoria, pero yo opino que donde estén presentes Kṛṣṇa y Arjuna, estará toda la buena fortuna''. Él confirmó directamente que Dhṛtarāṣṭra no podía esperar que su lado lograra la victoria. La victoria era segura para el lado de Arjuna, porque Kṛṣṇa estaba ahí. Que Kṛṣṇa aceptara el puesto de auriga de Arjuna, fue una muestra de otra opulencia. Kṛṣṇa está colmado de todas las opulencias, y la renunciación es una de ellas. Hay muchos ejemplos de esa renunciación, porque Kṛṣṇa también es el amo de ella.

La disputa era de hecho entre Duryodhana y Yudhiṣṭhira. Arjuna estaba peleando en favor de su hermano mayor, Yudhiṣṭhira. Como Kṛṣṇa y Arjuna estaban del lado de Yudhiṣṭhira, la victoria de este último era segura. La batalla iba a decidir quién gobernaría el mundo, y Sañjaya predijo que el poder se le iba a transferir a Yudhiṣṭhira. Aquí también se predice que Yudhiṣṭhira, después de conseguir la victoria en esta batalla, prosperaría cada vez más, ya que no sólo era virtuoso y piadoso, sino que además era un moralista estricto. Durante toda su vida, nunca dijo una mentira.

Hay muchas personas poco inteligentes que toman *El Bhagavad-gītā* como una conversación que tuvieron dos amigos en un campo de batalla. Pero un libro de esa índole no puede ser Escritura. Quizás algunas personas protesten porque Kṛṣṇa incitó a Arjuna a pelear, lo cual es inmoral, pero la realidad de la situación se expone claramente: *El Bhagavad-gītā* es la instrucción suprema en lo que a moralidad respecta. La instrucción suprema de la moralidad se expresa en el Noveno Capítulo, en el verso treinta y cuatro: *man-manā bhava mad-bhaktaḥ*. Uno debe convertirse en devoto de Kṛṣṇa, y la esencia de toda religión es la de que hay que entregarse a Kṛṣṇa (*sarva-dharmān parityajya mām ekaṁ śaraṇaṁ vraja*). Las instrucciones de *El Bhagavad-gītā* constituyen el proceso supremo de religión y de moralidad. Puede que todos los demás procesos sean purificadores y que conduzcan a este proceso, pero la última instrucción del *Gītā* es la última palabra en todo lo que se refiere a moralidad y religión: entréguese a Kṛṣṇa. Ése es el veredicto del Capítulo Dieciocho.

Con *El Bhagavad-gītā* podemos entender que, llegar a la iluminación personal por medio de la especulación filosófica y la meditación, es uno de los procesos, pero entregarse a Kṛṣṇa por entero es la perfección máxima. Ésa es la esencia de las enseñanzas de *El Bhagavad-gītā*. El sendero de los principios regulativos en base a las órdenes de la vida social y en base a los distintos cursos de la religión, puede que sea un sendero confidencial del conocimiento. Pero aunque los rituales de la religión son confidenciales, la meditación y el cultivo de conocimiento lo son aún más. Y el entregarse a Kṛṣṇa a través del servicio devocional con plena conciencia de Kṛṣṇa, es la instrucción más confidencial de todas. Ésa es la esencia del Capítulo Dieciocho.

Otro aspecto de *El Bhagavad-gītā* es que la verdad propiamente dicha es la Suprema Personalidad de Dios, Kṛṣṇa. La Verdad Absoluta se llega a entender de tres maneras: como Brahman impersonal, como Paramātmā localizado y, finalmente, como la Suprema Personalidad de Dios, Kṛṣṇa. Conocimiento perfecto acerca de la Verdad Absoluta significa conocimiento perfecto acerca de Kṛṣṇa. Si uno entiende a Kṛṣṇa, entonces todos los departamentos del conocimiento se vuelven parte integral de esa comprensión. Kṛṣṇa es trascendental, ya que siempre se encuentra en el seno de Su eterna potencia interna. Las entidades vivientes se manifiestan de Su energía, y se dividen en dos clases: las eternamente condicionadas y las eternamente liberadas. Esas entidades vivientes son innumerables, y se considera que son partes fundamentales de Kṛṣṇa. La energía material se manifiesta con veinticuatro divisiones. La creación la efectúa el tiempo eterno, y la produce y la disuelve la energía externa. Esta manifestación del mundo cósmico se hace visible e invisible reiteradamente.

En *El Bhagavad-gītā* se han discutido cinco temas principales: la Suprema Personalidad de Dios, la naturaleza material, las entidades vivientes, el tiempo eterno y todas las clases de actividades que hay. Todo depende de la Suprema Personalidad de Dios, Kṛṣṇa. Todas las concepciones acerca de la Verdad Absoluta —el Brahman impersonal, el Paramātmā localizado y cualquier otra concepción trascendental— existen dentro de la categoría en la que se entiende a la Suprema Personalidad de Dios. Aunque a simple vista la Suprema Personalidad de Dios, la entidad viviente, la naturaleza material y el tiempo parecen ser diferentes, nada es diferente del Supremo. Pero el Supremo siempre es diferente de todo. La filosofía del Señor Caitanya es la de "identidad y diferencia inconcebibles". Ese sistema filosófico constituye el conocimiento perfecto acerca de la Verdad Absoluta.

En su posición original, la entidad viviente es espíritu puro. Ella es como una partícula atómica del Espíritu Supremo. Se puede decir, entonces, que el Señor Kṛṣṇa es como el Sol, y que las entidades vivientes son como la luz del Sol. Puesto que las entidades vivientes son la energía marginal de Kṛṣṇa, tienen la tendencia a estar en contacto, o bien con la energía material, o bien con la energía espiritual. En otras palabras, la entidad viviente se encuentra entre las dos energías del Señor, y como pertenece a la energía superior del Señor, tiene una partícula de independencia. Mediante el buen uso de esa independencia, ella se pone bajo las órdenes directas de Kṛṣṇa. De ese modo alcanza su condición normal en la potencia dadora de placer.

Así terminan los significados de Bhaktivedanta del Decimoctavo Capítulo de El Śrīmad Bhagavad-gītā, *en lo referente a su conclusión: la perfección de la renunciación.*

APÉNDICES

NOTA ACERCA DE LA SEGUNDA EDICIÓN

Para beneficio de los lectores que están familiarizados con la primera edición de *El Bhagavad-gītā tal como es*, es menester hacer algunas aclaratorias.

Aunque en casi todos los aspectos las dos ediciones son iguales, los editores del Fondo Editorial Bhaktivedanta han acudido a los manuscritos más antiguos que tenían en sus archivos, para que esta segunda edición fuera aún más fiel a la obra original que hizo Śrīla Prabhupāda.

Śrīla Prabhupāda terminó *El Bhagavad-gītā tal como es* en el año de 1967, dos años después de haber llegado a América procedente de la India. En 1968 la compañía Macmillan publicó una edición condensada, y en 1972 la primera edición completa.

Los primeros discípulos que tuvo Śrīla Prabhupāda y que lo ayudaron a preparar el manuscrito para su publicación, se enfrentaron con varias dificultades. Aquellos que transcribieron las cintas magnetofónicas en las que él grabó su obra, a veces tenían dificultades en entender su inglés con acento extranjero y sus citas en sánscrito, y los redactores del sánscrito apenas eran unos pricipiantes en el idioma. De modo que, los redactores del inglés tuvieron que hacer lo mejor que pudieron por corregir un manuscrito en el que había lagunas y aproximaciones fonéticas. Con todo, el esfuerzo que hicieron para publicar la obra de Śrīla Prabhupāda fue un éxito, y *El Bhagavad-gītā tal como es* se ha vuelto la edición oficial para los entendidos y los devotos del mundo entero.

Sin embargo, para esta segunda edición, los discípulos de Śrīla Prabhupāda tuvieron la ventaja de haber estado trabajando con sus libros por los últimos quince años. Los redactores del inglés estaban familiarizados con su filosofía y su manera de hablar, y los redactores del sánscrito habían llegado a convertirse en autoridades en la materia. Y ahora todos ellos estaban en capacidad de resolver las dificultades que se presentaban en el manuscrito, consultando los mismos comentarios en sánscrito que Śrīla Prabhupāda consultó cuando escribió *El Bhagavad-gītā tal como es*.

El resultado es una obra de una mayor riqueza y autenticidad. Los equivalentes en inglés* de cada palabra sánscrita ahora se ajustan más a las pautas de los demás libros de Śrīla Prabhupāda y, en consecuencia, son más claros y precisos. En algunos lugares, las traducciones de los versos, si bien estaban correctas, se han modificado para que se ajusten mejor al sánscrito original y al dictado original de Śrīla Prabhupāda. En los significados de Bhaktivedanta, muchos pasajes que se habían perdido en la edición original, se han vuelto a poner en sus respectivos lugares. Y algunas citas en sánscrito cuyas fuentes no se indicaban en la primera edición, aparecen ahora con la referencia completa del capítulo y el verso que les corresponden.

**N. del T.*: Este libro fue traducido del original en inglés.

SU DIVINA GRACIA A.C. BHAKTIVEDANTA SWAMI PRABHUPĀDA

Su Divina Gracia A.C. Bhaktivedanta Swami Prabhupāda apareció en este mundo en 1896, en Calcuta, India. En 1922, también en Calcuta, conoció a su maestro espiritual, Śrīla Bhaktisiddhānta Sarasvatī Gosvāmī, el erudito y devoto más destacado de su época, fundador del Gauḍīya Maṭha (un instituto védico con sesenta y cuatro centros en toda la India). A Śrīla Bhaktisiddhānta le agradó este educado joven, y lo convenció de que dedicara su vida a la enseñanza del conocimiento védico. Śrīla Prabhupāda se volvió su seguidor, y once años después (en 1933), en Allahabad, se convirtió en su discípulo formalmente iniciado.

En su primer encuentro (en 1922), Śrīla Bhaktisiddhānta le pidió a Śrīla Prabhupāda que difundiera el conocimiento védico en el idioma inglés. En los años siguientes, Śrīla Prabhupāda escribió un comentario sobre *El Bhagavad-gītā*, el más importante de todos los textos védicos, y asistió en las actividades del Gauḍīya Maṭha. En 1944, sin ninguna ayuda, comenzó una revista quincenal en inglés, llamada *Back to Godhead* (publicada en español como *De vuelta al Supremo*). Él la redactaba y pasaba a máquina los manuscritos, revisaba las pruebas de galera, e incluso distribuía gratuitamente los ejemplares de la misma, y hacía grandes esfuerzos por mantener la publicación.

La Sociedad Gauḍīya Vaiṣṇava, en reconocimiento a la erudición y a la devoción de Śrīla Prabhupāda, lo honró en 1947 con el título de "Bhaktivedanta". En 1950, Śrīla Prabhupāda se retiró de la vida familiar. Cuatro años después adoptó la orden de retiro (*vānaprastha*), para consagrarle más tiempo a sus estudios y escritos, y poco después viajó a la sagrada ciudad de Vṛndāvana. Allí vivió en el histórico templo de Rādhā-Dāmodara, dedicándose durante varios años a escribir y estudiar profundamente. En 1959 adoptó la orden de vida de renunciación (*sannyāsa*). En Rādhā-Dāmodara, Śrīla Prabhupāda escribió *Viaje fácil a otros planetas*, y comenzó la obra maestra de su vida: traducir y comentar *El Śrīmad-Bhāgavatam* –la crema de las Escrituras védicas–, una colección de libros que consta de dieciocho mil versos.

Después de publicar tres volúmenes del *Bhāgavatam*, Śrīla Prabhupāda fue a los Estados Unidos en 1965, a cumplir con la misión que su maestro espiritual le había confiado. Ya en Occidente, Su Divina Gracia escribió ochenta volúmenes de traducciones, comentarios y estudios sobre las obras clásicas de la India. Cuando Śrīla Prabhupāda llegó por primera vez a la ciudad de Nueva York en un buque de carga, se encontraba prácticamente sin dinero, y no tenía seguidores. Pero en julio de 1966, después de casi un año de grandes dificultades, fundó la Sociedad Internacional para la Conciencia de Krishna. Hasta el momento de su muy lamentable partida, acaecida el 14 de noviembre de 1977, dirigió la Sociedad y la vio crecer y convertirse en una confederación mundial de más de cien *āśramas*, escuelas, templos, institutos y comunidades agrícolas.

En 1968, Śrīla Prabhupāda fundó Nueva Vṛndāvana, una comunidad védica experimental que se encuentra en las colinas de Virginia Occidental, E.U.A. Sus discípulos, inspirados por el éxito de Nueva Vṛndāvana, la cual es hoy en día una pujante comunidad agrícola de mil doscientas hectáreas, han fundado desde entonces varias comunidades similares en diversos otros lugares del mundo.

En 1975 se inauguraron en Vṛndāvana, India. el magnífico templo Kṛṣṇa-Balarāma y la Casa Internacional de Huéspedes. En 1978 se inauguró en Playa Juhu, Bombay, un complejo cultural formado por un templo, un moderno teatro, una casa de huéspedes y un restaurante de cocina vegetariana. Quizás el proyecto más osado de Śrīla Prabhupāda haya sido la fundación de lo que será una ciudad de cincuenta mil residentes, en Māyāpur, Bengala Occidental. Śrī-dhāma Māyāpur será un modelo ideal de la vida védica que se menciona en los *Vedas*, la cual tiene como objetivo satisfacer las necesidades materiales de la sociedad, y brindarle la perfección espiritual.

Śrīla Prabhupāda trajo además a Occidente el sistema védico de educación primaria y secundaria. El *gurukula* ("la escuela del maestro espiritual") comenzó apenas en 1972, y ya tiene cientos de estudiantes y muchos centros alrededor del mundo.

Sin embargo, la contribución más significativa de Śrīla Prabhupāda la constituyen sus libros. La comunidad académica los respeta por su autoridad, profundidad y claridad, y los ha convertido en libros regulares de texto en numerosos cursos universitarios. Además, las traducciones de los libros de Śrīla Prabhupāda aparecen ahora en cuarenta idiomas. El Fondo Editorial Bhaktivedanta, establecido en 1972 para publicar las obras de Su Divina Gracia, se ha convertido así en la mayor casa editorial del mundo en el campo de la religión y la filosofía de la India. Entre sus proyectos más importantes estuvo la publicación de *El Śrī Caitanya-caritāmṛta*, una obra bengalí clásica. Śrīla Prabhupāda hizo la traducción y el comentario de sus dieciocho volúmenes en apenas dieciocho meses. A pesar de su avanzada edad, Śrīla Prabhupāda viajó alrededor del mundo catorce veces en sólo doce años, en giras de conferencias que lo llevaron a seis continentes. Pese a un itinerario tan vigoroso, Śrīla Prabhupāda continuaba escribiendo prolíficamente. Sus escritos constituyen una memorable biblioteca de la filosofía, la religión y la cultura védica.

REFERENCIAS BIBLIOGRÁFICAS

A continuación se presenta una lista de las Escrituras védicas que el autor cita en los significados de esta obra, y que confirman la autoridad de sus declaraciones. Los números corresponden al capítulo y texto en que aparecen las citas. La abreviatura "Intro" se refiere a la Introducción.

Amṛta-bindu Upaniṣad
6.5
Atharva Veda
10.8
Bhakti-rasāmṛta-sindhu
2.63, 4.10, 5.2, 5.11, 6.8, 6.10, 6.31, 7.3, 7.16, 9.4, 9.28, 11.55
Brahma-saṁhitā
Intro, 2.2, 3.13, 4.1, 4.5, 4.9, 6.15, 6.30, 7.7, 8.21, 8.22, 9.4, 9.6, 9.9, 9.11, 10.2, 10.20, 10.21, 11.46, 11.50, 11.54, 11.55, 13.14, 13.16, 18.65
Bṛhad-āraṇyaka Upaniṣad
2.7, 3.15, 4.37, 9.6, 13.8-12, 15.14
Bṛhad-viṣṇu-smṛti
9.12
Bṛhan-nāradīya Purāṇa
6.12
Caitanya-caritāmṛta
Intro, 2.8, 2.41, 4.8, 7.20, 7.22, 8.14, 9.3, 9.28, 10.9, 11.43
Chāndogya Upaniṣad
7.19, 8.3, 8.16, 8.26, 9.7, 15.18, 17.23
Gītā-māhātmya
Intro, 1.1
Gopāla-tapanī Upaniṣad
6.31, 6.47, 8.22, 9.11, 10.8, 11.54
Hari-bhakti-vilāsa
11.55, 18.66
Kaṭha Upaniṣad
Intro, 2.12, 2.20, 2.29, 3.42, 6.34, 7.6, 7.10, 8.14, 8.21, 8.22, 11.32, 13.13, 13.16, 15.6, 15.17
Kauṣītakī Upaniṣad
5.15
Kena Upaniṣad
10.13
Kūrma Purāṇa
9.34
Mādhyandināyana-śruti
15.7
Mahābhārata
2.56, 4.1
Mahā Upaniṣad
10.8
Māṇḍūkya Upaniṣad
5.10
Manu-saṁhitā
2.21, 3.39, 7.15, 16.7
Mokṣa-dharma
10.8
Muṇḍaka Upaniṣad
2.17, 2.22, 7.2, 10.13, 13.21, 14.3
Nārada-pañcarātra
6.31
Nārāyaṇa Upaniṣad
10.8
Nārāṇīya
12.6-7
Nirukti (diccionario védico)
2.39, 2.44, 15.18
Nṛsiṁha Purāṇa
9.30
Padma Purāṇa
2.8, 5.22, 9.2, 10.42
Parāśara-smṛti
2.32
Praśna Upaniṣad
18.14
Puruṣa-bodhinī Upaniṣad
4.9
Ṛg Veda
14.16, 17.23, 17.24
Sātvata Tantra
7.4, 10.20
Śrī Īśopaniṣad
7.25
Śrīmad-Bhāgavatam
Intro, 1.28, 1.30, 1.41, 2.2, 2.16, 2.17, 2.38, 2.40, 2.46, 2.51, 2.61, 3.5, 3.10, 3.21, 3.23, 3.24, 3.28, 3.37, 3.40, 3.41, 4.7, 4.8, 4.11, 4.16, 4.34, 4.35, 5.2, 5.22, 5.26, 6.14, 6.18, 6.40, 6.44, 6.47, 7.1, 7.4, 7.5, 7.18, 7.20, 7.23, 7.24, 7.25, 7.28, 9.1, 9.2, 9.3, 9.31, 9.32, 10.5, 10.9, 10.18, 10.20, 11.8, 11.37, 12.5, 12.13-14, 13.8-12, 17.4, 17.27, 18.6
Stotra-ratna
2.56, 7.24
Subala Upaniṣad
10.20
Śvetāśvatara Upaniṣad
2.17, 2.22, 3.22, 4.9, 5.13, 5.29, 6.15, 6.47, 7.7, 7.14, 7.19, 8.22, 11.43, 11.54, 13.3, 13.13, 13.15, 13.18, 15.17
Taittirīya Upanisad
7.21, 9.6, 13.5, 13.17, 14.27
Upadeśāmṛta
6.24
Varāha Purāṇa
2.23, 10.8, 12.6-7
Vedānta-sūtra
Intro, 2.16, 2.18, 3.37, 4.14, 5.15, 6.20-23, 9.2, 9.9, 9.21, 13.5, 15.5, 15.14, 15.15, 16.20, 18.14, 18.46, 18.55
Viṣṇu Purāṇa
2.16, 3.9, 11.40, 14.16
Yoga-sūtra
2.61, 6.20-23

GLOSARIO

A

acintya—inconcebible, más allá de los procesos de la mente.
acintya-bhedābheda-tattva—la doctrina según la cual el Señor Supremo es uno con Sus energías materiales y espirituales, y es, inconcebible y simultáneamente, diferente de ellas. Fue propugnada por el Señor Caitanya Mahāprabhu.
Acyuta—(lit: aquel que nunca cae) infalible; atributo y nombre de Kṛṣṇa.
adhibhūtam—la naturaleza física.
adhidaivatam—la forma universal del Señor Supremo.
adhiyajña—la Superalma; una expansión plenaria del Señor, que se encuentra en el corazón de cada ser viviente y acepta su sacrificio y servicio.
Advaitācārya—uno de los cuatro asociados principales del Señor Caitanya Mahāprabhu. Es una porción plenaria de Dios.
Agni—el semidiós del fuego.
agni-hotra-yajña—sacrificio de fuego.
ahiṁsā—no violencia.
ajam—que no nace.
akarma—(*naiṣkarma*) acción por la cual no se sufre reacción, debido a que se ejecuta con conciencia de Kṛṣṇa.
ānanda—bienaventuranza trascendental.
aṇu-ātmā—la diminuta alma espiritual, la cual es parte integral de Kṛṣṇa.
aparā-prakṛti—la naturaleza inferior o material del Señor.
apauruṣeya—no hecho por el hombre (es decir, revelado por Dios).
arcanā—el proceso de adorar a la Deidad, o el proceso mediante el cual se ocupan todos los sentidos al servicio del Señor.
arcā-vigraha—la Deidad o encarnación del Señor Supremo en una forma hecha aparentemente de materia, para facilitarles la adoración a los devotos neófitos.
ārio—aquel que conoce el valor de la vida y pertenece a una civilización basada en la iluminación espiritual.
Arjuna—uno de los cinco hermanos Pāṇḍava; fue a él a quien Kṛṣṇa le condujo su carruaje y a quien le habló *El Bhagavad-gītā*.

asaṅga—desapego del estado de conciencia material.
asat—temporal
āśrama—se refiere a las cuatro órdenes espirituales de la vida: *brahmacarya-āśrama*, o vida de estudiante célibe; *gṛhastha-āśrama*, o vida de casado; *vānaprastha-āśrama*, o vida de retirado; y *sannyāsa-āśrama*, u orden de vida de renuncia.
aṣṭāṅga-yoga—(*aṣṭa*–ocho; *aṅga*–parte) un sistema de *yoga* místico propuesto por Patañjali en sus *Yoga-sūtras* y el cual consta de ocho partes: *yama, niyama, āsana, prāṇāyāma, pratyāhāra, dhāraṇā, dhyāna* y *samādhi*.
asura—(*a*–no y *sura–piadoso*) demonio; aquel que no sigue los principios de las Escrituras.
āsuraṁ bhāvam āśrita—personas que son totalmente ateas.
ātmā—el yo (algunas veces se refiere al cuerpo, algunas veces al alma y algunas veces a la mente).
avatāra—(lit: "aquel que desciende") una encarnación del Señor, que desciende del cielo espiritual al universo material con una misión específica, la cual se describe en las Escrituras.
avidyā—(*a*–no; *vidyā*–conocimiento) nesciencia, ignorancia.
avyakta—no manifestado.

B

Bhagavān—(*bhaga*–opulencia; *vān*–que posee) el poseedor de todas las opulencias, las cuales generalmente son seis: riqueza, poder, fama, belleza, conocimiento y renunciación; un epíteto de la Suprema Persona, que denota Su cualidad de supremamente atractivo.
bhakta—un devoto del Señor Supremo, es decir, aquel que practica la devoción (*bhakti*) por la Suprema Personalidad de Dios.
bhakti—amor por Dios; servicio purificado que le prestamos a los sentidos del Señor mediante nuestros propios sentidos.
Bhaktisiddhānta Sarasvatī Gosvāmī Mahārāja Prabhupāda—el maestro espiritual de Su Divina Gracia A.C. Bhaktivedanta Swami Prabhupāda.
Bhaktivinoda Ṭhākura—el pionero del programa para bendecir al mundo entero con conciencia de Kṛṣṇa. El padre de Śrīla Bhaktisiddhānta Sarasvatī.
bhakti-yoga—el sistema científico del cultivo del *bhakti*, o servicio devocional puro, que no está contaminado con la complacencia de los sentidos ni con la especulación filosófica.
bhāva—la etapa preliminar del amor trascendental por Dios.
Bhīma—uno de los cinco hermanos Pāṇḍava.
Bhīṣma—un gran devoto del Señor y miembro mayor de la familia de la dinastía Kuru.

Brahmā—el primer ser viviente creado cuyo servicio devocional a Dios es crear el universo.

brahma-bhūta—condición de estar liberado de la contaminación material. Aquel que se encuentra en este estado se caracteriza porque goza de felicidad trascendental y se ocupa en el servicio del Señor Supremo.

brahmacārī—estudiante célibe que está bajo el cuidado de un maestro espiritual fidedigno.

brahmacarya—la promesa de abstinencia sexual estricta.

brahma-jijñāsā—investigación espiritual de nuestra propia identidad.

brahmajyoti—(*Brahma*–espiritual; *jyoti*–luz) la refulgencia impersonal que emana del cuerpo del Señor Kṛṣṇa.

Brahmaloka—La morada del Señor Brahmā.

Brahman—(1) el alma espiritual infinitesimal; (2) el aspecto impersonal y omnipresente de Kṛṣṇa; (3) la Suprema Personalidad de Dios; (4) la sustancia material total.

brāhmaṇa—la clase de los hombres inteligentes, de acuerdo con el sistema de órdenes sociales y espirituales.

Brahma-saṁhitā—una Escritura sánscrita muy antigua, que contiene las oraciones de Brahmā a Govinda, recobradas por el Señor Caitanya en un templo del sur de la India.

Brahma-sūtra—véase Vedānta-sūtra.

buddhi-yoga—(*buddhi*–inteligencia; *yoga*–elevación mística) la práctica del servicio devocional. La acción con conciencia de Kṛṣṇa es *buddhi-yoga,* debido a que es muestra de la inteligencia más elevada de todas

C

Caitanya-caritāmṛta—la Escritura autorizada que escribió Kṛṣṇadāsa Kavirāja y en la que se describen las enseñanzas y pasatiempos del Señor Caitanya.

Caitanya Mahāprabhu—Kṛṣṇa Mismo, quien apareció en el Siglo XV en Navadvīpa, Bengala. Él fue el inaugurador del canto en congregación del *mahā mantra Hare Kṛṣṇa,* y Su vida fue el ejemplo más perfecto de la práctica de las enseñanzas de El Bhagavad-gītā.

caṇḍālas—personas que comen perros; la clase más baja de los seres humanos.

Candra—el semidiós que rige en la Luna.

Candraloka—la Luna.

cāturmāsya—un voto de austeridad que se observa durante cuatro meses del año.

cit-śakti—(*cit*–conocimiento; *śakti*–potencia) potencia interna, o iluminadora, del Señor.

D

daśendriya—los diez órganos de los sentidos: los oídos, los ojos, la lengua, la nariz, la piel, las manos, las piernas, el habla, el ano y el órgano genital.

deva—un semidiós o persona piadosa.

Devakī—la madre del Señor Kṛṣṇa. Cuando Kṛṣṇa va a aparecer en el mundo material, primero envía a algunos de Sus devotos puros para que actúen como Su padre, madre, etc.

Devakī-nandana—(*Devakī*–la madre de Kṛṣṇa; *nandana*–placer) Kṛṣṇa, el placer de Ḍevakī.

dharma—la capacidad de prestar servicio, que es la cualidad esencial de un ser viviente.

dharmakṣetra—un lugar sagrado de peregrinación.

dhīra—aquel a quien la energía material no puede perturbar.

Dhṛṣṭadyumna—-el hijo de Drupada, quien organizó las falanges militares de los Pāṇḍavas en el campo de batalla de Kurukṣetra.

Dhṛtarāṣṭra—el padre de los Kurus. *El Bhagavad-gītā* le fue relatado al rey Dhṛtarāṣṭra por su secretario, mientras se hablaba en la Batalla de Kurukṣetra.

Draupadī—hija del rey Drupada y esposa de los Pāṇḍavas.

Duryodhana—el principal de los malintencionados hijos de Dhṛtarāṣṭra. Fue con el objeto de establecer a Duryodhana como rey del mundo que los Kurus libraron la Batalla de Kurukṣetra.

duṣkṛtām—malvados que no se entregan a Kṛṣṇa.

Dvāpara-yuga—la tercera edad en el ciclo recurrente de cuatro edades. Precede a la edad actual, dura 864.000 años, y se caracteriza por un cincuenta por ciento de disminución en piedad y religiosidad, en comparación con el Satya-yuga.

E

Ekādaśī—un día especial que, para recordar más a Kṛṣṇa, los devotos observan dos veces al mes, ayunando, oyendo y cantando las glorias del Señor.

G

Gandharvas—los cantores de los planetas celestiales.

Gāṇḍīva—el nombre del arco de Arjuna.

Ganges—el río sagrado que fluye desde los pies de loto del Señor y a través del universo entero. Se recomienda bañarse en él para efectos de purificación.

Garbhodakaśāyī Viṣṇu—expansión Viṣṇu del Señor Supremo, que entra en cada universo para crear la diversidad.

Garuḍa—ave gigante que actúa como transportador del Señor Viṣṇu.

Gāyatrī—vibración trascendental que los *brāhmaṇas* cantan para la iluminación espiritual.

godāsa—(*go*–sentidos; *dāsa*–sirviente) sirviente de los sentidos.

Goloka—un nombre del planeta de Kṛṣṇa.

gosvāmī—(*go*–sentidos; *svāmī*–amo) amo de los sentidos.

Govinda—nombre de Kṛṣṇa. "Aquel que les da placer a la tierra, a las vacas y a los sentidos".

gṛhastha—etapa de vida como cabeza de familia. Aquel que lleva una vida de casado consciente de Dios, y que dirige una familia con conciencia de Kṛṣṇa.

guṇa—cualidad material; existen tres: ignorancia, pasión y bondad.

guṇāvatāras—las tres encarnaciones que controlan las tres modalidades de la naturaleza material. Brahmā controla la pasión, Viṣṇu la bondad y Śiva la ignorancia.

guru—maestro espiritual.

H

Hanumān—famoso devoto simio que sirvió al Señor Supremo en Su encarnación como el Señor Rāmacandra y lo ayudó durante la batalla contra el demonio Rāvaṇa.

Hare Kṛṣṇa, Hare Kṛṣṇa, Kṛṣṇa Kṛṣṇa, Hare Hare / Hare Rāma, Hare Rāma, Rāma Rāma, Hare Hare—el *mahā-mantra,* o gran canto de la redención. Kṛṣṇa y Rāma son nombres del Señor, y Hare se refiere a la energía del Señor. Estos nombres han sido recomendados particularmente para ser cantados en esta era.

Haridāsa Ṭhākura—un gran devoto; el Señor Caitanya lo nombro *nāmācārya* (maestro del canto del santo nombre).

haṭha-yoga—sistema de ejercicios físicos para ayudar a controlar los sentidos.

Hiraṇyakaśipu–un gran ateo que Kṛṣṇa mató en Su encarnación de Nṛsiṁhadeva. El hijo de Hiraṇyakaśipu fue el gran devoto Prahlāda Mahārāja.

Hṛṣīkeśa—un nombre de Kṛṣṇa que significa "el amo de todos los sentidos".

I

Ikṣvāku—un hijo de Manu que recibió el conocimiento de *El Bhagavad-gītā* en el pasado.

Indra—el rey de los planetas celestiales.

Indraloka—en planeta donde reside el Señor Indra.

īśāvāsya—(*īśa*–el Señor; *āvāsya*–control) el concepto de que el Señor lo posee y lo controla todo y que todo debe ser usado en Su servicio.

īśvara—controlador. Kṛṣṇa es Parameśvara, el controlador supremo.

J

Janaka—un gran rey autorrealizado, suegro del Señor Rāmacandra.

japa—canto en voz baja de los sagrados nombres de Dios, ejecutado con la ayuda de 108 cuentas para orar.

jīva—(*jīvātmā*) el alma o la entidad viviente atómica.

jñāna—conocimiento. El *jñāna* material no va más allá del cuerpo material. El *jñāna* trascendental discrimina entre la materia y el espíritu. El *jñāna* perfecto es el conocimiento del cuerpo, del alma y del Señor Supremo.

jñāna-kāṇḍa—la división de los *Vedas* que trata acerca de la especulación empírica en busca de la verdad.

jñāna-yoga—el procedimiento predominante empírico de vincularse con el Supremo, el cual se ejecuta cuando todavía se está atado a la especulación mental.

jñāṇī—aquel que está dedicado al cultivo del conocimiento (especialmente por medio de la especulación filosófica). Al alcanzar la perfección, el *jñānī* se entrega a Kṛṣṇa.

K

kaivalyam—el estado de comprensión de nuestra posición constitucional como partes integrales del Señor Supremo; este estado es preliminar a la manifestación de actividades en el plano del servicio devocional.

kāla—el tiempo eterno.

Kālī—semidiosa a quien sus adoradores pueden ofrecer carne.

Kali-yuga—la edad de riña, la última en el ciclo de cuatro edades. Es la edad en la cual estamos viviendo ahora. Dura 432.000 años, de los cuales ya han transcurrido cinco mil.

kalpa—duración de un día, en la medida del tiempo del Señor Brahmā.

Kaṁsa—tío de Kṛṣṇa que siempre trataba de matarlo.

Kapila—encarnación de Kṛṣṇa que apareció en Satya-yuga como hijo de Devahūti y Kardama Muni y expuso la filosofía devocional sāṅkhya. (Existe también un ateo llamado Kapila, pero él no es una encarnación del Señor).

Kāraṇodakaśāyī Viṣṇu—(Mahā-Viṣṇu) la expansión Viṣṇu del Señor Kṛṣṇa, de quien emanan todos los universos materiales.

karma-kāṇḍa—la división de los *Vedas* que trata acerca de las actividades fruitivas que se ejecutan para la purificación gradual de la persona muy materialista.

karma-yoga—1) acción en el servicio devocional; 2) acción que ejecuta aquel que sabe que la meta de la vida es Kṛṣṇa, pero que está adicto al fruto de sus actividades.

Karṇa—hijo de Kuntī y medio hermano de Arjuna. Peleó contra los cinco Pāṇḍavas en el campo de Batalla de Kurukṣetra.

Kaunteya—el hijo de Kuntī (Arjuna).
kīrtana—glorificación del Señor Supremo.
kṛpaṇa—aquel que es avaro y no hace uso de valiosas posesiones; específicamente, aquel que desperdicia su vida al no esforzarse por la iluminación espiritual.
Kṛṣṇa—nombre original del Señor Supremo en Su forma original trascendental; la Suprema Personalidad de Dios, el orador de *El Bhagavad-gītā*.
Kṛṣṇadāsa Kavirāja Gosvāmī—el autor de *El Śrī Caitanya-caritāmṛta*.
kṛṣṇa-karma—acción de hacer todos los trabajos para Kṛṣṇa.
Kṛṣṇaloka—el planeta del mundo espiritual en el que reside Kṛṣṇa.
kṣara—perecedero.
kṣatriya—ocupación de administrador o de protector de los ciudadanos, de acuerdo con el sistema de las cuatro órdenes sociales y espirituales.
kṣetra—el campo de las actividades; el cuerpo del alma condicionada.
kṣetrajña—(*kṣetra*–campo o cuerpo; *jña*–conocedor) aquel que está consciente del cuerpo. Tanto el alma como la Superalma son *kṣetrajña*, pues el alma individual está consciente de su propio cuerpo en particular, y la Superalma está consciente de los cuerpos de todos los seres vivientes.
Kṣīrodakaśāyī Viṣṇu—expansión Viṣṇu del Señor Supremo que entra dentro de cada átomo, está entre todos los átomos del universo, y entra en el corazón de cada entidad viviente. También se le llama "Superalma".
Kumāras—cuatro grandes sabios impersonalistas hijos del Señor Brahmā, quienes se convirtieron en grandes devotos del Señor y grandes autoridades en el servicio devocional.
kumbhaka-yoga—completa detención de las corrientes de aire del cuerpo, como parte del proceso místico óctuple.
Kuntī—también llamada Pṛthā, la madre de Arjuna y tía de Kṛṣṇa.
Kurukṣetra—nombre de un lugar sagrado de peregrinación que existe desde tiempos antiguos, donde se habló *El Bhagavad-gītā*; es el sitio donde se llevó a cabo la gran Batalla de Kurukṣetra entre los Pāṇḍavas, sus seguidores y los hijos de Dhṛtarāṣṭra, estos últimos encabezados por Duryodhana. Se encuentra cerca de la actual ciudad de Nueva Delhi, India.
Kurus—todos los descendientes del rey Kuru, más específicamente se refiere a los cien hijos de Dhṛtarāṣṭra. Los Pāṇḍavas también eran descendientes del rey Kuru, pero Dhṛtarāṣṭra deseaba excluirlos de la tradición familiar.
Kuvera—el tesorero de los semidioses.

L

Lakṣmī—la diosa de la fortuna, consorte del Señor Supremo.
līlā—pasatiempo trascendental del Señor.
līlāvatāras—encarnaciones tales como Matsya, Kūrma, Rāma, y Nṛsiṁha, que descienden a exhibir en el mundo material los pasatiempos espirituales de la Personalidad de Dios.
loka—planeta.
lokāyatikas—una clase de filósofos semejantes a los budistas. Su existencia data de la época en que el Señor Kṛṣṇa habló *El Bhagavad-gītā*. Para ellos, la vida es el producto de una combinación madura de elementos materiales.

M

Madhusūdana—nombre de Kṛṣṇa que significa "destructor del demonio Madhu".
Mahābhārata, El—la epopeya védica del mundo entero, escrita por Śrīla Vyāsadeva, la encarnación literaria del Señor Supremo. *El Bhagavad-gītā* está incluido en *El Mahābhārata*, el cual está dirigido a las almas caídas de esta era.
mahā-bhūta—(*mahā*–grande; *bhūta*–elementos) los cinco grandes elementos materiales: tierra, agua, fuego, aire y eter.
mahā-mantra—el gran canto para la liberación: Hare Kṛṣṇa, Hare Kṛṣṇa, Kṛṣṇa Kṛṣṇa, Hare Hare/ Hare Rāma, Hare Rāma, Rāma Rāma, Hare Hare.
mahātmā—gran alma; aquel que realmente entiende que Kṛṣṇa lo es todo, y, por lo tanto, se entrega a Él.
mahat-tattva—la energía material total.
Mahā-Viṣṇu—véase Kāraṇodakaśāyī Viṣṇu.
mantra—(*man*–mente; *tra*–liberación) vibración sonora pura que libra a la mente de sus inclinaciones materiales.
Manu—el semidiós administrativo que es el padre de la humanidad.
Manu-saṁhitā—libro de leyes para la humanidad; fue escrito por Manu.
Manvantara-avatāras—las encarnaciones de Manu, catorce de las cuales aparecen en un día de Brahmā.
māyā—(*mā*–no; *yā*–esto) ilusión; energía de Kṛṣṇa que engaña a la entidad viviente, haciéndola olvidar al Señor Supremo.
māyāvādī—impersonalista o nihilista adherido a la creencia de que, en fin de cuentas Dios no tiene ni forma ni personalidad.
mukti—liberación de la existencia material.
Mukunda—nombre de Kṛṣṇa que significa "dador de liberación".
muni—un sabio o alma autorrealizada.

N

naiṣkarma—véase *akarma.*
Nakula—uno de los hermanos más jóvenes de Arjuna.
Nanda Mahārāja—padre de Kṛṣṇa.
Nārada Muni—un devoto puro del Señor, que viaja a través de los universos en su cuerpo eterno, glorificando el servicio devocional.
narādhama—(lit: "lo más bajo de la humanidad") aquellos que están social y políticamente evolucionados pero que no tienen principios religiosos.
Nārāyaṇa—la expansión de cuatro brazos del Supremo Señor Kṛṣṇa.
nirguṇa—(*nir*–sin; *guṇa*–cualidad) no poseer atributos (cuando se aplica a Dios, se refiere a que Él no posee atributos materiales).
nirmāna—estado de conciencia de que nada nos pertenece.
nirvāṇa—el final del proceso de la vida materialista.
nitya-baddha—eternamente condicionado.
Nṛsiṁha—una encarnación del Señor Kṛṣṇa en la forma de mitad león y mitad hombre.

O

oṁkāra—*oṁ,* sílaba trascendental que representa a Kṛṣṇa y que, para alcanzar al Supremo, los trascendentalistas vibran cuando ejecutan sacrificios, caridades y penitencias.
om tat sat—las tres sílabas trascendentales usadas por los *brāhmaṇas* para la satisfacción del Supremo cuando cantan himnos védicos u ofrecen sacrificios. Se refieren a la Suprema Verdad Absoluta, la Personalidad de Dios.

P

Pāñcajanya—la caracola del Señor Kṛṣṇa.
pañca-mahābhūta—los cinco elementos densos: tierra, agua, fuego, aire y éter.
Pāṇḍavas—los cinco hijos del rey Pāṇḍu: Yudhiṣṭhira, Arjuna, Bhīma, Nakula y Sahadeva.
Pāṇḍu—hermano menor de Dhṛtarāṣṭra; murió a una temprana edad, dejando a sus cinco hijos, los Pāṇḍavas, al cuidado de Dhṛtarāṣṭra.
parag-ātmā—nombre que se le da al alma cuando está apegada al disfrute de los sentidos.
paramahaṁsa—la clase más elevada de devotos de Dios autorrealizados.
Paramātmā—la Superalma, el aspecto localizado del Señor Supremo que se encuentra dentro del corazón de todas las entidades vivientes.
Paraṁ Brahma—el Brahman Supremo, la Personalidad de Dios, Śrī Kṛṣṇa.
paraṁ dhāma—los planetas eternos del mundo espiritual.

paramparā—la sucesión discipular a través de la cual se transmite el conocimiento espiritual.

parantapaḥ—un nombre de Arjuna que significa "castigador de los enemigos".

parā prakṛti—la energía superior espiritual, o naturaleza del Señor.

Parāśara Muni—un gran sabio, el padre de Vyāsadeva.

Paraśurāma—una encarnación del Señor Kṛṣṇa que apareció en tiempos antiguos para derrotar a la clase guerrera cuando se había degradado.

Pārthasārati—Kṛṣṇa, el auriga de Arjuna (Pārtha).

pāṣaṇḍī—un ateo que piensa que Dios y los semidioses están en el mismo nivel.

Patañjali—una gran autoridad en el sistema de *aṣṭāṅga-yoga* y autor del *Yoga-sūtra.*

pavitram—puro.

Pitṛloka—el planeta de los antepasados difuntos.

Prajāpati—1) un progenitor de las entidades vivientes; 2) el Señor Brahmā.

Prahlāda Mahārāja—un gran devoto del Señor Kṛṣṇa que fue perseguido por su ateo padre pero que siempre fue protegido por el Señor.

prakṛti—(lit. aquello que es predominado) la naturaleza. Existen dos *prakṛtis: aparā prakṛti,* la naturaleza material, y *parā prakṛti,* la naturaleza espiritual (las entidades vivientes), siendo ambas predominadas por la Suprema Personalidad de Dios.

prāṇa—el aire de la vida.

praṇava oṁkāra—véase *oṁkāra.*

prāṇāyāma—el control de la respiración (uno de las ocho partes del sistema *aṣṭāṅga-yoga*).

prasāda—alimento ofrecido a Kṛṣṇa, el cual se espiritualiza al ofrecerse y que puede purificar a la entidad viviente.

pratyag-ātmā—el alma cuando está purificada de los apegos materiales.

pratyāhāra—apartarse de las actividades de los sentidos (una de las ocho partes del sistema *aṣṭāṅga-yoga*).

prema—amor verdadero por Dios, la etapa más perfecta y elevada de la vida.

Pṛthā—esposa del rey Pāṇḍu, madre de los Pāṇḍavas y tía del Señor Kṛṣṇa.

pūraka—la etapa de equilibrio que se alcanza al ofrecer el aire que se inhala, en el aire que se exhala.

Purāṇas—dieciocho Escrituras védicas: seis para las personas situadas bajo la influencia de la bondad, seis para las personas situadas bajo la influencia de la pasión, y seis para las personas situadas bajo la influencia de la ignorancia. Presentan el conocimiento de los *Vedas* de manera más sencilla, en la forma de narraciones históricas.

pūrṇa—completo.

puruṣa—el supremo disfrutador.

puruṣāvatāras—las primeras expansiones Viṣṇu de Kṛṣṇa, las cuales están involucradas en la creación, conservación y destrucción del universo material.

R

rajo-guṇa—la modalidad de la pasión de la naturaleza material.

Rāma—1) nombre de la Verdad Absoluta como fuente de placer ilimitado para los trascendentalistas; 2) encarnación del Señor Supremo como un rey perfecto (el Señor Rāmacandra).

rasa—relación entre el Señor y las entidades vivientes. Hay cinco categorías principales: la relación neutral (*śānta-rasa*), la relación como sirviente (*dāsya-rasa*), como amigo (*sakhya-rasa*), como padre (*vātsalya-rasa*), y como amante conyugal (*mādhurya-rasa*).

Rāvaṇa—un demonio poderoso que deseaba construir una escalera al cielo pero que fue matado por Kṛṣṇa en su encarnación como el Señor Rāmacandra.

recaka—estado de equilibrio que se alcanza al ofrecer el aire exhalado, en el aire inhalado.

Rūpa Gosvāmī—el principal de los seis grandes maestros de Vṛndāvana. Fue autorizado por el Señor Caitanya Mahāprabhu para establecer y distribuir la filosofía de conciencia de Kṛṣṇa.

S

śabda-brahma—los mandatos de los *Vedas* y *Upaniṣads*

sac-cid-ānanda-vigraha—(*sat*–existencia eterna, *cit*–conocimiento, *ānanda*–bienaventuranza, *vigraha*–forma) forma eterna del Señor Supremo, la cual está llena de bienaventuranza y de conocimiento; o la forma trascendental eterna de la entidad viviente.

sādhaka—aquel que es un candidato idóneo para la liberación.

sādhu—santo, devoto.

saguṇa—poseer atributos (cuando se aplica a Dios, se refiere a cualidades espirituales).

Sahadeva—uno de los hermanos menores de Arjuna.

samādhi—trance, absorción en el estado de conciencia de Dios.

samāna-vāyu—aire interno que ajusta el equilibrio. Es uno de los cinco aires del cuerpo que se controlan mediante los ejercicios respiratorios del sistema *aṣṭāṅga-yoga*.

sanātana—eterno.

sanātana-dhāma—la morada eterna, los planetas Vaikuṇṭha del cielo espiritual.

sanātana-dharma—la religión eterna del ser viviente: ofrecerle servicio al Señor Supremo.

Sanātana Gosvāmī—uno de los seis grandes maestros espirituales de Vṛndāvana que fueron autorizados por el Señor Caitanya Mahāprabhu para establecer y distribuir la filosofía de conciencia de Kṛṣṇa.

sanātana-yoga—actividades eternas ejecutadas por la entidad viviente.

Sañjaya—secretario de Dhṛtarāṣṭra que le relató *El Bhagavad-gītā* a medida que era expuesto en el campo de batalla de Kurukṣetra.

Śaṅkarācārya—encarnación del Señor Śiva que apareció en el siglo VIII para propagar una filosofía impersonalista con el propósito de remover de la India el budismo y restablecer la autoridad de los Vedas.

sāṅkhya—1)El proceso de *yoga* devocional descrito por el Señor Kapila en *El Śrīmad-Bhāgavatam*. 2)Estudio analítico del cuerpo y el alma.

saṅkīrtana-yajña—el sacrificio prescrito para la edad de Kali, es decir, el canto en grupo del nombre, la fama y los pasatiempos de la Suprema Personalidad de Dios.

sannyāsa—la orden de vida de renuncia, la cual está libre de relaciones familiares, y en la cual todas las actividades se dedican completamente a Kṛṣṇa.

Sarasvatī—la semidiosa encargada de la sabiduría.

śāstra—Escritura revelada.

sattva—la modalidad de la bondad de la naturaleza material.

Satya-yuga—la primera de las cuatro edades. Se caracteriza por la virtud, la sabiduría y la religión, y dura 1.728.000 años.

Sītā—la esposa del Señor Rāmacandra.

Śiva—la encarnación cualitativa del Señor, que se encarga de la modalidad de la ignorancia y de destruir el universo material.

smaraṇam—el pensar constantemente en Kṛṣṇa (uno de los nueve métodos del servicio devocional).

smṛti—literatura védica suplementaria, como los *Purāṇas, El Mahābhārata, El Rāmāyaṇa*, etc.

soma-rasa—bebida celestial en la Luna.

śravaṇam—el proceso de oír a una fuente autorizada (éste es el principal de los nueve métodos del servicio devocional).

Śrīmad-Bhāgavatam, El (Bhāgavata Purāṇa)—el "*Purāṇa* inmaculado" de Vyāsadeva, que trata exclusivamente del servicio devocional puro que se le presta al Señor Supremo.

śruti—la literatura védica original: los cuatro *Vedas* y los *Upaniṣads*.

śūdra—la clase obrera, de acuerdo con el sistema de vida de cuatro clases sociales y cuatro órdenes espirituales.

Śukadeva Gosvāmī—el sabio que expuso por primera vez *El Śrīmad-Bhāgavatam,* recitándoselo al rey Parīkṣit durante los siete días que precedieron a la muerte del Rey.

sukham—felicidad o placer.

sukṛtī—personas piadosas que obedecen las reglas de las Escrituras y que son devotas del Señor Kṛṣṇa.

surabhis—las vacas de Kṛṣṇaloka. Ellas pueden producir una cantidad ilimitada de leche.

Sūryaloka—el planeta Sol.

svadharmas—deberes específicos de un grupo de personas, que se ejecutan de acuerdo con principios religiosos para alcanzar la liberación.

svāmī—aquel que puede controlar la mente y los sentidos.

svargaloka—planetas celestiales o la morada de los semidioses.

svarūpa—(*sva*–propio; *rūpa*–forma) la relación eterna de servicio al Señor de la entidad viviente, la forma real del alma.

svarūpa-siddhi—la perfección de nuestra posición constitucional.

Śyāmasundara—(*śyāma*–negro; *sundara*–muy bello) un nombre de la forma original del Señor Kṛṣṇa.

T

tamo-guṇa—la modalidad de la ignorancia de la naturaleza material.

tapasya—aceptación voluntaria de algunas dificultades materiales para progresar en la vida espiritual.

tattva vit—aquel que conoce la Verdad Absoluta en Sus tres diferentes aspectos.

Tretā-yuga—la segunda de las cuatro edades. Se caracteriza por un veinticinco por ciento de disminución en el nivel de piedad y religiosidad que existe durante el Satya-yuga. Dura 1.296.000 años.

Tulasī—una planta sagrada que adoran los devotos de Viṣṇu.

tyāga—renunciación a las actividades ejecutadas con conciencia material.

U

Uccaiḥśravā—un caballo que surgió del néctar y que se considera un representante de Kṛṣṇa.

udāna-vāyu—aire del cuerpo que se mueve hacia arriba y el cual se controla mediante los ejercicios respiratorios del sistema de *aṣṭāṅga-yoga.*

Upaniṣads—las porciones filosóficas de los *Vedas,* cuyo objetivo es acercar al estudiante a la comprensión de la naturaleza personal de la Verdad Absoluta.

V

vaibhāṣikas—una clase de filósofos semejantes a los budistas. Existían cuando el Señor habló *El Bhagavad-gītā* y creen que la vida es un producto de una combinación madura de elementos materiales.

Vaikuṇṭha—(lit: "sin ansiedad") los planetas eternos del cielo espiritual.

vairāgya—desapego de la materia y dedicación de la mente al espíritu.

vaiṣṇava—un devoto del Señor Supremo, Viṣṇu, o Kṛṣṇa.

vaiśyas—clase de hombres dedicados a la protección de las vacas y a la agricultura, de acuerdo con el sistema de cuatro clases sociales y cuatro órdenes espirituales.

vānaprastha—vida retirada, en la que uno deja la casa y viaja de un sitio sagrado a otro, preparándose para la orden de vida de renuncia, *sannyāsa*.

Varāha—la encarnación del Señor Kṛṣṇa como un jabalí gigantesco.

Vasudeva—el padre del Señor Kṛṣṇa.

Vāsudeva—1)el Señor Kṛṣṇa, "el hijo de Vasudeva"; 2)estado de bondad pura que trasciende las modalidades de la naturaleza material y en el cual se puede entender al Señor Supremo.

Vedānta-sūtra, El—el resumen del conocimiento védico, recopilado por Śrī Vyāsadeva en la forma de códigos cortos.

Vedas—las cuatro Escrituras védicas (*Ṛg, Yajur, Sāma,* y *Atharva Veda*) y sus suplementos (los *Upaniṣads,* los *Purāṇas, El Mahābhārata* y *El Vedānta-sūtra*).

vibhu-ātmā—la Superalma.

vibhūti—opulencia mediante la cual Kṛṣṇa controla la manifestación material completa.

vidyā—conocimiento.

vijñānam—conocimiento específico acerca del alma espiritual, su posición constitucional y su relación con el Alma Suprema.

vikarma—trabajo no autorizado o pecaminoso, el cual se ejecuta contra los mandatos de las Escrituras reveladas.

virāṭ-rūpa—la forma universal del Señor, que les facilita la comprensión de la Personalidad de Dios a los devotos neófitos.

Viṣṇu, el Señor—la primera expansión de Kṛṣṇa, para la creación y sostenimiento de los universos materiales.

viṣṇu-tattva—innumerables expansiones plenarias de Kṛṣṇa.

Viśvakośa—un diccionario sánscrito de la antigüedad.

viśva-rūpa—(*virāṭ-rūpa*) la forma universal del Señor tal como se describe en el Capítulo Once de *El Bhagavad-gītā*.

Vivasvān—el nombre del actual dios del Sol, a quien se le instruyó *El Bhagavad-gītā* hace por lo menos 120.400.000 años.

Vṛndāvana—el lugar donde se ejecutaron los trascendentales pasatiempos aldeanos de Kṛṣṇa, exhibidos cuando Él estaba en la Tierra hace cinco mil años. Este lugar todavía existe, y se encuentra en el norte de la India.

vyāna-vāyu—uno de los aires internos del cuerpo que se controla mediante el *aṣṭāṅga-yoga*. El *vyāna-vāyu* actúa para contraer y expandir.

Vyāsadeva—el más grande filósofo de los tiempos antiguos. Fue una encarnación de Viṣṇu apoderada para actividades literarias, y compiló los *Vedas*, los *Upaniṣads*, los *Purāṇas*, *El Mahābhārata*, *El Vedānta-sūtra*, etc.

Y

yajña—sacrificio; trabajo hecho para la satisfacción del Señor.

Yajñeśvara—epíteto de Kṛṣṇa que significa "Señor del sacrificio".

Yamarāja—el semidiós que castiga a las entidades vivientes pecadoras después de que éstas mueren.

Yāmunācārya—un gran maestro espiritual del *Śrī-sampradāya*, una de las más importantes líneas discipulares.

Yaśodā—la madre de crianza de Kṛṣṇa.

Yaśodā-nandana—Kṛṣṇa, el hijo de Yaśodā.

yoga—el vincular la conciencia de la entidad viviente infinitesimal con la suprema entidad viviente, Kṛṣṇa.

yogamāyā—la potencia interna del Señor, que lo oculta de los que no son devotos.

yogārūḍha—la etapa más elevada del *yoga*.

yogāruruksa—la primera etapa del *yoga*.

Yogeśvara—nombre de Kṛṣṇa, "el amo de todos los poderes místicos".

Yudhiṣṭhira—el mayor de los cinco hermanos Pāṇḍava; habiendo obtenido la victoria en la Batalla de Kurukṣetra, fue proclamado Emperador del mundo, y así exhibió las características de un gobernante ideal.

yuga—cada una de las cuatro edades por las que continuamente pasa el universo, las cuales difieren en duración, y rotan como los meses del calendario. Véase también Satya-yuga, Tretā-yuga, Dvāpara-yuga y Kali-yuga.

yugāvatāras—las encarnaciones del Señor que aparecen en cada uno de los cuatro diferentes milenios con el fin de prescribir la forma apropiada de iluminación espiritual para esa edad en particular.

GUÍA DEL ALFABETO Y DE LA PRONUNCIACIÓN SÁNSCRITA

Vocales

अ a आ ā इ i ई ī उ u ऊ ū ऋ ṛ ॠ ṝ

ऌ ḷ ए e ऐ ai ओ o औ au

ं ṁ *(anusvāra)* ः ḥ *(visarga)*

Consonantes

Guturales:	क ka	ख kha	ग ga	घ gha	ङ ṅa
Palatales:	च ca	छ cha	ज ja	झ jha	ञ ña
Cerebrales:	ट ṭa	ठ ṭha	ड ḍa	ढ ḍha	ण ṇa
Dentales:	त ta	थ tha	द da	ध dha	न na
Labiales:	प pa	फ pha	ब ba	भ bha	म ma
Semivocales:	य ya	र ra	ल la	व va	
Sibilantes:	श śa	ष ṣa	स sa		
Aspiradas:	ह ha	ऽ ' *(avagraha)* — el apóstrofe			

Las vocales después de una consonante se escriben de la siguiente manera:

ा ā ि i ी ī ु u ू ū ृ ṛ

ॄ ṝ े e ै ai ो o ौ au

La letra "a" se sobrentiende cuando va después de una consonante sin símbolo vocálico.

Los siguientes son ejemplos de la manera como se escriben las vocales cuando van acompañadas de consonantes:

क **ka** का **kā** कि **ki** की **kī** कु **ku** कू **kū**

कृ **kṛ** कॄ **kṝ** के **ke** कै **kai** को **ko** कौ **kau**

Algunas veces dos consonantes se combinan y se escriben en una forma completamente diferente, por ejemplo:

क्ष **kṣa** त्र **tra**

El símbolo virāma (्) indica que no hay una vocal final.

Los números son:

० -0 १ -1 २ -2 ३ -3 ४ -4 ५ -5 ६ -6 ७ -7 ८ -8 ९ -9

Vocales

Las vocales se pronuncian de la siguiente manera:

a – como la segunda **a** en casa.
ā – como la **a** en par, y tiene el doble de duración que la **a** corta.
i – como la **i** en afirmar (acortado).
ī – como la **i** en misa (prolongado).
u – como la **u** en curro (acortado).
ū – como la **u** en uno (prolongado).
ṛ – como **ri** en **río**.
ṝ – como **ri** pero doblemente prolongado.
ḷ – como **lri** en Ulrico.
e – como la **e** en seis, seguido de una **i** casi imperceptible.
ai – como **ai** en **baile**.
o – como la **o** en sola, seguida de una **u** casi imperceptible.
au – como **au** en **causa**.

ṁ (*anusvāra*) – sonido con resonancia nasal como la **n** en la palabra francesa bo**n**.

ḥ (*visarga*) – es una **h** sonora final; **aḥ** se pronuncia como **aha**, pero con la **h** aspirada*; **iḥ** se pronuncia **ihi**, pero con la **h** aspirada*.

Consonantes

Las consonantes guturales se pronuncian desde la garganta:

k – como la **k** en **k**ilo.
kh – como la **k** en **k**ilo, pero aspirada*, es decir, colocando la lengua para pronunciar **k**, mientras se pronuncia un sonido fuertemente gutural.
g – como la **g** en **g**oma.
gh – como la **g** en **g**oma, pero fuertemente aspirada*.
ṅ – como la **n** en te**n**go.

Las consonantes palatales se pronuncian desde el paladar:

c – como la **ch** en **ch**ino.
ch – como la **ch** en **ch**ino, pero fuertemente aspirada*.
j – como la **ll** en **ll**over, pero pronunciada con más fuerza.
jh – como la **ll** en **ll**over, pronunciada con fuerza y fuertemente aspirada*.
ñ – como la **ñ** en ca**ñ**ón.

Las consonantes cerebrales se pronuncian tocando el cielo de la boca con la punta de la lengua enrollada hacia atrás:

ṭ – como la **t** en **t**os.
ṭh – como la **t** en **t**os, pero fuertemente aspirada*.
ḍ – como la **d** en con**d**e.
ḍh – como la **d** en con**d**e, pero fuertemente aspirada*.
ṇ – como r**na** (disponiéndonos a pronunciar **r** y diciendo **na**).

---

*Aspirada significa que se pronuncia emitiendo con cierta fuerza el aire de la garganta.

Las consonantes dentales se pronuncian oprimiendo la lengua contra los dientes:

t – como la **t** en **t**ío, con la lengua contra los dientes.
th – como la **t** en **t**ío, pero fuertemente aspirada*, con la lengua contra los dientes.
d – como la **d** en **d**ime, con la lengua contra los dientes.
dh – como **d** en **d**ime, pero fuertemente aspirada*, con la lengua contra los dientes.
n – como la **n** en **n**ota, pero con la lengua entre los dientes.

Las consonantes labiales se pronuncian con los labios:

p – como la **p** en **p**an.
ph – como la **p** en **p**an, pero fuertemente aspirada*.
b – como la **b** en am**b**os.
bh – como la **b** en am**b**os, pero fuertemente aspirada*.
m – como la **m** en **m**adre.

Las semivocales se pronuncian de la siguiente manera:

y – como la **y** en yo, pero más suave; como la **i** en **i**onósfera.
r – como la **r** en pe**r**o.
l – como la **l** en **l**ira.
ll – como la **l** en so**l**.
v – como la **v** en **v**ino.

Las consonantes sibilantes se pronuncian como una especie de silbido:

ś – (palatal) como **sh** en **sh**a—el sonido que se hace al hacer callar a alguien (**sh** suave).
ṣ – (cerebral)—igual al anterior pero pronunciado con la lengua contra el cielo de la boca.
s – como la **s** en **s**ol.

Consonante aspirada:

h – como la **j** en **j**erez pero más suave, o sea es una **h** aspirada*.

---

*Aspirada significa que se pronuncia emitiendo con cierta fuerza el aire de la garganta.

En sánscrito no hay una acentuación fuerte de las sílabas, o pausas entre las palabras en una línea, sólo un fluir de sílabas cortas y largas (estas últimas, el doble de las cortas en duración). Una sílaba larga es aquella cuya vocal es larga (ā, ī, ū, ṝ, e, ai, o, au) o cuya vocal corta va seguida de más de una consonante (incluyendo anusvāra y visarga). Las consonantes aspiradas (tales como kha y gha) se cuentan como una sola consonante.

ÍNDICE DE VERSOS SÁNSCRITOS

Este índice constituye una lista completa de las líneas primera y tercera de cada uno de los versos sánscritos de *El Bhagavad-gītā*, dispuesta en el orden alfabético español. Los números indican el capítulo y texto del verso completo.

A

abhayaṁ sattva-saṁśuddhir 16.1
abhisandhāya tu phalam 17.12
abhito brahma-nirvāṇam 5.26
abhyāsād ramate yatra 18.36
abhyāsa-yoga-yuktena 8.8

abhyāsa-yogena tato 12.9
abhyāsena tu kaunteya 6.35
abhyāse 'py asamartho 'si 12.10
abhyutthānam adharmasya 4.7
ā-brahma-bhuvanāl lokāḥ 8.16

ācaraty ātmanaḥ śreyas 16.22
ācāryāḥ pitaraḥ putrās 1.33
ācāryam upasaṅgamya 1.2
ācāryān mātulān bhrātṝn 1.26
ācāryopāsanaṁ śaucam 13.8

acchedyo 'yam adāhyo 'yam 2.24
adeśa-kāle yad dānam 17.22
adharmābhibhavāt kṛṣṇa 1.40
adharmaṁ dharmam iti yā 18.32
adhaś ca mūlāny anusantatāni 15.2

adhaś cordhvaṁ prasṛtās 15.2
adhibhūtaṁ ca kiṁ proktam 8.1
adhibhūtaṁ kṣaro bhāvaḥ 8.4
adhiṣṭhānaṁ tathā kartā 18.14
adhiṣṭhāya manaś cāyam 15.9

adhiyajñaḥ kathaṁ ko 'tra 8.2
adhiyajño 'ham evātra 8.4
adhyātma-jñāna-nityatvam 13.12
adhyātma-vidyā vidyānām 10.32
adhyeṣyate ca ya imam 18.70

āḍhyo 'bhijanavān asmi 16.15
ādityānām ahaṁ viṣṇuḥ 10.21
adṛṣṭa-pūrvaṁ hṛṣito 11.45
adveṣṭā sarva-bhūtānām 12.13
ādy-antavantaḥ kaunteya 5.22

āgamāpāyino 'nityās 2.14
aghāyur indriyārāmo 3.16
agnir jyotir ahaḥ śuklaḥ 8.24
aham ādir hi devānām 10.2
aham ādiś ca madhyaṁ ca 10.20

aham evākṣayaḥ kālo 10.33
ahaṁ hi sarva-yajñānām 9.24
ahaṁ kratur ahaṁ yajñaḥ 9.16
ahaṁ kṛtsnasya jagataḥ 7.6
ahaṁ sarvasya prabhavo 10.8

ahaṁ tvāṁ sarva-pāpebhyaḥ 18.66
ahaṁ vaiśvānaro bhūtvā 15.14
ahaṅkāra itīyaṁ me 7.4
ahaṅkāraṁ balaṁ darpam 16.18
ahaṅkāraṁ balaṁ darpam 18.53

ahaṅkāra-vimūḍhātmā 3.27
āhārā rajasasyeṣṭā 17.9
āhāras tv api sarvasya 17.7
ahiṁsā samatā tuṣṭis 10.5
ahiṁsā satyam akrodhas 16.2

aho bata mahat pāpam 1.44
āhus tvām ṛṣayaḥ sarve 10.13
airāvataṁ gajendrāṇām 10.27
ajānatā mahimānaṁ 11.41
ajñānaṁ cābhijātasya 16.4

ajñānenāvṛtaṁ jñānam 5.15
ajñaś cāśraddadhānaś ca 4.40
ajo nityaḥ śāśvato 'yaṁ 2.20
ajo 'pi sann avyayātmā 4.6
akarmaṇaś ca boddhavyam 4.17

ākhyāhi me ko bhavān ugra 11.31
akīrtiṁ cāpi bhūtāni 2.34
akṣaraṁ brahma paramaṁ 8.3
akṣarāṇām a-kāro 'smi 10.33
amānitvam adambhitvam 13.8

amī ca tvāṁ dhṛtarāṣṭrasya 11.26
amī hi tvāṁ sura-saṅghā 11.21

amṛtaṁ caiva mṛtyuś ca 9.19
anādi-madhyāntam ananta 11.19
anādi mat-paraṁ brahma 13.13
anāditvān nirguṇatvāt 13.32
ananta deveśa jagan-nivāsa 11.37

anantaś cāsmi nāgānām 10.29
anantavijayaṁ rājā 1.16
ananta-vīryāmita-vikramas 11.40
ananya-cetāḥ satatam 8.14
ananyāś cintayanto mām 9.22

ananyenaiva yogena 12.6
anapekṣaḥ śucir dakṣaḥ 12.16
anārya-juṣṭam asvargyam 2.2
anāśino 'prameyasya 2.18
anāśritaḥ karma-phalam 6.1

anātmanas tu śatrutve 6.6
aneka-bāhūdara-vaktra- 11.16
aneka-citta-vibhrāntāḥ 16.16
aneka-divyābharaṇam 11.10
aneka-janma-saṁsiddhaḥ 6.45

aneka-vaktra-nayanam 11.10
anena prasaviṣyadhvam 3.10
anicchann api vārṣṇeya 3.36
aniketaḥ sthira-matiḥ 12.19
aniṣṭam miśraṁ ca 18.12

anityam asukhaṁ lokam 9.33
annād bhavanti bhūtāni 3.14
anta-kāle ca mām eva 8.5
antavanta ime dehāḥ 2.18
antavat tu phalaṁ teṣām 7.23

anubandhaṁ kṣayaṁ 18.25
anudvega-karaṁ vākyam 17.15
anye ca bahavaḥ śūrāḥ 1.9
anye sāṅkhyena yogena 13.25
anye tv evam ajānantaḥ 13.26

apāne juhvati prāṇam 4.29
aparaṁ bhavato janma 4.4

apare niyatāhārāḥ 4.29
apareyam itas tv anyām 7.5
aparyāptaṁ tad asmākam 1.10
apaśyad deva-devasya 11.13

aphalākāṅkṣibhir yajñaḥ 17.11
aphalākāṅkṣibhir yuktaiḥ 17.17
aphala-prepsunā karma 18.23
api ced asi pāpebhyaḥ 4.36
api cet su-durācāraḥ 9.30

api trailokya-rājyasya 1.35
aprakāśo 'pravṛttiś ca 14.13
aprāpya māṁ nivartante 9.3
aprāpya yoga-saṁsiddhim 6.37
apratiṣṭho mahā-bāho 6.38

āpūryamāṇam acala 2.70
ārto jijñāsur arthārthī 7.16
ārurukṣor muner yogam 6.3
asad ity ucyate pārtha 17.28
asakta-buddhiḥ sarvatra 18.49

asaktaṁ sarva-bhṛc caiva 13.15
asaktir anabhiṣvaṅgaḥ 13.10
asakto hy ācaran karma 3.19
asammūḍhaḥ sa martyeṣu 10.3
asaṁśayaṁ mahā-bāho 6.35

asaṁśayaṁ samagraṁ māṁ 7.1
asaṁyatātmanā yogo 6.36
āśā-pāśa-śatair baddhā 16.12
aśāstra-vihitaṁ ghoram 17.5
asat-kṛtam avajñātam 17.22

asatyam apratiṣṭhaṁ te 16.8
asau mayā hataḥ śatrur 16.14
āścarya-vac cainam anyaḥ 2.29
āścarya-vat paśyati kaścit 2.29
asito devalo vyāsaḥ 10.13

asmākaṁ tu viśiṣṭā ye 1.7
aśocyān anvaśocas tvam 2.11
aśraddadhānāḥ puruṣā 9.3
aśraddhayā hutaṁ dattam 17.28
āsthitaḥ sa hi yuktātmā 7.18

āsurīṁ yonim āpannā 16.20
āśvāsayām āsa ca bhītam 11.50
aśvatthaḥ sarva-vṛkṣāṇām 10.26
aśvatthāmā vikarṇaś ca 1.8
aśvattham enaṁ su-virūḍha 15.3

atattvārtha-vad alpam ca 18.22
atha cainaṁ nitya-jātam 2.26
atha cet tvam ahaṅkārān 18.58
atha cet tvam imaṁ 2.33
atha cittaṁ samādhātum 12.9

athaitad apy aśakto 'si 12.11
atha kena prayukto 'yam 3.36
atha vā bahunaitena 10.42
atha vā yoginām eva 6.42
atha vyavasthitān dṛṣṭvā 1.20

ātmaiva hy ātmano bandhur 6.5

ātmany eva ca santuṣṭas 3.17
ātmany evātmanā tuṣṭaḥ 2.55
ātma-sambhāvitāḥ stabdhā 16.17
ātma-saṁsthaṁ manaḥ kṛtvā 6.25

ātma-saṁyama-yogāgnau 4.27
ātmaupamyena sarvatra 6.32
ātmavantaṁ na karmāṇi 4.41
ātma-vaśyair vidheyātmā 2.64
ato 'smi loke vede ca 15.18

atra śūrā maheṣv-āsā 1.4
atyeti tat sarvam idaṁ viditvā 8.28
avācya-vādāṁś ca bahūn 2.36
avajānanti māṁ mūḍhā 9.11
avāpya bhūmāv asapatnam 2.8

avibhaktaṁ ca bhūteṣu 13.17
avibhaktaṁ vibhakteṣu 18.20
avināśi tu tad viddhi 2.17
āvṛtaṁ jñānam etena 3.39
avyaktādīni bhūtāni 2.28

avyaktād vyaktayaḥ sarvāḥ 8.18
avyaktā hi gatir duḥkham 12.5
avyaktaṁ vyaktim āpannam 7.24
avyakta-nidhanāny eva 2.28
avyakto 'kṣara ity uktas 8.21

avyakto 'yam acintyo 'yam 2.25
ayaneṣu ca sarveṣu 1.11
ayathāvat prajānāti 18.31
ayatiḥ śraddhayopeto 6.37
āyudhānām ahaṁ vajram 10.28

āyuḥ-sattva-balārogya- 17.8
ayuktaḥ kāma-kāreṇa 5.12
ayuktaḥ prākṛtaḥ stabdhaḥ 18.28

B

bahavo jñāna-tapasā 4.10
bahir antaś ca bhūtānām 13.16
bahūdaraṁ bahu-daṁṣṭrā 11.23
bahūnāṁ janmanām ante 7.19
bahūni me vyatītāni 4.5

bahūny adṛṣṭa-pūrvāṇi 11.6
bahu-śākhā hy anantāś ca 2.41
balaṁ balavatāṁ cāham 7.11
bandhaṁ mokṣaṁ ca yā vetti 18.30
bandhur ātmātmanas tasya 6.6

bāhya-sparśeṣv asaktātmā 5.21
bhajanty ananya-manaso 9.13
bhaktiṁ mayi parāṁ kṛtvā 18.68
bhakto 'si me sakhā ceti 4.3
bhaktyā mām abhijānāti 18.55

bhaktyā tv ananyayā śakya 11.54
bhavāmi na cirāt pārtha 12.7
bhavān bhīṣmaś ca karṇaś ca 1.8
bhavanti bhāvā bhūtānām 10.5
bhavanti sampadaṁ daivīm 16.3

bhavāpyayau hi bhūtānām 11.2
bhāva-saṁśuddhir ity etat 17.16

bhavaty atyāgināṁ pretya 18.12
bhaviṣyāṇi ca bhūtāni 7.26
bhavitā na ca me tasmād 18.69

bhayād raṇād uparatam 2.35
bhīṣma-droṇa-pramukhataḥ 1.25
bhīṣmam evābhirakṣantu 1.11
bhīṣmo droṇaḥ sūta-putras 11.26
bhogaiśvarya-prasaktānām 2.44

bhoktāraṁ yajña-tapasām 5.29
bhrāmayan sarva-bhūtāni 18.61
bhruvor madhye prāṇam 8.10
bhūmir āpo 'nalo vāyuḥ 7.4
bhuñjate te tv aghaṁ pāpā 3.13

bhūta-bhartṛ ca taj jñeyam 13.17
bhūta-bhāvana bhūteśa 10.15
bhūta-bhāvodbhava-karo 8.3
bhūta-grāmaḥ sa evāyam 8.19
bhūta-grāmam imaṁ kṛtsnam 9.8

bhūta-bhṛn na ca bhūta-stho 9.5
bhūta-prakṛti-mokṣaṁ ca 13.35
bhūtāni yānti bhūtejyā 9.25
bhūya eva mahā-bāho 10.1
bhūyaḥ kathaya tṛptir hi 10.18

bījaṁ māṁ sarva-bhūtānām 7.10
brahma-bhūtaḥ prasannātmā 18.54
brahmacaryam ahiṁsā ca 17.14
brahmāgnāv apare yajñam 4.25
brahmaiva tena gantavyam 4.24

brāhmaṇa-kṣatriya-viśām 18.41
brahmāṇam īśaṁ 11.15
brāhmaṇās tena vedāś ca 17.23
brahmaṇo hi pratiṣṭhāham 14.27
brahmaṇy ādhāya karmāṇi 5.10

brahmārpaṇaṁ brahma havir 4.24
brahma-sūtra-padaiś caiva 13.5
bṛhat-sāma tathā sāmnām 10.35
buddhau śaraṇam anviccha 2.49
buddher bhedaṁ dhṛteś caiva 18.29

buddhir buddhimatām asmi 7.10
buddhir jñānam asammohaḥ 10.4
buddhi-yogam upāśritya 18.57
buddhi-yukto jahātīha 2.50
buddhyā viśuddhayā yukto 18.51
buddhyā yukto yayā pārtha 2.39

C

cañcalaṁ hi manaḥ kṛṣṇa 6.34
cātur-varṇyaṁ mayā sṛṣṭam 4.13
catur-vidhā bhajante mām 7.16
cetasā sarva-karmāṇi 18.57
chandāṁsi yasya parṇāni 15.1

chinna-dvaidhā yatātmānaḥ 5.25
chittvainaṁ saṁśayaṁ 4.42
cintām aparimeyāṁ ca 16.11

D

dadāmi buddhi-yogaṁ tam 10.10
daivam evāpare yajñam 4.25
daivī hy eṣā guṇa-mayī 7.14
daivī sampad vimokṣāya 16.5
daivo vistaraśaḥ prokta 16.6

dambhāhaṅkāra-saṁyuktāḥ 17.5
dambho darpo 'bhimānaś 16.4
daṁṣṭrā-karālāni ca te 11.25
dāna-kriyāś ca vividhāḥ 17.25
dānaṁ damaś ca yajñaś ca 16.1

dānam īśvara-bhāvaś ca 18.43
daṇḍo damayatām asmi 10.38
darśayām āsa pārthāya 11.9
dātavyam iti yad dānam 17.20
dayā bhūteṣv aloluptvam 16.2

dehī nityam avadhyo 'yam 2.30
dehino 'smin yathā dehe 2.13
deśe kāle ca pātre ca 17.20
devā apy asya rūpasya 11.52
deva-dvija-guru-prājña- 17.14

devān bhāvayatānena 3.11
devān deva-yajo yānti 7.23
dharma-kṣetre kuru-kṣetre 1.1
dharma-saṁsthāpanārthāya 4.8
dharmāviruddho bhūteṣu 7.11

dharme naṣṭe kulaṁ kṛtsnam 1.39
dharmyād dhi yuddhāc chreyo 2.31
dhārtarāṣṭrā raṇe hanyus 1.45
dhārtarāṣṭrasya durbuddher 1.23
dhṛṣṭadyumno virāṭaś ca 1.17

dhṛṣṭaketuś cekitānaḥ 1.5
dhṛtyā yayā dhārayate 18.33
dhūmenāvriyate vahnir 3.38
dhūmo rātris tathā kṛṣṇaḥ 8.25
dhyānāt karma-phala-tyāgas 12.12

dhyāna-yoga-paro nityam 18.52
dhyānenātmani paśyanti 13.25
dhyāyato viṣayān puṁsaḥ 2.62
diśo na jāne na labhe ca 11.25
divi sūrya-sahasrasya 11.12

divya-mālyāmbara-dharam 11.11
divyaṁ dadāmi te cakṣuḥ 11.8
dīyate ca parikliṣṭam 17.21
doṣair etaiḥ kula-ghnānām 1.42
draṣṭum icchāmi te rūpam 11.3

dravya-yajñās tapo-yajñā 4.28
droṇaṁ ca bhīṣmaṁ ca 11.34
dṛṣṭvādbhutaṁ rūpam ugram 11.20
dṛṣṭvā hi tvāṁ pravyathita- 11.24
dṛṣṭvā tu pāṇḍavānīkam 1.2

dṛṣṭvedaṁ mānuṣaṁ rūpam 11.51
dṛṣṭvemaṁ sva-janaṁ kṛṣṇa 1.28

drupado draupadeyāś ca 1.18
duḥkham ity eva yat karma 18.8
duḥkheṣv anudvigna-manāḥ 2.56

dūreṇa hy avaraṁ karma 2.49
dvandvair vimuktāḥ sukha- 15.5
dvau bhūta-sargau loke 'smin 16.6
dvāv imau puruṣau loke 15.16
dyāv ā-pṛthivyor idam 11.20
dyūtaṁ chalayatām asmi 10.36

E

ekākī yata-cittātmā 6.10
ekam apy āsthitaḥ samyag 5.4
ekaṁ sāṅkhyaṁ ca yogaṁ ca 5.5
ekatvena pṛthaktvena 9.15
ekayā yāty anāvṛttim 8.26

eko 'tha vāpy acyuta tat 11.42
eṣā brāhmī sthitiḥ pārtha 2.72
eṣā te 'bhihitā sāṅkhye 2.39
eṣa tūddeśataḥ prokto 10.40
etad buddhvā buddhimān syāt 15.20

etad dhi durlabhataram 6.42
etad veditum icchāmi 13.1
etad-yonīni bhūtāni 7.6
etad yo vetti taṁ prāhuḥ 13.2
etair vimohayaty eṣa 3.40

etair vimuktaḥ kaunteya 16.22
etaj jñānam iti proktam 13.12
etāṁ dṛṣṭim avaṣṭabhya 16.9
etāṁ vibhūtiṁ yogaṁ ca 10.7
etan me saṁśayaṁ kṛṣṇa 6.39

etān na hantum icchāmi 1.34
etāny api tu karmāṇi 18.6
etasyāhaṁ na paśyāmi 6.33
etat kṣetraṁ samāsena 13.7
etat śrutvā vacanaṁ keśavasya 11.35

evaṁ bahu-vidhā yajñā 4.32
evaṁ buddheḥ paraṁ buddhvā 3.43
evam etad yathāttha tvam 11.3
evaṁ jñātvā kṛtaṁ karma 4.15
evaṁ paramparā-prāptam 4.2

evaṁ pravartitaṁ cakram 3.16
evaṁ-rūpaḥ śakya ahaṁ nṛ- 11.48
evaṁ satata-yuktā ye 12.1
evaṁ trayī-dharmam anu- 9.21
evam ukto hṛṣīkeśo 1.24

evam uktvā hṛṣīkeśam 2.9
evam uktvārjunaḥ saṅkhye 1.46
evam uktvā tato rājan 11.9

G

gacchanty apunar-āvṛttim 5.17
gām āviśya ca bhūtāni 15.13
gandharvāṇāṁ citrarathaḥ 10.26
gandharva-yakṣāsura-siddha- 11.22
gāṇḍīvaṁ sraṁsate hastāt 1.29

gata-saṅgasya muktasya 4.23
gatāsūn agatāsūṁś ca 2.11
gatir bhartā prabhuḥ sākṣī 9.18
gṛhītvaitāni saṁyāti 15.8
guṇā guṇeṣu vartante 3.28

guṇān etān atītya trīn 14.20
guṇā vartanta ity evam 14.23
guṇebhyaś ca paraṁ vetti 14.19
gurūn ahatvā hi mahānubhāvān 2.5

H

hanta te kathayiṣyāmi 10.19
harṣāmarṣa-bhayodvegair 12.15
harṣa-śokānvitaḥ kartā 18.27
hato vā prāpsyasi svargam 2.37
hatvāpi sa imāl lokān 18.17

hatvārtha-kāmāṁs tu gurūn 2.5
hetunānena kaunteya 9.10
hṛṣīkeśaṁ tadā vākyam 1.20

I

icchā dveṣaḥ sukhaṁ duḥkham 13.7
icchā-dveṣa-samutthena 7.27
idam adya mayā labdham 16.13
idam astīdam api me 16.13
idaṁ jñānam upāśritya 14.2

idaṁ śarīraṁ kaunteya 13.2
idaṁ te nātapaskāya 18.67
idaṁ tu te guhyatamam 9.1
idānīm asmi saṁvṛttaḥ 11.51
ihaika-sthaṁ jagat kṛtsnam 11.7

ihaiva tair jitaḥ sargo 5.19
īhante kāma-bhogārtham 16.12
ijyate bharata-śreṣṭha 17.12
īkṣate yoga-yuktātmā 6.29
imaṁ vivasvate yogam 4.1

indriyāṇāṁ hi caratām 2.67
indriyāṇāṁ manaś cāsmi 10.22
indriyāṇi daśaikaṁ ca 13.6
indriyāṇi mano buddhir 3.40
indriyāṇīndriyārthebhyas 2.58

indriyāṇīndriyārthebhyas 2.68
indriyāṇīndriyārtheṣu 5.9
indriyāṇi parāṇy āhur 3.42
indriyāṇi pramāthīni 2.60
indriyārthān vimūḍhātmā 3.6

indriyārtheṣu vairāgyam 13.9
indriyasyendriyasyārthe 3.34
iṣṭān bhogān hi vo devā 3.12
iṣṭo 'si me dṛḍham iti 18.64
iṣubhiḥ pratiyotsyāmi 2.4

īśvaraḥ sarva-bhūtānām 18.61
īśvaro 'ham ahaṁ bhogī 16.14
iti guhyatamaṁ śāstram 15.20
iti kṣetraṁ tathā jñānam 13.19
iti māṁ yo 'bhijānāti 4.14
iti matvā bhajante mām 10.8

iti te jñānam ākhyātam 18.63
ity ahaṁ vāsudevasya 18.74
ity arjunaṁ vāsudevas 11.50

J

jaghanya-guṇa-vṛtti-sthā 14.18
jahi śatruṁ mahā-bāho 3.43
janma-bandha-vinirmuktāḥ 2.51
janma karma ca me divyam 4.9
janma-mṛtyu-jarā-duḥkhair 14.20

janma-mṛtyu-jarā-vyādhi- 13.9
jarā-maraṇa-mokṣāya 7.29
jātasya hi dhruvo mṛtyur 2.27
jayo 'smi vyavasāyo 'smi 10.36
jhaṣāṇāṁ makaraś cāsmi 10.31

jijñāsur api yogasya 6.44
jitātmanaḥ praśāntasya 6.7
jīva-bhūtāṁ mahā-bāho 7.5
jīvanaṁ sarva-bhūteṣu 7.9
jñānāgni-dagdha-karmāṇam 4.19

jñānāgniḥ sarva-karmāṇi 4.37
jñānam āvṛtya tu tamaḥ 14.9
jñānaṁ jñeyaṁ jñāna- 13.18
jñānaṁ jñeyaṁ parijñātā 18.18
jñānaṁ karma ca kartā ca 18.19

jñānaṁ labdhvā parāṁ śāntim 4.39
jñānaṁ te 'haṁ sa-vijñānam 7.2
jñānaṁ vijñānam āstikyam 18.42
jñānaṁ vijñāna-sahitam 9.1
jñānaṁ yadā tadā vidyāt 14.11

jñāna-vijñāna-tṛptātmā 6.8
jñāna-yajñena cāpy anye 9.15
jñāna-yajñena tenāham 18.70
jñāna-yogena sāṅkhyānām 3.3
jñānena tu tad ajñānam 5.16

jñātuṁ draṣṭuṁ ca tattvena 11.54
jñātvā śāstra-vidhānoktam 16.24
jñeyaḥ sa nitya-sannyāsī 5.3
jñeyaṁ yat tat pravakṣyāmi 13.13
joṣayet sarva-karmāṇi 3.26

jyāyasī cet karmaṇas te 3.1
jyotiṣām api taj jyotis 13.18

K

kaccid ajñāna-sammohaḥ 18.72
kaccid etac chrutaṁ pārtha 18.72
kaccin nobhaya-vibhraṣṭaś 6.38
kair liṅgais trīn guṇān etān 14.21
kair mayā saha yoddhavyam 1.22

kālo 'smi loke-kṣaya-kṛt 11.32
kalpa-kṣaye punas tāni 9.7
kāma esa krodha eṣa 3.37
kāmaḥ krodhas tathā lobhas 16.21
kāmais tais tair hṛta-jñānāḥ 7.20

kāma-krodha-vimuktānām 5.26
kāma-krodhodbhavaṁ vegam 5.23

kāmam āśritya duṣpūram 16.10
kāma-rūpeṇa kaunteya 3.39
kāmātmānaḥ svarga-parā 2.43

kāmopabhoga-paramā 16.11
kāmyānāṁ karmaṇāṁ nyāsam 18.2
kāṅkṣantaḥ karmaṇāṁ 4.12
kāraṇaṁ guṇa-saṅgo 'sya 13.22
karaṇaṁ karma karteti 18.18

karma brahmodbhavaṁ viddhi 3.15
karma caiva tad-arthīyam 17.27
karma-jaṁ buddhi-yuktā hi 2.51
karma-jān viddhi tān sarvān 4.32
karmaṇaḥ sukṛtasyāhuḥ 14.16

karmaṇaiva hi saṁsiddhim 3.20
karmāṇi pravibhaktāni 18.41
karmaṇo hy api boddhavyam 4.17
karmaṇy abhipravṛtto 'pi 4.20
karmaṇy akarma yaḥ paśyed 4.18

karmaṇy evādhikāras te 2.47
karmendriyaiḥ karma-yogam 3.7
karmendriyāṇi saṁyamya 3.6
karmibhyaś cādhiko yogī 6.46
kārpaṇya-doṣopahata- 2.7

karṣayantaḥ śarīra-stham 17.6
kartavyānīti me pārtha 18.6
kartuṁ necchasi yan mohāt 18.60
kārya-kāraṇa-kartṛtve 13.21
kāryam ity eva yat karma 18.9

kāryate hy avaśaḥ karma 3.5
kasmāc ca te na nameran 11.37
kāśyaś ca parameṣv-āsaḥ 1.17
kathaṁ bhīṣmam ahaṁ saṅkhye 2.4
katham etad vijānīyām 4.4

kathaṁ na jñeyam asmābhiḥ 1.38
kathaṁ sa puruṣaḥ pārtha 2.21
kathaṁ vidyām ahaṁ yogiṁs 10.17
kathayantaś ca māṁ nityam 10.9
kaṭv-amla-lavaṇāty-uṣṇa- 17.9

kaunteya pratijānīhi 9.31
kaviṁ purāṇam anuśāsitāram 8.9
kāyena manasā buddhyā 5.11
kecid vilagnā daśanāntareṣu 11.27
keśavārjunayoḥ puṇyam 18.76

keṣu keṣu ca bhāveṣu 10.17
kim ācāraḥ kathaṁ caitāṁs 14.21
kiṁ karma kim akarmeti 4.16
kiṁ no rājyena govinda 1.32
kiṁ punar brāhmaṇāḥ puṇyā 9.33

kiṁ tad brahma kim adhya- 8.1
kīrtiḥ śrīr vāk ca nārīṇām 10.34
kirīṭinaṁ gadinaṁ cakra- 11.46
kirīṭinaṁ gadinaṁ cakriṇaṁ 11.17
klaibyaṁ mā sma gamaḥ pārtha 2.3

kleśo 'dhikataras teṣām 12.5
kriyate bahulāyāsam 18.24

kriyate tad iha proktam 17.18
kriyā-viśeṣa-bahulām 2.43
krodhād bhavati sammohaḥ 2.63

kṛpayā parayāviṣṭo 1.27
kṛṣi-go-rakṣya-vāṇijyam 18.44
kṣaraḥ sarvāṇi bhūtāni 15.16
kṣetra-jñaṁ cāpi māṁ viddhi 13.3
kṣetra-kṣetrajña-saṁyogāt 13.27

kṣetra-kṣetrajñayor evam 13.35
kṣetra-kṣetrajñayor jñānam 13.3
kṣetraṁ kṣetrī tathā kṛtsnam 13.34
kṣipāmy ajasram aśubhān 16.19
kṣipraṁ bhavati dharmātmā 9.31

kṣipraṁ hi mānuṣe loke 4.12
kṣudraṁ hṛdaya-daurbalyam 2.3
kula-kṣaya-kṛtaṁ doṣam 1.37
kula-kṣaya-kṛtaṁ doṣam 1.38
kula-kṣaye praṇaśyanti 1.39

kuru karmaiva tasmāt tvam 4.15
kuryād vidvāṁs tathāsaktaś 3.25
kutas tvā kaśmalam idam 2.2

L

labhante brahma-nirvāṇam 5.25
labhate ca tataḥ kāmān 7.22
lelihyase grasamānaḥ 11.30
lipyate na sa pāpena 5.10
lobhaḥ pravṛttir ārambhaḥ 14.12

loka-saṅgraham evāpi 3.20
loke 'smin dvi-vidhā niṣṭhā 3.3

M

mac-cittaḥ sarva-durgāṇi 18.58
mac-cittā mad-gata-prāṇā 10.9
mad-anugrahāya paramam 11.1
mad-artham api karmāṇi 12.10
mad-bhakta etad vijñāya 13.19

mad-bhāvā mānasā jātā 10.6
mādhavaḥ pāṇḍavaś caiva 1.14
mahā-bhūtāny ahaṅkāro 13.6
maharṣayaḥ sapta pūrve 10.6
maharṣīṇāṁ bhṛgur aham 10.25

mahāśano mahā-pāpmā 3.37
mahātmānas tu māṁ pārtha 9.13
mā karma-phala-hetur bhūr 2.47
mama dehe guḍākeśa 11.7
mamaivāṁśo jīva-loke 15.7

māmakāḥ pāṇḍavāś caiva 1.1
mām aprāpyaiva kaunteya 16.20
mām ātma-para-deheṣu 16.18
mama vartmānuvartante 3.23
mama vartmānuvartante 4.11

mama yonir mahad brahma 14.3
māṁ caivāntaḥ-śarīra-stham 17.6
māṁ ca yo 'vyabhicāreṇa 14.26
mām evaiṣyasi satyaṁ te 18.65

mām evaiṣyasi yuktvaivam 9.34

mām eva ye prapadyante 7.14
māṁ hi pārtha vyapāśritya 9.32
mām upetya punar janma 8.15
mām upetya tu kaunteya 8.16
manaḥ-prasādaḥ saumyatvam 17.16

manaḥ saṁyamya mac-citto 6.14
manaḥ-ṣaṣṭhānindriyāṇi 15.7
mānāpamānayos tulyas 14.25
manasaivendriya-grāmam 6.24
manasas tu parā buddhir 3.42

man-manā bhava mad-bhakto 9.34
man-manā bhava mad-bhakto 18.65
mantro 'ham aham evājyam 9.16
manuṣyāṇāṁ sahasreṣu 7.3
manyase yadi tac chakyam 11.4

marīcir marutām asmi 10.21
masanāṁ mārgaśirṣo 'ham 10.35
mā śucaḥ sampadaṁ daivīm 16.5
mā te vyathā mā ca vimūḍha- 11.49
mat-karma-kṛn mat-paramo 11.55

mat-prasādād avāpnoti 18.56
mātrā-sparśās tu kaunteya 2.14
mat-sthāni sarva-bhūtāni 9.4
matta eveti tān viddhi 7.12
mattaḥ parataraṁ nānyat 7.7

mātulāḥ śvaśurāḥ pautrāḥ 1.34
maunaṁ caivāsmi guhyānām 10.38
mayādhyakṣeṇa prakṛtiḥ 9.10
mayā hatāṁs tvaṁ jahi mā 11.34
mayaivaite nihatāḥ pūrvam 11.33

mayā prasannena tava- 11.47
mayā tatam idaṁ sarvam 9.4
māyayāpahṛta-jñānā 7.15
mayi cānanya-yogena 13.11
mayi sarvam idaṁ protam 7.7

mayi sarvāṇi karmāṇi 3.30
mayy-arpita-mano-buddhir 8.7
mayy arpita-mano-buddhir 12.14
mayy āsakta-manāḥ pārtha 7.1
mayy āveśya mano ye mām 12.2

mayy eva mana ādhatsva 12.8
mithyaiṣa vyavasāyas te 18.59
moghāśā mogha-karmāṇo 9.12
mohād ārabhyate karma 18.25
mohād gṛhītvāsad-grāhān 16.10

mohāt tasya parityāgas 18.7
mohitaṁ nābhijānāti 7.13
mṛgāṇāṁ ca mṛgendro 'ham 10.30
mṛtyuḥ sarva-haraś cāham 10.34
mudhu-grāheṇātmano yat 17.19

mūḍho 'yaṁ nābhijānāti 7.25
mukta-saṅgo 'nahaṁ-vādī 18.26
munīnām apy ahaṁ vyāsaḥ 10.37
mūrdhny ādhāyātmanaḥ 8.12

N

nabhaḥ-spṛśaṁ dīptam aneka 11.24
nabhaś ca pṛthivīṁ caiva 1.19
nābhinandati na dveṣṭi 2.57
na buddhi-bhedaṁ janayet 3.26
na cābhāvayataḥ śāntir 2.66

na cainaṁ kledayanty āpo 2.23
na caitad vidmaḥ kataran no 2.6
na caiva na bhaviṣyāmaḥ 2.12
na ca māṁ tāni karmāṇi 9.9
na ca mat-sthāni bhūtāni 9.5

na ca śaknomy avasthātum 1.30
na ca sannyasanād eva 3.4
na ca śreyo 'nupaśyāmi 1.31
na cāśuśrūṣave vācyam 18.67
na cāsya sarva-bhūteṣu 3.18

na ca tasmān manuṣyeṣu 18.69
na cāti-svapna-śīlasya 6.16
nādatte kasyacit pāpam 5.15
na dveṣṭi sampravṛttāni 14.22
na dveṣṭy akuśalaṁ karma 18.10

nāhaṁ prakāśaḥ sarvasya 7.25
nāhaṁ vedair na tapasā 11.53
na he deha-bhṛtā śakyam 18.11
na hi jñānena sadṛśam 4.38
na hi kalyāṇa-kṛt kaścid 6.40

na hi kaścit kṣaṇam api 3.5
na hinasty ātmanātmānam 13.29
na hi prapaśyāmi 2.8
na hi te bhagavan vyaktim 10.14
na hy asannyasta-saṅkalpo 6.2

nainaṁ chindanti śastrāṇi 2.23
naiṣkarmya-siddhiṁ 18.49
naite sṛti pārtha jānan 8.27
naiva kiñcit karomīti 5.8
naiva tasya kṛtenārtho 3.18

na jāyate mriyate vā kadācit 2.20
na kāṅkṣe vijayaṁ kṛṣṇa 1.31
na karmaṇām anārambhān 3.4
na karma-phala-saṁyogam 5.14
na kartṛtvaṁ na karmāṇi 5.14

nakulaḥ sahadevaś ca 1.16
namaḥ purastād atha 11.40
na māṁ duṣkṛtino mūḍhāḥ 7.15
na māṁ karmāṇi limpanti 4.14
namaskṛtvā bhūya evāha 11.35

namasyantaś ca māṁ bhaktyā 9.14
na me pārthāsti kartavyam 3.22
na me viduḥ sura-gaṇāḥ 10.2
namo namas te 'stu sahasra- 11.39
nānā-śastra-praharaṇāḥ 1.9

nānavāptam avāptavyam 3.22
nānā-vidhāni divyāni 11.5
nāntaṁ na madhyaṁ na 11.16
nānto 'sti mama divyānām 10.40

nānyaṁ guṇebhyaḥ kartāram 14.19
nāpnuvanti mahātmānaḥ 8.15
na prahṛṣyet priyaṁ prāpya 5.20
narake 'niyataṁ vāso 1.43
na rūpam asyeha tathopa— 15.3
na sa siddhim avāpnoti 16.23

nāsato vidyate bhāvo 2.16
na śaucaṁ nāpi cācāro 16.7
nāśayāmy ātma-bhāva-stho 10.11
nāsti buddhir ayuktasya 2.66
naṣṭo mohaḥ smṛtir labdhā 18.73

na tad asti pṛthivyāṁ vā 18.40
na tad asti vinā yat syān 10.39
na tad bhāsayate sūryo 15.6
na tu māṁ abhijānanti 9.24
na tu māṁ śakyase draṣṭum 11.8

na tvat-samo 'sty abhyadhikaḥ 11.43
na tv evāhaṁ jātu nāsam 2.12
nāty-aśnatas tu yogo 'sti 6.16
nāty-ucchritaṁ nāti-nīcam 6.11
nava-dvāre pure dehī 5.13

na veda-yajñādhyayanair na 11.48
na vimuñcati durmedhā 18.35
nāyakā mama sainyasya 1.7
nāyaṁ loko 'sti na paro 4.40
nāyaṁ loko 'sty ayajñasya 4.31

na yotsya iti govindam 2.9
nehābhikrama-nāśo 'sti 2.40
nibadhnanti mahā-bāho 14.5
nidrālasya-pramādottham 18.39
nihatya dhārtarāṣṭrān naḥ 1.35

nimittāni ca paśyāmi 1.30
nindantas tava sāmarthyam 2.36
nirāśir nirmamo bhūtvā 3.30
nirāśir yata-cittātmā 4.21
nirdoṣaṁ hi samaṁ brahma 5.19

nirdvandvo hi mahā-bāho 5.3
nirdvandvo nitya-sattva-stho 2.45
nirmamo nirahaṅkāraḥ 2.71
nirmamo nirahaṅkāraḥ 12.13
nirmāna-mohā jita-saṅga-doṣā 15.5

nirvairaḥ sarva-bhūteṣu 11.55
niścayaṁ śṛṇu me tatra 18.4
nispṛhaḥ sarva-kāmebhyo 6.18
nityaḥ sarva-gataḥ sthāṇur 2.24
nityaṁ ca sama-cittatvam 13.10

nivasiṣyasi mayy eva 12.8
niyataṁ kuru karma tvam 3.8
niyataṁ saṅga-rahitam 18.23
niyatasya tu sannyāsaḥ 18.7
nyāyyaṁ vā viparītaṁ vā 18.15

O

oṁ ity ekākṣaraṁ brahma 8.13
oṁ tat sad iti nirdeśaḥ 17.23

P

pañcaitāni mahā-bāho 18.13
pañcajanyaṁ hṛṣīkeśo 1.15
pāpam evāśrayed asmān 1.36
pāpmānaṁ prajahi hy enam 3.41
paramaṁ puruṣaṁ divyam 8.8

paramātmeti cāpy ukto 13.23
paraṁ bhāvam ajānanto 9.11
paraṁ bhāvam ajānanto 7.24
paraṁ bhūyaḥ pravakṣyāmi 14.1
paraṁ brahma paraṁ dhāma 10.12

parasparaṁ bhāvayantaḥ 3.11
paras tasmāt tu bhāvo 'nyo 8.20
parasyotsādanārthaṁ vā 17.19
paricaryātmakaṁ karma 18.44
pariṇāme viṣam iva 18.38

paritrāṇāya sādhūnām 4.8
pārtha naiveha nāmutra 6.40
paryāptaṁ tv idam eteṣām 1.10
paśyādityān vasūn rudrān 11.6
paśyaitāṁ pāṇḍu-putrāṇām 1.3

paśya me pārtha rūpāṇi 11.5
paśyāmi devāṁs tava deva 11.15
paśyāmi tvāṁ dīpta-hutāśa- 11.19
paśyāmi tvāṁ durnirīkṣyam 11.17
paśyañ śṛṇvan spṛśañ jighran 5.8

paśyaty akṛta-buddhitvāt 18.16
patanti pitaro hy eṣām 1.41
patraṁ puṣpaṁ phalaṁ toyam 9.26
pauṇḍraṁ dadhmau mahā- 1.15
pavanaḥ pavatām asmi 10.31

pitāham asya jagato 9.17
pitāsi lokasya carācarsya 11.43
piteva putrasya sakheva 11.44
pitṝṇām aryamā cāsmi 10.29
prabhavaḥ pralayaḥ sthānam 9.18

prabhavanty ugra-karmāṇaḥ 16.9
prādhānyataḥ kuru-śreṣṭha 10.19
prahlādaś cāsmi daityānām 10.30
prajahāti yadā kāmān 2.55
prajanaś cāsmi kandarpaḥ 10.28

prakāśaṁ ca pravṛttiṁ ca 14.22
prakṛteḥ kriyamāṇāni 3.27
prakṛter guṇa-sammūḍhāḥ 3.29
prakṛtiṁ puruṣaṁ caiva 13.1
prakṛtiṁ puruṣaṁ caiva 13.20

prakṛtiṁ svām adhiṣṭhāya 4.6
prakṛtiṁ svām avaṣṭabhya 9.8
prakṛtiṁ yānti bhūtāni 3.33
prakṛtyaiva ca karmāṇi 13.30
pralapan visṛjan gṛhṇan 5.9

pramādālasya-nidrābhis 14.8
pramāda-mohau tamaso 14.17
praṇamya śirasā devam 11.14
prāṇāpāna-gatī ruddhvā 4.29

prāṇāpāna-samāyuktaḥ 15.14
prāṇāpānau samau kṛtvā 5.27
praṇavaḥ sarva-vedeṣu 7.8
prāpya puṇya-kṛtāṁ lokān 6.41
prasāde sarva-duḥkhānām 2.65
prasaktāḥ kāma-bhogeṣu 16.16

prasaṅgena phalākāṅkṣī 18.34
prasanna-cetaso hy āśu 2.65
praśānta-manasaṁ hy enam 6.27
praśāntātmā vigata-bhīr 6.14
praśaste karmaṇi tathā 17.26

pratyakṣāvagamaṁ dharmyam 9.2
pravartante vidhānoktāḥ 17.24
pravṛtte śastra-sampāte 1.20
pravṛttiṁ ca nivṛttiṁ ca 16.7
pravṛttiṁ ca nivṛttiṁ ca 18.30

prayāṇa-kāle ca katham 8.2
prayāṇa-kāle manasācalena 8.10
prayāṇa-kāle 'pi ca māṁ 7.30
prayātā yānti taṁ kālam 8.23
prayatnād yatamānas tu 6.45

pretān bhūta-gaṇāṁś cānye 17.4
priyo hi jñānino 'tyartham 7.17
procyamānam aśeṣeṇa 18.29
procyate guṇa-saṅkhyāne 18.19
pṛthaktvena tu yaj jñānam 18.21

puṇyo gandhaḥ pṛthivyāṁ ca 7.9
purodhasāṁ ca mukhyaṁ 10.24
purujit kuntibhojaś ca 1.5
puruṣaḥ prakṛti-stho hi 13.22
puruṣaḥ sa paraḥ pārtha 8.22

puruṣaḥ sukha-duḥkhānām 13.21
puruṣaṁ śāśvataṁ divyam 10.12
pūrvābhyāsena tenaiva 6.44
puṣṇāmi cauṣadhīḥ sarvāḥ 15.13

R

rāga-dveṣa-viyuktais tu 2.64
rāgī karma-phala-prepsur 18.27
rajaḥ sattvaṁ tamaś caiva 14.10
rājan saṁsmṛtya saṁsmṛtya 18.76
rajasas tu phalaṁ duḥkham 14.16

rajasi pralayaṁ gatvā 14.15
rajas tamaś cābhibhūya 14.10
rajasy etāni jāyante 14.12
rāja-vidyā rāja-guhyam 9.2
rajo rāgātmakaṁ viddhi 14.7

rakṣāṁsi bhītāni diśo dravanti 11.36
rākṣasīm āsurīṁ caiva 9.12
rasa-varjaṁ raso 'py asya 2.59
raso 'ham apsu kaunteya 7.8
rasyāḥ snigdhāḥ sthirā hṛdyā 17.8

rātriṁ yuga-sahasrāntām 8.17
rātry-āgame pralīyante 8.18
rātry-āgame 'vaśaḥ pārtha 8.19
ṛṣibhir bahudhā gītam 13.5

ṛte 'pi tvāṁ na bhaviṣyanti 11.32

rudrādityā vasavo ye ca 11.22
rudrāṇāṁ śaṅkaraś cāsmi 10.23
rūpaṁ mahat te bahu-vaktra- 11.23

S

śabdādīn viṣayāṁs tyaktvā 18.51
śabdādīn viṣayān anye 4.26
sa brahma-yoga-yuktātmā 5.21
sa buddhimān manuṣyeṣu 4.18
sa ca yo yat-prabhāvaś ca 13.4

sad-bhāve sādhu-bhāve ca 17.26
sādhibhūtādhidaivaṁ māṁ 7.30
sādhur eva sa mantavyaḥ 9.30
sādhuṣv api ca pāpeṣu 6.9
sadṛśaṁ ceṣṭate svasyāḥ 3.33

sa evāyam mayā te 'dya 4.3
sa ghoṣo dhārtarāṣṭrāṇām 1.19
sa guṇān samatītyaitān 14.26
saha-jaṁ karma kaunteya 18.48
sahasaivābhyahanyanta 1.13

2sahasra-yuga-paryantam 8.17
saha-yajñāḥ prajāḥ sṛṣṭvā 3.10
sa kāleneha mahatā 4.2
sakheti matvā prasabham 11.41
śaknotīhaiva yaḥ soḍhum 5.23

sa kṛtvā rājasaṁ tyāgam 18.8
saktāḥ karmaṇy avidvāṁso 3.25
śakya evaṁ-vidho draṣṭum 11.53
samādhāv acalā buddhis 2.53
sama-duḥkha-sukhaḥ sva- 14.24

sama-duḥkha-sukhaṁ dhīram 2.15
samaḥ sarveṣu bhūteṣu 18.54
samaḥ śatrau ca mitre ca 12.18
samaḥ siddhāv asiddhau ca 4.22
samaṁ kāya-śiro-grīvam 6.13

samaṁ paśyan hi sarvatra 13.29
samaṁ sarveṣu bhūteṣu 13.28
samāsenaiva kaunteya 18.50
sambhavaḥ sarva-bhūtānām 14.3
sambhāvitasya cākīrtir 2.34

śamo damas tapaḥ śaucam 18.42
samo 'haṁ sarva-bhūteṣu 9.29
samprekṣya nāsikāgraṁ svam 6.13
saṁvādam imam aśrauṣam 18.74
śanaiḥ śanair uparamet 6.25

saṅgaṁ tyaktvā phalaṁ caiva 18.9
saṅgāt sañjāyate kāmaḥ 2.62
sa niścayena yoktavyo 6.24
saṅkalpa-prabhavān kāmān 6.24
saṅkarasya ca kartā syām 3.24

saṅkaro narakāyaiva 1.41
sāṅkhya-yogau pṛthag bālāḥ 5.4
sāṅkhye kṛtānte proktāni 18.13
sanniyamyendriya-grāmam 12.4

sannyāsaḥ karma-yogaś ca 5.2

sannyāsaṁ karmaṇāṁ kṛṣṇa 5.1
sannyāsas tu mahā-bāho 5.6
sannyāsasya mahā-bāho 18.1
sannyāsa-yoga-yuktātmā 9.28
śāntiṁ nirvāṇa-paramām 6.15

santuṣṭaḥ satataṁ yogī 12.14
sargāṇām ādir antaś ca 10.32
sarge 'pi nopajāyante 14.2
śārīraṁ kevalaṁ karma 4.21
śarīraṁ yad avāpnoti 15.8

śarīra-stho 'pi kaunteya 13.32
śarīra-vāṅ-manobhir yat 18.15
śarīra-yātrāpi ca te 3.8
sarva-bhūtāni kaunteya 9.7
sarva-bhūtāni sammoham 7.27

sarva-bhūta-stham ātmānam 6.29
sarva-bhūta-sthitaṁ yo mām 6.31
sarva-bhūtātma-bhūtātmā 5.7
sarva-bhūteṣu yenaikam 18.20
sarva-dharmān parityajya 18.66

sarva-dvārāṇi saṁyamya 8.12
sarva-dvāreṣu dehe 'smin 14.11
sarva-guhyatamaṁ bhūyaḥ 18.64
sarva-jñāna-vimūḍhāṁs tān 3.32
sarva-karmāṇi manasā 5.13

sarva-karmāṇy api sadā 18.56
sarva-karma-phala-tyāgam 18.2
sarva-karma-phala-tyāgam 12.11
sarvam etad ṛtaṁ manye 10.14
sarvaṁ jñāna-plavenaiva 4.36

sarvaṁ karmākhilaṁ pārtha 4.33
sarvāṇīndriya-karmāṇi 4.27
sarvārambhā hi doṣeṇa 18.48
sarvārambha-parityāgī 12.16
sarvārambha-parityāgī 14.25

sarvārthān viparītāṁś ca 18.32
sarva-saṅkalpa-sannyāsī 6.4
sarvāścarya-mayaṁ devam 11.11
sarvasya cāhaṁ hṛdi 15.15
sarvasya dhātāram acintya- 8.9

sarvataḥ pāṇi-pādam tat 13.14
sarvataḥ śruti-mal loke 13.14
sarvathā vartamāno 'pi 6.31
sarvathā vartamāno 'pi 13.24
sarvatra-gam acintyaṁ ca 12.3

sarvatrāvasthito dehe 13.33
sarva-yoniṣu kaunteya 14.4
sarvendriya-guṇābhāsam 13.15
sarve 'py ete yajña-vido 4.30
sa sannyāsī ca yogī ca 6.1

sa sarva-vid bhajati mām 15.19
śāśvatasya ca dharmasya 14.27
satataṁ kīrtayanto mām 9.14
sa tayā śraddhayā yuktas 7.22
satkāra-māna-pūjārtham 17.18

sattvaṁ prakṛti-jair muktam 18.40
sattvaṁ rajas tama iti 14.5
sattvaṁ sukhe sañjayati 14.9
sattvānurūpā sarvasya 17.3
sattvāt sañjāyate jñānam 14.17

sāttvikī rājasī caiva 17.2
saubhadraś ca mahā-bāhuḥ 1.18
saubhadro draupadeyāś ca 1.6
śauryaṁ tejo dhṛtir dākṣyam 18.43
sa yat pramāṇaṁ kurute 3.21

sa yogī brahma-nirvāṇam 5.24
senānīnām ahaṁ skandaḥ 10.24
senayor ubhayor madhye 1.21
senayor ubhayor madhye 1.24
senayor ubhayor madhye 2.10

sīdanti mama gātrāṇi 1.28
siddhiṁ prāpto yathā brahma 18.50
siddhy-asiddhyor nirvikāraḥ 18.26
siddhy-asiddhyoḥ samo 2.48
siṁha-nādaṁ vinadyoccaiḥ 1.12

śītoṣṇa-sukha-duḥkheṣu 6.7
śītoṣṇa-sukha-duḥkheṣu 12.18
smṛti-bhraṁśād buddhi-nāśo 2.63
so 'pi muktaḥ śubhāl lokān 18.71
so 'vikalpena yogena 10.7

sparśān kṛtvā bahir bāhyāṁś 5.27
śraddadhānā mat-paramā 12.20
śraddhā-mayo 'yaṁ puruṣaḥ 17.3
śraddhāvāl labhate jñānam 4.39
śraddhāvān anasūyaś ca 18.71

śraddhāvān bhajate yo mām 6.47
śraddhāvanto 'nasūyanto 3.31
śraddhā-virahitaṁ yajñam 17.13
śraddhayā parayā taptam 17.17
śraddhayā parayopetās 12.2

śreyān dravya-mayād yajñāt 4.33
śreyān sva-dharmo viguṇaḥ 18.47
śreyān sva-dharmo viguṇaḥ 3.35
śreyo hi jñānam abhyāsāj 12.12
śrotrādīnīndriyāṇy anye 4.26

śrotraṁ cakṣuḥ sparśanaṁ ca 15.9
śruti-vipratipannā te 2.53
sthāne hṛṣīkeśa tava prakīrtyā 11.36
sthira-buddhir asammūḍho 5.20
sthira-dhīḥ kiṁ prabhāṣeta 2.54

sthita-prajñasya kā bhāṣā 2.54
sthito 'smi gata-sandehaḥ 18.73
sthitvāsyām anta-kāle 'pi 2.72
strīṣu duṣṭāsu vārṣṇeya 1.40
striyo vaiśyās tathā śūdrās 9.32

śubhāśubha-parityāgī 12.17
śubhāśubha-phalair evam 9.28
śucau deśe pratiṣṭhāpya 6.11
śucīnāṁ śrīmatāṁ gehe 6.41
su-durdarśam idaṁ rūpam 11.52

suhṛdaṁ sarva-bhūtānām 5.29
suhṛn-mitrāry-udāsīna 6.9
sukha-duḥkhe same kṛtvā 2.38
sukham ātyantikaṁ yat tat 6.21
sukhaṁ duḥkhaṁ bhavo 10.4

sukhaṁ tv idānīṁ tri-vidham 18.36
sukhaṁ vā yadi vā duḥkham 6.32
sukha-saṅgena badhnāti 14.6
sukhena brahma-saṁsparśam 6.28
sukhinaḥ kṣatriyāḥ pārtha 2.32

śukla-kṛṣṇe gatī hy ete 8.26
sūkṣmatvāt tad avijñeyam 13.16
śuni caiva śva-pāke ca 5.18
svabhāva-jena kaunteya 18.60
svabhāva-niyataṁ karma 18.47

sva-dharmam api cāvekṣya 2.31
sva-dharme nidhanaṁ śreyaḥ 3.35
svādhyāyābhyasanaṁ caiva 17.15
svādhyāya-jñāna-yajñāś ca 4.28
sva-janaṁ hi kathaṁ hatvā 1.36

sva-karmaṇā tam abhyarcya 18.46
sva-karma-nirataḥ siddhim 18.45
sv-alpam apy asya dharmasya 2.40
svastīty uktvā maharṣi-siddha 11.21
śvaśurān suhṛdaś caiva 1.26

svayam evātmanātmānam 10.15
sve sve karmaṇy abhirataḥ 18.45

T

tac ca saṁsmṛtya saṁsmṛtya 18.77
tadā gantāsi nirvedam 2.52
tad ahaṁ bhakty-upahṛtam 9.26
tad-arthaṁ karma kaunteya 3.9
tad asya harati prajñām 2.67

tad-buddhayas tad-ātmānas 5.17
tad ekaṁ vada niścitya 3.2
tad eva me darśaya deva 11.45
tad ity anabhisandhāya 17.25
tadottama-vidāṁ lokān 14.14

tadvat kāmā yaṁ praviśanti 2.70
tad viddhi praṇipātena 4.34
ta ime 'vasthitā yuddhe 1.33
tair dattān apradāyaibhyo 3.12
tamas tv ajñāna-jaṁ viddhi 14.8

tamasy etāni jāyante 14.13
tam eva cādyaṁ puruṣaṁ 15.4
tam eva śaraṇaṁ gaccha 18.62
taṁ taṁ evaiti kaunteya 8.6
taṁ taṁ niyamam āsthāya 7.20

taṁ tathā kṛpayāviṣṭam 2.1
tam uvāca hṛṣīkeśaḥ 2.10
taṁ vidyād duḥkha-saṁyoga- 6.23
tān ahaṁ dviṣataḥ krūrān 16.19
tān akṛtsna-vido mandān 3.29

tāni sarvāṇi saṁyamya 2.61

tan nibadhnāti kaunteya 14.7
tān samīkṣya sa kaunteyaḥ 1.27
tāny ahaṁ veda sarvāṇi 4.5
tapāmy aham ahaṁ varṣam 9.19

tapasvibhyo 'dhiko yogī 6.46
tāsāṁ brahma mahad yonir 14.4
tasmāc chāstraṁ pramāṇaṁ 16.24
tasmād ajñāna-sambhūtam 4.42
tasmād aparihārye 'rthe 2.27

tasmād asaktaḥ satatam 3.19
tasmād evaṁ viditvainam 2.25
tasmād oṁ ity udāhṛtya 17.24
tasmād uttiṣṭha kaunteya 2.37
tasmād yasya mahā-bāho 2.68

tasmād yogāya yujyasva 2.50
tasmān nārthā vayaṁ hantum 1.36
tasmāt praṇamya praṇidhāya 11.44
tasmāt sarva-gataṁ brahma 3.15
tasmāt sarvāṇi bhūtāni 2.30

tasmāt sarveṣu kāleṣu 8.7
tasmāt sarveṣu kāleṣu 8.27
tasmāt tvam indriyāṇy ādau 3.41
tasmāt tvam uttiṣṭha yaśo 11.33
tasyāhaṁ na praṇaśyāmi 6.30

tasyāhaṁ nigrahaṁ manye 6.34
tasyāhaṁ su-labhaḥ pārtha 8.14
tasya kartāram api māṁ 4.13
tasya sañjanayan harṣaṁ 1.12
tasya tasyācalāṁ śraddhāṁ 7.21

tata eva ca vistāram 13.31
tataḥ padaṁ tat pari- 15.4
tataḥ śaṅkhāś ca bheryaś ca 1.13
tataḥ sa vismayāviṣṭo 11.14
tataḥ sva-dharmaṁ kīrtiṁ ca 2.33

tataḥ śvetair hayair yukte 1.14
tatas tato niyamyaitad 6.26
tathā dehāntara-prāptir 2.13
tathaiva nāśāya viśanti lokās 11.29
tathāpi tvaṁ mahā-bāho 2.26

tathā pralīnas tamasi 14.15
tathā śarīrāṇi vihāya jīrṇāny 2.22
tatha sarvāṇi bhūtāni 9.6
tathā tavāmī nara-loka-vīrā 11.28
tat kiṁ karmaṇi ghore māṁ 3.1

tat kṣetraṁ yac ca yādṛk ca 13.4
tato māṁ tattvato jñātvā 18.55
tato yuddhāya yujyasva 2.38
tat-prasādāt parāṁ śāntim 18.62
tatra cāndramasaṁ jyotir 8.25

tatraikāgraṁ manaḥ kṛtvā 6.12
tatraika-sthaṁ jagat kṛtsnam 11.13
tatraivaṁ sati kartāram 18.16
tatrāpaśyat sthitān pārthaḥ 1.26
tatra prayātā gacchanti 8.24

tatra sattvaṁ nirmalatvāt 14.6

tatra śrīr vijayo bhūtir 18.78
tatra taṁ buddhi-saṁyogam 6.43
tat sukhaṁ sāttvikaṁ 18.37
tat svayaṁ yoga-saṁsiddhaḥ 4.38

tat tad evāvagaccha tvam 10.41
tat te karma pravakṣyāmi 4.16
tattva-vit tu mahā-bāho 3.28
tāvān sarveṣu vedeṣu 2.46
tayor na vaśam āgacchet 3.34

tayos tu karma-sannyāsāt 5.2
te brahma tad viduḥ kṛtsnam 7.29
te dvandva-moha-nirmuktā 7.28
tejaḥ kṣamā dhṛtiḥ śaucam 16.3
tejobhir āpūrya jagat 11.30

tejo-mayaṁ viśvam anantam 11.47
tenaiva rūpeṇa catur-bhujena 11.46
te 'pi cātitaranty eva 13.26
te 'pi mām eva kaunteya 9.23
te prāpnuvanti mām eva 12.4

te puṇyam āsādya surendra- 9.20
teṣām āditya-vaj jñānam 5.16
teṣām ahaṁ samuddhartā 12.7
teṣām evānukampārtham 10.11
teṣāṁ jñānī nitya-yukta 7.17

teṣāṁ niṣṭhā tu kā kṛṣṇa 17.1
teṣāṁ nityābhiyuktānāṁ 9.22
teṣāṁ satata-yuktānāṁ 10.10
te taṁ bhuktvā svarga-lokam 9.21
trai-guṇya-viṣayā vedā 2.45

trai-vidyā māṁ soma-pāḥ 9.20
tribhir guṇa-mayair bhāvair 7.13
tri-vidhā bhavati śraddhā 17.2
tri-vidhaṁ narakasyedam 16.21
tulya-nindā-stutir maunī 12.19

tulya-priyāpriyo dhīras 14.24
tvad-anyaḥ saṁśayasyāsya 6.39
tvam ādi-devaḥ puruṣaḥ 11.38
tvam akṣaraṁ paramam 11.18
tvam avyayaḥ śāśvata-dharma 11.18

tvattaḥ kamala-patrākṣa 11.2
tyāgasya ca hṛṣīkeśa 18.1
tyāgī sattva-samāviṣṭo 18.10
tyāgo hi puruṣa-vyāghra 18.4
tyājyaṁ doṣa-vad ity eke 18.3

tyaktvā dehaṁ punar janma 4.9
tyaktvā karma-phalāsaṅgam 4.20

U

ubhau tau na vijānīto 2.19
ubhayor api dṛṣṭo 'ntas 2.16
uccaiḥśravasam aśvānāṁ 10.27
ucchiṣṭam api cāmedhyam 17.10
udārāḥ sarva evaite 7.18

udāsīna-vad āsīno 14.23
udāsīna-vad āsīnam 9.9
uddhared ātmanātmānam 6.5

upadekṣyanti te jñānam 4.34
upadraṣṭānumantā ca 13.23

upaiti śānta-rajasam 6.27
upaviśyāsane yuñjyād 6.12
ūrdhvaṁ gacchanti sattva- 14.18
ūrdhva-mūlam adhaḥ śākham 15.1
utkrāmantaṁ sthitaṁ vāpi 15.10

utsādyante jāti-dharmāḥ 1.42
utsanna-kula-dharmāṇām 1.43
utsīdeyur ime lokā 3.24
uttamaḥ puruṣas tv anyaḥ 15.17
uvāca pārtha paśyaitān 1.25

V

vaktrāṇi te tvaramāṇā viśanti 11.27
vaktum arhasy aśeṣeṇa 10.16
vāsāṁsi jīrṇāni yathā vihāya 2.22
vaśe hi yasyendriyāṇi 2.61
vāsudevaḥ sarvam iti 7.19

vasūnāṁ pāvakaś cāsmi 10.23
vaśyātmanā tu yatatā 6.36
vāyur yamo 'gnir varuṇaḥ 11.39
vedāhaṁ samatītāni 7.26
vedaiś ca sarvair aham eva 15.15

vedānāṁ sāma-vedo 'smi 10.22
veda-vāda-ratāḥ pārtha 2.42
vedāvināśinaṁ nityam 2.21
vedeṣu yajñeṣu tapaḥsu caiva 8.28
vedyaṁ pavitram oṁkāra 9.17

vepathuś ca śarīre me 1.29
vettāsi vedyaṁ ca paraṁ ca 11.38
vetti sarveṣu bhūteṣu 18.21
vetti yatra na caivāyam 6.21
vidhi-hīnam asṛṣṭānnam 17.13

vidyā-vinaya-sampanne 5.18
vigatecchā-bhaya-krodho 5.28
vihāya kāmān yaḥ sarvān 2.71
vijñātum icchāmi bhavantam 11.31
vikārāṁś ca guṇāṁś caiva 13.20

vimṛśyaitad aśeṣeṇa 18.63
vimucya nirmamaḥ śānto 18.53
vimūḍhā nānupaśyanti 15.10
vināśam avyayasyāsya 2.17
vinaśyatsv avinaśyantam 13.28

viṣādī dīrgha-sūtrī ca 18.28
viṣayā vinivartante 2.59
viṣayendriya-saṁyogāt 18.38
viṣīdantam idaṁ vākyam 2.1
vismayo me mahān rājan 18.77

visṛjya sa-śaraṁ cāpam 1.46
viṣṭabhyāham idaṁ kṛtsnam 10.42
vistareṇātmano yogam 10.18
vīta-rāga-bhaya-krodhā 4.10
vīta-rāga-bhaya-krodhaḥ 2.56

vivasvān manave prāha 4.1
vividhāś ca pṛthak ceṣṭā 18.14

vivikta-deśa-sevitvam 13.11
vivikta-sevī laghv-āśī 18.52
vṛṣṇīnāṁ vāsudevo 'smi 10.37

vyāmiśreṇeva vākyena 3.2
vyapeta-bhīḥ prīta-manāḥ 11.49
vyāsa-prasādāc chrutavān 18.75
vyavasāyātmikā buddhir 2.41
vyavasāyātmikā buddhir 2.44

vyūḍhāṁ drupada-putreṇa 1.3

Y

yābhir vibhūtibhir lokān 10.16
yac candramasi yac cāgnau 15.12
yac cāpi sarva-bhūtānām 10.39
yac cāvahāsārtham asat-kṛto 11.42
yac chreya etayor ekam 5.1

yac chreyaḥ syān niścitaṁ brūhi 2.7
yadā bhūta-pṛthag-bhāvam 13.31
yad āditya-gataṁ tejo 15.12
yad agre cānubandhe ca 18.39
yad ahaṅkāram āśritya 18.59

yadā hi nendriyārtheṣu 6.4
yad akṣaraṁ veda-vido vadanti 8.11
yadā saṁharate cāyam 2.58
yadā sattve pravṛddhe tu 14.14
yadā te moha-kalilam 2.52

yadā viniyataṁ cittam 6.18
yadā yadā hi dharmasya 4.7
yad gatvā na nivartante 15.6
yadi bhāḥ sadṛśī sā syāt 11.12
yad icchanto brahmacaryam 8.11

yadi hy ahaṁ na varteyam 3.23
yadi mām apratīkāram 1.45
yad rājya-sukha-lobhena 1.44
yadṛcchā-lābha-santuṣṭo 4.22
yadṛcchayā copapannam 2.32

yad yad ācarati śreṣṭhas 3.21
yad yad vibhūtimat sattvam 10.41
yady apy ete na paśyanti 1.37
ya enaṁ vetti hantāram 2.19
ya evaṁ vetti puruṣam 13.24

yaḥ paśyati tathātmānam 13.30
yaḥ prayāti sa mad-bhāvam 8.5
yaḥ prayāti tyajan deham 8.13
yaḥ sarvatrānabhisnehas 2.57
yaḥ sa sarveṣu bhūteṣu 8.20

yaḥ śāstra-vidhim utsṛjya 16.23
ya idaṁ paramaṁ guhyam 18.68
yajante nāma-yajñais te 16.17
yajante sāttvikā devān 17.4
yaj jñātva munayaḥ sarve 14.1

yaj jñātvā na punar moham 4.35
yaj jñātvā neha bhūyo 'nyat 7.2
yajña-dāna-tapaḥ-karma 18.3
yajña-dāna-tapaḥ-karma 18.5
yajñād bhavati parjanyo 3.14

yajñānāṁ japa-yajño 'smi 10.25
yajñārthāt karmaṇo 'nyatra 3.9
yajña-śiṣṭāmṛta-bhujo 4.30
yajña-śiṣṭāśinaḥ santo 3.13
yajñas tapas tathā dānam 17.7

yajñāyācarataḥ karma 4.23
yajñe tapasi dāne ca 17.27
yajño dānaṁ tapaś caiva 18.5
yakṣye dāsyāmi modiṣya 16.15
yaṁ hi na vyathayanti ete 2.15

yām imāṁ puṣpitāṁ vācam 2.42
yaṁ labdhvā cāparaṁ lābham 6.22
yaṁ prāpya na nivartante 8.21
yaṁ sannyāsam iti prāhur 6.2
yaṁ yaṁ vāpi smaran bhāvam 8.6

yān eva hatvā na jijīviṣāmas 2.6
yā niśā sarva-bhūtānām 2.69
yānti deva-vratā devān 9.25
yasmān nodvijate loko 12.15
yasmāt kṣaram atīto 'ham 15.18

yasmin sthito na duḥkhena 6.22
yaṣṭavyam eveti manaḥ 17.11
yas tu karma-phala-tyāgī 18.11
yas tv ātma-ratir eva syād 3.17
yas tv indriyāṇi manasā 3.7

yasyāṁ jāgrati bhūtāni 2.69
yasya nāhaṅkṛto bhāvo 18.17
yasyāntaḥ-sthāni bhūtāni 8.22
yasya sarve samārambhāḥ 4.19
yataḥ pravṛttir bhūtānām 18.46

yatanto 'py akṛtātmāno 15.11
yatanto yoginaś cainam 15.11
yatatām api siddhānām 7.3
yatate ca tato bhūyaḥ 6.43
yatato hy api kaunteya 2.60

yāta-yāmaṁ gata-rasam 17.10
yatendriya-mano-buddhir 5.28
yathā dīpo nivāta-stho 6.19
yathaidhāṁsi samiddho 'gnir 4.37
yathākāśa-sthito nityam 9.6

yathā nadīnāṁ bahavo 'mbu- 11.28
yathā pradīptaṁ jvalanam 11.29
yathā prakāśayaty ekaḥ 13.34
yathā sarva-gataṁ saukṣmyād 13.33
yatholbenāvṛto garbhas 3.38

yat karoṣi yad aśnāsi 9.27
yato yato niścalati 6.26
yatra caivātmanātmānam 6.20
yatra kāle tv anāvṛttim 8.23
yatra yogeśvaraḥ kṛṣṇo 18.78

yatroparamate cittam 6.20
yat sāṅkhyaiḥ prāpyate sthānam 5.5
yat tad agre viṣam iva 18.37
yat tapasyasi kaunteya 9.27
yat te 'haṁ prīyamāṇāya 10.1

yat tu kāmepsunā karma 18.24
yat tu kṛtsna-vad ekasmin 18.22
yat tu pratyupakārātham 17.21
yat tvayoktaṁ vacas tena 11.1
yāvad etān nirīkṣe 'ham 1.21

yāvān artha uda-pāne 2.46
yāvat sañjāyate kiñcit 13.27
yayā dharmam adharmaṁ ca 18.31
yayā svapnaṁ bhayaṁ śokam 18.35
yayā tu dharma-kāmārthān 18.34

ye bhajanti tu māṁ bhaktyā 9.29
ye caiva sāttikā bhāvā 7.12
ye cāpy akṣaram avyaktam 12.1
ye hi saṁsparśa-jā bhogā 5.22
ye me matam idaṁ nityam 3.31

yena bhūtāny aśeṣāṇi 4.35
ye 'py anya-devatā-bhaktā 9.23
yeṣām arthe kāṅkṣitaṁ no 1.32
yeṣāṁ ca tvaṁ bahu-mato 2.35
yeṣāṁ tv anta-gataṁ pāpam 7.28

ye śāstra-vidhim utsṛjya 17.1
ye tu dharmāmṛtam idam 12.20
ye tu sarvāṇi karmāṇi 12.6
ye tv akṣaram anirdeśyam 12.3
ye tv etad abhyasūyanto 3.32

ye yathā māṁ prapadyante 4.11
yogaṁ yogeśvarāt kṛṣṇāt 18.75
yogārūḍhasya tasyaiva 6.3
yoga-sannyasta-karmāṇam 4.41
yoga-sthaḥ kuru karmāṇi 2.48

yoga-yukto munir brahma 5.6
yoga-yukto viśuddhātmā 5.7
yogenāvyabhicāriṇyā 18.33
yogeśvara tato me tvam 11.4
yoginaḥ karma kurvanti 5.11

yoginām api sarveṣām 6.47
yogino yata-cittasya 6.19
yogī yuñjīta satatam 6.10
yo loka-trayam āviśya 15.17
yo mām ajam anādiṁ ca 10.3

yo mām evam asammūḍho 15.19
yo māṁ paśyati sarvatra 6.30
yo na hṛṣyati na dveṣṭi 12.17
yo 'ntaḥ-sukho antar-ārāmaḥ 5.24
yotsyamānān avekṣe 'ham 1.23

yo 'yaṁ yogas tvayā proktaḥ 6.33
yo yo yāṁ yāṁ tanuṁ bhaktaḥ 7.21
yudhāmanyuś ca vikrānta 1.6
yuktāhāra-vihārasya 6.17
yuktaḥ karma-phalaṁ tyaktvā 5.12

yukta ity ucyate yogī 6.8
yukta-svapnāvabodhasya 6.17
yuñjann evaṁ sadātmānam 6.15
yuñjann evaṁ sadātmānam 6.28
yuyudhāno virāṭaś ca 1.4

ÍNDICE ALFABÉTICO

(Los números indican el capítulo y texto a cuya traducción o significado se está haciendo referencia. La abreviatura ''Intro'' se refiere a la Introducción.)

Ācāryas; aceptan las reglas sin alteración 16.24/ dan las reglas y regulaciones 9.14/ iluminación por asociarse con ellos 4.40/ mantienen su individualidad en la plataforma espiritual 2.12/ nacimiento en sus familias afortunados 6.42/ predican con el ejemplo 3.21/ **Véase también:** Maestro Espiritual; Instructor.

Acción; cinco factores que llevan a la 18.13-14/ como karma 8.3, 18.12/ como síntoma del alma 9.2/ como una con la inacción 4.18/ consumida por el fuego del conocimiento 4.19/ de acuerdo a las Escrituras 16.24/ de acuerdo a la orden de Kṛṣṇa 18.57, 18.59/ debe seguirse el ejemplo de los devotos en la 4.15/ debida al amor por Kṛṣṇa 5.5/ de los grandes los demás siguen 3.21/ difíciles de entender 4.17/ el alma condicionada se cree el ejecutor de la 3.27/ embrollo evitado por la firmeza en la 4.21/ en conciencia de Kṛṣṇa Intro, 3.20, 3.25, 5.10, 5.11/ en la modalidad de la bondad 18.23/ en la modalidad de la ignorancia 14.13, 18.25/ en la modalidad de la pasión 18.24/ en las modalidades y sus resultados 14.16, 14.17/ en la perfección 3.21/ en la plataforma espiritual para la liberación 4.38, 5.2, 5.3/ en la vida determina el estado futuro de la existencia 8.6/ entidad viviente como causa de la 2.47/ equivale a la función de los sentidos 3.42/ fortalece el conocimiento 5.2/ fruitiva abandonada por los sabios 4.20/ Kṛṣṇa no aspira a sus frutos 4.14/ las modalidades de la naturaleza lo fuerzan a uno a la 3.5, 18.60/ libertad de la 2.51, 3.31/ libre de la dualidad 4.22/ los inteligentes se confunden al determinar qué es la 4.16/ los sentidos, el trabajo y la obra son la base de la 18.18/ mejor que la renunciación artificial 5.2/ motivada por el conocimiento, el objeto y el conocedor 18.17/ nadie está autorizado para disfrutar de la 2.47/ no ata a aquel que está libre del ego falso 18.17/ no es inducida por el espíritu 5.14/ que se debe desempeñar o evitar 18.30/ para las mínimas necesidades 4.20, 4.21/ uno tiene que actuar en todo momento 3.5/ **Véase también:** Actividades; Karma; Trabajo.

Acintya-bheda; como dualidad en Kṛṣṇa 5.17/ como el conocimiento perfecto del Absoluto 18.78/ filosofía establecida por el Señor Caitanya 7.8/ Kṛṣṇa como el todo pero independiente 7.12/ Paramātmā dividido y uno a la vez 13.17.

Actividades; actividades materiales terminan con el cuerpo 2.40/ algunos declaran que deben ser abandonadas 18.3/ Arjuna inquiere acerca de las 8.1/ como deva-prakṛti, trascendental por naturaleza 16.1-3/ como la verdadera vida de las entidades vivientes 6.20-23/ como medios hacia el cielo espiritual 4.24, 6.14-15/ como oblaciones para los antecesores 1.41/ como religión, desarrollo económico, gratificación de los sentidos y liberación 15.1/ como sadācāra, purificadas 5.11/ como sanātana-yoga 4.42/ conocidas por aquellos que se refugian en Kṛṣṇa 7.29/ de acuerdo a las tres modalidades Intro, 2.45, 7.12-13/ de los demonios y los ateos se frustran 9.12/ del bienestar son destruidas 1.42/ del cuerpo y del espíritu 9.1-2/ desapego de las 3.28/ desempeñadas como deber 18.6/ desempeñadas por Janaka como ejemplo 3.20/ determinan los diferentes tipos de cuerpos Intro/ dirigidas por Kṛṣṇa 4.42, 9.8, 9.10, 11.43/ dirigidas por las tres expansiones de Viṣṇu 7.4/ dos tipos diferentes para las almas condicionadas 9.30/ el resultado de ellas debe ser abandonado 4.20, 5.12, 18.2-3/ el éxito por la contribución a las actividades espirituales 4.24/ en conciencia de Kṛṣṇa 2.38, 2.40, 3.27, 4.17-18, 19.19/ en conciencia de Kṛṣṇa sobre la plataforma absoluta 2.38, 2.41/ en los mundos material y espiritual 2.72/ en relación al nacimiento y a la muerte 2.27/ espiritualizadas mediante conocimiento 4.33/ imposibles de abandonar 18.11/ Kṛṣṇa no asume las actividades ya sean piadosas o impías 5.15/ la liberación llega por la renunciación a los frutos de las 5.3/ las almas condicionadas piensan que ellas mismas ejecutan 3.27/ los neófitos quieren retirarse de las 4.15/ malogradas sin la comprensión del yo 2.29/ naturaleza material como causa de las 13.21/ para elevación y degradación 5.15/ para los sentidos causan reacciones 2.38/ para los sentidos perpetúan la transmigración 5.2/ prescritas en los Vedas 3.15/ pueden ser cambiadas Intro/ cesan al obtener el yoga 6.3/ purificadas como bhakti Intro/ que llevan al servicio devocional deben ser aceptadas 18.6/ reacciones son quemadas por el fuego del conocimiento 4.37, 5.1/ todas son ejecutadas por el cuerpo 13.2, 13.30/ todas las inicia el Para-

mātmā 15.15/ **Véase también:** Acción; Karma; Trabajo.
Acyuta; dirigiéndose a Kṛṣṇa como 18.73/ Kṛṣṇa descrito como 4.5.
Ādityas; doce nacieron de Nārāyaṇa 10.8/ identificados 10.29-30/ Kṛṣṇa es Viṣṇu entre ellos 10.21/ exhibidos en la forma universal 11.5/ observan la forma universal con asombro 11.22-23.
Adoración; citados métodos de 9.34/ de acuerdo a las tres modalidades 17.2, 17.4/ de Kṛṣṇa, brāhmaṇas, maestro espiritual superiores 17.14/ de Kṛṣṇa en la forma universal 9.15/ de Kṛṣṇa estudiando el Gītā 18.70/ de Kṛṣṇa por los mahātmās 6.46, 6.47, 9.14, 9.15/ de Kṛṣṇa y la Superalma 6.31/ del arca-vigraha en el templo no es adoración de ídolos 12.5/ de los líderes humanos por los tontos 4.12/ del no manifestado 12.3-5/ de los fantasmas, los antepasados y Kṛṣṇa 9.25/ de los semidioses 3.12, 3.14, 4.12, 4.25, 6.47, 7.20, 7.22, 9.23, 9.25, 17.4/ del sol por los enfermos 7.20-21/ de una forma inventada como el Supremo 9.15/ diferente de bhajate 6.47/ en el templo, menospreciada por los impersonalistas 9.11/ difícil ver a Kṛṣṇa mediante 11.52-53/ perfección por 18.45, 18.47/ por motivos económicos se condena 17.11/ se le aconseja a Arjuna que adore a Kṛṣṇa 18.65.
Adulterio; la práctica religiosa mantiene a la mujer alejada del 1.40/ provocado por los hombres irresponsables 1.40.
Advaitācārya; citado 8.14/ reverencias Intro.
Aflicción; al pelear no se debe considerar la 2.38/ aquel que es querido para Kṛṣṇa es ecuánime en la 12.13-14/ como no permanente deberá ser tolerada 2.14-15/ como resultado de actuar en pasión 14.16/ del nacimiento, la vejez, la enfermedad y la muerte 13.8-12/ felicidad como el fin de la 18.37/ los sentidos siempre causan 18.38/ para el ignorante 18.39/ uno que es firme en la aflicción es elegible para la liberación 2.15.
Agresores; seis diferentes tipos que se pueden matar 1.36.
Agua; como lluvia producida por el sacrificio/ 3.14/ como uno de los cinco grandes elementos 13.6-7/ como una de las ocho energías separadas 7.4/ del fuego se genera el agua, y de ésta se genera la tierra 2.28/ entidades vivientes que se encuentran en el 14.4/ Kṛṣṇa acepta 9.26/ Kṛṣṇa como el océano 10.24/ Kṛṣṇa como su sabor 7.8/ la forma universal mencionada como 11.39/ proporcionada por los semidioses 3.11-12.
Aire; al momento de la muerte se habrá de fijarlo en el entrecejo 8.10/ como la representación de los semidioses 11.39/ como una de las ocho energías separadas 11.45/ como uno de los cinco elementos principales 13.6-7/ comparado al alma 13.33/ de la vida ofrecido como oblación 4.27/ diez clases de aire controlados en yoga 4.27/ generado del éter, genera el fuego 2.28/ Kṛṣṇa como el aire que entra y que sale 15.14/ proporcionado por los semidioses 3.11-12/ se menciona a la forma universal como el aire 11.39/ suspendido en kumbhaka-yoga para prolongar la vida 4.29.
Akarma; libre de la reacción 4.18/ formas de 4.20.
Alimento; annamaya como dependencia de 13.5/ comer remanentes lo libera a uno de pecado 1.41, 3.13/ como método para alcanzar a Kṛṣṇa 11.55, 12.8/ cuando se ofrece, inmuniza el cuerpo 3.14/ cuatro clases de 15.14/ de acuerdo a las tres modalidades Intro, 17.7-10/ diferentes tipos de alimento que comen los seres humanos 3.14/ digerido por el fuego de Kṛṣṇa 15.14/ es pecaminoso si es para el disfrute de los sentidos 3.13-14/ Kṛṣṇa acepta una hoja, una flor, fruta o agua 9.26/ la escasez contrarrestada mediante el saṅkīrtana-yajña 3.14/ las vacas son el símbolo del alimento más valioso: la leche 14.16/ los que se pueden y los que no se pueden ofrecer 6.16, 9.26/ no debe ser rechazado 2.63, 18.8/ no puede ser manufacturado por el hombre 3.12/ ofrecido a los antecesores 1.41/ ofrecido únicamente a Kṛṣṇa por los devotos 3.14/ producido de la lluvia y del sacrificio 3.14/ purifica la existencia, agudiza la memoria 4.31/ santificado por el sacrificio 3.11/ se aconseja la moderación 6.17/ se hace delicioso por la influencia de la Luna 15.13/ se nombran los comestibles en la modalidad de la bondad 3.12/ su consunción controlada por el prasādam 4.29.
Alma; bienaventuranza 12.5/ características generales del alma 2.12, 2.20-21, 2.23, 3.42, 9.2, 13.31-33, 13.35/ como aṇu-ātmā, partícula diminuta, y vibhu-ātmā, la Superalma 2.20/ como diminuta 2.17-18, 2.25/ como prtyagātmā, y parag-ātmā 4.27/ comparada a los rayos del sol 2.17-19/ comparada al pájaro en el árbol del cuerpo 2.25/ degradada por la lujuria, la ira y la avaricia 16.21/ del mundo material es Viṣṇu, la Superalma 5.4/ en el corazón de todos 2.13, 2.17, 5.18, 6.29/ al fusionarse realiza la eternidad, mas no la bienaventuranza 12.6-7/ es activa por naturaleza 3.5/ es un hecho eterno la pluralidad de las almas individuales 2.12/ eternamente fragmentaria 2.13, 2.23/ flota en cinco clases de aires 2.17/ hace contacto directo con Kṛṣṇa 3.42, 3.43/ impregnada en la prakṛti por la mirada de Kṛṣṇa 2.39/ Kṛṣṇa es el Alma de todas las almas 3.30/ las filosofías que niegan su existencia 2.26/ no crea los frutos de la acción 5.14/ no se le puede matar ni puede ser matada 2.19-20/ no se le puede separar del Alma original 2.23/ no

tiene nada que ver con el mundo material 5.5/ no tienen subproductos 2.20/ posee la misma calidad que la Superalma 5.18/ identificada como conciencia 2.17, 2.20, 2.25, 3.43, 13.34/ relacionada a la inteligencia 3.40, 3.43/ se confunde creyendo que ella misma es el ejecutor 3.29/ se describe como algo asombroso e incomprensible 2.29/ se explica la transmigración 2.13, 2.22/ también se le llama Brahman 8.1/ sólo se le puede comprender mediante los Vedas 2.25, 2.30/ sujeta a las diez clases de aire 4.27/ su relación al cuerpo material 2.11-12, 2.16-18, 2.20, 2.22, 2.28, 3.40, 3.42, 3.5, 5.13, 5.18-19, 6.5, 9.2, 12.5, 13.32-33/ su relación con la Superalma 2.25, 13.3, 13.15, 13.18, 13.28.

Alma Condicionada; actividades de dos tipos 9.29/ atraída por las relaciones corporales 1.31/ bajo las leyes de la naturaleza material 5.29, 8.17/ causa y naturaleza de su condicionamiento 5.19, 11.33, 13.19, 18.73/ como demoníaca y divina 13.25, 16.6/ debe liberarse mediante el adiestramiento de la mente 6.5/ diferentes clases de 14.6/ estudia los Vedas para la gratificación de los sentidos 3.26/ ignorancia del 18.22, 18.59/ las escrituras están destinadas para el 3.15, 11.15/ la mente es su amiga y su enemiga 6.5/ los cuatro defectos del 16.24/ olvida su verdadero interés propio 1.32-35/ permanece compacta en el cuerpo de Viṣṇu 8.18/ propensa eternamente a la ilusión 2.13, 2.23, 7.14/ relación con la naturaleza material 3.12, 3.15, 13.2/ se cree el ejecutor 3.27/ seducida por las modalidades de la naturaleza 6.37/ se diferencia del Supremo Intro/ siempre ansiosa por el disfrute material 3.15, 5.26/ temerosa debido a su memoria pervertida 6.14/ **Véase también:** Jīvātmā; Entidad Viviente; Alma.

Ambarīṣa Mahārāja; conquistó a Durvāsā Muni 2.60/ ocupó todos sus sentidos en el servicio de Kṛṣṇa 2.61/ se describen sus ocupaciones trascendentales 6.18/ se le menciona como ejemplo 2.27.

Amistad; con Kṛṣṇa conquista el sueño y la ignorancia 1.24/ con Kṛṣṇa se obtiene por seguir a Arjuna 18.65/ entre Arjuna y Kṛṣṇa 2.10, 11.13-14, 11.42-43, 11.45, 18.65-66/ entre Paramātmā y Jīvātmā 2.22, 13.23/ Kṛṣṇa es amigo de todas las entidades vivientes 2.66, 9.18.

Amor; acción para Kṛṣṇa a causa del amor 4.20/ a Kṛṣṇa como la cúspide de la devoción 10.8, 10.10/ a Kṛṣṇa como la meta última 17.28/ a Kṛṣṇa distribuido libremente por Caitanya 11.54/ a Kṛṣṇa trasciende la liberación 6.30/ analizado como bhāva y premā 4.10/ como apego a Kṛṣṇa 12.9/ como medio de ver a Kṛṣṇa 6.30, 9.4, 10.10-11, 11.50, 11.52, 13.16/ como no dudar de la supremacía de Kṛṣṇa 5.25/ de los devotos hace que ellos olviden que Kṛṣṇa es Dios 11.8/ intercambiado en su forma original como Kṛṣṇa 11.54/ Kṛṣṇa acepta el amor del ofrecimiento 9.2/ Kṛṣṇa como Kandarpa, el dios del amor 10.28/ la perversión del amor a Kṛṣṇa es la lujuria 3.43/ la relación de amor no es posible con la forma universal 11.49/ madura a partir de la fe 17.28/ necesario para pensar en Kṛṣṇa 10.17/ obtenido mediante el trabajo y el servicio 12.10-11/ para Kṛṣṇa en una etapa avanzada 8.28/ para Kṛṣṇa latente en el corazón 12.9/ para Kṛṣṇa se obtiene por conocimiento 4.10, 7.18-19/ por servicio a Vāsudeva para la liberación 5.2/ transformado en lujuria 3.37.

Animales; comen desperdicios de granos alimenticios 3.14/ comidos por aquellos que se encuentran en ignorancia 6.16/ el apego familiar se encuentra en los 2.7/ en las ramas inferiores del árbol baniano 15.2/ igualdad entre éstos y los seres humanos para el alma iluminada 12.3-4/ la ignorancia lleva a renacer entre ellos 14.15/ los seres humanos no regulados son como los animales 6.40/ los seres humanos generalmente se ocupan en las propensiones 7.3/ no existe la necesidad de su matanza 16.1-3/ obtienen una forma humana de vida cuando son sacrificados 2.31/ sacrificados por los brāhmaṇas 18.47-48/ su humildad comparada a los devotos 4.22/ su proceso evolutivo no debe ser impedido 16.1-3.

Ansiedad; aquel que es querido a Kṛṣṇa no es perturbado por ésta 2.22/ Arjuna exhortado para trascenderla 2.45/ causada por la dualidad 2.45, 5.12/ como característica de Kali-yuga 6.11-12/ del alma al comer los frutos del cuerpo 2.22/ demonios llenos de 16.10/ en la existencia material Intro/ es constante para aquellos que no conocen el futuro 10.4-5/ mitigada al trabajar en conciencia de Kṛṣṇa 18.58/ **Véase también:** Miserias; Sufrimiento.

Apego; abandonado y vencido por los sabios 2.47, 2.56, 3.25, 4.20, 5.11, 18.51-53/ acción sin 3.19, 5.11, 18.9, 18.23/ a Kṛṣṇa es lo mismo que desapego a la materia 18.36-37/ a Kṛṣṇa mediante el amor 12.9-10/ a Kṛṣṇa por escuchar 6.35/ a la inacción no se recomienda 2.47/ al objeto de los sentidos 2.62, 15.3-4/ causa de atadura 2.47/ como síntoma de pasión 14.12, 18.27/ conquistado mediante la disciplina 2.64/ conquistado por la devoción a Kṛṣṇa 3.19-20, 4.10/ de Arjuna por las cosas materiales 1.30/ de los demonios para el disfrute de los sentidos 16.16/ de los impersonalistas analizado 4.10/ ecuanimidad como libertad del 10.4-5.

Ateos; están más allá del entendimiento espiritual 13.25/ innecesario para Kṛṣṇa destruirlos 4.8/

Kapila y Su filosofía atea sāṅkhya 2.39/ no pueden entender las formas de Kṛṣṇa 11.53/ no pueden tener visión divina 11.48/ pueden conocer a Kṛṣṇa como sobrehumano 4.4/ rechazan la existencia del alma 2.28/ su liberación, actividades fruitivas y conocimiento se frustran 9.12/ sus planes son frustrados por la naturaleza 7.15/ temen la forma universal, no quieren orar a Kṛṣṇa 11.36.

Ātmā; denotaciones del 6.5, 8.1.

A.U.M.; Véase: Oṃ.

Austeridad; como cualidad del brāhmaṇa 18.42/ de acuerdo a las tres modalidades 17.7, 17.14, 17.19/ de adorar a Kṛṣṇa, a los brāhmaṇas, etc. 17.14/ de la mente 17.16/ del cuerpo 17.14/ del habla 17.15/ en bondad para complacer a Kṛṣṇa 17.17/ en ignorancia para destruirse a sí mismo o, a otros 17.19/ en pasión es inestable 17.18/ es demoníaca cuando severa 17.5-6/ inútil si no es con fe en el Supremo 17.28/ necesaria para la explicación del conocimiento 18.67/ no es necesaria en el servicio devocional 9.14/ ofrecida a Kṛṣṇa 9.27.

Autocontrol; como cualidad divina 16.1-3, 18.42/ definido como creado por Kṛṣṇa 10.4-5/ destinado para los jefes de familia 16.1-3/ resultados de la renunciación por el autocontrol 18.49/

Avatāra; Véase: Encarnaciones.

Ayuno; como actividad determinada 9.14/ como llevarlo a cabo 10.4-5/ demoníaco cuando es severo 17.5-6/ se debe observar de acuerdo a la recomendación de las Escrituras 6.16.

Batalla de Kurukṣetra; Véase: Kurukṣetra.

Belleza; de Kṛṣṇa descrita 8.21/ de Kṛṣṇa es omnipenetrante 10.12-13.

Behar; Mithila como subdivisión de 3.20.

Bhagavad-gītā; basado en los principios de los Upaniṣads 2.29/ beneficios derivados del Intro, 2.8, 4.1-2/ cantado por Kṛṣṇa para disipar la lamentación 2.1/ comentarios y traducciones no autorizados Intro, 2.12, 6.8, 7.15, 10.15/ como Escritura común para todo el mundo Intro/ como la Escritura más completa y la esencia de los Vedas Intro, 1.1, 4.40/ como la misericordia del Señor Intro/ como suprema instrucción de moralidad 18.78/ como néctar Intro/ como tema para los devotos Intro, 2.12, 18.68/ como único 18.74/ comparado a las aguas del Ganges Intro/ comparado a la vaca Intro/ disipa la ignorancia 2.16, 18.72/ el misterio aclarado por las preguntas de Arjuna 3.2/ enseñanza diferente del budismo 2.72/ escuchado por la misericordia de Vyāsa 18.75/ estudio como adoración con la inteligencia 18.70/ impartido al corazón de Sañjaya por Vyāsa 18.74/ impartido por quien no está contaminado materialmente Intro/ método de escuchar y comprender Intro, 1.1, 2.7, 4.1-2, 4.42, 8.28, 12.9/ no es para la especulación 4.1, 4.9/ no se puede comparar a ningún libro mundano 2.12/ no puede ser explicado o entendido por los envidiosos 2.12, 9.1, 18.67/ orador y espíritu del Intro/ para conocer a Kṛṣṇa verdaderamente 18.73/ para quien es hablado Intro, 1.1, 2.11, 11.55/ parte del quinto Veda 2.45/ propósito principal del Intro, 18.66, 18.78/ resumido en El Gītā-māhātmya 1.1/ se alcanzan los planetas superiores tan sólo por escucharlo 18.71/ se perdió cuando la cadena discipular se rompió 4.2, 10.14/ su conocimiento sobrehumano 4.1/ temas básicos y enseñanzas del Intro, 2.18, 2.50, 2.72, 12.12/ versos originales tan claros como el Sol 11.51.

Bhagavān; algunas veces es aceptado por los impersonalistas 10.15/ como la meta de la vida 2.2/ como la última palabra en la comprensión del Absoluto 13.8-12/ comprendido como realidad 5.17/ comprensión de Bhagavān incluida en samādhi 2.53/ definido y explicado 2.2/ denominación de Kṛṣṇa a través del Gītā 2.2/ designa a Śrī Kṛṣṇa Intro/ Sus seis opulencias explicadas 2.2.

Bhakti; como buddhi-yoga 2.39/ como medio de alcanzar la liberación y los Vaikuṇṭhas Intro/ como sāṅkhya 8.22/ continúa después de la liberación 18.55/ las actividades de bhakti pueden parecer ordinarias Intro/ necesario para ver la forma universal 11.34/ significado de 6.2/ su sendero no es fácil 7.3.

Bhaktisiddhānta Sarasvatī; citado 9.34/ nacido en una familia Vaiṣṇava 6.42.

Bhaktivinoda Ṭhākura; en la sucesión discipular Intro/ su síntesis del Capítulo Dos 2.72/

Bhakti-yoga; al jefe de familia se le permite el sexo en el 6.13-14/ cinco diferentes senderos del 8.14/ como actuar para Kṛṣṇa, Rāma, Nārāyaṇa 14.26/ como culminación de todos los yogas 6.47/ como el desear únicamente a Kṛṣṇa 8.8/ como el método más elevado de iluminación 12.1/ como conciencia de Kṛṣṇa 5.29/ como medio de alcanzar la meta suprema 6.37-38, 6.47, 8.16/ como medio de recordar a Kṛṣṇa al momento de la muerte 8.10/ como tema del Gītā 2.72/ corta los nudos del afecto material 7.11/ definido 10.10-11/ dṛdha-vrata, fe determinado, al comienzo de 7.30/ fórmula del éxito proporcionada por Rūpa Gosvāmī 6.24/ no hay impedimentos para el 6.20-23/ práctico para la iluminación 13.8-12/ se distingue del jñana-yoga 12.5/ se recomiendan reglas disciplinarias en el 12.9-10.

Bharata; Arjuna mencionado como el descendiente de 2.18, 2.30, 4.7/ Arjuna mencionado como el hijo de 13.34, 14.3, 14.8, 14.10, 14.13,

15.19/ Arjuna mencionado como el vástago de 2.14, 7.27, 13.3, 18.62/ Dhṛtarāṣṭra mencionado como descendiente de 2.9/ significado del nombre 2.14.

Bharata Mahārāja; historia de su transmigración 6.43/ se convierte en un venado en su siguiente vida 8.6.

Bhāratas; Arjuna mencionado como el jefe de los 13.27/ Arjuna mencionado como el mejor de los 3.41, 7.16, 8.23, 11.6, 18.4, 18.36-37/ Arjuna mencionado como el Señor de los 7.11.

Bhāratavarṣa; este planeta conocido entre los semidioses como 6.43.

Bhava; como la etapa preliminar del amor á Kṛṣṇa 4.10.

Bhīma; citado por Duryodhana como un arquero heróico 1.3/ como el ejecutor de tareas hercúleas 1.15/ como Vṛkodara 1.15/ comparado a un higo en presencia de Bhīṣma 1.10/ destructor del demonio Hiḍimba 1.15/ envidiado por Duryodhana 1.10/ protege al ejército de los Pāṇḍavas 1.10/ sopla su caracola 1.15.

Bhīṣma; apoyó a Kṛṣṇa en la asamblea de los Kurus 7.25/ Arjuna lo utiliza como excusa para no pelear 2.4, 2.30,16.5/ condenado en Kurukṣetra 1.16-18, 11.33/ considerado digno de adoración por ser un superior 2.4/ da protección al ejército de Duryodhana 1.10-11/ destruido dentro de la boca de la forma universal 11.26-27/ Duryodhana urge que se le apoye 1.11/ es descrito como el abuelo de los contendientes 1.12/ forzado a tomar el lado de Duryodhana debido a la ayuda económica 2.5/ Kṛṣṇa habló en su presencia 1.25/ mencionado por Duryodhana como un gran guerrero 1.8/ no hay necesidad de lamentarse por él 2.12/ no protestó cuando desnudaban a Draupadī 1.11, 11.49/ observado por Arjuna en el campo de batalla 1.26/ perdió su respetabilidad como maestro 2.5/ sabe que la victoria está del lado de Kṛṣṇa 1.12/ su caracola no perturbó a los Pāṇḍavas 1.19/ suena su caracola y le da júbilo a Duryodhana 1.12/ superior a Bhīma 1.10/ tendría un cuerpo celestial o espiritual en su próxima vida 2.12/ uno deberá seguirlo 4.16.

Bondad; acción en 2.47, 18.23/ acción en esta modalidad purifica 14.16/ algunas veces vence a la pasión 14.10/ austeridad en la modalidad de la 17.17-18/ caridad en la modalidad de la 17.20/ caridad, sacrificio y penitencias deben estar en la modalidad de la 17.22/ como la forma más pura de existencia 14.14/ como manifestación de la energía de Kṛṣṇa 7.12/ como una de las modalidades de la naturaleza Intro/ comprensión en la 18.30/ conocimiento en la 18.20/ debe obtenerse para comprender a Kṛṣṇa 16.24/ determinación en la 18.33/ el conocimiento se desarrolla en la 16.17/ en el mundo material no la hay pura 17.3/ en el estado Vāsudeva puro uno puede entender a Dios 14.10/ es trascendental si es pura 17.3/ fe en la bondad pura 17.3-4/ felicidad en la 18.36-37/ iluminación una característica de la modalidad de la 14.6/ importancia de la educación en la modalidad de la 14.6/ la muerte en la modalidad de la lleva a uno a los planetas superiores 14.14, 14.18/ lo capacita a uno para adoptar actividades correctas Intro/ lo condiciona a uno al concepto de la felicidad 14.5-6, 14.9/ manifestaciones experimentadas a través del conocimiento en 14.11, 15.6/ posición firme de la bondad mediante el servicio devocional 7.1/ renunciación en 18.9, 18.11/ sacrificio en la modalidad de la 17.23/ se espera del brāhmaṇa 3.35/ trabajador en la 18.26/ trascendida mediante la conciencia de Kṛṣṇa 17.28/ una persona en la modalidad de la bondad adora a los semidioses 17.4/ Viṣṇu adorado por aquellos que están en la bondad pura 3.12/ **Véase también:** Modalidades de la Naturaleza.

Brahmā; adora a Kṛṣṇa como el Supremo 2.2, 4.12/ adorado en la bondad 17.4/ alaba a las formas y encarnaciones de Kṛṣṇa 4.5/ cálculo de la duración de su vida 8.17, 9.11/ cambia su cuerpo 15.16/ como el abuelo, pitāmaba 10.6/ como el creador secundario 10.32/ como el padre de Bhṛgu 10.25/ como el primer ser viviente en el universo 2.29/ como forma de la pasión 17.4/ como iniciador del Gāyatrī 10.35/ como innumerables 8.17/ como líder erudito 7.15/ como parte de Kṛṣṇa 5.29, 10.41, 11.37, 15.7/ desea ver la forma de Kṛṣṇa con dos brazos 11.52/ destruido con el tiempo 11.32/ el árbol baniano crece de su morada 15.1-2/ en la sucesión discipular Intro, 4.7, 10.8/ es el principal entre los semidioses 7.7, 10.7/ exhibe cuatro, ocho, dieciséis cabezas y así sucesivamente 10.33/ existe en la Superalma 13.14/ Kṛṣṇa como el Brahma de múltiples caras 4.5/ Kṛṣṇa como el padre de 10.3, 11.39/ la aniquilación y la creación suceden durante su día y noche 8.18, 8.20, 9.7/ los Vedas originalmente hablados a él 4.7/ nacido de Hiraṇyagarbha 10.6/ no posee plenas opulencias 2.2/ pronunciación om tat sat 17.23/ sentado en una flor de loto en la forma universal 11.15/ se somete a penitencias de mil años para crear 10.6/ siendo la encarnación del rajo-guṇa no puede liberar 7.14/ sujeto a la influencia de los objetos de los sentidos 2.62, 7.14/ se progenie 10.6/ sus oraciones citadas 2.4, 4.1/ transferido al universo espiritual cuando sucede la aniquilación 8.17/ uno debe seguirle 4.16.

Brahma-bhūta; como libertad de la contaminación 6.27/ como realización del Brahman 18.51-53/

condición gozosa carente de deseos 5.24/ el servicio devocional empieza después de éste estado 9.2/ alcanzado con el servicio devocional 18.54/ alcanzado por oír de Kṛṣṇa 18.55.

Brahmacārī; controla su mente con el canto 2.60/ estudio védico, austeridad y gentileza están destinados para él 16.1-3/ se le enseña el celibato y el oṁkāra 8.11/ sus actividades mientras vive con el maestro espiritual 8.28.

Brahmacarya; como abstención total del sexo 6.13-14/ no es posible actualmente 8.11/ sexo restringido en el matrimonio es igual que 6.13-14.

Brahmajyoti; al abandonar el cuerpo, la Superalma entra al 15.17/ como la meta de los impersonalistas Intro, 4.9, 7.4, 8.13, 12.1/ como comprensión parcial 4.11, 7.1/ cubierto por el velo de māyā 4.24, 13.18/ cubre la forma de Kṛṣṇa 7.25/ contiene los planetas espirituales Intro, 15.6/ elevación a éste mediante los āśramas 8.28/ en los rayos del cuerpo de Kṛṣṇa 7.25/ ilumina el cielo espiritual Intro, 13.18/ la luz del sol emana de él 7.8, 15.12/ la planta de la devoción entra en el 10.9/ no existe diversidad espiritual en el 7.4/ se alcanza si uno muere cuando el dios ígneo preside, etc. 8.24/ todo está situado en el 4.24.

Brahmaloka; las raíces del árbol baniano provienen de 15.2/ los sannyāsīs elevados son promovidos a 8.17/ sacrificio para alcanzarlo 8.16/ se alcanza al morir en la bondad 14.14, 14.18/ sobrevive a todos los planetas celestiales 8.17/ sus maravillas están más allá del cálculo 14.18/ uno está sujeto a caer de 8.16.

Brahman; aquel que Lo conoce muere cuando la deidad del sol prevalece 8.24/ Arjuna inquiere acerca del 8.1/ como alma espiritual y jīva 2.72, 8.1-2, 13.3, 13.13-14/ como el aspecto sat (existencia) Intro/ como el origen de todo 3.38/ como la refulgencia personal de Kṛṣṇa 6.10/ como la forma del fuego dentro del estómago 15.14/ como la substancia material total, fuente del nacimiento 5.10, 13.3, 14.3/ como la verdad detrás de Viṣṇu 17.4/ como mahat-tattva 14.3/ como objeto de la meditación impersonalista 5.6, 10.2, 12.1/ como objeto de fusión Intro, 2.12, 4.25, 6.1, 8.11, 6.1/ como parte del todo completo Intro, 5.17/ como posición constitucional de la felicidad última 2.2, 14.27/ como sacrificio 4.25/ como un problema para la meditación 12.1/ como vijñānaṁ-brahma y ananta-brahma 13.13/ comparado a los rayos del sol Intro/ conocimiento trascendental concentrado 13.18/ contrapuesto con el Parabrahman 7.10, 8.3/ Gāyatrī como la encarnación sonora del 10.35/ identidad con el 5.20, 7.29, Intro/ impregnado por Kṛṣṇa 14.3-4/ indicado con oṁ tat sat 17.23-24/ Kṛṣṇa como el Intro, 10.12-13/ Kṛṣṇa como la base del Intro, 2.12, 5.17, 7.15, 11.38, 13.13-14, 14.27/ liberación por identificarse con el 6.27/ métodos de comprensión 2.72, 4.30, 6.10, 8.11, 8.22, 13.31-32, 14.26, 18.36, 18.55/ no es diferente del oṁ o Kṛṣṇa 8.13/ quien se encuentra en las modalidades de la naturaleza no puede trascenderlo 7.13/ revelado como ahaṁ brahmāsmi 7.29/ revelado como svarūpa 5.20, 7.29, 18.55/ revelado como vijñanamaya 13.5/ revelado de diferentes aspectos del 8.11/ revelación incluida en el samādhi 2.53/ revelado mediante el servicio devocional 13.21/ revelado mediante la adoración del arca 7.29/ revelación requiere de muchos nacimientos 6.38/ sacrificios hechos por los yogīs al 4.25-26/ se alcanza mediante el control de los sentidos 4.30/ se comprende cuando ya no se perciben diversas identidades 13.31/ trabajo en el 3.15/ tres conceptos: la prakṛti, el jīva y el controlador 13.3/ **Véase también**: Omnipenetrante; Brahmajyoti.

Brāhmaṇa; adoración del brāhmaṇa como austeridad 17.14-15/ alcanza los planetas celestiales mediante el sacrificio 2.31/ algunas veces tiene que matar animales 18.47/ canta el Gāyatrī diariamente 10.35/ canta oṁ tat sat 17.23/ como cabeza del cuerpo del Supremo 17.23/ como digno recibidor de caridad 10.4-5/ como uno de los varnas 14.16, 16.1-3/ como representante de la modalidad de la bondad 7.13, 14.6/ cualidades del 18.39/ deber inevitable 2.31/ Kṛṣṇa es el bienqueriente de los 14.16/ nacido de la energía de Kṛṣṇa 10.6/ no es apto para ser maestro espiritual a menos que sea Vaiṣṇava 2.8/ Paramātmā se encuentra en el corazón del perro y en el del 6.29/ posición trascendental en la conciencia de Kṛṣṇa 4.13/ renacer en familia del 2.40/ se le distingue por su trabajo en las modalidades 18.41/ se le debe proporcionar protección adecuada 14.16/ se supone que sabe acerca del Brahman 4.13/ su naturaleza y su deber son comparados a los de los Kṣatriyas 3.35/ uno no debe imitar el deber del 18.47/ visto como igual que la vaca, el elefante, etc. 5.18.

Buda; apareció cuando el materialismo era excesivo 4.7/ apareció para parar el sacrificio de animales 4.7/ como filósofo principal 9.2.

Budismo; alegan que después de la vida existe un vacío 2.72.

Budista; concepto del alma 2.25-26.

Caitanya-caritāmṛta; citado Intro, 2.8, 2.41, 4.8/ la planta del servicio devocional descrita en el 10.9/ se hace referencia a éste 7.20, 7.22-23, 8.14, 9.3, 9.34.

Caitanya Mahāprabhu; aconseja escuchar y cantar Intro, 6.34, 8.11, 13.26, 16.24/ citado 2.8, 6.1-2, 6.11-12, 6.20-23/ como encarnación 3.10, 4.8/ como líder erudito 7.15/ compara el servicio devocional a una semilla en el corazón 10.9/ define el svarūpa Intro, 13.13, 18.73/ eleva a Haridāsa a nāmacāryā 6.44/ en la sucesión discipular Intro/ enseñó mediante el ejemplo 3.21/ establece la filosofía de acintya bhedhabheda tattva 7.8, 18.78/ evita a las mujeres 16.1-3/ harer nāma, se cita el verso 6.11-12/ introduce el saṅkīrtana-yajña 3.10, 3.12/ le responde a Prakāśānanda por qué cantaba 2.46/ más tolerante que un árbol más humilde que la paja en la calle 8.5/ por doquier que Él estaba, allí era Vṛndāvana 8.14/ Prakasananda se mofa de Él 10.11/ predijo que el movimiento de saṅkīrtana se difundiría en todo el mundo 4.8/ prohibe la lectura de los comentarios māyāvādīs sobre el Gītā 2.12/ propaga el Bhāgavata-dharma 7.15/ proporciona una definición de la verdadera fama 10.4-5/ se hace referencia a Él 10.8/ se alcanza la etapa trascendental por Su misericordia 18.54/ se Le considera el más magnánimo 11.54/ se Le describe secretamente en las escrituras 4.8/ tomó la orden de sannyāsa muy pronto por una causa superior 2.15.

Calma; creada por Kṛṣṇa se define 10.4-5.

Cāṇakya Paṇḍita; afirma que las mujeres no son inteligentes y que no son dignas de confianza 1.40.

Caṇḍāla; puede ser elevado por los devotos 9.32/ situado en la plataforma más elevada mediante el canto 2.46.

Cantar; como el mejor medio en Kali-yuga 2.46, 3.10, 6.11-12, 8.11/ como deber del brahmacārī 4.26/ como medio de recordar y comprender a Kṛṣṇa Intro, 7.24, 8.5, 8.8-9/ como señal de avance en la vida espiritual 6.44/ como medio de complacer a Kṛṣṇa 12.5/ como medio de placer 9.2/ como proceso devocional 8.14, 10.9, 12.6-7, 14.27/ de Haridāsa Thākura 6.17, 6.44/ de Hare Kṛṣṇa para un cuerpo trascendental 8.6/ de oṁ tat sat 17.23/ de los demoníacos 16.10/ el cantar de las glorias de Kṛṣṇa es hecho por los mahātmās 9.14/ Kṛṣṇa como el 10.35/ limpia el espejo de la mente 3.38, 4.39, 16.7/ mediante el cantar los semidioses entran en la forma universal 11.21/ no se aconseja el cantar sin filosofía 3.1/ recomendado por Caitanya Mahāprabhu 2.46/ **Véase también**: Saṅkīrtana-yajña.

Caridad; como cualidad divina 6.1, 16.1-3/ como medio para purificar la mente 12.11/ como sacrificio de dravyamaya-yajña 4.28/ creada por Kṛṣṇa 10.4-5/ de acuerdo a las tres modalidades 17.3, 17.20-22/ el Señor Caitanya el más magnánimo dador de 11.54/ hecha para los jefes de familia 16.1-3/ inútil si no es con fe en el Supremo 17.28/ no revelará la forma de dos manos 11.52-53/ no revelará la forma universal 11.48/ nunca deberá ser abandonado 18.3, 18.5/ para complacer a la Persona Suprema 17.26-27/ purifica incluso a las grandes almas 18.5/ que se da en la bondad 10.4-5, 11.54, 16.1-3, 17.20/ que se da en la ignorancia 17.22/ que se da en la pasión 17.21/ se empieza con la palabra om 17.24/ tat y sat pronunciados con 17.26-27.

Castidad; como medio para entrar en el Brahman 8.11/ no es posible hoy en día 8.11.

Cāturmāṣya; austeridad de ayuno y de no rasurarse 4.28.

Causa; conociendo a Kṛṣṇa como la causa ocasiona la rendición 7.19/ cuando se conoce la causa, nada permanece desconocido 7.2/ de los mundos espirituales y materiales 10.8/ del resultado de las actividades 2.47/ el mundo material no es diferente de la 5.10/ forma universal como la 11.37/ Kṛṣṇa como la Intro, 2.2, 2.41, 2.46, 4.35, 7.4, 7.6-7, 7.10, 10.2, 10.39, 11.1, 14.3-4/ Paramātmā como la causa última 18.13-14/ teoría demoníaca de la 16.8-9.

Cautiverio; acción sin consideración del 18.25/ a pesar del conocimiento mundano 3.33/ ambos trabajos, bueno y malo, causan el 3.9/ causas del 2.47, 3.37, 4.38, 6.5, 7.9/ de los demonios 16.5, 16.13-15, 16.17/ el desobediente es condenado al 3.32/ en la lucha por la existencia 15.7/ evitado mediante la firmeza 4.22/ perpetuado por las actividades fruitivas 5.2, 5.12, 15.7/ superado mediante la renunciación, el conocimiento y la autorrealización 4.41, 5.3/ superado por el servicio a Kṛṣṇa o al maestro espiritual 4.18-19, 7.14/ superado por trabajar de acuerdo al deber 3.3, 3.9, 3.31.

Cielo Espiritual; alcanzado mediante la conciencia de Kṛṣṇa 2.51, 4.24, 8.13, 11.55, 12.6-7/ alcanzado por aquel que es nirmāna-moha Intro/ alcanzado por los impersonalistas Intro/ como eterno Intro/ como paramaṁ padam 18.62/ diversidad manifestada en los Vaikuṇṭha-lokas 7.4/ elevación desde los sistemas planetarios superiores 8.16-17/ el cuerpo no cambia en el 15.16/ el devoto puro no lo aspira 8.14/ él que está establecido en ecuanimidad entra al 5.19/ Goloka Vṛndāvana, el planeta original supremo Intro/ iluminado por el brahmajyoti Intro, 13.18/ Kṛṣṇa como la fuente del 10.8/ libre de los cuatro principios de la existencia material Intro/ no está iluminado por el sol, la luna o la electricidad 15.6/ no hay creación en el 15.16/ se alcanza por medio de sacrificio 4.30/ se describe como avyakta, no manifestado Intro/ sus planetas controlados por las manifestaciones de Nārāyana 11.45/ todas las entidades son infalibles en el 15.16/ todos los planetas son autoluminosos

6.15, 15.6/ una vez que se alcanza, jamás se le pierde a uno Intro/ variedad en el 14.2, 15.1.

Cielo Material; Véase: Universo Material.

Ciencia de Dios; analiza la posición de Dios y Sus energías 7.4/ conocida por aquel que está situado en la trascendencia 5.20/ él que la haya dominado es maestro espiritual 2.8/ entendida por medio del servicio devocional 7.1/ instruida a través de la sucesión discipular 4.1/ Kṛṣṇa como la 10.32/ puede ser entendida en bondad pura 14.10/ se explica en el Bhagavad-gītā Intro, 1.1.

Clemencia; como cualidad divina 16.1-3/ creada por Kṛṣṇa, se debe practicar 10.4-5.

Compasión; como conocimiento, se define 13.8-12/ como cualidad divina 16.1-3/ la de Arjuna es propia de los no Ārios 2.2, 2.36/ la de Kṛṣṇa destruye la ignorancia 10.11/ para el alma eterna 2.1/ para el cuerpo 2.1.

Conciencia; acoplada a Kṛṣṇa Intro, 2.61, 4.15/ como base para la paz 2.66/ como tema del Capítulo Trece 12.20, 13.35/ como síntoma del alma Intro, 2.17, 2.20, 2.25, 13.34/ conversión de material a espiritual 3.17, 4.24/ definición Intro/ de la entidad viviente reflejada pervertidamente Intro/ del devoto puro 5.7/ determina el cuerpo material 5.7/ diferencia entre la suprema y la individual 2.20, 13.34/ fijada al experimentar un sabor más elevado 2.59/ la de Kṛṣṇa nunca es afectada materialmente Intro/ limitada al propio cuerpo individual 2.17/ no puede generarse de la materia Intro, 10.22/ oscurecida por la lujuria y las modalidades 3.38-39, 15.9/ quien tiene conciencia divina sabe que él mismo no hace nada 5. 8-9/ representada por la inteligencia 13.6-7/ se difunde por todo el cuerpo 2.17, 13.34/ unida al Absoluto en yoga 6.47/ **Véase también:** Conciencia Falsa; Conciencia de Kṛṣṇa.

Conciencia de Kṛṣṇa; actividad y trabajo en 2.49, 3.1, 3.4, 3.19, 3.25, 4.15-16, 15.58-59, 18.73/ alcanzada al escuchar el Gītā 18.76/ alcanzada por la ayuda de Kṛṣṇa 9.22/ comienza con la comprensión de la fuente de la luz 2.52-53/ características de la 2.54, 2.56-58, 2.66/ como carencia de temor 6.13-14, 17.3/ como conciencia purificada Intro, 15.9/ como consecuencia de rendición 2.8/ como el deber de todos 6.1/ como el mejor proceso para hacer placentero el hogar 13.8-12/ como el mejor yoga 2.48, 2.61, 5.29, 6.47/ como el método más directo de comprensión 6.38/ como el requisito de Caitanya para ser maestro espiritual 2.8/ como espiritualización del mundo material 5.29/ como culminación del conocimiento 4.33/ como la difunden las encarnaciones 4.8/ como la única manera de entender a Kṛṣṇa 7.26/ como la Verdad Absoluta 3.3/ como medio para alcanzar el reino espiritual 6.38/ como proceso purificatorio 2.50, 4.15, 6.45/ como samādhi, trance 1.24, 2.53, 2.57-58, 6.31, 8.12, 9.19, 11.55/ como saṅkīrtana-yajña 3.10/ como servicio 2.41, 6.10, 6.26/ como trascendental a las modalidades 2.45, 7.13, 12.18-19, 14.17, 14.19, 17.28/ como un estado de tranquilidad 2.8, 2.66, 4.39/ como yajña 3.9, 3.15-16/ debe aprenderse desde el mismo principio de la vida 3.41/ comparada al yoga-yajña y svādhyāya-yajña 4.28/ comparada con la especulación 3.3/ dependiente del maestro espiritual 2.41/ difícil para el inexperto 2.42-43/ difundida en la India por Śri Caitanya 4.8/ en buddhi-yoga 2.39/ fe en la 2.41, 4.40/ garantiza un nacimiento elevado 2.40/ hace que uno sea querido para todos y que todos sean queridos para uno 5.7/ libertad de la acción en 2.38, 5.12/ no hay pérdida aun para el caído 3.5/ por encima de la etapa brāhmaṇa 4.13/ por encima del florido lenguaje de los Vedas 2.53/ puede aparecer sobre el plano sensual 2.64/ puede transformar la lujuria en amor a Dios 3.41/ revivida en el próximo nacimiento 2.40, 6.40, 6.42-43/ se analizan varias etapas de la 6.26/ sendero aclarado por las preguntas de Arjuna 3.2/ se puede alcanzar en un segundo o en un millón de nacimientos 2.72/ sirve las metas del jñāna y del yoga 6.2-3/ soluciona todos los problemas 4.31/ su comienzo se compara al fuego 3.38/ su jurisdicción se extiende por todos lados 15.15/ su perfección más alta 2.41, 2.71/ trasciende śabda-brahma 2.52/ tres clases de hombres en la 9.3.

Conciencia Falsa; actividades típicas de la Intro/ debido a las dualidades de la alucinación 7.27/ el alma condicionada piensa que ella misma es el ejecutor 3.27/ en Arjuna 1.29, 1.31/ intento a enseñorearse sobre la materia 8.3/ uno en conciencia falsa es comparado a un asno 3.40/ **Véase también:** Ego Falso.

Conocimiento; capacita a los pecadores para cruzar el océano de las miserias 4.36/ casi nadie se interesa en él 7.3/ como Brahman concentrado 13.18/ como comprensión del servicio devocional 13.19/ como cualidad del brāhmaṇa 18.42/ como destructor de las dudas 4.42, 5.17/ como el purificador que lleva al amor 4.10/ como forma de percibir a la Superalma 13.25/ como jñanam y vijñanam 3.41/ como la lámpara que destruye la oscuridad de la ignorancia 10.11/ como perfección de la religión, eterno y gozoso 9.2-3/ como comprensión 2.71, 6.37/ como śruti, oir 15.19/ como sublime y puro 4.38, 9.2-3/ como superlativo en el Gītā Intro, 1.1, 4.1/ como tema del capítulo Cuatro 4.1, 4.42/ como vipaścit, en relación al alma 2.20, 2.41/ comparado al fuego 4.19/ conocimiento de todo 7.2, 8.9/ conocimiento materialista 2.8, 3.33, 6.8/ creado por Kṛṣṇa 10.4-5, 15.15/ cubierto y destruido por la lujuria 3.40-41/ de farsantes y ateos 3.6, 9.12/ de Kṛṣṇa el principio gobernante al momento de la muerte 7.30/ de la material y el espíritu 2.11, 7.2, 10.4-5, 10.38/ de la opulencia de Kṛṣṇa 4.34/ desarrollado en la modalidad de la bondad 10.4-5, 10.7 14.5-6, 14.17, 18.20/ desarrolla hasta la meditación 12-12/ de unidad en calidad, diferencia en cantidad 5.3/ el trabajo se fusiona en el 4.23, 4.33/ en la modalidad de la oscuridad 18.22/ en la modalidad de la pasión 18.21/ en las tres modalidades 14.2, 18.22/ en relación al yo y a Kṛṣṇa 4.42, 13.3-4/ es perfecto cuando uno es desapegado sin deseos 2.57, 4.19/ hace tracendental el sacrificio 4.33/ ilumina las puertas del cuerpo en bondad 14.11/ impartido a Arjuna 1.46, 2.23, 18.64/ impartido por el maestro espiritual a través de la sucesión discipular Intro, 1.43, 4.34, 5.16, 7.2/ inútil si el egoísmo permanece 6.2/ jñāna no es suficiente para la liberación 5.2/ Kṛṣṇa como representación del objeto del 7.1 9.17, 18.65/ Kṛṣṇa como la representación de la fuerza viviente 10.22 Kṛṣṇa conoce el pasado, el presente y el futuro 7.26/ la fruta madura de todo el misticismo 4.38/ la necesidad de la purificación y el control de los sentidos para obtener 2.6, 2.14-15, 2.58, 7.17-18/ la perfección y el propósito del 2.41, 2.46, 4.33, 4.35, 6.2-3, 13.24, 16.23-24/ lo más confidencial como tema del Capítulo Nueve 9.1, 9.34/ lo revela todo como el sol durante el día 5.16/ los hombres de poco conocimiento apegados a los Vedas 2.42-43/ más importante que la religión 2.11/ mayor que el sacrificio de las posesiones 4.33/ nadie conoce a Kṛṣṇa 7.25-26/ necesario para ejecutar el propósito de los Vedas 2.46/ no es posible en el cuerpo material Intro/ no hay necesidad de esfuerzos extraños para 2.39/ no puede ser entregado por alguien que tenga los cuatro defectos Intro, 6.40/ no se debe explicar a aquellos que no son austeros, consagrados, etc. 18.67/ para la comprensión de la transmigración 2.13, 15.10/ Paramātmā como conocimiento su objetivo y su meta 13.17/ proporciona igual visión 5.18/ quema la acción fruitiva 4.19, 4.37/ relativo a la acción 2.21-22, 5.29, 18.17-18/ relativo a la rendición 2.9-10, 6.47, 7.18-19/ relativo a las escrituras védicas Intro, 4.28, 4.40/ revelado mediante la fe en Kṛṣṇa y en el maestro espiritual 6.47/ satisfacción mediante el 6.8/ se aconseja su cultivo 12.11/ se detallan sus componentes 13.8-13/ de la filosofía sāṅkhya se discute 2.39/ se otorga el conocimiento más confidencial para deliberar sobre él 18.63/ se proporciona en buddhi-yoga 2.39/ su cultivo como cualidad divina 16.1-3/ sus puertas se abren a todos Intro/ uno en perfección se llama dhīra 2.13/ trae la liberación 2.6, 2.15/ trae la paz 4.9, 4.39/ trae la percepción y el goce del yo 4.37, 9.2-3, 14.2.

Controlador; de energías de la naturaleza y del alma Intro, 9.11, 13.3/ el cosmos se manifiesta por la voluntad de Kṛṣṇa el 9.8, 9.11/ Hṛṣīkeśa como el 3.13/ Kṛṣṇa como el último Intro, 3.22, 4.6, 9.8, 9.11, 13.18/ la entidad viviente controla su propio cuerpo 15.8/ tienen posición superior como īśvaras 3.24.

Cooperación; no hay felicidad sin 3.30.

Cuerpo; Véase: Cuerpo Espiritual; Cuerpo Material; Cuerpo Sutil.

Cuerpo Espiritual; capacita para ver a Kṛṣṇa cara a cara 15.7/ dedicado al servicio eterno 7.29/ la entidad viviente sólo posee uno 8.3/ más allá de la concepción del materialista 4.10/ no es afectado por las miserias materiales 7.29/ no es diferente de Viṣṇumūrti 15.7/ no existe diferencia entre el cuerpo espiritual y el yo 4.5/ no sufre cambios 15.16/ se discute el de Kṛṣṇa 4.6, 9.11-13, 11.43, 11.52/ se manifiesta al alcanzar la liberación 15.7/ se obtiene al pensar en Kṛṣṇa en el momento de la muerte Intro p. 21/ se obtiene en el cielo espiritual 14.2.

Cuerpo Material; adquirido de acuerdo al trabajo 2.18, 5.2/ a aquel que lo conoce se le llama kṣetrajña 13.1-2/ atormentado por los demoníacos 17.5-6/ cambio de Intro, 2.16, 2.20, 2.22, 8.4, 13.1-2, 13.6-7, 15.16-17/ como adhibhūtam 8.4/ como causa de acción 13.30, 18.13-14, 18.60-61/ como causa de placer y del dolor 2.17, 5.14, 13.21/ como fuente de miserias Intro, 2.51, 5.22, 13.21/ como tema del Capítulo Trece 13.1-2, 13.35/ comparado al carruaje manejado por la inteligencia 6.34/ comparado a la ciudad de las nueve puertas 5.13/ comparado a una máquina y al sueño 2.28, 13.30, 18.61/ conocido como kṣetra, el campo 13.1-2/ contrasta con el cuerpo espiritual 4.10/ del alma corporificada no es de un tipo fijo 4.6/ destinado a morir 2.11, 2.18/ determinado por la conciencia 15.9/ diferente del alma 2.1, 2.11-12, 2.30, 4.5, 13.31-33, 13.35/ de veinticuatro elementos 13.6-7, 13.35/ el alma como la base del 2.17-19, 3.5, 7.5-6, 10.20/ es mantenido por los semidioses 3.11/ identificación falsa con 3.30-31, 5.13, 12.5, 13.32/ inmunizado mediante el ofrecimiento del alimento 3.14/ la bondad ilumina sus puertas 14.11/ la entidad viviente es su disfrutador 13.20/ la pluralidad no se refiere al 2.12, 4.35/ las cuatro demandas del 6.20-23/ la teoría de unidad con el alma 18.20/ libertad del 2.28, 5.11, 5.13, 5.20, 10.12-13, 12.13-14/ los fantasmas no pueden obtener uno 1.41/ no puede saber el pasado el presente ni el futuro 7.26/ perece al alcanzar la liberación 15.7/ pertenece a Kṛṣṇa 5.11/ se debe mantener mediante el trabajo Intro, 3.8/ se desaprueba la matanza del 2.19/ se explican su constitución cambios orígen y conocedor 13.5/ su cambio no afecta al alma 2.20/ sus necesidades permitidas mediante las reglas 3.34-35/ su estudio analítico en el capítulo Dos 2.1/ su relación con la Superalma, (Paramātmā) 2.20, 2.22, 13.3, 13.23/ su relación con los sentidos 2.70, 3.42, 13.1-2, 13.21, 15.9/ tiene capacidad individual de enseñorear 13.3/ tomado de 8.400.000 especies 8.3/ transmigración del 2.13, 15.8/ uno olvida todo cuando lo deja 15.15/ uno debe actuar de acuerdo a la forma del 13.21/ uno no deberá lamentarse por 2.1, 2.25/ visión materialista de su desarrollo 2.26/ vive de cereales alimenticios 3.14.

Cuerpo Sutil; como la mente y los efectos sicológicos 13.35/ creación del cuerpo sutil por la naturaleza material 3.27/ desarrolla un cuerpo denso 15.8/ la manifestación del cuerpo sutil 13.6-7/ lleva los conceptos de un cuerpo a otro 15.8/ poseído por los fantasmas 1.41.

Choṭa Haridāsa; fue rechazado por el Señor Caitanya por mirar a una mujer 16.1-3.

Deber; acción de acuerdo al 8.23/ del kṣatriya 2.27, 2.30-31, 2.33/ demonios ignorantes del 16.5/ desempeñado en la conciencia de Kṛṣṇa 4.15, 8.7-8, 18.66/ entendido mediante los principios regulativos de las Escrituras 16.24/ es preferible ejecutar el propio, aun cuando sea con defectos que el ajeno 3.35, 18.47/ es necesario para controlar los sentidos 5.29/ espiritualizado mediante la liberación 2.31/ hecho por renunciación 2.47, 5.8-10, 18.9/ inferior debido a la falta de conocimiento 3.29/ Janaka obtuvo la perfección mediante 3.20/ las órdenes del maestro espiritual como 3.35, 18.57/ libra de la atadura de la acción 3.31/ los ignorantes desempeñan con apego 3.25/ necesidad del desempeño del 2.48, 3.8, 3.19, 6.47, 18.6-9/ no se debe abandonar a pesar de las dificultades, faltas, temor, etc. 2.14-15, 2.31, 18.8-9/ no se debe abandonar sin estar completamente consciente de Kṛṣṇa 3.33/ nunca es afectado por los pecados 18.47/ para diferentes varṇas en lugar de meditación 12.12/ para el autorrealizado no hay ningún 3.17/ para Kṛṣṇa no hay ningún 3.22/ perfección mediante el desempeño del 18.46-47/ prescrito de acuerdo a la naturaleza propia de uno 3.35/ sacrificio de acuerdo al 17.11/ se discuten dos tipos, svadharmas 2.31/ se incurre en pecado por rechazar 2.27, 2.33.

Demonios; adorados por aquellos que están en la pasión 17.4/ Arjuna inquirió en beneficio de los 4.4/ atados por los deseos, la lujuria y la ira 16.11-12/ atraídos por el trabajo sucio e inestable 16.10/ blasfeman en contra de la religión 16.18/ características de 16.7, 16.24/ como expertos en disfrutar el sueño de la vida 16.8/ como tema del Capítulo Dieciséis 16.1-3, 16.24/ confundidos por el Gītā 4.3/ confundidos respecto a Kṛṣṇa 4.4-6, 7.24, 10.12-15/ creen que la gratificación de los sentidos es la meta de la vida 16.11-12/ desempeñan sacrificios no autorizados 16.17/ destruidos por los agentes de Kṛṣṇa 4.8/ envidiosos de Kṛṣṇa 16.18/ hostigan a los devotos 4.8/ ignoran los mandatos védicos 16.6/ ilusionados por la lujuria, el orgullo, el prestigio falso 16.10-12/ ignorantes de la Superalma como testigo 16.11-13/ intentan alcanzar los planetas superiores mediante arreglos mecánicos 16.16/ Kṛṣṇa experto en matarlos 8.2/ llevan a cabo austeridades tortuosas 16.11-12, 17.5-6, 17.19/ misericordia de Kṛṣṇa para 16.20/ obtienen dinero ilegalmente 16.11-12/ piensan que las mujeres deberían ser libres 16.7/ proclaman que la lujuria es la causa del mundo irreal 16.8/ proclaman ellos mismo ser Dios 16.13-15, 16.18/ rechazan los sacrificios 16.17/ se empeñan en trabajos horribles para destruir el mundo 16.9-10/ se sumen en las especies más abominables 16.19-20/ su liberación, actividades fruitivas y su conocimiento se frustran 9.12/ temen a Kṛṣṇa y huyen 11.36/ tergiversan a Kṛṣṇa y al Bhagavad-gītā 4.2-3/ Uśanā el maestro espiritual de los 10.37.

Deseos; acciones para gratificarlos 18.24/ los de Kṛṣṇa acoplados por Mahārāja Ambarīṣa 2.61/ causan rendimiento a los semidioses 7.20-21/ como causa del cuerpo 13.21-23, 13.30-32/ como forma sutil del condicionamiento 5.15/ como impedimentos para regresar a Dios 7.22/ como síntomas de la vida 13.6-7/ como un síntoma y base de la pasión 14.7-8, 14.12/ completamente satisfechos por Kṛṣṇa 5.15, 7.21, 9.25/ cuando uno se libera de ellos es elegible para la liberación 5.26/ de los demonios son insaciables 6.10, 16.11-15/ de los devotos acoplados a los de Kṛṣṇa 4.21/ difícil de sobrepasar mediante los resultados fruitivos profundamente arraigados 5.26/ disipados por la conciencia de Kṛṣṇa 2.55-56, 2.71, 5.15, 5.29/ el árbol baniano del mundo material se sitúa sobre los 15.1/ eliminados mediante el yoga 5.27-28, 6.4, 6.9-10, 6.18, 6.24/ el peor enemigo del alma condicionada 3.43/ generan la ira, agitan la mente, los ojos y el pecho 5.23/ Kṛṣṇa no interfiere con los, de las entidades vivientes 5.15/ la entidad viviente es arrastrada por los 7.27/ la paz y la felicidad se alcanzan si son tolerados 2.70-71, 5.24/ no pueden pararse artificialmente 2.55/ sentidos son el instrumento para la gratificación 13.21/ se trascienden por la comprensión del Brahman 13.23, 18.54/ su fluir es comparado a los ríos que entran en el océano 2.70/ su calidad habrá de cambiarse 2.71/ surgen de la fabricación mental 2.55/ surgen al contemplar los objetos de los sentidos 2.62.

Determinación; al derribar el árbol baniano 15.3-4/ característica del mahātmā 9.14/ como cualidad de los kṣatriyas 18.43/ como cualidad divina 16.1-3/ el ejemplo del gorrión que quiso vaciar el mar 6.24/ en el servicio devocional 12.13-14/ en la modalidad de la bondad 18.33/ en la modalidad de la ignorancia 18.35/ en la modalidad de la pasión 18.34/ en la práctica del yoga 6.24-25.

Devotos; absortos en Kṛṣṇa 1.24, 6.30, 7.18, 8.2, 8.14-15/ alcanzan la liberación 4.9, 5.26/ alcanzan la paz 2.70, 5.12-13/ aman a Kṛṣṇa 3.13, 6.30, 7.18, 11.8/ ansían ver a Kṛṣṇa en Vṛndāvana 4.8/ arriesgan su vida para difundir la conciencia de Dios 3.29, 11.55/ asociación con 3.21, 4.15, 4.17, 6.24, 7.1, 7.18, 7.28, 9.1, 9.3, 9.13, 9.32, 13.26, 15.6/ atraídos al movimiento de saṅkīrtana del Señor Caitanya 4.8/ características y cualidades de los 1.28, 1.45, 2.54, 2.58, 7.26, 8.9, 8.10, 12.13-14, 12.20, 13.25, 18.51-54/ como auxilio para escuchar el Gītā 1.1, 8.28, 18.71/ como carentes de deseo propio 8.14/ como constantes compañeros de Kṛṣṇa 4.5/ como los amigos de todos 5.7, 6.32, 11.55, 12.15/ como los trascendentalistas más elevados 2.2, 6.9-10, 18.66/ con frecuencia los filósofos se mofan de los 10.11/ contrastan con los yogīs fruitivos 6.32/ controlan sus sentidos 1.15, 2.58-59/ cuatro clases de devotos impuros obtienen su meta respectiva 7.29/ deben enseñar la acción adecuada 3.29/ desapegados del dinero y las propiedades 1.32-35, 4.21-22, 7.20, 12.16-17/ desempeñan sacrificios en diferentes modalidades 3.13-14/ el Gītā hecho especialmente para los 2.12, 4.3/ el neófito le da más atención al arcamūrti que a los 9.11/ dedicados a servir y satisfacer a Kṛṣṇa 1.21-22, 1.31-32, 2.63, 12.2-4, 18.55-56/ entran a la Morada Suprema 7.23, 8.13, 18.56/ indiferentes a los rituales 1.21-22, 2.52, 9.28/ indiferentes ante la muerte 4.29, 8.23-24, 8.27/ intercambian opulencias con Kṛṣṇa 16.1-3/ Kṛṣṇa aparece especialmente para complacerlos 4.5, 4.8-9, 7.3, 7.25/ Kṛṣṇa está inclinado especialmente a Sus 1.36, 9.29, 18.73/ Kṛṣṇa no tolera las ofensas contra 1.32-35/ Kṛṣṇa proporciona lo que necesitan 2.70, 9.22/ las actividades de Mahārāja Ambarīṣa se consideran puras 6.18/ le dan placer a Kṛṣṇa al darle órdenes 1.21-22/ liberados de los pecados por ofrecer alimento 3.13/ lo sacrifican todo para Kṛṣṇa 4.25/ Mukunda les libera de todas las obligaciones 1.41/ Nārada como el más grande entre los devotos 10.26/ no aceptan las pseudoencarnaciones 11.48/ no desean los planetas espirituales ni liberación 8.14/ no esperan beneficios materiales 7.22/ no están interesados en ver la forma universal 11.48-49, 11.54/ no necesitan transferirse al cielo espiritual mediante el yoga 12.6-7/ no se confunden por los comentarios desorientadores del Gītā 11.51/ no son perturbados por el florido lenguaje de los Vedas 2.53/ no sienten las miserias materiales 5.26/ no toman venganza en contra de los perversos 1.32-35/ nunca caen 9.34/ nunca se dirigen a los semidioses para sus necesidades 7.20, 7.22/ nunca perecen 10.10/ piensan que la aflicción que tienen es la misericordia de Kṛṣṇa 12.13-14/ proceso de purificación 7.16-17/ pueden aceptar todas las opulencias para el servicio de Kṛṣṇa 1.32-35/ pueden conquistar el sueño y la ignorancia 1.24/ pueden crear la atmósfera de Vṛndāvana 8.14/ pueden servir a cualquiera de las formas trascendentales 8.14/ pudieron ver la forma universal desde otros planetas 11.47/ recompensados de acuerdo al amor 4.11/ relaciones con el Señor Śrī Kṛṣṇa Intro, 4.11, 7.18, 10.11, 11.14-15/ se bañan dos veces diariamente 12.16/ se complacen en discutir las opulencias de Kṛṣṇa 10.19/ se definen como semidioses 11.48/ se les considera santos a pesar de la acción más abominable 9.30/ se les debe dar caridad 11.54/ se preocupan por las almas condicionadas 7.28, 10.17/ solamente los devotos pueden comprender plenamente a Kṛṣṇa 4.11, 7.3/ sólo se interesan en la forma de Kṛṣṇa con dos brazos 9.13, 11.49-50, 11.55/ son aceptados aun cuando tengan motivaciones 7.18/ son como sādhus incluso si no están educados 4.8/ son más bondadosos que Kṛṣṇa 3.29/ son trascendentales a lo propicio y a lo impropicio 12.17-19/ son trascendentales a los cuatro varṇas 4.13/ son trascendentales a toda clase de apego 2.64/ su igualdad de visión 6.29, 7.15, 14.22-25, 18.54/ su misericordia como cualidad 2.29, 4.9/ sus planes son igual que los de Kṛṣṇa 11.34/ tienen aversión a la gratificación de los sentidos 6.20-23, 13.8-12/ tienen automáticamente todas las buenas cualidades 1.28/ tienen conocimiento de Kṛṣṇa 4.4-5, 7.1, 7.17-18, 7.29, 10.2-3, 10.19, 11.36, 13.19/ tienen control de la acción 2.64, 4.21-22/ tres clases de devotos 9.3/ ven a Kṛṣṇa en todos 9.11/ ven la tierra como Vaikuṇṭha 18.54/ vive en los lugares sagrados 6.11-12/ **Véase también:** Sabios; Maestro Espiritual; Vaiṣṇavas.

Dharma; habrán de ser abandonados para rendirse a Kṛṣṇa 18.66/ los principios de dharma son órdenes de Kṛṣṇa 4.7/ **Véase también:** Religión; Sanātana-dharma.

Dhṛtarāṣtra; Arjuna renuente a matar a los hijos de 1.36, 1.45/ ciego física y espiritualmente 1.2/

como el padre de los Kurus 1.1/ deseoso de usurpar el reino de los Pāṇḍavas 1.23/ dudaba de la victoria de sus hijos 1.1/ inquiere de Sañjaya acerca de la batalla 1.1/ la discusión de sus temas forman la base principal del Gītā 1.1/ los corazones de sus hijos destrozados por las caracolas 1.23/ mencionado como descendiente de Bharata 2.10/ no podía esperar la victoria 18.78/ no quería transigir 1.1/ responsable por la catástrofe de Kurukṣetra 1.16-18/ Sañjaya le informa que sus planes no son loables 1.16-18/ seguro de que sus hijos nunca aceptarían a los Pāṇḍavas 1.2/ separa a los hijos de Pāṇḍu de la herencia familiar 1.1/ se regocija al escuchar que Arjuna rehusa pelear 2.9/ sus hijos ciegos religiosamente 1.2/ sus hijos desanimados por el ejército de los Pāṇḍavas 1.20/ sus hijos destruidos en la boca de la forma universal 11.26-27/ su júbilo se frustró por la iluminación de Arjuna 2.9/ temía de la influencia de Kurukṣetra sobre la conclusión de la batalla 1.2.

Dhyāna-yoga; como parte de la escalera del yoga 6.3/ muchos impedimentos para su práctica 6.20-23/ no admite a casados 6.13-14.

Digestión; Kṛṣṇa como el fuego de la 15.14.

Dios del Sol; adorado en la bondad 17.4/ Arjuna estuvo presente cuando el Gītā le fue hablado por primera vez a éste 4.5/ Arjuna sigue los pasos del 4.15/ como el padre de todos los kṣatriyas 4.1/ en la sucesión discipular 4.1, 4.42/ Kṛṣṇa recuerda el hecho de haberle instruido 7.26/ mayor que Kṛṣṇa por nacimiento 4.4/ sacrificios para él 4.25/ se le conoce como Vivasvān 4.1/ se percibe como persona mediante su energía 7.8/ Vivasvān como el primer discípulo de Kṛṣṇa 4.4.

Dolor; aquel que es querido para Kṛṣṇa es libre del 12.16/ causado por alimentos apasionados 17.8-10/ creado por Kṛṣṇa, se define 10.4-5.

Draupadī; su desnudamiento y su súplica de justicia 1.11, 11.49/ sus hijos mencionados por Duryodhana como grandes guerreros 1.6/ sus hijos sonaron sus caracolas 1.16-18.

Drona; Arjuna renuente a atacar a 2.4, 2.30-31/ como el maestro de Arjuna y los Pāṇḍavas 1.3/ destruido en la boca de la forma universal 11.26-27/ Dhṛṣṭadyumna no era ninguna amenaza para su gran poder militar 1.4/ estaba destinado a ser muerto por el hijo de Drupada 1.3/ forzado por medios económicos a estar de parte de Duryodhana 2.5/ Kṛṣṇa habla en su presencia 1.25/ le da a Arjuna el arma que le mataría 2.33/ le reveló secretos militares a Dhṛṣṭadyumna 1.3/ mencionado por Duryodhana 1.2/ mencionado por Duryodhana como un gran guerrero 1.8/ observado por Arjuna en el campo de batalla 1.26/ para Drona no hay necesidad de lamentación 2.13/ perdió su respetabilidad como maestro 2.5/ se le consideraba digno de adoración por ser superior 2.4/ se le consideraba ya destruido 11.34/ su riña política con el Rey Drupada 1.3/ sus defectos señalados por Duryodhana 1.3/ tendría un cuerpo celestial o espiritual en la siguiente vida 2.13.

Drupada; citado por Duryodhana como un gran guerrero 1.3/ padre de Draupadī, la esposa de Arjuna 1.3/ su hijo Dhṛṣṭadyumna dispuso expertamente el ejército 1.3/ su sacrificio y bendición 1.3.

Dualidad; Arjuna exhortado a trascender la 2.45/ como causa de ansiedad 3.19-20/ deberá ser tolerada 2.45/ del conocimiento y del conocedor son rechazadas por los monistas 6.20-23/ difícil de trascender por los pecaminosos 7.28/ entre las entidades vivientes y el Supremo 13.3, 13.5, 13.8-12, 13.14, 15.17-18/ Kṛṣṇa es trascendental a la 9.9/ la entidad viviente dominada por la 7.27/ la identidad y la individualidad simultáneas en Kṛṣṇa 5.17/ libertad de la 4.22-23, 5.3, 5.25, 15.5-6/ los sabios libres de la 4.22-23/ los sacrificios no son necesarios para aquellos que han trascendido la 17.16/ no está presente en el cuerpo de Kṛṣṇa 4.6/ trascendida en la conciencia de Kṛṣṇa 5.12/ trascendida al conquistar la mente 6.7.

Duda; Arjuna libre de la 10.12-13, 18.73/ comparada al demonio Keśī 18.1/ destruida al seguir el Gītā 4.41/ destruye la felicidad en este mundo y en el siguiente 4.40/ en Dhṛtarāṣṭra 1.1/ impide la conciencia de Dios 4.40/ Kṛṣṇa crea la libertad de la duda 10.4-5/ las preguntas de Arjuna surgieron debido a la 8.2/ removida por la asociación de los devotos 8.28/ sólo Kṛṣṇa puede disipar la de Arjuna 6.39/ surge en el corazón debido a la ignorancia 4.42/ trascendida mediante la liberación 5.24-25.

Durvāsā Muni; conquistado por Mahārāja Ambarīṣa 2.60-61/ no pudo parar sus sentidos debido al orgullo 2.61.

Duryodhana; afirma que su poderío es inconmensurable 1.10/ alentado por la caracola de Bhīṣma 1.12/ Bhīṣma y Droṇa forzados a estar de su parte por razones económicas 2.5/ comparado a la maleza 1.1/ confidente de la victoria 1.10-11/ consideraba limitado el ejército de los Pāṇḍavas 1.10/ deseoso de usurpar el reino de los Pāṇḍavas 1.23/ desafió a Arjuna 1.37-38/ envidia a Bhīma, quien lo puede matar 1.10/ esperaba que Bhīṣma y Dronācārya abandonasen a los Pāṇḍavas 1.11/ fuerza a Arjuna a pelear 1.21-22/ le advierte a Droṇācaryā que no sea débil en contra de los Pāṇḍavas 1.3/ le señaló el ejército a Droṇācaryā 1.2, 1.10/ observado por Arjuna en el campo de batalla 1.26/ predestinado a morir en Kurukṣetra 1.10/ se dirige a Droṇācārya 1.2/ se hace referencia a él como de mente demoníaca 1.21-22/ se le menciona como Rey 1.8/ siente temor al ver al ejército de los Pāṇḍavas 1.2/ señaló los defectos de Droṇācārya 1.3/ su diplomacia disfrazada 1.3/ sus soldados dispuestos a morir por su causa 1.9/ sus soldados expertos y bien equipados 1.9/ su victoria imposible debido a Kṛṣṇa 1.12/ vio una de las formas universales de Kṛṣṇa 11.47/ urge al ejército para apoyar a Bhīṣma 1.11.

Duṣkṛtina; se discuten las cuatro clases de malvados 7.15/ **Véase también:** Malvados.

Dvāpara-yuga; características y duración de 4.1, 8.17/ Kṛṣṇa aparece al final de 4.7/ **Véase también:** Yuga.

Ecuanimidad; como señal de iluminación 5.18/ creada por Kṛṣṇa 10.4-5/ de aquel que es muy querido para Kṛṣṇa 12.13-15, 12.18-19/ definida como liberación del apego y de la aversión 10.4-5/ de uno que es trascendental a las modalidades de la naturaleza 14.22-26/ en cuanto al bienqueriente, al amigo y al enemigo 6.9/ en mirar las piedras, las rocas y el oro 6.8/ mente establecida en la 5.19.

Ego Falso; acción de acuerdo al 18-25/ adquirido debido a una inteligencia lujuriosa 3.40-41/ como apego a las designaciones corporales 5.14, 7.13/ como componente del cuerpo 13.6-7/ como fuerza que ata 15.7/ como una de las ocho energías separadas 7.4/ de Arjuna 18.59/ debido a la ilusión y a la dualidad 7.5, 7.27/ definido 13.8-12/ hace que uno olvide su relación con Kṛṣṇa 3.27/ hace que uno piense que es el ejecutor 3.27/ incluye los diez órganos de los sentidos 7.4/ libertad del 3.30, 5.11, 12.13-14, 13.8-12, 18.51-53/ los demonios son confundidos por el 16.18/ no es asesino, quien no es motivado por el 18.17/ se deben abandonar los deseos nacidos del 6.24/ severas penitencias se realizan debido al 17.5-6/ trabajo libre del 18.26/ trae la ruina 18.58.

Ekādaśī; ayuno en 9.14.

Elementos; como inconcebibles 7.25-26, 8.9/ como medios de percibir a Kṛṣṇa 7.8-9/ generación de los 2.28/ omnipenetrantes 8.22, 9.4, 11.37, 18.46.

Empreñación; el proceso de 8.3.

Encarnaciones; aparecen de acuerdo a una programación 4.5, 4.7-8/ Caitanya adviene en Kali-yuga 4.8/ como arca-vigraha, la Deidad 12.5/ como manifestaciones puruṣa 10.20/ como manifestación de la energía interna 9.11/ como seis clases de avatāras 4.8/ criterio establecido por la forma universal 11.3/ de las cualidades de Kṛṣṇa 10.32/ de rājo-guṇa y tamo-guṇa 7.14/ descripciones dadas en el Bhāgavatam 2.2, 11.54/ el alarde falso de ser una 3.24, 7.15, 11.48, 16.17/ información dada en el Brahma-saṁhitā 4.5/ Kṛṣṇa como la fuente 2.2, 4.8-9, 4.35, 11.1, 11.54/ Kṛṣṇa desciende cuando surge la irreligión 4.5, 4.7/ mencionadas en los Purāṇas 10.18/ misión de las 4.7/ no se deben aceptar si no se mencionan en las Escrituras 4.7/ primarias y secundarias 4.7.

Energía; atrae a aquellos que están divagando en el plano mental 1.28/ capacita a los planetas para que floten en el espacio 15.13/ de Kṛṣṇa como annamaya, prāṇamaya, jñanamaya y vijñāmaya 13.5/ de Kṛṣṇa difícil de superar 7.14/ del corazón inexplicable para los científicos 2.22/ descrita como prabhā 2.17/ diferencia e identidad con el energético 2.16/ distribuida como opulencias Intro, 10.19-20/ el sendero trascendental como la guerra contra la energía ilusoria 6.37/ en diferentes modalidades de la naturaleza como manifestaciones de Kṛṣṇa 7.12/ eternidad de la 5.5, 8.20/ expandida tal como el árbol expande sus raíces 7.7/ incluye la sutil y la burda 7.5/ Kṛṣṇa como el alma del mahat-tattva 10.20/ Kṛṣṇa como el controlador de la 9.11/ Kṛṣṇa es su origen y su disolución 7.6/ Kṛṣṇa siempre en la energía superior 10.3/ la entidad viviente como energía superior 7.5-6/ la entidad viviente asentada en una máquina hecha de energía material 18.61/ la espiritual como base para la material 7.6, 18.61/ ocho energías materiales separadas 7.4/ placer en discutir la energía de Kṛṣṇa 10.19/ relación de la entidad viviente con los tres diferentes tipos de 6.2/ se discuten la interna y la externa 7.17, 18.46/ se retrae al final del milenio 9.7/ se suelta como el mahat-tattva 9.8/ todas las manifestaciones creadas y sostenidas por Kṛṣṇa 9.5-6, 9.17-18/ trabaja como una sombra 7.15.

Enfermedad; causada por la comida apasionada 17.8-10/ como síntoma de la vida 13.5-7/ contrarrestada por el alimento ofrecido 3.14/ debido al cuerpo material 13.21/ no existe en el cuerpo espiritual 7.29/ no se puede contrarrestar con la riqueza 2.8/ presente por doquier en el universo material 2.51/ su percepción como un mal 13.8-12.

Entidad Viviente; acompañada y dirigida por la Superalma 2.20, 13.28/ alcanza la inmortalidad en el amor a Kṛṣṇa 6.30/ atrapada en las modalidades de la naturaleza material Intro, 4.14, 5.14, 7.13, 13.22, 14.5/ cada una es un alma individual 2.13/ como aṇu, atómica 5.15, 8.9/ como Brahman 8.1, 8.3, 13.13/ como causa de gozos y sufrimientos 5.15, 13.21-22/ como combinación del cuerpo y su conocedor 13.27/ como conciencia 13.5, 13.33/ como demoníaca y divina 16.6/ como energía marginal 6.2, 13.23, 8.3, 18.78/

como energía superior 2.16, 4.35, 6.2, 6.29, 7.4, 13.20, 15.7/ como eterna 2.18, 13.1-2, 13.13, 13.20/ como hijo de Kṛṣṇa 3.15, 7.14/ como individual 2.39/ como móvil e inerte 7.10/ como parte de Kṛṣṇa 2.23, 2.46, 2.71, 3.37, 4.35, 5.7, 8.3, 9.4, 15.7/ como subordinada al control de Kṛṣṇa 2.13, 2.16, 3.30, 5.15, 7.5/ como vijñānaṁ brahma 13.13/ comparado al pasajero en el carro 6.34, 18.61/ consciente de sólo un cuerpo 13.3/ creada de acuerdo a sus obras pasadas 9.8/ cubierta por la lujuria 3.37-38, 3.40/ de entre miles una pretende la perfección 7.3/ dura lucha con sus sentidos 2.45, 15.7/ el mismo espíritu en todas las 13.20/ el proceso de la impregnación de la 8.3/ el yogī ve la igualdad de todas las 6.32/ encuentra el bien y el mal entre las diferentes especies de vida 13.22/ es necesaria para que haya crecimiento 13.27/ es originalmente pura y espiritual 3.36/ es responsable de sus propios actos 4.14/ falible e infalible 15.16, 15.18/ igualdad de Kṛṣṇa en calidad, mas no en cantidad 2.2, 2.51, 5.14, 7.5/ Kṛṣṇa es el benefactor y el bienqueriente de todas las 5.29/ Kṛṣṇa sostiene las 13.23, 2.12, 10.39/ la etapa más elevada y perfecta de la 2.46/ lleva conceptos de un cuerpo a otro 15.8/ lucha con la naturaleza y sostiene el universo 14.22-25/ de los placeres sensuales surgen millones de especies de 13.20/ naturaleza de su condicionamiento 2.19, 3.10, 4.14, 4.35, 5.15, 5.29, 7.14, 7.27, 13.20, 13.22/ no es el propietario del cuerpo ni controla las acciones de éste 5.14, 13.21/ no manifestada, manifestada y no manifestada 2.27, 8.18/ no puede carecer de sentidos y deseos 2.71/ número de especies es 8.400.000 7.15/ penetra la creación, vive en todos los elementos 2.24/ piensa que ella misma es el Señor 5.16, 5.29, 13.23/ por naturaleza es plena de conocimiento 5.15/ posición constitucional (svarūpa) como sirviente 3.41, 4.18, 6.29, 6.47, 18.73/ se distingue de la Superalma 2.13/ seis cambios básicos de la 10.34, 15.16/ sentidos satisfechos en proporción a lo que merece 1.32-35/ siempre cambia cuerpos 2.13, 13.1-2/ su conciencia reflejada de manera pervertida 7.14/ su fe de acuerdo a las modalidades 17.3/ su independencia parcial 3.37/ su memoria comparada a la de Kṛṣṇa 4.5/ superada por la dualidad del deseo y el odio 7.27/ sus sentidos parten de los sentidos de Kṛṣṇa 1.15/ tipos de seres condicionados 14.6/ todas existen en la Superalma 13.14/ todas son manifestadas al principio de la creación 3.9, 9.8/ **Véase también:** Alma Condicionada, Alma.

Envidia; Arjuna nunca envidia a Kṛṣṇa 9.1/ causa de nacimiento inferior 16.19/ como característica del materialista 12.15/ como causa de burla a Kṛṣṇa 9.12/ como causa de rechazar las enseñanzas 3.32/ de Kṛṣṇa y el Gītā 2.12, 3.32, 7.15, 7.27, 16.18, 18.67, 18.71/ del trabajador en pasión 18.27/ el conocimiento no se le debe explicar al que envidia a Kṛṣṇa 18.67/ eliminada al comprender a la Superalma 12.3-4/ el que es querido a Kṛṣṇa no está sujeto a la 12.13-14/ Kṛṣṇa no envidia a nadie 9.29/ liberación de la avaricia como cualidad divina 16.1-3/ lo descalifica a uno para comentar sobre el Gītā 9.1/ ninguna en el verdadero yogī 4.21, 6.32/ se deben seguir las enseñanzas sin ningún tipo de 3.31.

Escrituras; Véase: Śāstras.

Espacio; comparado con la omnipenetrabilidad de Kṛṣṇa 9.7/ el viento y el cosmos descansan en el 9.6/ Kṛṣṇa es diferente del 9.5/ Kṛṣṇa es diferente a través del 12.20.

Especulación; como la ocupación de los impersonalistas 4.25, 5.6/ como filosofía sin religión 3.3/ como método para conocer al Yo 3.3/ como un pecado serio 10.15/ como un proceso inferior 3.43, 4.34, 5.1, 18.20/ comparada con la conciencia de Kṛṣṇa 3.3/ el que está en la plataforma mental es atraído a la energía material 1.28, 1.29/ es inútil en el estudio del Gītā 8.28/ se deben evitar aquellos que son adictos a la 9.33, 9.34/ finalizada por el sthita-dhīr-muni 2.56/ no puede fabricar una religión 4.16/ no se puede alcanzar la Verdad Absoluta mediante la 10.11/ no se puede conocer a Kṛṣṇa mediante la 7.24, 8.9, 10.2, 11.4, 11.47, 11.53, 11.55, 18.55/ se desaprueba la 6.8, 12.6-7/ sendero gradual hacia la conciencia de Kṛṣṇa 3.3.

Espíritu; base del cuerpo material 2.17-18/ como el fundamento de la creación 7.6/ de las entidades vivientes es el mismo 13.20/ impersonal y omnipenetrante como el Brahman 2.2/ no crea los frutos de la acción 5.14/ no se le puede cortar en pedazos 15.7/ se distingue de la materia 2.16/ se discute su tamaño diminuto 2.17-18/ se explica analíticamente en el Capítulo Dos 2.1/ todo lo relacionado a Kṛṣṇa es espíritu 4.5.

Eter; como una de las ocho energías separadas 7.4/ como uno de los cinco elementos densos 13.6-7/ se genera el aire del 2.28/ Kṛṣṇa como el sonido en el 7.8.

Eternidad; de ambas naturalezas, la material y la espiritual 7.14/ del condicionamiento de la entidad viviente 7.14/ de Kṛṣṇa y del alma individual 2.12-13, 2.20/ de los Vedas y de la conciencia de Kṛṣṇa 3.3/ del servicio devocional 9.2, 13.8-12/ revelado en el fusionarse impersonal 12.5/ se confirma la eternidad de lo existente 2.16.

Existencia Material; como fuente de perplejidad para todos 2.7/ comparada al mar agitado 5.14/ comparada a un incendio en el bosque 2.7/ debida al pecado y a la ignorancia 6.40, 2.31/ las tres miserias no existen para el devoto 2.65/ los envidiosos son arrojados al océano de la 16.19/ sus problemas no pueden contrarrestarse mediante la riqueza 2.8/ uno alcanza la morada suprema al terminarse 6.15.

Expansiones Plenarias; aceptan encarnaciones puruṣa 10.20/ como Viṣṇu-tattva 15.7/ comparadas con las hojas de un árbol 8.22/ dirigen la energía material 7.4/ Kṛṣṇa no es diferente a las 11.46/ Kṛṣṇa es el origen de todas las 2.2, 2.16/ Kṛṣṇa no pierde Su identidad en las 4.35/ millones y millones de expansiones con cuatro brazos 8.22/ Paramātmā como 10.3/ se Les rinde bhakti-yoga a las 14.26/ se nombran y describen algunas 8.22.

F

Fama; creada por Kṛṣṇa definida 10.4-5/ como motivo de religión 13.8-12/ como representación de Kṛṣṇa 10.33/ ecuanimidad en 12.18-19.

Familia; a los miembros mayores no se les debe matar 1.39/ apego en pasión 14.7, 14.12/ Arjuna abrumado por afecto a la 2.9/ como nada más que Kṛṣṇa 9.17/ descuida oblaciones a los antepasados cuando se corrompe 1.41/ el devoto de Mukunda no tiene obligación hacia la 1.41/ el peligro de destruir las tradiciones de la 1.39/ el proceso de felicidad en la 13.8-12/ el proceso purificatorio en la 1.39/ es difícil para sannyāsīs renunciar a la 2.15/ Kṛṣṇa obedecía las regulaciones de la 3.23-24/ la conexión aceptada debido a ignorancia 3.29/ la tradición de ayudar a los antepasados por ofrecer prasāda 1.41/ salvada si uno de sus miembros está en la conciencia de Kṛṣṇa 1.41/ se debe abandonar si impide el avance espiritual 13.8-12/ se describe como la enfermedad cutánea el apego por la 2.7/ situación infernal creada por población indeseada 1.41/ su papel en entrenar a los trascendentalistas 6.42/ tiene obligación de ofrecer respeto a los antepasados 2.52/ todos trabajan para mantener a la 6.1.

Fe; ausente entre los demonios 16.7, 16.11-12/ como cualidad del mejor yoga 6.47/ como dṛdha-vrata, o sea, determinada 7.30/ como representación de Kṛṣṇa 10.33-35/ como sattva siempre proviene de la bondad 17.3/ como sujeto del Capítulo Diecisiete 17.1, 17.28/ creada por la asociación con los devotos 9.3/ cuando es ciega no lo eleva a uno 17.2/ cuando existe en Kṛṣṇa y el maestro espiritual, se revela conocimiento 6.47/ definida como confianza en lo sublime 2.41/ determina la forma del sacrificio 4.33/ de uno muy querido a Kṛṣṇa 12.20/ en ignorancia 17.13/ en Kṛṣṇa se divide en tres etapas 9.2/ en la bondad pura 17.3-4/ en oír el Gītā 8.28, 18.71/ en semidioses hecha firme por Kṛṣṇa 7.21-22/ en servicio devocional 4.39/ la necesidad de 6.24, 4.39-40, 17.28/ madura en amor por Dios 17.28/ para ejecutar acción 18.19/ se aconseja en todas las Escrituras védicas 17.28/ según la posición del corazón 17.3/ tanto en Kṛṣṇa como en los Vedas 2.6, 3.31, 4.9, 5.17, 12.1.

Forma (de Kṛṣṇa); apareció al nacer Kṛṣṇa 10.3/ causa asombro en Sañjaya 18.77/ como arca vigraha no material 12.5/ como innumerable 4.5, 4.9/ como objeto de la meditación 6.31, 8.7/ como sac-cid-ānanda 7.24/ cubierta por yoga-māyā 7.25/ es saumya vapuḥ, la más bella 11.50/ eternamente existente 4.7/ glorificada por los mahātmās 9.14/ indicada por arūpam 7.7/ la adoración de la forma personal recomendada 12.2/ la de dos brazos como el origen de todas las formas 11.51, 11.54-55/ la de dos brazos no puede verse mediante el estudio védico, la penitencia, la caridad, ni mediante la adoración 11.52-54/ la de dos brazos y la de cuatro brazos se revelan 11.50/ la forma no manifestada penetra el universo 9.4/ la original aparece en cada milenio 4.6/ la prueba de su espiritualidad 7.26/ la temporal y la eterna discutidas 11.54/ los semidioses y los devotos anhelan verla con dos brazos 11.49, 11.52/ mal entendida como material 7.24, 9.12, 4.10/ menospreciada por los necios 9.11/ no puede compararse a ninguna entidad viviente 3.22/ no se puede comprender a través de los sentidos 6.8/ se compara al Sol 7.26/ se discuten la de dos brazos y la de cuatro brazos 11.50, 4.6/ se puede percibir en la plataforma trascendental 13.15/ siempre fresca como un joven 11.46/ siempre manifestada a los devotos 4.5/ Syāmasundara más querido 11.55/ **Véase también:** Sac-cid-ānanda.

Fuego; Agni como representación de Kṛṣṇa 10.23/ como evidencia de la misericordia de Kṛṣṇa 15.12/ como nombre de la forma universal 11.39/ como representación de Kṛṣṇa 9.16-17/ como sacrificio descuidado por los sannyāsīs artificiales 6.1/ como una de las ocho energías separadas 7.4/ como uno de los cinco grandes elementos 13.6-7/ comparado a la entidad viviente 3.38/ cuando cubierto por humo se compara al trabajo 18.48/ del conocimiento quema las reacciones materiales 4.37/ digestión como representación de Kṛṣṇa 15.14/ el calor como representación de Kṛṣṇa 7.9/ el sacrificio a Brahman se ofrece en 4.25/ la lujuria se compara al 3.38-39/ la muerte durante el tiempo del 8.24/ las entidades vivientes se encuentran dentro del 14.4/ lo aniquilará todo a su debido tiempo 10.33/ necesario para la digestión 7.9/ no ilumina la morada suprema 15.6/ se genera del aire, genera agua 2.28/ su esplendor proviene de Kṛṣṇa 15.12.

Gandharvas; contemplan con asombro la forma universal 11.22/ Kṛṣṇa como Citraratha entre los 10.26/ sobre las ramas superiores del árbol baniano 15.2.
Gāṇḍiva; el arco de Arjuna se resbala de sus manos 1.29.
Ganges; como el río sagrado 6.11-12/ como representación de Kṛṣṇa 10.31.
Gāñja; fumada por los seudodevotos de Śiva 3.24.
Garbhādhāna-saṁskāra; engendrando hijos en una atmósfera santa 16.1-3.
Garbhodakaśāyī Viṣṇu; Brahmā nace de Su ombligo 11.37/ como puruṣa-avatāra 10.20/ entra en todos los universos 7.4, 9.8/ Se recuesta en la serpiente Vāsuki 11.15.
Garga Upaniṣad; citado 9.6.
Garuḍa; como representación de Kṛṣṇa 10.30/ fuerza al océano a que le regrese sus huevos al gorrión 6.24/ Kṛṣṇa viaja en él 12.6-7.
Gāyatrī; como representación de Kṛṣṇa 10.34-35/ se discute 10.35.
Goloka Vṛndāvana; alcanzado mediante el amor a Kṛṣṇa 8.28/ alcanzado por conocer a Kṛṣṇa 6.15, 7.30/ como la meta última 11.55/ como la morada personal 9.11/ como el planeta principal de Vaikuṇṭha 15.6/ la planta de la devoción entra en 10.9/ las personas con comprensión del Brahman no pueden alcanzarlo 7.24/ las vacas surabhi en 10.28/ los devotos entran a 8.13/ los devotos no desean ser transferidos a 11.55/ no es diferente de Kṛṣṇa 8.21/ no es iluminado por el Sol, la Luna ni la electricidad 15.6/ no regresan de 15.6, 8.15/ se dirigen todos los asuntos desde allí 8.22/ su descripción 8.21.
Gosvāmī; como uno que controla su mente 6.26/ conoce la felicidad de los sentidos trascendentales 6.26/ definido como uno que puede controlar sus sentidos 5.23/ se considera muy afortunado el nacimiento en la familia de un 6.42.
Govinda; Kṛṣṇa como primordial 2.2/ Kṛṣṇa mencionado como 1.32-35, 2.9/ la entidad viviente debe satisfacer los sentidos de 1.32-35/ los santos aman a 3.13/ significado del nombre 1.15, 1.32-35/ visto por los ojos ungidos con amor 6.30, 9.4.
Gratificación de los Sentidos; adoración de líderes para la 4.12/ Arjuna no luchaba basándose en la 2.39/ como actividad del cuerpo material 14.22-25, 2.70/ como causa del trabajo y del cautiverio 2.39, 3.34, 4.14, 4.30, 5.22, 13.1-2/ como ocupación demoníaca 2.42-43, 2.69, 3.6, 3.13, 16.9-12/ como síntoma de apego 2.56-57/ como una vida vana 3.16/ cuando se termina, se ofrece la iluminación 2.45/ desaprobada 2.62, 3.9, 6.24/ destruye la paz 2.71, 5.12/ el conocimiento pleno libre de 4.19/ elevación de la 2.45, 4.19/ engendra reacciones 2.38/ en la modalidad de la pasión 14.7, 14.12/ es peligrosa incluso si está regulada 2.59, 3.34/ evitada por los sabios 3.28, 5.21, 5.22, 6.2, 6.4/ excluye el samādhi 2.44/ la gente absorta en la 2.29, 5.2/ por mucho tiempo ha existido el espíritu de 3.34/ puede desviar al devoto 2.67/ restricción de la 2.58, 4.26, 4.31/ resultados fruitivos en la 18.34/ se estudian los Vedas para la 2.42-43, 2.12/ su felicidad es un enemigo 3.39/ surge de la fabricación mental 2.55/ trabajo desprovisto de la 2.40, 6.18.
Gṛhastha; caridad, autocontrol y sacrificio destinados para 16.1-3/ ejecuta sacrificios para mayor iluminación 8.28/ perfección mediante la restricción 4.26-27.
Gracia; Arjuna convencido de la gracia de Kṛṣṇa 11.1/ buddhi-yoga obtenido por la 2.39/ capacita a Arjuna para ver todo 11.15-16/ capacita la digestión del alimento 15.14/ como medio para entender a Kṛṣṇa 4.5, 11.4/ de Kṛṣṇa brinda la oportunidad de la perfección 12.20/ de Kṛṣṇa permite la felicidad 2.57/ de Kṛṣṇa puede prolongar o disminuir la vida 7.9/ de la Superalma permite la transmigración 2.22/ ilumina el deber 3.17-18/ se alcanza la morada suprema por Su 18.56, 18.62/ se obtienen el cuerpo espiritual por Su 15.7/ todo se lleva a cabo automáticamente por Su 12.20.
Guḍākeśa; Arjuna como 2.10, 10.20/ significado del nombre 10.20.
Guerra; causas demoníacas de la 16.16/ causada por la población no deseada 1.40/ el ciclo de nacimiento y muerte no apoya la 2.27/ es necesaria donde los argumentos fallan 3.20/ inevitable para mantener la ley y el orden 2.27/ no se desaprueba la violencia en la 2.30/ todos los intentos hechos para evitar la batalla 3.20.

Hanumān; cooperó con el Señor Rāma 1.20/ sobre la bandera de Arjuna 1.20/ su ira ocupada como servicio 3.37.
Hardwar; como lugar sagrado 6.11-12.
Hare Kṛṣṇa; cantado 300.000 veces diarias por Haridāsa Ṭhākur 6.44/ cantado para obtener un cuerpo trascendental 8.6, 9.30/ como el mejor proceso de hacer un hogar agradable 13.8-12/ como el mejor sacrificio 16.1-3/ como la más pura representación de Kṛṣṇa 10.25/ como la potencia interna bailando en la lengua 12.8/ como medio de control de la lengua 13.8-12/ como medio para comprender a Kṛṣṇa 7.24/ como medio para satisfacer a Kṛṣṇa 12.6-7/ como meditación 6.34, 8.8-9/ como ocupación del brahmacārī 4.26/ como servicio devocional 4.38, 8.14, 9.21, 10.9, 12.9-10, 14.27/ como un camino fácil a la elevación 16.24/ como un escape de la creación y destrucción 8.18/ como

un proceso recordatorio 8.5, 8.8, 8.14/ contiene o m 8.13/ debiera cantarse sin cesar 9.31/ para alcanzar el destino supremo 8.13, 12.6-7/ para limpieza interna 4.39, 13.8-12, 16.7/ placer derivado de cantar 9.2/ progreso por oír 13.26/ promulgado por Caitanya en Benares 10.11/ protege al devoto de caídas 9.31/ Su canto es el único camino en Kali-yuga 8.11.

Harer nāmānukīrtanam; como ocupación de brahmacārī 4.26.

Haridāsa Ṭhākura; elevado a nāmācārya 6.44/ no comía hasta no haber cantado 300.000 nombres 6.17/ resiste a Māyā Devī 2.62/ sufrió por esparcir conciencia de Dios 11.55.

Haṭha-yoga; destinado para controlar los cinco tipos de aires 2.17/ muchos impedimentos al 6.20-23/ praticado para perfecciones 4.28/ procesos de respiración yoga descritos 4.29/ una manera infantil de satisfacer al Supremo 13.25/ uno debe morir en el momento apropiado en 8.23.

Hiḍimba; demonio muerto por Bhīma 1.15.

Himalayas; como representación de Kṛṣṇa 10.25.

Hiraṇyagarbha; Brahmā nacido del 10.6.

Hiraṇyakaśipu; acosó al hijo 4.8/ ejecutó penitencias en ignorancia 17.19/ muerto por Kṛṣṇa 16.20/ planes frustrados por energía material 5.8-9.

Hṛṣīkeśa; como expansión plenaria 8.22/ como lugar sagrado 6.11-12/ como Señor de los sentidos totales 1.15, 6.26, 13.3/ forma universal llamada como 11.36/ hombre ignorante olvida 3.27/ indica que Kṛṣṇa sabe todo 1.25/ Kṛṣṇa como 1.20, 1.25, 2.10/ podía comprender el propósito del ejército de inspección de Arjuna 1.25/ significado del nombre 1.15, 18.1.

Humildad; como conocimiento, definido 13.8-12/ como calificación para sannyāsī 16.1-3.

Ignorancia; acción en la 14.13, 14.16, 18.25/ adora a los fantasmas, aquel que está en la modalidad de la 17.4/ alimentos en la modalidad de la 17.7/ austeridad en la modalidad de la 17.19/ a veces derrota a la bondad y a la pasión 14.10/ caridad en la modalidad de la 17.22/ causa alucinación, termina en locura, indolencia, sueño 6.16-17, 14.8, 14.13, 14.17/ como apego a los resultados 2.42-43, 3.25/ como causa de las naturalezas superior e inferior 13.5/ como causa del pecado, el cautiverio y el sufrimiento 4.31, 4.38, 5.14/ como demoníaca 16.4, 16.16, 16.24/ como la creencia de que el cuerpo es el yo 3.29/ como manifestación de la energía de Kṛṣṇa 7.12/ comprensión en la 18.32/ confunde y cubre el conocimiento 5.16/ conocimiento en la modalidad de la 18.22/ conquistada por Arjuna 1.24/ cuatro señales de la 3.29/ definida como no conocer a Kṛṣṇa 4.9/ determinación en la 18.35/ disipada por el Gītā, la devoción y el guru 2.16, 2.51, 4.42, 7.1, 10.10, 10.12-13, 15.17/ felicidad en la 18.38-39/ hace que uno piense que Kṛṣṇa es el responsable 5.15/ impide la iluminación 4.42, 16.1-3/ la duda surge de la 4.42/ lo confunde a uno en identificar el alma y la Superalma 2.29/ lo lleva a uno a renacer en el reino animal 8.12/ los desobedientes están condenados a la 3.32/ los mundos infernales son el destino de aquellos que están en la 14.18/ lujuria es el símbolo de la 3.40/ renunciación en la modalidad de la 18.7/ sacrificio en la modalidad de la 17.12-13/ se abandonan los deberes en la 2.32, 4.34/ se discuten los efectos de esta modalidad 14.8, 14.12-14/ se equipara con el sueño 1.24/ se manifiesta como ira 3.37/ Śiva como la encarnación de tamo-guṇa 7.14/ todas las entidades condicionadas nacen en la 18.22/ trabajador en la 18.28/ **Véase también:** Modalidades de la Naturaleza; Nesciencia; Sueño.

Ikṣvāku; antepasado de la dinastía Raghu 4.1/ instruido mediante la sucesión discipular 4.1, 4.16.

Iluminación; características de la 2.1, 5.18-19, 18.51-53/ como buddhi-yoga 3.1/ como conocimiento 6.8, 6.29, 13.8-12/ como consecuencia de rendirse 2.9/ de entre miles uno trata de lograrla 7.3/ determinación para la 2.15/ desarrollo gradual 2.45/ destruida por la lujuria 3.41, 5.22/ dificultad en la 4.34, 6.1[illegible]4, 6.36/ el amor a Kṛṣṇa más allá de la 6.30/ el convertirse en sierviente de Kṛṣṇa es la perfección más elevada de la 2.53/ el propósito de la 2.46, 6.11-12/ el proósito de la vida humana 3.16/ el trance imperturbable de la 2.53/ en base a la no existencia del cuerpo material 2.28/ enseñada por estudio analítico del cuerpo y el alma 2.1/ felicidad conducente a la 18.36-37/ Kṛṣṇa como objetivo de la 2.46, 4.11/ lo que le pasa a uno que abandona la 6.37/ los sentidos son tropiezos para la 3.34/ mediante la purificación del trabajo 18.48/ necesaria para el sacrificio espiritual 4.42/ necesidad preliminar de alcanzar 4.10/ obtenida por medio del cantar 2.46, 6.11-12/ ofrecida en la forma de los Upaniṣads 2.45/ para los materialistas un mito 3.29/ como medio de escapar de la lujuria, la ira y la avaracia 6.22-23/ procesos directos o indirectos 12.12/ progreso hecho por seguir a los devotos 3.21/ se busca por medio de tres senderos 6.37/ semejante a una escalera 13.8-12/ tres plataformas de la 14.27/ yoga como una escalera para la 6.37.

Iluminación Impersonal; apoyada por el Svetaśvatara Upaniṣad 7.7/ aquellos que están en las modalidades no pueden elevarse por encima de la 7.13/ como incompleta 6.10, 7.1/ como medio de alcanzar a Kṛṣṇa 12.3-5/ como un paso hacia la comprensión completa 7.24, 14.27/ difícil para el hombre común 12.5/ en el principio la tendencia es hacia la 7.20/ es beneficiosa si no hay un devoto puro 12.20/ está en contra de la naturaleza del yo bienaventurado y espiritual 12.6-7/ existe el riesgo de caer de la 14.27/ Kṛṣṇa la última palabra en la 7.3/ la teoría del fusionarse se rechaza 2.12/ más fácil que el entendimiento de Kṛṣṇa 7.3/ mediante diversas energías 7.8/ puede ser obtenida mediante los sentidos 10.2/ realmente no existe conflicto con el personalismo 7.8/ se rechaza la teoría del vacío 3.42, 6.15/ su grado de avance 2.2.

Ilusión; Véase: Māyā.

Imitación; de Kṛṣṇa se desaprueba 3.24/ del deber de otro es peligroso 2.35.

Imperfecciones; alguien con las cuatro imperfecciones básicas no puede enseñar 2.12.

Impersonalistas; aceptan la eternidad del alma 2.16/ adoran cinco clases de semidioses 17.4/ algunas veces aceptan a Kṛṣṇa como Bhagavān 10.15/ cesan las actividades debido al temor 4.18/ como indirectamente conscientes de Kṛṣṇa 6.10/ como monopolizadores del Vedānta-sūtra 18.1/ desprecian la adoración en los templos 9.11/ el Brahman es el objeto de su meditación 12.1/ el Supremo es la liberación para los 3.19/ ignorante de la violación de las leyes de Kṛṣṇa 7.28/ ni siquiera siguen a Śaṅkarācārya 7.24/ no pueden disfrutar el servicio trascendental 4.11/ no pueden disfrutar la vida 2.63/ no pueden entender a Kṛṣṇa 7.3, 10.19/ no pueden explicar el porqué de los sentidos 1.15/ no pueden ser mahātmās 9.14/ no pueden ver a Kṛṣṇa debido a la cubierta de brahmajyoti 7.25/ para ellos Kṛṣṇa no puede comer 2.64/ prefieren vibrar el oṁ 7.8/ realmente no pueden ver la forma universal 11.48/ regresan al universo material 2.64, 4.11/ sacrifican su identidad al fusionarse 4.25/ se adoran a ellos mismos como el Supremo 9.15/ se arriesgan a no comprender el absoluto 12.5/ se fusionan en el brahmajyoti 4.10-11, 7.4, 8.13, 18.55/ sostienen que el Brahman toma la forma de una jīva 8.1/ sostienen que Kṛṣṇa no tiene forma 7.7, 7.24/ su grado de avance 2.2/ su liberación es difícil y temporal 4.9/ su líder, Śaṅkarācārya, acepta a Kṛṣṇa 4.12/ su renunciación es imperfecta 2.64/ sus apegos son analizados 4.10/ temen conservar su personalidad 4.10/ **Véase también:** Brahmavādī, Māyāvādī.

Inacción; como cesación de las actividades materiales 6.3/ desaprobada 2.46, 3.1/ inferior a la acción 3.9/ lo mismo que el trabajo en pleno conocimiento 5.1/ los inteligentes la ven como una con la acción 4.18/ los inteligentes se confunden en determinarla 4.16/ no hay libertad de la reacción 3.4/ síntoma de la ignorancia 14.8, 14.13/ uno tiene que conocerla 4.17/ **Véase también:** Acción.

Independencia; abuso de la 4.42, 13.23, 16.18, 3.37/ como cualidad fragmentaria 15.7/ como partes fragmentarias eternas 15.7/ dada a Arjuna para que hiciera lo que quisiera 18.63/ dada a todos 7.21/ de las entidades vivientes, Kṛṣṇa no interfiere 5.15/ parcial de la entidad viviente 3.37/ limitada a la voluntad suprema 7.21/ para controlar el cuerpo 15.8/ uso apropiado de la 18.78.

Individualidad; de Kṛṣṇa y de las entidades vivientes 2.39, 5.16, 6.39-40/ esencial para el bhakti-yoga 14.26/ Kṛṣṇa afirma la eternidad de la 2.12, 2.39, 2.24/ mantenida en la plataforma espiritual 2.12, 18.55/ mantenida incluso después de la liberación 2.39, 4.25, 5.16, 14.2/ presente en la unidad 15.16/ sacrificada en el fuego del Brahman 4.25/ su aniquilación es infernal 18.54.

Indra; como representación de Kṛṣṇa 10.22/ como un agente apoderado 3.16/ jefe de los semidioses administrativos 8.2/ Kṛṣṇa como el Bṛhat-sāma, la canción a 10.35/ la forma de llegar a su planeta 7.23/ le da a Arjuna honores militares 2.33/ nació de Nārāyana 10.8/ sacrificios para 4.25/ se le adora en la bondad 17.4/ su sacerdote es Bṛhaspati 10.24.

Indraloka; como la morada de Indra 10.24/ como meta 9.18, 9.20/ los que beben soma nacen en 9.20.

Instructor; cuando merece que se le abandone 2.5/ debe enseñar mediante el ejemplo 3.12/ debe seguir los principios de los śāstras 3.21/ debe ser el representante de Kṛṣṇa 11.43/ descalificado por māyā 2.13/ puede hablar la verdad para instruir 17.8-10/ **Véase también:** ācāryas, Maestro Espiritual.

Inteligencia; como componente del cuerpo 13. 6-7/ como el lugar donde se posa la lujuria 3.40/ como una de las ocho energías separadas 7.4/ como vecina del alma espiritual 3.40/ comparada al conductor del carro del cuerpo 6.34/ con frecuencia es dominada por la mente 6.34/ controlada mediante la meditación y la suspensión de la respiración 5.27-28/ controlada perfectamente por el sabio 4.21/ creada por Kṛṣṇa 10.4-5/ cuando se pierde, uno cae en el charco material 2.63/ de Arjuna confusa 3.2/ de uno querido para Kṛṣṇa está de acuerdo con El 12.13-14/ debe situarse en trance 6.25/ del irresoluto es ramificada 2.41/ dos clases de hombres inteligentes 2.69/ el estudio del Gītā como adoración con la 18.70/ el yo es trascendental a la 3.43/ es firme cuando se restringen los sentidos 2.61, 2.67-68/ en buddhi-yoga 10.10/ fortalece la mente 3.42/ Kṛṣṇa como la 10.35, 7.10-11/ la indiferencia sigue a la liberación de la 2.52/ la necesidad de que esté fija en Kṛṣṇa 2.59, 2.65-66, 5.17, 8.6-7, 12.8/ las mujeres por lo general no poseen 1.40/ las personas en general tienen poca 2.42-43/ lo libera a uno del cautiverio del trabajo 2.39/ perdida o desorientada por demoníacos 7.15, 16.9/ proporcionada por Kṛṣṇa para entender los Vedas 15.15/ superior a la mente, inferior al alma 3.42/ utilizada únicamente para la purificación 5.11/ vyavasāyātmikā 2.41.

Interés Propio; como Viṣṇu 1.30/ definido como sumisión a Kṛṣṇa 1.30/ el devoto puro no tiene deseo de 8.14/ la meta es alcanzar a Viṣṇu 3.7/ todos trabajan para el 6.1.

Intoxicación; como refugio de aquellos que se encuentran frustrados en la pasión 14.17/ como refugio de los impersonalistas frustrados 4.10/ en la modalidad de la ignorancia 14.8/ es contradictoria para el yogī 6.20-23.

Ira; como causa del estar alucinado 2.63, 3.37/ como cualidad demoníaca 16.4/ como manifestación de la ignorancia 3.37/ conquistada mediante la autorrealización 18.51-53/ contamina todo el cuerpo 16.1-3/ el temor de Arjuna de actuar en 16.6/ en la conciencia de Kṛṣṇa se convierte en amiga 3.37/ evitada al ejecutar el deber 5.29/ la entidad viviente vencida por la 7.27/ libertad de la 2.56, 4.10, 5.26, 7.27, 16.1-3/ los demonios atados por la 16.11-12/ mediante la respiración, suspención meditación, libertad de la 5.27-28/ si la mente no es conquistada, se le sirve a la 6.6/ surge de la lujuria 2.62, 3.37, 16.1-3/ tolerancia de la 5.23/ utilizada por Hanumān como servicio 3.37.

Irreligión; corrompe a la mujer 1.40/ Kṛṣṇa desciende cuando hay un aumento de la 4.7/ resultado de la destrucción de la tradición familiar 1.39/ se desarrolla cuando los mayores de la familia mueren 1.39.

Isāvāsya; como la fórmula para la paz 5.29, 2.66/ Kṛṣṇa es el propiertario del universo 4.35, 2.66/ la renunciación requiere conciencia de 5.2/ se hace referencia al Īśopaniṣad 5.10/ se usa todo para la satisfacción de Kṛṣṇa 2.71.

Īśvara; Véase: Controlador.

Jaḍbharata; como nombre de Bharata Mahārāja.

Jagai; narādhama típico redimido por Nityānanda 7.15.

Janaka; alcanzó la perfección a través de su deber 3.20/ como líder erudito 7.15/ hay que seguirlo 4.16/ iluminado, el padre de Sītā 3.20.

Japa; como el mejor proceso 9.26/ como presentación de evidencia en lógica 10.32.

Jīva; Véase: Alma Condicionada, Jīvātmā, Entidad Viviente, Alma.

Jīva Gosvāmī; advierte que Kṛṣṇa debe ser respetado en todos 9.11.

Jīvātmā; situado, junto con el Paramātmā, en el árbol del cuerpo 2.23-25/ **Véase también:** Alma Condicionada, Entidad Viviente, Alma.

Jñānam; como conocimiento del yo 3.41.

Jñāna-yoga; como el tema del Gītā 2.72/ como medio de vincularse con la Verdad Absoluta 6.47/ como parte de la escalera de yoga 6.3/ como resultado de karma-yoga 6.47/ como sendero difícil 6.24/ conduce a bhakti-yoga 6.8/ diferente de bhakti-yoga 12.3-4/ el devoto de tercera clase se inclina hacia el 9.3/ no admite a los casados 6.13-14/ no se puede comprender a Kṛṣṇa mediante el 9.2/ se define 10.10.

Jñānī; confundido en su intento por comprender a Kṛṣṇa 7.3/ el mejor de los piadosos queridos por Kṛṣṇa 7.17/ se considera que mora en Kṛṣṇa 7.18/ viene al servicio devocional cuando está frustrado 7.16.

Kaivalyam; como la posición constitucional 6.20-23/ como unidad con el Supremo 6.20-23.

Kāla; como la deidad regente del tiempo 8.23.

Kālī; su adoración recomendada para aquellos que comen carne 3.12.

Kali-yuga; Caitanya es la encarnación para 4.8/ características de la gente en 6.11-12/ características y duración de 4.1, 8.17/ el cantar es el proceso para 2.46, 3.10, 6.11-12, 8.11/ sistema de yoga difícil en 6.1, 6.33.

Kalki; destruye a los demonios 8.17.

Kalpas; calculación de 8.17.

Kaṁsa; Kṛṣṇa conocido como el enemigo de 2.52/ matado por Kṛṣṇa 4.8, 16.20/ persiguió a Vasudeva y Devakī 4.8/ siempre pensando en matar a Kṛṣṇa 9.34, 11.55.

Kapila; como farsante y predicador de sāṅkhya ateo 2.39/ como filósofo principal 9.2/ como Kṛṣṇa 10.26/ como líder erudito 7.15/ hay que seguirlo 4.16/ la encarnación que proponía verdadero sāṅkhya 2.39/ Su sāṅkhya idéntico al de Kṛṣṇa 2.39.

Karma; causa la transmigración 8.3/ de matar 14.16/ del pecado analizado 9.2/ destinado para yajña 7.15/ el emplear sus resultados para una buena causa 12.12/ las raíces del arbol baniano atadas al 15.2/ libertad de 3.31, 4.14, 4.17, 4.38, 13.8-12/ lo coloca a uno en las modalidades de la naturaleza 13.5/ negado por los demonios 16.11-12, 16.16/ no existe en actividades ordenadas por la Superalma 18.13-14/ riqueza como resultado de 16.16/ se acumula para los no renunciantes 18.12/ se nace según 9.8, 9.10, 14.4, 15.8.

Karma-yoga; como acción en la conciencia de Kṛṣṇa el tema del Capítulo Cinco 5.1, 5.29/

como buddhi-yoga 2.39/ como medio de vincularse con la Verdad Absoluta 6.46-47/ como tema del Capítulo Tres 3.1, 3.43/ como tema del Gītā 2.72/ el comienzo del sendero de bhakti 6.47/ devoto de tercera clase se inclina hacia 9.3/ mejor en Kali-yuga que sāṅkhya-yoga 6.1/ no diferente de sāṅkhya-yoga 5.4/ no hay impedimentos para 6.20-23/ no se puede entender a Kṛṣṇa mediante 9.2/ se define 10.10/ se tiene que morir en un momento adecuado en 8.23.

Karmī (trabajador fruitivo); como trabajador en pasión 18.27/ determinación de 18.34/ puede elevarse a planetas superiores 6.40/ recibe resultados de Kṛṣṇa 4.11/ viene a Kṛṣṇa en momento de aflicción 7.16.

Karṇa; considerado como ya destruído 11.34/ destruído en la boca de la forma universal 11.26-27/ identificado como medio hermano de Arjuna 1.8/ mencionado por Duryodhana como gran guerrero 1.8.

Kaunteya; significado del nombre 2.14.

Keśava; como expansión plenaria 8.22/ nombre de Kṛṣṇa 3.1.

Kṛpa; conocido como gran guerrero 1.8/ mirado por Arjuna en campo de batalla 1.26/ se casó con la hermana de Droṇācārya 1.8.

Kṛpaṇa; como aquel que disfruta el fruto de la labor 2.49/ cree que es capaz de proteger su familia contra la muerte 2.7/ demasiado afecto para su familia etc. 2.7/ no sabe utilizar la riqueza 2.49/ se describe como aquel que no soluciona los problemas de la vida 2.7.

Kṛṣṇa; adoración de Él es austeridad 17.14/ características y motivo de advenimiento 3.24, 4.6, 4.8/ concentración en 1.24/ conocido sólo a través de la misericordia del devoto puro 2.29/ cumplía las reglas de los casados 3.23/ descripciones de 8.21, 18.65/ determinado a matar a los malvados 1.32-35/ las formas de 4.5-6, 11.50-51, 18.66/ las opulencias de 2.2, 5.15, 10.1, 10.42/ libre de actuar de cualquier manera 4.7/ muestra un ejemplo mediante Su trabajo 3.22-24/ no está sujeto a trabajo prescrito 3.22, 9.9/ no es una manifestación de la forma universal ni de Viṣṇu 11.55/ no se debe imitar 3.24/ no tolera ataques contra Su devoto 1.32-35/ no viola las Escrituras 3.22/ provee toda materia prima 3.12/ relaciones con Sus devotos 1.21-22, 3.9, 4.11/ Se revela a los devotos 7.3/ Su relación con Arjuna 2.10/ Sus sentidos 3.15, 3.22, 13.15/ toca Su flauta 8.21/ todos siguen Su sendero 4.11/ trasciende lo falible y lo infalible 15.18/ trata a todos como un amigo 5.18.

Kṛṣṇa como; Acyuta 4.5/ Advaita 4.5/ Agni de los Vasus 10.24/ aire de vida 15.14/ aire, fuego, agua y luna 11.39/ Ananta entre las serpientes Nāga 10.29/ aquel que mantiene al pueblo 1.43/ aquel que nos salva del nacimiento y de la muerte 12.6-7/ Brahman Supremo Parambrahman 7.10, 10.12-13/ conocedor de todo y objeto de conocimiento 4.9, 6.39, 9.17, 11.38/ controlador (īśvara) de todo 3.22, 5.29, 9.19/ creador de Brahmā, Śiva y los semidioses 10.3/ creador, sustentador y anquilador 2.39, 3.10, 3.15, 4.13, 9.5, 9.8, 10.6, 10.8, 13.17, 14.3/ descendiente de Vṛṣṇi 3.36/ difícil de conocer 4.4, 7.3/ el que mantiene la religión 1.1, 11.18/ el sexo 7.11/ el Sol y la Luna 4.1, 10.21, 11.19, 15.12/ el único Dios para todo el mundo 11.44/ el Yo en el corazón de todos 1.25, 10.20, 11.39, 6.29/ fuente del Brahman 2.2, 2.12, 7.15/ fuente de las encarnaciones 2.2, 4.8, 10.2/ fuente de la Superalma 2.2, 2.20, 7.15/ el Gāyatrī 10.35/ Govinda 1.15, 1.32-35, 2.9/ Hṛṣīkeśa 1.15, 1.20-22, 1.25, 2.10/ imparcial 4.14, 5.15, 5.19-20, 4.11-12, 9.9, 9.29/ Janārdana 1.37-38, 3.1, 10.18/ la muerte 9.19, 11.25, 10.29, 10.34/ la vibración oṁ 7.8, 8.13, 9.17, 10.25/ lugar de reposo 6.29, 7.7, 9.6, 9.18, 11.38/ Madhusūdana 1.15, 1.32-35, 2.1, 2.4, 6.33, 8.2/ maestro espiritual original 2.7, 4.1, 4.34, 11.43/ mahātmā 11.37/ Mahésvara, el fundamento de māyā 7.14/ morada suprema 9.18, 10.12-13/ omnipenetrante 4.24, 9.4, 10.12-13, 10.42, 11.20, 11.38, 11.40/ padre de Brahmā y todos los seres 3.24, 7.15, 9.17, 10.6, 11.39, 11.43/ placer de las vacas y los sentidos 1.15, 1.32-35/ purificador 9.17, 10.12-13/ Puruṣottama, la Persona Suprema 8.1, 8.9, 10.12-13, 10.15, 15.18/ Rāmacandra 1.20, 10.31/ sac-cid-ānanda vigraha 2.2, 4.5/ semilla de todas las existencias, como silencio 10.38-39/ como simultáneamente uno y diferente 4.12, 6.29, 7.12, 9.4/ Suprema Personalidad de Dios 2.2, 10.12-13, 11.18, 11.38/ Syāmasundara 6.47/ trascendental a las modalidades, tiempo y espacio 4.1, 4.4, 7.13, 11.37-38/ Viṣṇu 4.23, 7.4/ Yama, el Señor de la muerte 10.29.

Kṣatriya; alcanzan los planetas celestiales 2.31/ Arjuna se desvía de los deberes de 1.31, 2.2/ como brazos del Supremo 7.23/ como varṇa 2.22, 4.13/ el deber de 2.2, 2.6, 2.15, 2.27, 2.31-32, 3.22, 18.47, 16.13/ el dios del Sol como su padre 4.1/ elegible para entrar al Sol 1.31/ en la modalidad de la pasión 7.13/ feliz con batalla no buscada 2.32/ Kṛṣṇa ejecuta el deber de 3.22/ las cualidades de 18.43/ nacen de la energía de Kṛṣṇa 10.6/ necesita un reino para subsistencia 1.31/ no debe rehusar la batalla ni juego de azar 1.37-38, 2.32/ no hay que lamentarse por el cuerpo burdo 2.1/ no hay que ser cobarde 1.36, 2.30-31/ no pueden atacar a alguien desarmado o mal dispuesto 1.45/ no pueden ocuparse en otra ocupación 1.31/ se distingue por su trabajo bajo las modalidades 18.41/ significado de la palabra 2.31/ su naturaleza y deber se comparan a los del brāhmaṇa 3.35/ su pelear es trascendental 16.5/ tradición de pelear con tigres 2.31/ **Véase también:** Varṇa.

Kumaras; como líderes eruditos 7.15/ como semidioses principales 10.7/ hay que seguirlos 4.16/ se elevaron de la iluminación impersonal a la devocional 14.27.

Kumbhaka-yoga; la suspensión del aire para prolongar la vida 4.29.

Kuntī; Arjuna señalado como el hijo de 2.14, 2.37, 3.9, 5.22, 13.1-2, 6.35, 7.8, 8.16, 9.7, 9.10, 9.23, 9.27, 9.31, 14.7, 14.10, 16.22, 18.48, 18.60/ como la madre de Karṇa 1.8/ como la madre de Yudhiṣṭhira 1.16-18/ el significado de Arjuna como su hijo 1.25/ se citan sus oraciones 7.25.

Kurukṣetra; como antiguo y sagrado lugar de peregrinación 1.1/ comparado al arrozal donde los injustos son desarraigados 1.1/ el significado de la palabra 1.1/ la batalla allí inevitable por la voluntad de Kṛṣṇa 2.27/ nadie matado allí espiritualmente 5.7/ Sañjaya, en el cuarto de Dhṛtarāṣṭra tiene visión 1.1/ su influencia sobre el resultado de la batalla 1.1.

Kurus; Arjuna conocido como el hijo de 2.41/ Arjuna conocido como el mejor entre los 4.31, 11.48/ Dhṛtarāṣṭra como su padre 1.1/ las señales indicaban que toda la dinastía sería muerta 1.16-18/ su victoria depende de Bhīṣma 1.11.

Kuvera; como representación de Kṛṣṇa 10.23/ adorado en el estado condicionado 17.28.

Lamentación; como innecesaria 2.1, 2.13, 2.19, 2.25, 2.28, 2.30/ disipada por el maestro espiritual 2.22/ disipada por Kṛṣṇa 2.1, 2.9, 2.22, 12.16/ indigna de Arjuna 2.2, 2.22/ la determinación sin inteligencia está limitada por la 18.35/ no puede ser alejada con la riqueza material 2.8/ trascendida por el sabio 2.11, 18.54.

Liberación (Mukti); al aceptar la autoridad de los Vedas 4.9/ al alcanzar el cielo espiritual 15.6/ al conocer la acción y la inacción 4.16, 4.18/ al conocer la naturaleza de Kṛṣṇa 4.9, 10.3/ al desear servir a Kṛṣṇa 9.1/ al purificar la mente 3.11, 6.5, 6.20-23/ al renunciar a la acción del trabajo 2.31, 2.39, 2.47, 3.9, 3.31, 4.18-19, 4.35, 5.2-3, 5.11-12, 5.25, 9.28, 16.1-3/ al rendirse a Kṛṣṇa 7.5, 13.19/ al ser matado por Kṛṣṇa 11.55, 16.20/ al trabajar en buddhi-yoga 2.39/ calificaciones para la 2.6, 2.15, 2.67, 16.5/ como brāhmī sthitih 2.72/ como difícil 4.9, 7.14/ como meta de las actividades propicias 6.40/ como un puente para la vida eterna con Kṛṣṇa 2.13/ del cautiverio material, característica de los Ārios 2.2/ de la muerte al refugiarse en Kṛṣṇa 7.29/ de los demonios y los ateos es frustrada 9.12/ de los devotos 2.63, 4.29, 5.26/ el alma puede permanecer en el brahmajyoti o ir a Vaikuṇṭha 2.24/ el bhakti continúa después de la 18.55/ el cuerpo espiritual se manifiesta en la 15.7/ en unidad en el mundo espiritual 15.17/ frustrada por el ciclo de actividades 2.28/ individualidad conservada después de la 2.13, 2.23, 2.39, 6.20-23, 18.55/ jñana, o sea conocimiento, no es suficiente para la 5.2/ los devotos puros no ansían la 8.14/ mediante el amor por servir a Vāsudeva 5.2/ mediante el conocimiento 2.6-7, 4.37, 5.17, 7.7, 13.24, 13.35/ mediante el haṭha-yoga 5.27-28/ mediante la identificación con el Brahman 6.27/ mediante el sacrificio 3.11, 4.32, 5.26/ mientras se vive en el cuerpo material 5.13/ necesaria para conocer el pasado, el presente y el futuro 7.26/ ninguna para aquel que está apegado al mundo 15.1/ no es posible en la modalidad de la pasión 14.7/ obtenida por los sabios del pasado 4.15/ otorgada por Mukunda 1.41/ para aquel que conoce a los tres Viṣṇus 7.4/ por la ecuanimidad de la mente 4.22-23, 5.16/ por medio del conocimiento de la relación con Kṛṣṇa 5.25/ por servicio a los devotos 7.28/ sannyāsa como paso hacia 2.15/ se define 18.55/ Śiva afirma que solamente Viṣṇu puede otorgarla 7.14/ teorías impersonalistas de la 2.12, 2.39, 6.20-23/ todos los recursos deberán utilizarse para la 3.12/ trascendida mediante el amor a Kṛṣṇa 6.30.

Libertad; de Kṛṣṇa para actuar de cualquier forma 4.7/ de la duda y la alucinación es creada por Kṛṣṇa 10.4-5/ de la ilusión el prestigio, la lujuria, etc. 15.3-4/ de las miserias mediante samādhi 6.20-23/ no se les debe dar ni a la mujer ni a los niños 16.7/ sólo es posible al entender a Kṛṣṇa 7.14.

Líderes; adorados por los tontos 4.12/ al rey se le considera el representante de Dios 10.27/ cuando son ciegos, llevan a la sociedad al caos 1.42/ el Gītā destinado especialmente para los 4.1-2/ lo que el grande hace, los demás le siguen 3.21/ se discute su negativa de rendirse 7.15/ sus responsabilidades de enseñar 3.20-21, 4.1.

Limpieza; como austeridad del cuerpo 17.14/ como cualidad divina 16.1-3/ interna y externa, instrucciones 16.7/ rechazada por los demonios 16.7.

Literatura; uno se cansa de la mundana 10.18.

Lo no manifestado; adoración de 12.3-4/ como elemento del cuerpo 13.6-7/ como objeto de meditación impersonalista 12.1/ desanimado en la concentración de 12.6-7/ su comprensión es el sendero difícil 12.5/ todas las cosas en su principio y su fin son 2.28.

Lujuria; causa el cautiverio al mundo material

3.36-37/ como causa de la adoración de los semidioses 7.23/ como causa del ego falso 3.40-41/ como el enemigo pecaminoso que todo lo devora 3.37, 3.39/ como la perversión del amor a Kṛṣṇa 3.37, 3.41/ como la puerta que lleva al infierno 16.21/ como símbolo de la ignorancia 3.39/ como símbolo del pecado 3.41/ cubre a la entidad viviente 3.38/ cubre la conciencia y el conocimiento puros 3.39, 3.41/ debido al abuso de la independencia 3.37/ libertad de la 3.38-39, 3.41, 3.43, 7.1, 7.20, 15.4, 18.51-53/ los árboles están condenados debido a su 3.38/ los demonios alegan que la causa del mundo es la 16.8/ los demonios atados por la 16.10-12, 16.18-20/ los sentidos, la mente y la inteligencia son los lugares donde se posa la 3.40/ mientras no se conquista la mente, se habrá de servir a la 6.7/ nace del contacto con la pasión 3.37/ nunca se satisface y quema como el fuego 3.39/ puede ser conquistada en la forma humana 3.38/ se desarrolla del apego de los objetos de los sentidos 2.62/ se desempeñan austeridades debido a la 17.5-6/ se le da salida a través de los sentidos 3.42/ se transforma posteriormente en ira 3.37/ sus origen es Kṛṣṇa 3.37.

Luna; como representación de Kṛṣṇa 10.21, 15.13/ como uno de los ojos de Kṛṣṇa 11.19/ existen seres más elevados en la Luna 8.25/ la forma universal se menciona como la 11.39/ no ilumina la morada suprema 15.6/ nutre los vegetales 15.12-13/ Paramātmā es la fuente de la luz de la 13.18/ posiciones al momento de abandonar el cuerpo 8.24-26/ se alcanza mediante el sacrificio y las actividades fruitivas 8.25/ se bebe el soma-rasa en la 8.25/ se mueve bajo la orden de Kṛṣṇa 9.6/ su esplendor viene de Kṛṣṇa 15.12.

Mādhava; como expansión plenaria 8.22/ significado del nombre 1.36.

Mādhavendra Purī; citado 2.52.

Madhu; demonio matado por Kṛṣṇa 1.15, 2.1, 8.2.

Madhusūdana; Kṛṣṇa como 1.32-35, 2.1, 2.4, 6.33. significado del nombre 1.15, 2.1.

Madvācārya; como líder erudito 7.15.

Maestro Espiritual; adorado como austeridad 17.14/ como auxilio para la liberación del concepto material 4.10, 13.35/ como el medio transparente 18.75/ como el medio hacia el concimiento 2.7, 4.34, 4.35, 6.47, 13.8-12, 14.18-19, 17.5-6/ como representante de Kṛṣṇa 2.7, 5.16, 18.59/ como representante de Vyāsa 18.75/ como el sannyāsī y el brāhmaṇa 16.1-3/ cuando el se satisface, Dios también se satisface 2.41/ disipa la ignorancia 5.16, 18.72/ el comienzo del servicio devocional es la aceptación del 12.20, 13.8-12/ el método para acercarse al 2.7, 4.34/ el primer requisito de Caitanya para ser 2.8/ el Vyāsa-puja, en su honor 18.75/ para resolver sus problemas Arjuna necesitaba un 2.7/ en la sucesión discipular 4.34, 4.42/ es necesario para comprender a Kṛṣṇa 2.29, 2.41, 11.54/ es necesario para entender el propósito de los Vedas 16.1-3/ es recomendado por la literatura védica 2.7/ es como un paso hacia el amor a Dios, la iniciación del 4.10/ la conciencia de Kṛṣṇa se practica mejor bajo un 2.41/ le libera a uno de la lamentación 2.22/ le revela a uno la relación con Kṛṣṇa 5.16/ no contradice a ningún hombre santo ni a las Escrituras 10.15/ no se desvía de las instrucciones de Kṛṣṇa 4.42, 10.3, 18.59/ nunca finge ser Dios 5.16/ original es Kṛṣṇa 2.6, 2.7, 2.9, 2.10, 2.39, 4.34, 11.43/ puede cambiar la modalidad de la naturaleza de uno 17.2/ puede resolver todos los problemas si es totalmente consciente de Kṛṣṇa 2.8/ puede ser de las castas inferiores si es Vaisnava 2.8/ se le debe consultar para la paz y la felicidad 2.8/ se le ofrecen todos los respectos igual que a Dios 4.34, 5.16/ si no es superior al discípulo la relación no tiene ningún sentido 2.13/ solamente él o Kṛṣṇa pueden liberar 7.14/ su relación con el brahmacārī 6.13-14, 8.11, 8.28/ su relación con los discípulos 2.7, 2.68, 4.34, 4.35/ surge de la familia de los ācāryas o de los gosvāmīs 6.42/ su satisfacción trae el avance 4.34/ sus órdenes son el deber de uno 2.41, 2.53, 3.35, 18.57/ uno debe estudiar el Gītā bajo la guía de un 4.42/ **Véase también:** Ācārya; Devotos; Sabios; Vaiṣṇavas.

Mahābhārata; como diversión para la mente 17.16/ contiene temas discutidos por Dhṛtarāṣtra y Sañjaya 1.1/ describe a Caitanya 4.8/ el Gītā es parte del 2.45, 4.1.

Mahātmā; como uno que se dirige a Kṛṣṇa con cualquier propósito 7.18/ Kṛṣṇa mencionado como 11.37/ los síntomas del 8.15, 9.13, 9.14/ no puede ser manufacturado 9.14/ nunca regresa al mundo material 8.15/ plenamente dedicado al servicio devocional 9.13/ protegido por la naturaleza divina 9.13/ que se rinde a Kṛṣṇa es muy raro 7.19/ recibe los mensajes trascendentales de los devotos iluminados 8.15/ se desarrolla mediante la asociación con los devotos 9.13.

Mahat-tattva; como la causa del cosmos 13.20, 14.3/ creado por Mahā-Viṣṇu 7.4/ Kṛṣṇa como el alma del 10.20/ cubre al brahmajyoti en el mundo material 13.18, 15.6/ Mahā-Viṣṇu entra al 9.8.

Mahā-Viṣṇu; absorbe la naturaleza material 13.20/ como el alma del mahat-tattva, la Superalma 10.20/ crea la energía material 7.4, 10.32/ Kṛṣṇa como la causa de 11.1, 11.54/ no atrae a

los devotos puros 9.13/ Se recuesta en el océano causal y exhala universos 9.8.
Malvados; aniquilados por Kṛṣṇa 4.8/ como duskṛtam, los más bajos de la humanidad 4.8/ el servicio devocional es difícil para los 7.16/ Kṛṣṇa nunca se manifiesta ante los necios 7.25/ liberados por la misericordia de Kṛṣṇa 4.9/ no tienen buenas cualidades 9.31/ puestos en vientres demoníacos 16.19/ se discuten las cuatro clases de 7.15, 7.16/ se discuten su falsa visión y su frustración 9.12/ Yama es castigador principal para los 10.29.
Manu; como líder erudito 7.15/ en la sucesión discipular 4.1, 4.16/ Kṛṣṇa apareció cuando el octavo 4.7/ la edad del actual 4.1/ nació de la mente de Kṛṣṇa 10.6/ uno deberá seguirlo 4.36.
Manu-saṁhitā; afirma que a las mujeres no se les debe dar libertad 16.7/ apoya la pena capital 2.21/ aún es seguido como un libro de leyes 3.21, 16.7.
Manu-smṛti; se hace referencia al 3.39, 7.15.
Matanza de animales; en el fuego de sacrificio no es violencia 2.31/ de las vacas es lo mas vicioso 14.16/ el karma por la 14.16/ en la modalidad de la ignorancia 14.16/ la grasa puede obtenerse de la leche 17.8-10/ no hay necesidad 2.19, 16.1-3/ parada por Buda 4.7/ prominente entre los demonios 16.10.
Mathurā; como lugar sagrado 16.11-12.
Matrimonio; ahora es imaginario en la sociedad 16.7/ como ceremonia purificatoria 18.5/ como vida sexual restringida 17.14, 3.34, 4.26, 4.31. 6.13-14/ desapego a la esposa como conocimiento 13.8-12/ se le debe alentar como vivāha-yajna 18.5.
Māyā; alucina a Arjuna 2.13/ Brahmā y Śiva bajo su infuencia 7.14/ causa el olvido 7.15/·como diferencia corporal de las entidades vivientes 4.35/ comparada a la soga que ata al hombre 7.14/ contaminación de la infección material 6.20-23/ cubre el conocimiento del yo 3.41/ de las tres miserias 16.24/ definida como la existencia separada de Kṛṣṇa 4.35, 10.39/ descalifica al maestro 2.13/ es difícil de superar mediante el conocimiento teórico 3.33/ Kṛṣṇa permite que la entidad viviente caiga en 7.21/ la cubre el brahmajyoti como un velo material 4.24/ la mentalidad ilusionada de los demonios 16.13-15, 16.16/ las almas condicionadas siempre propensas a caer en 2.23/ los impersonalistas piensan que todo es 7.24/ mediante el conocimiento y la devoción uno se puede escapar de 2.14/ no puede cubrir al Supremo 7.26/ o se sirve a Kṛṣṇa o se sirve a 12.6-7/ se disipa la de Arjuna 11.1, 18.73/ se manifiesta en la modalidad de la ignorancia 14.13/ separada del alma al momento de la liberación 2.12/ su contacto con la entidad viviente 7.27, 5.29/ su fundamento en el mago supremo 7.14/ su última trampa 2.39, 18.73/ uno se vuelve indiferente a ella cuando uno se sale de 2.52/ Viṣṇu es su único amo 7.14.
Māyā-devī; Haridāsa Thākur resiste la tentación de 2.62.
Māyāvādīs; argumentan que la individualidad es material 2.12/ citan del Bhāgavatam 9.11/ no se sostiene la teoría de la unidad del alma 2.13/ los Vaiṣṇavas sannyāsīs comparados con los 5.6/ no pueden explicar como es que el alma se ilusiona 2.23/ piensan que Kṛṣṇa pierde su identidad en las expansiones 4.35/ piensan que la forma de Kṛṣṇa es material 7.24/ rinden servicio devocional temporal 9.2/ se adoran a sí mismos como el Supremo 9.15/ su estudio del Śrīmad Bhāgavatam causa problemas 5.6/ su explicación del Gītā es prohibida y desorientadora 2.12/ su renunciación es incompleta 5.2/ su teoría de fusión no es apoyada por Kṛṣṇa 2.12/ **Véase también:** Impersonalistas.
Meditación; del sistema óctuple de yoga es considerada fruitiva 6.3/ en el Brahman es problemática 11.55/ en la Persona Suprema como el conocedor de todo, el más viejo, etc. 8.9/ en la Superalma 6.20-23/ es automática desde el principio en la conciencia de Kṛṣṇa 6.3/ es posible mediante las nueve formas de la devoción 7.1/ Kṛṣṇa como la meta de la 6.13-14, 5.8-9, 8.8/ la tortuga mantiene a sus críos mediante la 5.26/ los farsantes hacen un alarde de 3.6, 3.7/ mejor que el conocimiento 12.12/ método de sentarse para la 6.13-14/ no es posible para el que está perturbado 6.11-12/ para la revelación del Brahman 7.29.
Memoria; Arjuna recupera la suya por la misericordia de Kṛṣṇa 18.73/ el cambio del cuerpo hace que uno olvide la 4.5/ Kṛṣṇa como la 10.34/ la de la entidad viviente comparada a la de Kṛṣṇa 7.26, 4.5/ limitaciones de la del hombre 4.6, 6.13-14/ recuperada por cantar Hare Kṛṣṇa 8.8/ se agudiza con la comida santificada 3.11/ **Véase también:** Proceso de Recordar.
Mente; a veces supera a la inteligencia 6.34/ austeridades de la 17.16/ calmada gracias a la identificación con el Brahman 6.27/ causa que caigan los sabios 2.60/ como amiga y enemiga 6.5, 6.6/ como casuas del cautiverio o la liberación 6.5, 15.7/ como componente del cuerpo 13.6-7/ como el lugar donde se posa la lujuria 3.40/ como inquieta e inestable 6.26, 6.33, 6.34/ como representación de Kṛṣṇa 10.22/ como una de la ocho energías separadas 7.4/ comparada al instrumento para manejar el carro del cuerpo 6.34/ concentración en Kṛṣṇa 3.30, 12.2. 12.8, 8.6, 8.7, 8.9, 5.18, 5.7, 6.26, 6.34, 6.35/ control de 2.60, 2.66, 2.67, 6.10, 8.2, 16.13-14,

5.27-28, 4.21, 6.25, 6.26, 6.27, 6.36, 5.7, 8.8, 17.16, 18.33, 18.51-53/ cuando es agitada los impersonalistas caen 2.63/ cuando está distorsionada adora a los semidioses 7.20/ de Arjuna apesadumbrada 1.30, 1.46/ debe utilizarse para entender las necesidades de la vida humana 10.4-5/ del hombre de discernimiento es arrastrada por los sentidos 2.60/ ecuánime conquista el nacimiento y la muerte 5.19/ el yo es trascendental a la 3.43/ ocupación de la 3.42, 5.25, 6.18/ en relación a los sentidos 2.67, 3.6-7, 6.24, 3.42, 4.26-27, 6.24, 15.9, 17.16/ en samādhi
Intro, 2.44, 4.24, 6.20-23/ en yoga 2.48, 6.5, 6.11 12, 6.13-14, 5.27-28, 7.1/ fijada en los pies de loto de Kṛṣṇa 6.18, 8.2/ firme, síntomas de los sabios que la poseen 2.56/ firmeza como sthīra-buddhi 5.20/ fortalecida por la inteligencia 3.42/ la de aquel que es querido para Kṛṣṇa está en armonía con Él 12.13-14/ la Superalma ya ha sido alcanzada por aquel que la ha conquistado 6.7/ mediante su control se obtiene la morada Suprema 6.15/ meditación en el Yo 6.19, 2.55, 6.20-23, 6.25, 6.26/ método de fijarla en Kṛṣṇa al morir 8.10/ no degrada a aquel que ve a la Superalma en todo 13.29/ no es perturbada en el florido lenguaje de los Vedas 2.53/ no hay meta sin la conciencia de Kṛṣṇa 2.66/ puede encontrarse en un estado de pánico al momento de la muerte 8.2/ purificación de la 5.11, 12.11/ su espejo limpiado mediante el cantar 3.38/ su paz se obtiene a través de la renunciación 12.11/ superior a los sentidos, inferiores a la inteligencia 3.42/ tiene que admitir el dictado superior 6.7.

Meru; algunas veces móvil, no es tan grande como los Himalayas 10.25/ como representación de Kṛṣṇa 10.23.

Miserias; aceptadas como la misericordia de Kṛṣṇa 2.56/ causas de las 1.31, 6.32, 7.7, 5.22, 16.24/ el universo material está lleno de 9.33/ en la modalidad de la pasión 14.16-17/ existen desde el planeta más elevado hasta el más bajo 8.16/ incluso Brahmā no es libre de las 8.17/ libertad de las 2.5, 2.29, 2.65, 4.33, 4.36, 5.29, 6.17, 9.1, 16.20-23, 18.62/ los devotos no sienten las 5.26/ los mahātmās nuncan regresan a las 8.15/ los sabios no se perturban por las tres 2.56/ no tan severas en la modalidad de la bondad 14.6/ quien no se purifica antes de morir habrá de padecer vida de 1.43/ reducidas al mínimo por la misericordia de Kṛṣṇa 2.56/ se conocen solamente las del propio cuerpo 2.17/ se discuten como perplejidades 2.7/ **Véase también:** Ansiedad; Sufrimiento.

Misericordia; Arjuna formula preguntas debido a su 10.17, 11.44/ como medio de entender el plan de Kṛṣṇa 11.34/ de Kṛṣṇa al matar a los demonios 16.20/ de Kṛṣṇa como libertador 12.6-7, 7.14/ de Kṛṣṇa miserias aceptadas como tal 2.56, 3.28/ de Kṛṣṇa para los devotos 7.23, 8.14, 10.2/ de Kṛṣṇa se ven las dificultades como tal 12.13-14/ el sannyāsī depende de la 16.1-3/ el sol, la luna, y el fuego son evidencias de la 15.12/ en ubicar a los demonios en las especies inferiores 16.20/ Kṛṣṇa conocido mediante la 2.29, 7.24, 4.11, 4.28/ Kṛṣṇa explica la acción por su 4.17, 4.18/ los malvados son liberados por la 4.8/ mostrada a los especuladores 10.2/ no se les brinda a los demoníacos 16.20/ obtenida al seguir las regulaciones 2.64/ permite a Arjuna verlo todo 11.7, 18.73/ Sañjaya escucha el Gītā por la misericordia de Vyāsa 18.75-76/ se considera todo como la misericordia de Kṛṣṇa 7.19/ su aparición en su forma original como su 4.6.

Modalidades (de la naturaleza); adquiridas por el alma 3.5/ acción y actividades en relación a las 3.5, 5.12, 5.14, 14.16, 14.17, 14.18, 14.19, 18.17, 18.24-25, 18.60/ alimento de acuerdo a las 17.7/ Arjuna es exhortado a trascenderlas 2.45/ asociación con las 17.2/ austeridad de acuerdo a 17.7, 17.12-13, 7.19/ caridad acuerdo a 17.7, 17.20, 17.21-22/ como atadura y condicionamiento 18.20, 3.27, 3.29, 14.1, 14.5, 14.9, 14.27/ como manifestaciones de la energía de Kṛṣṇa 7.12/ como se aplican a los varṇas 7.13, 9.32, 14.13, 18.41/ como tema del Capítulo Catorce 14.1, 14.27/ comprensión de acuerdo a las 18.29/ conocimiento de acuerdo a las 5.1, 5.2/ contaminan a la entidad viviente 14.5/ contaminan el conocimiento 14.2/ determinación de acuerdo a las 18.33-35/ disfrutadas por la entidad viviente 13.22/ difíciles de superar 7.14/ el alma más allá de las 13.32/ el destino de aquellos que están situados en las 14.18/ elevación de las 17.2/ el estado no manifestado como pradhāna 13.6-7/ el trabajo de uno que está desapegado de las 4.23/ fe de acuerdo a las 17.2-4/ felicidad de acuerdo a las 18.36-37/ interacción de las 14.10/ Kṛṣṇa trascendental a las 7.12, 11.38, 14.19/ las almas condicionadas son atraídas por las 6.37/ la Superalma es trascendental, así no la jīva 13.5/ los resultados de las 14.17/ los Vedas tratan principalmente de las 2.45/ manifiestan y nutren el mundo material 15.2/ nada más allá de las 14.19/ Paramātmā es su amo 13.15, 13.16/ proceso de trascender las 3.35, 13.24, 14.22-25, 14.26, 15.20/ provienen de la raíz del árbol baniano 15.1/ relativas al cuerpo material 2.45, 14.22-25/ sacrificio de acuerdo a las 3.12, 17.7-10, 17.11-13/ síntomas de las 14.11-15/ todas las entidades vivientes son engañadas por las 3.32, 7.13, 18.40/ trabajadores de acuerdo a las 18.26-28/ **Véase también:** Bondad; Ingnorancia; Pasión.

Monismo; como adoración de uno mismo como el Supremo 9.15/ como algo que desorienta 7.5/ no acepta el placer trascendental 6.20-23/ no es apoyado 18.55/ se le considera ateísmo 13.25/ su argumento impersonalista no es cierto 7.24.

Morada Suprema; como ānanda-cinmaya-rasa 8.21/ como autoiluminada 2.16, 15.6/ como cintāmaṇi-dhāma 8.21/ como Kṛṣṇa 8.22, 9.18-19, 10.12-13/ como no manifestada, infalible, el destino supremo 8.21/ no es diferente del servicio devocional 2.72/ no existe el renacimiento en la 8.16/ no hay regreso de la 8.21, 15.6/ no se alcanza con acción caprichosa 16.23/ se alcanza mediante la devoción 2.72, 6.15, 11.55, 14.10, 14.9, 18.55/ se alcanza mediante la gracia 18.56, 18.62/ se alcanza por el cese de la existencia material 15.5, 6.15, 16.22-23/ se describe 8.21/ transferencia al morir 8.6/ variedad en la 8.22/ **Véase también:** Goloka; Vṛndāvaṇa, Cielo Espiritual.

Mūḍhas; se discuten como malvados 7.15/ tontos que menosprecian la forma humana de Kṛṣṇa 9.11.

Muerte; como la entrada al Reino de Dios 2.72/ como purificación en el altar y en el campo de batalla 2.22/ como una de las seis transformaciones del cuerpo 2.20/ creada por Kṛṣṇa 10.4-5/ destino de acuerdo a las modalidades de la naturaleza al momento de la 14.14-15/ el alma no está sujeta a la 2.20/ el deshonor peor que la 2.34/ el sabio es insensible a la 6.20-23/ Kṛṣṇa como libertador de la 12.6-7/ la importancia de los pensamientos y los actos al momento de la 8.5/ la personificación de (Yāma), como representación de Kṛṣṇa 10.2, 10.34/ las actividades lo atan a uno a la 2.49/ la inevitabilidad de 11.32, 16.11-12/ métodos de trascender la 2.51, 7.29, 13.19, 13.26, 14.20/ no es causa de lamentación 2.13/ no existe en el mundo espiritual 7.29, 15.16/ recuerdo y conocimiento de Kṛṣṇa al momento de la 6.15, 7.30, 8.6, 8.7, 8.10, 13.19/ repetición de la 2.51, 8.16/ sistema prāyaścitta de ablución antes de la 1.43/ su ciclo es de acuerdo a las actividades 2.27/ su percepción como un mal 13.8-12/ transmigración al momento de la 2.15, 9.2, 9.5/

Mujeres; Caitanya no quería disfrutar de 6.1/ corrompidas cuando la irreligión es prominente 1.40/ disponibles en los planetas celestiales 2.42-43/ el iluminado no toma interés en ellas 3.17/ el sannyāsī tiene prohibida la asociación con las 16.1-3/ expuestas a la degradación 1.40/ hoy su moralidad es baja 16.6/ las seis opulencias femeninas como representación de Kṛṣṇa 10.34/ método de protección 16.7/ no se les debe dar libertad/ 16.7/ no son muy inteligentes ni confiables, pueden acercarse al Supremo 9.32/ su castidad trae buena población 1.40/ uno debe considerarlas como su madre 3.34/ Yāmunācārya escupe a los pensamientos de la vida sexual 2.60.

Mukti; Véase: Liberación.

Mukunda; aquel que se ha refugiado en Él no tiene ninguna otra obligación 1.41, 2.38 como el que otorga mukti 2.51/ santos enamorados de 3.13.

Muni; Véase: Sabios.

Naimiṣāraṇya; sabios de 10.18.

Nacimiento; actividades fruitivas para el 2.42-43, 2.50/ Brahmā como la fuente del 14.3/ causado por Kṛṣṇa 14.3, 10.4-5/ como no existente en el mundo espiritual 7.29, 8.16, 15.16/ como una de las seis transformaciones del cuerpo 2.20/ conquistado mediante la mente establecida en la ecuanimidad 5.19/ conquistado al comprender a Kṛṣṇa 6.15, 13.18, 13.19/ de Kṛṣṇa no es ordinario 4.6, 10.6/ diferentes tipos bajo diferentes modalidades 14.14, 14.15/ el alma no está sujeta al 2.20, 10.4-5/ entre las especies demoníacas 16.20/ está indudablemente en unión con la muerte 2.20, 2.27/ Kṛṣṇa como el redentor del 12.6-7/ Kṛṣṇa puede recordar los nacimientos de Él y los de Arjuna 4.5, 4.6/ libertad del nacimiento por trascender las modalidades 14.19/ muy raro en familias de trascendentalistas 6.42/ no puede ser contrarrestado con la riqueza 2.8/ presente por doquier en el universo material 2.51/ repetición del 2.51, 8.16/ se describe en el Śrīmad-Bhāgavatam el sufrimiento del embrión en el vientre 13.8-12/ su ciclo es de acuerdo a las actividades 2.27/ **Véase también:** Transmigración.

Nandana-kānana; jardines de deleites sensuales 2.42-43.

Nārada; como el devoto más grande del universo 10.26/ como el maestro espiritual de Vyāsa 6.40, 18.75/ como representación de Kṛṣṇa 10.26/ influye a Arjuna 18.63/ proclama que Kṛṣṇa es el Supremo 7.24/ su ingreso en el servicio devocional 9.2/ uno debe seguirle 4.16/ verfica la oración de Arjuna 10.12-13.

Nārāyaṇa; Arjuna pide ver la forma de 11.46/ como una de Sus formas principales 11.46, 18.65/ el disfrutador supremo, sus expansiones 8.8, 8.22/ Kṛṣṇa aparece como ante Sus familiares 4.6, 11.50/ la forma de cuatro brazos preside en los planetas Vaikuṇṭhas 11.45/ los semidioses nacen de 10.8/ los semidioses no pueden ser iguales a 4.12/ ninguno puede equipararse a 3.4/ no posee opulencias plenas 2.2/ tanto interno como externo 13.16/ trascendental al mundo material 3.12/ se Le rinde bhakti-yoga a 14.26/

Su forma de cuatro brazos es eterna 11.54.
Naturaleza Material (Prakṛti); absorbida en Mahā-Viṣṇu, manifestada por el mahat-tattva 13.20/ causa las actividades y las lleva acabo 3.27, 13.21/ como causa inmediata de la creación 4.14, 9.10, 14.3/ como fundamento de la existencia 13.27/ como sin principio 13.20/ como tema del Capítulo Trece 13.1-2, 13.35/ comparada a la forma universal 11.5/ compuesta de veinticuatro elementos 13.6-7/ consiste en las tres modalidades 14.5/ controlada por Kṛṣṇa 2.16, 5.29, 7.14, 9.10/ crea 8.400.000 especies 13.21/ el mahātmā no está bajo el control de 9.13/ empreñada por la mirada de Kṛṣṇa 3.15, 9.10/ desde tiempo inmemorial 5.14/ eternamente transmutable 8.4/ frustra los planes de los ateos 7.15/ Kālī es su forma fantasmal 3.12/ Kṛṣṇa no está sujeto a la 7.11/ liberación obtenida mediante comprensión 13.24/ los demonios alegan que es la causa de la manifestación 16.8/ no es la causa del nacimiento 14.3/ proviene de la raíz del árbol baniano 15.1/ puede destruir instantáneamente la riqueza de uno 2.8/ trabajando de acuerdo a un plan 11.33/ trasformaciones de las entidades vivientes debido a 13.20.
Nesciencia; alejada por el maestro espiritual 5.16/ atrapa a la entidad viviente 5.15/ cómo rescatar a uno que ha caído en su océano 2.1/ destruida mediante el conocimiento 4.36, 5.16, 6.6/ Kṛṣṇa no está propenso a la 5.16/ su última trampa en pensar que uno mismo es Dios 5.16/ **Véase también:** Ignorancia, Sueño.
Nirguṇa; Kṛṣṇa como 7.12, 13.15.
Nirvāṇa; actividades espirituales después del 6.20-23/ relativo a la duración de la mente 6.20-23/ significa el fin de la vida materialista 2.72.
Nityānanda; como encarnación de Dios y como el maestro divino 7.15/ redimió a Jagai y Madhai 7.15.
No devotos; Arjuna inquiere para el beneficio de los 4.4/ Kṛṣṇa nunca se manifiesta ante los necios 7.25/ no pueden entender a Kṛṣṇa 7.3, 7.24, 18.55/ no pueden practicar bhakti 7.3/ no tienen buenas cualidades 9.31/ se acercan al Gītā como la abeja que lame la botella de miel 2.12/ su contaminación no ha sido depurada 7.20.
No existencia; Véase: Asat.
No manifiesto; adoración de lo 12.3-4, 12.5/ como elemento del cuerpo 13.6-7/ como objeto de la manifestación impersonalista 12.1/ se desaprueba la concentración en lo 12.5/ su comprensión es como un sendero difícil 12.5/ todas las cosas no manifestadas en su principio y su fin 2.28.
Nombre; beneficios del cantar 3.38, 2.46/ cantado 300.000 veces por Haridāsa Thākura 6.17, 6.44/ debe cantarse para ser transferido a Kṛṣṇaloka 8.7/ de Kṛṣṇa como objeto de la concentración 1.24/ de Kṛṣṇa de acuerdo a sus actividades 1.15/ de Kṛṣṇa no puede ser entendido mediante los sentidos 6.8/ de Kṛṣṇa y Él mismo no son diferentes 12.8/ el cantar es el mejor medio en Kali-yuga 3.10 el cantar es señal de vida espiritual avanzada 6.44/ el mundo se regocija al oír el de Kṛṣṇa 11.36/ el porqué Caitanya lo cantaba 2.46/ glorificado por los mahātmās 9.14/ los impersonalistas temerosos de dirigirse a Kṛṣṇa nombrándole 7.8/ no debe cantarse sin conocer la filosofía 3.1/ om tat sat pronunciado en relación con 17.23.
No violencia; Arjuna debe abandonarla 2.3, 2.32/ como actividad mundana 3.30/ como ahiṁsa se define 2.19, 10.4-5, 16.1-3/ como apego personal 3.14/ como austeridad del cuerpo 17.14/ como conocimiento se define 13.29, 13.8-12/ creada por Kṛṣṇa 3.19/ el nacimiento y la muerte no apoyan la guerra 2.27/ en el sacrificio del Hare Kṛṣṇa 10.25/ no se alienta la no violencia a pesar de la inmortalidad del alma 2.30/ se espera de los brāhmaṇas 3.35/ sus principios establecidos por Buda 4.7/ uno con conocimiento no puede matar ni hacer que otro mate 2.21.
Nṛsiṁha; como expansión, encarnación 4.5, 4.13, 6.47, 11.46, 15.7.

Oṁ; como la suprema combinación de letras 8.13/ como medio de entrar en el Brahmān 8.11/ contenido en Hare Kṛṣṇa 8.13/ el sacrificio, la caridad y la penitencia empiezan con el 17.24/ Kṛṣṇa como el 7.8, 9.17, 10.25, 17.24/ no es diferente de Kṛṣṇa y de Brahmān 8.13/ preferido por los impersonalistas 7.8/ usado en sacrificio 17.23-25/ usado para indicar la Verdad Absoluta 17.23-24.
Oṁkāra; Véase: Oṁ.
Omnipenetrante; Arjuna inquirió acerca del 10.16-17/ como aspecto de la Superalma 13.14/ como representante de Kṛṣṇa 8.22, 9.4, 18.46/ como representación de Viṣṇu 6.31/ la belleza omnipenetrante como representación de Kṛṣṇa 10.12-13/ la forma universal como 11.38-43/ las entidades vivientes como 2.24/ mediante diversas energías 7.8/ y simultáneamente en Vṛndāvana 9.11/ **Véase también:** Brahmajyoti; Brahman.
Oṁ tat sat; la vibración discutida 17.23-24/ para perfeccionar todas las actividades 17.26-27.
Opulencias; de Kṛṣṇa conocidas por medio del Bhāgavatam y del Gītā 10.7/ de Kṛṣṇa facilitan la devoción 10.7/ de Kṛṣṇa intercambiadas con los devotos 14.27/ de Kṛṣṇa no interesan a los devotos puros 11.8/ de Kṛṣṇa no pueden ser entendidas por los impersonalistas 10.19/ de Kṛṣṇa no

tienen límite 10.19, 12.3-4/ de Kṛṣṇa representadas por cualquier cosa que sea opulenta 10.41/ de Kṛṣṇa tema del Capítulo Diez 10.1, 10.42/ exhibidas dondequiera que Kṛṣṇa esté 18.78/ Kṛṣṇa da sólo un indicio de Sus 10.40/ Kṛṣṇa posee toda riqueza y energía13.15/ las seis principales 10.1/ plenas en el mundo espiritual 15.6.

Órdenes Sociales; Véase: Varṇa.

Orgullo; como cualidad demoníaca 16.4, 16.10/ como impedimento para rendirse 15.5/ los demonios confundidos por el 16.23/ penitencias severas ejecutadas a causa del 17.5-6/ sacrificios ejecutados en base al 17.11-13.

Pāncarātrikī; las regulaciones devocionales de los Vaiṣṇavas 5.6.

Pāṇḍavas; animados por el soplar de las caracolas trascendentales 1.15/ como estudiantes afectuosos de Droṇācārya 1.3/ Duryodhana consideraba limitado su ejército 1.11/ guiados por la instrucción directa de Kṛṣṇa 1.20/ Kṛṣṇa como Arjuna entre los 10.37/ no perturbados por la caracola de los enemigos 1.19/ pertenecen a la misma familia que los hijos de Dhṛtarāṣṭra 1.11/ piadosos desde su nacimiento 1.2/ sabían que Kṛṣṇa es el Supremo 7.25/ su confianza en Kṛṣṇa 1.19/ su victoria asegurada debido a Kṛṣṇa 1.14.

Pāṇḍu; Arjuna mencionado como el hijo de 1.20/ el gran ejército de sus hijos señalado por Duryodhana 1.3/ el Rey casado con Kuntī 1.8/ sus hijos influidos por Kurukṣetra, de manera favorable 1.2/ sus hijos separados de la herencia familiar 1.1/ sus hijos son el objeto del las indagaciones de Dhṛtarāṣṭra 1.1.

Parabrahman; como fuente personal de todo 7.10/ comparado al Brahmān 8.3.

Paramātmā; como adhiyajña 8.4/ como aspecto localizado de la Verdad Absoluta 2.2/ como causa de la acción 15.15, 18.13-14, 18.18/ como compañero de la entidad viviente 13.3, 2.20, 2.22, 5.5, 12.21, 13.28, 15.13/ como conocedor de todos los cuerpos 13.3/ como conocimiento y meta del conocimiento 13.18/ como disfrutador y propietario del cuerpo 13.23/ como el amo de las modalidades de la naturaleza 13.5, 13.15/ como fuente de la luz más allá de la oscuridad 13.18/ como fuente de todos los sentidos aunque sin sentidos 13.15/ como Kṣīrodakasāyī Viṣṇu 7.4/ como Mahā-Viṣṇu 10.20/ como más pequeño que lo más pequeño 8.9/ como presente en el corazón de todas las entidades vivientes 2.13, 2.17, 5.18, 6.13-14, 6.29, 6.31, 7.26, 8.4, 18.46/ como protector del sannyāsī 16.1-3/ como comprensión parcial 6.3, 5.17, 4.11, 17.24, 7.1, 2.53, 14.27/ como sostenedor y mantenedor del universo 13.23, 15.13, 5.4, 10.42, 7.6, 15.17, 13.15/ debe ser respetado en todo 9.11/ devora y desarrolla todo 13.17/ dirige el vagar de todos 18.61/ entra al brahmajyoti al salir del cuerpo 15.17/ igual en todo 16.31, 6.29, 13.29/ Kṛṣṇa como 1.25, 6.10, 6.31, 7.21, 8.4/ Kṛṣṇa como fuente del 2.2, 2.20, 5.10, 13.20/ la voluntad última investida en el 18.13-14/ liberación obtenida por el entendimiento 13.24/ los demonios ignorantes de Él como testigo 16.11-12/ dos desorientados piensan que es uno con el alma 2.29/ métodos de percepción 13.25/ no causa que uno peque 3.36/ no es eterno en el mundo espiritual 7.4/ nunca es destruído 13.28/ parece dividido pero no lo está 13.17/ puede entender los deseos de la entidad viviente 5.15/ comprensión del 12.3-4, 6.38, 10.15/ revelado a través del yoga 2.39, 6.30, 6.7-8, 6.13-14, 6.20-23/ reside también dentro del átomo 4.11, 15.13/ satisface los deseos del alma como un amigo 2.22/ Su gracia permite la trasmigración 2.22/ superior al conocimiento de Brahman 18.63/ Sus manos, piernas, ojos, caras, etc. están por doquier 13.14/ teoría de la reflexión aplicada a 2.13/ torturado por los demoníacos 17.5-6.

Paramātmāvādī; como indirectamente consciente de Kṛṣṇa 6.10/ su grado de avance 2.2/ **Véase también:** Yogī.

Param Brahma (Brahman Supremo); se declara que Kṛṣṇa es el 10.12-13/ **Véase también:** Brahman.

Param-dhāma; Véase: Goloka Vṛndānavan, Cielo Espiritual, Morada Suprema.

Paramparā; Véase: Sucesión Discipular.

Parāśara Muni; citado 2.32, 10.1, 13.5/ explica la palabra Bhagavān 2.2/ gran autoridad, padre de Vyāsadeva 2.2.

Partes; cualitativamente uno con el Supremo 2.20/ de Kṛṣṇa lo son todos los seres 4.35/ diferencia del todo 2.16, 5.3/ entidades vivientes como fragmentos eternos 15.7/ eternamente separadas 15.16/ inclinadas a extinguirse cuando están fuera del fuego 2.23/ se definen como chispas atómicas de los rayos de Kṛṣṇa 2.17.

Pasatiempos; los devotos de Kṛṣṇa siempre pensando en ellos 1.24/ los mahātmās los glorifican 9.14/ no pueden ser entendidos mediante los sentidos 6.8.

Pasión; adoración en la modalidad de la 17.4/ acción en la 14.7, 14.10, 14.16, 18.24/ algunas veces derrota a la bondad 14.10/ alimento en la modalidad de la 17.8-10/ austeridad y penitencia en la modalidad 17.5-6, 17.18/ Brahmā como encarnación de rājo-guṇa 7.14/ calmada por la identidad de Brahmā 6.27/ caridad en la modalidad de la 17.20-22/ causa de la lujuria 3.36/ como impedimento para la liberación 16.1-3/ como manifestación de la energía de Kṛṣṇa 7.12/

como la modalidad demoníaca 16.24/ comprensión en la 18.31/ conduce a tomar nacimiento entre trabajadores fruitivos 14.15/ conocimiento en la 18.21/ debe elevarse a la bondad 3.36/ determinación en la 18.34/ disminuida por el servicio devocional 6.27, 7.1/ el mundo material entero en la modalidad de la 14.7/ felicidad en la 18.38/ la aflicción se desarrolla a partir de la 14.17/ la tierra es destino de aquellos en la 14.18/ renunciación en la modalidad de la 18.8/ sacrificio en la modalidad de la 17.12/ sexo como su fundamento 14.7/ síntoma del apego, el deseo, la apetencia, el esfuerzo 14.12/ trabajador en 18.27.

Patañjali; sistema de yoga discutido 4.27/ sistema de yoga para fusionarse 4.28.

Paz; a través de la identidad con Brahman 6.27/ como cualidad del brahmāṇa 18.42/ como tranquilidad, una cualidad divina 16.1-3/ destruida si Kṛṣṇa no trabaja 3.24/ disfruta dentro de uno mismo por el conocimiento 4.38/ fórmulada para la 5.29/ imposible en la modalidad de la pasión 14.17/ lograda a través de la conciencia de Kṛṣṇa 2.8, 2.65-66, 5.29, 12.12, 14.17/ lograda a través del control de la rendición 4.39, 2.70-71, 6.7, 12.12, 18.62/ su principio básico 2.71.

Pecado; al no ofrecer el alimento se incurre en 1.41, 3.13-14, 6.16/ Arjuna está libre de 15.20/ Arjuna pregunta el por qué uno es impelido al 3.36/ Arjuna teme incurrir 1.36/ causas del 1.44, 2.47, 3.16, 3.36, 4.31/ como vikarma 3.15/ el Espíritu Supremo no asume el 5.15/ en forma de semilla y como fructificado 9.2/ en relación al trabajo y a la acción 2.21, 2.22, 2.33, 4.16, 4.21, 5.8-10, 18.47/ Kṛṣṇa promete liberar a Arjuna del 18.66/ Kṛṣṇa toma cargo de los pasados de uno 12.8/ liberación mediante la identificación con el Brahman 6.27/ liberación mediante la modalidad de la bondad 14.5, 14.6/ liberados de los 5.25/ lujuria como símbolo del 3.41/ no es la naturaleza de la entidad viviente 3.36/ no se debe a la Superalma 3.36/ para tener felicidad es raro cometer 1.44/ prāyaścitta o sistema de ablución antes de morir 1.43/ purificado mediante el sacrificio 4.30, 2.22/ quien tiene ecuanimidad no incurre en 2.38/ se analiza en el Padma Purāṇa 9.2/ seis tipos de agresores a los que se puede matar sin que se incurra en 1.36/ se trasciende mediante el servicio devocional 5.25, 9.2, 10.12-13, 18.71.

Pena Capital; apoyada por el Manu-saṁhitā 2.21/ es muy benéfica pues absorbe el karma 2.21.

Penitencia; antes de rendirse a Kṛṣṇa 12.3-4/ como austeridades severas para la iluminación 4.28/ como candrāyana y cāturmāsya 4.28/ como tapas, austeridad, una cualidad divina 16.1-3/ creada por Kṛṣṇa, definida 10.4-5/ debe ejecutarse de acuerdo a los principios védicos 11.59/ del cuerpo 17.14/ del habla 17.15/ demoníaca cuando es severa 17.5-6/ de los ascéticos es Kṛṣṇa 7.9/ empezó con la palabra oṁ 17.24/ en la bondad 17.17/ en ignorancia para destruir a uno mismo o a otros 17.19/ en pasión es inestable 17.18/ en vida de vānaprastha 8.28/ innecesaria en el servicio devocional 9.15/ innecesaria para devotos avanzados 2.52/ Kṛṣṇa como propósito y disfrutador de 5.29, 2.66/ mientras se estudia bajo un maestro espiritual 8.28/ necesaria para la aceptación de Kṛṣṇa 2.29/ no debe ser abandonada nunca 18.3, 18.5,/ no revelará la forma de dos brazos 11.52/ para complacer a la Persona Suprema 17.26-27/ purifica aun a las grandes almas 18.5/ realizada por Brahmā durante mil años 10.6/ recomendada para la purificación 5.22, 5.23/ tat y sat pronunciados como 17.25-27.

Personalidad; a pesar de su aspecto omnipenetrante no Se pierde Su 9.2, 11.2/ confirmada por la memoria de Kṛṣṇa 7.26/ Kṛṣṇa como lo más grande 15.18/ la retención de ésta después de la muerte atemoriza a los impersonalistas 4.10/ los necios piensan que Kṛṣṇa asume 7.24.

Personalidad de Dios; Véase: Suprema Personalidad de Dios.

Pestilencia; causada por la población no deseada 1.41.

Piedra Vaidurya; Kṛṣṇa comparado a la 4.5.

Planetas; Arjuna ve en la forma universal algunos hechos de tierra, otros de oro, joyas, etc. 11.13/ autoiluminados en el cielo espiritual 15.61/ Brahmaloka sobrevive a todos los sistemas superiores 8.17/ comodidades sensuales en los sistemas superiores 9.20-21, 4.31/ de árboles 10.29/ de Kṛṣṇa, logrado por los devotos 7.23, 7.24/ de los semidioses, logrados por los adoradores de estos 7.23, 7.24, 9.25/ elevación a sistemas superiores 2.24, 2.31-32, 2.42-43, 8.16, 18.71/ encerrados en el puño de la forma universal 14.4/ entidades vivientes encontradas en todos los 14.4/ innumerables dentro de cada universo 10.6/ Kṛṣṇa como controlador de 15.13, 5.29, 9.6/ Kṛṣṇa difundido por todos los 11.19/ las entidades vivientes no los pueden hacer 7.6/ los yogīs que fracasan nacen en los superiores 6.41-42/ materialistas interesados en promoción a los elevados 6.38/ no se pueden alcanzar por la fuerza con máquinas 14.18, 2.8, 16.16/ otros tienen otras formas de vida humana 10.4-5/ perturbados al ver la forma universal 11.23/ regidos por manifestaciones de Nārāyaṇa 8.22, 11.45/ sacrificios para elevación a los superiores 8.3, 2.42-43, 4.28/ se buscan los sistemas superiores tomando soma 9.20/ si fuera matado, Arjuna alcanzaría los, celestiales 2.37/ sistemas superiores como cabeza de Kṛṣṇa 8.4. Uno es transferido a los, infernales si no se purifica 1.43/ Uno está sujeto a caer de los, superiores 8.16/

Planetas Vaikuṇṭhas; Véase: Cielo Espiritual.

Placer; como última meta del yoga 6.24/ conocido solamente en lo que al propio cuerpo se refiere 2.17/ creado por Kṛṣṇa 10.4-5/ dado por Kṛṣṇa a las vacas y a los sentidos 1.15/ debe hallarse en aquello que favorece a la conciencia de Kṛṣṇa 10.4-5/ de cantar Hare Kṛṣṇa 9.2/ de estudiar el Gītā 8.28/ de oír y glorificar a Kṛṣṇa 1.32-35, 5.22, 7.30, 10.9-10, 10.19/ el de los sentidos tiene principio y fin 5.22/ el del trabajo arduo está disponible para los cerdos 5.22/ el que se deriva de un reino no es permanente 1.36/ se debe pensar solamente en el del Supremo 6.25/ en el sistema de yoga de Patañjali 6.20-23/ más grande es servir 1.21-22/ no lo aceptan los monistas 6.20-23/ quien le es querido a Kṛṣṇa no se aferra 12.16-19/ saboreado por el sabio 2.69, 5.21.

Pluralidad; de las almas individuales se mantiene 2.12, 2.13.

Población; como varna-saṅkara, no deseada 1.43/ el principio básico para la paz cuando es buena 1.40/ plan de Kṛṣṇa para reducirla 18.73/ reglas disciplinarias para una pacífica 3.24/ se considera el 99.9 por ciento como narādhama 7.15/ suficiente alimento por medio del sacrificio a pesar del aumento de 4.31/ tonta en Kali-yuga 2.46.

Potencias; Kṛṣṇa se conoce a Sí mismo por medio de Sus 10.15/ las de Kṛṣṇa no pueden ser superadas 15.18/ se comprenden las de Kṛṣṇa mediante la discusión 9.1.

Pradhāna; como las modalidades de la naturaleza no manifestadas 5.10, 13.6-7.

Prahlāda; como ejemplo de tolerancia 13.8-12/ como líder erudito 7.15/ como representación de Kṛṣṇa 10.30/ perseguido por su padre 4.8/ uno debe seguirlo 4.16.

Prakāśānda; pregunta a Caitanya el por qué Él canta 2.46/ ridiculizó a Caitanya 10.11.

Prakṛti; Véase: Naturaleza Material.

Prāṇa; como una de las cinco clases de aire 2.17.

Prāṇāyāma; en aṣṭānga-yoga 5.27-28, 5.29/ proceso de respiración 4.29.

Prasāda; apetitoso después de mucho tiempo de preparado 17.8-10/ automáticamente reduce el comer 4.29, 6.35/ como el mejor tipo de alimento 7.8-10/ como medio para controlar la lengua 13.8-12/ como método para alcanzar a Kṛṣṇa 11.55/ como principio de bhakti-yoga 12.9/ contrarresta la contaminación de la naturaleza material 3.14/ Haridāsa Thākura no tomaba hasta cumplir su voto 6.17/ Kṛṣṇa acepta una flor, una hoja, o agua 9.26/ libera a los antepasados de los cuerpos de fantasmas 1.41/ Nārada fue liberado del pecado al tomar 9.2/ recomendado por Caitanya 16.24/ se discute cuáles alimentos son adecuados 6.17/ tomado por devotos, rechazado por los no devotos 2.63/ uno debe comer solamente 6.16.

Predestinación; la dinastía Kuru condenada en Kurukṣetra 1.9, 1.16-18, 1.32-35, 2.27/ la forma universal revela la destrucción de los soldados 11.26-27, 11.31, 11.32, 11.34.

Prema; como verdadero amor a Kṛṣṇa 4.10.

Proceso de recordar; a la hora de la muerte por medio del yoga 8.5, 8.10/ cantando Hare Kṛṣṇa, con el 8.5/ cuando se está confundido se pierde la inteligencia 2.63/ limitaciones del 4.6/ lo libera a uno de la esclavitud pecaminosa 2.52/ los pies de loto de Kṛṣṇa 6.18/ no es posible para el impuro 8.5/ para alcanzar a Kṛṣṇa 8.7-8, 8.14/ proviene de Kṛṣṇa 5.15.

Pṛthā; Arjuna mencionado como hijo de 2.3, 2.39, 3.22, 4.11, 4.33, 7.1, 7.10, 9.13, 9.32, 11.5, 12.6-7, 16.4, 16.6, 17.26-27, 18.6, 18.14, 18.30/ como tía de Kṛṣṇa 2.31/ significado de Arjuna como su hijo 1.25.

Purāṇas; celebran las glorias del Supremo 15.15/ como anales históricos 10.18/ como diversión para la mente 17.16/ como parte del estudio para sacrificio 11.48/ como representantes de Kṛṣṇa 10.32/ hay que obedecerlos en el servicio devocional 7.3/ se hace referencia a los 10.8/ validan las alabanzas de Arjuna 10.12-13.

Purificación; al que le escucha Kṛṣṇa le da 7.1/ como cualidad divina 16.1-3, 18.42/ como el propósito de la vida humana/ 16.23/ como un proceso gradual 3.35/ cuerpo, mente, inteligencia y sentidos usados para la 5.11/ de las cosas sucias en el corazón 4.15/ de la mente por caridad 12.12/ de las cuatro clases de hombres piadosos 7.16/ de los sentidos mediante el bhakti-yoga 12.9/ Kṛṣṇa como el purificador 9.17/ los yogīs practican el proceso de 6.45, 6.46/ matrimonio es para la 18.5/ necesaria antes de cantar 6.44/ necesaria antes de sannyāsa 3.4/ por acción en conciencia de Kṛṣṇa 3.10, 9.2, 18.49/ por alimentos en la modalidad de la bondad 17.8-10/ por cantar Hare Kṛṣṇa 9.2, 8.8/ por conocimiento de Kṛṣṇa 4.10/ por el prāyaścitta el sistema de ablución 1.43/ por recordar a Kṛṣṇa 9.30/ por trascender la lujuria, la ira, y la avaricia 16.22/ sacrificio para la 3.19, 18.3.

Pūrnam; Véase: El Todo Completo.

Puruṣa (disfrutador); como controlador de todo 7.4, 8.9/ como Nārāyaṇa, Vāsudeva 8.8/ como el tema del Capítulo Trece 13.1-2, 13.35/ encarnaciones 10.20/ Kapila lo describe como activo 2.39/ Mahā-Viṣṇu como la primera encarnación 9.8/ Paramātmā como el 13.23.

Puruṣārtha; como religiosidad, economía, gratificación de los sentidos y función 6.24.
Puruṣottama; como expansión plenaria 8.22/ Kṛṣṇa como 8.1, 10.15.

Rakṣa; los adoradores de fantasmas se pueden convertir en 9.25.
Rākṣasas; Kuvera representa a Kṛṣṇa entre los 10.23.
Rāma; aparece en la dinastía Raghu 4.1/ como encarnación 6.47, 4.5/ como expansión de Kṛṣṇa 1.20, 15.7, 11.46, 4.13, 18.65/ como un rey justo 10.27/ conocido también como la Personalidad de Dios 5.22/ derrotó a Rāvaṇa 1.36, 16.20, 4.8, 1.20/ Hanumān emplea su ira al servicio de 3.37/ Janaka su suegro 3.20/ Kṛṣṇa como 10.31/ nunca mostró cobardía 1.36/ bhakti-yoga rendido a 14.26/ todo el mundo quería vivir en Su reino 1.36.
Rāmānujācārya; como un líder erudito 7.15/ mantiene la individualidad sobre bases espirituales 2.12/ Yāmunācārya es de la sucesión discipular 7.24.
Rasa; Véase: Amistad; Relaciones.
Rāvaṇa; como ejemplo de un demonio 16.13-15/ derrotado por Rāma 4.8, 1.20, 1.36/ intenta construir una escalera hasta el cielo 16.13-15/ secuestró a la esposa de Rāma y fue castigado 1.36/ sus planes son frustrados por la energía material 7.15.
Realidad; como Paratattva 5.17/ entendida como Brahman, Paramātmā y Bhagavān 5.17/ negada por los demonios 16.8/ su eternidad confirmada 2.16.
Relaciones; aceptadas por Kṛṣṇa 2.10/ Arjuna teme ofender a Kṛṣṇa a causa de la amistad 11.41-42, 11.45/ características de alguien que es querido para Kṛṣṇa 12.13-20/ con Kṛṣṇa en el cielo espiritual 4.11/ con Kṛṣṇa remueve la ignorancia 2.16/ con Kṛṣṇa se conocen únicamente por medio del maestro espiritual 5.16/ de los pastorcillos con Kṛṣṇa 11.8/ el olvido causa el cambio de cuerpos 2.22/ por amor a Kṛṣṇa 6.30/ en cinco diferentes senderos de servicio 8.14/ entre Arjuna y Kṛṣṇa cambian de amistad a maravilla 11.14-15/ entre el jīvātmā y el Paramātmā 2.22/ entre Kṛṣṇa y los devotos 1.21-22, 2.46, 7.18, 9.29, 11.41-42/ Kṛṣṇa como la fuente de todas las 11.14/ la comprensión causa indiferencia al ritual 2.52/ logradas por mahātmās 9.14/ se puede tratar a Kṛṣṇa como hijo esposo, amigo, etc 11.44/ todo está relacionado con Kṛṣṇa 7.19/ **Véase también:** Amistad.
Religión; al rendirse a Kṛṣṇa se abandona toda 18.66/ Arjuna aconsejado a sacrificar el cuerpo por la 2.19/ como cualidad de brāhmaṇa 18.42/ conocimiento como perfección de la 9.2/ considerada la irreligión en ignorancia 18.32/ demonios blasfeman 16.18/ discutida en terminos de tiempo y circunstancia 4.7/ establecida por Kṛṣṇa 1.1, 3.23, 4.7-8, 4.16, 4.34/ Kṛṣṇa como mantenedor de la 11.18/ Kṛṣṇa desciende cuando hay declinación de la 4.7/ la pasión lo desorienta a uno en la 18.31/ los argumentos de Arjuna basados en la 2.8/ para tener fama algunos ingresan a una 13.8-12/ mantiene a las mujeres fuera del adulterio 1.40/ no puede ser manufacturada 4.16/ no tan importante como el conocimiento 2.11/ principios en los Vedas 4.7/ resuelve problemas económicos 4.31/ resultados fruitivos en 18.34/ se desarrolla a partir de diferentes clases de fe 17.4/ se tienen que seguir sus principios a fin de obtener conocimiento 2.15/ sin Dios no es religión 7.15/ sin filosofía es fanatismo 3.3/ sus principios hacen posible que prevalezca una buena población 1.40/ sus principios constituyen la mejor causa para pelear 2.31/ **Véase:** Dharma; Sanātana-dharma.
Rendición; al maestro espiritual 4.34, 2.22/ al servicio devocional 2.50-51/ a Kṛṣṇa corta el árbol baniano 15.3-4/ a Kṛṣṇa para la liberación 2.38-39, 6.38, 7.5, 7.20, 9.13, 13.19/ a Kṛṣṇa trae la felicidad 7.21/ borra los pecados 10.12-13, 18.66/ como aceptación de la palabra de Kṛṣṇa 10.14/ como camino al mundo espiritual 7.14, 15.5-6, 18.62/ como conocimiento 18.63, 2.9, 5.16, 6.47/ como el método directo de iluminación 12.12/ como el principio religioso más elevado 4.7, 18.66/ como el yoga más elevado 18.75/ como la última instrucción del Gītā 18.78 como resultado de conocer las opulencias de Kṛṣṇa 10.7/ con amor y fe 18.66/ de Arjuna a Kṛṣṇa 2.7, 18.73/ de la inteligencia 3.42-43/ de los líderes eruditos hacia los pies de Kṛṣṇa 7.15/ de todas las obras a Kṛṣṇa 3.30, 5.8-9/ después de muchos nacimientos y muertes 2.39, 7.19, 12.3-4/ Khaṭvāṅga Mahārāja se rinde 2.72/ los malvados la rechazan 7.15/ recompensa de acuerdo a las 4.11/ **Véase también:** Sumisión.
Renunciación; Arjuna inquiere acerca de la 18.1, 5.1/ artificial 2.63/ como cualidad divina 16.1-3/ como conocimiento se define 13.8-12/ como incompleta en la conciencia de 5.6, 6.10, 3.4, 5.2/ como manera de obtener paz mental 12.12/ como un paso hacia la liberación en sannyāsa 2.15/ de la acción 2.50, 4.41, 5.3, 5.13, 18.2/ de acuerdo a las tres modalidades 18.4, 18.7-9/ de trabajo es buena para la liberación 5.2/ de uno que es querido a Kṛṣṇa 12.16/ hace necesario el conocimiento de Īśāvāsyā 5.2/ Kṛṣṇa como maestro de la 18.78/ la plataforma más elevada y perfecta 18.49/ lo mismo que devoción y yoga 5.5, 6.2/ no aprobada para mantenimiento 3.8/

mejor que el conocimiento y la meditación 12.12/ su perfección como tema al Capítulo Dieciocho 18.1, 18.78/ sus resultados obtenidos por medio del autocontrol 18.49.

Repetición; necesaria para entender 2.25/ síntoma de éxtasis, no es debilidad literaria 11.19.

Riqueza; Caitanya no quería acumularla 6.1/ como representación de Kṛṣṇa 10.34/ como resultado del karma 16.16/ conseguida ilegalmente por los demonios 16.11-12/ los demonios ignorantes de las causas de la 16.16/ los demonios son atraídos a la 16.10, 16.13-15, 16.17/ no puede constrarrestar los problemas de la existencia material 2.8/ puede ser instantáneamente destruida por la naturaleza 2.8.

Ritual; como representación de Kṛṣṇa 9.16/ considerado un fin en sí mismo por los ignorantes 3.29/ de los Vedas comparado a las hojas del árbol baniano 15.1/ devotos indiferentes a 2.52/ devotos puros no confinados a 3.26, 6.44, 9.28-29/ ejecutados por motivos materiales 17.12/ imperativo para neófitos 2.52/ inútil sin fe en Kṛṣṇa 2.52, 17.28/ tiene por motivo el entender a Kṛṣṇa 3.26/ todos sobrepasados por el servicio devocional 8.28.

Ṛk Veda; como uno de los cuatro Vedas 11.48/ emana de Kṛṣṇa 3.15/ Kṛṣṇa como 9.17.

Rudra; provino de Brahma 10.6/ Śiva como representación de Kṛṣṇa 10.23.

Rudras; los once nacidos de Nārāyaṇa 10.8/ mostrados en la forma universal 11.6.

Rūpa Gosvāmī; citado 5.2, 5.4, 6.10, 6.24, 6.31, 7.3, 11.55/ consideró a Caitanya el más generoso 11.54/ dormía solamente dos horas diarias 6.17/ explica la yukta-vairāgya 9.28/ se hace mención de 8.27.

Śabda-brahma; Haridāsa Ṭhākura lo alcanza 6.44/ trascendido por uno en conciencia de Kṛṣṇa 2.52.

Sabios; acción y trabajo de los 3.17-18,3.33, 4.15, 4.20-21/ adoran a Kṛṣṇa conociéndolo como la fuente 10.8/ alcanza la perfección mediante el conocimiento supremo 14.1/ Bhṛgu como una representación de Kṛṣṇa entre los 10.25/ características y síntomas de los 18.51-52, 14.22-25, 5.25-26, 3.17-18, 3.29, 5.20, 5.21-24, 2.68-70, 2.58, 2.54/ como los veinticinco patriarcas del universo 10.6/ como sādhu si son conscientes de Kṛṣṇa 4.8/ con pleno conocimiento 2.52/ conclusiones sobre lo existente y lo no existente 2.16/ concuerdan en la eternidad del alma 2.16/ conocen a Kṛṣṇa como el propósito de sacrificio 5.29/ conocen la diferencia entre el cuerpo y el alma 2.11/ cuando se rinden a Kṛṣṇa ya no son deudores 2.38/ deben ser ejemplo para los ignorantes 3.25-26, 3.29/ definición de muni 2.56/ en la forma universal 11.15/ forma de entrar en el Brahman 8.11/ igualidad de visión 5.20, 6.8-9/ incluso los más grandes caen 2.60/ Kṛṣṇa como la fuente de los 10.2/ Kṛṣṇa menciona como autoridades a los 13.5/ la felicidad de los 5.21, 14.16/ los devotos de Mukunda no tienen ninguna obligación para con ellos 1.41/ los siete grandes nacidos de la mente de Kṛṣṇa 10.6/ Nārada como representación de Kṛṣṇa entre los 10.26/ Nārada desarrolla deseos por la devoción al asociarse con 9.2/ no conocen la personalidad o el origen de Kṛṣṇa 10.2/ no contradice a los śāstras ni al maestro espiritual 10.3/ no necesitan observar los rituales 3.26/ no pueden matar o ser la causa de muerte 2.21/ no pueden ser iguales a Kṛṣṇa 6.39/ no se confunden por la trasmigración 2.13/ purificados mediante la devoción, alcanzan a Kṛṣṇa 5.7/ saben que el yo ni mata ni es muerto 2.19/ se refugian en Kṛṣṇa 2.48/ sthita-dhī-muni diferente de los munis ordinarios 2.56/ su día es la noche para todos los seres etc. 2.69/ verifican la alabanza que Arjuna hizo 10.12-13.

Sac-cid-ānanda-vigraha; cuerpo intrasmutable, no olvidadizo 4.6/ el cuerpo de Kṛṣṇa como 2.2, 7.41, 13.15, 9.11/ Kuntī ruega ver el 7.25/ los ateos la pueden conocer 4.4/ **Véase también:** Forma de Kṛṣṇa.

Sacrificio; al Brahman por los yogīs 4.25/ Arjuna inquiere acerca del Señor del 8.2/ ciclo de 8.3/ como Brahman 4.25/ como caridad 4.28/ como cualidad divina 16.1-3/ como el propósito del universo material 3.10/ como función impersonal 4.25/ como haṭha-yoga, control de la respiración 4.29/ como karma-kāṇḍa y jñāna-kāṇḍa 4.33/ como medio de alcanzar la luna 8.25/ como medio de alcanzar los planetas superiores, y los Vaikuṇṭas 2.31, 2.42-43, 4.24, 4.30, 8.3, 8.16/ como medio para la conciencia de Kṛṣṇa 4.42, 3.16, 2.29, 3.26/ como puṇya-karmaṇām 18.71/ como representación de Kṛṣṇa 9.16/ como yoga-yajña 4.28/ contaminado materialmente 3.16, 4.33, 4.42, 17.12, 17.28, 18.2/ de acuerdo a las modalidades 17.7, 17.11-13/ de animales 2.31, 18.47/ de la felicidad material 6.38/ del alimento le libera a uno de los pecados 3.13/ de las posesiones materiales 4.28/ del conocimiento es más grande que el de la posesión 4.33/ del estudio de literatura védica 4.28/ del trabajo culmina en el conocimiento 4.33/ de las comodidades, tapomaya-yajña 4.24/ desautorizado 16.17, 17.13/ destinado a los jefes de familia 16.1-3/ de todo por Kṛṣṇa 4.25, 13.8-12/ el jyotiṣṭoma y el mahāyajña como representaciones de Kṛṣṇa 9.16/ el matrimonio como, vivāha-yajña, 18.5/ el sexo como un 4.26/ en última instancia conduce a la liberación 3.11/

Kṛṣṇa como el último objetivo y el disfrutador del 2.66, 3.9, 3.11, 3.12, 3.30, 9.23-24, 17.26-27, 5.29/ la trascendencia situada en el 3.15/ los pecaminosos no lo ejecutan 3.16/ manifestado desde el principio de la creación 3.10/ no es fácil en Kali-yuga 3.10/ no es necesario para los trascendentalistas 2.52-53/ no hay felicidad en esta vida o en la otra sin 4.31/ no revela la forma universal 11.48/ nunca debe ser abandonado 18.3, 18.5/ oṁ tat sat pronuniciado durante el 17.24, 17.26-27/ otorga la riqueza y el disfrute 3.16, 4.31, 3.10, 3.14/ pañca-mahāyajña, para los hombres ordinarios 3.12/ para alentar la iluminación gradual 2.46/ para la purificación y el control de los sentidos 3.16, 3.19-20, 4.26, 4.30/ produce la lluvia y ésta los granos 3.14/ rechazado por los demonios 16.13-15/ relativo al trabajo y al deber 3.9, 3.14, 4.23, 4.25, 4.32, 12.1, 12.2, 17.11, 18.47/ saṅkīrtana-yajña, como 3.12, 16.1-3/ se discute el sacrificio a los semidioses 3.11, 3.12, 4.25/ sostenido por Kṛṣṇa 7.30/ toma diferentes formas de acuerdo a la fe 4.33.

Sādhu; Véase: Devotos; Sabios; Vaiṣṇavas.

Samādhi; actividades de la conciencia de Kṛṣṇa en 12.2/ como absorción en Kṛṣṇa 1.28, 4.24, 6.7, 6.10/ de aquel que es autorrealizado 18.51-53/ en el aṣṭāṅga-yoga 5.27-28, 5.29/ incluye la comprensión del Brahman, Paramātmā y Bhagavān 2.53/ la conciencia de Kṛṣṇa es la mejor manera de alcanzar 8.12/ la mente debe estar fija en 6.25/ más allá de la influencia de las dualidades 2.57/ mediante el conocimiento completo trance en 5.26/ no es posible para los materialistas 2.44/ se define 2.44/ se describen sus características 6.20-23/ se describen dos clases 6.20-23.

Sāma Veda; como uno del los cuatro Vedas 11.48/ emana de Kṛṣṇa 3.15/ Kṛṣṇa como el 9.17, 10.22/ rico en hermosas canciones 10.35.

Sanātana-dharma; con la discontinuidad de sus tradiciones augura el caos 1.42-43/ presenta actividades para el bienestar 1.42.

Sanātana-yoga; como tema del Capítulo Cuatro 4.42.

Sanat-kumāra; nació de Brahmā 10.6/ se convirtió en devoto por oler tulasī 9.2.

Sañjaya; como secretario de Dhṛtarāṣṭra 1.1/ comprende los motivos de las preguntas de Dhṛtarāṣṣtra 1.2/ Dhṛtarāṣṭra le pregunta acerca de la batalla 1.1/ el Gītā le conmovió 18.74, 18.76/ estudiante de Vyāsa 1.1, 18.75/ por la gracia de Vyāsa puede ver la forma universal 11.12/ recuerda con maravilla la forma de Kṛṣṇa 18.77/ Vyāsa le relató el Gītā en el corazón a 18.74.

Śaṅkara; como Śiva 10.23.

Śaṅkarācārya; acepta a Kṛṣṇa como el Supremo 7.3/ acepta el Vedānta-sūtra 18.13-14/ como el autor de Śārīraka-bhāṣya 5.6/ los impersonalistas no le siguen 7.24/ sostiene que Kṛṣṇa está más allá de la creación 4.12.

Saṅkarṣana; como expansión plenaria 8.22.

Sāṅkhya-yoga; como tema del Capítulo Seis 6.1, 6.47/ como muy difícil en esta era 6.37/ es inferior al karma-yoga en Kali-yuga 6.1/ para los especuladores y los filósofos 3.3/ se presenta en forma metódica en el Capítulo Dos 3.3.

Saṅkīrtana-yajña; Caitanya predice que se difundirá por todo el mundo 4.8/ el sacrificio más fácil y el mejor 3.10, 3.13, 16.1-3/ es recomendado para Kali-yuga 3.10/ inaugurado por el Señor Caitanya 3.13/ lo salva a uno de la escasez de alimento 3.14/ necesario para la felicidad 3.13/ y la conciencia de Kṛṣṇa se llevan bien 3.10/ **Véase también:** Cantar.

Sannyāsa; abandona el trabajo fruitivo 18.2, 18.10/ Arjuna inquiere acerca del significado del 18.1/ como digno recibidor de caridad 10.4-5/ como disturbio para el orden social 3.4/ como elegible para entrar al sol 1.31/ como el maestro espiritual de los brāhmaṇas 16.1-3/ como líder de la institución varṇāśrama 16.1-3/ como un paso hacia la autorrealización 2.15, 3.5, 4.26, 8.28/ deben estar convencidos de protección de Paramātmā 16.1-3/ deben permanecer sin temor, dependiendo de la misericordia de Kṛṣṇa 16.1-3/ definición de los 9.28, 10.3, 18.49/ distribuyen el conocimiento a los casados 16.1-3/ imitados por los demonios 16.17/ involucra innumerables austeridades 2.15/ māyāvādī sannyāsīs comparados a los sannyāsīs Vaiṣṇavas 5.61/ mendiga de puerta en puerta 16.1-3/ no debe desalentar a otros para que no se casen 18.5/ nunca la aceptan los kṣatriyas 2.31/ por una causa superior Caitanya tomó la orden de 2.15/ promovidos a Brahmaloka 8.17/ pueden ejecutar la ceremonia de matrimonio 18.7/ rechazan los sacrificios de fuego 6.1/ se les prohibe la relación con mujeres 16.1-3/ sus deberes 10.4-5, 16.1-3/ trabajan para el todo, no para un fragmento 6.1.

Sannyāsa-yoga; significado de 6.2.

Śāstras; austeridades que no se mencionan en 17.5-6/ como guías de la acción 18.13-14, 18.30/ el Gītā es el mejor de todos 4.40/ el trabajador en la ignorancia trabaja en contra de los 18.28/ Kṛṣṇa no los viola 3.22/ la parte más confidencial de los 15.20/ las afirmaciones deben ser apoyadas por los 17.15/ los demonios los rechazan 16.7, 16.18/ los maestros deben seguirlos 3.21/ mencionados por Kṛṣṇa como autoridades 13.5/ ni el maestro espiritual, ni los sabios contradicen los 10.3/ no obtienen conciencia de Kṛṣṇa aquellos que dudan en los 4.40/ por encima de los cuatro defectos de las entidades vivientes 16.24/ recomiendan la adoración de los semidioses 7.21/ sacrificios a despecho de los 17.13/ seguidos por los divinos 16.6, 16.23-24, 17.1/ son inútiles sin la conciencia de Kṛṣṇa 3.5/ sus instrucciónes purifican el alma 3.5.

Sat; usado en sacrificio para la satisfacción del Señor Supremo 17.23- 24, 17.26-27/ usado para designar la Verdad Absoluta 17.23.

Satisfacción; como características del devoto 12.13-14/ con todo 12.18-19/ creada por Kṛṣṇa se define 10.4-5/ de la mente 17.16/ por el alimento en la modalidad de la bondad 17.8-10.

Satya-yuga; características y duración de 8.17.

Semidioses; adorados por aquellos que están en la bondad 17.4/ adorados por darśa-paurṇamāsī 9.25/ adorados por hombres de poca inteligencia 7.23/ adorados por los demonios 16.17/ adorados por los yogīs 4.25/ adoran a Kṛṣṇa 3.22, 4.14, 11.48/ Arjuna inquiere acerca de los 8.1/ Arjuna no se contentaba con el reino de los 2.8/ Brahmā, Śiva y los Kumāras como los principales 10.6/ cantan canciones del Sāma-veda 10.35/ como partes del cuerpo de Kṛṣṇa 3.11, 4.12, 7.21, 11.15/ creados por Kṛṣṇa 10.3/ de cinco clases adorados por los impersonalistas 17.4/ desean ver la forma de dos manos de Kṛṣṇa 11.52/ en las ramas superiores del baniano 15.2/ fueron manifestados al principio de la creación 3.10/ ignoran el origen y la personalidad de Kṛṣṇa 10.2, 10.14, 7.3/ Indra como el jefe de los 8.2/ Kṛṣṇa origen y controlador de los 5.29, 7.21, 7.30, 10.2, 10.8, 11.37, 11.54/ Kṛṣṇa como Indra entre los 10.22/ Kṛṣṇa como Narada entre los 10.26/ Kṛṣṇa hace firme la adoración de los 7.21/ la necesidad del sacrificio para los 3.11, 3.12, 3.16/ los devotos de Kṛṣṇa no están obligados con ellos 1.41, 2.38, 3.14/ lucharon por Arjuna 2.33/ motivos para la adoración de los 3.12, 7.20, 7.21, 7.23, 4.12/ nacidos del Prajāpati 10.6/ no olvidan la propiedad de Kṛṣṇa 7.21/ no se pueden igualar a Nārāyaṇa, Viṣṇu, Kṛṣṇa 4.12/ no son atrayentes para los devotos puros 9.13/ no son impersonales 7.25/ obedecen las instrucciones védicas 16.6/ observaron la batalla desde el espacio exterior 11.36/ se confunden con las formas de Kṛṣṇa 9.15, 4.12/ sirven a Kṛṣṇa, proporcionan las necesidades 3.11-14/ su adoración es desaprobada 3.14, 10.42/ su relación con la forma universal 11.21-23, 11.36/ sujetos a la influencia de las modalidades y a los sentidos 2.62, 18.40/ sus adoradores alcanzan sus planetas 7.23, 7.24, 9.25/ sus adoradores nunca alcanzan a Kṛṣṇa 7.29/ sus beneficios son otorgados por Kṛṣṇa 7.22/ sus dádivas son limitadas y temporales 7.23, 4.12/ sus ofrendas están destinadas únicamente para Kṛṣṇa 9.23.

Sentidos; actividades de los 2.58, 2.62, 2.64, 2.67, 5.8-9,· 6.18, 8.8/ Arjuna tenía control absoluto sobre los 2.6/ como base de la causa y la acción 18.13-14, 18.17-18/ como causa y constituyentes del cuerpo material 15.9, 13.6-7, 13.21/ como fueron adquiridos 3.40/ como funciones del prāṇa-vāyu 4.27/ como instrumento para gratificar los deseos 13.21/ como lugar de ubicación y de salida de la lujuria 3.40, 3.42/ como parte del árbol baniano 15.2/ como una de las principales creaciones físicas 7.4/ comparados a los caballos que tiran del carro del cuerpo 6.34/ comparados a los miembros retraídos de la tortuga 2.58/ comparados a serpientes 2.58, 3.43, 18.54/ controlados por Mahārāja Ambariṣa 2.61, 6.18/ control de los 2.60, 2.61, 2.64, 3.3, 3.7, 4.29, 5.7, 5.26, 6.24, 12.3-4, 13.8-12, 18.33/ de Arjuna son secados por la pena 2.8/ de Kṛṣṇa 3.16, 11.43, 13.15, 9.26, 3.22/ el conocimiento y la inteligencia mediante la restricción de los 2.6, 2.68/ el ego falso confunde debido al abuso de los 3.27/ el más difícil de controlar es la lengua 13.8-12/ el yo es trascendental a los 3.43, 5.8-9/ el yo disfruta a través de los trascendentales 6.20-23/ felicidad que se deriva de los 2.14, 18.38/ inexplicables para los impersonalistas 1.15/ Kṛṣṇa como el controlador de los 1.15, 1.21-22, 13.3/ Kṛṣṇa le da placer a los 1.15, 1.32-35/ la adoración del no manifestado está más allá de los 12.3-4/ las entidades vivientes luchan duramente con los 15.7/ la Superalma es su fuente 13.15/ mediante el trance se excluye el objeto de los 5.27-28/ muchas personas son sirvientes de los 2.58/ no se pueden controlar artificialmente 2.62, 2.68/ no pueden percibir o comprender a Kṛṣṇa 7.3, 10.19, 11.4, 13.16, 16.8/ pueden robar la inteligencia 2.60, 2.67/ realmente son espirituales pero se exhiben en la materia 13.15/ regulados en el matrimonio 4.31/ sacrificio de los 4.26-28, 4.29-30/ satisfechos al satisfacer los de Govinda 1.32-35/ se delinean sus fuerzas 5.23-24, 4.26-28, 4.29-30/ se describen como fuertes e impetuosos 2.60/ se requiere subyugar los para obtener la paz 4.39/ se usan exclusivamente para la purificación 5.11/ Śiva y los semidioses están sujetos a la influencia de los 2.62/ sólo gratificación para mantener el cuerpo sano 13.8-12/ su control en el yoga 8.12, 6.11-12/ superiores a la materia, inferiores a la mente 3.42/ su purificación mediante el bhakti-yoga 6.20-23, 12.9/ sus actividades son temporales 3.28/ su contacto es una fuente de miseria 5.22/ su disfrute en última instancia separa a los demonios 16.11-12/ su sirviente es llamado godāsa 6.26/ tropiezos para la iluminación 3.34/ uno es feliz si puede controlar los impulsos de los 5.23/ uno que se deleita en ellos vive en vano 3.16.

Señor Supremo; Véase: Kṛṣṇa.

Serpientes; como Vāsuki, el lecho de Garbhodakaśāyī 11.15/ en la forma universal 11.10-11/ Kṛṣṇa como Ananta entre las Nāgas 10.29/ Kṛṣṇa como Vāsuki entre las 10.28.

Servicio; como bhajati 6.47/ como buddhi-yoga 2.49/ como liberación de la modalidad de la pasión 6.27/ como un paso hacia el amor por Kṛṣṇa 12.10/ con los sentidos purificados se llama conciencia de Kṛṣṇa 6.26/ en el mundo material es por dinero 12.9/ en relación con Kṛṣṇa 1.21-22/ le capacita a uno para alcanzar la morada suprema 2.51/ lo libera a uno de las cinco causas de trabajo 5.8-9/ por la jīva eterna al Supremo 13.8-12/ presupone unido con Kṛṣṇa 18.54/ rendido por Kṛṣṇa a Arjuna y a los devotos 1.21-22/ rendido por los mahātmās 9.14/ **Véase también:** Bhakti; Bhakti-yoga; Servicio Devocional; Adoración.

Servicio Devocional; aclara los pasatiempos de Kṛṣṇa 8.28/ aquel que es querido para Kṛṣṇa es determinado en el 12.13-14/ automáticamente se desarrolla buenas cualidades en el 12.18-19/ cinco diferentes senderos del 8.14/ como actividad espiritual 7.16, 7.23, 9.2, 15.20/ como buddhi-yoga 2.39/ como conocimiento 1.46, 4.38-39, 9.2, 13.8-12/ como disturbio si se ignoran las Escrituras 7.3/ como el deseo del Señor Caitanya, nacimiento tras nacimiento 6.1/ como el objetivo principal del Gītā 12.1, 13.8-12, 18.1/ como eternamente existente 9.2/ como fuerza de liberación 2.6-7, 2.14-15, 2.51, 2.72, 5.2, 5.7, 7.14, 15.6/ como la declaración de guerra contra māyā 9.30/ como medio para alcanzar al Brahman 14.26/ como medio de alcanzar a Kṛṣṇa 8.14, 8.22, 11.54, 11.55, 12.11/ como pavitran-uttaman, lo más puro 9.2/ como posición constitucional 2.51/ como proceso de desapego 15.1/ como resultado de conocer a Kṛṣṇa 10.7-8, 10.9,15.19/ como tema del Capítulo Doce 12.1, 12.20/ como tema del Capítulo Nueve 9.1/ como un paso hacia el amor por Kṛṣṇa 4.9/ como un proceso gozoso 9.2/ comparado a una semilla en el corazón 10.6/ continúa después de la liberación 9.2/ controla los sentidos 2.61, 5.26/ cualquier āśrama lo puede rendir 9.14/ difícil para los que son muy sensuales y para los malvados 2.44, 7.16/ disipa el polvo del materialismo 10.11/ disminuye el deseo de dominar 14.27/ dos clases de 12.12/ el sabio debe alentar al ignorante en el 3.25/ el único sendero absoluto para la autorrealización 12.20/ empieza con el Hare Kṛṣṇa 9.20/ es más fácil que el sendero impersonalista 12.6-7/ es necesario para el goce en la renunciación 5.6/ es superior a la especulación 5.1/ es superior a la inactividad 3.7-8/ está garantizado para el que explica el Gītā 18.68/ excluye los procesos espirituales 15.20/ garantiza el pasaje a la morada suprema 8.22, 8.27-28/ la única forma de entender a Kṛṣṇa 11.54, 18.55/ libera a miles de familiares 1.41/ lo aleja a uno de buenas y malas acciones 2.50, 9.30/ lo libera a uno de la pasión y la ignorancia 7.1/ necesario para ver la forma universal 11.52/ no es diferente de Kṛṣṇa y Su morada 2.72, 15.20/ no es diferente de sāṅkhya-yoga 5.4/ no le priva a uno del sacrificio, la caridad, etc. 8.28/ nueve procesos de 6.35, 9.1, 11.55, 13.8-12, 14.27/ obtenido mediante la comprensión del Brahman 18.54/ por el yogī más elevado 6.47/ puede transformar la lujuria en amor 3.41/ recomendado por Kṛṣṇa 9.34/ requiere desvanecer la debilidad del corazón 15.20/ remueve la ignorancia 10.12-13/ rendido por cuatro clases de hombres piadosos 7.16/ rendido por los mahātmās 9.14-15/ renunciación lo mismo que trabajar en 5.5/ sacrificio en diferentes modalidades de 3.13/ satisface todas las obligaciones 1.41/ se fortalece al oír 10.1/ se obtiene después de muchos nacimientos 6.45/ se trasciende la transmigración por tener fe en el 9.3/ supera todos los rituales 1.41, 8.28/ superior a la renunciación del trabajo 5.2/ todo es percibido directamente mediante el 9.2/ trae satisfacción como una comida completa 6.35/ únicamente el puede proporcionar paz 5.29/ vence los pecados 9.2.

Sexo; celibato como austeridad del cuerpo 17.14/ como adorado en ignorancia 17.4/ como atracción de los demonios 16.10, 16.11-12/ como el centro de todas las actividades 3.39/ como el fundamento de la modalidad de la pasión 14.7/ como el placer material más elevado 5.21/ como felicidad en pasión 18.38/ como Kandarpa, el dios del amor 10.28/ como necesario para el alma condicionada 3.34/ como representación de Kṛṣṇa 7.11/ en la vida familiar 4.26, 6.13-14, 16.1-3/ la caída de Viśvāmitra 2.60/ los demonios lo proclaman como la causa del mundo 16.8/ los grilletes de Kṛṣṇa 3.39/ no se aprueba para el yogī 3.34, 5.22, 6.13-14, 6.18, 6.24/ para la propagación de hijos 16.1-3, 7.11/ permitido solamente en bhakti-yoga 6.13-14/ se condena la anticoncepción 16.1-3/ Śiva agitado por Pārvati 2.62/ Yāmunācārya escupe a tal pensamiento 2.60.

Simplicidad; como austeridad del cuerpo 17.14/ como austeridad de la mente 17.16/ como conocimiento, se define, 13.8-12/ como cualidad divina 16.1-3/ para todas las órdenes de vida 16.1-3.

Sītā; como la diosa de la fortuna, la consorte

eterna de Rāma 1.20/ Janaka, su padre 3.20/ secuestrada por Rāvana 1.36.

Śiva; adorado en bondad 17.4/ adora a Kṛṣṇa y está subordinado a Él 4.12/ afirma que la liberación sólo es posible por la gracia de Viṣṇu 7.14/ como el destructor de todos los elementos materiales 10.32/ como el padre de Skanda 10.24/ como el semidios principal 10.7/ como la encarnación de tamo-guna no puede liberar a nadie 7.14/ como líder erudito 7.15/ como parte de Kṛṣṇa 10.42, 15.7, 5.29/ como representación de Kṛṣṇa 10.23/ contempló maravillado la forma universal 11.22/ creado por Kṛṣṇa 10.3, 10.8/ derrotado por Arjuna 2.33/ desea ver a Kṛṣṇa en la forma de dos brazos 11.52/ en la forma universal 11.15/ fue agitado por Pārvatī 2.62/ nació de Brahmā 11.37/ no posee opulencias plenas 2.2/ no se le debe imitar 3.24/ se adora a su esposa Uma 7.21/ se bebió un océano de veneno 3.24, 10.27/ uno debe seguirlo 4.16.

Sol; al hombre enfermo se le recomienda adorarlo 7.21/ como el origen en todos los planetas en el sistema solar 4.1/ como el Rey de los planetas 4.1/ como evidencia de la misericordia de Kṛṣṇa 15.12/ como uno de los ojos de Kṛṣṇa 4.1, 9.6, 10.21, 11.19/ como una representación de Kṛṣṇa 7.8, 10.21/ comparado a Kṛṣṇa y las nubes a māyā 7.26/ comparado al alma 2.20/ comparado a la aparición y desaparición de Kṛṣṇa 4.6/ comparado a la entidad viviente 13.34/ el conocimiento comparado al 5.16/ elegibilidad para entrar al 1.31/ es comparado a la Verdad Absoluta 2.2/ habitado por entidades vivientes 2.24/ ilumina el sistema solar 15.12/ Kṛṣṇa comparado al 15.20, 8.9/ la posición del sol a la hora de la muerte 8.24/ los versos de Gītā comparados al 11.51/ miles de soles comparados a la forma universal 11.12, 11.19/ no ilumina la morada suprema 15.6/ Paramātmā como la fuente de la luz del 13.18/ Paramātmā comparado al 10.11, 13.17, 13.14/ recibe su poder y calor de Kṛṣṇa 4.1/ se mueve bajo la orden de Kṛṣṇa 9.6/ su esplendor viene de Kṛṣṇa 15.12.

Śravaṇam (oír); brahma-bhūta se alcanza mediante 18.55/ como el proceso de la iluminación 9.1/ como oír Hare Kṛṣṇa 8.8/ enfatizado por Caitanya 7.15, 13.26/ importante en el servicio devocional 7.1, 10.1, 10.9/ la importancia de oír de Kṛṣṇa 6.35/ la liberación mediante 13.26/ minimiza los deseos de dominar la naturaleza 13.22/ paramparā es necesario para 18.75/ śruti, oír de las autoridades 15.19.

Śrīmad-Bhāgavatam; acepta a Kṛṣṇa como el Supremo 2.16/ citado 2.17, 1.28, 1.41, 2.2, 2.38, 2.40, 2.51, 2.61, 3.5, 3.10, 3.24, 3.37, 3.40, 3.41, 4.11, 4.34, 4.35, 5.2, 5.22, 5.26, 6.13- 14, 6.18, 6.40, 6.44, 6.47, 7.1, 7.5, 7.18, 7.20, 7.25, 9.2, 10.18, 10.20, 12.13-14, 13.8-12, 17.4/ como representante de Kṛṣṇa 10.32/ da el verdadero significado del Vedānta-sūtra 15.15/ describe a Caitanya 4.8/ querido para los devotos 10.9/ la filosofía sāṅkya fue presentada en el 2.39/ lo estudian los Vaiṣṇavas sannyāsīs 5.6/ menciona el Gāyātri mantra 10.35/ referencias 2.55, 3.21, 3.23, 3.28, 4.7, 4.8, 5.12, 6.20-23, 7.4, 7.6, 7.20, 7.23, 7.28, 8.1, 8.25, 9.2, 9.3, 9.11, 9.14, 9.30, 9.31, 9.32, 10.2, 10.3, 10.4-5, 10.7, 10.26, 11.8, 11.46, 11.52, 11.54, 12.5, 13.8-12, 14.27, 16.19, 17.26-27, 18.55/ se le debe aceptar 8.9/ se debe oír de parte del devoto puro 12.9/ se le debe consultar para la paz y la felicidad 2.8/ su estudio hace a la familia feliz 13.8-12/ su estudio por parte de los māyāvādī sannyāsīs sólo causa problemas 5.6.

Śruti; aprender oyendo 15.19/ como medio de entender los Vedas 16.1-3/ la existencia del alma se puede establecer más allá del 2.25.

Sucesión Discipular; Arjuna como el comienzo de la 10.12-13, 11.8/ Arjuna se refiere a la 1.43/ como el criterio para el Maestro Espiritual 4.34/ debe empezar desde Kṛṣṇa 11.43/ de Kṛṣṇa al dios del sol, de él a Manu y de Manu a Ikṣvāku 4.1/ el Gāyātri entregado a través de la 10.35/ el Maestro Espiritual desde tiempo inmemorial está en la 4.42/ los comentarios de los māyayāpahṛta-jñāna no se consideran en la 7.15/ rota con el transcurrir del tiempo 4.2/ su importancia para entender el Gītā 1.1, 4.2/ uno debe seguir en la 2.7, 4.16, 4.25, 4.40.

Sueños; como una ocurrencia natural 18.35/ determinación ignorante atada por el 18.35/ el cuerpo material comparado al 2.28/ se encuentra siempre en todas las modalidades 18.35.

Sufrimiento; causado por la entidad viviente 13.21/ debido al olvido de Kṛṣṇa 5.25/ la transmigración del alma es la causa del 2.13/ māyā como causa del 5.29/ se debe a la identificación corporal 5.13, 5.14/ **Véase también:** Ansiedad; Miserias.

Śukadeva Gosvāmī; describe al Señor 3.10/ uno debe seguirlo 4.16.

Sumisión; al acercarse al Maestro Espiritual 4.34/ a la voluntad de Kṛṣṇa, es el verdadero interés propio 1.30/ **Véase también:** Rendirse.

Superalma; Véase: Paramātmā.

Suprema Personalidad de Dios; como comprensión completa 15.19/ como el objeto de adoración 4.11/ como el origen del árbol baniano 15.34/ como el único amo 7.20/ como gozosa 13.5/ como Kṛṣṇa 2.21, 2.29, 9.13/ como la Suprema Persona individual 2.12/ como la voluntad suprema 7.21/ descrita por los Vedas 3.22/ diferente de Sus partes 2.16/ en el corazón de todos 2.12, 5.13/ idéntica a Sus múltiples formas 4.9/ en Su forma original de dos brazos 11.51/ la última palabra en el Absoluto 5.17/ libre de todas las obligaciones 1.41/ manifiesta los Vedas 3.15/ no existe ningún deber para Él 3.22/ satisfecho cuando el maestro espiritual está satisfecho 2.41/ se alcanza mediante devoción impoluta 8.22/ se discuten Sus atributos personales 7.7/ se expande para incrementar la bienaventuranza 3.37/ se explican Sus seis opulencias 2.2/ siempre por encima de las almas individuales 2.25.

Suprema Verdad Absoluta; Véase: Verdad Absoluta.

Surabhi; entre las vacas, Kṛṣṇa es la 10.28.

Svāmī; controla la mente 6.26/ controla los sentidos 5.23.

Svarūpa; como obedecer las órdenes del superior 6.7/ como conocimiento del Brahman 5.20/ como servidor eterno 2.55, 4.35, 18.55/ de Kṛṣṇa 4.6/ de uno que está plenamente consciente de Kṛṣṇa 17.26-27/ el conocimiento y la acción de acuerdo a 6.2/ lo levanta a uno de la dura lucha por la existencia 4.36/ no es destruido por la liberación 6.24/ representado por Arjuna 18.73.

Śyāmasundara; como la forma más amada por los devotos 6.30, 11.55/ es más difícil de ver que la forma universal 11.52/ se describe su belleza 6.47/ Sus pasatiempos en Vṛndāvana 9.19.

Tamo-guṇa; Śiva como la encarnación de 7.14.

Tat; se usa en sacrificio para la satisfación del Supremo 17.23, 17.25/ se usa para designar a la Verdad Absoluta 17.23.

Temor; creado por Kṛṣṇa 10.45/ de Arjuna al ver la forma univeral 11.45, 11.54/ debido al materialismo 10.4-5, 12.15/ derrotado por refugiarse en Kṛṣṇa 1.19/ el más pequeño avance le proteje a uno del más peligroso tipo de 2.40/ de Arjuna al ver a sus amigos y familiares 1.28-30/ Kṛṣṇa alienta a Arjuna para que no tenga 18.66/ la determinación ignorante atada por el 18.35/ las almas iluminadas se encuentran libres del 1.19, 1.29, 2.56, 6.13-14/ libertad de él mediante la suspensión de libertad del requisito para amar 5.25-26/ la respiración, y la meditación 5.27-28/ los deberes no deben ser abandonados debido al 18.8/ los generales solían pensar que Arjuna estaba motivado por el 2.35.

Temporalidad; de la felicidad y el dolor 2.14/ del cuerpo material 2.16/ de los varṇas y de la vida 7.13/ de lo no existente confirmado 2.16.

Tiempo; como el aniquilador último 10.30, 10.34/ como la forma de Kṛṣṇa que lo devora todo 11.55, 13.17/ como la forma universal destructor de los mundos 11.32/ como representación de Kṛṣṇa 10.30, 10.34/ kāla se refiere a la deidad regente del 8.23/ la forma universal sujeta al 11.5.

Tolerancia; como característica del devoto 12.13-14/ como conocimiento es definido 13.8-12/ como cualidad del brāhmaṇa 18.42/ de la felicidad y la aflicción 2.14/ de los deberes desagradables 2.14/ Kṛṣṇa tolera como el padre, el amigo, el amante 11.44.

Trabajo; adoración a través del 18.46/ Arjuna pregunta si debe renunciar o no al 5.1/ bajo la protección de Kṛṣṇa 18.56/ caprichoso 2.47, 18.25/ como la base de la acción 18.18/ como Kṛṣṇa-karma 11.55/ como vikarma 3.15/ como sacrificio 3.9, 4.23, 4.32, 4.33, 18.47/ como yoga 2.39, 2.50, 6.3, 12.10/ condenado para la gratificación de los sentidos 2.49, 3.16, 5.22, 12.10/ cubierto por los defectos como el fuego por el humo 18.48/ de acuerdo a las modalidades de la naturaleza 4.13, 18.47/ el ignorante debe ser alentado para ocuparse en el 3.26/ el más benéfico 5.26, 5.27/ ocupación de Kṛṣṇa en el 3.22, 3.23-24/ en buddhi-yoga 2.39, 3.3/ en conciencia de Kṛṣṇa 2.41, 3.15, 3.28, 3.30, 5.2, 5.5, 5.7, 5.27-28, 5-29, 10.10, 10.11, 11.55, 12.6-7, 18.58/ en ignorancia 18.22, 18.28/ en la modalidad de la bondad 18.26/ en la modalidad de la pasión 18.27/ en pleno conocimiento no es reactivo 5.1/ es mejor desempeñar el propio imperfectamente que el de otro perfectamente 18.47/ éste constituye 18.18/ honestidad e independencia para el devoto 4.21/ Kṛṣṇa no es atado por el 3.22, 4.14, 9.9/ la perfección por seguir las cualidades del 18.45/ los mūḍhas trabajan duro como los asnos 7.15/ los varṇas se distinguen de la cualidad de 18.41-44/ necesidad del 2.40, 3.8, 5.29/ no debe ser abandonado 3.4, 3.8-9, 18.48/ no hay atadura para el que está firmemente situado en el 4.41/ primordial para la gratificación de los sentidos 4.14/ proceso de actualización 18.18/ produce rápidamente resultados materiales 4.12/ purificado mediante el servicio a Kṛṣṇa 18.48/ reacciones acumuladas desde tiempo inmemorial 2.50/ se aconseja la moderación del 6.17/ se fusiona eternamente en la trascendencia 4.22/ siempre relacionado a los intereses de Kṛṣṇa 6.18/ tanto el bueno como el malo atan 3.9/ tipos de 2.47/ **Véase también:** Acción; Actividades; Karma.

Transmigración; afirmada por Kṛṣṇa 4.5/ causada por el karma 5.2, 8.3/ causa del sufrimiento 2.13/ como medio de energía que rejuvenece 2.13/ comparada a la rueda de la fortuna 9.21/ comparada al cambio de ropa 2.22/ debido al apego y a la naturaleza material 13.22/ de los animales muertos por el hombre 16.1-3/ de los envidiosos a los vientres demoníacos 16.19/ de un cuerpo a otro 4.6/ efectuado por la gracia de la Superalma 2.22/ el alma autorrealizada no se confunde por la 2.13, 15.11/ el más elevado renacimiento en la conciencia de Kṛṣṇa 2.40/ el proceso de empreñación 8.3/ establecida por la voluntad divina 16.19/ la historia de Bharata 6.43/ los conceptos son llevados de un cuerpo a otro 15.8/ negada por los demonios 16.11-12/ no pueda ser comprendida por los tontos 15.10/ ninguna para Kṛṣṇa 10.3/ termina cuando uno conoce la naturaleza de Kṛṣṇa 4.9/ trascendencia mediante el servicio devocional 9.3/ se termina cuando uno obtiene la morada de Kṛṣṇa 9.1/ **Véase también:** Nacimiento.

Trascendencia; alguien desapegado del trabajo se fusiona en la 4.23/ como amorfa más allá de los materialistas 7.24/ las modalidades de la naturaleza 2.45/ el yogī situado en la 6.18/ los materialistas no están situados en la 6.38/ sacrificio como medio de 6.38/ síntomas de aquel que está situado en la 5.20/ situado en sacrificio 3.15.

Trascendentalistas; alcanzan el reino de Dios 6.15/ controlan los sentidos y las acciones 5.23, 6.10,6.40/ deben meditar en Kṛṣṇa 6.10/ deben vivir solos como ascetas 6.10/ discutidos como personalistas e impersonalistas 12.1, 12.6-7/ elevados, sus características 18.51-53/ ellos no hacen distinción ya sea de casta o de especie 5.18/ el más elevado comprende a Bhagavān 2.2/ el nacimiento en sus familias es muy raro 6.42/ el sacrificio es innecesario para los 3.16/ firmes en la meditación del Yo 6.19/ incluso los más grandes caen 2.60/ los más elevados de todos 18.66/ no se deben preocupar incluso si han fracasado 6.40/ no se encuentran con la destrucción 6.40/ pronuncian oṁ en sacrificio 17.24/ residen en lugares sagrados 6.11-12/ se sitúan encima de los principios ritualistas 6.44/ su descripción 5.24-25/ tres clases de 6.40.

Tulasī; probada por Mahārāja Ambarīṣa 6.18, 2.61/ Sanat-kūmara se convirtió en devoto únicamente por probarla 9.2/ se debe cultivar para Kṛṣṇa 11.55.

Tretā-yuga; características y duración de 4.11, 8.17/ el Gītā presentado en 4.1.

Universo Material; adorado como forma de Kṛṣṇa 9.15/ analizado en sus veinticuatro elementos 13.25/ Arjuna inquiere acerca del universo material 8.1/ aspectos impropicios del 2.51, 2.57, 7.4, 10.3/ calentado por la radiación de Kṛṣṇa 11.19/ como combinación kṣetra y kṣetra-jña 14.3/ como energía temporal 7.4, 9.33/ como forma cósmica de Kṛṣṇa 8.4/ como la manifestación del Brahman 5.10/ como la manifestación de las tres modalidades 5.10/ como oportunidad para regresar a Dios 3.10/ como reflexión del universo espiritual 7.19/ comparado al agua contenida en la huella de un ternero 2.51/ comparado al árbol baniano 15.1, 15.3-4/ comparado al océano de la ignorancia y al fuego en el bosque 4.36/ creado para sacrificio 3.10/ creado para satisfacer la lujuria 3.37/ diferentes universos en creación 10.6, 15.12/ discutido en relación con Kṛṣṇa 9.10/ entra en la naturaleza de Kṛṣṇa al final de cada milenio 9.7/ exhalado por Mahā-Viṣṇu 9.8/ Garbhodakaśāyi Viṣṇu entra en 7.4, 9.8/ Kṛṣṇa como el padre, la madre, el sostén, y el abuelo del 9.17/ Kṛṣṇa como el principio gobernante del 7.30, 9.6/ Kṛṣṇa como su origen y disolución 7.6, 9.7, 10.8/ Kṛṣṇa como su único santuario 11.38/ la planta de devoción rompe su cubierta 10.9/ las cuatro miserias se encuentran por doquier 2.51, 8.15-16, 9.33/ las teorías demoníacas acerca del 16.8/ llamado los grilletes de la vida sexual 3.39/ manifestado a base de la energía espiritual 7.6/ penetrado y sostenido por Kṛṣṇa 9.4-7, 10.42/ se desarrolla debido a Paramātmā 7.6/ se vieron miles y miles en el cuerpo de Kṛṣṇa 11.13/ sostenido por la entidad viviente 7.5/ su contaminación contrarrestada con prasāda 3.14/ su duración analizada en yugas y kalpas 8.17/ todas las entidades falibles en el 15.16/ Viṣṇu como el alma interna del 5.4.

Upaniṣads; base para el Bhagavad-gītā 2.29/ citados 9.6/ como medio de iluminación espiritual 12.5/ confirmación eterna de la individualidad 2.12/ describen a Caitanya 4.8/ iniciación de la vida trascendental 2.45/ las glorias del Supremo son celebradas en los 15.15/ ofrecen iluminación 2.45/ referencia a los 9.12, 15.6, 16.11-12/ requisitos imposibles para ésta era 2.46/ se deben obedecer en el servicio devocional 9.3/ su estudio como un sacrificio 4.28, 11.48/ trascendidos por uno en conciencia de Kṛṣṇa 2.52.

Vacas; cuidarlas se considera como trabajo de los vaiśyas 18.44/ el sabio las ve igual que el brāhmaṇa 5.18/ Govinda les da placer a las 1.32-35, 1.15/ Kṛṣṇa como el bienqueriente de las 14.16/ la surabhi como representación de Kṛṣṇa entre las 10.28/ la vaca surabhi da cantidades ilimitadas de leche 8.21/ se les debe de dar protección a las 14.16/ son el símbolo del alimento más valioso la leche 14.16/ su matanza es la más crasa ignorancia 14.16.

Vairāgya; como desapego de la materia y ocupación en el espíritu 6.35.

Vaiṣṇavas; adoran la energía interna 18.46/ como los únicos maestros espirituales calificados 2.8/ los Vaiṣṇavas sannyāsīs 5.6/ trascendentales a la posición de brāhmaṇa 4.13.

Vaiśya; aunque de bajo nacimiento puede acercarse al Supremo 9.32/ como división del orden social 4.13/ en la modalidad de la pasión y la ignorancia 7.13/ no debe comerciar en el mercado negro 16.1-3/ se distingue por la modalidad del trabajo 18.41/ el trabajo del 18.44/ **Véase también:** Varṇa.

Vānaprastha; aceptado después de la vida de casado 16.1-3/ ayuda a la iluminación 4.26/ vive en el bosque, severas penitencias 8.28.

Varāha; como expansión plenaria 4.13, 6.47, 18.65.

Varāha Purāṇa; describe a las entidades vivientes como parte de Kṛṣṇa 2.23.

Varna; brāhmaṇa como maestro espiritual 16.1-3/ como temporal 7.13/ creada por Kṛṣṇa 4.13/ creadas para elevar al hombre del nivel animal 4.13/ de acuerdo a las modalidades de la naturaleza 7.13, 9.32/ distinguida por el trabajo en las modalidades 18.41-44/ el maestro espiritual puede venir de las castas bajas 2.8/ en función de la educación y no del nacimiento 16.1-3/ Kṛṣṇa no pertenece a ningún 4.13/ los devotos son trascendentales al 4.13/ sin distinción en el servicio devocional 9.32/ trabajar de acuerdo a nuestra propia naturaleza 18.47/ **Véase también:** Brāhmaṇa; Kṣatriya.

Varṇa-saṅkara; como población no deseada 3.24.

Varṇāśrama; facilita la prevalencia de la buena población 1.40/ como método de elevación 1.39, 16.22/ como un principio más elevado de la religión 4.7/ cuando falla la mujer tiende al adulterio 1.40/ el progreso de los āśramas 8.28/ las ceremonias reformatorias destinadas al 7.15/ para satisfacer a Viṣṇu 3.9/ sannyāsī como cabeza del, 16.1-3 / sannyāsī una etapa difícil 2.15/ se discuten los cuatro āśramas 4.26/ sistema de ablución antes de morir 1.43/ su meta: alcanzar a Viṣṇu 3.7/ superado por el servicio devocional 8.28.

Varṇāśrama-dharma; despierta la conciencia de Kṛṣṇa 4.42/ destinado a tapasyā, austeridad 16.1-3/ en la plataforma corporal 2.31/ expone actividades de beneficio para la salvación 1.42/ no está destinado a dividir la sociedad según nacimiento 16.1-3/ tiene como meta satisfacer a Viṣṇu 2.48, 9.24.

Varuṇa; como un oficial designado 3.14/ como representación de Kṛṣṇa 10.29.

Vasudeva; como padre de Kṛṣṇa 1.25, 2.3/ Kṛṣṇa apareció primero ante él como Nārāyaṇa 11.50, 11.53/ perseguido por Kaṁsa 4.8.

Vāsudeva; adorado por uno que está en la modalidad de la bondad 17.4/ el amor a Él conduce a la liberación 5.2/ como representación de Kṛṣṇa 8.8, 8.22, 10.37/ la raíz de todas las causas 2.41/ la visión universal precipita la rendición total a 7.19/ rendirse a 7.20, 2.39/ significado del nombre 1.15.

Vāsukī; representante de Kṛṣṇa entre las serpientes 10.28/ serpiente Vasuki como el lecho de Garbhodakaśāyī Viṣṇu 11.15.

Vasus; Agni como representación de Kṛṣṇa 10.23/ contemplando con asombro la forma universal 11.22/ nacido de Nārāyaṇa 10.8.

Vedānta; Arjuna aconsejado situarse en la plataforma del 2.45/ Kṛṣṇa como el compilador del 2.46, 15.15/ Kṛṣṇa no puede ser entendido por el simple estudio del 7.24/ mandatos imposibles en esta era 2.46/ la última palabra en la sabiduría védica 2.46.

Vedānta-sūtra; acepta a Kṛṣṇa como el origen de todas las emanaciones 2.16/ aceptado como el último peldaño del conocimiento 18.13-14/ citado 5.15, 9.2, 9.21, 15.14, 18.46, 18.55/ como representante de Kṛṣṇa 10.32/ contenidos en resumen 15.16/ el Bhāgavatam es el comentario apropiado sobre 5.6, 15.15/ estudiado como sacrificio 4.28, 11.48/ principia inquiriendo acerca de nuestra posición real 3.37/ referencia al 2.18, 4.14, 6.20-23, 9.2, 9.9, 9.12, 16.20, 18.1/ Śārīraka-bhāṣya como comentario sobre el 5.6/ se afirma el servicio devocional 18.1.

Vedas; aceptan la explicación de Kapila respecto a la creación 2.39/ aceptan que Kṛṣṇa es el mantenedor 2.12/ celebran a Kṛṣṇa como la Persona Suprema 15.17/ citado 3.11, 3.12, 4.9, 4.12, 4.37, 5.10, 5.15, 5.29, 6.15, 6.31, 6.34, 7.2, 7.10, 7.14, 13.3, 13.21, 15.17/ como criterio para la acción 3.15, 16.24/ como las leyes de Kṛṣṇa 4.7, 16.24/ como representantes de Kṛṣṇa 18.4, 4.7/ comparan al alma y a la Superalma como dos pájaros en un árbol 2.22/ confirman la pluralidad de las almas individuales 2.12/ confirman que Kṛṣṇa no tiene nacimiento 4.6/ dan oportunidad de liberación 4.31/ discusión de las secciones karma-kāṇḍa 2.42-43/ el que conoce el árbol baniano, conoce los 15.1/ el único medio de comprender el alma 2.25/ estudio de los 3.26, 4.28, 8.28, 9.20, 11.48, 11.53, 16.1-3, 17.15/ florido lenguaje de los 2.42-43, 2.53/ hablados originalmente por Kṛṣṇa a Brahmā 4.7/ Kṛṣṇa como el conocedor de los 15.15/ Kṛṣṇa como el Sāma-veda 10.22/ Kṛṣṇa como el oṁ en los 7.8/ la esencia de los 2.46, 3.26, 9.2, 15.19, 18.1/ manifestados de la respiración de Kṛṣṇa 3.15/ medio para la formación del carácter 8.28/ no aprueban la vida irrestricta 16.1-3/ no confinados a los rituales védicos 9.28/ para conocer a Kṛṣṇa 15.15, 14.27, 15.1, 2.46, 3.10, 3.26, 9.17, 10.8, 16.24/ para ser estudiados bajo la guía del maestro espiritual 8.28, 16.1-3/ prescribe las actividades reguladas 3.15/ referencia 4.5, 7.24, 8.26, 10.8, 11.32, 13.5, 13.17, 15.16/ sacrificios recomendados en los 2.42-43,

3.12, 3.14, 4.32, 9.25/ seguido tanto por los personalistas como por los impersonalistas 16.24/ su definición de penitencias 10.4-5/ sus sacrificios como Kṛṣṇa 9.16/ trascendidos por uno en la conciencia de Kṛṣṇa 2.52-53/ tratan principalmente de las tres modalidades 2.45.

Vedeśu durlabham adurlabham ātma-bhaktau; versos citados 4.5.

Vejez; Kṛṣṇa nunca es representado en 4.6/ liberación al refugiarse en Kṛṣṇa 7.29/ libertad al trascender las modalidades 14.20/ ninguna para el cuerpo espiritual 7.29, 15.16/ no puede ser contrarrestada mediante la riqueza 2.8/ presente por doquier en el universo material 2.51/ su percepción como algo malo 13.8-2.

Veracidad; como cualidad divina 16.1-3/ creada por Kṛṣṇa para presentar apropiadamente los hechos 10.4-5.

Verdad Absoluta; alcanzada mediante el proceso del conocimiento 13.8-12/ como ānandamaya 7.24/ como Bhagavān 2.2, 13.8-12/ conocida como inherente a Kṛṣṇa 4.35/ como el objetivo de la devoción 17.26-27/ como el propósito de la vida 2.2/ como interna y externa 13.16/ como Kṛṣṇa 4.6, 6.38, 7.7, 10.12-13/ como la fuente de todo lo existente 7.10/ como la meta del yoga 6.46/ como persona 7.7, 7.24/ comparada al sol, al brillo del sol, y al dios del sol 2.2/ conocible por medio del maestro espiritual 4.34/ conocida mediante la autorrealización 5.20/ declarada por Kṛṣṇa y el Gītā 5.17/ frustra la gratificación de los sentidos 3.28/ la conciencia de Kṛṣṇa lleva a la 3.3/ no es obtenida mediante la especulación 10.11/ oṁ tat sat 17.23/ tres aspectos de la 2.2, 3.28, 10.15.

Vida Humana; amor a Dios es su perfección más elevada 3.41/ como la ventaja más valiosa 2.7/ como regulada e irregulada 6.40/ 400.000 especies humanas 7.15/ destinada a los āśramas, no a la gratificación de los sentidos 4.26/ destinada para la iluminación 3.16, 3.38, 4.1, 7.15, 7.30/ destinada para el sacrificio y la purificación 3.12, 16.23/ el avaro no la usa apropiadamente 2.7/ empieza con el varṇāśrama-dharma 2.31/ es el único medio por escaparse de la vida materialista 4.31/ garantizada para uno que está en la conciencia de Kṛṣṇa 2.40/ generalmente se usa para comer, dormir, tener vida sexual y defenderse 7.3/ muchas formas existentes en otros planetas 10.4-5/ puede ser prolongada o disminuida por Kṛṣṇa 7.9/ una oportunidad para conquistar la lujuria 3.38.

Vikarma; ata al trabajador 4.20/ como trabajo pecaminoso 3.15/ uno debe saber lo que es 4.17.

Viṣṇu; adoración del aspecto impersonal 17.4/ como el alma del mundo material 5.4, 7.6/ como el que otorga liberación a todos 7.14/ como el Señor de todas las entidades vivientes 3.10/ como la meta de la vida 1.42, 2.2/ como el jefe principal de los semidioses Brahmā y Śiva 8.2/ como la Superalma en el corazón 2.61, 6.13-14, 6.31/ como la meta del sāṅkya y el servicio devocional 5.4/ como nuestro interés propio 1.30, 3.7/ como prajā-pati 3.10/ como yajña, sacrificio 3.9, 3.11, 3.12-13, 9.24/ comparado al sol, siempre uno aunque omnipresente 6.31/ el único amo de māyā 7.14-15/ está liberado quien conoce a las tres formas de 7.4/ Kṛṣṇa entre los Adityas es 10.21/ Kṛṣṇa como 4.23, 6.15, 6.31, 11.54, 15.7, 18.65/ la forma universal mencionada como 11.24/ la meditación en él prescrita en el Yoga-sūtra 2.61/ las jīvas permanecen aglomeradas dentro de Su cuerpo 8.18/ los remanentes de Su comida nos liberan del pecado 1.41/ los semidioses no pueden ser igual a 4.12/ miles de formas de 11.55/ para la creación existen tres formas de 7.4/ Su caracola asegura la victoria 1.14/ Su morada es autoluminosa 2.16/ Sus devotos se definen como semidioses 11.48/ trabajo debe hacerse como sacrificio a 3.9/ trascendental al mundo material 4.12/ varṇāśrama-dharma para satisfacerle 2.48.

Viṣṇu-māntra; citado 10.42.

Viṣṇumūrti; cuerpo espiritual similar a 15.7/ como la expansión personal 15.7/ como la representación plenaria localizada de Kṛṣṇa 6.13-14.

Viṣṇu-tattva; como expansión primaria 15.7/ identificado con el alma atómica por el demente 2.17.

Viśvadevas; contemplan con asombro la forma universal 11.22.

Viśvamitra; inducido al sexo por Menakā 2.60/ un kṣatriya, mas actuaba como brāhmaṇa 3.35.

Viśvanātha Cakravartī Ṭhākura; citado 2.41.

Viśva-rūpa; Véase: Forma Universal.

Vivasvān; Véase: el dios del Sol.

Vṛndāvana; como escenario de los pasatiempos supremos 1.15, 9.19/ como lugar sagrado 6.11-12/ la réplica de Goloka Vṛndāvana 8.21/ los devotos desean ver los pasatiempos de Kṛṣṇa en 4.8/ los devotos pueden crear la atmósfera de 8.14/ su localización 8.21/ **Véase también:** Goloka Vṛndāvana.

Vṛṣni; Kṛṣṇa como Vāsudeva entre los descendientes de 10.37/ Kṛṣṇa mencionado como descendiente de 3.36.

Vyāsadeva; como encarnación de Kṛṣṇa 18.77, 15.15/ como filósofo principal 9.2/ como un líder erudito 7.15/ el Gītā se oyó por su misericordia 18.75/ hijo de Parāśara Muni 2.21, 15.17/ influye a Arjuna 18.62/ instruido por Nārada Muni 6.40/ maestro de Sañjaya 1.1/ proclama que Kṛṣṇa es el Supremo 7.24/ referencias 13.5/ su gracia capacitó a Sañjaya para ver la

forma universal 11.12/ verifica la alabanza de Arjuna 10.12-13/ vio la forma universal 18.77.
Vyāsa-Pūjā; en honor del maestro espiritual 18.75.

Yajña; Véase: Sacrificio.
Yajña-pati; el propósito del sacrificio es Su satisfacción 3.11.
Yajño vai viṣṇuḥ; citado 3.9.
Yājur-veda; como Kṛṣṇa 9.17/ como uno de los cuatro Vedas 11.48/ emana de Kṛṣṇa 3.15.
Yakṣas; contemplaron maravillados la forma universal 11.22/ Kuvera como representación de Kṛṣṇa entre los 10.23/ los adoradores de los fantasmas pueden convertirse en 9.12/ se adoran en una etapa condicionada 17.28.
Yamadūtas; agentes de Kṛṣṇa 18.25.
Yamarāja; como representante de Kṛṣṇa 10.29/ uno debe seguirlo 4.16.
Yamunā; como río sagrado 6.11-12.
Yāmunācārya; citado 2.60, 2.62, 5.21, 7.15, 7.24.
Yaśodā; disfrutó los pasatiempos infantiles de Kṛṣṇa 1.15/ Kṛṣṇa como el hijo de 6.47.
Yo; Arjuna inquiere acerca del 8.1/ como controlador de la mente y el yo inferior 3.43/ como el que disfruta o sufre de la mente y los sentidos 6.34/ como naturaleza eterna de la entidad viviente 8.3/ conocido mediante la especulación y la devoción 3.3/ disfrutado por medio del conocimiento 4.38/ dos clases de hombres la comprenden 3.3/ es trascendental a los sentidos, la mente y la inteligencia 3.43/ felicidad obtenida mediante la firmeza en el 6.28/ Kṛṣṇa como el Yo Supremo en todos los corazones 10.20/ más fácil de comprender a través del Gītā 2.29/ morando en el cuerpo, no se le puede matar 2.18, 2.30/ no hace nada 5.8-9, 13.30/ no hay atadura para aquel que está situado firmemente en el 4.41/ no hay deber para aquel que se complace en el 3.17/ percepción del 6.19, 6.20-23, 6.25, 9.2/ sacrificado en el fuego del Brahman 4.25/ satisfacción en el 2.55/ se debe pensar solamente en su placer 6.25.
Yoga; Arjuna debe armarse con el 4.42/ Brahma-yoga 5.21/ Buddhi-yoga 2.39, 2.49, 3.2, 3.4, 10.10/ como control de la mente 6.36, 2.48, 6.5/ como medio para conocer plenamente a Kṛṣṇa 7.1/ como medio para transferir el alma a otros planetas 12.6-7/ como medio para vincularse con el Supremo 6.3, 6.46/ como métodos de respiración y meditación 4.27, 5.27-28, 6.11-12, 6.13-14, 8.10, 8.12/ como sanātana-yoga, se discuten dos divisiones 4.42/ comparado a una escalera 6.3/ conduce al samādhi 6.20-23/ determinación en 6.24, 18.33/ el sexo debe ser evitado 6.13-14/ en la conciencia de Kṛṣṇa se encuentra la perfección de 2.61, 6.15, 6.41, 6.47, 7.1, 12.1/ en la revelación de Paramātmā 6.6, 6.13-14/ en relación al trabajo 2.38, 2.50/ impráctico e insoportable para Arjuna 6.33/ Kṛṣṇa como el maestro del 18.75/ la religón y la filosofía son interdependientes en 3.3/ lo define el diccionario védico 2.39/ lo mismo que la renunciación 6.2/ mediante la práctica las penas son mitigadas 6.17/ no es posible en las grandes ciudades 6.11-12/ no es posible para el hombre ordinario en Kali-yuga 6.1, 6.33, 6.37/ no puede practicarse por abstención artificial 6.16/ para los siddhis (las perfecciones) 4.28, 6.20-23/ posturas artificiales no ayudan 3.43/ requisitos para alcanzar el 6.18/ se discute el sistema Patañjali en 4.27/ se discute su conocimiento 3.1/ se obstruye por comer, dormir, defenderse y aparearse 6.17/ se obtiene cuando se ha renunciado a los deseos materiales 6.4/ se obtiene por alguien situado en la Trascendencia 6.18/ siguiendo las órdenes de Kṛṣṇa como 2.48/ sistema óctuple de 4.28, 6.1, 6.3, 6.6, 6.37, 6.40/ su importancia a la hora de la muerte 8.10/ su práctica nunca es en vano 6.43/ tal ciencia se le habló al dios del sol 4.1/ Viṣṇu e Indra son adorados por medio del 8.2/ **Véase también:** Aṣṭānga-yoga; Bhakti-yoga; Dhyāna-yoga; Haṭha-yoga; Jñāna- yoga; Karma-yoga; Kumbhaka-yoga; Patañjali; Sanātana-yoga; Sāṅkhya-yoga; Sannyāsa-yoga.
Yoga-māyā; cubre a Kṛṣṇa 7.25, 10.17, 11.52.
Yoga-sūtra; citado 6.20-23/ prescribe la meditación en Viṣṇu 2.61.
Yogeśvara; como Kṛṣṇa 11.4, 18.78/ el significado del nombre 11.4.
Yogī; actúa con el cuerpo sólo para la purificación 5.11/ adicto a ejercicios gimnásticos 15.11/ adora a Kṛṣṇa y permanece con Él 6.31/ adora a los semidioses y ofrece sacrificios 4.24/ Arjuna inquiere sobre el destino de aquel que fracasa 6.37, 6.38, 6.39/ como el amigo sincero de todos 6.32/ como embustero 3.6/ como uno que trabaja para el todo, no por una parte 6.1/ concentrado en Śyāmasundara 6.47/ contrasta con los devotos 6.32/ controla los sentidos 2.58, 5.23, 6.2, 6.18, 6.20-23/ cuando perfecto siempre ve al Paramātmā en el corazón 2.61, 6.30/ después de muchos nacimientos alcanza la meta 6.45/ difunde la importancia de la conciencia de Kṛṣṇa 6.32/ es más grande que los ascéticos, empíricos y trabajadores fruitivos 6.46/ indirectamente consciente de Kṛṣṇa 6.10/ infeliz por sus deseos insatisfechos 2.70/ instrucciones de cómo meditar 6.11-12/ Kṛṣṇa mencionado como, 10.17/ los cuatro aśramas lo ayudan a hacerse perfecto 4.26/ no busca el mejoramiento de la salud 6.15/ no debe dormir ni comer mucho ni muy poco 6.17/ no es atraído a principios ritua-

listas 6.44/ no puede tener éxito sin la conciencia de Kṛṣṇa 7.3/ obtiene la felicidad con la mente en Kṛṣṇa 6.27/ perfección en la conciencia de Kṛṣṇa 4.25, 4.45-46, 6.15, 6.47/ permanece en un lugar sagrado 6.11-12/ pierde su tiempo en fantasmagorías 2.61/ prolonga su vida mediante el kumbhaka-yoga 4.29/ puede disponer el momento para dejar el cuerpo 8.24/ que no tiene éxito 6.41-46/ se satisface por el conocimiento 6.8/ siempre ve al Paramātmā en el corazón 2.61, 6.30/ su liberación es difícil y temporal 4.9.

Yudhiṣṭhira; como el rey justo 10.27/ persona que encabeza la religión establecida por Kṛṣṇa 1.1/ sonó su caracola 1.16-18/ su victoria inevitable 18.78.

Yugas; mil son la duración de un día de Brahmā 8.17/ sus características y su duración 4.1, 8.17.

Zoomorfismo; en adoración de los líderes tontos 4.12.

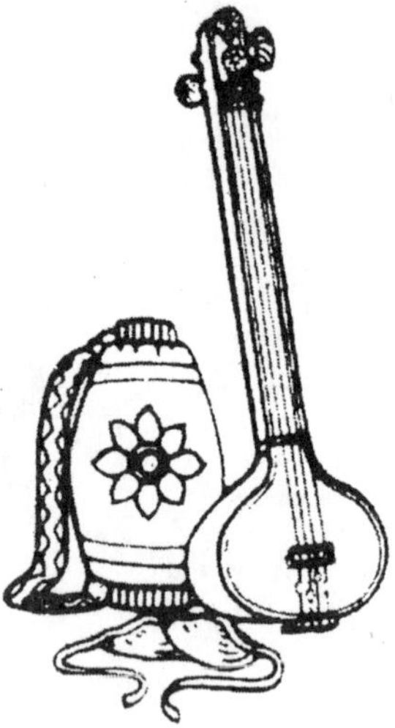

VISITE

NUESTROS *ASHRAMAS*

(comunidades espirituales)

Le invitamos a conocer y participar de las actividades que realizan los miembros de la Asociación Internacional para la Conciencia de Krisna (ISKCON) en sus distintas sedes alrededor del mundo.

- Prácticas de *bhakti-yoga* (servicio devocional)
- Estudio de la filosofía de los *Vedas*
- *Kirtanas*, cantos en congregación
- Música, *mantras* y meditación

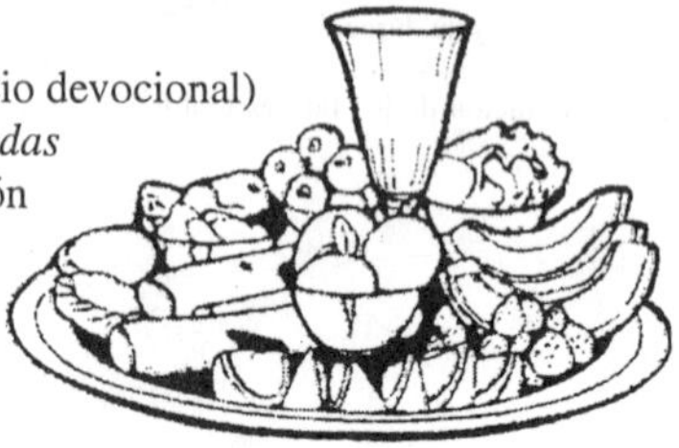

Acérquese y disfrute de la trascendental compañía de los devotos de Krishna y de la práctica de esta forma de vida.

En España:

Madrid: C/ Espíritu Santo 19, bajo - Tel. 915 213 096
Barcelona: Pça. Reial 12, entl. 2ª - Tel. 933 025 194
Málaga (Churriana): Crtra. de Alora 3, Int. - Tel. 952 621 038
Brihuega: Finca Santa Clara (Nueva Vrajamandala) - Tel. 949 280 436

e-mail: hanuman.das@pamho.net

En Argentina:

Todos los domingos a partir de las 17:30 hrs, charlas acerca del «*Bhagavad-gita* tal como es», música devocional y alimentación vegetariana. Durante la semana, a partir de las 19:00 hrs.

Buenos Aires - Andonaegui 2054 (1431) Villa Urquiza
Buenos Aires - Muñoz 1754 (1663) San Miguel
Santa Fe - Paraguay 572 (2000) Rosario
Mar del Plata - (0223) 482-7195
Mendoza - (0666) 422-5402
Chile - Juan Manuel Cabrera 330, Santiago Tel.: 698-8044

e-mail: bbtargen@sminter.com.ar
http://www.gopalnet.com/iskcon